THE STORY OF
CHRISTIANITY

The Early Church to the Dawn of the Reformation

基督教史

初期教会到宗教改革前夕

胡斯托·L. 冈萨雷斯（Justo L. González）◎著

赵城艺 ◎译

|上卷|

上海三联书店

THE STORY OF CHRISTIANITY
by Justo L. González

The Story of Christianity, Volume I
The Early Church to the Reformation. Revised and Updated
Copyright © 2010 by Justo L. González
Simplified Chinese translation copyright
© 2016 by Shanghai Joint Publishing Company Limited
Published by arrangement with HarperCollins Publishers
All rights reserved.

献给凯瑟琳

目录

前　言

　　胡斯托·冈萨雷斯（Justo L. González, 1937－　）是当代西方著名的基督教神学家和历史学家，原籍古巴。他在古巴从事神学教育多年；后定居美国，在美国耶鲁大学获得了历史神学硕士和博士学位；多年来，在亚特兰大埃默利大学坎特拉神学院（Candler School of Theology, Emory University）教授基督教思想史，现在是一位独立学者和作家。他在基督教神学和历史方面的专著已超过二十多种。其中著名的三卷本《基督教思想史》（*A History of Christian Thought*），作于 1970 年至 1975 年间，英译本在美国由艾宾顿出版社（Abingdon Press）出版，已经重印超过二十次，被美国和其他英语国家多所大学和神学院采用，作为教科书或主要的参考书。中译本由金陵协和神学院组织翻译，于 2002 年出版（三卷合订本），作为金陵协和神学院建校五十周年的庆典献礼，已为我国和周边汉语地区及国家的大学和神学院作为教材或参考书使用。第二版（分三卷印刷）已由译林出版社于 2010 年出版。

　　作为《基督教思想史》的"姐妹篇"，冈萨雷斯的另一部成名之作是两卷本的《基督教史》（*The Story of Christianity*），作于 1984 至 1985 年间。全书分上下两卷：上卷从第 1 世纪到 16 世纪初宗教改革前夕；下卷从 16 世纪宗教改革开始到 20 世纪。这部书二十多年来被美国许多神学院用作教会史的课本。冈萨雷斯的夫人凯瑟琳·G.冈萨雷斯（Catherine Gunsalus González）在亚特兰大哥伦比亚神学院担任教会史教授,用的也是这部书。金陵协和神学院研究科几年来也用这部书作教会史课程的教材。

　　三年前,作者对本书进行了全面的修订和补充;于 2011 年作为第二版在美国出版发行。我认真地比较了这先后相隔二十五年的两个版本,尤其是下卷的最后几章,发现其中的确有许多很重要的补充,在组织和编排上也作了相应的改动。在这二十多年间,世界基督教的确又发生了许多重要的事件和变化,对此,本书都作了及时而适当的补充叙述。可以说,本书是当前最新、最"及时"的基督教会史:它叙述的事件和人物的时限延伸到 21 世纪初的当代十年。这都是一般"经典的"教会史书所来不及讲述的。

　　本书的另一个特点是它的普世主义(ecumenism)精神。这包含两重意义:首先,它摆脱了以前许多基督教史偏重以欧美基督教为中心的倾向。以前许多"标准的"教会史都免不了着重叙述欧美基督教而忽略了"第三世界"的教会,如菲利普・沙夫(Philip Schaff)的八卷本《基督教史》(*History of the Christian Church*)和威利斯顿・华尔克(Williston Walker)的《基督教会史》(*A History of the Christian Church*)——三次修订,三种汉译本。事实上,19 世纪以前的基督教世界的确是以欧美教会为中心。可是自 20 世纪以来,随着宣教运动的展开,基督教正在向"第三世界"、尤其是向南半球转移发展。相对而言,基督教的"老根据地"欧美教会正在走向衰落,而富有生气的南半球教会正逐步成为世界基督教的重心。冈萨雷斯的这部教会史及时地、生动地反映了这一重要的"重心转移"动向。其次,本书的"普世性"还包括它在神学上的"中立性",它避开了某些现代著作倾向于对近代"福音派"发展的叙述而忽略了对历史上基督教整体的、客观的回顾。这一方面的特点可以通过对几部现代基督教历史著作的比较中看出来。例如,布鲁斯・雪莱(Bruce L. Shelley)的《基督教会史》(*Church*

History in Plain Language）和罗杰·奥尔森（Roger Olson）的《基督教神学思想史》（*The Story of Christian Theology*）。前者的中译本由北京大学出版社（2004年）出版，后者分别由台湾校园书房出版社（2002年）和北京大学出版社（2003年）出版。这两部书的作者都是美国当代较明显倾向于"现代福音派"的学者。建议有兴趣和时间的读者不妨对这几部历史书进行对比，作出自己的判断。

最近，赵城艺同工征得原作者的同意和授权，将《基督教史》全书上下两卷译成中文，现由上海三联书店出版。这对我国学术界和神学院校在基督教历史的研究和教学将是一项重大的贡献。我在此郑重推荐：把冈萨雷斯的这两部有关基督教历史的专著作为我国神学院的基本教材；并大胆地建议，将这部《基督教史》作为金陵协和神学院建校六十周年的校庆献礼！

陈泽民（九十五岁）

于南京金陵协和神学院

2012年5月

译者序

2009 年初,我开始了这部《基督教史》的翻译。现在回想起来,一切仍然历历在目:得到冈萨雷斯教授授权翻译此书时的狂喜与兴奋,以及即将一人担起这项浩大工程所带来的压力与畏惧,何况我当时还只是一个几乎没有受过任何神学教育的学生。

大约在三年半之前,当我就读于金陵协和神学院时,对于我这个刚刚接触神学不久的门外汉来说,神学是个既陌生又熟悉的领域。我感觉,它每天都在陪伴着我,又深知它似乎总是遥不可及。究其原因,是因为我难以找到一部出色的中文神学入门著作,领我翱翔在神学这片广阔的知识天空。幸运的是,我在不久之后就读到了冈萨雷斯教授的《基督教史》。它引领我穿越时空,从两千多年前的耶路撒冷出发,携手基督教的各色人物,一同见证了基督教的兴衰与荣辱。这是一段惊险奇妙的旅程。它让我深知,教会的历史对于今天与未来的教会是多么重要。

然而,缺乏优秀的神学入门著作并不是我翻译这部《基督教史》的唯一原因。历史会让每一个认真反思历史的人更好地应对现在,思考未来,避免在未来重犯历史中的错误。当我们站在历史这面"镜子"前仔细端详自己时会惊讶地发现,我们在历史这面"镜子"中仿佛看到了我们的"前世"与"来生"。历史与现在有着惊人的相似,我们刚刚走过的道路仿佛前人已经走过,前人所站的十字路口仿佛就是我们在脚下即将决定踏上的道路。正如爱德华·吉本曾经说过的："我只有一盏引领我脚步的明灯，那盏明灯就是经验。我知道，除了过去，再没有可以判断未来的方法。"

基督教史是令人着迷、引人入胜的历史，也是发人深省的历史。在君士坦丁归信基督教之后，当曾经毫无权势、坚守耶稣之道的基督徒或主教被前所未有的权力与财富包围时，他们会作何反应？曾经敬虔的基督徒还会为他们的主舍命，成为英勇的殉道士吗？他们还会像以往那样安贫乐道、坚守信仰、一心跟随所相信的主耶稣基督吗？数次十字军东征对穆斯林犯下了滔天罪行，当穆罕默德的子孙在耶稣的"敬虔"追随者的铁骑下倒在血泊中时，耶稣的这群追随者还有资格呼求作为全人类救主的耶稣基督吗？一千多年之后，发生在美国世贸中心的恐怖袭击事件会让人们想起中世纪的十字军战士及其所杀害的无辜穆斯林吗？当希尔德布兰德将教宗利奥九世的决罚谕放在圣索菲亚大教堂高高的圣坛上时，他是正统信仰的所谓斗士，还是一位毫无宽容、难以耐心聆听他人意见的宗教狂热分子？当宗教改革前夕的腐败教宗为了满足私欲而兜售赎罪券榨取劳苦大众的血汗钱时，他们还是耶稣基督在世的代表吗？当路德对德国农民起义前后不一的矛盾态度导致德国贵族大肆血腥镇压德国的农民起义时，他还是那个胆敢对抗腐败的教宗、在沃尔姆斯帝国会议上勇敢地站在帝国皇帝查理五世面前的修道士吗？当异端裁判所的熊熊烈火残酷烧死所谓的"异端"时，当殖民新大陆的伪善基督徒奴役并杀害印第安人与非洲人时，他们还是满有怜悯与慈爱的耶稣的门徒吗？当一场场宗教战争导致人民生灵涂炭时，这还在多大程度上与基督教的信仰密切相关？在这个世俗化进程加速、基督教与其他信仰逐渐被边缘化的时代，基督徒还会找到应对所有这一切的智慧吗？信仰将如何做出回应？信仰当扮演什么样的角色？我坚信，基督教所面临的许许多多诸如此类的挑战与回应不仅会启发基督徒,也会令每一位没有基督信仰的严肃读者陷入沉思。

胡斯托·冈萨雷斯教授是耶鲁大学最年轻的历史神学博士,也是当今最具权威的教会历史学家之一。在过去的三十年中,他致力于拉丁美洲神学与说西班牙语之人的神学教育,并获得了四个荣誉博士学位。他的这部《基督教史》被美国、加拿大和南美洲许多国家的大学与神学院用作教材,甚至在遥远的非洲也被神学生所熟知,是一部不可多得的基督教史入门著作。冈萨雷斯教授的这部《基督教史》最早出版于上个世纪的 80 年代,现在已经被译成了韩文、俄文和日文。他根据近年来最新发现的史料与教会史领域中最新的研究成果更新了自己的著作。在去年年底,他的新一版《基督教史》在美国出版问世。因此,我们有充分的理由说,这部《基督教史》是最新的教会史权威著作。

在这部彻底修订与更新的《基督教史》中,备受称赞的著名基督教历史学家胡斯托·冈萨雷斯以简洁生动的笔触讲述了基督教两千多年来的历史。从诞生之初脆弱的基督教到在中世纪取得了世俗与属灵统治地位乃至在宗教改革前夕几乎遍布整个世界的基督教,从 16 世纪宗教改革时期充满了血雨腥风的基督教到其后确立了自己的所谓"正统"并在理性时代备受质疑的基督教,从处于转变的世界局势中的基督教到深受新思潮冲击的基督教,从在取得了巨大的宣教成功之后就陷入了危机的"基督教传统中心地区"的基督教到迸发出新的活力与创造力的曾经作为"基督教边缘地区"的基督教。在追溯基督教两千多年来多变的历史过程中,冈萨雷斯教授巧妙地编排了基督教的史料,生动鲜活地讲述了引人注目的历史事件,各色各样的鲜活的历史人物,形成了新教、天主教和东正教的神学争辩,以及深刻影响到教会生活与理念的革命性思想。从耶稣的忠实门徒到早期的伟大教父,从中世纪早期入侵罗马帝国并归信了基督教的"野蛮人"到对基督教真正构成威胁的穆斯林，从中世纪不可一世的教宗到生活在法国庇护之下的软弱教宗，从为了改变腐败的教会而被其烧死的早期改教家约翰·胡斯到胆敢对抗腐败教宗的修道士马丁·路德，从质疑了所谓"正统信仰"的理性主义者、灵性主义者和敬虔主义者到回应了近现代新知识的新教、天主教与东正教的神学家，从否定与谴责现代性的教宗到积极地回应现代新思潮的教宗，从宣教与普世教会合一运动中的杰出领袖到今天的亚洲、非洲和南美洲的基督徒所取得的惊人进展与不断展现出的活力。

在讲述基督教这些历史的同时，冈萨雷斯教授还结合了近年来的考古新发现，令我们可以更好地了解到初期基督教的社团生活。在这些考古新发现中，有新发现的诺斯替主义作家的原文著作。这些文献向我们揭示了公元 1 世纪"各种基督教"丰富的多样性。在过去的二十五年中，一些重要的研究表明了女基督徒在整个基督教史中发挥的重要作用和她们对基督教史做出的重要贡献。与此同时，冈萨雷斯教授还讲述了基督教在发展中国家的历史，并讨论了 21 世纪的基督教发生的变化和基督教在未来的发展方向。此外，这部《基督教史》还囊括了近年来发生的一些事件，如苏联的解体和俄罗斯东正教的复兴、女权主义者的神学、美国黑人的神学与第三世界的神学、在教宗本笃十六世任期之内爆发的丑闻与争辩，以及普世教会合一运动。最后，冈萨雷斯教授富有创见地展望了当今基督教所面临的主要问题与争辩，以此结束了他的整部《基督教史》。

翻译并不是一个轻省的工作，除了自己的努力之外，其间一定会需要许多人的帮助。借此机会，我要感谢金陵协和神学院的前任院长陈泽民老教授，他帮助我联系到本书的作者冈萨雷斯教授。如果没有他的帮助，我定要经历更多的周折才能联系到本书的作者。正是因为陈老教授的帮助，才令我翻译这部《基督教史》有了一个良好的开端。

在完稿之际，我再次拜访了陈老教授，希望他可以为我的拙译撰写一篇序言。令我兴奋与感激的是，已经决定不再为他人撰写序言的陈老教授慷慨地答应了我的请求。在此，我要再次表达对陈泽民老院长的感激与敬意。感谢本书的作者冈萨雷斯教授授权我翻译此书，也感谢他在我翻译此书的过程中给予我的宝贵鼓励与帮助。每当他称呼我为"基督里的弟兄"时，我就会感到信仰带给我的巨大力量。若是没有他的帮助与鼓励，我会更加辛劳。感谢我的同学严迎，她阅读了我的绝大部分译稿，并提出了极具价值的宝贵意见。同样，如果没有她的帮助，恐怕拙译现在还难以与读者见面。在一本书出版的过程中，编辑的贡献同样是难以估量的。在此，衷心感谢责任编辑邱红女士及其先生徐志跃给予我的巨大帮助，感谢他们的辛苦付出，以及特约编辑李鹿渴的帮助！最后，由于本人的能力与精力有限，难免会在翻译的过程中犯下一些错误，恳请我的前辈与读者批评指正。

今年，金陵协和神学院将举行六十周年校庆，希望这部《基督教史》配算一份礼物，感谢母校三年来对我的栽培与造就。正如冈萨雷斯教授在他的书中所希望的那样，会有他的读者承担起研究基督教史的工作，我也衷心地期盼，会有他的中国读者承担起这份工作。与此同时，我也急切地盼望，会有更多受过神学教育的同道从事翻译的工作，将国外更多、更优秀的神学著作介绍给中国广大的神学生、牧师、基督徒以及对基督教信仰感兴趣的学者与读者。

最后，谨以此中译本献给许灵晓！

赵城艺

2012 年 4 月 2 日于南京

中文版序

很荣幸,我的这部《基督教史》能被翻译成中文。借此机会,我要感谢《基督教史》译者所付出的辛劳!

作为历史学家,我知道基督教在中国有着漫长的历史。基督教在中国历史上出现了许多信仰中的英雄。与此同时,如何在中国这样悠久与优秀的文化中传扬耶稣基督的福音,向中国乃至全世界的基督徒提出了一个重要的问题——基督教与文化之间的关系。鉴于中国在历史上传扬福音的经验,中国的基督教完全可以为基督教在未来的发展、基督教的神学以及宣教方面的实践做出重要的贡献。

然而,令我感到荣幸与欣喜的还不只是这些。历史是一位伟大的老师。他可以指导我们的现在,并引领我们走向未来。正是从历史的经验中,我们积累了应对现在的智慧。历史告诉了我们应当避免哪些危险。历史向我们指明了通往未来的道路。如果不了解历史,人类的任何社会团体,无论是教会、国家还是公司企业,都注定要在难以预料的挑战中挣扎前行,并最终失败。今天,中国和世界其他国家的基督徒正面临着前所未有的挑战与机遇。在面临挑战的时候,我们不要忘记,我们之前的基督徒也曾应对过类似的挑战。当机遇来临的时候,我们也要知道,历史上的基督徒如何利用了类似的机遇。对于今天的基督徒来说,牢记这两点同样重要。在现实的每一次变迁中,历史都给了我们应对的方法与智慧。

可是,历史也给了我们身份感。这就是国家想要确保孩子学习自己民族历史的原因。如果不了解自己民族的历史,民族身份感往往会逐渐淡化,甚至最终消失。同样,教会中对基督徒的教育必须主要着眼于将我们的历史传授给新一代基督徒。我们的信仰基于我们所认为的最重要的历史事件,尤其是耶稣基督的道成肉身、生平、死亡和复活。当我们教授并传讲这些事件时,也是在教授和传讲历史。

此外,我们并不是直接了解到基督教的历史。我们了解基督教史的唯一方法,只能是通过一系列从未间断的见证,如人物、著作和历史遗址等。正是这些见证,让我们了解到基督教最早期的历史事件。这就是路加在《使徒行传》中非常在意提阿非罗必须知晓福音是从耶路撒冷沿路传到提阿非罗本人的原因。同样,当今天的我们传讲福音的时候,我们不只是在传讲历史上的某些事件,也是在传讲自己通过基督徒们——圣经作者、殉道士、传道人、修道士、宣教士和教师——的漫长历史而了解到的某些东西。也正是通过这些见证人,我们才知道了基督教一些最早的事件。

今天,作为教会的牧师、领袖或教师,我们有责任重新讲述基督教的历史。我们必须讲述那些公元 1 世纪耶路撒冷的基督教初期的历史,也必须讲述那段历史是如何通过圣灵的大能被今天的我们所知晓。因此,今天聆听我们讲述基督教史的基督徒就会知道,他们继承了一份弥足珍贵的遗产,他们也会自豪地继承这份宝贵遗产,并依之行事为人。

如今,担任教会的领袖并不容易。信仰面临着许许多多的挑战。有反对我们的运动,也有不断出现的物质诱惑与思潮。当我们面对这些的时候,历史可以成为一个强大的盟友,因为历史教导了我们,我们信仰的先祖也曾面临艰难的挑战,他们找到了应对的方法,而这些方法仍可能引导今天的我们。此外,我们还可以从历史中学到,得益于先祖的信仰和圣灵的大能,即使是他们已经离世,他们仍已得胜。

在信仰上,愿我们与信仰先祖一样坚定,因为我们知道,我们将在复活的基督里得胜!

胡斯托·L.冈萨雷斯

2012 年 3 月 19 日

第二版序言

或许令人感到奇怪的是,历史需要得到重访、修订和重写;而历史尚在继续。之所以如此,乃因为历史从来就不单单是如其实际发生的赤裸往昔;历史是我们通过现存史料所读出的过去,是由无数代历史学家删选过的往昔,并且是从我们自身的现在与我们所希望的未来予以解释的过去。因此,当我现在再次阅读自己在大约二十五年前写成的《基督教史》时,我发现许多内容值得再次肯定,也有许多内容需要重新修改。本书第一版面世几年后,苏联解体。后来,伊斯兰教复兴,伊斯兰世界之外的人们开始发现,穆斯林极端主义者在世界各地密谋和实施了恐怖主义行动。在基督教内部,五旬节运动(Pentecostalism)和其他几个类似运动,同时在传统的基督教地区以及其他地区发展壮大,并占据了中心舞台。在许多这样的地区,新的宗教兴起,其中有许多是受到基督教启发,并从基督教吸收了一些因素。最终,可能爆发的生态灾难引起各国政府及其领导人的重视。世界经济秩序的可持续性遭到强烈质疑。而质疑不仅来自激进的意识形态分子,也来自德高望重的经济学家。通讯技术也获得迅猛发展。这些进展——还有更多的进展——已经塑造了我们看待过去与未来的方式。因此,对本书作出修订是十分必要的。

出版这样一部修订版还有另一个难以抗拒的理由,就是我希望把初版后这些年间所收集到的许多意见与建议融合进这部《基督教史》,其中有一些是由阅读和使用英文版《基督教史》的同事提出的,另一些则是源于本书的诸多译本进入了差异性很大的文化——因为翻译过程中暴露了一些在原文中未被直接注意到的含混之处。阅读这部《基督教史》的学生和同事来自广为不同的文化——如日本的、巴西的、俄罗斯的和韩国的,他们拓宽了我就本书应该包含的内容范围。但是,我在这个修订版中并没有融入他们的所有建议(就某个主题而言,有的人希望着墨多些,有的人则希望着墨少些,要同时满足这两拨人是不可能的)。但是,我深深地感激所有这些人,尤其是那些学生,他们告诉我,我对某个主题的讲述还不够清晰,或某个主题对他们极具启发。在提出宝贵建议的同事中,我必须再次感谢我的妻子凯瑟琳,因为她无比耐心地阅读和重读了我的手稿,并向我提出了明智的建议。我也要特别感谢圣迭哥的伯特利神学院(Bethel Seminary San Diego)教授詹姆斯·史密斯三世(James D. Smith III),因为他的许多详细的建议极大地改进了本书的品质。

在新版面世之际,我也强烈地意识到,它还需要继续修订;随着一代代人成为过去,历史也必须一次次修订。因此,我也衷心希望,当其他人进入现在与过去之间的精彩对话时,这一修订版会激励他们去进一步修正观点,因为现在与过去之间的对话正是历史的本质:在其中,过去向我们说话——针对我们现在的问题来说。

第一版序言

当读者意识到，我在很大程度上是将这部《基督教史》视为自传性著作时，读者也许会感到诧异。我之所以会如此，首先是因为，正如何塞·加塞特(José Ortega y Gasset)所说，每一代人都站在前代人的肩膀上，就如排列在一个巨大叠罗汉中的杂技演员。因此，讲述我们祖先的历史就是在为我们自己的历史书写一篇长长的序言。

可是，就我将这部《基督教史》视为自传性著作而言，我还有另外一层意思，因为它涉及和我一起度过三十年光阴的朋友和同道。自从我最初结识爱任纽、阿塔纳修和其他先辈以来，当我研读他们的著作、思索他们的思想与事迹时，他们伴着我一同度过了生活中的风风雨雨。与我同时代的朋友一样，他们有时令我快乐，有时令我困惑，甚至是恼怒。但是，他们仍然成为我生活中的一部分。当我为他们著述时，我也意识到，我正在与他们一起书写我的生活。

按照惯例，作者应当在序言中感谢为一部著作的成书做出贡献的人。然而，我发现不可能做到这一点，因为我不得不列出一个长长的学者名单，其中既有在世的，也有过世的：奥利金、优西比乌、印卡·加西拉索·德拉维加(Inca Garcilaso de la Vega)、哈纳克，以及许许多多抄写和重新抄写手稿的无名修士。

但是,在我的同时代人当中,有两位是我必须提到的。第一位是我的妻子,佐治亚州迪凯特市哥伦比亚神学院的教会史教授凯瑟琳·G. 冈萨雷斯(Catherine G. González)。在过去十年中,她陪伴我与古圣先贤一同走完这段旅程,她对我书稿的阅读和评论是非常宝贵的。对第二位的提名,是我们这个时代的一个神迹,因为它是我这六年来的住家全职秘书:文字处理器,我靠它制作本书稿。的确,通常在序言中给予打字员的许多赞美之词,也可以献给我的文字处理器:耐心、认真、毫无怨言、始终乐于服务。这位"秘书"一遍遍打出我的手稿,除了偶尔的滴滴声,它的确毫无怨言。但是,就在我即将完稿之际,一场电力故障迫使我再次提笔写作。这就令我想到,我们有时并不像自己想象的那样,离奥利金和优西比乌的时代那么遥远!

我将此著公之于世,希望读者享受阅读过程,就如我享受本书的写作。

第一章

导言

当那些日子,凯撒奥古斯都有旨意下来,叫天下人民都报名上册。

——《路加福音》2:1

从一开始,基督教的信息就与人类的历史紧密结合在一起。基督徒历代以来宣讲的福音是,为了拯救我们,上帝在耶稣基督里以一种独特的方式进入了人类历史。历史不仅对理解耶稣的生平至关重要,也是理解圣经全部信息的关键。旧约的大量篇幅是在叙述历史,整本圣经就是讲述上帝在他子民的生活与历史中启示自己的历史。如果没有这段历史,我们就不可能知道上帝的启示。

新约的作者十分清楚这一点。《路加福音》告诉我们,耶稣基督生于凯撒奥古斯都统治时期,"是居里扭作叙利亚巡抚的时候"(路2:2)。就在前几节经文中,《路加福音》将耶稣基督降生的故事放在巴勒斯坦历史背景下,记载耶稣基督降生在"犹太王希律的时候"(路1:5)。《马太福音》以耶稣的家谱开篇,将耶稣置于以色列人的历史与盼望之中,随后记载了耶稣的降生日期是"当希律王的时候"(太2:1)。《马可福音》所给出的历史细节较少,但仍然明确肯定,耶稣是在"那时"开始传道,即施洗约翰的年代(可1:9)。作为第四福音书的《约翰福音》,则希望清楚地说明这些事件的永恒意义。因此,《约翰福音》开篇就宣告,在人类历史中成为肉身的道（约 1:14），就是"太初与上帝同在"的道（约 1:2）。最后，我们可以在《约翰一书》中读到类似的经文。《约翰一书》开篇几节经文就宣讲，"从起初原有的生命之道"，就是"我们所听见，所看见，亲眼看过的，亲手摸过的"（约一 1:1）。

写完《路加福音》之后，路加在《使徒行传》中继续讲述基督教的历史。他这样做并不只是出于古文物研究者般的好奇，而是因为一些重要的神学原因。根据《路加福音》和整部新约的记载，上帝与我们同在并没有因为耶稣升天就告一段落。相反，耶稣亲自应许自己的门徒，他不会撇弃他们，而是另外赐给他们一位保惠师（约 14:16—26）。《使徒行传》1 章记载，耶稣在即将升天之时告诉门徒，当圣灵降临在他们身上，他们就必得着能力，作耶稣的见证，"直到地极"（徒 1:8）。随后所记载的五旬节的一些事件，标志着教会见证生活的开始。因此，通常被称为"使徒行传"的这卷书的主题并不是使徒的事迹，而是借着使徒——和其他基督徒——的事迹来讲述圣灵的事迹。路加留给我们两卷书，一卷记载了耶稣的事迹，另一卷记载了圣灵的事迹。

然而，路加的《使徒行传》似乎并没有结束。在《使徒行传》的末尾，保罗仍在罗马讲道，该卷书并没有告诉我们保罗和其他教会领袖后来的情况。路加这样做是出于神学上的原因，因为路加认为，在全部历史终结之前，自己正在讲述的历史不会结束。

对于同路加有着同样信仰的基督徒来说，这就意味着展现出人类历史全部特征的教会史并不只是某群特殊人物或某场运动的历史，而是一部圣灵的事迹史。在这部圣灵的事迹史中，圣灵借着以往在信仰中逝去的所有基督徒展现出自己的作为。

在教会史展开过程中，也有这样一些片段，我们难以在其中看到圣灵的作为。随着我们的讲述，我们将会看到，一些基督徒利用教会的信仰，为自己谋取经济利益和个人权力；一些基督徒忘记和曲解了爱的诫命，以报复心来逼迫自己的仇敌，那是不配耶稣之名的。有时我们也会看到，教会背弃了圣经中的信仰,一些基督徒甚至怀疑,这样的教会是否可以被称为真正的"基督"的教会。当我们遇到这种情况时,最好要牢记两点:

首先,虽然我们是在讲述圣灵的事迹史,但是,圣灵的事迹史是借着像我们这样的罪人展开的,是我们这些罪人的历史。早在新约时代,这一点就显而易见。在新约中,彼得、保罗和其他一些基督徒既被描述为有信仰的人,也被描述为罪人。如果这样的例子还不足以说明问题,那么我们可以再去看看保罗写下的《哥林多前书》中的那些"圣徒"!

其次,通过罪人和教会——也只能通过他们——我们得知了圣经中的信息。即使是在教会生活最黑暗的年代,也有热爱、研习、保存与抄写圣经的基督徒,正是他们将圣经传承给了我们。

但是,早期基督徒留给我们的并不只有圣经,还有一段发人深省的历史——在最多变的环境中竭力为信仰作出忠实见证的历史。在遭受逼迫的年代,一些基督徒以血的代价为信仰作出了见证,另一些基督徒用自己的著作见证了信仰,还有一些基督徒以爱心接纳了那些曾一度软弱、随后又悔改的弟兄姐妹。在教会强大的时代,一些基督徒试图利用教会的权势见证信仰,另一些基督徒则对此提出质疑。在充满侵略、战乱和饥荒的年代,一些基督徒试图恢复秩序,以便无家可归的人可以找到避难所,饥饿的人可以得享食物,因为他们希望以此来为主作见证。还有那些在欧洲的基督徒,在得知当时还不为人知的广阔大陆之后,他们涌向那里,传讲自己的信仰。历代以来,有的基督徒以口传笔授为主作见证,有的基督徒以祷告和退离俗世为主作见证,还有的基督徒以不惧武力和宗教裁判所的熊熊烈火为主作见证。

不管我们愿意与否,我们就是这群形形色色、甚至相互矛盾的见证人的后嗣。他们的某些行为可能令我们厌恶,某些行为可能令我们振奋。但是,他们的所作所为——无论是令我们敬佩的,还是遭我们唾弃的——都是我们历史的一部分,并共同把我们带到了今天。

如果不理解历史,我们就无法理解自己,因为历史在某种意义上仍活在我们之中,仍在影响今天的我们,以及我们对基督教信仰的理解。例如,当我们读到"义人必因信得生"时,马丁·路德正在我们耳边低语,告诉我们该如何解释这句话——即使是对从未听说过路德的人也是如此。当我们听到"基督为我们的罪而死"的时候,坎特伯雷的安瑟伦正与我们一同坐在教堂的长椅上,即使我们根本就不知道安瑟伦是谁。当我们在教堂中站立、安坐或俯伏跪下时,当我们唱起赞美诗,背诵抑或拒绝背诵某个信经时,当我们建造教堂或讲道时,某段我们可能并不知晓的历史正是影响我们当下这些举动的因素之一。有一种观念认为,我们完全可以像早期基督徒那样阅读新约,传统并不会影响我们对圣经的解释——这样的观念只是一个幻想,也是一个危险的幻想,因为它往往将我们对圣经的解释绝对化,把我们的解经与上帝的道混为一谈。

避免这种危险的一个方法就是去认识那左右我们眼光的往昔,只有意识到有色眼镜的存在,戴着有色眼镜的人才不会认为整个世界被涂上了颜色。同样,如果想要摆脱传统的过度束缚,我们必须先理解这传统是怎样的,我们是如何走到我们现在所在的位置,以及历史中的一些独特因素如何影响到我们对现在的看法。只有这样,我们才能够自由地选择,有哪些历史上的和现代的因素是我们希望否定的,又有哪些是要肯定的。

4 反之亦然。不仅我们现在的观点受到历史的影响,现在以及我们所预想的未来也会影响我们的历史观。如果将这部《基督教史》与之前的一些教会史著作做一番比较,读者会立即发现一些明显的差异。首先,这部《基督教史》希望确认女性在历代教会生活中所起到的作用,而以前的大多数教会史著作某种程度上都没有这么做。这并不是由于我拥有什么其他人所没有的独到见解,只是因为我们这个时代的人越来越认识到,女性对我们生活的方方面面都做出了重要的贡献,尤其是对教会的生活。同样,我在此讲述基督教史的方式也显然不同,本书并没有将北大西洋的教会作为这一历史的顶峰。这同样不是因为我拥有什么独到的见解,只是因为在过去两百年间所发生的一些惊人事件——基督教先是成为一个

真正的普世宗教,后又成为一个越来越不再受北大西洋主宰的宗教。这是任何见到过去几十年相关资料的人都可以轻易得出的明显的结论,正如我们会在这部《基督教史》第二卷中所看到的那样。在一个以前的"宣教区"比"母会"拥有更多基督徒的年代,我们必须站在全球的高度来讲述基督教的历史。在前人看来,这是不必要的,或许也是不可能的。因此,在基督教的历史中,今天我们看来似乎是最重要的一些因素,对五十年前的教会历史学家来说或许是次要的。

正是在这一点上,研究历史与创造历史合而为一。当研究与解释前人的生活与工作时,我们就是在研究历史。但是,我们一定不要忘记,我们是在以现代人的眼光解读历史,而后人将同样会把我们的时代作为历史来解读。从这种意义上讲,无论愿意与否,我们正在以我们的作为与不作为创造历史。这既是一个振奋人心的机遇,也是一份艰巨可畏的责任,它要求我们为了能够更加忠实地创造历史而去研究历史。教会的每一次复兴和教会史上每一个伟大的时代,都是建立在重新解读历史的基础之上。在我们跨入 21 世纪之后,情况也是如此。

同以往每一个时代一样,基督徒在这个新的世纪也面临着新的、意想不到的挑战。在努力顺服地回应时代挑战时,我们可以回顾一下历史,因为历史上的基督徒也面临过类似的挑战。早期教会经常受到冷遇,甚至是蔑视。早期教会应对这种文化的经验可以被西方的一些教会借鉴,因为这些教会所处的社会盛行着类似的文化。公元 4 世纪和 5 世纪时教会应对各种民族移民的方法可以为今天的我们带来启发,教会我们如何解释与回应自己时代的人口变迁。中世纪的经院神学家和宗教改革时期的改教家的敬虔能够激励正在成长中的学者和神学家。19 世纪的宣教史也会很好地提醒我们,让我们认清跨文化与跨社会宣教可能面临的陷阱。就这一切而言,过去的历史将照亮现在。

反之亦然,当我们回顾历史与历史事件时,我们总是透过所处时代有着自身关切和盼望的镜片。历史并不是纯粹的过去;历史是从历史学家的现在来解释的过去。因此,我们对早期殉道士和异端的理解,对古代的修士、牧师、十字军战士和学者的理解,对过去基督徒日常生活的理解,无不被我们现时的镜片印上标记并予以充实。

现在,就让我们进入这一对话吧!

第一部分

初期教会

编年表

罗马帝国皇帝	罗马主教①	作家与文献②	历史事件
奥古斯都 (27BCE – 14CE)		（斐洛）	耶稣
提比略(14 – 37)			
卡里古拉(37 – 41)			
克劳狄(41 – 54)		保罗书信 （弗拉维乌· 约瑟夫）	犹太人被逐出罗马
尼禄(54 – 68)	利奴(？)	《马可福音》	逼迫基督徒 耶路撒冷的基督徒逃 到培拉(66)
加尔巴(68 – 69)			
奥托(69)			
维特里乌斯(69)			
韦斯巴芗(69 – 79)	阿纳克里图(？)	《马太福音》(？) 《路加福音》- 《使徒行传》(？)	耶路撒冷陷落(70)
提图斯(79 – 81)			
图密善(81 – 96)	克莱门一世	《约翰福音》(？) 《启示录》	逼迫基督徒
内尔瓦(96 – 98)			
图拉真(98 – 117)	埃瓦里斯图 亚历山大一世 西克斯图斯一世	伊格纳修	逼迫基督徒
哈德良(117 – 138)		夸德拉图斯 亚里斯蒂德	逼迫基督徒
	泰莱斯福鲁斯	帕皮亚 爱比克泰德 《十二使徒遗训》(？)	诺斯替主义兴起

---

① ※表示不被罗马天主教承认的主教。
② 小括号内的作家为非基督教作家。

罗马帝国皇帝	罗马主教	作家与文献	历史事件
	希基努斯	《希伯来福音》《伪巴拿巴书信》(?)	马西昂来到罗马
安东尼·庇护(138－161)	庇护一世	巴西里德斯	
		培拉的阿里斯托(130)	
		《黑马牧人书》(约150)	
		波利卡普殉道	
		罗马信仰标志	
		瓦伦廷	
	雅尼塞图斯	《彼得福音》	
		《穆拉多利残篇》(160)	
			孟他努主义
		色塔的弗龙托	
		佩克托里乌斯碑文(?)	
		以赛亚升天(?)	
		《所罗门颂歌》(?)	
马可·奥勒留(161－180)	查士丁(165)		逼迫基督徒
卢西乌斯与维鲁斯共治(161－169)	索特	赫格西普斯(154－166)	
		撒摩撒他的卢奇安	
		塔提安	
		《以诺二书》(?)	
	埃莱乌泰里乌斯(?－189)	阿萨纳戈拉斯	高卢的基督徒殉道(177)
科莫都斯	安提阿的提阿非罗(塞卢斯)		
		爱任纽(约180)	
		潘代努斯	西拉诸殉道士
	维克托一世(189－199)	萨迪斯的美利托(189)	复活节日期之争
佩尔提纳科斯(193)		德尔图良(195－220)	
狄迪乌斯·朱利安(193)			

罗马帝国皇帝	罗马主教	作家与文献	历史事件
塞普蒂默·塞维鲁	泽弗里努斯 (199－217)	米努齐乌斯·菲利克斯(?) 阿伯西乌斯碑文 佩尔培图阿和菲里西塔斯 亚历山大的克莱门 (200－215)	逼迫基督徒 信仰调和主义政策 德尔图良成为孟他努主义者(207)
卡拉卡拉(211－217)		奥利金(215－253)	
马克里努斯 (217－218)	卡里克斯图一世 (217－222)	(普罗提诺)	
埃拉加巴卢斯 (218－222)			
亚历山大·塞维鲁 (222－235)	乌尔班一世 (222－230)	《伪克莱门书信》(?)	
	※希波里图斯 (222－235)		罗马出现两位主教
	庞提安(230－235)		奥利金到巴勒斯坦
马克西米努 (235－238)	安特罗斯(235－236)		
	法比昂(236－250)		
戈尔迪安一世(238) 戈尔迪安二世(238)			
普皮耶努斯(238)	塞克斯都·尤里乌斯·阿非利加努斯		
巴尔比努斯(238)			
戈尔迪安三世 (238－244)	美多迪乌	《多马福音书》(?)	摩尼教诞生
阿拉伯人腓力 (244－249)	赫拉克拉斯		
德西乌斯 (249－251)		西普里安	逼迫基督徒
霍斯提利安(251)			
加鲁斯(251－253)	柯尔内留斯 (251－253)		罗马出现两位主教

罗马帝国皇帝	罗马主教	作家与文献	历史事件
	※诺瓦替安 (251 – 258?)		
埃米利安(253)	卢修斯 (253 – 254)	宗徒规诫(?)	
瓦莱里安 (253 – 259)	司提反一世 (254 – 257)		
	西克斯图斯二世 (257 – 258)		
加列努斯(259 – 268)	迪奥尼修斯 (260 – 268)	亚历山大的狄奥尼 修斯	卢奇安的保罗 安提阿主教
	菲利克斯 (269 – 274)	安提阿的卢西安 行神迹者格列高利	
		凯撒利亚的费米利安	
克劳狄二世 (268 – 270)		狄奥格诺斯托斯	
昆提卢斯(270)		诺斯替莎草纸文献(?)	
奥勒利安(270 – 275)		《巴多罗买福音书》	
塔西图斯(275 – 276)	欧提其安(275 – 283)		
弗洛里安(276)			
普罗布斯(276 – 282)			
卡鲁斯(282 – 283)	卡尤斯(283 – 296)		
努梅里安(283 – 284)		阿诺比乌斯	
卡里努斯(283 – 285)			
戴克里先(284 – 305)			
马克西米安 (285 – 305)	马尔切利努斯 (296 – 304)		
君士坦提乌一世· 克洛卢斯(292 – 306)		耶里乌斯	大逼迫
加勒里乌 (292 – 311)			《宽容敕令》 (311)
马克西米努·达伊亚 (305 – 313)	马塞卢斯一世 (308 – 309)		
君士坦丁一世 (306 – 337)	优西比乌 (309 – 310)		

罗马帝国皇帝	罗马主教	作家与文献	历史事件
塞维鲁（306－307）			
马克森狄（306－312）	米尔提阿德（311－314）		米尔汶桥战役
李锡尼（307－323）			《米兰敕令》（313）
	西尔维斯特一世（314—335）		

第二章

时机成熟

> 及至时候满足，上帝就差遣他的儿子，为女子所生，且生在律
> 法以下。
>
> ——《加拉太书》4:4

早期的基督徒并不相信耶稣降生的时间和地点是偶然的。相反，他们认为，在耶稣降生之前的所有事件，以及与之相关的所有历史环境中，上帝为耶稣的降生做好了准备。教会的诞生也是如此，它源于耶稣的事工。上帝预备了道路，因此，使徒们在得着圣灵的能力之后，可以在"耶路撒冷、犹太全地和撒玛利亚，直到地极"作耶稣的见证（徒1:8）。

因此，教会从未脱离它所处的世界。最早的基督徒是公元1世纪的犹太人，他们作为犹太人听到并接受了基督教的信息。后来，基督教信仰被传开，先是在其他犹太人中，后是在罗马帝国内外的外邦人中。若要理解基督教最初几百年的历史，我们必须先来看看基督教得以形成的那个世界。

巴勒斯坦的犹太人

长久以来，基督教的诞生地巴勒斯坦始终是一片充满了战争与苦难的土地。在古代，这种情况主要是因为巴勒斯坦所处的地理位置：巴勒斯坦位于连接埃及与美索不达米亚、小亚细亚与阿拉伯半岛的通商要道的

交界处。如果我们读过旧约就会知道,巴勒斯坦历来被各大帝国所占据,统治者们都对这片狭长的土地垂涎三尺。因此,巴勒斯坦居民经常遭受入侵、奴役和流亡。公元前 4 世纪,一个新的竞争者进入历史舞台。亚历山大(Alexander)和他的马其顿军队加入了对巴勒斯坦的争夺。在击败波斯人之后,他成为巴勒斯坦新的主人。但是,随后不久他就去世了,他的庞大帝国也随之分裂成两个王朝:一个在埃及,一个在叙利亚。为了争夺巴勒斯坦,这两个王朝进行了漫长的战争,结果又是一段动荡不安的岁月。

同大多数帝国征服者一样,亚历山大也希望为自己的征服寻求意识形态的基础。他并不只想征服世界,也希望通过传播希腊文明来统一和丰富这个世界。希腊文明中的某些元素与被征服文明中的另一些元素以各种不同的形式和方式融合起来,其结果就是我们今天所说的希腊化文明(Hellenism)。虽然希腊化文明的确切性质因地而异,但是,它的确为东地中海盆地带来了统一。统一先为罗马人的征服开辟了道路,后为福音的传播扫清了障碍。

然而,许多犹太人并不认为希腊化文明是一种祝福。希腊化文明的部分意识形态是将不同国家的神祇等同和混合起来,因此犹太人认为这会威胁到对以色列独一上帝的信仰。从某种意义上讲,巴勒斯坦从亚历山大征服到耶路撒冷于公元 70 年被毁这段历史,可以被视为一部持续不断的斗争史:一方面是希腊化的重压,一方面是犹太人忠于自己的上帝和传统。

这场斗争的高潮是马加比家族(Maccabees)于公元前 2 世纪领导了犹太人起义。马加比家族曾一度获得宗教与政治独立。但是,马加比家族的继任者最终屈服在继亚历山大之后统治叙利亚的塞琉西王朝(Seleucids)的希腊化重压之下。当一些更加顽固的犹太人奋起抵抗时,他们遭受到逼迫。在一定程度上,由于犹太人的抵抗,罗马最终进行了干涉。公元前 63 年,庞培(Pompey)征服了巴勒斯坦,废黜了马加比家族最后一位统治者阿里斯托布鲁斯二世(Aristobulus II)。

同之前的亚历山大一样,罗马人也借助意识形态来为自己的帝国征服行为辩护。他们的口号是教化自己周围的世界——在罗马人看来就是按照罗马的样式建造和美化城市,将它们全部置于罗马人的统治与引导之下。请注意,从语源学上讲,"文明"(civilization)一词可以理解为"城市化"(citification)。在没有城市的地方,罗马人就建造城市。而在古老的城市,罗马人就按照罗马的风格来装饰城市,修建罗马式的公共建筑。

总的来说,罗马人对被征服者的宗教与习俗所采取的政策是相当宽容的。在罗马帝国征服巴勒斯坦之后不久,罗马政府就给予马加比家族后裔一定的权力,并利用他们统治巴勒斯坦,将他们分封为大祭司和总督。公元前40年,大希律(Herod the Great)被罗马人任命为犹大的分封王,他可以说是马加比家族的一个远亲,因为他的妻子是马加比家族的直系后代。

但是,罗马人的宽容并未能调和犹太人的顽固。他们坚持崇拜自己的独一上帝,只要他们的信仰受到一丝威胁,就可能爆发起义。希律服从了罗马帝国的通行政策,建造了用来纪念帝国皇帝的都城凯撒利亚,还在撒玛利亚建造了用来崇拜罗马与奥古斯都的神殿。然而,当他贸然将一只罗马雄鹰放在耶路撒冷圣殿门前时,一场起义爆发了,但随后被他暴力镇压下去。他的继任者们采取了类似的政策,他们兴建城市,鼓励外邦人移民。

这就导致了几乎持续不断的起义。当耶稣幼年时,就爆发了一场反对希律的儿子亚基老(Archelaus)的起义,亚基老被迫请来罗马帝国军队。随后,罗马人摧毁了拿撒勒附近的一座加利利城市,并钉死了两千名犹太人。在《使徒行传》5∶36,迦玛列所列举的无益的反抗就是指这次起义。尽管有着如此残酷的镇压——也许正是因为罗马帝国的残酷镇压——激进派或奋锐党却毫不示弱,顽强地反抗罗马人的统治,并在公元66年爆发的大起义中发挥了重要的作用。罗马军团再次被请来,于公元70年夺取了耶路撒冷,圣殿被毁。几年后,犹太人抵抗罗马军团的最后一个要塞马萨达(Massada)古堡陷落了,犹太人在英勇地防御之后被征服。

在这样的苦难与变故中,犹太人的宗教发展出不同的形式,一些犹太教派出现了。其中最著名的是法利赛派,这不仅是因为福音书经常提到他们,也是因为后来的犹太教是从这个教派发展而来。他们是普通的百姓,并没有享受到罗马统治和希腊化文明所带来的物质财富。对于他们来说,重要的是遵行律法,因此,他们研究并讨论如何在各种可能想到的环境中应用律法。这就导致他们被指责为律法主义者。从某种程度上讲,这可能是事实。但是我们必须记住,他们正是通过对律法的强调,试图将以色列的信仰与日常生活、与在罗马人的统治和希腊化威胁之下的新环境联系起来。此外,较为保守的犹太人认为,法利赛派的一些教义纯粹是一种发明,如末日的复活和天使的存在。

较为保守的犹太人即撒都该派。总的来说,他们属于犹太贵族,在政治和宗教上都非常保守。就宗教问题而言,他们关注的焦点是圣殿。在罗马人的支持下,他们牢牢地把持着圣殿,罗马人非常喜欢撒都该派的保守政治观。他们否认法利赛派的许多教义,认为它们都是毫无根据的创新。

这就意味着我们一定要谨慎,不要夸大耶稣和早期基督徒对法利赛派的反对。基督徒与法利赛派之间的许多冲突是因为他们观点的相似,而不是他们的分歧。比起与撒都该派的接触,游走于普通百姓中的耶稣和他的门徒与法利赛派接触的机会更多。

17   在公元 1 世纪的犹太教中,还有其他许多教派和团体。我们已经讲过奋锐党。另一个重要教派是艾赛尼派,这是一个禁欲的教派。许多人认为,死海古卷就是他们的杰作。艾赛尼派——也许还有其他一些类似的教派——试图通过退离俗世来遵行律法。他们通常有着强烈的末世盼望。

另一方面,思想、教派和党派的多样性都不能掩盖所有犹太人的两个基本教义:犹太民族的一神论和他们盼望末世。民族一神论意味着,只存在一位上帝,正如这位上帝要求人类必须对他进行正确的崇拜一样,他也要求人类彼此之间建立合宜的关系。各教派有可能就这种关系的具体形式产生分歧,但他们却一致认为人在一生中必须崇拜一位上帝。

末世盼望是以色列人信仰中另一个共同的基本教义。大多数犹太人都持有对弥赛亚的盼望,并且坚信上帝最终会帮助以色列复兴,实现和平与公义之国的应许。有的犹太人认为,他们可以通过武力加速这一天的到来。有的犹太人相信,上帝完全掌管着这一切。但是,所有犹太人都在盼望上帝的应许将在未来实现。

在所有这些犹太教派中,唯有最为训练有素的法利赛派在圣殿被毁之后存活下来。他们的起源可以追溯到犹太人被掳到巴比伦时期,当时,他们无法在耶路撒冷敬拜上帝,因此,他们的信仰生活必然以律法为中心。公元1世纪数百万背井离乡的犹太人即是这样。他们并不能经常来到圣殿崇拜上帝,因此,他们发展出会堂。在会堂中,犹太人学习以色列的律法和传统,散居各地的犹太人经历到群体生活,增强了自己在流散地仍能作为上帝的忠实子民来生活的决心。圣殿于公元70年被毁之后,撒都该派遭到致命的打击,而法利赛派的神学传统却延续下来,且开花结果,最终发展成现代的犹太教。

散居的犹太人

耶稣降生之前数百年间,生活在巴勒斯坦以外的犹太人越来越多。从旧约时代起,大量的犹太人生活在波斯和美索不达米亚。他们甚至在公元前7世纪时在埃及建造了一座圣殿,五百年之后又建造了一座。到了耶稣的时代,罗马帝国的每一个大城市都出现了具有相当规模的犹太社区。这些犹太人散居在罗马帝国各地,但他们对自己祖先的那片土地怀有强烈的感情,并在信仰上保持着紧密的联系。他们被称为"散居的犹太人"。

对于基督教的历史来说,散居的犹太人至关重要,因为他们是新信仰 *18*

传遍罗马帝国的主要途径。此外，他们无意中也为教会提供了最有效的宣教工具：旧约的希腊文译本。

散居的犹太人有一个共同特点，他们当中许多人忘记了自己祖先的语言。因此，他们有必要将希伯来文圣经翻译成自己能看懂的语言——散居在罗马帝国东部的犹太人使用的亚兰语，和散居在罗马帝国西部的犹太人使用的希腊语。在亚历山大征服地中海沿岸地区之后，希腊语成为这片地区绝大多数人的共同语言。埃及人、犹太人、塞浦路斯人，甚至是罗马人，都使用希腊语进行交流。因此，当散居的犹太人开始遗忘希伯来语时，他们自然会将圣经翻译成希腊文。

这部在埃及的主要城市亚历山大开始翻译的圣经被称为"七十子希腊文本圣经"，通常被简称为"七十士译本"。这个名字源于一个古老的传说：一群犹太学者被委派翻译圣经，他们各自进行翻译，但他们最后发现，各自的译本竟然完全相同。这个传说显然是为了证明七十士译本是上帝所默示的。

总之，七十士译本对早期教会非常重要。它被大多数新约作者所引用，并对早期基督教语词的形成产生了深远的影响，其中就包括"基督"这个名字——七十士译本中"基督"这个名字是从"受膏者"或"弥赛亚"翻译过来的。当早期的基督徒开始宣教时，七十士译本是他们的现成工具，他们用它与那些不接受他们教义的较为传统的犹太人进行辩论，它也成为他们向外邦人传授自己信仰的一个工具。由于宣教和其他一些原因，犹太人也翻译出一些不同于基督徒使用的圣经译本，它们实际上令教会只能使用七十士译本。

散居各地的犹太人被迫接受了希腊化文明，而留在巴勒斯坦的犹太人却可以依然持守自己的信仰。在犹太人中，尤其是在亚历山大的犹太人中，出现了一场运动，试图证明犹太人的古老信仰与最好的希腊化文化并不矛盾。早在公元前3世纪，就有犹太学者尝试以公认的希腊记史方法来重述以色列的历史。但是，这整个传统的顶峰是亚历山大的斐洛

（Philo of Alexandria）所做的工作。他与耶稣是同代人。他试图证明，最好的异教哲学与希伯来圣经并不矛盾。他声称，既然希伯来先知要早于希腊哲学家，那么希腊哲学家的智慧就一定是取自于他们。他认为，这样的吻合之处有很多，因为哲学家的学说在根本上与圣经中的教导一致，差别只在于圣经是用比喻来说话。这反而意味着，必须要用寓意解经的方法来理解圣经。斐洛试图用寓意解经法证明，圣经中的上帝就是哲学家的"太一"（the One），从本质上讲，希伯来人的道德教导与希腊哲学家最好的道德教导也是一致的。在早期基督徒努力向异教世界证明自己的信仰之可信性时，上述论证为他们提供了充足的装备。

希腊罗马世界

罗马帝国为地中海盆地带来史无前例的政治统一。虽然每一个地区都保留着自己的一些古老法律与习俗，但是，罗马帝国的普遍政策是，尽可能在不动武的情况下促进统一。在这方面，罗马帝国效法了亚历山大的榜样。亚历山大和罗马帝国都取得了显著的成功，因此，早期教会是在罗马法律与希腊文化的背景下形成的。

罗马帝国所带来的政治统一令早期的基督徒可以前往罗马帝国的任何一个地方，而不必担心会遇到强盗或局部的战争。当我们读到保罗的宣教行程时，我们可以看到，当时对航海的一大威胁是恶劣的天气。但几十年前，更加令人担心的是遇到海盗，而不是风暴。公元 1 世纪，平坦宽敞且戒备森严的道路已延绵至罗马帝国最远的行省——即使当时大部分贸易和旅行还是通过水路进行的。人们因为繁荣的贸易而频繁出行；因此，基督教经常流传到新的地区，这并不是通过宣教士或传道人，而是通过出行的商人、奴隶和其他一些人。从这种意义上讲，政治环境有利于基督教的传播。

然而，这种宽松政治环境的其他一些方面，却对早期的基督徒构成了威胁和挑战。为了取得更大程度的统一，罗马帝国试图通过遵行两条路

罗马帝国的陆路交通系统闻名于世,但大部分远距离的贸易和出行仍是走水路,使用的就是图中这样的船只。这幅镶嵌画是在古罗马港城奥斯蒂亚废墟中发现的。

线来寻求宗教统一:宗教调和主义(*syncretism*)——随意融合各种宗教的不同元素——和皇帝崇拜。

罗马帝国让境内不同地区的臣民相信,虽然帝国的神祇有着不同的名字,但它们终究都是同样的神祇。罗马帝国这样做是为了自己的既得利益。于是,帝国各地的众多神祇被搬进了罗马万神殿。有着各种传统与信仰的人穿梭往来于便于基督教传播的同一条陆路和海路。各种传统与信仰在城市的广场和集市混杂同处,以至于人们几乎难以辨清它们的本来面目。宗教调和主义成为那个时代的宠儿。在这样的氛围中,犹太人和基督徒被视为顽固的狂热分子,因为他们坚持只崇拜自己的上帝。他们被视作一个外来的毒瘤,为了社会的益处必须将他们铲除。

21   当时的宗教调和主义也可以在今天的历史学家所说的"神秘宗教"(mystery religion)中看到。"神秘宗教"并不是基于古代的奥林匹亚神祇,而是以与个人更加密切的神祇为基础。在此之前,人们普遍信奉自己出生地的宗教。但是现在,在被亚历山大和罗马帝国征服之后,人们可以自由选择自己想要信奉的神祇。因此，人们并不是因出生地而信奉某个神秘宗教，而是举行仪式加入某个神秘宗教。大多数神秘宗教都基于有关世界的起源、生命的维系和神祇的生活的神话。埃及传来依希斯（Isis）和俄塞里斯（Osiris），他们解释了尼罗河的富饶和繁育力。希腊贡献出从远古时代就在雅典附近举行的祭式。起源于印度和伊朗的密特拉（Mithras）崇拜在军队中十分流行。还有人崇拜起源于闪米特人的众神之母。由于奉行宗教调和主义，这一切很快融合在一起，以至于今天的历史学家很难确定，在哪种背景下形成了哪种教义和习俗。神秘宗教的神祇并不具有犹太人与基督徒的上帝所具有的排他性，因此，加入神秘宗教的许多人得以调和各自宗教中的许多元素。

但是，罗马宗教中的另一个因素最终成为逼迫基督徒的肇因，这就是崇拜掌权的皇帝。罗马当局将崇拜皇帝视为维系国家统一与查验臣民是否忠诚的一种手段。拒绝在皇帝像前焚香就表示叛国，至少是对皇帝不忠。当基督徒拒绝在皇帝像前焚香时，他们是在见证自己的信仰；可是，罗马当局却据此判定他们对皇帝不忠与煽动叛乱。22

为了能够在希腊化文明中传播自己的信仰，基督徒发现有两个哲学传统极具吸引力，极其有效，那就是柏拉图哲学与斯多葛哲学。

柏拉图的老师是苏格拉底。苏格拉底以腐蚀青年与亵渎神祇的罪名被处死。柏拉图写下为苏格拉底辩护的对话录，公元1世纪时，苏格拉底被视为古代最伟大的哲人之一。苏格拉底、柏拉图和其他许多哲学家批评古代的神祇，并讨论一位完美与永恒的神。此外，苏格拉底和柏拉图都相信灵魂不朽。柏拉图断言，在这个短暂的世界之上，存在一个更高的永恒真理的世界。早期的基督徒发现，当他们努力回应说他们无知与没有信仰的指控时，所有这些思想都极具吸引力，也都非常有用。虽然这些哲学传统最初被基督徒用来向异教徒解释自己的信仰，但是不久它们就开始影响基督徒自身对信仰的理解——这最终导致了激烈的神学争辩。

斯多葛哲学的情况也大致如此。这个哲学流派稍晚于柏拉图哲学，23

他们坚持极高的道德标准。早期的斯多葛主义者——公元前 3 世纪的斯多葛派哲学家——是相信万物由火构成的唯物论者。他们也是决定论者,因为他们相信,人类只能训练自己接受那无情地支配着宇宙万物的自然律。但是,到了基督教登上历史舞台时,斯多葛哲学已经发展成为具有宗教意义的哲学体系,一些斯多葛派哲学家谈到用自己的智慧去支配事物的进程。不管怎样,所有斯多葛主义者都相信,哲学的目的就是理解、遵守和适应自然律。智者并不是知识丰富的人,而是心灵与宇宙律达到一致以至于受理性支配的人。如果哲学家能够做到这一点,激情就会消退,他们就会接近理想的情感淡漠(apatheia)——没有激情的生活。人类必须培养四种德行:道德洞察力、勇气、自制和公义。这四种德行是智慧生活的不同方面,因此一败俱败。斯多葛主义者也批判当时的宗教,因为在许多斯多葛主义者看来,当时的宗教是那些神祇的崇拜者利用神祇为他们自己欲望开脱的一种手段,而不是在呼吁培养德行。他们拒斥早期希腊文化所固有的狭隘性,坚持认为理性具有普遍性,并自称是世界公民。

所有这些思想都对基督徒极具吸引力,因为他们对当时的宗教与道德的批评很少受到欢迎。教会被许多基督徒称为"新种族",因为教会吸引了各个民族的人,是全人类合一的鲜活见证。很快,斯多葛哲学的自然律是智慧向导的观念就被基督教的护教士和伦理学家所接受,因为他们认为,基督徒的生活符合这个规律。当基督徒面对偏见、嘲笑甚至是殉道时,斯多葛哲学的情感淡漠的理想要求他们坚定不移。现在,基督徒也开始采用斯多葛派哲学家曾经用来驳斥诸神的论点。

这就是基督教诞生在其中的世界。犹太人散居在世界各地,以及罗马帝国制度和希腊化文明,都为新信仰的传播开辟了道路;但是,它们也带来了障碍,甚至是危险。我们将在随后的几章中讲述早期基督徒是如何走上这些道路,克服这些障碍,并应对这些危险的。

第三章

耶路撒冷的教会

使徒大有能力,见证主耶稣复活,众人也都蒙大恩。

——《使徒行传》4:33

《使徒行传》证实,耶路撒冷最初就有一间强大的教会。但是,这卷书随后开始记载其他一些事件,很少再去讲述这间基督教会后来的历史。新约的其他书卷又提供了一些零散的信息。可是,这些信息主要是关于罗马帝国其他地区的教会生活。然而,若将新约所提供的这些信息与从其他作家那里得来的信息拼凑在一起,我们还是可以大致了解这间最早的基督教会的生活以及它后来的历史。

统一与多样

这间最早的基督教会经常被理想化。彼得在五旬节的坚定与雄辩,往往掩盖了他就如何处理希望加入教会的外邦人这一问题所表现出的犹豫。虽然凡物公用可能值得赞扬,但是它却没有完全消除各个群体之间的紧张关系,因为"有说希腊话的犹太人向希伯来人发怨言,因为在天天的供给上忽略了他们的寡妇"(徒6:1)。

这节经文并不是指犹太人与外邦人之间的冲突,因为《使徒行传》清楚地告诉我们,在当时的教会中还没有外邦人。这节经文记载的是两群犹太人之间的冲突:一群犹太人想要保留自己祖先的习俗与语言,另一群犹太人更愿意接受希腊化。在《使徒行传》中，第一群犹太人被称为"希伯来人"，第二群犹太人被称为"说希腊话的犹太人"。为了解决这场危机，十二使徒召开了一次会议，任命了七位执事来"管理这事"。我们并不完全清楚"管理这事"的确切含义，但毫无疑问的是，这七位执事将承担起管理教会的工作，而十二使徒将继续讲道和教导。不管怎样，这七位执事似乎都是"说希腊话的犹太人"，因为他们都有着希腊人的名字。因此，任命七位执事是尝试给"说希腊话的犹太人"在教会事务中更多的发言权，而全部是"希伯来人"的十二使徒仍是主要的教师与传道人。

《使徒行传》7章讲述了七位执事之一司提反的故事。该章的一处经文暗示，司提反对圣殿的态度并不完全是正面的（徒 7：47—48）。但不管怎样，反希腊化的犹太人所组成的犹太公会拒绝听司提反的话，最终将他判处死刑。这与同一个犹太公会对彼得和约翰的处置形成了鲜明的对比：他们在被打之后就被释放了，只是被告诫要停止讲道（徒 5：40）。此外，当逼迫最终爆发，基督徒不得不逃离耶路撒冷时，十二使徒却可以留下。当扫罗去大马士革搜查在那里避难的基督徒时，十二使徒仍在耶路撒冷，扫罗似乎对他们视而不见。所有这一切似乎都表明，最早的逼迫主要是针对所谓的"希腊化"基督徒，而"希伯来人"的处境要好得多。后来，我们在《使徒行传》12章中得知，是希律（不是犹太公会）下令处死雅各，逮捕彼得。

就在司提反殉道之后，《使徒行传》开始讲述七位执事中的另外一位：在撒玛利亚建立了一间教会的腓利。后来，彼得和约翰受差遣去监督这个新生教会的生活。就这样，一间教会在犹大境外诞生了。虽然这教会并非由使徒创建，但是它仍然承认使徒的权柄。在新地区建立起来的新教会通常都是采用这种模式。

到了9章，《使徒行传》开始更多关注保罗，耶路撒冷教会的信息越来越少了。当时的情况是，希腊化犹太基督徒正在成为一座通往外邦世界的桥梁，大量的外邦人正在加入教会，以至于他们的数量很快就超过了之前的犹太基督徒。因此，我们这里所讲述的主要是外邦人的基督教，然而我们仍然不应当忘记只是断断续续提到过的最早的耶路撒冷教会。

信仰生活

最早的基督徒并不认为自己是一个新宗教的信徒。他们以前是犹太人，现在仍是犹太人。十二使徒是这样，七位执事是这样，保罗也是这样。他们的信仰并没有否定犹太教，而是相信弥赛亚的时代已经最终到来。根据《使徒行传》的记载，保罗称自己遭受逼迫的原因是为了"以色列人的指望"（徒 28:20）——即弥赛亚的到来。最早的基督徒并不否定犹太教，而是相信自己的信仰将结束犹太人历代以来对弥赛亚的长久期盼。

因此，耶路撒冷的基督徒仍在守安息日，仍在圣殿中崇拜。此外，他们还在每个星期的第一天聚会擘饼，庆祝耶稣的复活。这就是早期的圣餐礼拜。早期圣餐礼拜的中心并不是耶稣的受难，而是耶稣的得胜，耶稣的得胜已经开启了一个崭新的时代。几百年以后，基督徒崇拜的中心才转向耶稣的受难。为了庆祝耶稣复活，早期基督徒在圣餐中"存着欢喜诚实的心"擘饼（徒 2:46）——"诚实"（generous）一词也许是指分享食物。

早期基督徒的确为忏悔自己的罪留出了时间，尤其是每周两天的禁食。这是教会所沿用的犹太人的习俗。但是，至少有一部分早期的基督徒开始在星期三和星期五禁食，而不是像犹太人那样在星期一和星期四禁食。这种改变可能是为了纪念耶稣被卖与被钉十字架。

在早期的教会中，权力主要集中在耶稣的十二个使徒（但也有一些学者提出，教会在稍晚一些才开始强调使徒的权力，这只是努力加强教会内部权力体制的一部分）。在耶稣的十二个使徒中，彼得和约翰似乎一直是最重要的，因为《使徒行传》对此有过一些暗示，他们也是保罗在《加拉太书》中所说的教会的两块"柱石"（加 2:9）。

可是，教会的第三块"柱石"并不是十二使徒之一。他是主的兄弟雅各。据保罗说，复活的耶稣曾经向雅各显现（林前 15:7）。不管是因为与

28

耶稣有着血缘关系,还是因为其他一些原因,雅各很快就成为耶路撒冷教会的领袖。后来,当教会领袖被一致赋予主教头衔时,据说雅各是耶路撒冷的第一位主教。虽然被冠以主教头衔明显是讹传,但他可能的确是耶路撒冷教会的领袖。

犹太教会的没落

对基督徒的逼迫很快就愈演愈烈,也愈来愈普遍。大希律的孙子希律亚基帕(Herod Agrippa)下令处死约翰的兄弟雅各——不要将他与耶稣的兄弟、教会领袖雅各混淆。亚基帕的这一举动深受自己臣民的欢迎。后来,他又逮捕了彼得,但彼得逃脱了。公元62年,另一个雅各——耶稣的兄弟——被大祭司杀害,尽管这并不是某些法利赛派所希望的,也有悖于他们的忠告。

此后不久,耶路撒冷教会的领袖决定迁到培拉(Pella)。培拉位于约旦河以北,这里的居民主要是外邦人。这一举动似乎不仅是因为犹太人对耶路撒冷基督徒的逼迫,也是因为罗马人开始怀疑这个新教派的真正性质。当时,犹太人的民族主义情绪达到极点。公元66年爆发了一场起义,这场起义导致罗马军队在四年之后摧毁了耶路撒冷。基督徒声称自己追随的是大卫的子孙,而大卫的这个子孙却因为自称是犹太人的王而被罗马帝国的官员钉死在十字架上。最初,基督徒由被钉死的耶稣的兄弟雅各领导。雅各去世之后,耶稣的另一个亲戚西门成为他们的领袖。为了消除这一切所引起的怀疑,耶路撒冷的教会决定迁到培拉。但是,对基督徒的怀疑仍然存在。最终,西门也被罗马人杀害,尽管我们并不清楚他是死于自己的基督教信仰,还是死于他自称是大卫的后裔。但不管怎样,这一切的后果是,被犹太人与外邦人双双弃绝的古代犹太教会越来越孤立。到了公元135年,尽管许多犹太基督徒回到了耶路撒冷,但他们几乎与其他基督徒没有任何往来,教会的领导权也被迫交给外邦基督徒。

在约旦以北荒无人烟的地区,犹太基督教接触到同样遗弃了正统犹太教的其他各种犹太教派。由于缺少与其他教会的联系,这些犹太基督徒自行发展,经常受到自己周围许多教派的影响。几百年后,当外邦基督徒屈尊为这个已经被遗忘的犹太教会表达一点看法时,他们只是提到这些犹太基督徒的异端邪说与古怪习俗,几乎没有对其做任何积极的评价。公元5世纪时犹太教会逐渐淡出历史。爱任纽(Irenaeus)在公元2世纪写到的伊便尼派(Ebionites),指的可能就是他们当中的一些犹太基督徒。爱任纽写道:

> 他们行割礼,仍然遵守律法的规定,他们深受犹太教的影响,以至于他们仍将耶路撒冷作为上帝的居所崇拜。①

与此同时,教会——现在由外邦人所主导——仍在吸引着全罗马帝国的犹太人。教会仍在宣讲自己的信仰成全了犹太教,因此,犹太人应当信奉基督教。与此同时,一些犹太基督徒——甚至是一些外邦基督徒——总是想要以教会领袖难以赞同的方式追根溯源。此外,当时的一些犹太教派也希望在外邦人中赢得信徒,因此就直接与教会展开了竞争。结果,在教会基本上成为外邦人的教会很久以后,犹太人与基督徒之间的辩论还在继续。许多基督徒撰写论文与讲章驳斥犹太人,其中有许多并不是直接驳斥犹太人,而是针对可能被犹太教所诱惑的基督徒。然而,这些论文和讲章确实在基督徒中激发了反犹太人的情绪,而这种情绪将在以后导致罪恶的后果。

① *Against Heresies*, 1.26.2.

第四章

向外邦人宣教

我不以福音为耻；这福音本是上帝的大能，要救一切相信的，先是犹太人，后是希腊人。

——《罗马书》1：16

在《使徒行传》中，被称为"希腊人"的基督徒仍是犹太人，他们对希腊文化表现出一定的开放性。他们是在耶路撒冷最早受到逼迫的基督徒，也是最早散居在耶路撒冷附近城镇的基督徒，因此，他们也是最早将基督教信息传到这些地区的基督徒。

宣教的范围

根据《使徒行传》8：1 记载，这些基督徒"分散在犹大全地和撒玛利亚各处"。该卷书 9：32—42 讲到彼得访问了吕大、沙仑、约帕和犹大全地的基督教会。8 章还讲述了腓利在撒玛利亚的宣教、西门玛古斯的悔改信主，以及彼得与约翰对撒玛利亚教会的访问。同时，早在《使徒行传》9 章我们就已得知，一些躲避逼迫的基督徒到了大马士革，这远远超出了犹大地。该卷书 11：19 又告诉我们："那些因司提反的事遭患难四散的门徒，直走到腓尼基和塞浦路斯并安提阿。"这并不意味着基督徒开始向外邦人宣教，因为《使徒行传》中解释说，他们去那些地方"不向别人讲道，只向犹太人讲"。

腓利在撒玛利亚的宣教和埃塞俄比亚太监的信主,可能是教会愿意接纳非犹太人的最初迹象。但在《使徒行传》10 章所记载的彼得与哥尼流的事件中,这个问题终于摆在面前,这最终令耶路撒冷教会得出一个惊人的结论:"上帝也赐恩给外邦人,叫他们悔改得生命了"(徒 11:18)。我们随后得知,安提阿也发生了类似的事情,结果是耶路撒冷教会派巴拿巴去调查此事,"他到了那里,看见上帝所赐的恩就欢喜"(徒 11:23)。根据《使徒行传》的记载,这些不同的事件表明,基督教的最早扩张主要是由于那些受希腊思想影响且被迫逃离耶路撒冷的犹太基督徒作出的见证,同时母会也认可他们在希腊化犹太人和外邦人中所开展的工作。

当然,这并没有解决所有问题,有一个问题始终存在:归信基督教的外邦人是否必须遵守犹太人的律法。耶路撒冷的教会在犹豫过后接纳了他们,并且宣告:"因为圣灵和我们定意不将别的重担放在你们身上,唯有几件事是不可少的,就是禁戒祭偶像的物和血,并勒死的牲畜和奸淫。"(徒 15:28—29)然而,这仍然没有解决问题,因为保罗书信中有大量经文表明,有犹太基督徒一度坚持认为,外邦基督徒必须更加严格地遵守犹太人的律法。

此外,我们应当注意的是,大多数最早归信基督教的外邦人并非与犹太教完全格格不入。他们是犹太人所说的"敬畏上帝的人"——他们相信上帝和犹太人的道德教导,但由于这样或那样的原因,他们没有成为"从异教归信犹太教者",加入犹太人的行列。在《使徒行传》中,埃塞俄比亚的太监和哥尼流都是敬畏上帝的人。在彼西底的安提阿,保罗和巴拿巴受到了犹太人的热情接待,但后来犹太人认为他们太轻易接受"其他敬畏上帝的人"加入上帝子民的行列(徒 13)。

保罗的工作

我们不必在此重述保罗的所有宣教旅程,因为《使徒行传》已经用大量篇幅作了记载。我们只需指出,由于某种未知的原因,巴拿巴到大数去寻找保罗,他们一同在安提阿生活了一年。正是在安提阿,耶稣的追随者第一次被称为"基督徒"。在随后的许多次航海宣教中,保罗先后与巴拿巴和其他基督徒一起将福音传到了塞浦路斯、小亚细亚的一些城市以及希腊和罗马。根据一个难以证实的传说,保罗还可能将福音传到了西班牙。

然而,称保罗将福音传到这些地区并不意味着他是第一个将福音传到这些地区的基督徒。《罗马书》告诉我们,帝国首都在保罗到来之前就已经有了一间教会。此外,基督教也已经开始在意大利传播,因为当保罗抵达小港丢利时,那里已经有了基督徒。

因此,我们不应当夸大保罗对基督教早期传播的意义。虽然新约的大量篇幅记载了保罗和他的宣教旅程,但还有许多其他的基督徒在各地讲道。巴拿巴和马可去了塞浦路斯,亚历山大的犹太基督徒亚波罗则在以弗所和哥林多讲道。虽然保罗自己有过"宣讲基督或是出于嫉妒,或是出于敌意"的抱怨,但他还是高兴地看到,"无论怎样,基督究竟被传开了"(腓 1:18)。

保罗对早期基督教的形成所做的最大、最独特的贡献并不在于他实际建立了教会,而在于他所写的与建立教会有关的书信,因为他写的书信最终成为基督教圣经的一部分,对基督教会的生活与思想都产生了决定性的、持久的影响。

35 保罗和其他我们知道名字的基督徒在宣教,如巴拿巴和马可。但是,还有无数我们不知道名字的基督徒也在宣教。他们从一个地方来到另一个地方,将自己的信仰与见证带到所有他们去过的地方。有些无名基督徒受到信仰的驱使,像保罗那样旅行宣教。然而,大多数无名基督徒都是商人、奴隶和因为各种原因而需要远行的人,但他们的出行却为基督教信息的传播提供了良机。

最后,当我们说到保罗时,必须指出的重要一点是,虽然他得到了向外邦人宣教的呼召,但根据《使徒行传》的记载,他通常采取的宣教步骤

是:抵达一个新城市之后会先去犹太会堂和犹太社区。他仍然不认为自己是在传讲一个新宗教,而是相信自己正在传讲上帝对犹太人的应许实现了。他的信息并不是犹太人已经被上帝遗弃,而是弥赛亚的时代现在借着耶稣的复活已经到来,因此上帝为外邦人打开了一条成为上帝子民的道路。这一信息对"敬畏上帝的人"极具吸引力,因为他们看到自己现在不用行割礼或遵行犹太人的饮食律法就可以成为上帝的子民。

外邦人教会的增长带来许多变化,尤其是崇拜生活的变化。在基督徒被作为冒牌犹太人赶出犹太会堂之后,他们开始在私人家中聚会,至少会在星期天举行圣餐聚会。但是,他们更加频繁聚会的目的通常是讲道和彼此鼓励,完成一项越来越艰难的使命:在一个充满敌意的世界过基督徒生活。当大多数归信者还是犹太人和敬畏上帝的人时,教会理所当然地认为,他们已经知道了基督教的大部分基本信仰与伦理:崇拜独一的上帝,这位上帝创造了万有,圣洁和诚实从他而来。但是,随着越来越多的外邦人想要进入教会,教会在通过洗礼正式接纳他们之前,有必要对他们进行更长时间的教导和培训。就这样,慕道期出现了。作为慕道期的一部分,崇拜被分成两个主要部分:"圣道崇拜"和"圣餐崇拜"。在圣道崇拜中,要阅读与解释大量经文,这既是为了教导已经接受洗礼的基督徒,也是为了教导初信者。随后,尚未接受洗礼的基督徒会被要求离开,留下来的信众继续进行圣餐崇拜。有一些迹象表明,这种崇拜很早就在进行,并一直持续到公元 3 世纪。因此,在本书第十一章中,我们会更加详细地讲述早期基督徒的崇拜。

主的使徒:真相与传说

36

新约没有记载大多数使徒的侍奉生涯。《使徒行传》讲述了约翰的兄弟雅各的死。但在讲过保罗多年的侍奉生涯之后,《使徒行传》戛然而止,只告诉我们保罗还在罗马讲道,等候审判。保罗、彼得和其他使徒后来的情况又是如何?关于使徒的传说出现得很早:有的称这位或那位使徒曾经在某个地方讲道,有的称某位使徒以这样或那样的方式殉道。其实大多数传说只是某个城市的某个教会的愿望,因为它们希望自己是由使徒所建立。另有一些传说显然更加可信。

在所有关于使徒的传说中,最可信的是彼得的传说。据说,彼得住在罗马,在尼禄逼迫基督徒期间在罗马殉道。公元 1 世纪和 2 世纪的一些基督教作家似乎都这么认为。我们还得知,彼得被钉死在十字架上——有个版本说他是被倒着钉死在十字架上。这似乎是《约翰福音》21:18,19 这两节经文所暗示的——否则这两节经文就非常难解。

保罗的情况要更加复杂。《使徒行传》只是告诉我们,他还在罗马讲道。古代的作家认为,他在尼禄统治时期死于罗马——可能是被斩首,因为这与他的罗马公民身份相称。但是,其他作家认为,保罗又进行了几次《使徒行传》所没有记载的旅行,其中就包括去西班牙的旅行。一些作家试图将这两个传说结合在一起。他们提出,保罗在《使徒行传》结束之后与尼禄开始逼迫基督徒之前这段时间去了西班牙。但是,这种解释遇到年代上的难题。我们最多只能说,我们无法确切知道保罗在这段时间的情况。

重现约翰晚期的侍奉生涯也很复杂,因为约翰这个名字频繁出现在早期的文献中。有一个古老的传说称,约翰在一个滚烫的油锅中被烫死。但是,几乎就在同一时期,《启示录》的记载是,约翰被放逐到拔摩岛。另有一个十分可信的传说称,约翰是以弗所的教师,于公元 100 年左右死于以弗所。所有这一切都表明,至少有两个基督徒叫约翰,而后来的传说将他们混淆了。公元 2 世纪的一位基督教作家希拉波利的帕皮亚(Papias of Hierapolis)证实,在早期的教会中的确有两个名叫约翰的人:一位是使徒约翰,一位是以弗所的长老,就是在拔摩岛得见异象的约翰。我们可以从他们使用希腊文的巨大差异中明显看出,撰写《启示录》的约翰并不是第四福音书,即普遍所说的《约翰福音》的作者。不管怎样,在公元 1 世纪末的以弗所,的确有一位名叫约翰的教师,他在小亚细亚的所有教会中都享有极大的权威。

关于使徒有许多传说，有称彼得派七位执事到西班牙传福音。图为阿维拉大教堂中的浮雕。

公元 2 世纪末出现了一种情况，极大地阻碍了希望弄清使徒晚期侍奉生涯的历史学家。当时的情况是：每一个重要城市的教会都开始声称，自己是由使徒所创立。在与罗马和安提阿教会对抗的过程中，亚历山大的教会认为，自己必须要有一位与使徒相关的创立者，于是，马可创建了亚历山大教会的传说便出现了。同样，在君士坦丁堡成为罗马帝国的首都之后，这里也需要一间由使徒创立的教会。因此，君士坦丁堡的教会宣称，腓利曾经在拜占庭——后来的君士坦丁堡——讲道。

此外还出现了有关使徒活动的其他传说。这些传说也值得关注，如果不是因为它们的真实性，至少是因为它们流传的程度，以及它们对后来历史的重要性。基督教在西班牙与印度兴起的传说尤其是这样。西班牙的基督徒声称，将福音传到西班牙的不只是保罗，还有雅各和彼得派来的七个特使。关于彼得向西班牙宣教的传说最早出现在公元 5 世纪，但这个传说并不如在三百年之后出现的雅各到过西班牙的传说那样具有影响力。根据雅各的传说，他曾在加利西亚（Galicia）和萨拉戈萨（Saragossa）传讲福音，但他的传道并不非常成功。在他返回耶路撒冷途中，圣母站在一根柱子上向他显现,并对他说了鼓励的话。这就是西班牙传统中许多基督徒仍在敬仰的柱子圣母的由来。回到耶路撒冷后,雅各被希律斩首。后来,他的门徒将他的遗体带回西班牙的孔波斯特拉(Compostela)。据说,雅各今天还葬在那里。

这个传说对西班牙后来的历史有着重要的意义,因为圣雅各——西班牙文是圣地亚哥(Santiago)——成为西班牙的主保圣徒。在与摩尔人(Moors)的战争中,"圣地亚哥"这个名字经常会成为将各个小王国团结在一起的战斗口号。此外,在欧洲人的宗教敬虔和西班牙北方的统一中,到孔波斯特拉的圣雅各墓朝圣也起到了重要的作用。圣雅各骑士团也在西班牙历史中发挥了重要的作用。因此,虽然雅各极有可能根本就没有去过西班牙,但雅各到过西班牙的传说仍在西班牙后来的历史中有着极其深远的影响。

多马到过印度的传说令基督教历史学家颇感困惑。这个传说最早出现在《多马行传》(Acts of Thomas)中,而《多马行传》可能早在公元2世纪就已经成书。但是,该书已经被添加了一些令人对整部书产生质疑的传奇故事。该书告诉我们,印度的一位国王冈多法勒斯(Gondophares)正在寻找一位修建宫殿的建筑师,并不是建筑师的多马主动请缨。当冈多法勒斯发现多马将拨给修建宫殿的款项用来救济穷人之后,他将多马关进了监狱。但是,冈多法勒斯的兄弟迦得(Gad)后来从死中复活。复活后的迦得向冈多法勒斯讲述了一座他所看到的华丽天宫,而这座天宫正是用多马救济穷人的钱建造的。后来,冈多法勒斯归信了基督教,接受了洗礼,而多马继续到印度的其他地区宣教,直到最后殉道。

历史学家认为,这个传说的真实性令人怀疑,通常并不予以认可,认为整个故事都是虚构的,因为史书根本就没有记载冈多法勒斯这个人或这个故事的其他任何细节。但是,近年来发现的一些铸币证实,印度的确有一位名叫冈多法勒斯的统治者,他也有一个名叫迦得的兄弟。此外,古代印度的确有基督教,印度当时也与近东有着重要的贸易往来。所有这些事实令历史学家更加难以完全否定多马去过印度的可能性，但这个故事在后来被添加了各种传奇性细节。不管怎样，重要的是，印度在相对较早的时候就已经有了教会，印度的教会也一直声称，多马是印度教会的创建者。

总而言之，可以肯定的是，一些使徒，尤其是彼得、约翰和保罗，的确进行过旅行宣教，并监督过自己或其他使徒所建立的教会。其他使徒可能也这样做过，如多马。但是，关于使徒旅行宣教的大多数传说后来才出现，当时的基督徒相信，十二使徒一起商议划分了世界，每一个国家或城市的教会也都希望是由使徒所创立。实际上，大部分宣教工作并不是使徒所做的，而是由无数的无名基督徒所开展的，他们出于不同的原因——逼迫、贸易或宣教——带着福音从一个地方来到另一个地方。

第五章

与罗马帝国的
最早冲突

我知道你略有一点力量,也曾遵守我的道,没有弃绝我的名。

——《启示录》3:8

从一开始,基督教信仰就不是一件安逸的事。基督徒所服侍的主被作为罪犯钉死在十字架上。随后不久,司提反在犹太公会作见证之后被石头打死。后来,雅各被希律亚基帕下令处死。从那时直到今天,一直有基督徒不得不用自己的鲜血为主作见证。

然而,逼迫基督徒的原因和方式多种多样。早在教会生活的最初几十年,逼迫基督徒的原因和方式就有了一定的发展。

一个新的犹太教派

早期的基督徒并不认为,自己信仰的是一个新宗教。他们是犹太人,与其他犹太人的主要差别是:早期基督徒相信,弥赛亚已经到来,而其他犹太人仍在等待弥赛亚的到来。因此,基督徒给犹太人的信息并不是他们应当放弃自己的犹太人身份,而是弥赛亚的时代现在已经到来,他们将成为更加优秀的犹太人。同样,基督徒向外邦人传讲的信息并不是邀请他们信仰一个新生的宗教,而是分享上帝对亚伯拉罕及其后裔的应许。外邦人被邀请凭借信仰,而不是借着出身成为亚伯拉罕的子孙。这一邀请之所以可能,是因为自先知时代以来,犹太人一直相信,弥赛亚的到来将令万国万邦都归向锡安。对于早期基督徒来说，犹太教并不是敌对基督教的宗教，而是同一个信仰，即使犹太教徒并没有看见或相信先知们的预言已经应验。

在否定基督教的犹太人看来，情况也大致相同。基督教并不是一个新宗教，而是犹太教内部的一个异端派系。我们已经讲过，公元 1 世纪的犹太教并不是一个整齐划一的宗教，而是掺杂着各种不同的派系与观点。因此，在基督教出现之后，犹太人只是将它视为犹太教内部又一个派系。

我们可以这样来更好地理解犹太人对基督教的态度：置身于犹太人的处境，从他们的角度将基督教视为一个新异端；基督徒从一个城镇来到另一个城镇，将好犹太人诱惑成异端。此外，许多犹太人还认为——这是有一定的圣经依据的——他们之所以丧失独立，成为罗马帝国的臣民，是因为他们并没有完全忠于自己祖先的传统。他们担心，这些新异端会再次召来上帝对以色列的震怒。这激起了犹太人的民族主义与爱国主义。

因此，在新约的大部分记载中，正是犹太人在逼迫基督徒，基督徒反而是在罗马当局的保护之下寻求避难。例如，在哥林多就发生过这样的事情：哥林多的一群犹太人将保罗告到方伯（总督）迦流那里，他们指控保罗说："这个人劝人不按着律法敬拜上帝。"而迦流回答说："你们这些犹太人！如果是为冤枉或奸恶的事，我理当耐性听你们。但所争论的，若是关乎言语、名目和你们的律法，你们自己去办吧！这样的事我不愿意审问。"（徒 18:14—15）后来又爆发了一场骚乱，因为一些犹太人声称，保罗将一个外邦人带进了圣殿。一些犹太人想要杀死保罗，是罗马人救了他的命。

因此，罗马人、犹太人和基督徒一致认为，正在发生的是犹太人内部的冲突。只要冲突相对和平，罗马人更愿意置身事外。但是，如果爆发骚乱或是出现任何妨害治安的行为，罗马人就会出面维持秩序，有时还会惩处妨害治安的人。

这项政策的一个很好的例子是罗马皇帝克劳狄（Claudius）在公元 51

年左右将犹太人逐出罗马。《使徒行传》18∶2 提到了这次驱逐,但并没有告诉我们其中的原因。罗马的历史学家苏维托尼乌斯(Suetonius)说,犹太人被逐出罗马的原因是他们"因为克莱斯图斯"(Chrestus)而做出了妨害治安的行为。大多数的历史学家都认为,"克莱斯图斯"就是基督(Christus),罗马当时实际发生的事情是:基督徒的宣讲在犹太人中引起非常多的骚乱,以至于皇帝决定驱逐犹太人。当时,罗马人仍将基督徒与犹太人之间的冲突视为犹太教内部的事情。

43

然而,随着教会从外邦人中赢得的信徒越来越多,犹太人在教会中的比率逐渐下降,基督徒与犹太人之间的差异也变得更加明显。还有一些迹象表明,随着犹太民族主义情绪的高涨,最终导致了反抗罗马帝国的起义,基督徒——尤其是基督徒中的外邦人——试图尽可能远离犹太人和他们的起义。结果,罗马当局认识到,基督教是一个与犹太教极其不同的宗教。

这一新认识——基督教是一个独立宗教——是罗马帝国从尼禄到君士坦丁归信基督教这二百五十年间逼迫基督徒的根本原因。罗马当局与犹太人打过很多交道。当局知道,对于大多数犹太人来说,拒绝崇拜皇帝或其他神祇并不是反叛既定政府,只有政府将自己的神祇强加给犹太人时,他们才会爆发起义。结果,罗马人通常并不期望犹太人会崇拜皇帝。因此,只要基督教还被视为犹太教的一个派系,基督徒通常就不会被要求崇拜皇帝,他们拒绝崇拜皇帝也不会被认为是反叛或反抗,而是宗教信仰上的问题。但是,一旦基督徒显然并不都是犹太人,并且这个新信仰正在帝国各地传播,罗马当局就会要求基督徒像帝国的其他臣民那样,以崇拜皇帝来表示他们的忠诚。

犹太人与基督徒在基督教初期的关系史导致了致命的后果。基督教作为犹太教内部的一个异端派系出现,而犹太教又试图镇压基督教,这可以在新约的不同书卷——还有犹太基督徒的著作——中看到。但是,从此以后,犹太人并没有处在可以逼迫基督徒的地位——实际上,情况恰恰相反。在基督教成为绝大多数国家的官方宗教之后,一些基督徒宣称,犹太人是被弃绝的民族,他们逼迫犹太人,甚至屠杀犹太人。他们的理由是新约所记载的犹太人对基督教的反对。可是,他们根本就没有考虑到当时的历史情况。这种态度肯定是自称"因以色列的盼望"而遭受逼迫的保罗所厌恶的。

尼禄的逼迫

凭借自己母亲的阴谋,尼禄于公元54年10月登上罗马帝国的皇位。最初,他还是一位理智的统治者,并不是完全没有威信,而且他颁布的有利于穷人的法律深受罗马人民的欢迎。但是,他越来越骄奢淫逸,而他身边的朝臣争相满足他的每一个奇思怪想。在他登上皇位十年之后,他被百姓鄙视,诗人和艺术家也对自诩为诗人和艺术家的尼禄极其反感。很快,"尼禄疯了"的传言就不胫而走。

44

这就是公元64年6月18日夜罗马发生火灾的历史背景。当时,尼禄似乎还在几英里之外的安提乌姆(Antium)的宫殿里,他一得到消息,就匆匆赶回罗马组织灭火。他向无家可归的人开放了自己宫殿的花园与其他一些公共建筑。尽管如此,还是有人怀疑正是尼禄——许多人相信他已经疯了——下令将罗马的某些城区付之一炬。大火烧了六天七夜,随后又断断续续烧了三天。罗马十四个城区中的十个城区被大火烧毁。苦难中的人民要求严惩纵火犯。传言很快就出现了——在许多史书中一直流传到今天:尼禄下令烧毁罗马,以便他可以按照自己的心意重建罗马。罗马的历史学家塔西佗(Tacitus)很可能在场。他记录下当时流行的一些传言,但他似乎更倾向于相信大火是在一间油仓中意外燃起的。

人们越来越怀疑尼禄。人们开始传说,他在火灾发生的大部分时间里都呆在帕拉廷宫(Palatine)的一个塔楼顶上,他扮成演员,弹着竖琴,歌唱特洛伊被毁的故事。后来的传言是,专横的诗人尼禄下令放火烧毁罗马,以便大火可以带给他灵感完成一部伟大的史诗。尼禄试图消除这些

猜疑,但很快就显而易见的是,他难以做到,除非他能够找到可以指控的

人。在没有被大火烧毁的两个城区,住着许多犹太人和基督徒。因此,皇帝决定嫁祸给基督徒。

塔西佗是这样说的:

> 尽管有人为的措施、皇帝的慷慨赐赠和各种平息神怒的献祭,但这些都不足以平息人们对尼禄的猜疑,也不足以摧毁尼禄下令放火的流言。因此,为了辟谣,尼禄便将罪名加给因为作恶多端而受到憎恶的基督徒,并用各种残酷至极的手段惩罚他们。他们的创始人基督在提比略(Tiberius)当政时期便被彭提乌斯·彼拉图斯(本丢·彼拉多)处死了。虽然这种有害的迷信曾一度受到抑制,但是,不仅在这一灾害的发源地犹太,也在帝国首都——世界上所有可怕的或可耻的事情都集中在这里,并且十分猖獗——它再度流行起来。起初,尼禄将那些承认自己是基督徒的人都逮捕起来。根据他们的供述,又有许多人被定罪,但是,这与其说是因为他们纵火,不如说是由于他们对人类的憎恨。①

塔西佗的这段话极具价值,因为它们是现存最早的表明异教徒如何看待基督徒的文字记录之一。我们可以从字里行间清楚地读出,塔西佗并不认为是基督徒在罗马纵火。此外,他也并不赞成尼禄的“残酷至极”。但是,这位优秀且有修养的罗马人仍然相信传言中基督徒的“作恶多端”与“对人类的憎恨”。塔西佗和当时的其他作家并没有详细地说明所谓的“作恶多端”是指什么。公元 2 世纪的作家则说得更加清楚。但不管怎样,塔西佗相信传言,并认为基督徒憎恨人类。当时的所有社会活动——戏剧、军队、古典文学和体育——都与异教崇拜交织在一起,而基督徒通

---

① *Annals* 15.44.

常认为必须避免这些活动。如果记住这一点，我们就会理解对基督徒"憎恨人类"的指控。因此，在像塔西佗这样热爱自己的文化与社会的罗马人眼中，基督徒似乎就是"憎恨人类"的人。

塔西佗接着说：

> 在处死基督徒之前，尼禄还用他们来娱乐大众。一些基督徒被披上野兽的皮，然后被狗撕裂而死；或是把他们钉上十字架，在天黑下来的时候就被点燃当作黑夜照明的灯火。尼禄提供自己的花园作为游览之所，他还在自己的竞技场举行比赛，他自己则穿着驭者的服装混在人群中，或是站在自己的马车上。虽然基督徒的罪行完全当得起这种极其残酷的刑罚，但他们依旧引起人们的怜悯，因为人们觉得，他们并不是为了国家利益被杀，而是为了满足一个人的残暴。②

在没有对基督徒表现出丝毫关爱的同时，这位异教历史学家再次表明，皇帝对基督徒的逼迫是不公平的，是他自己的奇思异想在作怪。这段文字也是少数存留下来的异教徒的证词，能够证明早期的殉道士所遭受的残酷逼迫。

我们难以知道尼禄逼迫基督徒的范围。公元 1 世纪末与 2 世纪初的基督教作家回忆了那段恐怖的岁月。彼得和保罗很可能也在尼禄的逼迫中殉道。另一方面，没有任何史料记载发生在罗马之外的逼迫。因此，尼禄对基督徒的逼迫虽然极为残酷，但很可能只局限于帝国的首都。

虽然基督徒最初被指控纵火，但是，他们很快就只因身为基督徒——以及因与这个名字有关的一切所谓的"作恶多端"——而继续遭受逼迫。古代的作家告诉我们，尼禄颁发过敌对基督徒的法令。但是，即使真的有过这样一个法令，今天也散失了。

---

② *Annals* 15.44.

公元 68 年,尼禄被一场获得了罗马元老院支持的起义所废黜。他自杀了。逼迫停止了,但却没有人采取任何行动来废除尼禄所颁发的每一项敌对基督徒的法律。随后是一段政治动乱的年代,以至公元 69 年被称为"四帝之年"(Year of the Four Emperors)。苇斯巴芗(Vespasian)最终控制了政府,在他和他的儿子提图斯(Titus)统治期间,基督徒基本上没有受到政府的逼迫。

图密善的逼迫

图密善(Domitian)在提图斯之后成为了罗马帝国的皇帝,他最初并没有特别注意到基督徒。我们不清楚他最终敌对基督徒的原因。不过他敬重罗马的传统,并试图复兴它们。基督徒否定罗马的神祇与许多传统,他们妨碍了图密善的梦想,这可能是导致逼迫的原因之一。

图密善也给犹太人制造了麻烦。圣殿于公元 70 年被毁,因此,图密善决定,所有犹太人必须将本该每年送往耶路撒冷的供奉移交到帝国国库。一些犹太人拒绝服从命令,而另一些犹太人送去了奉献款,但同时表明,罗马不会取代耶路撒冷。图密善的回应是,针对犹太人颁布了严厉的法律,坚持以更加苛刻的条件索要奉献款。

当时,犹太人与基督徒之间的差异在帝国官员的心中并不明显,因此,他们开始逼迫所有遵行"犹太习俗"的人。新逼迫就这样开始了,而这次逼迫似乎既是针对犹太人,也是针对基督徒。

同尼禄的逼迫一样,图密善逼迫基督徒的严重程度在罗马帝国各处也是不一样的。实际上,只有当时爆发在罗马和小亚细亚的逼迫是可信的。

弗拉维乌·克勒蒙斯(Flavius Clemens)和他的妻子弗拉维娅·多米提拉(Flavia Domitilla)被处死,而他们可能是图密善的亲戚。他们受到的指控是"无神论"和"遵行犹太人的习俗"。基督徒崇拜一位无形的上帝,因此,异教徒经常控诉他们是无神论者。因此,弗拉维乌·克勒蒙斯和弗

47

拉维娅·多米提拉的死可能是因为他们是基督徒。如果真是这样,那么他们是这次逼迫中仅有的我们知道名字的两位罗马殉道士。但是,一些古代的作家证实还有许多其他殉道士,罗马的教会写给哥林多人的书信《克莱门一书》(*First Clement*)中说:"持续不断与意想不到的罪恶已经临到了我们。"

在小亚细亚,这次逼迫促成了《启示录》的成书,因为它的作者被流放到拔摩岛。有迹象表明,许多基督徒惨遭杀害,此后,小亚细亚的好几代教会都还记得图密善统治时期的这次试炼。

同新约其他书卷相比,成书于逼迫时期的《启示录》对罗马表现出的态度更加消极。保罗曾经教导罗马的基督徒要顺服掌权者,称掌权者的权力是上帝所授予的。但是现在,拔摩岛的这位先知将罗马说成是"一个大淫妇……喝醉了圣徒的血和为耶稣作见证之人的血"(启17:1,6)。此外,《启示录》中所盼望的天国之城对应着现世的世俗之城;与罗马之城、"巴比伦大城"或"大淫妇"形成鲜明的对比,基督徒应当指望从天而降的新耶路撒冷,因为上帝会在其中擦去基督徒的所有泪水。

幸运的是,当逼迫爆发时,图密善的统治行将结束。同尼禄一样,图密善越来越被认为是暴君。他的仇敌密谋反叛他,他在自己的宫中被谋杀。罗马元老院随后宣布,他的名字应当在所有铭文中被抹去,以消除人们对他存有的任何一丝记忆。在这一方面,他的仇敌成功了,因为史书长久以来将图密善描述成一个渴望权力与梦想成为神祇的疯子。基督教历史学家对此也做出了贡献,因为他们认为,所有逼迫基督徒的人一定都是暴君和疯子。今天,历史学家正在为图密善正名,认为他是一位相对较好的统治者。至于基督徒,在图密善倒台之后人们似乎并没有再注意他们,因此,他们过上了几年相对和平的生活。

第六章

公元 2 世纪的逼迫

现在,我开始成为一个门徒……让烈火与十字架临到我吧,
让成群的野兽扑向我,折断我的骨头,肢解我吧……只要让我得
到耶稣基督。

——安提阿的伊格纳修

自尼禄统治时起,罗马帝国就已经开始逼迫基督徒。但我们对公元
1 世纪时逼迫的细节知之甚少。到了公元 2 世纪,关于逼迫的记载多了
起来,令我们可以清楚地了解到逼迫中的问题,以及基督徒对殉道的态
度。在这些记载中,最为生动的是《殉道记》,它们讲述了各位殉道士的
被捕、受审和殉道。其中一些记载了审判的许多可信的细节,似乎是从法
庭的官方记录中摘取出来的——至少其中一部分是这样。我们有时得
知,作者亲眼目睹了殉道士的受审与殉道,而历史学家也倾向于相信他们
的确在场。另一方面,还有许多所谓的《殉道记》显然是在很久以后写
成,并不足以为信。但不管怎样,内容属实的《殉道记》是早期基督教最
为珍贵、最鼓舞人心的一些文献。其次,我们也通过其他基督徒的著作了
解到早期基督徒对殉道的态度。在这些著作中,最有价值的也许是年迈
的安提阿主教伊格纳修(Ignatius of Antioch)在殉道途中写下的七封书
信。最后,公元 2 世纪又让我们进一步了解到罗马帝国对基督教这个新
生信仰的态度。就这一点而言,小普林尼(Pliny the Younger)与图拉真
(Trajan)的通信是最能说明问题的。

小普林尼与图拉真的通信

公元 111 年,小普林尼被任命为今天土耳其北海岸的比希尼亚(Bithynia)的总督。从许多资料来看,小普林尼似乎是个公正的人,十分尊重罗马的法律与传统。但在比希尼亚,他不得不处理一个意想不到的问题。比希尼亚有许多基督徒——实际上多得让小普林尼发现,异教神庙几乎已经荒废,出售献祭动物的卖家很难找到买家。当有人给这位新任总督送去一份基督徒名单时,他开始了调查,因为他知道,基督教是违法的宗教。

小普林尼开始审讯被带到自己面前的被告,从而得以了解基督徒的信仰与习俗。许多被告宣称,自己并不是基督徒,而另一些被告说,虽然曾经信仰基督教,但现在已经不信了。小普林尼要求他们向帝国的神祇祈祷、在皇帝像前焚香、咒骂基督——他听说这些是真基督徒绝对不会做的。一旦他们满足了这些要求,他就释放他们。

那些坚守信仰的基督徒又带来了另外一个问题。小普林尼的惯例是:给他们三次放弃信仰的机会,同时威胁处死他们。如果他们拒绝,他就将他们处死,但并非因为他们是基督徒,而是因为他们顽固不化。如果他们是罗马公民,他就依法将他们送往罗马。

然而,小普林尼自认为是个公正的人,因而觉得必须查清基督徒除了顽固不化之外还犯了什么罪。可是,他只能查出,基督徒在黎明之前聚会,一起"像赞美一位神祇那样"唱歌赞美基督,他们共同宣誓不偷盗、不奸淫和不犯任何诸如此类的罪。他们还经常聚在一起进餐,但在罗马帝国明令禁止秘密聚会之后就停止了。小普林尼并不十分相信这就是全部真相,因而严刑拷问了两位女执事。但是,她们只是证实了他已经知道的事实。

那么,问题是,基督徒应当因为具体的罪行而受到惩罚,还是因为有了"基督徒"这个名字就应当被视为犯罪?小普林尼不知道该采取什么政策,因此停止了审讯,写信向皇帝图拉真请求进一步指示。

图拉真的答复非常简短。他认为对基督徒的惩罚,并没有适用于所有情况的通行法规。一方面,就基督徒的罪行性质而言,还不至于要让国家浪费时间去调查。另一方面,如果他们受到指控,并拒绝放弃信仰,他们就应当受到惩罚。愿意崇拜其他神祇的基督徒将被赦免,不再深究。最后,国家不予审理匿名的指控,因为这类指控是一种糟糕的法律先例,"与这个时代并不相称"。

大约一百年后,一位具有法律头脑的北非基督徒德尔图良(Tertullian)驳斥了这项当时仍具有法律效力的法令。他对这项法令的不公正提出了质疑:

> 这判决必定令人费解! 你们拒绝调查基督徒,仿佛他们是无罪的。你们又下令处罚基督徒,仿佛他们是有罪的。你们赦免了基督徒,但是,你们的赦免又是残酷的。你们既然赦免了基督徒,为什么又要惩罚他们? 你们为什么要要避开指控基督徒的把戏呢? 如果你们想要定罪,为什么又不去调查? 如果你们不去调查,为什么又不宣布基督徒无罪?③

然而,虽然图拉真的决定看似缺乏逻辑,但却不乏政治意义。他当然明白小普林尼说的是什么意思:基督徒只是基督徒,并没有对社会或国家犯下任何罪行。因此,国家的资源不应当浪费在调查他们上面。但是,基督徒一旦受到指控,并被带到官员面前接受审讯,他们就不得不崇拜帝国的神祇,或者接受惩罚。否则,帝国法庭将丧失权威。换句话说,基督徒并不是因为犯下了被带来接受审讯的罪行而受到惩罚,而是因为他们看似藐视罗马法庭。公开拒绝崇拜帝国神祇与皇帝的基督徒必须受到惩

---

③ *Apology* 1.2.

罚,原因有两个:第一,这是法庭的尊严所要求的;第二,拒绝崇拜皇帝,似乎是在否定皇帝统治的权利。

图拉真在答复小普林尼时草拟的政策,在他去世很久以后还在比希尼亚及其以外的广大地区施行。在整个公元 2 世纪和 3 世纪的部分时间里,帝国的政策都是无需调查基督徒,但只要他们被指控,带到官员面前,他们就要受到惩罚。这种情况甚至早在小普林尼与图拉真的通信之前就已经出现了,这可以从伊格纳修撰写七封书信的背景中看出。

上帝的信使:安提阿的伊格纳修

大约在公元 107 年,年迈的安提阿主教伊格纳修被罗马当局判处死刑。其时,罗马正在筹备一场庆祝军事胜利的规模宏大的庆祝活动,因此,伊格纳修被押往罗马,他的殉道被用来娱乐大众。他在殉道途中写下了七封书信,它们是我们了解早期基督教最有价值的一些文献。

伊格纳修可能生于公元 30 年或 35 年左右,殉道时已经七十多岁。他在书信中经常自称是"上帝的信使",仿佛这就是他为人所知的称呼——这也表明,他在基督徒中极受尊敬。很久以后,通过对伊格纳修书信中的希腊文略做改动,人们开始称伊格纳修为"上帝所生的人",从而就出现了这样一个传说:他是被耶稣抱起、带到自己门徒中的那个孩子。不管怎样,到了公元 2 世纪初,伊格纳修已经在所有教会中享有巨大的威望,因为他是最古老的教会之一安提阿教会的主教(使徒之后的第二任主教)。

关于伊格纳修的被捕和受审,我们一无所知,也不知道是谁控告了他。我们可以从他的书信中清楚地看到,安提阿有一些派系斗争,这位年迈的主教坚决反对被他视为异端的那些人。但是我们并不清楚控告他的是异教徒,还是因信仰分歧而想要除掉他的基督徒。总而言之,伊格纳修因某种原因被捕、被审判,并被判处在罗马执行死刑。

在前往罗马的途中,伊格纳修和押送他的士兵路过了小亚细亚。小亚细亚的许多基督徒前来探望他,而伊格纳修也可以接见他们,与他们谈话。他甚至可以让一个与他在一起的文书代写他口述的书信。伊格纳修可以接见那些显然与他受到同样罪行指控的基督徒,由此可见当时并没有在全帝国范围内对基督徒的普遍逼迫,而只有被带到法庭的基督徒才被定罪。

伊格纳修的七封书信就是这几次探视的结果。他接待了马格内西亚(Magnesia)教会的主教、两位长老和一位执事。特拉莱斯(Tralles)派来主教波利比乌斯(Polybius)。以弗所派来以主教阿尼西母(Onesimus)为首的代表团——这个阿尼西母很可能就是保罗在写给腓利门的书信中提到的那个阿尼西母。伊格纳修在士每拿(Smyrna)分别给这些教会写了书信。后来,他在特罗亚(Troas)又写了三封信:一封写给士每拿的教会,一封写给士每拿教会的主教波利卡普(Polycarp),第三封写给非拉铁非的教会。但是,就帮助我们理解公元 2 世纪的逼迫与殉道的本质而言,最重要的是伊格纳修在士每拿写给罗马教会的书信。

⁵³ 伊格纳修不知怎么听说,罗马的基督徒正在想办法救他免于死亡。他并不赞成此举。他准备以血见证自己的信仰,罗马基督徒想要救他的任何举动都将成为他实现自己目标的障碍。因此,他写信给他们说:

> 我担心,你们的善意会对我有害。你们可能会实现自己的计划。但是,如果你们不顾及我的请求,我将很难到上帝那里去。④

伊格纳修接着说,他的目的是效法自己的上帝耶稣基督的受难。随着他面临最终殉道,伊格纳修相信,自己开始做门徒了;因此,他希望从罗马基督徒那里得到的,只是他们的祷告,而不是救他免死,而这样,他就可以拥有面对每一次试炼的力量:

---

④ Ignatius, *Romans* 1.2 – 2.1.

……因此,我不仅能被称为基督徒,也表现得像基督徒……我的爱被钉死在十字架上……我不再迷恋可朽坏的食物……而是渴望品尝上帝的粮,就是耶稣基督的身体……我渴望喝到他的血,那是永恒的酒……当我受苦时,我将在耶稣基督里得自由,与他一同在自由中复活……我是上帝的麦子,被野兽的利齿碾碎,因此,我可以被作为基督的纯洁之饼献上。[5]

伊格纳修之所以愿意如此勇敢地面对死亡,是因为他这样做可以成为主的见证:

如果你们对我保持沉默,我将成为上帝的话语。但是,如果你们让自己被对我肉体的爱掠去,我将仍只是一个人的声音。[6]

随后不久,士每拿的主教波利卡普写信给腓立比的基督徒,向他们询问伊格纳修的消息。虽然腓立比基督徒的回信已经遗失,但似乎可以肯定的是,伊格纳修在抵达罗马不久之后就如愿以偿地殉道了。

波利卡普

尽管我们对伊格纳修的殉道知之甚少,但是,我们对波利卡普的殉道却了解很多。他是伊格纳修的朋友,比伊格纳修年轻,大约晚于伊格纳修五十年殉道。那是公元 155 年,图拉真为小普林尼草拟的政策还在施行:无需调查基督徒,只要他们受到指控,并拒绝崇拜帝国的神祇,他们就必须受到惩罚。

通过一位自称是见证人的作家,我们了解到当时发生在士每拿的一

54

---

⑤ Ignatius, *Romans* 1.2 – 2.1.

⑥ Ignatius, *Romans* 1.2 – 2.1.

些事情。事情的发生是这样的:有一群基督徒被带到官员面前,他们拒绝崇拜神祇,在最为残暴的酷刑之下,仍然坚定信仰。我们得知,他们因为"信靠基督而轻看俗世的痛苦"。当一位年迈的基督徒格马尼库斯(Germanicus)被带来接受审讯时,他被告知应当考虑自己的高龄,放弃信仰,而不是接受酷刑与死亡。他回答说,他根本就不想活在这个刚刚亲眼目睹不公之事正在发生的世界。为了证明自己的决心,他高呼让野兽扑向自己,杀死自己。这个英勇的举动进一步激起了群众的愤怒,他们开始高喊:"处死无神论者!"(指不信奉有形之神的人)"把波利卡普带来!"

当年迈的主教波利卡普得知政府正在搜查他时,他听从了自己所牧养的基督徒的建议,躲藏了几天。但是,在转移到另一个藏身地后,他还是被发现了。此时的波利卡普认定,自己的被捕是上帝的旨意。他决定不再逃跑,平静地等待着追捕他的人。

主持审讯波利卡普的总督试图说服他崇拜皇帝,并力劝他考虑自己的高龄。当他拒绝时,法官命令他高喊:"无神论者,滚开!"波利卡普指着自己周围的人群回答说:"是的。无神论者,滚开!"法官再次要求他喊出这句话,并许诺如果他以帝国皇帝的名义起誓和咒骂基督,他就会被释放。但是,波利卡普回答说:"我已经服侍了他八十六年,他从未亏待过我。我怎能咒骂拯救我的王?"

对峙还在继续。当法官威胁要活活烧死波利卡普时,他只是回答说,法官燃起的烈火不过转瞬即逝,而永恒之火将永不熄灭。我们最后得知,当波利卡普被绑到火刑柱上时,他仰头向主高声祈祷:

> 主啊,至高的上帝……我感谢你,因为你视我配得这一刻,因此,与你的殉道士一起,我可以在基督的杯中有份……为此……我赞美你,荣耀你。阿们。⑦

---

⑦ *Martyrdom of Polycarp* 14.

许多年前,安提阿的伊格纳修曾就波利卡普的主教职责给这位年轻的主教提过建议,并劝告他必须坚守自己的信仰。现在,波利卡普向世人证明,自己完全听从了伊格纳修的建议,当之无愧地效法了他的榜样。

在全部记载中非常重要的一点是,波利卡普在得知自己正被搜查时逃跑了,而且还藏了起来。我们在同一份文献中还得知,一个叫昆图斯(Quintus)的人主动去殉道,但在最后一刻他软弱了,放弃了自己的信仰。这对早期基督徒来说非常重要,因为他们相信,殉道并不是个人的选择,而是上帝拣选某人去做的事情。被拣选者会得到与他们一起受苦的基督加添的力量,从而能够坚定不移。他们的坚定并不是他们自己的作为,而是上帝的作为。另一方面,自告奋勇、主动殉道的基督徒——"自发的殉道士"——则是假殉道士,基督会遗弃他们。

然而,并不是所有基督徒都赞同《波利卡普殉道记》(*Martyrdom of Polycarp*)的作者。在整个逼迫期间,偶尔仍会有自发的殉道士。而且,他们也坚定到最后,并赢得了许多人的赞扬。这可以在当时的另外一份文献、殉道者查士丁(Justin the Martyr)的《护教篇》(*Apology*)中看出;我们在其中得知,在对某个基督徒的审讯中,另外两个基督徒主动为他辩护,结果三个基督徒全部殉道。在讲述这个故事时,查士丁丝毫没有向我们暗示,两位自发殉道士的殉道不及最初受到指控的那位基督徒的有效。

马可·奥勒留的逼迫

公元 161 年,马可·奥勒留(Marcus Aurelius)成为罗马帝国的皇帝。他是那个时代最开明人士之一。他不像尼禄和图密善那样迷恋权力与虚荣。相反,他是个儒雅的人,为后世留下一部《沉思录》(*Meditations*)。《沉思录》是奥勒留为自己而著,也是史上的文学名著之一。在《沉思录》中,他表达出自己统治庞大帝国的一些理想:

> 每时每刻都要坚定地思考,既要像一个罗马人,也要像一个人,

赋有完整而朴实的尊严,怀着友爱、自由和正义之情去做摆在你面前的事情。你要努力地忘记其他的一切。你自己生活中的每一个行为都要像它是最后的行为,排除对理性命令的各种冷漠态度和强烈厌恶,排除所有虚伪、自爱和对命运的那一份不满之情。⑧

在这样一位开明皇帝的统治之下,基督徒似乎有望过上一段相对和平的生活。可是,就是这样一位表达出如此崇高治国理想的皇帝也下令逼迫基督徒。在自己的《沉思录》中,奥勒留只有一次提到基督徒,他赞扬了这些愿意弃绝自己肉体的灵魂:"在必须与自己肉体分离的时刻,他们随时准备这样去做,而不是苟且偷生。"但他接着又说,这种态度只有当它是出于理性——"而不是像基督徒那样,出于顽固不化"——时才值得赞扬。

此外,作为那个时代的产物,这位开明的皇帝也是个迷信的人。他总是征求预言家的建议,在每次重大行动之前总是向神祇献祭。在他统治的初期,战争、洪水、瘟疫和其他各样灾难似乎永无休止。很快就有人做出了解释:基督徒是罪魁祸首,因为他们惹怒了神祇,导致神祇降怒于帝国。我们难以确定,奥勒留是否真的相信这种解释;但是,不管怎样,他完全支持逼迫基督徒与复兴古代宗教。他也许同小普林尼一样,最讨厌基督徒的顽固不化。

最能够帮助我们了解这次逼迫的文献,讲述的是寡妇菲里西塔斯(Felicitas)和她七个儿子的殉道。菲里西塔斯是个委身教会的寡妇——即将自己的全部时间用来服务教会,及由教会供养的妇女。她的侍奉令一些异教祭司决定将她告到政府,以结束她的工作。罗马长官试图通过威逼利诱劝说她放弃信仰,但她回答说,他是在浪费时间,因为"我活着,我将战胜你;如果你杀死我,我更会以我的死战胜你"。随后,罗马长官又试图说服她的七个儿子。但是,她鼓励他们要坚定,不要在最可怕的威胁

---

⑧ *Meditations* 2.5.

面前退缩。最后,审讯记录被呈交给马可·奥勒留,而他下令在罗马的不同城区处死他们——也许是为了平息各位神祇的愤怒。

这次逼迫中的另一位殉道士是查士丁。他可能是当时最优秀的基督教学者,在罗马创立了一个学院,教授他所说的"真哲学"——基督教。在殉道前不久的一次公开辩论中,他驳倒了一位著名的异教哲学家,有迹象表明,就是这位哲学家控告了他。不管怎样,查士丁在罗马殉道——但关于他殉道的记载在很久以后才出现,因此,其中的细节受到了质疑。

高卢的里昂与维埃纳(Vienne)的教会写给弗里吉亚(Phrygia)和小亚细亚的基督徒弟兄姐妹的一封书信,有助于我们进一步了解这次逼迫。在里昂和维埃纳,基督徒最初似乎只是被禁止去公共场所。但是后来某一天,群众开始在街上尾随基督徒,向他们喊叫,投掷杂物。最后,一些基督徒被捕,被带到总督面前受审。有个叫伊帕戈苏斯(Epagathus)的人从人群中走出,主动为基督徒辩护。当被问到他是否也是基督徒时,他承认了,随即他也成为了被告。

这封书信的作者解释到,逼迫"就像一道闪电",突如其来,所以许多基督徒还没有做好准备。一些基督徒软弱了,"就像早夭儿离开了教会的子宫"。

然而,其他基督徒却坚定不移,这反而令总督和群众更加怒不可遏。*57* 总督下令严刑拷问他们。一个叫桑克图斯(Sanctus)的人在酷刑中只是回答说:"我是基督徒。"他越是被拷打,越是坚定地说:"我是基督徒。"许多这样的英勇之举感动了一些已经放弃信仰的基督徒,他们重新宣告信仰,为主殉道。我们并不知道有多少基督徒殉道,但这封书信告诉我们,关押基督徒的地方非常拥挤,以至于一些基督徒在刽子手带走他们之前就窒息而死。

这些只是在开明的马可·奥勒留统治时期逼迫基督徒的几个例子。还有其他一些关于基督徒殉道的文献被保存下来。我们可以确信,全罗马帝国实际上发生了许多逼迫,而现存的文献只是讲述了其中的一部分。

公元 2 世纪最后二十年

公元 180 年,马可·奥勒留去世,八年前开始与他共治的科莫都斯(Commodus)继承了帝位。虽然科莫都斯并没有颁发任何禁止逼迫的法令,但在他统治期间,这场逼迫风暴减弱了,殉道士的数量相对较低。在科莫都斯去世后爆发了一段时期的内战,基督徒因更加紧迫的问题而再次被忽视。公元 193 年,塞普蒂默·塞维鲁(Septimius Severus)最终成为罗马帝国的主人。最初,基督徒在他的统治之下还可以平安无事。可是,他后来开始逼迫基督徒,成为了众多逼迫者之一。然而,这是公元 3 世纪初的事,我们将在另一处再来讲述。

总而言之,基督徒在整个公元 2 世纪的处境并不安全。他们并没有一直受到逼迫,有时只在罗马帝国的一些地区受到了逼迫。罗马帝国对基督徒的通行政策仍是图拉真草拟的政策:不必调查基督徒,但如果他们受到指控,他们就必须放弃信仰或接受惩罚。因此,基督徒的邻舍的善意就变得非常重要。如果有人相信关于他们的恶毒传言,他们就将受到指控,逼迫就会发生。因此,证明这些传言并不属实,让异教徒更好地理解与认可基督教,就变得异常重要。这就是护教士们的任务,我们马上就会讲到他们。

然而,在我们开始新一章的"故事"之前,指出这一点非常重要:许多事情与我们经常被告知的不同,逼迫基督徒的不都是很差劲的皇帝,有时还是很贤明的皇帝。到了公元 3 世纪,这一点变得更加清楚。这会揭露一个错误的观念:逼迫通常是出于腐败的官员,或是出于邪恶无能的统治者。因为许多原因——其中一些不无道理——帝国当局认为基督教是一场带有颠覆色彩的运动,从而试图镇压基督教,这并不是因为腐败或无知,而是出于维护国家统一的政策。

第七章

护教

> 我们并不想奉承你们……而是请求你们,以准确彻底的调查为基础进行判决。
>
> ——殉道者查士丁

在整个公元 2 世纪和 3 世纪的一些年份,并没有爆发对基督徒有组织的逼迫。成为基督徒是违法的;但是,当局并不调查信奉这一新信仰的人。逼迫与殉道取决于地方的环境,尤其是邻舍们的善意。只要有人想陷害基督徒,他只需提出某项指控。查士丁的遭遇似乎就是这样,他很可能是受到了自己的敌人克雷申蒂乌斯(Crescentius)的指控。有时,关于基督徒的各种传言煽动了群众,他们要求逮捕与惩罚基督徒,就像在里昂与维埃纳所发生的那样。

考虑到这种情况,基督徒觉得必须驳斥对自己的信仰与习俗的传言和误解。即使他们的论证不足以说服他人相信基督教信仰的真理,但他们还是相信,如果消除了虚假的传言,就会取得一些切实的效果。这就是那些最具才能的基督教思想家与作家的任务。他们被称为"护教士"——辩护者。历代以来,他们的一些论证一直在被使用。

卑劣的传言与傲慢的批评

护教士努力消除的许多传言都是基于对基督教习俗与教义的误解。

例如,基督徒每周都聚在一起举行他们所说的爱宴。爱宴是秘密举行的,只有入会者(已经接受洗礼的人)才可以参加。此外,基督徒用"弟兄"或"姐妹"来称呼彼此,许多基督徒也用"弟兄"或"姐妹"称呼自己的配偶。结合这些鲜为人知的事实,非基督徒构想出一幅基督徒崇拜的画面:一场放荡的狂欢庆典,基督徒毫无节制地吃喝,他们将蜡烛熄灭,肆意发泄自己的肉欲,甚至还会乱伦。

60

圣餐也引起了传言。基督徒说自己被基督的身体与血喂养,还说基督是个小孩子。因此,一些异教徒认为,在入会仪式中,基督徒会将一个新生儿藏在一块饼中,然后命令新信徒将饼切开。在切开饼之后,他们将婴儿还温热的肉也一同吃掉。切开饼的新信徒无意中成为这桩罪行的主犯,从而必须保持沉默。这样的传言被传得神秘兮兮,活龙活现,因为众所周知的一个事实是,基督徒会收养弃婴,把发现的弃婴带回家中。

一些异教徒甚至还声称,基督徒崇拜驴。这是一个关于犹太教的古老传言,现在却被转嫁到基督徒身上,令他们成为嘲笑的对象。例如,人们发现了一幅粗糙的雕刻画,一个有着驴头的人被钉死在十字架上,而另一个人在崇拜地看着他。这幅画的题词是:"阿勒克萨梅诺斯崇拜上帝"(Alexamenos Worships God)。

这类观念——还有其他类似的观念——很容易就可以驳斥,因为只需证明,基督徒的行为准则并不符合那些疯狂的想象。但是,要想驳斥许多有文化的异教徒的批评则较为困难,因为他们潜心研究过基督教,并且声称基督教的信仰缺乏理性。尽管他们在许多方面批评基督教,但他们的批评主要可以归结为一点:基督徒是一群无知的人,虽然他们在智慧的外衣下传讲自己的教义,但它们是愚蠢的,甚至是自相矛盾的。这似乎是文化精英的共识,在他们看来,基督徒是一群可鄙的乌合之众。

在马可·奥勒留统治时期,就有这样一位知识分子塞尔修斯(Celsus)写了一篇驳斥基督教的文章《真道》(The True Word)。他在其中表达了同他一样富有智慧与经验之人的情感:

在一些人的家中,我们找到了纺织工、织补工和修鞋匠,也就是最没有教养和最无知的一群人。她们在家主的面前不敢说一句话。但是,她们一旦能够将孩子或一些同样无知的妇女叫到一旁,她们就开始了奇谈怪论……如果你真的希望认识真理,就离开你的老师和父亲,与妇女和孩子一起到那些妇女的家里、修鞋匠的店铺或是制革厂,你将在那里学会完美的生活。就这样,这些基督徒找到了相信自己的人。[1]

几乎就在同一时期,异教徒科内利乌·弗龙托(Cornelius Fronto)也撰写了一篇抨击基督徒的论文,但不幸遗失了。然而,基督教作家米努西乌·菲利克斯(Minucius Felix)有可能通过一位异教徒之口说出了弗龙托的话:

如果你们还有一点点智慧或羞耻,就不要再探索天国和宇宙的目的与奥秘。你们只需要留意脚下的路,尤其是像你们这样缺乏教养、粗鲁无知的人。[2]

因此,许多有文化的异教徒对基督教的敌意并不纯粹是知识性的问题,而是出于深深的阶级偏见。有文化、有经验的异教徒并不相信,基督教的乌合之众能够认识向他们隐藏的真理。他们反对基督教的主要原因是:基督教是一群野蛮人的宗教,他们的教义并不是源自希腊人或罗马人,而是得自原始的犹太人,而最优秀的犹太教师也从未达到希腊哲学家的水平。他们认为,如果可以在犹太人的圣经中找到什么好东西,那也是犹太人从希腊人那里抄袭来的。

---

[1] Origen, *Against Celsus* 3.55.

[2] *Octavius*, 12.

此外——论证还在继续——犹太人和基督教的上帝是可笑的。他们一方面声称上帝是全能的,高于一切受造物,另一方面又将上帝描述成好管闲事的人:他经常打听人间的事情,他钻进每一个人家里,去听听人们都在说些什么,甚至去检查人们都在做些什么饭菜。这纯粹是自相矛盾的胡言乱语。

不管怎样,崇拜这样一位上帝恰恰破坏了社会的本质,因为信仰这种宗教的人弃绝了大多数社会活动,并且声称,参与社会活动就等于崇拜假神。如果他们口中的神祇是假神,他们为什么要惧怕它们? 就算不相信它们,他们为什么不与明智的人一同崇拜它们? 实际上,基督徒在声称它们是假神的同时,仍像恐惧真神那样惧怕它们。

至于耶稣,我们不要忘记,他是被罗马帝国处死的一名罪犯。塞尔修斯甚至声称,耶稣是马利亚同一名罗马士兵生下的私生子。如果他真是上帝的儿子,他为什么会让自己被钉死在十字架上? 他为什么不杀死他的所有仇敌? 即使基督徒可以回答这些问题,塞尔修斯还是在问:

> 上帝这样造访世界的目的是什么? 来看看人间正在发生的事情吗? 他不是无所不知吗? 或者他可能知道,但却对罪恶无能为力,因为他本身就作恶?[3]

还有,基督徒宣讲——他们的确是这样相信的——自己将在死后复活。正是基于这种信仰,他们才以几乎令人难以置信的顽固去面对死亡。但是,为了一个最多只是不确切的来生而舍弃今生是毫无意义的。死后复活这个教义本身就说明,基督徒胡言乱语到了极点。对于被烈火烧死和被野兽或鱼吃掉的人来说,他们的身体又将怎样? 上帝会在世界各地搜寻每一个身体的碎片吗? 上帝将如何处理这些本不属于同一身体的碎

62

---

③ Origen, *Against Celsus* 4.3.

片？它们会被物归原主吗？这会在后来所有拥有复活身体的人身上留下缺陷吗？

对于诸如此类的论证，并不能只用否定来驳斥，而必须通过理由充分的论证予以驳斥。这就是护教士们的任务。

主要的护教士

对此类批评的驳斥产生了公元 2 世纪最出色的一些神学著作，而这一传统随后又延续了许多年。但是，我们现在只需讲述公元 2 世纪和 3 世纪初的护教士。

现存最早的护教文可能是《致丢格那妥书信》（*Letter to Diognetus*），其作者不详，也许是古代历史学家所提到的某个叫夸德拉图斯（Quadratus）的人，他大约生活在公元 2 世纪初。随后不久，亚里斯蒂德（Aristides）在公元 138 年之前写了一篇护教文——最近才被人发现。但是，早期最著名的护教士是查士丁，我们在上一章中已经讲过他的殉道，他是最早记载基督徒崇拜——我们会在以后讲到——的基督教作家之一。查士丁曾经历了一段漫长的灵魂朝圣之旅，从一个学派来到另一个学派，直到在基督教中找到了他所说的“真哲学”。他有三部著作现存于世：两篇护教文和《与特里弗谈话录》（*Dialogue with Trypho*）。前者其实是一部著作的两个部分，后者是与一位犹太拉比的对话。查士丁的学生塔提安（Tatian）写了《致希腊人书》（*Address to the Greeks*），而几乎就在同一时期阿萨纳戈拉斯（Athenagoras）完成了《为基督徒辩》（*A Plea for the Christians*）和一篇论文《论死人复活》（*On the Resurrection of the Dead*）。安提阿的主教提阿非罗（Theophilus）于公元 2 世纪末撰写了三卷《致奥托吕库斯》（*To Autolycus*），分别论述了上帝、释经方法和基督徒的生活。公元 2 世纪的这些护教文和奥利金（Origen）于公元 3 世纪撰写的《驳塞尔修斯》（*Against Celsus*）都是用希腊文写成的。

最早用拉丁文写成的两篇护教文是米努西乌·菲利克斯的《奥克塔 63

维乌斯》(*Octavius*)和德尔图良的《护教篇》(*Apology*)。关于这两篇护教文的成文先后,直到今天学者们还在争论,但后完成的护教文显然受益于先写就的护教文。

通过阅读这些护教文,历史学家可以弄清异教徒反对基督教的主要方面,最有学识的基督徒驳斥异教徒的方法,以及基督教神学如何在驳斥异教徒批评的过程中发展起来。

基督教信仰与异教文化

基督徒被指控是没有文化的野蛮人,因此,他们必须处理基督教信仰与异教文化的关系。所有基督徒都认为,必须弃绝神祇崇拜和与之相关的一切。这就是基督徒拒绝参加许多全民庆典的原因,因为人们在庆典中要向神祇献祭与宣誓。除此之外,和平主义信念也令许多基督徒相信,他们不能够参军,因为军人被要求要向皇帝与神祇献祭。同样,许多基督徒也反对学习古典文学,因为神祇在其中扮演着重要角色,它们是各种罪恶的根源。作为基督徒必须崇拜独一的上帝,任何违背这一信仰的行为都是弃绝耶稣基督,而耶稣基督也会在末日审判时弃绝这些否认他的背教者。

虽然所有基督徒都认为必须弃绝偶像崇拜,但并不是所有基督徒都对古代的异教文化持有相同的态度。这就包括一些古代哲学家的思想与著作,如柏拉图、亚里士多德和斯多葛派哲学家——直到今天还有许多人钦佩他们的智慧。否定这一切,就意味着抛弃了人类的理性所取得的一些最高成就;接受它,则将被视为是对异教文化的妥协与偶像崇拜侵入了教会。

因此,就古代文化的价值而言,基督徒采取了两条相反的路线。一些基督徒坚持认为,基督教信仰与异教文化完全对立。这种态度的典型代表是德尔图良,他的一句名言就可以概括这种态度:"雅典与耶路撒冷有什么关系? 雅典学院与教会有何相干?"[④]正是他的一个信念——即当时

---

④ *Prescription against Heretics* 1.7.

流行的许多异端是尝试将异教哲学与基督教教义结合在一起的结果——促使他写下了这两句话。

然而,除了可能成为异端这个问题,在起源于"野蛮人"的基督教中,还是有一些基督徒,他们的光芒可以与古代的文化与哲学相媲美。殉道者查士丁最著名的学生塔提安就是这样的基督徒,他的《致希腊人书》直接抨击了一切被希腊人视为有价值的东西,该书也在为"野蛮的"基督徒辩护。希腊人将所有不说希腊语的人都称为"野蛮人",因此,塔提安开篇就向他们指出,他们自己也不能就如何说希腊语达成一致,因为每一个地区都有自己的方言。此外,塔提安还指出,正是声称自己的语言是人类最伟大创造的希腊人发明了修辞学,而修辞学是一种将语言卖给出价最高之人来换取金币的艺术,因此它导致了人为谎言与不公作辩护。

塔提安说,希腊人所拥有的一切有价值的东西都是从野蛮人那里学来的:他们从巴比伦人那里学来了天文学,从埃及人那里学来了几何学,从腓尼基人那里学来了写作。哲学与宗教也是如此,因为摩西的著作比柏拉图的、甚至是荷马的著作还要古老。因此,如果所谓的希腊文化与希伯来人和基督教野蛮人的宗教有什么一致的地方,那也是希腊人从野蛮人那里学来的智慧。更加糟糕的是,希腊人在解读野蛮人的智慧时产生误解,从而歪曲了希伯来人所认识的真理。结果,希腊人所谓的智慧只不过是对摩西所认识的和基督教所宣讲的真理所作的苍白反思和拙劣模仿。

如果这是塔提安对古代文化精华的评论,那么我们就不难想象,他会对异教神祇作何评价。荷马和其他希腊诗人曾描述过异教神祇的可耻行径,如通奸、乱伦和杀婴。我们怎能崇拜显然比我们自己还拙劣的神祇?塔提安最后补充说,我们不要忘记,异教徒所崇拜的许多雕像实际上表现的是被雕刻家用作模特的娼妓。因此,正是那些说基督徒属于社会底层的异教徒,他们实际上是崇拜地位卑下的人!

然而,并不是所有基督徒都持有同样的立场。在作为一名基督徒的同时,查士丁还是一位哲学家,他在研究"基督教哲学",而在查士丁看来,这项工作的一个重要内容是证明与解释基督教信仰与古代智慧的联系。因此,他并不像塔提安那样否定哲学。但这并不意味着他愿意在信仰上妥协,或是他没有信仰,因为当需要他坚守信仰时,他勇敢地做到了,因而赢得了殉道者查士丁的美名。

查士丁声称,基督教信仰与异教哲学有一些"连结点"。例如,最优秀的哲学家说到,一切其他的存在都源于一个至高的存在者(supreme being)。苏格拉底和柏拉图肯定肉体死亡之后的生命;苏格拉底还用自己的生命为此做出了强有力的证明。柏拉图认识到,在现世的实在之外还有实在,因此假定了另一个永恒实在的世界。查士丁声称,哲学家的这些观念基本上是正确的,但他并不总是能赞同哲学家理解这些观念的方式。例如,与哲学家不同的是,基督徒的盼望并不是基于灵魂不朽,而是基于身体复活。尽管存在这样的差异,查士丁还是坚持认为,哲学家瞥见了真理之光,而这并不能仅用巧合来解释。

那么,我们该如何解释哲学与基督教信仰的部分一致呢?对于查士丁来说,答案可以在逻各斯(Logos)的教义中找到。这个希腊词意为"道"(word)和"理性"。根据希腊哲学中一个历史悠久的传统,人类的心灵可以理解实在,因为它分享了逻各斯或宇宙理性,而它们是一切实在的基础。例如,如果我们能够理解二加二等于四,这是因为在我们的心灵和宇宙中,都存在一个逻各斯、一个理性或秩序,依照它们,二加二永远等于四。《约翰福音》肯定,逻各斯或道在耶稣里成为了肉身。因此,查士丁认为,在上帝道成肉身中发生的事情是,支撑宇宙的理性、逻各斯或上帝的道以肉身来到了世界。

根据《约翰福音》的记载,这个逻各斯是"照亮所有人的真光"。这就意味着,早在成为肉身之前,它就是一切真理的源头。保罗已经说过,古代希伯来人的信仰就是仰赖基督,而基督早在成为肉身之前就已经被启示给他们(林前10:1—4)。现在,查士丁又补充说,也有异教徒认识这同一个逻各斯,但他们的认识是模糊的。在柏拉图的著作中,所有真理都是上帝的逻各斯赠予他的,而这个逻各斯在耶稣里成为了肉身。因此,从某种程度上讲,苏格拉底、柏拉图和其他古代哲人都是"基督徒",因为他们的智慧都源自基督。但这并不是说,上帝的道成肉身是多余的,因为古代的哲学家只是"片面地"认识到逻各斯,而在基督的道成肉身中认识他的人则是"完全地"认识了他。

查士丁为基督教开辟了一条道路,使基督教可以索取古代文化中一切好的东西,即使它们是异教的。在查士丁的启发之下,很快就有其他基督徒试图再次在基督教信仰与古代文化之间架起桥梁。他们的工作及其固有的危险将在本书的其他章节中来讨论。

护教士的论点

查士丁使用逻各斯的教义为基督徒提供了一个基本框架,他们可以在其中随意索取蕴藏在古代文化中的丰富宝藏。但是,基督徒仍需要驳斥针对基督教的各种批评。虽然我们不可能在此一一列举他们的所有反驳,但某一些例子却足以让我们大体上了解护教士论点的本质。

当因没有有形之神而被指控为无神论者时,护教士的回应是,就此而言,一些最伟大的哲学家与诗人也是无神论者。为了支持这一论点,只需引用古代的作家,因为他们也肯定,神祇是人类的发明,它们的恶行比崇拜者的还要堕落。亚里斯蒂德指出,人类之所以发明这样的神祇,正是因为人类想利用它们来放纵自己的恶行。此外,护教士还有一个共同的论点就是,通常由金子与宝石制成的偶像必须受到保护,以防被小偷盗走。必须受到保护的神祇怎能为人提供保护?人手所造的神祇怎能高过人类? 就这几点而言,正统的基督徒持守一神论与上帝创世的教义,这是他们从基督教的犹太背景中学来的。

就对末日复活的批评而言,护教士诉求于上帝的全能。如果上帝从无中创造了所有人,这同一位上帝为什么不可能在他们死亡、消散之后重新创造他们?

对于基督徒缺乏道德的指控,护教士的驳斥是,这并不是事实,异教徒才是没有道德的人。就是在这个背景下,殉道者查士丁描述了早期基督徒的崇拜——这是最早描述基督徒崇拜的文献之一,我们以后会有机会引用。我们的行为准则要求我们连罪恶的思想都不能有,怎么还会有人相信,我们的崇拜充斥着狂欢与淫乱?是异教徒在讲述自己神祇的这些事,甚至在崇拜的掩饰之下进行这些勾当。我们抵制一切形式的流血,怎么还会有人相信,我们会吃掉小孩?是异教徒将自己不想要的孩子丢弃在外,任凭他们被冻死、被饿死。

最后,基督徒被指控为颠覆分子,因为他们拒绝崇拜皇帝,从而破坏了社会的本质。护教士的回答是,他们的确拒绝崇拜皇帝和其他一切受造物,但即便如此,他们还是帝国的忠实臣民。他们认为,皇帝需要的并不是受敬拜,而是为他效力;而他最好的效力者,即是那些为他和帝国向独一真神上帝献上祈祷的人。

就基督徒被指控为颠覆分子而言,我觉得基督教护教士并没有完全理解像塞尔修斯这样的人批评基督教的深意。从塞尔修斯的角度来看,无论基督徒自认为对皇帝与帝国有多么忠诚,他们实际上破坏了社会的本质,因为他们拒绝履行社会所要求的主要的公民与宗教义务,从而表现得仿佛这些义务是无效的,甚至是邪恶的。此外,政府当时怀疑一切非官方的社团或聚会,但是,教会——尤其是通过教会的主教及其通信——却正在建立一个全帝国范围内的网络。基督教的教义与实践隐含着颠覆性的意义,而这正是公元 2 世纪和 3 世纪几位最具才能的皇帝持续逼迫基督徒的根本原因。这也解释了如下事实:随着罗马官员更加了解基督教,逼迫非但没有减弱,反而更猛烈了。

总而言之,护教士的著作见证了早期基督徒的生存所面临的矛盾。他们否定异教文化,但不得不应对一些有价值的异教文化。他们承认在哲学家这里可以得到真理,但又坚持基督教启示的优越性。他们拒绝崇拜皇帝,甚至受到当局的逼迫,但他们继续为皇帝祈祷,仍然钦佩罗马帝国的伟大。这些矛盾在《致丢格那妥书信》中极好地表达出来:

> 基督徒根本就不是异类,他们的国籍、语言或习俗与其他人并没有什么不同……他们生活在自己的祖国,但却像寄居者。他们履行了自己作为公民的所有义务,但却像外国人那样遭受苦难。无论在哪里,他们都可以建立自己的家园,但他们的家园却不在任何一个地方……他们是血肉之躯,但并不按着情欲生活。他们生活在地上,却是天国的子民。他们遵守了所有的法律,但却按着比法律更高的标准在生活。他们爱所有的人,但所有的人都在逼迫他们。⑤

---

⑤ *To Diognetus* 5.1–11.

第八章

信仰传承

为了不被发现,谬误绝不会赤裸裸地展现自己。相反,它会
装扮得优美儒雅,因此,粗心的人就会被迷惑,相信谬误比真理
更真实。

——里昂的爱任纽

　　早期教会的许多归信者来自广泛而不同的背景。这种多样性丰富了
教会,也见证了教会信仰的普世性。但是,这也导致了对教会信仰广泛而
不同的解释。我们不应当惊讶于这些不同的解释,因为当时的基督教还
是界限不清——以至于我们也许更应该说"各种基督教"。在基督教中,
一定会有不同的观点与侧重点,这是新约的每一位读者都能够发现的;例
如,我们可以将《马可福音》与《约翰福音》、《罗马书》和《启示录》比较一
下。但是,当时的所有观点与解释都同样可靠或令人满意吗?在界限尚
不明确的基督教中,难道没有一些解释会给基督教的整全性带来危险吗?
当时的宗教调和主义增加了这种危险,因为调和主义并不单靠一套教义
体系寻求真理,而是从各种体系中吸取零散的思想。结果,虽然许多人自
称是基督徒,但其中一些人解释基督的方法却被其他人认为是模糊了、甚
至否定了基督的核心信息。为了应对这些危险,所谓的正统基督教开始
界定自身,重申其犹太遗产中的一些教义,如创世、受造世界的正面价值、
上帝掌管着全部历史、上帝最终的统治即将来临,以及身体复活——从法
利赛派那里学到的教义。为了重申这些教义,基督教发展出一系列的工

具：信经、圣经正典和使徒统绪。它们为正统设定了界限，将长期成为基督徒生活与教导中的核心主题。因此，即使是其观点最终被教会普遍否定的异端，也影响到教会与其对自身的理解。

诺斯替主义

在对基督教的所有不同解释中，诺斯替主义（Gnosticism）是最危险的、几近摧毁性的。它是一个与教会展开竞争的难以界定的团体；更确切地说，它是一场大规模的无组织运动，存在于基督教内外。在一定程度上是为了应对耶路撒冷沦陷与公元 70 年圣殿被毁，犹太教中一些犹太人接受了诺斯替主义，这就产生了"诺斯替犹太教"。诺斯替犹太教否定了犹太人的许多传统教义，尤其是上帝的创世与受造物的良善。同样，当诺斯替主义将基督这个名字与犹太基督教传统中另一些元素融入自己的多样体系时，基督徒认为，自己信仰中一些至关重要的元素被否定了。

数百年来，历史学家们实际上只能通过异教研究者（heresiologists）——驳斥诺斯替主义及其教条的基督教作家——的描述来研究基督教的诺斯替主义。少数现存的诺斯替派著作残篇并不足以纠正或评断异教研究者所告诉我们的。后来，一大批诺斯替派著作于 1945 年在埃及的拿哈马迪（Nag Hammadi）被发现。其中就包括相当早的《多马福音书》（Gospel of Thomas）和稍晚一些的瓦伦廷（Valentinus）的《真理福音书》（Gospel of Truth）。瓦伦廷是一位重要的诺斯替派人物，异教研究者描述过他的教义，但对它们有所曲解。出于多种原因，这批诺斯替派的著作直到 20 世纪 70 年代才被公众与学者所知，人们才可以读到它们。它们与另一些发现——包括于 2006 年出版的《犹大福音书》（Gospel of Judas）——纠正并补充了异教研究者所告诉我们的内容。

诺斯替主义这个名字，源于意为"知识"的希腊词"诺斯"（gnosis）。诺斯替派认为，自己拥有一种专为拥有真知性之人而留的特别的、奥秘的知识，这种知识是开启通往得救之门的秘密钥匙。

异教研究者的著作给人的印象是,诺斯替主义主要是关于万物——既包括物质的,也包括精神的——起源的无用思辨。但是,得救——不是思辨——也是诺斯替派主要关注的问题。他们从一些资料中得出结论,所有物质都是邪恶的,起码都是不真实的。人实际上是一个永恒的精神(或永恒精神的一部分),被以某种方式囚禁在肉体中。肉体是精神的监狱,令我们无法认清自己的真实本性,因此是邪恶的。所以,诺斯替派的最终目标是逃离肉体和这个我们被放逐至此的物质世界。对于诺斯替主义来说,"放逐"这个比喻至关重要。世界并不是我们真正的家,而是我们精神得救的一个障碍——尽管正统基督教正式否定了这个观念,但常常受到它的影响。

如何解释世界与肉体的起源呢?诺斯替派认为,所有实在最初都是精神的。至高之神根本就无意创造一个物质世界,只想创造一个精神世界。因此,许多精神实在被造成了。这就是异教研究者所描述的在不同的诺斯替主义中都可以看到的"无穷的家谱"。关于精神实在的具体数目——在最初的精神"深渊"之前就已存在的以及现世的——诺斯替派教师并没有达成一致,有的提出有多达三百六十五个这样的精神实在,或称"伊涌"(eons)。然而,其中某个伊涌远离了至高之神,陷入了谬误,就这样创造了物质世界。例如,某种诺斯替主义认为,智慧——众伊涌之一——希望独自创造些什么,她所造出的"怪胎"就是世界。这就是诺斯替主义中的世界:一个精神的怪胎,而不是某位神祇的创造。

然而,既然这个世界是由一个精神实在所创造的,世界上就仍有精神的"火花"(sparks)或"碎片"(bits)。它们被禁锢在人的肉体之中,必须通过"诺斯"将它们释放出来。

若要精神的"火花"或"碎片"得以释放,必须有一位精神使者来到这个世界,将我们从梦中或精神的混沌中唤醒。我们的精神在肉体中沉睡,被肉体的本能与情欲驱使,必须有一位天上的使者唤醒我们,告诉我们自己的真实本性,要我们与禁锢我们的肉体作斗争。这位使者带来了诺斯,它是得救所必需的启示与奥秘知识。在我们之上，是一层层天界，每一层天界都由一个邪恶的力量统治，它们的目的是阻止我们到达精神之国。为了达到精神的完满或丰盛，我们必须冲破每一层天界。成功的唯一方法就是得到那令通往精神国度之路畅通无阻的奥秘知识——它很像是一个精神密码。天上的使者正是被派来给予我们这奥秘知识，因为若没有它，我们就不会得救。

在基督教的诺斯替主义——我们永远不要忘记，还有非基督教诺斯替主义——中，这位精神使者就是基督。基督来到世界的目的，就是提醒我们本是来自天上，并赐给我们奥秘的知识，因为若没有这知识，我们就不能重返精神之国。

基督是天上的使者，而肉体与物质又是邪恶的，因此，大多数基督教诺斯替派并不认为基督拥有我们这样的肉体。一些基督教诺斯替派声称，基督的肉体是一个幻象，一个幽灵，奇迹般地显现，如同真实的肉体一样。许多基督教诺斯替派将天上的"基督"与世上的"耶稣"区分开来，他们显然相信，世上的"耶稣"只是天上的"基督"用来显现的躯壳。有时，这又与另一种观念结合在一起：耶稣的确拥有一个肉体，但他的肉体是一种"灵性质料"，与我们的肉体并不相同。还有很多基督教诺斯替派否定耶稣的降生，因为这会令他受控于物质世界的力量。所有这些观念都是教会普遍所说的不同程度的幻影论（Docetism）——它得名于一个意为"像是"（to seem）的希腊词，因为所有幻影论都以某种方式暗示，耶稣的肉体看起来完全是人的肉体，但实际上却不是。

某些诺斯替派教师认为，并不是所有人都拥有灵，即精神。一些人完全是属乎肉体的。因此，当物质世界消亡时，他们必然灭亡。另一方面，被禁锢在诺斯替派所说的"属灵人"（the spiritual）之中的精神火花必然得救，重返精神国度。如果想要做到这一点，他们必须学习由真正得到启示的人——即诺斯替派教师——所掌握的奥秘知识。

如何过这种生活呢？关于这个问题，异教研究者告诉我们，诺斯替派给出了两种截然不同的答案:大多数诺斯替派宣称,肉体是精神的监狱,人必须控制肉体和肉体的情欲,从而削弱肉体束缚精神的力量;还有些诺斯替派声称,精神生来良善,并不能被毁灭,因此,我们应当放纵肉体,任凭肉体接受其情欲的牵引。所以,一些诺斯替派成为极端的禁欲主义者,而另一些却是行为放荡者。

我们很难重现诺斯替派社团或学派的社会构成或信仰生活。首先,大多数诺斯替派认为,他们的诺斯是秘传的,因此,甚至他们自己的著作也无法让历史学家明白,他们的崇拜与社团生活究竟是什么样的。甚至他们的社会构成也令人疑惑。大多数历史学家同意吉奥瓦尼·弗洛拉莫(Giovanni Filoramo)的估测:诺斯替派社团是"局限于知识分子的俱乐部",代表了一种"具有经济扩张性与社会流动性的地方社团"。[1] 但是,拿哈马迪文献用科普特文写成这一事实似乎表明,诺斯替主义在社会底层人中也拥有大量信徒,因为在希腊化时代的埃及,社会阶级划分极其分明,说科普特语的埃及人处于社会的最底层,他们的社会流动性也非常小。

有一点是肯定的:在许多诺斯替派社团中,女性有着她们在社会上普遍没有的突出地位。造成这种情况的部分原因是,既然重要的是精神而不是肉体,那么,人的肉体形态就与永恒实在没有多大关系。此外,在众多诺斯替派用来解释世界起源的伊涌谱系中,既有阳性伊涌,也有阴性伊涌。十分可能的是,在一定程度上正是为了应对诺斯替主义的这个特点,正统基督教才开始限制女性在教会中的职分。因为显而易见,到了公元2世纪,教会开始拒绝给予女性她们在公元1世纪所担任的教会职分。

在整个公元2世纪,诺斯替主义对基督教构成了严重的威胁。教会的主要领袖坚决反对它,因为他们看到,它否定了基督教一些至关重要的教义,如创世、道成肉身、耶稣被钉死在十字架上以及复活。因此,教会普

---

① Giovanni Filoramo, *A History of Gnosticism* (Oxford, U. K. : Basil Blackwell, 1900), p.170.

遍想出了对抗诺斯替主义的方法。但是,在讲述这些方法之前,我们必须先停下来讲述另一位教师。他的教义与诺斯替主义既有相似之处,也有不同之处,并被基督教视为一个特别的威胁。

马西昂

马西昂(Marcion)的父亲是黑海南海岸的锡诺普(Sinope)的主教,所以他很早就知道了基督教。但是,马西昂非常讨厌犹太教与物质世界。因此,他所理解的基督教是反犹太教与反物质的。大约在公元 144 年,他来到罗马,并在罗马赢得了一群追随者。但是,教会最终普遍认为,他的教义与基督教的一些基本教义相悖。后来,他建立了自己的教会。作为正统教会的对手,他的教会存在了数百年。

马西昂相信,世界是邪恶的,所以他认为,世界的创造者要么是邪恶的,要么是无知的,要么就是既邪恶又无知。但是,他并没有像诺斯替派那样假设许多精神实在,而是提出一个更加简单的解决办法。他认为,耶稣的圣父上帝并不是旧约中的上帝雅威(Yahweh)。是雅威创造了这个世界,而圣父的目的是只有一个精神世界。但是,或是因为无知,或是出于恶意,雅威创造了这个世界,又在其中创造了人类——这是我们可以在许多诺斯替派著作中找到的主题。

这就意味着,希伯来圣经的确是一位神祇所默示的,但这位神祇是雅威,而不是至高的圣父。雅威是一位武断专横的神祇,他拣选一群人高过其他所有人。他也是一位记仇的神祇,对不顺服他的人耿耿于怀,并惩罚他们。简而言之,雅威是一位公义之神,但他的公义是武断专横的公义。

基督徒的圣父则完全不同于雅威,也远远高于雅威。这位上帝并不寻仇,而是充满了爱。这位上帝对我们没有任何要求,而是白白地赐予我们一切,其中就包括救恩。这位上帝并不希望被顺服,而是渴望被爱。正是出于对我们——雅威的受造物——的怜悯,这位至高的上帝才会差遣

74

自己的爱子拯救我们。但是,耶稣实际上并不是由马利亚所生,因为这样的事会令他受制于雅威。相反,他只是在提比略统治时期以一个成年男子的样子出现,他的身体并不是物质的肉体。当然,根本就没有末日的审判,因为至高的上帝是绝对的爱,会赦免我们一切的过犯。

所有这一切令马西昂抛弃了希伯来圣经。如果旧约是一位劣等神祇的话语,那么它就不应当在教会中诵读,也不应当用作基督教教导的基础。为了填补这个空白,马西昂编辑了一本自认为是真基督教圣经的书卷。他的"圣经"只有保罗的书信和《路加福音》,因为他认为,保罗是少数几位真正理解了耶稣信息的人,而路加始终是保罗的同工。其他所有古代的基督教书卷都被犹太人的观念污染了。至于路加与保罗从旧约引用的大量经文,马西昂的解释是"篡改"——是犹太化基督徒为了颠覆原始信息而亲手篡改的。

同诺斯替派相比,马西昂对教会构成了更大的威胁。他同诺斯替派一样否定或彻底重新解释了创世、道成肉身和复活的教义。但是,他比他们走得更远,因为他建立了拥有自己的主教与"圣经"的教会。曾经有许多年,这个敌对的教会取得了相当的成功,即使是在被明显击败之后,它仍继续残存了数百年。

75 回应:圣经正典、信经与使徒统绪

马西昂的"圣经"目录是编排"新约圣经"的第一次尝试。当早期基督徒提到"圣经"时,他们说的通常是希伯来圣经的希腊文译本七十士译本(说叙利亚语的基督徒使用一个译成叙利亚文的类似译本)。教会通常诵读我们今天的四福音书中的一段或几段经文,还有使徒书信——尤其是保罗书信——中的经文。当时并没有公认的"圣经"书卷目录,因此不同的福音书会被不同的教会诵读,其他书卷也是如此。但是,马西昂的挑战需要回应;因此,教会普遍开始编辑基督教的圣书目录。这并不是以正式的方式进行的,如通过大公会议或特别会议。实际上,教会逐渐达成

一致。就新约正典的基本书卷而言，教会很快就达成了普遍的共识。但是，对于每一个次要的细节，教会却花了很长时间才完全统一了意见。

除了诺斯替派和马西昂派之外，基督徒一致认为，希伯来圣经是基督教正典的一部分。这一点非常重要，因为这证明上帝始终在为基督教的诞生预备道路，甚至可以依此来理解在耶稣基督里被启示出来的上帝的本性。基督教信仰实现了以色列人的盼望，它并不是突然从天而降的幻影。

在我们今天所说的"新约"中，四福音书是最早获得普遍认可的。重要的一点是，早期基督徒决定将多部福音书收入他们的正典。显而易见，一些城市或地区的教会专门拥有与它们的历史与传统联系最为紧密的福音书。例如，在安提阿及其周边地区使用《路加福音》就是这样。随着教会之间往来的增多，他们开始分享他们的福音书抄本与传统。因此，认可与使用不同的福音书被视为教会合一的一个标志。后来，许多人指出四部福音书在细节上存在矛盾。早期的基督徒完全意识到这些差异，这正是他们坚持使用多部福音书的原因之一。他们这样做直接回应了马西昂和诺斯替主义的挑战。许多诺斯替派教师声称，天国的使者将自己的奥秘知识传给了某位特定的门徒，只有他才能正确地解释天国使者的奥秘知识。因此，每一个诺斯替派都拥有一部自称是记载了耶稣真正教导的书卷，如《多马福音书》和瓦伦廷派的《真理福音书》。马西昂使用的是《路加福音》，但他从中删掉了所有提及犹太教或希伯来圣经的经文。为了应对这种情况，教会普遍试图证明，自己的教义并不是基于某一位使徒或某一部福音书的所谓见证，而是基于整个使徒传统的一致见证。虽然四部福音书在细节上存在差异，但它们对生死攸关的基本问题的看法是一致的。这一事实令四部福音书一致的内容成为更具说服力的论据。为了驳斥马西昂删减过的《路加福音》，教会拿出了几部内容一致的福音书——有时是三部，有时是四部，因为《约翰福音》获得普遍认可的过程要更长一些。为了反驳基督教诺斯替派的秘密传统与秘密解释，教会诉诸所

76

有人都知道的公开传统和福音书中的多样见证。

我们应当知道，在基督教历史的最初四五百年，至少有几十部——也可能是几百部——关于马利亚与使徒事迹的福音书和著作。这一点非常重要。但是，这些著作并未试图成为正典，教会也没有查禁其中的一些。实际上，非正典福音书分为两类。第一类是诺斯替派福音书，其中一些主要成书于公元2世纪——《多马福音书》或许是个例外，它的一些材料可能出现得更早。每一部诺斯替派福音书都被某个诺斯替派视为经典，而他们同时又否定其他所有诺斯替派福音书，因此，他们根本就无意让自己的福音书成为新生的新约正典的一部分。正统基督教和基督教诺斯替派都从未将这些福音书视为正典的一部分，因为教会并不认可诺斯替派福音书，而诺斯替派则认为，只有一部上帝所默示的福音书。第二类非正典福音书主要成书于公元3世纪或更晚，其中包括有关耶稣的信仰故事。教会从未否定这些福音书，只是并没有将它们纳入新约正典——圣书目录。它们又被阅读了几百年，并且很少遭到反对。在中世纪的大教堂中，经常可以看到一些雕刻与绘画，描述的就是这些福音书中的情节。《雅各第一福音书》(Protoevangelium of James)就是众多例子之一。它讲述了马利亚的父母——约阿希姆(Joachim)和亚拿(Anna)——的故事。这个故事被公认为基督教传统的一部分，且经常可以在中世纪的艺术与文学中看到。

紧接着四部福音书的《使徒行传》和保罗书信也很早就获得了认可。因此，到了公元2世纪末，新约正典的核心书卷已经确定：四部福音书、《使徒行传》和保罗书信。今天正典末尾几部较短的书卷在很久以后才获得普遍认可；但还存在小小的争议。到了公元3世纪，《启示录》才被教会普遍接受，但在君士坦丁归信基督教之后又受到了质疑，因为它对当时的主流文化与罗马帝国的言词似乎过于激烈。究竟哪些书卷应该纳入新约正典，哪些书卷不应该纳入，教会直到公元4世纪下半叶才就这个问题完全达成一致。但是，即使到了这个时候，新约正典的确定也并不是由

77

教会官方会议决定的,更不是某个决策机构的决定,而是一个被各教会一致认可的问题——这一事实本身就表明,很少有基督徒认为,这是一个迫在眉睫的问题。此外,在确定新约正典的整个过程中,主导教会的并不是抽象的神学,而是教会的崇拜生活,因为当时的主要问题是:教会在举行崇拜时要诵读这卷书吗?

教会回应异端的另一种方法是使用各种信经,尤其是在洗礼时。每一个城市的教会通常都有自己的信经,尽管它类似于周边城市教会的信经。当时的实际情况是,"子会"使用自己从"母会"那里学到的信经,但会有一些改动。学者们以此为基础,将古代的信经分为不同的"类"。因此,信经的类别就可以被用来追溯不同教会之间的关系。

在这些信经中,一个较早与较短的信经就是我们今天所说的《使徒信经》(Apostles' Creed)。有这样一个完全虚构的传说:耶稣的十二使徒在开始宣教与撰写信经之前聚在一起,他们每人写出一条,就这样写成了《使徒信经》。实际上,《使徒信经》的基本内容可能是公元 150 年左右在罗马收集整理的。由于是在罗马使用,所以学者们将古代的《使徒信经》称为"R"。② 不过,它当时被称为"信仰标志"(symbol of faith)。但标志一词在这里的含义并不是我们今天所说的意思,而是一种"承认的方式"(means of recognition),就像是一位将军交给信使的信物,以便收信人据此认出真的信使。同样,在罗马被收集整理的这个标志,被基督徒用来分辨真信徒与信仰当时各种异端的人,尤其是诺斯替主义与马西昂主义。任何认信这一信经的人既不是诺斯替派,也不是马西昂派。

这一标志主要用于在洗礼中以三个问题的方式提问准备接受洗礼的基督徒:

---

② 古代的《使徒信经》是在罗马使用,而罗马的英文为 Rome,因此,英语世界的学者们将古代在罗马使用的《使徒信经》简称为"R"。——译者注

你是否相信上帝全能的父？

你是否相信上帝的儿子耶稣基督由圣灵和童贞女马利亚所生，在本丢·彼拉多手下被钉死在十字架上，受死，第三天从死人中复活，升天，坐在父的右边，将来审判活人和死人？

你是否相信圣灵、神圣的教会和身体复活？

78　　这就是历史学家所说的"古罗马信仰标志"或"R"的核心内容。同大多数古代信经一样，这部信经显然是围绕着洗礼中使用的三位一体信条（Trinitarian formula）而建立起来的。准备接受洗礼的基督徒"奉圣父、圣子和圣灵的名"受洗，因此，所提出的这三个问题是为了检验他们是否真的相信圣父、圣子和圣灵。

更加仔细的研究揭示出，这部早期的信经直接是针对马西昂与基督教诺斯替派。首先，通常被译成"全能"的希腊词 pantokrator，字面意义是"统治万有"。它在信经中的意思是，一切——当然也包括物质世界——都在上帝的统治之下。（其他古代信经说："一切可见与不可见之物的创造者。"）这就否定了服侍上帝的精神实在与不服侍上帝的物质实在的分别。这个世界和这个世界的物质与物质实体都是上帝所统治的"万有"的一部分。强调上帝创造了世界，掌管着一切受造物和全部历史，是基督教得自犹太传统的众多教义之一，而基督徒仍然信仰这些教义，并将它们视为自己信仰的核心。

"R"最长的段落论述了圣子。这是因为马西昂与诺斯替派在基督论上与教会的分歧最大。首先，我们得知，耶稣基督是"上帝的儿子"。古代的其他版本也会称为"不变者的儿子"或"他的儿子"，就像我们今天的版本所说的。在此，重要的一点是，耶稣是统治这个世界与所有实在、作为万有创造者的上帝的儿子。"由童贞女马利亚"所生并不主要是为了强调童贞女生子——尽管这显而易见，也得到了肯定——而是为了肯定耶稣降生的事实，以及耶稣并不像马西昂与其他人所声称的那样，只是世界上的幻影。提到本丢·彼拉多，也不是要责怪这位罗马总督，而是为耶稣死亡这一事件注明日期，从而强调这是一个有着明确日期的历史事件。耶稣"被钉死在十字架上……受死，复活"的信仰宣告进一步否定了幻影论。最后，这段信经肯定了耶稣会再来"审判"——一个马西昂派绝对不会接受的观念。

"R"的第三条表现出同样的关注，但却表达得较为含蓄，因为当时的局势并不需要对此进行详细的阐述。神圣的教会之所以得到肯定，是因为基督徒开始强调教会的权威——这与诺斯替派及其众多派系和马西昂及其教会形成了鲜明的对比。"身体复活"最终否定了一切肉体都是邪恶的或毫无意义的观念。

虽然分析"R"有助于我们理解《使徒信经》的最初目的，但是，重要的是我们要知道，原始的《使徒信经》只是当时在洗礼中使用的众多信经之一。与罗马有着紧密联系的教会——如北非与高卢的教会——使用"R"79的不同版本。但是，罗马帝国东部的教会——如叙利亚、埃及和小亚细亚等地的教会——则拥有自己的信经。因此，虽然"R"是《使徒信经》的底本，但凯撒利亚的洗礼信经或其他一些同类信经却是《尼西亚信经》的底本——我们将会讲到，于公元 4 世纪制定的《尼西亚信经》是最被普遍接受的古代信经。

尽管新约正典和各种信经是教会在与异端的斗争中所使用的有效武器，但是，教会的权威这一问题最终成为了争辩的对象。它之所以非常重要，不仅是因为必须要有人裁定谁对谁错，也是因为一个生死攸关的本质问题：所有基督徒都认为，耶稣的教导才是唯一的真理。诺斯替派声称，通过秘密教师的传承，他们得到了某种获得耶稣真正教导的秘密途径。马西昂认为，通过保罗与路加的著作——但他不得不删除他们著作中与他对旧约看法不一致的内容——他已经获得了耶稣的真正教导。与诺斯替派和马西昂截然不同的是，教会普遍宣称，自己拥有原始的福音与耶稣的真正教导。因此，从某种意义上讲，当时的问题是教会的权威与异端的80

权威之争。

就这点而言,使徒统绪(Apostolic Succession)的观念十分重要。当时所争论的问题只不过是:如果耶稣有某些要传给自己门徒的秘密知识——实际上他没有——那么,他会将这些秘密教导传给他委派建立教会的使徒。如果这些使徒领受了这样的教导,他们会传给继他们之后领导各个教会的领袖。因此,如果真有这样的秘密教导,它们也应该被传给亲自跟随过使徒的门徒与这些门徒的继任者——主教。但是,当时——公元2世纪——的实际情况是,所有自称是直接继任使徒的主教都一致否认有这样的秘密教导。总而言之,并不存在诺斯替派所说的秘密传统,他们自称被传授过秘密传统的说法是假的。

为了令这种论据更具说服力,教会必须证明,当时的主教确实是使徒的继任者。这并不困难,因为一些最古老的教会都能拿出证明它们与使徒一脉相承的主教名单。罗马、安提阿、以弗所和其他一些城市或地区的教会都有这样的主教名单。今天的历史学家并不认为这样的主教名单绝对可信,因为有迹象表明,在某些教会——罗马教会就是其中之一,最初并没有作为地方教会唯一领袖的"主教",而是有一个管理团,其成员有时被称为"主教",有时被称为"长者"——长老。不管怎样,无论是通过真正的主教,还是通过教会的其他领袖,公元2世纪的正统教会其实都能够以马西昂与基督教诺斯替派所不能的方式,证明它们与使徒一脉相承。

这难道意味着,只有可以证明与使徒一脉相承的教会才是真正的使徒教会吗?并非如此,因为并不是每个教会都能证明自己是由使徒所建立,而是它们都信奉同一个信仰,可以共同证明这一信仰的确源自使徒。后来,使徒统绪的观念被进一步发展:只有由自称与使徒一脉相承的主教所按立的圣职才有效。在公元2世纪末最初形成时,使徒统绪的原则是包容性的,而不是排他性的:与诺斯替派教师的封闭与秘密的传统不同,使徒统绪呈现出一种开放与共享的传统,这种传统并不是以耶稣最喜爱的某个使徒为基础,而是基于所有使徒及其建立的教会所共同作出的见证。

将主教联系在一起的网络进一步加强了教会的共同见证,并导致了高度的分权制。主教是由每一个城市的信徒选举产生的,因此,很快就形成了这样一种传统:在主教选举之后,那位未来的新主教将给附近的主教发去一份信仰声明,而他们随后会确认这位新主教的正统性。为此,附近的一些主教还会参加他们这位新同工的圣职就任仪式。

古代的大公教会

大公教会(Catholic Church)的原意是指主教的分权制以及相伴随的在几部正典福音书中为福音作出的多形式的见证。"大公"(catholic)一词的意思是"普世的",但也意为"全体一致"。为了将自己与各种异端团体和教派区分开来,古代的教会开始自称为"大公教会"。这个称谓不仅强调了教会的普世性,也强调了教会建基其上的广泛见证。教会是"全体一致"的教会——根据所有使徒与福音书作者的共同见证建立起来的教会。各种诺斯替派的教会并没有这种广泛的基础,因此就不是大公教会。的确,就它们当中声称与使徒一脉相承的教会而言,它们如此声称的基础只是由一位使徒传承下来的一个假设的秘密传统。只有大公教会——"全体一致"的教会——才有权宣称拥有所有的使徒见证。这保证了教会的正统性,也是"大公"最终会成为正统或"正确教义"同义词的原因。具有讽刺意味的是,历经数百年的演变,围绕大公的真正意义而展开的争辩,逐渐集中到一位使徒的角色与权威上,他就是彼得。

第九章

教父

> 我们的教师是所有智慧的伟大教师,包括雅典与希腊在内的
> 整个世界都属于他。
>
> ——亚历山大的克莱门

在教会生活的最初几十年,基督徒撰写的大多数著作都是处理具体或特定的问题。例如,保罗的书信。保罗写每一封书信都是受到特定情况的驱使,他并未试图在任何一封书信中讨论基督教的所有教义。在使徒时代之后,基督教的著作一度也是如此。这个时代的各位基督教作家被共同称为使徒教父(Apostolic Fathers)。他们的著作被保存下来,其中每部都是处理非常具体的问题。安提阿的伊格纳修的书信就是这样——我们之前已经讲过。同样,罗马的克莱门(Clement of Rome)于公元 1 世纪末写了《致哥林多人书》(*Epistle to the Corinthians*),而促使他写下这封书信的问题也类似于保罗给哥林多教会的书信中所处理的问题。《十二使徒遗训》(*Didache*;*Teaching of the Twelve Apostles*)是指导基督徒生活与崇拜的纪律手册。但是,它实际上并不是十二使徒所著,而是一个我们并不知道姓名的基督徒所写,而且我们也不知道它的成书时间与地点。《黑马牧人书》(*Shepherd of Hermas*)是罗马主教的一个兄弟于公元 2 世纪中期写的,主要是处理洗礼之后的赦罪问题。总而言之,所谓的"使徒教父"的所有著作都是处理单一的问题,并没有哪部试图详细地阐释基督教

的全部教义。查士丁与其他在公元 2 世纪下半叶著述的护教士也是如此。他们的大多数著作都与逼迫有关，并没有哪一部论述了基督教的全部教义。

然而，到了公元 2 世纪末，马西昂与诺斯替派的挑战需要一种不同的回应。异端已经建立起自己的教义体系，对此，教会必须做出的回应是，让教会的一些教师对正统信仰做出同样令人信服的解释。正是因为异端在广阔的领域内进行了思索，基督教的教师也在同样广阔的领域内做出了回应。这就产生了第一批相当完整地阐释基督教真理的著作。它们就是爱任纽、亚历山大的克莱门、德尔图良和奥利金的著作。

里昂的爱任纽

爱任纽是小亚细亚人，可能于公元 130 年左右生于士每拿。他在士每拿时是波利卡普的学生，我们已经在早前的一章中讲过波利卡普的殉道。爱任纽一生都是波利卡普的狂热崇拜者，在自己的著作中，他经常提到一位没有说出名字的"长者"或长老，而这位"长者"很可能就是波利卡普。因为某些未知的原因，爱任纽移居到今天法国南部的里昂。在里昂，他成为了长老，并作为长老被派往罗马，给那里的主教送信。当他还在罗马时，里昂与附近的维埃纳爆发了逼迫——我们已经在第五章中讲过，主教弗提努斯（Photinus）殉道。一回到里昂，爱任纽就被选为里昂的主教。他一直担任里昂的主教，直到公元 202 年去世，可能是为主殉道。

首先，爱任纽是位牧者。他对哲学思辨与钻研尚未解开的奥秘并没有特别的兴趣，而是专注于指导他所牧养的基督徒的生活与信仰。因此，在自己的著作中，他并不想飞上思辨的高空，只想驳斥异端与教导信徒。他只有两部著作现存于世：《使徒宣道论证》（*Demonstration of Apostolic Faith*）和《驳斥所谓的真知》（*Refutation of the So-called Gnosis*）——也被称为《驳异端》（*Against Heresies*）。在《使徒宣道论证》中，他就一些教义对他所牧养的基督徒进行了教导。在《驳异端》中，他试图驳斥诺斯替主义。他撰写这两部著作的目的是阐明他从老师那里学到的信仰，而不是用自己的思辨为信仰增添光彩。因此，爱任纽的著作出色地见证了公元2世纪末的教会信仰。

爱任纽视自己为牧者，也将上帝视为众牧者之上的大牧者。上帝是一位充满爱的存在，他创造了世界和人类，但并不像诺斯替派所说是因为必需或错误，而是因为上帝有去爱与带领受造物的渴望，就像牧人爱与带领羊群。从这个角度来看，整个历史表现为神圣的牧人带领受造物走向历史终极目标的过程。

人类是创造的顶峰，从最初就被造成是自由的，因此是有责任的。自由令我们越来越顺服上帝的旨意，越来越符合上帝的本性，因此也就越来越与我们的造物主共融。但是，另一方面，受造物人类并没有从最初就被造成其最完美的样式。上帝像一位真正的牧人，将第一对夫妇放进了伊甸园。他们并没有成熟，而是"像小孩子"，有着小孩子的完美。这就意味着，上帝的目的是，人类在与上帝的共融中成长，甚至最终会超越天使。

天使只是暂时高过我们。当上帝的目的在受造物人类中实现时，我们会高过天使；因为我们与上帝的共融比他们的更加紧密。天使的职责类似于指导王子起步的监护人的职责。虽然监护人暂时看管着王子，但王子最终会统治监护人。

人类不仅要接受天使的教导，还要接受上帝的"双手"——圣道与圣灵——的教导。在这双手的引领之下，人类接受教导，得以成长，其不变的目的是与上帝越来越紧密的共融。这个过程的目的就是爱任纽所说的神化（divinization）——上帝的目的是令我们越来越像上帝。但是，这并不意味着，我们会在上帝中不知不觉失去自我，也不是我们会和上帝完全一样。相反，上帝是如此高于我们，无论我们成长得如何像他，我们仍有很长的路要走。

然而，一位天使嫉妒上帝为人类所留的好命运，因此诱使亚当与夏娃犯罪。由于罪，受造物人类被逐出乐园，人类的成长受到了阻碍。从此以后,历史就在罪的影响下展开了。

尽管历史的实际进程是罪的结果,但历史的存在这一事实却不是。历史的存在始终是上帝的目的。《创世记》所描述的乐园中的情形并不是创造的终点,而是创造的起点。

从这个角度来看,上帝在耶稣基督里成为肉身不仅是回应了罪。相反,上帝的最初目的就包括与人类的合一。实际上,未来成为肉身的道就是上帝在按自己的形象创造人类时所采用的模型。亚当和夏娃就是这样被造的,在经过成长与教育之后,他们可以长得像成了肉身的道。罪所造成的后果是,道成肉身有了一个附加的目的:赎罪与击败撒但。

早在道成肉身之前,从最初犯罪的那一刻起,上帝就一直在引领人类走向与他更加紧密的共融。因此,上帝诅咒了蛇与土地,却只惩罚了男人和女人。就在堕落的那一刻,上帝已经在为救赎人类而工作。

以色列人在救赎这幕剧中扮演着重要的角色,因为上帝的"双手"正是在他选民的历史中继续做工,为人类预备与上帝的共融。因此,旧约并不是一位与基督教信仰毫不相关的上帝的启示,而是基督徒在耶稣基督里所认识的那同一位上帝实施救赎计划的历史。

在恰当的时候,也就是在人类得到了必需的预备之后,上帝的道在耶稣基督里成为了肉身。耶稣是"第二亚当",因为新人类在他的生平、受死和复活中被造成了,耶稣以他的所有作为纠正了罪所歪曲的一切。此外,耶稣已经击败了撒但,这令我们能够生活在新的自由中。所有在洗礼中与他联合、在圣餐中被他的身体喂养的人也分享了他的胜利。实际上,耶稣基督是教会的头,教会是他的身体。这个身体通过崇拜——尤其是圣餐——得到喂养,也这样与它的头联合,因此已经得到了基督的胜利最先带来的益处。在他的复活中,最后的复活已经开始,他身上的所有肢体都将参与其中。

即使是在最后,当上帝的国度建立时,上帝的牧人工作也不会结束。相反,已被救赎的人类会向着与上帝更加紧密共融的方向继续成长,"圣化"的过程将永远持续下去,令我们越来越接近上帝。

总而言之,我们在爱任纽这里看到了一幅宏大的历史远景,而上帝的计划通过它展开了。这一历史的焦点是道成肉身,这不仅是因为上帝的道凭借道成肉身纠正了人类被歪曲的历史,也是因为人类与上帝的合一从一开始就是历史的目的。上帝的目的是与受造物人类联合,这已经在耶稣基督里以一种独特的方式实现了。

亚历山大的克莱门

亚历山大的克莱门的生活和兴趣与爱任纽的截然不同。克莱门可能生于雅典,那个长久以来因其哲学家而闻名于世的城市。他的父母是异教徒;但年轻的克莱门因未知的原因归信了基督教,随后便开始广泛寻找能在基督教信仰上给他更深教导的老师。在四处游历之后,他在亚历山大找到一位可以满足他求知欲的老师。他就是潘代努斯(Pantaenus),一个我们知之甚少的人。克莱门留在了亚历山大,并在他的老师去世之后接替了他的位置,成为了亚历山大主要的基督教教师。公元 202 年,当塞普蒂默·塞维鲁成为皇帝时,逼迫开始了,克莱门被迫离开了亚历山大。后来,他游走于东地中海各地——尤其是叙利亚和小亚细亚,直到他于公元 215 年去世。

克莱门职业生涯的大部分时间是在亚历山大度过的,而亚历山大是当时最活跃的知识中心。亚历山大博物馆(或缪斯神庙)和毗邻的图书馆类似于现代的大学,因为它是各个领域的学者聚会的地方。此外,亚历山大还是一个贸易中心,它不仅是学者与哲学家的聚会所,也聚集了骗子和冒险家。因此,当时的调和主义精神在尼罗河口的这座城市达到了顶峰。

这就是克莱门学习与教导的背景,因此,他的思想带有亚历山大的印记。与爱任纽不同,他并不是牧者,而是一位思想家与探索者;他的目标并不是阐释教会的传统信仰——尽管他持守这一信仰——而是帮助那些探索更深奥真理的人,并说服异教知识分子相信,基督教并不是某些人所说的荒谬迷信。

在《劝勉异教徒》(*Exhortation to the Pagans*)中,克莱门利用了柏拉图和其他哲学家的理论,这让我们看到他神学方法的要点。"我追求认识上帝,不只是上帝的作为。谁会帮助我探索? ……哦,柏拉图,我们该怎样寻找上帝?"克莱门说这段话的目的是向异教读者表明,基督教的许多教义可以得到柏拉图哲学的支持。因此,异教徒可以探讨基督教,而不是像许多异教徒理所当然地认为的,基督教是无知者与迷信之人的宗教。

可是,克莱门利用柏拉图的原因不只是为了便于他的论证。他相信,只有一种真理,因此,在柏拉图这里找到的所有真理都是在耶稣基督与圣经中已经启示出来的真理。他认为,哲学被赐予希腊人,就像律法被赐予犹太人。它们的目的都是引人认识如今在基督里被启示出来的终极真理。古代的哲学家之于希腊人,就像是先知之于希伯来人。与犹太人,上帝立了律法之约;与希腊人,上帝立了哲学之约。

那么,我们如何看出圣经与哲学家的一致呢?骤看之下,两者似乎存在很大的差距。但是,克莱门相信,对圣经的仔细研读,会同样得出哲学家已经认识的真理。这是因为,圣经是以象征的手法写成的,或用克莱门的话说,是"用寓言"写成的。圣经并不只有一层意义,经文的字义不应当被抛在一边。但是,仅仅满足于经文字义的人,就像是满足于吃奶且永远长不大的孩子。在经文的字义之上,还有真智者必须发现的其他意义。

信仰与理性关系密切,二者缺一不可。理性论证的基础是不能被证明、但可以凭借信仰接受的第一原则。对于真智者来说,信仰就是理性建基其上的第一原则与出发点。但是,满足于信仰、却不以理性建立信仰的基督徒,也同样像是那个永远只满足于吃奶的孩子。

克莱门对比了满足于初级信仰的基督徒与智者,或他所说的"真灵知者"(true Gnostic)。"真灵知者"超越了经文的字义。克莱门自认为他的工作并不是牧人带领羊群的工作,而是"真灵知者"带领其他具有类似兴趣之人的工作。这自然会导致一种精英神学,克莱门经常因此受到批评。

在此,我们不必赘述克莱门神学的实际内容。虽然他自认为是圣经的解释者,但他的寓意解经却让他在经文中发现了一些其实是受到柏拉图哲学启发的思想与教义。上帝是一位不可言说者,我们只能用隐喻和否定的方式来论述。我们只能说上帝不是什么。但是,至于上帝是什么,人类的语言只能指向一个言语难以描述的实在。

这位不可名状者在"道"或"逻各斯"中被启示给我们,哲学家与先知又从"道"或"逻各斯"中获得了他们所认识的一切真理,而"道"或"逻各斯"在耶稣里成为了肉身。就这一点而言,克莱门遵循了查士丁之前制定的路线。他们的主要不同在于:查士丁用"逻各斯"的教义向异教徒证明基督教的真理,而克莱门则用"逻各斯"的教义呼吁基督徒接受哲学中的真理。

不管怎样,克莱门的重要性并不在于他理解某个教义的方法,而是在于他的思想代表着在亚历山大形成的整个氛围与传统,以及他的思想对随后的神学发展的巨大影响。我们稍后在本章中讲到奥利金时,会讲到这一神学传统的下一步发展。有趣的是,克莱门还是已知的最古老的赞美诗《良善牧人》的作者。1831 年,这首赞美诗被洛威尔·梅森(Lowell Mason)翻译成英文。现在,它还在广为传唱。它的开头是:"孩童良善牧人,求领我众归真。"

迦太基的德尔图良

德尔图良与克莱门极其不同。他似乎是北非的迦太基人。虽然他一生的大部分时间都是在迦太基度过的,但他是大约四十岁时在罗马归信基督教的。回到迦太基之后,他撰写了许多论文,有的是维护信仰,驳斥异教徒;有的是捍卫正统,驳斥异端。他的许多著作因不同的原因而非常重要。例如,他的论文《论洗礼》(*On Baptism*)是现存最早论述洗礼的论文,是我们了解早期洗礼惯例的重要文献。他的著作《致他的妻子》(*To*

89

His Wife)让我们对公元 2 世纪的基督徒婚姻有了些许有趣的了解。

德尔图良是位律师,至少受过修辞学训练,他的全部著作都带有法律思想的印记。在早前的一章中,我们引用过他对图拉真的"不公判罚"所提出的抗议:图拉真下令,不必调查基督徒,如果被带到官员面前,他们就应当受到惩罚。德尔图良的抗议读起来像是在高等法院为一起案件辩护的律师所使用的辩词。在另一部著作《论灵魂的见证》(*On the Witness of the Soul*)中,德尔图良将人类的灵魂送上了证人席,他在审问灵魂之后得出结论,灵魂是"天生的基督徒",如果它坚持拒不接受基督教,这是因为顽固与愚昧。

在论文《剥夺异端权利》(*Prescription against the Heretics*)中,德尔图良的法律思想大放异彩。在当时法律用语中,剥夺权利(Prescription)至少有两个意思。它可以是在案件开始审理之前提交给法庭的法律论据,以证明审判不应该进行。在案件实际开始审理之前,如果案件的一方能证明另一方无权提出诉讼,或诉讼提出得并不合法,或法庭根本就没有司法审判权,审判就会被取消。但是,当我们说到"长期剥夺权利"时,这个词就有了不同的意思。它的意思是,如果一方在一段时期内毫无争议地拥有一份财产,这一方就成为合法的物主,即使后来又有另一方对此提出要求。

德尔图良使用了"剥夺权利"的这两个意思,仿佛正统基督教在与异端进行一场诉讼案。他的目的不仅是证明异端是错误的,还要证明他们根本就无权与教会辩论。为此,他声称圣经属于教会。教会历代以来一直在使用圣经,而异端并没有对它的所有权提出异议。即使全部圣经最初并不归教会所有——因为它的许多书卷是犹太人所著,但它现在属于教会。因此,异端根本就无权使用圣经。他们是后来者,却想要改变与使用合法属于教会的东西。

为了证明圣经属于教会,只需看看古代的各个教会。自使徒时代以来,教会始终在一致地诵读与解释圣经。例如,罗马的教会可以证明,自己现在的主教——公元 2 世纪末的主教——与使徒彼得和保罗一脉相承。安提阿的教会和其他一些教会也是如此。所有使徒教会对圣经的使用与解释都是一致的。此外,由于使徒著作的本源,使徒的著作也属于使徒的教会。

90 既然圣经属于使徒的继承人教会,异端就无权以圣经为基础进行论证。在此,德尔图良使用了剥夺权利的另一个意思。异端无权解释圣经,因此,与他们就解释圣经展开任何辩论,都是不合适的。教会是圣经的合法拥有者,只有教会才有权解释圣经。

在基督教的历史上,驳斥异端的这个论证被不断用来驳斥各种持不同信仰者。它也是天主教徒于 16 世纪驳斥新教徒的主要论据之一。但是,我们应当注意的是,德尔图良的论证是基于证明历代教会的正式传承与教义的延续性。教义的延续性正是在宗教改革时期所辩论的,因此,这个论证并不像它在德尔图良的时代那样有力。

然而,德尔图良的法律精神不只局限于这样的论证。他的法律思想也令他肯定,我们一旦发现了基督教的真理,就不应该再去寻找真理。在德尔图良看来,仍在寻找真理的基督徒并没有信仰。

你们要去寻找,直到你们找到,一旦你们找到,你们就要相信。从此以后,你们只需相信你们已经相信的。此外,你们还要相信,再没有什么可去相信的了,也再没有什么可去寻找的了。[1]

这就意味着,已被公认的基督教教义已经足够,任何在此之外对真理的探寻都是危险的。当然,德尔图良允许基督徒进一步钻研基督教的教义。但是,必须弃绝一切基督教以外以及有着其他来源的东西,尤其是异教徒的哲学,那是异端的源泉,也是无用的思辨。

---

[1] *Prescription against Heretics* 8.

可怜的亚里士多德啊，你给了他们辩证法，你给了他们为拆毁而建造的艺术，给了他们狡猾的演说与粗野的辩论……它们否定一切，却又解决不了什么。②

简而言之，德尔图良谴责一切思辨。例如，辩论上帝的全能可以做些什么，这是在浪费时间，也是一个危险的行当。我们要问的，并不是上帝能做什么，而是上帝做了什么。这正是教会所教导的，这也是在圣经中所找到的。其他一切都是无用与危险的好奇。

但是，这并不意味着，德尔图良放弃使用逻辑来驳斥他的对手。相反，他的逻辑通常稳固，且势不可挡，正如他在《剥夺异端权利》中所表现的那样。但是，他采用修辞进行的论证比他使用逻辑进行的论证更加有力，这有时会令他讽刺对手。例如，在驳斥马西昂的著作中，他告诉对手，教会的上帝创造出整个世界与其中的所有奇妙之物，而马西昂的"上帝"连一棵蔬菜都没有造出。他接着问，马西昂的"上帝"在最后一次启示之前在做什么？马西昂吹捧的"上帝之爱"在最后一刻才能得到吗？德尔图良将尖刻的讽刺与稳固的逻辑独特地结合在一起，从而让他成为异端的灾难、正统的斗士。

然而，大约在公元 207 年，这位异端的劲敌与教会权威的不懈捍卫者却加入了孟他努运动。他这样做的原因成为教会史上众多谜团之一，因为他自己的著作和当时的其他文献都没有告诉我们他的动机。德尔图良为什么会成为孟他努派？我们对此不可能给出明确的答案。但是，我们却可以看出，德尔图良的性格和神学与孟他努主义有着相似之处。

孟他努主义得名于它的创建者孟他努（Montanus）。他在公元 155 年归信基督教之前是一位异教司祭。后来，他开始说预言，宣称自己被圣灵充满。很快，两位名叫百基拉（Priscilla）和马克西米拉（Maximilla）的妇女

---

② *Prescription against Heretics* 8，7.

也开始说预言。这本身并不新奇,因为女性在当时被允许讲道和说预言,至少在一些教会是这样的。令孟他努运动与众不同并引起极度不安的是,孟他努和他的追随者声称,他们的运动正在开创一个新时代,就如一个新时代在耶稣基督里已经开始,一个更新的时代将在圣灵的降临中开始。这一新时代的特点是更加严格的道德生活,就如登山宝训本身就比旧约的律法要求更高。至少一些孟他努派肯定,这一更加严格的律法包括独身。

教会之所以反对孟他努派的教导,并不是因为他们说预言,而是因为他们宣称,历史的最后一个阶段已经与他们一同到来。根据新约的记载,末世始于耶稣的降生、复活,以及圣灵在五旬节被赐下。随着岁月的流逝,对末世已到的强调逐渐被人们遗忘,而在 21 世纪,这种强调会令许多基督徒惊诧不已。但是,在公元 2 世纪,教会对末世的信念却极富生命力,即末世已经在耶稣基督里开始。因此,像孟他努派那样宣称末世始于圣灵被赐予孟他努和他的追随者,等于贬低新约事件的意义,使福音成为救赎史上的又一个阶段。这就是孟他努主义造成的后果,是教会难以接受的。

德尔图良似乎是被孟他努派的严格主义所吸引。他的法律思想令他追求一切合理有序的完美秩序。尽管教会普遍尽其所能地奉行上帝的旨意,但还是有太多不合德尔图良心意的缺陷。他认为解释基督徒不断犯罪的唯一方法,是将教会视为一个中间阶段,它将被圣灵的新时代所取代。当然,这样的梦想注定破灭,古代的一些作家告诉我们,晚年的德尔图良对孟他努主义大失所望,因此,他创建了自己的教派——被古代的作家称为德尔图良派。

即使在成为孟他努派之后,德尔图良仍在与教义上的错误进行斗争。在这一时期,他撰写的最重要著作可能是短论《驳帕克西亚》(*Against Praxeas*)。在《驳帕克西亚》中,德尔图良发明了信式(formula),而信式将在后来的三位一体与基督论争辩中发挥重要的作用。

我们对帕克西亚(Praxeas)知之甚少,甚至是一无所知。有些学者认为,根本就没有帕克西亚这个人,"帕克西亚"是罗马主教卡里克斯图(Calixtus)的另一个名字,德尔图良更愿意用一个假名攻击他。不管帕克西亚是谁,他显然在罗马教会中有着巨大的影响力,他试图解释圣父、圣子和圣灵之间的关系,但他解释的方法是德尔图良难以接受的。帕克西亚认为,圣父、圣子和圣灵只是上帝显现的三种形态,因此,上帝有时是圣父,有时是圣子,有时是圣灵——这至少是可以从德尔图良的《驳帕克西亚》中得出的结论。这就是所谓的"圣父受难论"(patripassianism)或"形态论"(Modalism)。圣父受难论认为,圣父在十字架上受难;形态论则相信,三位一体的不同位格是上帝显现的三种"形态"。

帕克西亚也试图降低孟他努派在罗马的影响,因此,德尔图良在《驳帕克西亚》的开篇就以他特有的刻薄说:

> 帕克西亚在罗马以两种方式服侍魔鬼:驱除预言与提倡异端,
> 驱逐圣灵与钉死圣父。③

然后,德尔图良继续解释如何理解三位一体。正是在这一背景之下,他提出了"一个本质,三个位格"的信式。同样,在论述耶稣基督如何同为神与人时,他提出了"一个位格"和"两个本质"或"两个本性"——神性和人性。他主要以"位格"与"本体"的法律用法来解释这两个术语。但是,后来的神学家却以形而上的方式解释它们。不管怎样,重要的是,德尔图良在三位一体与基督论争辩中发明的信式,最终成为了正统的标志。

因为这些原因,德尔图良成为基督教史上一个独特的人物。他是正统的狂热斗士,驳斥每一种异端,却在最后加入了一场被教会普遍视为异端的运动。即使这样,他撰写的著作与发明的神学信式,对正统神学未来

93

---

③ *Against Praxeas* 1.

的发展仍极具影响。此外，他还是第一位用罗马帝国西部语言拉丁文写作的基督教神学家，因此，他可以被视为西方神学的奠基人。

亚历山大的奥利金

克莱门最伟大的学生是奥利金，他是本章所讲述的四位基督教教师中的最后一位。他的父母都是基督徒，这不同于他的老师克莱门。他的父亲在塞普蒂默·塞维鲁的逼迫期间殉道——这次逼迫也迫使克莱门离开了亚历山大。当时，还是个年轻小伙子的奥利金希望为主殉道。但是，他的母亲将他的衣服藏了起来，他只能呆在家中。他在家里写了一篇论殉道的论文，寄给了在狱中的父亲。

随后不久，在奥利金还不到二十岁时，亚历山大的主教德米特里（Demetrius）委派奥利金培训慕道友——准备接受洗礼的新信徒。这是一项非常重要的职责，拥有非凡天赋的奥利金很快就成名了。在教导慕道友多年之后，他将这份工作交给了他最优秀的一些学生，而他则去全心管理一所基督教哲学学校——非常像古代一些伟大的哲学家所创立的学校。他在自己的学校授课，听他讲课的不仅有远道而来的基督徒，还有慕名而来的开明的异教徒，其中就有皇帝的母亲与阿拉伯的总督。

因为许多原因——包括嫉妒——德米特里与奥利金产生了冲突。结果，奥利金被迫远走他乡，定居在凯撒利亚，在凯撒利亚又继续写作与教导了二十年。

在德西乌斯（Decius）的逼迫期间（我们将在下一章中讲到），奥利金最终有机会证明自己信仰的力量。由于这次逼迫的性质，奥利金并没有被处死，而是受尽了折磨，以至于在被释放不久之后就去世了。他当时大约七十岁，是在推罗（Tyre）去世的。

奥利金撰写了大量著作。他注意到不同版本的圣经存在差异，因此，他编订了《六文本合参圣经》。这是六种文本对照的旧约，包括希伯来文本、希伯来文本的希腊音译本——这令不懂希伯来文这一古老语言的读者至少可以对它的发音有所了解——以及四个不同的希腊文译本。此外,《六文本合参圣经》还附有一整套说明异文、省略与添加的符号。除了这项伟大的杰作之外,奥利金还为圣经的许多书卷撰写了注释,还有我们已经引用过的护教文《驳塞尔修斯》和一部系统神学巨著《论第一原理》(On First Principles)。他的这些著作很大一部分都是他口述的,据说,他有时可以同时向多位秘书口述七部著作。

奥利金的神学精神与他的老师克莱门非常相似。他试图将基督教信仰与亚历山大当时的哲学传统——柏拉图主义联系起来。他意识到,为哲学家的教导而抛弃基督教的教义是危险的,因此他宣称,"一切不符合使徒与教会传统的东西都不是真理"。首先,这一传统包括关于上帝的教义:只存在一位上帝,他是宇宙的创造者和统治者,从而否定了诺斯替派关于世界起源的思辨。其次,使徒们的教导是,耶稣基督是上帝的儿子,在一切受造物之前为上帝所生,他的道成肉身令他在成为人时仍是神。至于圣灵,奥利金认为,使徒传统的论述并不十分明确,只肯定了圣灵的荣耀与圣父、圣子的荣耀是一样的。最后,使徒教导我们,灵魂将在未来的某个时候根据今世的生活受到奖赏或惩罚,身体最终将会复活,且不会再朽坏。

然而,一旦肯定了这些教义,奥利金就可以自由地翱翔在思辨的广阔天空。例如,既然使徒与教会的传统并没有告诉我们世界被造的细节,那么,奥利金就相信,还有一个广阔的探索领域。在《创世记》的开篇几章中记载了两个创造故事,犹太学者早在奥利金的时代之前就已经注意到了。第一个故事告诉我们,人类是按照上帝的形象与样式被造,"上帝将他们造成男人和女人"。我们从第二个故事中得知,上帝先造了亚当,后造了动物,然后才用亚当的肋骨造成了夏娃。在希腊文译本的第一个故事中,描述上帝创造的动词是"创造"(to create),而它在第二个故事中是"组成"(to form)或"塑造"(to shape)。这些差异是什么意思?现代的学者们会说,这是将不同的传统融合在一起的结果。可是,奥利金认为,既然有两个创造故事,其实就是有两次创造。

在奥利金看来,第一次创造完全是灵魂上的。上帝第一次创造的是没有身体的灵魂。这就是经文记载"造男造女"的原因——也就是根本没有性别的差异。这也是为什么我们会被告知,上帝是在"创造",而不是在"塑造"。

上帝这样创造灵魂的目的是,灵魂可以专心默想上帝。但是,一些灵魂不再默想上帝,它们堕落了。就是在这时,上帝进行了第二次创造。第二次创造是物质的,是堕落灵魂的避难所或暂时的家。堕落最深的灵魂变成了魔鬼,而其他灵魂则成为人类的灵魂。为了这些人类的灵魂——堕落的先在灵魂,上帝创造了我们现在所拥有的身体。上帝用土"塑造"了身体,将一些造成了男人,一些造成了女人。

这就意味着,在降生世界之前,人类的所有灵魂都是作为纯灵魂——或奥利金所说的"理智"(intellects)——而存在的,我们之所以会来到世界,是因为我们在纯灵魂的先在中犯罪了。奥利金声称,所有这一切都是依据圣经,但它们显然是源自柏拉图的哲学传统,因为柏拉图传统中的类似思想已经被教导了很久。

在现今的世界上,撒但和他的魔鬼俘虏了我们,因此,耶稣基督已来打破撒但的权势,指出那条我们所要走上的重返灵魂家园的道路。此外,撒但只不过是与我们一样的灵魂,且上帝是爱,那么,甚至撒但最终也会得救,一切受造物都将回归其最初纯灵魂的状态。但是,灵魂仍是自由的,从而就无以保证不会再有新的堕落、新的物质世界和新的历史,堕落、复原、堕落的循环将永远进行下去。

在评价这些思想时,我们开始一定会惊讶于奥利金思想的广度。因此,他在教会史上各个阶段都有狂热的崇拜者。但是,我们一定不要忘记,奥利金所提出的这一切并不是被普遍接受的真理,也不会取代教会的教义,而是他自身尝试性的思辨,不应当被视为教会的权威教义。

然而,一旦做出了这样的评价,记住这一点也非常重要:奥利金在很多方面更像是柏拉图主义者,而不像是基督徒。例如,奥利金在否定马西昂与诺斯替派的世界是由一位劣等神祇所造这一教义的同时,他也认为,物质世界与历史的存在是罪的结果。在这一点上,奥利金与爱任纽明显不同,在爱任纽看来,历史的存在是上帝永恒计划的一部分。奥利金关于灵魂先在和堕落与复原永恒循环的思想,无疑偏离了基督教的普遍教导。

当我们研究教会这些伟大教父的著作时,我们明显可以看到,不同的趋向或神学思想开始形成。首先,爱任纽所代表的神学将成为叙利亚与小亚细亚的主要神学。这种神学被上帝的作为所主导:上帝做了什么,正在做什么,将要做什么。它将救恩视为与已经战胜死亡的基督的联合——一种以洗礼建立、由圣餐喂养的联合。其次,另一种神学趋向也正在形成,尤其是在亚历山大。这种神学主要关注于证明基督教与古代哲学精华之间的联系,并以探索哲学与不变的真理为主旨。对于这种神学来说,救恩在于被上帝光照而得以重返精神的世界。最后,在说拉丁语的西方,德尔图良代表着一种深刻关注道德问题的神学——有时达到了律法主义的程度,这种神学认为,救恩可以通过纯净的道德获得。在随后的几百年中,这三种神学将继续发展。说拉丁语的西方受到在德尔图良影响下形成的神学观的主导,从而将要卷入如何保守教会纯洁的持续争论中,并将在很久以后——尤其是在 16 世纪——又围绕着善工在救恩中的作用展开争论。很快,说希腊语的东方也由于分歧而产生了分裂,这些分歧一方面反映出爱任纽所阐释的传统,另一方面反映出奥利金的哲学观。

第十章

公元 3 世纪的逼迫

> 此时，在当权者面前承认信仰，将更加光荣、更加可敬，因为争战升级了，痛苦更大了，进行争战的基督徒的荣耀也将随之增加。
>
> ——迦太基的西普里安

在公元 2 世纪最后几年，教会过上相对和平的生活。罗马帝国卷入内战，忙于保卫自己的边境，以免受到野蛮人的入侵，从而无暇顾及基督徒。图拉真的老政策仍在施行：如果基督徒拒绝崇拜皇帝与神祇，他们就将受到惩罚，但不必对他们进行调查。因此，所有逼迫都是地方性的、零星的。

到了公元 3 世纪，情况发生了变化。图拉真的政策仍然有效，所以始终存在爆发地方性逼迫的危险。但除此之外，又有了深刻影响到教会生活的新政策。制定并实施新政策的皇帝即是塞普蒂默·塞维鲁和德西乌斯。

塞普蒂默·塞维鲁的逼迫

公元 3 世纪初，在位的皇帝塞普蒂默·塞维鲁结束了一系列使罗马帝国受到削弱的内战。但即使是这样，统治如此广阔、如此难以治理的领地也绝非易事。生活在莱茵河与多瑙河以北的"野蛮人"始终是个威胁。在帝国境内，又有持不同政见的派系，始终存在着军队叛乱、另立新帝，从而导致新内战突发的危险。面对这些难题，塞维鲁觉得，他的帝国需要宗教和谐，因此，他制定了促进调合主义的政策。他计划将自己的所有臣民都团结在不可征服的太阳（太阳神）崇拜之下，并将当时的各种宗教与哲学都纳入这一崇拜中。只要承认太阳神统治万有，一切神祇就都可以接受。

很快，这项政策就与两群拒不服从调合主义、看似顽固的人发生了抵触：他们就是犹太人和基督徒。后来，塞普蒂默·塞维鲁决定阻止基督教与犹太教的传播，因此，他宣布所有归信这两种宗教的人都属违法，将被判处死刑——这两种宗教当时正在赢得大量信徒。除了图拉真那项仍在生效的法令之外，这项政策对基督徒又构成了新的威胁。

最终的结果是，除了公元 2 世纪那种地方性逼迫有所增加之外，现在又多了直接针对新信徒及其教师的更加猛烈的逼迫。因此，塞普蒂默·塞维鲁颁布上述法令的公元 202 年成为逼迫史上的一座里程碑。据说，爱任纽就是在这一年殉道的。也是在这一年，一群基督徒在亚历山大惨遭杀害，其中就有奥利金的父亲。克莱门是亚历山大著名的基督教教师，而皇帝的法令尤其针对寻求新信徒的基督教教师，因此，他被迫逃到更少有人知道他的地区。

当时，佩尔培图阿（Perpetua）和菲里西塔斯（Felicitas）的殉道是最著名的。她们可能是在公元 203 年殉道。佩尔培图阿和她的同伴可能是孟他努派，她们殉道的记载大概是出自德尔图良之手。不管怎样，殉道士是五个慕道友——正准备接受洗礼的新信徒。这符合塞普蒂默·塞维鲁所制定的政策。这五个慕道友——有的才十几岁——受到了指控，罪名并不是她们是基督徒，而是她们最近归信了基督教，因此违反了皇帝的法令。

《圣佩尔培图阿与圣菲里西塔斯殉道记》（*Martyrdom of Saints Perpetua and Felicitas*）的女主角是佩尔培图阿。她年轻富有，正在哺育自己的婴儿。她的同伴是奴隶菲里西塔斯和勒沃卡图斯（Revocatus），以及两个年轻男子萨图尔努斯(Saturninus)和塞古杜鲁斯(Secundulus)。《圣佩尔培图阿与圣菲里西塔斯殉道记》的大部分内容是通过佩尔培图阿之口讲述的,而一些学者相信,她可能的确说过其中的大多数话。当佩尔培图阿和她的同伴被捕时,她的父亲试图说服她放弃信仰,以保全性命。她的回答是,万物都有一个名字,再为它们另取名字毫无意义,她已经有了基督徒这个名字,这不会改变。

法庭对她们的审判旷日持久,这显然是因为当局希望说服她们放弃信仰。被捕时就已经怀有身孕的菲里西塔斯担心她会因为怀孕而保住性命或拖延殉道,让她不能与同伴一起殉道。但是,《圣佩尔培图阿与圣菲里西塔斯殉道记》告诉我们,上帝垂听了她的祷告,她在怀孕八个月时生下了一个女孩,一个女基督徒收养了她的孩子。看着在分娩之痛中呻吟的菲里西塔斯,她的狱友问她怎能面对竞技场中的野兽。她的回答代表了基督徒当时对殉道的理解:我现在的痛苦只是我的痛苦。但是,当我面对野兽时,会有另一个人活在我的里面,为我担当痛苦,因为我将为他受苦。④

随后,《圣佩尔培图阿与圣菲里西塔斯殉道记》告诉我们,三个男殉道士被最先送进了竞技场。很快,萨图尔努斯和勒沃卡图斯就英勇殉道了。但是,根本就没有野兽攻击塞古杜鲁斯。有的野兽不愿意扑向他,有的野兽反而扑向了士兵。最后,塞古杜鲁斯自己大声喊有只豹子会杀死他。结果豹子真的杀死了他。

我们得知,佩尔培图阿和菲里西塔斯随后被送进了竞技场,要受到一头发狂的母牛攻击。在被这头野兽顶倒之后,佩尔培图阿要求重新扎好头发,因为蓬头垢面代表着悲伤,而这一天对她来说是喜乐的一天。最后,这两个鲜血淋淋的女基督徒站在竞技场中央吻别,随后被剑刺死。

不久之后,因为一些并不十分清楚的原因,逼迫减弱了。在罗马帝国

---

④ *Martyrdom of Saints Perpetua and Felicitas*, 5.3.

各地,虽然仍有一些孤立的逼迫事件,但塞普蒂默·塞维鲁的法令并没有被普遍执行。当卡拉卡拉(Caracalla)于公元211年继承塞普蒂默·塞维鲁成为皇帝时,爆发了短暂的逼迫;但这次逼迫仍没有持续多久,且主要局限在北非。

随后的两位皇帝埃拉加巴卢斯(Elagabalus,218—222)和亚历山大·塞维鲁(Alexander Severus,222—235)采取了类似于塞普蒂默·塞维鲁的调和主义政策。但是,他们并没有强迫犹太人和基督徒接受调和主义,或禁止他们寻求归信者。据说,亚历山大·塞维鲁将基督与亚伯拉罕的像伴随他的各位神祇一同摆在他的私人祭坛上。他的母亲尤莉娅(Julia)还去亚历山大听过奥利金讲课。

在皇帝马克西米努斯(Maximinus)统治之下,罗马爆发了一场非常短暂的逼迫。当时,罗马的教会分裂了,两位敌对的主教庞提安(Pontianus)和希波律陀(Hippolytus)被流放到矿场服苦役。然而,逼迫的风暴再次过去,甚至有传言称——并没有多少事实依据——从公元244年至249年统治罗马帝国的阿拉伯人腓力是基督徒。

简而言之,大约有半个世纪,逼迫很少发生,许多人归信了基督教。对于这一代基督徒来说,殉道士是十分值得敬佩的,但他们已经成为过去,那些邪恶的时代似乎一去不返了。贵族中的基督徒一天多似一天,普通群众也很少再相信基督徒没有道德的古老传言。逼迫已经成为遥远的记忆,既充满了痛苦,又满载着荣耀。

后来,暴风雨再次来临。

德西乌斯的逼迫

公元249年,德西乌斯成为了皇帝。虽然基督教历史学家说他很残忍,但他其实只是一个传统的罗马人,他的主要目的是复兴古罗马的荣耀。多种因素造成了古罗马荣耀的衰落。边境之外的野蛮人越来越不安分,他们对帝国的侵扰越来越肆无忌惮。当时还爆发了严重的经济危机。

罗马帝国要求所有人都有证明向神祇献祭的凭证，图为其中一种。

与古罗马文明联系在一起的古老传统基本上已被人们遗忘。

在像德西乌斯这样传统的罗马人看来，造成这一切的原因，显然是人们抛弃了古代的神祇。如果所有人都崇拜神祇，情况就会好转，罗马的荣耀与权力就会增长。由于对神祇置之不理，罗马已招来了神怒，已被神祇抛弃。因此，若要复兴古罗马的荣耀，也必须复兴古罗马的宗教。如果帝国的所有臣民都能崇拜神祇，神祇或许会再次眷顾帝国。

这就是德西乌斯宗教政策的基础。它不再是关于基督徒没有道德的传言，也不是惩罚拒不崇拜皇帝的基督徒的顽固，而完全是一场复兴祖先崇拜的宗教运动——而基督教在他看来尤其损害了古罗马的宗教。对于德西乌斯来说，罗马存亡生死攸关。实际上，拒绝崇拜神祇的人被视为犯下了叛国罪。

考虑到这些情况，德西乌斯的逼迫与之前的非常不同。他的目的并不是制造殉道士，而是制造背教者。德尔图良大约在五十年前说过，殉道士的鲜血就是一粒种子，播下的越多，长出的基督徒就越多。早期基督徒的殉道榜样感动了许多亲眼目睹殉道的人，因此，逼迫似乎更促进了基督教的传播。如果不是强迫基督徒殉道，而是迫使他们放弃信仰，这会令基督教失去殉道士那英雄般的见证，这将是德西乌斯复兴异教这个目标的一次胜利。

尽管德西乌斯的法令已经遗失，但他的命令显然不是逼迫基督徒这类人，而是在全罗马帝国强制推行神祇崇拜。按照皇帝的法令，所有人都必须向神祇献祭,在德西乌斯的像前焚香。服从命令的人会得到一份凭证,或称法案证据(*libellum*),以证明他遵守了命令;没有得到凭证的人将被视为拒绝服从皇帝命令的罪犯。

皇帝的法令证明,基督徒并没有做好迎接新挑战的准备。当时,始终生存在逼迫威胁之下的那几代基督徒已经成为过去,新的几代基督徒还没有为殉道做好准备。一些基督徒跑去服从了皇帝的命令。一些基督徒买来了证明他们已向神祇献祭的假凭证——虽然他们实际上并没有这样做。还有一些基督徒曾一度坚守信仰,但当他们被带到官员面前时,就按照要求向神祇献上祭物。还有许多基督徒决心坚守信仰,拒绝服从法令。

如前所述,德西乌斯的目的是推广神祇崇拜,而不是杀害基督徒,因此,真正殉道的基督徒相对较少。当局只是逮捕基督徒,然后试图通过酷刑与威逼利诱迫使他们放弃信仰。正是在这一政策之下,奥利金被关进监狱,受尽了折磨。在整个罗马帝国,有数百起像奥利金这样的案例。这不再是零星的或地方性的逼迫,而是有组织的全国性逼迫。在罗马帝国一些相当偏远的地区,证明已向神祇献祭的凭证被保存下来,这可以表明当时皇帝的法令曾被普遍遵行。

这场逼迫的一个结果是,教会中出现了一个光荣的新称谓:"认信者"(confessors)。在此之前,几乎所有被带到官员面前并坚守信仰的基督徒都成为了殉道士,而向神祇与皇帝献祭的基督徒则成为了背教者。由于德西乌斯所制定的政策,出现了甚至在酷刑中依然坚守信仰也未得殉道冠冕的基督徒。后来,在逼迫中承认信仰的基督徒被称为"认信者",他们深受其他基督徒的尊敬。

德西乌斯的逼迫是短暂的。公元 251 年,加卢斯(Gallus)继承了他的皇位,废除了他的政策。六年之后,德西乌斯以前的一位同僚瓦莱里安(Valerian)开始了新的逼迫。但是,他被波斯人俘虏,成为阶下囚,于是教会又过了四十年相对和平的日子。

背教者问题:西普里安与诺瓦替安

德西乌斯的逼迫虽然是短暂的,但它对教会却是一次严峻的考验。这不仅是因为逼迫本身,也是因为教会在逼迫之后必须面对的问题。简而言之,教会面临的一大问题是,如何处理"背教者"(lapsed)——在逼迫期间有这样或那样的软弱的基督徒。这牵涉到许多复杂的因素。其中之一是,既不是所有基督徒都以同样的方式堕落,也不是所有基督徒堕落的程度都一样。背教者的实际情况也极为不同:有的基督徒在得知皇帝的法令之后就立即跑去献祭,有的基督徒购买了假凭证,还有的基督徒在逼迫中暂时软弱,但在逼迫尚未结束时就重新认信,并要求再次加入教会。

103　　考虑到认信者的巨大威望,一些基督徒认为,认信者们有权决定教会应该重新接纳哪些背教者,以及如何重新接纳他们。一些认信者——尤其是北非的认信者——宣称,他们拥有这样的权威,并开始重新接纳背教者。这遭到许多主教的反对,因为他们认为,只有教会的主教团才有权重新接纳背教者,且必须以一致与公义的方式重新接纳他们。还有一些基督徒认为,认信者和主教都表现得过于仁慈,对待背教者应当更加严厉。在关于这个问题的争辩中,有两个人起到了关键性的作用,他们就是西普里安(Cyprian)和诺瓦替安(Novatian)。

西普里安在大约四十岁时成为基督徒,并在随后不久被选为迦太基的主教。他最喜爱的神学家是德尔图良,并把他称为"大师"(master)。他同德尔图良一样,接受过修辞学训练,因而可以用自己的论证轻易驳倒对手。他的著作跻身基督教历代最优秀的著作。

在逼迫前不久成为主教的西普里安认为,他的职责是与教会其他领袖一起逃到安全的地方,并通过内容详尽的书信继续带领信徒。不出所料,许多基督徒将这一决定解释为怯懦。例如,罗马的教会在逼迫中失去了主教,罗马的神职人员写信给西普里安,质问他的决定。他坚持认为,自己逃跑是为了信徒的益处,而不是因为怯懦。实际上,当他在几年之后殉道时，他的英勇与信仰得到了充分的证明。但是，在他自身的权威受到质疑时，许多基督徒声称，已经为信仰受过苦的迦太基认信者比他更有权威，尤其是在重新接纳背教者这个问题上。

有一些认信者认为，教会应当直接重新接纳背教者，除了要求他们悔罪之外，不必再提出其他任何要求。很快，因为其他某种原因而讨厌自己主教的一些长老也加入到认信者的行列，结果，迦太基及其周边地区的教会分裂了。后来，西普里安召开了一次教会会议——由地区主教参加的会议——此次会议决定，对于那些通过购买、或者以实际献祭以外的方式获得凭证的基督徒，教会应当直接接纳。而对于已经献祭的基督徒，则只在临终之际，或当一次新的逼迫到来时他们能够有机会证明自己是真心悔罪，才能被教会重新接纳。教会永远不会重新接纳已经献祭且拒不悔罪的基督徒。这些措施都是由主教，而不是认信者执行。这些决议结束了当时的争辩，尽管教会的分裂又持续了一段时间。

西普里安坚持对教会重新接纳背教者做出规定的主要原因，是出于他自己对教会的理解。教会是基督的身体，将分享它的头——基督的胜利。因此，"教会之外无救恩"，"谁不以教会为母，谁就不以上帝为父"。他的这些言论并不代表基督徒必须与教会的主教团完全一致——他自己就与罗马的主教团产生了冲突。但是，他的确相信，教会的合一是最重要的。而认信者的行为威胁到教会的合一，因此，他觉得自己必须要否定那些行为，必须坚持召开教会会议，以决定对背教者的处置。

此外，作为德尔图良的崇拜者，西普里安刻苦研究过德尔图良的著作。德尔图良的严格主义影响了西普里安，因此，他反对过于简单地重新接纳背教者。教会应当是圣徒的团契，偶像崇拜者与背教者不能进入教会。

诺瓦替安比西普里安更加严格。他与罗马主教科内利乌（Cornelius）产生了冲突，因为他认为，科内利乌过于简单地重新接纳了背教者。就在几年之前，著名的神学家希波律陀与主教卡里克斯图在罗马发生过一场类似的冲突，因为卡里克斯图愿意宽恕犯有通奸罪、但已悔罪的基督徒，但希波律陀坚持认为，他们不应当得到宽恕。这件事的结果造成了教会的分裂，以至于罗马出现了两位主教。诺瓦替安抗议的结果也是分裂。同其他带来分裂的许多情况一样，问题在于教会的主要标志是什么：是教会的纯洁，还是教会的赦罪之爱？希波律陀造成的分裂并没有持续多久，而诺瓦替安派导致的分裂却延续了好几代。

这些事件的意义在于，它们让我们看到，由于关注自身的纯洁，以及持"罪是向上帝所欠的债"这一理解，西方教会如何不断卷入争论：教会应当如何保持自身的纯洁，又不先为爱的团契。因此，重新接纳背教者这一问题，很早就成为了西方教会的主要关切之一。如何处理已经受洗却再次犯罪的基督徒，这个问题也一再分裂着西方教会。正是出于这样的关切，一套完整的补赎制度才得以发展起来。在很大程度上，后来的新教改革正是对这套补赎制度的抗议。

第十一章

基督徒的生活

……按着肉体,有智慧的不多,有能力的不多,有尊贵的也不
多。上帝却拣选了世上软弱的,叫那强壮的羞愧。

——《哥林多前书》1:26—27

当我们讲述基督教的历史时,一定要永远记着,资料本身并不能公正
地再现所有的历史真实。现存的大部分文献都是关于教会领袖的工作与
思想,或是记载那些逼迫,以及基督徒与罗马帝国的冲突,因此,我们总是
忘记,这些文献只是描绘了一幅不完整的画卷,几乎没有说到普通基督徒
的信仰、生活或他们的信仰实践。此外,当我们试图重绘这幅历史画卷余
下的部分时,我们所面临的问题是,几乎完全没有相关的材料,因此必须
整合一些零散的信息。

早期基督徒的社会出身

我们之前引用过异教作家塞尔修斯的抱怨:基督徒是一群无知的民
众,他们并不在学校或公共广场上教导,而是在厨房、店铺和皮革厂中说
教。虽然像查士丁、克莱门和奥利金这些基督徒的工作看似驳斥了塞尔
修斯的话,但事实上,塞尔修斯所说的基本属实。基督徒中的智慧学者是
个例外,他们毕竟是少数。重要的是,奥利金在护教文《驳塞尔修斯》中
并未驳斥塞尔修斯的那番话。在一些有文化的异教徒——如塔西佗、科

内利乌·弗龙托和马可·奥勒留看来,基督徒就是一群可鄙的乌合之众。

他们并没有完全说错,因为近年来的社会学研究表明,最初三百年间绝大多数基督徒都来自社会底层,至少这些人没有很好地融入上层人群。根据四福音书的记载,耶稣大部分时间是与穷人、病人和受鄙视之人一同度过的。同大多数最早的使徒相比,保罗的社会地位更高,他的确说过,哥林多的大多数基督徒是无知的、无权势的和出身卑微的。最初三百年的教会生活也基本如此。尽管教会中也有社会地位相对较高的基督徒,如佩尔培图阿和多米提拉——如果她真的是基督徒——但是,她们很可能只是少数几位,教会中更多的是成百上千社会地位更低下、更没有文化的基督徒。

正是在这些普通基督徒中,出现了与查士丁和其他基督教学者风格极为不同的传说和著作。其中最重要的是一些典外福音书(Apocryphal Gospels)和一些使徒与圣母的"行传",这包括《彼得行传》、《耶稣致国王阿伯加书信》、《马利亚与安提阿的伊格纳修的通信》、《巴多罗买福音书》以及其他许多类似的著作。在这些著作中神迹占据了重要的位置,甚至达到荒谬的程度。例如,在一部典外福音书中,小耶稣自娱自乐的方法是:打碎自己玩伴的水罐,然后将碎片扔到井里,当他的玩伴失声痛哭,称他们的父母会因打破水罐而惩罚他们时,小耶稣会命令水再次回到破碎的水罐中,一切又完好无损。另一则故事是:当小耶稣想要爬上树尖时,他并不会像其他孩子那样爬上去,而是命令树向他弯下来,然后他坐上去,再命令树恢复原状。①

然而,这样天真的轻信并不应当令我们因此小看那些普通的基督徒。如果我们将普通基督徒的神学与更有学识的基督徒的神学作一番比较,结果并不总是有利于后者。例如,同亚历山大的克莱门那不可名状的、冷漠的上帝相比,许多典外著作所描述的那位活跃的、至高无上的、公义的

---

① *Armenian Gospel of the Infancy*,23. 2 – 3.

上帝,更接近于圣经中的上帝。此外,尽管一些伟大的护教士竭力向当局证明,他们的信仰与皇帝的政策并不矛盾,但仍有迹象表明,一些普通基督徒能够充分地意识到,罗马帝国的目标必然与上帝的计划产生冲突。我们得知,当某个普通基督徒被带到帝国官员面前时,他拒不承认皇帝的权威,并宣告基督是"我的主,是统治万国万王的皇帝"。最后,当一些更有学识的基督徒倾向于将基督徒的盼望灵性化时,在普通基督徒的信仰中,仍有上帝的国度与新耶路撒冷的异象:上帝的国度终将取代现世的国度,上帝将在新耶路撒冷擦去那些在罗马帝国社会制度下受苦之人的泪水。

基督徒的崇拜

崇拜是社会各阶层的基督徒所共有的一种经验。如果想要重现这一经验,我们所依据的主要是基督教领袖留下的文献。但是,普通基督徒也进行崇拜,因此,我们只能在此粗略地了解一下所有基督徒的崇拜生活。

《使徒行传》告诉我们,早期教会从一开始就有个习俗:在每周的第一天举行擘饼聚会——圣餐(Eucharist)或主餐(Lord's Supper)。在每周第一天聚会的原因是,这一天是主复活的日子。因此,圣餐的主要目的并不是呼吁基督徒悔罪或提醒他们罪孽深重,而是为了庆祝耶稣的复活及其确保的应许。这就是《使徒行传》将圣餐描述成欢乐聚会的原因:"他们存着欢喜诚实的心用饭,赞美上帝,得众民的喜爱。"(徒 2:46—47)早期的圣餐礼并不以耶稣受难日(Good Friday)的事为中心,而是以复活节(Easter)的事为中心。一个新国度已经来临,基督徒聚在一起庆祝它的降临,并成为其中一员。

从此以后,在基督教的大部分历史中,基督教会就将圣餐视为它的正式崇拜与最高崇拜。只是在 16 世纪新教改革之后,甚至在更晚的一些情况下,许多新教教会才普遍将崇拜的中心从圣餐转向讲道。

除了新约对圣餐那段众所周知、但也较为有限的记载之外,我们还可

108

以通过整合现存大量文献中的零散信息来重现早期基督徒的崇拜。这些文献来自不同的年代和地区,因此就传递的信息而言存在着差异与矛盾,但我们还是可以从中勾勒出典型圣餐礼的大致轮廓。

早期圣餐礼最显著的特点在于,它们是庆祝活动。圣餐的基调是喜乐和感恩,而不是痛苦与悔罪。起初,圣餐是完整一餐的一部分。信徒带来他们能够带来的食物,在共同进餐之后,便是为饼与杯的特别祷告。但是,到了公元2世纪初,共同进餐被取消了,这可能是因为对逼迫的恐惧,或是为了平息关于狂欢"爱宴"的传言,或只是因为信徒数量的不断增长导致共同进餐必须取消。但即使是这样,圣餐仍然保留着最初的喜乐气氛。

两份最早见证基督徒崇拜的文献,来自比希尼亚的总督小普林尼与
殉道者查士丁——我们已经在讲述公元2世纪的逼迫时提到过他们。查士丁对崇拜的记载相当简短:

> 在通常被称为主日(星期天)的这一天,住在城市或乡间的那些人(信徒)都聚集到一个地方,依照时间所许,诵读《众使徒的回忆录》(memoirs of the apostles)或众先知的著作。诵读之后,主持聚会者宣讲并勉励会众仿照众使徒与众先知的美好榜样而行。此后,我们全体起立祈祷,正如我们在前面所说的,在祈祷完毕之后,我们搬出饼、酒和水,由主持聚会者依照自己的能力,照样向上帝献上祷告和感谢,全体会众以"阿们"回应。于是便将这些祝圣过的食物一一分给众人,并留下一部分给那些未能到会的人,由执事随后送去。信徒中的一些有钱人,如果愿意,就随自己的意思把部分财物施舍出去;这样收集的款项由主持聚会者来保存,用于救济孤儿、寡妇和那些因患病或其他原因而有需要的人,还有那些受捆绑在牢里的人和寄居在我们这里的异乡远客。总而言之,就是由主持聚会者分给所有需要的人。主日是我们全体聚会的日子,因为它是上帝作工、改变混沌、造出世界的第一天,而我们的救主耶稣基督也是在这一天从死里

复活。②

　　我们可以从这些文献以及其他一些文献中得知,至少从公元 2 世纪起,圣餐礼就包括两个主要部分。首先是诵读经文与解释经文,同时伴有祷告和歌唱赞美诗。基督徒在当时几乎不可能拥有自己的圣经抄本,因此,圣餐礼的第一部分通常是信徒了解圣经的唯一途径,从而导致圣餐礼的这个部分相当长——有时会持续数个小时。随后便是圣餐礼的第二部分——圣餐,以亲吻礼开始。但在此之前,那些还没有接受洗礼的基督徒在祷告与祝福之后就会被要求离开。在亲吻问安之后,饼和酒被抬出,交给圣餐的主持者,他随后会为饼与酒祷告。为饼与酒所作的祷告经常会时间很长,在祷告中,上帝的救赎之工通常会被依次述说,会祈求圣灵的能力临到饼与酒。随后,饼被擘开,在信徒中分享,一杯酒也被信徒同享共饮。最后,圣餐以祝福结束。圣餐礼还是一次与穷人分享的机会,因为信徒在圣餐礼中会为他们奉献财物。查士丁还在他的护教文另外一处告诉我们:"无论我们拥有什么,我们都是凡物公用,与所需的人一同分享。"③

　　早期教会的另一个习俗是在基督徒的坟墓里举行圣餐,这就是地下墓穴的作用。一些作家将"地下墓穴教会"(church of catacombs)戏剧化,把它们描述成基督徒聚在一起反抗当局的秘密场所。这多是夸大之词。地下墓穴就是墓地,它们的存在是当局所熟知的,因为不只有基督徒将逝者埋葬在地下墓穴。虽然基督徒有时的确利用地下墓穴藏身,但是,他们在地下墓穴聚会的主要原因并不是惧怕当局,而是另有两个原因。首先,教会不被政府承认,因而并不拥有自己的财产,但是,殡葬机构却没有被政府禁止,它们可以拥有自己的财产。在一些城市,基督徒自己建立起这样的殡葬机构,因此就可以在自己的公墓中聚会。但更重要的是,许多信

---

② *I Apology*, 67. 3 – 6.

③ *I Apology*, 14. 2.

仰英雄安葬在那里,基督徒相信,圣餐不仅将他们彼此连合,将他们与耶稣基督连合,也将他们与自己的信仰先辈连合。

在殉道士坟墓举行圣餐尤其是这样。早在公元 2 世纪中期,基督徒就有这样一种习俗:在殉道士的殉道周年纪念日,他们在殉道士的坟墓聚会,举行圣餐。基督徒还相信,殉道士也是教会的一部分,圣餐会将活着的基督徒与死去的殉道士连合在同一个身体中。圣徒日就是源于这个习俗——圣徒日通常是庆祝圣徒的殉道日,而不是圣徒的生日。(收集殉道士遗物的习俗似乎开始得相当早。在公元 2 世纪中期,《波利卡普殉道记》告诉我们,波利卡普的遗骨"对于我们比珍珠还宝贵"。)

同在地下墓穴或墓地聚会相比,基督徒还更加频繁地在私人家中聚会。新约对此有过一些暗示。后来,随着会众的增长,一些屋子被专门用来崇拜上帝。因此,最古老的基督教堂在其成为教堂之前,似乎是一所私人住宅。它建于公元 256 年之前,是在考古挖掘杜拉-欧罗波斯(Dura-Europos)的过程中被发现的。

会众增长的另一个结果是,一个城市的所有基督徒很快就无法聚在一起崇拜了。然而,基督身体的合一是如此重要,以至于在一个城市出现若干会众群体时,教会似乎失去些什么。为了保护和象征教会合一的纽带,在一些地区兴起这样一种习俗:将在主教教会的圣餐礼中所使用的一块饼——圣饼片(fragmentum)——送到同一个城市的其他教会,并将其用到这些教会的圣餐饼中。此外,为了保护和象征全世界基督徒的合一,每个教会都有一份其他教会的主教名单,无论是远处的,还是近处的,这样就可以在举行圣餐时为其他教会的主教祷告。这些主教名单通常是记录在由合叶或绳子连接起来的两块写字板上,就像是当时常见的短笺和一些官方函件。这一套套写字板被称为"双连记事板"(diptych)。后来,将某位主教的名字从教会的双连记事板上删除成为一件非常重要的事情。正如添加一个名字以确定合一的纽带,删除一个名字则意味着打破了这一纽带。

以弗所废墟中的公元 5 世纪的洗礼池。

起初,基督教的历法相当简单,基本上是以周为单位的。每个星期天都是一次复活节,都是喜乐的一天;每个星期五都是悔罪、禁食和痛苦的日子。不知是什么原因,星期三在很早时就成了禁食日。每年都有一个非常特别的星期日,这是主耶稣基督复活的日子,是基督徒最隆重的节日。遗憾的是,就何时庆祝这个重要的日子而言,基督徒并没有达成一致,一些基督徒认为这个日子应当根据犹太人的逾越节(Passover)而定,而另一些基督徒认为应当始终在星期日庆祝这个日子。到了公元 2 世纪,基督徒就这个问题爆发了激烈的争辩。直到今天,尽管还有其他一些原因,但并不是所有教会都赞同确定复活节日期的方法。

复活节的一项活动是为新的归信者施行洗礼,接纳他们成为会众。查士丁告诉我们:"我们给那些相信并赞成我们教导的人施行洗礼之后,便带他们到称为众弟兄聚集的地方,然后我们为自己,也为那些受了光照的人,为在世界各地的一切同道,恳切祷告……我们这样祷告完毕之后,便行亲吻礼,主礼人接过饼和杯……"随后祝谢圣餐。④

在预备这些通常在复活节举行的活动时,会有一段时间的禁食与悔罪。这就是我们今天大斋节(Lent)的由来。基督徒也从很早就开始庆祝

---

④ *I Apology*, 65.1 – 3.

圣灵降临节(Pentecost)⑤,这是一个源于犹太人的节日。

与耶稣的降生相关的最早的节日是 1 月 6 日的主显节(Epiphany),即主显现的日子。主显节最初只是庆祝耶稣的降生。后来,12 月 25 日开始取代主显节,尤其是在西方说拉丁语的一些地区。12 月 25 日其实是异教的一个节日,在君士坦丁时代(公元 4 世纪)之后被圣诞节取而代之。

除了圣餐之外,洗礼是基督徒崇拜中另一项重大活动。我们已经讲过,只有已经接受洗礼的基督徒才可以参加圣餐。《使徒行传》告诉我们,人们在归信基督教之后立即接受洗礼。这在早期的基督教会中是可行的,因为其中大多数归信者来自犹太教,或是受到犹太教影响的人,因而基本上了解基督徒的生活与宣讲。但是,随着越来越多的外邦人加入教会,要求新信徒在接受洗礼之前进行一段时间的预备、试炼和学习是必要的,这就是"慕道期"。到了公元 3 世纪初,慕道期长达三年之久。在慕道期间,慕道友要接受关于基督教教义方面的教导,要在日常生活中表现出他们的虔诚信仰。随着洗礼的日益临近,他们要学习信经或洗礼信条的意义,且在洗礼时会被问及是否承认其内容。最后,他们在接受洗礼前不久还要接受测验,并被列入洗礼候选人的名单。

洗礼通常在每年的复活节举行一次。公元 3 世纪初,准备接受洗礼的基督徒通常会在星期五和星期六禁食,然后在星期天清早接受洗礼,因为这是耶稣复活的时候。准备接受洗礼的基督徒全身赤裸,男女分开。新信徒一从水中出来,就会穿上白袍,以象征他们在基督里的新生命(参西 3:9—12;启 3:4)。他们随后会被涂油,从而成为君尊的祭司。

在所有洗礼候选人接受了洗礼之后,新入教者会列队来到聚会的地方,与其他会众一同参加他们的第一次圣餐。已经接受洗礼的基督徒会得到水喝,以此象征他们从里到外都完全洁净。他们还会得到牛奶与蜜,

---

⑤ 圣灵降临节,又译为五旬节。——译者注

以象征他们现在正在进入的应许之地。

新信徒通常浸入水中接受洗礼,或跪在水中,将水从头顶浇下来接受洗礼。写作日期不详的《十二使徒遗训》更喜欢采用"活水"——流动的水——施行洗礼。但是,在一些缺水的地区,只能奉圣父、圣子和圣灵的名,将水从新信徒的头顶三次浇下来,为他们施行洗礼。

至于是否可以为婴儿施行洗礼的问题,学者们直到今天还依然争论不休。到了公元 2 世纪末或 3 世纪初,一些文献记载,至少有些基督徒父母会让他们的孩子在婴儿时接受洗礼。但是,所有更早的文献和后来的许多文献都很少提供婴儿洗礼方面的信息,因此就无法确定早期的教会是否为婴儿施行洗礼。

教会的组织

公元 2 世纪,教会显然有三个不同的领导职位:主教、长老(或长者)和执事。一些历史学家声称,这一等级制度源自使徒;但是,现存的文献似乎指向了相反的方向。尽管新约确实提到过主教、长老和执事,但这三个头衔并不是同时出现的,并不总是共存的、分工明确的职责或官职。实际上,新约似乎表明,地方教会的组织因地而异,"主教"和"长者"(或长老)这两个头衔一度可以互换。还有一些历史学家倾向于认为,某些教会——包括罗马教会——并不是由一位主教领导,而是有一批领袖,他们有时被称为"主教",有时被称为"长老"。

我们已经解释过,为了回应公元 2 世纪末和 3 世纪初的异端所带来的挑战,教会开始强调主教的权威与使徒统绪。随着越来越多的外邦人加入教会,出现异端的危险也越来越大,这反过来又令教会更加强调主教的权威。

女基督徒在早期教会中的领袖地位也值得特别关注。到了公元 2 世纪末,教会的正式领袖显然全是男基督徒。但是,这种现象在更早的时候并不十分明显。尤其是在新约中,有迹象表明,女基督徒也拥有领导职务。腓利有四个"说预言"的女儿——可以讲道的人。非比是坚革哩的女执事,犹尼亚被视为使徒之一。实际的情况可能是,在公元 2 世纪,教会在努力与异端斗争的过程中将教会权力集中,而集权化的一个副产品便是女基督徒被剥夺了领导权。但是,也同样在公元 2 世纪初,总督小普林尼告诉图拉真,他下令对基督教的两位"女执事"施以酷刑。

当说到早期教会中的女基督徒时,我们应当讲述寡妇的独特作用。《使徒行传》告诉我们,初期教会帮助供养教会中的寡妇。这在一定程度上是顺从旧约不断重申的命令:照顾寡妇、孤儿和寄居者。但是,这也是实际所需,因为没有生活来源的寡妇要么被迫再婚,要么必须带着她的孩子寻找避难所。无论是哪种情况,如果新丈夫或孩子不是基督徒,她的信仰生活就会受到严格的限制。因此,教会很快就有了一个习俗:供养教会的寡妇,赋予她们特定的职责。在前面一章中,我们已经讲过一个寡妇的故事:她的侍奉激怒了异教徒,从而让她成为了殉道士。还有一些寡妇致力于教导慕道友。最终,"寡妇"一词在教会中的意义改变了,它不仅是指一个死了丈夫的女性,还指所有由教会供养、并在教会中担任某种特定职务的未婚女性。一些女基督徒为了侍奉而选择独身。就是在这时,人们开始听到一些奇怪的说法,如"被称为寡妇的贞女"。最终,这产生了比男性修道主义更早的女修道主义。

115　　　教会也至少从公元 2 世纪开始举行婚礼——当时安提阿的伊格纳修写信给波利卡普称,主教知道当时举行的所有婚礼。可以理解的是,敬虔的夫妇希望将他们的婚姻神圣化。但是,教会婚礼显然还有另一个作用:认可并非严格合法的婚姻。根据当时的法律,一对夫妇的社会地位——和随之而来的权利——是由丈夫的社会地位决定的。在早期教会中,女基督徒往往拥有比男基督徒更高的社会地位,因此,信徒之间正式合法的婚姻会导致严重的民事后果,即剥夺妻子一些更高的权利与地位。解决的办法就是举行不受官方或民事制约的教会婚礼。

宣教方法

虽然我们不可能给出确切的统计数据,但不容否认的是,教会在其第一个百年中,信徒数量取得了巨大的增长。我们不禁会问:教会采取什么方法才能取得这样的增长。答案或许会令一些当代的基督徒大吃一惊,因为古代的教会根本就没有"福音布道会"或"奋兴布道会"。相反,在早期教会中,崇拜的中心是圣餐,只有已经接受洗礼的基督徒才被允许参加圣餐。因此,"福音传道"并不是在教会的崇拜中进行的,而是像塞尔修斯所说,是在厨房、店铺和集市中进行的。少数著名的基督教教师,如查士丁和奥利金,在他们的学校举行辩论会,从而在知识分子中赢得了一些归信者。但事实上,大多数归信者都是由一些无名基督徒赢得的,他们的见证令其他人归信了他们的信仰。最激动人心的见证显然是受苦以至于死的见证,正是因为这个原因,原意为"见证"的"殉道"(martyr)一词,才有了我们今天所说的"殉道"这个意思。最后,一些基督徒因他们所行的神迹而闻名于世,这也赢得了一些归信者。

在行神迹的基督徒中,最著名的是格列高利·托马都古斯(Gregory Thaumaturgus)——一个意为"行神迹者"(wonderworker)的名字。他来自黑海南岸的本都(Pontus)地区,因奥利金在学识方面所作的见证而归信了基督教。他一回到本都就成为新凯撒利亚(Neocaesarea)的主教,但是,他在福音传道方面所取得的巨大成功,并不是因为他的神学论证,而是因为传说中他所行的神迹。他的神迹主要是医治的神迹,但我们也得知,他能够控制洪水中河流的走向,使徒与圣母亦曾向他显现,指导他的工作。他还用基督教节日取代了古老的异教节日,并使基督教的节日胜过异教节日。他所使用的这个宣教方法在后来不断出现,他也是最早使用这种方法来宣教的基督徒之一。

有关基督教早期扩张的另一个惊人事实是,在新约时代之后,很少再听说有宣教士像保罗和巴拿巴那样,四处旅行宣教。福音在最初几百年的快速传播显然并不归功于全职宣教士,而是要归功于众多因其他原因而出行的基督徒——奴隶、商人、被流放到矿场服劳役的罪犯等。

最后我们应当注意,基督教主要是在城市中传播,在乡村地区渗透得很慢,而且遇到极大的困难。到了公元 100 年,罗马帝国百分之六十四的港口城市和百分之二十四的内陆城市拥有了教会。公元 180 年时,这两个数字分别增长到百分之八十六和百分之六十五。⑥ 在君士坦丁之后很久,基督教才赢得了罗马帝国乡村的大多数人。实际上,异教徒(pagan)一词最初与宗教没有任何关系,而是用来指称粗野无知的乡下人。只是在大多数城市居民成为基督徒之后,主要在乡村地区存在的古代宗教才被称为异教(paganism)。

基督教艺术的开端

基督徒最初在私人家中聚会,因此,他们的聚会场所不可能有很多寓指基督教信仰的装饰品或象征物。即便有,它们也没有被保存下来。但是,一旦基督徒拥有了自己的公墓(地下墓穴)和自己的教堂(如杜拉-欧罗波斯教堂),基督教艺术就开始发展起来。早期的基督教艺术主要是地下墓穴和教堂中的壁画,以及用于安葬那些富有基督徒的石棺上的雕刻。

圣餐是崇拜的中心,因此,展现圣餐的场景或象征物最为常见。它们所描绘的,有时是在内室举行的圣餐,有时只是装有鱼和饼的篮子。

鱼是基督教最早的象征物之一,因此在圣餐与其他场景中经常出现。除了与喂饱五千人的神迹有关,鱼的意义还在于鱼的希腊文"*ICHTHYS*":它可以用作藏头词,包含了这些短语的首字母:"Jesus Christ, Son of God, Savior"(耶稣基督,上帝的儿子,⑦因此,鱼不仅出现在表现性的艺术中,

---

⑥ Rodney Stark, *Cities of God* (San Francisco: Harper San Francisco, 2006), 225.

⑦ "鱼"的希腊文单词是 ἰχθύς。"耶稣基督,上帝的儿子,救主"的希腊文单词是 Ἰησοῦς Χριστός, υἱὸς τοῦ Θεοῦ, σωτήρ。σ 与 ς 发音相同。因此,ἰχθύς 可被视为包含了 Ἰησοῦς Χριστός, Θεοῦ υἱὸς, σωτήρ 的首字母。——译者注

还出现在基督教最古老的一些碑文中。例如，公元 2 世纪末的希拉波利斯的主教阿伯西乌斯（Abercius the bishop of Hierapolis）的碑文是，"洁净无瑕的童贞女（马利亚或教会？）所钓的大而纯洁的鱼"喂养着阿伯西乌斯。其他类似的碑文是，"上帝的族类，属天的鱼"以及"和平之鱼"。

早期基督教艺术中的其他场景描述了各种圣经故事：亚当与夏娃、方舟中的挪亚、旷野中的磐石出水、狮坑中的但以理、烈火窑中的三个年轻人、耶稣与撒玛利亚妇人、拉撒路的复活等。总的来说，我们所发现的早期基督教艺术都非常简单，它们更具寓意，而不是写实的作品。例如，挪亚通常被描绘成站在一个小小的盒子上，盒子小得几乎难以使挪亚漂浮起来。

总而言之，古代的基督教会主要是由一群出身卑微的人组成，对于他们来说，被接纳为万王之王的后裔这一事实，给他们带来了极大的喜乐。这在他们的崇拜、艺术、共同生活和英勇殉道中都得以体现。大多数基督徒的日常生活是枯燥乏味的平淡日子，这是所有社会中的穷人都必须过的生活。但是，他们因对新光明的盼望而感到喜乐，因为新光明将消灭他们社会中的黑暗、不公与偶像崇拜。

第十二章

大逼迫与最终的胜利

> 我只关心我所学到的上帝的律法。那是我服从的法律，我将在其中得胜。除此以外，别无他法。
>
> ——殉道者塞利卡

在德西乌斯和瓦莱里安的逼迫之后，教会过了很长一段时间相对和平的生活。但到了公元4世纪初，最后一次，也是最残酷的一次逼迫爆发了。当时在位的皇帝是戴克里先（Diocletian），他重组了罗马帝国，为帝国带来了新的繁荣。戴克里先重组帝国的一项措施是四位皇帝共同统治帝国。其中两位皇帝的头衔是奥古斯都：戴克里先本人是东部的皇帝，西部的皇帝是马克西米安（Maximian）。这两位皇帝之下是副帝，他们的头衔是凯撒：戴克里先之下是加勒里乌（Galerius），马克西米安之下是君士坦提乌·克洛卢斯（Constantius Chlorus）。凭着戴克里先的政治与统治天赋，只要他拥有最高权力，这种分权制度就能起到很好的作用。但是，这个制度的主要目的是确保皇位的有序继承，因为戴克里先的计划是"凯撒"继承他为"奥古斯都"，随后，余下的三位皇帝将任命一位"凯撒"，填补由晋升为奥古斯都的凯撒所留下的空缺。戴克里先希望，这会防止因继承问题而频发的内战，这样的内战一直困扰着罗马帝国。我们将会看到，他的这个希望破灭了。

不管怎样，在戴克里先的统治之下，罗马帝国取得了相对的和平与繁荣。除了在帝国边境频繁爆发的小冲突之外，只有加勒里乌被迫进行了两场重要的军事战争：一场在多瑙河沿岸，一场抗击波斯人。在这四位皇帝中，似乎只有加勒里乌对基督教怀有敌意。戴克里先的妻子普莉斯卡（Prisca）和他们的女儿瓦莱莉亚（Valeria）都是基督徒。教会的安全似乎有了保障。

基督徒最初可能是在军队中遇到了困难。关于服兵役，基督徒并没有达成广泛共识，因为当时的大多数教会领袖称基督徒不该成为军人，但在罗马军团中却有许多基督徒。不管怎样，大约在公元295年，许多基督徒被判处了死刑，一些是因为拒绝参军，另一些是因为试图离开军队。加勒里乌认为，基督徒对参军的这种态度极其危险，因为可以想象，军队中的基督徒在关键时刻可能拒绝服从命令。因此，作为一项鼓舞军队士气的必要措施，加勒里乌说服了戴克里先，将基督徒全部逐出了罗马军团。除了将基督徒逐出军队之外，戴克里先的法令并未要求进一步惩罚基督徒。但在一些地区，某些军官试图强迫基督徒士兵放弃信仰，这或许是因为他们的过度热情，因为他们不希望看到自己的士兵减少。结果，许多基督徒被处死，他们都是多瑙河军队中的士兵，服从加勒里乌的指挥。

在这些事件之后，加勒里乌对基督徒的偏见似乎越来越大，公元303年，他最终说服戴克里先颁发了一项针对基督徒的新法令。至少历史学家凯撒利亚的优西比乌（Eusebius of Caesarea）是这样告诉我们的，因为他竭力不将逼迫的罪名加给当时的其他三位皇帝——戴克里先就是其中之一。即使这样，新法令的目的也不是杀害基督徒，而是解除他们在罗马帝国担任的重要职务。当时的法令是，免除基督徒所担任的一切公职，毁掉基督教的所有建筑与书籍。起初并没有更加严厉的措施。但是，冲突很快就升级了，因为许多基督徒拒绝交出自己的圣经，在这种情况下他们被施以酷刑，并被判处死刑。

后来，皇宫中发生了两场火灾。加勒里乌指责是基督徒纵火，他们想要报复，因为他们的聚会场所和书籍被毁掉了。而当时的一些基督教作家指出，是加勒里乌自己纵火，因为他想陷害基督徒。不管真相怎样，戴克里先很快就愤怒了，他命令宫廷中的所有基督徒必须向神祇献祭。普莉斯卡和瓦莱莉亚服从了命令，而宫廷大总管多罗西斯（Dorotheus）和其他一些基督徒则殉道了。在罗马帝国上下，基督徒的聚会场所与圣经被付之一炬，一些地区过度狂热的官员效法皇帝的榜样，将基督徒处死。逼迫似乎并不十分严重的唯一地区是君士坦提乌·克洛卢斯的领地，这里的逼迫只限于拆毁一些教会建筑——至少这是希望尽量美化君士坦提乌的优西比乌告诉我们的。

局势越来越糟。一些地区爆发了骚乱，戴克里先相信基督徒正在密谋反叛他。后来，他先是下令逮捕了教会的所有领袖，然后又命令所有基督徒必须向神祇献祭。

古代教会所遭受的最残酷的逼迫就这样开始了。同前面讲到的德西乌斯一样，戴克里先尽量促使基督徒放弃信仰。许多基督徒习惯了几十年相对安逸的生活，因而屈服了。其他基督徒受尽了极其残忍的酷刑折磨，最终被以各种方式杀害。许多基督徒藏了起来，其中一些还带着圣经。甚至还有一些基督徒跨过边境去到了波斯——这似乎证实了对他们最糟糕的怀疑：对罗马帝国不忠。

与此同时，加勒里乌决心成为罗马帝国的最高统治者。公元 304 年，戴克里先患病，虽然他大难不死，却已虚弱不堪。加勒里乌前来觐见戴克里先，显然是劝说他退位。他也迫使马克西米安退位，因为他威胁要率领自己明显更加强大的军队入侵他邻舍的领地。公元 305 年，戴克里先和马克西米安都退位了，加勒里乌和君士坦提乌·克洛卢斯成为了奥古斯都。他们之下的两位凯撒是塞维鲁（Severus）和马克西米努·达伊亚（Maximinus Daia），可他们都是加勒里乌的无能傀儡。

然而，加勒里乌的这些安排并不受罗马军团中许多军人的欢迎。在罗马军团中，君士坦提乌的儿子君士坦丁（Constantine）和马克西米安的儿子马克森狄（Maxentius）深受喜爱。年少时的君士坦丁曾先后在戴克里先与加勒里乌的宫廷中生活过一些年,明显是作为确保父亲君士坦提乌·克洛卢斯效忠的人质。但是,君士坦丁逃跑了——或如同一些历史学家所认为的,他被释放了,并见到了父亲,他的父亲曾以健康欠佳为由而要求见他。在君士坦提乌去世之后,军队拒不服从加勒里乌的安排,并宣布君士坦丁才是他们的奥古斯都。与此同时,马克森狄攻取了罗马,统治这个古老帝都的塞维鲁被迫自杀。加勒里乌入侵了马克森狄的领地;但是,他的军队开始倒戈,投奔了他的对手,他被迫回到了有更多人支持他的帝国东部。最终,绝望中的加勒里乌请求戴克里先复位主持大局。但是,戴克里先宣称,他非常喜欢退休后种卷心菜的生活,并拒绝重新主持帝国的政务——但他愿意主持这几个政敌之间必要的谈判。谈判的最终结果是一种极不稳定的安排,其中就包括任命李锡尼(Licinius)为新的奥古斯都。到此时为止,帝国各地有许多人都声称他们是某个地区的统治者,这样的人多到难以在此一一列举,新的内战显然一触即发。与此同时,君士坦提乌·克洛卢斯的儿子君士坦丁却在巩固他在高卢与大不列颠的地位,他在等待时机。

在如此混乱的政治局势中,对基督徒的逼迫还在继续,但逼迫的程度取决于每一个地区的每一位皇帝所制定的政策。在罗马帝国的西部,大部分领地处于君士坦丁和马克森狄的有效控制之下,这两位皇帝都没有强制实施逼迫基督徒的法令,他们认为,逼迫基督徒是他们的敌人加勒里乌的事情。加勒里乌和他的主要傀儡马克西米努·达伊亚继续逼迫基督徒。马克西米努试图完善加勒里乌的政策,他将基督徒逼迫致残,将他们发配到采石场做苦力。但在后来,许多被判刑的基督徒开始在服刑地建立新教会,于是马克西米努或是将他们杀害,或是将他们再次流放。殉道士的名单越来越长,似乎没有尽头。

然而,基督徒却意外地得到了帮助。加勒里乌患上了令他痛苦不堪的疾病,基督徒称那是上帝对他的惩罚,他可能相信了基督徒的话,从而勉强决定改变自己的政策。根据基督教历史学家凯撒利亚的优西比乌记

载,公元 311 年 4 月 30 日,加勒里乌宣布:

> 我们为国家的利益所颁布的一切法律,都是为了恢复罗马人的古老法律和传统纪律。我们尤其希望带领已经放弃祖先信仰的基督徒回归真理……在我们颁布法令,命令所有基督徒回归到古代的习俗之后,许多基督徒出于恐惧而遵行了,我们不得以才惩罚其他基督徒。可是,仍有许多基督徒坚持己意,我们知道,他们既不会崇拜与服侍神祇,甚至也不会崇拜和服侍他们自己的上帝。因此,在对所有人的仁慈的驱使之下,这样做似乎是公义的:宽恕他们,允许他们再次成为基督徒,再次在他们的聚会所中聚会,只要他们不妨碍公共秩序。
>
> 我们将在另一个法令中就此事再对地方官员做出指示。
>
> 作为对我们宽容的回报,我们将要求基督徒为我们、为我们的国家和他们自己向他们的上帝献上祷告,以便国家可以繁荣昌盛,他们可以安居乐业。

这项法令结束了罗马帝国对教会最残酷的逼迫。监狱的大门很快就被打开了,许多因逼迫而伤痕累累的基督徒走了出来,但是,他们依然感恩,因为他们认为,至高的上帝解救了他们。

加勒里乌在五天之后去世,基督教历史学家拉克唐修(Lactantius)特意向世人表明,逼迫基督徒的人会可怕地死去,他宣称,加勒里乌的忏悔来得太迟了。

罗马帝国随后被君士坦丁、李锡尼、马克西米努·达伊亚和马克森狄所瓜分。前三位皇帝彼此认可,共同宣布马克森狄为篡位者。至于他们对基督徒的政策,马克西米努·达伊亚是唯一一位很快就重启已被加勒里乌停止的逼迫的皇帝。

然而,一次结束逼迫的政治大变动即将发生。在之前的阴谋与内战

君士坦丁成为罗马帝国唯一的皇帝,教会在他的领导下进入一个新时代。

中一味耍弄政治手腕的君士坦丁发动了一场战争,最终令他成为罗马帝国的主人。君士坦丁突然集结了他在高卢的军队,他们穿越阿尔卑斯山,向马克森狄的首都罗马进军,而这完全出人意料。惊慌失措的马克森狄未能守住他的要塞,君士坦丁的军队迅速将其占领。马克森狄只能集结他在罗马的军队,与高卢的入侵者进行战斗。罗马坚不可摧,如果马克森狄选择一个更加明智的战略,只守不攻,历史或许会被改写。但是,他咨询了他的占卜官,得到的建议是进行战斗。

根据两位认识君士坦丁的基督教编年史家记载,君士坦丁在大战前夕得到了一个启示。其中一位编年史家拉克唐修称,君士坦丁在梦中接到命令,将一个基督教的象征物放到他士兵的盾牌上。另一位编年史家优西比乌说,异象出现在天空中,同时出现了这几个字:"你将靠此得胜"。不管怎样,事实上君士坦丁命令他的士兵在盾牌和军旗或拉伯兰旗(*labarum*)上使用一个看似希腊字母 *Chi-Rho* 叠置在一起的标志。这两个希腊字母是"基督"的前两个字母,因此,这样的拉伯兰旗很可能是基督教的一个象征物。尽管基督徒认为,这是君士坦丁归信基督教的伟大时刻,但是,历史学家指出,即使在这件事之后,君士坦丁还在崇拜太阳神——不可征服的太阳。实际上,君士坦丁归信基督教是一个漫长的过程,我们将在下一章讲述。

一个重要的事实是,马克森狄战败了,他在米尔汶桥(Milvian Bridge)作战时掉入河里,溺水而亡。君士坦丁就这样成为罗马帝国整个西部的主人。

君士坦丁的战斗一旦打响,他就迅速向前推进。在米尔汶桥战役之后,他在米兰会晤李锡尼,与李锡尼结成盟友。他们达成的一项协议是,停止逼迫基督徒,返还他们的建筑、公墓和其他财产。这项协议被称为《米兰敕令》(*Edict of Milan*),它通常被认为是逼迫结束的标志(公元313年),尽管加勒里乌的法令实际上更加重要,且马克西米努·达伊亚甚至在《米兰敕令》颁布之后还在推行他的逼迫政策。通过一系列措施——我们将在下一章讲述,君士坦丁最终成为了唯一一位皇帝,逼迫结束了。

这是一次真正的胜利,还是陷入新的、也许是更艰难困境的开始,将是我们在接下来的许多章节中讲述的主题。不管是哪种情况,君士坦丁归信基督教无疑对基督教产生了巨大的影响,基督教被迫要面对新的问题。基督徒自称是一位木匠的仆人,他们的伟大英雄是渔夫、奴隶和被国家处死的罪犯,当他们突然被罗马帝国的荣耀与权力包围时,他们会怎样?他们仍会坚守信仰吗?又或者是,曾在酷刑与野兽面前坚守信仰的基督徒,会屈服于安逸生活和社会威望的诱惑吗?这些都是基督教在它的下一个历史阶段中所亟待解决的问题。

建议阅读：

Lewis Ayres, Andrew Louth, and Frances M. Young, eds. *The Cambridge History of Early Christian Literature*. Cambridge, UK: Cambridge University Press, 2004.

Henry Bettenson, ed. *Documents of the Christian Church*. London: Oxford, several editions.

E. C. Blackman. *Marcion and His Influence*. London: S. P. C. K. , 1948.

Gillian Clark. *Christianity and Roman Society*. Cambridge, UK: Cambridge University Press, 2004.

E. R. Dodds. *Pagan and Christian in an Age of Anxiety*. Cambridge: University Press, 1968.

W. H. C. Frend. *The Early Church*. Philadelphia: J. B. Lippincott, 1966.

Robin Lane Fox. *Pagans and Christians*. Now York: Knopf, 1987.

Justo L. González. *A History of Christian Thought*, Vol. I. Nashville: Abingdon, 1970.

Edgar J. Goodspeed. *A History of Early Christian Literature*. Chicago: University of Chicago Press, 1966. Revised and enlarged by Robert M. Grant.

Christopher Hall. *Learning Theology with the Church Fathers*. Downers Grove, IL: InterVarsity, 2002.

R. P. C. Hanson. *Tradition in the Early Church*. London: SCM, 1962.

Hans Jonas. *The Gnostic Religion*. Boston: Beacon Press, 1958.

Josef A. Jungman. *The Early Liturgy to the Time of Gregory the Great*. London: Darton, Longman & Todd, 1959.

Hans Lietzmann. *The Beginnings of the Christian Church*. London: Lutterworth, several editions.

Hans Lietzmann. *The Founding of the Church Universal*. London: Lutterworth, several editions.

Ramsay MacMullen. *Christianizing the Roman Empire (A. D. 100 – 400)*. New Haven: Yale University Press, 1984.

Margaret M. Mitchell and Frances M. Young, eds. *The Cambridge History of Christianity: Volume 1: Origins to Constantine*. Cambridge, UK: Cambridge University Press, 2006.

Jaroslav Pelikan. *The Christian Tradition*, Vol. I. Chicago: University of Chicago Press, 1971.

Rodney Stark. *The Rise of Christianity: A Sociologist Reconsiders History*. Princeton: Princeton University Press, 1996.

Gérard Vallée. *The Shaping of Christianity: The History and Literature of Its Formative Centuries (100 – 800)*. New York: Paulist, 2001.

Robert B. Workman. *Persecution in the Early Church*. London: Epworth Press, reprint, 1960.

第二部分

帝国教会

编年表

罗马帝国皇帝	罗马主教①	历史事件②
君士坦丁(306－337)	西尔维斯特一世 (314－335)	《米兰敕令》(313) 阿里乌之争爆发 帕科米乌创建第一座修道院(324) 第一次尼西亚大公会议(325) 建立君士坦丁堡(330)
	马库斯(335－336)	
君士坦丁二世(337－340)	尤利乌斯一世 (337－352)	
君士坦斯一世(337－361)		
君士坦斯(337－350)	利伯里乌(352－366)	阿里乌主义达到顶峰
朱利安(361－363)	※菲利克斯二世 (353－365)	异教徒回应基督教
约维安(363－364)		
瓦伦提安一世(364－392)		
瓦伦斯(364－378)	达马苏一世(366－383)	☆凯撒利亚的优西比乌与阿塔那修 (373)
格拉提安(375－383)	※乌尔西努(366－367)	阿德里亚堡战役(378)
瓦伦提安二世(375－392)	西里西乌(384－399)	☆大巴西尔(379)
		☆玛格里娜(380)
狄奥多西一世(379－395)		☆君士坦丁堡大公会议(381)
马克西姆(383－388)		
		☆纳西盎的格列高利(389)
欧根尼乌(392－394)		☆尼撒的格列高利(395?)
阿卡狄乌(395－408)		☆图尔的马丁与安波罗修(397)
霍诺里乌(395－423)	阿纳斯塔修(399－401)	
狄奥多西二世(408－450)		
		罗马陷落(410)
	佐西莫(417－418)	
		☆哲罗姆(420) ☆奥古斯丁(430)

---

① ※表示不被罗马天主教承认的主教。
② ☆表示人物去世的年份。

第十三章

君士坦丁

> 上帝的永恒、神圣、深不可测的良善，并不允许我们在黑暗中
> 徘徊，而是指给我们救恩之路……我在别人身上看到，也在自己
> 身上看到。
>
> ——君士坦丁

我们在上一章中讲到，在米尔汶桥击败马克森狄之后，君士坦丁与李锡尼一同下令，停止逼迫基督徒。尽管我们已提到他最终成为罗马帝国的唯一统治者，但是现在，我们要简要地讲述一下他实现这个目标的经过。此外，我们还要讨论他归信基督教的性质与诚意。但是，对于基督教的历史来说，至关重要的并不是君士坦丁的诚意，或是他如何理解基督教信仰，而是他的归信及其统治在他生前身后的影响。他对基督教的影响是深远的，以至于一些学者提出，教会大部分历史都生存在君士坦丁时代（Constantinian Era），甚至在今天的 21 世纪，我们也在经历这一漫长时代的终结所导致的危机。是否果真如此，这是我们在讲述当今教会历史时将要讨论的问题。不管怎样，君士坦丁的宗教政策对基督教的发展产生了巨大的影响，以至于本卷《基督教史》的整个第二部分都可以视为基督教为适应君士坦丁的宗教政策而做出的一系列回应与调整。

从罗马到君士坦丁堡

早在米尔汶桥战役之前，君士坦丁就一直在为扩张他旗下的领地做

着准备。为了这个目的,他极其努力地在高卢与大不列颠建立强大的军事基地。他用五年多的时间加固了他在莱茵河畔的边界,因为这里的野蛮人始终是个威胁。他凭借公正和智慧的统治赢得了自己臣民的支持。但是,这并没有令他成为一位理想的统治者。他爱慕奢华与虚荣,在自己的首都特里尔(Trier)建造了宏伟华丽的宫殿,却忽视了公共建设,以至于附近田地的排水系统瘫痪,作为地区经济支柱的葡萄园被洪水淹没。然而,他似乎拥有这样一类统治者的罕见天赋:他们知道征税到何种程度才不会失去自己臣民的忠诚。他确保边境免于野蛮人的入侵,因而赢得了许多高卢人的感激。在竞技场中,频繁而放纵的表演赢得了喜爱暴力与血腥之人的支持——如此之多被掳的野蛮人就这样成为牺牲品,以至于当时的一位编年史家证实,表演令人乏味,因为就连野兽都厌倦了杀戮。

作为一位精明的政治家,君士坦丁每次只挑战一个敌人,在采取下一个行动之前总要保护好他的侧翼。因此,虽然他对马克森狄的进攻看似突然,但他多年来一直在军事与政治上为此做着准备。他的军事准备是,在与马克森狄的战争中只投入四分之一的资源,从而确保当他出师在外时,野蛮人不会大举入侵,他的领地不会爆发叛乱。在外交方面,他必须确保东临马克森狄的李锡尼不会乘虚而入,借君士坦丁战争之机入侵并攻取马克森狄的一些领地。为了预防此类事件发生,他将同父异母的妹妹康斯坦丝(Constance)许配给李锡尼,并与他未来的妹夫达成了一项秘密协议。这应当很好地保护了他的侧翼。但即使这样,他还是等到李锡尼卷入与马克西米努·达伊亚的冲突之后才入侵意大利。

米尔汶桥的胜利让君士坦丁控制了罗马帝国的西部,而帝国东部仍被李锡尼与马克西米努·达伊亚瓜分。君士坦丁在米兰与李锡尼的会晤似乎巩固了他们的联盟,这迫使李锡尼将矛头指向了他们共同的敌人马克西米努·达伊亚。李锡尼迅速采取了行动。当马克西米努还在附近的拜占庭——后来的君士坦丁堡,今天的伊斯坦布尔——时,李锡尼率领比马克西米努人数更少的军队出现在他面前,击败了他。马克西米努被迫逃跑,并在不久之后去世。

罗马帝国随后被李锡尼与君士坦丁瓜分:李锡尼统治着意大利的整个东部和埃及,君士坦丁则控制了意大利、西欧和北非的西部。这两位皇帝因联姻而成为亲戚,所以内战有望结束。但事实上,李锡尼和君士坦丁都希望统治整个帝国,帝国虽然庞大,可对这两位皇帝来说还是太小了。有一段时间,这两个对头都在致力于巩固各自的实力,都在为不可避免的战争做着准备。

战争最终爆发。谋杀君士坦丁的阴谋败露,随后的调查牵出李锡尼的一个亲戚,但他已经逃到李锡尼的领地。李锡尼拒绝将他的亲戚交给君士坦丁处决,并最终向君士坦丁宣战。虽然基督教历史学家通常将引发这场战争的全部责任都归咎于李锡尼,但事实上,希望与妹夫开战的君士坦丁让他的敌人成为挑衅者。君士坦丁的军事策略胜过了李锡尼,李锡尼被迫寻求和解。君士坦丁再次证明,他是一位能干的政治家,是一个有耐心的人,他对夺取了李锡尼在欧洲的大部分领地十分满意。

随后是一段和平时期。君士坦丁再次利用这段时间巩固他在新领地的权力。他并没有住在罗马帝国的西部,而是将总部先后设在塞尔曼(Sirmium)和撒尔底迦(Sardica)——现在的索菲亚(Sofia)。这两座城市都位于君士坦丁新近征服的领地,因此,他可以密切注视李锡尼的一举一动,并加强他对这一地区的统治。

休战持续到公元322年,但两位皇帝的关系越来越紧张。冲突的主要原因还是两位皇帝的野心,这在授予他们儿子头衔与荣誉的问题上显露无疑。但到了战争最终爆发时,宗教政策问题也成为冲突的原因。

我们需要澄清李锡尼的宗教政策,因为在君士坦丁胜利之后,为了证明君士坦丁对李锡尼发动的战争是合理的,一些基督教作家并没有公正地对待李锡尼。在颁布《米兰敕令》许多年之后,李锡尼并没有采取任何针对基督徒的行动。实际上,在讲述李锡尼战胜马克西米努·达伊亚的那段历史时,当时一位基督教作家的记载读起来非常像君士坦丁战胜马克森狄的那次胜利,其中也包括一个异象。但是,李锡尼领地中的基督教因许多问题发生了分裂,这些分裂扰乱了公共秩序。当李锡尼动用皇帝的权力维护和平时,一些基督徒认为他们受到了不公正的待遇,他们开始将君士坦丁视为真信仰的捍卫者,是"上帝所爱的皇帝"。李锡尼并不是基督徒,但有迹象表明,他惧怕基督教上帝的能力;因此,当他得知自己的臣民在为他的敌人祷告时,他将这种行为视为叛国。就是在这个时候,李锡尼开始采取针对基督徒的措施,这反而给了君士坦丁一次良机,让他得以成为对抗逼迫者李锡尼的基督教捍卫者。

公元 322 年,君士坦丁入侵了李锡尼的领地,借口是他在追击一伙跨过了多瑙河的野蛮人。不管是对是错,李锡尼将其解释为故意挑衅,他在阿德里亚堡(Adrianople)集结了军队,准备与君士坦丁开战。在阿德里亚堡,他等待着君士坦丁相对较少的军队。

当时的编年史家证实,李锡尼惧怕君士坦丁拉伯兰旗的魔力,他命令自己的士兵不要看基督教的这个象征物,避免正面攻击它。如果这是事实,那一定会削弱李锡尼军队的士气。不管怎样,在一场漫长血腥的战斗之后,君士坦丁的军队以少胜多,赢得了当天的战斗,李锡尼逃到了拜占庭。也许是在尼哥米底亚的主教优西比乌(Bishop Eusebius of Nicomedia)——随着我们的讲述,他将起到重要的作用——的陪同下,李锡尼的妻子康斯坦丝以她丈夫的名义去见哥哥君士坦丁,君士坦丁许诺不杀李锡尼,但条件是李锡尼退位。随后不久,李锡尼被人谋杀。此时,君士坦丁成为罗马帝国的唯一主人。

君士坦丁统治了十三年,直到他于公元 337 年去世。同之前的内战相比,这是一段重建与繁荣的时期。但是,政治始终动荡不安,许多人因或真或假的密谋反叛皇帝而被处死,其中就有君士坦丁的长子克里斯普斯(Crispus),他曾指挥父亲的舰队与李锡尼作战,而君士坦丁后来却下令将他处死。

君士坦丁并不因单纯迷恋权力而追求绝对权力。他同之前的德西乌斯和戴克里先一样,也梦想着复兴罗马帝国的古老荣耀。他们的主要不同在于,德西乌斯和戴克里先试图通过复兴异教实现这一目的,而君士坦丁相信以基督教为基础才能最好地实现这个目标。这个政策最坚定的一些反对者是在罗马,尤其是在元老院中,一些老牌贵族因他们古代神祇与特权的衰落而痛心疾首。在与李锡尼决战的若干年前,君士坦丁因利益问题而与元老院产生了冲突。现在,作为罗马帝国无可争议的主人,他开始着手启动一个更大胆的计划:他将修建一座"新罗马",一座坚不可摧、永垂青史的城市,他要将它命名为君士坦丁堡——"君士坦丁之城"。

君士坦丁很可能是在与李锡尼的战争中意识到拜占庭的战略价值。拜占庭位于欧洲的最边缘,几乎与小亚细亚接壤。因此,它可以成为罗马帝国的欧洲领土与亚洲领土之间的桥梁。此外,如果防御工事设置得当,拜占庭还可以控制博斯普鲁斯(Bosporus)海峡,而博斯普鲁斯海峡是所有船只从地中海通往黑海的必经之路。几十年前与波斯帝国签署的和平条约即将到期,君士坦丁觉得必须将自己的首都设在帝国东部边境附近。与此同时,莱茵河畔的日耳曼部落却始终是个威胁,因此,对于君士坦丁来说,将首都设在距帝国西部太远并不是明智之举。基于这些原因,拜占庭似乎成为新首都的理想地点。实际上,君士坦丁的选择是最明智的,因为他所建立的城市将在未来几百年中发挥战略作用。但是,他并没有将做出这一决定的功劳归于自己,而是声称他是在遵行上帝的旨意。

然而,对于这位伟大皇帝的宏大梦想来说,古代的拜占庭太小了。它的城墙是在塞普蒂默·塞维鲁统治时期修建的,还不足两英里。君士坦丁模仿了罗慕路斯(Romulus)与雷穆斯(Remus)建造罗马的古老传说。他来到古城墙之外很远的地方,用他的长矛标出了修建新城墙的界线。这次行动伴随着盛大的仪式,基督徒和异教司祭都参加了。陪同君士坦丁的一些朝臣看到他走进深远的乡村,这表明他心目中的"新罗马"已经相当阔大,便问皇帝还打算走多远,据说,君士坦丁的回答是:"远到走在我之前的那一位"。毫无疑问,随行的基督徒会认为,这句话是在说他们的上帝,而异教徒则会认为,那是指他们的神祇,或可能是指"不可征服的太阳"。到了仪式结束时,君士坦丁的足下已经踏出一片广阔的区域,足以容纳众多的群众。

新城墙的修建立即开始。现有的原材料与熟练技工并不足以兑现君士坦丁的时间表,因此,雕像和廊柱等材料被从各个城市运来。君士坦丁的代表在帝国上下搜寻一切可以用来装饰新首都的东西。哲罗姆(Jerome)在几年之后说,君士坦丁堡穿上了从帝国其他城市身上夺来的盛装。许多异教神祇的雕像被从它们的古老神庙中搬出,并安放在一些公共场所,如竞技场、公共浴场或广场。古代神祇只是被用作装饰物,似乎失去了它们以往的能力。

被这样运到君士坦丁堡的那些雕像中,最著名的可能要算是阿波罗神像——据说它是有史以来最优秀的雕刻家之一菲迪亚斯(Phidias)的作品。它被放在城市中央,立在一块从埃及运来的巨大石柱之上,而这个石柱被誉为世界上最大的独石。为了令石柱更高,它被立在一个高度超过二十英尺的大理石底座上。整座雕像从底到顶大约高一百二十五英尺。但是,雕像已经不再代表阿波罗,因为他的头像被换成了新头像——君士坦丁的头像。

其他大型公共建筑还有圣伊琳娜大教堂(Saint Irene Church)——神圣的和平女神,还有竞技场和公共浴场。此外,还为君士坦丁建起了一座巨大的皇宫,也为少数同意从古罗马迁来的贵族仿造了他们祖先的官邸。

然而,这一切仍不足以令人们移居到君士坦丁堡。为了让君士坦丁堡住满人口,君士坦丁给与到这里居住的人各种特权,如免税与免服兵役。为君士坦丁堡的居民免费提供油、面粉和酒很快就成为惯例。结果,君士坦丁堡以令人难以置信的速度发展起来,以至于在一百多年之后的狄奥多西二世(Theodosius II)统治时期,君士坦丁堡必须再次修建新城墙,因为城中的人口已经远远超过在君士坦丁时代看似奢望的数目。

我们将在《基督教史》上卷的后面几章中讲到,君士坦丁修建新首都的决定有着巨大的影响,因为在西罗马帝国——包括古罗马——被野蛮人推翻后不久,君士坦丁堡成为帝国中心,让古罗马帝国的政治与文化遗产又存活了一千年。东罗马帝国的首都位于古代的拜占庭,因此,东罗马帝国也被称为拜占庭帝国。

从不可征服的太阳到耶稣基督

长久以来,君士坦丁归信基督教的性质始终是个有争议的主题。就在本章所讲述的事件过后不久,就有基督教作家——我们在下一章就会遇到一位——试图说明,君士坦丁的归信正是教会史与罗马帝国史所努力的目标。其他基督教作家则声称,君士坦丁只是一位精明的政治家,他意识到将从"归信"中得到好处。

这两种解释都是夸大其词。阅读当时的文献就足以让我们认识到,君士坦丁的归信与其他基督徒的归信极为不同。当时,归信的人被要求进行长期的操练与学习,以确保他们能够理解与活出新的信仰,之后他们才能接受洗礼。当他们努力学习自己的信仰在不同生活环境中的意义时,他们的主教就是导师与牧者。

君士坦丁的情况却大不相同。即使在米尔汶桥战役之后,以及在他的一生中,他从未接受过基督教的教师或主教的指导。拉克唐修这样的基督徒——他儿子克里斯普斯的私人教师——只是他的一个侍从。而科尔多瓦的主教霍修斯(Hosius of Cordova)则是他与其他教会领袖的联络员。但是,君士坦丁保留了决定自己信仰实践的权利,甚至会干涉教会的生活,因为他自认为是"主教的主教"。即使在归信之后,他也经常参加基督徒绝不会参加的异教祭典,而主教也从未谴责过他。

这不仅因为君士坦丁的权力与暴躁,也因为他并不是正式的基督徒,他还没有接受洗礼,尽管他的政策支持基督教,他一直承认基督的能力。实际上,他在临终之时才接受洗礼。因此,教会认为,这些支持基督教的政策或法令都是一位对基督教友好、甚至是倾向于成为基督徒的皇帝所颁发的,而不是一位已经接受洗礼的基督徒皇帝的作为。此外,君士坦丁的所有信仰或道德过失也可以这样理解:这是一位倾向于成为基督徒、但还不是基督徒之人的不幸行为。这样的人可以接受教会的建议,甚至是教会的支持,却绝不会接受教会的命令。这种不明确一直持续到君士坦丁临终的那一刻。

另一方面,还有一些原因,让我们不能将君士坦丁完全视作一位为了博得基督徒的好感而自称支持基督教的机会主义者。首先,这种观点犯了一个严重的时代错误,因为它往往将君士坦丁视为现代政治家的先驱。当时,即使是最不信宗教的政治人物,也没有以如此精明算计的态度来处理宗教问题。其次,如果君士坦丁是机会主义者,他选择寻求基督徒支持的时机也不是很好。当他将 *Chi-Rho* 放到他的拉伯兰旗上时,正准备攻打异教传统的中心罗马,而他在罗马的主要支持者是那些自认为被马克森狄压迫的老牌贵族。基督徒群体在战争即将打响的帝国西部并不强大,而是在君士坦丁几年之后所主宰的帝国东部更加强大。最后,我们还应当指出,不管基督徒给予君士坦丁怎样的支持,这些支持的价值到底有多大都是值得怀疑的。由于教会对军役的矛盾态度,军队中的基督徒士兵相对较少,尤其是在帝国西部。在普通人中,大多数基督徒来自社会底层,因此难以给予君士坦丁经济上的支持。在与罗马帝国近三百年的紧张关系之后,很难想象基督徒面对君士坦丁这样一位始料未及的基督徒皇帝时会持怎样一种态度。

实际上,君士坦丁可能真的相信基督的能力。但这并不意味着,他对这一能力的理解与基督教殉道士的完全相同。对于他来说,基督徒的上帝是一位能力非凡的神祇,只要他支持基督徒,他就会得到上帝的支持。因此,当君士坦丁颁布支持基督教的法律时,当他兴建教堂时,他希望得到的并不是基督徒的善意,而是他们的上帝的善意。正是这位上帝,赐给他在米尔汶桥和随后的多次胜利。从某种程度上讲,君士坦丁对基督教的理解很像李锡尼的理解,因为李锡尼惧怕其敌人拉伯兰旗的超自然威力。他们的不同只在于，君士坦丁试图通过支持基督徒的事业来获得这种能力。对君士坦丁信仰的这种诠释可以被他自己的言论所证实。他的话表明，他是个真诚的人，但他对基督教信仰的理解并不充分。

这并不妨碍君士坦丁侍奉其他神祇。他自己的父亲信奉"不可征服的太阳"。在并不否定其他神祇存在的同时，崇拜"不可征服的太阳"就是崇拜其象征物为太阳的至高之神。君士坦丁在他的大部分政治生涯中似乎始终认为，"不可征服的太阳"与基督徒的上帝并不矛盾——或许是对同一位至高之神的两种观念，虽然其他神祇处于从属地位，但它们是真实存在的，也拥有相对的能力。君士坦丁有时会考虑阿波罗的神谕，接受作为皇帝传统特权的大祭司这一头衔，参加各种异教庆典，可他却并不认为他这样做是在背叛或遗弃曾经赐予他胜利与能力的上帝。

君士坦丁是一位精明的政治家。他拥有极大的权力，以至于他可以支持基督徒，兴建教堂，甚至可以将一些神像运到君士坦丁堡来装饰他梦想中的城市。但是，如果他想要禁止异教崇拜，难以招架的反抗很快就会向他袭来。古代神祇绝没有被遗忘。基督教在老牌贵族与乡村群众中传播得缓慢。在军队中，许多士兵信奉密特拉（Mithras）和其他神祇。当时的两大学术中心——雅典学院与亚历山大图书馆——致力于研究古代异教徒的智慧。君士坦丁的法令并没有禁止这一切——至少到此时还没有。不管怎样，他并不想颁布这样的法令，因为他并没有看出"不可征服的太阳"与"上帝道成肉身的儿子"之间存在任何矛盾。

出于对当时这些情况的考虑，君士坦丁缓慢但却坚决地推行着他的宗教政策。这样的过程可能既符合政治的实际需要，也符合君士坦丁自己内心的发展，因为他逐渐抛弃了古代宗教，对新信仰有了更好的理解。起初，他只是结束了逼迫，下令返还基督徒被没收的财产。随后不久，他又有了支持基督教的新表现，例如，他将妻子在罗马的拉特兰宫赠给了教会，还命令帝国的军营为参加于公元314年召开的阿尔勒宗教会议（Synod of Arles）的主教随时提供服务。与此同时，他还努力与信奉古代宗教的人保持良好的关系,尤其是与罗马元老院。罗马帝国的官方宗教是异教。作为帝国的元首,君士坦丁拥有罗马教宗或大祭司的头衔,并履行与之相关的职责。在公元 320 年之前的铸币上,我们可以看到古代神祇的名字、象征物以及基督这个名字的交织字母——君士坦丁在米尔汶桥第一次使用的 ☧。

同李锡尼的战争让君士坦丁有机会以基督教捍卫者的姿态出现。现在,他正在进入教会长久以来拥有信徒最多的地区。在击败李锡尼之后,君士坦丁任命许多基督徒担任政府的高职。他与罗马元老院的关系越来越紧张,罗马元老院仍在倡导异教复兴,因此,君士坦丁越来越倾向于支持基督教。

公元 324 年,君士坦丁的一项法令规定,所有士兵必须在每周的第一天崇拜至高的上帝。这一天是基督徒聚会庆祝主复活的日子。可是,异教徒也在这一天崇拜"不可征服的太阳",因此,他们认为没有理由反对皇帝的法令。一年之后(公元 325 年),在尼西亚召开了一次主教大会,后来被称为第一次尼西亚大公会议(First Ecumenical Council of Nicea)。[①]此次大公会议是由君士坦丁召集的,他再次命令罗马帝国的军营随时为远道而来的主教提供服务。

兴建君士坦丁堡是君士坦丁推行自己宗教政策的又一举措。兴建"新罗马"是为了削弱主要是异教徒的老牌贵族的权力。为获得用于装饰新首都的雕像与其他物品而掠夺异教神庙,是对异教的一次打击,许多异教的古代神殿因此失去了当地人崇拜的对象。甚至基督教作家也承认,这是通过无理的暴力实现的,人们通常因为害怕受罚而屈服。与此同时,兴建崭新奢华的教堂与洗劫古老的神庙形成了鲜明的对比。

尽管这样,君士坦丁几乎到了临终的那一天,都还在履行他异教大祭司的职责。在他去世之后,继承他皇位的三个儿子并没有反对元老院将

[①] 参见上卷附录:普世大公会议表,该表列出了全部普世大公会议召开的时间及其主要决议。

141

他奉为神明的举动。于是,一位具有讽刺意味的奇特人物出现了:给异教带来极大损害的君士坦丁成为了异教的一位神祇;更具讽刺意味的是,东方教会还将他视为圣徒,这样就出现了一位身为异教神祇的基督教圣徒!

从受逼迫到占据统治地位

君士坦丁无疑是教会史上一个重要的转折点——以至于我们可以将从他的时代直到 20 世纪初恰当地称为"君士坦丁时代"——但是,他并没有令基督教成为罗马帝国的官方宗教。君士坦丁本人还是一位异教祭司,这与他的皇帝身份很相称,他到临终之际才接受洗礼。他的三个儿子君士坦丁二世(Constantine II)、君士坦提乌(Constantius)和君士坦斯(Constance)都接受了洗礼,他们的一些法令必然支持基督教。但是,在他们的统治时期也是纷争不断,这主要是因为教会在阿里乌主义(Arianism)问题上产生了严重的分裂——阿里乌主义是关于基督与上帝的理论,我们将在第十七章讨论——而皇帝的宗教政策正是以这场争辩为中心。公元 356 年,当时的独一皇帝君士坦提乌宣布,偶像崇拜是死罪;但是,这项法令并没有被普遍执行。后来,君士坦丁的侄子朱利安(Julian)——他已经接受了洗礼——领导了一次异教复兴,因此他被普遍称为"背教者朱利安"(Julian the Apostate)。在朱利安的统治之后,约维安(Jovian)和瓦伦提安二世(Valentinian II)继续采取先前支持基督教的政策,但是,他们所支持的基督教基本上是阿里乌派的基督教。与此同时,他们并没有采取针对异教的严厉措施。基督教与异教在罗马帝国拥有相同的地位,都被国家所承认和支持。直到皇帝格拉提安(Gratian,375—383)统治末年——他邀请狄奥多西(Theodosius,379—395)与他共治——他们才采取了令异教陷入不利境况的决定性措施。公元 382 年,格拉提安下令,政府不再给予异教及其司祭经济支持,胜利女神的祭坛也被搬出了元老院议事厅。公元 391 年,狄奥多西宣布异教献祭违法,异教神庙也随之或被关闭,或被改为公用。公元 392 年,所有异教崇拜都被禁止了，无论是个人的，还是公共的。

　　然而，古代宗教受到的最大威胁在于，一些过度狂热的主教以及暴徒将上述法令视为以暴力对付异教的特许。早在君士坦丁时代之前，一些狂热的基督徒就使用暴力破坏异教崇拜，这有公元305年在西班牙召开的埃尔维拉会议（Council of Elvira）为证，此次会议的第十六条教规规定："如果任何基督徒因捣毁偶像而被杀，他们不应当被算作殉道士。"现在，随着基督教得到罗马帝国的支持，异教失去了罗马帝国的保护，对异教徒——犹太人——使用暴力很少受到惩罚。著名的主教，甚至是像图尔的马丁（Martin of Tours）这种圣徒般的主教，也曾去捣毁异教徒的神庙和其他崇拜处所。有充足的证据表明，基督徒对异教徒使用了暴力，异教徒对新秩序进行了反抗。在亚历山大，主教提阿非罗（Theophilus）——我们还会遇到他，他是约翰·克里索斯托（John Chrysostom）最厚颜无耻的敌人之一——声称，他拥有所有异教神庙；他洗劫了异教神庙，还炫耀他的战利品。他的异教敌人聚在萨拉匹斯（Serapis）神庙，捉住并钉死了许多基督徒以泄愤。于是提阿非罗向当局申诉，当局包围并最终占领了神庙。后来，提阿非罗还召来了沙漠修士，将萨拉匹斯神庙摧毁。类似的事件在迦太基、巴勒斯坦和其他地区不断上演。

　　"异教"（paganism）一词也许最能说明当时的变化。古代宗教并没有名字，只有不同神祇的名字。在公元4世纪的这些事件之后，异教被赶到了罗马帝国最偏远的地区，我们已经讲过，一些基督徒用来轻蔑地称呼敌人的乡巴佬（paganus）一词，转变成是对那些信奉古代宗教、但现在是乡村宗教的异教徒的称呼。

新秩序的影响

　　君士坦丁归信基督教最直接的结果是逼迫停止了。在此之前，甚至在相对和平的时期，基督徒也一直生活在逼迫的威胁之下，许多基督徒的盼望就是殉道。在君士坦丁归信之后，逼迫的危险与殉道的盼望都没有了。君士坦丁之后统治罗马帝国的异教皇帝很少会大肆逼迫基督徒,而是试图通过其他方式复兴异教。但是,君士坦丁归信基督教对教会生活的直接影响远非显而易见的停止逼迫。就这一点而言,皇帝的一系列法令赋予了教会及其领袖各样特权,而这些特权的影响在 21 世纪的一些地区仍然存在。其中一项特权是免除教会的财产税,以及使教会的财产遗赠合法化。从长远的角度来看,这就意味着教会将逐渐拥有广阔的土地及其他财富。主教——当时大约有一千八百位主教——和其他神职人员也得以免税、免服兵役,其他公民为公共工程必须付出的多日劳动也因此豁免。主教可以自由出入罗马帝国的军营,这在公元 314 年的阿尔勒宗教会议和公元 325 年的尼西亚大公会议上先后获得通过,最后成为帝国的一项普遍政策。君士坦丁还试图为个人行为立法,尤其在性道德方面,他似乎受到基督教教导的影响。但是,他在这一方面的努力收效甚微,类似的情况在整个教会史上也并不罕见。与此同时,教会领袖现在得到了新的特权、威望和权力,这很快就令他们变得傲慢,甚至是腐败。历史学家狄奥多勒(Theodoret)提到过某个叫卢西乌斯(Lucius)的人,他买来亚历山大的主教职,"仿佛它只是个世俗的高职"——这种行为后来被称为"买卖圣职",另有古代作家也证实了其他地区的类似行为。随着主教拥有了审判权,便有人向他们行贿,他们通常也会收受贿赂。虽然这绝对不是普遍行为,但这暴露出教会此时所面临的新危险——即教会在拥有权力与威望时所经常遇到的危险。

至于平信徒,他们归信基督教的经验与以往相比无疑不再那么激动人心,也不再那么性命攸关。有充足的证据表明,当时的调和主义和迷信色彩越来越浓。考古学家在罗马帝国各地的墓穴发现了这样一些证据,人们用基督教和异教的象征物与宗教工艺品作为陪葬。当人们生病时,他们经常求助于古代巫术,这令许多基督教传道人大为苦恼。角斗士的格斗表演还在继续,一些基督徒现在也参与其中——他们也会参加一些以前曾被禁止参加的表演。

罗马帝国规定,每周的第一天被用来崇拜——显然,这既是崇拜基督,也是崇拜"不可征服的太阳"。这个法令使基督徒可以更容易地聚会,而不必在工作开始之前的凌晨聚会。这与国家的庆典及其虚华一同影响到基督徒的崇拜,大多数普通基督徒也许在实际信仰生活的崇拜中最能感受到新秩序的影响。

在君士坦丁之前,基督徒的崇拜相对简单。最初,基督徒在私人家中聚会。后来,他们开始在公墓聚会,如罗马的地下墓穴。到了公元 3 世纪,基督徒有了专门用来崇拜的建筑,如我们在第十一章中讲过的杜拉-欧罗波斯教堂。

君士坦丁归信基督教之后,罗马帝国的礼仪开始影响基督徒的崇拜。用来向皇帝表示尊敬的焚香,开始在基督教会中出现。此前一直身着便装的司祭人员,开始穿着更为华丽的服饰——他们很快就被称为"司祭"(priests),这是在模仿他们的异教同行;与此同时,圣餐桌变成了"圣坛"(altar)——这并不符合此前《十二使徒遗训》中的教导。同样,通常在皇帝面前表示尊敬的许多肢体语言,现在也成为基督徒崇拜的一部分。其中一个有趣的例子与星期日的祷告有关。此前,基督徒在星期日并不是跪着祷告,因为这一天是我们被接纳的日子,我们作为上帝的孩子来到至高的宝座前,成为大君王的后裔。现在,在君士坦丁之后,基督徒总是跪着祷告,像是在皇帝面前请愿。以列队歌唱赞美诗进入教堂开始崇拜的习俗也被引进了基督徒的崇拜。唱诗班随之发展起来,其中一个原因是为了给这个唱诗队伍赋予一个形体。最终,会众对崇拜的参与变得越来越少。

早在公元 2 世纪,在殉道士的墓地举行圣餐,来纪念他们的殉道周年,就已经成为基督教的一个习俗。现在,许多这样的地方建起教堂。后来,一些基督徒认为,在伴有殉道士遗物的圣地举行圣餐特别有效。结果,一些基督徒开始挖掘殉道士的遗物或部分遗骨,目的是将它们放到正在修建的教堂的圣坛之下。还有一些基督徒开始宣称,他们得到无名殉道士或几乎已经被遗忘的殉道士的启示。一些基督徒甚至还声称，他们得到告知他们某位殉道士埋葬地的异象——就像是安波罗修（Ambrose）和圣盖尔瓦修（Gervasius）与圣普罗他修（Protasius）的所谓遗物那样。最终，圣徒与新约时代的圣徒遗物据称拥有神奇的力量。君士坦丁的母亲海伦娜（Helena）皇后尤其促进了圣徒遗物的发展，因为她声称，她在去圣地耶路撒冷朝圣的途中发现了基督的十字架。很快，人们就开始传说这个十字架具有神奇的力量，于是罗马帝国各地开始找到号称源自这个十字架上的木块。

与此同时，教会的许多领袖对这一切却是另眼相看，他们努力阻止极端的迷信。因此，他们讲道的一个共同主题是，要想成为一个好基督徒，不一定要到圣地崇拜，也不应当夸大对殉道士的崇敬。但是，这样的讲道却难以胜任，因为人们蜂拥进入教会，以至于教会几乎没有时间预备他们的洗礼，洗礼之后更没有时间指导他们的信仰生活。与以前教会对新信徒长期进行全面的教导和培训不同，教会现在对于要求洗礼的新信徒无能为力，难以对他们进行适当的培训与监督。在接受洗礼之前的培训与教导被大大缩短了，很快就有许多新信徒来到洗礼池前，却不知道洗礼的意义。伴随许多新信徒一同到来的还有一些教会以前难以接受的信念与习俗——许多抨击基督徒中流行迷信的讲道足以证明这一点。

在君士坦丁及其继任者的时代所兴建的教堂，与杜拉-欧罗波斯这样简朴的教堂形成了鲜明的对比。君士坦丁亲自下令，在君士坦丁堡修建圣伊琳娜教堂。他的母亲海伦娜在圣地修建了伯利恒圣诞教堂（Church of the Nativity in Bethlehem），在橄榄山也修建了一座教堂。罗马帝国的主要城市都修建了类似的教堂，这或者是出于皇帝的命令，或者只是效法新首都君士坦丁堡的榜样。有时，地方居民被命令为修建教堂捐赠物资并献上劳动。这项政策在君士坦丁的继任者统治时期还在施行，他们当中的大多数人希望凭借建造雄伟的教堂而留名青史。尽管君士坦丁及其第一代继任者修建的大多数教堂已经被毁，但仍有足够的物证可以让我

145

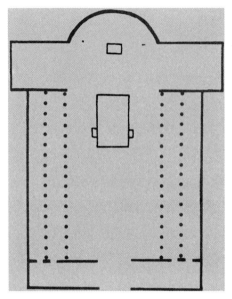

典型的巴西利卡式建筑平面图。

们大体上了解它们的基本设计。不管怎样，后世仍然屹立的许多教堂都模仿了它们的基本设计。

其中一些教堂在中央有一个圣坛，其建筑平面是多边形或近乎圆形。但是大多数教堂都采用了"巴西利卡"（basilica）式建筑的长方形基本设计。"巴西利卡"是一个古代用语，是指大型的公共建筑——有时也是私人的——它的主体是一个被两排或多排柱廊纵向分成若干中殿的大厅。在君士坦丁归信基督教之后的最初几百年，"巴西利卡"式建筑为教堂建造提供了基本模型，因此，这样的教堂被称为"巴西利卡式基督教堂"。

总的来说，巴西利卡式教堂有三个主要部分：中庭、中堂和圣殿。中庭是入口，通常是一个由墙壁围绕起来的长方形区域。中庭的中央有一个喷水池，信徒在进入教堂的中堂之前，可以在这里举行沐浴的仪式——洁净的仪式。中庭的侧面邻接教堂的其他部分，这一区域被称为前廊，前廊有一扇或多扇通往中堂的门。

中堂是巴西利卡式教堂面积最大的部分。中堂的中央是主中堂，数排柱廊将它与数个侧中堂分开。主中堂的堂顶通常高于教堂的其他部分，因此，在将主中堂与侧中堂隔开的两排柱廊上，有能够提供充足光线的窗户。侧中堂比主中堂低，通常也较窄。柱廊一般有两排或四排，因此，一些巴西利卡式教堂共有三个或五个中堂。尽管有的巴西利卡式教堂的中堂多达九个，但是中堂超过五个的并不多见。

在主中堂的尽头，靠近圣殿的地方，有一个区域专门留给了唱诗班，

146

而这部分通常由栅栏围起。在这个部分的两侧,各有一个讲坛,在诵读圣经与解释圣经时使用,也在歌唱《诗篇》时供主要的领唱者使用。

圣殿位于中堂的尽头,它的基底更高。圣殿与中堂垂直相交,它的宽度要比教堂其他部分的更大一些,这就令巴西利卡式教堂的整个建筑平面呈一个十字形或"T"字形。圣坛摆放在靠近圣殿中央的地方,举行圣餐时所使用的饼与酒摆放在圣坛上面。

圣殿的后墙位于主中堂的正后方,是一面半圆形的墙壁,这就形成了一个环形殿——圣坛后一个凹入的空间。司祭人员的长椅正对着环形殿的墙。如果是某位主教的主要教堂,那么长椅中会有一把留给主教的椅子,即"主教座"(cathedra)——"主教座堂"(cathedral)就源于这个词。有时,主教会坐在主教座上讲道。

巴西利卡式教堂内部装饰华丽,有磨光的大理石、精致的灯和做工精细的挂毯。但是,基督教艺术在当时的典型表现手法是镶嵌画,而东方教会此后一直如此。教堂的墙壁上装饰着由精致的彩色小石块、玻璃片或瓷片镶嵌而成的图画。这些镶嵌画通常表现的是圣经与基督教传统中的故事。有时也会表现出资修建教堂的人,这个人通常会被描绘成手持教堂小复制品的形象。当然,圣坛后的环形殿的墙壁是重点装饰的对象。这通常是一幅巨大的镶嵌画,画中所表现的内容或是膝上抱着圣子的圣母,或是坐在荣耀中的宇宙的至高统治者基督。将基督描绘成宇宙的统治者(pantokrator)表明了新的政治局势对基督教艺术的影响,因为基督被描绘成坐在宝座之上,非常像罗马帝国的皇帝。

教堂附近还有其他建筑。其中最重要的是足以容纳数十人的洗礼堂。洗礼堂通常是圆形或多边形的,中央是洗礼池,信徒可以沿着台阶进入池中。洗礼池的形状通常具有象征意义——圆形或子宫形象征新生,棺材形象征旧人已死、成为新人,八角形是提醒信徒一个新时代、"创造的第八天"在基督里已经到来。洗礼是在洗礼池中进行,通常采取的是浸水或泼水或合并使用这两种,准备接受洗礼的信徒跪在水中,然后奉圣父、

147

圣子和圣灵的名将水从他们头顶浇下。（事实上，这至少是在公元 9 世纪之前施行洗礼的通常方法。很久以前教会一直在以头上点水施行洗礼，但点水礼通常只是在极端情况下使用，比如体弱、临终或缺水。公元 9 世纪时，选择这种洗礼方法在西欧一些比较寒冷的地区更为普遍。在意大利，浸水洗礼一直沿用到 13 世纪，而东方教会至今仍然采用浸水洗礼，如希腊和俄罗斯等国的教会。）

在洗礼堂的中央，一张巨大的帐幕将洗礼堂一分为二，一边供男性使用，一边供女性使用，因为基督徒在公元 4 世纪时仍然是赤裸进入水中接受洗礼，他们从水中出来时会被披上一件洁白的袍子。

这一切足以说明君士坦丁归信基督教所带来的影响。古代教会延续着自己的传统习俗。圣餐仍是崇拜的中心，在每个星期天举行。基督徒仍普遍浸入水中接受洗礼，洗礼也在很大程度上保留了它的古老象征意义。但是，新环境带来的变化也随处可见。因此，教会当时所面临的重大问题是：在多大程度上以及如何来适应新环境。

回应新秩序

新秩序的一个结果是，一种所谓的"官方神学"发展起来。君士坦丁恩待基督教，许多深受影响的基督徒试图证明，上帝拣选君士坦丁带领教会史和罗马帝国史走向两者最终合一的顶峰。这种态度的典型代表是教会历史学家凯撒利亚的优西比乌。

其他基督徒则有着截然相反的态度。对于他们来说，皇帝现在自称是基督徒、人们因此而涌入教会这一事实并不是上帝的祝福，而是巨大的损失。一些基督徒倾向于这种看法，但并不希望脱离与教会其他信徒的团契，他们退隐到沙漠，在沙漠中过着默想与苦修的生活。殉道不再可能，因此，这些基督徒相信，基督的真正精兵必须继续操练，如果不再是为了殉道，那也是为了修道。因此，公元 4 世纪，大批最敬虔的基督徒退隐到埃及和叙利亚的沙漠中。这一早期修道主义运动将是第十五章的主题。

还有一些消极看待新秩序的基督徒,他们认为最好的办法便是脱离教会的团契,因为教会现在成了帝国教会,是有罪的,违背信仰的。我们将在第十六章讲述他们。

还有许多基督徒既没有退隐到沙漠,也没有制造分裂,而是留在教会,进行了大量的智力活动。正如每一个这样的时代,一些基督徒所提出的理论与教义,在另一些基督徒看来却必须予以否定。其中最重要的是阿里乌主义,它引发了关于三位一体教义的激烈争辩。在第十七章中,我们将讨论公元361年之前的阿里乌之争,而朱利安在这一年成为了罗马帝国的皇帝。

朱利安的统治标志着对君士坦丁归信基督教的另一种态度达到了顶峰:异教徒的回应。第十八章将讲述朱利安的统治与复兴异教的尝试。

然而,大多数基督徒对新秩序的回应是既不完全接受,也不完全否定。教会的领袖大多认为,新环境既带来了意想不到的机遇,也带来了巨大的危险。因此,正如大多数基督徒始终在做的那样,他们在肯定效忠皇帝的同时也坚持认为他们最终效忠于上帝。这就是教会里一些伟大教父的态度——用词不当,因为其中还有"教母"。巨大的危险与机遇并存,因此,这些领袖肩负着一项艰巨使命。也许,他们的所有决定与态度并不都正确;但即使这样,这仍然是一个伟人辈出的时代,他们塑造了未来几百年的教会以及教会的神学。

第十四章

官方神学:凯撒利亚的
优西比乌

> 向西望去,向东望去,环顾整个世界,甚至是仰望天空,我总
> 能在各处看到,蒙上帝祝福的君士坦丁带领着同样蒙上帝祝福的
> 罗马帝国。
>
> ——凯撒利亚的优西比乌

凯撒利亚的优西比乌很可能是他那个时代最有学识的基督徒。我们可以从上面引用的话中看出,他是对君士坦丁及其成就最为狂热的崇拜者之一。因此,他有时被描述成没有骨气的人,倾倒于君士坦丁的权力光辉之下。但是,如果我们思考优西比乌的职业生涯,就会发现事情并没有那么简单。

优西比乌大约生于公元 260 年。他最可能生于巴勒斯坦,并在这里度过早年的大量时光。他以"凯撒利亚的优西比乌"这个称谓闻名于世,因为他是凯撒利亚的主教,他一生的大部分时间都生活在这里,尽管我们难以断定他是否生于凯撒利亚。我们对他的父母几乎一无所知,因此就无法确定他是成长在一个基督教家庭,还是在他年轻时归信了基督教。

不管怎样,深刻影响优西比乌的是凯撒利亚的潘菲鲁斯(Pamphilus)。潘菲鲁斯生于贝里图斯(Berytus)——今天黎巴嫩的贝鲁特,他在亚历山大受教于一位著名的基督教教师比埃里乌(Pierius),而比埃里乌正在亚历山大继续着奥利金的工作。在贝里图斯担任过一些重要的职务之后,潘菲鲁斯可能是应贝里图斯主教的邀请来到了凯撒利亚。凯撒利亚的教

会拥有奥利金的图书馆,潘菲鲁斯在图书馆的管理与扩充上花费了大量精力。在这项工作中,他得到了另一些基督徒的帮助,他们被他的求知欲与敬虔的信仰所感动。年轻的优西比乌就是其中之一,他被贝里图斯的这位学者深深吸引。为了表示对潘菲鲁斯的感激,他自称为"潘菲鲁斯的优西比乌"(Eusebius of Pamphilus)或者优西比乌·潘菲列(Eusebius Pamphili)——潘菲鲁斯之子或童仆。

潘菲鲁斯、优西比乌和其他一些基督徒共事了多年,他们可能生活在一起,钱财共用。学生最终胜过了老师,优西比乌开始四处走访,寻找关于基督教起源的文献。在共事的这段时间里,潘菲鲁斯和优西比乌完成了几部著作,但其中的大部分著作现已遗失。

然而,他们平静的学术生活行将结束。当时仍然是逼迫的年代,始终潜伏在地平线的危险现在变成了戴克里先逼迫的大风暴。公元303年6月,凯撒利亚发生了逼迫,多年以来,凯撒利亚第一次有基督徒殉道。从此以后,逼迫的风暴愈演愈烈。公元305年,基督教的死敌马克西米努·达伊亚成为了罗马帝国的皇帝。两年之后,潘菲鲁斯被捕。但是,当时的逼迫风暴已有所缓解,这位伟大的基督教学者在被监禁了两年多之后才被处死。在被监禁的这两年多时间里,潘菲鲁斯和优西比乌合作完成了一部五卷本的《为奥利金辩》(Defense of Origen),优西比乌在自己的老师殉道之后又增补了第六卷。

优西比乌并没有被捕。我们并不清楚他为什么没有被捕。他至少离开凯撒利亚两次,有人认为,他这样做的原因之一可能是为了逃避被捕。当时,大多数基督徒认为,在逼迫期间躲藏起来并不可耻,因为谁能殉道是上帝的拣选。不管怎样,优西比乌在逼迫期间并没有受到逼迫,尽管他的老师与许多同工都为主殉道。

在如此邪恶的年代,优西比乌还在撰写将成为他最重要著作的《教会史》(Church History)。他后来修订了《教会史》,此书对于后世的教会历史学家来说极其重要。如果没有他的《教会史》,就没有我们现在正在

位于罗马斗兽场附近的君士坦丁凯旋门是少数保存下来的君士坦丁统治时期的历史遗迹。

讲述的许多历史。优西比乌收集、整理和出版了几乎所有我们现在已知的早期教会史的人物与事件。如果没有他，我们所知道的基督教早期历史将会减少一半。

公元 311 年，情况最终发生了改变。先是加勒里乌颁布了宽容基督徒的法令，后是君士坦丁击败马克森狄，与李锡尼在米兰会晤，共同结束了对基督徒的逼迫。在优西比乌及其幸存的同工看来，这一切都是上帝的直接干预，就像是《出埃及记》中的那些事件。从此以后，优西比乌开始将君士坦丁与李锡尼视为实现上帝计划的工具。其他许多基督徒可能也是这样认为，只不过他们的观点并没有用文字记载下来。君士坦丁最终与李锡尼爆发战争之后，优西比乌相信，李锡尼疯了，他开始逼迫基督徒。只有君士坦丁才是上帝所拣选的工具。

151　　在君士坦丁成为罗马帝国唯一皇帝的几年之前，优西比乌已被选为凯撒利亚的主教。这一职务责任重大，因为逼迫驱散了他所牧养的基督徒，他现在必须重新召聚与组织他们。此外，凯撒利亚的主教不仅管辖凯撒利亚的教会，还管辖巴勒斯坦的其他教会。现在，身为牧师与管理者的优西比乌很少有时间去从事写作与学术了。

优西比乌担任凯撒利亚的主教多年，直到新的风暴再次打破教会的平静。这次不是政府的逼迫，而是一场威胁到教会合一的激烈的神学争论：关于耶稣神性的阿里乌之争。这将是下一章的主题，因此不必在此赘述。我们只需说，优西比乌在这场神学争论中所扮演的角色并非无可指摘。但这绝不是因为他是伪君子或机会主义者，而是因为他没有完全理解争论的实质。在他看来，教会的和平与合一才是最重要的，因此，虽然他最初倾向于阿里乌主义，但在尼西亚大公会议时他却采取了截然相反的立场，随即在此次大公会议结束时又再次动摇。他是著名的主教和学者，因此，许多人去征求他的意见，他的混乱立场——许多智力天赋不及他的人可能更是如此——并没有帮助阿里乌之争取得令人满意的结果。

优西比乌在几年前就见过君士坦丁，当时，这位未来的皇帝与戴克里先的朝臣正一同访问巴勒斯坦。在尼西亚大公会议上，优西比乌看到君士坦丁正努力寻求教会的合一与福祉。在其他很多时候，他与君士坦丁也有过会面与通信。当君士坦丁和他的朝臣为庆祝新建的圣墓大教堂（Church of the Holy Sepulchre）的献堂而来到耶路撒冷时，优西比乌对这位皇帝有了更多的了解。这次庆典是庆祝君士坦丁统治十三周年的一部分。当时，阿里乌之争正进行得如火如荼，为这次隆重的献堂庆典而欢聚一堂的主教们——先在提尔，后在耶路撒冷——十分关注这场神学争辩，君士坦丁也不例外。作为该地区主要城市的主教，优西比乌在庆典活动中扮演了重要的角色，他做了一场颂赞君士坦丁的演讲。这篇讲稿被保存下来，它成为许多人指责优西比乌纯粹谄媚的理由之一。但是，按照当时在这种场合的惯例来看，优西比乌颂赞君士坦丁的演讲还是相当适度的。

但不管怎样,优西比乌既不是君士坦丁的密友,也不是君士坦丁的谄媚者。他一生的大部分时间都生活在凯撒利亚及其附近地区,忙于教会事务,而君士坦丁则生活在君士坦丁堡或罗马帝国的其他地区。他们的接触都是短暂的,时断时续。优西比乌的许多同工都很钦佩他,因此君士坦丁也争取获得他的支持。优西比乌相信,在此前多年的巨大试炼之后,君士坦丁已被上帝兴起,因此,他毫不犹豫地支持君士坦丁。此外,当君士坦丁于公元 337 年去世之后,优西比乌才将最高的赞词献给这位为教会带来和平的统治者。因此,他并不是阿谀奉承的人,而是不加批判的感恩之人。即使在这一方面,他也比一些同时代人更有分寸,因为当时的编年史家告诉我们,有些基督徒竟然向君士坦丁的雕像献祭!

然而,优西比乌的感激远远超过了可见的赞美之词。他对发生在君士坦丁身上的事情的理解影响到他的全部工作,尤其是他对之前的教会史的理解。他最终定稿的《教会史》并不只是试图重述之前教会生活中的各种事件。他的《教会史》实际上是一篇护教文,试图证明基督教是人类历史的终极目标,尤其是在罗马帝国这一背景中来看。类似的观念此前就已经出现,公元 2 世纪的一些基督教作家宣称,所有真理都源自在耶稣基督里成为了肉身的逻各斯。一些基督教作家如查士丁和亚历山大的克莱门认为,哲学和希伯来圣经都被作为福音的预备而赐下。此外,当时还流行这样一种观念:罗马帝国及其为地中海盆地带来的相对和平是上帝所命定的促进基督教信仰传播的一种手段。还有一些基督教作家——如爱任纽——认为,从亚当和夏娃开始的整个人类历史是一个上帝不断操练人类与上帝融合的漫长过程。优西比乌当时所做的,只是集合了这些不同的思想,证明它们在教会史与罗马帝国史的可证事实中发挥着作用。这样的历史并不只是如古文物研究者般地收集材料,而是进一步证明基督教的真理:基督教是人类历史的顶峰。

君士坦丁归信基督教是证明上述命题的关键。优西比乌认为,逼迫的主要原因是罗马当局并没有看到基督教在罗马最优秀传统上锦上添

153

花。同信仰与哲学一样,信仰与罗马帝国其实并不矛盾。相反,基督教信仰是哲学和罗马帝国的顶峰。因此,优西比乌对历史的理解是:君士坦丁的宗教政策之所以重要,不只是因为它们对基督教有利,而是还有着更深一层的原因。新局势是鲜活的、令人信服的证据,它证明了人类全部历史所指向的福音真理。

这种神学观令优西比乌很难对他那个时代的事件采取一种批判性的立场。他似乎意识到君士坦丁的一些缺点,尤其是他的暴躁,有时甚至是嗜血的禀性。但是,优西比乌对这样的缺点保持了沉默,他显然不想削弱自己的论点。

这一切的重要性并不只是在于,优西比乌是对君士坦丁保持沉默,还是对他品头论足。更重要的是,优西比乌的工作还告诉我们,新环境在多大程度上有意无意地塑造着基督教神学,甚至到了让基督教神学丢弃一些传统主题的程度。

有三个例子足以说明,基督教神学在如何调整和适应新的环境。首先可以明确肯定的是,在新约时代与早期教会中,福音首先是穷人的福音,富人很难听到与接受福音。实际上,富人怎样才能得救,正是早期基督徒所关注的神学问题之一。但是现在,从君士坦丁开始,财富与荣华被视为上帝恩惠的标志。下一章就会表明,修道主义运动在一定程度上是一种抗议——抗议这种认为基督徒生活要迁就环境的观念。但是,优西比乌——和他可能代言的成千上万基督徒——似乎并没有意识到当受逼迫的教会成为掌权者的教会时正在发生的巨变,以及潜藏在这一巨变中的危险。

同样,优西比乌还以极大的喜乐与自豪描述了当时正在修建的华丽教堂。但是,这些华丽的教堂和为与之相配而发展起来的崇拜礼仪,所导致的最终结果是形成了类似于罗马帝国贵族的神职人员贵族,同帝国的达官显贵一样,他们经常远离普通百姓。教会在自己的崇拜礼仪与社会结构中都模仿了帝国的习俗。

最后,优西比乌所提出的历史计划令他抛弃了——至少在重要性上

154

贬低了——早期基督徒所宣讲的一个基本主题：对上帝绝对掌权之国的盼望。尽管优西比乌并没有这样明确地表达，但阅读他的著作会给人留下这样一种印象：现在，因着君士坦丁和他的继任者，上帝的计划已经实现。基督徒不再需要选择服侍上帝之国或现世之国，因为现世之国已经成为上帝之国的代表与工具。在现世的政治制度之外，基督徒的所有盼望只是进入天国。基督徒的盼望被降低到来世或遥远的未来，似乎与今生没有多大关系。信仰往往成为一种进入天国的方法，而不是在今生与来世的生活中服侍上帝。基督徒放弃了之前的观念：新时代已经在基督的复活中来临，基督徒通过洗礼与圣餐参与其中。现在，基督徒的盼望被局限在个人对来世生活的盼望。自从君士坦丁时代以来，在一定程度上因为优西比乌与其他许多有着类似神学倾向的基督徒的工作，出现了一种抛弃或在重要性上贬低早期教会盼望——即主会驾云再来，建立和平与公义的国度——的倾向。后来，只要"君士坦丁时代"还在继续，大多数重燃末世盼望的基督徒个人与基督徒运动都会被贴上异端与颠覆分子的标签，并受到这样的谴责。只是随着"君士坦丁时代"的结束，尤其是在 20 和 21 世纪，末世论才再次成为基督教神学的一个重要主题。

虽然优西比乌的生活说明了正在发生的变化，但这并不是说，只有他一人应对这些变化负责。相反，那段时期的整个历史似乎表明，虽然优西比乌比大多数基督徒更善于表达，但他只是表达了许多基督徒所共有的情感，对于他们来说，君士坦丁的出现和他所带来的和平，是基督教对仇敌的最终胜利。这些基督徒并不能用优西比乌那样的博学与文采来表达他们的观点；但是，他们一步一步地塑造了未来的教会。优西比乌并不是我们所说的"官方神学"的缔造者，而是成千上万基督徒——他们同优西比乌一样，对上帝最终将教会从逼迫中拯救出来的怜悯存有敬畏——的代言人。然而，并不是所有基督徒都以同样的热情看待新环境，随后的几章将对这点予以充分的证明。

第十五章

修士的回应：修道主义

离开修道之所或去找他人陪伴的修士，失去了他们的宁静，
犹如离开水的鱼儿，失去了它的生命。

——安东尼

教会在君士坦丁带来的和平之后有了新地位，但是，并不是所有基督
徒对此都同样认可。一些基督徒相信，最近发生的事实现了上帝的计划，
如凯撒利亚的优西比乌。另一些基督徒与他们形成了鲜明的对比，认为
基督徒的生活标准降低了，并因此而感到悲伤。耶稣曾说的那扇窄门已
经变宽，无数人从中匆匆而过——许多人似乎只是为了追求特权与地位，
并不注重探究基督徒的洗礼和背负十字架生活的深刻含义。主教为了声
名显赫的教职而相互竞争。富人和掌权者似乎主导了教会的生活。稗子
迅速生长，威胁到麦子的生存。

大约三百年来，教会始终生存在持续逼迫的威胁之下。每一个基督
徒都知道，他们某一天可能会被带到罗马帝国的官员面前，在殉道与叛教
之间做出可怕的选择。在公元 2 世纪与 3 世纪这两个漫长世纪的平静日
子里，有些基督徒忘记了这些；当逼迫真的来临时，他们表现得过于软弱，
难以经受住试炼。这反而令其他基督徒相信，安全与安逸的生活是坚守
信仰的最大敌人，在相对和平的年代这些敌人其实更加强大。现在，当教
会的安全似乎有了保障时，许多基督徒相信，这种保障正是撒但的网罗。

　　如何在这种环境中做真基督徒？当教会与世俗的权力联合在一起时，当奢侈和炫耀占据基督教的圣坛时，当整个社会决心将那条狭窄的小路变为宽阔的大道时，基督徒将如何抵御时代的巨大诱惑？当教会的众多领袖住在奢华的家中时，当殉道这一最后的见证不再可能时，基督徒将如何为那位无处枕头并被钉死在十字架上的主作出见证？基督徒将如何战胜以世俗的新荣耀不断诱惑他们的撒但？

　　许多基督徒在修道生活中找到了答案：逃离人群社会，撇弃一切，战胜屈服于诱惑的肉体及其情欲。因此，正当成千上万要求洗礼的人涌入大城市的教会时，成千上万基督徒真的离开了城市，在独处中寻求上帝的祝福。

修道主义的起源

　　早在君士坦丁时代之前，始终有基督徒出于各种原因而相信他们得到了呼召，要过一种与众不同的生活。我们已经讲过"寡妇和贞女"——她们选择不结婚或不再嫁人，将全部时间与精力投入教会的侍奉。后来，奥利金过着柏拉图式的理想的智慧生活，他还准备去过那种仅能维持生命的生活，那种极端禁欲的生活。基督曾论过"为天国阉割"的人，据说，奥利金以字面意义解释了这段话。此外，虽然教会已经否定了诺斯替主义，但它的影响仍然存在，这体现在当时广泛流行的一个观念中：肉体与

精神生活是根本对立的，因此，为了过完全的精神生活，必须克制与苦待肉体。

　　因此，修道主义在教会内外都有其根源。从教会内部来看，修道主义从保罗的话中获得了灵感，他说过，选择独身的基督徒可以更自由地服侍主。对主再来的盼望，往往增强了守独身的动力。如果末世近了，那么结婚并开始规划未来的安定生活就没有任何意义。有时，守独身还有另一个原因：基督徒要为即将到来的国度作出见证，耶稣说过，这个国中的人，"也不娶，也不嫁"，因此，在今生选择守独身的基督徒，是即将到来之国

的鲜活见证。

在基督教修道主义的发展中,教会之外的许多因素也起到了作用。古代的一些哲学学派认为,肉体是灵魂的监狱或坟墓,只要灵魂未能战胜肉体的束缚,灵魂就不能得到真正的自由。当时广为流传的斯多葛派的教导是,情感是真智慧的大敌,智者致力于完善他们的灵魂,克制他们的情感。地中海盆地有一些宗教传统,包括神圣的贞女、独身的司祭、阉人和其他一些专门服侍神祇的人。有种观念认为,肉体——尤其是性行为——从某种角度上来说是邪恶的,与追求圣洁的人不相称。这种观念十分普遍,为了抑制这种极端的思想,公元 325 年的尼西亚大公会议决定,罢免所有已经阉割的神职人员,任何已经阉割的基督徒都不能成为神职人员。但是,根据古代编年史家的记载,甚至当时出席此次大公会议的一些主教也希望下令神职人员守独身——这一动议终因帕弗努提乌(Paphnutius)主教的强烈反对而被否决,帕弗努提乌主教以在逼迫中的坚定信仰与独身生活而广受敬重。因此,早期基督教修道主义的思想不仅源于圣经,也有同基督教极其对立的其他来源。

早期沙漠修士

尽管早期的修士遍布于罗马帝国各地,但是,沙漠——尤其是埃及的沙漠——为修道主义的发展提供了最为肥沃的土壤。修士(monk)一词源于希腊词 *monachos*,意为独居者(solitary)。早期修士的动力之一是寻找幽静独居的地方。喧嚣的社会被视为一种诱惑,会搅扰修道的目标。"隐居者"(anchorite)一词的原意是"离群索居者"(withdrawn),甚至是"逃亡者"(fugitive),但它很快就开始用于指称隐居的修士。对于修士来说,沙漠具有吸引力,这并不是因为沙漠中的艰苦条件,而是因为沙漠地处偏远。他们所寻找的并不是滚烫的沙地,而是一片绿洲,一个隐蔽的山谷,或一片荒废的墓地,在这里,他们才不会被人搅扰。

有迹象表明,早期的基督教修道运动经常与一场类似的个人运动有关:为了逃避政府强加的苦难,尤其是税收,一些人离开了他们的村庄。几乎就在同一时期,早期的基督教修道主义蓬勃发展,埃及乡村的人口逐渐减少,因为人们发现难以履行政府强加给他们的各种义务,于是逃到了更加偏远的地区。因此,他们也是逃亡者或隐居者,我们并不是总能分清他们与逃到沙漠寻求更加圣洁生活的修士。

我们无法说出,谁是沙漠中的第一个修士或修女。这一殊荣通常被赋予了保罗和安东尼(Anthony),这要归功于两位伟大的基督教作家:哲罗姆和阿塔那修(Athanasius),他们分别为保罗和安东尼立传,都声称自己的传主才是埃及修道主义的创建者。但事实上,我们不可能知道——也永远不会有人知道——谁才是这场运动的创建者。修道主义并不是一个人的发明,而是一大批人的离去,好像是一场传染病,突然传染了成千上万人。不管怎样,保罗和安东尼的生活是重要的,如果他们并非早期修道主义的创建者,那他们也是早期修道主义的典型代表。

哲罗姆对保罗的记载非常简短,几乎完全是个传奇故事。但是,故事的核心内容仍可能是真实的。公元3世纪中期,一个名叫保罗的年轻人为了逃避逼迫而来到了沙漠,他在沙漠中发现了一个造假币者遗弃的藏身地。他在这里度过了余生,专心祷告,几乎完全依靠枣子度日。根据哲罗姆的记载,保罗在这样的环境中生活了近一百年,在此期间,他的访客只有沙漠中的野兽和年迈的修士安东尼。这可能有些夸张,但这的确告诉我们,隐修的理想对早期的修士非常重要。

根据阿塔那修的记载,安东尼生于尼罗河西岸的一座小村庄,他的父母较为富有。他很可能是科普特人——古代埃及人的后裔,但现在受到罗马人和希腊人的压迫与歧视。安东尼在父母去世时还很小,但他所继承的财产足以令他和他当时所照顾的妹妹过上安逸的生活。他本打算依靠财产度日,但教会有一次诵读的福音书经文深深触动了他,使他觉得必须要改变自己的生活。那一天诵读的经文是青年财主的故事,对于相对富裕的安东尼来说,耶稣的话清晰响亮:"你若愿意作完全人,可去变卖你所有的,分给穷人,就必有财宝在天上;你还要来跟从我"(太 19:21)。安东尼听从了耶稣的教导,他变卖了财产,将收益分给穷人,只留下用来照顾妹妹的那一份。但是,他后来被耶稣在《马太福音》6:34 的话所感动:"不要为明天忧虑。"随后,他将自己为妹妹存留的那一小份财产也卖了,将妹妹交给教会的贞女照顾,然后自己来到了沙漠。

在最初几年修道生活中,安东尼向生活在附近的一位老者学习——这一事实说明,安东尼并不是第一个基督教修士。这些年对这位年轻的修士来说是一段艰苦的岁月,因为他经常思念他所放弃的快乐,他开始后悔,不该卖掉所有财产,退隐到沙漠。当安东尼受到这种试探时,他求助于更加严格的操练。他有时一连禁食数天;有时会只在日落之后吃一餐。

若干年后,安东尼决定离开他年迈的老师和身边的修士,他已经从他们那里学会了修道生活。后来,他来到一片荒废的墓地,生活在一个墓穴中。一些好心人每隔几天给他送些饼,他就依靠这些食物度日。根据阿塔那修的记载,安东尼这时开始看见几乎在不断诱惑他的魔鬼的异象。有时,他与这些魔鬼的遭遇会导致一场令他的身体疼痛数天的肉搏战。

安东尼最终在三十五岁时得到了异象,上帝要他不要惧怕,因为他总能指望上帝的帮助。安东尼此时认为,他居住的墓穴还不够远离社会,于是他搬到沙漠中更远的地方。他找到一座荒废的堡垒,在那里住了下来。即使是在那里,魔鬼还在纠缠他,异象与诱惑仍然不断出现。但是,安东尼现在相信,他得到了上帝的帮助,争战更能忍受了。

然而,并不只有魔鬼跟随着这位修道健将。其他修士也尾随着他,他们渴望从安东尼这里学到修道戒律和祷告默想的智慧。此外,一群好奇的人和病人也跟随着他,因为他当时已被誉为圣徒,能行神迹。这位年迈的隐修士一次次退隐到更加偏僻的地方,但是,他一次次被寻找他的人找到。最终,他不再躲藏,同意住在一群门徒附近,条件是他们不可以太频繁地拜访他。作为回报,安东尼会定期探望他们,与他们讨论修道戒律、上帝的爱和默想的奇妙。

可是,安东尼的确有两次到过大城市亚历山大。第一次是在戴克里先大肆逼迫基督徒时,安东尼和他的一些门徒决定去亚历山大殉道。但是,罗马帝国的高官对这些衣衫褴褛、蓬头垢面的修士不屑一顾,这些想要成为殉道士的修士只能对其他基督徒说些鼓励的话。

多年以后,有关圣子神性的阿里乌之争爆发时,安东尼第二次来到亚历山大。因为阿里乌派声称,这位圣洁的隐士支持他们,反对阿塔那修。安东尼认为,揭穿这些虚假传言的唯一方法,就是亲自出现在聚在亚历山大的主教们面前。根据阿塔那修的记载,这位因不懂希腊语而不得不讲科普特语的年迈修士——他可能还是个文盲——所说的话充满智慧,且极具说服力,他挫败了阿里乌派。

到了晚年,安东尼终于同意让两个年轻的修士与他同住,照顾他。他于公元356年去世,在临终之前,他叮嘱他的两位同道不要说出他的埋葬地,并托付他们将他的唯一财产——一件披肩,送给亚历山大的主教阿塔那修。

保罗和安东尼在君士坦丁时代之前就已来到沙漠,而在此之前,沙漠中就已经有了修士。当君士坦丁掌权时,修士的生活越来越受欢迎。一些到过沙漠的旅行者声称,在沙漠中居住的修士比一些城市中的居民还多——这显然是夸大其词。另有人宣称,埃及的一个地区就有两万女基督徒和一万男基督徒过着修道生活。此外,还有人声称,在今天位于土耳其的卡帕多西亚(Cappadocia)的贫瘠地区,也生活着同样数量的修士,他们在这里松软的岩石中开凿洞穴。不论这些数字有多么夸张,一个可以肯定的事实是:数量众多的人为寻求修士的隐居生活而逃离了社会。

164　修士的生活极其简单。一些修士种植菜园,但是,大多数修士依靠编织篮子和席子维生,用它们换来饼和油。除了随手可得的芦苇之外,这个副业的优势还在于,修士可以在编织时祷告、吟诵《诗篇》或背诵某段经文。沙漠修士的主要食物是饼,有时还会加上水果、蔬菜和油。他们的财产被严格限制在必需的衣服和睡觉用的席子。大多数修士并不赞成拥有

卡帕多西亚地区条件艰苦的山丘上有许多岩洞，修士就住在里面。

那些会导致人骄傲的书籍。他们相互教导，可以背诵整卷圣经，尤其是《诗篇》与新约。他们还分享一些具有教育意义的轶事与训导，而这些都是源自最受尊敬的修士。

沙漠修道主义的精神与建制教会格格不入，因为教会的主教生活在大城市，享有权力与威望。许多修士认为，降临在他们身上最糟糕的命运是被按立为司祭或主教——正是在这时，在某种程度上是因为君士坦丁归信基督教所带来的变化，基督教的执事开始被称为"司祭"。尽管有些修士接受了圣职，但这几乎总是违背他们的意愿，或者只是为了回应某位著名的圣洁主教——如阿塔那修——的不断恳求。这也意味着，许多修士多年没有领过圣餐，而圣餐最初就是基督教崇拜的中心。一些地方建起了教会，附近的修士星期六和星期天在这里聚会。星期天，他们在圣餐之后经常一同进餐，然后到下一周再一同聚会。

另一方面，修道生活并非没有诱惑。随着岁月的流逝，许多修士逐渐相信，他们的生活比大多数主教与教会其他领袖的更加圣洁，因此应当由他们决定基督教的正确教导,而不是由教会的主教和领袖来决定。许多这样的修士其实相当无知,近乎狂热,因此他们成为了更有文化、更具权势和更加狡猾之人的爪牙,他们利用这些沙漠主人的狂热,实现自己的目的。在公元 5 世纪,这种情况发展到了极点:一些暴动的修士试图通过武力强制推行他们所认为的正统教义。

帕科米乌与集体修道主义

退隐到沙漠的基督徒越来越多,其中大多数希望受教于经验丰富的教师,这就产生了一种新的修道生活。安东尼经常被迫逃离寻求他帮助与指导的修士。集体修道生活逐渐取代了隐居修道生活。集体修道的基督徒仍自称为"修士"——独居者,但是,他们的意思并不是完全离群独居,而是生活在远离俗世的隐居处。这种修道主义被称为"修院式修道主义"(coenobitism),得名于意为"集体生活"的两个希腊词。

同隐居修道主义的情况一样,我们也无法说出,谁是修院式修道主义的真正创建者。修院式修道主义很可能同时出现在许多地方,它并不是一个人天才般的创造,而是迫于形势的压力。早期修士完全隐居的生活并不适合许多来到沙漠的基督徒。此外,如果基督徒生活的中心是爱,那么问题就出现了:完全独居、很少与他人接触的修士,如何实践他对邻舍的爱。于是,修院式修道主义诞生了,这既是因为很多修士聚集在某些圣徒般领袖身边的自然趋势,也是因为福音的本质。

帕科米乌(Pachomius)虽然不是修院式修道主义的创建者,但他配被誉为这场运动的组织者,他为修院式修道主义的发展做出了极大的贡献。公元 286 年左右,帕科米乌生于埃及南部的一座小村庄。他的父母都是异教徒,在他从家中被带走、被迫参军之前,他对基督教似乎一无所知。在军队中,当他因自己的命运而深感悲伤时,一群基督徒来安慰他、陪伴他。这个年轻的新兵被这种爱的行为深深感动,他发誓,如果可以离开军队,他也要全心服侍他人。在十分意外地被获准离开军队之后,他四处寻

166

找可以教授他基督教信仰以及为他施行洗礼的人。若干年后,他决定退隐到沙漠,在沙漠中,他请一位年迈的隐修士教他修道生活。

年轻的帕科米乌与这位隐修士共同生活了七年,直到他听到一个声音命令他离开。他那位年迈的老师帮他修建了一个栖身之所,帕科米乌独自生活在那里,直到他的弟弟约翰前来与他同住。兄弟俩一同过着祷告与默想的生活。

但是,帕科米乌并不满意,他不断祈求上帝启示给他一条更好的服侍之路。最终,他得到一个异象,天使告诉他应当服侍人。帕科米乌不相信这个异象,声称他是到沙漠中服侍上帝,不是服侍人。但是,服侍人的异象不断出现,帕科米乌或许还记得他当初做军人时立下的誓言,于是他决定改变自己的修道生活。

帕科米乌在他弟弟的帮助下建起了一座能容纳许多修士的大修道院,并招募了这座新修道院的第一批修士。他希望教授他们他所学到的祷告与默想,也希望建立一个人人互助的修道院。但是,他的招募不当,新成员违反了修道戒规,帕科米乌最终开除了这批修士。

帕科米乌随后开始了集体修道主义的第二次尝试。他的第一次尝试之所以失败,据他招募的新成员说是因为他的修道戒规过于苛刻。他在第二次尝试中非但没有放宽他的修道戒规,反而更加严厉。他从一开始就要求,所有希望加入修道院的人必须放弃全部财产,承诺绝对服从他们的修道院院长。此外,所有修士必须用自己的双手劳动,任何修士都不许将劳动视为卑贱的工作。修道院的基本戒规是彼此服侍,因此,虽然所有修士都发誓绝对服从他们的修道院院长,但修道院院长也必须服侍他手下的修士。

帕科米乌在此基础上建立的修道院发展迅速,在他有生之年,就有九座这样的修道院建立起来,每一座都有数百名修士。与此同时,帕科米乌的妹妹玛丽(Mary)还为女基督徒建立了类似的女修道院。当时,一些城市的教会认为寡妇与贞女制度已经不再必要,结果,许多寡妇和贞女离开城市,加入了通常位于沙漠的女修道院。一些到过沙漠的见证人说,在埃及的一些地区,修女的数量是修士的两倍。

帕科米乌修道院四周环墙,只有一个入口。修道院内部有一些共用的建筑,如教堂、仓库、食堂和会客厅。其余的建筑是住宅,修士根据他们的不同职责分住在里面。例如,有供看门人居住的房屋,他负责留宿需要住宿的客人,审核和培训要求加入修道院的人。在其他房屋中,住着纺织工、厨师和鞋匠等。在每一所房屋中,都有一个公共房间和一些供两名修士居住的小房间。

帕科米乌修道院的日常生活包括劳动和灵修,帕科米乌本人也为其他修士做出了榜样,因为他承担起最卑微的工作。对于灵修生活来说,帕科米乌修道院的模式是保罗的教导:"不住地祷告"。因此,当修士做饼或修鞋时,他们都唱赞美诗,背诵和默想经文,或是高声、或是默默地祷告。在帕科米乌修道院中,每天都有两次集体祷告。每天清晨,全体修士聚在一起祷告,唱赞美诗,恭听经文朗读。每天晚上,他们也会进行类似的灵修,但却是在各自住处的公共房间举行规模更小的聚会。

帕科米乌修道院的经济生活各式各样。尽管所有修士都过着贫穷的生活,但帕科米乌并不主张一些隐修士过度贫穷的生活。在帕科米乌修道院的餐桌上,有饼、水果、蔬菜和鱼——但从没有肉。修士生产的物品在附近的市场上销售,这不仅是为了购买食物和其他生活必需品,也是为了周济穷人和所有过路的旅居者。每一座修道院都有一位院长和副院长,他们必须定期向帕科米乌所在的总院汇报工作。

每个修士必须服从他的修道院院长,因此,帕科米乌修道院等级制度分明。每座修道院都有一位负责人,他要服从上一级修道院院长及其代表。各个修道院院长的上级是帕科米乌和他的继任者,他们被称为"修道院院长"或"大修道院院长"。在帕科米乌临终之际,他的修士发誓,无论他选定谁为继任者,他们都会服从这位继任者。这就确立了如下传统:每位修道院院长亲自任命自己的继任者,他对同一修院系统的所有修道院拥有绝对的支配权。这位新任修道院院长拥有最终权威,他可以任命、调动和罢免同一修院系统中的所有修道院院长。

帕科米乌修道院的全体修士每年两次聚在一起祷告和崇拜,同时处理为维持修道院的良好秩序所必须处理的所有问题。在同一修院系统中的所有修道院之间,修道院院长和他的代表经常互访,以保持修道院之间的联系。帕科米乌和他的追随者从未接受教职,因此,他们当中并没有被按立圣职的司祭。星期天会有司祭来到修道院,为他们举行圣餐。

女修道院中的生活也大致如此。每座女修道院都由一位女修道院院长领导,总修道院——帕科米乌及其继任者的修道院——的男修道院院长领导女修道院院长,就像他们领导帕科米乌男修道院那样。

希望加入帕科米乌修道院的人来到修道院的大门口。大门并不会轻易向他们敞开,因为在被允许进入看门人的屋子之前,候选修士必须在大门口等待数个日夜,恳求修道院让他加入。要求他们这样做,是为了证明他们的坚定决心、谦卑和心甘情愿的顺服。当修道院的大门最终向他们敞开时,看门人负责这些候选修士的生活,他们会共同生活很长一段时间,直到修道院认为,可以在祷告中接纳他们加入。随后,修道院将开会审查他们,为他们在院中找到一个住所和分配一个工作之前,他们一直住在一个特别准备的地方。

在帕科米乌修道院审核候选修士的整个过程中有个惊人的事实,许多出现在修道院大门口并最终被修道院接收的人,必须学习基本教理和接受洗礼,因为他们还不是基督徒。这种情况说明,公元 4 世纪的沙漠具有极大的吸引力,即使异教徒也认为,修道生活是一种值得追求的生活方式。我们无法知道,这种吸引力在多大程度上是宗教性的,在多大程度上说明了埃及乡村穷苦人民艰苦的生活条件。但重要的是,逃到沙漠的绝大多数都是科普特人,他们是当时埃及社会最底层的古埃及人的后裔。

修道主义思想的传播

尽管修道主义并不只是起源于埃及,但这场运动于公元 4 世纪在埃及获得了最大的发展动力。各地敬虔的基督徒来到埃及,有的就留在这里,有的带着在沙漠中学到的修道主义思想与实践回到祖国。朝圣者从叙利亚、小亚细亚、意大利甚至美索不达米亚,来到尼罗河的这片土地,他们在回国途中传播了保罗、安东尼、帕科米乌以及其他无数修士的传奇故事。在整个罗马帝国东部,哪里有适合的地方,修士就在那里安家。一些修士通过卖弄的行为夸大了修道生活,如生活在一个荒废神庙的柱廊顶上。但是,另一些修士则为教会带来了一种自律感与绝对委身的精神,这在君士坦丁之后看似安逸的时代是十分必要的。

然而,就修道主义思想的传播而言,贡献最大的并不是那些仿效埃及沙漠生活方式和寻找僻静之所专心祷告与默想的修士,而是许多主教和学者,他们认识到修士的见证对教会日常生活的价值。因此,虽然埃及修道主义最初是孤立存在的,甚至遇到了教会领袖的反对,但是,修道主义最终通过一些教会领袖产生了巨大影响。

这些为修道主义的传播做出贡献的主教和学者非常重要,我们将在以后的几章中讲述他们。但是,我们在此不妨先指出他们对修道主义历史的意义。除了写过《圣安东尼传》(*Life of Saint Anthony*)之外,阿塔那修还经常拜访沙漠修士,当他受到罗马帝国的逼迫时,他在他们那里避难。虽然他自己并不是修士,而是主教,但他的生活方式却反映出修道主义戒律与克己的思想。他被流放到罗马帝国西部时,使得说拉丁语的教会知道了正在埃及沙漠所发生的一切。哲罗姆撰写了《隐士保罗传》(*Life of Paul the Hermit*),此外,他还将帕科米乌的《修道戒规》(*Rules*)翻译成拉丁文,他自己也成为了修士——尽管他是一位罕见的博学的修士。他是当时最受人敬仰、最具影响力的基督徒之一,因此,他的著作和榜样对西方教会产生了深远的影响,西方教会也因此对修道精神更感兴趣。在进行各种神学争辩之余,凯撒利亚的巴西尔(Basil of Caesarea)——被称为大巴西尔(Basil the Great)——还建立了致力于灵修与照顾穷人的修道院。为了回答修士向他提出的问题,他撰写了大量论文,虽然这些论文最初并不是为修道戒规而写,但它们最终被作为修道戒规来使用和引用。在他的家乡卡帕多西亚——今天的土耳其中部,荒芜人烟的地区很快就有修士居住。希波的伟大主教奥古斯丁读过阿塔那修的《圣安东尼传》,这是他归信基督教的原因之一。他始终过着修道生活,直到他被迫更加积极地投身于教会生活。即使这样,他还组织与他同工的神父建起一座半修道式的修道院,由此为他的《圣奥古斯丁修道规章》(Canons of St Augustine)带来了灵感。

马丁与乞丐分享斗篷,这个故事很快便成为基督教艺术主题。

过着修道生活的圣徒般的主教促进了修道主义思想的普及,其中最显著的是图尔的马丁。苏尔皮提乌·塞维卢(Sulpitius Severus)的《圣马丁传》(*Life of Saint Martin*)是西欧几百年来最受欢迎的著作之一,也是塑造了西方修道主义最重要的因素之一。

公元335年左右,马丁生于潘诺尼亚(Pannonia)——位于今天的匈牙利。他的父亲是异教徒士兵,年轻的马丁在罗马帝国的许多地方生活过,不过意大利北部的帕维亚(Pavia)似乎是他生活最久的城市。他在很小的时候就决定成为基督徒,并在违背父母意愿的情况下成为了慕道友。为了迫使他与基督徒断绝来往,他的父亲将他送到了军队。皇帝朱利安——后世所称的"背教者朱利安"——当时正在进行他的第一次军事战争。马丁在他的麾下效力了几年。在此期间发生了一件事,从此以后这件事就与马丁的名字联系在一起。

当马丁和他的朋友进入今天法国的亚眠城(Amiens)时,一个几乎赤身裸体、瑟瑟发抖的乞丐向他们行乞。马丁根本就没钱给他,于是他脱下自己的披肩,撕成两半,将其中一半给了乞丐。据说,马丁后来在梦中看见耶稣披着士兵的半个披肩向他走来,说:"这些事你们既做在我这弟兄中一个最小的身上,就是做在我身上了。"这件事非常著名,从此以后,马丁经常被描述成与乞丐分享披肩的形象。这也是"小礼拜堂"(chapel)一词的由来,因为几百年之后,在一座小教堂中出现了一块据说是马丁披肩上的布。因为这一小片布——*capella*,这座小教堂被称为"小礼拜堂",在其中服侍的神职人员被称为"牧师"(chaplain)——小教堂的牧师。

苏尔皮提乌·塞维卢告诉我们,在亚眠城的这件事之后不久马丁便接受了洗礼,并终于在两年后离开了军队。后来,他拜访了博学、圣洁的主教普瓦蒂埃的希拉利(Hilary of Poitiers),与他成为了密友。由于各种工作与变故,马丁在罗马帝国的许多地方生活过,并最终定居在普瓦蒂埃附近的图尔城外。他在这里过着修道生活,圣洁的美名在这一地区家喻户晓。据说,上帝通过马丁行了许多大事,但他始终声称自己只不过是基督徒生活的初学者。

当图尔的主教职空缺时,人们想将马丁选为主教。据说,参加选举的一些主教对此提出了异议,认为马丁总是脏兮兮的,他衣衫不整,蓬头垢面,他的当选会有损主教这一职务的威望。到了诵读圣经时,还没有达成任何一致的意见,找不到合适的人选。后来,在场的一个基督徒拿出圣经,读出了他所看到的经文:"你因敌人的缘故,从婴孩和吃奶的口中建立了能力,使仇敌和报仇的闭口无言。"(诗8:2)人们认为,这是直接来自上帝的启示。上帝拣选了肮脏不雅、被一些主教所蔑视的马丁,让主教们哑口无言。无需多说,马丁被选为图尔的主教。

然而,这位新任主教并不打算放弃他的修道生活。他挨着主教座堂盖起了一间小屋,只要有时间,他就会在这里修道。当他的声望令他难以在这间小屋里安静地修道时,他搬回图尔的郊区,在这里继续他的教牧工作。

当马丁去世时,许多基督徒相信马丁是位圣徒。他的名望和榜样令许多基督徒认为,真正的主教应当像他那样。因此,最初主要是用于抗议世俗化与主教虚荣的修道运动,最终影响到人们对主教教职的理解。几百年来(在某些地区直到今天)人们认为,真正的主教应当尽可能实现修道主义理想。但是,在这一过程中,修道主义也发生了变化,因为最初加入这场运动的基督徒只是为了寻求个人救恩才逃到沙漠,而随着岁月的流逝,修道主义将成为——尤其是在西方——教会的慈惠与宣教事业的一个工具。

修道运动早在初期就已经表现出朝不同方向发展的巨大能力。大修道院从早期隐修士的独居修道生活中发展起来,有的大修道院拥有数百名修士。最初戒绝书籍与知识的修道运动很快就有学者加入进来,如哲罗姆、奥古斯丁和大巴西尔。最初,修道运动只是一场否定建制教会各种生活的平信徒运动,但是,它很快就得到了主教的认可,并最终为所有主教设定了理想的生活标准。这样的调整适应持续了数百年。在随后的几百年中,修士将成为宣教士、学者、教师、古代文化传统的保护者、新大陆的殖民者,甚至是军人。

在这一切中,贯穿着一个共同信念:基督徒的理想生活是自身贫穷与凡物公用的生活。基督教会以前的普通生活——基督徒之间凡物公用——现在成为修道主义的特点,这是对修士修女们的希望,不是针对教会的其他成员。既然几乎所有人都成为了基督徒,多数基督徒就不必凡物公用,而修士还在继续以前的这个传统。这就产生了两种层次的基督徒,这种差别将成为教会大部分历史的特点——而只有修士才发愿过独身与顺服的生活,这又加大了这种差别。

第十六章

分裂者的回应：
多纳徒主义

> 多纳徒派与我们争辩的是，在哪里可以找到基督的身体——
> 教会？我们是在自己的话中，还是在教会的头、我们的主耶稣基
> 督的话中寻找答案？
>
> ——希波的奥古斯丁

　　修士通过退隐到沙漠来表达他们对新秩序的不满，但是，另一些基督徒宣称教会已经普遍受到腐蚀，他们才代表真正的教会。在持有类似观点的分裂派中，多纳徒派（Donatists）是数量最多的。

　　多纳徒主义争辩是教会因背教者与如何重新接纳他们而产生分裂的又一个例子。在每一次猛烈的逼迫之后，教会不得不应对的一个问题是：如何处理那些曾放弃了信仰、但现在又希望重新进入基督徒团契的信徒。虽然在东方教会中也出现了类似的问题与分裂，但是，这样的分裂在强调教规与秩序的说拉丁语的西方教会更为普遍，更为持久。公元3世纪，背教者的问题就已经在罗马导致了诺瓦替安派分裂；在北非，迦太基的主教西普里安必须捍卫自己的主教权威，对抗那些认为应当由认信者来决定如何重新接纳背教的基督徒。现在，到了公元4世纪，关于如何重新接纳背教者的争辩在北非尤其成为一个致命的问题。

　　一直以来，北非的逼迫都非常猛烈，这里的许多基督徒都曾经屈服。同其他地区逼迫中的情形一样，北非基督徒的屈服程度也不同。为了避免再次受到逼迫，一些主教向帝国官员交出了异端书籍，并让官员们相

信,这些书籍就是基督教的圣经。有些主教真的交出了圣经,并声称这样做是为了避免伤亡,这是他们身为牧者的责任。许多基督徒——既有神职人员,也有平信徒——屈服于皇帝的巨大压力,曾崇拜异教神祇。的确,崇拜异教神祇的基督徒非常多,一些编年史家记载,异教神庙有时容纳不下前来崇拜的基督徒。

另一方面,还有许多基督徒坚守信仰,结果遭受了监禁、酷刑,甚至是殉道。同以前一样,那些在监禁和酷刑中幸存下来的基督徒被称为"认信者",他们因坚定的信仰而备受尊重。在西普里安时代,一些认信者过于简单地重新接纳了背教者,并没有征求教会当局的意见。现在,在君士坦丁归信基督教之后,许多认信者采取了截然相反的立场,他们坚持采取比教会更加严厉的措施。这些有着更加严格要求的认信者声称,背教者不仅是指那些真正崇拜了异教神祇的基督徒,还包括那些向当局交出圣经的基督徒。这些认信者认为,如果说改动圣经的一字一句都是大罪,那么将圣经交出来毁掉岂不是更大的罪吗? 因此,一些主教和其他领袖被赋予一个可憎的称谓:背教者或以经换命者(*traditores*),用于称呼那些交出圣经或背教的基督徒,而这种称谓通常是用来称呼犹大。

这就是逼迫结束后不久迦太基主教教职空缺时的事态,而这一职位非常重要。凯希里安(Caecilian)当选为迦太基的主教。但是,他并不受严格派的欢迎,严格派选出了与他敌对的主教马约里努斯(Majorinus)。在选举过程中,双方都搞了一些阴谋,使用了一些卑劣的伎俩,因此,双方都有充足的理由声称自己对手的当选并不合法。马约里努斯被任命为迦太基的敌对派主教不久后就去世了,他的同党选出了多纳徒(Donatus of Casae Nigrae),他领导了他们大约五十年,"多纳徒主义"(Donatism)也最终得名于他。

其他教会自然会对北非的这次分裂深感不安,因为只能承认迦太基的一位主教。罗马和其他一些重要城市的主教宣布,凯希里安才是迦太基的真正主教,马约里努斯和多纳徒是篡位者。君士坦丁听从了这些主教的意见,命令他的北非官员只承认凯希里安和与凯希里安保持合一的基督徒,因为他十分关心教会的合一,这有助于他帝国的统一。这有着重要的实际意义,因为君士坦丁正在颁布支持基督教的法律,如对神职人员免税。基于他对北非官员的命令,只有与凯希里安保持合一的基督徒才可以享受君士坦丁给予教会的一切恩惠。

那么,造成多纳徒派分裂的原因是什么?之前讲述的只是多纳徒派分裂开始的客观历史。实际上,这次分裂还有神学、政治与经济上的原因。神学是造成多纳徒派分裂的直接原因,这与如何处理在逼迫期间放弃信仰的基督徒有关。多纳徒派认为,在三位为凯希里安按立圣职的主教中,有一位是以经换命者——他曾将圣经交给了当局,因此,这次按立圣职是无效的。凯希里安和他的支持者对此的回应则是,首先,这位主教并不是以经换命者;其次,即使他曾经是,他为凯希里安按立圣职仍然有效。因此,除了这位主教——和与凯希里安保持合一的其他基督徒——是否放弃过信仰这个实际问题之外,还出现了另一个问题:由不称职的主教按立圣职是否有效。多纳徒派声称,按立圣职的有效性取决于其施行者是否称职。凯希里安和他的追随者回应称,圣礼和其他类似行为的有效性并不能取决于其施行者是否称职,因为如果是这样,那么所有的基督徒都会怀疑他们的洗礼或圣餐礼的有效性。我们无法知道圣礼施行者内在的属灵状态,因此就无法消除对圣礼有效性的怀疑。

多纳徒派坚持认为,凯希里安接受的圣职按立因以经换命者的参与而无效,因此他实际上并不是主教,进而由凯希里安按立圣职的所有神父都是假神父,他们施行的圣礼都是无效的。此外,为凯希里安按立圣职的另外两位有资格的主教也犯罪了,因为他们与凯希里安及其追随者保持合一。结果,他们施行的圣礼和按立的圣职也不再有效。

因为这两种观点,如果凯希里安的一位追随者决定加入多纳徒派,多纳徒派就会要求他重新接受洗礼,因为多纳徒派宣称他们的对手施行的洗礼是无效的。但是,另一方面,凯希里安和他的追随者则不会为多纳徒

派重新施行洗礼,因为他们认为,无论施行洗礼者是否称职,由他施行的
洗礼仍是有效的。

　　除了由不称职的施行者所施行的圣礼是否有效这一问题,多纳徒主
义争辩还与两种不同的教会观有关。多纳徒派认为,教会是基督的新妇,
必须是纯净圣洁的,而他们的对手提出了麦子与稗子的比喻,这个比喻告
诉我们,基督徒最好不要论断是否称职的问题,应当将这个问题留给主来
评断。对于多纳徒派来说,教会的圣洁在于教会成员的圣洁;在凯希里安
和他的追随者看来,圣洁的基础是教会之主的圣洁。多纳徒派认为,牧师
或主教的圣洁赋予了他们权威;他们的对手则相信,这样的权威源自圣
职——这是罗马法的一个普遍原则。

　　这些就是多纳徒主义争辩所涉及的主要神学问题。但是,如果我们
仔细阅读当时的文献就会意识到,神学争辩经常掩盖着造成冲突的其他
原因。一些多纳徒派曾将圣经交给当局,还有一些多纳徒派甚至列出了
一份清单,上面完整地记录了教会在崇拜中使用的物品,并将这份清单
交给当局。然而,多纳徒派还是重新接纳了他们。此外,普尔普里乌斯
(Purpurius)是多纳徒主义运动最早的领袖之一,他谋杀了自己的两个侄
子。因此,我们难以相信,多纳徒派敌视其他基督徒的真正原因是他们
关心教会的纯洁。

　　一个不争的事实是,这两派基督徒很快就按地理位置与社会阶级划
清了界限。在迦太基及其附近地区——罗马地方总督辖区内的非洲
(Proconsular Africa),凯希里安和他的追随者势力强大。但是,在更西面
的努米底亚(Numidia)和毛里塔尼亚(Mauritania),多纳徒派十分受欢迎。
努米底亚和毛里塔尼亚都是农业地区。这两地的大量农作物都是通过迦
太基出口到意大利。最终的结果是,作为贸易中间人,劳动少、风险小的
迦太基人比实际种植庄稼的努米底亚人和毛里塔尼亚人赚钱更多。此
外,同迦太基及其周边地区相比,努米底亚和毛里塔尼亚的罗马化程度较
低。在罗马化程度更低的地区,许多居民仍保留着祖先的语言与风俗,他

177

们将罗马和与罗马相关的一切视为外国的压迫势力。另一方面,在迦太基,生活着高度罗马化的地主、商人和军官,他们在与意大利的贸易和其他往来中获益最大。对于这些人来说,与罗马和罗马帝国其他地区保持良好的关系至关重要。但是,在迦太基及其边远地区,许多下层人有着类似于努米底亚人和毛里塔尼亚人的情感。

早在君士坦丁之前,基督教就已经在努米底亚和罗马地方总督辖区内非洲的底层人中赢得了大量信徒,也在毛里塔尼亚取得了一定的进展。这些归信者的新信仰是一股强大的力量,即使是罗马帝国也难以征服。与此同时,数量相对较少的罗马化迦太基人也信奉了基督教。这将社会上其他一些紧张关系带进了教会。但是,当时归信基督教的人——尤其是上层人——必须断绝他们的许多社会关系,因此,教会内的紧张关系并不如以前那么严重。

这种情况因君士坦丁的出现和教会获得了安宁而发生了根本性转变。现在,人们既可以是好的基督徒,也可以是好的罗马公民。在君士坦丁的带领之下,罗马化阶层中的人涌进了教会。之前归信基督教的罗马化人将这种变化视为一种进步,因为其他重要人物现在证实了他们以前的决定。但是,生活在社会底层的基督徒倾向于将新进展视为教会的腐败。他们一直憎恨的罗马帝国的一些东西,现在成为了教会的一部分。很快,有权势者——掌控政治与经济的人——就掌控了教会。生活在社会底层的基督徒似乎必须抵制教会的腐败,提醒最近归信基督教的有权势者,当他们还在崇拜异教神祇时,那些所谓的"无知的"努米底亚人、毛里塔尼亚人和其他一些人就已经认识了真理。

这一切都可以在多纳徒主义争辩的各个阶段看出。凯希里安在迦太基的罗马化基督徒的支持下被选为主教。他的当选遭到罗马地方总督辖区内非洲的底层基督徒和几乎所有努米底亚人与努米底亚神职人员的反对。君士坦丁在还没有花时间去研究争辩问题之前,就做出了凯希里安一派代表合法教会的决定。在一些说拉丁语的大城市,主教也做出了认可凯希里安一派的决定——最终,说希腊语的城市的主教也是如此。另一方面,多纳徒派十分愿意接受曾在逼迫期间软弱过的努米底亚神职人员的支持。

这并不意味着,多纳徒主义从诞生之日起就是一场自觉的政治运动。早期的多纳徒派并不反对罗马帝国,而是反对"世俗的世界"——尽管罗马帝国的许多习俗在他们看来是世俗的。他们不断劝说君士坦丁,希望说服他相信,他支持凯希里安及其追随者的决定是错误的。即使到了朱利安于公元4世纪后半叶执政时,一些多纳徒派仍然希望罗马当局会认识到自己的错误,转而支持他们。

公元340年左右,出现了一群被称为圣墓派(circumcellions)的多纳徒派。"圣墓派"这个名字的起源尚存争议,可能是指他们将总部设在了殉道士的坟墓。他们主要是那些使用了暴力的努米底亚与毛里塔尼亚的多纳徒派农民。尽管他们有时会被描述成一群打着信仰幌子的强盗,但他们实际上是宗教狂热分子。他们相信,殉道是最光荣的,既然以往那样的逼迫已经结束,那么在与歪曲信仰者的斗争中死去的基督徒也是殉道士。有时,为了追求殉道,他们选择集体跳崖自杀。他们很可能是宗教狂热分子,却绝不是伪善的机会主义者。

圣墓派成为分裂中的一个重要因素。有时,城镇中的多纳徒派领袖也希望远离这个激进的派系。但在其他一些时候,当他们需要这支激进的军队时,他们又会求助于圣墓派。最终的结果是,许多人被迫放弃自己在偏远地区的房产和地产,因为如果没有大量的护卫,富人和代表罗马帝国的人不敢在乡村地区走动。圣墓派不只一次出现在设有防御工事的城镇的城门口。罗马帝国因此蒙羞,贸易几乎处于停滞状态。

罗马帝国做出了回应,只能诉诸武力。逼迫、劝说、屠杀和军事占领都无济于事。圣墓派表达出群众深深的不满,帝国难以彻底消灭这场运动。我们将在以后讲到,汪达尔人(Vandals)随后不久入侵了努米底亚和毛里塔尼亚,因此结束了罗马帝国在这里的统治。但是,即使在汪达尔人的统治之下，这场运动还在继续。公元 6 世纪，东罗马帝国——首都建在君士坦丁堡——征服了北非。但是，圣墓派仍然存在。直到穆斯林于公元 7 世纪末征服北非之后，多纳徒主义和圣墓派才最终消失。

总而言之，多纳徒主义——尤其是其中激进的圣墓派——是对君士坦丁归信基督教所带来的新形势的一种回应。一些基督徒张开双臂欢迎新秩序，另一些退隐到沙漠，而多纳徒派则脱离了现已成为罗马帝国盟友的教会。即使这样，他们所提出的关于教会的本质与圣礼的有效性这些重要的神学问题，还是迫使其他基督徒——如著名的圣徒奥古斯丁——必须予以解决。在一定程度上正是为了回应多纳徒派，奥古斯丁和其他神学家才提出了他们的教会论、他们对圣礼有效性的看法以及正义战争论。因此，就如经常所发生的那样，最后被教会作为异端与分裂者而被抛弃的基督徒，也影响到为了驳斥他们而发展起来的神学。

第十七章

阿里乌之争与第一次
尼西亚大公会议

> （我们）信独一的主耶稣基督，上帝的独生子，出于父的实质，
> 出于上帝而为上帝，出于光而为光，出于真神而为真神，受生，而
> 非被造，与父一体……
>
> ——《尼西亚信经》

基督教从一开始就不断卷入各种神学争论。在保罗时代，极为迫切的问题是犹太基督徒与外邦归信者之间的关系。后来，围绕着诺斯替派的思辨，爆发了至关重要的争论。公元 3 世纪，当西普里安担任迦太基的主教时，争论的焦点是重新接纳背教者的问题。所有这些争论都非常重要，通常也非常激烈。但是，在最初几百年，赢得争论的唯一方法是缜密的论证和圣洁的生活。世俗的政府很少关注教会内的神学争论，因此，争论中的各方通常不会落入这样的试探：为了缩短争论进程或赢回在神学争论中输掉的某个论点而求助于世俗的政府。

在君士坦丁归信基督教之后，情况发生了变化。现在，教会可以借助国家来解决某个神学问题。罗马帝国在教会的合一中有着既得利益，君士坦丁希望，教会的合一可以成为"维系帝国统一的纽带"。因此，国家很快就开始利用自己的权力强迫基督徒在神学问题上达成一致。许多不同观点就这样被压制了，这可能真的会威胁到基督教的核心教义。如果没有皇帝的干涉，问题可能要通过漫长的争论才得以解决，争论中的各方最终会达成一致，就像过去那样。但是，统治者们并

不希望看到教会中这些漫长、悬而未决的争论，因此，他们凭借皇帝的权威来判定谁是谁非。结果，争论中的许多基督徒并不是努力说服他们的对手或其他基督徒，而是试图说服皇帝。最终，政治阴谋变得比神学争论更重要。

这一过程可能早在阿里乌之争中就已经开始，最初，这场争论只是一位主教与一位牧师之间的地方性冲突，后来却发展到君士坦丁必须出面干涉，争论双方最终都试图通过政治阴谋消灭他们的对手。乍一看，这并不是一段极有教益的历史。但是，如果我们更加仔细地研究这段历史，令人惊讶的并不是神学争论卷入了政治阴谋，而是教会在这种非常不利的环境中，还可以找到力量与智慧，去驳斥那些威胁到基督教核心教义的观点。

争论的爆发

在君士坦丁之前很久的神学发展中，我们就可以找到阿里乌之争的根源。由于查士丁、亚历山大的克莱门、奥利金和其他神学家的工作，基督徒开始思考上帝的本质，实际上，他们的思考方法是阿里乌之争的直接原因。当第一代基督徒开始在罗马帝国各地宣讲他们的信仰时，他们被视为无知的无神论者，因为他们并没有有形的神祇。作为回应，一些有学识的基督徒求助于古代极具智慧之人的权威——古代哲学家的权威。最优秀的异教哲学家曾经教导，在整个宇宙之上，有一位至高之神，还有异教哲学家甚至宣称，异教神祇是人类的创造。在求助于这些备受尊敬的哲学家的权威时，基督徒认为，他们相信异教哲学家所谓的至高之神，就是他们所说的上帝。这种论点极具说服力，它无疑有助于知识分子接受基督教。

可是，这也是个危险的论点。渴望证明基督教信仰与古代哲学一致的基督徒可能会认为，众先知和其他圣经作者表述上帝的方法并不是最好的方法，柏拉图、普罗提诺（Plotinus）和其他哲学家的方法才是最好的。

这些哲学家想出永恒、不动情、不变的至善这些观念,许多基督徒认为,这就是圣经中的上帝。

为了将圣经所启示的上帝与古代哲学家那位不动情、不变的至高之神相联系,基督徒找到了两种方法:寓意解经法和逻各斯的教义。寓意解经法应用起来非常简单。只要经文与上帝"不符",即不符合哲学家的至高之神所拥有的至善,这些经文就不能按照字义加以解释。例如,如果圣经记载上帝在园中行走,或上帝说话,我们不要忘记,一位不变的存有不会真的行走或说话。这在理性上满足了许多人。但是,这在情感上却不尽人意,因为教会生活是以这样的信仰为基础:人类可能与一位有位格的上帝(personal God)直接建立联系。但是,哲学家的至高之神却没有位格。

还有一种方法,可以解决哲学中至高之神的观念与圣经中上帝的矛盾。这就是查士丁、亚历山大的克莱门、奥利金和其他神学家所提出的逻各斯教义。这种观点认为,虽然至高之神"圣父"是永恒的、无情的,但还存在一个逻各斯、道或上帝的理性,它是有位格的,可以与世界和人类直接建立联系。因此,查士丁认为,当圣经说上帝向摩西说话时,它的意思是,上帝的逻各斯在向摩西说话。

由于奥利金及其学生的影响,这些观点在东方教会——也就是在说希腊语、而不是在说拉丁语的教会中广为流传。有一种被普遍接受的观点认为,在永恒不变的上帝与短暂易变的世界之间,有上帝的道或逻各斯。阿里乌之争就是在这个背景下爆发的。

阿里乌之争始于亚历山大,当时,李锡尼统治着罗马帝国的东部,君士坦丁控制着西部。亚历山大的主教亚历山大因一些问题与阿里乌产生了冲突,而阿里乌(Arius)是亚历山大最有威望、最受欢迎的长老之一。虽然争论的问题很多,但生死攸关的问题主要是逻各斯、上帝的道是否与上帝永恒共存。最终成为阿里乌派箴言的"有一段时间还没有他(圣子)"(there was when He was not),恰当地指出了阿里乌之争的焦点。亚

现已成为废墟的尼西亚城门。

历山大认为,上帝的道与圣父永恒共存;阿里乌则相信,上帝的道并不与圣父永恒共存。尽管这似乎是个细节问题,但是,最终岌岌可危的问题在于,上帝的道是否具有神性。阿里乌声称,严格地讲,上帝的道并不是上帝,而是所有受造物中的第一个。就这一点而言,重要的是要理解,阿里乌并没有否定上帝的道先存于道成肉身。相反,阿里乌和亚历山大都认为,上帝的道先存于道成肉身。阿里乌的意思是,在其他一切受造物被创造出来之前,上帝就已经创造了上帝的道。亚历山大相信,上帝的道就是上帝,因此不是被造的,而是与圣父永恒共存的。换句话说,如果要在上帝与受造物之间画一条线,阿里乌会将上帝的道画入受造物,而亚历山大所画的线会将所有受造物与上帝和上帝的永恒之道分开。

　　除了圣经中有利的经文证据之外,阿里乌和亚历山大似乎都有令自己对手的观点站不住脚的逻辑论证。阿里乌一方认为,亚历山大的观点否定了基督教的一神信仰——因为按照亚历山大这位主教的教导,有两位具有神性的存有,因此就有两位神。亚历山大反驳称,阿里乌的观点否定了上帝之道的神性，因此也否定了耶稣的神性。教会从一开始就崇拜耶稣基督，现在，阿里乌的观点迫使教会要么停止崇拜耶稣，要么宣布自己正在崇拜受造物。亚历山大认为，这两种选择都是难以接受的，阿里乌实际上是错误的。

虽然这些是在阿里乌之争过程中所呈现的问题，但问题的实质很可能是基督如何施行拯救。对于亚历山大，特别是后来为他的观点辩护的神学家——尤其是阿塔那修——而言，基督已经救赎了我们，因为上帝已经在基督里进入了人类的历史，为我们打开了重回上帝那里的道路。阿里乌和他的追随者显然认为，这样的观点威胁到基督作为救赎主的角色，因为通过自己对上帝的顺服，耶稣已经打开了救赎之路，如果耶稣是上帝，不是受造物，他的顺服就没有任何意义。

冲突终于公开爆发了，因为亚历山大声称，谴责阿里乌的教义，革除他在亚历山大的所有教职，是他作为主教的权力与职责。阿里乌并不接受这一判罚，而是求助于亚历山大的人民和罗马帝国东部各地的许多有名的主教，因为他们曾是他在安提阿的同窗。亚历山大很快就爆发了群众示威，人们走上大街游行，歌唱反映阿里乌神学观点的叠歌。阿里乌所求助的主教——他们为了向他们在安提阿的同一位老师表示敬意而自称卢西安派的伙伴们（fellow Lucianists）——纷纷写信表示，被革职的长老阿里乌是正确的，亚历山大在教导错误的教义。因此，亚历山大的地方性分歧威胁到了罗马帝国东部所有教会的合一。

这就是刚刚击败李锡尼的君士坦丁决定介入时的事态。他的第一个措施是，派他的教会事务顾问科尔多瓦的主教霍修斯去说服争辩的双方和解。霍修斯的反馈是，单凭友善的劝解并不足以解决争执，于是君士坦丁决定采取他已经考虑了一段时间的举措：他将召开一次罗马帝国各地的主教都参加的大会或主教会议。除了解决为了制定通行的政策而必须解决的问题之外，此次大会——将在距君士坦丁堡很近的城市尼西亚（Nicea）召开——还将解决爆发在亚历山大的这场神学争论。

第一次尼西亚大公会议

公元 325 年,主教们聚集在尼西亚,召开了后世所称的第一次普世大公会议。出席此次大公会议的主教的确切人数不详——一些古代编年史给出的数字"318"遭到了学者们的质疑,因为这个数字恰巧与在亚伯拉罕时代接受割礼的人数一致。不过,出席的主教大约有三百位,主要来自说希腊语的东方,还有一些来自西方。为了从出席会议的主教的角度来理解此次大公会议,我们一定要记得,其中一些主教最近刚刚遭受过监禁、逼迫或流放,一些主教的身上还留有忠于信仰的标记。现在,在经历了这些试探数年之后,正是这些主教受到了邀请,出席在尼西亚召开的大公会议,而且,是由皇帝支付他们参加会议的费用。出席此次大公会议的许多主教因着传闻或借助信件往来而彼此了解。但是现在,他们在基督教的历史上第一次共同亲眼目睹了教会普世性的切实证据。凯撒利亚的优西比乌出席了第一次尼西亚大公会议,他在《君士坦丁传》(*Life of Constantine*)中描述了当时的情形:

> 上帝最杰出的执事聚集在尼西亚,他们来自欧洲、利比亚——也就是非洲——和亚洲的许多教会。一间小小的祷告室仿佛被上帝变大,这里荫庇着叙利亚人、西利西亚人(Cilicians)、腓尼基人、阿拉伯人、底比斯人(Thebans)、利比亚人、美索不达米亚人,以及来自巴勒斯坦与埃及的代表。还有一位波斯的主教和一位西徐亚(Scythian)的主教。本都、加拉太(Galatia)、潘菲利亚(Pamphylia)、卡帕多西亚、亚细亚和弗里吉亚也派来了最杰出的主教。还有来自色雷斯(Thrace)、马其顿、亚该亚(Achaia)和伊庇鲁斯(Epirus)这些最遥远地区的主教。甚至西班牙科尔多瓦的著名主教霍修斯也出席了此次大公会议。罗马帝国的首都罗马的主教因为高龄而没能出席。但是,作为他的代表,他的长老出席了会议。君士坦丁是有史以来第一

位和平召开这样一次盛会,并将其作为战胜所有仇敌的感恩之祭献给自己救主的统治者。①

在这样欢快的气氛中,主教们讨论了许多随着逼迫结束而必须解决的立法问题。他们通过了关于重新接纳背教者、选举和授予主教与长老圣职以及各主教辖区隶属关系的标准程序。他们也颁布教令,禁止主教、长老和执事从一座城市来到另一座城市,但这一教令很快就被忽视。

然而,第一次尼西亚大公会议所面临最困难的问题是阿里乌之争。在这场神学争论中,我们必须考虑一些不同派别的观点与关注。

首先,尼哥米底亚的优西比乌领导着一小群坚定的阿里乌派(这位主教在早期阿里乌之争中曾起到决定性的作用,请不要将这位优西比乌与亦出席此次会议的历史学家凯撒利亚的优西比乌混淆)。阿里乌并不是主教,因此,他没有资格出席此次大公会议,尼哥米底亚的优西比乌成为了阿里乌及其观点的代言人。这一小群阿里乌派相信,阿里乌的教义完全正确,他们只需通过逻辑论证即可清楚地阐明他的教义,认为第一次尼西亚大公会议将会支持阿里乌,并因亚历山大谴责过阿里乌的教义而谴责亚历山大。

另一小群完全反对阿里乌派的主教认为,阿里乌主义威胁到基督教的核心信仰,因此,必须无条件地谴责阿里乌主义。不出所料,这群主教的领袖正是亚历山大的亚历山大。在他的追随者中,有一个年轻人,他当时还只是一位执事,尚不能出席第一次尼西亚大公会议,但是,他最终得以闻名于世,因为他是尼西亚正统信仰的捍卫者:他就是亚历山大的阿塔那修。

大多数来自说拉丁语的西方教会的主教对阿里乌之争并不是那么关注,在他们看来,阿里乌之争只不过是奥利金的东方追随者之间的一场争

---

① Eusebius of Caesarea, *Life of Constantine* 3.7.

论。对于他们来说，正像德尔图良在很久以前所说的，只要宣信上帝有"三个位格和一个本质"就已经足够了。

另一小群主教——可能只有三到四位——持有的观点接近于圣父受难论，即圣父和圣子是同一位，因此，圣父也在十字架上受难。这些主教赞同阿里乌主义是错误的，但是，随着教会开始阐释三位一体教义的意义，他们自己的教义也在争论的过程中被否定了。

实际上，出席第一次尼西亚大公会议的绝大多数主教并不属于其中的任何一派。当逼迫终于结束，教会必须应对新的机遇与挑战时，他们对爆发了威胁到教会合一的争论而深感悲伤。从召开第一次尼西亚大公会议的那一刻起，这些主教似乎就希望能够达成一种令会议可以继续讨论其他问题的妥协。凯撒利亚的优西比乌——这位因渊博的学识而赢得其他主教同工极大尊敬的历史学家——就是这种态度的典型代表。

根据出席第一次尼西亚大公会议的主教的记录，令事态发生改变的是尼哥米底亚的优西比乌对他教义的阐述——也是对阿里乌教义的阐述。尼哥米底亚的优西比乌可能始终相信，只要清楚地阐明了他的教义，他就能说服出席此次大公会议的所有主教。但是，当主教们听到他的解释时，他们的反应与他所期待的正好相反。尼哥米底亚的优西比乌断言，无论有多么崇高，上帝的道或圣子都只是一个受造物。他的断言激起了许多主教的愤怒："你说谎！亵渎上帝！异端！"主教们的愤怒咆哮令优西比乌沉默了，我们得知，主教们夺过了他手中的讲稿，将其撕成碎片，践踏在脚下。

此时，绝大多数主教的心态发生了变化。他们之前还希望通过谈判与妥协去解决那些危如累卵的问题，而不谴责任何教义。他们现在认为，必须尽可能以最清楚的方式否定阿里乌主义。

起初，第一次尼西亚大公会议试图通过圣经中的经文驳斥阿里乌主义。但很快就显而易见，如果只通过经文，此次大公会议难以确凿无误地否定阿里乌主义。此时会议决定制定一份表达教会信仰、明确否定阿里乌主义的信经。我们并不完全清楚制定这份信经的经过。凯撒利亚的优西比乌拿出了自己教会的信经，他为何这么做，学者们众说纷纭。君士坦₁₈₉丁建议将同质（*homoousios*）一词——我们还会讲到——写进这份信经。（令一些学者心存疑虑的是，君士坦丁是真的完全清楚"同质"一词是阿里乌之争的关键才提出了这个词，还是他的教会事务顾问科尔多瓦的霍修斯建议他这样做？）最终，第一次尼西亚大公会议通过了一份以凯撒利亚信经为基础的信经，但是，这份信经添加了大量清楚否定阿里乌主义的内容：

> 我们信独一的上帝，全能的父，创造天地和有形无形万物的主。
>
> 我们信独一的主耶稣基督，上帝的独生子，出于父的实质，出于上帝而为上帝，出于光而为光，出于真神而为真神，受生，而非被造，与父一体（同质，*homoousios*），天地万物都是藉着他造的；为要拯救我们世人，从天降临，取得肉身而为人，受难，第三天再次复活，升天，将会来审判活人和死人。
>
> 我们信圣灵。
>
> 但是，凡曾说有一段时间还没有他（圣子），在被上帝所生之前他尚未存在，或说他出于无有，或说上帝的儿子所具有的是与上帝不同的实质（*hypostasis*）或本质（*ousia*），或是被造的，或是会改变或变化的，这些人都为大公教会所诅咒。[2]

后来，教会对这份信经做出了许多补充，并删除了最后一段诅咒文，这份信经成为我们今天所说的《尼西亚信经》的底本，而《尼西亚信经》是最被普遍接受的基督教信经。（起源于罗马的《使徒信经》只被源自西方的教会——包括罗马天主教和源于新教改革的教会——所熟知和使用。

---

[2] Eusebius of Caesarea, *Epistle to the Caesareans*.

《纽伦堡编年史》所描绘的尼西亚大公
会议。

另一方面，西方教会和东方教会——包括希腊东正教、俄罗斯东正教
等——都承认《尼西亚信经》。）

　　当我们阅读主教们在尼西亚通过的这份信经时，我们会清楚地看到，
他们的主要关切在于否定圣子或上帝的道——逻各斯——是受造物，或
它们与上帝不具有相同神性的观念。首先，这可以在一些肯定的陈述中
看出，如"出于上帝而为上帝，出于光而为光，出于真神而为真神"。这也
是《尼西亚信经》宣布圣子"受生，而非被造"的原因。我们应当注意的
是，《尼西亚信经》开篇就宣告，圣父是"创造天地和有形无形万物的主"。
因此，在宣布圣子是"受生，而非被造"的同时，圣子已经被排除在圣父所
创造的"有形无形的万物"之外。此外，《尼西亚信经》的最后一段谴责了
宣布圣子是与受造物一样"出自无有"——从无中受造——的人。最后，
《尼西亚信经》告诉我们，圣子是为"父的实质"所生。

　　然而，关键词和许多争论的中心是 *homoousios* 一词，它通常被翻译成
"同质"（of the same substance）。"同质"一词意在表达圣子与圣父具有
相同的神性。但是，"同质"一词也成为后来抵制《尼西亚信经》的主要原

190

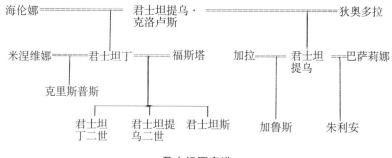

君士坦丁家谱

因,因为它似乎是在暗示,圣父与圣子没有任何区别,因此为"圣父受难论"敞开了一扇大门。

出席第一次尼西亚大公会议的主教们希望,他们通过的《尼西亚信经》——以及附在后面的措辞清晰的诅咒文——会结束阿里乌之争,他们逐一在《尼西亚信经》上签名。只有少数主教拒绝在信经上签名,其中就包括尼哥米底亚的优西比乌。最终,第一次尼西亚大公会议宣布他们是异端,革除了他们的教籍。此外,君士坦丁对这些主教又做出了自己的判罚:他将被革职的主教逐出了他们的城市。也许,他只想避免再次爆发骚乱。但是,对教会神职人员所做的这一世俗判罚产生了严重的后果,它开创了世俗权力代表所谓的正统教义干涉教会事务的先例。

然而事与愿违,第一次尼西亚大公会议并没有结束阿里乌之争。尼哥米底亚的优西比乌是位能干的政治家,我们得知,他甚至还是君士坦丁的远亲。他的策略是设法博得君士坦丁的同意,重返尼哥米底亚。他很快就成功了。君士坦丁的夏季行宫位于尼哥米底亚,因此,优西比乌很快就得以将自己的案件再次向君士坦丁陈明。最终,君士坦丁认为,他对阿里乌派的惩罚过于严厉。阿里乌在流放中被召回,君士坦丁命令君士坦丁堡的主教恢复阿里乌的圣餐。正当君士坦丁堡的主教还在考虑是服从皇帝的命令,还是依照自己的良心来行事时,阿里乌突然去世。

公元 328 年,亚历山大的亚历山大去世,他的继任者是阿塔那修。阿塔那修作为执事列席第一次尼西亚大公会议,现在,他成为了尼西亚事业的捍卫者。他很快就与尼西亚事业紧密地联系在一起,因此,讲述阿塔那修的一生就可以最好地回顾阿里乌之争的后期历史。这将是第十九章的主题,我们不必在此赘述。我们只需说,尼哥米底亚的优西比乌和他的追随者成功地让君士坦丁下令流放了阿塔那修。在阿塔那修被流放之后,第一次尼西亚大公会议的大多数领袖也被放逐。当君士坦丁在临终之际要求接受洗礼时,尼哥米底亚的优西比乌为他施行了洗礼。

在短暂的空位期之后,君士坦丁的三个儿子继承了皇位:君士坦丁二世、君士坦斯和君士坦提乌二世。君士坦丁二世统治着高卢、大不列颠、西班牙和摩洛哥。君士坦提乌二世的领地遍及罗马帝国东部的大部分领土。君士坦斯只分得了他两个兄弟领地之间一片狭长的土地,包括意大利和北非。最初,新局势有利于尼西亚一派,因为君士坦丁这三个儿子中最年长的一位支持他们,他召回了流放中的阿塔那修和其他人。但是,君士坦丁二世与君士坦斯之间后来爆发了战争,这为在罗马帝国东部统治的君士坦提乌二世提供了一次推行倾向阿里乌主义政策的良机。阿塔那修再次被流放,在君士坦丁二世去世之后,当君士坦斯统一了罗马帝国西部,以及君士坦提乌二世被迫采取更加温和的政策时,阿塔那修才得以从流放中归回。但是,君士坦提乌二世最终成为了罗马帝国的唯一皇帝,正如哲罗姆所说,正是在这时,"整个世界才从沉睡中醒来,发现自己已经成为阿里乌派"。第一次尼西亚大公会议的领袖再次被迫离开了他们的城市,君士坦提乌二世对他们施加了巨大的压力,甚至年迈的科尔多瓦主教霍修斯和罗马主教利贝里乌(Liberius)也最终在阿里乌派的信仰声明上签下了自己的名字。

但是,君士坦提乌二世的意外去世改变了事态的进展。他的堂弟朱利安继承了皇位,他被后世的基督教历史学家称为背教者。得益于基督徒之间无休止的争论,异教徒得以对君士坦丁归信基督教之后的新局势做出回应。

第十八章

异教徒的回应：
背教者朱利安

> 这位非常仁慈的王子(君士坦提乌)就是这样收拾我们的，尽管我们还是至亲。根本不通过审判，他就杀害了我们共同的六个堂兄弟、我的父亲——他的叔叔、我父亲一脉的另一个叔叔和我的哥哥。
>
> ——背教者朱利安

因为许多原因，朱利安并不喜欢君士坦提乌和他所宣信的基督教。当君士坦丁去世时，这位已故皇帝的大多数至亲惨遭屠杀。幸免于难的只有继承皇位的三兄弟和他们的堂兄弟朱利安与加鲁斯(Gallus)——朱利安同父异母的哥哥。我们并不完全清楚犯下这些罪行的背景，因此，单单怪罪君士坦提乌可能并不公平。但是，我们清楚地知道，在君士坦丁去世之后，出现了关于皇位继承人的问题，后来，军队杀害了君士坦丁的大多数亲戚——这并不是为了建立另一个王朝，而是为了确保君士坦丁活下来的三个儿子可以毫无争议地继承皇位。在君士坦丁的这三个儿子中，只有君士坦提乌当时在发生屠杀的君士坦丁堡，因此人们普遍认为是他下令屠杀了自己的亲戚，至少是宽恕了这些罪行。

不管真相如何，朱利安都相信，他的堂兄是有罪的。朱利安的父亲是君士坦丁同父异母的兄弟，因此，朱利安是三位新皇帝的嫡堂兄弟。在朱利安的庞大家族中，只有他和同父异母的哥哥加鲁斯活了下来。他后来宣称，加鲁斯之所以幸免于难，是因为加鲁斯当时已经病入膏肓，而他自已被放过一马的原因是他只有六岁，对皇位构不成任何威胁。君士坦提乌可能下令放过这两个堂兄弟，因为他们太小了，还不足以带头谋反，如果君士坦丁的三个儿子毫无争议地死去，这两位更加年轻的堂兄弟将依次继承皇位。

与此同时，加鲁斯和朱利安都被放逐到宫廷之外。加鲁斯一心强身健体，他的弟弟朱利安则对哲学越来越感兴趣。他们都接受了洗礼和基督教的教导，在被逐出宫廷期间，他们都成了教会的"读经师"（readers of the church）。

公元 350 年，君士坦提乌成为罗马帝国唯一的统治者，但他没有可以辅佐他统治庞大帝国和继承他皇位的儿子，因此，他最终被迫召回了加鲁斯。公元 351 年，君士坦提乌授予加鲁斯"凯撒"的头衔，也就是副帝，并将广阔的领地交与加鲁斯统治。但是，加鲁斯实际上并不是一位能干的统治者，而且又出现了他在密谋造反的传言。在授予加鲁斯"凯撒"头衔几年之后，君士坦提乌将他逮捕斩首。

与此同时，朱利安继续在著名的古代哲学之都雅典学习哲学。他在雅典结识了一位敬虔的基督徒：凯撒利亚的巴西尔——他最终成为那个时代最伟大的主教之一。也是在雅典，朱利安对古代的神秘宗教产生了兴趣。最终，他放弃了基督教，在古希腊的文学与宗教中寻找真理与美。

君士坦提乌决定抛弃前嫌，忘记他与加鲁斯共事的那段心酸往事，他召来了幸存的亲戚朱利安，与他一同统治罗马帝国。君士坦提乌将朱利安封为凯撒，任命他统治高卢。没有人会想到，每日与书籍和哲学家为伴的朱利安会成为一位伟大的统治者，不管怎样，君士坦提乌几乎没有给他一点帮助。但是，朱利安令他的同代人大吃一惊。他在高卢的统治成为了典范。当他有机会率军与野蛮人争战时，他向世人证明自己是一位能干的将军，并在军队中赢得了极大的爱戴。

君士坦提乌并不甘愿看到这一切，因为他担心，朱利安会谋求他的皇位。这两个堂兄弟之间的关系越来越紧张。当正准备与波斯开战的君士坦提乌将高卢的驻军调到罗马帝国的东部时,高卢的军队叛变了,他们宣布朱利安才是"奥古斯都"——至高无上的皇帝。君士坦提乌一旦消除了波斯人的威胁,便立即发兵,镇压朱利安及其叛军。当战争似乎不可避免、双方随时准备战斗时,君士坦提乌去世了。朱利安轻而易举向君士坦丁堡进军,成为整个罗马帝国的皇帝。这一年是公元 361 年。

朱利安登基后的第一个行动是向那些最应当对他的不幸负责的人和想要阻止他登上权力宝座的人复仇。为此,他任命了一个理论上独立、但实际上听命于他的法庭。这个法庭处死了他最痛恨的几个敌人。

此外,朱利安还是一位能干的统治者,他成功地将广阔而混乱的领地带上了正轨。然而,最能令后人铭记他的并不是这些,而是他的宗教政策,这为他赢得了传世的称谓:"背教者"。

朱利安的宗教政策

朱利安想要复兴异教失去的荣耀,希望阻止基督教的发展。自从君士坦丁时代以来,异教大大失去了其古代的光芒。君士坦丁并没有逼迫异教徒,也没有试图强迫他们归信基督教。但是,为了获得用来装饰新首都的艺术品,他将古老的异教神庙洗劫一空。在他儿子们的统治之下,通过了许多有利于基督教的法律。到了朱利安成为罗马帝国的唯一皇帝时,古老的异教神庙已几乎空无一人,衣衫褴褛的异教司祭通过各种方法增补他们的微薄收入,几乎无暇顾及古老的异教崇拜。

朱利安希望彻底复兴与改革异教,为此他下令归还从异教神庙掠夺的一切。他仿效了基督教会的榜样,建立起类似于教会当时教阶体制的异教祭司等级制度。他将整个帝国分成若干地区,每个地区都有一位领导该地区所有祭司的大祭司。地区大祭司接受省大祭司的领导。省大祭司则听命于最高祭司,也就是朱利安本人。这一祭司等级制度中的所有祭司都应当做出表率,他们不应当只关注崇拜,还应当关爱穷人。在否定基督教的同时,朱利安实际上也学效了基督教的许多东西。

实施这项庞大的宗教复兴计划的同时,朱利安采取了更加直接的措施,来复兴古代的神祇崇拜。他自认为是奉天命完成这一使命的人;因此,在等待全罗马帝国回归其古代信仰的同时,他向异教神祇献上了他人没有献上的崇拜与祭物。他下令举行大规模的献祭,在这样的献祭中,他一次向异教神祇献上数百头公牛和其他动物。但是,朱利安也是一位精明的统治者,他清楚地意识到,他对异教的复兴并不像他原本希望的那样受人欢迎。人们甚至在参加时还在嘲笑他的新仪式。因此,他认为不仅必须推广异教,似乎也必须阻止异教的最大敌人——基督教。

为了实现这个目的,朱利安采取了一系列措施,但是公平地说,我们必须坚持一点,他从未下令逼迫基督徒。很多地方出现了殉道士,但这并不是因为朱利安的命令,而是因为暴徒的行为和一些过度狂热的地方官员。朱利安相信,逼迫基督徒对他的事业没有任何帮助。

朱利安并没有逼迫基督徒,而是采取了一个双管齐下的政策:抑制基督教的发展和嘲弄基督徒。就抑制基督教的发展而言,朱利安颁布法令,禁止基督徒教授古典文学。自公元 2 世纪的查士丁以来,基督徒一直在利用古代的经典著作传播他们的信仰,因此,朱利安在禁止被他视为亵渎神祇的行为时,也阻止了基督教信仰的传播。其次,朱利安开始嘲弄基督徒,他将基督徒称为"加利利人"。为此,他还撰写了一部著作:《驳加利利人》(*Against the Galileans*),他在其中表明,他通晓圣经,他既嘲弄圣经,也嘲弄耶稣的教导。尽管《驳加利利人》已经遗失,但它的影响力是巨大的,以至于亚历山大的主教西利尔(Cyril)在八年之后还认为,必须驳斥《驳加利利人》,西利尔在自己的驳斥文中承认,朱利安的论证之所以有一定的说服力,是因为他曾经是基督徒,他了解圣经和基督教的教义。显而易见,朱利安的一个主要论点是,"加利利人"曲解和误解了旧约。这样的论点需要以政策来强化,因此,朱利安决定重建耶路撒冷的圣殿,这并不是因为他特别喜爱犹太人,而是为了用事实驳斥基督徒的共同论点:

圣殿被毁实现了旧约中先知的预言。

朱利安正在以尽可能快的速度实施着这一切计划，但是他却十分意外地死了。当他率军与波斯人血战时，敌军的长矛夺去了他的生命。有这样一个缺乏史实根基的著名传说：朱利安的临终遗言是："你胜利了，加利利人！"

第十九章

亚历山大的阿塔那修

> 成为肉身之后，救主所成就的是如此之多，任何想要逐一列
> 举的人，就好像是面向浩瀚的海洋数算浪花。
>
> ——亚历山大的阿塔那修

在列席第一次尼西亚大公会议的基督徒中，有一个皮肤黝黑、身材矮小的年轻人，后来，他的敌人将他称为"黑侏儒"（black dwarf）。他就是阿塔那修，亚历山大的秘书；很快，他就成为阿里乌之争中的核心人物之一，尼西亚正统信仰的捍卫者。他是公元4世纪伟大的教会领袖——"教父"之一。现在，我们就来讲述阿塔那修的生平，这是我们了解当时事件的最好方法。

早年生活

我们并不清楚阿塔那修的出生日期和地点，但是，他可能出身卑微，生于尼罗河畔一座小城镇或小村庄。他说科普特语，这是一种埃及原始居民的语言，这些居民曾先后被希腊人和罗马人所征服。他肤色黝黑，就像科普特人一样，因此，他很可能就是科普特人，可见，他是埃及社会的下层人士。当然，他从未声称自己有高贵的出身，也从未说过自己精通希腊罗马文化。

阿塔那修在早年与沙漠修士交往密切。哲罗姆曾肯定地说，阿塔那

修曾给隐士保罗一件斗篷;阿塔那修本人在他的《圣安东尼传》中宣称,他经常拜访这位著名的修士,为这位老人洗手。这后一个细节令一些人大胆地设想,阿塔那修小时候服侍过安东尼。无论事实如何,毫无疑问的是,阿塔那修一生都与沙漠修士保持着密切联系,他们不断给予他支持和保护。

200　　　阿塔那修从修士这里学到了严格的修道戒律,并将其用于己身;他的严格与苦修赢得了朋友的敬佩,甚至是许多敌人的敬重。在阿里乌主义的所有对手中,阿塔那修是最令人生畏的一位。这并不是因为他缜密的逻辑论证,也不是因为他风度优雅,更不是因为他政治敏锐。在所有这些方面,他的对手都胜过了他。令他远胜其他基督徒的是,他与周围人的关系密切,活出了自己的信仰,他没有阿里乌派的诡诈,也没有其他许多重要主教的虚荣。他的修道戒律,他在基督徒中的根基,他火一般的热情、虔诚的信仰和不可动摇的信念,都令他战无不胜。

早在阿里乌之争爆发之前,阿塔那修就已经完成了两部著作:《驳异教徒》(*Against the Gentiles*)和《论道成肉身》(*On the Incarnation of the Word*)。

这两部著作提供了阿塔那修神学本质的一些线索。在其中我们找不到像克莱门或奥利金那样的思辨。这两部著作表明了这一深刻的信念:基督教信仰和人类全部历史的核心事件,是上帝在耶稣基督里道成肉身。上帝成为肉身,来到人间,这是阿塔那修所理解的基督教的核心。

有一个段落令人难忘:阿塔那修将道成肉身比作一位皇帝莅临一座城市。皇帝决定进行一次访问,他住在城里的某个房屋中。结果,不仅是这个房屋,整座城市都获得了殊荣和特殊的保护,强盗远离了这里。同样,宇宙君王(Monarch of the Universe)已经莅临我们人类这座城市,住在我201们的某个房屋里,得益于这样一次莅临,我们都受到了保护,免于魔鬼(Evil One)的攻击和诡计。现在,受益于上帝在耶稣基督里的这次莅临,我们可以自由地成为上帝要我们成为的样式——能够与上帝相交的存在。

显而易见，上帝进入历史是阿塔那修的信仰核心。因此，他当然会认为，阿里乌主义严重地威胁到基督教的核心信仰。阿里乌的教义是，在耶稣基督里来到我们中间的那位并不是真正的上帝，而是一个低一级的存有，是一个受造物。阿塔那修难以接受这样的教义，那些因成为肉身的上帝的爱而退隐到沙漠中的修士，以及在阿塔那修的带领之下进行崇拜的基督徒，同样也不能接受这样的教义。对于阿塔那修、修士和许多基督徒来说，阿里乌之争并不是毫无意义或意义不大的关于神学细节的争辩。在阿里乌之争中，基督教的核心信仰危如累卵。

在亚历山大的主教亚历山大弥留之际，所有人都理所当然地认为，阿塔那修会继承亚历山大，成为主教。但是，年轻的阿塔那修逃到了沙漠，因为他只想平静地生活，为基督徒主持圣事，与基督徒一同崇拜。据说，亚历山大在临终前不久找来了他的这位年轻朋友，他可能是想告诉阿塔那修，他希望阿塔那修担任亚历山大的下一任主教。但是，阿塔那修还在躲藏。最终，在亚历山大去世数周之后，阿塔那修才极不情愿地被任命为亚历山大的主教。这一年是公元 328 年，君士坦丁在同一年撤销了流放阿里乌的判罚。阿里乌主义重新得势，战斗一触即发。

历经多次试炼

尼哥米底亚的优西比乌和其他阿里乌派领袖知道，阿塔那修是他们最强大的敌人之一。他们很快就采取了确保阿塔那修垮台的行动，他们散布谣言称，阿塔那修行巫术，是埃及基督徒的暴君。尤其是他被指控杀害了一位名叫阿尔塞尼乌（Arsenius）的阿里乌派主教：他砍掉了阿尔塞尼乌的一只手，将其用在巫术仪式中。结果，君士坦丁命令阿塔那修出席在推罗召开的一次宗教会议，解答对他的严重指控。有一部充满戏剧性的编年史记载，阿塔那修奉命来到了推罗，在听过对他的指控之后，他进入了一个房间，房间里有一个身披斗篷的蒙面人。确认在场的一些人认识阿尔塞尼乌之后,阿塔那修揭开了此人掩面的兜帽,这让指控他的人大吃一惊,因为他们看到,此人正是阿塔那修的所谓受害者。随后,一些相信有关亚历山大这位主教不利谣言的人提出,阿塔那修可能并没有杀害阿尔塞尼乌,而是砍掉了他的一只手。阿塔那修并没有反驳,直到会议坚持要求阿塔那修出示阿尔塞尼乌的手并没有被砍掉的证据。随后,阿塔那修揭开了挡住阿尔塞尼乌一只手的斗篷。"这是另一只手!"一些相信谣言的人喊道。接着,阿塔那修揭开了挡住阿尔塞尼乌另一只手的斗篷,问道:"你们认为阿尔塞尼乌是什么样的怪物?三只手的怪物?"会场上笑声一片,但是有些人被激怒了,因为阿里乌欺骗了他们。

在澄清了推罗宗教会议(Synod of Tyre)的指控之后,阿塔那修决定再到君士坦丁堡,将他的案件上诉到君士坦丁。尼哥米底亚的优西比乌在宫廷中的影响力很大,阿塔那修发现,他根本就没有机会觐见君士坦丁。后来,阿塔那修采取了更加大胆的措施。一天,当君士坦丁骑马出游时,亚历山大这位矮小的主教跳到皇帝的马前,他紧握缰绳,拦住了皇帝的去路,直到君士坦丁同意接见他之后才善罢甘休。考虑到宫廷中的政治形势,这种方法可能是必要的。但是,这种方法让君士坦丁相信,阿塔那修的确是个危险冲动的狂热分子。因此,当后来尼哥米底亚的优西比乌告诉君士坦丁,阿塔那修曾夸口自己可以阻断从埃及向罗马运送小麦的船运时,君士坦丁听信了优西比乌的话。基于优西比乌的指控,君士坦丁将阿塔那修从亚历山大流放到罗马帝国的西部城市特里尔。

然而,在尼哥米底亚的优西比乌为君士坦丁施行洗礼之后不久,君士坦丁就去世了,他的三个儿子——君士坦丁二世、君士坦斯和君士坦提乌——继承了皇位。这三位兄弟决定,所有被流放的主教——人数众多——都可以恢复原职。

但是,这并不是阿塔那修最后一次重返亚历山大,而是他漫长斗争和不断被流放的开始。亚历山大有一群阿里乌派,他们声称,曾经离开的阿塔那修并不是合法的主教。一个名叫格列高利的阿里乌派人士声称,他才是亚历山大的合法主教，他得到了政府的支持。阿塔那修不愿意将教堂让给他，因此格列高利想要以暴力强夺，结果亚历山大爆发了一系列大规模骚乱；为了避免再次爆发暴力冲突，阿塔那修认为，他最好还是离开亚历山大。有迹象表明，当局还指控他制造了骚乱。这也得到了证实，当他抵达港口时，他被禁止出港，因为这是总督的命令。最终，他说服一位船长，船长把他偷运出港，送到了罗马。

阿塔那修在罗马的流亡卓有成效。当时，阿里乌派和尼西亚派都要求罗马主教尤利乌斯（Julius）的支持。阿塔那修能够亲自陈述尼西亚派的观点，他因此很快就得到罗马神职人员的支持，他们接过了尼西亚的事业，反对阿里乌派。最终，在这座古老的首都召开了一次宗教会议，宣布阿塔那修是亚历山大的合法主教，格列高利是篡位者。尽管这并不意味着阿塔那修可以立即重返亚历山大，但这的确表明罗马帝国西部教会对尼西亚事业的支持，尤其是对阿塔那修的支持。

在君士坦丁二世去世之后，君士坦斯成为罗马帝国西部的唯一皇帝，后来，他要求统治罗马帝国东部的君士坦提乌允许阿塔那修回到亚历山大。在这个特殊的时候，君士坦提乌需要他弟弟的支持，他同意了君士坦斯的要求，阿塔那修因此得以重返亚历山大。

格列高利在亚历山大牧养不善，这令亚历山大人民像欢迎英雄或解放者般迎接了阿塔那修。造成这种情况的一个原因可能是，格列高利和阿里乌派代表着希腊化程度更高的上层阶级，而阿塔那修则是普通百姓中的一员。不管怎样，人们在热烈与欢乐的气氛中欢迎阿塔那修再次归来。除了亚历山大的居民之外，许多来自沙漠的修士也加入庆祝的行列。在如此强大的支持之下，阿塔那修大约有十年没有受到敌人的攻击。在这段时间里，他通过大量的书信，加强了自己与其他正统信仰捍卫者的联系；也是在这段时间里，他撰写了大量驳斥阿里乌主义的论文。

然而，皇帝君士坦提乌是坚定的阿里乌派，他觉得必须为自己除掉这位尼西亚信仰的捍卫者。但只要君士坦斯还活着，君士坦提乌就必须忍受阿塔那修的存在,因为他还要指望罗马帝国西部皇帝君士坦斯的支持。后来,马格嫩提乌(Magnentius)试图篡权,君士坦提乌不得不全力对付这个新敌人。

公元353年,当时已成为罗马帝国唯一皇帝的君士坦提乌终于觉得,安全地实施亲阿里乌派政策的时机到了。在威胁与武力之下,越来越多的主教接受了阿里乌主义。据说,君士坦提乌下令召开一次谴责阿塔那修的宗教会议,但是,他被告知这并不可能,因为教会法规定,禁止在没有举行听证的情况下谴责任何基督徒,可是,君士坦提乌的回答是:"我的旨意也是教会法。"在如此可怕的威胁之下,许多主教被迫在谴责阿塔那修的文书上签字,而拒绝签字的主教都遭到了流放。

如果当时的编年史家是可信的,那么当时的情况表明,君士坦提乌担心阿塔那修在亚历山大的势力,因此,他希望在不实际流放阿塔那修的情况下将他赶出亚历山大。阿塔那修收到了一封信,君士坦提乌在信中表示愿意接见阿塔那修,但是,阿塔那修从未提过这个请求。他礼貌地回答说,这一定是搞错了,因为他从未要求得到这一殊荣,不希望浪费皇帝的宝贵时间。随后,君士坦提乌命令军队在亚历山大集结。当军队集结待命、随时可以镇压一切反抗时,总督以皇帝的名义命令阿塔那修离开亚历山大。阿塔那修拿出了皇帝以前准许他重返亚历山大的凭证。他告诉总督,这一定又是搞错了,因为皇帝不会出尔反尔。

随后不久,当阿塔那修在一个教会主持圣餐时,总督命令军队包围了教会,带着一群全副武装的士兵突然冲进了教堂。随后便是一阵骚乱,阿塔那修命令会众诵唱《诗篇》136篇的叠歌:"因他的慈爱永远长存。"士兵在会众中挤出了一条路,与此同时,一些基督徒继续唱诗,一些基督徒试图逃跑。在场的神职人员紧紧围住了拒绝逃跑的阿塔那修,因为他希望看到自己所牧养的基督徒安全之后再离开。但是,他这时昏倒了,神职人员设法将他抬到了安全的地方。

从此以后,阿塔那修仿佛变成了幽灵。罗马帝国的官员在四处找他,但就是找不到他。他在自己的忠实盟友沙漠修士那里避难。沙漠修士有着自己的通讯方法，只要帝国官员一接近阿塔那修的藏身之处，他就会被转移到一个更加安全的地方。

阿塔那修与沙漠修士共同生活了五年。在这五年时间里，尼西亚的事业遭到重创。君士坦提乌的政策公开支持阿里乌派。一些宗教会议被迫宣布支持阿里乌主义。最终，甚至年迈的科尔多瓦主教霍修斯和罗马主教利贝里乌也被迫在阿里乌派的信仰声明上签字。虽然许多主教和教会领袖相信，阿里乌主义不可接受，但是当国家非常强硬地支持阿里乌主义时，他们也难以反对。当在塞尔曼召开的一次会议公然否定了第一次尼西亚大公会议的决议时，阿里乌主义达到了顶峰。这就是正统教会领袖所说的"塞尔曼亵渎"（Blasphemy of Sirmium）。

随着君士坦提乌的意外去世，他的堂弟朱利安继承了皇位。新皇帝根本就无意支持阿里乌之争中的任何一方，因此，他只是撤销了流放主教的全部命令。他显然是希望在争辩双方彼此削弱力量的同时，他可以向着自己复兴异教的目标前进。该政策的一个结果是，阿塔那修得以再次重返亚历山大，在那里，他进行了一场急需的神学斡旋。

神学共识

在争辩的过程中，阿里乌主义变得越来越精深，越来越抽象。阿里乌主义的许多捍卫者都受过最好的希腊逻辑学训练，因此，他们能比以往更加缜密地论证自己的观点。就这样的论证而言，阿塔那修显然不是阿里乌派的对手。但是，他反对阿里乌主义的原因，以及他对阿里乌主义论点本质的驳斥，与逻辑思辨并没有多大关系。他所关注的是基督教的核心教义：耶稣是人类的救主，是堕落人类的修复者。虽然早期阿里乌主义的主要关切或许也是救恩教义，但他们很快就转向了思辨的论证。思辨的论证似乎是阿里乌派的优势，但其实是他们灭亡的原因，因为它令阿塔那修和他的支持者牢牢把握住救恩这一核心问题。阿塔那修围绕救恩展开

君士坦丁堡的圣伊琳娜大教堂,公元381年第二次大公会议在此召开,会议重申了三位一体教义。

了论证:人类因罪而堕落,因此需要一次新的创造,彻底改造与修复被罪所毁坏的一切。救恩之工就是创造之工。因此,再造我们的那位就是创造我们的那位。

　　阿塔那修不愿拘泥于教义式或成文的信经,而是希望阐明与调和岌岌可危的实际问题。他认为,许多基督徒之所以反对《尼西亚信经》,是因为他们担心,如果肯定圣子与圣父同质,就会被理解为圣父与圣子没有任何差别。因此,一些基督徒不愿说同质(*homoousios*),而更愿说类质(*homoiousios*)。第一次尼西亚大公会议已经宣布,圣子与圣父"同质"。但是,现在的许多基督徒却在说,他们宁愿肯定圣子与圣父"类质"。

　　阿塔那修此前一直坚守《尼西亚信经》,宣称那些说圣子与圣父"类质"的基督徒是同阿里乌派一样的异端。但是现在,亚历山大这位年迈的主教开始愿意接纳否定阿里乌主义、但坚持圣父与圣子之间存在差异的

206

基督徒。

通过一系列谈判,阿塔那修说服许多基督徒相信,以一种令坚持"类质"的基督徒满意的方法来解释《尼西亚信经》是有可能的。最终,在公元 362 年于亚历山大召开的一次宗教会议上,阿塔那修和他的追随者宣布,相信圣父、圣子和圣灵"同质"是正统信仰,但这并不意味着否定他们之间的差异;相信圣父、圣子和圣灵是"三个实质"也是正统信仰,但这并不意味着存在三个神祇。

同样,正如阿里乌的追随者曾利用赞美诗宣传他们的观点,现在,尼西亚派也采取了同样的做法,他们谱写了肯定三位一体教义的赞美诗。其中最著名的是安波罗修(约 339—397;参第二十一章)所作的《上帝的荣耀光辉明亮》(O Splendor of God's Glory Bright)和奥勒利乌斯·普鲁登修斯(Aurerius Prudentius,348—约 413)所作的《圣父受生子之爱》(Of the Father's Love Begotten)。

基于上述对三位一体教义的理解,大多数教会结成同盟,共同支持第一次尼西亚大公会议,最终于公元 381 年在君士坦丁堡召开了第二次大公会议,批准通过了第一次尼西亚大公会议的教义。阿塔那修将一生献给了尼西亚事业,但他并未能活着看到尼西亚事业取得最后胜利。

再经考验

虽然朱利安并不希望逼迫基督徒,但从亚历山大传来的消息却令他不安。他复兴异教的努力遭到阿塔那修的坚决抵抗,而阿塔那修现在已经成为人民的英雄。如果皇帝的政策想在亚历山大取得成功,就必须再次流放亚历山大的这位主教。很快,阿塔那修就清楚地意识到,朱利安不仅想要将他逐出亚历山大,还希望将他赶出埃及。阿塔那修知道,他难以留在亚历山大,在亚历山大无处藏身,因此他决定再次去修士那里避难。

罗马帝国官员得知,阿塔那修正计划在沙漠中藏匿,因此他们想要提前将他逮捕。根据一些传记作家的记载,阿塔那修扮作一位旅客,乘船沿尼罗河溯流而上,一艘速度更快的船追上了他。"你看到阿塔那修了吗?"快船上的士兵喊道。"看到了,"阿塔那修诚实地答道,"他就在你们前面,如果你们快一点,还可以追上他。"转眼间,这艘快船就消失在阿塔那修的前方。

我们已经讲过,朱利安的统治并不长久。约维安继承了他,而约维安是阿塔那修的崇拜者。于是,亚历山大的这位主教再次从流亡中回来,但他很快就被召到安提阿为皇帝出谋划策。当他最终回到亚历山大时,漫长的流亡生涯似乎已经结束。

然而,约维安在几个月之后就去世了,瓦伦斯(Valens)成为了罗马帝国的皇帝,而他是阿里乌主义的坚定支持者。阿塔那修担心,如果他继续留在亚历山大,瓦伦斯会对亚历山大的正统教会采取行动,因此,阿塔那修决定再次离开亚历山大。但是他很快发现,瓦伦斯并不希望与这位战胜了君士坦提乌和朱利安的主教纠缠在一起。就这样,阿塔那修又回到了亚历山大,此后他始终留在那里,直到公元373年去世。

虽然阿塔那修没有看到自己终其一生奋斗的事业取得最终胜利,但他的著作清楚地表明,他相信阿里乌主义最终将被击败。随着他步入老年,他看到新一代神学家在自己周围成长起来,他们也投身于同一项事业。在这新一代神学家中,卡帕多西亚三杰是最杰出的,我们现在就来讲述他们的故事。

第二十章

卡帕多西亚三杰

> 并不是对每一个人,我的朋友们,并不是对每一个人都可以从哲
> 学的角度来谈论上帝,因为这个题目并没有那么简单,也没有那么平
> 凡。不要对每一个人,不要在每一个人面前,不要就每一个问题都谈
> 论,而是在一些人面前,在一些时候,在一定的范围内谈论。
>
> ——纳西盎的格列高利

卡帕多西亚地区位于罗马帝国东部的安纳托利亚(Anatolia)——今
天的土耳其境内。那里生活着三位教会领袖,他们被共同称为"卡帕多西
亚三杰"(Great Cappadocians):凯撒利亚的巴西尔,他的弟弟尼撒的格列
高利(Gregory of Nyssa),以及他们的朋友纳西盎的格列高利(Gregory of
Nazianzus)。凯撒利亚的巴西尔被称为大巴西尔;尼撒的格列高利因自己
的神秘默想著作而闻名于世;纳西盎的格列高利是一位著名的诗人和演
说家,他的许多赞美诗已经成为说希腊语教会的经典之作。但是为了公
平起见,在讲述他们之前,我们先来讲述一下另一位同样值得讲述的基督
徒,可是,她经常被倾向于忽视女基督徒工作的历史学家所遗忘。这位杰
出的女基督徒就是玛格里娜(Macrina),大巴西尔和尼撒的格列高利的姐
姐,她无疑应当被视为"卡帕多西亚第四杰"。

玛格里娜

玛格里娜、大巴西尔和尼撒的格列高利,他们成长在一个有着深厚基

督教渊源的家庭,他们的家族至少已有两代基督徒。在德西乌斯的逼迫期间,他们的祖父母曾在森林中藏匿了七年。在这次逃亡中,还有他们家族的其他一些成员,包括他们祖父母的两个儿子:格列高利和巴西尔。格列高利——后来成为了玛格里娜、大巴西尔和尼撒的格列高利的叔叔——是一位主教。他的兄弟巴西尔——玛格里娜、大巴西尔和尼撒的格列高利的父亲——是一位著名的律师和修辞学教师。他的妻子是一位基督教殉道士的女儿。因此,玛格里娜、大巴西尔和尼撒的格列高利的祖父母和外祖父母都是基督徒,他们的一个叔叔还是主教。

在玛格里娜十二岁那年,父母决定为她安排婚事,这是当时的习俗。他们选中了一个正准备成为律师的年轻亲戚,玛格里娜勉强同意了。当一切准备就绪时,新郎却非常意外地死去。从此以后,玛格里娜拒绝了一切的追求者,并最终发誓守独身与过默想的生活。

大约在玛格里娜订婚的两三年之前,大巴西尔出生了。大巴西尔是个体弱多病的孩子,人们一度怀疑他是否能活下来。一直想要个儿子的老巴西尔提供给他当时最好的教育,因为他希望儿子可以像他一样,将来成为一名律师和演说家。年轻的大巴西尔先是在卡帕多西亚的主要城市凯撒利亚学习,后来又在安提阿和君士坦丁堡学习,最后在雅典学习。在这座古老的希腊城市,他结识了最终成为纳西盎主教的格列高利和后来被称为"背教者"的朱利安王子。

完成学业之后,才华横溢的大巴西尔回到了凯撒利亚。他的学识和家族的威望确保他能够在凯撒利亚得到一个重要的职务。很快就有人请他教授修辞学。

玛格里娜这时干涉了大巴西尔。她直率地告诉弟弟,他虽然看似凯撒利亚最杰出的人,但其实一事无成,如果他少引用一些异教作家的言论,多遵行一些基督教作家的教导,他会做得更好。大巴西尔对姐姐的话不屑一顾,他告诉自己,姐姐毕竟相当无知。

后来悲剧发生了。他们隐居乡下的兄弟瑙克拉提乌(Naucratius)

意外身故。大巴西尔被深深地触动。他与瑙克拉提乌一直亲密无间,只是最近才分道扬镳,因为瑙克拉提乌放弃了世俗的虚荣,而大巴西尔却全心追求世俗的荣华。大巴西尔深受打击,他完全改变了自己的生活。他辞去了教职,抛弃了所有高位,他请玛格里娜教他信仰生活的奥秘。他们的父亲不久之前也刚刚去世,现在,玛格里娜为她痛失亲人的家庭带来了力量和安慰。

玛格里娜希望引导家人在信仰生活中寻找安慰。为什么不退隐到他们在附近的艾尼西(Annesi)的家,在那里过隐修与默想的生活?真正的幸福难以在世俗的辉煌中找到,而是在服侍上帝中得到的。完全脱离俗世时,人才可以最好地服侍上帝。衣服和食物必须尽可能简单,人应当全心祷告。因此,玛格里娜所提倡的生活,类似于沙漠禁欲者的生活。

于是,玛格里娜、她的母亲和其他一些女基督徒退隐到艾尼西,而大巴西尔遵从了姐姐的意愿,他来到埃及,学习更多的修道知识。大巴西尔最终成为说希腊语的教会中伟大的修道主义教师,正是玛格里娜唤起了他对修道主义的兴趣,因此,玛格里娜可以说是希腊修道主义的缔造者。

玛格里娜的余生都在艾尼西过着隐修生活。若干年后,在大巴西尔去世不久之后,他们的弟弟尼撒的格列高利前去看望她。她的声望很高,被称为"导师"。尼撒的格列高利在他与姐姐玛格里娜的对话录《论灵魂与复活》(*On the Soul and Resurrection*)中记载了这次探望,而该书中的主要论点和教导,很可能就是玛格里娜的。他在开篇就告诉我们:"大巴西尔,圣徒中的伟大圣徒,已经离开这个世界,到了上帝那里,所有教会都为他的离世深感悲痛。但是,他的导师姐姐仍然活着,因此我拜访了她。"但是,尼撒的格列高利并未轻易得到安慰,因为他看到,病床上的姐姐正忍受着严重哮喘的折磨。他写道:"见到导师又唤起了我的痛苦,因为她将不久于人世。"

玛格里娜任凭尼撒的格列高利流泪哀痛,随后又安慰了他,提醒他还有复活的盼望。她最终极为平静地离开了人世。尼撒的格列高利合上了她的双眼,又为她主持了追思礼拜,之后继续进行姐姐和哥哥所交托给他的工作。

大巴西尔

若干年前,大巴西尔就从他学习修道生活的埃及、巴勒斯坦等地回来,定居在艾尼西附近。他和自己的朋友纳西盎的格列高利一起创建了一座男修道院,类似于玛格里娜所建立的女修道院。大巴西尔相信,集体生活必不可少,因为对于隐修士来说,根本就无人可去服侍,而修道生活的核心却是服侍他人。大巴西尔特别注意去做修道院中最不为人喜欢的工作。他还撰写了修道戒规。说希腊语教会的所有修道戒规都是以大巴西尔的教导为基础,因此,他通常被视为东方教会的修道主义之父。

然而,大巴西尔只过了六年多的修道生活,因为他迫不得已被按立为长老。很快,他就与凯撒利亚的主教产生了冲突,为了避免冲突升级,他决定回到自己的修道院。他一直留在那里,直到瓦伦斯成为罗马帝国的皇帝。新皇帝是阿里乌派,因此,凯撒利亚的主教决定放下自己与大巴西尔的分歧,他召回这位圣洁的修士,帮助他一同对抗阿里乌主义。

当大巴西尔来到凯撒利亚时,环境非常艰难。恶劣的天气毁掉了庄稼,富人正在囤积食物。大巴西尔在讲道中抨击这种行为,为了喂饱穷人,他卖掉了自己的所有财产。他说,如果人人都只拿其所需,将所余分给他人,那么就既不会有富人,也不会有穷人:

> 如果拿走他人衣服的人被称为小偷,那么拒绝为衣不遮体的人提供衣服的人也可以被称为小偷。你们拒绝分享的食物属于穷人;你们藏在衣橱中的斗篷属于衣不遮体的人;你们家中正在腐烂的鞋子属于不得不赤脚走路的人。[1]

---

[1] *Homily on Luke's words*, "I'll tear down my barns . . ." 1.

大巴西尔将这些话付诸行动。在凯撒利亚郊区,他创建了朋友纳西盎的格列高利所说的"新城市"。在"新城市"中,饥饿的人得到了食物,病人得到了照顾,失业的人有了工作。为了维持这个新城市——巴西尔之城(Basiliad),大巴西尔从富人那里募集财物,并告诉他们,这是他们将财宝积攒在天上的良机,在那里,贼不能近、虫不能蛀。

当凯撒利亚的主教去世时,继任者的选举成为正统基督徒与阿里乌派斗争的焦点。大巴西尔德高望重,似乎最有可能当选。阿里乌派只在大巴西尔身上找到一个弱点:他令人怀疑的健康状况。正统基督徒的回应是,他们是在选举主教,不是选举角斗士。最终,大巴西尔当选为凯撒利亚的主教。

凯撒利亚的这位新主教知道,他的当选将产生与阿里乌派皇帝的冲突。瓦伦斯很快就宣布了他将访问凯撒利亚的计划。尼西亚派从其他城市的痛苦经验中得知,瓦伦斯想利用此次访问壮大阿里乌派。

为了准备瓦伦斯的访问,罗马帝国的许多官员来到了凯撒利亚。皇帝命令他们通过威逼利诱,制伏凯撒利亚的新任主教。但是,大巴西尔并没有轻易屈服。最终,在一次激烈的交锋中,罗马帝国的执政官失去了耐心,他以没收财产、流放、酷刑甚至是死刑来威胁大巴西尔。但是,大巴西尔回答说:"你们可以没收我的一切,只不过是这些破衣服和几本书。但你们无法流放我,因为无论将我流放到哪里,我都是上帝的客人。至于酷刑,你们应当知道,我的肉体已经在基督里死去。死亡对我来说是极大的恩惠,会带我更快地到上帝那里去。"罗马帝国的执政官大吃一惊,说从未有人向他说过这样的话。大巴西尔回答说:"也许是因为你从未见过真正的主教。"

瓦伦斯终于来到了凯撒利亚。当他在祭坛献上慷慨的祭物,以示对凯撒利亚的恩惠时,没有人去领受皇帝的恩赐。皇帝不得不等待主教,大巴西尔最终接受了皇帝的祭物,但他明确表示,这是他在向皇帝施恩。

在这些事之后,大巴西尔可以全心进行他的主教工作了。他尤其关注组织与推广修道生活,以及推动尼西亚的事业。通过大量的书信和一些神学论文,他为重申三位一体教义和最终否定阿里乌主义做出了重要的贡献。但是,他同阿塔那修一样,并没能亲眼看到尼西亚事业的最终胜利,因为他在公元381年君士坦丁堡普世大公会议批准尼西亚教义之前几个月就去世了。

尼撒的格列高利

尼撒的格列高利是大巴西尔的弟弟,他的性情与大巴西尔迥然不同。大巴西尔脾气暴躁、不屈不挠,甚至有些傲慢,而尼撒的格列高利更喜欢安静、独居和隐姓埋名。尼撒的格列高利根本就无意成为任何事业的捍卫者。尽管他受过扎实的教育,但却难以与大巴西尔所受的教育相提并论。他一度想要成为律师和修辞学家,却没有为此付出多大热情。

214 　大巴西尔和他的朋友纳西盎的格列高利热衷于修道生活,但是,尼撒的格列高利娶了一位年轻女子,他们似乎生活得非常幸福。几年之后,尼撒的格列高利的妻子去世了,他也开始过起了修道生活,还撰写了一篇题为《论贞洁》(*On Virginity*)的论文,而这篇论文的论点是他所特有的。他认为,没有娶妻的男子不必忍受亲眼目睹妻子的生产之苦,也不会经受失去妻子的更大痛苦。对于他来说,修道生活是一种避免喧嚣生活中痛苦与争斗的方法。他过着神秘生活,还撰写了论神秘生活的著作。在这些著作中,他给予希望过神秘生活的人以重要指导。他因自己的神秘生活和此类著作而闻名于世。

可是,当时的斗争太激烈、太残酷了,即使像尼撒的格列高利这样的基督徒也难以逃脱。他的哥哥大巴西尔勉强他担任了小村尼撒的主教。瓦伦斯和阿里乌派继续尽其所能地镇压正统基督徒。对于尼撒的格列高利来说,这样的斗争太残酷了,他藏了起来。但即使是这样,在瓦伦斯和大巴西尔去世之后,尼撒的格列高利还是成为了尼西亚派的主要领袖之一。就这样,他被公元381年的君士坦丁堡大公会议所接纳。

虽然尼撒的格列高利非常安静、谦卑，但是，他的著作展现出他内心火一般的精神。他对尼西亚教义的详细解释，为这些教义在君士坦丁堡大公会议的胜利做出了贡献。

在君士坦丁堡大公会议之后，皇帝狄奥多西任命尼撒的格列高利为他的主要神学顾问之一，因此，他被迫游走于罗马帝国各地，甚至还去过阿拉伯和美索不达米亚。虽然这一工作有着极大价值，但是，他总是将其视为一种障碍，令他远离了默想的生活。

最终，在确保尼西亚的事业真正胜利之后，尼撒的格列高利重新过起了修道生活，希望俗世不要再打扰他。就这一点而言，他做得非常成功，因为他去世的日期和他去世时的详情，都不为世人所知。

纳西盎的格列高利

卡帕多西亚三杰中的另外一位是纳西盎的格列高利，他是大巴西尔的同学。他的父亲也叫格列高利，是纳西盎的主教，他的母亲叫诺娜（Nona）——当时的主教通常都会结婚。老格列高利曾是阿里乌派，但是，诺娜将他带回正统信仰。同大巴西尔一样，纳西盎的格列高利的家人都非常敬虔，他们当中的许多人后来都被封为“圣徒”——格列高利本人、他的父亲老格列高利和母亲诺娜、他的兄弟凯撒里乌（Caesarius）、他的姐姐格格尼娅（Gorgonia）和他的堂兄安菲罗吉（Amphilochius）。

年轻的格列高利几乎一直在学习。他在凯撒利亚学习一段时间之后来到雅典，在雅典大约生活了十四年，并结识了大巴西尔和朱利安王子。他在三十岁时回到了家乡，与大巴西勒一起过着修道生活。与此同时，他的兄弟凯撒里乌成为君士坦丁堡的著名医生，服务于君士坦提乌和朱利安，但是，他既没有被君士坦提乌的阿里乌主义所感动，也没有受到朱利安异教信仰的影响。

格列高利在回到纳西盎之后被按立为长老，但是，他并不希望成为长老。他逃到了大巴西尔的修道院，在那里躲藏了一段时间，但最终还是担

君士坦丁堡（现在的伊斯坦布尔）方尖塔底座浮雕，皇帝狄奥多西手持花冠，准备奖赏比赛中的胜利者，两边是他的继承人霍诺里乌和阿卡狄乌。

任起他在纳西盎的教职。当时，他进行了一场著名的论牧师职责的讲道。他一开始就说到："我被战胜了，我承认自己的失败。"他曾坦言说，自己之所以不愿意成为牧师，部分原因是他喜欢默想生活，另一部分原因是他担心自己难以胜任这份工作，因为"顺服是困难的；但是，进行领导更加困难"。

从此以后，纳西盎的格列高利被迫卷入当时的争辩。当大巴西尔任命他为一座小村庄的主教时，纳西盎的格列高利认为，这是他的朋友强加给他的，他们的友谊出现了严重的危机。对于纳西盎的格列高利来说，这是一段痛苦的日子，在这段时间凯撒里乌、格格尼娅、老格列高利和诺娜相继去世。失去亲人、备感孤独的格列高利离开了他被托付牧养的教会，目的是有时间静心默想。在他隐修期间，传来了大巴西尔去世的噩耗，而他此时尚未与大巴西尔和解。

纳西盎的格列高利感到震惊。但是，他最终还是被迫在与阿里乌主义的斗争中承担起领袖角色。大巴西尔曾经寻求他的帮助，可是，他很少出手相助。公元 379 年,他来到了君士坦丁堡。当时,阿里乌主义完全得到了国家的支持,在整个君士坦丁堡,已经没有了正统教会。纳西盎的格列高利开始在一个亲戚家举行正统崇拜。当他放胆在街上露面时,暴徒向他投掷杂物。阿里乌派修士经常打断他的崇拜,亵渎圣坛。但是,他并没有退缩,而是用他所谱写的赞美诗来坚固他的一小群会众。他的一些赞美诗成为希腊文赞美诗的经典。

最终,局势发生了变化。公元 380 年的年末,皇帝狄奥多西凯旋进驻君士坦丁堡。他是一位持有正统信仰的将军,很快他就解除了担任高职的阿里乌派的职务,而他们过去经常利用职务之便推动阿里乌派的事业。几天之后,新皇帝狄奥多西邀请纳西盎的格列高利与他一同访问圣索菲亚大教堂。那一天是阴天,但有一束阳光划破长空,照在格列高利身上。在场的一些基督徒相信,这是来自上帝的启示,他们开始高喊:"格列高利,主教,格列高利,主教!"纳西盎的格列高利担任主教符合狄奥多西的政策,因此,狄奥多西同意了。最终,并不希望成为主教的格列高利被说服了。现在,这位来自纳西盎的默默无闻的修士成为了君士坦丁堡牧首。

几个月之后,皇帝狄奥多西在君士坦丁堡召开了一次会议,作为君士坦丁堡的主教,纳西盎的格列高利主持了此次会议。他并不喜欢这份工作,因为他说,主教们乱成了一窝蜂。当他的一些对手指出他已是另一个地区的主教,因此不可以再担任君士坦丁堡的主教时,他立即辞去了自己从不希望得到的职务。君士坦丁堡的行政长官内克塔里乌(Nectarius)随后被选为君士坦丁堡牧首,接替格列高利的教职。在担任君士坦丁堡牧首期间,内克塔里乌得到了一定的赞誉。他的继任者是约翰·克里索斯托,我们会在后面一章讲到他。

至于纳西盎的格列高利,他回到了家乡,继续谱写赞美诗,开展教牧工作。当他听说狄奥多西计划再召开一次会议并要求他来主持时,他断然拒绝了。他过着远离一切世俗与教会虚荣的生活,直至在六十岁左右时离开人世。

君士坦丁堡大公会议重申了第一次尼西亚大公会议关于圣子神性的教义,并补充说圣灵同样具有神性。因此,君士坦丁堡大公会议明确颁布了三位一体的教义。此次大公会议的决议和它们所反映的神学思想,在很大程度上要归功于卡帕多西亚三杰。在这个方面,他们的主要贡献在于阐明了本质(*ousia*)与本体(*hypostasis*)的差异。*hypostasis*的字义是"实质"(substance),但是,卡帕多西亚三杰将其定义为拉丁文位格(*persona*)的意译。因此,说拉丁语的西方教会与说希腊语的东方教会就同一个信式达成了共识:一个本质(*ousia*),三个位格(*hypostasis*)或三个实质(*hypostasis*)。

对于今天的我们来说,很难理解公元4世纪的基督徒会为了这些问题展开激烈的争论,因此,我们往往会低估这些争论的意义,认为它们只是一些过分热情的神学家充满学究气的迂腐之举。但是,我们不应当如此简单地看待问题。这些争论深刻地影响到人们的生活,纳西盎的格列高利的一番话,就可以表明这点:"如果不讨论圣子与圣父是同质,还是类质,人们甚至连鞋都修不成。"在社会的另一个终端阶层,自第一次尼西亚大公会议之后五十年来,罗马帝国的大多数皇帝都支持阿里乌派的事业,坚决反对尼西亚派。迫在眉睫的问题绝非无聊的思辨。问题的实质是,上帝真的临在于一个被罗马帝国作为罪犯处死的木匠,还是上帝更像坐在宝座之上的皇帝?因此,我们就不难理解,为何大多数皇帝会更喜欢阿里乌派的观点。最终,教会达成了一种妥协:这个木匠——耶稣——被宣布为真神;但是现在,耶稣通常被描述得更像宇宙的至高统治者,坐在宝座之上、统治着整个世界的尊贵皇帝,而不是一个木匠。

第二十一章

米兰的安波罗修

> 上帝命定万物受造,因此会有所有人共享的食物,地球是所
> 有人的共同财产。所以,自然产生了一种共有权利,但是,贪婪却
> 令它成为少数人的权利。
>
> ——米兰的安波罗修

公元 4 世纪涌现出许多伟大的基督教领袖,但是,没有哪一位的信仰生涯比米兰的安波罗修更具戏剧性。

意外当选

公元 373 年,米兰主教的辞世威胁到这座重要城市的和平。已故主教奥克森提乌(Auxentius)是由一位流放了前任主教的阿里乌派皇帝任命。现在,米兰的主教职位空缺,新任主教的选举极易演变成一场骚乱,因为正统基督徒与阿里乌派都决心让自己的成员成为米兰的下一任主教。

为了避免可能爆发的骚乱,米兰的总督安波罗修决定出席主教选举。他高效与公正的管理令他很受欢迎,有希望得到一个效忠罗马帝国的更高职务。但是,他必须先妥善地解决米兰这场潜在的危机。因此,他来到了群情激奋的教会,开始向会众讲话。他受过最好的修辞学训练,随着讲话的进行,会众恢复了平静。

突然,会众中有一个孩子高喊:"安波罗修,主教。"这正符合会众的心意,会众不断高喊:"安波罗修,主教! 安波罗修! 安波罗修!"

当选为主教并不是安波罗修职业生涯计划的一部分,因此,他千方百计地说服人们,不要将他选为主教。当这一策略失败时,他多次尝试逃离米兰,但没有成功。最终他清楚地认识到,皇帝对自己总督的当选很满意,如果他继续坚持拒绝,皇帝会非常生气,因此他同意被任命为米兰的主教。他当时只是慕道友,因此还没有接受洗礼,他必须先接受洗礼,然后再履行教职晋升的一系列程序。所有这一切在八天之内就完成了,公元373年12月1日,安波罗修被授予主教圣职。

尽管安波罗修并不希望成为主教,但是他认为,自己必须全力承担起这份职责。他召来了担任另一行省总督的兄弟乌拉尼乌·撒提洛斯(Uranius Satyrus),帮助自己主持教会的日常工作。他们的姐姐玛希莉娜(Marcellina)也是敬虔的基督徒;她在罗马过着半修道式的生活。安波罗修开始在西姆普利齐亚努(Simplicianus)的指导之下学习神学。西姆普利齐亚努是一位司铎,他曾教授安波罗修学习基督教的基本教义。现在,安波罗修将他召来,担任他的神学教师。安波罗修思维敏捷,这有助于他学习神学。人们赞扬他一目十行的阅读能力,这在当时非常罕见。他很快便成为西方教会最优秀的神学家之一,但是,他的工作主要是讲道、解释圣经和向说拉丁语的西方教会介绍说希腊语的东方教会的神学。他极其胜任这份工作,因为早在开始学习神学很久之前,他就是希腊文学的崇拜者,精通希腊文。他为三位一体神学在西方的发展做出了贡献,因为他普及了卡帕多西亚三杰的著作——尤其是大巴西尔的神学论文《论圣灵》(*On the Holy Ghost*)。他也以教牧而不是思辨的方法,强调道成肉身的中心地位:

> 他(基督)成为了婴孩,因此,你们得以长大成人;他被包裹在襁褓之中,因此,你们得以脱离死亡的捆绑;他降生在马槽之中,为的是将你们领向圣坛;他来到这个世界,因此,你们得以进入天堂。①

---

① *Commentary on Luke*, 2.41.

米兰大教堂下面的古代洗礼池废墟,安波罗修可能就是在这里为奥古斯丁施洗。

　　此外,安波罗修还十分关注与他同工的神职人员的构成,为此,他撰写了一篇题为《论神职人员的职责》(*Duties of the Clergy*)的神学论文。这篇论文在安波罗修去世很久之后仍对基督教的圣职观有着深远影响。

　　在安波罗修就任主教不久,一伙得到皇帝许可的哥特人(Goths)跨过了罗马帝国的边境,但是,他们后来暴动造反,洗劫了米兰附近地区。于是大量难民涌入米兰,进而传来许多人被俘、哥特人索要赎金的消息。安波罗修下令为难民和赎回俘虏筹集资金,为此,他熔掉了教会的一些金器和其他装饰品。这招来了暴风雨般的批评,批评尤其来自渴望看到他犯错、并伺机指控他亵渎圣物的阿里乌派。安波罗修回答说:

　　　　与为主积累财富相比,为主保存灵魂更为有益。差遣没有财富的使徒的主,也收聚没有财富的教会。教会拥有财富不是为了积攒,而是为了施舍,为了将其给予需要的人……同储存金器相比,储存有

222

生命的器皿更为有益。②

同样,在论述牧师的职责时,安波罗修告诉阿里乌派,真正的力量在于扶持弱者,反对强者,他们不应当盛筵款待可以回报他们的富人,而是应当款待那些不能给他们带来任何回报的穷人。

在众多前来听安波罗修讲道的人中,有一位年轻的修辞学教师,他在经历了漫长曲折的灵魂朝圣之旅后,非常着迷于这位主教的讲道,于是他重拾多年之前就已经放弃的得自母亲的信仰。这个年轻人就是奥古斯丁,最终由安波罗修给他施洗。安波罗修似乎并未意识到这位归信者的非凡恩赐,有一天他将成为自使徒保罗以来西方最具影响力的神学家。

主教与皇帝

格拉提安与他同父异母的弟弟瓦伦提安二世共同统治着罗马帝国的西部。瓦伦提安二世当时还是个孩子,因此,格拉提安也是瓦伦提安二世领地的摄政王。后来,格拉提安在一次谋反中被杀,篡权者马克西姆(Maximus)很可能会进而夺取瓦伦提安二世的领地。这位儿皇帝手无缚鸡之力,因此,他和自己的母亲查士丁娜(Justina)决心拼死一搏,他们任命安波罗修作为特使,去见马克西姆。这位主教成功了,他阻止了可能发生的入侵。

尽管如此,安波罗修与查士丁娜的关系并不融洽。皇后是阿里乌派,她坚持要有一座可以举行阿里乌派崇拜的大教堂。在这点上,安波罗修的态度十分强硬。他既不允许异端崇拜亵渎圣地,也不允许皇后的权力被用来推动阿里乌派在米兰的事业。因此,后来安波罗修与查士丁娜之间爆发了许多令人难忘的冲突。有一次,安波罗修和自己的追随者被帝国军队包围在一座爆发争辩的教堂里。教堂之外的士兵对他们以武力相

---

② *Duties of the Clergy*, 2.137.

威胁,但是,安波罗修以歌唱赞美诗与诗篇鼓舞他所牧养的基督徒。最后,查士丁娜希望能够体面地撤兵,她提出要求,如果不能将教堂献给皇帝,至少要将教堂中的圣瓶献上,毕竟安波罗修曾将教堂中的许多圣物给与了难民和俘虏,难道不是吗?对此,这位主教却再次拒绝,他回答说:

> 我不能从上帝的殿中拿走任何东西,也不能交出我所得到的东西,不是要交出,而是要保存。我这么做是在帮助皇帝,因为我没有权利交出这些东西,皇帝也没有权利将它们拿走。[3]

在与皇权的这种对抗中,安波罗修下令开挖了一座教堂下面的古老墓地。两具遗骨被发现,这可能是基督教时代之前很久的遗骨。但是,一些基督徒还记得小时候听说过的两位殉道士:普罗他修和盖尔瓦修,于是他们立即成为这两具遗骨的主人。很快,"圣徒遗物"能行神迹的传言开始出现,人们更加紧密地团结在他们主教的身边。

马克西姆最终入侵了瓦伦提安二世的领地,这显然是他与查士丁娜的共谋。他们的一个约定可能是,马克西姆替皇后除掉米兰这位讨厌的主教。但是,罗马帝国东部的皇帝狄奥多西出面干涉,他击败了马克西姆。在瓦伦提安二世被杀之后——可能是被一些篡权者所杀——狄奥多西再次出面干涉,因此,他成为罗马帝国的唯一统治者。

狄奥多西是尼西亚派正统基督徒,君士坦丁堡大公会议正是在他的支持下于公元 381 年召开,并重申了第一次尼西亚大公会议的决议。即使是这样,狄奥多西现在却由于其他一些原因而两次与安波罗修发生了冲突。他每一次都被迫屈服于安波罗修的坚定态度,但是我们必须公正地指出,狄奥多西在与安波罗修的第一次冲突中是无可指摘的。

安波罗修与狄奥多西的第一次冲突是这样的。在小镇卡利尼古姆

---

③ *Sermon Against Auxentius*, 5.

（Callinicum），一些狂热的基督徒烧毁了一座犹太会堂。皇帝决定惩处纵火者，他们必须重建这个犹太会堂。安波罗修对此提出抗议，认为基督徒皇帝不应该强迫基督徒建造犹太会堂。在几次激烈的交锋之后，皇帝屈服了，犹太会堂没有重建，纵火犯也没有受到惩罚。这是一个糟糕的先例，因为这意味着，在一个自称是基督教国的帝国，信奉不同信仰的人难以受到法律保护。

安波罗修与狄奥多西的第二次冲突与第一次不同，在这一次，安波罗修并没有过错。当时帖撒罗尼迦爆发了一场暴乱，暴徒杀死了帖撒罗尼迦的司令官。安波罗修知道皇帝脾气暴躁，于是他去见狄奥多西，建议他温和地处理此事。狄奥多西似乎被说服了，但是，他的怒火后来被再次点燃，他决定严惩暴徒，杀一儆百，震慑其他那些目无法纪的城市。他先是宣称赦免暴乱，但随后却命令军队包围了那些正聚集在竞技场中庆祝皇帝仁慈的骚乱制造者，大约有七千人惨遭屠杀。

在听说这件事之后，安波罗修便决心要求皇帝明确表示忏悔。尽管我们并不清楚当中的细节，但是，安波罗修的一位传记作家告诉我们，当狄奥多西再到教堂崇拜时，主教在门口拦住他，说：

> 站住！像你这样满是罪污、双手沾满不义之血的人，不配进入神圣的教堂，领受圣餐，除非你能忏悔。[④]

这时，狄奥多西的一些侍臣以暴力相威胁。但是，皇帝承认安波罗修所说的属实，他当众忏悔。他还下令，从此以后，如果他再下令处死犯人，死刑将延迟三十天执行。

在这次冲突之后，狄奥多西与安波罗修的关系越来越融洽。当皇帝最终意识到死期将近时，敢于在大庭广众之下谴责他的安波罗修是他唯

224

---

④ Sozomen, *Church History* 7.25.

一召到身边的人。

此时,安波罗修已经名声大噪,马可曼尼(Marcomanni)的日耳曼王后弗莉蒂吉尔(Fritigil)请安波罗修为她撰写了一篇简短的基督教信仰导论。读过这篇导论之后,弗莉蒂吉尔决定去拜访米兰的这位智者。但是,弗莉蒂吉尔在途中得知,安波罗修已经在公元 397 年 4 月 4 日复活节那天去世了。

第二十二章

约翰·克里索斯托

> 当你们忙于收缴利息、积累贷款、像购买牲畜一样购买奴隶以及拓展生意时，你们还怎能自认为遵守了基督的诫命？……这还不是全部。你们还在这一切之上囤积不公，你们侵占土地与房屋，催生贫穷与饥饿。
>
> ——约翰·克里索斯托

君士坦丁堡的约翰·克里索斯托在去世一百年之后，得到了传于后世的称谓："金口约翰"。他完全配得这个称谓，因为虽然教会在过去一百年间出现了一些伟大的布道家，如米兰的安波罗修和纳西盎的格列高利，但是，君士坦丁堡的约翰·克里索斯托仍屹立在其他所有人之上，他是那个时代巨人中的巨人。

然而，对于约翰·克里索斯托来说，讲坛不只让他讲出一篇篇卓越、雄辩之作，也让他讲出自己的一生，这里是他抵抗邪恶势力的战场，是他逃之不得、并最终让他遭到流放和走向死亡的呼召。

旷野呼声

克里索斯托首先是个修士。他在成为修士之前曾是一名律师，在家乡安提阿受教于一位著名的异教演说家利伯尼乌（Libanius）。据说，当有人问这位年迈的教师谁应当成为他的继承人时，利伯尼乌回答说："约翰，但是，他已经是基督徒了。"

克里索斯托的母亲安苏莎(Anthusa)是个极为敬虔的基督徒,她深爱自己的儿子,绝不允许任何人将儿子从她身边夺走。当她二十三岁的律师儿子想要成为慕道友时,她非常高兴。克里索斯托希望能接受基督教的学习,并准备接受洗礼。在他结束当时教会所要求的三年预备期之后,安提阿的主教梅勒提乌(Meletius)为他施行了洗礼。克里索斯托的母亲自然十分高兴。但是,当他告诉母亲他打算离开城市去过修道生活时,母亲坚决反对,她要求儿子许下承诺:只要母亲还活着,他就永远不离开她。

为了解决修道呼召与母亲占有欲之间的矛盾,克里索斯托采用的方法非常简单:他将自己的家变成了修道院。他与三个具有同样心志的朋友住在这里,直到母亲去世,随后,他加入叙利亚山区修士的行列。他用了四年时间学习修道生活,又在完全独居的情况下过了两年严格的修道生活。后来,他自己也承认,这样的生活并不是训练牧者的最好方法:

> 许多从退隐的修道生活中回到司铎或主教的繁忙生活中的修士,完全不能应对他们的新环境所带来的困难。[1]

不管怎样,当隐修了六年的克里索斯托回到安提阿之后,他被按立为执事,随后不久又被按立为长老。作为长老,他开始讲道,他的名声很快就在说希腊语的教会中传开了。

公元397年,君士坦丁堡的主教职空缺,皇帝下令将克里索斯托带到君士坦丁堡,担任这个显赫的教职。但是,他在安提阿太受欢迎了,帝国官员担心带走他会引发骚乱,因此,他们没有公开皇帝的命令,只是邀请这位著名的布道家访问安提阿郊区的一个小礼拜堂。当他到达这里之

---

[1] *On the Priesthood* 6.

后，他们命令他坐上马车，就这样，他被强行送到君士坦丁堡。公元398年初，他在君士坦丁堡被按立为主教。

君士坦丁堡是一座富裕的城市，这里充满了奢侈与阴谋。伟大的皇帝狄奥多西去世了，继承皇位的两个儿子霍诺里乌（Honorius）和阿卡狄乌（Arcadius）懒惰无能。阿卡狄乌据称在帝国首都君士坦丁堡统治罗马帝国的东部，但其实他听命于一个名叫尤特罗皮乌（Eutropius）的宫廷侍官，而尤特罗皮乌却利用自己的权力来满足他和自己亲信的野心。皇后欧多嘉（Eudoxia）因这个宫廷侍官掌权而感到羞耻，尽管实际上是尤特罗皮乌安排了她与阿卡狄乌的婚姻。在克里索斯托晋升为君士坦丁堡牧首的过程中，君士坦丁堡被各种阴谋笼罩着，因为当时亚历山大的大主教提阿非罗一直在为他的一个亚历山大同乡积极游说，而克里索斯托也是在尤特罗皮乌的干预之下才成为君士坦丁堡的大主教。

这位新主教并没有完全意识到这一切。以我们对克里索斯托的了解，即使他意识到了，他可能仍然会那么做。这位曾经的修士现在仍是修士，他绝不能容忍君士坦丁堡的富人用自己的奢侈与安逸玷污上帝的福音。

克里索斯托的第一项工作便是改革神职人员的生活。一些声称守独身的司铎在家中拥有他们所说的"灵里姐妹"，这是许多司铎犯下此类丑行的一个借口。其他神职人员变得非常富有，过着像君士坦丁堡的掌权者那样极其奢华的生活。教会的资金捉襟见肘，信徒几乎得不到牧养。克里索斯托将这一切都记在心中。他命令"灵里姐妹"搬出司铎的家，司铎必须过严格节制的生活。教会的资金要有一套严密的审查机制。为了让挨饿的人填饱肚子，装饰主教宫邸的奢侈品被卖掉；克里索斯托命令神职人员开放教堂的时间不仅要方便富人，也要方便必须工作的穷人。显而易见，这些措施既为他赢得了许多人的尊敬，也为他招来了许多人的怨恨。

但是,这样的改革并不仅仅局限于神职人员,他也呼吁平信徒必须过更符合福音要求的生活。因此,这位"金口"布道家在讲坛上发怒了:

> 你们马上的金嚼、你们奴隶手腕上的金环、你们鞋子上的镀金,意味着你们正在剥削孤儿,正在饿死鳏夫寡妇。在你们死掉之后,每一位见到你们豪宅的过路人都会说:"建起这样一座豪宅要让多少人流泪,要剥削多少孤儿,要伤害多少鳏夫寡妇,要剥夺多少工人应得的报酬? 即便是死亡,也不会救你们脱离干系。"②

重返旷野

掌权者难以容忍从圣索菲亚大教堂——基督教王国最大的教堂——的讲坛上传来的质疑他们的声音。任命克里索斯托担任君士坦丁堡主教的尤特罗皮乌,期待他作出特别的恩惠与妥协。但是,克里索斯托相信,尤特罗皮乌只是另一个希望上帝的福音得以明确宣讲的基督徒。结果,尤特罗皮乌悔改了,但并不是为他的罪,而是为他所犯下的错误——他将这个好管闲事的布道家从安提阿带到了君士坦丁堡。

最终,尤特罗皮乌与克里索斯托因庇护权问题而爆发了冲突。为了逃离尤特罗皮乌的暴政,一些人来到圣索菲亚大教堂避难。尤特罗皮乌派出几个士兵去捉拿他们。但是,克里索斯托并没有屈服,他不允许士兵进入圣所。尤特罗皮乌向皇帝阿卡狄乌提出了抗议,但是,克里索斯托在讲坛上进行了辩护,阿卡狄乌只有这一次没有在自己宠臣的要挟下让步。从此以后,尤特罗皮乌的影响力每况愈下,许多人将这归因于他与克里索斯托的冲突。

随后不久,一系列的政治事件加速了尤特罗皮乌的倒台。人民一片

---

② *Homily* 2.4.

欢腾，很快就有群众要求，严惩这个曾经压迫与剥削他们的宫廷侍官。尤特罗皮乌的唯一出路就是去圣索菲亚大教堂，寻求教会的庇护。当人们追到教堂时，克里索斯托拦住了他们，使用了他曾经对付尤特罗皮乌时所使用的庇护权。因此，为了保住以前敌人的性命，克里索斯托先后与人民和军队发生了冲突，最后又与皇帝阿卡狄乌产生了冲突。尤特罗皮乌并不信任教会看似无力的保护，他逃出了庇护所。一些曾经受他压迫的人俘获了他，并将他处死。这次危机也随之结束。

然而，克里索斯托在掌权者中还有其他的敌人。皇后欧多嘉不愿意看到这位主教的权力越来越大。此外，她也不喜欢克里索斯托在圣索菲亚大教堂的讲道——他的讲道用在欧多嘉身上再合适不过了。当克里索斯托讲到掌权者的虚荣与愚蠢时，欧多嘉觉得人们的眼睛正在盯着自己。必须让这个来自旷野的声音、这个在高贵的圣索菲亚大教堂中狂言乱语的布道家闭嘴。为此，欧多嘉给予教会特别的好处，克里索斯托感谢了她。但是，他的讲道还在继续。

后来，欧多嘉采取了更加直接的方法。当克里索斯托为处理以弗所的一些教务而不得不离开君士坦丁堡时，欧多嘉与亚历山大的大主教提阿非罗共谋，反对这位好管闲事的布道家。一回到君士坦丁堡，克里索斯托就受到了许多荒谬的指控，而受理这些指控的，正是提阿非罗所领导的一小群主教。克里索斯托对他们不屑一顾，继续讲道和牧养教会。提阿非罗和他的党羽判定克里索斯托有罪，要求阿卡狄乌将他流放。在欧多嘉的挑唆之下，这位软弱的皇帝同意了他们的请求，他命令克里索斯托离开君士坦丁堡。

局势变得紧张起来，人民义愤填膺。附近城镇的主教和其他神职人员聚集在首都君士坦丁堡，他们发誓要支持克里索斯托。只要他一声令下，他们就会召开宗教会议，谴责提阿非罗和他的追随者。与此同时，还可能爆发威胁到罗马帝国存亡的人民起义。只要这位雄辩的主教说一句话，就将粉碎针对他的所有阴谋。阿卡狄乌和欧多嘉意识到了这一点，他们随时准备战斗。但是,克里索斯托热爱和平,因此他为流放做好了准备。在接到皇帝阿卡狄乌命令的三天之后,他向自己的朋友和追随者道别,服从了皇帝的命令。

人民并不想不战斗就放弃。大街小巷被起义的传言闹得沸沸扬扬。阿卡狄乌、欧多嘉和军人都不敢在公共场合露面。一天夜里发生了地震,人们将地震视为上帝的愤怒。几天之后,应欧多嘉恐惧而迫切的请求,克里索斯托重返君士坦丁堡,他又走上自己的讲坛,受到了热烈的欢迎。

虽然主教回来了,但是,冲突的根源并没有解决。在几个月的阴谋、对抗和羞辱之后,克里索斯托再一次接到了被流放的命令。他再次拒绝了朋友们的建议,平静地向前来捉拿他的士兵投降,而不是煽动会给人民造成更大痛苦的骚乱。

但是,骚乱仍不可避免。暴徒涌向圣索菲亚大教堂及其附近地区。军队接到了镇压骚乱的命令,在随后的战斗中,圣索菲亚大教堂和附近的一些公共建筑起火,并被烧毁。起火原因从未查明。但是,克里索斯托的许多支持者在审讯中被施以酷刑,他最为人所知的朋友都被流放了——流放到距他很远的地方。

与此同时,这位"金口"布道家被流放到库库苏斯(Cucusus)这座偏远的小村庄。这里并没有讲坛,因此,他拿起了笔。他感动了整个世界。罗马的主教英诺森(Innocent)接过了克里索斯托的事业,许多人效法了英诺森的榜样。皇帝阿卡狄乌的行为遭到了来自四面八方的批评;除了少数不敢挑战皇权的懦夫之外,没有人支持亚历山大的提阿非罗。随着争辩的蔓延,小镇库库苏斯似乎成了世界的中心。皇后欧多嘉已经去世,一些人希望,皇帝阿卡狄乌会废除自己的政策。但是,他并没有改变自己的政策,许多主教支持皇帝的政策,同意流放克里索斯托这位著名的布道家。但是,在罗马帝国的西部,教宗英诺森和其他许多人相信,帝国东部正在上演巨大的不公,他们向帝国西部的皇帝霍诺里乌请求帮助。霍诺里乌向东方派出一个罗马使团,他们带来了一封致阿卡狄乌的信,信中指出,罗马使团应当受到充分的尊重,应当在萨洛尼卡(Salonika)召开一次宗教会议,讨论对克里索斯托的指控。如果罗马使团那时认为克里索斯托的确有罪,霍诺里乌将与他断绝关系。但是,如果情况恰恰相反,革除克里索斯托的教职则是不公正的,阿卡狄乌应当与克里索斯托和好——这意味着应当恢复克里索斯托曾经担任的君士坦丁堡牧首职务。这不仅威胁到阿卡狄乌的政策,也威胁到因支持皇帝政策而获得权力的一些重要主教,包括亚历山大和安提阿的大主教。因此,罗马使团收到了一份给英诺森的报告中所说的“巴比伦解决方案”(Babylonian Treatment)——我们并不清楚,这份解决方案是基于君士坦丁堡宫廷的命令,还是源自希望罗马使团失败的克里索斯托的教会敌人。罗马使团的成员遭到了监禁和严刑拷打。他们被给予三千金币的贿赂,但他们拒绝了。于是他们被送上一艘有洞的船,在回程途中,这艘船很快就开始下沉。他们在给英诺森的报告中称,士兵告诉他们,船长接到的命令是确保他们不能到家。但是,他们换了几艘船,最终回到了意大利。与此同时,克里索斯托许多最具影响力的支持者都失踪了,他们被秘密流放到许多偏远地区与要塞。

对于流放克里索斯托来说,库库苏斯似乎还是太近了,他最终被流放到更远的地方:黑海岸边一座寒冷的不为人知的小村庄。看守他的士兵知道,皇帝对这个因犯并没有善意,所以,他们对他每况愈下的健康状况不理不睬,还强迫他超负荷赶路。不久,这位被流放的主教就病入膏肓。当他意识到死期将近时,他要求被带到路旁的一座小教堂。他在这里领受了圣餐,向身边的人道别。这位“金口”布道家讲了他最短却最动人的一篇道:“所有荣耀都归于上帝。阿们。”

在君士坦丁堡和其他地区,人们认为这事极为不公,甚至亵渎了上帝。克里索斯托最坚定的支持者们不接受君士坦丁堡的新主教的权威,也不接受那些与他投合的主教的权威,尤其是亚历山大和安提阿的牧首们。教会发生了分裂。在克里索斯托去世三十一年之后,他被恢复了名誉,他的遗骨在隆重的欢迎仪式中被送回君士坦丁堡。此时,教会的分裂已经结束。

当我们比较克里索斯托的一生与安波罗修的一生时，我们可以看出东西方教会在未来的不同走向。在与当时最强大的皇帝的对抗中，安波罗修胜利了。另一方面，克里索斯托却被软弱的皇帝阿卡狄乌革职流放。从此以后，随着填补支离破碎的罗马帝国所留下的权力真空，西方说拉丁语的教会越来越强大。另一方面，在说希腊语的东方，罗马帝国又存活了一千年。虽然时而弱小，时而强大，但古罗马帝国的这一东方支系——拜占庭帝国——还在极力维护自己对教会享有的特权。狄奥多西并不是最后一位被说拉丁语的主教羞辱的西罗马帝国皇帝；约翰·克里索斯托也不是最后一位被东罗马帝国皇帝流放的说希腊语的主教。

哲罗姆

　　我坦白地承认，我怒不可遏。我无法耐心地倾听这些亵渎上帝的话。

——哲罗姆

　　在公元4世纪的伟大基督徒中，没有哪一位比哲罗姆更有魅力。他没有安东尼那样的圣洁、阿塔那修那样敏锐的神学洞察力、安波罗修在帝国官员面前那样的坚定，更没有克里索斯托那样的口才。但是，哲罗姆的伟大之处在于，他在与这个世界和自己进行着永无休止的大战。尽管他被尊为"圣哲罗姆"，但与其他圣徒不同，他并没有在今生被赐予来自上帝的平安和喜乐。他的圣洁并不在于谦卑、和平或可爱，而是在于高傲、暴躁甚至是讥讽。他始终追求超越常人，因此对懒惰的人和胆敢批评他的人几乎没有一点耐心。遭到他尖锐批判的人不仅有他那个时代的异端、无知之辈和伪君子，还有约翰·克里索斯托、米兰的安波罗修、凯撒利亚的巴西尔和希波的奥古斯丁。这些与他存在分歧的人都被他称为"两条腿的驴"。可是，尽管有这样的态度——或许在很大程度上正是因为这种态度，哲罗姆在公元4世纪的基督教伟人中还是占据了一席之地。即使这样，纵观整个基督教艺术史，他总是被描绘成忧郁的苦修者：他盯着人的头盖骨，仿佛从未忘记自己终将离开这个世界。

　　公元348年左右，哲罗姆生于意大利北部一个偏僻的角落。他比公元 4 世纪的许多基督教伟人更年轻。但是,可以说他生来就显老气,因此,他很快就自认为比同代人年长。更令人惊奇的是,他们也逐渐将他视为值得尊敬与年高德劭的著名人物。

哲罗姆是古代知识的狂热崇拜者,但他感到对异教传统的这种爱其实是有罪的。对此,他的内心躁动不安,这种罪咎感在一次病重期间达到了顶点。当时,他梦见了末日审判,他在审判中被问道:"你是谁?"他回答说:"我是基督徒。"但是,审判的主反驳说:"你说谎。你是西塞罗的崇拜者。"在这次经历之后,哲罗姆决心全心研究圣经和基督教著作。但是,他从未停止阅读与模仿古代的异教作家。

234

哲罗姆还被性所困扰。他退隐去过修道生活,希望以此摆脱这个负担。但是,即使这样,他还是想入非非,忘不掉罗马的舞伴。他希望通过决罚身体与极端的禁欲生活来克制这些思想。他蓬头垢面,甚至宣称在被基督洁净之后,就永远不再需要清洗。然而,这还远远不够。为了抹去心灵中对罗马享乐的记忆,他决定学习希伯来文。希伯来文有着古怪的字母和语法,在他看来,希伯来文似乎是粗俗的语言。但是他告诉自己,既然旧约是用希伯来文写成的,那么希伯来文一定是神圣的语言。

哲罗姆最终承认,他并不适合过隐修生活,他可能在三年多的隐修生活之后回到了俗世。在安提阿,他被按立为长老。公元 381 年君士坦丁堡大公会议之前和期间,他都在君士坦丁堡。后来,他回到了罗马,慧眼识才的罗马主教达马苏(Damasus)任命他为自己的私人秘书,并鼓励他继续研究与写作。达马苏也是最先建议他将圣经翻译成拉丁文的人。这项工作占据了哲罗姆的大部分时间,并最终成为他的不朽之作:一部新的拉丁文圣经译本。虽然哲罗姆在罗马就已经开始了这项工作,但是,大部分翻译工作是他在以后完成的。

与此同时,住在寡妇阿宾娜(Albina)豪宅中的一群富裕、敬虔的女基督徒给予了哲罗姆巨大的帮助。除了阿宾娜之外,其中最杰出的女基督徒还有阿宾娜的寡妇女儿马尔塞拉(Marcella)、安波罗修的姐姐玛希莉

第二十三章 哲罗姆 231

娜、学识渊博的波拉（Paula）和她的女儿尤斯多琴（Eustochium）。在哲罗姆的余生，波拉和尤斯多琴起到了重要的作用。哲罗姆经常到她们那里，因为他在这群女基督徒中找到了专心学习的学生，她们当中的一些人成为他优秀的希腊文与希伯来文学生。正是在这群伙伴当中，哲罗姆觉得最能够随心所欲地讨论自己心中的学术问题——尤其是与圣经经文相关的问题。

重要的是，从未有过男性亲密朋友并被性所困扰的哲罗姆，在一群女基督徒中得到了安慰。也许，他之所以觉得在她们当中感到轻松自在，是因为她们不敢与哲罗姆争竞。不管怎样，她们逐渐了解到哲罗姆极力向外界所隐藏的敏感的灵魂。

然而，哲罗姆并不是机智圆滑的人，他很快就在罗马教会的领袖中结下了仇敌。公元384年的年末，达马苏去世，哲罗姆失去了自己最坚定的保护者。新主教是西利西乌（Siricius），哲罗姆的学术造诣几乎对他没

用。当波拉的一个女儿去世时，哲罗姆的仇敌——他们曾因安逸的生活而受到过哲罗姆的批评——声称，她的死是因为哲罗姆所倡导的严格生活。最终，哲罗姆决定离开罗马。他来到了圣地，或用他自己的话说，是"从巴比伦来到了耶路撒冷"。

波拉和尤斯多琴追随着哲罗姆，她们从另一条路来到了耶路撒冷。

哲罗姆又从耶路撒冷去了埃及，在埃及拜访了亚历山大的学者和沙漠修士。公元386年，他回到了巴勒斯坦，和波拉决定在巴勒斯坦定居，全心过修道生活。但是，他们的目标并不是沙漠修士那种极端禁欲的生活，而是适度苦修、以学习为主的生活。波拉很富有，因此，哲罗姆并不用为生计发愁。他们在伯利恒建起了两座修道院，一座是波拉所领导的女修道院，一座是在哲罗姆监管之下的男修道院。为了翻译圣经，哲罗姆继续教希伯来文，与此同时，他还教附近的孩子拉丁文，教波拉女修道院的修女希腊文与希伯来文。

然而，哲罗姆全心投入的最重要的工作是他的不朽之作：将圣经翻译成拉丁文。当时已经有了其他圣经译本，但是，这些译本都是从七十士译

本翻译而来,而七十士译本是希伯来圣经的古希腊文译本。当时哲罗姆所做的,是直接翻译希伯来原文圣经。在多年之后——在此期间他被大量的通信与沉重打击罗马帝国的灾难所打断——哲罗姆最终完成了这项庞大的工作。

哲罗姆的译本通常被称为武加大译本,该译本最终成为所有说拉丁语教会的标准圣经。他尤其出色地将希伯来文《诗篇》翻译成优美的拉丁文《诗篇》。他所翻译的《诗篇》被用到格列高利圣咏中,这令他的《诗篇》得以更广泛地使用与流传,在武加大译本被更多的现代译本所取代很久之后,哲罗姆所翻译的拉丁文《诗篇》仍在基督教的崇拜中使用。

可是,武加大译本最初并不像哲罗姆所期望的那样受欢迎。武加大译本很自然会改译一些基督徒所喜爱的经文,许多基督徒要求知道,谁授权给哲罗姆篡改经文。此外,许多基督徒相信这个传说:七十士译本是七十二位译者的独立译作,他们在比较各自的译本之后,竟然发现他们的译作完全相同。长久以来,这个传说被用来论证七十士译本同希伯来圣经一样是上帝所默示的。因此,当哲罗姆发表一部与七十士译本不同的圣经时,许多基督徒认为,他并不尊重上帝所默示的圣经。

不仅是那些没有受过教育的信徒,一些非常有学识的基督徒也提出了这样的批评。来自北非的希波的奥古斯丁写道:

> 我恳求您不要将自己的精力投入到翻译拉丁文圣经上面,除非您像先前翻译《约伯记》时所做的那样,为您翻译的圣经加上注释,清楚注明您的译本与权威无可匹敌的七十士译本的不同之处……此外,我难以想象,在这么久之后,某些人是怎样在希伯来文圣经的抄本中找到一些那么多译者以前都没有发现的东西,尤其是这些译者都非常精通希伯来文。[1]

238

---

[1] *Epistle* 28.2.

最初,哲罗姆并没有回复奥古斯丁的这封来信——也没有回复奥古斯丁的第二封信。奥古斯丁不肯罢休,他再次写信,指责哲罗姆令基督徒蒙羞。奥古斯丁列举了哲罗姆的译本所造成的众多危害之一,提到哲罗姆所翻译的为先知约拿遮荫的植物的名字。传统译本——根据希腊文圣经翻译——将这株植物的名字翻译成葫芦。但是,哲罗姆将它翻译成了常春藤。奥古斯丁说:

> 某位主教,我们的弟兄,命令在他所牧养的教会使用您的译本。信徒们感到惊讶,因为您翻译的《约拿书》中的一段经文与他们历代以来(在教会中)经常吟唱的经文极其不同。骚乱爆发了,尤其是在说希腊语的基督徒声称这段经文错误之后……那么,您看到了支持您的译本所造成的后果,因为您的译本并不能被大家熟悉的语言(即希腊文或拉丁文,而不是希伯来文)证实。[2]

当哲罗姆最终回复奥古斯丁的来信时,他暗示,奥古斯丁只是一个希望依靠批评长辈来出风头的毛头小子。但是,哲罗姆在一开始赞扬了奥古斯丁的学识,他巧妙地指出,他不与奥古斯丁争论是为了他好,因为他们之间的争论对奥古斯丁并不公平。在通信的过程中,他逐一驳斥了奥古斯丁的论点,最后他告诉奥古斯丁:"你甚至都不明白自己在问些什么。"[3]哲罗姆将反对他的人称为葫芦人——奥古斯丁显然是其中之一。

虽然哲罗姆所卷入的大多数争论都以永久的伤痛收场,但是,他与奥古斯丁的争论却并不是这样。几年之后,哲罗姆觉得必须驳斥帕拉纠派(Pelagians)的教义——我们将在下一章中讨论,为此,他还引用过奥古斯丁的著作。他致北非这位智慧主教的下一封书信,表达了他很少给予他

---

② *Epistle* 71.3.

③ *Epistle* 112.19.

人的敬佩。

乍一看,哲罗姆似乎极为麻木不仁,只关心自己的威望。但是,他实际上与他留给世人的印象极不相同,在他严厉的外表之下,潜藏着一个敏感的灵魂。没有人能够像波拉和尤斯多琴那样了解这一点。但是,波拉于公元 404 年去世,哲罗姆感到孤苦无依。他越来越痛苦,因为他相信,不仅自己的死期将到,一个时代也即将终结。在若干年后的公元 410 年 8 月 24 日,哥特人在阿拉里克(Alaric)的率领下攻占并洗劫了罗马。这个消息震惊了世界。哲罗姆在伯利恒听到了这个消息,他写信给尤斯多琴说:

> 谁能相信依靠征服世界所建立起来的罗马也会陷落?众国之母已经走向她的坟墓?……我的双眼昏花,因为我已老态龙钟……我不能再在夜晚点亮的油灯下阅读希伯来文著作,即使在白天,我也难以做到,因为书中的希伯来字母对我来说太小了。④

哲罗姆大约又活了十年。这十年他是在充满孤独、痛苦和争辩中度过的。在被他视为女儿的尤斯多琴去世几个月之后,这位疲倦的学者终享安息。

---

④ *Commentary on Ezequiel*, prefaces to book 2 and 7.

第二十四章

希波的奥古斯丁

> 当我想到将自己完全奉献给您，我的上帝……希望这样做的是我，不希望这样做的也是我。是我。我既不完全希望，也不完全拒绝，因此，我在与自己争斗，我痛苦不堪。
>
> ——希波的奥古斯丁

"拿起来，读吧。拿起来，读吧。拿起来，读吧。"可能是一个正在玩耍的孩子喊出的这些话，穿过米兰一座花园的围栏，进入一位沮丧的修辞学教授耳中。他正坐在一棵无花果树下高呼："多久，主啊，还要多久？是明天吗？永远是明天吗？为什么我的污秽不就在此刻洁净？"对于此刻的他来说，那个孩子的话仿佛来自天上。不久之前，他在花园的另一处刚刚放下他在阅读的圣经。现在，他回到原处，拿起圣经，读到了保罗的话："不可荒宴醉酒，不可好色邪荡，不可争竞嫉妒；总要披戴主耶稣基督，不要为肉体安排，去放纵私欲。"奥古斯丁——这位修辞学教授的名字——回应了保罗的话，他做出了自己迟迟没有做出的决定：全心服侍上帝。他很快就放弃了自己的教授职业，开始了另一项事业，而这项事业最终令他成为整个基督教历史中最具影响力的基督徒之一。

为了理解米兰花园这次经历的深远意义，我们必须先讲述奥古斯丁在此之前的生活。

通往信仰的曲折之路

公元 354 年,奥古斯丁生于北非小镇塔加斯特(Tagaste)。他的父亲是罗马帝国的小官员,信奉传统异教。但是,他的母亲莫妮卡(Monica)是敬虔的基督徒,她为丈夫归信基督教不住地祷告,最终,上帝应允了她的祷告。奥古斯丁似乎与父亲并不是十分亲密,著作中很少提到他。但是,莫妮卡在她这个独生子的一生中起到了重要作用——有时甚至是主导作用。

奥古斯丁的父母意识到自己的孩子拥有非凡天赋,因此希望他尽可能接受最好的教育。为此,他们将他送到附近的城镇马都拉(Madaura)直到他们用尽了资产,因此,奥古斯丁不得不放弃学业,回到塔加斯特。奥古斯丁说:"我在马都拉与伙伴们行走在巴比伦的广场上,我在污泥中打滚,仿佛进入了玉桂异香丛中。"①他和这些朋友吹嘘他那些或真或假的艳遇,和他们一同恶作剧。终有一天,他会从中看见自己的罪并为此而懊悔。

最终,多亏了罗马尼亚努(Romanianus)的资助,奥古斯丁得以来到迦太基继续学习。几百年来,迦太基始终是说拉丁语的非洲的政治、经济和文化中心,奥古斯丁大约在十七岁时来到了这座大都市。虽然他并没有荒废学业,但是,他也开始享受这座大都市所能带来的种种快乐。很快,他就有了情妇,还为他生了孩子。他为自己的儿子取名为阿得奥达图斯(Adeodatus),意为上帝或某位神祇所赐。

同当时所有准备成为律师或公务员的年轻人一样,奥古斯丁也学习了修辞学。这一学科的目的是让人学习优雅且具有说服力的演讲与写作。真理并不是讲授的内容,这是哲学教授的事情。但是,修辞学的学生必须阅读大量的古代著作,包括古罗马著名演说家西塞罗的著作。除了身为语言大师,西塞罗还是一位哲学家。因此,在阅读西塞罗的过程中,

---

① *Confessions*, 2.3.8.

奥古斯丁逐渐相信,只有华丽的辞藻与优美的文体远远不够。人还必须寻求真理。

追求真理让这位年轻的学生走向了摩尼教(Manichaeism)。摩尼教起源于波斯,是摩尼(Mani)于公元3世纪创立的。摩尼认为,人类的困境在于,每个人的体内都有两种天性。一种是精神的,他将其称为光明;另一种是物质的,他将其称为黑暗。在整个宇宙中,也永恒存在着光明与黑暗。摩尼教徒通过一系列神化对此做出了解释:光明与黑暗以某种方式结合在一起,人类现在的状态是它们结合的结果。因此,救赎在于将光明与黑暗割离,并预备我们的精神重返纯光明的国度,在纯光明的国度中变为纯粹的光明。光明与黑暗任何新的结合都是邪恶的,因此,真信徒必须避免它们再次结合。摩尼认为,这个教义已经以各种方式被启示给众先知,包括佛陀、琐罗亚斯德(Zoroaster)、耶稣和摩尼自己。

在奥古斯丁时代,摩尼教已经传遍了地中海盆地。它的主要魅力在于它所宣称的极度合理性。同以前的诺斯替主义一样,摩尼教的许多教义基于观测天象。此外,摩尼教的一种宣教方法就是讥笑基督教的教义,尤其是讥笑圣经的"天真烂漫"与其中的原始语言。

摩尼教似乎解决了奥古斯丁在基督教这里遇到的难题。它们主要集中在两个问题上。第一个问题是,从修辞学的角度来看,圣经是一系列的不雅之作——一些书卷甚至相当粗俗,圣经很少遵循优美的写作规则,其中还包括许多粗鲁的事件,如暴力、强奸和欺骗等。第二个问题是恶的起源。莫妮卡曾经教导奥古斯丁,只存在唯一一位上帝。但是,奥古斯丁在自己周围和自身都看到了恶,他必须追问恶的起源。如果上帝至高无上,是绝对的善,恶就不可能是上帝所造。另一方面,如果万物都是上帝所造,上帝就不可能像莫妮卡和教会所宣讲的那样良善与智慧。摩尼教给了这两个问题答案。圣经——尤其是旧约——实际上并不是永恒光明的话语。恶也不是永恒的光明所造,而是与之对立的黑暗所造。

因此,奥古斯丁成为了摩尼教徒。但是,他总是心存疑虑,他做了九年"听众"（hearer），没有加入"完人"（perfect）的行列。在一次摩尼教聚会中，他说出了自己的一些疑惑，有人告诉他，他的问题非常深奥，有一位名叫福斯图斯（Faustus）的伟大的摩尼教教师可以解答他的问题。备受期待的福斯图斯终于出现了，但是，他其实比其他摩尼教教师好不到哪里去。失望的奥古斯丁决定另辟蹊径，继续寻求真理。此后，他回到塔加斯特住了一段时间，又到迦太基重操旧业，担任修辞学教师；可是，他在迦太基的学生难以管教，到罗马发展似乎更有前途。然而，事与愿违，虽然罗马的学生更加规矩，但他们总是迟交学费。后来，他搬到了需要一位修辞学教师的城市——米兰。

在米兰，西姆普利齐亚努——安波罗修召来教自己神学的老师——将新柏拉图派著作介绍给奥古斯丁。西姆普利齐亚努这样做显然是希望——他的希望其实是有充分根据的——新柏拉图主义能够为奥古斯丁开辟一条重返母亲信仰的道路。由于阅读了新柏拉图主义著作，奥古斯丁成为了新柏拉图派。当时非常流行的新柏拉图主义是一种具有宗教色彩的哲学。通过学习、自律和神秘默想，新柏拉图主义试图领会那位不可名状者：一切存在之源。新柏拉图派的目标是沉湎在神秘默想中经历忘我。同摩尼教的二元论不同，新柏拉图主义断言，只存在唯一的本体太一，所有实在都是源于太一的一系列流溢，就像石子击打水面时出现的同心圆。距离太一越近，实在就越高级，被隔离得越远，实在就越低级。那么，恶并不是另有起源，而只是远离了太一。道德的恶在于不仰望太一，却专注于流溢出的众多低级实在。这似乎回答了一直困扰着奥古斯丁的恶的起源问题。从这个角度来说，我们可以断定，一个唯一的存在——无限的善——是万物之源，与此同时，我们也可以承认受造物中恶的存在。虽然恶是真实的，但它并不是一个物体（a thing），而是一种偏离善的太一的趋向。此外，同奥古斯丁先前在摩尼教中所学相比，新柏拉图主义帮助他将上帝与灵魂视为精神性的。

奥古斯丁还有另一个疑惑：我们怎能说有着粗俗语言且充满暴力与

虚假故事的圣经是上帝的话语？安波罗修为奥古斯丁解答了这个问题，而这就是安波罗修在奥古斯丁的一生中所扮演的角色。莫妮卡与奥古斯丁一同住在米兰，她一定要奥古斯丁去听安波罗修的讲道。作为一位修辞学教授，奥古斯丁同意参加米兰这位最著名的演说家所主持的崇拜。他的初衷并不是去听安波罗修的讲道，而是了解安波罗修讲道的技巧。但是，随着时间一分一秒地过去，奥古斯丁发现，他在听安波罗修讲道的过程中并不像一位专业的修辞学教授，而更像是一位真理的渴慕者。安波罗修通过比喻讲解了许多曾为奥古斯丁带来难题的经文。按照修辞学的标准，寓意解经完全可以接受，因此，奥古斯丁认为，寓意解经完全正确。而且，寓意解经无疑令圣经显得并没有那么粗俗，因此也就令圣经更加可以接受。

直到此时，奥古斯丁在基督教这里所遇到的主要理性难题都已解决。但是，他还遇到了其他的难题。他并不想成为没有真正信仰的基督徒，如果他接受母亲的信仰，他就会全心信奉到底。此外，由于当时盛行的修道主义思想和他自己的新柏拉图主义观，奥古斯丁还相信，如果他成为基督徒，就必须放弃修辞学教授这个职业，放弃他的所有抱负以及一切肉体上的享受。对于奥古斯丁来说，放弃一切肉体上的享受似乎是最困难的。他后来写到，他当时经常祷告说："赐予我贞节与自制；但是，不要赐予得太快。"

在这个战场上，奥古斯丁进行着激烈的内心争斗，这是愿意与不愿意之间的争斗。奥古斯丁已经决志成为基督徒，但是，他并不想成为得太快。他也不能再以理性难题为借口。此外，来自四面八方的消息也令他感到羞愧。在罗马，著名的哲学家马里乌·维克多利努（Marius Victorinus）——他曾经将新柏拉图主义著作翻译成拉丁文——来到教会，当众宣认了自己的信仰。奥古斯丁后来又听说，在读过阿塔那修的《圣安东尼传》之后，罗马帝国的两位高官效法安东尼这位隐修士的榜样，放弃了自己的事业与高位。就是在这个时候，难以容忍身边那些朋友——或许是他自己——的

246

奥古斯丁,逃到了他归信基督教的那个花园。

在归信基督教之后,奥古斯丁采取了开始新生活的必要措施。他要求接受洗礼,安波罗修为他和他的儿子阿得奥达图斯施行了洗礼。他辞去了自己的修辞学教职。后来,他与母亲莫妮卡——她在奥古斯丁的大半生中一直陪伴着他,她既希望儿子能成为基督徒,也希望儿子能拥有美满的婚姻和事业的成功——以及他的儿子阿得奥达图斯和一群朋友启程前往北非,他打算余生在那里过隐修生活。莫妮卡说服奥古斯丁离开了他交往多年的情妇——奥古斯丁甚至都没有提过她的名字。在港口城市奥斯蒂亚(Ostia),莫妮卡患病去世,这打断了奥古斯丁重返非洲的行程。奥古斯丁悲痛欲绝,他和自己的朋友必须在罗马停留数月。

当奥古斯丁最终回到塔加斯特时,他卖掉了自己所继承的大部分遗产,将其中一部分钱分给了穷人,带着余下的钱与阿得奥达图斯——他在随后不久死去——和一些朋友定居在加西齐亚根(Cassiciacum),他们的目的是神秘默想与研究哲学。他们并不想过沙漠修士极端严格的生活,而是一种井然有序的生活:没有不必要的安逸,全心进行灵修、研究和默想。

在加西齐亚根,奥古斯丁完成了他的早期基督教著作。它们仍然受到新柏拉图主义的影响,但是,奥古斯丁已逐渐意识到,基督教的教义与新柏拉图主义之间存在差异。他希望自己在加西齐亚根撰写的少数对话录将成为他多年"哲学生活"的开始。

西方教会的牧者与神学家

然而,事与愿违,奥古斯丁的名气越来越大,因此,已经有人对他的生活另有安排。公元391年,他到希波城拜访一个朋友,希望邀请他加入加西齐亚根的小修道院。但是,当他在希波进行崇拜时,希波的主教瓦勒里乌(Valerius)在会众中认出了他,瓦勒里乌那天的讲道是上帝如何一如既往为自己的羊群差派牧者,随后,他要求会众为上帝的带领祷告,因为上帝真的可能将他们的牧者差派到他们中间。会众的回应正如主教瓦勒里乌所料,奥古斯丁极不情愿地被按立,开始与瓦勒里乌一同在希波服侍。四年之后,奥古斯丁与瓦勒里乌一同被任命为主教,因为瓦勒里乌担心,其他教会可能会偷走他的猎物。当时,主教被禁止离开自己的教会到另一个教会担任主教,因此,奥古斯丁被授予主教之职就可以确保他的余生都在希波度过(当时还有规定,一个教会只能拥有一位主教,但是,奥古斯丁和瓦勒里乌显然都没有意识到这一点)。随后不久,瓦勒里乌去世,奥古斯丁成为希波的唯一主教。

作为牧者与主教,奥古斯丁希望尽可能保留他在加西齐亚根的生活方式。可是,他现在必须将更多的精力投入到教牧工作,因此,他用在默想上的时间越来越少。正是在思考教牧工作的过程中,他撰写了大部分著作,而这些著作令他成为自新约时代以来整个说拉丁语教会中最具影响力的神学家。

奥古斯丁早期的许多著作旨在驳斥摩尼教徒。他曾帮助一些朋友信奉了摩尼教,因此,他现在觉得对驳斥自己曾经支持的教义负有特殊的责任。摩尼教是争论的主要问题,因此,奥古斯丁早期的大部分著作都涉及圣经的权威、恶的起源和自由意志。

就驳斥摩尼教徒而言,自由意志是一个特别重要的问题。摩尼教徒认为,一切都已预定,人类根本就没有自由。奥古斯丁反对这样的观点,他成为自由意志的捍卫者。他认为,人类的自由是人类自身行为的动因。当我们自由行动时,我们并不是被某些外在事物或内在事物所驱使,如被某种必然力所驱使,而是被我们自己的意志所驱使。某个决定之所以是自由的,是因为它并不是自然的产物,而是意志本身的产物。这当然并不意味着,环境不会影响我们的决定,而是表明,只有出于我们自己的意志,而不是因为外在的环境或受到内心必然力的驱使来做出决定的自由,才可以被恰当地称为"自由"。

这非常重要,因为这可以解决关于恶的起源这一难题。奥古斯丁坚持认为,只存在一位独一的上帝,他的良善是无限的。那么,我们如何解释恶的存在呢? 只需做出如下肯定:上帝创造了意志,因此,意志是善的,但是,意志可以做出它自己的决定。意志是自由的,自由的意志是善的,尽管自由的意志可能会导致恶。那么,恶是源自人类、天使和魔鬼(堕落的天使)的意志所做的恶的决定。因此,奥古斯丁既能够肯定恶的存在,也可以肯定一位良善的上帝创造了万物。

然而,这并不意味着,恶是一个物体(a thing)。恶并不是一个实体,摩尼教徒提到恶时仿佛它是黑暗的原理。恶是一个决定、一种趋向,是善的对立面。

奥古斯丁必须驳斥的另一场运动是多纳徒主义。读者还会记得,这场运动的中心是在北非,而奥古斯丁现在正是北非的一位牧师。因此,奥古斯丁在担任牧师期间不得不解决多纳徒派所引发的各种问题。其中一个问题是,由不称职的主教所授予的圣职是否有效。奥古斯丁对此的答复是,教会所有仪式的有效性并不取决于其施行者的德操。否则,基督徒就总要怀疑自己洗礼的有效性。无论圣礼施行者是否称职,圣礼本身仍然有效,即使圣礼施行者有明显的过错。在这一点上,历代以来的大部分西方教会都赞同奥古斯丁的观点,他的教会观与圣礼有效性的观点成为西方教会的标准教义。

也是在处理多纳徒派所引发问题的过程中,奥古斯丁形成了他的正义战争论。我们已经讲过,一些多纳徒派——圣墓派——采取了暴力。这整场运动有着奥古斯丁可能没有意识到的社会与经济原因。但是,他相信必须制止圣墓派的暴行。因此他认为,战争可以是正义的,但是正义的战争必须符合一定的条件。首先,战争的目的必须是正义的——以掠夺领地或只是以施展权力为目的的战争,绝不是正义的战争。其次,正义的战争必须是由一个体制合理的权力机构所发起。为了不给个人恩怨开辟战场,这个条件似乎必不可少。但在随后的几百年中,这个原则被强者用来宣称他们有权对弱者发动战争,而弱者却无权这样去做。实际上,我们在圣墓派这个例子中就可以看出这点。奥古斯丁认为,圣墓派无权对国家发动战争,而国家有权对他们开战。最后,第三个原则对于奥古斯丁来说最为重要:虽然暴力在战争中必不可少,但是,爱的动机是首要的。

不过,奥古斯丁在驳斥帕拉纠派时撰写了他最重要的神学著作。帕拉纠是大不列颠的修士,他因自己的敬虔与苦修而闻名于世。他认为,基督徒可以通过不懈的努力战胜自己的罪,获得救恩。帕拉纠赞同奥古斯丁:上帝创造的我们是自由的,罪源于意志。在帕拉纠看来,这意味着人类永远都有能力战胜自己的罪。否则,罪就是可以原谅的。

249 可是,奥古斯丁还同样记得,他有愿意成为基督徒的时候,也有不愿意的时候。这意味着,人类的意志并不像帕拉纠所概括的那么简单。有时,意志对束缚自己的罪无能为力。意志并不总是自己的主人,因为行使意志力的意志显然并不总是随心所欲,意志也不能做其堕落的状态不允许它去做,或它无法想象的事情。

奥古斯丁认为,罪的权势束缚了我们的意志,只要我们还在罪的权势之下,就不能行使意志来摆脱罪。我们最多只能在愿意与不愿意之间争斗,而这只能表明我们的意志对罪无能为力。罪人的意志只能选择罪。在这种条件下,当然有善的选择与恶的选择;但是,即便最好的选择也在罪的范畴之内。

然而,这并不意味着自由已经不存在了。罪人仍然可以在各种选择中自由地抉择。但是,所有这些选择都是罪,一个我们无法选择的选择就是停止犯罪。用奥古斯丁的话来说,我们在堕落之前可以自由地犯罪与不犯罪。但是,在堕落与救赎之间,留给我们的唯一自由是犯罪的自由。在我们被救赎之后,上帝的恩典在我们里面做工,拯救我们的意志脱离它的悲惨状态,进入重获自由的新状态,因此,我们现在可以自由地犯罪与不犯罪。最终,我们会在天家获得自由,但只是不犯罪的自由。这仍不意味着所有自由都已被毁。相反,我们在天堂中仍有自由的选择。但是,所有选择都不会是罪。那时,我们的心灵将被上帝的良善充满,因此,罪是我们难以想象的,所以我们不会犯罪。

我们如何决定在归信基督教的那一刻接受恩典?奥古斯丁认为,只能凭借恩典自身的力量,因为在归信基督教之前,我们并不拥有不犯罪的自由,因此,我们不拥有决定接受恩典的自由。归信基督教的主动权掌握在上帝手中,人并不会主动归信基督教。此外,恩典是不可抗拒的,上帝将恩典赐予已经被预定获得恩典的人。

帕拉纠与奥古斯丁不同,他宣称,世界上的每个人都完全有犯罪与不犯罪的自由。并不存在原罪和迫使我们犯罪的堕落本性。孩子没有罪,除非他们出于自己的自由意志决定犯罪。

帕拉纠之争持续了数年,帕拉纠主义最终被否定。帕拉纠主义并没有考虑到罪对人类意志的可怕束缚,也没有考虑到罪的共有性——这甚至显明在还没有机会独立犯罪的婴儿身上。但是,奥古斯丁的观点并没有被普遍接受。他被指责为创新家。在反对奥古斯丁最强烈的法国南部,勒林的文森特(Vincent of Lerins)认为,我们只应当相信"在所有时代、在每个地方、被每个人"相信的信仰——奥古斯丁的批评者声称他的教义并不符合这个标准。奥古斯丁另一个遭到许多人质疑的观点是,信仰始于上帝的作为,而不是人类自己的决定。反对奥古斯丁预定论的这些人被称为"半帕拉纠派"(Semi-Pelagians),这个称呼并不完全正确——他们还可以被称为"半奥古斯丁派"(Semi-Augustinians)。在近一百年的时间里,重新诠释奥古斯丁的神学家自称是"奥古斯丁派",但是,他们却否定了他不可抗拒的恩典的教义与预定论。公元529年,奥兰治宗教会议(Synod of Orange)批准了奥古斯丁有关恩典在救赎中居首位的教义,却否定了这个教义所导致的其他一些更激进的教义。后世就是这样来解释希波这位伟大主教的教义——其中也有一些著名的例外。

奥古斯丁的两部著作尤其重要。第一部是《忏悔录》(Confessions)。《忏悔录》是一部灵性自传,以献给上帝的祷告写成,它告诉我们上帝如

250

奥古斯丁 1489 年版《上帝之城》的木版画,画中的奥古斯丁正在写作,该木版画也描绘了上帝之城与世俗之城的不同,请注意:世俗之城的魔鬼正在嘲笑天国的天使。

何带领奥古斯丁走过了漫长与痛苦的信仰朝圣之旅。在古代所有的文学作品中,《忏悔录》的体裁是独特的,即使在今天,它也在见证着奥古斯丁深刻的心理与理性洞察力。

奥古斯丁另一部值得特别提及的著作是《上帝之城》(*The City of God*)。促使奥古斯丁写下《上帝之城》的直接动机是罗马于公元 410 年的陷落。当时,许多人仍然信奉古代异教,因此,一些异教徒很快就对基督教提出了指控:罗马之所以陷落,是因为罗马背弃了它的古代神祇而转向基督教。正是为了回应这样的指控,奥古斯丁撰写了《上帝之城》。

《上帝之城》是一部百科全书式的历史巨著。在其中,奥古斯丁声称存在两座城——两种社会制度,它们都建立在爱的基础之上。上帝之城的基础是上帝的爱;世俗之城的基础是世俗的爱。在人类历史中,这两座城总是交织在一起出现。尽管这样,在这两座城之间还是存在一个不可调和的矛盾:走向死亡的战争。最终,只有上帝之城永存。与此同时,在人类历史中不断出现建立在世俗之爱基础上的王国与国家,它们只代表稍纵即逝的世俗之城。无论多么强大,所有世俗之城终将衰败灭亡,在历史终结之时,只有上帝之城永远屹立不倒。罗马尤其是这样,上帝允许罗马和罗马帝国繁荣昌盛,因为它们是传扬福音的一种手段。既然这一计划已经实现,上帝就让罗马走上了人类所有世俗之城的共同命运:上帝只是对它们的罪做出了公义的惩罚。即使这样,基督徒还是很好地学到了人类世俗之城的历史,因为正如奥古斯丁在另一篇论文中所说:"我们可能学到的关于过去的一切,都能帮助我们理解圣经。"[2]

奥古斯丁是罗马帝国西部教会最后一位伟大的领袖。当他去世时,*252* 汪达尔人就在希波城门之外,他们预示着一个新的时代。因此,从某种程度上讲,奥古斯丁的工作是一个正在逝去的时代的最后一丝亮光。

然而,奥古斯丁的工作并没有被人们遗忘在破碎的文明废墟中。恰

---

② *On Christian Doctrine*, 28.

恰相反,通过自己的著作,他成为了新时代的导师。在整个中世纪,他是被引用最多的神学家,因此而成为罗马天主教的伟大圣师之一。但是,他也是 16 世纪新教伟大的改教家们最喜爱的神学家。因此,经过不同的诠释,奥古斯丁成为整个西方教会——无论是新教,还是罗马天主教——中最具影响力的神学家。

第二十五章

罗马帝国之外

> 埃德萨的国王阿伯加鲁斯问候出现在耶路撒冷的良善救主
> 耶稣：我已经听说了您，以及您在不借助任何良药的情况下所施
> 行的医治……我也听说，犹太人预谋加害于您。请相信，我的城
> 市虽小，却是高贵，足以容下您我二人。
>
> ——埃德萨国王阿伯加鲁斯（传说中阿伯加鲁斯致耶稣的信）

到目前为止，我们始终在集中讲述罗马帝国的基督教史。这样做是有充分理由的，因为基督教诞生于罗马帝国，今天的大多数基督徒——天主教徒、新教徒和东正教徒——都将自己的传统追溯到罗马帝国的早期教会。但还有很重要的一点，我们不要忘记这并不是基督教的全部历史，因为基督教在罗马帝国发展壮大的同时，也在罗马帝国统治之外的地区深深扎根。在北方的日耳曼"野蛮人"中，基督教在他们入侵罗马帝国之前很久就已经站稳了脚跟。但是，给人印象最为深刻的是基督教向东方的扩张，在21世纪仍有基督徒相信，他们的教会起源于罗马帝国以东的早期教会。我们已经讲过，基督教很快就传到了遥远的印度。在罗马帝国的东部及其东方，叙利亚语是在贸易与国际交流中最普遍使用的语言，它为基督教的扩张提供了一条渠道。叙利亚语与亚兰语同源，而亚兰语是巴勒斯坦的犹太人和散居东方的犹太人所使用的语言。在基督教诞生之前很久，大多数犹太人就已经不再说希伯来语，许多犹太人甚至都听不懂在犹太会堂中诵读的经文。因此，犹太人开始将圣经译成亚兰文，最初

是口头上的,后来是文字上的——被称为《塔古姆》(*Targums*)的文献。与此同时,基督教开始崛起,因此,《塔古姆》至少为早期说亚兰语的基督徒提供了一部分现成的希伯来文圣经,就像七十士译本为说希腊语的基督徒提供了希腊文圣经。大约在公元2世纪的某个时候,新约和旧约的叙利亚文译本出现了,它被称为柏示达圣经(*Peshitta*)——柏示达一词意为"简单"(simple),这就让我们想到了有着类似意思的武加大。至少旧约的一部分很可能是犹太译者翻译的,但是,基督徒——很可能是犹太基督徒——显然在翻译的过程中起到了重要的作用。塔提安——我们已经讲过的、早期护教士殉道者查士丁的学生——试图将四卷福音书调和成一部,他选取了各部福音书的一些经文,删掉了另一些经文。这部由四卷福音书汇编而成的文献被称为《四福音合参》(*Diatessaron*)——意为"四合一"(according to four),它可能于公元2世纪被翻译成叙利亚文,并在说叙利亚语的基督徒中引起了很大争议,因为一些基督徒更喜欢《四福音合参》,不喜欢四卷正典福音书,而另一些基督徒完全不接受《四福音合参》——这场争论并没有很快得以解决,因为《四福音合参》直到公元7世纪末还在一些说叙利亚语的教会中诵读。

从很早的时候起,基督教就沿着叙利亚的贸易与文化路线向东方传播。基督教在埃德萨(Edessa)——位于今天的土耳其东部——取得了早期基督教最显著的成功。埃德萨城成为基督教城市显然是在国王阿伯加鲁斯九世(Abgarus IX, 179—216)统治时期,并远远早于罗马帝国接受基督教,因此,埃德萨可能是最早的基督教国家。很快就出现了一个传说:埃德萨在很久之前耶稣在世时就归信了基督教,国王阿伯加鲁斯五世(Abgarus V)患了麻风病,他写信给耶稣,请求耶稣来为他治病。耶稣并没有亲自来,而是派他的门徒达太(Thaddeus)给阿伯加鲁斯五世送来了一封书信。阿伯加鲁斯五世的麻风病被治愈了,他信奉了基督教,还力劝他的臣民信奉基督教。这个传说可能始于阿伯加鲁斯九世统治时期,因为书信中所引用的耶稣的话引自塔提安的《四福音合参》。不管怎样,到了公元 4 世纪,这个传说已经广为流传,因为凯撒利亚的优西比乌提到过这个传说,并引用过一些有争议的书信。传说中耶稣所写的书信很快就成为备受欢迎的护身符。它被翻译成希腊文、拉丁文、阿拉伯文、科普特文和斯拉夫文,人们在疾病蔓延时随身带着它,或带着它奔赴战场,作为能救他们免于伤病的护身符。不管怎样,早在君士坦丁归信基督教之前,埃德萨的国王和他的大多数臣民——可能是全部臣民——就已经成了基督徒。

在阿迪亚波纳(Adiabene)附近地区,早在公元 2 世纪初就出现了一个基督徒社群。在罗马帝国皇帝克劳狄统治时期(公元 41—54 年),统治阿迪亚波纳地区的皇室就信奉了犹太教,这里的大多数居民也信奉了犹太教。其中有许多犹太教徒显然归信了基督教,因为有证据表明,这里于公元 2 世纪初就出现了一个基督徒社群。

在埃德萨之后,最早信奉基督教的国家是亚美尼亚。亚美尼亚是波斯帝国与罗马帝国之间的缓冲国,因此有着一段动荡不安的历史,亚美尼亚的命运常常取决于战事不断的波斯帝国和罗马帝国的政策。波斯帝国想要吞并亚美尼亚,而罗马帝国更愿意亚美尼亚成为一个可以保护它东部边境的独立缓冲国。结果,亚美尼亚人倾向于支持与波斯帝国敌对的罗马帝国。在亚美尼亚,基督教的奠基人是启蒙者(Illuminator)格列高利·卢萨沃里奇(Gregory Lusavorich),他在卡帕多西亚的凯撒利亚归信了基督教,当时,他与他的亲戚国王梯里达底三世(Tradt III)正在罗马帝国逃亡。当局势改变,梯里达底三世重新登上王位时,格列高利和其他基督教归信者回到了亚美尼亚。在亚美尼亚经历了包括监禁在内的众多痛苦与艰难之后,格列高利将福音传给了梯里达底三世,并在公元 303 年 1 月 6 日主显节为他施行了洗礼。因此,亚美尼亚的统治者在君士坦丁之前就已经成了基督徒。最终,亚美尼亚的平民也归信了基督教,圣经被翻译成亚美尼亚文。此外,基督教还从亚美尼亚扩展到高加索河畔的格鲁吉亚王国(Kingdom of Georgia)——根据历史学家鲁菲纳斯(Rufinus)的记载,格鲁吉亚王后的一个女奴为她的祷告带来了一系列医治的神迹,这令格鲁吉亚王国成为基督教国家。

埃塞俄比亚的基督教源自埃及,因此始终与埃及教会保持着紧密联系。公元4世纪,弗鲁孟提乌(Frumentius)和埃德修斯(Edessius)兄弟俩——将成为埃塞俄比亚基督教的奠基人——在埃塞俄比亚附近遭遇海难,他们被埃塞俄比亚人俘虏,最终又被释放。弗鲁孟提乌来到了亚历山大,在被阿塔那修按立为主教之后,他回到了阿克苏姆王国(Kingdom of Aksum)——此处后来成为埃塞俄比亚的核心地区。在近一百年的宣教之后——主要是来自埃及的基督徒所做的宣教工作——埃塞俄比亚的国王归信了基督教,他的臣民很快也信奉了基督教。在卡尔西顿普世大公会议上,狄奥斯库若(Dioscorus)和其他亚历山大派由于认为基督只有神性、没有人性而被谴责为异端(参第二十八章),埃塞俄比亚基督徒追随大多数埃及基督徒,拒绝接受此次大公会议的决议。因此,他们成为基督一性论派(Monophysite)——认为基督只有一个本性,直到今天,埃塞俄比亚教会仍是最大的所谓基督一性论派教会。埃塞俄比亚教会最著名的历史遗址是拉利贝拉(Lalibela)岩石教堂。

基督教在很早时也跨过罗马帝国边界,传到了美索不达米亚和波斯,可能是说叙利亚语的商人和其他旅行者将基督教传到了这里。最初,基督教尤其在普遍说叙利亚语的美索不达米亚发展迅速,因此,这里的基督徒可以充分利用安提阿和埃德萨的叙利亚文文献。在基督教时代早期统治波斯帝国的帕提亚王朝(Parthian Dynasty)施行了一定的宗教宽容政策,基督教似乎发展迅速,出现在波斯帝国的每一个省。后来,萨桑王朝(Sassanid Dynasty)于公元224年开始统治波斯帝国,该王朝的大多数统治者逼迫基督教,因为他们将基督教视为外国的宗教。在罗马帝国边缘,位于幼发拉底河畔的尼西比斯(Nisibis)——该城始终处于罗马帝国的统治之下,直到波斯人在国王沙普尔(Sapor)的率领之下于公元363年将其征服——很快就出现了一所重要的神学学校。考古学家所发现的最早的基督教堂建于公元 3 世纪,位于今天叙利亚的杜拉-欧罗波斯。公元 4 世纪,随着罗马帝国成为基督教国家,波斯帝国当局越来越敌对基督教,因为基督徒现在通常被视为罗马帝国的支持者。在公元 4 世纪中叶,波斯的伟大基督教圣贤阿弗拉哈特(Aphrahat)在他的《逼迫见证》(*Demonstration on Persecution*)中,见证了波斯教会的生存环境。在《逼迫见证》中,列出新约和旧约中所有为信仰遭受逼迫的人物之后,阿弗拉阿蒂斯提出耶稣是古人预言和今人跟随的典范,他说戴克里先对"我们西方弟兄"的大逼迫和那里已经发生的巨变,预示着遭受逼迫的波斯教会的盼望。最终,在以弗所大公会议(公元 431 年)和卡尔西顿大公会议(公元 451 年)之后,大多数波斯基督徒拒绝接受这两次大公会议中关于基督神人二性的决议,以此维护他们从罗马帝国获得的独立和一定的宽容。后来,他们加入了东方持不同信仰的教会。其中一些被称为"基督一性论派",因为他们声称,基督只有一个本性,基督的神性同化了基督的人性。另一些则被称为"聂斯脱利派"(Nestorians),因为他们信奉聂斯脱利(Nestorius)的教义,强调基督神人二性的差异。我们会在第二十八章中更加详细地解释这些争辩。

基督教在公元 2 世纪之前就传到了阿拉伯半岛,因为我们知道,亚历山大的基督徒与阿拉伯半岛的基督徒有过接触,亚历山大的基督徒、主教和其他旅行者到过阿拉伯半岛。随着基督教在附近地区日益壮大,阿拉伯半岛成为了三种略微不同的基督教版本的接触点与冲突点:第一种是罗马帝国说希腊语地区且得到罗马帝国支持的基督教;第二种是波斯帝国的基督教;第三种是埃塞俄比亚的基督教。此外,阿拉伯半岛至少还出现了一种古代的诺斯替派基督教——爱尔克赛派(Elkesaites)。这些混乱和易于混淆的基督教,就是穆罕默德于公元 7 世纪所知晓并抵制的基督教。

我们已经讲过,有一个传统称,使徒多马在印度建立了教会。我们难以确定基督教传到印度的确切时间,因为在一些古代文献中,阿拉伯半岛被称为印度。例如,古代的一份文献告诉我们,大约在公元 180 年左右,亚历山大的著名基督教教师潘代努斯来到了"印度","全波斯和大印度的波斯人约翰"(John the Persian, of all Persia and great India)出席了公元 325 年的第一次尼西亚大公会议。不管怎样,一些文献清楚地表明,到了公元 5 世纪初基督教已经在印度牢固地建立起来。

在西方,基督教在罗马帝国之外最显著的扩张发生在爱尔兰。罗马帝国灭亡之前,基督教就已经在爱尔兰站稳了脚跟。虽然基督教在爱尔兰的传播可能是通过各种渠道实现的,但通常归功于圣帕特里克(St. Patrick)。年轻的帕特里克在大不列颠被爱尔兰强盗俘获,成为奴隶。在险象环生的逃跑与其他许多变故之后,他得到了一个让他向先前俘虏他的爱尔兰人宣教的异象。他回到了爱尔兰,虽然历经了各种艰难险阻,但是,他最终取得了巨大的成功,爱尔兰人成群结队地接受了他的洗礼。修道院很快就建立起来,学习古代知识成为修道院主要关注的事情之一。后来席卷欧洲的蛮族入侵狂潮与爱尔兰擦肩而过,因此,爱尔兰的修道院成为古罗马帝国各领地重获在蛮族入侵中被毁掉的许多古代知识与文献的一个主要来源。

最后,我们必须讲述阿里乌主义在君士坦丁堡以北的日耳曼部落的传播。当阿里乌主义因君士坦提乌成为皇帝而得到罗马帝国的支持时,许多阿里乌派宣教士跨过多瑙河,开始在哥特人中宣教。其中最重要的宣教士是乌尔菲拉斯(Ulfilas),他的名字通常被拼成 Wulfila,意为"小狼"(little wolf)。就乌尔菲拉斯生平的许多细节而言,不同的文献有着不同的记载,他似乎并不是血统纯正的哥特人,至少父亲或母亲是卡帕多西亚人。他显然从小到大都是基督徒,但是,有的文献记载他是阿里乌派,有的文献记载他是正统的尼西亚派。他并没有在哥特人中宣教很久,因为他和他所牧养的基督徒在若干年后搬到了默西亚(Moesia,位于今天的保加利亚)——显然是为了逃避逼迫。他对哥特基督教的巨大贡献,是发明了一种哥特文字母表,以及后来将圣经翻译成哥特文。

　　与此同时,许多哥特人在君士坦丁堡的帝国卫队中服役,其中许多人在回国之前归信了基督教。大多数哥特人是在阿里乌主义得势时归信了基督教,因此,他们是阿里乌派。后来,他们的邻邦也归信了阿里乌派基督教。结果,到了蛮族大举入侵罗马帝国时,许多入侵者已经是基督徒,尽管他们是阿里乌派。这些日耳曼人似乎并不关注阿里乌主义与尼西亚正统基督教的细微差异,阿里乌主义的确为他们带来了独立于罗马和君士坦丁堡的教会与教会领袖,因此,这促进了一种身份认同感,他们将这种身份认同感带进了所征服的领地。随着他们与罗马文化和传统的同化,大多数日耳曼人放弃了阿里乌主义,信奉了正统的尼西亚基督教。

　　基督教在罗马帝国取得了一些最著名的胜利,但是,到了西罗马帝国灭亡时,东至印度,南至埃塞俄比亚,北至爱尔兰,都已经有了基督徒。这些教会将继续在基督教的历史中发挥重要的作用——尽管今天它们常常被人们遗忘。

第二十六章

一个时代的终结

> 世界毁灭了。是的！但尽管如此，令我们羞愧的是，我们的
> 罪仍然活着，甚至更有活力。这座伟大的城市，罗马帝国的首都，
> 已被大火吞噬，罗马人流亡到世界各地。曾经备受敬畏的教会，
> 现在只不过是一片尘灰。
>
> ——哲罗姆

当奥古斯丁去世时，汪达尔人正在围攻希波城。随后不久，他们征服了埃及以外的非洲北海岸。在几年之前的公元 410 年，阿拉里克（Alaric）和他的哥特将士攻陷并洗劫了罗马。此前，在公元 378 年的阿德里亚堡战役中，罗马帝国的一位皇帝被哥特人击败，并被杀死，哥特人的军队杀到了君士坦丁堡城外，之后又向更加脆弱的西罗马帝国发起了进攻。古罗马帝国，更确切地说是西罗马帝国，行将灭亡。数百年来，罗马军团从未让日耳曼人越过莱茵河与多瑙河的边界。在大不列颠，古罗马的长城将罗马化地区与仍由蛮族控制的地区隔开。但是，防洪闸门现在已经被打开。在看似无休止的入侵狂潮中，日耳曼游牧部族跨过了罗马帝国的边界——有时是被一些希望得到他们军事支持的罗马官员所怂恿。他们洗劫城镇，并最终定居在罗马帝国以前的一些领地。在这里，他们建立了自己的王国，其中许多王国看似仍臣服于罗马帝国（罗马帝国在理论上一直存在，直到最后一位皇帝于公元 476 年被废），但它们实际上是独立的王国。日耳曼人定居在欧洲的许多地区，他们的影响今天仍可以从这些

地区的名字中看出：德国（日耳曼）因日耳曼入侵者而得名，法国（法兰西）因法兰克人（Franks）而得名，英国因盎格鲁人（Angles）而得名，伦巴第（Lombardy）因伦巴第人（Lombards）而得名——还有其他许多这样的地区。西罗马帝国已经灭亡，尽管它的大多数征服者最终所说的语言派生于罗马帝国的拉丁语，尽管欧洲的许多统治者在未来的一千五百年间还在声称他们是古代凯撒的真正继任者。

260

君士坦丁所开创的帝国教会在拜占庭帝国又存在了一千年。西方的情况并不是这样，因为西欧在很久以后才再次取得了古罗马帝国统治之下的政治统一与相对的和平。西欧也用了数百年时间来重建之前被毁掉的许多东西，这不仅包括道路、建筑和沟渠，还包括文学、艺术和科学。在所有这些领域，教会令过去的传统得以延续。教会成为文明与秩序的保护者。在许多方面，教会填补了罗马帝国灭亡所留下的真空。几百年后，当罗马帝国在西方再度崛起时，教会通过自己的行动达成这一点，而且是教宗在为罗马帝国的皇帝加冕。

与此同时，基督教还将应对新的挑战。许多入侵者是异教徒，因此，被征服者觉得必须将自己的信仰传布给征服者。渐渐的，通过基督徒成千上万未被记载的见证，入侵者接受了基督教信仰。最终，从征服者中间出现了新的教会领袖。

此外，许多入侵者此前已经接受了阿里乌派基督教，因此，几十年来被认为已经完全销声匿迹的阿里乌主义问题，再次在之前从未构成真正威胁的西方死灰复燃。最终，经过漫长艰苦的斗争，所有阿里乌派在被他们征服之人的影响之下，接受了正统的尼西亚信仰。

这一切孕育出新的文明，这新的文明承袭了古希腊罗马与基督教的文明和日耳曼人的传统。这个过程持续了一千年，而这一千年被称为中世纪（Middle Ages）。现在，我们就要讲述基督教在中世纪的历史。

261

建议阅读：

Douglas Burton-Christian. *The Word in the Dessert：Scripture and the Quest for Holiness in Early Christian Monasticism*. New York：Oxford University Press，1993.

Chrysostomus Baur. *John Chrysostom and His Time*. 2 vols. Westminster，Maryland：Newman，1959，1960.

Gerald Bonner. *St. Augustine of Hippo：Life and Controversies*. London：SCM，1963.

Hans von Campenhausen. *The Fathers of the Greek Church*. New York：Pantheon，1959.

Hans von Campenhausen. *Men Who Shaped the Western Church*. New York：Harper & Row，1964.

Augustine Casiday and Frederick W. Norries，eds. *The Cambridge History of Christianity：Volume 2：Constantine to c. 600*. Cambridge，UK：Cambridge University Press，2007.

Hermann Doerries. *Constantine the Great*. New York：Harper & Row，1972.

F. Homes Dudden. *The Life and Times of St. Ambrose*. 2 vols. Oxford：Clarendon，1935.

W. H. C. Frend. *The Donatist Church：A Movement of Protest in Roman North Africa*. Oxford：Clarendon，1952.

Robert Payne. *The Fathers of the Western Church*. New York：Viking，1951.

Robert Payne. *The Holy Fire：The Story of the Fathers of the Eastern Church*. London：Skeffington，1958.

Marjorie Strachey. *Saints and Sinners of the Fourth Century*. London：William Kimber，1958.

Laura Swan. *The Forgotten Desert Mothers：Sayings，Lives，and Stories of Early Christian Women*. New York：Paulist Press，2001.

Helen Waddell. *The Desert Fathers*. Ann Arbor：University of Michigan Press，1957.

第三部分

中世纪的基督教

编年表

西罗马帝国皇帝①	东罗马帝国皇帝	教宗②	历史事件③
霍诺里乌(395－423)	狄奥多西二世 (408－450)	英诺森一世 (401－417) 西莱斯廷一世 (422－432)	罗马陷落(410)
			☆奥古斯丁(430) 以弗所大公会议 (431)
	马喜安(450－457)	利奥一世 (440－461)	卡尔西顿大公会议 (451) 利奥一世会见阿提拉 (453) 汪达尔人洗劫罗马 (455)
	利奥一世(457－474)		
罗慕路斯·奥古斯 图卢斯(475－476)	芝诺(474－491)	菲利克斯二世 (483－492)	奥多亚塞灭亡西罗马 帝国(476)
			合一通谕(482)
	阿纳斯塔修斯一世 (491－518)		克洛维接受洗礼 (496)
		西马库斯(498－514)	
	查士丁(518－527)	何尔米斯达斯 (514－523)	
		约翰一世(523－526)	☆波埃修(524)
			☆提奥多里克(526)
	查士丁尼(527－565)		贝利萨留攻占迦太基 (533)

---

① 在此,只列出东罗马帝国与西罗马帝国最重要的皇帝,以及最重要的罗马教宗。
② ※表示不被罗马天主教承认的教宗。
③ ☆表示人物去世的年份。

西罗马帝国皇帝	东罗马帝国皇帝	教宗	历史事件
		维吉里 (537 – 555)	第二次君士坦丁堡大 公会议(553)
			伦巴第人入侵意大利 (568)
		帕拉利二世 (579 – 590)	雷卡雷德归信基督教 (589)
		格列高利一世 (590 – 604)	卡西诺山修道院被毁 (589)
			奥古斯丁来到英格兰 (597)
	赫拉克利乌 (610 – 641)		穆罕默德逃到麦地那 (622)
		霍诺里乌 (625 – 638)	穆罕默德占领麦加(630)
			☆穆罕默德(632)
			☆塞维尔的依西多尔 (636)
			惠特比宗教会议(663)
	君士坦丁四世 (668 – 685)		第三次君士坦丁堡大 公会议(680 – 681)
	查士丁尼二世 (685 – 695; 705 – 711)	塞尔吉乌一世 (687 – 701)	
			摩尔人来到西班牙(711)
		格列高利二世 (715 – 731)	
	利奥三世 (717 – 741)	格列高利三世 (731 – 741)	
	君士坦丁五世 (741 – 775)	扎迦利 (741 – 752)	图尔战役(732)
		司提反二世 (752 – 757)	
		阿德里安一世 (772 – 795)	查理曼进攻撒克逊人 (772)
	利奥四世(775 – 780)		
	君士坦丁六世 (780 – 797)		第二次尼西亚大会 议(787)

西罗马帝国皇帝	东罗马帝国皇帝	教宗	历史事件
		利奥三世(795 – 816)	
	伊琳娜(797 – 802)		
查理曼(800 – 814)	尼基弗鲁斯一世 (802 – 811)		
虔诚者路易 (814 – 840)			
			挪威人攻占巴黎(845)
		尼古拉一世 (858 – 867)	
			弗提乌斯成为牧首 (857)
			西利尔和美多迪乌来 到摩拉维亚(863)
秃头查理(875 – 877)			
胖子查理(881 – 887)			
			保加利亚国王成为"沙皇" (917)
			设立保加利亚牧首 (927)
亨利一世(933 – 936)			
奥托一世(936 – 973)			俄罗斯的女王奥尔加 归信基督教(950)
奥托二世(973 – 983)			
奥托三世(983 – 1002)			
亨利二世(1002 – 1024)			
康拉德二世 (1024 – 1039)			
亨利三世(1039 – 1056)			
		利奥九世 (1049 – 1054)	东西方教会大分裂 (1054)
		维克托二世 (1055 – 1057)	
亨利四世(1056 – 1106)		司提反九世 (1057 – 1058)	
		尼古拉二世 (1058 – 1061)	于格担任克吕尼修道 院院长(1049 – 1109)

西罗马帝国皇帝	东罗马帝国皇帝	教宗	历史事件
		亚历山大二世 (1061－1073)	黑斯廷斯战役(1066)
			卡诺萨(1077)
		格列高利七世 (1073－1085)	安瑟伦担任坎特伯雷 大主教(1093)
		乌尔班六世 (1088－1099)	克莱蒙特会议(1095)
			☆埃尔熙德(1099)
		帕斯加尔二世 (1099－1118)	十字军攻占耶路撒冷 (1099)
亨利五世 (1106－1125)		卡里克斯图二世 (1119－1124)	《沃尔姆斯协定》(1122)
			阿伯拉尔受到谴责(1141) 埃德萨陷落(1144)
		亚历山大三世 (1159－1181)	☆明谷的伯尔纳 (1153)
			☆彼得·隆巴德(1160) 耶路撒冷陷落(1187)
		英诺森三世 (1198－1216)	
奥托四世 (1208－1215)	拉丁帝国 (1204－1261)		纳瓦斯·德·托洛萨 战役(1212)
			第四次拉特兰大公会 议(1215)
腓特烈二世 (1215－1250)			
			☆圣多明我(1221) ☆圣方济各(1226)
		格列高利九世 (1227－1241)	
			☆波那文图拉与阿奎那 (1274) 十字军离开耶路撒冷 (1291)
		西莱斯廷五世 (1294) 卜尼法斯八世 (1294－1303)	

法国国王④	英格兰国王	教宗	历史事件
腓力四世 (1285 – 1314)	爱德华一世 (1272 – 1307)		《神职人员-平信徒》 (1296) 《唯一至圣》(1302) 教宗在阿纳尼受辱 (1303)
		本笃十一世 (1303 – 1304) 克莱门五世 (1305 – 1314)	
	爱德华二世 (1307 – 1327)		"教会被掳巴比伦"开始 (1309) 镇压圣殿骑士团(1312)
腓力五世 (1316 – 1322)		约翰二十二世 (1316 – 1334)	
查理四世 (1322 – 1328)	爱德华二世 (1327 – 1377)		☆埃克哈特(1327)
腓力六世 (1328 – 1350)		本笃十二世 (1334 – 1342) 克莱门六世 (1342 – 1352)	百年战争(1337 – 1453)
约翰二世 (1350 – 1364)			☆奥卡姆(1349)
		英诺森六世 (1352 – 1362)	
查理五世 (1364 – 1380)		乌尔班五世 (1362 – 1370)	
	理查二世 (1377 – 1399)	格列高利十一世 (1370 – 1378)	"教会被掳巴比伦" (1377)
		乌尔班六世 (1378 – 1389)	西方教会大分裂 (1378)
查理六世 (1380 – 1422)		※克莱门七世 (1378 – 1394)	威克里夫在牛津受到 谴责(1380) ☆吕斯布鲁克的约翰 (1381)

④ 此时,同西罗马帝国的皇帝相比,法国与英格兰的国王在基督教史中更加重要。

法国国王	英格兰国王	教宗	历史事件
			☆威克里夫（1384）
		卜尼法斯九世（1389－1404）	
		※本笃十三世（1394－1423）	
	亨利四世（1399－1413）	英诺森七世（1404－1406）	胡斯成为布拉格教区长（1402）
		格列高利十二世（1406－1415）	比萨会议（1409）
		※亚历山大五世（1409－1410）	胡斯被命令到罗马（1410）
		※约翰二十三世（1410－1415）	
	亨利五世（1413－1422）		罗拉德派起义（1413－1414）
			康斯坦茨大公会议（1414－1418）
			☆胡斯（1415）
		马丁五世（1417－1431）	与胡斯派第一次战争（1420）
查理七世（1422－1461）	亨利六世（1422－1461）		西方教会大分裂结束（1423）
		尤金四世（1431－1447）	☆圣女贞德（1431）
			巴塞尔大公会议（1431－1449）
			费拉拉佛罗伦萨大公会议（1438－1445）
		尼古拉五世（1447－1455）	君士坦丁堡陷落（1453）
路易十一世（1461－1483）	爱德华四世（1461－1483）		
		西克斯图斯四世（1471－1484）	

法国国王	英格兰国王	教宗	历史事件
			☆汉斯·博姆（1476）
查理八世 （1483 – 1498）			
		亚历山大六世 （1492 – 1503）	
	亨利七世 （1485 – 1509）		哥伦布抵达美洲（1492） ☆萨伏纳罗拉（1498）
		尤利乌斯二世 （1503 – 1513）	
	亨利八世 （1509 – 1547）		
		利奥十世（1513 – 1521）	

第二十七章

新秩序

> 如果蛮族只是为这个目的被上帝差派到罗马帝国境内……
> 基督的教会可以充满匈奴人、斯维比人、汪达尔人、勃艮第人和无
> 数的各民族信徒，那么，我们要赞美上帝的仁慈……即使这是以
> 我们自己的灭亡为代价。
>
> ——保罗·奥罗修斯

西罗马帝国的灭亡导致许多独立王国的建立，其中每个王国都对西罗马帝国领地内的教会此后的历史有着重大意义。这也将新的职能与权力赋予了此前就已经形成的两种制度：修院制度和教宗制度。最终，新的入侵——这一次来自东南方——为基督教带来了新的挑战。这其中的每一次进展都值得分别讲述。

日耳曼列国

虽然"蛮族"在罗马人看来似乎是故意实施破坏的掠夺者，但是，他们中的大多数人其实都渴望定居在罗马帝国，在这里享受迄今为止他们只是听说的远方文明所带来的益处。因此，在经历一段四处漂泊的生活之后，每一群主要的入侵者都在罗马帝国的某个地区定居下来——其中一些是因为那里是他们梦想的土地，另一些只是因为他们被其他入侵者驱赶到那里。

我们在此并不是为了讲述每一个日耳曼部落的游牧生活与最终的定

居。但是，为了让读者了解日耳曼部族的游牧生活和它们对前罗马帝国各地的影响，我们最好讲述一下其中一些大的、最具影响的日耳曼部族。

公元407年，汪达尔人越过了莱茵河，游荡在法国和西班牙。公元429年，他们穿过了直布罗陀海峡，又于公元439年攻占了迦太基。到此时为止，他们实际上已经成为从直布罗陀海峡到埃及边境的整个非洲北海岸的主人。后来，他们越过海洋，占领了西西里岛（Sicily）、科西嘉岛（Corsica）和撒丁岛（Sardinia）。公元455年，他们洗劫了罗马，同哥特人在四十五年之前给罗马带来的毁灭相比，他们造成的灾难更大。对于教会来说，他们在北非的统治是灾难性的。他们是阿里乌派——即否定耶稣的本质与永恒的神性，在他们的统治之下，不断爆发针对正统基督徒和多纳徒派的逼迫，正统基督徒和多纳徒派当时是在争论第十六章讨论的问题。

最终，在汪达尔人近一百年的统治之后，拜占庭帝国的将军贝利萨留（Belisarius）征服了北非。在皇帝查士丁尼（Justinian）的领导之下，首都位于君士坦丁堡的拜占庭帝国取得了短暂的复兴，但是，查士丁尼的梦想是复兴古罗马帝国的荣耀。来自君士坦丁堡的东方入侵者——北非人将他们称为"希腊人"——带来了另一种形式的基督教，这种基督教在教义上与西方的正统基督教是一致的，但是，它在文化与日常信仰实践上却表现出明显的不同。最终的结果是，当穆斯林于公元7世纪末征服北非时，他们发现，北非的基督教发生了严重的分裂，基督教最终在北非消失了。

在公元378年的阿德里亚堡战役中，西哥特人——另一支日耳曼民族，上述哥特人两个主要支派中的一支——击败了罗马人。后来，他们横扫巴尔干（Balkans），又于公元410年攻占了罗马。公元415年，他们开始统治西班牙，直到公元8世纪初被穆斯林推翻。他们的这一段王国政治史混乱不堪。在西哥特王国的三十四位国王中，只有十三位是正常死亡或战死在沙场。其他国王或是被谋杀，或是被废黜。他们也是阿里乌派，但是，他们逼迫自己领地内基督徒的程度不及汪达尔人逼迫他们领地内的正统基督徒。很快就显而易见，作为被征服者的正统基督徒后裔成为古代文化的保护者，他们的参与对维护西哥特王国的稳定必不可少。这令西哥特王国的国王雷卡雷德（Recared，586—601）归信了正统的尼西亚信仰，在公元589年的托莱多（Toledo）会议上，他庄严地归信了基督教。在国王雷卡雷德之后，绝大多数贵族也成为正统基督徒，阿里乌主义很快就消失了。

在西哥特王国的整个历史上，最杰出的基督教领袖是塞维尔的伊西多尔（Isidore of Seville）。他是一位希望尽可能保护古代文化的学者。他的著作《语源学》（Etymologies）简直就是一部名副其实的百科全书，该书向我们展现了当时的知识水平，不仅涉及宗教，还涉及天文学、医学、农业和几乎每一个知识领域。《语源学》是历代以来最优秀的著作之一，也是那个时代的典型著作，因为伊西多尔所做的，只是收集与分类过去的知识，书中几乎没有他的任何原创思想。然而，正是通过像伊西多尔这样一批学者的著作，中世纪才学到了古代的荣耀与智慧。

在雷卡雷德归信基督教之后，教会在西哥特王国扮演着立法者的角色。就这一点而言，教会为西哥特王国带来了一定的稳定，尽管当我们读到教会会议所颁布的教令时，充斥其中的不公正与不平等会令我们感到畏惧。例如，公元633年的托莱多会议规定，神父只能在得到主教允许的情况下结婚，违反规定的神父会受到"忏悔一段时间"的惩罚，而主教还要把他的妻子带走卖掉。

关于犹太人的立法也是如此。托莱多会议——由当时最有学识的人塞维尔的伊西多尔主持——还规定，不应当强迫犹太人归信基督教，但是也禁止以前被强迫归信基督教的犹太人重回他们祖先的信仰，因为这是在亵渎上帝。此外，这样的归信者还被禁止与继续信奉其古老信仰的犹太人有任何往来，即使他们是至亲。如果他们当中的任何人被发现还在遵守犹太人的一些传统习俗，尤其是"可恶的割礼"，他们的孩子将被带走。此外，任何被发现娶了基督徒为妻的犹太人必须在归信基督教与离

272

开妻儿之间做出选择。如果情况相反,妻子是犹太人,她拒绝归信基督教,那么她的婚姻便被视为无效,她必须将孩子交给孩子的父亲。

在雷卡雷德归信基督教之后,尽管教会做出了努力,西哥特王国的政治依然不稳定,暴力和独裁依然困扰着西哥特王国。例如,国王雷塞斯文斯(Recesvinth,649—672)处死了他的七百个敌人,并将他们的妻子和孩子分给了他的朋友。最终,在国王罗德里克(Roderick,710—711)的率领之下,穆斯林入侵了西班牙,结束了西哥特人的统治。但是,基督教此时已经在西班牙扎根,在从穆斯林摩尔人手中重新夺回伊比利亚半岛的漫长战争中,基督教成为西班牙人的凝聚力。

在公元5世纪的大部分时间里,高卢被两群入侵者瓜分:勃艮第人(Burgundians)和法兰克人。勃艮第人是阿里乌派,法兰克人仍是异教徒。但是,勃艮第人并没有像汪达尔人在北非那样逼迫正统基督徒。相反,他们模仿正统基督徒的习俗,很快,许多勃艮第人就接受了他们正统基督徒臣民的尼西亚信仰。公元516年,国王西吉斯蒙德(Sigismund)接受了正统的三位一体教义,很快,他的臣民也效法了他的榜样。

273 法兰克人(他们的国家被称为"法兰西")最初结成了由独立的原始部落所组成的松散联盟。墨洛维(Meroveus)——墨洛温王朝的创建人——为法兰克人带来了一定程度的统一。克洛维(Clovis)——墨洛维的孙子和墨洛温家族中最伟大的统治者——娶了勃艮第的一位基督徒公主,他在一次战争前夕许诺,如果他妻子的上帝给他一场胜利,他就归信基督教。结果,在公元496年的圣诞节,他与许多贵族一同接受了洗礼。随后不久,大多数法兰克人也接受了洗礼。

公元534年,法兰克人征服了勃艮第人,因此,法兰克人统一了整个高卢地区。但是,墨洛温王朝后来的国王软弱无能,到了公元7世纪,权力实际上掌握在一群"宫廷大臣"手中,他们才是国家的真正统治者。"铁锤"查理·马特(Charles Martel the Hammer)便是其中之一,他率领法兰克军队进攻已经征服了的西班牙,又越过比利牛斯山脉(Pyrenees)直逼欧洲腹地的穆斯林。在公元732年的图尔战役（Battle of Tours）或普瓦蒂埃战役（Battle of Poitiers）中，查理·马特击败了穆斯林。他这时其实已经成为国王，但他并没有加冕。他的儿子矮子丕平（Pepin the Short）决定废黜被称为"蠢人"的无能国王希尔德里克三世（Childeric III the Stupid）。在教宗扎迦利（Zacharias）同意之下，丕平迫使希尔德里克三世退位，希尔德里克三世成为了修士。后来，依照教宗的命令，主教卜尼法斯（Boniface）膏立丕平为国王。这对基督教后来的历史至关重要，因为丕平的儿子查理曼（Charlemagne）将成为中世纪早期最伟大的统治者，他希望改革教会，并且他是由教宗加冕为皇帝。

在上述整个过程中，教会的态度通常是妥协。在像克洛维这样强大的国王统治之下，教会领袖似乎只能支持与服从统治者。主教很快就通常由国王来任命。这是可以理解的，因为主教职就意味着拥有广阔的土地，因此，主教也是大地主。在膏立丕平之前不久，主教卜尼法斯就曾向教宗抱怨，法兰克人的教会实际上掌握在平信徒地主手中，许多主教是地主，而不是牧者；在法兰克人的王国中，他们并不知道通过召开主教会议来治理与改革教会。这种情况一直持续到查理曼时代。

大不列颠从未被罗马帝国完全控制。皇帝哈德良（Hadrian）修建的长城将大不列颠一分为二：南方是罗马帝国的一部分，而皮克特人（Picts）和苏格兰人则在北方保持独立。当灾难威胁到罗马帝国在欧洲大陆的领地时，罗马军团撤出了大不列颠，许多居民与他们一同离开了。留下来的居民很快就被盎格鲁人和撒克逊人征服，他们最终建立了七个王国：肯特（Kent）、埃塞克斯（Essex）、苏塞克斯（Sussex）、东英吉利亚（East Anglia）、威塞克斯（Wessex）、诺森布里亚（Northumbria）和麦西亚（Mercia）。这些入侵者都是异教徒，但是，始终有一部分留下来的居民信奉罗马帝国时期的基督教。

与此同时，随着日耳曼各族入侵罗马帝国，爱尔兰教会也在蓬勃发展。爱尔兰教会保留了许多以前的信仰与文化，因此很快就开始向其

宣教士从小岛艾奥纳来到苏格兰和其他地区。

他国家差派宣教士，最值得关注的是向苏格兰宣教。最著名的爱尔兰
宣教士是科伦巴（Columba），他和十二个同伴可能于公元 563 年定居在
小岛艾奥纳（Iona）。他们在艾奥纳建立的修道院成为向苏格兰宣教的
中心，在苏格兰，很快就模仿艾奥纳修道院建起了许多修道院。最终，
宣教运动向南发展，到达了盎格鲁人和撒克逊人所控制的领地。

　　对于欧洲其他国家的基督教来说，爱尔兰基督教一个重要与持久的
影响，是神父亲自聆听的忏悔。这种忏悔形式起源于爱尔兰，与之配套的
通常是供忏悔者使用的手册。有趣的是，流行的赞美诗《成为我异象》
（Be Thou My Vision）就是译自"凯尔特祷文"（lorica），而"凯尔特祷文"
当时是被用来抵抗"德鲁伊教徒"（Druids）的"邪恶力量"（Rob tu mo
bhoile）。

　　因为某些我们并不完全清楚的原因，苏格兰-爱尔兰基督教与之前在
罗马帝国领地内发展起来的基督教存在着许多差异。苏格兰-爱尔兰教

会并不由主教领导,而是服从修道院院长。它们的许多教会礼仪和复活节日期也与其他教会的不同。苏格兰-爱尔兰的修士与其他修士也不同,他们剃光前额,而不是头顶——这是他们反抗的一个标志。这种习俗最终被宣布违法。

另一种形式的基督教——表现于因循欧洲其他传统的基督教——始终在大不列颠存在,仍然沿袭罗马帝国时代传统的那些基督徒信奉这种基督教,当欧洲大陆的基督徒开始关注大不列颠时,这种基督教获得了发展动力。年轻的格列高利——大格列高利——遇到了几个被卖到罗马为奴、长着金发碧眼的年轻人。大格列高利的一位传记作家记载了这件事。

> "这些小伙子是哪个民族的?"格列高利问。
>
> "他们是盎格鲁人。"有人告诉他。
>
> "他们的确是天使,因为他们长着天使的脸庞。他们的国家在哪里?"
>
> "在傣里。"
>
> "他们确实来自上帝的愤怒,因为他们已经被从愤怒中召出,进入了上帝的仁慈。他们的国王是谁?"
>
> "阿拉。"
>
> "阿里路亚!必要在那地赞美上帝的名。"①

这场对话可能从未发生过。但是,大格列高利肯定对盎格鲁人的那片土地产生了兴趣,他可能考虑过到那里去宣教。他在公元 590 年成为教宗,九年之后,他派一个宣教团向盎格鲁人宣教,而该宣教团由他以前所属的修道院的修士奥古斯丁领导。当这些宣教士意识到他们面临的困

---

① 盎格鲁人(Angle)与天使(angel),傣里(Deiri)与"来自上帝的愤怒"(de ira),阿拉(Aella)与阿里路亚(Alleluia)的发音相似,因此,格列高利根据自己听到的话回答说:"他们的确是天使","他们确实来自上帝的愤怒"和"阿里路亚!必要在那地赞美上帝的名"。——译者注

难时,奥古斯丁和他的同伴想放弃宣教。但是,大格列高利坚决反对,于是他们被迫继续宣教。他们最终来到了肯特王国,肯特的国王埃塞尔伯特(Ethelbert)娶了一个基督徒为妻。他们最初并没有取得多大成功。但是,埃塞尔伯特最终归信了基督教,他越来越多的臣民也归信了基督教。奥古斯丁后来成为坎特伯雷(肯特王国的首都)的第一任大主教。英格兰的诸王国接连成为基督教国家,坎特伯雷成为英格兰的宗教首都。

然而,英格兰的基督徒很快就与苏格兰-爱尔兰的基督徒产生了冲突。我们得知,他们的冲突在诺森布里亚愈演愈烈,因为诺森布里亚的国王追随苏格兰-爱尔兰的基督教传统,而王后却追随罗马帝国的基督教传统。就复活节的日期而言,这两派并没有达成一致,当其中一派基督徒正在禁食时,另一派却在庆祝。为了解决这些难题,公元663年在惠特比(Whitby)召开了一次宗教会议。苏格兰-爱尔兰的基督徒坚守他们所说的源自科伦巴的传统,而罗马的宣教士和他们的支持者则反驳称,圣彼得的传统高于科伦巴的传统,因为使徒彼得已经得到了天国的钥匙。我们得知,当诺森布里亚的国王听到这些话时,他对那些为苏格兰-爱尔兰传统辩护的基督徒说:

"你们的对手所说的属实吗?圣彼得真的握有天国的钥匙吗?"

"当然。"他们回答说。

"那么,根本就不需要再争辩下去。我服从彼得。否则,当我来到天堂时,他会将门关上,把我拒之门外。"

结果,惠特比宗教会议决定支持欧洲大陆的基督教传统,反对苏格兰-爱尔兰的基督教传统。不列颠群岛各地都做出了类似的决议。但是,这并不只是因为统治者的天真,如诺森布里亚的国王在惠特比宗教会议上似乎表现出的那样。实际上,这几乎是必然的结果,因为这是迫于希望统一所有教会的其他西方基督教国家的压力和威望。

日耳曼人的入侵在意大利造成了混乱的局面。尽管从理论上讲罗马在公元 476 年之前都有皇帝，但他们实际上只是日耳曼将军们的傀儡。最终，赫鲁利人（Heruli）的领袖奥多亚塞（Odoacer）于公元 476 年废黜了罗马的最后一位皇帝罗缪鲁斯·奥古斯图卢斯（Romulus Augustulus），他写信给君士坦丁堡的皇帝芝诺（Zeno），告诉芝诺罗马帝国现在已经重新统一。芝诺最初听到这个消息非常高兴，他甚至将奥多亚塞封为"贵族"。但是，冲突很快就爆发了，芝诺决定通过怂恿东哥特人入侵意大利来除掉这个赫鲁利人。芝诺这样做了，不久之后，意大利就处于东哥特人的统治之下。

东哥特人是阿里乌派，因此，意大利信奉尼西亚正统信仰的基督徒向君士坦丁堡请求帮助。这反而令东哥特的统治者怀疑他们的臣民阴谋叛国。因此，正统基督徒经常受到逼迫，但是，逼迫的罪名通常与宗教无关，而是阴谋叛国。当时最有学识的波埃修（Boethius）就是这样被国王狄奥多里克（Theodoric）关进了监狱。波埃修在狱中完成了自己最著名的著作《哲学的慰藉》（*On the Consolation of Philosophy*）。《哲学的慰藉》论述了预定论、自由意志和罪人兴旺而善人灭亡的原因。公元 524 年，波埃修和他的岳父西马库斯（Symmachus）一同被处死。两年之后，教宗约翰死在狱中。从此以后，波埃修、西马库斯和教宗约翰就被视为罗马教会的殉道士，罗马人与东哥特人的关系也越来越紧张。最终，当拜占庭帝国在查士丁尼的统治之下取得了短暂的复兴时，查士丁尼的将军贝利萨留入侵了意大利，在长达二十年的战争之后，贝利萨留和其他罗马将军结束了东哥特人的统治。

但是，伦巴第人于公元 568 年从北方入侵了意大利。这再次威胁到亚平宁半岛的和平。现在，亚平宁半岛再次成为伦巴第人与拜占庭人不断上演战争的舞台。随着君士坦丁堡逐渐失去曾在查士丁尼统治之下重获的一些权力，伦巴第人可能会侵占亚平宁半岛。因此，到了公元 8 世纪中叶，教宗意识到他们不可能再从君士坦丁堡得到多少帮助，于是他们开始向北方求援。就这样，教宗与法兰克王国结成了同盟，而这最终令教宗将查理曼加冕为西罗马帝国的皇帝。

总而言之，从公元 5 世纪到公元 8 世纪，蛮族的一系列入侵席卷了西欧，这令西欧这片土地陷入了混乱，也毁掉了西欧大量的古代文明。在宗教上，伴随入侵者的似乎还有已经成为历史的两个挑战：异教信仰与阿里乌主义。最终，异教徒和阿里乌派都接受了被他们征服之人的信仰。这就是尼西亚信仰，也被称为"正统信仰"或"大公信仰"。在蛮族归信正统信仰的过程中和保护古代文明的努力中，有两个制度起到了至关重要的作用，并因此使信仰和文明得以巩固。这两个制度就是修院制度和教宗制度，我们现在就来讲述它们。

本笃修院制度

我们已经讲过，当教会与罗马帝国联系在一起而因此成为掌权者的教会时，许多基督徒在修道生活中找到了一条可以像以前那样完全活出信仰的道路。虽然修道主义运动在埃及和罗马帝国东部的一些地区尤其强大，但是，这场运动也在罗马帝国西部赢得了追随者。可是，西方的修道主义往往在三个方面与东方的修道主义存在差异。首先，西方的修道主义往往更加实际。它不仅为苦修这个单一的目的而决罚肉体，也为在俗世中的宣教操练肉体与灵魂。科伦巴和坎特伯雷的奥古斯丁就是西方修道主义这种倾向的实际例子。其次，西方的修道主义并不十分重视代表着东方修道主义的独居生活。从一开始，西方的修道主义就在探索集体修道生活的方法。最后，西方的修道主义并不总是与教会领袖处于紧张的关系之中，而这种紧张的关系却是东方修道主义的特点。除了在教会领袖极其腐败的年代，西方的修道主义始终是教宗、主教和其他教会领袖的左膀右臂。

在西方修道主义的形成期，一位重要的人物是本笃（Benedict），他在许多方面都是西方修道主义的创始人。本笃大约在公元 480 年生于意大利的小镇努尔西亚(Nursia)。因此,他是在东哥特人的统治下长大的。他的家族是罗马帝国的老牌贵族,因此他十分了解正统基督徒与阿里乌派的紧张关系以及正统基督徒所遭受的逼迫。他在大约二十岁时决心成为隐修士,因而离家生活在洞穴之中。后来,他过了一段极端禁欲的生活,因为他希望战胜自己肉体的诱惑。最后,他的名气越来越大,就像埃及以前那些备受尊敬的修士一样,一群门徒聚集在他的身边。当他的洞穴已经不再能实现他的修道愿望时,他把这个小小的修道群体搬到了卡西诺山(Monte Cassino)。卡西诺山十分偏僻,这里尚有一片用来祭祀的小树林,当地的居民还在这里进行古代的异教崇拜。本笃和他的追随者砍倒树林,捣毁了异教祭坛,就在这里修建了一座修道院的地基。随后不久,他的妹妹斯科拉丝蒂卡(Scholastica)在附近定居,建起一座女修道院。最终,本笃的名气大到连东哥特的国王也来拜访他。但是,等待这位国王的只有这位修士的严厉批评和可怕预言,因为在本笃看来,他是一个暴君。

然而,本笃的最大贡献在于他为修道院制定的《会规》。虽然相当简短,但是,他的《会规》将决定未来几百年修道主义的形式。《会规》追求的并不是极端的禁欲生活,而是明智地安排修道生活:拥有严格的修道戒律,却不过分严厉。因此,当许多沙漠修士以饼、盐和水为生时,本笃规定他的修士一天两餐,每餐都有两种煮熟的菜肴,有时还有新鲜的水果和蔬菜。此外,每个修士每天还可以适量饮酒。除了一张床之外,每个修士还可以拥有一套铺盖和一个枕头。所有这一切都是在资源充足的情况下得到的,因为在资源匮乏时,修士应该满足于他们所能得到的一切。

但是,对于本笃来说,修道生活有两个关键要素:稳定和顺服。稳定意味着修士不可以随意从一座修道院去到另一座修道院。每个修士必须终生留在他最初加入的修道院,除非他被命令前往另一座修道院。本笃修会的修士对稳定修道的承诺,反倒显明该修院制度与那个混乱时代的相关性,而这种承诺正是产生这种关联的一个资源。

其次,本笃的《会规》坚持顺服。首先,这意味着顺服《会规》。但是,本笃修会的修士必须"立即"顺服修道院院长。这不仅意味着立即顺服,也意味着努力操练自愿的立即顺服。如果做不到立即服从接到的命令,修士必须向修道院院长做出解释。如果在做出解释之后,院长仍然坚持必须立即服从,修士就必须尽力服从。但是,院长一定不是暴君,他自己必须顺服上帝和《会规》。"修道院院长"一词意为"父亲",因此,修道院院长也应当是像父亲那样行事为人。

犯错的修士会受到私下的规劝。如果他在两次私下规劝之后仍不悔改,他将在所有修士面前受到严厉的训斥。下一步是禁闭,他不仅被禁止领受圣餐,也不被允许与其他修士一同进餐以及有任何接触。如果他此时仍不悔改,他将受到鞭打。如果这还没有任何效果,他将被遗憾地逐出修道院。即使这样,如果他能够悔改,修道院还会再次接纳他。如果他被三次逐出修道院,修道院的大门将永远向他关闭。简而言之,本笃《会规》并不是为受人尊敬的圣徒而写,如沙漠中的英雄,而是为难免犯错的人所写。这可能是本笃《会规》成功的秘密。

本笃《会规》还坚持全体修士共同参加体力劳动。除了在特殊情况下,如生病或拥有独特的恩赐,全体修士将轮流承担每一项工作。例如,修士每周都要轮流做饭,以表明这样的工作并不卑微,每举行一次崇拜,做饭的修士就会轮流一次。此外,在分配工作时,病人、老人和幼小的孩子将得到特殊的照顾。另一方面,出身富人家的修士也绝不会在这方面受到特殊的待遇。如果出于一些原因而必须在修道院中建立优先制度,这也必须按照每个修士加入修道院的时间长短而定。贫穷本是以往修道主义中一种个人苦修方法,但是,本笃希望利用贫穷在修道院中建立一种新制度。修士的贫穷将他们与修道院紧密地联系在一起,修道院中的所有修士都同样贫穷,修士的所有需用必须依赖修道院。

本笃认为,祷告是修道生活的中心。每天都有留给个人祷告的时间,但是,大部分祷告是在小礼拜堂进行的。修士每天要聚在小礼拜堂祷告八次：白天七次，半夜一次，因为《诗篇》记载："一天七次赞美你"（诗119:164），"半夜必起来称谢你"（诗119:62）。

一天的第一次集体祷告是在黎明时分进行的，随后还有七次这样的祷告。中世纪的大多数修道院采纳了这些祷告时刻，它们被称为晨经、晨祷、午前祈祷、午时祈祷、午后祈祷、晚祷和夜祷。在每次这样的祷告中，大部分时间被用来诵读《诗篇》和阅读其他经文。《诗篇》被分类成几个部分，以便于可以在一周之内诵读一遍。其他经文的阅读取决于每天的时刻、每周的节期和崇拜的节期。结果，大多数修士都可以逐渐记住整卷《诗篇》和其他经文。许多有一定闲暇时间的平信徒也采取类似的灵修方法，因此，他们也非常熟悉圣经中的许多经文，因为它们出现在《日课经》里，而《日课经》是在每个祷告时刻都要诵读的经文。这八个祷告时刻被称为"日课经时间"，进行这些祷告被称为"日课"。

虽然本笃自己很少谈到学习，但是，学习很快就成为本笃会修士的主要活动之一。举行日课需要书籍。修士可以熟练抄写圣经和其他书籍，以留给后来者使用。本笃修道院也成为教学中心，尤其是为教授许多想成为修士而被送到修道院接受训练的孩子。本笃修会的许多修道院还成为医院、药店和为疲倦的过客提供住宿的客栈。

最后，本笃修道院还产生了深远的经济影响，因为许多修道院建立在偏远地区，修士的劳动带动了这些偏远地区的生产。因此，欧洲的大量土地成为耕地。此外，在一个富人认为体力劳动有失身份的社会里，本笃会的修士向世人证明，艰苦的体力劳动可以带来最高的理性与精神成就。

281

尽管修道主义运动在本笃时代之前就已经在西欧赢得了众多追随者，但是，本笃《会规》最终被广为接受。公元589年，本笃在卡西诺山建立的修道院被伦巴第人洗劫烧毁。大多数修士逃到了罗马，他们将本笃《会规》一同带到了罗马。在罗马，后来成为教宗的格列高利知道了本笃《会规》。罗马的许多基督徒很快就采用了这部《会规》。前去英格兰宣教的宣教士奥古斯丁还将《会规》带到了大不列颠。在教宗的支持下，本笃《会规》传遍了西方的所有教会。虽然并没有形成一项正式的"制度"，但许多使用本笃《会规》的修道院终因共同的习俗与思想而统一起来。

教宗制度

与修院制度一起，令中世纪得以统一与延续的第二个制度是教宗制度。教宗（pope）一词意为"父亲"，在早期被用来指所有重要的、受人尊敬的主教。因此，一些文献提到了迦太基的西普里安教宗或亚历山大的阿塔那修教宗。教宗这个头衔在西方最终被专门用来称呼罗马的主教，但它在东方仍被更自由地使用。不管怎样，重要的并不是"教宗"这一头衔的起源，而是罗马的主教如何获得了他在中世纪与今天的罗马天主教中仍然享有的权力。

我们并不是完全清楚罗马主教制的起源。大多数学者同意，彼得的确到过罗马，他极有可能是在罗马去世。但是，早期不同的罗马主教名单——大部分始于公元 2 世纪末——不尽相同。一些主教名单记载克莱门是彼得的继任者，而另一些记载告诉我们，克莱门是在彼得去世之后的第三任主教。这令一些学者提出了这样一种可能性：罗马最初并非只有一位主教，而是一个"主教团"——一群共同领导教会的主教。但是，这个理论尚存争议，因为从基督徒的数量上讲，最初几百年的基督教显然在说希腊语的东方更加强大，东方的教会比罗马的教会更加重要，如亚历山大与安提阿的教会。即使是在西方，主导神学的教会也位于北非，北非的教会涌现出像德尔图良、西普里安和奥古斯丁这样伟大的神学家。

日耳曼人的入侵令教宗的权力急剧膨胀。罗马帝国在东方又存在了一千年。然而，教会在西方得以成为古代残存文明、制度和公义的保护者。日耳曼人的入侵令西方四分五裂。因此，西方最有威望的主教——罗马主教——成为西方重获统一的焦点。

这种情况的一个绝佳例子是大利奥（Leo the Great），他被称为第一位现代意义上的教宗。我们以后还会讲到，他参与了当时的神学争论——

关于基督的神性与人性之间关系的最著名的争论。在这场神学争论中，大利奥的观点之所以没有被普遍接受，显然因为他是罗马的主教，但是，他却利用了一个有利的政治局势令他的观点获胜。当时的神学争辩主要发生在东罗马帝国，虽然大利奥的介入意义重大，但是，东方的许多主教——还有拜占庭的大多数皇帝——将他的介入视为罗马主教扩张自己势力范围的无理企图。只是当更加支持他的皇帝掌权时，大利奥的观点才被更普遍地接受。这反而导致了教宗威望的增长。

然而，西方的情况却不同。公元452年，阿提拉（Attila）带领匈奴人入侵了意大利。这群来自东欧的异教徒最初想要征服君士坦丁堡，但是，拜占庭当局将他们引向了西方，其中一个原因是拜占庭当局给了他们金子。他们攻陷并洗劫了阿奎利亚（Aquileia）。罗马与阿奎利亚之间并没有驻防任何军队，他们通往罗马的大路畅通无阻。西罗马帝国的皇帝既软弱无能，又缺乏资源，东罗马帝国又表示不愿意出手相助。正是在这时，大利奥离开罗马，去见绰号为"上帝之鞭"（Scourge of God）的阿提拉。我们并不知道他们在这次会晤中都说了什么。据说，阿提拉看见圣彼得和圣保罗与大利奥一同来到罗马，这让阿提拉感到害怕。不管他们说了什么，阿提拉决定不进攻罗马，他撤回北方，并在随后不久去世。

公元455年，当汪达尔人洗劫罗马时，大利奥仍是罗马的主教。当时，他无力阻止入侵者。但是，他领导了与汪达尔人首领盖塞里克（Genseric）的谈判，因此，他令罗马免遭汪达尔人的焚城。

无需多说，这些事件——和其他类似的事件——给了大利奥在罗马极大的权力。他之所以能够做这些事，不仅是因为他的个人天赋，也是因为当时的政治局势，因为世俗政府无力履行它们的职责。但是，在大利奥心中，还有更深一层的原因。他相信，耶稣令彼得和他的继任者成为教会建基的磐石，因此，罗马的主教——彼得的直接继任者——是教会的"头"。因此，在大利奥的著作中，我们可以找到所有被不断收集整合以支持教宗权威的传统论点。

大利奥于公元461年去世,他的继任者是希拉里乌(Hilarius)。希拉里乌曾是大利奥的亲密同工,他继承了大利奥的政策。但是,在下一任教宗辛普里丘(Simplicius)的任期之内,情况发生了变化。公元476年,奥多亚塞废黜了西罗马帝国的最后一位皇帝,因此,意大利进入了一段漫长的政治混乱期。从理论上讲,意大利现在还是东罗马帝国的一部分。但是,教宗与东罗马帝国皇帝的关系持续紧张,这主要是因为我们即将讲到的神学争辩。最终,这导致了东西方教会的分裂,这次分裂用了许多年时间才得以弥合。东哥特人入侵意大利又令教会的分裂雪上加霜。他们是阿里乌派,因此,他们与先在此居住的意大利人的紧张关系在所难免。到了公元498年,他们的紧张关系导致了两位敌对教宗的出现:一位得到了东哥特人的支持,另一位得到了君士坦丁堡的支持。罗马街头发生了暴乱,因为这两位敌对教宗的支持者发生了冲突。在一系列宗教会议之后,这场冲突总算得到了解决。

新教宗是霍尔密斯达斯(Hormisdas,514—523),在他的领导下,一系列谈判最终结束了罗马与君士坦丁堡的分裂。与此同时,拜占庭帝国在皇帝查士丁尼的领导下取得了短暂的复兴。正是在这时,贝利萨留入侵了意大利,结束了东哥特人的王国。但是,这并没有为意大利的教会带来有利的改变,因为皇帝查士丁尼和他的朝臣试图将类似于东罗马帝国的教会模式强加给意大利的教会:教会几乎完全臣服于国家。只要拜占庭帝国还占据统治地位,随后的几任教宗就只是皇帝查士丁尼和皇后狄奥多拉(Theodora)的傀儡。胆敢采取独立政策的教宗很快就会尝到皇帝查士丁尼愤怒的严重后果。

作为拜占庭帝国复兴的一部分,查士丁尼重建了圣索菲亚大教堂——献给"神圣的智慧"基督。据说,当圣索菲亚大教堂完成重建时,他夸耀说:"所罗门,我已经超过了你。"今天,圣索菲亚大教堂仍然矗立,但是,它现在被清真寺的尖塔所环绕,因为土耳其人攻占君士坦丁堡之后,在圣索菲亚大教堂四周修建了清真寺的尖塔,将圣索菲亚大教堂改建成

圣索菲亚大教堂中的这幅镶嵌画所描绘的是君士坦丁（右侧）将他的城市献给了耶稣和圣母马利亚，查士丁尼（左侧）同样将圣索菲亚大教堂献给了耶稣和圣母马利亚。

穆斯林的清真寺。

　　拜占庭帝国对意大利的统治并没有持续多久。仅在东哥特人的最后一个要塞被攻陷六年之后，伦巴第人就入侵了意大利。如果他们能团结在一起，他们很快就可以征服整个意大利。但是，在取得最初几场胜利之后，他们分裂成若干个敌对的派系，这减缓了他们的进攻。公元565年查士丁尼去世之后，拜占庭帝国开始衰落，君士坦丁堡无法继续在意大利派驻强大的军队。因此，未被伦巴第人征服的意大利人虽然在理论上仍是拜占庭帝国的臣民，但是，他们必须自行保卫意大利。在罗马，教宗负责保卫罗马，抵抗伦巴第人的进攻。当本笃一世（Benedict I）于公元579年去世时，伦巴第人正在围攻罗马。他的继任者帕拉纠二世（Pelagius II）通过收买伦巴第人拯救了罗马。他当时无法得到君士坦丁堡的支援，因此，他求助于法兰克人，希望他们从北方进攻伦巴第人。虽然他与法兰克人的最初谈判并没有取得任何成果，但是，这预示着未来，因为法兰克人将在未来成为教宗的主要支持者。

下一任教宗格列高利是有史以来最有才干的教宗之一。我们已经讲过，他派奥古斯丁及其同伴到英格兰宣教。大约于公元540年，他生于罗马的一个古老贵族家庭。查士丁尼当时是君士坦丁堡的皇帝，他的将军们正在意大利与东哥特人浴血奋战。查士丁尼将自己最能干的将军贝利萨留召回君士坦丁堡，战争陷入了僵局。东哥特人的国王托提拉（Totila）继续进攻了一小段时间。公元545年，他包围了罗马，第二年，罗马投降。当时，执事长帕拉纠（后来的教宗帕拉纠二世）出城迎接获胜的东哥特国王托提拉，因此从他那里得到了一定的宽容。格列高利当时可能就在罗马，他目睹了围城所带给人民的苦难以及帕拉纠二世代表罗马所进行的斡旋。不管怎样，格列高利所了解的罗马已与辉煌的古罗马不可同日而语。在托提拉攻陷罗马不久之后，贝利萨留和拜占庭人重新夺回了罗马，但是，他们随即又失去了罗马。在多年的忽视与不断的围攻之后，罗马陷入了严重的混乱与治理不善的状态。为了修补罗马的城墙，古罗马的许多纪念碑和建筑被拆毁。沟渠与排水系统年久失修，疾病肆虐。

我们几乎不知道格列高利在被围困的罗马城内的早年生活。他在成为修士之前可能一直担任罗马的要职——他的家人显然为此而训练他，因为他的家族是贵族。在成为本笃修会的修士之后，教宗本笃一世任命他为执事——行政理事会的一员。下一任教宗帕拉纠二世任命格列高利担任他驻君士坦丁堡宫廷的特使。格列高利在君士坦丁堡生活了六年，他经常被卷入君士坦丁堡愈演愈烈的神学争辩与政治阴谋。最终，帕拉纠二世于公元586年派来了另一位特使，格列高利得以重返他在罗马的修道院，并被任命为修道院院长。

罗马当时的局势非常严峻。伦巴第人最终统一起来，他们计划征服整个意大利。尽管君士坦丁堡为保卫罗马给予了一定的支援，伦巴第人偶尔也会受到后方法兰克人的攻击，但是罗马仍然极有可能沦陷。

罗马爆发了瘟疫，这令情况更加糟糕。不久之前，洪水毁掉了大量储备粮。病人经常产生幻觉，因此谣言四起。有人看见巨龙从台伯河（Tiber）

而出,大火从天而降。死亡笼罩着整座城市。后来,在格列高利和其他修士的帮助之下,教宗帕拉纠二世组织改善城市的卫生状况、埋葬死人、为挨饿的人提供食物。帕拉纠二世也病倒了,随后不久去世。

在这样的环境中,没有多少人愿意担任教宗。格列高利本人根本就不想成为教宗,但是,神职人员和人民选择了他。他写信给君士坦丁堡的皇帝,请求皇帝不要批准对他的任命——当时,在授任一个重要的主教圣职之前,通常要请求君士坦丁堡的批准。但是,他的信被中途拦截。最终,他不情愿地被任命为罗马的主教。

在成为教宗之后,格列高利以极大的热情开始了他的新工作。他亲自组织给罗马的穷人分发食物,因为没有人做这项工作。他采取措施,保证从西西里岛驶向罗马的粮食船运不会中断。此外,他还监督重建罗马的沟渠与防御设施。他指挥卫戍部队训练,军队又恢复了士气。他几乎得不到来自君士坦丁堡的任何帮助,因此,他直接与伦巴第人谈判,并从伦巴第人那里争取了和平。因此,教宗格列高利阴差阳错地成为罗马及其周边地区的实际统治者,这片地区很快就被称为“圣彼得的教产”(Saint Peter's Patrimony)。在很久以后的公元 8 世纪,有人伪造了一份所谓的《君士坦丁赠礼》(Donation of Constantine),该文书宣称,伟大的皇帝君士坦丁已经将这片土地惠赠予圣彼得的继任者。

然而,格列高利首先自认为是一位宗教领袖。他始终在罗马各个教会讲道,呼吁基督徒重拾敬虔的信仰。他也采取措施,促进神职人员守独身。守独身逐渐成为意大利所有神职人员的生活标准,许多神职人员声称自己独身,但是,他们实际上并没有做到。此外,作为罗马的主教,格列高利还将自己视为西方的牧首。他与之前的大利奥不同,并没有声称拥有普世的权力。但是,他采取了更加实际的措施,而这些措施增强了他在西方的权力。在西班牙,他帮助西哥特人归信了尼西亚的正统信仰。他派遣以奥古斯丁为首的宣教团到不列颠宣教,这最终将罗马的权力拓展到不列颠。他写信给非洲的教会,希望解决多纳徒派的分裂。但是,他的信并没有受到当地主教的欢迎，因为他们希望保护自己的独立。他也试图涉足法兰克人的领地，为那里的教会寻求更大的自主权。但是，他在这一方面并没有成功，因为法兰克人的统治者希望控制教会，他们没有理由听从教宗的要求。

可是，格列高利不仅是因为这些才被称为"大"格列高利——伟大的格列高利。他也是一位多产的作家，他的著作在整个中世纪都产生了巨大的影响。他在自己的著作中并没有表现出原创性或创造性。相反，令他最引以为傲的是他不会说出之前数百年来的伟大教父——尤其是圣奥古斯丁——没有说过的东西。对于大格列高利来说，成为希波这位伟大主教的学生就已经足够，奥古斯丁是大格列高利在教义上的一位导师。即使有着这样的愿望，大格列高利还是与他所敬爱的奥古斯丁产生了分歧。大格列高利生活在一个蒙昧、迷信和盲信的时代，他在某种程度上代表着他那个时代。他选择奥古斯丁作为他一位绝对可靠的教师，但是，他却有悖于这位教师的精神。至少从某种程度上讲，奥古斯丁的天赋在于他的钻研与敢于冒险的精神。在奥古斯丁看来尚是揣测的思想到了大格列高利这里就变成了真理。例如，希波的这位神学家提出，对于在罪中死去的人来说，可能还存在一个洁净罪的地方，他们在进入天堂之前可以在这里将罪洗净。基于奥古斯丁的这个揣测，大格列高利肯定了这样一个地方的存在，因此，他促进了炼狱教义的发展。

尤其是关于救恩的教义，大格列高利放宽，甚至是改变了奥古斯丁的教义。大格列高利抛弃了奥古斯丁关于预定与不可抗拒的恩典的教义，他更加关心我们如何赎罪的问题。赎罪是通过补赎实现的，补赎包括忏悔、认罪和实际的惩罚或赎罪。此外，还必须得到神父的赦罪，以此进一步确定上帝的赦免。对于在信仰和教会的团契中死去但没有为自己所有的罪进行补赎的基督徒来说，他们在获得最终的救恩之前将进入炼狱。通过为死者举行弥撒，活着的人可以帮助他们摆脱炼狱。大格列高利相信，基督在弥撒或圣餐中被作为祭物再次献上（传说基督曾经在大格列高利举行弥撒时向他显现）。这种弥撒即献祭的观念最终成为西方教会的标准教义——直到它被新教徒于 16 世纪否定。

大格列高利讲述了一个死在罪中的修士的故事。修道院院长——大格列高利本人——下令每天为死者举行弥撒,死者的灵魂在三十天之后向一个基督徒显现,告诉那个基督徒他已经摆脱炼狱,进入了天堂。诸如此类的故事并不是大格列高利的发明,而是当时的一种潮流和信仰。早期的基督教教师极力保护基督教信仰免于民间迷信的侵害,但大格列高利却欣然接受了当时广为流传的故事,仿佛它们简单直接地证实了基督教的信仰。

在大格列高利继任者任期之内,教宗进入了黑暗的年代。君士坦丁堡控制了罗马。我们将在下一章中讲到,东方教会因基督论之争而产生分裂,因此,拜占庭帝国的皇帝要求教宗支持他们的神学观点。拒绝皇帝要求的教宗遭到残酷的逼迫。这就出现了教宗霍诺里乌（Honorius,625—638）宣布自己是基督一志论派（monothelites）的情况。一志论派是基督论异端,他们宣称有两个本性的基督只有一个意志。若干年后,拜占庭帝国的皇帝下令禁止继续讨论基督论之争中的问题,但是,教宗马丁一世（Martin I）对皇帝的命令置若罔闻,后来,马丁一世被绑架到君士坦丁堡。按照皇帝的命令,马丁一世的主要支持者修士马克西姆（Maximus）被割掉了舌头和右手,与此同时,他被皇帝下令流放了。从此以后,所有神学争辩——我们将在下一章中讲述——都在罗马产生了巨大的反响,因为罗马无法摆脱君士坦丁堡皇帝的控制。在这一时期直到格列高利三世（Gregory III, 731—741）,选举产生的教宗必须在受任圣职之前得到君士坦丁堡的正式批准。

后来,随着拜占庭帝国的权力开始衰落,始终是个威胁的伦巴第人迫使教宗在其他地方寻找新的支持,他们选择了法兰克人。正是因为这个原因,教宗扎迦利同意废黜"蠢人"希尔德里克三世,并为丕平加冕。虽然扎迦利于加冕丕平的同一年（752）去世,但是,他的继任者司提反二世

（Stephen II）为丕平募集了他所要求的借款。当伦巴第人再次威胁到他时，司提反二世请求丕平的援助，丕平两次入侵意大利，并赠予司提反二世已经被伦巴第人夺取的几座城市。司提反二世不理睬君士坦丁堡的抗议，他成为意大利大部分地区的统治者。从此以后，法兰克人与教宗的联盟越来越紧密。最终，教宗利奥三世（Leo III）在公元800年的圣诞节将查理曼加冕为西罗马帝国的皇帝。

阿拉伯人的征服

公元7世纪初，古罗马帝国的大部分地区似乎即将复兴。大多数阿里乌派入侵者已经接受尼西亚的正统信仰。在高卢，最初就归信尼西亚正统信仰的法兰克人开始统一。在不列颠，奥古斯丁的宣教已经结出了最初的果实。拜占庭帝国仍然拥有查士丁尼收复的许多失地——尤其是在北非，汪达尔王国已经灭亡。

后来，意想不到的事情发生了。在世界上一个被罗马帝国和波斯帝国遗忘的角落——阿拉伯半岛，涌现出潮水般的征服者，这股狂潮可能吞噬整个世界。在短短几年之内，波斯帝国就灭亡了，古罗马帝国的许多领地也落入阿拉伯人之手。

290　　穆罕默德的教义是人类这场劫难背后的驱动力。穆罕默德是一位有着浓厚宗教兴趣的阿拉伯商人，他了解阿拉伯的犹太教和各种基督教——其中一些是相当严重的异端。十分敬虔的穆罕默德有过一系列异梦，在异梦中，他被呼召为先知，并得到了他将要宣讲的信息。他声称，这是天使加百列启示给他的信息：只有一位上帝，这位上帝既公义，又仁慈，他统治万物，要求万物降服于他。他的信息被以格律的形式呈现出来，就像古代的希伯来先知所做的那样。实际上，穆罕默德从得到第一个异象开始就被建议，"以你的主——造物主——的名义吟诵……吟诵！"《古兰经》这个名字的意思就是"吟诵"（recitation）。穆罕默德声称，他宣讲的并不是一个新宗教，而是上帝在希伯来众先知与耶稣里的终极启示，耶稣是一位伟大的先知,但是,他并不是基督徒所宣讲的上帝。

这种宗教有五个基本要点,它们在今天被称为"五功"(Five Pillars of Islam)。第一功是清真言,"唯有真主;穆罕默德是主的使者。"这是绝对的一神论,穆罕默德在上帝的指导之下宣讲:"只有一位上帝,穆罕默德是上帝的先知。"第二功是萨拉赫,即礼拜,它有着时间上的具体规定。第三功是天课(*zakat*),它通常被翻译成"施舍",但是,它的完整意义包括征税,具体来说是穷人有权拥有富人的一部分财富。在这五功之中,这一功争议最大,不同的穆斯林教派对这一功都做出了修改。第四功是赖买丹月斋戒(Ramadan),这是庆祝《古兰经》最初被赐给穆罕默德的那一月。第五功是朝觐,即去麦加朝圣,所有体格健全的成年男子在一生中至少必须到麦加朝圣一次。

多神信仰与阿拉伯人的贸易密切相关。麦加的商人担心,穆罕默德的一神教会影响他们的贸易,因此,他们反对穆罕默德的教义。穆罕默德在附近的沙漠绿洲避难,这里的麦地那(Medina)最终成为一座大都市。这次迁徙的年份是公元 622 年,这一年成为穆斯林纪元的开始。穆罕默德在麦地那建立了第一个穆斯林联邦,这里的崇拜、民众和政治生活都遵循他所制定的方针。后来,他和他的追随者进行了一场军事与政治运动,这最终令他们掌控了麦加。穆罕默德当时颁布法令,赦免了他以前的敌人,但是,他们必须捣毁所有偶像。到了穆罕默德于公元 632 年去世时,阿拉伯半岛的大片领土已经落入穆斯林之手。

后来,哈里发(*caliph*)成为穆斯林的领袖。"哈里发"是阿拉伯语,意为"继承者"。在阿布·巴克尔(Abu Bakr, 632—634)的统治之下,穆斯林在阿拉伯半岛的权力得到了巩固,他们第一次战胜了拜占庭帝国的军队。在奥马尔·伊本·哈塔卜(Umar ibn al-Khattab, 634—644)统治时期,阿拉伯人入侵了叙利亚。公元 635 年,他们夺取了大马士革,公元 638 年,他们占领了耶路撒冷。两年之后,他们成为这整个地区的主人。与此同时,另一支穆斯林军队入侵了埃及,建立了后来的开罗。公元 642 年,他们攻占了亚历山大。到了公元 647 年，在第三任哈里发奥斯曼·伊本·阿凡（Uthman ibn Affan，644—656）的率领之下，穆斯林再次沿非洲北岸向西踏上了征服之旅。与此同时，一支穆斯林军队入侵了波斯帝国，波斯帝国的最后一位国王于公元 651 年去世。在此之后，穆斯林只遇到了几次小小的挫折，他们席卷了波斯这一世界上曾最为强大的帝国。

在公元 7 世纪后半叶，最初就存在于穆斯林内部的斗争减缓了他们的进攻。在前四任哈里发中，就有三位被暗杀。第四任哈里发阿里·伊本·艾比·塔列卜（Ali ibn Abi Talib，656—661）与他对手的斗争导致了一次延续至今的大分裂：什叶派支持阿里，逊尼派支持他的对手。他们的神学分歧很小，但是，他们在一些宗教仪式上产生了分歧，尤其是关于穆罕默德的直系后裔是否是他唯一继承人这个问题——什叶派支持穆罕默德的直系后裔是他的唯一继承人，而逊尼派却不这样认为。

然而，即使因内部斗争而产生了分裂，穆斯林还在继续进攻。公元 695 年，迦太基陷落，许多历经正统基督徒、多纳徒派、阿里乌派和拜占庭基督徒之间各样争斗的北非人很快就接受了伊斯兰教。到了公元 711 年，一小群穆斯林越过了直布罗陀海峡——直布罗陀这个名字源于这一小群穆斯林的领袖塔里克·伊本·齐亚德（Tarik ibn Ziyad），他们发现西哥特人的王国摇摇欲坠，于是推翻了西哥特人的统治。穆斯林很快就征服了极北地区以外的整个西班牙。他们从西班牙穿过比利牛斯山脉，直逼西欧的腹地。公元 732 年，他们最终在图尔战役中被查理·马特击败，穆斯林的第一波扩张浪潮就此结束。

穆斯林的这次大扩张之所以能够成功，是因为拜占庭帝国和波斯帝国臣民的不满情绪。例如，在拜占庭帝国，这种不满情绪已经促成基督一性论在一些地区增长，如在叙利亚和埃及。现在，穆斯林的统治可以取代拜占庭帝国的压迫，他们向因宗教原因而产生不满情绪的人民许诺，他们的信仰与财产会受到尊重。在征服耶路撒冷时，穆斯林所颁布的通告就是一个典型的例子。耶路撒冷的犹太人、基督徒与穆斯林的关系始终是个争论的问题,因此,这份通告特别能引起人们的兴趣。在这个通告中,穆斯林将军承诺,犹太人和基督徒的财产与习俗将受到尊重,他们只需"像其他城市的居民那样"交纳贡税。至于基督徒,"他们的教会和十字架"也会受到尊重。此外,不会对"任何宗教事务施加任何压力和采取任何高压的政策"。只有"希腊人"——拜占庭人——必须离开耶路撒冷,但是,他们会得到离开耶路撒冷的安全通行证。

穆斯林的入侵对基督教产生了巨大的影响。首先,许多古代的基督教中心——耶路撒冷、安提阿、大马士革、亚历山大和迦太基——现在处于穆斯林的统治之下。虽然很少受到逼迫,但是,这些地区的基督徒受到了严格的限制。在大多数情况下,归信基督教会受到严厉的惩罚。尽管在这些地区的教会中涌现出许多著名的护教士,但有时只要他们为基督教辩护,就会被认为是在攻击穆罕默德,就会被判处死刑。在迦太基及其周边地区,基督教则完全消失了。在其他被阿拉伯人征服的广阔地区,基督教虽得到了宽容,但却停滞不前,最终也只能安于现状。

以前在近东和非洲北海岸拥有广阔领地的拜占庭帝国,现在被赶回到今天的土耳其和它在欧洲的领地。我们将在下一章中讲到,拜占庭帝国的许多持不同政见者现在处于穆斯林的统治之下,因此,拜占庭帝国的皇帝认为无需再考虑他们的意见,拜占庭帝国的正统基督教现在也无需再考虑基督一性论派和聂斯托利派(Nestorians)的反对。

此外,基督教的整个地理布局也发生了变化。在此之前,基督教始终沿着地中海盆地发展。现在,基督教沿着一条贯穿南北的轴线形成了新的中心,包括不列颠、法兰克王国和意大利。君士坦丁堡越来越远离这个轴心。因此,发生下面的事情绝非偶然:在阿拉伯人征服浪潮数年之后,教宗于公元800年将查理曼加冕为西罗马帝国的皇帝,教宗和查理曼都不去理会君士坦丁堡的抗议。

在神学领域,伊斯兰教也影响到基督教,这不仅在于基督教涌现出许多护教士——他们在穆斯林控制的地区内外著述——也在于基督教领袖回应穆斯林批评的方法,尤其是他们在回应关于使用圣像的争辩和阐释三位一体教义时所使用的方法。圣像之争在公元 8 世纪十分高涨,而穆斯林声称三位一体的教义否定了一神信仰。

然而最为重要的是,穆斯林的入侵和基督教对此的回应继续并加速了长久以来始终在进行的基督教军事化。最早期的基督徒奉行耶稣的教导,他们是严格的和平主义者。但是,随着基督教在军队中结出了果实,基督徒逐渐开始妥协。早在君士坦丁归信基督教之前,一些基督教作家就认为,严格的和平主义只是对修士的要求。在君士坦丁之后,基督徒发现自己现在肩负着维护国家安全与秩序的使命,于是他们发展出正义战争论,这令基督徒可以在一些特定情况下使用暴力。后来,从北方来了日耳曼入侵者,从南方来了穆斯林入侵者。日耳曼人被同化了,教会在日耳曼人被同化的过程中也逐渐接纳了他们的战争传统。穆斯林不断威胁到教会,教会只能依靠武力阻止他们,结果,基督教被彻底军事化了,几百年后,基督教向穆斯林发动了战争——十字军东征,同穆斯林入侵者以前犯下的种种罪行相比,十字军的残暴毫不逊色。这就令那个时代充满了暴力与怀疑,以致在五百年之后,人们还在品尝那个时代所结出的恶果。

第二十八章

东方的基督教

> 当我无书可读时，当像荆棘一般折磨我的思想令我厌倦读书时，我便去教堂崇拜，这是唾手可得、治愈每一种灵魂疾病的良药。新颖生动的圣像引起了我的注意，吸引了我的目光……渐渐令我的灵魂赞美上帝。
>
> ——大马士革的约翰

　　我们在上一章集中讲述了西方的基督教，但是，我们一定不要忘记，与此同时还有东方的基督教。对于当时东西方的基督徒来说，他们自认为还是只有一个教会。但是，历史学家现在可以看出，中世纪早期的东西方教会已渐行渐远，最终于 1054 年发生的彻底分裂正在酝酿中。除了说拉丁语的西方与说希腊语的东方在文化上的明显差异之外，东西方的政治进程也令东西方教会处于两种截然不同的形势之下。在西方，罗马帝国的灭亡留下一个权力真空，教会填补了这一空白，因此，教会领袖——尤其是教宗——逐渐拥有了政治权力。在东方，罗马帝国又存在了一千年。虽然经常受到外国入侵和国内动乱的搅扰，但是，拜占庭帝国还是存活下来。拜占庭帝国的独裁皇帝牢牢控制着教会领袖。这通常会导致世俗权力干涉教会事务，尤其是神学争论。为了打败依靠论证所难以驳斥的对手，神学争论中的各方可能会去争取皇帝的支持，因此，许多皇帝令政治因素成为神学争论的基础，这甚至导致了更加激烈的论辩，可是，这种情况却令神学争论有了污点。因此，在中世纪早期，神学争论成为东方基督教的标志之一。

然而,这并不意味着这些神学争论微不足道。当时面临的问题通常都对福音至关重要。此外,当时的基督徒自认为同属一个教会,因此,东方教会所规定的教义——有时西方教会很少或根本就没有参与其中——被视为东西方教会共同的标准教义。最终,因为这些神学争论,基督教出现了第一次永久性的分裂,并从中产生了今天仍然存在的彼此分立的教会。

卡尔西顿大公会议前的基督论之争

第一次尼西亚大公会议(325 年)和君士坦丁堡大公会议(381 年)解决了三位一体中的第二位圣子(和圣灵)的神性问题。虽然罗马帝国之外的一些日耳曼人归信了阿里乌主义,他们随后入侵西欧,导致阿里乌主义的短暂复兴,但是,阿里乌主义最终还是销声匿迹,基督徒就三位一体教义达成了基本共识。可是,仍然存在其他导致严重神学分歧的问题。其中最重要的是,神性与人性如何在耶稣基督里联合在一起。这就是基督论的基本问题。

就这个问题而言,东方存在着两种不同的神学思潮,历史学家出于方便而将它们称为安提阿学派和亚历山大学派——尽管并不是有亚历山大学派思想的神学家都来自亚历山大,也不是有安提阿学派思想的神学家都来自安提阿。这两个学派都同意,上帝是永恒不变的。可是,问题在于永恒不变的上帝如何与一个短暂易变的历史人物联合在一起?正是在这一点上,这两个学派产生了分歧。亚历山大学派像几百年前的克莱门和奥利金那样,强调耶稣作为上帝真理教师的意义。为了成为上帝真理的教师,救主耶稣必须完全清晰地启示出上帝,他的神性必须得以肯定,即使这样做会牺牲他的人性。另一方面,安提阿学派认为,因为耶稣是人类的救主,所以他必须拥有完全的人性。毫无疑问,耶稣也同样具有神性;但是,这不能理解为耶稣的神性减损或超过了耶稣的人性。亚历山大派和安提阿学派都同意,耶稣既具有神性,又具有人性,问题在于如何理解耶稣的神性与人性的联合。

如果我们现在回过头来看这个问题就会发现,提出这个问题的方式似乎令这个问题难以回答。以前主要受到早期希腊哲学影响的基督教神学家,通过对比人类的所有局限性来定义上帝。上帝是不变的,人类则不断变化;上帝是无限的,人类是有限的;上帝是全能的,人类的能力是有限的;上帝是永恒全在的,人类只是在某个时间存在于某个地方。当人性与神性被这样定义时,上帝在耶稣基督里的道成肉身——上帝临在于人类以及神性与人性的完全联合——就成了一个矛盾的命题。(我已经在其他地方说过,这就像要求某人做出一个热的冰激凌。我们可以溶化冰激凌,我们可以混合各种成分,我们可以将冰淇淋与一些热的东西放在一个盘子中,但是我们永远不能做出热的冰激凌。)当问题被这样提出时,解决这个困境的唯一方法是,要么肯定神性与人性并没有真的联合,要么肯定神性超越了人性,神性胜过了人性的自然局限性。前者是安提阿学派的观点,后者是亚历山大学派的观点。

这些问题在西方并没有引起像在东方那样的激烈争论。首先,在日耳曼人入侵之后,其他更为紧迫的问题亟待解决。其次,西方只是重新提出了德尔图良的老信式:在基督里,两个实质联合在一个位格之中。这样,在东方的亚历山大学派与安提阿学派之间,西方起到了平衡的作用,因此,西方可以体面地退出基督论之争。

早在三位一体的问题得以解决之前,最早的基督论之争就已经开始了。老底嘉的阿波利拿里(Apollinaris of Laodicea)是尼西亚三位一体教义的捍卫者之一,他认为他可以通过解释上帝永恒的道如何在耶稣里成为肉身来帮助尼西亚事业。为此他声称,上帝的道,三位一体中的第二位,在耶稣里取代了理性灵魂。耶稣同全人类一样,拥有物质的肉体,给予所有人生命的同一本质将肉体生命给予了耶稣。但是,他并不拥有人类的理性。上帝的道在耶稣里面所起到的作用,就是理性或"理性灵魂"

在所有人里面所起到的作用。

虽然阿波利拿里似乎对自己的解释感到满意,但是,许多神学家很快就看到了其中的缺陷。完全拥有上帝理性的人并不是真正的人。从亚历山大学派的角度来看,这是完全可以接受的,因为耶稣只需真的像上帝一样讲话,他只需有与我们相通所必需的肉体。但是,安提阿学派坚持认为这还不够。耶稣必须是真实的人。这一点至关重要,因为耶稣必须取得人性才能拯救人类。只有耶稣成为真实的人,耶稣才能真正拯救我们。如果耶稣并没有完全取得人性,耶稣就不能完全拯救人类。纳西盎的格列高利(卡帕多西亚三杰之一)是这样说的:

> 如果有人相信,耶稣基督是没有人类理性的人,那么,他们才是没有一丝的理性,他们并不配得救恩。因为如果耶稣基督不取得人性,他便无法施行拯救。耶稣基督拯救他使之与自己神性联合的人性。如果只有半个亚当堕落,那么,耶稣基督可能只取得半个人性,拯救半个亚当。但是,如果人性完全堕落,那么,人性就必须完全与上帝的道联合,目的是人性能够完全获得拯救。[1]

在几次争辩之后,阿波利拿里的理论被否定了,最初是被许多主教和他们召开的地方宗教会议所否定,最后是被公元 381 年的君士坦丁堡大公会议所否定——此次大公会议重申了第一次尼西亚大公会议针对阿里乌主义所做的决议。

后来的基督论之争是由聂斯脱利突然引发的。聂斯脱利代表着安提阿学派,他于公元 428 年成为君士坦丁堡牧首。政治阴谋始终伴随着君士坦丁堡的牧首之职,因为这个圣职已经成为安提阿牧首与亚历山大牧首的冲突点。君士坦丁堡大公会议已经宣布,君士坦丁堡主教在东方拥

---

[1] Gregory of Nazianzus, *Epistle*, 101.

298

有的地位类似于罗马主教在西方拥有的地位。这只是在承认政治事实，因为君士坦丁堡已经成为东罗马帝国的首都。但是，安提阿和亚历山大的教会更加古老，它们的主教不满自己被降到从属地位。他们将君士坦丁堡的主教职变成了奖赏他们支持者的奖品。在这场角逐中，安提阿比亚历山大更为成功——君士坦丁堡的大多数牧首都是安提阿人，因此，亚历山大牧首将他们视为敌人——我们在讲述约翰·克里索斯托的生平时就已经讲到了这种情况。因此，聂斯脱利的地位并不稳定，亚历山大人盼望找到他犯错的机会将他擒获。

聂斯脱利真的犯错了，因为他宣称，马利亚不应当被称为上帝之母（theotokos）——生上帝的人，他建议将马利亚称为基督之母（Christotokos）——生基督的人。新教徒难以理解这里争论的问题，因为我们一直被教导要否定马利亚是"上帝之母"的观念，乍一看，马利亚似乎是争论的关键。但是，争论的问题其实不是马利亚，而是耶稣。问题也不是应当给予马利亚何等殊荣，而是我们应当如何定义耶稣的降生。当聂斯脱利宣称马利亚是基督之母，而不是上帝之母时，他所肯定的是，说到成为肉身的主时，我们可以、也必须区分耶稣的人性与神性，我们说到耶稣的事情，有些涉及他的人性，有些涉及他的神性。这是安提阿学派的典型观点，因为他们试图通过区分耶稣的人性与神性来保全耶稣的完整人性。聂斯脱利和其他安提阿学派神学家担心，如果耶稣的人性与神性被过于紧密地联合在一起，耶稣的神性会超越耶稣的人性，这样就不能再说耶稣是完全的人。

为了解释这个观点，聂斯脱利宣称，耶稣有"两个本性和两个位格"，一个是神的本性与位格，另一个是人的本性与位格。人的本性与位格是马利亚所生；神的本性与位格则不是。我们并不完全理解聂斯脱利所要表达的意思，因为"位格"与"本性"这两个术语能够以不同的意义来使用。但是，他的敌人立即就看出了将救主耶稣"分成"两个存在的危险，因为耶稣的神性与人性的统一在于一致，而不在于任何实际的联合。其他许多神学家很快就相信，聂斯脱利的教义确实是危险的。

不出所料,亚历山大成为反对聂斯脱利的中心,同聂斯脱利相比,亚历山大的领袖、主教西利尔是一位更有才干的政治家和神学家。他确信自己已经得到了西方教会和皇帝瓦伦提安三世与狄奥多西二世的支持,因为基督有两个位格的教义在西方教会看来应当受到咒诅。后来,两位皇帝于公元431年6月在以弗所召开了一次大公会议。

聂斯脱利的主要支持者安提阿的约翰(John of Antioch)及其追随者被耽搁了。以弗所大公会议在等待两周之后召开,尽管这遭到罗马使节和一些主教的抗议。此次大公会议随后审理了聂斯脱利案,在禁止聂斯脱利为自己辩护的情况下判他为异端,并革除了他的教职。

安提阿的约翰和他的追随者几天后来到了以弗所,他们随后召开了一次敌对会议,但是,他们会议的规模远远小于西利尔的会议,他们的会议宣布西利尔是异端,并恢复了聂斯脱利的教职。作为报复,西利尔的会议重申了对聂斯脱利的谴责,同时也谴责了安提阿的约翰和所有参加其会议的主教。最终,狄奥多西二世出面干预,他逮捕了西利尔和约翰,并宣布他们召开的这两次会议无效。随后是一系列谈判,这些谈判产生了一份《联合信条》(formula of union),公元433年,西利尔和约翰都在这份信条上签了字。当时还规定,西利尔的会议对聂斯脱利所采取的行动仍然有效。至于聂斯脱利,他的余生都在流亡中度过,他先是流亡到安提阿的一座修道院,后来他在安提阿对于抛弃了他的朋友们很尴尬,于是他又流亡到偏远的佩特拉(Petra)。

就这样,基督论之争的第二个阶段以亚历山大的胜利告终。但是,随后的休战并没有持续多久。公元444年,当狄奥斯库若继西利尔之后成为亚历山大的牧首时,第三次更加激烈的交锋即将上演,因为狄奥斯库若是亚历山大学派最极端观点的忠实捍卫者,他还是一位不择手段的阴谋家。

这场风暴的焦点是君士坦丁堡一个修士欧迪奇(Eutyches)的教义。欧迪奇缺乏神学上的敏锐,他认为,救主耶稣"与圣父同质,但是,他不与我们同质"。他似乎是要说,基督"在道成肉身之前出于两个本性,但是,在道成肉身之后他只有一个本性"。我们并不完全理解欧迪奇这些话的意思。但不管怎样,由于君士坦丁堡牧首弗拉维安(Flavian)的神学承袭了安提阿学派的传统,所以他认为欧迪奇的教义近似于幻影论,谴责了欧迪奇。狄奥斯库若通过各种伎俩令这场神学争论升级为一场波及整个教会的冲突,因此,皇帝狄奥多西二世下令于公元449年在以弗所召开一次宗教会议。

当此次会议召开时,狄奥斯库若和他的支持者显然采取了所有必要的措施,以确保他们能够取得预期的结果。狄奥斯库若本人被皇帝任命为此次会议的主席,他得到了决定谁可以发言的权力。此次会议采取了亚历山大学派的极端立场。罗马教宗利奥一世的特使希望向此次会议提交利奥就当前问题所撰写的一封信函——通常被称为《利奥大卷》(Leo's Tome),但是,他们遭到了拒绝。弗拉维安受到了残暴的对待,并在几天之后去世。基督有两个"本性"的教义被判为异端,所有支持安提阿学派观点的基督徒也被谴责为异端,即使是温和的安提阿学派。此外,会议还规定,所有拒不接受此次会议决议的基督徒都不得担任圣职。

301

在罗马的利奥一世愤怒了,他将此次会议称为"强盗会议"(Robber Synod)。但是,他的抗议无效。显然,狄奥多西二世和他的朝臣从亚历山大收受了大量金币,他们认为,基督论之争已经结束了。

后来发生了意想不到的事情。狄奥多西二世的坐骑失足,他从马上跌落摔断了脖子。他的姐姐布尔开利亚(Pulcheria)和她的丈夫马喜安(Marcian)继承了他的皇位。布尔开利亚之前同意西方的观点,认为应当谴责聂斯脱利,因为他的教义威胁到耶稣的神性与人性的联合。但是,她不是极端的亚历山大派,她认为,公元449年的以弗所会议还留有很大的余地。因此,她应利奥一世的请求,于公元451年在卡尔西顿又召开了一次大公会议,此次会议最终成为第四次普世大公会议。

此次大公会议谴责了狄奥斯库若和欧迪奇,但赦免了两年前参加以弗所"强盗会议"的其他主教。利奥一世的信函最终被宣读,许多主教宣布,利奥的信函表达了他们的信仰。此次大公会议重申了德尔图良在几百年前提出的信式:在基督里,"两个本性联合在一个位格之中"。最终,此次大公会议发表了一份并不是信经的信仰声明:《信仰定义》(*Definition of faith*),或澄清教会所相信的真理。如果仔细阅读这份《信仰定义》,我们就会发现,在否定安提阿学派和亚历山大学派的极端教义,尤其是欧迪奇的教义的同时,《信仰定义》再次肯定了前三次大公会议所做的决议,即公元325年的第一次尼西亚大公会议、公元381年的君士坦丁堡大公会议和公元431年的以弗所大公会议的决议:

> 因此,我们都追随众圣教父,异口同声地教导信徒们承认,我们的主耶稣基督就是上帝,具有完全的神性和完全的人性,既是真神,又是真人,具有理性的灵魂与身体;就其神性而言,耶稣基督与圣父同质,就其人性而言,耶稣基督与我们同质,除罪之外,完全与我们相像;按其神性,耶稣基督在万世之先由圣父所生,按其人性,耶稣基督后来由上帝之母童贞女马利亚所生。
>
> 这同一位基督、圣子、主、独生子具有二性,此二性不可混淆、不可改变、不可分割、不可离散。此二性的联合并没有破坏此二性之间的差异,各性的特点反得保留,并联合在一个位格和一个实质之中。此二性并没有被分割成两个位格,而是属于一位独生的圣子、上帝的道、主耶稣基督。古代众先知这样预言主耶稣基督,主耶稣基督自己和众教父传给我们的信经都是这样教导我们的。

我们可以很容易看出,这份《信仰定义》没有通过解释耶稣基督神人二性联合的方式来"定义"耶稣基督的神人二性,而是界定了错误的神人二性教义的界限。因此,《信仰定义》否定了认为耶稣基督神人二性的联合破坏了"神人二性之间的差异",以及救主耶稣基督被"分成两个位格"

的教义——因此否定了亚历山大学派和安提阿学派最极端的教义。我们可以清楚地看到,被这样界定的救主耶稣基督,同福音书中的耶稣基督相距甚远,可见,这种界定深受经外思想的影响。但是,考虑到提出耶稣基督神人二性这一问题的方式,我们也的确难以想象,为了捍卫道成肉身的真实性,参加卡尔西顿大公会议的主教还能做些什么。

在西方的所有教会和东方的大部分教会中,《信仰定义》很快就成为了正统基督论的标准——尽管还有一些东方教会拒绝接受《信仰定义》,并因此导致了基督教历史上第一次漫长的分裂。一些主要来自叙利亚和波斯帝国的基督徒坚持认为,必须明确区分基督的神人二性,他们最终被称为"聂斯脱利派"。还有许多基督徒则走上截然相反的道路,他们否定基督具有"神人二性"的教义,因此被称为"基督一性论派"——这个术语源自希腊文 monos(一个)和 physis(本性)。但是,他们当中也有一小部分基督徒接受了欧迪奇的教义。他们所关注的是,对于主耶稣的神性与人性不能过分区分,以至于让道成肉身失去意义。此外,政治与民族因素也助长了已激烈进行数百年的基督论之争。

卡尔西顿大公会议后的基督论之争

卡尔西顿大公会议制定的《信仰定义》并没有结束基督论之争,尤其是东方的基督论之争。埃及的许多基督徒认为,狄奥斯库若是殉道士,弗拉维安和利奥一世是异端。叙利亚的许多基督徒也持有类似的观点。在埃及和叙利亚,基督徒憎恨君士坦丁堡的中央政府,因为中央政府在埃及和叙利亚征税,但是并没有给予他们相应的回报,这也促使他们在神学上反对君士坦丁堡。此外,自从罗马帝国最初征服埃及和叙利亚以来,这里始终存在着从未解决的文化与民族矛盾。为了重获埃及人和叙利亚人的忠诚,拜占庭帝国的皇帝试图在神学上找到令埃及人、叙利亚人和信奉卡尔西顿信仰的基督徒都能满意的妥协。但是,这是一项不可能完成的任务,因为人民不满的原因并非只有神学。总而言之,拜占庭帝国的皇帝所采取的一切做法,只是进一步疏远了信奉卡尔西顿信仰的基督徒和其他基督徒,他们迫使教会陷入无休止的神学争论之中。

第一位采取这种不明智政策的皇帝是巴西利斯库斯(Basiliscus)。他废黜了皇帝芝诺,又于公元 476 年废除了卡尔西顿大公会议的决议。他希望再召开一次大公会议,但是,他的愿望并未实现,因为芝诺重新夺回皇位,巴西利斯库斯再次召开大公会议的计划破产了。后来,芝诺于公元482 年颁布了《联合敕令》(*Henoticon*,或 Edict of Union),他在《联合敕令》中命令一切信仰必须回到基督论之争之前的普遍信仰。但这又导致了新的争论,因为许多基督徒,尤其是教宗菲利克斯三世(Felix III)声称,皇帝无权规定人们的信仰。芝诺得到了君士坦丁堡牧首阿卡西乌(Acacius)的支持,因此,这场争论导致了罗马主教与君士坦丁堡主教的公开决裂。"阿卡西乌分裂"(Schism of Acacius)导致了东西方教会的分裂,这次分裂一直持续到两位主教去世很久之后。到了公元 519 年,皇帝查士丁(Justin)与教宗霍尔密斯达斯达成了一项协议,这项协议实际上就是卡尔西顿大公会议的决议。

查士丁的继任者是他的侄子查士丁尼。查士丁尼是拜占庭帝国最有才能的一位皇帝,他夺回了北非和意大利,恢复了拜占庭帝国军队的声誉。他重建圣索菲亚大教堂,又编撰了一套完整的法典。他认为,持有卡尔西顿信仰的基督徒与基督一性论派的分歧,主要是因为措辞,双方可以通过一系列会议与对话和解。很久以后的基督教思想史家认为,查士丁尼在这一点上可能是正确的。但是,他似乎并没有意识到,看似纯粹的神学分歧,在很大程度上其实是更难以解决的文化、社会、经济和政治冲突的结果。查士丁尼恢复了一些在查士丁统治时期被废黜的基督一性论派主教的教职,其中一些主教甚至还受到邀请,访问了查士丁尼和他妻子狄奥多拉的皇宫。查士丁尼在自己的皇宫中热情恭敬地接待了他们。

公元 532 年,在查士丁尼的敦促之下,在君士坦丁堡召开了一次神学会议。当时最杰出的卡尔西顿神学家——拜占庭的莱昂提乌(Leontius of

Byzantium)解释了卡尔西顿大公会议的《信仰定义》,他的解释令一些基督一性论派领袖宣布,和解之路已经畅通无阻。其中一位领袖甚至宣称,他愿意接受卡尔西顿大公会议的《信仰定义》。到了此次会议结束时,许多基督徒都希望教会的分裂尽快结束。

然而,查士丁尼错误地认为,他不用谴责卡尔西顿大公会议本身,而只是谴责令那些反对者特别讨厌的三位安提阿学派神学家的著作,即可重获那些依然否定该大公会议的臣民的效忠。这三位安提阿学派神学家是摩普绥提亚的西奥多(Theodore of Mopsuestia)、居鲁士的狄奥多勒(Theodoret of Cyrus)和埃德萨的伊巴斯(Ibas of Edessa)。随后爆发的基督论之争通常被称为"三章争论"(Three Chapters Controversy)。查士丁*304*尼是正确的,因为基督一性论派的确最讨厌安提阿学派这三位神学家的基督论。但是,这场神学争论引起了巨大的轰动,查士丁尼最终被迫于公元 553 年在君士坦丁堡召开了一次会议。此次会议最终被称为第五次普世大公会议。该会议在查士丁尼的敦促下谴责了"三章"。(许多与会者反对谴责过世已久、且并没有被其同代人宣布为异端的那三位神学家——西奥多、狄奥多勒和伊巴斯。因此,此次大公会议没有直接谴责他们,而是谴责了他们著作中最令基督一性论派讨厌的内容。)但是,这并没有满足希望看到卡尔西顿大公会议决议被撤销的基督一性论派,因此,查士丁尼的所有努力几乎没有收到任何成效。

最后一位希望重获卡尔西顿大公会议反对者效忠的皇帝是公元 7 世纪初的赫拉克利乌(Heraclius)。君士坦丁堡牧首塞尔吉乌(Sergius)提出,基督的确有两个本性,但是,基督只有一个意志。虽然我们并不完全理解塞尔吉乌的观点——他想要表达的意思似乎是,上帝的意志在基督里取代了人的意志——但不管怎样,他的观点是这样被解释的。因此,反对他观点的论点类似于之前反对阿波利拿里的论点:没有人类意志的人不是真正的人。塞尔吉乌的观点被称为基督一志论(*monothelism*)——*305*源自希腊文 *monos*(一个)和 *thelema*(意志),他的观点得到了教宗霍诺里乌的支持,随后又开始了漫长的基督论之争。但是,阿拉伯人后来征服了叙利亚和埃及。叙利亚和埃及是反对卡尔西顿大公会议最为强烈的地区,因此,拜占庭帝国的政策不再寻求与这里反对卡尔西顿大公会议的基督徒和解。公元648年,君士坦斯二世禁止再对基督有一个或两个意志的问题进行任何讨论。第六次普世大公会议最终于公元680年至公元681年在君士坦丁堡召开,此次大公会议谴责了基督一志论,并宣布教宗霍诺里乌为异端。(直到很久以后的19世纪,在关于教宗无误[Papal Infallibility]的讨论中,是否应当将教宗判为异端成为了讨论的焦点。)后来又爆发了关于使用圣像的神学争论。从某种程度上讲,圣像争论是基督论之争的最后一个阶段。在早期教会中似乎没有基督徒反对使用圣像,因为很多地下墓穴和其他早期崇拜处都装饰着描绘圣餐、洗礼和各种圣经故事的壁画。后来,当罗马帝国归信基督教时,一些重要的主教担心,当时涌入教会的大量基督徒可能会被引向偶像崇拜,因此,他们讲道时反对基督徒将圣像误用为崇拜的对象,但他们并不反对圣像。公元8世纪,拜占庭帝国的几位皇帝针对圣像采取了一些措施。皇帝利奥三世(Leo III, 717—741)下令捣毁许多基督徒极为崇敬的耶稣雕像,此举导致圣像争论的公开爆发。公元754年,皇帝利奥三世的儿子兼继任者君士坦丁五世(Constantine V)召开了一次会议,此次会议禁止使用圣像,并谴责了为使用圣像辩护的基督徒。我们并不完全清楚做出这些决定的原因。但可以肯定的是,穆斯林的出现和他们强烈反对一切偶像的教义是其中的一个因素。此外,拜占庭帝国的皇帝可能希望抑制修士的权力,因为他们几乎一致支持圣像,他们的一部分收入也源自制造圣像或偶像。不管怎样,整个拜占庭帝国很快就因圣像而分裂了:一派是"反圣像崇拜者"(iconoclasts)——捣毁圣像者;另一派是"圣像崇拜者"(iconodules)。

在圣像崇拜者中,最具影响力的神学家是大马士革的约翰(John of Damascus)。约翰生活在穆斯林统治之下,他曾在哈里发的政府中担任高职。后来,他辞去了职务,先后成为修士和神父。他的《阐释正统信仰》（*Exposition of the Orthodox Faith*）意义重大,因为该书系统阐释了东方正统教义,该书也是在回应穆斯林的背景下写成的第一部重要的基督教著作。约翰之所以闻名于世,还因为他在神学上区分了可知——肯定神学（kataphatic theology）,与神秘——否定神学（apophatic theology）。

306

大马士革的约翰和其他圣像崇拜者认为,他们的观点是正统基督论的必然结果。如果耶稣是真实的人,我们可以在他里面看见上帝,那我们为什么要反对表现上帝的圣像?此外,第一位肖像制造者就是上帝,他按照自己的形象创造了人类。但君士坦丁五世召开的会议谴责了大马士革的约翰,对此,约翰论证说:

> 如果不是因为我们是按照上帝的形象被造,我们为什么要相互尊重……以某种有形的物体来描述上帝可能是最大的狂妄与亵渎……但是,既然上帝……成为了真实的人……教父们又看到,并不是所有人都可以读书,也不是所有人都有时间读书,他们便因此赞同以圣像这一可能的简单注释来表现那些事实。②

圣像之争又激烈地进行了若干年。西方教会并不理睬皇帝的法令,而东方教会却分裂了。最终,第七次普世大公会议于公元 787 年在尼西亚召开。此次大公会议严格区分了最高崇拜（latria）与二等崇敬（dulia）,前者是唯独向上帝献上的崇拜,后者是对圣像的崇敬。虽然反圣像崇拜者曾一度重新得势,但圣像最终于公元 842 年被明确恢复到原来的地位——东方的许多教会今天仍将这一事件作为"正统节"（Feast of Orthodoxy）来庆祝。在西方,第七次普世大公会议的决议并不受欢迎,因为最高崇拜与二等崇敬难以用拉丁文进行区分。但是,难题最终得以解

---

② *On the Orthodox Faith* 4.16.

决，大多数基督徒都同意在教会中使用圣像，也同意对圣像献上有限的崇敬。

持不同信仰的东方教会

尽管西方和拜占庭帝国的教会普遍认可各次普世大公会议的决议，但是，这些决议并不总能受到罗马帝国之外的东方教会的欢迎，其中就包括波斯帝国的教会。波斯帝国是罗马帝国的传统敌人，因此，波斯帝国的基督徒极力证明，他们的信仰并没有令他们成为外国人的工具。在这一点上他们没有成功，因此，他们受到了残酷的逼迫。公元 410 年，在波斯首都泰西封（Ctesiphon）的牧首领导之下，波斯帝国的基督徒成立了自治教会。当聂斯脱利随后不久受到谴责时，许多有安提阿学派思想的神学家担心他们会再次遭到报复，于是越过边境来到波斯，定居在尼西比斯，建立了一所最终成为波斯帝国重要神学教育中心的学校。结果，波斯帝国的教会信奉了其他基督徒所说的"聂斯脱利主义"。在最兴旺的时候，波斯帝国的聂斯脱利派教会在阿拉伯半岛、印度甚至中国的宣教事业都取得了巨大的成功。但是，不利的政治局势最终削减了聂斯脱利派的数量，今天，仅存的数千名聂斯托利派分散在世界各地。

在拜占庭帝国境内，"基督一性论派"的主要据点是埃及和叙利亚。在埃及，除了反对卡尔西顿大公会议决议之外，科普特人——古埃及人的祖先——也是造成社会动荡的一个因素，因为他们认为，自己受到了拜占庭帝国的压迫与剥削。在城市中，许多说希腊语的基督徒十分满意当前的社会制度，他们普遍接受了卡尔西顿大公会议的《信仰定义》。阿拉伯人征服埃及之后，科普特教会成为埃及的主要教会。信奉卡尔西顿正统信仰的基督徒被称为麦基派（Melchites）——"帝国"基督徒。科普特教会和麦基教会一直共存到今天，但是，科普特教会是较大的教会。埃塞俄比亚教会始终与埃及教会保持着密切联系，所以埃塞俄比亚教会很少与其他教会直接接触。因此，埃塞俄比亚教会随同科普特教会一同否认卡

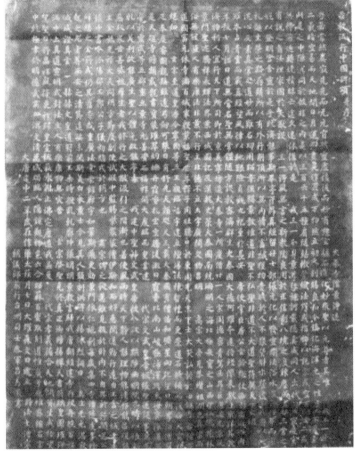

大秦景教流行中国碑。公元781年的大秦景教流行中国碑说明聂斯脱利派基
督教至少在之前一百五十年就传到了中国。

尔西顿大公会议,埃塞俄比亚教会也就成了"基督一性论派"教会。

叙利亚也有着类似的情况,但是,叙利亚的卡尔西顿正统基督徒与"基督一性论派"的数量基本持平。"基督一性论派"的伟大领袖是雅各·巴拉德乌斯(Jacob Baradaeus)——一位不知疲倦的旅行者和组织者,他们的教会也被称为"雅各派"(Jacobite)教会。

另一个重要的"基督一性论派"教会是亚美尼亚教会。到了公元450年,当波斯人试图将他们的宗教强加给亚美尼亚时,基督教通过启蒙者格列高利的努力传到了亚美尼亚,并成为亚美尼亚的民族凝聚点。这恰巧发生在卡尔西顿大公会议召开之前,亚美尼亚人希望,同为基督教国家的罗马帝国会出手相助。但是,当时已经许诺援助亚美尼亚的狄奥多西二世去世了,他的继任者布尔开利亚与马喜安任由波斯人入侵亚美尼亚。亚美尼亚的一千零三十六名士兵战斗到最后,他们守住了山口,希望这样能够拖延时间,等待罗马人援助他们。但是,一切都是徒劳,波斯人侵占了亚美尼亚。就是在这个时候,布尔开利亚和马喜安召开了卡尔西顿大公会议,亚美尼亚人当然会拒绝接受此次大公会议所做的决议。因此,亚美尼亚基督徒被称为"基督一性论派"——信仰基督"一个本性"的基督徒。而亚美尼亚基督徒则宣称,参加卡尔西顿大公会议的主教——他们宣称基督具有神人二性——不仅是背教者,也是异端。

在波斯人统治之下,亚美尼亚人没有放弃自己的信仰与传统,他们得到了一定的自主权。后来,阿拉伯人征服了亚美尼亚。在阿拉伯人统治之下,虽然偶尔会受到逼迫,但亚美尼亚基督教仍在兴旺发展。11世纪时,土耳其人占领了亚美尼亚,他们的残暴统治迫使许多亚美尼亚人迁移到小亚细亚。在那里,亚美尼亚人建立了小亚美尼亚。但是,小亚美尼亚最终也被土耳其人征服,并以铁腕政治统治着这个地区。20世纪初,土耳其人屠杀了数千名亚美尼亚人,所有村庄被夷为平地,幸存者散居在世界各地。与此同时,老亚美尼亚仍然保持着自己的传统,先是在苏联的统治之下,后是作为独立的亚美尼亚共和国。

这些不同的教会一直存续到今天。到了20世纪下半叶,它们受到了普世教会运动的影响。在所有这些教会和坚持卡尔西顿《信仰定义》的教会中,越来越多的基督徒认识到,他们并没有真正的分歧,他们的分歧更多是在于措辞不同。因此,他们走上了和解之路。

阿拉伯人征服后的东正教

虽然所有教会显然都自认为是正统教会,但是,正统教会这个称谓最终成为东方卡尔西顿基督教的标志之一。因此,信奉卡尔西顿信仰的东方基督教通常被称为东正教。

在被阿拉伯人征服之后,穆斯林在东方和南方阻碍了东正教的传播,因此,东正教只能向北方和西北方传播。在日耳曼人入侵之后,斯拉夫人入侵了东欧地区,成为这里的主要居民。他们占据了今天波兰的大部分地区、波罗的海国家、俄罗斯、斯洛伐克、塞尔维亚和希腊。越过多瑙河的斯拉夫人至少在名义上还是拜占庭帝国的臣民,其他斯拉夫人分裂成许多部落和国家。后来,一群新的入侵者保加利亚人征服了多瑙河盆地的广阔地区,他们在这里统治着混居在一起的斯拉夫人和拜占庭帝国的前臣民。

这就是公元862年的局势。在这一年,一个斯拉夫人王国——摩拉维亚——的国王罗斯季斯拉夫(Rostislav)的一封信送到了君士坦丁堡:

> 许多基督徒来到我们中间,有意大利人,有希腊人,有日耳曼人,他们都以各自不同的方式向我们讲述真理。但是,我们斯拉夫人是天真的民族,根本就无人教授我们真理……因此,我们恳求您,为我们派来能教授我们完备真理的人。③

310

---

③ Quoted in G. Zananiri, *Histoire de l'église byzantine* (Paris: Nouvelles éditions latines, 1954), p. 185.

罗斯季斯拉夫并不像他在信中表现的那样天真。他担心自己王国中的西方宣教士会充当征服者的先锋,这在其他地区已有先例,法兰克帝国的宣教士就充当了法兰克征服者的先锋。罗斯季斯拉夫已经意识到东西方基督徒之间的敌对情绪,他试图利用他们彼此的敌对情绪来保护自己的王国,所以写了这封信。

不管怎样,罗斯季斯拉夫的请求在君士坦丁堡受到了欢迎,这被视为扩张拜占庭帝国势力的一次良机。应罗斯季斯拉夫的请求,西利尔和他的兄弟美多迪乌(Methodius)作为宣教士被派往摩拉维亚。他们二人在巴尔干半岛的斯拉夫人中长大,因此对斯拉夫人的语言有所了解。他们此前在克里米亚(Crimea)的宣教也证明了自己的勇气。在摩拉维亚,他们受到了欢迎。西利尔发明了一种书写斯拉夫文的方法,这即是如今仍被大部分斯拉夫语族所广泛采用的西利尔字母表;他还翻译了圣经、圣餐仪文和其他一些著作。但是,西利尔和美多迪乌很快就遭到了日耳曼宣教士的反对,日耳曼宣教士声称,只有拉丁文、希腊文和希伯来文才可以在崇拜中使用。最终,西利尔和美多迪乌来到罗马,教宗决定支持他们,但他们必须接受教宗的管辖。因此,摩拉维亚教会多年来成了君士坦丁堡、罗马和日耳曼人三股势力争夺的对象。公元906年,匈牙利人入侵摩拉维亚,摩拉维亚王国灭亡了。但是,西利尔和美多迪乌所做的开创性工作在所有斯拉夫民族中结出了果实。最终,一些斯拉夫人信奉了西方的基督教,还有一些斯拉夫人成为了东正教徒。

与此同时,保加利亚人在巴尔干半岛日渐强大。东西方的宣教士也在他们中间宣教,他们的国王鲍里斯(Boris)也成了基督徒。鲍里斯在接受洗礼后要求君士坦丁堡牧首弗提乌斯(Photius)为他的王国任命一位大主教。弗提乌斯提出了一些问题,并要求鲍里斯满足一定的要求,因此,鲍里斯转向了教宗尼古拉(Nicholas)。尼古拉派来了两位主教,但是,他拒绝为鲍里斯任命一位大主教。最终,弗提乌斯的继任者——君士坦丁堡牧首——为保加利亚教会祝圣了一位大主教和几位主教,由他们领导

女王奥尔加的孙子是基辅公国的大公,现被称为圣弗拉基米尔,他带领臣民归信了基督教信仰。画中表现的是庆祝这一盛事,弗拉基米尔站在中央,身旁是妻子君士坦丁堡的安娜和儿子智者雅罗斯拉夫,雅罗斯拉夫将继续弗拉基米尔的工作。左边的古代军团溃不成军。画家安德鲁希夫(Andrusiw)将自己描绘为站在洗礼的水中,就在圣弗拉基米尔的正下方。

新生的保加利亚东正教。在保加利亚异教徒的短暂抵抗之后,基督教在鲍里斯的儿子西美昂(Simeon)统治时期得以巩固。公元 917 年,西美昂坚持保加利亚独立于拜占庭帝国,他自封为"沙皇"——凯撒或皇帝。十年之后,保加利亚教会也采取了类似的措施,保加利亚的大主教被封为牧首。尽管拜占庭教廷最初将保加利亚教会的这种行为视为篡权,但是他们最终与保加利亚教会和解了。

然而,东正教在宣教方面取得的最大成功是俄罗斯归信了基督教。公元 950 年左右,基辅公国的女王奥尔加(Olga)归信了基督教,日耳曼宣教士为她施行了洗礼。但是,在她的孙子弗拉基米尔(Vladimir, 980—1015)统治时期,基督教才开始取得重大进展。因为一些我们并不完全清楚的原因,弗拉基米尔请求拜占庭帝国为他派来宣教士,而不是请求西方教会。他和他的许多臣民于公元 988 年接受了洗礼,乌克兰和俄罗斯的教会通常被认为是在这一年诞生的——因为基辅的王子最终在莫斯科施行统治,而莫斯科在弗拉基米尔归信基督教时还只是一座小村庄。弗拉基米尔在劝导自己臣民归信基督教的过程中使用了武力,但是,关于他使用武力的程度尚存一些疑问。他的儿子智者雅罗斯拉夫(Yaroslav the Wise, 1019—1054)加强了与君士坦丁堡的联系,并与罗马越走越远。公元1240年,蒙古人入侵了俄罗斯。在蒙古人统治俄罗斯的二百多年中,基督教成为维系俄罗斯民族统一的纽带,基督教使得俄罗斯作为一个民族存活下来,并最终赶走了入侵者。16世纪初,在君士坦丁堡被土耳其人占领之后,俄罗斯宣布,莫斯科是"第三罗马",莫斯科的统治者成为沙皇,莫斯科的主教成为牧首。

在阿拉伯人的征服之后,罗马与君士坦丁堡的关系不断恶化。查理曼复辟了西罗马帝国,这就意味着,教宗不再需要拜占庭帝国的支持。关于使用圣像的漫长争论令西方相信,东方教会只是皇帝手中的傀儡。所有这一切导致了西方所说的"弗提乌斯分裂"(Schism of Photius, 867)。在一场废黜了牧首伊格纳修(Ignatius)的革命之后,弗提乌斯被任命为君士坦丁堡牧首。弗提乌斯和伊格纳修都向教宗尼古拉求助,但是,尼古拉站在了伊格纳修一边。弗提乌斯随后宣布,西方的所有教会都是异端,因为它们篡改了《尼西亚信经》,指责它们在《尼西亚信经》中加入了和子(Filioque)一词——"和从圣子",而以前的《尼西亚信经》说圣灵是"从圣父"而出。弗提乌斯认为,如果在《尼西亚信经》中加入"和子"一词,那么西方人不仅篡改了《尼西亚信经》,还篡改了古人对三位一体的理解——圣灵是"从圣父,通过圣子"而出。

对《尼西亚信经》的这个改动最早似乎出现在西班牙,又从西班牙传到了法国。到了查理曼时代,在亚琛(Aachen)皇家礼拜堂中背诵的《尼西亚信经》就有了"和子"一词。当一些来到东方的法兰克修士背诵加入了"和子"一词的《尼西亚信经》时,东正教徒将此举视为丑闻,他们要求知道,是谁授权法兰克人改动古代大公会议所制定的信经。此外,突然崛起的法兰克人是古老的拜占庭帝国的政敌,东西方之间始终缺乏相互信任,这些又令"和子之争"雪上加霜。

"和子之争"的一个副产品是《古罗马信经》被重新启用,现在,《古罗马信经》被称为《使徒信经》。教宗既不希望疏远拜占庭人,也不希望疏远法兰克人,于是他开始使用这个几乎已被人们遗忘的古代信经。最终,《使徒信经》凭借罗马的影响力取代了《尼西亚信经》,成为在西方基督徒中最被广泛使用的信经。

　　当君士坦丁堡的政局发生变化时,伊格纳修重新成为牧首,当时达成的一项协议是,弗提乌斯将成为下一任牧首。但是,分裂所造成的伤痛犹在,并最终酿成了严重的后果。

　　东西方教会于公元 11 世纪彻底分裂了。保加利亚大主教奥赫里德的利奥(Leo of Ochrid)指控西方教会犯了错,因为西方教会将神职人员的独身规定为东西方所有教会的教规,西方教会还在圣餐中使用了无酵饼。随着争辩的不断升级,教宗利奥九世(Leo IX)派出一位特使到君士坦丁堡处理此事。但是,他的这一选择是最不幸的。他的特使枢机主教洪贝尔(Humbert)根本就不懂希腊文,也不愿意学习希腊文。他是一位热情的改革家,他的改革计划包括神职人员独身以及教会独立于世俗统治者。在洪贝尔心中,东方教会已婚的神职人员和拜占庭帝国的皇帝对教会所拥有的权力,正是他发誓要消灭的敌人。他与君士坦丁堡牧首米歇尔·瑟如拉留(Michael Cerularius)相互咒骂。最终,在 1054 年 6 月 16 日,当牧首米歇尔·瑟如拉留准备举行圣餐时,枢机主教洪贝尔来到圣索菲亚大教堂,他走上高高的圣坛,以教宗的名义——教宗实际上已在不久之前去世——当众将准备好的教宗绝罚谕放到圣坛之上,将"异端"米歇尔·瑟如拉留和所有胆敢追随他的基督徒全部革除教籍。随后,枢机主教洪贝尔愤然离开,启程返回罗马。东西方教会彻底分裂了。

第二十九章

罗马帝国的复兴
与持续的衰落

掌权者们注意了……掠夺属于教会的财产是你们在为自己定罪……要知道，教会的财产是信徒的希望，是穷人的遗产，是为赎罪所付出的代价。

——兰斯的辛克马尔

公元 800 年的圣诞节，克洛维接受洗礼 304 年之后，在罗马的圣彼得大教堂，教宗利奥三世手持皇冠走向了法兰克人的国王查理曼，他将皇冠戴到查理曼的头上后高呼："愿上帝将生命赐予这位伟大和平的皇帝！"而在 324 年之前，西罗马帝国的最后一位皇帝被废黜。在查理曼被加冕的同时，教宗利奥三世复兴了古罗马帝国，现在，古罗马帝国在教会的庇护之下得以重生。

查理曼的统治

当教宗利奥三世为查理曼加冕时，这位皇帝统治着西方几乎所有的基督教国家。一个重要的例外是不列颠。但是，早在被加冕为皇帝之前，查理曼在帝国东部边境与撒克逊人及其盟友弗里西亚人（Frisians）的数场战争，就已经让当时还只是法兰克人国王的他将领地扩张到了古罗马帝国之外。

与撒克逊人和弗里西亚人的战争漫长而又血腥。查理曼不断入侵他们的领地，迫使他们屈服，但是，他一旦离开，他们就再次起义。查理曼决心以屠杀之血与洗礼之水镇压起义:顽固不化之人惨遭屠杀,其他人则被强迫接受了洗礼。到了公元 784 年,弗里西亚人放弃了抵抗;一年之后,撒克逊人的最后抵抗也被瓦解,数以千计的撒克逊人被迫接受了洗礼。这一变化意义重大,因为许多撒克逊人始终相信,接受洗礼就等于背弃他们的神祇,他们的神祇也会因此而遗弃他们。所以,一旦接受洗礼,他们就只能信靠基督教的上帝。不管怎样,强迫洗礼的结果是,在撒克逊人中很快就出现了基督教领袖,他们后来采取类似的方法,让他们的邻舍也归信了基督教。

查理曼也将自己的权力扩张到了西方。他对西班牙发动的第一场战争是一场灾难。他之所以会入侵伊比利亚半岛,是因为一些穆斯林领袖许诺支持他,但是,他们从未兑现自己的承诺。在率军回国途中,查理曼的后卫部队在伦塞斯瓦列斯(Roncesvalles)遭到伏击,也许是巴斯克人(Basques)伏击了他的部队——这一事件促成了现存最早的重要法文著作《罗兰之歌》(Chanson de Roland),并影响到此后中世纪的骑士文学。

后来,查理曼的军队在西班牙建立了一个据点,他们征服了远到埃布罗河(Ebro River)的广阔土地,又在那里建立了西班牙边地。此外,当阿斯图里亚斯的阿方索二世(Alfonso II of Asturias)为从摩尔人手中重夺伊比利亚半岛,开始了与他们的漫长战争时,他也得到了查理曼的支持。

作为皇帝的查理曼认为,他得到在世俗与教会事务中管理自己臣民的呼召。他像任命将军那样任命主教,不过,他总能找到称职的人选。他颁布的法律规定,要用普通百姓的语言讲道,星期天是休息和崇拜的日子。他征收什一税,仿佛什一税就是国家的正常税收。修道主义已经今非昔比,修士失去了他们最初的修道热情,许多修道院院长将他们的圣职视为谋取财富与权力的一种手段。查理曼决定,修道制度必须彻底改革。他将这项工作委托给本笃(不是写本笃《会规》的那个本笃)。本笃为成为修士而放弃了他在宫廷中的职务,他因自己的智慧与敬虔而深受敬重。现在,查理曼任命他为阿尼亚纳皇家修道院院长,查理曼希望,阿尼亚纳的本笃能树立好的榜样,帮助他领地内的其他修道院走上正轨,遵守本笃会的《会规》。

虽然查理曼本人没有受过教育,但是他支持教育。他恢复并改革了现存的学校,将自己在意大利结识的执事约克的阿尔昆(Alcuin of York)召到了宫廷,阿尔昆把在爱尔兰与不列颠修道院中保存下来的知识先后传授给法兰克人。查理曼还从西班牙带回了西奥多夫(Theodulf),任命他为奥尔良(Orleans)的主教,西奥多夫下令,他教区中的每个教会都必须有一所同时向穷人和富人开放的学校。其他主教很快就纷纷效法西奥多夫的做法。此外,大批学者涌入查理曼的领地,因此出现了一次重要的知识大复兴。

查理曼帝国的荣耀在这位伟大的皇帝去世之后并没有持续多久。他的儿子路易是一位尽责的统治者,但却不是一位优秀的伯乐。他致力于改革修道院,早在公元814年成为皇帝之前,他就要求阿尼亚纳的本笃改革阿基坦(Aquitaine)的修道院——他像国王一样统治着这里的修道院。在路易成为皇帝之后,公元817年的帝国会议按照他的意愿,下令所有修道院必须在阿尼亚纳的本笃的领导之下进行改革,主教和其他神职人员不得佩戴金银首饰和穿戴华丽的服饰。此次帝国会议还规定,交纳什一税是所有臣民的义务,要将什一税三分之二的收入分给穷人。最后,此次帝国会议希望给予教会更大的自主权,因为会议决定恢复由人民和神职人员选举主教的古老习俗。但是,包括一些主教在内的许多人利用了路易的好脾气,在路易统治的最后几年,内战爆发了,路易的儿子和他们的党羽相互开战,他们甚至还向皇帝路易发难。路易不断打败叛党,又不断赦免了他的敌人;但是,他的宽宏大量并没有让他更受拥戴,反而助长了更多的叛乱,甚至曾经被他赦免的敌人也再次造反。在他去世之后,帝国被他的三个儿子瓜分。在路易的孙子胖子查理(Charles the Fat of France,公元881—887年在位)的统治之下,古罗马帝国的大部分地区再次统一。但是,这些地区在胖子查理去世之后再次分裂。除了内部分裂和内战之

318

外,挪威人和其他人的掠夺与入侵也困扰着查理曼帝国。

阿拉伯人的征服也对西欧的经济与政治生活产生了巨大影响。在阿拉伯人入侵之前,地中海沿岸贸易繁荣,西欧甚至与东方也有贸易往来。现在,阿拉伯人阻断了通往东方的道路,他们统治着地中海的南岸与东岸。虽然亚得里亚海(Adriatic)和欧洲北海岸的运输业仍然存在,但是,大规模的贸易被中断,每个地区必须自力更生。货币一度停止了流通,人们几乎看不到金币,西欧进入物物交换的经济时代。

在这样的环境中,财富的主要来源是土地,而不是金钱。国王和其他封建领主通常用土地奖赏为他们效劳的人。封建制度就这样诞生了。封建制度是一种基于土地占有的等级制度;每一个封建领主都效忠于赐予他土地的更大领主,与此同时,赐予者也得到所赐之人的效忠。起初,赠予的土地是终身制的。但是,土地最终变成了世袭制。一位封臣通常会得到不同领主赏赐的土地,因此他就可以声称,如果他效忠一个领主,就不能同时效忠另一个领主,所以他总能以此逃避应尽的义务。这一切的结果是西欧的政治与经济产生分裂,所有集权都衰落了,包括国王的权力。

教会也受到了影响。主教辖区和修道院通常占有广阔的土地,因此,主教和男女修道院院长成为权贵,所有人都希望得到他们的支持。因此,谁有权任命他们,就成为具有重大政治意义的问题。

神学活动

查理曼曾追求的知识复兴在整个公元 9 世纪结出了果实。无论在哪里,只要有一位强大的统治者,一定的和平环境,以及繁荣兴旺的学校和各种著作的抄本,那里就有一定规模的神学活动。但是,在整个 9 世纪,西欧只出现了一位伟大的系统思想家,而大部分神学活动都集中在围绕着教义或崇拜的某一点所爆发的争辩上。

在加洛林王朝(Carolingians,即查理曼王朝),唯一一位伟大的系统思

319

想家是约翰·司各脱·埃里金纳(John Scotus Erigena)。埃里金纳是爱尔兰人,他继承了在爱尔兰修道院中得以保存下来的古代知识。将近公元9世纪中叶,他在秃头查理(Charles the Bald)——虔诚者路易的三位继承者之一——的宫廷中任职,他因自己的渊博学识而享有很高的威望。他精通希腊文,将亚略巴古的狄奥尼修斯(Dionysius the Areopagite)的著作翻译成拉丁文。这些著作于公元5世纪写成,传说是在亚略巴古听过保罗讲道的那位狄奥尼修斯所著。当它们在秃头查理统治时期传入西欧时,并没有人怀疑它们的真实性。埃里金纳的译本几乎被人们当作同使徒具有同样权柄之人的著作来阅读。这些著作详细阐述了一种新柏拉图主义的神秘主义,而这种神秘主义很快就与保罗的神学混淆在一起,使徒保罗就这样被人们解读,仿佛他也是一位新柏拉图主义者。

埃里金纳的伟大著作是《论自然的区分》(On the Division of Nature)。《论自然的区分》也是新柏拉图派著作,埃里金纳的许多教义现在被认为是新柏拉图派的理论,而不是基督教的教义。但是,他非常博学,思辨十分抽象,以至于并没有太多人阅读他的著作,更没有多少人能读懂他的著作,他似乎根本就没有追随者。后来,少数继承埃里金纳某个教义的人,通常也都被谴责为异端。

在加洛林王朝时期,一个主要的神学争辩集中在西班牙两位主教的教义上:托莱多的埃里柏铎(Elipandus of Toledo)和乌赫尔的菲利克斯(Felix of Urgel)。在西班牙,有许多基督徒的祖先在被穆斯林征服时没有逃走,他们现在生活在摩尔人的统治之下。这些基督徒被称为莫扎拉布(Mozarabs),他们保留了被穆斯林征服之前的古老传统,包括他们自己的崇拜,被称为莫扎拉布崇拜(Mozarabic Liturgy)——今天仍在托莱多大教堂中举行。当查理曼开始重新夺回那些被穆斯林统治的地区时,莫扎拉布仍然坚守他们的传统,但法兰克人试图用法国与罗马的传统取代他们的传统。因此,法兰克人与莫扎拉布的关系早在这场神学争论爆发之前就已经非常紧张。

埃里柏铎基于莫扎拉布崇拜仪文的一些规定宣称,就其神性而言,耶稣是圣父永恒的儿子,但是,就其人性而言,耶稣只是被收养的儿子。当埃里柏铎说出这些话时,神学争论爆发了。这令许多基督徒将埃里柏铎和他的追随者称为"嗣子论派"(adoptionists)。但是,埃里柏铎的教义与真正的嗣子论有着巨大的差异。嗣子论派声称,耶稣只是上帝所收养的"纯粹的人"。与之不同,埃里柏铎肯定,耶稣始终具有神性。但是,他认为,必须坚持救主耶稣神人二性的差异,他以两种"儿子的身份"强调耶稣的神性和人性:上帝永恒的儿子与上帝收养的儿子。因此,埃里柏铎的教义并不是严格意义上的嗣子论,而是以前安提阿学派神学家的一种基督论,而以弗所大公会议已经谴责了安提阿学派极端的基督论。

其他神学家反对这些教义,他们坚持认为,神性与人性在救主耶稣里紧密地联合在一起。例如,利巴那的比亚图斯(Beatus of Liebana)写道:

> 非信徒只能在被他们钉死在十字架上的上帝中看到一个人。他们将上帝作为人钉死在十字架上。他们将上帝的儿子钉死在十字架上。他们将上帝钉死在十字架上。我的上帝为我受苦。我的上帝为我被钉死在十字架上。[①]

埃里柏铎及其追随者乌赫尔的菲利克斯的教义很快就受到了法兰克神学家和教宗的谴责。菲利克斯被迫放弃了自己的观点,他被逐出了莫扎拉布势力强大的乌赫尔。但是,埃里柏铎生活在摩尔人的领地,他拒绝放弃自己的观点。直到埃里柏铎和菲利克斯都去世之后,这场神学争论才平息下来。

然而,与此同时,其他神学争论开始在西方形成。我们已经讨论过西方因在《尼西亚信经》中加入和子一词与君士坦丁堡所产生的冲突。在

---

① *Epistle to Elipandus*, 1.4.

西方神学家所争论的众多问题中,预定论与基督在圣餐中的临在是最重要的。

　　预定论之争中的主要人物是奥巴斯的戈茨沙尔克(Gottschalk of Orbais)。戈茨沙尔克是一名修士,他认真研究过奥古斯丁的著作,他认为,教会已经偏离了希波城这位伟大主教的教义,尤其是奥古斯丁的预定论。尽管他比自己的同代人更好地理解了奥古斯丁的预定论——在这一点上他是对的——但是,极力阐释并捍卫奥古斯丁预定论的戈茨沙尔克却远离了奥古斯丁的精神。一些评论家认为,戈茨沙尔克似乎很愿意相信,他的敌人被上帝所遗弃,受到了永罚。他因许多原因与他的修道院院长结仇,当他将自己的教义公之于众时,立刻受到了攻击。攻击他的人有富尔达(Fulda)的修道院院长拉巴努斯·毛鲁斯(Rabanus Maurus),以及有权有势的主教——兰斯的辛克马尔(Hincmar of Reims)。在一场波及众多著名神学家——包括埃里金纳、拉巴努斯,尤其是辛克马尔——的神学争论之后,戈茨沙尔克被判为异端,被监禁在一座修道院中,据说去世前不久在修道院中疯掉了。

　　加洛林王朝时期另一场神学大争论是关于基督在圣餐中的临在。这场神学争论的起因是帕斯卡修·拉德柏尔图(Paschasius Radbertus)的一篇题为《论主的身体与血》(*On the Body and the Blood of the Lord*)的神学论文。拉德柏尔图是科比(Corbie)的一个修士,他后来被追封为圣徒。拉德柏尔图在自己的论文中宣称,当饼与酒被祝圣时,它们转变成主的身体与血。它们不再是饼与酒,饼成为童贞女马利亚所生的主的身体,血成为主在骷髅地所流的血。拉德柏尔图认为,虽然这种转变是秘密发生的,人类通常感知不到,但在一些特殊情况下,信徒可以看到主的身体与血,而不是饼与酒。

　　当国王秃头查理读到拉德柏尔图的论文时,他对这篇论文产生了疑惑,并要求科比的拉特拉姆斯(Ratramnus)阐明基督在圣餐中的临在。拉特拉姆斯的答复是,虽然基督的身体真实地临在于圣餐中,但这并不是其他任何物质身体的临在,不管怎样,临在圣餐中的基督的身体并不是正坐在上帝右边的历史上那位耶稣的身体。

这场神学争论表明,到了加洛林王朝时期,一些神学家仍然认为,饼与酒在圣餐中不再是饼与酒,而是变成基督的身体与血。但是,这场神学争辩还表明,当时的许多神学家也相信,饼与酒变成基督的身体与血这一观点只是普通基督徒的夸张以及语言使用不准确所造成的结果。随后不久,一些神学家开始使用"实质改变"(a change in substance),最终,13 世纪的第四次拉特兰大公会议(Fourth Lateran Council,1215)颁布了变体说(transubstantiationism)的教义。

这些神学争论只是爆发在加洛林王朝知识复兴时期众多神学争论中的几个例子。但是,加洛林王朝的知识复兴是短暂的,它带给人们的希望很快就破灭了,因为查理曼的继任者出现了分裂,与此同时,新一波入侵狂潮再次令西方基督教陷入了恐怖与混乱。

新一波入侵狂潮

日耳曼人于公元 4 世纪和 5 世纪的入侵令西欧陷入了混乱,查理曼和他的继任者似曾一度将西欧带出混乱。但是实际上,一时平息下来的入侵并没有结束,新一波入侵狂潮恰巧发生在加洛林帝国日渐衰落的时候。

数百年来,斯堪的纳维亚人一直居住在欧洲的最北端。在公元 8 世纪这一百年间,此前一直定居在这里的斯堪的纳维亚人在造船技术上取得了长足的进步,他们成为附近海域的主人。他们的船只长六十或七十英尺,由帆和橹驱动,最多能承载八十人。斯堪的纳维亚人乘着自己所造的船开始远征欧洲的其他地区,在欧洲,他们被称为挪威人。随着加洛林帝国开始瓦解,法国的北海岸弱不禁风,难以抵御进攻,挪威人很快便发现,他们可以在这里登陆。他们洗劫了教堂、修道院和主教宅邸,然后带着战利品和奴隶回国。为了不断获取财富,他们经常袭击教堂和修道院,因此,他们被视为上帝的敌人。

起初,挪威人只袭击附近的不列颠和法国北部海岸。但是,他们很快就越加大胆,开始深入内陆,作为征服者定居在新的土地上。在英格兰,只有韦塞克斯的阿尔弗雷德大帝(Alfred the Great)进行了有效的抵抗,但到了11世纪,丹麦人的国王卡努特(Canute)成为整个英格兰的主人——他也是丹麦、瑞典和挪威的国王。在法国,他们攻陷并洗劫了波尔多和南特,公元845年,他们甚至到达了巴黎。在西班牙,他们洗劫了圣地亚哥的孔波斯特拉教堂,更南方的穆斯林城市塞维利亚也惨遭不幸。他们越过直布罗陀海峡,出现在地中海。最终,他们定居在从穆斯林手中夺来的西西里岛和意大利南部,并在这里建立起自己的王国。另一批挪威人定居在法国北部后来被称为诺曼底的地区。他们从诺曼底渡洋来到英格兰,征服了英格兰。

最终,挪威人成为基督徒。许多挪威人只是信奉了他们定居在其中并被他们征服之人的信仰。其他主要生活在斯堪的纳维亚半岛与遥远的冰岛的挪威人,追随他们的领袖接受了洗礼——有时是被迫接受洗礼。到了卡努特时期,即11世纪上半叶,几乎所有的斯堪的纳维亚人都接受了洗礼。

大约就在斯堪的纳维亚人从北方入侵西欧的同时,从东方来了另一批入侵者。他们是马扎尔人(Magyars),说拉丁语的西方将他们称为"匈牙利人"(Hungarians),因为他们让西欧人想起了古代的匈奴人(Huns)。当他们定居在今天的匈牙利后,他们不断入侵德国,并经常越过莱茵河。即使是遥远的勃艮第,也对他们的铁骑闻风丧胆。他们胜利攻入意大利南部,所到之处变成一片废墟。最终,捕鸟者亨利(Henry the Fowler)和他的儿子德意志的奥托一世(Otto I)于公元933年和955年两次击溃匈牙利人,他们的进攻基本上停止了。

匈牙利人吸收了他们邻居德国人的许多文化,也吸收了被他们征服的斯拉夫人的文化。德国和拜占庭帝国的宣教士来到了匈牙利,公元10

世纪末,匈牙利的国王接受了洗礼。下一任国王取名为斯蒂芬——他通常被称为匈牙利的圣斯蒂芬(Saint Stephen of Hungary),他强迫所有臣民归信了基督教。

斯堪的纳维亚人和匈牙利人的入侵令一位历史学家将公元10世纪称为"黑暗与暴力的一个世纪"。虽然西罗马帝国于公元10世纪末在奥托大帝(Otto the Great)和随后几位继任者的统治之下取得了一定的复兴,但西罗马帝国还是充满了血雨腥风,能够反映那个时代的教宗制度也衰落到其整个历史的最低谷。

教宗制度的衰落

查理曼加冕令教宗处于一种尴尬的境地。一方面,教宗由于似乎拥有了为皇帝加冕的权利而在阿尔卑斯山以西享有巨大的威望。但另一方面,罗马帝国内部经常乱作一团。因此,有权主宰帝国命运的教宗似乎无力统治他们自己的城市。这反而令教宗成为野心家唾手可得的猎物,他们可以通过贿赂、欺诈甚至是武力来控制教宗。

教宗权力的衰弱速度并没有加洛林王朝那么快。随着皇权的衰弱,教宗曾被短暂地视为西欧绝对权力的唯一源头。结果,自从三百年前的大格列高利以来,教宗尼古拉一世(Nicholas I)从公元858年至867年的统治是最杰出的。据说是一组古代的、赋予教宗极大权力的文献,巩固了他的权力。这组文献就是《伪教令集》(False Decretals),它们可能是德国教会中的底层教士所伪造的,他们支持教宗的权力高于直接管辖他们的修道院院长。不管怎样,尼古拉一世和欧洲的许多人相信,《伪教令集》是真实的,因此,他以史无前例的热情施行统治。他尤其积极地抑制着掌权者的好战情绪,他们对战争习以为常,仿佛战争就是一场游戏,但在战争中遭受最大伤痛的却是黎民百姓。

324

尼古拉一世的继任者阿德里安二世(Adrian II)采取了类似的政策。他与加洛林的国王洛泰尔二世(Lothair II)发生了冲突,他曾因洛泰尔二世的淫乱婚姻斥责过他。在卡西诺山,当洛泰尔二世正准备领受圣餐时,阿德里安二世诅咒了他和他的宫廷。当一场可怕的瘟疫在洛泰尔二世的宫廷中爆发而导致他去世时,阿德里安二世的威望达到了顶峰。

然而,在下一任教宗约翰八世(John VIII)统治期间,出现了教宗衰落的端倪。为了应对穆斯林入侵的威胁,约翰八世试图寻求胖子查理和拜占庭人的支持,但是,他发现他们都不愿意帮助他。他在自己的教廷中被谋杀,据说下毒谋害他的侍从嫌他死得太慢,便用槌棒敲碎了他的脑袋。

从此以后,教宗的更迭就成了家常便饭。教宗史成为复杂的阴谋史,我们不必在此赘述;教宗之职成为罗马和阿尔卑斯山以西各个敌对派系争夺的战利品。有的教宗被掐死,有的教宗被自己的继任者扔到地牢中饿死。有时还会出现两位、甚至三位教宗,他们都声称自己才是圣彼得的真正继承人。

几个例子就足以说明当时的情况。公元 897 年,教宗司提反六世(Stephen VI)主持了"僵尸会议"。他的一位前任福尔摩苏斯(Formosus)的尸体被从坟墓中掘出,还被穿上教宗长袍沿街示众。他随后受到了审判,并被定下数项罪行。他被砍掉了曾主持圣事的手指,最后,他的遗骨被丢进台伯河。

公元 904 年,塞尔吉乌三世(Sergius III)将敌对的教宗利奥五世(Leo V)和克里斯托弗一世(Christopher I)关进监狱,并将他们杀害。在意大利最有权势的一个家族的支持下,塞尔吉乌三世成为了教宗。这个家族的领袖是狄奥非拉特(Theophylact)和他的妻子狄奥多拉(Theodora),他们的女儿马罗齐亚(Marozia)是塞尔吉乌三世的情人。在塞尔吉乌三世去世不久之后,马罗齐亚和她的丈夫图西亚的圭多(Guido of Tuscia)占领了拉特兰宫,并囚禁了约翰十世。后来,他们用枕头将约翰十世闷死。在利奥六世和司提反七世短暂的任期之后,马罗齐亚将她与塞尔吉乌三世的私生子约翰十一世送上了教宗的宝座。在约翰十一世去世三十年之后,马罗齐亚的孙子成为了约翰十二世。后来,马罗齐亚的侄子成为了约翰十三世。他的继任者是本笃六世,约翰十三世的兄弟克雷申蒂乌斯(Crescentius)——约翰十四世——废黜并掐死了本笃六世。继而,卜尼法斯七世废黜了约翰十四世,他或是被毒死,或是被卜尼法斯七世关进地牢饿死,而卜尼法斯七世自己也是被毒死的。

皇帝奥托三世一度可以决定教宗的人选。他的首选是他的侄子,他的侄子在二十三岁时成为教宗,取名为格列高利五世。后来,奥托三世提名著名的学者奥弗涅欧里亚克的热尔贝(Gerbert of Aurillac),热尔贝成为西尔维斯特二世(Sylvester II)。西尔维斯特二世是一位勇敢的教宗,但是,他改革教宗制度和整个教会的努力也最终化为泡影。

当奥托三世去世的时候,克雷申蒂乌斯家族——也是狄奥非拉特、狄奥多拉和马罗齐亚的家族——再次控制了教宗之职,直到图斯库鲁姆(Tusculum)的伯爵们得势,任命了本笃八世、约翰十九世和本笃九世。本笃九世在十五岁时成为教宗。在十二年之后的1054年,他被收买退位。他的教父格列高利六世试图改革教会,但是,本笃九世后来撤消了退位,克雷申蒂乌斯家族推出了他们自己的教宗,他们将他称为西尔维斯特三世。

德意志的亨利三世最终出面干预。在与格列高利六世会晤之后,他召开了一次会议,将三位教宗全部废黜,并任命了克莱门二世。此次会议还针对教会的腐败颁布了一系列教令,尤其是针对买卖圣职颁布了教令。

克莱门二世将亨利加冕为皇帝,并在随后不久去世。后来,亨利三世决定将图勒的主教布鲁诺(Bruno of Toul)任命为教宗,而此时的布鲁诺已经因自己的改革热情而闻名于世。但是,布鲁诺拒绝接受亨利三世的任命,除非他是被罗马人民选为教宗。为了参加教宗选举,他起身前往罗马,陪伴他的是两位有类似改革思想的修士:希尔德布兰德(Hildebrand)和洪贝尔。随着这一小群人一步步走近罗马,他们一同为教会带来了一个崭新的时代。

第三十章

复兴运动

> 去年，主教们都做了些什么，他们必须这样生活吗？……每天一次盛宴，每天一次游行。餐桌上的各种美味佳肴并不是为穷人预备，而是为贪图享乐的宾客准备。与此同时，合法拥有这些美味的穷人却被禁止赴宴，他们在饥饿中死去。
>
> ——彼得·达米安

　　加洛林帝国的衰落所导致的暴力与腐败，唤醒了许多基督徒对新制度的迫切渴望。教宗之职成为卑劣对手们争夺的焦点，主教之职被买卖，整个教会服务于掌权者的利益，在许多敬虔的基督徒看来，这一切都是可耻的丑闻。考虑到当时的种种选择，大多数渴望改革的基督徒选择了修道生活。因此，从修道院中涌出了一波改革狂潮，这波狂潮吞没了教宗，冲击到掌权者，甚至涌到了遥远的圣地海岸。

修道主义的改革

　　修道主义本身就需要改革。许多修道院被挪威人和匈牙利人洗劫并摧毁。较为隐蔽地区的修道院成为修道院院长和主教的玩偶，用来实现自己的野心。本该保护修道院的贵族与主教也利用修道院为自己谋取利益。修道院院长之职同教宗和主教之职一样，也成为扩张个人权力的一种手段，大的修道院也是如此。一些修道院院长通过买卖、甚至谋杀获得了他们的教职，从而依靠院长的收入过上了安逸的生活。本笃《会规》基本上无人遵守，真正得到修道呼召的修士和修女发现，他们的修道誓愿已遭亵渎。希尔德加德·冯·宾根（Hildegard von Bingen，1098—1179）便是其中之一，她是德国本笃修会的一位女修道院院长，她的神秘主义著作深受渴望更高境界灵修生活之人的欢迎。尽管志在改革的许多修士和修女建立起新的修道院，但盛行于世的腐败之风最终也侵蚀了新建的修道院。

328

在希尔德加德时代二百年之前，也就是公元909年，阿基坦的威廉三世公爵（Duke William III of Aquitaine）建立了一座小修道院，他希望这座修道院会好于现有的修道院。这本身并不新奇，因为有权有势的贵族创建修道院在当时非常普遍。但是，上帝的旨意和一些明智的决策令这座小修道院变成了大规模改革的中心。

威廉为了管理他的新修道院而召来伯尔诺（Berno）。伯尔诺是修士，他坚定不移地服从本笃《会规》，努力改革修道主义，这令他闻名于世。应伯尔诺的要求，威廉为修道院放弃了他最喜爱的狩猎场克吕尼（Cluny）。克吕尼和修建修道院所必需的土地被立契转让给"圣彼得和圣保罗"，这就令克吕尼修道院处于教宗直接管辖与保护之下。教宗当时正处于权力低谷，因此，教宗的保护只是起到避免附近主教和封建领主干涉，包括威廉及其继任者干涉的作用。此外，为了保证克吕尼修道院不会成为腐败教宗的猎物，转让契约明确禁止教宗以任何方式侵占只属于圣彼得与圣保罗的财产。随着第一个千年即将结束，对修道院院长和修道院的这种捐赠与其他类似的捐赠可能是许多基督徒寻求与上帝和好的普遍努力，因为奥古斯丁和其他神学家曾提出，在上帝眼中，千年如一日，因此人类纪元第一个千年的结束将带来创造完满的终结。

329

在公元926年之前，伯尔诺一直担任克吕尼修道院院长。我们对早期克吕尼修道院的了解并不是很多，因为它只是伯尔诺着手建立或改革的众多修道院之一。但在他去世之后，一群能干且品德高尚的修道院院长相继领导克吕尼修道院，将之变成一场大规模修道主义改革的中心。

这些杰出的修道院院长是：奥多（Odo，926—944）、艾马尔（Aymard，944—965）、马耶尔（Mayeul，965—994）、奥迪洛（Odilo，994—1049）和于格（Hugh，1049—1109）。这六位异常无私且杰出的修道院院长领导克吕尼修道院历时二百年。在他们的领导之下，改革修道主义的思想越传越远。同前六任院长相比，第七位院长庞提乌斯（Pontius，1109—1122）的能力略逊一筹。但是，他的继任者——尊者彼得（Peter the Venerable，1122—1157），弥补了庞提乌斯时期的许多不足。克吕尼修道院改革的特点之一是所有修道院对它们的财产有明确的所有权，这就令它们不会受到封建领主的任意摆布。

最初，克吕尼修士的目标只是希望找到一个可以完全遵行本笃《会规》的地方。但是，他们的视野后来变得更加开阔，克吕尼的修道院院长开始效法伯尔诺，着手改革其他修道院。因此，一个完整的"二级克吕尼修道院"（Second Clunys）网络出现了，而二级克吕尼修道院接受主修道院院长的直接领导。这并不是一个严格意义上的"制度"，而是一系列独立的修道院，它们都由同一位修道院院长领导，这位修道院院长通常会为每一所修道院任命院长。这种改革也在女修道院中进行，第一座克吕尼女修道院是于 11 世纪建立的马尔西尼（Marcigny）女修道院，当时，克吕尼修道院院长是于格。

克吕尼男女修士的主要活动是本笃《会规》所规定的日课——祷告和阅读本笃所规定的经文。克吕尼修士将他们的精力完全投入到日课上，以至于在克吕尼运动的高潮，他们每天会吟唱一百三十八首《诗篇》。日课是在各种仪式中进行的，年复一年，这些仪式变得越来越复杂，因此，克吕尼修士几乎将全部时间都用在日课上，从而忽视了在本笃看来十分重要的体力劳动。对于偏离本笃《会规》的这种做法，他们为自己找到了恰当的理由：修士的职责是祷告与赞美上帝，如果他们不在田间耕种，就可以更加洁净地祷告与赞美上帝。

330 在克吕尼运动的高潮，克吕尼修士的改革热情达到了顶峰。在成功改革了数以百计的修道院之后,他们又将目光转向改革整个教会。当时是教宗制度最黑暗的年代,教宗以惊人的速度更迭,教宗和主教成为封建地主,卷入到当时的每一桩阴谋。在这样的环境中,克吕尼修道院中所实践的修道主义理想带来了一线希望。除了克吕尼修士之外,许多人按照修道主义的模式来全面改革教会。同盛行在教会最高层的腐败形成鲜明对比的是,克吕尼运动在许多人看来似乎是一个神迹,是上帝在出面干涉,为教会带来了新的曙光。

因此,教会改革在 11 世纪被视为许多修道院改革的外延。在去罗马的路上,图勒的布鲁诺——他将成为教宗利奥九世——和他的同伴希尔德布兰德与洪贝尔就心怀这一异象。克吕尼修道院之所以能够进行伟大改革,是因为它们摆脱了所有世俗权力的控制,这也是布鲁诺、希尔德布兰德和洪贝尔这群改革者的梦想,他们也希望教会领袖可以不受世俗统治者——无论是国王,还是贵族——的任何束缚。因此,买卖圣职是必须被根除的最大罪恶之一。尽管贵族、国王和皇帝封任主教和修道院院长并不是严格意义上的买卖圣职,但是,这种做法非常危险,接近于买卖圣职,从而也必须被禁止,尤其是在其统治者并不热衷于教会改革的地区。

就修道主义而言,教会改革的另一大敌是神职人员结婚。数百年来,许多神职人员守独身,以前也有过促进神职人员守独身的种种努力,但这从未成为一条通行的教规。现在,在修士的激励之下,教会的改革者将神职人员守独身制定为他们改革计划的基础之一。最终,以前只对男女修士提出的要求也成为对神职人员的要求。

完成这项改革,并非没有出现痛苦、悲恸,甚至是暴力。在进行这项改革的某个时候,出现了帕塔里亚党(Patarines)——他们显然出现在米兰。他们狂热地倡导神职人员守独身,认为神父结婚实际上是一种非法同居,他们将神父的妻子称为妓女,并坚持必须将她们赶出丈夫的家。在佛罗伦萨,许多帕塔里亚党拒绝参加由已婚神父主持的圣礼。当佛罗伦萨的主教试图通过理性与传统解决这场争端时,帕塔里亚党指控他

买卖圣职。瓦隆布罗萨的约翰·加贝尔（John Gualbert of Vallombrosa）
——他后来被追封为圣徒——在佛罗伦萨沿街游行，宣称佛罗伦萨的主
教的确是买卖圣职者。对此，主教矢口否认。希尔德布兰德参与了这场争
辩，他支持约翰·加贝尔。备受尊敬的改革派修士彼得·达米安（Peter
Damian）呼吁双方保持冷静，要克制，要有耐心和爱心。最终，有人建议用
火刑解决问题。在佛罗伦萨郊区，人们燃起熊熊烈火，一个支持帕塔里亚
党的修士在大火中走过，这被视为证明佛罗伦萨主教犯罪的证据。主教
不得不逃离佛罗伦萨，在那里，神职人员的家人被强行赶出家门，沦落
街头。

332　　顺服是本笃修道主义的另一个基础，它也成为11世纪这场改革的基
础。就如修士宣誓顺服他们的修道院院长，所有教会（实际上是所有基督
教国家）也必须顺服教宗，教宗将领导一次大复兴，在这次大复兴中，教宗
的作用类似于克吕尼修道院院长在修道主义改革中的作用。

　　最后，克吕尼修道主义及其激发的教会全面改革对贫穷的态度是矛
盾的。好的修士应当无所拥有，他们必须过简朴的生活。但是，修道院则
可以拥有财产和广阔的土地。修道院的财产与土地在不断增加，因为那
些钦佩修道生活或是希望为自己的得救赚得善工的信徒会为修道院捐赠
财物，修道院也会从他们那里继承财产和土地。这最终令修士难以过本
笃《会规》所要求的简朴生活。以克吕尼男女修道院为例，他们变得非常
333　富有，以至于男女修士将他们的全部时间都用在日课上，从而忽视了体力
劳动。此外，那些改革者批评许多主教的奢侈生活，但与此同时，他们却
坚持认为，教会有权拥有自己的土地及其数百年来积累的一切财富。从
理论上讲，这些财富不是用于高级教士享用，而是为了荣耀上帝，帮助穷
人。但是，这实际上阻碍了计划中的改革，因为这导致了买卖圣职，身为
封建领主的主教和修道院院长所拥有的权力令他们不断卷入政治阴谋。

　　克吕尼修道院所积累的财富是克吕尼运动衰落的主要原因之一。富
人和穷人都被克吕尼修士的圣洁所感动，为修道院捐赠财物。克吕尼男

女修道院用金银珠宝装饰他们的小礼拜堂。最终,曾是本笃理想的简朴生活丢失了,新近兴起的其他运动更强调贫穷,它们逐渐取代了克吕尼运动。同样,11世纪的教会改革最终彻底失败的一个主要原因,也是教会所拥有的财富,因为教会的财富令教会难以摆脱掌权者的阴谋,难以站在穷人与受压迫者的一边。

对克吕尼修道院安逸修道生活的不满很快就引发了其他运动。例如,彼得·达米安试图超越本笃原则——修士只应满足于拥有他所需的,他倡导极端禁欲的修道生活。但是,下一场大的修道主义改革运动始于11世纪末,当时,莫莱姆的罗贝尔(Robert of Molesme)在西多(Citeaux)建立了一座新修道院。最终,这场运动得名"西多会运动"(Cistercian Movement)。后来,罗贝尔回到了他最早加入的修道院,但西多的那座修道院仍然存在,并最终带来一波类似于之前克吕尼修道院院长所领导的修道主义改革狂潮。

西多会运动的伟大人物是明谷的伯尔纳(Bernard of Clairvaux)。二十三岁的伯尔纳在几个亲戚和朋友陪伴下来到西多(公元1112年或1113年),要求加入西多的修道院。他已经决定加入这所修道院,而且早在他做出这个决定之前,他就已经说服一些人同他一起加入。这是他极具说服力的早期迹象,整个欧洲终将感受到他的说服力,他甚至说服了众多的十字军战士来到圣地。西多的修士越来越多,他被要求在明谷再建一座修道院。明谷的修道院迅速发展壮大,很快就成为了改革的中心。

伯尔纳首先是位修士。他只希望默想上帝的爱,尤其是上帝在基督的人性里启示的爱,因为他相信,就如耶稣在伯大尼对马利亚和马大两姐妹所说,马利亚已经选择那上好的福分,是不能夺去的。但他很快便发现,他要被迫承担起马大的责任。他是一位著名的布道家,甚至以甜蜜博士(Doctor Mellifluous)闻名于世,因为他的讲道如蜜一样甘甜。例如有两首被认为是他创作的赞美诗就能说明这一点,今天,这两首赞美诗仍然非常流行,它们就是《至圣之主今受伤》(O Sacred Head, Now Wounded)和

334

《慕主歌》（Jesus, the Very Thought of Thee）。他的名望迫使他成为许多政治与教会争端的仲裁者。他的个性主宰了他那个时代，因为他是默想基督人性的神秘主义者、教宗背后与之上的掌权者（尤其是当他的一个修士成为教宗时）、教会改革的拥护者、倡导第二次十字军东征的布道家和所有神学创新的敌人。伯尔纳的声望极大地推动了西多会运动，该运动很快就发挥出一百多年前克吕尼运动所起到的作用。

我们简短地回顾了从公元 10 世纪到 12 世纪的两场重要的修道主义改革运动。现在，我们必须继续讲述我们的故事。因此，我们要回到上一章末尾停下来的地方，回到公元 1048 年，当时，奥迪洛仍是克吕尼修道院院长，现在，我们就与图勒的布鲁诺和他的同伴们一同踏上他们的罗马之旅。

教会法与教宗的改革

其他基督徒试图通过立法以及将权力集中在改革派教宗手中来改革整个教会。就立法而言，教会大约在 1140 年编撰了《教令集》（Decretum），它通常被称为"格拉提安的"（of Gratian）《教令集》——尽管我们并不知道它的真正作者是谁；《教令集》是编撰与整理许多所谓管理教会生活的教会法的一次努力。《教令集》与其他五部重要文献共同构成了《教会法大全》（Corpus Juris Canonici），而《教会法大全》在 1917 年之前都是罗马天主教教会法的基础。

然而，几位改革派教宗引领了他们所理解的改革之路。在那一小群于 1084 年赶往罗马的朝圣者中，为首的是布鲁诺。皇帝亨利三世希望任命他为教宗，但他更愿意以一位朝圣者的姿态进入罗马。到了罗马，如果是人民和神职人员选举他为教宗，他愿意接受。可是，从皇帝手中接过教宗之职则是危险的，这相当于买卖圣职——或像希尔德布兰德对布鲁诺所说的，这将意味着来到罗马的布鲁诺"并不是使徒，而是背教者"。

这一小群朝圣者中的另一位是洪贝尔，他在自己所在的洛陶林吉奥

（Lotharingia）的修道院中致力于研究，也与买卖圣职不断作斗争。他在论文《驳斥买卖圣职者》（*Against the Simoniacs*）中猛烈抨击当时的掌权者，对买卖圣职的攻击力度前所未有。洪贝尔脾气火爆，他在抨击买卖圣职时甚至声称，由买卖圣职者施行的圣礼是无效的——这正是奥古斯丁在数百年前与多纳徒派的争辩中所否定的。公元 1054 年，洪贝尔将教宗对君士坦丁堡牧首米歇尔·瑟如拉留的绝罚谕放到圣索菲亚大教堂高高的圣坛上，从而造成东西方教会的大分裂。

335

在这一小群朝圣者中，第三位、也是最著名的一位，是修士希尔德布兰德。他出身卑微，父亲是托斯卡纳（Tuscany）的木匠，他在很小的时候就进入了罗马的一座修道院。他在罗马当修士时结识了未来的教宗格列高利六世。我们已经在上一章末尾讲到，格列高利六世希望改革教会。为此，他将希尔德布兰德召到了身边。但是，后来的局势发展到出现了三位教宗，他们都自称是合法的教宗，为了教会的和平与合一，格列高利六世选择了退位。希尔德布兰德与他一同逃亡，据说希尔德布兰德在这位圣徒去世时合上了他的双眼。两年之后，布鲁诺在去罗马的途中请求希尔德布兰德与他一同肩负起摆在面前的教会改革重任。

希尔德布兰德经常被描述成几位教宗背后的野心家。但是，当时的文献似乎表明，他在准备担任教宗之前实际上只希望改革教会。显然是出于这个原因，他才会毫不犹豫地支持几位教宗的工作；同样显而易见的是，只有在他担任教宗才能最好地改革教会之际，他才接受了教宗之职，取名为格列高利七世。

但是，当时被召来担任教宗的是图勒的布鲁诺，他是光着脚的朝圣者，以个人灵修姿态来到罗马。当他去罗马途经意大利北部时，人们夹道欢呼，并很快开始谈论发生在这次朝圣之旅中的所谓神迹。在赤脚进入罗马之后，布鲁诺受到罗马人民和神职人员的欢迎，他接过了教宗的三重冕，取名为利奥九世。

刚刚坐上圣彼得的宝座，利奥九世就开始了他改革教会的工作，为此,他将几位同样因改革思想而闻名于世的基督徒召到了身边。彼得·达米安就是其中之一。长久以来,他对教会的状况感到悲哀,他已经说服许多人相信,教会的确需要改革——尽管他没有洪贝尔和希尔德布兰德那火一般的激情,因为他坚持认为,必须用爱与宽容来改革教会。他们的改革计划基于促进神职人员守独身和消灭买卖圣职。神职人员守独身与买卖圣职有着某种联系,因为在当时的封建社会中,教会仍是少数存在一定社会流动性的机构之一。例如,出身卑微的希尔德布兰德最终成为教宗。但是,这种社会流动性受到了买卖圣职的威胁,因为只有富人才能担任教会的高职。如果再加上神职人员结婚,那么,担任高职的神职人员会试图将教职传给他们的孩子,这样,教会将专门代表富人和掌权者的利益。因此,这场消灭买卖圣职与促进神职人员独身的改革运动赢得了群众的支持,他们似乎明白,这场改革运动是一次从掌权者手中夺取教会控制权的良机。

在意大利进行了数项改革之后,利奥九世认为,在阿尔卑斯山以西推行改革的时机已经成熟。他来到德国,德国皇帝亨利三世已经针对买卖圣职采取了一些措施,利奥九世重申了亨利三世的这些措施,但他同时也公开表明,这并不代表亨利三世可以主宰他领地内的教会。在德国,利奥九世将洛林的戈弗雷(Godfrey of Lorraine)革除教籍,因为他反叛了亨利三世。后来,利奥九世迫使戈弗雷投降,并为戈弗雷向亨利三世求情,终于保住了这个造反者的性命。

买卖圣职在法国十分猖獗,利奥九世希望结束这种状况。为此,他决定访问法国。虽然他从法国的国王和一些高级教士那里得知自己不会受欢迎,但他还是去了法国,并召开了一次会议,以买卖圣职罪革除了几位高级教士的教籍。此次会议还命令已婚的主教必须离开他们的妻子,但这项教令基本上无人遵守。

利奥九世在他任职期间犯下了两个严重错误。第一个错误是动用军队对付已经定居在西西里岛和意大利南部的挪威人。彼得·达米安力劝他打消这个念头,但他还是率军向挪威人发动了进攻,结果被挪威人击败了。他被自己希望征服的人俘获,成为囚徒,直到去世之前不久才被释放。他的第二个错误是将洪贝尔作为特使派往君士坦丁堡。洪贝尔的固执和他对拜占庭人关切之事的冷漠,导致东西方教会在利奥九世去世不久后的公元1054年分裂了。

选举新教宗是一件难事。让皇帝任命教宗就相当于国家控制了教会,这是改革者所痛恨的。让罗马的神职人员和人民选举教宗则会冒让意大利某个家族再次控制教宗的风险,他们希望令教宗成为实现自己政治目的的一种手段。最终的决定是由罗马人民选举新教宗,但新教宗必须是德国人,这就令罗马的任何一个家族都不可能操纵教宗。新教宗维克托二世继承了利奥九世的政策。当皇帝亨利三世陷入困境时,洛林的戈弗雷再次造反,维克托二世向亨利三世伸出援手,亨利三世在临终之际将自己年幼的儿子亨利四世委托给维克托二世照顾。因此,维克托二世曾一度统治着教会和神圣罗马帝国,他倡导的改革也得以迅速进行。

此后的历任教宗都是改革派,只有一位除外。这仅有的一次例外令改革者在尼古拉二世的领导之下召开了第二次拉特兰大公会议,此次大公会议决定了以后选举教宗的办法。选举权属于同时身为主教的枢机主教,他们随后必须征求其他枢机主教的同意,最后是罗马人民的同意。(我们并不清楚"枢机主教"的起源,也不必在此停下来赘述。到了1059年召开第二次拉特兰大公会议时,枢机主教职已经成为一项历史悠久的职位。)枢机主教致力于改革教会,他们选出的教宗又任命新的枢机主教,因此,改革派的权力似乎有了保障。下一任教宗亚历山大二世被枢机主教适时地选出,他继续改革教会,尽管罗马一些有权势的家族在德国人的支持之下推出了一位敌对的教宗。

当亚历山大二世去世时,希尔德布兰德被选为教宗,但是,选举希尔德布兰德的程序与第二次拉特兰大公会议的规定正好相反,因为是罗马人民先要求选举希尔德布兰德,然后才是枢机主教批准。希尔德布兰德取名为格列高利七世,他继续推动自己已经进行了多年的改革。他的梦想是一个统一在教宗之下的世界,就如群羊合成一群,归于一个牧人。为此,他采取了许多措施,下令禁止将圣经翻译成各国的本国语,因为教导与释经的权力必须在罗马。他的这个合一的异象不仅包括西欧,还包括拜占庭的教会和穆斯林统治之下的世界。格列高利七世曾试图组织一场进攻穆斯林的大规模军事战争,一条战线在西方的西班牙,一条战线在东方,说拉丁语的基督徒可以去解救在东方被围困的君士坦丁堡——这项计划在二十年之后导致了数次十字军东征。但是,十字军东征均告失败,格列高利七世向东方扩展自己权力的努力也无果而终。

格列高利七世在西欧继续与买卖圣职和神职人员结婚进行斗争。公元 1070 年召开的一次宗教会议谴责了买卖圣职,并命令神职人员必须守独身。格列高利七世巩固了此次会议的决议,因为他禁止平信徒参加由买卖圣职者主持的圣礼。他还任命了巡视各地的特使,以确保这些教令得以实施。对此,一些神职人员指控他是异端,因为奥古斯丁在很久以前就已经宣布,由分裂者施行的圣礼仍是有效的——教会中的其他人也赞同奥古斯丁这个观点。实际上,格列高利七世并未宣布这样的圣礼无效;他只是命令人们不要参加这样的圣礼。在法国,国王腓力一世(Philip I)并不理会格列高利七世的劝诫。在腓力一世的支持之下,法国的神职人员拒绝服从格列高利七世的改革教令。有权有势的高级教士利用他们的教职获利,而不满买卖圣职的称职的已婚低级教士并不愿意抛弃他们的妻子,因此,同时向买卖圣职和神职人员结婚开战的确并不明智,因为这令高级教士与低级教士结成了一种同盟。格列高利七世和他的朋友将守独身的修道主义理想列入他们的改革之中,但是,这种做法令他们的改革更加难以成功。

在征服者威廉(William the Conqueror)当时统治的英格兰,格列高利七世是最成功的。希尔德布兰德在还是教宗的顾问时就支持威廉从诺曼底入侵英格兰的计划,因此,不管怎样都会支持教会改革的征服者威廉,当然也会支持格列高利七世与买卖圣职所进行的斗争。

教宗与皇帝的正面冲突

格列高利七世的改革热情很快就与皇帝亨利四世的利益产生了冲突。亨利四世幼年时受到过一位改革派教宗的照顾,因此格列高利七世相信,在所有统治者中,亨利四世最应该支持改革教会的计划。但是,亨利四世觉得主教和其他高级教士的权力太大了,为了保存帝国的政治地位,皇帝必须可以自由地任命支持他的人。在米兰,帕塔里亚党的一些极端分子强迫神职人员守独身,制造了骚乱,因此,亨利四世废黜了米兰的主教,任命了一位新主教。这时,格列高利七世与亨利四世的冲突终于爆发了。格列高利七世的回应是,命令亨利四世在特定的日期来到罗马,如果不来,他将被革除教籍,他的灵魂将被罚入地狱。在公元 1075 年的平安夜——离格列高利七世所规定最后的期限还有两个月,一支武装分遣队在他举行弥撒时袭击、殴打了他,并将他俘虏。面对这种局面,罗马人民起义了,他们围攻并夺取了关押格列高利七世的城堡。带头袭击格列高利七世的人不得不逃跑,他之所以能够成功逃脱,只是因为教宗命令追击他的人放他一马,条件是他必须到罗马朝圣。亨利四世当时刚刚取得几场重要的胜利,因此,他正处于自己权力的顶峰。他在格列高利七世所规定最后期限的几天之前召开了一次会议,以回应教宗的最后通牒。此次会议宣布废黜格列高利七世,理由是他犯有暴政罪、通奸罪和行巫术罪。随后,亨利四世以此次会议的名义将这些决议的通知单送给"并不是教宗,而是伪修士的希尔德布兰德"。

格列高利七世召开了一次由他的支持者参加的宗教会议,他们建议对亨利四世采取严厉的措施。第二天——正是格列高利七世命令亨利四世来到罗马的那一天,格列高利七世公布了他对亨利四世的绝罚:

> 以圣父、圣子和圣灵的名义,凭借圣彼得的权柄与权威,为了维护和荣耀教会,我绝罚国王亨利……禁止他统治德国或意大利的任

339

何王国。我也免除所有已经宣誓或将要宣誓效忠于他之人的誓言。我禁止他还被作为国王来服从。①

起初，亨利四世决心抵抗到底。但是，支持他的人越来越少。许多人因其他原因而不愿意服从他，现在，格列高利七世的绝罚成为他们的借口。那些迷信的人开始散布谣言，称接近亨利四世会为自己招来咒诅。亨利四世的一个最坚定的支持者意外身亡，这令关于他的传言更加可信。亨利四世最终认为，他的唯一出路是求得格列高利七世的宽恕。他希望尽可能在私下求得格列高利的宽恕，因此，他动身去见在意大利的格列高利七世。格列高利七世难以确定，亨利四世是和平地来，还是要动用武力。亨利四世在意大利北部受到了英雄般的欢迎，人民团结在他的周围，这加深了格列高利七世的怀疑。但是，亨利四世并不希望自己的皇冠成为战争未知结果的赌注，因此，他拒绝将自己的支持者集结成军队，他并不想与格列高利七世开战。

格列高利七世和亨利四世最终在卡诺萨（Canossa）城堡会面。格列高利七世住在卡诺萨城堡，因为这里戒备森严。亨利四世希望私下向格列高利七世忏悔。但是，格列高利七世坚持亨利四世必须当众忏悔，因此，亨利四世被迫一连三天以忏悔者的姿态祈求格列高利七世允许他进入卡诺萨城堡。最终，声称是基督众使徒领袖的格列高利七世无法再对亨利四世提出其他任何要求，只能给予亨利四世所祈求的宽恕，撤销了对亨利四世的绝罚。

亨利四世随后匆匆回到了德国，他在格列高利七世这里遇到的难题促使他在德国的敌人造反。虽然格列高利七世已经撤销了他对亨利四世的绝罚，但是这并没能阻止那些造反者，他们选出了自己的皇帝。格列高利七世的暧昧态度激发了内战，显然，亨利四世很快就会战胜他的敌人。

---

① Gregory VII, *Register* 3. 10a.

可是,格列高利七世并不信任亨利四世,因此,他决定在篡位者身上碰碰运气。格列高利七世再次革除了亨利四世的教籍,并预言亨利四世将在不久之后去世。但是,亨利四世的追随者这一次并没有理会格列高利七世的绝罚,他们选出了一位反对派教宗,他取名为克莱门三世。最终,篡权的皇帝在战争中被杀,亨利四世成为神圣罗马帝国唯一的主人。

1081 年的春天,阿尔卑斯山隘之间的冰雪刚一融化,亨利四世就开始向罗马进军。唯一可能支持格列高利七世的人是统治着意大利南部的诺曼人(Normans),因为他们曾是格列高利七世的盟友。但是,格列高利七世也将他们革除教籍。他随后向拜占庭帝国求助,但一切都是徒劳。罗马人殊死保卫他们的城市。但是,在格列高利七世显然不会与入侵者谈判的情况下,他们打开了城门,格列高利七世被迫逃到了圣安吉洛城堡(Castle of Saint Angelo)。亨利四世胜利进入罗马,克莱门三世控制了罗马。后来,诺曼人出面干涉,亨利四世放弃了罗马。诺曼人成为罗马的主人,许多居民惨遭杀害,建筑物被烧毁,数以千计的罗马人被带走,卖为奴隶。

在连续数日的暴力与掠夺之后,罗马人民爆发了起义,随后是漫长的暴力冲突和混乱,这令克莱门三世和他的支持者得以控制罗马的部分地区。格列高利七世先后逃到了卡西诺山修道院和萨勒诺(Salerno),并继续谴责亨利四世和克莱门三世。但是,他的谴责起不到任何作用。据说当他于 1085 年去世时,他的临终遗言是:"我始终热爱公正,憎恨不义。因此,我在流亡中死去。"

希尔德布兰德在去世之前就已经宣布,他的继任者是卡西诺山修道院的年迈院长。希尔德布兰德的愿望得到了满足,那位本无意担任教宗的老人被迫成为了教宗。他取名为维克托三世,他的支持者将他迎回罗马。但是他随即病倒了,便又回到了卡西诺山修道院,并在卡西诺山修道院安详地离世。

改革派随后选出了乌尔班二世,他重新夺回罗马,赶走了克莱门三世。他最著名之处在于发动了第一次十字军东征——我们将在下一章中讲述。但是,他也继承了格列高利七世的政策。这导致他再次与法国的腓力一世爆发冲突,他因腓力一世有婚外情而革除了他的教籍。在德国,他怂恿亨利四世的儿子康拉德(Conrad)造反,康拉德许诺,如果他被加冕为皇帝,他将放弃封任主教的所有权力。但是,亨利四世大肆镇压叛军,他击败了自己的儿子,并召开了一次帝国会议剥夺了他儿子的继承权。

乌尔班二世的继任者帕斯加尔二世(Paschal II, 1099—1118)希望教会的分裂会在克莱门三世去世之际结束。但在克莱门三世去世之后,亨利四世又任命了一位敌对的教宗,因此,教会的分裂并没有结束。

亨利四世于1106年去世,他当时正准备与他造反的儿子亨利开战。教宗帕斯加尔二世准备从中调停,他宣布在亨利四世统治期间封任的所有圣职都是有效的,即使是平信徒封任的圣职。但是,他也清楚地表明,禁止所有平信徒以后再封任圣职,任何不服从这个命令的人都将被革除教籍。因此,在清理过去问题的同时,他也向新皇帝发起了挑战。

亨利五世等待了三年才回应教宗帕斯加尔二世的挑战。后来,他入侵了意大利,帕斯加尔二世被迫妥协。由亨利五世提出、帕斯加尔二世接受的是,只要教会放弃高级教士所拥有的一切封建特权——他们的封建特权令他们成为强大的掌权者——皇帝就会放弃主教封任权。帕斯加尔二世同意了,他的唯一条件是罗马教会继续拥有"圣彼得的教产"。亨利五世的提议正中要害,因为只要主教还是有权有势的政治人物,世俗统治者就不会主动放弃封任主教的权利。此外,如果改革者始终以修道主义原则来改革教会,世俗统治者就愿意让教会走上贫穷之路。

虽然这个决定看似合理,但是,它在政治上却不可行。高级教士们很快就提出了强烈的抗议,因为他们认为自己的世俗权力被剥夺了。一些高级教士迅速指出,帕斯加尔二世随意处理他们的财产,但他却保住了自己的财产。德国的达官显贵开始怀疑,亨利五世凭借剥夺主教的权力巩固了自己的地位,他也会转过头来对付他们,废除他们许多古老的特权。

圣安吉洛城堡。教宗格列高利七世被迫在这里避难。

后来,罗马人民起义,亨利五世离开了罗马,并挟持走帕斯加尔二世以及几位枢机主教和主教。最终,亨利五世将帕斯加尔二世送回罗马,帕斯加尔二世在大门紧闭的圣彼得大教堂内将亨利五世加冕为皇帝,因为他们惧怕罗马人民。亨利五世随后返回德国,那里有一些紧急事务正等着他去亲自处理。

在德国,亨利五世遇到了新的困难。许多高级教士和贵族担心失去自己的权力,他们起义了。当帕斯加尔二世保持沉默时,德国的许多高级教士革除了亨利五世的教籍。后来,一些地方宗教会议也革除了亨利五世的教籍。当亨利五世抗议帕斯加尔二世的态度违反了他们的协议时,帕斯加尔二世建议亨利五世召开一次会议,解决这场争端。亨利五世并没有这样做,因为他知道,绝大多数主教认为他们的财产与权力受到了皇帝政策的威胁,他得不到他们的支持。因此,他选择再次动用武力。一旦德国的局势允许,他就再次入侵意大利,帕斯加尔二世被迫逃到了圣安吉洛城堡,并在那里去世。

枢机主教随后匆匆选出了新教宗,以免亨利五世干涉教宗选举。新教宗格拉修二世(Gelasius II)的任期虽然短暂(1118—1119),却充满了暴风骤雨。一位支持亨利五世的罗马权贵囚禁了他,并对他施以酷刑。后来,罗马人民起义,将他救出。但是,亨利五世带着他的军队再次来到罗马,格拉修二世逃到了加埃塔(Gaeta)。在他刚刚回到罗马之时,他又再次被之前那位罗马权贵俘获,但他这次又逃掉了,最后精疲力竭地倒在田地中。几个妇女发现了他,他几乎赤身露体,奄奄一息。后来,他逃到法国避难,不久之后在克吕尼修道院去世。

格拉修二世逃往法国的决定标志着教宗政策正在被迫转到新方向。神圣罗马帝国成为教宗的敌人,南方的诺曼人实际上也并不是值得信赖的盟友,因此,教宗开始希望法国能够成为支持他对抗德国皇帝的盟友。

下一任教宗卡里克斯图二世(Calixtus II, 1119—1124)是亨利五世的亲戚,他们相信,结束争端的时机已经成熟。在夹杂着威胁、甚至战争的漫长谈判之后,双方最终签订了《沃尔姆斯协定》(Concordat of Worms, 1112)。该协定规定,按照古代传统自由地选举主教,但必须有皇帝或皇帝的代表莅临选举。从此以后,只有特定的教会当局才可以授予主教象征着教牧权威的权戒与权杖;但同时只有世俗统治者才可以授予封建权利、特权、财产和它们的象征物。亨利五世还同意返还教会的全部财产,并采取措施,迫使占有教会财产的封建领主也返还教会的财产。这结束了教宗与皇帝的一系列冲突,但是,类似的冲突将在未来的数百年中不断继续上演。

最终,改革派教宗的计划成功了。神职人员守独身成为西方教会的通行教规,并被普遍遵行。曾有一段时间,买卖圣职几乎完全消失。教宗的权力还在增长,直到13世纪达到了顶峰。

然而,关于封任主教的争论表明,在坚持守独身这一修道主义理想的同时,改革派教宗并没有坚持守贫的修道主义理想。任命与续任主教的

皇帝与教宗的冲突仍没有结束。在这幅反教宗的宣传画中，教宗在与女人打情骂俏（见右上方的窗户），而亨利在乞求教宗让他进入卡诺萨城堡。

问题对于世俗统治者——尤其是皇帝——非常重要，因为教会变得非常富有，势力极其强大，以至于一位敌对的主教可以成为一股令人惧怕的政治力量。主教可以供养大量侍从，甚至是军队。因此，出于自我保护的需要，统治者必须确保占据如此重要职位的人忠于他们。亨利五世切中要害，他提出，如果主教不再拥有封建大领主的权力与财力，他愿意完全放弃在他的领地内封任主教的权力。在改革派教宗看来，教会的财产属于基督和穷人，因此不能交给世俗统治者。但是，实际上教会财产被主教和其他神职人员用来满足自己的利益和实现自己的野心，而他们理论上并非教会财产的拥有者，而是监护者。

第三十一章

进攻穆斯林

> 我对在场的人这样说。我命令将我的话转告那些不在场的人。这是基督的命令。所有去那里并丢掉性命之人的罪将立即得蒙赦免，无论他们死在陆上、海上，还是死在与异教徒的战争中。凭借上帝所赐予我的巨大恩赐，我赦免所有去参加战斗之人的罪。
>
> ——乌尔班二世

在中世纪，众多令西方基督教国家神魂颠倒的理想中，没有哪一个能像十字军精神那样具有戏剧性、矛盾性，令人难以抗拒。历史上，基督教会在自我热情的驱使下，做了很多与其本质相抵触的事情。其中因被人过于浪漫化而导致悲剧的十字军东征，显然是最突出的例子。在这一点上，唯有宗教裁判所可与之相提并论。数百年来，西欧将自己的热情与热血倾注在一系列远征中，但是，它们所带来的最好结果是短暂的胜利，最糟结果是一场场悲剧。西欧的基督徒希望击败威胁到君士坦丁堡的穆斯林，拯救拜占庭帝国，重新统一东西方教会，再次夺回圣地以及被穆斯林以前同样凭借武力夺去的领地（参第二十七章），总而言之，他们所做的一切只是为了进入天堂。他们能否进入天堂并不是我们所能判断的。他们的其他所有目标都实现了，但所取得的这些成就没有一个能保持长久。最初，穆斯林之所以被击败，是因为他们并不团结，但是他们最终团结在同一阵线上，并赶走了十字军战士。君士坦丁堡和苟延残喘的拜占庭帝国一直存活到 15 世纪,直到奥斯曼土耳其人横扫拜占庭帝国。第四次十字军东征曾迫使东西方教会短暂地合一,但强迫合一的最终结果只是加深了东西方基督徒之间的猜疑和仇恨。十字军战士控制了圣地大约一百年,圣地随后再次落入穆斯林之手。

第一次十字军东征

数百年来,基督徒始终对圣地耶路撒冷怀有崇高的敬意,到基督教的诸圣地朝圣已经成为最敬虔的灵修活动之一。早在公元 4 世纪,君士坦丁的母亲就认为,到巴勒斯坦的圣地朝圣是一种灵修活动。随后不久,一位名叫埃塞丽娅(Etheria)的西班牙修女——她被普遍称为埃吉里娅(Egeria)——来到圣地,留给我们她对圣地、圣地的习俗和圣地基督徒的仪式的详细记载。她的记载《埃吉里娅的朝圣》(*Peregrinatio Aetheriae*)在 11 世纪仍在流传,它让我们看到西方基督徒如何看待作为灵修对象的圣地。

几百年来,穆斯林始终控制着圣地。但是现在,刚刚崛起的塞尔柱土耳其人(Seljuk Turks)成为了穆斯林,他们对拜占庭帝国构成了威胁,并令许多西方人回忆起被阿拉伯人征服时的痛苦经历。如果西方前去解救处于穆斯林威胁之下的拜占庭人,那么自 1054 年分裂至今的东西方教会有望再次合一。因此,格列高利七世已经计划组建一支西方大军去拯救君士坦丁堡,夺回圣地,但是,时机尚未成熟。在 1095 年的克莱蒙特会议(Council of Clermont)上,乌尔班二世答应了拜占庭帝国的皇帝阿历克塞一世(Alexis I)提出进攻土耳其人的要求,当他宣布这项伟大的事业时,与会者的回应是高呼"上帝所愿"(*Deus vult*)。

那是一段艰难岁月,欧洲许多地区庄稼欠收,疾病肆虐。因此,作为基督的精兵到国外征战的呼召得到了许多人的热情响应,既有普通百姓,也有贵族。基督徒以前对新千年的盼望再次复活,被压抑数百年之久的启示之梦再次出现。有些基督徒看见了彗星、天使或圣城悬在东方地平线上的异象。很快,一群无组织的乌合之众就在隐士彼得(Peter the Hermit)松散的领导之下从科隆向耶路撒冷进发。他们一路上像蝗虫那样侵食田地里的庄稼,他们甚至与保护自己财产与庄稼的基督徒大打出手。他们也向异教徒开战,杀害了成百上千的犹太人。最终,这群乌合之众大多数人丢了性命,余下的少数人加入组织更加严密的十字军队伍。

正规十字军的统帅是勒皮的主教阿代马尔(Adhemar of Puy),乌尔班二世任命他为自己的私人代表。其他领袖是布永的戈弗雷(Godfrey of Bouillon)、圣吉尔的雷蒙(Raymond of Saint-Gilles)、博西蒙德(Bohemund)和塔克雷德(Tancred)。十字军战士经不同路线在君士坦丁堡集结,皇帝阿历克塞一世热情地接待了他们,隐士彼得和他的残余部队在君士坦丁堡加入正规的十字军。在拜占庭人的帮助之下,他们攻取了曾是土耳其人首都的尼西亚——拜占庭人率先进入了尼西亚,因为阿历克塞一世担心,十字军战士会洗劫尼西亚。他们随后向安提阿进军,在穿越小亚细亚时,他们遭受到严重的损伤。在塔尔苏斯城前,塔克雷德与戈弗雷的弟弟鲍德温(Baldwin)起了争执,鲍德温决定放弃此次东征,他接受了亚美尼亚人的请求,成为他们的领袖——埃德萨伯爵(Count of Edessa)。其余的十字军战士经过长途跋涉来到了安提阿,他们最终将安提阿包围,就像之前围攻尼西亚那样。

围攻安提阿并不是一件易事。安提阿守军比十字军的补给更加充足,十字军的食物即将用尽,一些战士纷纷逃走;这时,安提阿城内的亚美尼亚基督徒为他们打开了城门。在“上帝所愿”的欢呼声中,十字军战士进入了安提阿,而城中的土耳其守军逃到他们的大本营中避难。然而在四天之后,一支土耳其大军抵达了安提阿,十字军战士被包围了,而躲在大本营中的土耳其人也还在与他们对峙。饥饿不堪、士气低迷的十字军战士开始怀疑他们此次东征是否明智。

后来,有十字军战士声称得到一个异象,刺穿基督肋旁的圣矛就埋在安提阿。在这位“先知”的带领下,十字军战士在他预言的地方挖出了一支长矛! 十字军相信这就是圣矛,他们决心继续战斗。在禁食祷告了五天之后,按照这位预言圣矛的异象者的指示,十字军开始从数量远远胜过他们的土耳其军队中突围。他们的军旗就是圣矛。他们癫狂般地拼死突围,土耳其人四散逃跑,十字军尽情享用土耳其人留下的食物。他们还俘虏了被土耳其人遗弃在军营中的许多妇女,一位吹嘘基督徒军队圣洁的见证人说:"我们并没有对她们作恶,只是用长矛将她们刺死。"

在围攻安提阿期间,被任命率领十字军的主教阿代马尔死于热病,十字军变得群龙无首。漫长的统帅之争延误了十字军进攻的时间;最终,布永的戈弗雷成为十字军的新统帅。1099 年 6 月 7 日,十字军战士第一次看见了圣城。

保卫耶路撒冷的人并不是土耳其人,而是来自埃及的法蒂玛王朝的阿拉伯人——因为他们自称是穆罕默德的女儿法蒂玛(Fatima)的后裔。的确,十字军之所以取得了一定的胜利,是因为穆斯林并不团结——就如阿拉伯人以前能够征服广阔领地的原因也是他们的敌人并不团结。十字军在尼西亚和安提阿与之战斗的土耳其人是逊尼派,而占领耶路撒冷的法蒂玛阿拉伯人是什叶派。此外,根据阿拉伯编年史家伊本·阿尔·阿西尔(Ibn AL-Athir)所说,十字军应法蒂玛阿拉伯人的要求来到了叙利亚,因为法蒂玛阿拉伯人担心势力正在不断壮大的土耳其人。

耶路撒冷的卫戍部队做好了长期围城的准备。附近地区被夷为平地,井水被下了毒药,以便围军得不到任何供给。十字军也料想到漫长的围攻。但是,他们在 7 月初得到消息,一支法蒂玛阿拉伯大军正在向耶路撒冷挺进,他们认为,要么必须夺城,要么必须撤军。他们的事业是上帝的事业,因此,他们祈求上帝的帮助。他们赤脚绕城,歌唱忏悔诗。几天之后,他们开始攻城,遇到顽强的抵抗。但是,一个单枪匹马的骑士最终爬上了城墙,为十字军开辟了一条血路。城墙上的裂口越来越大,十字军战士纷纷涌上城墙,守军已无力抵抗。他们逃下城墙,十字军蜂拥入城。他们终于实现了长期战斗的目标。这一天是 1099 年 7 月 15 日。

当时的文献记载,随后是一场可怕的大屠杀,全部守军和大量平民惨遭杀害。妇女被强奸,婴儿被摔死在城墙上。城中许多犹太人逃到会堂中避难,而十字军放火点燃会堂,将他们活活烧死在里面。在所罗门廊(Porch of Solomon),战马在血泊中前行。但是,当今一些学者倾向于认为,这样的记载存在一定程度的夸张。

随后,十字军以西欧的模式重建被他们征服的地区。布永的戈弗雷被任命为圣墓保护人,他的弟弟鲍德温于1100年继承了他,头衔是耶路撒冷国王。耶路撒冷王国的主要封臣有安提阿的王子(Prince of Antioch)博西蒙德、埃德萨伯爵鲍德温以及特里波利伯爵(Count of Tripoli)图卢兹的雷蒙德(Raymond of Toulouse)。

十字军东征后期历史

许多十字军战士觉得使命已经完成,他们准备返回祖国。布永的戈弗雷没有足够的骑士去迎战正在向耶路撒冷挺进的穆斯林军队。十字军在阿什凯隆(Ashkelon)击败了穆斯林,因此,拉丁耶路撒冷王国短暂存活了一段时间。但是,拉丁耶路撒冷王国急需增援,因此按照惯例,会有一小批军人离开欧洲,到圣地服役一段时间。其中许多人留了下来,其他人在一次近乎军事朝圣之旅的经历之后回到祖国。

十字军东征的狂热仍在群众中延续。不断有人得到启示异象,他们在进军耶路撒冷的途中召集了许多鱼龙混杂的追随者。还有一些人声称,既然上帝喜爱无罪的人,那么,儿童可以在十字军东征事业中发挥独特的作用。这就出现了数支"儿童十字军"(Children's Crusades),他们只是一群群东征的孩子和少年,或是死在东征途中,或是沿途被俘,成为奴隶。

十字军精神和十字军东征在数百年来始终独具特色,因此,将"数次十字军东征"视为一系列孤立的军事战争并不完全正确。但是,在十字军东征的整个过程中出现了一次次高潮,它们通常被称为"第二次十字军东征"、"第三次十字军东征"等等。因此,概述这一次次十字军东征的历史将向我们展现后期十字军精神的一些特点。

第二次十字军东征的起因是埃德萨的陷落。公元1114年,阿勒颇的苏丹(Sultan of Aleppo)攻取了埃德萨。民间布道家再次兴起,他们号召群众入侵圣地。一些人在沿途声称应当灭绝犹太人。明谷的伯尔纳的讲道极为不同,他既希望组建一支解救耶路撒冷王国的军队,也希望驳斥鼓吹疯狂进攻耶路撒冷那些讲道人的狂热。最终,在法国路易七世和德国康拉德三世(Conrad III)的率领之下,一支大约二十万人的军队向圣地挺进。他们屡次被土耳其人击败,战果寥寥。

耶路撒冷王国曾经一度强大,它在阿马里克一世(Amalric I)的统治之下甚至扩张到了开罗。但是后来穆斯林卷土重来,在埃及苏丹萨拉丁(Saladin)的领导之下于1187年攻取了耶路撒冷。

这个消息震惊了基督教国家,教宗克莱门三世重新召集十字军。第三次十字军东征由三位君主领导:皇帝腓特烈·巴巴罗萨(Frederick Barbarossa)、英格兰的狮心查理(Richard the Lionhearted)和法国的奥古斯特·腓力二世(Philip II of Augustus)。第三次十字军东征也以失败告终。腓特烈·巴巴罗萨溺水而亡,他的军队随之解散。在长达两年的围攻之后,查理和腓力二世只夺取了阿卡(Acre)。后来,腓力二世回到了欧洲,他希望利用查理不在的时机夺取他的部分领地。查理在回国途中被德国皇帝俘获,成为阶下囚,直到他许诺交出大笔赎金才被释放。

英诺森三世发动了第四次十字军东征,这是一场更大的灾难。此次东征的目标是进攻萨拉丁在埃及的总部。著名的布道家纳伊的福尔盖(Foulques of Neuilly)被委任为此次东征招募军人与募集资金。福尔盖极其反对高利贷和各种社会不公,正在形成的货币经济令富人更加富有,而穷人还生活在贫穷之中,这种经济制度激怒了福尔盖。他在倡导十字军东征的布道中宣称,上帝拣选穷人来完成这项伟大的事业。所有人都应当参与这项事业。不能亲自东征的人无论有多穷,都应当资助东征的战士。富人也必须参与进来,因为这样做会令他们剥削穷人的罪得蒙赦免。十字军就这样被召集起来了,他们迫不及待地向在其首都的萨拉丁发起了进攻。

然而福尔盖并不知道,甚至教宗英诺森三世也不知道,还有其他计划正在酝酿之中。两个对手正在争夺君士坦丁堡的皇位,其中一位请求英诺森三世先将十字军派到君士坦丁堡帮他夺取皇位。作为报酬,他将支持十字军讨伐萨拉丁。英诺森三世拒绝了,但是,威尼斯人同意了——他们的舰队负责将十字军运送到埃及,为了换得大笔金钱,他们将十字军送到了君士坦丁堡。因此,十字军改变了航程,驶向了君士坦丁堡。并攻占该城。他们随后任命佛兰德的鲍德温(Baldwin of Flanders)为君士坦丁堡的皇帝,拉丁君士坦丁堡帝国(1204—1261年)就这样诞生了。他们还任命了一位君士坦丁堡的拉丁牧首,因此,东西方教会至少在理论上合一了。最初,英诺森三世对十字军被如此滥用而感到愤怒,但他最终相信,这就是上帝令教会重新合一的方法。然而,拜占庭人并不这样简单地接受,他们继续进行漫长的抵抗,并建立了许多拒不承认拉丁皇帝权威的国家。最终,在这些分裂出来的国家中,尼西亚帝国(Empire of Nicea)于1261年重新夺回了君士坦丁堡,结束了拉丁君士坦丁堡帝国。整个事件的最终结果是,说希腊语的东方对说拉丁语的西方敌意更重了。

第五次十字军东征的领袖是“耶路撒冷国王”——他声称是耶路撒冷国王,即使穆斯林已经控制耶路撒冷很久,即使他从未到过耶路撒冷。此次十字军东征向埃及发起了进攻,但收效甚微。第六次十字军东征由被革除教籍的皇帝腓特烈二世领导,此次十字军东征比其他几次都更加成功,因为皇帝腓特烈二世与苏丹达成了一项协议,苏丹将耶路撒冷、拿撒勒、伯利恒和连接耶路撒冷与阿卡之间的道路给了腓特烈二世。腓特烈二世进入了耶路撒冷,以前从未有过十字军统帅进入耶路撒冷,因此,他将自己加冕为耶路撒冷国王。曾将他革除教籍的教宗格列高利九世愤怒了,但是,欧洲人却欢欣雀跃,他们将腓特烈二世称为“耶路撒冷的解放者"。法国的路易九世——圣路易（Saint Louis）——领导了第七次和第八次十字军东征,这两次东征是两场大灾难。路易九世在第七次十字军东征中被穆斯林俘虏,并被迫交出了大笔赎金。在第八次十字军东征中,他在突尼斯死于热病。这一年是 1270 年,十字军东征在这一年结束了。

西班牙复地运动

穆斯林于公元 8 世纪灭亡了西班牙的古西哥特王国,该王国只有一小部分残余不安定地生活在西班牙北部的阿斯图里亚斯（Asturias）地区。后来,法兰克人进一步向东方扩张他们的势力。这两地成为与穆斯林进行漫长战争的中心,在西班牙,这场漫长的战争被称为西班牙复地运动（Reconquista）。虽然后来的传说将西班牙复地运动描述成基督徒与异教徒之间近乎持续不断的战争,但是事实却更加复杂,因为基督徒彼此之间的战争似乎与他们和穆斯林的战争同样激烈,跨宗教的联盟以及穆斯林与基督徒的通婚,也相当普遍。

在对信仰基督教的西班牙的统一过程中,"发现"圣雅各墓起到了重要的作用。到了公元 9 世纪,圣雅各墓已经成为西欧各地基督徒的主要朝圣地之一,因此,通往圣地亚哥——圣雅各——的道路令西班牙北部与西欧其他基督教国家一直保持着联系。最终,圣雅各成为基督徒在与穆斯林战争中的主保圣徒,因此,他被称为圣地亚哥·马塔莫罗斯（Santiago Matamoros）——圣雅各,摩尔人的毁灭者。

西班牙的穆斯林始终没有统一。在科尔多瓦的埃米尔·阿卜杜·拉赫曼（Amir Abd-al-Rahman）于公元 929 年成为哈里发之后,穆斯林最伟大的时代来到了。但是,内战最终断送了这个伟大的时代,当科尔多瓦的最后一位哈里发于 1031 年被他的对手废黜时,西班牙的穆斯林国家很快就分裂成众多小王国。西班牙复地运动正是在这时开始取得成功。到了 1085 年,西班牙的卡斯蒂利亚王国（Kingdom of Castile）夺取了西哥特人

随着西班牙复地运动神话的出现,维瓦(Vivar)的罗德里格·迪亚兹成为民族身份与统一的象征,他的阿拉伯名字是埃尔熙德(El Cid),并以这个名字为人所知。图为他的家乡维瓦村纪念他的雕像。

的古代首都托莱多。这招来摩尔人的反攻,他们从北非派来了援军。但是,1212年基督徒国王联手在拉斯·纳瓦斯·德·托洛萨战役(Battle of Las Navas de Tolosa)中击败了摩尔人,从此以后,西班牙复地运动取得了飞速进展。到了1248年,伊比利亚半岛唯一尚存的一个摩尔人的王国是格兰纳达王国(Kingdom of Granada),它必须向卡斯蒂利亚国王称臣纳贡才能存活下来。这种局势一直持续到1492年,格兰纳达最终落入费迪南(Ferdinand)和伊萨贝拉(Isabella)之手。

只有在西班牙和西西里岛——诺曼人于11世纪征服了西西里岛——基督徒才对穆斯林取得了永久性的军事胜利。

进攻穆斯林的影响

进攻穆斯林最直接的后果是,基督徒与穆斯林、拉丁基督徒与拜占庭基督徒相互越来越不信任,越来越敌对。十字军东征和它所造成的杀戮并不能被轻易遗忘,其影响一直持续到21世纪。在十字军东征时,伊拉克诗人阿尔·阿比瓦第(al-Abiwardi)所写下的诗篇,会让我们想起我们在自己时代听到的许多事情:

难道外国人一定要因我们的耻辱而洋洋自得,而你们,却在安逸中苟且偷生,仿佛你们的世界太平无事?

闪亮的刀尖何时被鲜血染红,暗褐的长矛何时布满血污?

这是战争,安息在麦地那坟墓中的穆罕默德,似乎扬声高喊:

"哦,哈希姆的子孙!

我看见我的人民迟迟不举起长矛对抗敌人;我看见信仰宁息在苍白的善功上"。①

在西欧,十字军东征和西班牙复地运动增强了教宗的权力。教宗发动了十字军东征,并任命了他们的领袖,教宗还对西班牙特别关注,因此,教宗进一步获得了国际权力。当乌尔班二世发动第一次十字军东征时,他的权力遭到了质疑,尤其是在德国。但是到了英诺森三世时期,当第四次十字军东征夺取君士坦丁堡时,教宗的权力达到了顶峰。

十字军东征也影响到基督徒的信仰生活。与圣地越来越多的接触使人们将目光转向了圣经中的历史故事,基督徒的灵修逐渐以耶稣的人性为中心。明谷的伯尔纳是宣扬第二次十字军东征的布道家,他也是全心默想耶稣人性的神秘主义者。描述耶稣受难每一个细节的一首首诗篇与一部部著作出现了。因为类似的原因,真十字架的残片、主教的遗物、圣经人物的牙齿等圣物在欧洲随处可见,这为有着古老渊源的圣徒遗物崇拜带来了新的发展动力。

354

随着军事修会的建立,修道主义理想有了新的方向。军事修会的修士立下顺服、守贫和守独身的传统修道誓愿。但他们是战士,他们无法将他们的时间用来默想与研究。耶路撒冷圣约翰骑士团(Order of Saint John of Jerusalem,后将总部搬到马耳他)、圣殿骑士团(Knights Templars)和其他骑士团纷纷在耶路撒冷成立。在西班牙也建立了类似的骑士团,如卡拉特拉瓦(Calatrava)骑士团、阿尔坎塔拉骑士团和圣地亚哥骑士团。在十字军东征结束很久之后,这些骑士团仍然存在,其中一些拥有了极大

---

① Quoted in Francesco Gabrieli, *Arab Historians of the Crusades* (New York: Dorset, 1957), 12.

的权力。圣殿骑士团拥有巨大的财富与权力,以至于法国国王腓力四世(Philip IV)于1307年指控他们是异端、巫师且道德败坏,在教宗克莱门五世(1305—1314)的默许之下,腓力四世处死了圣殿骑士团在法国的领袖,没收了他们的巨额财产。1312年,克莱门五世镇压了所有基督教国家的骑士团。这在一定程度上是因为对圣殿骑士团的虚假指控,很快就有传言称,圣殿骑士团的确是信奉古代诺斯替主义的异端团体。卡拉特拉瓦骑士团在西班牙的权力极大,伊莎贝拉和费迪南在努力统一他们所统治的地区时任命费迪南为卡拉特拉瓦骑士团的团长。耶路撒冷圣约翰骑士团则一直统治着马耳他,直到拿破仑于1798年将他们推翻。

十字军精神也被用来对付异端。在法国南部和意大利的部分地区,类似于古代摩尼教徒——他们相信在宇宙中进行着力量相当的善恶之争——的一些教义广为流传。这些教义似乎是从拜占庭帝国的保加利亚

长久以来,科尔多瓦都是穆斯林的权力与知识中心,并对十字军东征以后的基督教神学做出了重要的贡献。在此过程中,两位最具影响力的科尔多瓦人是穆斯林阿威罗伊和犹太人迈蒙尼德。图为科尔多瓦城纪念他们的两尊雕像。

传来的,这里的"鲍格米勒派"(Bogomils)长久以来始终信奉一种摩尼教的二元论。他们也被称为清洁派(Cathars)——源于一个意为"清洁"(pure)的希腊词——或阿尔比派(Albigensians),因为他们在法国南部的城镇阿尔比(Albi)人数众多。为了对付他们,英诺森三世发动了一场圣战,1209年,法国北部野心勃勃的贵族入侵了法国南部。同十字军曾在穆斯林世界犯下的暴行相比,他们对阿尔比派和从附近赶来援助阿尔比派的正统基督徒所犯下的罪行毫不逊色。这表明,在未来的若干年,十字军理想被用在了不同环境中,远远偏离了它最初收复圣地的目标。

在神学领域,重新接触穆斯林世界有着深远的影响。穆斯林的西班牙曾是学术中心,穆斯林的西西里岛虽然略逊一筹,但也是如此。在科尔多瓦,诞生了中世纪最伟大的犹太哲学家迈蒙尼德(Maimonides),以及中世纪最伟大的穆斯林哲学家伊本·拉西德(Ibn Rushd)——西方文献中将他称为阿威罗伊(Averroes)。他们与其他哲学家共同复兴了大量的古代哲学,并将古代哲学与犹太教和伊斯兰教的神学问题联系在一起。尤 *355* 其是阿威罗伊,他撰写了关于亚里士多德的注释,这些注释被广泛使用,以至于他被称为"评注大师"。这些哲学家和亚里士多德本人的著作从西班牙和西西里岛传到了西欧,在13世纪,他们这些著作将在西欧引发一场大规模的哲学与神学活动。

最后,十字军东征与几乎同时发生在欧洲的一系列经济、人口变化有着复杂的联系。虽然十字军东征明显促进了这些变化,但是其中还有其他一些因素,历史学家并没有就它们的相对重要性达成共识。不管怎样,十字军东征的时代是城市与经济发展的时代,贸易在城市与经济中再次频繁起来。在此之前,贸易主要是物物交易,财富唯一的重要来源是土地。因此,经济权力掌握在控制土地的贵族和高级教士手中。但是,一种新的经济发展起来,在其中,贸易越来越重要,货币与信用证是进行贸易 *356* 的基础。这种经济带来了新的财富来源,它促进了城市的增长,一个新的阶级——资产阶级——开始在城市中形成。资产阶级这个名字的意思就是"生活在城市中的人",他们主要是由经济与政治权力正在增长的商人构成。他们很快就成为君主的盟友,来一同对抗权力过度膨胀的大贵族;最终,他们将在法国大革命中战胜国王和贵族。

第三十二章

中世纪基督教
的黄金时代

就如上帝在天空中设立了两个巨大的光体,大的管理白昼,小的管理黑夜,上帝也在普世教会的天空中设立了两个光体……大的像管理白昼那样管理灵魂,小的像管理黑夜那样管理肉体。这些就是教宗的权柄与君王的权力。

——英诺森三世

随着十字军东征的结束,中世纪的基督教发展到了顶峰。这主要可以从中世纪宗教生活两个重点的发展中看出:修道主义和教宗。这也在基督教的神学、传教和建筑上有所体现。因此,我们将以如下顺序来简述中世纪的基督教:托钵修会的发展、教宗权力的增长、神学活动、宣教事业和教会建筑。

托钵修会

城市、贸易和货币经济的发展带来了诸多变化,但是,这些变化并不总是受到欢迎。例如,货币经济取代了实物交易,促进了更加专业的生产,从而增加了全民财富,但是,货币经济的一大弊端是令贸易变得更间接,更缺少人性,而且还加大了贫富差距。城市的发展及其导致的人口流动也令传统的教区式教牧工作难以满足涌入城镇的基督徒的需要。因此,数百年来始终表现出极大适应性的修道主义自然会有新的发展,而新的修道主义既质疑了货币经济的道德性,也满足了流动人口的需要。能够做到这两点的修士是托钵修士——依靠乞讨为生的修士。

托钵修会的先驱之一是 12 世纪里昂的一位商人彼得·瓦尔多（Peter Waldo）。他听到一个过着极度贫穷生活的修士的故事，被这个故事所感动，因此决志过贫穷与布道的生活。他很快就召聚了一大批追随者，但是，里昂的大主教禁止了他们的活动，因为他们似乎在批评富人，削弱他的权威和他对信仰生活的控制。他们向罗马提起了上诉，但是被任命审理这起案件的神学家却嘲笑他们无知。尽管遭到嘲笑和不断的谴责，他们还是继续布道。后来，他们被迫隐退到阿尔卑斯山偏远的山谷，并在那里一直生活到新教改革时期。在宗教改革时，改革宗神学家去到他们中间，他们接受了改革宗神学家的教义，从而成为了新教徒。

早期的方济各运动与瓦尔多运动极其类似。方济各（Francis，约 1181—1226）同彼得·瓦尔多一样来自商人阶层，他是意大利人，真名是吉奥瓦尼（Giovanni）。他的母亲是法国人，他的父亲与法国有贸易往来，方济各本人也喜欢法国行吟诗人的诗歌。因此，他在家乡阿西西（Assisi）的朋友很快就将他称为"法兰西斯科"（Francesco）——小法国人，直到今天，人们还在用这个名字称呼他。

方济各同彼得·瓦尔多一样，经历过一次深刻的宗教体验，这次经历让他接受了贫穷的生活。据说，他的朋友有一天看到方济各格外高兴，于是问他。

"你为什么这么高兴？"

"因为我结婚了。"

"你娶了谁？"

"贫穷女士！"

方济各随后将他的财产全都分给了穷人。如果他再从父母那里得到什么，他会立即施舍出去。他衣衫褴褛，向每一个愿意倾听他的人赞颂贫穷之美。他重建被废弃的小礼拜堂，享受自然的美与和谐。他的父亲将他关进了地下室，并向教会当局求助。主教最终决定，如果方济各不愿意

波提温克拉小礼拜堂。

明智地使用他的家产,他必须放弃它们。一接到判决,他就放弃了他的继承权,并且将身上的衣服也还给了他的父亲。他赤身露体去到森林,在那里过上了隐修士的生活,并用大量时间重建一座荒废的小礼拜堂——它被称为波提温克拉(Portiuncula)。

后来,在 1209 年年末,方济各听到了《马太福音》17:7—10 的经文。在这段经文中,耶稣派他的门徒出去传道,并告诉他们不要带任何金银铜钱。在此之前,方济各几乎只关心自愿的贫穷和他在其中得到的喜乐。现在,他看到了将贫穷与布道结合在一起的可能性。他的住所不再是偏僻的隐修处,而是喧嚣的城市。哪里有人居住,他就会在哪里讲道,帮助穷人和病人。现在,自愿的贫穷不仅是一种自我操练的方法,更是一种融入缺衣少食的穷人的方法。

在这个新异象的带领之下,方济各离开了他的隐修所,回到了阿西西。他在阿西西讲道,遭到了以前朋友的嘲笑。但是,一小群追随者逐渐聚集在他周围,他和这些少数追随者来到罗马,请求教宗批准他们建立新修会。当时的教宗是英诺森三世,他是有史以来最有权势的教宗,也是有史以来最明智的教宗。他并不想批准方济各的请求。据说,英诺森三世告诉方济各,他看起来像一头猪,应该到猪群中打滚。方济各真的去到猪圈中,他满身是泥,回到英诺森三世那里对他说:"教父,我按照您的吩咐

360

做了;现在,您能按照我的请求做吗?"不管这个故事是否属实,英诺森三世实际上比他的前任们更加精明,他在试验了方济各的勇气之后同意了他的要求。

方济各带着教宗的许可回到阿西西继续自己的工作。人们很快就涌进了他的新修会——小兄弟会(Order of Lesser Brothers,或 *Friars Minor*)。圣克莱尔(Saint Clare)是方济各的属灵姐妹,她建立的女修会通常被称为克莱尔会(Clarisses)或贫穷克莱尔会(Poor Clare)。方济各修会的讲道、唱诗和乞讨成为全西欧一道亮丽的风景。

方济各担心,这场运动的成功也会造成这场运动的失败。当他的追随者开始受到尊重时,他开始为他们的谦卑担忧。据说,当一个新入会的修士问他拥有《诗篇》是否合法时,他回答说:"当你有了《诗篇》时,你就会要《祈祷书》。当你有了《祈祷书》时,你就会像主教那样爬上讲坛。"

这个故事还讲到,一个托钵修士欢欢喜喜地回到了修道院,因为有人给了他一枚金币。方济各命令他交出这枚金币,将金币埋到麦堆之中,并告诉他那才是金币的最好归宿。

方济各充分意识到,成功会给他的修会带来诱惑。他立下遗嘱,禁止他的追随者拥有任何财物,或向教宗和其他任何人请求放宽他所制定的《会规》。

在 1220 年举行的全体修士大会上,方济各放弃了他的修会领导权,他顺服地跪在了继任者的面前。1226 年 10 月 3 日,他在自己年轻时重建的波提温克拉去世。据说,他的临终遗言是:"我已经履行了自己的职责。现在,愿基督让你们知道你们的职责。欢迎你,死亡姐妹!"

另一位重要的托钵修会创建者是多明我(Dominic)。他大约比方济各大十二岁,但是他创建托钵修会的工作开始得稍晚一些。他生于卡斯蒂利亚的卡莱鲁埃加(Caleruega)一个贵族家庭,今天,他们家族的城堡仍在西班牙北部独占风光。

在帕伦西亚(Palencia)学习大约十年之后,多明我成为奥斯玛(Osma)

圣多明我在家乡卡莱鲁埃加的雕像。

教堂的一位教士。四年之后,在他二十九岁时,奥斯玛教堂的全体教士大会决定采纳《圣奥古斯丁修道规章》。这就意味着,奥斯玛教堂的全体教士必须过修道生活,但是,他们并不远离尘世,也不停止牧养信徒。

1203 年,多明我和他的主教奥斯玛的迪戈(Diego of Osma)访问了法国南部。阿尔比派的成功以及阿尔比派迫使他们归信正统信仰的努力感动了多明我。阿尔比派将世界分成恶的物质世界和善的精神世界,这种二元论非常容易理解,但却是神学异端。多明我还注意到,阿尔比派的主要吸引力在于他们领袖的苦修生活,这与许多正统神父和高级教士的安逸生活形成鲜明的对比。多明我相信,讲授正统信仰是与异端作斗争更好的方法。为了能最好地驳斥异端,他将他的教导与严格的修道生活、刻苦的学习结合在一起。在比利牛斯山麓上,他为从阿尔比派归信正统信仰的贵妇建立了一所学校。他的成功激励了图卢兹的大主教,他给了多明我一座供他讲道的教堂和一处房产,多明我用这处房产创建了一座修道院。

随后不久,多明我在图卢兹大主教的支持下来到罗马,请求英诺森三世准许他建立拥有自己会规的新修会。英诺森三世拒绝了,因为他担心这会迅速衍生出不同的修道会规。但是,他鼓励多明我继续自己的工作,并采用一个现有的修道会规。一回到图卢兹,多明我和他的追随者就采用了《圣奥古斯丁修道规章》。后来,通过进一步立法,他们按照自己的需要修改了《圣奥古斯丁修道规章》。他们也采纳了贫穷与行乞的修道会规,这也许是效法方济各修会之前的做法,但是,这肯定是驳斥阿尔比派论点的一种方法,因为阿尔比派声称,正统基督徒太世俗化了。

布道兄弟会(Order of Preachers)——多明我修会的官方名称——从一开始就强调学习。就这一点而言,多明我不同于圣方济各,因为方济各甚至都不希望他的托钵修士拥有《诗篇》,他对学习也产生了怀疑。在驳斥异端时,多明我修会的修士必须要有良好的知识装备,因此,多明我修会所招募的新会员都受到扎实的知识训练。他们很快就为教会输送了最杰出的神学家——尽管进入神学领域稍晚一些的方济各修会并没有落后太远。

这两个托钵修会遍布于欧洲大部分地区。他们还拥有女修会,甚至是“第三修会”,加入“第三修会”的基督徒过着方济各修会或多明我修会的敬虔生活,并采取其中某个修会的习俗,但是,这些基督徒并不会成为修士,也不会放弃他们在社会中的世俗职分。“第三修会”既帮助传播方济各修会和多明我修会的敬虔生活,也为托钵修士提供支持。很快其他类似的运动就出现了,或一些古代修会采取了方济各修会和多明我修会的做法。总的来说,同布道兄弟会相比,方济各修会的后期历史更加动荡。

起初,多明我修会将贫穷视为加强与帮助他们驳斥异端的一个论点。他们的主要目标是讲道、教导和学习,贫穷被视为实现这个目标的一种方法。因此,当新环境似乎令多明我修会拥有财产变得明智时,这并没有为多明我修会造成太大的困难,依靠行乞为生的修道理想因此被放弃了。同样,放弃行乞生活与多明我修会的最初动机并不相矛盾,因此,多明我修会很快就在同一时期兴旺发展的大学里建立了据点。

当时两个主要的神学研究中心是刚刚创立的巴黎大学和牛津大学。在巴黎和牛津,多明我修会都建立了自己的修道院,并很快就有自己的教授在巴黎大学和牛津大学授课。不久以后,多明我修会的修士——如大阿尔伯特(Albert the Great)和托马斯·阿奎那——就在知识领域为该修会带来了巨大的威望。

方济各修会也在大学里建立了据点。1236年,巴黎大学的一位教授哈勒的亚历山大(Alexander of Hales)加入了方济各修会,小兄弟会就这样有了第一位大学教授。不久以后,西欧的所有重要大学都有了方济各修会的教师。

虽然早期的方济各修会取得了成功,但是,方济各所建立的修会有着动荡的历史——这也许正是因为早期方济各修会的成功。方济各本人始终担心,他的托钵修士会变得安逸富有。因此,他规定了绝对的贫穷,这不仅是给每个修士的命令,也是给整个修会的命令。他在自己的遗嘱中重申了这个命令,因为他禁止追随者对他所制定的《会规》做出任何修改。

在方济各去世不久后,方济各修会内部出现了两个派别。严格派坚持谨守方济各的命令。温和派认为环境的改变要求人不要拘泥于《会规》的字面解释,方济各修会应当可以接受为推动宣教所赠与的财产。1230年,格列高利九世宣布,方济各的遗嘱不再具有约束力,因此,方济各修会请求罗马修改贫穷这一会规。1245年,方济各修会开始拥有财产,但是罗马教廷对此具有所有权,修会只具有使用权。最终,甚至这个会规也被废除,方济各修会逐渐拥有了巨额财产。

与此同时,严格派越来越远离教会的统治集团。他们将发生的一切视为对圣方济各的严重背叛。很快,一些严格派就开始宣称,费奥雷的约阿希姆(Joachim of Fiore)的预言正在实现。约阿希姆是方济各的前一代人,他将历史分成三个相继的时代:圣父时代、圣子时代和圣灵时代。圣父时代从亚当到耶稣持续四十二代。约阿希姆认为,上帝喜爱和谐有序,因此,圣子时代也将持续四十二代。每一代是三十年,约阿希姆得出结论,圣子时代将在1260年结束,圣灵时代随之开始。在圣子时代,修士比其他信徒更加属灵,他们是圣灵时代的先锋。

1260年即将到来,因此,许多疏远教会统治集团的方济各修会严格派自然会认同约阿希姆的历史观。他们相信,当前的困难只是圣灵时代来临之前的最后斗争,圣灵时代将会证明,他们是正确的。与此同时,教宗和教会的其他领袖最多只是下等信徒,教会很快就不再需要他们。

方济各修会的严格派自称是"属灵人",他们开始宣讲约阿希姆的理论。他们的一个支持者是方济各修会的总会长帕尔马的约翰(John of Parma),他非常支持他们,以至于他必须为自己的思想不是异端而辩护。因此,在一段时期之内,方济各修会似乎将走上瓦尔多派以前所走过的路线:脱离建制教会。但是,方济各修会的下一任总会长波那文图拉(Bonaventure)——他也是巴黎大学的教授——将深刻的敬虔与对教会领袖的严格顺服结合在一起,"属灵人"发展壮大的势头开始减弱。同样的思想再次出现在 14 世纪的小兄弟会(Fraticelli)中[①],他们受到了残酷的逼迫,直到最终消失。

群羊归一牧

公元 1122 年的《沃尔姆斯协定》赋予皇帝选任主教的世俗权力,而不是宗教权力,但是《沃尔姆斯协定》并没有帮助教宗摆脱困境。在罗马,一些有权有势的家族仍然希望控制教宗,利用教宗来实现自己的目的,很快就再次有两个人声称是合法的教宗。如果不是明谷的伯尔纳决定性地支持英诺森二世,欧洲将再次因效忠两位教宗而产生分裂。英诺森二世的对手夺取了罗马,他随后逃到支持他的法国避难。英格兰和德国是法国的传统敌人,就是否效忠英诺森二世而言,这两国犹豫不决。但是,伯尔纳说服了英格兰和德国的君主支持英诺森二世。最终,在神圣罗马帝国军队的帮助之下,英诺森二世得以重返罗马。

然而,皇帝后来去世,英诺森二世与新皇帝的关系开始恶化。共和主义思想正在意大利传播,为了颠覆当局,英诺森二世支持意大利北部帝国

---

① *Fraticelli* 是意大利语,意为小兄弟(little brothers)。

城市的共和党,而皇帝支持罗马的共和党。神圣罗马帝国的许多城市爆发了起义,它们自称共和国。罗马人民也爆发了起义,他们宣布成立罗马共和国,还选出了罗马元老院。他们宣布顺服英诺森二世的属灵权威,不服从他的世俗统治。随后几任教宗很少能住在罗马。在下一任皇帝腓特烈·巴巴罗萨统治期间(1152—1190),教宗与神圣罗马帝国的关系更加紧张,最终,巴巴罗萨选出了数位反对派教宗。但是,他并没能在意大利强制推行他的政策,意大利的起义城市组成了伦巴第联盟(Lombard League),击败了巴巴罗萨。在多年的战争之后,巴巴罗萨与教宗和解了,当时的教宗是亚历山大三世。1178 年,反对派教宗卡里克斯图三世宣布退位。亚历山大三世大度地接受了他的退位,甚至还任命他担任高级教职。

巴巴罗萨为他的儿子亨利娶来了西西里岛的皇位继承人,西西里岛的国王是教宗的传统盟友,因此,巴巴罗萨加强了他的权力。后来,巴巴罗萨在第三次十字军东征中溺水而亡,他的儿子亨利继承了皇位,取名为亨利六世。亨利六世成为德国的皇帝和西西里岛的国王。他控制教宗的意图很快就被识破,教宗西莱斯廷三世(Celestine III)革除了他的教籍。当亨利六世和西莱斯廷三世都去世后,公开的战争似乎在所难免。

神圣罗马帝国还没有从亨利六世的意外去世中恢复过来,因此,枢机主教能够在没有过度压力的情况下选出新教宗。他们选择了三十七岁的罗他里奥·德·康提·迪·塞格尼(Lotario de' Conti di Segni),他取名为英诺森三世。基督教历史上,教宗权力在他身上达到顶峰。

亨利六世的遗孀担心她襁褓中的儿子腓特烈会被德国一些争权的人杀害,因此她宣布,西西里王国是教宗的领地,并将自己的儿子交与英诺森三世保护,把危险转嫁到教宗身上,因为当时西西里王国还在亨利六世的统治之下。

亨利六世也是神圣罗马帝国的皇帝,但是,皇帝并不是世袭的,而是从贵族中选出。小腓特烈显然还年幼,不能成为皇帝,尤其是在这个皇帝肯定不好当的时候。支持亨利六世以及他的霍亨斯陶芬家族(House of

Hohenstaufen）的贵族选出了他的兄弟菲利普。但是，敌对派选出了奥托四世，他很快就得到了英诺森三世的支持。菲利普当选为皇帝显然更加合情合理。但是，英诺森三世宣布，他被他兄弟的罪行玷污了，不管怎样，教宗有权决定皇帝的合法人选。他宣称，世俗权力与属灵权柄都是上帝所设立，它们就像月亮和太阳。但是，就如月亮从太阳那里接受光芒，皇帝也从教宗那里获得他的权力。英诺森三世以此为基础宣布，奥托四世是合法的统治者。随后爆发的内战持续了十年，直到菲利普被谋杀才宣告结束。

在毫无争议地控制了神圣罗马帝国之后，奥托四世与曾经支持他夺取皇位的英诺森三世决裂了。冲突的主要原因还是皇帝试图在意大利扩张他的权力，而教宗不允许他这样做。奥托四世的代表同前几代人一样，支持罗马的共和党，与此同时，奥托四世准备入侵西西里王国，而西西里王国至少在理论上还属于英诺森三世，因为年轻的腓特烈是英诺森三世的封臣。

为了报复奥托四世，英诺森三世革除了他的教籍。英诺森三世宣布废黜奥托四世，并承认年轻的腓特烈是神圣罗马帝国的合法皇帝。在英诺森三世的支持下，现已成年的腓特烈越过阿尔卑斯山来到德国，从他叔叔的手中夺过了皇位。对于腓特烈和英诺森三世来说，这是一次奇怪的胜利。通过支持腓特烈，英诺森三世为教宗的传统敌人霍亨斯陶芬家族的复苏做出了贡献。但不可否认的是，新皇帝腓特烈二世（Frederick II）之所以能够成为神圣罗马帝国的皇帝，是因为教宗声称他的权力高于皇帝和国王的权力。因此，在英诺森三世承认腓特烈二世为合法皇帝的同时，新皇帝实际上已经默认教宗有权决定统治者的合法人选。

德国并不是英诺森三世出面干涉的唯一国家。实际上，欧洲的几乎每一位君主都感受到教宗英诺森三世的威力。

在法国，英诺森三世干涉了国王腓力·奥古斯特的婚姻生活。腓力·奥古斯特在丧妻之后娶了一位丹麦公主，但是，他后来抛弃了第二任妻子,又娶了第三任妻子。英诺森三世规劝他回到他合法妻子的身边,当他拒绝时,英诺森三世禁止整个法国举行圣礼。腓力·奥古斯特召开了一次由贵族和主教参加的宗教会议,希望他们帮助他对付教宗。但是,他们采取了截然相反的立场,腓力·奥古斯特被迫离开了他的第三任妻子,回到了第二任妻子的身边。随后不久,被废的王后郁郁而终。复位的王后一直都在抱怨,所谓的复位实际上为她带来了无尽的痛苦。不管怎样,教宗的权力都超过了当时最有权力的这位君主。

在英格兰,统治者是约翰·拉克兰(John Lackland),他是伟大的军事领袖、十字军战士和国王狮心查理的弟弟兼继任者。虽然约翰·拉克兰的婚姻生活比腓力·奥古斯特的还要糟糕,但英诺森三世却没有干涉,因为他当时急需英格兰支持他将奥托送上德国皇位。但是后来在事关坎特伯雷合法大主教人选时,英诺森三世与约翰·拉克兰产生了冲突。当时,有两位竞争者想要成为英格兰这个最重要的主教,他们都向英诺森三世请求帮助。英诺森三世的答复是,他们都不是坎特伯雷的合法大主教,他任命斯蒂芬·兰顿(Stephen Langton)担任坎特伯雷大主教。约翰·拉克兰拒绝接受英诺森三世的这一任命,英诺森三世将他革除了教籍。当这一招仍不奏效时,英诺森三世宣布废黜约翰·拉克兰的王位,免除他的所有臣民宣誓向他效忠的誓言,并向他发动了一场宗教战争。这场战争将由法国的腓力·奥古斯特领导,在这件事上,腓力·奥古斯特非常愿意服从英诺森三世的命令。约翰·拉克兰担心,他的大多数臣民不会效忠于他,他难以保住自己的王位,因此,他放弃了抵抗,将整个王国献给了英诺森三世。就这样,整个英格兰成为了教宗的领地,就像以前的西西里王国一样。

英诺森三世接受了约翰·拉克兰的投降,并取消了腓力·奥古斯特正在筹备的宗教战争,他随后成为了他新盟友的坚定支持者。因此,当英格兰的贵族在斯蒂芬·兰顿的支持之下迫使约翰·拉克兰在《大宪章》(Magna Carta)上签字,以此限制国王对贵族的权力时,英诺森三世宣布,这是在篡夺国王的权力。但是,他的所有抗议没有起到任何作用。

英诺森三世还不断干涉西班牙的事务。阿拉贡的佩德罗二世（Pedro II of Aragon）被迫将他的国家变成了教宗的领地，这就令英诺森三世相信，从异教徒——他是指穆斯林——手中征服而来的所有领地都属于教宗。在基督教历史上，具有讽刺意味的一幕上演了：在对异端阿尔比派的宗教战争中，被称为"公教徒"（Catholic）的国王佩德罗二世去世了，但他在世时却支持阿尔比派对抗英诺森三世对他们发动的宗教战争。莱昂王国（Kingdom of Leon）和卡斯蒂利亚王国也受到了英诺森三世的影响，因为英诺森三世并不同意莱昂的国王迎娶他堂兄卡斯蒂利亚国王的女儿。基督教历史上又一幕讽刺剧上演了：一对被教会禁止结婚的夫妻生下的儿子——卡斯蒂利亚与莱昂的费迪南三世（Ferdinand III）——竟然成为了教会的圣徒。

这些只是英诺森三世众多影响深远的国际政策中的几个例子。他的权力还扩张到葡萄牙、波希米亚、匈牙利、丹麦、冰岛甚至保加利亚和亚美尼亚，他亲自干涉这些国家的事务。第四次十字军东征夺取了君士坦丁堡，在君士坦丁堡建立了一个拉丁帝国，虽然并不是他的本意，但这进一步拓展了英诺森三世的势力范围。

367　　然而，这还不是全部。在英诺森三世担任教宗期间，方济各修会和多明我修会这两大托钵修会成立了，西班牙的基督教王国联手在拉斯·纳瓦斯·德·托洛萨战役中击败了摩尔人，此外还爆发了进攻阿尔比派的大规模宗教战争。在这些事件中，英诺森三世都起到了主要作用。

在1215年召开的第四次拉特兰大公会议所颁发的教令中，我们可以看出英诺森三世改革教会的纲领。此次大公会议颁布了变体说的教义——基督的身体与血的本质在圣餐中取代了饼与酒的实质。经过了短暂的三个会期，此次大公会议就批准了英诺森三世所规定的全部改革。该会议谴责了瓦尔多派、阿尔比派和费奥雷的约阿希姆的教义，创立了主教裁判所，这就意味着，每一位主教都必须调查出现在他教区内的异端，并消灭他们。此次大公会议还规定：禁止创建任何有新会规的新修会，每一个主教座堂都必须有一所向穷人开放的学校,禁止神职人员进入剧院,进行比赛、赌博、打猎和其他所有类似的娱乐活动,所有信徒每年必须至少忏悔与领受圣餐一次,禁止在没有教宗批准的情况下提出新的圣徒遗物,基督教国家中的所有犹太人和穆斯林都必须穿着有别于基督徒的独特服装,神父施行圣礼收费是违法的。第四次拉特兰大公会议只有三个会期,而且每个会期只有一天,所以此次大公会议在短短三天之内就完成了这一切甚至更多,因此大多数决议显然并不是与会者共同商议的结果,而是英诺森三世自己所制定的改革纲领的一部分,他只是命令大公会议批准了他的改革。

因此,在英诺森三世统治之下,基督教国家最接近"群羊归一牧"——教宗——的理想。英诺森三世的同代人渐渐相信教宗不仅仅是个凡人,这就不足为奇了;教宗凭借他所得到的权利将权力扩展到人类的每一个领域。

英诺森三世于 1216 年去世,在随后的几十年中,他的继任者们沐浴在他的威望所带来的光芒之中。从 1254 年到 1273 年,德国经历了一段混乱时期,最终是教宗格列高利十世恢复了德国的和平,因为德国是在他的支持之下才将哈布斯堡家族的鲁道夫(Rudolf of Hapsburg)选为皇帝。作为回报,新皇帝宣布,罗马和教宗国独立于神圣罗马帝国。

与此同时,法国的权力正在增长,教宗不断在法国得到支持。此外,托钵修会享有巨大的威望,以至于许多人希望,教宗会在他们中间产生。多明我修会的第一位教宗是 1276 年任期极短的英诺森五世。方济各修会的第一位教宗是尼古拉四世(Nicholas IV),他的任期是从 1288 年到 1292 年。

当尼古拉四世去世时,枢机主教就教宗的人选问题产生了分歧。一些枢机主教坚持认为,教宗应当在世俗事务中受过锤炼,应当懂得俗世中的阴谋与野心;但是,另一些枢机主教坚守方济各修会的理想,他们希望选出一位能够体现方济各修会理想的教宗。后一派枢机主教最终获胜,西莱斯廷五世被选为教宗。他来自方济各修会中的"属灵人"一派。当他赤脚骑驴出现时,许多人认为,费奥雷的约阿希姆的预言正在实现。现在,圣灵时代开始了,教会将由谦卑的人和穷人来领导。有二十万满怀希望的信徒去朝见他。在当选为教宗不久之后,他准许方济各修会中的"属灵人"脱离修会,因为以前的教宗已经放宽了方济各修会贫穷的会规,而他自己也过着隐修士般的生活。著名诗人亚科波内·达·托迪(Jacopone da Todi)是方济各修会中的"属灵人",他同意费奥雷的约阿希姆以前的观点,宣称西莱斯廷五世肩负着世界的希望,如果他失败了,随后将是巨大的灾难。他真的失败了。他对当时的政治局势一无所知——他什么也不想知道,因此,他很快就成为那不勒斯的查理二世(Charles II of Naples)的工具,查理二世利用西莱斯廷五世推动自己的政治计划。最终,在当选为教宗不到一年之后,西莱斯廷五世决定退位。他来到枢机主教面前,脱下教宗的紫色长袍,发誓他不会改变主意。他后来再次过起了严格的修道生活,直到四年多之后去世。

西莱斯廷五世的继任者是一个性情迥然不同的人,他取名卜尼法斯八世(Boniface VIII, 1294—1303)。他的通谕《唯一至圣》(*Unam Sanctam*)标志着教宗对世俗权力的要求达到了顶峰:

> 一把剑必须服从另一把剑,世俗权力必须臣服于属灵权力……因此,如果世俗权力偏离了正路,它将受到属灵权力的审判……但是,如果至高的属灵权力偏离了正路,它只能由上帝来审判,而不是接受人的审判……我们进一步宣告、确认并规定,为了获得救恩,世上的每一个人都要顺服罗马教宗,这是绝对必要的。[1]

然而,我们将在下一章看到,这样的豪言壮语与当时的局势并不相

---

① *Corpus of Canon Law* 2.1245.

符,因为正是在卜尼法斯八世担任教宗期间,教宗的权力开始明显减弱。

神学活动:经院神学

　　教宗的权力在 13 世纪达到了顶峰,托钵修会于 13 世纪诞生,与此同时,中世纪的经院神学也在 13 世纪达到了顶点。经院神学是在“学院”里发展起来的,有着自己独特的方法论。它最初在修道院中扎根,但到了 12 世纪,教会学校成为神学活动的中心,直到 13 世纪初它们被大学所取代。从某种程度上讲,这又是城市发展的一个结果。神学从通常远离人口中心的修道院迁移到教会学校,即与有主教的教会联系在一起的学校,因此,神学活动通常是在城市中进行的。后来,神学以大学为中心,因为大学云集了大城市中彼此关系紧密的大批学者。

　　坎特伯雷的安瑟伦(Anselm of Canterbury)是经院神学最重要的先驱。他生于意大利,1060 年加入了诺曼底的贝克(Bec)修道院。贝克修道院的院长是兰弗朗克(Lanfranc),他的名望吸引安瑟伦来到了贝克修道院。1078 年,兰弗朗克成为坎特伯雷大主教,他离开了贝克修道院。1066 年,诺曼底的威廉征服了英格兰,当时,他从诺曼底既带来了教会领袖,也带来了世俗领袖。1093 年,安瑟伦被召到英格兰,继承了兰弗朗克的坎特伯雷大主教之职。他不情愿地来到了坎特伯雷,因为他知道,他很快就会与国王就教会与国家相对权力的问题产生冲突。(七十年之后,时任坎特伯雷大主教的托马斯·贝克特[Thomas Becket]因类似的原因被谋杀在坎特伯雷大教堂。)的确,安瑟伦职业生涯的大部分时间里都是在坎特伯雷之外逃亡,先是在威廉统治时期,后是在威廉的儿子亨利统治时期。同他在贝克修道院时所做的一样,他利用逃亡时间来思索神学问题,并撰写了大量的神学著作。

　　就经院神学的发展而言,安瑟伦的重要性在于他希望将理性应用到信仰问题之上。他努力这样做的目的,并不是证明一些如果没有理性的证据他就不会相信的东西,而是为了更深刻地理解他的信仰。我们可以

在安瑟伦的《论证》(*Proslogion*)第一章的祷告中看出这一点:

> 主啊,我并不希望达到您的高度,因为与您的崇高相比,我的智力微不足道。但是,我希望以某种方法来理解您的真理,这是我心所信与所爱的。因为,我并不是为了相信而寻求理解,而是我相信,以便理解我所信的。[②]

安瑟伦相信上帝的存在。但是,他希望更加深刻地理解上帝存在的意义。正是因为这个原因,他才在《论证》中逐步阐明了后世所说的"证

明上帝存在的本体论论证"。简单地说,安瑟伦的论点是:当我们思想上帝时,我们正在思想无法想象比之更伟大的那一位。那么,问题是,可能想象这个无法想象比之更伟大的那一位不存在吗? 当然不能,因为如果可能,就存在一个比它更伟大的存在。因此,按其定义,无法想象比之更伟大的那一位这一概念包括其自身的存在。说上帝并不存在,就像说一个有四条边的三角形。历代以来,学者和哲学家们一直在讨论这个论证的意义、正确性和对它的正确解释,而且,这些今天还在被讨论。但是,对

371 于教会的历史来说,重要的是安瑟伦的神学方法:为了更好地理解信仰上的真理,他将理性应用到信仰的真理之上。

安瑟伦在他的《上帝何以化身为人》(*Why Did God Became Man*)中也是这样做的。他在这篇论文中探究了道成肉身是否符合理性这一问题,并给出了自己的答案,他的答案最终成为西方神学的标准答案。罪行的大小是按照罪行的被施与者衡量的,封建制度对罪与罚的看法显然影响到这个观点。因此,就其重要性而言,对上帝犯下的罪行(罪)是无限的。但是另一方面,只有人类自己才可以补赎自己的罪。这显然是不可能的,因为人类是有限的,根本就不可能做出上帝的威严所要求的无限的补赎。

---

② *Proslogion*, I.

因此需要一个神人,上帝必须与人类建立某种关系,上帝化身为人,化身为人的上帝通过他的受苦和死亡补赎了所有人的罪。此前几百年,这种基督论并没有被普遍接受,但是,西方的大多数基督徒很快就接受了这个观点,仿佛它就是唯一符合圣经的基督论。同样,对于教会的历史来说,重要的还是安瑟伦希望使用理性更加充分地理解他已经相信的道成肉身。

彼得·阿伯拉尔(Peter Abelard)是经院神学另一位重要先驱。他于1079 年出生在布列塔尼(Brittany),年轻时受教于当时最著名的一些学者。他发现他们还不够资格,并将这个想法告诉了他们,因此结下了众多仇敌,他们将他的一生变成一部《苦难史》(History of Calamities)——他自传的名字。后来,他去到巴黎,巴黎圣母院的主教委任他教授主教才华横溢的侄女埃罗依斯(Heloise)。老师与学生成为了恋人,他们还生下一个孩子。埃罗依斯的叔叔愤怒了,他找来一伙暴徒,他们闯进阿伯拉尔家将他阉割。阿伯拉尔随后过上了修道生活,但是,他的许多仇敌和那些相信他大胆使用理性就是异端的人却不肯放过他。其中最著名的是圣徒明谷的伯尔纳,他使阿伯拉尔于1141 年被谴责为异端。当阿伯拉尔向罗马上诉时,他发现,伯尔纳已经将这扇门紧紧关闭。因此,阿伯拉尔在晚年将自己的一生视为一场场灾难。当他于1142 年去世时,已经与教会和解(也与埃罗依斯和好,她继续与他通信),她将他的遗体从克吕尼迁到了他曾经建立并被迫离开的修道院:圣灵礼拜堂(Oratory of the Paraclete)。

阿伯拉尔对经院神学的发展所做出的主要贡献,是他的《是与否》(Yes and No)一书。在《是与否》中,他提出了一百五十八个神学问题,然后作出证明,不同的权威,包括圣经和古代的基督教作家,并没有为这些问题给出一致的答案。

这样一部著作自然会招来巨大的反对,尤其因它是一位最有异端嫌疑之人的著作。但是,阿伯拉尔的意图似乎并不是羞辱他所对比列举出的一组组权威,而只是希望证明,神学一定不能只满足于引用权威。在阿伯拉尔看来,必须找到调和明显相互矛盾的权威的方法。最终,经院神学采取了这种方法。典型的经院神学著作以提出一个问题开始,然后再引用似乎支持某一答案的权威。与阿伯拉尔不同的是,经院神学家会再给出一个答案和"解决方案",证明所有被引用的权威为什么都可能是正确的。

经院神学的第三位重要先驱是彼得·伦巴德(Peter Lombard)。他撰写了《四部语录》(*Four Books of Sentences*)。《四部语录》系统地论述了基督教神学的重要主题,从上帝论到末世论("最后的事情")。起初,一些人并不同意《四部语录》中的许多观点,并试图谴责它。但是,它最终成为大学里教授神学的基础教科书。在大学里,学者们通常被要求注释彼得·伦巴德的《四部语录》。因此,重要的经院神学家的著作通常包括他们在教书初期所撰写的一部《四部语录》的注释。

中世纪萨拉曼卡大学教室。学生的桌椅,教授的讲台,当教授讲解文章时,讲师会坐在教授下面一个特殊的位置介绍文章。

彼得·伦巴德对神学的一个非常重要的影响是,他确定有七个圣礼:洗礼、坚振礼、圣餐礼、忏悔礼、膏油礼、神职授任礼和婚礼。基督教的圣礼在他之前并不是十分明确,但因为他的影响,这七个圣礼直到今天还是罗马天主教的正式圣礼。

除了经院神学的这些先驱之外,还有两种事物的发展对经院神学的早期历史意义重大:大学的发展和亚里士多德的哲学被再次引入西欧。

从某种程度上讲,大学是城市发展的结果。学生聚集在市中心,他们先后在教会学校和其他地方学习,这些课程最终被整合在一起,统称为"普通学科"(general studies)。欧洲的重要大学就是从这些普通学科中发展而来的。但是,中世纪的大学并不是我们现代大学这样的机构,而是由教师和学生组成的学者行会,它们成立的目的是维护会员的权利以及为每个会员颁发水平等级证书。

西欧最古老的大学始于 12 世纪末,但是直到 13 世纪,大学才发展成重要的学术中心。虽然学生在每一所大学中都可以接受基础教育,但一些大学很快就因对某一特定领域的研究而闻名于世。例如,希望学习医学的学生会努力进入蒙彼利埃(Montpelier)大学或萨勒诺(Salerno)大学,而拉文纳(Ravenna)大学、帕维亚(Pavia)大学和博洛尼亚(Bologna)大学则因它们的法学而闻名于世。对于神学生来说,学习神学的主要大学是巴黎大学和牛津大学。

立志成为神学家的学生必须先在文科系学习若干年哲学和人文学科,然后才可以进入神学系。在神学系里,他们先是作为"旁听生"开始学习,然后渐次成为"圣经学士"、"四部语录学士"、"合格学士"、"持证硕士"和"博士"。到了 14 世纪,在完成文科系的学习之后,完成神学系的学习还需要十四年。

神学学术训练包括注释圣经或《四部语录》、讲道和"辩论"。辩论是最高水平的学术训练。在辩论中,一个问题被提出,在场有资格参加辩论的人以某种方法为这个问题进行论证,他们论证的基础通常是圣经或某位古代作家。因此,他们看似彼此矛盾的观点就会被汇编成册,就像是阿伯拉尔的《是与否》。然后,老师会花时间准备答案,他必须在下一次辩论中陈述自己的观点,并证明他的观点与支持对立观点的所有权威引证都不矛盾。最终,这个方法得到了普及,以至于后来出现了各种《四部语录》的注释,如托马斯·阿奎那的《驳异教大全》(*Summa Contra Gentiles*)和《神学大全》(*Summa Theologica*)。

对经院神学产生重大影响的另一个进展,是亚里士多德被再次介绍到西欧。从公元 2 世纪的查士丁时代开始,大多数基督教神学家,尤其是西方的神学家,习惯于一种基本上是柏拉图主义或新柏拉图主义的哲学,可是,柏拉图主义或新柏拉图主义往往不相信感觉是知识的来源。虽然亚里士多德的一些著作还在被阅读与使用,但是,这些著作主要是关于逻辑学的,它们与中世纪早期神学的柏拉图主义世界观基本上不相矛盾。但是后来的十字军东征,尤其是与西班牙和西西里岛的穆斯林重新接触,让人们更加了解亚里士多德的哲学。亚里士多德的哲学显然在很多方面与已被普遍接受的哲学不同——尤其是亚里士多德的哲学将感觉视为获得真理的一个步骤。此外,亚里士多德最著名的评注者是阿威罗伊,因此,阿威罗伊的许多观点进入了西欧。尤其是在巴黎大学的文科系,师生们对这种"新哲学"产生了浓厚的兴趣。

巴黎大学文科系的几位教授热情地接受了新的哲学思想。他们普遍通过穆斯林评注者阿威罗伊的双眼来解读亚里士多德,因此,他们被称为"拉丁阿威罗伊派"。他们的一些基本哲学原理令神学家深感不安。其中最重要的是,他们坚持认为,理性与哲学不受信仰与神学的任何约束。拉丁阿威罗伊派坚持认为,人类应当在理性之路上走到最后,如果理性的结论与神学的结论有所不同,那也是神学家而不是哲学家要去解决的问题。后来,这种观点令他们接受了与基督教传统教义相悖的亚里士多德和阿威罗伊的许多教导。例如,他们认为按照理性物质是永恒的,所有人的灵魂最终是一个灵魂。前者与基督教从无有中创世的教义相矛盾,后者与基督教个人死后复活的教义相悖。

一些神学家对这一挑战做出了回应,他们重申了传统的柏拉图主义和奥古斯丁的教义。例如,13世纪最杰出的方济各修会神学家圣波那文图拉坚持认为,对于获得正确的理解来说,信仰是必不可少的。例如,创世的教义告诉我们该如何来理解这个世界,而不从创世教义出发的人会轻易得出这一错误的结论:物质是永恒的。此外,所有知识都源于在基督里成为肉身的上帝的道,有人声称离开基督可以获得知识,但他们这是在否定其所自称获得的知识的本质与来源。

然而,在拉丁阿威罗伊派的教导与传统的奥古斯丁神学之间,还有另一种选择。这种方法是去探究新哲学是否可能被用于更好地理解基督教信仰。这是两位多明我修会的伟大教师大阿尔伯特和托马斯·阿奎那走上的道路。

大阿尔伯特在巴黎和科隆的学术生涯经常被分配给他的许多其他工作打断,他在哲学与神学之间做出了明确的区分。哲学基于一套独立的原理,它们能够不通过启示获得,哲学试图以严谨的理性方法来发现真理。真哲学家不会去尝试证明心灵所不能理解的东西,即使他们面对的是信仰的教义。另一方面,神学家从启示的真理出发,这是单靠理性所难以获得的。但这并不意味着神学的教义更加不确定。相反,启示的真理永远比理性的真理可靠,因为理性可能出错。但是,这也的确意味着,只要哲学家停留在理性真理的范围之内,他们就可以自由地探求理性真理,而不必每一步都去寻求神学的引导。

例如,就世界是永恒的这个问题而言,大阿尔伯特坦白地承认,作为哲学家,他不能证明从无有中创世的教义,他最多只能给出几种可能的论证。但是,作为神学家,他知道世界是从无有中被造的,世界并不是永恒的。这就是理性不能获得真理的一个例子,因为探究的对象超越了人类理性的范围。有的哲学家声称,他们可以证明世界是永恒的或是从无有中被造的,但是,他们都是蹩脚的哲学家,因为他们忽视了理性的局限性。

罗卡塞卡城堡废墟,托马斯·阿奎那出生在这里。

　　大阿尔伯特最著名的学生是托马斯·阿奎那。阿奎那约于 1224 年出生在那不勒斯郊区的罗卡塞卡(Roccasecca)城堡。他成长在一个贵族家庭,他的所有弟兄姐妹最终都在意大利担任显赫的职务。他的父母原本希望他可以担任位高权重的教职。五岁时,阿奎那被送到了卡西诺山的本笃修道院,开始在那里接受教育。十四岁时他去到那不勒斯大学学习,在那里,他第一次接触到亚里士多德的哲学。这一切都是他父母计划的一部分。但是,他于 1244 年决定加入多明我修会。当时,多明我修会正处于起步阶段,许多富人都对这个新修会另眼相看。因此,阿奎那的母亲和兄弟——他的父亲这时已经去世——都试图劝服他改变主意。他们没能说服阿奎那。于是,他们将他锁在自家的城堡中,他被关了一年多,其间,家人对他威逼利诱,试图让他改变主意。但他最终逃跑了,在多明我修会完成了见习期,随后去到科隆,受教于大阿尔伯特。

　　与年轻的阿奎那相识的许多人都没能看到他的才华。他体胖又沉默寡言,被同学称为"笨牛"。但是,沉默寡言的阿奎那渐渐显露出才华,多明我修会认可了他的智力天赋。因此,他一生的大部分时间都是在学术圈中度过的,尤其是在巴黎,他成为一位著名教授。

托马斯·阿奎那的著作多得惊人。他最著名的两部著作是《驳异教大全》——这可能是他为在穆斯林中宣教的宣教士撰写的一部神学指南——和神学巨著《神学大全》。他还撰写了《四部语录》的注释、圣经的注释、亚里士多德的数卷注释以及大量的哲学与神学论文。当他于1247年去世时,还不到五十岁。他在去世之前一段时间有过一系列神秘经验,写作越来越少。大约在去世前一年,他在作弥撒时有过一次经验,此后,他对一个朋友说:"我不能再写作了。我看到了一些东西,它们令我的全部著作像草木禾秸一样没有价值。"他的老师大阿尔伯特比他长寿,大阿尔伯特成为他观点最坚实的捍卫者之一。

托马斯·阿奎那的神学体系被称为托马斯主义,在此,我们不可能回顾他的整个理论体系,即使是其中最显著的要点。我们只能讲述托马斯主义中有关信仰与理性的关系以及阿奎那对上帝存在的论证。前者是托马斯主义的核心,后者向我们展示了阿奎那的神学与他前辈神学的差异。最后,我们还要讲述阿奎那的意义。 377

就信仰与理性的关系而言,阿奎那走上了大阿尔伯特所概述的路线,但是,他更加清晰地阐释了他的观点。他认为,一些真理可以通过理性获得,另一些真理则超越了理性。哲学只研究第一种真理;但是,神学并不局限于第二种真理,因为有一些真理可以被理性证明,且对于获得救恩是必不可少的。上帝并没有将救恩只给予有理性天赋的人,因此,所有为获得救恩而必须认识的真理都已被启示出来,包括凭借理性可以认识的真理。所以,这些真理是哲学和神学都可以探究的一个特定领域。 378

应用这个观点的一个例子,是阿奎那对上帝存在的证明。如果不相信上帝的存在,就不可能获得救恩。因此,上帝的存在是一个启示的真理,教会的权威足以让人相信上帝的存在。没有人能以缺乏理性为借口,因为上帝的存在是一个信条,即使最无知的人也可以凭借信仰相信上帝的存在。但这并不意味着,上帝的存在是一个超越理性的真理。就上帝的存在而言,理性可以证明信仰。因此,对于哲学和神学来说,上帝的存在是一个特定的研究领域,尽管哲学和神学都采取各自的方法来获得这个真理。此外,理性的探究能够帮助我们更好地理解我们的信仰。

这便是阿奎那的"五法"(Five Ways)或他对上帝存在的论证的目的。这五种论证上帝存在的方法非常相似,我们不必在此赘述。我们只需要指出,其中每一种方法都是从感觉所认知的世界出发,然后再证明这样一个世界需要上帝的存在。例如,第一种方法以思考运动开始了如下论证:运动必然需要一个原动力,因此,必定存在一个最初的原动力,这就是上帝。

就论证上帝的存在而言,如果将阿奎那的论证与安瑟伦的论证做一番比较,结果会非常有趣。安瑟伦不相信感觉,因此,他不是以思考世界开始他的论证,而是以思考上帝这个理念开始。阿奎那走的是截然相反的道路,因为他以感觉可以认知的论据开始论证,并继续论证上帝的存在。这清楚地向我们表明,阿奎那的亚里士多德哲学倾向与安瑟伦的柏拉图哲学观形成了鲜明的对比。安瑟伦相信,可以在纯理念的范围内认识真理,但阿奎那认为感觉是知识的开端。

阿奎那对神学的进一步发展有着重要意义。这在一定程度上是因为阿奎那思想的系统性,但最重要的在于他将传统的教义与当时的新哲学结合在一起。

至于阿奎那著作的系统性,他的《神学大全》始终被比作一座巨大的哥特式教堂——《神学大全》同许多哥特式教堂一样,从未完工。我们将在本章最后一个部分中看到,这座巨大的哥特式教堂是一部部气势恢宏的不朽之作,创世与救恩历史每一个不可或缺的部分都在其中得以体现;每一个基本组成部分都被完美地结合在一起。同样,阿奎那的《神学大全》也是一部气势恢宏的智力之作。即使是不赞同阿奎那在《神学大全》中所表述观点的人也无法否认,《神学大全》具有建筑式的结构与和谐,每一个部分都被安置在最恰当的位置,都与其他部分和谐一致。

但是,阿奎那的意义更在于他将被许多神学家视为威胁的哲学,变成信仰手中的一个工具。数百年来,西方的神学——以及东方的许多神学——始终由柏拉图哲学所主导。这是在一个相当漫长的过程中形成的,与基督教的许多著名人物息息相关,如殉道者查士丁、奥古斯丁、伪迪奥尼修斯和其他许多神学家。柏拉图哲学在许多方面帮助了基督教,尤其是在早期的基督教与异教的斗争中,因为柏拉图哲学提出了一位无形的至高之神、一个感觉所无法感知的更高的世界和不朽的灵魂。可是,柏拉图哲学也有它自身的危险。基督徒根据柏拉图哲学来解释基督教信仰,他们的这种做法可能会越来越贬低现世的价值,但是根据圣经的记载,现世是上帝的创造。基督徒也可能贬低道成肉身以及上帝临在一个人的物质肉体中的重要性,因为柏拉图哲学并不关注现世的实在——出现在特定的时间与地点的实在,而是更加关注永恒不变的真理。因此就存在这样一种危险:神学家会更少关注作为历史人物的耶稣基督,而更多关注上帝的永恒的道——这也是根据柏拉图哲学来理解的。

新哲学的出现威胁到基督教的许多传统神学。因此,许多神学家反对新哲学,教会通常禁止阅读与教授亚里士多德的哲学。对亚里士多德的谴责经常包括对阿奎那所提出一些命题的谴责,因此,在托马斯主义被视为一种可接受的神学体系之前,还经过了一场关于是否接受托马斯主义的斗争。但是,托马斯主义的价值最终得到了认可,圣托马斯——后世对他的称呼——被公认为有史以来最伟大的神学家之一。

阿奎那及其工作的重要性怎么说都不为过。他不仅帮助教会成功地解决了源自亚里士多德哲学复兴的新思想,同时也为现代科学与观察开辟了道路。传统的柏拉图哲学不相信感觉,因而并不特别赞同观察和实验。这在基督徒中导致了一种对物质世界和自然界的消极态度,如奥古斯丁。他因自己在本该默想上帝真理时去耗时观察蜥蜴而痛悔不已;又如具有同样心思的安瑟伦,他断言灵魂是为默想上帝而造,如果它有一瞬间不去默想上帝,哪怕默想的是最高级的受造物,这也是罪。奥古斯丁与安瑟伦的这种态度是基督徒消极看待物质世界和自然界的典型代表。相反,阿奎那的老师大阿尔伯特撰写过论动物、植物、天体和地球上物体的著作。阿奎那则令亚里士多德的哲学更合乎基督教神学家的心意,从而使其他神学家可能继续跟随大阿尔伯特的带领,这最终促成了科学的观察、实验和验证的方法。基于这一切,我们甚至可以说,阿奎那为西方的现代性开辟了道路。

宣教

方济各对引领穆斯林归信基督教兴趣盎然,1219 年,他来到了埃及的达米埃塔(Damietta),苏丹阿尤布·阿尔·卡米勒(Ayyubid al-Kamil)接见了他,他受到了隆重的欢迎。可能是因为这次经历,他的《会规》的最后一部分理所当然地认为,他的一些追随者将成为宣教士;这一部分《会规》还规定,"在上帝的启示之下希望到撒拉森人(Saracens)——穆斯林——和其他异教徒中宣教的修士,必须得到他们所在修会院长的批准。"

在方济各的鼓励之下,他的追随者不仅向基督徒讲道,也向其他人宣教。方济各修会的宣教士很快就去到了北非和西班牙的穆斯林地区,甚至去到了远东的北京。其中,最著名的方济各修会宣教士孟德高维诺的约翰(John of Monte Corvino)去到波斯、埃塞俄比亚和印度宣教,1294 年,他在三年的旅行之后抵达了汗八里(Cambaluc)——今天的北京。在短短的几年之内,他就带领数千人归信了基督教。教宗后来任命他为北京的大主教,并派七位方济各修会的修士为主教,协助他的工作。在这七位主教中,只有三位抵达了目的地。

同样,在十字军东征失败之后,方济各修会的修士成为留在圣地的主要宣教团体——宣教事工在数百年来导致两千多名方济各修会的宣教士殉道。

其他宣教士不是来自方济各修会,但他们也是在方济各和小兄弟会的鼓舞下开始宣教的。其中最著名的是雷蒙德·勒尔(Raymond Lull),他花费大量时间,说服了欧洲的教会领袖创建起教授阿拉伯语和东方语言的学校,他在向马略卡(Majorca)的穆斯林宣教时被石头打伤,并最终死于这次伤病。

多明我修会的修士也向穆斯林和犹太人宣教。早期在穆斯林中宣教的最著名的宣教士是的黎波里的威廉(William of Tripoli)。文森特·菲雷(Vincent Ferrer)在西班牙的犹太人中宣教。但是,他们的宣教之所以能够成功,在一定程度上是因为使用了暴力——基督徒在的黎波里对穆斯林发动了宗教战争,对西班牙的犹太人也使用了暴力。

遗憾的是,当方济各修会、多明我修会的宣教士和其他宣教士试图说服人们归信基督教时,其他基督徒却认为,令非基督徒归信基督教的最好方法是延续十字军的理想,条顿骑士团(Teutonic Knights)尤其这样认为。条顿骑士团是一个军事修会,它强迫波罗的海沿岸各国的许多人归信了基督教。同样,瑞典国王领导了一场对芬兰人的宗教战争。

在东方的教会中,基督教最显著的扩张发生在俄罗斯。当俄罗斯于13世纪被蒙古人征服时,基督教成为俄罗斯的民族凝聚力。因此,虽然蒙古人的统治为教会带来了严峻的挑战,但当蒙古人被最终推翻时,俄罗斯的基督教不仅更深地扎根于俄罗斯,还发展到芬兰、拉普兰(Lapland)和白海(White Sea)。

石头的见证:教堂

中世纪的教堂有两种用途:教育与崇拜。它们的教育用途是为了回应时代的需要,因为书籍在中世纪非常罕见,并没有多少人可以阅读。因此,教堂成了文盲的书籍,基督徒试图通过教堂呈现出圣经的整个历史、伟大的圣徒与殉道者的生活、善与恶、天堂的应许与地狱的惩罚。今天,我们难以读懂这些教堂上的书籍。但是,在中世纪的教堂中进行崇拜的基督徒熟知其中最微小的细节;他们的父母与祖父母将自己在教堂中从一代代先辈那里所听来的故事与教导讲给了他们。

中世纪教堂的崇拜用途集中体现在中世纪基督徒的圣餐观。在中世纪,圣餐被理解为饼与酒奇迹般地转变成主的身体与血,圣餐也被视为将基督作为祭物再次献上。只要可能,教堂必须与饼和酒这一奇迹般的转变以及基督的身体相称,因为中世纪的基督徒认为,即使在圣餐之后,基督的身体仍留在教堂之中。教堂并不主要被视为聚会和崇拜的场所,而是被视为圣餐这一大神迹上演的背景。因此,城市和乡村的基督徒在建造教堂时的理想是,为他们最宝贵的耶稣基督建造一个这样的背景。

以前的巴西利卡式教堂发展成一种被称为罗马式的教堂。巴西利卡式教堂与罗马式教堂的主要差异体现在以下三个方面:首先,圣殿被加长了,以前的巴西利卡式教堂是一个"T"形,即"T"形十字架,而罗马式教堂的形状往往像我们更加熟悉的"拉丁十字架"。加长圣殿的主要原因是,越来越强调参加崇拜的基督徒与在崇拜中司仪和唱诗的司铎及修士的差异。随着这些司铎和修士数量的增长,尤其是他们的数量在修道院小礼拜堂中的增长,圣殿必须被加长。其次,以前的巴西利卡式教堂是木制堂顶,而罗马式教堂是石制堂顶。这是通过修建许多半圆形拱门实现的。拱门(或由多个拱门汇合而成的拱顶)会导致石制堂顶的重量产生一个侧向的压力,因此,必须修建窗户更少、厚度更大的墙壁,由在墙壁外部重量较大的扶壁支撑,扶壁都是石柱,它们会为墙壁增加重量,平衡拱顶向外的压力。因此,罗马式教堂里光线昏暗,窗户通常只修建在教堂的正面和后殿。最后,中世纪的教堂通常会加上一个钟楼,钟楼可以是教堂主体建筑的一部分,也可以是一个独立于教堂的建筑。

然而,到了12世纪中期,哥特式建筑开始取代罗马式建筑。很久以后,评论家才以"哥特式"称呼这种建筑,因为他们认为,这种建筑是粗野的,只配得上哥特人,但是,作为一种值得欣赏的建筑的名称,"哥特式"

西班牙阿维拉圣文森特巴西利卡式教堂的半圆形后殿，是很典型的罗马式建筑。请注意厚重的墙体和半圆形的拱门。

这个名字被保留下来。尽管哥特式建筑与罗马式建筑有着巨大差异，但前者是从后者发展而来。因此，哥特式教堂与罗马式教堂的基本设计是一样的，堂顶仍是拱顶，由拱门支撑。但哥特式教堂更喜欢用尖顶，而不是半圆形拱顶。哥特式教堂的堂顶也不是由罗马式教堂所使用的"桶形拱"支撑，而是由"交叉拱"和"肋拱"支撑，它们的一大优点是，堂顶的重量集中在四角的支柱上，而不是落在整面墙壁上。通过不断重复这道工序，长而高的堂顶可以不必建在厚重的墙壁上。但这种堂顶的侧向压力非常大，因此，必须增加扶壁向内的压力。这并不是通过简单地修建重量较大的扶壁实现的，而是使用了"飞拱"。这还是利用了拱门支撑的原理：在墙壁的一段距离之外修建支柱，支柱施加一个侧向的拉力，拉力平衡了堂顶的重量。因此，哥特式教堂的主体是垂直的，教堂看起来像要冲入云霄。加上塔楼、尖塔以及突出并顺着支柱一直延伸到地面的肋状拱

塞维利亚大教堂的飞拱。

顶,哥特式教堂的这种效果得到了加强。

　　整座哥特式教堂不再需要罗马式教堂的厚重墙壁,这反而为色彩斑斓的玻璃窗腾出了巨大的空间,彩色玻璃窗令哥特式教堂的内部通透明亮,它们产生了各种神秘的效果,也有助于用绘画和雕刻来表现圣经中的故事、圣徒的生活和诸如此类的信仰题材。

　　无论是过去还是今天,这些发展的最终结果都给人们留下了深刻的印象。石头仿佛插上了翅膀,直冲云霄。整座教堂的内外是一部反映信仰奥秘与全部创造的著作。在教堂内部,长长的正殿、纤细的石柱、色彩斑斓的玻璃窗和变幻莫测的光线,为圣餐这一神迹营造了一个名副其实的背景。

　　今天,哥特式教堂仍是许多城市地平线上一道亮丽的风景,它们是中世纪留给后世的一份遗产。有时,一些建筑师试图强加给教堂一个自身难以承受的理想高度,以至于堂顶坍塌,如博韦大教堂(Cathedral of Beauvais)。或许,这也象征着一个时代,当怀有崇高理想的希尔德布兰德、方济各和其他基督徒试图战胜人性的抵抗时,他们通常都以失败告终。

第三十三章

中世纪基督教的衰落

远离罪比逃离死亡更为有益。如果你们今天没有做好准备，明天会做好准备吗？明天是未知的。你们怎能知道你们会活到明天呢？

——肯培

中世纪文明于 13 世纪达到了顶峰。随着英诺森三世的出现，教宗的权力达到了顶点。与此同时，托钵修会开始带领世界归向基督，在大学里发展出令人惊叹的神学体系，在哥特式的艺术中，石头的重量似乎也已被战胜。从理论上讲，欧洲统一在一位属灵领袖教宗和一位世俗领袖皇帝之下。十字军已经夺取了君士坦丁堡，因此，东西方教会的分裂似乎已被弥合。

然而，在所有这些统一的因素中，还有紧张的局势和弱点，它们最终摧毁了中世纪基督教这座气势恢宏的大厦。1261 年，拉丁君士坦丁堡帝国灭亡，第四次十字军东征为东西方教会带来的假合一不复存在。在 14 和 15 世纪，新的经济与政治局势为教宗带来了挑战，并导致教宗丧失了许多权力。民族主义、战争、瘟疫、腐败和侵略击碎了 13 世纪的梦想，它们为现代的新秩序开辟了道路。

新局势

在过去两百年中不断发展的货币经济成为中世纪晚期一个重要因

素。信用制度、贸易和生产——按照今天标准来看规模显然还很小——令资产阶级的权力日益强大。新兴资产阶级的利益与封建领主的利益产生了冲突。贵族之间经常爆发小规模战争,贵族对他们领地之外的商品强行征税,大贵族渴望独立,这一切阻碍了贸易,降低了贸易利润。资产阶级强烈渴望一个强大的中央政府,因为这会保护贸易、镇压盗贼、规范货币制度和结束小规模战争。因此,资产阶级通常会支持国王剥夺大贵族的权力。

国王也从他们与资产阶级的结盟中获益。只要君主没有资源供养用于镇压强大贵族的军队,贵族就不会听命于他们的君主。国王从资产阶级那里获得供养军队的资源。因此,在中世纪晚期,银行家与商人的权力不断增长的同时,君主集权制也随之发展起来。

在这个过程中,一些现代国家形成了。法国、英国和斯堪的纳维亚国家是最早统一在一位相对强大的君主之下的国家。西班牙分裂成几个基督教国家和一个在格拉纳达的穆斯林国家,直到中世纪末才获得统一。德国和意大利统一得更晚。

在现代国家形成的过程中,民族主义成为一个重要因素。以前,大多数欧洲人自认为是一个城镇的居民。但是,人们现在更多地谈到国家,例如,法国的居民开始有了一种有别于欧洲其他居民的共识。即使在一些还没有统一在一位强大君主之下的地区,人们也有了这种共识。13 世纪末阿尔卑斯山一些村落起义,建立了瑞士联邦(Helvetic Confederation)。14 世纪,瑞士联邦继续发展壮大,数次击败了前来镇压它们的帝国军队。最终,皇帝马克西米连一世(Maximilian I)被迫于 1499 年承认瑞士独立。德国还没有统一,但有许多迹象表明,各个选帝侯领地、公爵领地、自由城市和此类地区的居民开始自认为是德国人,令他们悲哀与愤恨的是,国家的分裂令德国对国外的干涉束手无策。

民族主义又削弱了教宗的普世权力。如果教宗支持法国——他们在阿维尼翁(Avignon)居住时的确是这样做的——英国人就不会听命于教宗,甚至会反对他们。另一方面,如果教宗不愿意乖乖服务于法国人的利益,法国人就会选出一位敌对教宗,全欧洲就会因效忠两位教宗而产生分裂。最终的结果是,教宗制度大大丧失了它的声望与权威,许多人开始希望由教宗之外的其他人来改革教会。

在 14 和 15 世纪,主要的政治与军事事件是百年战争(1337—1475)。虽然百年战争主要是法国与英国的战争,但是还牵涉到欧洲的许多国家;一些历史学家提出,百年战争可以被称为"第一次欧洲大战"。英国的爱德华三世自称是法国国王,但是,当时的法国国王是他的表哥腓力六世,英国入侵了苏格兰,法国支持苏格兰国王戴维(David),这一切导致了战争。通过一系列联盟,皇帝巴伐利亚人路易(Louis of Bavaria)、纳瓦拉(Navarre)国王、波希米亚国王、卡斯蒂利亚国王和其他不计其数的参与者很快就被卷入战争。英国人不断入侵法国,他们在克雷西战役(Battle of Crecy)和阿让库尔战役(Battle of Agincourt)中取得了重要胜利,但最终因缺少军费而被迫撤军。当英国与法国签署和平条约时,西班牙爆发了战争,英国与法国很快就再次开战,两国因它们与伊比利亚半岛战争双方的结盟而被拖入了战争。当查理六世成为法国国王时,英国人在战争中占据了上风。法国的新国王出现了发疯的迹象;当必须任命一位摄政王时,出现了两派,这最终导致了内战。英国人支持其中一派,他们再次入侵了法国。当查理六世去世时,英国人和他们的法国盟友正在取胜。查理六世的儿子——法国王太子(Dauphin)——一派在战争中失利,法国王太子宣布,他现在是国王,并取名为查理七世。他被围困在奥尔良,成为法国真正统治者的希望变得渺茫,但是他以前的许多敌人认为,既然他的父亲已经去世,他们现在应当支持他。也是在这个时候,他第一次听说了圣女贞德(Joan of Arc)——一个来自栋雷米乡村(Domrémy)的年轻少女。

圣女贞德声称,她得到了圣凯瑟琳(Saint Catherine)、圣玛格丽特(Saint Margaret)和天使长米迦勒(Michael)的异象,他们命令她率领王太子的军队从奥尔良突围,然后在兰斯(Rheims)——加冕法国国王的传统地点——将王太子加冕为法国国王。听到这个消息后,查理七世召来了贞德,但是他明显不相信贞德,他也许只是在为自己找乐子。但贞德说服了他,他命令贞德将急需的补给从储存地布卢瓦(Blois)运进奥尔良。贞德成功了,她穿越了敌军的防线。后来,她被获准率军突围,她再次取得了令人难以置信的胜利。关于这位身披铠甲的年轻少女的传言开始在敌营中传播:贞德每天都出城作战,她每天都能夺取敌军的一个要塞。贞德最终率军突围,敌军撤退。这位"奥尔良少女"——人们当时这样称呼贞德——禁止王太子的军队追击撤退的敌军,她指出那一天是星期天,是祷告的日子,不是战斗的日子。从此以后,战争的进程改变了。疲于内战的法国人涌到王太子麾下,贞德陪伴他胜利进军到兰斯。长久以来反对王太子的兰斯和其他城市向他敞开了城门,最终,他在兰斯大教堂被加冕为法国国王,而那位"奥尔良少女"就站在圣坛旁。

贞德希望回到栋雷米,但是查理七世没有允许,她不得不继续浴血奋战,直到被俘。她被卖给了英国人,以前的盟友抛弃了她,查理七世似乎都不愿意为赎回她而尝试谈判。英国人将贞德以一万法郎的价格卖给博韦的主教,这位主教希望以异端罪和女巫罪审判贞德。

审判在鲁昂(Rouen)进行。贞德被指控为异端,罪名是她声称得到了天上的命令,并坚称这些命令是用法语下达给她,以及她像男子一样着装。她同意收回自己的言论,被判处终身监禁。但是她后来声称,圣凯瑟琳和圣玛格丽特再次向她说话,她们斥责她收回了言论。结果,她在鲁昂的老集市广场(Old Market Square)被活活烧死。她对陪伴她的神父提出的最后要求是,高举十字架,高声宣讲救恩的信息,以便她可以在咆哮的烈火中听到这些话。二十年之后,查理七世来到鲁昂,他下令调查对贞德的审判,不出所料,贞德蒙冤昭雪。1920年,本笃十五世追封贞德为罗马天主教的圣徒,但是在此之前,她早已成为法国的民族英雄。

贞德于1431年去世时,查理七世已经在内战中占据上风。法国的内战很快就结束了,到了1453年,英国与法国的战争已经降至一些小规模的冲突。当两国于 1475 年最终签订和平条约时,除了加来(Calais)之外,英国在欧洲大陆的所有领地都落入法国人之手(加来于 1558 年成为法国的领土)。

漫长的百年战争对教会生活产生了巨大影响,我们将在本章余下部分中讲述。在百年战争的一段时期之内,教宗住在阿维尼翁,生活在法国人的操纵之下,因此,英国人将教宗视为敌人。后来,在西方教会大分裂(Great Schism)时期,西方所有教会因效忠于两位敌对教宗而产生了分裂,在西方国家选择它们想要效忠的教宗时,百年战争所造成的盟友与敌人,成为每个国家选择教宗的一个因素——百年战争本身就令西方教会的大分裂更难以弥合。最终,在法国、英国和苏格兰,持续不断的国际战争增强了民族主义情绪,从而削弱了教宗的普世权力。

在中世纪晚期,另一个影响教会的事件是 1347 年爆发的大瘟疫。现在,历史学家将当时的气候变化称为"小冰川期"。气候变化降低了农作物产量,导致饥荒,让人们更容易生病。我们现在知道,黑死病是由寄生在黑鼠身上的跳蚤传播的。贸易取得了长足的进步,尤其是在热那亚人(Genovese)击败摩尔人之后,他们为基督徒的船运打开了直布罗陀海峡。因此,北欧与地中海接触不断,当大瘟疫在黑海爆发,并传播到意大利时,瘟疫很快就传到了北欧。在毫无明显病因的情况下,人们突然开始出现奇怪的症状:通常是以热病开始,随后,热病会导致丧失身体平衡和巨大的淋巴肿瘤,通常还伴有痴呆。到了第五天,出现这些症状的大多数人都会死去。在短短几个月之内,大瘟疫就席卷了整个欧洲大陆,且从 1348 年持续到 1350 年。根据一些学者的估算,三分之一的欧洲人死于这场瘟疫和这场瘟疫所引发的相关疾病。三年之后,大瘟疫开始减退,尽管这样的瘟疫每隔十年或十二年会重新爆发一次。在后来的瘟疫中,受难者主要是年轻人,这显然是因为老人已经对这种疾病有了一定的免疫能力。

大瘟疫有着深远的影响。从经济上讲,整个欧洲陷入了瘫痪,集市全部消失，失业人口在死亡率较低的地区急剧增长。这造成了政治动荡、暴乱和进一步的经济停滞，令欧洲在几百年之后才找到保障人口与经济稳定的措施。

大瘟疫也对宗教产生了巨大影响。在后来爆发的瘟疫中，大多数受害者是免疫力尚未发育成熟的年轻人，因此，在一些人看来，死神似乎更钟爱年轻人。受到瘟疫袭击的似乎是完全健康的人，这令许多人开始怀疑，先人们的宇宙是否真是理性有序。这也令知识分子开始怀疑，理性是否真有理解生存奥秘的能力。这还在普通人中助长了迷信。死亡随时都会降临，因此，生命就是为死亡做准备的。许多基督徒踏上前往圣地、罗马和圣地亚哥的朝圣之旅。穷人难以负担长途跋涉的朝圣费用，他们就到当地的圣地朝圣。虽然第四次拉特兰大公会议明令禁止，但是，对所谓的圣徒遗物的崇拜和买卖都在迅速发展。恐惧无处不在：对瘟疫的恐惧、对地狱的恐惧、对至高审判者的恐惧，许多人要比预想的时间更早来接受审判。

对于犹太人来说，不仅是大瘟疫带来了死亡，暴力更是导致他们死亡的原因。很多基督徒无法理解，为什么瘟疫似乎在他们周围的犹太人中传播得更慢。今天一些学者提出，犹太人中养猫的更多，老鼠更少，但基督徒始终将猫与巫术联系在一起。不管怎样，基督徒当时对瘟疫的解释非常简单：犹太人向基督徒的饮水井中投毒。结果便是暴力和屠杀。那是一个恐怖的时代，有恐怖，就有恐怖的牺牲品。

与此同时，君士坦丁堡也是前途未卜。第四次十字军东征和随后的拉丁帝国削弱了君士坦丁堡。当拜占庭帝国复生时，一些在与拉丁入侵者斗争中从君士坦丁堡独立出来的地区仍保持着独立。虽然拜占庭帝国这个名字仍然响亮，其实只不过是君士坦丁堡及其周围的一小部分地区。土耳其人对拜占庭帝国的威胁有增无减，阻止他们入侵的，是他们更紧迫的敌人——阿尔巴尼亚人、匈牙利人和东方的蒙古人。1422 年，土耳其人包围了君士坦丁堡，但当他们受到其他敌人的攻击时，他们被迫放弃了对君士坦丁堡的围攻。到了 15 世纪中叶,苏丹穆罕默德二世的伟大梦想显然是夺取君士坦丁堡,并将他帝国的首都设在君士坦丁堡。

拜占庭帝国的皇帝别无选择,只能向西方求助。教宗提出的条件是教会和解,这在 1439 年的费拉拉佛罗伦萨大公会议(Council of Ferrara-Florence)上实现了。但是,这并没有帮助到拜占庭帝国,因为教宗没能说服西方的基督徒去解救被围困的君士坦丁堡,可是,此次大公会议的表现却令拜占庭帝国的许多臣民相信,他们的领袖在异端面前屈服了,不应当再保护他们。1443 年,耶路撒冷、亚历山大和安提阿的牧首拒绝接受费拉拉佛罗伦萨大公会议的决议,因此,他们与君士坦丁堡决裂了。俄罗斯人也采取了类似的立场。因此,君士坦丁堡成为孤家寡人,当时的皇帝君士坦丁十一世只能继续他与罗马和好的计划,他希望西欧会对他有所帮助。1452 年年末,在相互革除教籍四百多年之后,圣索菲亚大教堂举行了罗马天主教的弥撒。

君士坦丁堡的末日即将来临。1453 年 4 月 7 日,穆罕默德二世包围了君士坦丁堡。古老的城墙再也抵挡不住穆罕默德二世的大炮,而这些大炮曾经是基督教的工程师为谋求利益而造的。被围攻的臣民奋勇抵抗,但是,君士坦丁堡的古老城墙却坍塌在他们周围。5 月 28 日,圣索菲亚大教堂举行了庄严的崇拜。5 月 29 日,君士坦丁堡陷落。皇帝君士坦丁十一世帕莱奥洛古斯(Paleologus)战死沙场。土耳其人破城而入,君士坦丁堡被洗劫了三天三夜,这正是苏丹穆罕默德二世对他将士们的承诺。随后,穆罕默德二世正式占领了君士坦丁堡。现在,东方的圣索菲亚大教堂中回荡着先知穆罕默德的名字。君士坦丁的基督教新罗马的梦想破灭了,最终,这座以君士坦丁命名的城市被更名为伊斯坦布尔。

受控于法国的教宗

我们刚刚讲述的是发生在 13 和 14 世纪的一系列事件,教会就是在这些艰难时代中前行。现在,我们要回到 13 世纪末的 1294 年,这一年,卜尼法斯八世被选为教宗,上一章中的故事就讲到这里。

贝尼狄托·加埃塔尼(Benedetto Gaetani)成为教宗,取名为卜尼法斯八世;他与前任教宗西莱斯廷五世形成了鲜明的对比。西莱斯廷五世之所以失败,是因为极其单纯的他并不懂得必须应对之人的奸诈与诡计。卜尼法斯八世却能够自如地应对国王和权贵,他在外交生涯中深刻地了解到欧洲的宫廷中无时无刻不在酝酿的阴谋。西莱斯廷五世和卜尼法斯八世都真诚地希望改革教会。但是,西莱斯廷五世想通过方济各修会的简朴来改革教会,而卜尼法斯八世却试图通过强权政治做到这一点。在历任教宗中,西莱斯廷五世是最谦卑的一位,而卜尼法斯八世是最傲慢的一位。

并不是所有人都满意卜尼法斯八世被选为教宗。希望控制教宗的除了强大的意大利科隆纳(Colonna)家族之外,还有极端的方济各修会的修士——"小兄弟会",许多基督徒团结在他们周围,共同支持西莱斯廷五世。许多小兄弟会相信,西莱斯廷五世的当选是费奥雷的约阿希姆所预言的"圣灵时代"的开始,一些社会底层的基督徒也是这样认为的,开始一个新时代,是他们的唯一希望。对于他们来说,西莱斯廷五世的退位是一个沉重的打击,许多人难以接受,他们声称,是卜尼法斯八世强迫西莱斯廷五世退位。其他基督徒声称,即便西莱斯廷五世自愿退位,教宗也无权退位,因此,西莱斯廷五世还是教宗,即使这有悖于他自己的意愿。当西莱斯廷五世去世时,这些基督徒传言称,卜尼法斯八世虐待西莱斯廷五世,并导致了他的死亡——这些话或许并不可信,至少是严重夸大了事实。

尽管遭到这样的反对,卜尼法斯八世在早年任期内还是相当成功的。他认为自己得到了平定意大利的呼召,在这一方面,他取得了很大成功。在意大利,他最强大的对手是科隆纳家族,他向该家族发动了一场宗教战争,夺取了该家族的领地和城堡,并迫使他们逃亡。在德国,哈布斯堡家族的阿尔伯特(Albert of Hapsburg)造反,杀死了拿骚的阿道夫(Adolf of

Nassau）。卜尼法斯八世将阿尔伯特称为反叛者和弑君者,阿尔伯特被迫与卜尼法斯八世和解,和解的条件提升了卜尼法斯八世的威望。英国与法国可能开战(这其实是百年战争的序幕),卜尼法斯八世决心令两国言归于好。当法国的腓力四世和英国的爱德华一世拒不听从卜尼法斯八世的劝解时,卜尼法斯八世采取了更强硬的措施,1296 年,他颁布了通谕《神职人员-平信徒》(*Clericis laicos*),禁止神职人员在没有得到教宗批准的情况下向世俗统治者交纳任何赋税。他希望以此给英法两国的国王施加经济压力,但是,他们采取了针对神职人员和教宗的措施,并想继续进行战争。然而他们的对抗没有任何效果,因为他们都不能在战争中取得绝对的优势,最终被迫接受了卜尼法斯八世的调停——尽管腓力四世清楚地表明,他接受的是贝尼狄托·加埃塔尼的个人调停,而不是教宗的调停。与此同时,面临被英国人入侵的苏格兰则宣布,苏格兰是教宗的领地。虽然英国基本上没有理睬这项举措为苏格兰带来的所谓保护,但是卜尼法斯八世认为,这进一步确立了教宗的普世权力。

1300 年,卜尼法斯八世的权力达到了顶峰。他宣布了一个大赦年,许诺完全赦免所有到圣彼得墓朝圣之人的罪——这就意味着,朝圣者不必再花时间洗净他们以往必须在炼狱中洗净的罪。罗马挤满了朝圣者,他们不仅来朝拜圣彼得,也来朝拜他的继任者,卜尼法斯八世似乎成为了欧洲最重要的人。

然而,卜尼法斯八世与法国的关系却不断恶化。斯洽拉·科隆纳(Sciarra Colonna)是卜尼法斯八世最痛恨的一位仇敌,但腓力四世却支持斯洽拉·科隆纳,并给予他庇护。腓力四世向卜尼法斯八世再次发起了挑战,他没收了教会的土地,并将他的妹妹嫁给了已被卜尼法斯八世谴责为篡位者与弑君者的德国皇帝阿尔伯特。法国与罗马的通信近乎相互辱骂。卜尼法斯八世痛恨法国派驻罗马教廷的大使,腓力四世也在抱怨卜尼法斯八世的代表同样令人讨厌。1302 年年初,卜尼法斯八世的一份通谕当着腓力四世的面被烧毁,同一年,腓力四世召开了三级会议(Estates

General,即法国议会），目的是寻求议会支持他对罗马所采取的政策。此次会议的召开意义重大，因为除了贵族和神职人员这两个传统的"阶级"之外，"第三个阶级"——资产阶级——第一次出席了议会。此次会议向罗马发出了多份支持腓力四世政策的公报。

卜尼法斯八世的回应是通谕《唯一至圣》，我们在上一章中引用过这份通谕，它标志着教宗对普世权力——教会权力和世俗权力——的要求达到了顶点。他随后召集法国的主教到罗马开会，讨论如何来处置腓力四世。腓力四世颁发禁令，没有他的批准，任何主教不准离开法国，否则将受到没收全部财产的处罚。同时，他也匆忙与英国爱德华一世签署了和平条约。卜尼法斯八世为避免麻烦，忘记了德国皇帝阿尔伯特作为篡位者与弑君者的身份，他与阿尔伯特结成同盟，并命令德国的所有贵族必须承认阿尔伯特是皇帝。在法国的三级会议上，腓力四世最亲密的顾问威廉·诺加雷（William Nogaret）指控卜尼法斯八世是异端、鸡奸者和假教宗。三级会议按照国王的意愿，要求身为"信仰捍卫者"的腓力四世召开一次会议，审判"假教宗"。为了确保自己能在此次会议召开之前得到神职人员的支持，腓力四世颁发了"改革法令"（Ordinances of Reform），再次肯定了法国神职人员所有的古老特权。

卜尼法斯八世的最后武器是他的前任们在对付其他顽固统治者时使用的革除教籍。他将自己最亲密的顾问召到了家乡阿纳尼（Anagni），他们在阿纳尼起草了一份革除腓力四世教籍的通谕，并准备在 9 月 8 日发出。但是，法国人意识到战争一触即发。在意大利，斯洽拉·科隆纳和威廉·诺加雷正在为战争做准备，他们从意大利的银行中取出了腓力四世的存款，并组建了一支武装小分队。9 月 7 日，就在革除腓力四世教籍的通谕发出的前一天，他们进入阿纳尼，绑架了卜尼法斯八世，与此同时，这伙暴徒也将他与他亲戚的家洗劫一空。

诺加雷的目的是迫使卜尼法斯八世退位。但是，这位年迈的教宗态度坚定，他声明，如果他们想要杀死他，"我的脖子和脑袋就在这里"。诺加雷殴打、羞辱了他,强迫他倒骑着马在阿纳尼游街示众。

只有两位在阿纳尼的枢机主教坚决支持这位受到羞辱的教宗,即西班牙的彼得(Peter of Spain)和尼古拉斯·博卡西尼(Nicholas Boccasini)。最终,博卡西尼感动了一些人,他们抗议对教宗的羞辱,救出了卜尼法斯八世,并将法国人和他们的党羽赶出了阿纳尼。

y

然而,伤害已经造成。回到罗马后,卜尼法斯八世不再能像以前那样受人尊重。他在阿纳尼的这次事件不久之后去世。他的敌人散布谣言称他是自杀,但他似乎是在自己那些最亲密顾问的陪伴之下安静地离开了人世。

在如此艰难的环境中,枢机主教们匆忙地将博卡西尼选为下一任教宗,他取名为本笃十一世。他是出身卑微的本笃修会的敬虔修士,希望采取和解的政策。他将卜尼法斯八世所没收的科隆纳家族的土地归还给他们,除了诺加雷和斯洽拉·科隆纳之外,他赦免了卜尼法斯八世的所有敌人,此外还主动向腓力四世求和。但是,这还远远不够。腓力四世坚持召开一次会议,审判已故的教宗卜尼法斯八世。这是本笃十一世所不能接受的,因为这将沉重打击教宗的权威。另一方面,还有一些基督徒指责本笃十一世对攻击过教宗的人做出了太多妥协。任期极短的本笃十一世(1303—1304)去世之时腹背受敌,受到敌我双方的指责。很快就出现他被毒死的传言,双方都指责对方是凶手。但是,我们并没有本笃十一世被毒死的真实证据。

选举下一任教宗并非易事,因为双方都决心将他们当中的一员选为教宗。最终,亲法派找到了一个借口,他们得到枢机主教的同意,选出了克莱门五世。克莱门五世之所以能被选为教宗,是因为他表面上维护卜尼法斯八世的名誉,实际上却与法国人保持着联系。在这种情况下选出的教宗不可能是坚定刚毅的典范。在他的整个任期(1305—1314)之内,他从未到过罗马。尽管罗马人坚决要求他住在罗马,但腓力四世始终令他住在法国,以便牢牢地控制他。在克莱门五世担任教宗期间,他任命了二十四位枢机主教,其中只有一位不是法国人。此外,其中几位枢机主教还是他的亲戚,这导致并助长了任人唯亲,而任人唯亲在 16 世纪之前一直是教会的一大罪恶。

克莱门五世不再尽力地维护卜尼法斯八世的名誉。他也拒绝召开法国人所希望的会议。其实,这样的会议是不必召开的,因为克莱门五世一点一点地毁掉了卜尼法斯八世所做的一切,他赦免了诺加雷和他的同伙,甚至宣称,腓力四世在整个事件中都表现出"令人钦佩的热诚"。

然而,软弱的克莱门五世做出的最可耻的事是逮捕与审判圣殿骑士团。圣殿骑士团是在十字军东征时期建立起来的军事修会之一,因此,它现在已经成为一个障碍。但是,它有钱有势。当腓力四世有一次确认他对古老贵族的权力时,圣殿骑士团的权势与财产成为他实施集权政策的一个障碍。圣殿骑士团是修会,因此,他们并不受世俗统治者的直接统治,于是腓力四世决心指控他们是异端,并强迫软弱的克莱门五世镇压圣殿骑士团,以便其大部分财产可以流入法国国库。

在法国的所有圣殿骑士都意外被捕。一些圣殿骑士在严刑拷打之下被迫承认,圣殿骑士团实际上是一个反基督教信仰的秘密修会,他们在崇拜中拜偶像、咒诅基督、亵渎十字架,他们是鸡奸者。虽然仍有许多圣殿骑士在酷刑中坚守信仰,但那些软弱的圣殿骑士承认了他们被要求承认的罪行,这足以令继续审判整个圣殿骑士团有充足的借口。圣殿骑士团的团长雅克·德·莫莱(Jacques de Molay)也屈服了,他可能相信,对圣殿骑士的指控荒谬透顶到没有人会相信。

圣殿骑士希望克莱门五世会保护他们,抗议他们正在遭受的不公正。但是,教宗的所作所为恰恰相反。当他收到腓力四世的官员给他的圣殿骑士的认罪报告时,他下令逮捕所有不在法国的圣殿骑士,从而避免了这些圣殿骑士可能采取的一切反对他们被关押在狱中兄弟的行动。当他得知圣殿骑士的认罪是严刑逼供的结果时,他下令停止刑讯逼供,并宣布他将亲自审判圣殿骑士,世俗权力无权审判他们。但是,受到指控的圣殿骑

教宗住在法国边界的阿维尼翁长达数十年之久。

士仍被关在狱中,克莱门五世没有做出任何释放他们的努力。后来,腓力四世指控克莱门五世是圣殿骑士所谓恶行的煽动者,这一次,软弱的克莱门五世再次屈服,他同意召开会议,审理此案。

腓力四世和诺加雷希望,此次会议会顺从他们的意愿,但是事实证明此次会议的立场比克莱门五世更要坚定。也许,主教们对其领袖的软弱无能感到羞耻。他们坚持重新审理,给予受控骑士为自己辩护的机会。最终,在此次会议处理其他事务的同时,腓力四世与克莱门五世达成了一项协议。此次会议并没有因圣殿骑士的所谓罪行而审判他们,克莱门五世的行政决议解散了圣殿骑士团,它的财产被移交给另一个军事修会。会议因不再有权审理这起案件,也就随之解散。至于圣殿骑士团的财产,腓力四世夺取了大多数,他开给克莱门五世一张此次审理花销的巨额账单,并坚持要求他必须先支付这笔巨款,然后才能考虑对圣殿骑士团财产的其他处理。

许多圣殿骑士的余生都是在监狱中度过的。雅克·德·莫莱和他的一个同伴被带到巴黎圣母院当众认罪,以此平息一些人的谴责,因为他们声称,有人对圣殿骑士犯下了滔天大罪。雅克·德·莫莱和他的同伴后来收回了以前的认罪,他们宣布,对圣殿骑士团的所有指控都是谎言。就在这一天,他们被活活烧死。

1314 年,克莱门五世去世;他在任期内的作为预示着教宗的未来。1309 年,他开始住在阿维尼翁——法国边境的教宗城。近七十年的时间里,虽然教宗仍自称是罗马主教,但是,他们普遍住在阿维尼翁。这一时期通常被称为"阿维尼翁教廷"(Avignon Papacy)或"教会被掳巴比伦"(Babylonian Captivity of the Church)。这一时期的特点是教宗不住在罗马,而且甘愿成为服务于法国政策的工具。

在克莱门五世去世之后,枢机主教并没有就下一任教宗的人选达成一致。他们最终选择了一位七十二岁的老人,他们希望,这位高龄教宗的任期是短暂的,他们可以在他短暂的任期内达成一致。但是,这位年迈的教宗——他取名为约翰二十二世——却因为他的生命力和长久的任期(1316—1334)震惊了世界。在法国人的帮助之下,他试图在意大利维护教宗的权力,因此,意大利卷入了持久的战争。为了支付战争和他自己在阿维尼翁教廷的开销,他推出了一套详尽的教会税收制度,这激起了普遍的憎恨,尤其是反对他亲法政策之人的憎恨。

本笃十二世(1334—1342)向罗马人许诺,他会回到罗马,但是,他却下令在阿维尼翁修建一座巨大的官邸。他还违背了曾向罗马人许下的诺言,因为他将教宗档案馆迁到了阿维尼翁。他将教宗的全部资源都提供给法国国王使用,当时正值英法百年战争,因此他的政策疏远了英国及其主要盟友——当时以德国为中心的神圣罗马帝国。克莱门六世(1342—1352)试图调和英法两国的关系,但是,英国人显然将他视为法国人的同伙,因此,他的努力并没有收到任何效果。在他担任教宗期间,任人唯亲盛行,阿维尼翁教廷的虚华与奢侈可以与世俗大领主相媲美。当时爆发了大瘟疫,因此许多基督徒相信,这是上帝对教宗不住在罗马的惩罚。下一任教宗英诺森六世(1352—1362)开始准备重返罗马,但他在实现这个理想之前就去世了。乌尔班五世(1362—1370)是一位有着改革精神的教宗,他过着严格律己的生活。他对阿维尼翁教廷进行了改革,并赶走了不效法他简朴生活榜样的教士。1365年,他回到了罗马,罗马人举行盛大游行,欢迎教宗的回归。但是,他最后并没能保住罗马臣民的忠诚,整个意大利再次陷入混乱,他决定重返阿维尼翁。下一任教宗格列高利十一世(1370—1378)在十七岁时就被他的叔叔克莱门六世任命为枢机主教。就是在他被选为教宗之际,锡耶纳的凯瑟琳(Catherine of Siena)出现了,她呼吁教宗重返罗马。

卡特丽娜·德·依卡波·迪·贝尼卡萨(Caterina de Icopo di Benicasa),现在被称为锡耶纳的圣凯瑟琳,她小时候就喜欢修道生活。她出生于一个中产阶级家庭,家人并不希望她成为修女,想说服她放弃这个念头。但是,尽管面临恳求、威胁和惩罚,她还是坚持自己的喜好,并拒绝考虑结婚。她的姐姐波那文图拉(Bonaventura)——她的父母生下了二十五个孩子——的去世最终改变了凯瑟琳的生活。她的一个亲戚是多明我修会的神父,她在这个亲戚的指导之下进入了"圣多明我苦修姐妹会"(Sisters of the Penance of St. Dominic)或者多明我第三修会(Third Order of the Dominicans)。这是一个非常灵活的组织,它的成员可以继续在家里生活,但却必须过全心忏悔与默想的生活。两年之后,她得到了一个异象,耶稣与她缔结了"神秘的婚姻",并命令她去服侍别人。随后,她开始了自己生命中的第二个阶段。在这段时间里,她花大量时间去帮助穷人和病人。她成为一位教授神秘主义的著名教师,在她周围聚集了一群男女,其中许多人比她受过更多教育,她教授他们默想的方法与原则。在这些学生中,一些是精通神学的多明我修会的修士,她也从他们那里学到了足够的神学,这足以令她避免其他受到教会谴责的神秘主义者所犯的错误。

1370年,格列高利十一世被选为教宗,同一年,凯瑟琳又有过一次神秘经验。她有四个小时静止不动,她的朋友认为她已经去世。但是,她后来醒了,宣称她得到了一个异象,并开始了一场令教宗重返罗马的运动。

为了让格列高利十一世重返罗马,必须扫清意大利的障碍。意大利的战争不断,这会令教宗在意大利的生活不安全。为了扫清这个障碍,凯瑟琳开始逐个城市地游走,每到一个城市,都会有大量群众涌来见她,在他们当中流传着关于她的许多神迹故事。她一直在给格列高利十一世写信,态度谦卑却很坚定,称其为"我们可爱的父亲",但是,她也向他抱怨,教宗长期住在阿维尼翁"得罪了上帝"。我们无法知道,这对格列高利十一世的决定产生了多大影响。但是不管怎样,1377 年 1 月 17 日,格列高利十一世在罗马人的欢呼声中进入了罗马。教宗在阿维尼翁的漫长逃亡结束了——但是,还将发生更糟糕的事。

格列高利十一世回到罗马三年之后,凯瑟琳去世。一百年之后,她被追封为罗马天主教的圣徒,1970 年,保罗六世将"教会博士"的头衔授予了她——她是得享这一殊荣的两位女基督徒之一。

总而言之,教宗长期住在阿维尼翁,对教会生活产生了灾难性的影响。当时爆发了百年战争,教宗是服务于法国政策的工具,因此,与法国开战的国家习惯于将教宗视为外国势力,在这些国家中,民族主义很快就与对教宗的憎恨联系在一起。阿维尼翁教廷及其不断卷入的战争与阴谋需要大笔资金,因此,约翰二十二世和他的继承者们想出了各种获取金钱的方法。当某个教职空缺时,这个教职一年的收入就归入阿维尼翁教廷。如果这个教职空缺得更久,这笔收入仍属于阿维尼翁教廷。因此,在频繁出现的教职空缺中,教宗有着他们的既得利益。这损害了教会的牧养工作,教职经常长期无人担任,这令教会的牧养工作无法正常进行。此外,教会中还出现了买卖圣职的行为——这正是格列高利七世和其他教会改革的倡导者所痛恨的。教职实际上是一种获得收入的好方法,所以,一些神职人员同时拥有数个教职,因此,他们经常失职。这些罪恶通常被称为买卖圣职、身兼数职和擅离职守,更加糟糕的还有教宗带头发起的任人唯亲——任命他们的亲戚担任重要的教职。到了"教会被掳巴比伦"结束时,许多基督徒强烈要求改革教会。教宗制度本身就需要改革,因此,在改革教会的呼声中,经常会听到要求限制教宗的权力,或将教宗的权力完全限制在属灵事务方面的声音。

西方教会大分裂

当格列高利十一世将教廷带回罗马时,锡耶纳的凯瑟琳的梦想似乎实现了。但是,导致"教会被掳巴比伦"的政治局势却依然存在。难题很快就出现了,以至于格列高利十一世开始考虑是否可能重返阿维尼翁,要不是他的去世打断了这个计划,他很可能就回到了阿维尼翁。就是在这时,一种比"教会被掳巴比伦"还要糟糕的局势正在缓缓形成。

面对教宗之职空缺,罗马人担心,枢机主教会选出一位愿意回到阿维尼翁或至少愿意再服务于法国利益的教宗,就如以前的多任教宗所做的那样。这样的担心并非没有道理,因为法国籍枢机主教在数量上远远超过意大利籍枢机主教,其中一些枢机主教已经表示,同罗马相比,他们更喜欢阿维尼翁。有这样一种可能性:枢机主教可能在法国人的保护之下离开罗马,在其他地方选出一位愿意住在阿维尼翁的法国籍教宗。关于枢机主教可能逃走的传言导致了骚乱。一伙暴徒闯进了枢机主教秘密选举教宗的会场,他们彻底搜查了整个会场,在确保枢机主教无路可逃之后才肯离开。在选举教宗的整个过程中,会场内外的暴徒始终在高呼选出罗马籍教宗,至少是选出一位意大利籍教宗。

在这种情况之下,枢机主教不敢选出一位法国籍教宗。他们在漫长的商议之后选择了巴里(Bari)的大主教,他是意大利人,取名为乌尔班六世。全部枢机主教——包括法国籍与意大利籍枢机主教——出席了乌尔班六世盛大的加冕仪式。在1378年的复活节,乌尔班六世被加冕为教宗。

乌尔班六世的加冕似乎是一个新时代的开始。他出身卑微,生活简朴,显然会承担起许多基督徒正在呼求的改革。但是,在改革教会的过程中,他明显会与许多过惯奢华生活的枢机主教产生冲突,对于他们来说,他们的教职是谋取财富和扩张家族势力的一种手段。在实施急需的改革过程中，即使是最谨慎、头脑最清醒的教宗，也会遇到巨大的困难。

然而，乌尔班六世既不谨慎，头脑也不清醒。他渴望结束神职人员的擅离职守，他宣布，在他的教廷中，不在自己教区的主教就是背叛基督，犯有违背誓言罪。他在讲坛上严厉斥责枢机主教的铺张，他后来规定，只要主教收受礼物，他就犯有买卖圣职罪，因此必须被革除教籍。为了从法国籍枢机主教手中夺回权力，他决定任命大量的意大利籍枢机主教，使他们在枢机主教团中占据绝大多数席位。后来，他在实际实施这个计划之前就草率地向法国人宣布了这个计划。

这一切正是许多基督徒所希望的改革。但是，乌尔班六世针对枢机主教的行动令许多人相信，他的确疯了，而他对这些传言的反驳令他们更加确信。同样，在他宣称自己希望改革教会的同时，他还在任命他的亲戚担任重要的教职，这就让他很容易受到任人唯亲的指控。

越来越多的枢机主教反对乌尔班六世。法国籍枢机主教和许多意大利籍枢机主教先后从罗马逃到了阿纳尼，他们在阿纳尼共同宣布，他们是被迫选出了乌尔班六世，这样的选举是无效的。此时，他们适时地忘记了，他们在选举之后都参加了乌尔班六世的加冕仪式，对其当选并没有提出任何异议。此外，他们也忘记了，他们数个月来始终属于乌尔班六世的教廷，从未怀疑过乌尔班六世被选为教宗的合法性。

乌尔班六世的回应是，在他最坚定的支持者中任命了二十六位新的枢机主教。这令他的支持者在枢机主教团中占据了绝大多数席位，因此，叛逃的枢机主教宣布，一位假教宗任命的枢机主教并不是合法的枢机主教，选举合法教宗的时候来到了。

还是那群当初选出乌尔班六世并曾效忠于他的枢机主教——除了其中一位，他们召开教宗秘密选举会议，选出了一位新教宗。他们声称，这次选出的教宗是圣彼得的合法继任者。出席选举的意大利籍枢机主教退出了选举，但是他们并没有提出抗议。

这就形成了一种史无前例的局面。以往不只有一个人声称自己是合法的教宗。但是现在,第一次出现了由同一个枢机主教团所选出的两位教宗:一位是乌尔班六世,一位是克莱门七世。乌尔班六世被选出他的枢机主教废黜,他随后又建立了自己的枢机主教团。另一位,即被称为克莱门七世的,得到了那些延续了传统的主教们的支持。因此,西方所有的基督教国家必须在这两位教宗之间做出选择。

这样的选择并不容易。乌尔班六世已被适时地选出,尽管他后来遭到了选出他的枢机主教的反对。他的对手取名为克莱门七世,他正是以此宣告,他愿意继续阿维尼翁教宗的政策。但是,乌尔班六世一点也没有表现出在如此艰难的时代领导教会所必备的智慧,而克莱门七世则是一位出色的外交家——尽管正如他的支持者也不得不承认的那样,他肯定不是一个敬虔的基督徒。

克莱门七世刚被选为教宗,就向乌尔班六世开战,向罗马发起了进攻。在被击退之后,他住在了阿维尼翁。结果,出现了两位教宗,一位住在罗马,一位住在阿维尼翁,每一位都有自己的教廷和枢机主教团,每一位都希望被欧洲各个宫廷所承认。

不出所料,法国选择了阿维尼翁教宗,法国在百年战争中对抗英国的老盟友苏格兰也支持阿维尼翁教宗。这意味着英国走上了截然相反的道路,因为阿维尼翁教廷威胁到英国的利益。斯堪的纳维亚国家、佛兰德地区、匈牙利和波兰也支持乌尔班六世。在德国,皇帝是英国对抗法国的盟友,他采取了同样的政策,但是许多反对皇帝的贵族和主教公开支持克莱门七世。葡萄牙在乌尔班六世与克莱门七世之间摇摆不定。卡斯蒂利亚与阿拉贡最初支持乌尔班六世,但最终决定支持克莱门七世。在意大利,每个城市和每位统治者都各自为政,有势力的那不勒斯王国更是一再改变自己的效忠立场。

锡耶纳的凯瑟琳将她余生仅有的几年献给了乌尔班六世的事业。但是,支持他的事业并不容易,尤其是在乌尔班六世决定为他的侄子建立一

西班牙位于地中海海岸的潘尼斯科拉城堡，本笃十三世最后的堡垒，随着他的去世，阿维尼翁教宗成为历史。

个公国，并因此卷入一系列毫无意义的战争之后。当他的几位枢机主教建议他改变这项政策时，他将他们逮捕；直到今天，我们都不知道他们的死因。

利益集团之间的冲突导致了西方教会的大分裂，因此，教会的分裂并不取决于乌尔班六世和克莱门七世是否还活着，当这两位教宗去世时，他们各自的继任者又被选出，欧洲仍有两位教宗。当乌尔班六世于1389年去世时，他的枢机主教选出了卜尼法斯九世。新教宗取这个名字表明他将继续法国国王大敌卜尼法斯八世的政策。但是，卜尼法斯九世放弃了乌尔班六世改革教会的计划，他在任时买卖圣职的做法重新抬头。的确，分裂本身就助长了买卖圣职，因为两位相互敌对的教宗都需要与对手相抗衡的资金，为了获得资金，出售教职是一个便利的方法。

1394 年,巴黎大学的神学家向法国国王呈交了一份提案,该提案概述了弥合教会分裂的三个方法:第一,两位教宗都辞职,重新选出一位教宗;第二,通过谈判与仲裁来解决问题;第三,召开一次全体会议来解决教会的分裂。在这三个解决方案中,神学家更喜欢第一个,因为其他两个都会遇到难题:谁是仲裁者,或谁有权召开会议。国王查理六世采纳了神学家的建议,当克莱门七世去世时,他要求阿维尼翁的枢机主教不要选出新教宗,因为他希望罗马的教宗会被劝服退位。

然而,在一定程度上因法国的利益所造成的教会分裂,现在有了它自身的生命力。阿维尼翁的枢机主教担心,如果没有新教宗,他们的处境会很不利,于是匆忙选出西班牙籍枢机主教佩德罗·德·卢纳(Pedro de Luna),他取名为本笃十三世(罗马天主教将这位本笃十三世视为敌对教宗,请不要将他与 18 世纪的另一位教宗本笃十三世混淆)。如果查理六世坚持自己的解决方案,强迫两位教宗都退位,他必须面对两个拥有各自教宗的枢机主教团,而不只是一位群龙无首的阿维尼翁枢机主教团所反对的罗马教宗。查理六世采取了他所制定的新措施。他的大使试图说服欧洲各个宫廷向两位教宗施压,迫使他们退位。在法国,一次全国会议撤销了法国对本笃十三世的效忠。法国军队随后包围了阿维尼翁。但是,本笃十三世挺住了,直到不断变化的政治局势迫使查理六世放弃了他的计划,他再次宣布支持阿维尼翁教宗。

这些事件表明,基督教国家正在衰落,如果两位敌对教宗不结束教会分裂,其他人则会。因此,本笃十三世和罗马的教宗——先是卜尼法斯九世,后是英诺森七世,最后是格列高利十二世——开始使用各种伎俩,以表明他们正在努力结束教会分裂,是其他人拒绝谈判。这些伎俩达到如此程度:本笃十三世和格列高利十二世同意于 1407 年 9 月会晤,但是,他们到了第二年的 5 月还没有见面。这两位敌对的教宗只有数里之遥,本笃十三世最终来到事先约定的会晤地点,但是格列高利十二世却拒不前往。

看到格列高利十二世拒绝与本笃十三世会晤的罗马枢机主教意识到，欧洲越来越厌烦存在两位敌对教宗的局面，他们与自己的教宗决裂，开始与阿维尼翁教廷谈判。法国随后不再支持本笃十三世和他的教廷，并再次开始了结束教会分裂的努力。已经发展了多年的大公会议运动（Conciliar Movement）即将登上历史舞台。

第三十四章

探索改革

> 因此，教宗并不是圣洁的、大公的和普世的教会这一整个身
> 体的头，枢机主教也不是。只有基督是头，他所预定的人是身体，
> 他们每一个人都是这个身体上的肢体。
>
> ——约翰·胡斯

教会在 14 和 15 世纪所处的悲惨境地促进了各种改革运动，都有其各自的改革计划。其中之一是大公会议运动，它既希望弥合教会分裂，也希望在不对公认的基督教教义提出实质性质疑的情况下，结束买卖圣职和任人唯亲这样的教会腐败。其他基督徒——如约翰·威克里夫（John Wycliffe）和约翰·胡斯（John Huss）——认为，不仅是教会生活，教会的教义也必须改革。还有些基督徒表达对末世的期待，这些期待往往成了穷人和受压迫者的盼望。现在，我们就来讲述这些不同的改革运动。但是，读者们应当知道，为了将故事讲述得更加清楚，我们并不会按照严格的时间顺序来进行。因此，让我们讲完我们在上一章所没有讲完的故事——欧洲正在寻找解决教会大分裂的办法，然后再回过头来讲述约翰·威克里夫，他生活在大公会议运动达到高潮之前。

大公会议运动

早在公元 4 世纪，当君士坦丁看到教会可能因阿里乌之争而产生分裂时，他召开了一次大公会议。在基督教历史上，其他危机也通过类似的

方法得以解决。后来,随着教宗获得了权力,大公会议成为服务于他们的政策与计划的工具,如第四次拉特兰大公会议,批准了英诺森三世所提出的许多教令。现在,在"教会被掳巴比伦"和随后教会大分裂的漫长的数十年间,教宗的道德权威衰弱了,因此许多基督徒希望,一次大公会议可以恢复教会的合一,改革教会,从而消灭当时的罪恶。随着大公会议理论的发展,它的支持者认为,大公会议代表整个教会,比教宗更有权威。如果是这样,大公会议就可以最好地解决合法教宗的人选问题,教宗们自己无法解决,因为他们明显难以就这个问题达成一致。阻碍这个简单的解决办法的一大难题是谁有权召开大公会议。如果由敌对教宗中的某一位来召开大公会议,会议的结果始终可能存在偏见,会议的决议总有可能得不到普遍接受,结果教会的分裂就无法得以弥合。

这个难题终于得到了解决,因为两派敌对的枢机主教团都厌倦了拒绝谈判的教宗,他们于 1409 年共同在比萨(Pisa)召开了一次会议。随后,两位敌对的教宗又各自召开了会议,以取代比萨会议,但是,他们都失败了。两位教宗仍声称自己是合法的教宗,他们都撤到了戒备森严的堡垒中。

当比萨会议最终召开时,它得到了相互敌对的枢机主教团的支持,也得到了欧洲大多数宫廷的支持。此次会议并没有努力解决合法教宗的人选问题,而是宣布本笃十三世和格列高利十二世都不称职,因此,合法的教宗——不管是谁——和他的敌对者都将被废黜。随后,比萨会议还采取了针对买卖圣职和其他罪恶的措施,而枢机主教最终选出了亚历山大五世,以取代被废的教宗和他的敌对者。随后不久,比萨会议认为,它已经结束了教会分裂,因此休会。

然而,局势现在变得更糟,因为本笃十三世和格列高利十二世都拒绝接受比萨会议的决定,结果现在出现了三位教宗。虽然亚历山大五世被欧洲的大多数国家所承认,但是,他的两位敌对者也得到了足够的支持,他们继续坚称自己是合法的教宗。亚历山大五世在被选为教宗不到半年就去世了,枢机主教选出了他的继任者约翰二十三世。亚历山大五世和约翰二十三世都没能结束教会分裂,动荡的政治局势迫使约翰二十三世逃出了意大利,向德国皇帝西吉斯蒙德(Sigismund)寻求庇护。当时有三个人声称是德国皇帝,他们三个人分别得到了三位教宗的支持,而西吉斯蒙德只是其中之一;西吉斯蒙德认为,召开大公会议结束教会分裂的时机已经成熟。(读者们这时可能会问,15世纪有一位教宗约翰二十三世,为什么20世纪也有一位教宗约翰二十三世?因为罗马天主教认为,与住在罗马的教宗一脉相承的教宗——即乌尔班六世及其继任者——才是合法的教宗。阿维尼翁的敌对教宗以及两位"比萨教宗"——亚历山大五世和约翰二十三世——都被视为反对派教宗。)

百年战争当时对法国不利,因此,教宗约翰二十三世寻求德国皇帝西吉斯蒙德的庇护,因为他是欧洲最有权势的君主。他主动为逃亡的教宗提供保护,条件是约翰二十三世同意再召开一次大公会议。约翰二十三世同意了,当此次会议于1414年在康斯坦茨(Constance)召开时,约翰二十三世希望,康斯坦茨大公会议会支持他。但是很快就显明,他的野心和生活方式并不符合此次大公会议的改革精神,他并不能对此次大公会议抱有指望。当大公会议要求他退位时,他逃跑了,逃亡了几个月。后来他的所有支持者都抛弃了他,他被逮捕,并被带到康斯坦茨,被迫退位。随后,他被判处终身监禁,以防他再次谋求教宗之职。随后不久,罗马的教宗格列高利十二世退位,这是他的承诺:如果他的敌对者退位,他也会退位。在通过了几项改革教会的教令之后,康斯坦茨大公会议继续采取措施,选举新教宗。出席此次大公会议的枢机主教和大公会议所任命的委员会选出了马丁五世。至于本笃十三世——阿维尼翁的最后一位教宗,他在西班牙海岸的潘尼斯科拉(Peñíscola)的一座城堡中避难,还在宣称自己是合法的教宗。但是,没有人过多地理会他,当他于1423年去世时,再没有选出继任者。

出席康斯坦茨大公会议的主教不仅希望结束教会分裂,也希望开始清除教会内的异端与腐败,而这却是一个漫长的过程。正是为了清除教会内的异端,他们才以异端罪烧死了约翰·胡斯——我们将在本章后一个部分中讲到他。但是,当触及买卖圣职、身兼数职和擅离职守这样的罪恶时,康斯坦茨大公会议只是颁发了几个相当笼统的教令。因此,此次大公会议决心采取措施,继续推进它已经发起的改革,并规定定期召开类似的会议,以确保康斯坦茨大公会议所发起的改革能够继续下去。

根据康斯坦茨大公会议的教令,马丁五世于 1423 年在帕维亚(Pavia)召开了下一次会议;后来为了躲避瘟疫,此次会议迁到了锡耶纳。出席会议的主教寥寥无几,在通过了几个微不足道的教令之后,马丁五世轻松地中止了此次会议。

随着下一次会议(1430 年)日期的日益临近,马丁五世似乎不愿意召开会议。但是他也意识到,大公会议至高论仍然强大,如果他不召开会议,将会引发一场危机。此次会议在巴塞尔召开,不久之后马丁五世去世,他的继任者尤金四世(Eugene IV)宣布解散巴塞尔会议。但是,巴塞尔会议拒绝休会,与会者甚至提到要审判教宗。这时,皇帝西吉斯蒙德出面干涉,尤金四世撤销了解散会议的命令。直到此时,之前很少有人关注的大公会议成为了人们关注的焦点,大公会议的权威甚至超过了教宗的权威。甚至还有一些基督徒提出,应当无限期地召开大公会议,由大公会议来直接管理教会。

后来,受到土耳其人威胁的君士坦丁堡请求西方援助。为了确保得到西方的帮助,拜占庭帝国的皇帝和君士坦丁堡牧首宣布,东方教会愿意重新加入西方教会,并参加西方教会的大公会议,条件是会议地点迁到距离君士坦丁堡更近的地方。尤金四世抓住这次机会,将此次大公会议迁到了费拉拉(Ferrara)。大多数与会者拒不服从,但是希望结束东西方教会数百年分裂的那些主教却参加了尤金四世在费拉拉召开的会议。因此,为了解决教宗制的分裂而兴起的大公会议运动本身也分裂了,现在出现了一位教宗和两个大公会议。

后来,费拉拉大公会议迁到佛罗伦萨召开,此次大公会议得到了普遍认可,因为拜占庭帝国的皇帝和君士坦丁堡牧首迫于形势接受了此次大公会议所颁发的合一宣言,包括教宗至上的宣言。

与此同时,巴塞尔大公会议越来越激进。此次大公会议的大多数杰出领袖逐一退出了会议,加入到尤金四世的会议。剩余的与会者则宣布废黜尤金四世,他们任命了菲利克斯五世(Felix V),以取代尤金四世。因此,现在出现了两个大公会议,两位教宗,而曾经结束了教宗分裂的大公会议运动则再次让分裂复现。但是,这部分与会者和他们所任命的教宗对教会生活几乎没有任何影响。最后,仅剩的与会者迁到了洛桑,并最终在那里解散。1449 年,菲利克斯五世也不再声称自己是教宗。此时,教宗显然已经获胜,从此以后,大公会议听命于教宗,而不是教宗臣服于大公会议。

约翰·威克里夫

为了不打断我们的故事,我们一直在讲述 15 世纪中期之前的教宗和大公会议运动。在大公会议运动中,我们已经看到一个主要立足于解决道德问题与教牧问题的改革计划,如解决买卖圣职和擅离职守。但是,与此同时还出现了其他一些试图改革教会的运动,它们不仅希望改革教会生活,也试图改革教会的教义。在这类改革运动中,最杰出的两位领袖是约翰·威克里夫和约翰·胡斯。威克里夫生活在阿维尼翁教宗时期,他于 1384 年去世,也就是在西方教会大分裂开始不久之后。而我们将在本章下一个部分中讲到的胡斯则死于三十多年之后的康斯坦茨大公会议。

我们对威克里夫的早年生活知之甚少。他生于约克郡提兹河畔的威克里夫(Wycliffe-on-Tees)农庄,他的父亲是这个农庄的主人,他的名字就源于提兹河畔的威克里夫农庄。大约十二岁时,他所生活的村庄成为冈特的约翰(John of Gaunt)所管辖的领地。冈特的约翰是英国国王爱德华三世的二儿子,威克里夫的生活与他纠缠在一起。威克里夫的大部分职

威克里夫成为教会改革运动的焦点。

业生涯都是在牛津度过的。他于 1345 年开始在牛津大学学习,当时大约十五岁;他最终因博学与缜密的逻辑而闻名于世——并非以他的幽默,这是他完全缺乏的。他在牛津大学得到了同事们的大力支持,但他最终还是于 1371 年离开了那里,去效忠国王;他先是担任外交官,后来成为了辩士。

当时英国正处于关键而混乱的时期,英国正在确立自己的国家身份。威克里夫出生时,诺曼法语(Norman French)仍是社会精英和政府官员所使用的语言;但在 1362 年,当威克里夫还是牛津大学的学生时,英语成为了宫廷语言;在他去世不久之后,英语成为小学的第一语言,但在牛津大学和其他高等教育中心,拉丁语仍是授课时所使用的语言。当时正值阿维尼翁教宗时期,因此,服务于法国利益的教宗在英国激起了怨恨与反抗。英国的一系列法令(1351 年、1353 年和 1363 年)试图限制教宗在英国的势力,英国先是规定教职的选举独立于教宗,后来又禁止人们向英国以外的宫廷上诉。因此,英国当局欢迎威克里夫对"主权"(lordship)或"统治权"(dominion)的本质与界限的论述,这是他在两部重要的著作《论神权》(*On Divine Dominion*)和《论政权》(*On Civil Dominion*)中所详细阐述的。他认为,所有合法的统治权都来自于上帝。但是,基督所做的榜样,是这种统治权的特点:基督是来服侍人,而不是被人服侍。任何用来谋求统治者的利益,而不是被统治者利益的统治权都不是真统治权,而是篡权。所有试图超越自身的权限来扩张权力的统治权也是这样,不管它有多么合法。因此,任何为自身的利益而收税,或试图将其权力扩张到属灵范围之外的所谓的教会权力,都不是合法的权力。

威克里夫的这些观点当然会受到英国世俗当局的欢迎,因为英国当局正是因税收与教宗世俗权力的问题而卷入了与教廷的不断冲突。这些冲突导致了1374年的布鲁日(Bruges)会议,作为英国的代表之一,威克里夫被派往了布鲁日。也许是为了奖赏他的效劳,英国当局将拉特沃思(Lutterworth)教区赠予他;他一直拥有拉特沃思教区,也一直在那里讲道,直到他于1382年和1384年两次中风,而后一次的中风夺去了他的生命。

然而,威克里夫的每一句话都是认真的,他的逻辑很快就令他指出,他的教会统治权权限观也是他的世俗统治权权限观。世俗统治权也必须按照世俗政府为其臣民所提供的服务来衡量。结果,威克里夫很快就失去了以前喜欢看到他直言不讳之人的支持。

此时,威克里夫的观点也更加激进。西方教会大分裂的丑闻促进了他的转变,他开始教导,基督的真教会并不是教宗及其可见的教士团,而是被预定得救之人的不可见的身体,这是他得自希波的圣奥古斯丁的一个观点。虽然不可能确切知道谁被预定得救,但还是可以在每个人所结的果子中看到是否得救的证据,这似乎表明,教会的许多领袖实际上可能是被上帝摒弃而永世受罚的人。到了晚年,威克里夫宣称,教宗也可能是一个被上帝摒弃的人。

威克里夫认为,圣经是教会所拥有的,只有教会才能正确解释圣经,这一点毋庸置疑。但是,拥有圣经的教会是所有被预定得救之人的身体,因此,应当把圣经还给他们,也应当把圣经译成他们自己的语言。正是因为这个观点,威克里夫才开始将武加大译本译成英文,在他去世之后,他的追随者继续进行这项工作。(一百年之后,卡斯蒂利亚的国王智者阿方索[King Alfonso the Wise of Castile]下令将圣经译成西班牙文,这个命令促成了阿方索圣经[Biblia alfonsina]——西欧最早的方言圣经之一。)威克里夫将圣经译成英文并不是一个孤立的现象,因为我们已经讲过,英语在威克里夫生前就已经成为宫廷语言;也是在威克里夫生前,约克的大主教约翰·托雷斯比(John Toresby)就已经下令将供神职人员和平信徒所使用的教理手册译成英文。

然而,在威克里夫的教义中引发最大争议的是他的圣餐观,即他对基督临在于圣餐中的理解。1215 年,第四次拉特兰大公会议已经正式公布了变体说的教义。威克里夫在他的论文《论圣餐》(On the Eucharist)中否定了变体说,因为他认为,变体说否定了体现在道成肉身中的原理。当上帝与人性联合在一起时,神性的临在并没有摧毁人性。同样,在圣餐中所发生的事情,是基督的身体的确临在于饼中,但是,基督的临在并没有毁坏饼的实质。通过一种"圣礼的"和"神秘的"方式,基督的身体临在于圣餐中。但是,饼也仍然存在,它并没有被毁坏,也没有消失,它仍是饼,但是,它也是基督的身体。

414　　到了 1377 年,威克里夫不断受到攻击,一个原因是他的神学,另一个原因是冈特的约翰不再像以前那样坚定地支持他。1377 年,教宗格列高利十一世针对他颁发了五份通谕:一份发给了英国国王爱德华三世,一份发给了牛津大学,另外三份同时发给了坎特伯雷的大主教和伦敦的主教。威克里夫的教义与教会当时的官方教义相悖,因此,他被牛津大学的许多教授宣告为异端。他回到了牛津大学,但是,世俗当局越来越不喜欢他。虽然他被监禁了一段时间,但他的威望足以令他继续研究与写作。

1381 年,威克里夫最终回到了他的拉特沃思教区。他拥有一个教区,是国王为奖赏他的效劳而赠予他的,这一事实表明了改革家们所极其

1381 年,威克里夫最终回到自己的拉特沃思教区。

痛恨的罪恶在整个教会蔓延的程度。即使是威克里夫——教会改革的积极倡导者,也是用他教职的收益负担他在牛津的生活费。后来,当他需要现金时,他用他的教职换取了一个报酬少一些的教职和一笔现金。

1381 年,英国爆发了第一次大规模的农民起义,瓦特·泰勒(Wat Tyler)领导了这次起义。威克里夫支持农民的一些要求,因此,他被指控煽动叛乱,显然他并没有这样做。坎特伯雷的大主教威廉·考特奈(William Courtenay)长久以来一直反对威克里夫,他于 1382 年召开了一次会议,审查威克里夫的著作与教义。在此次会议期间发生了一次地震,与会双方都声称,这是上帝不喜悦对方的表现。最终,威克里夫的十个教义被宣告为异端,他的著作被禁,威廉·考特奈开始向威克里夫的追随者施压,他的许多追随者放弃了信仰——尽管威克里夫此时已经赢得了后世所说的“罗拉德派”(Lollards)的普遍支持。(“罗拉德派”是一个轻蔑的称呼,起源不详,也许是指他们喃喃地祷告。)但是,威克里夫仍有极大的威望,以至于他可以继续保留他的教区,而没有被革除教籍。

威克里夫于 1384 年死于中风。他在教会举行圣餐时去世,因此,他被安葬在教会。但是,康斯坦茨大公会议后来谴责了他,他的骸骨随后被掘出焚烧,骨灰也被扔进了斯威夫特河。

威克里夫在世时,他的一些追随者就开始传讲他的教义。我们并不

415

清楚这是否出于威克里夫的鼓动,也并不清楚最终被称为罗拉德派的人是否真的都是威克里夫的追随者。但是不管怎样,很快就出现了许多这样的人:他们所持有的信仰类似于威克里夫的信仰,他们开始将圣经译成英文,并传讲他们对基督教信仰的理解。他们相信圣经属于人民,圣经应当被还给人民,牧师不应当担任世俗职务,崇拜圣像、强迫神职人员守独身、朝圣和其他类似的陋习都是上帝所憎恨的。他们还否定变质论的教义和为死人祷告。就其中许多教义而言,他们是新教改革的先驱。

起初,罗拉德主义在贵族中拥有大量信徒,但很快就成为一场平民运动。他们曾努力令议会修改关于异端的法律,但是失败了,他们自身的处境也并不安全。贵族中的大多数罗拉德派放弃了信仰,回到了国家教会。少数罗拉德派仍坚守信仰,1413 年,约翰·奥尔德卡斯尔爵士(Sir John Oldcastle)领导了一次失败的起义,结果他被俘并被处死。随后,罗拉德运动失去了大多数贵族的支持。但是,这场运动继续在社会底层发展,在底层民众中变得更加激进。罗拉德派的一个阴谋是希望改革教会与颠覆政府,但是这个阴谋于 1431 年败露。尽管罗拉德主义不断受到逼迫,但始终没有消失。到了 16 世纪初,罗拉德主义有过一次复兴,许多罗拉德主义者被处死。最终,剩余的罗拉德派成为英国的新教徒。但是,威克里夫的教义在此前很久就已经影响到遥远的波希米亚。

约翰·胡斯

波希米亚位于今天的捷克斯洛伐克,它成为了另一场教会当局所没能镇压的改革运动的发源地。这场运动的领袖是约翰·胡斯(1362—1415)。胡斯是非常敬虔的基督徒,1393 年,就在赎罪券之争爆发之前不久,他用大部分积蓄为他的罪购买了一张赎罪券。他当时还是布拉格大学的学生,可是他并不突出。但作为勤奋的工作者和雄辩的传道人,他于1401 年成为布拉格大学的哲学系主任,1402 年被任命为伯利恒礼拜堂的传道人。伯利恒礼拜堂于 1391 年建成,它是供牧师用方言讲道的中心。

当时,捷克人民的民族主义情绪高涨,他们认为德国在他们国家的势力过于强大,并普遍对这种情况感到不满。他们的国王是文策斯劳斯(Wenceslaus)或称瓦茨拉夫(Václav),是西吉斯蒙德同父异母的哥哥,他并不是颂歌中所称赞的好国王文策斯劳斯。(Good King Wenceslaus,好国王文策斯劳斯其实只是波希米亚的一位公爵,生活在三百年前。)西吉斯蒙德已经废黜了文策斯劳斯在神圣罗马帝国的皇位,但他仍然声称是神圣罗马帝国的皇帝。当时正值西方教会大分裂,罗马和阿维尼翁的两位敌对者都声称是教宗。罗马的教宗本笃九世支持废黜文策斯劳斯,因此,文策斯劳斯支持阿维尼翁教廷。他煽动捷克人民的民族主义情绪,这只是他的一个手段,目的是为他的政治赌博增加筹码。

当时,布拉格大学的捷克教授和学生与牛津大学的捷克教授和学生联系紧密,英国国王理查二世娶了一位波希米亚公主。由于这些关系,许多在英国学习的捷克学生将威克里夫的著作带到了波希米亚。威克里夫的著作在布拉格大学引起了巨大的轰动,尽管最初争辩的焦点是威克里夫哲学的理论问题。布拉格大学分裂成德国派和捷克派,分裂很快就反映在每位教师对威克里夫哲学的观点上,因为捷克教师接受威克里夫的哲学,而德国教师否定威克里夫的哲学,大多数德国教师声称,威克里夫的哲学已经过时了。后来,一些德国学者将这场哲学争辩扩大到威克里夫信仰正统性的问题上,这令捷克教师陷入一种艰难的境地:他们在为一个神学受到质疑之人的著作辩护,但是,不管怎样,他们并不完全赞同威克里夫的神学。尤其是胡斯,当他维护学者有权阅读与讨论威克里夫的著作时,他就基督临在于圣餐中的问题与威克里夫产生了分歧,他支持传统的变体说教义。最终,在波希米亚国王的支持下,捷克教师占了上风,德国教师离开了布拉格,目的是在莱比锡创建自己的大学。他们在离开布拉格时宣布他们之所以这样做,是因为布拉格已经成为异端——尤其是威克里夫那些异端教义——的温床。因此,关于威克里夫著作的争辩促使世人有了这样一种印象:捷克人是异端。

与此同时,在附近的伯利恒礼拜堂的讲坛上,胡斯正在倡导类似于当时大公会议主义者正在提倡的改革。起初,他无意改变教会的传统教义,只想按照基督徒生活的最高理想来重建基督徒的生活,尤其是神职人员的生活。他言辞激昂的讲道尤其针对神职人员的腐败,他将神职人员称为"耶和华的肥羊",指责他们通奸、擅离职守和以人民为代价来谋取自己的财富。他对买卖圣职的抨击直指教会的最高层,因为众所周知,1402年,大主教兹比涅克(Zbynek)在二十五岁时买来了他的教职。在这场运动中,胡斯所做的一切是在继续一场深深植根于捷克人中的运动,因为大约在三十年之前,主教杨·米利奇(Jan Milic)领导了一场运动,将民族主义与对教会改革的要求结合在一起。米利奇是一位富裕的主教,他为所提倡的教会改革而放弃了自己的财产。胡斯在伯利恒礼拜堂讲道,实际上,伯利恒礼拜堂是米利奇的一些追随者创建的,牧师在伯利恒礼拜堂中用本国语讲道的惯例,反映出这场运动的特点:民族主义。

当争论在波希米亚如火如荼地进行时,西方教会的大分裂也愈演愈烈。比萨会议试图结束西方教会的大分裂,但结果出人意料,现在出现了三位教宗,而不是两位。国王文策斯劳斯现在支持比萨教宗——先是亚历山人五世,后是约翰二十三世。兹比涅克最初抵制文策斯劳斯的命令,但最终缓和了他的立场,他也支持比萨教宗。后来,他请求比萨教宗亚历山大五世帮助他对付胡斯。应兹比涅克的请求,亚历山大五世下令调查威克里夫的教义在波希米亚的传播,还下令神父讲道只能在主教座堂、教区教堂和修道院中进行。伯利恒礼拜堂不属于其中任何一类,因此,亚历山大五世的教令实际上相当于让胡斯闭嘴。胡斯在深思熟虑之后认为,他不能服从命令,要继续讲道。兹比涅克的回应是焚烧了威克里夫的著作;但是,捷克人反应强烈,他不得不逃出布拉格,在一座城堡中避难。1410年,教宗命令胡斯去罗马,对他不服从命令及随后的其他行为做出解释。胡斯拒绝去罗马,1411年,他被革除了教籍。但是,他得到了波希米亚国王和人民的支持,因此,教宗的绝罚几乎没有任何效果。兹比涅克向布拉格发出了禁令,他希望禁止布拉格举行圣礼,会迫使他的对手屈服。但是,王后索菲亚始终支持胡斯,她力劝她的丈夫不要动摇,还写信给比萨教宗约翰二十三世,敦促他允许胡斯继续讲道,实际上胡斯一直在讲道。

随着这些事件的发生,胡斯与比萨教宗的冲突令他有了更激进的观点。他先是宣称不应当顺服不称职的教宗。他并没有质疑比萨教宗的合法性。他所质疑的是他们的权威,因为他们显然是在谋求自己的利益,而不是为了教会的福祉。因此,胡斯认为,圣经是评判教宗和所有基督徒的最终权威。不应当顺服不遵守圣经的教宗。

418

到目前为止,较为激进的大公会议主义者还可接受胡斯所说的一切。但是,约翰二十三世后来对那不勒斯发动了一场宗教战争,他发动战争的主要原因与意大利的政策有关,他决定通过发售赎罪券来为战争筹款(购买赎罪券可以减少在炼狱中洗净罪与因罪而受罚的时间)。胡斯在二十年之前买过一张赎罪券,但是他现在认为,只有上帝才能赦罪,兜售只有上帝才能做的事,是在篡夺上帝的权力。这一次,胡斯还被流传在基督徒中的一种战争观激怒了:战争之所以是圣战,是因为它满足了教宗的野心。

国王文策斯劳斯需要教宗约翰二十三世的支持,他命令胡斯停止抗议。但是,胡斯的观点此时已经家喻户晓,群众爆发了示威,抗议约翰二十三世对捷克人的剥削。约翰二十三世再次革除胡斯的教籍,这一次,这位改革家离开了布拉格和他的讲坛,他不希望让整个波希米亚卷入争论。他退隐到乡下,继续撰写论改革必要性的著述。他在乡下得知,一次大公会议将在康斯坦茨召开,文策斯劳斯同父异母的弟弟西吉斯蒙德——他也是匈牙利的国王和神圣罗马帝国的皇帝——邀请他出席会议为自己辩护,并给予他一张参加会议的安全通行证。

康斯坦茨大公会议有望为教会带来一个新时代,因此,胡斯并没有拒绝西吉斯蒙德的邀请。也许,他可以为此次大公会议将要进行的重大改革做出自己的贡献。但是,胡斯一抵达康斯坦茨就清楚地意识到,约翰二十三世希望绕过大公会议来直接审判他。胡斯被带到约翰二十三世的教会法庭,并被命令放弃他的异端邪说。他的回答是,如果有人能证明他是异端,他非常愿意放弃他的信仰。在这次激烈的对峙之后,他被囚禁了,先是在他的寓所,后是在主教官邸,最后是在各修道院的小牢房中。皇帝西吉斯蒙德抗议这些行径干犯了他给予胡斯的安全通行证。但是,当他意识到胡斯的事业并不受欢迎,而他自己将成为异端的捍卫者时,他精明地从整个事件中脱身。据说,当约翰二十三世从康斯坦茨逃走时,他将胡斯牢房的钥匙交给了西吉斯蒙德,因此胡斯可以被释放出来;但是西吉斯蒙德认为,释放胡斯将妨碍他的政治野心,实际上,他将胡斯转移到一间更安全的牢房。在去世之前不久,胡斯写信给一个朋友,指责西吉斯蒙德的软弱与谎言让他面临死亡,他祈求上帝赦免西吉斯蒙德。

1415 年 6 月 5 日,胡斯被带到了康斯坦茨大公会议上。几天之前,已经逃离康斯坦茨的约翰二十三世被作为囚徒押解回康斯坦茨。人们有理由希望,康斯坦茨大公会议会将胡斯视为约翰二十三世的敌人,并撤销对他的指控。但是,此次大公会议同西吉斯蒙德一样,希望成为正统信仰的坚定捍卫者。因此,当胡斯出现在会场时,他被囚禁起来。会议领袖希望胡斯屈服,他们宣布,他只需放弃他的异端邪说。他坚持认为自己从未信奉他们指控的教义。他们反驳称,胡斯必须放弃他的异端邪说。但胡斯并没有放弃他的信仰,因为如果他放弃信仰,就是在承认他自己、他的捷克朋友和追随者都是异端。他最终相信自己不会在与会者那里得到公正的听证,他宣称:"我向全能、完全公义的耶稣基督上诉,他是唯一的审判者。我将我的事业交在他的手中,因为他会按照真理与公义审判每一个人,而不是按照虚假的见证和错误的会议。"随后,他被押回监狱,许多人去那里请求他放弃信仰,因为康斯坦茨大公会议的领袖希望他放弃信仰,这可以确认大会的权威,而不是定他的罪,这会让许多人质疑大会是否明智。

1415 年 7 月 6 日,胡斯最终被带到了主教座堂。他穿上圣衣,随后又被扒掉。他被剃成光头,戴上了一个装饰着魔鬼的纸王冠。在赴刑场的途中,押解人员领他路过了他的著作被焚烧的柴堆。当他被绑在火刑柱上时,他得到了最后一次放弃信仰的机会,他再次拒绝。随后,他高声祷告说:"主耶稣,为了你,我平静地忍受这样残酷的死亡。我祈求你宽恕我的敌人。"在他被烧死的过程中,人们听到他在背诵诗篇。几天之后,他的同事、布拉格的哲罗姆(Jerome of Prague)也被烧死。布拉格的哲罗姆是威克里夫的观点在波希米亚的主要支持者,他决定在康斯坦茨与胡斯站在一起。行刑者将他们的骨灰收集起来,扔进了康斯坦茨湖,好让这两位异端头子什么都不会留下。但是,一些捷克人带回了胡斯被烧死之地的几撮泥土,以纪念教会当局在康斯坦茨所犯下的罪行。

波希米亚人义愤填膺,他们几乎一致否认康斯坦茨大公会议。四百五十二位贵族举行庄严的会议,宣布他们支持胡斯,不应当顺服不称职的教宗。康斯坦茨大公会议的回击是,下令解散布拉格大学,命令造反的贵族去康斯坦茨,并宣布波希米亚国王怂恿异端。

在波希米亚,一些不同派系共同反对康斯坦茨大公会议。最初的胡斯派(Hussites)主要是贵族和资产阶级,但他们很快接受了源自社会底层的更加激进运动的支持。其中最著名的是塔波尔派(Taborites),这是一场带有末世色彩的运动,早在胡斯之前就已经在农民中开展。塔波尔派否定一切在圣经中找不到依据的东西,而真正的胡斯派愿意保留一切圣经所没有明确否定的东西。另一场类似于塔波尔派的运动是何烈派(Horebites),但是,他们的末世论较为温和。

武装干涉的威胁令这些不同派系接受了《布拉格四条》(Four Articles of Prague),而《布拉格四条》很快就成为波希米亚人抵抗的基础。第一条是上帝的道要在整个波希米亚被自由地宣讲。第二条是平信徒可以领受"两种"圣餐——即平信徒不仅领受饼,也领受酒。这是胡斯在他晚年得出的一个结论,并很快就成为了所有胡斯派的主要吁求之一。第三条是所有胡斯派都同意剥夺神职人员的财产，他们应当"像使徒那样贫穷"地生活。最后，第四条规定，重罪与公开的罪——尤其是买卖圣职——必须受到应有的惩罚。

后来，波希米亚国王文策斯劳斯去世了（1419年），他在波希米亚的合法继任者是西吉斯蒙德——那个在康斯坦茨辜负了胡斯的德国皇帝。波希米亚人要求他同意《布拉格四条》，给予崇拜自由，并承诺不任命德国人担任公职。西吉斯蒙德难以接受这些条件，应他的请求，教宗向胡斯派发动了一场宗教战争。西吉斯蒙德和他的军队向布拉格附近进军，但他们被作为主力的塔波尔派的波希米亚军队击败。小贵族约翰·杰士卡（John Zizka）已经加入塔波尔派，并将塔波尔派组建成一支武装力量。他的主要武器是装上刀片的农用小车，以此作为令人望而生畏的战车。在第二场战争中，西吉斯蒙德的十字军残余被彻底消灭。一年之后的1421年，一支由十万十字军战士所组成的军队在杰士卡的战车前望风而逃。第三支十字军于1422年解散，他们甚至还没有与敌人交战。随后不久，在1421年的战争中失去一只眼睛的杰士卡离开了塔波尔派，加入了何烈派，因为他极不喜欢塔波尔派的末世论。他于1424年死于瘟疫。但是，波希米亚人继续战斗，并于1427年和1431年两次击败了另外两支十字军。

此时，巴塞尔大公会议已经认为，康斯坦茨大公会议对波希米亚问题的处理并不明智，并邀请胡斯派参加新召开的巴塞尔大公会议，解决他们与大公教会的分歧。但是胡斯派担心类似于审判与处死胡斯的事件会再次上演，他们要求巴塞尔大公会议作出保证，但这令大公会议感到被冒犯。大公教会再次向波希米亚发动了宗教战争。但是，他们又被击败了。

这最后一次战败最终令大公教会相信，他们必须与波希米亚人进行谈判。谈判的结果是波希米亚的教会重新加入了西方基督教王国的教会，但是，波希米亚的教会被允许保留"两种"圣餐和《布拉格四条》。对此，许多胡斯派，尤其是贵族中的胡斯派表示同意，最终，西吉斯蒙德成为波希米亚国王,尽管他在十六个月之后去世了。

然而并不是所有波希米亚人都接受这项协议。许多人离开了波希米亚教会,并最终成立了联合弟兄会(Union of Brethren,或 *Unitas Fratrum*)。在波希米亚和附近的摩拉维亚(Moravia),联合弟兄会的信徒数量迅速增长。16 世纪新教改革期间,他们与新教建立了紧密联系,并一度可能成为路德宗信徒。随后不久,哈布斯堡家族的皇帝——罗马天主教的坚定支持者——开始逼迫他们。他们被驱散了,联合弟兄会几乎彻底消失。他们的领袖约翰·阿莫斯·夸美纽斯(John Amos Comenius, 1592—1670)主教在逃亡中鼓励他们,替他们辩护,希望被残酷砍断的树木有一天会再次开花结果。这些希望在他去世很久之后实现了,我们将在以后的故事中看到联合弟兄会的残余——当时被称为摩拉维亚弟兄会*422*(Moravians)——的影响。联合弟兄会的另一部分残余成为接受加尔文神学的众多教会之一。

吉罗拉默·萨伏那罗拉

1490 年春末,一位多明我修会的托钵修士站在佛罗伦萨的城门之外。他就是费拉拉人吉罗拉默·萨伏那罗拉(Girolamo Savonarola),在三十三年的生命中,他的大部分时间都是在学习和灵修中度过的。这并不是他第一次到佛罗伦萨,因为他曾在这里居住过。佛罗伦萨人敬佩他的圣经造诣,但并不喜欢他激烈的讲道和他的费拉拉"外国"腔。著名的哲学家皮科·德拉·米兰多拉(Pico della Mirandola)将他推荐给佛罗伦萨的实际统治者——伟大的洛伦佐·德·美第奇(Lorenzo de Medici the Magnificent),现在,他应洛伦佐的邀请重返佛罗伦萨。

萨伏那罗拉在他所在的圣马可修道院(Convent of San Marco)开始向修士同伴讲解圣经。其他许多基督徒很快就来听他的讲座,他们从花园搬到了教堂,讲座变成了讲道。到了 1491 年的大斋节,他已经非常著名,因此,他被邀请到佛罗伦萨最重要的教堂讲道。当他讲到当时的罪恶以

萨伏那罗拉是一位雄辩的、充满激情的传道人。

及真基督徒的生活与迷恋奢华的差异时,他激怒了许多掌权者。尤其是洛伦佐·德·美第奇,他特别生气,雇了另一位传道人来攻击萨伏那罗拉。他们失败了,因为佛罗伦萨人支持萨伏那罗拉,那位传道人决定到罗马策划针对萨伏那罗拉的阴谋。

当萨伏那罗拉被选为圣马可修道院院长时,一些修士告诉他,新院长通常会借此机会拜访洛伦佐,感谢他对修道院的支持。新院长的回答是,他应当感谢上帝让他担任了院长,而不是感谢洛伦佐,因此,他会在祷告中感谢上帝。随后不久,他卖掉了修道院的大量财产,并将其收益分给了穷人。他也改革了修道院的内部生活,以至于人们开始谈论托钵修士的圣洁与服务精神。后来,其他修道院要求加入他所发起的这些改革。甚至洛伦佐在临终之际也将这位圣徒般的托钵修士召到了他的病榻前。

洛伦佐的继任者彼尔特罗·德·美第奇(Pietro de Medici)失去了佛罗伦萨人的尊敬。法国的查理八世正向南进军,想要夺取那不勒斯的王位。查理八世进军途中要经过佛罗伦萨,彼尔特罗不愿意、也无法领导人民保卫佛罗伦萨,他想收买查理八世。佛罗伦萨人被激怒了,他们派出了自己的使团,由萨伏那罗拉领导。与此同时,他们将彼尔特罗逐出了佛罗伦萨。当查理八世进入佛罗伦萨并提出无理要求时,萨伏那罗拉再次出面斡旋,他与查理八世达成了更合理的协议,结果佛罗伦萨成为了法国的盟友。

当查理八世和他的军队离开时,萨伏那罗拉的威望令佛罗伦萨人向他请教组建哪种政府。按照他的建议,他们建立了共和国,并采取措施,恢复佛罗伦萨已被中断的经济生活。与此同时,为了给穷人提供食物,他还建议卖掉教会的金银。

就是在这时,萨伏那罗拉的改革达到了高潮。虽然他经常被描述成狂热无知的修士,但是他相信,学习应当成为教会改革的中心。因此,在他的带领之下,圣马可修道院的托钵修士开始学习拉丁文、希腊文、希伯来文、阿拉伯文和迦勒底文。但是他也相信,当时的奢华和富人所极其看重的一切都是浮华之物,贪求浮华之物是他所痛恨的罪恶之源。因此,在他的领导之下,人们会定期焚烧浮华之物。大广场上搭建起一座巨大的木制金字塔,在它的下面堆满了带有火药导线的稻草和木柴。在这座木制金字塔的台阶上,人们放上了他们的"浮华之物"——服装、珠宝、假发、华丽的家具和其他类似的东西。然后,在以列队高歌等各样方式庆祝的人群中,整座木制金字塔被点燃。就在大斋节开始禁食之前,这巨大的篝火取代了传统的庆祝活动,因为传统的庆祝活动已被萨伏那罗拉和他的追随者所禁止。

萨伏那罗拉的改革呼声也在附近的城市得到了响应。锡耶纳共和国是佛罗伦萨的敌人,它请求萨伏那罗拉的帮助。他带着二十位托钵修士来到锡耶纳,他所提倡的改革一度很兴旺。但很快就出现了抵抗,抵抗者的领袖是一些曾被萨伏那罗拉逐出修道院的修士。最终,萨伏那罗拉愤然离开了锡耶纳。他在当时处于佛罗伦萨统治之下的比萨更加成功,他将一些修士逐出了圣卡特里娜修道院（Santa Caterina），因为他们反对他的严格要求。萨伏那罗拉的改革从圣卡特里娜修道院发展到附近的其他修道院。

政治局势导致了萨伏那罗拉的垮台。教宗亚历山大六世——有史以来最差的一位教宗——结成了一个包括意大利许多地区、德国和西班牙在内的反法同盟。如果加入亚历山大六世的同盟，局势会对佛罗伦萨有利。但是，萨伏那罗拉坚守他对查理八世的承诺。亚历山大六世的回应是一系列先后针对萨伏那罗拉和整个佛罗伦萨的严厉措施。许多佛罗伦萨人很快就清楚地看到，由于他们的传道人坚守诺言，他们失去了大量生意。富人越来越反对萨伏那罗拉和他的政策。支持他的人越来越相信他是先知，他们要求他行出神迹。当他的一些预言实现时，他们更加狂热了。但是，当他没能行出他们所要求的神迹时，他们也开始反对他。

最终，一伙暴徒闯入了圣马可修道院。萨伏那罗拉拒绝保护自己，也不愿意让朋友为救他而以武力对抗他们的佛罗伦萨同胞。他被这伙暴徒带走、审讯和殴打，他们将他交给了当局，而当局的一些人正是这起阴谋的策划者。

现在必须证实对萨伏那罗拉的一些指控。他被酷刑折磨了几天，但他的行刑者最多只能令他承认，他并不能预言未来——不管怎样，他从未声称他可以预言未来。亚历山大六世派特使参加了对萨伏那罗拉的审判，他们也对他施以酷刑。然而，他们也只能得到他计划向大公会议上诉的"认罪"。萨伏那罗拉自己也承认，他要求改革的做法可能太骄傲了，他说："主啊，如果被你施与许多恩赐与恩典的彼得都彻底失败了，我还能做些什么？"法官不再希望对他提出更多、更具体的指控，他们最终决定将萨伏那罗拉和他两位最亲密的同工斥为"异端和分裂者"，但是并没有说明他们具体是哪种异端。他们随后被交给"世俗权力"处死，因为教会不可以杀人。他们得到的唯一宽恕是，先吊死他们，再焚烧尸体。他们三人都英勇殉道。他们的骨灰随后被扔进了亚诺河（Arno），以消除人们对他们的所有记忆。但即使这样,还是有许多人保留了这位圣洁的托钵修士的遗物。当罗马于若干年后被日耳曼人洗劫时,一些人认为,这实现了萨伏那罗拉的预言。从那以后直到今天,始终有罗马天主教徒认为,这位多明我修会的托钵修士是圣徒,他应当被正式追封为罗马天主教的圣徒。

神秘主义者

虽然充满了众多罪恶,但也许在一定程度上正是因为这些罪恶,在14和15世纪出现了许多神秘主义者。许多杰出的神秘主义者来自西班牙、英格兰和意大利,他们的著作激励了未来的几代基督徒。在德国和莱茵河畔的低地国家,神秘主义最为兴盛。

德国神秘主义的伟大教师是霍赫海姆的埃克哈特(Eckhart Von Hochheim),他通常被称为埃克哈特大师(Meister Eckhart);他生活在13世纪末和14世纪初。他的神秘主义教义基本上是新柏拉图主义的,因为其教义的目标是默想上帝,那位不可名状者。埃克哈特认为,关于上帝的所有语言都是不准确的,因此严格地讲都是错误的。"如果我说:'上帝是良善的',这并不正确。我是良善的。上帝并不是。"此类言论容易产生误解,给人留下埃克哈特不敬重上帝的印象。实际上,他的目的恰恰相反。他当然不是要表达上帝是邪恶的,而是关于上帝的所有语言都只能是类比的,因此都是不准确的。不管怎样,他的话表明了他神秘主义思想的特点,他希望说明人类的所有概念都不能描述上帝,因此,对上帝的真正认识是非理性的,是直觉的。他希望以此荣耀上帝。上帝并不能通过研究或理性的论证来认识,但可以通过神秘的默想来认识;人在神秘的默想中最终会与上帝合一。

一切受造物永恒存在于上帝里面。在创世之前,上帝这位伟大的设计师的思想里就已经有了万有的理念。这也是所有柏拉图哲学传统和埃克哈特所信奉的新柏拉图神秘主义所特有的思想。他基于这些思想指出:

上帝的真本质高于万有,无法用"特性"来界定,在上帝的真本质中,我已经存在。在那里,我决定我自己,我认识我自己,我愿意创造我自己。因此,就我的永恒"存在"—— 不是暂时的"成为"——而言,我是我自己的起因。①

这和其他类似的言论令许多人将埃克哈特视为异端。他们说,他教导世界和一切受造物都是永恒的,将上帝与世界混为一谈,从而成为了泛神论者——相信一切受造物都是神祇之一部分的人。他尤其被指责相信灵魂或灵魂的一部分不是受造物,而是永恒的。埃克哈特不断抗议,这些指责是基于对他教义的误解,他的确努力避免泛神论和灵魂具有神性的教义。但是,他的表达经常让人对他产生更多的误解。他在职业生涯的晚年被正式指控并被定为异端。他随后向罗马上诉,但是,案件还没审理完他就去世了。

虽然对埃克哈特教义的许多解释或是过于简单,或是过于夸大,但是,在他的新柏拉图神秘主义与明谷的伯尔纳及阿西西的方济各以基督为中心的神秘主义之间,显然存在着巨大差异。伯尔纳和方济各在默想历史的耶稣——在某段时间与某个地点成为肉身的上帝——的过程中获得了灵感。另一方面,埃克哈特并不特别关心圣经事件的历史时间与地理位置。他说:"耶路撒冷距离我灵魂的距离,与我此时所站的地方距离我灵魂的距离是一样的。"他这些话的意思是,人可以通过内心的默想来直接认识上帝,"让自己被上帝抓住",从而"不需要媒介"就认识了上帝。

虽然埃克哈特生前被指控为异端,但是,他在死后却赢得了许多追随者,尤其是在他所在的多明我修会。其中最著名的是约翰·陶勒(John Tauler)和亨利·苏索(Henry Suso)。尽管他们不像自己的老师那般博学,但是,他们能以没有受过神学训练的人更能理解的方式来阐述埃克哈

① *Sermon on Blessed Are the Poor in Spirit.*

特的观点。通过他们的著作,埃克哈特的神秘主义被普遍接受。

在莱茵河的下游,生活着佛兰德神秘主义者吕斯布鲁克的约翰(John of Ruysbroeck)。虽然他可能读过埃克哈特的著作,并接受了德国这位大师的一些观点,但是,他的神秘主义却更加实际,与日常生活密切相关。这种神秘主义被另一位佛兰德神秘主义者格哈德·格鲁特(Gerhard Groote)进一步发展,他深受吕斯布鲁克的约翰的影响。

吕斯布鲁克的约翰和格鲁特共同塑造并普及了所谓的"现代灵修"(Modern Devotion,或 *devotio moderna*)。"现代灵修"主要在于训练一种以默想基督的生活与效法基督为中心的灵修生活。这一学派最著名的著作是托马斯·厄·肯培(Thomas à Kempis)的《效法基督》(*The Imitation of Christ*),历代以来,《效法基督》是最被普遍阅读的灵修著作。

吕斯布鲁克的约翰、格鲁特以及他们的追随者也认为必须否定"自由之灵弟兄会"(Brethren of the Free Spirit)的教义。自由之灵弟兄会也是由神秘主义者组成的,他们声称自己可以直接经验上帝,因此,他们不需要像教会和圣经这样的媒介。一些自由之灵弟兄会的成员甚至声称他们是属灵的,因此可以自由地放纵他们的私欲。

也许,格鲁特的最大贡献是创建了共同生活弟兄会(Brethren of the Common Life)。他放弃了挂名领薪的神父职位。他与当时的许多神职人员一样,曾依靠这样的职位获取收入。他开始抨击教会的腐败,号召他的追随者重拾圣洁与敬虔的生活。但是,格鲁特同其他许多倡导类似改革的基督徒不同,他并没有号召追随者过修道生活,而是坚持认为,他的追随者必须坚持他们的呼召——"共同生活",并在共同生活中遵守现代灵修的原则,除非他们真的得到了修道呼召。即使这样,他的许多追随者最终还是过上了修道生活,并采纳了《圣奥古斯丁修道规章》。但是,他们始终关注并没有得到修道呼召的基督徒的"共同生活"。因此,共同生活弟兄会建立了出色的学校,不仅要过修道生活的人在这里接受训练,许多生活另有安排的人也在这里接受训练。共同生活弟兄会的学校既强调学

428

术,也强调灵修,它们成为教会复兴的中心,因为大多数毕业生都具有批判与改革精神。其中最著名的是鹿特丹的伊拉斯谟(Erasmus of Rotterdam),他是16世纪的一位领军人物。

德国和佛兰德的神秘主义者都避免过度狂热,很少有例外。在他们看来,神秘默想并不会导致难以控制的情感,而是会带来内心的平静。这并不是通过波动的情感刺激得到的,而是通过内心坚定的理性默想。

在致力于信仰和默想的众多基督徒中,诺威奇的朱利安夫人(Dame Julian Norwich,1342—约1417)值得我们特别关注。1373年,在三十岁左右时,她在一场重病中得到了十五个关于基督和圣母的异象。第二天夜里,当她开始怀疑自己此前的经历是否属实时,她又得到了一个异象,这证实了她此前的那些异象。与其他神秘主义者不同,她只得到了这些异象,再没有其他异象;但是,她的余生始终在默想它们,探究它们最深奥的意义。她住在与教堂毗邻的一个小房间里,在那里度过了余生。这个小房间只有一扇通往一座封闭花园的门,通过小房间的窗户,她可以与她的一个仆人和众多来访者交谈,在教会举行圣餐时,她也可以通过这扇窗户仰望教会的圣坛。虽然有许多基督徒来征求她的建议,寻求她的安慰,但她还是特别因她的《启示》(Showings)而闻名于世。《启示》有两个版本,一个较长,一个较短,她在其中探究了那一系列异象的意义。她大胆使用比喻,她的比喻和神学智慧令她的著作成为中世纪最受赞扬、讨论最多的灵修著作之一。理查德·罗尔(Richard Rolle,1290—1349)和马格丽·肯普(Margery Kempe,1373—1438)也是英国著名的神秘主义者。

神秘主义运动本身并不抵制教会与教会领袖。尽管一些神秘主义领袖批评高级教士滥用权力,尤其是他们的铺张浮华,但是,大多数神秘主义者满足于灵修带给他们内心的平静,认为没有必要反对教会当局。但是,另一方面,神秘主义往往会削弱腐败的高级教士和建制教会的权威。的确,如果我们直接通过默想就可以与上帝合一,一些传统的恩典管道就失去了其自身的意义,如圣餐、讲道,甚至圣经。14和15世纪的神秘主

义者很少得出这样激进的结论,而一些激进的神秘主义者则被大多数神
秘主义领袖和教会所否定,如自由之灵弟兄会。但是,神秘主义者的教导
播下了一粒怀疑的种子,它将在未来越来越削弱教会领袖的权威。

平民运动

我们此前讲述的,主要是爆发在富人与知识分子中的改革运动。因
为一些显而易见的原因,现存的大部分文献都是关于这些运动的。穷人
和没有受过教育的人不能写书论述他们的梦想,当他们与掌权者爆发激
烈的冲突时,他们只能在史书中寻找他们的梦想。不过,到了中世纪晚
期,许多普通人都有这样的梦想。

威克里夫的教导得以在牛津大学的学者、赞成他教导的贵族和走村
串巷宣讲福音的罗拉德派中流传下来,但是,罗拉德派所宣讲的福音与村
民从教会当局那里听到的极为不同。的确,如果牛津大学教授的教义能
表达普通人的许多梦想,罗拉德派就不太可能在普通人中赢得追随者。
起初,胡斯派主要是贵族和学者,他们得到了塔波尔派的最大支持,但是,
塔波尔派可能早于胡斯派,他们的许多教义并不是源于胡斯,而是源于穷
人普通的敬虔与末世的盼望。

类似的事情也发生在女基督徒中。对于她们来说,修道生活其实是
令她们能够完全独立于父亲、丈夫或儿子的唯一方法。因此,很多女基督
徒涌进了修会,如方济各修会和多明我修会。很快,这些修会的男领袖就
开始限制女基督徒进入其女分会的人数。但是,这并不能抑制女基督徒
的修道动力,一些女基督徒开始组成小团体,一同过着祷告、灵修和较为
贫穷的生活。这些女基督徒被称为贝居安会女修士(Beguines),她们的
修会被称为贝居安会(Beguinages)。尽管我们并不清楚这些名字的起
源,但是,它们显然是贬义词,可能与她们被怀疑信奉的异端邪说有着某
种联系。虽然少数主教支持这场运动,但它却被其他教会领袖所禁止。
在 13 世纪末和随后的一些年,教会明令禁止这种修道生活,因为它并不

鞭笞者遵循规定的鞭笞与其他苦修仪式。

属于正规修会,也经常令正规修会感到蒙羞。当男基督徒过上类似的生活时,他们被称为"贝格哈德男修士"(Beghards),他们也受到了怀疑。

另一场平民运动是鞭笞者(Flagellants)的运动。他们最早出现在1260年,但其人数在14世纪开始增长。为赎罪而自笞并不新奇,因为这在许多修道院中非常普遍。但是,自笞现在变成了一种平民狂热,它几乎与建制教会没有任何关系。各行各业成百上千的基督徒相信末世近了,如果人类再不悔改,上帝将毁灭这个世界,因此他们鞭笞自己,直到鲜血涌流。

这并不是一时或毫无组织的歇斯底里。相反,这场运动有着严格的、有时甚至是仪式主义的纪律。希望加入这场运动的人先尝试加入三十三天半,在此期间,他们绝对服从他们的上级。在最初这段时间之后,虽然

430

他们可以回家,但是鞭笞者每年都要在耶稣受难日鞭笞自己。

在成为鞭笞者的最初三十三天里,他们必须遵守特定的仪式。他们每天两次列队向当地教堂行进,站成两排,一边行进,一边歌唱赞美诗。在教堂中向圣母献上祷告之后,他们还要歌唱赞美诗回到公共广场。在公共广场上,他们脱掉上衣,围成一圈,跪下来祷告。在祷告之后,他们跪着重新唱起赞美诗,并用力鞭笞自己,直到后背鲜血淋漓。有时,他们的某位领袖会向他们讲道,信息通常是关于耶稣的受难。在鞭笞之后,他们起来穿上衣服,再列队离开。除了每天两次的公共鞭笞之外,他们还有一次私下鞭笞。

起初,教会领袖并没有在这场运动中看出任何的危险。但是,当鞭笞者开始宣称他们的仪式是"第二次洗礼"——就如初期教会对殉道的态度——和一种赎罪的方法时,他们被指控试图篡夺只给予圣彼得及其继任者的"权利钥匙"。他们在一些国家受到了逼迫,最终放弃了公共鞭笞。但是,这场运动继续秘密进行了许多年。(即使到了 21 世纪,我们仍可以在美洲看到中世纪鞭笞者的仿效者,例如,活跃在新墨西哥州的苦修会修士[Penitentes]。)

汉斯·博姆(Hans Böhm)所领导的另一场运动说明了时代的气息。在维尔茨堡(Wurzburg)教区的尼克劳斯豪森(Nicklashausen),一尊圣母像成为朝圣的中心。在 1476 年的大斋节,一个名叫汉斯·博姆的年轻牧羊人开始在朝圣者中讲道。那几年并不是好年头,因为庄稼欠收,维尔茨堡的主教在用高额赋税压迫穷人。起初,博姆的讲道主要是关于悔罪。但是,他很快就被听众的贫穷感动,他的信息变得更加激进。他抨击神职人员的贪婪与腐败,指明这些恶习有悖于福音的诫命。他后来宣称,人人平等和没有剥削的一天终将到来。最终,他敦促他的追随者——当时已经超过了五万——为那伟大一天的到来提前行动起来:拒绝交纳赋税和什一税。他定下了所有人共同武力夺取他们权利的日期。

我们永远无法得知博姆打算如何夺取主教的权利,因为在预定日期的前夕,主教的士兵逮捕了他,他们用大炮驱散了群众。博姆被当作异端烧死。但是,他的追随者继续在尼克劳斯豪森聚集。主教宣布,禁止整座村庄举行圣事。但是,他们还是来了。最终,美因兹(Mainz)大主教出面干涉,他下令毁掉了村里的教堂。博姆的追随者没有了领袖和集结中心,他们解散了。但是,他们极有可能促成了 16 世纪另一场激进的运动:再洗礼派运动。

这只是众多类似事件中的一例。中世纪的最后几年动荡不安,社会运动与宗教不满和盼望结合在一起。教会当局从现存的秩序中获益,他们通常支持掌权者,镇压每一场抵抗运动。在这样的氛围中,反教权主义(Anticlericalism)兴旺发展,它的灵感基本上来自古代对公义的盼望,而不是源于现代的世俗化潮流。

第三十五章

文艺复兴与人文主义

哦,圣父上帝最大的慷慨! 哦,受造物人类最大、最惊人的快乐! 上帝已经赐予受造物人类选择与决定的自由!

——皮科·德拉·米兰多拉

在中世纪最后一百年,思想与哲学分道扬镳。一方面,一些神学家继续经院神学的传统;另一方面,一些学者回顾过去,在古代智慧中寻求指引与启示,他们促成了文艺复兴。

经院神学的后期历史

经院神学在托马斯·阿奎那那里达到顶峰之后便有了三个特点。第一,它不断提出更细致的问题,并为回答它们而不断做出更细致的区分,例如,上帝能造出一个他不能移动的石头吗? 上帝始终行善吗? 或是,上帝所做的一切都是善的,这只是因为它们是上帝做的? 此外,经院神学还发展出一种没有神学知识的人所难以理解的缜密风格和专业词汇。第二,神学与哲学的分歧越来越大,通过理性所认识的真理与只通过上帝的启示所认识的真理越来越难以调和。第三,西方的神学倾向于将救恩视为通过人的行为就能实现的一个目标——这种倾向在中世纪晚期达到了顶峰,在中世纪晚期的神学中,参加圣餐甚至也变成了一种配得救恩的敬虔行为。我们将会看到,16 世纪的宗教改革在很大程度上就是在回应中世纪晚期神学的这些倾向。

阿奎那和他的同时代人认为,信仰与理性基本上是有连贯性的。这就意味着,如果正确运用理性,我们可以认识某些启示的真理,如上帝的存在。但是,在这位伟大的多明我修会神学家去世不久之后,其他神学家就开始质疑信仰与理性有一种连贯性的基本假设。

约翰·邓·司各脱(John Duns Scotus)是波那文图拉时代之后最著名的方济各修会神学家,他被恰当地称为"精微博士"(Subtle Doctor)。这个称呼意在表示尊敬。但是,它也指明了中世纪晚期经院神学的一个特点,而正是这个特点很快就令许多知识分子开始反对当时的经院神学。司各脱的著作晦涩难懂,其中的细致区分精密繁复,只有研习当时哲学与神学多年的人才能读懂。即使是这样,他也明显不赞同他前一代的神学家,他们相信,单单凭借正确地使用理性就可以证明信仰的教义,如灵魂的不朽和上帝的全能。至于上帝的存在,司各脱既否定了安瑟伦的不证自明的本体论论证,也否定了托马斯·阿奎那基于其他存在物的存在而展开证明的宇宙论论证。司各脱并不否定这些教义,也不否认它们的合理性。他所否定的是理性可以证明这些教义。理性最多可以证明,信仰的教义是可能的。

这种神学倾向在 14 和 15 世纪变得更加明显。这一时期的典型代表是奥卡姆的威廉(William of Occam,约 1280—1349;Occam 经常被拼写为 Ockham)和他的追随者。奥卡姆主要因所谓的"奥卡姆的剃刀"(Occam's razor)或"俭省法则"(Law of Parsimony)而闻名于世。简单地说,奥卡姆的"俭省法则"是指,对于回答一个问题或解释一件事来说,我们不应当假设任何不必要事物的存在;或者换句话说,最简单的解释通常是最好的。尽管这一法则在奥卡姆时代之后被用来论证上帝并不存在,但这并不是奥卡姆的初衷,因为他相信,上帝是真实存在的,即使上帝的存在只能凭借信仰来接受,而不能被理性论证所证明。信仰不仅承认上帝的存在,也承认上帝的全能。奥卡姆和他的追随者从上帝的全能出发得出结论,人的自然理性绝对无法证明上帝和上帝的计划。他们当中的大多数人区分了上帝的"绝对能力"（absolute power）和"命定能力"（ordered power）。上帝是全能的,因此,上帝的绝对能力是无限的。只要上帝愿意,凡事都有可能。没有什么是在上帝的绝对能力之外,理性不是,善恶之分也不是。如果不是这样,我们就必须承认,上帝的绝对能力受到了理性或善恶之分的限制。但上帝只根据"命定能力"合理地行事,并做出良善的事。严格地说,我们不应当说,上帝总能做出良善的事,而是说,无论做出什么,上帝所做的一切都是良善的。是上帝决定了什么是良善,而不是良善决定了什么是上帝。同样,称上帝必须合理地行事也是错误的。理性并不能决定上帝的行为。相反,决定什么是合理的,恰恰是上帝至高无上的意志,而按照那些指令行事的,则是靠着上帝的"命定能力"。

435

这就意味着,神学家用来证明教义合理、甚至"合适"的所有传统论证都不再有效了。以道成肉身这个教义为例,安瑟伦和在他之后的几乎所有神学家都声称,上帝在某个人里面成为肉身是合理的,人在上帝面前的罪是无限的,人的罪只能由成为肉身的上帝来补赎。但是,14 和 15 世纪的神学家却指出,无论道成肉身从我们的角度看来有多么合理,但如果我们考虑到上帝的绝对能力,道成肉身就是不合理的。上帝可以凭借他的绝对能力免除我们的罪,或宣告人并不是罪人,或将除了基督的功绩以外的其他一些行为算作替人赎罪的功绩。我们被基督的功绩所救赎,之所以这样,并不是因为我们必须靠基督得救,也不是因为基督的道成肉身与受难是救赎我们的最好方法,而只是因为由基督救赎我们,完全是上帝自己的决定。

这也意味着,我们不要骗自己相信,在人这一受造物中有某些特别适于上帝道成肉身的东西。上帝临在于某种受造物永远是个神迹,这与我们是否有能力承受上帝无关。因此,奥卡姆的一些追随者甚至宣称,上帝可以在一头驴中成为肉身。

这一切并不意味着这些神学家是不信派,喜欢专为取乐而提出一些刁钻的问题。相反,我们对他们生活的所有了解似乎表明,他们是敬虔、真诚的真基督徒。他们的目的是赞美上帝的荣耀。造物主无限地高于受造物,人的心灵无法测透上帝的奥秘。上帝是全能的,在上帝的全能面前,我们必须停止一切理解上帝之全能的努力。

这并不是一种怀疑的神学,只愿意相信理性可以证明的东西。这种神学是,在证明理性并不能理解上帝的深奥之后,将一切交在上帝的手中,并愿意相信上帝所启示出来的一切。我们去相信它们,并不是因为它们有意义,而是因为它们是上帝的启示。

这反而意味着,对于 14 和 15 世纪的神学家来说,权威的问题至关重要。理性并不能证明教义是否正确,因此,我们必须基于无误的权威来评判教义的对错。奥卡姆本人相信,教宗和大公会议都可能犯错,只有圣经是没有错误的。但是在后来,随着西方教会大分裂进一步推动了大公会议运动,许多人相信,大公会议是所有持反对意见的人都必须服从的最终权威。因此,在康斯坦茨大公会议上,著名的神学家让·德·热尔格(Jean de Gerson)和皮埃尔·德埃利(Pierre d'Ailly)要求约翰·胡斯屈服于此次大公会议的权威。如果胡斯被给予了申辩的机会,康斯坦茨大公会议的权威将受到损害。吉尔森和德埃利声称,理性几乎一无是处,因此,再没有什么其他权威可以结束教会分裂、改革教会或规定正确的教义。

中世纪晚期的这些神学家强调信仰的重要性,他们所强调的信仰不仅是相信,还是信靠。上帝为了我们的益处而设立了他权能的秩序。因此,我们必须信靠上帝的所有应许,即使理性可能令我们怀疑上帝的应许。上帝的全能高于我们的所有仇敌。信靠上帝全能的人不会蒙羞。这种思想是中世纪晚期的典型思想,它将在后来的马丁·路德(Martin Luther)那里再次出现。

然而,无论这些神学家有多么敬虔,他们的细致入微和他们对精确定义与细致区分的坚持,还是激起了许多基督徒的回应,他们讨厌复杂的学术神学,痛惜神学已经脱离了质朴的福音。"现代灵修"便是其中的一种回应。受此启发而写成的最有名的著作是《效法基督》,它表达出当时的一个普遍观点:

> 如果你缺少谦卑,从而不被三位一体的上帝所喜悦,那么,你能深奥地讨论三位一体的道理,对你又有什么益处呢?
>
> 高谈阔论并不能使人变得圣洁与公义。但是,道德的生活一定会使人被上帝所喜悦。
>
> 如果你能背诵整部圣经和哲学家的所有言论,却没有上帝的仁慈和爱,这对你又有什么益处呢?
>
> 虚空的虚空。一切皆是虚空,除了爱上帝与服侍独一的上帝。[1]

总而言之,在中世纪最后一百年,经院神学走上了一条只能激起许多敬虔的基督徒作出消极回应的道路,他们认为,这种神学非但对敬虔无益,反而会妨碍敬虔。人们听到了回归质朴福音的呼声,这一呼声越来越迫切。

古代知识的复兴

当经院神学沿着越来越复杂的道路前行时,其他人试图复兴古代知识的荣耀。这就产生了文艺复兴和它在文学领域中的对应物:人文主义。"文艺复兴"和"人文主义"这两个术语以不同的方式被广泛使用,因此,我们需要对它们进行一些解释。

用于某一历史时期的"文艺复兴"或"重生"这个名词,意指对此前一个时代的负面评价。最早使用"文艺复兴"一词的学者,就是要表达这个意思。他们将罗马陷落之后的一千年称为"中世纪",因为他们看到,古

437

---

[1] *Imitation of Christ* I. I. 3.

代知识在中世纪这一千年中几乎没有任何进展。他们将中世纪最优秀的艺术称为"哥特式"艺术，这样做同样表现出他们的偏见，因为"哥特式"一词本身就意味着那是野蛮的哥特人的艺术。同样，他们将于14和15世纪在意大利爆发并传到欧洲其他地区的知识与艺术运动称为"文艺复兴"，这样做也表现出他们对过去一千年的偏见，他们声称，正在进行的这场运动是此前被遗忘的古代知识的一次光荣重生。实际上，文艺复兴在从古代智慧那里吸取营养的同时，也在从过去的那一千年中获益。文艺复兴时期的艺术深深植根于哥特式艺术；圣方济各和西塞罗对文艺复兴时期的世界观所产生的影响同样巨大；文艺复兴时期的文学深受中世纪行吟诗人的诗歌所影响。尽管如此，我们仍有充分的理由将这场运动称为"文艺复兴"。文艺复兴中的许多重要人物相信，同古代相比，过去的一千年是一段颓废期——也许现在仍是，因此，他们尽其所能地促进古代文明的复兴。

"人文主义"这一术语使用得更含糊不清。它通常是指这样一种倾向：将人置于宇宙的中心，让人成为衡量一切的标准。但是，"人文主义"也研究人文科学——我们今天所说的"文科"。中世纪末和16世纪的许多学者使用"人文主义"的这种含义，他们自称是"人文主义者"，因为他们致力于文科研究。他们当中的许多学者的确也是另一种意义上的"人文主义者"，因为对古代知识的研究使他们心中产生了一种对人类创造力的敬畏感。但是，情况并不总是如此，因为许多人文主义者深刻地感受到罪和人类成就的局限性。因此，当我们在本章中提到"人文主义"时，它只是一场试图重返古代文学源泉并模仿其风格的文学运动。

许多人先后在意大利和全西欧倡导复兴古代知识。意大利诗人彼特拉克（Petrarch）便是其中之一，他在年轻时就用意大利文创作出十四行诗，但是，他后来更喜欢模仿西塞罗的风格，用拉丁文写作。他很快就赢得了许多追随者，他们也模仿古代文学。许多人开始抄写与传播古代拉丁作家的手稿。还有人来到君士坦丁堡，并带回了希腊作家著作的抄本。

当土耳其人于 1453 年攻取君士坦丁堡时,拜占庭的逃亡者带着他们的古希腊文学知识涌进了意大利。结果,一次文学大觉醒始于意大利,后来又传入了西欧。

对古代的兴趣也体现在艺术中。画家、雕刻家和建筑师在古代的异教艺术中寻找灵感,而不是在刚刚过去的数百年的基督教艺术中寻找灵感。当然,他们并没有完全抛弃自己的传统,因此,哥特式艺术的确影响到他们的作品。但是在文艺复兴时期,许多意大利艺术家的理想是重新发现古代的审美标准,并将其应用到他们的作品中。

在人们重新对古代知识产生兴趣的同时,约翰·古腾堡(Johan Gutenberg)于 1439 年发明了活字印刷术。长久以来,印刷一直是通过木刻印版进行的:将木刻印版涂上墨,然后再在纸张上印刷。古腾堡发明了铅字的活字印刷,他用可移动、可被不断使用的字模来印刷,因此,用于印刷某版面的活字也可以用来印刷其他版面。古腾堡的发明对人文主义产生了深远影响。起初,印刷术并不被视为普及文学作品的一种方法。相反,早期被印刷出来的大多数书籍都很难阅读,它们是拉丁文或希腊文书籍。此外,印刷排版努力模仿手写的书籍,包括抄写员当时经常使用的缩写。(古腾堡本人并没有公布他的发明,因为他的目的是印刷大量书籍,然后再将它们作为昂贵的抄本出售。为此,他并没有简化印刷版面,而是让它与所有的传统手稿一样复杂。)对于早期的人文主义者来说,印刷术是学者用来交流或复制古代著作的好工具,却不是用来普及他们思想的好工具。学者的思想仍是知识精英的专有财产。在绝大多数情况下,印刷术并不用来向大众传递信息,这种情况一直持续到八十年之后的宗教改革。

即使这样,印刷术还是影响到文艺复兴时期的文学。书籍现在更容易得到,学者越来越意识到,同一部著作的不同抄本存在差异。虽然前人已经意识到这些差异,但是,他们只能做到更加仔细地抄写抄本。但是,人们现在可以通过印刷术将一本书印刷出几百本,在印刷过程中也不会出现新的错误。如果一位学者通过比对不同的抄本,从而得出一部古代著作一个可靠的文本,他可以监督这部著作的印刷,这部著作将具有永久性的价值,因为不必再交给在抄写过程中可能犯下新错误的抄写员。因此,"文本批判"(textual criticism)这一学科应运而生,它的目的是比对现存的抄本,运用一切历史研究资源来恢复古代著作的原貌。很快就出现了一批学者,他们致力于西塞罗、哲罗姆和新约的勘校工作。

发现古代文本中的错误令人们开始怀疑一些文本的真实性。抄本并不是完全可靠的,因此,一些所谓的非常古老的著作难道不可能是后人所作吗?中世纪最重要的一些文献在经过历史研究方法的检验之后被证明是伪造的。《君士坦丁赠礼》就是这样的文献。人们当时相信,伟大的皇帝君士坦丁在《君士坦丁赠礼》中将西方的管辖权赠予了教宗。学者洛伦佐·瓦拉(Lorenzo Valla)研究了这份文献,他得出结论,这份文献的风格和词汇都表明,它是在君士坦丁时代之后很久才写成的。同样,瓦拉也给出强有力的论证,驳斥了这个传说:《使徒信经》是耶稣的十二个使徒各写一条而成的。

这些研究对教会生活的影响,可能并不像人们所想象的那样直接和彻底。瓦拉是教宗的秘书,教宗似乎并不在意瓦拉的研究和结论。其中的原因是,这些研究的结论只在知识精英中传播,他们并不重视用他们新发现的知识来影响大众。当时的基督教不再是从前的基督教,返回其本源是必要的,但是这个思想需要一段时间才能普及。这个思想是促成新教改革的因素之一。

新的实在观

意大利正经历一段繁荣时期。意大利的主要城市都有用于修建雄伟建筑且饰以艺术品的资金。雕塑家、画家和建筑师涌入这样的城市。贵族和富裕的资产阶级是艺术的赞助人,因此,这一时期所创作的大多数艺术品并不是赞美上帝的荣耀,而是赞扬艺术赞助人。因此,此前几乎专门用于基督教教导和荣耀上帝的艺术,开始将目光转向人类的光辉。在古希腊和古罗马的艺术品中,有一些是赞美人类这个受造物的,而在中世纪艺术中,这一受造物似乎已经被人们遗忘;现在,文艺复兴时期的画家和雕刻家开始用颜料和石料来赞美人类。米开朗基罗在西斯廷大教堂中所画的亚当,从上帝的手指间领受了统治受造物的能力,这个亚当与中世纪抄本中那个软弱的亚当大相径庭。他体现出文艺复兴对成为完全人的理解:生来就要创造,就要被世界所铭记。

莱昂纳多·达·芬奇成了这一观念的化身。很少有哪种人类活动不曾被这位文艺复兴时期的伟大天才所刻苦钻研。虽然他今天主要作为画家和雕刻家而闻名于世,但是他在工程学、珠宝制造、弹道学和解剖学领域也进行了重要的研究与工作。他的目标是成为"全才"(universal man)——这也符合他那个时代的理想。他计划开凿河道、制造新式武器、潜艇和飞行器,但是这些宏大计划从未实现。他的许多绘画未能完成,甚至才刚刚勾勒出草稿——它们现在被视为伟大的艺术珍宝。尽管他的一些工作和作品均未完成,但是莱昂纳多·达·芬奇却成为了文艺复兴的目标"全才"的化身和象征。

皮科·德拉·米兰多拉对人类的观念是,人类既有向善、也有向恶的无限能力,这是他的重要主题。他是文艺复兴时期的作家,他认为,上帝赐予我们各种各样的种子,因此,我们可以决定在自己的里面种下哪粒种子,成为什么样的人。选择"植物性"种子或"动物性"种子的人,只能成为一株植物或一头野兽。然而,所有选择了"理性"种子并在其自身予以培养的人,"将成为上帝的天使和孩子"。如果不满足于仅仅成为受造物,这样的人可以转向他们灵魂的最深处,"他们的灵魂将与处在他们灵魂幽静之处的上帝一同超越这一切。"这一切令米兰多拉惊呼道:"有什么办法?只能赞美我们这只奇怪的变色龙!"这句古怪的赞美之词代表了文艺复兴时期人类的潜能观。

文艺复兴时期的教宗

虽然文艺复兴对意大利来说是一段极为繁荣的时期,但这也是一段动荡不安的岁月。教宗在阿维尼翁的"巴比伦之囚"和随后的西方教会大分裂对意大利的影响,比对欧洲其他国家的影响更直接。意大利几乎一直都是相互敌对的教宗和分别支持他们的贵族与共和国的战场。在文艺复兴时期,老贵族与共和精神冲突不断,因此在佛罗伦萨和威尼斯这样的城市中不断爆发动乱,动乱经常在这些城市及其周边地区引发武装冲突。此外,尤其是法国和德国这些国外势力,始终在阴谋争夺各自在意大利的影响力。

正是在繁荣、阴谋、动荡和文艺复兴理想这种背景之下,生活着宗教改革之前的最后几任教宗。我们上次讲到教宗时,尤金四世最终维护了他对巴塞尔大公会议的权威。他热衷于装饰罗马,并为此召来了许多艺术家,如弗拉·安吉里柯(Fra Angelico)和多那太罗(Donatello)。这是教宗拥有文艺复兴精神的一个早期迹象。从此以后,直到新教改革之后的一段时间,大多数教宗都有着与文艺复兴同样的目标与理想。他们热衷于艺术,利用自己的权力将最优秀的艺术家吸引到罗马,并用与作为基督教国家的首都罗马相称的宫殿、教堂和纪念碑来装饰罗马。一些教宗对文学产生了浓厚的兴趣,他们在扩充教宗图书馆方面做了大量工作。在所有艺术事业中,尤其是在修建圣彼得大教堂这项庞大的工程中,文艺复兴时期的教宗投入了教会的大量资金。许多教宗对此还不满意,又想出了获取钱财的新方法,以便继续扩充罗马和罗马的艺术。

然而,并不是文艺复兴时期的所有教宗都热衷于艺术。一些教宗更像是军阀,他们将自己的大部分时间都用在了军事战争中。还有一些教宗试图通过阴谋和外交来扩张他们的权力。总而言之,文艺复兴时期的大多数教宗都被当时的时代精神冲昏了头,这可以在他们对铺张、专权和肉体享乐的狂热中看出。

尤金四世的继任者是尼古拉五世（Nicholas V，1447—1455），他在任期的大部分时间里都努力为罗马获取统治意大利其他国家的政治权力。他的目标是将罗马建设成欧洲的知识首都，为此，他试图将最优秀的作家和艺术家都吸引到罗马。他的私人图书馆被誉为欧洲最好的图书馆。他对胆敢挑战他权力的人残酷无情，处死了一些反对他的人。君士坦丁堡在他的任期内沦陷，他希望借此机会发动一场大规模的宗教战争，以提升他在整个欧洲的威望。但是他失败了，因为他的号召无人响应。

尼古拉五世的继任者是卡里克斯图三世（Calixtus III，1455—1458），他是西班牙博尔哈家族（Borja）——在意大利被称为博尔贾（Borgia）家族——的第一位教宗。文艺复兴的理想对他的影响，只是让他梦想成为一位伟大的世俗王子。同他的教牧职责相比，他更关心军事战争，他的借口是这对抵抗土耳其人可能发起的进攻和统一意大利是必要的。在他担⁴⁴³任教宗期间，任人唯亲达到了一个新的高度。在被他推上高位的众多亲戚中，他将自己的孙子罗得里格（Rodrigo）任命为枢机主教，后来，罗得里格成为了臭名昭著的亚历山大六世。

下一任教宗庇护二世（Pius II，1458—1464）是文艺复兴时期最后一位尽忠职守的教宗。他委任库萨的尼古拉（Nicholas of Cusa）拟定改革教会的计划，但是，对教会的改革最终失败，这主要是因为枢机主教和其他高级教士的反对。庇护二世的成就并不是很大，但是，他至少没有将教宗之职变成扩张他个人及其家族权力的工具。作为一位学者，他开始编辑篇幅浩大的《宇宙学》（Cosmography），但未完成这项工作。后来，《宇宙学》中的世界观令克里斯托夫·哥伦布（Christopher Columbus）试着向西航行，并抵达了印度群岛。

保罗二世（1464—1471）是个机会主义者，他一得知自己的叔叔（尤金四世）被选为教宗，就认定担任教职比他目前的贸易工作更有前途。他的主要兴趣是收集艺术品，尤其是珠宝和银器。他对奢侈品的贪恋家喻户晓，他和情妇的交往在教廷中众所周知。他的主要事业是修复罗马的异教建筑和纪念碑,并为此倾注了大量的财力和精力。根据一些编年史家的记载,他因缺乏节制而死于中风。

西克斯图斯四世(1471—1484)通过向枢机主教许诺礼物和特权而买来了教宗之职。在他担任教宗期间,腐败和任人唯亲更加严重。他的主要政策是为他的家族增添财富,尤其是为他的五个侄子。在他的五个侄子中,朱利亚诺·德拉·罗维尔(Giuliano della Rovere)成为了后来的教宗尤利乌斯二世。在西克斯图斯四世的统治之下,教会成为了家族企业,整个意大利被卷入一系列战争和阴谋,而这一切的唯一目的是增添教宗侄子们的财富。他最喜爱的侄子彼尔特罗·里亚里奥(Pietro Riario)在二十六岁时被任命为枢机主教、君士坦丁堡牧首和佛罗伦萨大主教。西克斯图斯四世的另一个侄子吉罗拉默·里亚里奥(Girolamo Riario)策划了对美第奇家族一员的谋杀,在后者作弥撒时将他杀死在圣坛之前。当死者的亲属进行报复,并吊死了谋杀他们亲戚的神父时,西克斯图斯四世将整个佛罗伦萨革除了教籍,并向佛罗伦萨宣战。为了资助他的阴谋以及支付他侄子和其支持者的巨大开销,他开始对小麦征收重税。他为填满他的金库而卖掉了最优良的谷物,而罗马人只能食用品质最差的面包。即使这样,后人还是忘记了西克斯图斯四世的大部分罪行,而主要因以他命名的西斯廷大教堂而记住了他。

在被选为教宗之前,英诺森八世(1484—1492)许下了庄严的誓言:任命他家族成员担任高级教职不超过一人,并恢复罗马教廷的秩序。但是,他一被选为教宗,就立即宣布教宗的权力至高无上,因此他并不受自己誓言的约束,尤其是被迫许下的誓言。他是第一位承认他几个私生子的教宗,并给予他们极高的地位和巨额的财富。在他一个儿子的管理之下,销售赎罪券变成一种无耻的生意。1484年,他下令在基督教国家清剿女巫,结果,数以百计的无辜女性在清剿中丧生。

在英诺森八世去世之后,罗得里格·博尔贾(Rodrigo Borgia)买来了枢机主教的选票,成为了教宗亚历山大六世(1492—1503)。在他任职期间,教宗的腐败达到了顶点。他是一位强横无情的教宗,据说,他当众犯下了全部七宗罪(Capital Sins),除了暴食——因为他消化不良。一位编年史家声称,这位教宗经常说:"亚历山大情愿卖掉教权、圣坛甚至是基督。这是他的权利,因为这些都是他买来的。"当欧洲在土耳其人的威胁面前恐惧战兢时,他却与苏丹秘密地进行交易。他的情妇都是他教廷中其他教士的合法妻子,她们为他生下了几个孩子,而他公开承认了这些孩子。其中最著名的是恺撒·博尔贾(Cesare Borgia)和卢克雷齐娅·博尔贾(Lucrezia Borgia)。即使关于这个家族最坏的传说可能并不属实,但那些无可否认的事实仍足以定亚历山大六世的罪:腐败和对权力的无限贪恋。由于他的阴谋和战争,意大利生灵涂炭,意大利人愿意相信关于他的最坏传言,教宗的威望因此蒙受了损失。

亚历山大六世意外去世——有人说他误服了自己为别人准备的毒药。他的儿子恺撒希望自己可以在父亲去世之后成为教宗,但是,他不得不卧床,忍受与他父亲同样的疾病折磨,无法将他的计划付诸实践。因此,庇护三世(Pius III)被选为教宗,他是一位具有改革精神的教宗,肩负起平定意大利的艰巨使命。但是,他在被选为教宗二十六天之后去世,新教宗是亚历山大六世一位称职的继任者。

尤利乌斯二世(1503—1513)被他的叔叔西克斯图斯四世任命为枢机主教,他取这个名字是要表明,他的榜样并不是基督教的圣徒,而是尤利乌斯·凯撒。他同那个时代的大多数教宗一样,也赞助艺术。就在他担任教宗期间,米开朗基罗完成了西斯廷大教堂的壁画,拉斐尔(Raphael)用他著名的壁画装饰了梵蒂冈教廷。但是,尤利乌斯二世最喜爱的娱乐活动是战争。他重建教宗卫队,他们身穿华美的军装奔赴战场——据说他们的军装是米开朗基罗设计的。他的军事与外交才能异常出色,以至于一些人认为他可能最终统一意大利,成为意大利的领袖。法国和德国反对这些计划,但是,尤利乌斯二世在外交中和战场上都击败了它们。1513年,死亡终结了尤利乌斯二世的事业,他的同代人将他称为"可怕的尤利乌斯二世"。

　　尤利乌斯二世的继任者是伟大的洛伦佐的儿子吉奥瓦尼·德·美第奇(Giovanni de Medici),他取名为利奥十世(1513—1521)。他同自己的父亲一样,也赞助艺术。他还希望巩固尤利乌斯二世所取得的政治与军事成果。但他失败了,1516年,他被迫与法国的弗朗索瓦一世(Francis I)签署了协议,而这份协议令弗朗索瓦一世在法国的教会事务中拥有了巨大权力。同对基督教或教牧工作的热爱相比,他更喜爱艺术,他的伟大梦想是建成罗马的圣彼得大教堂。为这项工程筹款是发售赎罪券的目的之一,而发售赎罪券激起了路德的抗议。因此,当新教改革开始时,教宗利奥十世难以招架摆在他面前的挑战。

建议阅读：

Aziz S. Atiya. *History of Eastern Christianity.* Notre Dame：University of Notre Dame Press, 1967. Oxford；Oxford University Press, 2003.

Renate Blumenfeld-Kisinski. *Poets, Saints and Visionaries of the Great Schism*, 1378 – 1417. University Park：Pennsylvania University Press, 2006.

Henry Chadwick. *East and West：The Making of a Rift in the Church from Apostolic Times until the Council of Florence.* Oxford Univasity press, 2003.

G. R. Evans. *John Wyclif：Myth and Reality.* Downers Grove：InterVarsity, 2005.

Justo L. González. *A History of Christian Thought*, Vol. 2. Nashville：Abingdon, 1971.

Carole Hildebrand. *The Crusades：Islamic Perspectives.* New York：Routledge, 2000.

David Knowles. *From Pachomius to Ignatius：A Study of the Constitutional History of Religious Orders.* Oxford：Clarendon Press, 1966.

Gordon Leff. *Heresy in the Later Middle Ages.* 2 vols. Manchester：Manchester University Press, 1967.

Gordon Leff. *Medieval Thought：St. Augustine to Ockham.* Baltimore：Penguin Books, 1958.

Christine Meek and Catherine Lawless. *Pawns or Players? Studies on Medieval and Early Modern Women.* Dublin：Four Corners, 2003.

H. St. L. B. Moss. *The Birth of the Middle Ages：395 – 814.* Oxford：University Press, 1935.

Thomas F. X. Noble and Julia M. H. Smith, eds. *The Cambridge History of Christianity： Volume 3：Early Medieval Christianities*, c. 600 – c. 1100. Cambridge, UK：Cambridge University Press, 2008.

George Ostrogorsky. *History of the Byzantine State.* New Brunswick：Rutgers University Press, 1957.

Roberto Ridolfi. *The Life of Girolamo Savonarola.* London：Routledge and Kegan Paul, 1959.

Miri Rubin and Walter Simons, eds. *The Cambridge History of Christianity：Vol. 4： Christianity in Western Europe*, c. 1100 – c. 1500). Cambridge, UK：Cambridge University Press, 2009.

R. V. Sellers. *The Council of Chalcedon：A Historical and Doctrinal Survey.* London：S. P. C. K. , 1953.

Desmond Seward. *The Hundred Years War.* New York：Atheneum, 1978.

Barbara W. Tuchman. *A Distant Mirror：The Calamitous 14th Century.* New York：Alfred A. Knopf, 1978.

Herbert B. Workman. *The Evolution of the Monastic Ideal.* London：Charles H. Kelly, 1913.

第四部分

殖民基督教的开端

编年表

历史事件①	日期②
☆航海者亨利	1460
格拉纳达投降;哥伦布第一次航海	1492
瓦斯科·达·伽马驶向印度	1497 – 1498
阿尔瓦雷斯·卡布拉尔发现巴西	1500
葡萄牙人殖民果阿	1510
巴尔博亚抵达北美洲的太平洋国家	1513
庞斯·德·莱昂抵达佛罗里达;攻陷特诺奇蒂特兰	1521
阿塔瓦尔帕被俘	1532
德·索托抵达密西西比	1541
☆弗朗西斯·沙勿略	1552
维叶加农殖民巴西	1555
葡萄牙人殖民澳门	1557
让·里博殖民佛罗里达	1562
☆拉斯·卡萨斯	1566
☆路易斯·贝尔特兰	1581
利玛窦抵达北京	1601
☆托里比奥·阿方索·德·莫格罗韦霍	1606
☆彼得罗·克雷沃	1654
耶稣会被逐出西班牙的殖民地	1767
图帕克·阿马鲁起义	1780

---

① ☆表示人物去世的年份。

② 从时间上看,这些事件同我们将在《基督教史》下卷中讲述的其他一些事件是同期发生的,因此,读者可以查阅下卷欧洲教宗、统治者及历史事件的年表。

第三十六章

西班牙与新大陆

由于你们对这些无辜之人的残酷和压迫,你们犯下了不赦之罪。你们活在罪中,死在罪中。谁授权给你们残忍可怕地奴役这些印第安人?谁授权给你们向平静安详地生活在自己土地上的人发动战争?⋯⋯难道他们就不是人吗?

——安东尼奥·德·蒙特西诺斯

在中世纪晚期和新教改革时期,西班牙和葡萄牙开始向海外扩张,这对基督教后来的历史产生了巨大的影响。关注欧洲当时重大事件的新教历史学家经常忘记,天主教扩张最迅速的时期正是这个时期。许多天主教历史学家也是如此,天主教改革——通常被称为反宗教改革(Counter-Reformation)——是他们最关注的。这样的疏忽在当时可能还情有可原,但是,这在第二次梵蒂冈大公会议之后的 20 世纪则不可原谅,在 21 世纪更是如此。在第二次梵蒂冈大公会议和随后的教会生活中,拉丁美洲、亚洲和非洲的罗马天主教徒一直发挥着主要作用。因此,为了理解罗马天主教现今的历史,我们必须了解在这些地区中影响罗马天主教的各种因素。

西班牙殖民事业的性质

当克里斯托弗·哥伦布和他的同伴于 1492 年 12 月 12 日踏上新大陆时,他和所有欧洲人根本就不会想到这一事件的重大意义。但是,在费迪南和伊莎贝拉对这片广阔的土地和它可能蕴藏的巨大财富略有所知之后，他们就立即采取措施，限制哥伦布的权力。他们这样做并不单纯是出于贪婪，也是出于他们多年维护自己在西班牙的权力的斗争经验。在西班牙，他们借资产阶级的帮助最终成功地限制了权贵的权力。在这些权贵中，既有平信徒，也有神职人员，他们曾经推翻了伊莎贝拉的哥哥卡斯蒂利亚的亨利四世（Henry IV）的统治。因此，费迪南和伊莎贝拉担心在新大陆会兴起类似的权贵，所以制定政策抑制他们。作为海洋舰队司令和殖民总督，哥伦布可以获得与新大陆全部贸易收益的十分之一，更可以拒绝效忠国王，因此，费迪南和伊莎贝拉绝不能给予他这样的财富和权力。

在新大陆，这通常会导致西班牙国王颁布法律，保护被哥伦布所误认为的"印第安人"。费迪南和伊莎贝拉担心，如果不控制西班牙征服者对印第安人的剥削，他们将成为与西班牙大公同样具有独立精神的强大封建领主。这导致国王与西班牙殖民者冲突不断。西班牙所制定的法律，新大陆通常不遵守。最终的结果是，印第安人惨遭剥削与屠杀，而大西洋两岸的西班牙人却在商讨最佳的政策。

新大陆的宗教政策遵循了在中世纪所建立的模式。在西班牙基督徒与西班牙摩尔人的战争中，他们采用了十字军的范例和模式，现在，他们采取同样的方法来征服印第安"异教徒"。此外，在发现新大陆不久之前，卡斯蒂利亚已经征服了加纳利群岛（Canary Islands）和格拉纳达，教宗给予卡斯蒂利亚国王极大的权力，来统治新征服地区的教会。现在，这些先例被用到了新大陆。在从 1493 年到 1510 年的一系列通谕中，教宗亚历山大六世和尤利乌斯二世给予了西班牙国王极大的权力。西班牙国王被授予新大陆教会的"皇家庇护权"（*patronato real*）。随着皇家庇护权的发展，西班牙国王有权为新大陆的教会提名——实际上是任命——主教和其他高级教士。在绝大多数情况下，西班牙国王也管理什一税和教会的其他奉献款，并负责教会的全部开支。结果，西班牙美洲殖民地的教会

伊莎贝拉和费迪南在格拉纳达接见哥伦布,给予他极大的权力与特权,但他们后来又将其全部收回。

几乎与罗马没有任何直接的联系,实际上,这里的教会成为西班牙国王和被他们任命的人所领导的国家教会。尽管西班牙国王所选出的一些主教忠实地牧养着他们教会的基督徒,但是大多数主教——尤其是后期被任命的主教——都成为西班牙国王的政治代理人,他们根本就不了解、也不关心西班牙美洲殖民地人民的疾苦。

　　然而,新大陆的教会还有另一面。进行宣教工作的宣教士——通常是方济各修会、多明我修会或耶稣会的宣教士——生活在普通人中,他们了解普通人的悲惨处境。这些宣教士的守贫誓愿和他们的简朴生活,令他们能够生活在印第安人中,并亲眼目睹了殖民政策所导致的灾难性后果。因此,许多托钵修士开始保护印第安人,抵抗欧洲殖民者对印第安人的掠夺。在这项事业的早期,多明我修会的宣教士带头保护印第安人。在18世纪,保护印第安人成为导致耶稣会遭受镇压的原因之一,镇压先是由西班牙和欧洲其他国家的统治者,最后甚至由教宗本人亲自实行(参下卷第十九章)。长久以来,在关心穷人的教会之上,是等级森严的教会,它们领袖的教职得自于他们与西班牙宫廷的密切联系。因此,在

451

西班牙美洲殖民地的罗马天主教中,一开始就存在两种局面:一方面,大多数教会统治者、教区主教、平信徒神职人员和一些托钵修士因殖民者的利益而支持西班牙殖民者对印第安人的剥削;另一方面,许多托钵修士批评西班牙殖民者对印第安人的剥削,他们保护受压迫的印第安人。

在 19 世纪,当老的殖民地爆发独立战争时,教会也因其对独立战争的态度而产生了分裂,因此,大多数主教是保皇派,而许多教区神父和托钵修士则将他们的命运押在了反抗者身上。在 20 世纪后半叶和进入 21 世纪后,罗马天主教在拉丁美洲取得了复兴,并在许多社会斗争中发挥了主导作用,这在一定程度上是因为许多穷人成为了教会领袖。因此,在殖民初期就开始形成的"教会的两种局面"将继续共存数百年。

⁴⁵² 抗议

对于剥削印第安人的第一次公开抗议,是多明我修会的安东尼奥·德·蒙特西诺斯(Antonio de Montesinos)于 1511 年在圣多明各(Santo Domingo)的讲道,我们已经在本章开头引用了其中的部分内容。他在这篇讲章中得出结论,殖民者并不比"摩尔人和土耳其人"更容易得到救恩。这次讲道所表达的不仅是蒙特西诺斯自己的观点,因为他在多明我修会的同伴委托他进行抗议,警告殖民者停止剥削印第安人。地方当局试图让蒙特西诺斯闭嘴,但是,他得到了多明我修会同伴的一致支持,最终,这场争论上达西班牙宫廷。

巴托洛梅·德·拉斯·卡萨斯(Bartolomé de Las Casas)就在听蒙特西诺斯讲道的人群中。他大约在十年之前殖民到圣多明各,并被按立为神父——他可能是第一位在新大陆被按立为神父的人,尽管我们并不知道他被按立的确切时间。但是,剥削印第安人的问题并没有令他过于烦心。实际上,他自己就托管着一批印第安人。

托管制度(encomienda system)①是多明我修会的修士所抗议的主要弊病。虽然禁止奴役印第安人,但为了所谓的教化他们和教给他们基督教教义,一群群印第安人被"托管"给殖民者。印第安人要为殖民者劳动,以回报殖民者对他们的教导。这导致的后果比直截了当的奴隶制更坏,因为托管人根本就没有在印第安人身上投资,因此没有任何理由关心他们的死活。

当蒙特西诺斯开始讲道抨击托管制度时,拉斯·卡萨斯正托管着印第安人。关于托管印第安人的争论爆发时,他选择了沉默。后来,在1514 年的圣灵降临节,他的心彻底改变了。他不再托管印第安人,从此以后,他公开宣讲,基督教信仰与西班牙殖民者对印第安人的剥削水火不容。他与蒙特西诺斯一起来到西班牙,并说服西班牙政府任命了一个委员会来调查托管印第安人一事。当拉斯·卡萨斯发现该委员会的委员只听信托管人时,他与他们决裂了,并回到了西班牙。他就这样开始了在大西洋两岸不断往返的漫长生涯:他在西班牙得到保护印第安人的法律,却在新大陆发现地方当局并不愿意或并不能实施这些法律。有一次,他试图在委内瑞拉树立一个和平传播福音的榜样。但是附近的殖民者引发了暴力冲突,印第安人最终爆发了起义。他后来回到了圣多明各,并最终在那里加入了多明我修会。此后,他到过中美洲和墨西哥,又重返西班牙。他在西班牙宫廷中赢得了众多支持者,并被任命为墨西哥南部恰帕斯(Chiapas)的主教。在他所牧养的基督徒中,有许多印第安人的托管人,他多次与他们发生冲突;因此,他后来辞职回到了西班牙。在西班牙,他通过上诉和写作为印第安人辩护了三十九年。他于 1566 年去世,享年九十二岁。

拉斯·卡萨斯的著作引起了巨大的轰动,许多人开始怀疑西班牙殖民者在新大陆的整个殖民事业的道德性。但是,在殖民事业中有着既得

453

———————————————

① 托管制度,也译为"监护征赋制"。——译者注

利益的人最终胜利了。1552 年,拉斯·卡萨斯的著作在他还活着时就在秘鲁被禁。到了 17 世纪中叶,他的著作被宗教裁判所列入禁书名单。

另一位质疑西班牙殖民者在新大陆殖民事业的多明我修会修士是萨拉曼卡大学(University of Salamanca)的神学教授弗朗西斯科·德·维多利亚(Francisco de Vitoria)。他对西班牙殖民者占领秘鲁和他们对当地印第安人及其土地与矿藏的残酷剥削深感不安,他发表了一系列演讲,质疑西班牙殖民者夺取印第安人领地的权利。

作为对拉斯·卡萨斯、维多利亚和其他人抗议的回应,查理五世于 1542 年颁布了《印度群岛新法》(*New Laws of Indies*)。这些法律限制了西班牙殖民者对印第安人所拥有的权力,并规定向愿意与西班牙殖民者和平共处的印第安人发动战争违法。可是,这些法律在新大陆基本无人遵守。在秘鲁,殖民者公然违抗它们。最终,《印度群岛新法》被人遗忘。但是在整个殖民时期,西班牙美洲殖民地始终有基督徒抗议对印第安人的剥削,他们致力于改善印第安人的命运。

加勒比海地区

1493 年,哥伦布在第二次航海中带了七名宣教士,他们的任务是向印第安人宣教。但是,当他们抵达哥伦布第一次航海中在伊斯帕尼奥拉岛(Hispaniola)建立的寨堡时,他们听到了令人不安的消息。西班牙殖民者的虐待、剥削和强奸导致印第安人起义,他们摧毁了寨堡,并杀死了全部驻军。哥伦布下令"平定"伊斯帕尼奥拉岛,他命令他的上尉割掉所有拒不投降之人的耳朵和鼻子。但是,西班牙殖民者中也有造反者。伊莎贝拉得到了关于殖民地管理不善和暴政的报告,于是采取了行动。哥伦布被免职,并被押解回西班牙。

在哥伦布继任者们的统治之下,印第安人的处境并没有任何好转。西班牙殖民者命令印第安人每个季度都要向他们交税,税金是金子和棉花。不愿意或没有能力交税的印第安人变成了奴隶。印第安人后来逃到了山区,西班牙殖民者在山中用猎狗搜捕他们。至于宣教士,他们似乎对这一切置之不理,只是将一些印第安酋长的儿子带回家,在家中将他们作为基督徒来教育。1503 年,西班牙下令印第安人必须住在自己的村子里,每座村庄必须有一位西班牙政府所派驻的代表和一位神父。这个命令偶尔会被执行。但是在后来,有劳动能力的印第安人被带到矿上采金,他们被迫要离家数月之久。最终,强制劳动、西班牙殖民者所带来的疾病以及大规模自杀夺去了大多数印第安人的生命。类似的事情也发生在波多黎各、古巴、牙买加和其他一些小岛。

印第安劳动力的缺失令西班牙殖民者开始引进黑奴。第一批黑奴于1502 年从西班牙到达了加勒比海地区,但是在此后一些年,印第安劳动力仍然廉价,因此这并没有加剧对黑人的奴役。1516 年,热衷于改善印第安人处境的拉斯·卡萨斯建议从非洲引进奴隶。但是他很快就收回了这个主张,并成为黑人和印第安人的捍卫者。然而到了1553 年,数万名非洲人被作为奴隶引进了加勒比海地区。少数神学家反对奴役黑人,但值得注意的是,他们并不是反对奴隶制度,而是不确定该如何分配利润。不管怎样,加勒比海地区所发生的事情在西班牙所有殖民地中不断上演。无论在哪里,只要印第安人数量稀少,非洲的黑奴就会取代他们。直到今天,那些在 16 世纪时印第安人稀少的地区,还生活着数量较多的黑人。

墨西哥

在进军阿兹特克帝国(Aztec Empire)首都特诺奇蒂特兰(Tenochtitlan)途中,科特兹(Cortez)捣毁了他所到之处各个部落的偶像。但是,在特拉斯喀兰人(Tlascalans)的部落中,他没有这样做,因为他需要强大的特拉斯喀兰人帮助他征服阿兹特克帝国。因此,政治的权宜之计和狂热的盲信奇怪地结合在一起,这为西班牙殖民者在墨西哥的宗教政策定下了基调。

虽然有两位神父加入了最初到墨西哥的探险队,但是两位显然还是不够。尽管科特兹贪婪暴虐,但他仍是真诚的天主教徒,他请求查理五世向墨西哥派来托钵修士,而不是平信徒神父或主教。他的理由是,托钵修士可以过贫穷的生活,他们可以为墨西哥的印第安人树立良好的榜样,而平信徒神父或主教生活奢华,令人反感,他们不会积极地向印第安人传播福音。查理五世答应了科特兹的请求,十二位方济各修会的托钵修士来到了墨西哥。他们一到墨西哥就受到科特兹正式而庄重的接待,他跪下来亲吻了他们的双手。但是,他们的工作并不轻松,因为印第安人极其憎恨西班牙殖民者和他们的宗教。另一方面,印第安人似乎清楚地认识到,基督教的上帝打败了他们的神祇,因此,许多印第安人虽未忘记自己正在遭受虐待,仍跑去要求洗礼,因为他们希望基督教强大的上帝会帮助他们。

十二位最初来到墨西哥的托钵修士和在他们之后前来的许多基督徒,一点点地赢得了他们所牧养的印第安基督徒的尊重,甚至赢得了他们的爱。有时,当印第安基督徒听说他们的神父要被派到其他地区时,他们会爆发骚乱,强迫当局改变他们的计划。

初生的墨西哥教会中爆发了许多冲突与争论。方济各修会的宣教士为所有愿意接受洗礼的人施行洗礼,只是要求他们知道:只有一位独一的上帝,耶稣是我们的救主,以及会背诵主祷文与圣母经。有时,甚至这些最低的要求也被取消了。据说,一些宣教士一天会为数百人施行洗礼,有时甚至同时为几个人施行洒水洗礼。因此,在俗神父——修道院外的神父——有理由嫉妒托钵修士所取得的成功,尽管他们大多数人很少牧养印第安人。不管怎样,他们指责托钵修士过度简化洗礼。出人意料的是,他们并没有指责托钵修士降低洗礼的要求,而是指责他们在施行洗礼的过程中遗漏了某些要素。最终,教宗保罗三世解决了这场争论,他宣布,从前被简化的洗礼无罪,但是从此以后,必须遵守一定的原则施行洗礼。即使是在教宗出面干涉之后,托钵修士与平信徒神父的争论还是持续了许多年。

墨西哥的第一位主教是方济各修会的胡安·德·祖玛拉嘉（Juan de Zumárraga），他后来成为墨西哥的大主教。他相信，教会需要改革，必须通过教育基督徒和培养有文化的神父来改革教会。为此，他将一台印刷机引进了墨西哥，这是西半球第一台印刷机，他用这台印刷机印出了许多用来教育印第安人的书籍。其中包括一部祖玛拉嘉没有指明作者的著作，但是，这位作者后来被西班牙的宗教裁判所定罪，罪名是，他是一名新教徒。祖玛拉嘉也采取措施，创建了墨西哥大学；他热衷于保护印第安人，对抗一切剥削他们的人，无论剥削者有多么尊贵。

然而，同他那个时代的大多数基督徒一样，这位在其他方面非常开明的主教却难以宽容他眼中的异端。1536 年，祖玛拉嘉被任命为新西班牙（New Spain，墨西哥当时的名字）的"使徒检察官"（apostolic inquisitor）。从 1536 年到 1543 年，一百三十一人因异端罪而受到了审判。其中大多数被告都是西班牙殖民者，只有十三位被告是印第安人。最著名的印第安被告是酋长卡洛斯·奇奇梅克泰克托尔（Carlos Chichimectecotl），他与方济各修会的修士一同学习，他被指控崇拜偶像、非法同居和貌视神父。他承认他与自己的侄女生活在一起。从他家中搜出一些偶像，他说这些偶像只是他所收藏的历史珍品。从没有人见过他崇拜偶像。此案本该以他受到一些轻微的惩罚而结束，但是一位证人声称，他曾听到奇奇梅克泰克托尔宣称，基督徒的信仰令人怀疑，因为许多基督徒是令他们的神父难以管教的形形色色的醉鬼。基于这项指控，他被判处火刑并活活烧死。 *456*

奇奇梅克泰克托尔接受过教育，因此，对他的审判令反对教育印第安人的声音死灰复燃。他们的理由通常不是印第安人没有能力学习。相反，他们的理由是，如果印第安人学会了读和写，就可以彼此沟通，这会令他们变得很危险。这一担忧是几代印第安人接受低水平教育的真正原因，也是最开明的西班牙人对授予印第安人圣职心存顾虑的主要原因。1539 年，教会领袖在祖玛拉嘉的主持之下召开会议，他们批准可以授予印第安人四个最低级别的圣职，但这四个圣职并不包括施行圣礼的权限。

多明我修会的修士比方济各修会的修士更保守,他们宣称,不应当授予印第安人圣职,印第安人根本就不应该接受教育。同样的思想也在修道院中大行其道。在这些方面最开明的方济各修会的修士,允许印第安人生活在他们的修道院中,但他们必须穿着特殊的褐色教士袍,并被禁止立下修道誓愿,也不被允许成为平信徒修士。如果方济各修会的西班牙修士认为某个印第安修士不合格,他们会将他开除,不管他已经加入了修道院多久。1588 年,西班牙国王腓力二世下令,印第安人可以加入修会和立下修道誓愿。但是,到了 1636 年,国王腓力四世开始痛惜有太多的"杂种人、私生子和其他劣等人"被授予了圣职。

我们必须在此背景下理解关于瓜达卢佩圣母(Virgin of Guadalupe)的传说和对她的信仰。据说,圣母带着她给祖玛拉嘉的信息向印第安人胡安·迭戈(Juan Diego)显现。祖玛拉嘉并不相信迭戈对他所说的话,但是一系列神迹迫使他不得不相信。结果,在圣母的直接命令下,一座小礼拜堂在圣母显现的地方建立起来。历史学家查阅了祖玛拉嘉及其同代人的文献,并没有找到任何可以证明这个传说属实的记载。此外,早期的一位基督教编年史家声称,传说中圣母显现的地方是一座非常小的山,印第安人在那里崇拜一位被称为托南津(Tonantzin)的"众神之母",现在,印第安人只是在以一个新名字崇拜这位古老的女神。但是,不管在这个传说背后隐藏着什么真相,它本身就是在西班牙主教祖玛拉嘉面前为受压迫的印第安人迭戈辩护。最终,祖玛拉嘉不得不听从迭戈的话。从此以后,瓜达卢佩圣母不仅是一个信仰对象,它也成为墨西哥民族的精神象征和墨西哥人反抗一切外国侵略的凝聚力。

阿兹特克帝国并不包括今天的整个墨西哥。但是,它的灭亡令周围的许多国家臣服于西班牙。在南方,还生活着古代玛雅文明的后裔。西班牙人用了多年时间才征服他们,这主要是因为南方崎岖的地形和茂密的植被。直到 1560 年,西班牙殖民者才完全征服了尤卡坦(Yucatan)半岛,并为这一地区任命了主教。

457

在最初的征服之后,西班牙殖民者继续向北探寻两个幻想中的目标。第一个是连接大西洋与太平洋的海道,这令他们开始探索加利福尼亚湾,因为人们长久以来相信,巴亚加利福尼亚(Baja California)是一座岛屿,加利福尼亚湾可能与大西洋相连。第二个是一些印第安人曾告诉西班牙殖民者的"七座金城",这将他们吸引到几乎位于正北方的新墨西哥。后来,法国殖民者从路易斯安那进军,俄国殖民者沿着太平洋海岸南下,他们的威胁迫使西班牙殖民者定居在得克萨斯和加利福尼亚。

在巴亚加利福尼亚,宣教士比殖民者和探险家更为成功。第一批在这里定居的宣教士是耶稣会会士,他们先后在加利福尼亚湾的东海岸和加利福尼亚半岛殖民。在这批耶稣会宣教士中,最著名的是意大利人尤西比奥·弗朗西斯科·基诺(Eusebio Francisco Kino),他所创建的许多宣教区远远超过了西班牙的势力范围,直到今天的亚利桑那(Arizona)。他于1711年去世时,正计划向阿帕契人(Apaches)宣教。但是,耶稣会会士于1767年被逐出西班牙的所有领地。他们的一些宣教区被移交给方济各修会、多明我修会和其他一些机构,而其他许多宣教区只能被放弃。

在加利福尼亚,方济各修会的传教士将精力集中在阿尔塔加利福尼亚(Alta California)——今天的加利福尼亚。在18世纪,当西班牙当局组织了一支对阿尔塔加利福尼亚进行考察与殖民的探险队时,方济各修会的胡宁佩罗·塞拉(Junípero Serra)加入了这支探险队。他后来建立了许多宣教区,其中许多超过了西班牙的保护范围。在印第安人必须接受西班牙殖民者统治的地区,塞拉热衷于维护印第安人在殖民者面前的权利。但是,这并没有消除他的偏见、家长式作风,甚至偶尔的残酷。这些都是他大多数同胞的劣性。结果,当今天的许多人颂赞塞拉的工作时,一些人只是将他看作为种族屠杀进行宗教辩护的又一个例子。

然而,方济各修会修士的主要目的地是正北方,因为西班牙征服者想在这里寻找传说中的七座金城。他们穿过墨西哥中部进入新墨西哥,他们有时是与西班牙征服者一起,有时是在他们之后,但大多数时候是在他们之前。1610 年,西班牙殖民者在新墨西哥建立了"阿西西的圣方济各的神圣信仰的皇家城市"(The Royal City of the Holy Faith of Saint Francis of Assisi),现在被简称为圣菲(Santa Fe)。二十年之后,五十位宣教士牧养着新墨西哥六万已经接受洗礼的印第安人。1680 年,印第安人爆发了大规模的起义,他们在起义中杀死了大约四百名西班牙殖民者,其中有三十二位方济各修会的宣教士。当西班牙殖民者再次征服新墨西哥时,方济各修会的宣教士又与他们一同回到了这里。

西班牙殖民者也从墨西哥跨过太平洋向西方扩张。1521 年,麦哲伦(Magellan)抵达菲律宾群岛,命丧于当地人之手。后来,许多探险队从墨西哥派出。最终,在米格尔·洛佩兹·德·黎牙实比(Miguel López de Legazpi)的率领之下,西班牙殖民者于 1565 年征服了菲律宾群岛。殖民者在菲律宾群岛发现了许多穆斯林,他们将其称为摩洛人(moros),这个名字源自统治西班牙数百年之久的摩尔人。摩洛人和一些岛屿上的中国人进行了顽强的抵抗。但是,西班牙殖民者最终征服了整个群岛。他们在菲律宾群岛所采取的政策仍是他们在新大陆所采取的政策,这在群岛上激起了当地人的极大怨恨。西班牙殖民者原本希望菲律宾群岛会成为向远东宣教的跳板;但他们却不愿意教育菲律宾人,因此这个计划失败了。

黄金卡斯蒂利亚

西班牙当局很早就注意到位于今天中美洲和巴拿马的这片地区。哥伦布曾沿着这里的海岸航行,希望找到一条通往西方的道路。到了 1509 年,西班牙当局第一次尝试征服这里,并在这里建立殖民地。最初的尝试失败了,直到一位名叫瓦斯克·努涅斯德·德·巴尔博亚(Vasco Núñez de Balboa)的探险家废掉指派的领袖,并肩负起征服与建立殖民地的使命。巴尔博亚与其他大多数西班牙征服者不同,他知道如何与印第安人建立友好的关系,尽管他也能使用暴力。他友善对待印第安人的主要原因似乎在于他相信,这是从印第安人那里获得黄金和女人的最好方法。多亏了印第安人的帮助,他才能将黄金运往西班牙,因为他希望西班牙当局会因此使他的统治合法化。他也在印第安人的帮助下来到了太平洋,他将太平洋称为"南海",因为在巴拿马地区,太平洋位于加勒比海以南。

巴尔博亚向西班牙运送黄金的举动取得了与预期相反的结果。西班牙当局发现,这片地区太宝贵了,不能将这里交给巴尔博亚;西班牙当局将这块殖民地命名为黄金卡斯蒂利亚(Golden Castile),并为这里任命了新总督。巴尔博亚与新总督爆发了冲突,新总督最终将他处死。新总督的政策是强迫印第安人生产黄金。许多印第安人被分配给殖民者托管,而其他印第安人惨遭杀害,因为他们不愿意或不能生产出西班牙殖民者所要求的黄金数量。最终,大多数印第安人逃跑,组成抗击西班牙征服者的游击队。由于没有庄稼,食物稀少,五百多名西班牙殖民者丧生,其中许多人是被饿死的。被任命监管殖民地的教会和方济各修会宣教士的主教回到西班牙,抗议殖民者对殖民地管理不善。数十年之后,黄金卡斯蒂利亚才渐渐恢复了秩序。

在中美洲教会的早期历史中,神父胡安·德·埃斯特拉达·拉瓦哥(Juan de Estrada Rávago)可能是最有趣的人物。他是变节的方济各修会的修士、野心勃勃的西班牙征服者、失败的朝臣和乐善好施的宣教士。西班牙国王下令,所有变节的托钵修士必须离开殖民地,当他准备返回西班牙时,他听说一支计划前往哥斯达黎加的探险队缺少资金。他提供了这笔资金,并加入探险队,最终成为这支探险队的领袖。他学会了印第安语,并克制自己不要对印第安人动用武力——只有一次例外。他四处游走,教授基督教信仰。他为新信徒施行洗礼,并建立教会。他用自己的钱为印第安人和殖民者购买衣服、食物和种子。来自墨西哥的十二名方济各修会的宣教士加入进来,教会得以迅猛发展。

到了 16 世纪末,中美洲的大多数印第安人自称是基督徒。但是,中美洲仍有西班牙殖民者不曾探险的广阔地区,这里的印第安人保留着他们的古老宗教和统治。所谓的基督化地区缺少神父,西班牙征服者所激起的憎恨极大地阻碍了神父的工作。黄金卡斯蒂利亚从未产出过大量的贵重金属,因此,西班牙当局很少关注这里。

460 佛罗里达

西班牙殖民者很早就知道了古巴以北的地区。1513 年,波多黎各总督胡安·庞斯·德·莱昂(Juan Ponce de León)得到西班牙国王授权,开始对比米尼岛(Bimini)进行探险和殖民。传说,比米尼岛有一个"不老泉",它的泉水可以令人重获青春,至少有神奇的疗效。莱昂的探险队在佛罗里达登陆,佛罗里达之所以被命名为佛罗里达,是因为西班牙殖民者在复活节时以国王帕斯夸·佛罗里达(Pascua Florida)的名义占领了这里。莱昂的探险队沿着大西洋与墨西哥湾沿岸进行探险,他们与印第安人爆发了一些冲突,后来回到了波多黎各。若干年后,庞斯·德·莱昂组建了第二支探险队。但他被印第安人打伤,随后撤回古巴,并死在了那里。

其他探险队也好不到哪里。一支探险队于 1528 年被印第安人消灭。八年之后,四名幸存者徒步走过半个美洲,到了墨西哥。1539 年和 1540年,赫尔南多·德·索托(Hernando de Soto)对佛罗里达进行了两次探险,但并没有尝试在那里殖民。另一次殖民事业在二十年之后进行,但是经过两年的艰辛,这次殖民探险的成效仍是微乎其微,殖民事业最后也无果而终。

法国殖民者在佛罗里达的出现,最终迫使西班牙殖民者投入了占领佛罗里达所必需的资源。1562 年,法国殖民者在让·里博(Jean Ribaut)的领导之下开始在佛罗里达和南卡罗来纳殖民。在西班牙殖民者看来,更糟的是大多数法国殖民者是新教徒。为了反击法国殖民者入侵教宗赠予西班牙的所谓领地,西班牙政府委派彼得罗·梅嫩德斯·德·阿维莱斯(Pedro Menéndez de Avilés)铲除法国殖民者的定居点。他率领强大的骑兵中队袭击了法国殖民者。许多法国殖民者逃到了内陆,最终被印第安人杀害。西班牙殖民者俘获了其他法国殖民者,并处死了一百三十二个法国男人,女性和十五岁以下的儿童幸免于难。当时并不在场的里博遭遇海难,他向西班牙殖民者投降,和其他七十多名海难幸存者被处死。梅嫩德斯·德·阿维莱斯随后建立了圣奥古斯丁城,该城成为他的大本营。

有人为里博和他的同伴报仇。里博的一个法国好友秘密组建了一支远征军,他们就在先前发生大屠杀的地方登陆,俘获了许多西班牙殖民者,并将他们全部吊死。梅嫩德斯·德·阿维莱斯曾宣称,他将里博和他的同伴"作为路德宗基督徒,而不是法国殖民者"处死。现在,法国殖民者所留下的标牌称,他们的受害者"并不是西班牙殖民者,而是卖国贼、小偷和谋杀犯"。随后,他们在西班牙援军从圣奥古斯丁城赶来之前起航返回法国。

现在,英国殖民者对新大陆越来越感兴趣,这威胁到了西班牙殖民者,因此,西班牙殖民者从佛罗里达迁到了瓜莱(Guale),即佐治亚、圣埃伦娜(Santa Elena),亦即南北卡罗来纳;和阿哈坎(Ajacán),即弗吉尼亚。

在这些地区,大多数西班牙殖民者是军人或宣教士。这些宣教士主要是耶稣会会士,还有一些是方济各修会和多明我修会的修士,他们必须顶着巨大的困难宣教。西班牙殖民者已经激起印第安人的敌意,因此,只要没有西班牙军队的保护,许多宣教士就会惨遭杀害。西班牙殖民者在佛罗里达北部的殖民和宣教是短暂的。1763 年,西班牙殖民者用佛罗里达换来了英国殖民者已经占领的哈瓦那(Havana)。二十年之后,西班牙殖民者又得到了佛罗里达。1819 年,佛罗里达最终被正式割让给已经入侵那里的美国。

在这片广阔土地之上的古老西班牙宣教区中,只留下了人们的记忆、几处零散的废墟和宣教士的尸骨,而在这些宣教士的同胞看来,他们将自己宝贵的生命献给了一项几乎不可能完成的事业。

哥伦比亚与委内瑞拉

哥伦布在第二次航海中来到了南美洲海岸。对今天哥伦比亚海岸的征服始于 1508 年,但这次尝试以失败告终。新一次的征服于 1525 年开始,这一次,罗德里格·德·巴斯蒂达斯(Rodrigo de Bastidas)建立了圣玛尔塔(Santa Marta)。巴斯蒂达斯认为应当仁慈地对待印第安人,因此,其他殖民者迫使他回到了伊斯帕尼奥拉岛。随后,印第安人进入了一段恐怖时期,殖民者试图强迫他们说出埃尔多拉多(El Dorado)的神秘地点——这又是西班牙征服者所相信的令人难以置信的传说之一。据说,埃尔多拉多是蕴藏着大量黄金珠宝的宝山。西班牙殖民者以圣玛尔塔为大本营向西和向南挺进,他们在西方建立了喀他赫纳(Cartagena),在南方击败了酋长波哥大(Bogotá),并建立了圣·菲·德·波哥大城(Santa Fe de Bogotá)。

在建立第一批城市不久之后,随着一系列主教区的建立和宗教裁判所的引入,西班牙教会的"移民"也宣告完成。起初,宗教裁判所几乎被专门用来对付西班牙殖民者,但是,受压迫的印第安人和黑奴——他们很早就被引入——很快便发现,如果主人想惩罚他们,他们只需喊出"我不信上帝"就可以受到宗教裁判所相对仁慈的审判。最终,西班牙殖民者与宗教裁判所达成了默契:宗教裁判所只审判印第安人和黑奴所犯下的极端案件。英国殖民者当时也来到了加勒比海,因此,宗教裁判所也被用来对付他们,许多英国殖民者因他们的新教信仰而惨遭杀害。

哥伦比亚两位伟大的基督徒是路易斯·贝尔特兰(Luis Beltrán)和彼得罗·克雷沃(Pedro Claver)。路易斯·贝尔特兰是数百位宣教士之一,他们希望将基督教传给印第安人,并终止西班牙征服者与殖民者的罪行。贝尔特兰是多明我修会的宣教士,生于瓦伦西亚,早年是在他家乡的多明我修院中度过的,他当时是修道院的见习修士教师。从新大陆传来的数百万基督徒需要牧养的消息打动了他,他决定必须弄清楚上帝是否真呼

462

召他成为宣教士。1562 年,他在三十六岁时到达喀他赫纳。他经常与新大陆的托管人爆发冲突,并像旧约中的先知那样宣讲公义。但是,他还是不能确定自己的呼召,最终回到了西班牙,他的敬虔和圣洁为他在西班牙赢得了许多仰慕者。路易斯·贝尔特兰于 1581 年去世。1671 年,教宗克莱门十世正式追封他为罗马天主教的圣徒——他是第一位与新大陆有关的基督教圣徒。

彼得罗·克雷沃是另一位伟大的哥伦比亚圣徒,他是西班牙人,他的生活与路易斯·贝尔特兰极为不同。克雷沃生于 1580 年,就在路易斯·贝尔特兰去世之前不久;他在很小时就决定加入耶稣会,到新大陆宣教。他的修道院院长认为他缺乏智慧,当他于 1610 年抵达喀他赫纳时,他还是见习修士。克雷沃多次亲眼目睹黑奴所遭受的苦难,因此,1622 年当他最终被允许立下终身修道誓愿时,他在签名旁又写下了另一个誓愿:彼得罗·克雷沃,黑人永远的仆人(*Petrus Claver, aethiopum semper servus*)。

黑奴有很多语言,克雷沃难以学会,因此,他试图借一些黑奴充当他的翻译。但是,奴隶主并不愿意失去这些黑奴翻译的劳动力,克雷沃说服了他的修道院,修道院买下许多黑奴充当翻译。这令他与耶稣会同伴产生了矛盾,因为一些同伴坚持认为,奴隶就是奴隶。但是克雷沃坚信,奴隶也是在基督里的兄弟,必须平等对待他们。最终,在他的坚持下,其他耶稣会会士同意了他的做法,至少是在理论上同意了。

运送黑奴的船只一抵达港口,克雷沃和他的翻译就急忙迎上前去。他们有时被允许进入船舱,但大多数时候必须等到黑奴被转运到为他们临时搭建的棚屋,在黑奴被卖掉之前,那里就是他们暂时的家。棚屋并不像船只那样拥挤,黑奴现在被喂得相对饱一些,以便准备将他们拍卖出去。还有许多黑奴死于航行途中的各种疾病,一些黑奴拒绝进食,因为他们担心被喂肥之后会被吃掉。无论是生病的黑奴还是健康的黑奴,他们都赤身裸体,与死去的黑奴一同挤在碎砖地上,直到克雷沃和他的同伴进来将死尸运走。随后,他们会带着新鲜的水果和干净的衣服回来,并挑出身体最弱的黑奴。如果这些黑奴看起来病得很重,克雷沃会将他们送往他在附近建起的小医院。随后,他还会回来,试着向那些足够健康、可以听他讲道的黑奴传讲福音。

克雷沃的宣教方法生动活泼。他为黑奴提供他们在船上所缺乏的水,然后再向他们解释洗礼之水能够满足他们灵魂的饥渴。他将说相同语言的黑奴聚在一起,让他们围坐成一圈,他与黑奴同坐,将唯一一把椅子留给翻译,翻译坐在这一圈人中间,向这群迷惑不解的黑奴解释基督教的基本信仰。克雷沃有时会告诉黑奴,人必须在接受洗礼时改变他的生命,就像蛇在生长过程中蜕去它的皮。他随后会扭作一团,好像是在蜕皮的样子;他向黑奴解释旧生命的特征,并告诉他们必须舍弃旧的生命。有时,黑奴也会扭作一团,以示赞同。当克雷沃解释三位一体时,他会将手帕叠在一起,让手帕只露出三个角,然后向黑奴说明,手帕实际上是一块布。这一切都是在真诚、友好甚至幽默的氛围中进行的。

克雷沃最初在奴隶船只到达时对黑奴所表现出的关心,也明确表现在其他方面。麻风病是黑奴普遍患上的疾病,奴隶主会轻易将患有麻风病的黑奴赶走。克雷沃建立了一所麻风病院,当港口没有奴隶船只或临时棚屋中没有准备出售的黑奴时,他就主要留在麻风病院中。人们经常在医院中看到他的身影,他拥抱并安慰那些可怜的麻风病人,而他们正在

溃烂的身体会让其他人退避三舍。此外,在他服侍的那些年,喀他赫纳爆发了三次天花,每当天花爆发时,他都会为受感染并被奴隶主赶出等死的黑奴清洗伤口。

虽然克雷沃的修道院院长总是认为他做事鲁莽,缺少智慧,但是,他完全知道应当如何开展工作,才不会让喀他赫纳的白人毁掉他的服侍。他从不攻击或批评白人,但是,喀他赫纳的人都知道,他在路上只向黑人和少数支持他工作的白人问好。他很快就让人们知道,他聆听人们忏悔的顺序正好与当时的社会等级相反:先是奴隶,后是穷人,最后是孩子,而其他人最好还是去找其他神父忏悔。

克雷沃得到了喀他赫纳黑奴的大力支持。在教会的重大节日里,有些黑奴帮他预备为城里的麻风病人、奴隶和乞丐所准备的盛宴,有些黑奴帮忙为死去的奴隶举行体面的葬礼,还有些黑奴探访病人,为饥饿的和新来的奴隶采摘水果、搜集衣物、缝补衣服,通过其他许多方法去服侍他们的奴隶兄弟。

在这一时期的大部分时间里,喀他赫纳的白人社会很少关注这位与黑奴打成一片的古怪的耶稣会会士。同克雷沃交往密切的人希望说服他放弃他的工作,因为他们担心,给奴隶尊严是一件危险的事。他的修道院院长不断向西班牙呈交报告,称克雷沃神父既不谨慎,也不聪明。

克雷沃在晚年瘫痪不起,几乎难以离开他的小房间。他在最后一次外出时去到了码头,痛哭流涕,因为他无法减轻自己正在承受的巨大痛苦。他的耶稣会同伴将他交给一个黑奴照顾,他不得不遭受巨大的肉体痛苦,因为照顾他的黑奴对他非常残忍,任凭他躺在自己的粪便之中。那个黑奴还用其他许多方法折磨他,让他遭受到黑奴在横渡大西洋时所遭受的种种折磨。克雷沃的同胞让黑人饱受折磨,他不得不亲身忍受因同胞的罪行所导致的恶果。

喀他赫纳人直到最后一刻才意识到,一位伟大的圣徒即将逝去。社会精英来到克雷沃的小房间拜访他,他们都希望拿走他的一件遗物。这位贫穷的耶稣会会士甚至连他的十字架也没能留下,因为当一位侯爵说想要他的十字架时,修道院院长命令他交出十字架。他于 1654 年去世,在他生前嘲笑过他的许多人为之悲痛不已。两百多年之后,他被正式追封为罗马天主教的圣徒。

世界的尽头:印加帝国

印加人(Incas)统治着南美洲的西部。虽然西班牙殖民者最终将这里的核心地带称为秘鲁(Perú),但印加人将他们的帝国称为世界的尽头(four corners of the world),它的意思是印加人的权力遍布全地,不受他们统治的地区实际上不是世界的一部分。我们今天难以确定印加帝国的边境，它包括厄瓜多尔、玻利维亚、智利、阿根廷以及秘鲁的部分地区或整个秘鲁，总面积在三十五万到四十四万平方英里之间。

弗朗西斯科·皮萨罗（Francisco Pizarro）凭借着勇气、运气和背信弃义征服了辽阔的印加帝国。当他率领一支有一百六十八人的军队去征服印加帝国时，帝国正因内战而分裂。前一任萨帕印加（Sapa Inca）——印加帝国的最高统治者——死于天花，他的两个儿子正在争夺帝国的皇位继承权。（有趣的是，同西班牙殖民者征服美洲的速度相比，欧洲殖民者所带到美洲的天花传播得更快。）

1532 年，皮萨罗俘虏了印加阿塔瓦尔帕（Inca Atahualpa），阿塔瓦尔帕是当时占上风的僭君。这个事件被称为"卡哈马卡事件"（Incident of Cajamarca），它可以很好地说明在西班牙殖民者征服印加帝国期间发生的许多事情。皮萨罗正在卡哈马卡等待阿塔瓦尔帕和他的朝臣，他们主要是出于好奇才来见西班牙人。当皮萨罗得知阿塔瓦尔帕正赶来时，他命令自己的人藏在城市的大广场边。阿塔瓦尔帕带着数千侍从来到了卡哈马卡，根本没有料到会遭遇暴行，自信一切都在他的掌控之下，他曾夸口说，在整个印加帝国，如果没有他的许可，连只鸟也不能飞走。皮萨罗骑马冲向阿塔瓦尔帕，希望可以吓住他；但是，阿塔瓦尔帕并没有退缩。随后，皮萨罗命令随行的一位神父——他也是这次殖民事业的主要投资者之一——诵读《请求》（Requerimiento）。《请求》是一份奇怪的文献，它向我们表明，西班牙征服者认为必须为他们的殖民事业辩护，他们为此进行了多么荒谬的努力。战争、侵占和奴役都需要正当的理由，因此，从1514 年开始就有这样的命令：在对印第安人开战之前，必须邀请他们接受西班牙的统治和基督教，因为教宗——上帝在世界上的代表——已经将这片土地赠与西班牙人，诵读《请求》便是发出这一邀请。但《请求》通常是用西班牙语诵读的，在诵读时也没有人进行翻译。现在，《请求》被读给阿塔瓦尔帕听，但是阿塔瓦尔帕对此不屑一顾，这时，皮萨罗向他的人发出了开火的信号,并下令活捉阿塔瓦尔帕。在随后的慌乱中,数千名印加人被打死,阿塔瓦尔帕被俘。后来,皮萨罗向阿塔瓦尔帕开出了他的条件,要求阿塔瓦尔帕用满满一屋子黄金赎回他的自由。在筹集赎金期间,阿塔瓦尔帕显然还没有意识到发生在他周围的这些事件的重要性,他的拥护者俘虏了与他竞争皇位的敌人——他同父异母的兄弟,并下令处死了他的兄弟。在得到赎金之后,皮萨罗又以弑兄罪绞死了阿塔瓦尔帕。

阿塔瓦尔帕的死并没有结束印加帝国的动乱和内战。当印第安人继续士气高昂地英勇抵抗时,西班牙殖民者却起了内讧。当西班牙国王查理派来总督时,他们拒绝服从国王的总督;为了平息叛乱,查理必须向他的殖民地增兵。印第安人的抵抗一直持续到 1780 年年末。当时,自称印加最后一位后裔的图帕克·阿马鲁(Tupac Amaru)领导了一次起义,得到了许多人的拥护,包括一些贫苦的白人,因为他们自认为受到了西班牙贵族的剥削。

在这些事件和西班牙在新大陆的整个殖民事业中,教会扮演着双重角色。一方面,教会支持征服和剥削。另一方面,一些教会人士提出了强烈的抗议。皮萨罗背信弃义,导致阿塔瓦尔帕被掳。在这一背信弃义事件中诵读《请求》的神父因此得到奖赏,被任命为印加帝国首都库斯科(Cuzco)的主教。秘鲁的巨大财富似乎腐蚀了许多托钵修士,其他地区的托钵修士因在印第安人中举行祭祀而远近闻名。他们不守规矩和贪婪的

传言促使西班牙派来一位特使调查此事,但他在到达秘鲁之前就神秘死去。当教会当局决定为白人和印第安人分别建立教会时,基本上无人抗议。在印第安人中,一些酋长处死了接受洗礼的人,因为洗礼现已成为屈服于侵略者的象征。在许多年之后,已经接受洗礼的印第安人才基本上能理解基督教信仰。即使是这样,由印第安人托管人供养的神父也必须确保教给印第安人的信仰必须有利于托管人统治印第安人。

1581 年,托里比奥·阿方索·德·莫格罗韦霍(Toribio Alfonso de Mogrovejo)被任命为利马大主教。利马教区是一个大主教区,包括今天的

尼加拉瓜、巴拿马、哥伦比亚的部分地区、秘鲁、厄瓜多尔、玻利维亚、巴拉圭、智利的部分地区和阿根廷的部分地区。为了应对新教改革,特伦托大公会议(Council of Trent)——我们将在本书第二卷中讨论——制定了许多改革措施,莫格罗韦霍相信,这些改革是必要的。但是,在新大陆推行特伦托大公会议所倡导的改革并不容易。为了改革教会,新任大主教莫格罗韦霍召开了一次省级宗教会议,其中一个议程是库斯科主教的腐败案,而这已经有了充足的证据。但是,当此次会议召开时,库斯科主教的朋友图库曼(Tucumán)主教从莫格罗韦霍手中抢去这些证据,扔进烤炉中烧掉。即使是面对着这样的环境,莫格罗韦霍还是进行了一些改革。他还编写了一本教义问答,被译成许多种印第安语,三百年来它在西班牙美洲殖民地的广大地区中一直是教导基督徒的主要材料。莫格罗韦霍经常与世俗当局爆发冲突,尤其是因为改善印第安人的待遇这一问题。但是,他从未批评过西班牙制度中所固有的不公。直到 1726 年莫格罗韦霍去世一百二十年之后,他被正式追封为罗马天主教的圣徒。

秘鲁的教会还出现过三位圣徒。利马的圣罗莎(Saint Rosa of Lima,1586—1617)走上了禁欲神秘主义的道路,她曾有过与上帝相交的出神经验。圣马丁·德·波雷斯(Saint Martín de Porres, 1579—1639)进入了一所多明我修道院,但他始终没有被允许成为多明我修会的正式修士,因为他是黑白混血儿。他多年在乡下照顾生病的人和动物,种植果树,希望他的果树有朝一日会喂饱挨饿的人。秘鲁教会的第三位圣徒是祥和谦卑的圣弗朗西斯科·索拉诺(Saint Francisco Solano, 1549—1610)。1604 年他突然得到一个异象,因此他走街串巷,宣讲利马已经成为新尼尼微,如果利马人还不悔改,上帝将在地震中毁掉利马。这位新约拿的信息受到了重视,利马人涌进教会认罪悔改。

然而,在早期的秘鲁教会中,最著名的基督徒可能是多明我修会的吉尔·冈萨雷斯·德·圣·尼古拉斯(Gil González de San Nicolás)。他在智利的印第安人中宣教多年,他最终认为,正在对印第安人进行的战争是不义的,以占有他们的土地和财产为唯一目的而发动战争是不赦之罪,因此,参加这种战争的人应当被禁止补赎。他的讲道在多明我修会和方济各修会的修士中产生了共鸣,他们拒绝为所有参加不义战争或从中获利的基督徒赦罪,也禁止他们领受圣餐。世俗当局和教会当局试图找到一个让尼古拉斯闭嘴的借口。最终,他们指控他是异端,因为他曾宣称,未来的西班牙人会因西班牙殖民者现在犯下的罪行而受到惩罚,这无异于是在肯定,实际的罪——不仅是原罪——也会被一代一代地遗传下去。这样,尼古拉斯的口被堵住了,曾经支持他的人被迫放弃了对他的支持。

拉普拉塔

今天的阿根廷、乌拉圭和巴拉圭是西班牙殖民者最后征服的地区。在几次失败的殖民之后,他们于 1537 年在今天巴拉圭的亚松森(Asunción)建立了一个贸易站。这里的西班牙殖民者孤立无援,他们知道自己的生存依赖于印第安人,因此十分友好地对待印第安人。许多印第安人聚集在方济各修会的宣教士所建立的小镇,他们在这里教授印第安人欧洲人的农业技术和基督教的基本信仰。其中一位宣教士还将圣托里比奥(即托里比奥·阿方索·德·莫格罗韦霍)的教义问答译成了当地印第安人的语言瓜拉尼语(Guarani)。

然而,耶稣会会士最成功地应用了这种宣教方法。在西班牙殖民帝国的其他许多地区,宣教士建立起印第安人生活在他们指导之下的宣教站,最著名的是他们在墨西哥北部建立的宣教站。但普遍的实际情况是,附近的西班牙殖民者通常会妨碍宣教士的工作,有时甚至会毁掉宣教士的工作。因此,耶稣会会士与方济各修会的修士不同,他们并没有在亚松森附近建立印第安人宣教站,而是决定冒险进入欧洲殖民者罕至的地区。罗克·冈萨雷斯(Roque González)促进了这些传教站的建立。他是在亚松森长大的耶稣会会士,因此可以说一口流利的瓜拉尼语。他懂得印第安人的语言与习俗,这可以极大地消除印第安人的敌意,从而能够建立印第安人自愿居住的宣教站,而不是西班牙殖民者强迫他们居住的宣教站。

实际上,这些印第安人宣教站是小的神权国家。虽然印第安人自己选出自己的领袖,但是,宣教士是他们的最高权威,宣教士的话不仅是宗教与道德事务的最高权威,也是一切实际事务的最高权威。因此,耶稣会的这些宣教站在为保护印第安人、引进农作物新品种和发展畜牧业做出巨大贡献的同时,家长式统治也成为它们的标志,这令西班牙殖民者在拉普拉塔的整个殖民事业都依赖于宣教士的存在与指导。

这些印第安人宣教站的基本布局几乎完全相同。在宣教站的中央,是一个大的露天广场,集会、节日庆典和游行都在这里举行。露天广场对面是教堂,教堂建有宣教士的公寓。在宣教站中,还有一排排居民住宅和专供寡妇鳏夫与孤儿居住的独立房屋。一间巨大的仓库存储着食物、种子和其他公共财产。其余房屋是各种不同的工厂。

虽然允许拥有小型的私人花园,但是大部分财产是公有的,包括绝大多数土地、牲口、工具和种子等等。所有人必须在公共田地里劳动一定的时间,但他们也有属于自己的时间,可以照料自家花园,或练习与应用其他技能。在一些印第安人宣教站中,一些技艺高超的工匠可以制造质量很好的管风琴。

然而,并不是一切都一帆风顺,也有困难。在印第安人宣教站附近的每一座城镇,都有拒绝加入宣教站的印第安人,他们不断鼓动宣教站里的印第安人离开或起义。印第安人宣教站的创建者罗克·冈萨雷斯就是在这样一次起义中惨遭杀害。他于1934年被追封为圣徒。但是,这些宣教站的最大敌人是白人:西班牙殖民者和葡萄牙殖民者。葡萄牙殖民者在巴西殖民,他们担心耶稣会宣教站会成为西班牙殖民者向葡萄牙殖民地渗透的先锋。但是,引起葡萄牙殖民者憎恨耶稣会宣教站的主要原因是耶稣会会士阻止他们奴役印第安人。西班牙殖民者也因同样的原因而反对耶稣会宣教站。他们认为,如果不是耶稣会会士,所有印第安人都会在托管制度下成为他们有效的劳动力。

耶稣会宣教站是名符其实的城镇,巴拉圭的耶稣会宣教站废墟即可证明。

　　1628 年,一些来自圣保罗(São Paulo)的葡萄牙殖民者开始袭击耶稣会宣教站。他们将宣教站夷为平地,掠走印第安人,卖为奴隶。有时,耶稣会会士会与他们所牧养的印第安人一同踏上不幸的艰难跋涉之旅,直到奴隶贩子强迫他们离开。后来,耶稣会会士将他们的宣教站迁到了距巴西更远的地方。但是,奴隶贩子很快就尾随而至,结果他们只能迁到更远的内陆。

　　考虑到这种情况,耶稣会会士决定将印第安人武装起来。印第安人的店铺被改成了兵工厂,一支常备军在一名耶稣会会士的领导下建立起来。教宗乌尔班八世将所有胆敢进入耶稣会宣教站抓捕印第安人的基督徒都革除了教籍,国王腓力四世宣布,印第安人是自由的,他们并不是奴隶。但是,葡萄牙殖民者还是来了,他们通常会得到希望毁掉所有耶稣会宣教站的西班牙殖民者的帮助。1641 年,印第安人和耶稣会会士在一次激战中击败了入侵者。耶稣会会士不断受到非法武装印第安人的指控,但是,这样的指控在罗马和马德里都得不到任何支持,罗马和马德里都认为,耶稣会会士有权武装自己和他们所牧养的印第安人,因为他们是在自卫。在这样的情况下,耶稣会宣教站欣欣向荣,到了 1731 年,已经有超过十四万印第安人住在耶稣会宣教站。

然而,反对之声始终没有平息。有传言称,耶稣会藏匿了合法属于国王的大量黄金。不断的调查证实,这样的指控纯属子虚乌有。后来又有传言称,耶稣会决心建立一个独立的共和国,甚至已经选出了国王——"巴拉圭的尼古拉斯一世国王"(King Nicholas I of Paraguay)。当时,在欧洲流传着对耶稣会不利的类似指控,当时统治西班牙和欧洲其他一些国家的波旁家族(House of Bourbon)采取了反耶稣会的政策——原因之一是耶稣会始终支持哈布斯堡家族(House of Hapsburg)——因此,西班牙国王于1767年下令,所有耶稣会会士必须离开西班牙的全部殖民地。西班牙总督一接到这些命令,就开始担心印第安人会爆发起义。但是,耶稣会会士鼓励印第安人接受新局势,他们和平地离开了。

　　原计划是,方济各修会和多明我修会的修士接替耶稣会会士。但是在西班牙殖民帝国上下都有耶稣会会士所留下的空缺,多明我修会和方济各修会的宣教士人手不足,难以补足这些空缺。由于缺少领袖,许多宣教站消失了。世俗当局开始剥削印第安人,而且,新来的宣教士几乎没有保护印第安人,因此,印第安人渐渐失去了对宣教士的信任。葡萄牙殖民者很快便再次入侵拉普拉塔,抓捕印第安人。一些西班牙殖民者也这样去做。到了1813年,宣教站的数量降至以前的三分之一,而且数量还在继续下降。在基督教常常压迫与剥削印第安人的年代,巴拉圭宣教站这个不和谐的见证,没能抵挡住贪婪的诱惑。

471

第三十七章

葡萄牙的殖民事业

> 如果印第安人有属灵的生命,承认他们的造物主,如果他们承认他们是陛下的封臣,有顺服基督徒的义务……殖民者就会拥有在正义的战争中被俘获的合法奴隶,也会得到宣教区中印第安人的服侍与效忠。
>
> ——曼努埃尔·达·诺比雷加

非洲

早在卡斯蒂利亚之前,葡萄牙已于 13 世纪从摩尔人手中夺回了领地。葡萄牙被卡斯蒂利亚所环绕,因此,葡萄牙殖民者扩张的唯一路线是海路。在 15 世纪上半叶,航海家亨利王子(Prince Henry the Navigator)鼓励探险家去非洲西海岸进行探险。在航海家亨利的赞助之下,葡萄牙航海者在十四次失败的尝试之后,冒着恶劣的天气航行过博亚尔多海角(Cape Bojador),抵达了塞拉利昂(Sierra Leone)。这次探险有几个目标,其中之一是绕过非洲或穿越非洲大陆去到盛产丝绸与香料的东方,因为这样可以避开当时正控制着欧洲与远东之间陆上最短路线的穆斯林。此外,在当时的欧洲宫廷中还流传着关于埃塞俄比亚的模糊传言,基督徒希望找到这个基督教国家,与它建立联盟,从而发动一场大规模的圣战,同时从两个方向进攻穆斯林。最终,奴隶贸易迅速成为探险与殖民非洲的一个重要因素。

1487 年，葡萄牙探险家最终绕过了好望角。十年之后，瓦斯科·达·伽马（Vasco da Gama）沿非洲东海岸航行，穿过印度洋回到了欧洲，这一事实证明，避开穆斯林，直接与印度进行贸易是可能的。

与此同时，葡萄牙殖民者正忙于在非洲海岸建立同盟和殖民地。1483 年，一支葡萄牙探险队在刚果河口登陆，葡萄牙殖民者得知，一位名

474 叫恩济加·恩库乌（Nzinga a Nkuwu）的统治者是这里的曼尼刚果（*Mani Kongo*）——国王，他统治着刚果和非洲内陆的广阔土地。葡萄牙殖民者希望沿刚果河而上，来到埃塞俄比亚，因此，他们对曼尼刚果的臣民恭敬有加。四名葡萄牙殖民者留了下来，四名非洲人被带到里斯本宫廷作客。当这四名非洲人回来，讲述了欧洲文明所创造的奇迹和他们在里斯本受到的款待时，国王恩济加·恩库乌决定与葡萄牙结盟，葡萄牙向刚果派来了宣教士和工匠。在听了一个月的基督教讲道之后，恩济加·恩库乌接受了洗礼，并取了教名若昂（João）——这是以葡萄牙国王命名的。（他的儿子也接受了洗礼，成为阿方索一世姆文巴·恩济加［Afonso I Mvemba a Nzinga］。）在后来与周围部落的战争中，国王若昂一世恩济加·恩库乌（João I Nzinga a Nkuwu）得到了葡萄牙殖民者的军事支持，这令他相信自己做出了正确的选择。

下一任曼尼刚果是阿方索一世，他对葡萄牙殖民者和他们的宣教士更加有利。1520 年，教宗利奥十世在漫长的谈判之后任命阿方索一世的兄弟亨里克（Henrique）为刚果的主教。但是，这位新主教回到刚果之后

475 发现，欧洲的许多教士并不听从他的命令。他于 1530 年去世，两年之后，附近圣多美岛（São Tomé）的葡萄牙主教接管了刚果的教会。这个以友好关系为起点而建立起来的宣教区里的冲突越来越多。在阿方索一世去世之后，刚果爆发了内战，这在一定程度上是因为许多刚果人憎恨葡萄牙殖民者和他们的势力。葡萄牙殖民者对刚果的内战进行了军事干预，1572年，曼尼刚果阿尔瓦罗（Alvaro）宣布他是葡萄牙的封臣。于是，从前的友好关系现在变成了憎恨和猜疑。

被称为"恩戈玛"（Ngola）的统治者控制着刚果南部。这片土地（现在的安哥拉）最初就被视为奴隶的来源地。在刚果，曼尼刚果控制着奴隶贸易。在安哥拉，葡萄牙的奴隶贩子通过暴力获得了更多利益。最终，安哥拉海岸成为葡萄牙的殖民地。虽然葡萄牙殖民者自称是非洲内陆广阔土地的主人，但是他们很少去到那里，非洲内陆通常被视为奴隶的一大来源地，这里的奴隶是由非洲的奴隶贩子带到非洲海岸的。虽然教会也在安哥拉得以建立，但是，安哥拉的教会主要是葡萄牙殖民者和非洲海岸少数非洲人的教会。在葡萄牙殖民者看来，其他一些地区似乎更加重要，因此，安哥拉的教会通常被交给葡萄牙一些最差的神职人员来牧养。

葡萄牙殖民者在非洲东海岸的殖民更加暴力。当瓦斯科·达·伽马抵达莫桑比克（Mozambique）的一个城镇，发现这里的许多居民是穆斯林时，他炮轰了这个城镇。他后来又炮轰了蒙巴萨（Mombasa）。他最终与马林迪（Malindi）结成了同盟，因为马林迪是莫桑比克和蒙巴萨的敌人。1505 年，葡萄牙向印度派出一支二十三艘船的船队，该船队的任务是沿途在东非建立葡萄牙殖民地。五年之后，整个东非海岸都成为葡萄牙的殖民地。1528 年，蒙巴萨出现了起义的迹象，它再次遭到炮轰。

第一批葡萄牙神父于 1506 年抵达莫桑比克。他们的主要任务并不是带领非洲人归信基督教，而是去充当葡萄牙驻军的随军牧师。当印度的果阿（Goa）教区于 1534 年建立时，整个非洲东海岸都隶属于这个教区。

在非洲东海岸的葡萄牙驻军基地，大多数葡萄牙神父都在葡萄牙炮火的庇护之下尽忠职守，但是，的确有许多耶稣会会士和多明我修会的修士来到非洲内陆宣教。其中最著名的是耶稣会的冈萨罗·德·西尔韦拉（Gonzalo de Silveira）。他来到津巴布韦，带领津巴布韦国王归信了基督教，并为他施行了洗礼。一些非洲商人担心，宣教士的成功会为葡萄牙商人开辟道路，他们说服自己的国王相信，耶稣会会士是间谍和行邪术者。当西尔韦拉得知国王已经下决心杀他时，他并没有逃跑，依然尽忠职守，结果他在睡梦中被掐死。在随后的五十年中,许多宣教士同西尔韦拉一样献出了宝贵的生命,他们的牺牲赢得了许多非洲人的赞扬。尽管出现了这些殉道士,但绝大多数神职人员却很少关心非洲人,这只是真实地反映出葡萄牙本身的态度:它现在对远东更有兴趣,也就很少关注其非洲殖民地。

驶向正在升起的太阳

哥伦布首次发现新大陆之后,教宗将整个非基督教世界分配给西班牙和葡萄牙,葡萄牙不仅得到了葡萄牙探险家早已进入的非洲,也得到了整个东方,而葡萄牙探险非洲的目的之所在,一直就是东方。在达·伽马回来之后,葡萄牙殖民者清楚地意识到,葡萄牙并不能征服印度、日本和中国这片广阔的领土和住在那里的居民。不过,来自东方的丝绸和香料却可以在欧洲市场上卖高价,因此,葡萄牙所制定的政策是贸易,而不是征服。

为了确保在与东方的贸易中获利,葡萄牙殖民者必须控制贸易。这就是建立巨大军事基地网络的目的,这些军事基地不仅是葡萄牙商船的整修站,也能保护海上航道。非洲的东西海岸已经有了葡萄牙殖民者,现在他们又控制了红海,因为他们夺取了索科特拉岛(Socotra)及其附近地区。在印度,他们占领了果阿,并在那里修建了防御工事。他们在锡兰(Ceylon)建立了一个军事基地,从而控制了往来于印度南端的船只。在更远的东方,他们到达了马六甲,封锁了所有胆敢前往中国去冒险的欧洲殖民者的道路。在中国,澳门最终成为葡萄牙殖民者与这个庞大帝国进行所有贸易的通道。上述的许多地区都是葡萄牙殖民者通过武力占领的。在有些地区(如澳门),葡萄牙殖民者之所以被允许定居,是因为地方当局或国家当局希望与他们进行贸易。但即使是在葡萄牙殖民者最初利用武力占领的地区,他们的目的也不是征服,而是贸易,因此他们尽力避免一切可能导致冲突并因此妨碍贸易的宣教活动。

葡萄牙国王若昂三世(João III)已经听说,刚成立的耶稣会热衷于宣教,他要求耶稣会派出六位宣教士前往他的东方殖民地。耶稣会的创建者罗耀拉(Loyola)只能派出两位宣教士,其中一位就是弗朗西斯·沙勿略(Francis Xavier)。他一接到命令就立即收拾行囊赶往里斯本。这两位耶稣会会士在里斯本深深感动了国王和他的朝臣,以至于他们坚持其中一位留在葡萄牙,于是弗朗西斯·沙勿略作为唯一的宣教士被派往了东方。

　　1542 年 5 月,沙勿略在一年多的航行之后抵达了葡萄牙殖民者在东方的中心基地果阿。他为葡萄牙殖民者的生活感到羞愧,但很快便发现,他对他们的斥责没有任何效果。他后来想出了一个独特的方法。他手持铃铛沿街游走,邀请孩子同他一起到教会礼拜,在教会里教授他们基本教义和道德训导。然后,他会让孩子回家与父母分享他们所学到的东西。他渐渐赢得了成年人的尊重,他们最终涌进教会听他讲道。后来便是大批群众认罪悔改,这让人们回想起萨伏那罗拉时代的佛罗伦萨。

　　然而,沙勿略并不是为了向葡萄牙殖民者宣教才去到印度。他在果阿的短暂逗留只是一个插曲,他正在为更大的使命做着准备:向没有听过基督之名的人宣教。因此,他在果阿逗留五个月之后便启程前往采珠海岸(Pearl Fishery Coast)——这个名字源于这里的采珠业。这里是葡萄牙商人经常到访的地方,这里的许多印度人之所以接受基督教,只是因为基督教是强大的葡萄牙殖民者所信奉的宗教。沙勿略带着两位懂得印度语的年轻神父,他们作为翻译与沙勿略一同讲道与教导了一段时间。附近一些村庄的村民也邀请他去讲道。但是,他不可能答应所有邀请,于是训练了一些在他的带领之下归信基督教的信徒,由他们四处讲道,为新信徒施行洗礼。

　　在沙勿略手下归信基督教的信徒,以及宣教士在印度其他地区所赢得的信徒,都来自社会底层。种姓制度深深植根于印度社会,印度人无法摆脱。不同阶级的印度人被禁止共同进餐。看到基督徒聚在一起领受圣餐,这让许多处于社会底层的印度人相信,如果他们成为基督徒,这就意味着他们加入了葡萄牙殖民者的阶层。因此,对于印度基督徒来说,归信基督教和接受洗礼就有了社会解放的意义。但是,出于同样的原因,印度上层阶级中许多人反对基督教的讲道,他们将基督教视为具有颠覆性的宗教。在印度的许多地区出现了殉道士,他们类似于早期教会的殉道者。沙勿略多次受到攻击,他曾被利剑刺伤。他曾试图利用葡萄牙军队来保护他所牧养的信徒,但葡萄牙当局禁止这样的军事行动,这并不是出于和平主义理想,而是因为军事行动会阻碍贸易。

1546 年,沙勿略将他在印度所开展的工作交给了其他人负责,他驶向了更远的东方。他在这次旅行中结识了三个日本人,他们邀请他到日本宣教。他回到果阿住了一段时间,随后便肩负起这一新的使命。1549年,他同那三个日本基督徒和两个耶稣会同伴一起驶向了日本。他在日本受到了热烈的欢迎,许多日本人在他的带领之下归信了基督教,这令他相信,他已经为不久之后就会兴旺发展的教会打下了基础。他没有料到,在他去世不久之后就爆发了一场大逼迫,他刚刚建立的教会几乎完全消失。(当时,日本的教会似乎真的已经完全消失了,但是,新教宣教士在三百年之后发现,在长崎及其附近地区还生活着大约十万名基督徒。)

沙勿略回到马六甲之后得知,耶稣会已经决定建立一个大主教区,包括好望角以东的所有教区,他被任命为该教区的大主教。新教务迫使他回到果阿,他被迫推迟了到中国宣教的梦想。

沙勿略于 1552 年终于驶向了中国。他在离开果阿之前写信给葡萄牙国王说:"激励我们的是,上帝已经将这个想法启示给我们⋯⋯我们不要疑惑,上帝的能力无限地高于中国皇帝的能力。"尽管他是这样自信,但是,他始终没能进入中国,因为中国政府厌恶一切外国势力。他在为庞大的中国向他敞开大门的那一天做着准备,他定居在中国附近的一座小岛上,并最终死在那里。

沙勿略和他的宣教士同伴并没有在欧洲文化与基督教信仰之间做出

明确的区分。当他们的新信徒接受洗礼时,他们会给新信徒起一个"基督徒"名字——葡萄牙人的名字,并鼓励新信徒穿着西方人的服装。许多新信徒实际上相信,当他们接受洗礼时,他们就成为葡萄牙国王的臣民。出于类似的原因,在宣教士到过的许多国家,知识分子和掌权者都将基督教视为外国势力,认为它损害了传统文化与现行的社会制度。

新一代耶稣会会士得到了葡萄牙当局的全力资助,但是,其中许多会士是意大利人,他们并不赞同将基督教等同于葡萄牙和葡萄牙文化,他们试图找到让福音的宣讲适应或"迎合"东方古老文化的方法。在这新一代耶稣会会士中,最著名的是罗伯托·迪·诺比利(Roberto di Nobili)和利玛窦(Matteo Ricci);迪·诺比利前往印度去宣教,而利玛窦则前往中国去宣教。

迪·诺比利在采珠海岸开始了宣教生涯,他在那里意识到,社会底层的人之所以信奉基督教,是因为他们将基督教视为一种摆脱低下身份的方法,但是这也意味着,社会上层的人并不愿意聆听一种与他们眼中的社会糟粕联系在一起的信息。因此,当他被调到另一个地区时,他决定采取另一种方法。在他证明自己在祖国的高贵出身之后,他像婆罗门那样着装,并取名为"教师"。他也像所有好印度教徒那样吃素,并学会了梵文。凭借这些方法,他赢得了社会上层许多人的尊重。当他们中的一些人归信基督教时,他为他们建立了独立的教会,禁止所有社会底层的人与他这些有特权的信徒一同崇拜。

迪·诺比利对他这些行为的解释是,虽然种姓制度是邪恶的,但是,它并不是宗教问题,而是文化问题。必须尊重印度人的文化,按照阶级来传讲福音。迪·诺比利认为,如果尊重印度人的文化,并按照阶级来传讲福音,社会底层的人便会以社会上层的人为榜样,所有人就都会归信基督教。这样的论点遭到了其他基督徒的驳斥,他们指出,公义和爱是福音的一部分,如果否定这些,那就不是在传讲真基督教。最终,迪·诺比利最为极端的主张被否定了。但是长久以来,印度一直存在着专属不同阶级的独立教会——或为不同阶级单独预留独立坐席的教会。

利玛窦在中国所采取的政策类似于迪·诺比利在印度的政策,但是没有迪·诺比利那么极端。中国与一切外国势力隔绝,除了澳门这扇小小的贸易窗口。在沙勿略去世不久之后,一位来自菲律宾群岛的曾试图进入中国的西班牙宣教士说:"不管有没有军队,想要进入中国,就像要登上月球。"尽管面对着这些困难,但耶稣会会士并没有放弃沙勿略的梦想。他们看到,中国是一个高度文明的国家,中国人将世界其他民族都视为蛮夷,因此耶稣会会士认为,影响这个庞大帝国的唯一方法是学习,不仅要学中国的语言,还要学中国的文化。为此,一群耶稣会会士定居在中国边境,潜心研习中国的语言与文化。附近的一些中国知识分子渐渐看到,这些欧洲人是值得尊敬的,他们并不像其他许多来中国寻求财富的冒险家。最终,他们在漫长的谈判之后被允许住在省会城市肇庆,但却被禁止到其他地区。

利玛窦就是定居在肇庆的耶稣会宣教士之一。他精通汉语和中国文化,也是地理学家、天文学家、数学家和钟表匠。他了解到,友谊是中国人很看重的一个美德,他撰写了一篇论友谊的论文,根据中国的古典文献,将中国人的智慧与西方哲学结合在一起。中国人很快便开始谈论这位"来自西方的智者",学者们来拜访他,与他一同讨论天文、哲学和宗教。他绘制了一幅世界地图,其中包括不为中国人所知的广阔地区,这引起了北京宫廷的重视。他根据复杂的数学原理来解释天体运动,这为他赢得了更大的尊重。1601 年,他终于被邀请到北京紫禁城,并得到修建一座巨大天文台所必需的资金。此后他一直住在北京,直到于 1610 年去世。

利玛窦向中国宣教的策略是,不一定非要赢得大量信徒。他担心,如果他引发大的宗教骚乱,他和其他宣教士会被逐出中国,他们的工作将无果而终。因此,他从未建立教堂或小礼拜堂,也从未向群众讲道。他在家中召聚了一群朋友和仰慕者,他们在一起讨论钟表制造、天文和宗教,他就是在这个小小的交际圈中带领一些中国人归信了基督教,他们也是他

481

在中国所赢得的唯一一群信徒。当他去世时,留下了一批核心基督徒,他们都是知识精英。但是,随着时光的流逝,他们又带领其他中国人归信了基督教,于是中国最终有了数量可观的基督徒——他们依然由耶稣会会士领导。这些耶稣会宣教士一直在北京宫廷中担任钦天监(即官方天文学家)。

同迪·诺比利一样,利玛窦的宣教方法也遭到了其他天主教徒的反对。在利玛窦这里,争论的焦点并不是种姓制度,而是祖先崇拜和儒家学说。耶稣会宣教士认为,儒家学说并不是宗教,孔子的许多教导可以成为接受福音的切入点。至于祖先崇拜,他们声称,这并不是真正的崇拜,而是一种社会习俗,中国人借此表达他们对祖先的崇敬。耶稣会宣教士的反对者主要是多明我修会与方济各修会的修士,他们认为,祖先崇拜实际上是偶像崇拜。另一个争论的焦点是,应当用汉语中的哪一个词来称呼基督教的上帝,因为在汉语中,有两个词可以用于称呼上帝。当中国皇帝得知这个争论已经上达罗马,将由教宗来解决争端时,他被激怒了:根本就不识中国字的野蛮人,竟敢教中国人如何说自己的语言。

在中国,"迎合"的问题主要与文化有关,而在印度的问题是,如果所传讲的福音根本就没有任何有关审判不公与压迫的信息,那么,是否还可以说这是在传讲真福音?接受种姓制度的基督教信仰,还是基督教真信仰吗?这个问题或类似的问题在随后几百年中将变得至关重要。

巴西

当哥伦布带着他的航海消息回到欧洲时,葡萄牙探险家早已在非洲海岸进行探险,寻找通往东方的新路线。为了避免冲突,教宗画了一条分界线,西班牙殖民者可以在分界线以西探险与殖民,而葡萄牙殖民者在分界线以东享有同样的权利。但是盛行风向经常迫使沿非洲海岸向南航行的葡萄牙航海者向西偏离那条分界线很远,因此,那条分界线也相应地被向西移动。当时并没有人知道,南美洲的东端正横跨那条分界线。公元

1500年，一支驶向东方的葡萄牙舰队为躲避逆风而停泊在非洲海岸，他们偶然发现了今天的巴西。这支舰队在对巴西探险之后继续向东航行，但派了一艘船回里斯本，去报告他们所发现的似乎位于大西洋中部的那块陆地。经过几次初步的探险，他们发现在那里能找到的唯一资源是可以用来制造染料的巴西木。葡萄牙国王曼努埃尔一世（Manoel I）将巴西木的专营权授予一群葡萄牙商人，他们的代表在巴西沿岸建立了贸易中心。他们用刀具、剪子、缝衣针等此类工具来交易巴西木，印第安人砍伐巴西木，并用手推车将它们送到沿海岸边的仓库。当巴西木变得稀少时，葡萄牙殖民者将目光转向了甘蔗，因为甘蔗易于在巴西种植。当时，糖可以在欧洲卖得高价，有利可图。葡萄牙国王任命他的十五位宠臣为船长，并赠予他们每一位五十里格长的海岸，船长辖区延伸到内陆，直到西班牙殖民地。在这十五位船长中，只有十位尝试过殖民，但其中八位以失败告终。成功的两位成为永久殖民巴西的先锋。

种植与加工甘蔗需要充足的廉价劳动力，葡萄牙殖民者试图通过奴役印第安人来获得。从理论上讲，只能奴役已经成为其他印第安人奴隶的印第安人以及那些在"正义战争"中被俘获的印第安人。但是，葡萄牙殖民者很快就为所谓的正义战争找到了种种借口，最终，只要印第安人公开露面，就会被葡萄牙殖民者俘获为奴。一些奴隶贩子沿海岸航行，俘获并奴役每一个疏忽大意的印第安人。此外，葡萄牙殖民者还煽动各印第安部落之间的战争，因为印第安人会在开战后将他们的战俘卖掉，换来诸如刀之类的工具。

然而，这些方法并没有为葡萄牙殖民者带来足够的奴隶，许多被俘获的印第安人一有机会就会逃进丛林。就是在这时，葡萄牙殖民者开始从靠近大西洋对岸的非洲引进黑奴。随着印第安人不断向内陆迁移、死亡和被其他民族同化，黑奴和葡萄牙殖民者构成了巴西东部的绝大多数人口。

巴西呈送里斯本的报告令人气馁。葡萄牙殖民者的残忍和放肆激起了强烈的反应。1548 年,为了建立秩序和充实国库,葡萄牙国王废除了船长辖区制,他买回了船长继任者的土地,并宣布巴西是他的殖民地。耶稣会宣教士同巴西的第一任殖民总督一同抵达巴西。他们的领袖是曼努埃尔·达·诺比雷加(Manoel de Nóbrega),我们已经在本章开头引用过他的话,这些话清楚地表明了他对自己宣教事业的理解。1551 年,巴西有了第一位主教,但他并不出色。他与葡萄牙殖民者不和,也不关心印第安人和非洲黑奴的悲惨遭遇。他想回到葡萄牙投诉殖民者,但在返回葡萄牙的途中遭遇海难,他和他的同伴全部被印第安人杀害后吃掉。

耶稣会宣教士按照葡萄牙国王的要求来到了巴西,他们所建立的宣教站类似于巴拉圭的宣教站,只有一个重要的差异:巴拉圭的宣教站被建在尽可能远离殖民者的地区,而巴西的宣教站被建在印第安人在种植园中劳动的地区。耶稣会宣教士感激葡萄牙殖民者的支持,并以向他们提供印第安人劳动力作为回报,这实际上相当于奴役印第安人。正如一位耶稣会宣教士所说:"他们(印第安人)因恐惧而在总督面前瑟瑟发抖,他们的恐惧……足以让我们去教导他们,也有助于他们聆听上帝的道。"

然而,随着耶稣会宣教士在巴西的地位越来越稳固,一些宣教士开始以一种更批判的眼光来看待殖民者的陋习。其中最著名的是安东尼奥·维埃拉(António Vieira,1608—1697)。他在巴伊亚(Bahia)长大,曾在耶稣会宣教士所创办的学校里学习,耶稣会的大多数学校都是为葡萄牙殖民者和他们的孩子创办的。他来到葡萄牙学习,并准备成为神父。在葡萄牙,他因保护犹太人而家喻户晓。在作为宣教士回到巴西之后,他也积极地保护印第安人。他在讲道时问道:"难道你们以为,因为你们生来就离太阳更远,这就让你们有权支配那些生来离太阳更近的人?"随后,维埃拉缅怀了一百五十年前的蒙特西诺斯,并告诉葡萄牙殖民者,他们在以印第安人的鲜血为生,"你们都在径直走向地狱,你们将成为众多落入地狱者之一员。"葡萄牙殖民者被激怒了,结果维埃拉不得不回到葡萄牙。在随后的三十年中,他一直在葡萄牙倡导保护印第安人,就像拉斯·卡萨斯在上个世纪所做的那样。在去世前几年，维埃拉最终回到了巴西。

虽然出现了维埃拉和像他这样的宣教士，但在巴西传讲与教导基督教主要还是用德·诺比雷加16世纪时所采取的方法：努力为葡萄牙的殖民事业辩护，让印第安人更加顺服。印第安人以弥赛亚崇拜作为反抗，这种信仰将基督教因素与来自古代信仰的其他因素结合在一起。当一次天花夺去数千名印第安人的生命时，他们便开始谈论一位被他们称为"桑托"（Santo）的救世主：桑托会来将他们从葡萄牙殖民者的奴役中拯救出来。这种新宗教被称为圣洁教（santidade），它不仅在被葡萄牙殖民者所奴役的印第安人当中，也在那些仍在丛林中自由生活的印第安人当中发展壮大，并成为连接这两群印第安人的桥梁。黑奴同样发展出许多将基督教与他们祖先的宗教结合在一起的组合体。这两场运动都让受压迫的黑人和印第安人有了尊严感，而这是官方的基督教所拒绝给予的。

法国殖民者很早就与葡萄牙殖民者在巴西木的贸易中展开了竞争，一些法国殖民者希望在巴西建立永久性殖民地。尼古拉斯·杜兰德·德·维叶加农（Nicholas Durand de Villegagnon）于1555年进行了一次尝试，他在瓜纳巴拉（Guanabara）海湾的一座小岛上（今天的里约热内卢附近）建立了一块殖民地。他与塔马约印第安人（Tamayo Indians）建立了友好关系，这些印第安人帮助他在海岛上建筑防御工事。他给加尔文（Calvin）写信，并得到了回应，几位新教牧师被派来服侍这里的新教徒殖民者。这件事和其他许多争议给这块殖民地带来了艰巨的问题，葡萄牙殖民者最终将这块殖民地铲除。塔马约印第安人和生活在他们当中的法国难民继续抵抗了一段时间。后来，为了逃避葡萄牙殖民者，塔马约印第安人将他们的部落迁到内陆。当一位英国冒险家于16世纪末说服他们回到瓜纳巴拉海湾为他们的权利战斗时，他们以失败告终，塔马约印第安人当中有一万人因此丧生，两万人被俘，并被卖为奴隶。

485 总之，基督教在葡萄牙殖民地的早期历史，就如在该殖民时期的其他许多殖民地一样，并不是鼓舞人心的故事。殖民者为务农与采矿而来到

巴西,非洲黑奴在巴西从事着大部分苦力工作。非洲主要被视为奴隶的来源地和通往东方巨大财富之路的障碍。在东方,葡萄牙殖民者只能建立像印度的果阿和中国的澳门这样的贸易站和一系列保护他们船运和势力的军事要塞。在整个殖民事业中,宣教至多只是次要关切,常常被用来服务于殖民者、商人和奴隶贩子的利益。许多年之后,如此不幸的开端所造成的负面后果才被一点点消除。

第三十八章

新旧大陆

他们并不要求有任何私人财产,只是凡物公用。他们和睦相处,没有统治者或权力机构,因为他们都像是领主。

——阿梅莉格·韦斯普奇

西班牙和葡萄牙的殖民者在西半球的殖民事业对西半球的影响极其重大,而且充满悲剧,致使很多人看不到西半球同样对欧洲及欧洲各种事件的重大影响。不仅宗教领域如此,欧洲人生活的其他方面也是如此。新大陆急剧地改变了欧洲人的生活。实际上,"发现"和殖民美洲,令欧洲可以在未来的几百年中继续养活它的人口。在此之前,就播种与收成的比率而言,欧洲人所种植谷物的产量相当有限。这就意味着,欧洲人通常必须至少预留每年收成的五分之一,以备来年播种所需,庄稼欠收会严重影响到未来的许多年,直到足够的种子得以生产出来并存留备用。同欧洲的谷物不同,美洲谷物玉米的产量要高得多。一粒玉米可以产出一穗、甚至几穗玉米,每穗玉米又可以产出数百粒种子。因此,玉米可以养活更多人,如果庄稼欠收,只需为来年的播种预留出一小部分种子即可。

马铃薯比玉米对欧洲人的生活和饮食影响更大。马铃薯最早种在安第斯山脉的高地上。当西班牙殖民者到达时,那里已经种植了数百种马铃薯;尽管印加帝国地貌崎岖,耕地有限,但那里的马铃薯还是可以养活帝国中的大量人口。被引入欧洲的马铃薯——现在被讽刺性地称为"爱尔兰豆薯"——成了令欧洲人口得以迅速增长的主食之一,后来,马铃薯的欠收还导致了新一轮的移民浪潮。虽然玉米和马铃薯是最重要的食物,但对欧洲人饮食和生活产生影响的并非只是这两种,其他产生影响的美洲农作物还包括影响意大利的番茄、影响瑞士的可可豆以及影响全世界的烟草。

并非只有新大陆的食物影响到旧大陆。从美洲滚滚而来的黄金和其他财富令最近才统一成一个国家的西班牙在16世纪成为欧洲最具影响力的国家之一。查理五世用美洲的黄金还清了他在竞选皇帝时所欠下的巨额债务。西班牙的黄金——实际上是美洲的黄金——为较为贫穷地区的工业发展提供了资金,如佛兰德地区和英国,因为刚刚富裕起来的西班牙人更愿意从这些地区购买(而不是自己生产)纺织品和其他产品。结果到了16世纪末,作为西欧霸权国家的西班牙渐渐失去了它的霸权地位,英国和其他北欧国家开始崛起。这些国家很快就开始在加勒比海公然对抗西班牙殖民者,并从他们手中夺走了一些岛屿,如牙买加和小安的列斯群岛(Lesser Antilles),而这些地区的甘蔗又为新兴的殖民国家带来了更多财富。后来,新兴的殖民国家开始进入北美洲一些较为贫穷落后的地区,尤其是在大西洋海岸的英国殖民者和在密西西比河的法国殖民者。这一切不仅极大改变了欧洲人的生活,也形成了新的宣教中心——现在主要是新教的宣教中心。

旧大陆对新大陆的影响在宗教领域最为明显。古代的神祇令人失望,古代的宗教也或是消失,或是被彻底改变,因此,基督教逐渐取代了它们的位置——尽管在新大陆基督教通常与古代宗教混杂在一起。但即便如此,新大陆也在宗教领域开始影响到旧大陆。正是因为此前不为人所知的大陆被"发现",许多传统的世界观开始受到质疑,进而许多包含与支持这些传统世界观的神学传统也受到质疑。几百年来,神学家始终在宣称,所有受造物都有三位一体的标记或痕迹,世界一分为三,便是三位一体的标记之一,因为世界是由欧洲、非洲和亚洲组成的。但是,世界的

第四个部分现在突然冒了出来,而且这个部分还远远大于欧洲。世界并不是由三个部分构成的,如果神学家会在这一点上犯错,那么在其他方面他们是否也会犯错?几百年来,基督徒始终认为,耶稣的十二个使徒已经将福音传遍天下。甚至还出现这样的传说:耶稣的某个使徒曾在某个地区传讲福音,现在住在这些地区的异教徒的祖先在使徒时代就得到了信仰基督教的机会,但是他们没有相信基督教,因此这些地区的异教徒现在因他们祖先的顽固而受到了惩罚。如今,耶稣的十二个使徒从未去过的大陆出现在世人面前。难道这里的人会无缘无故地受到永罚吗?难道他们的灵魂就不配得救吗?难道耶稣的十二个使徒将福音传遍天下的传说是假的吗?

其他人以更积极的态度来看待新大陆。哥伦布在遇到美洲的原始居民之后就立即宣布,他发现了人类失去的伊甸园,因为人们在这里几乎完全赤身裸体,并不感到羞耻地在生活。虽然哥伦布本人在发现印第安人不愿听命于他时看法发生改变,但是人们仍在传说,在一片宁静富饶的土地上,悠闲地生活着爱好和平的原始居民。"高尚的野蛮人"这一观念就源于这些栩栩如生的传说,他们并没有被文明社会及其贪婪所玷污,他们并不知道何为我的和你的,爱与率真主宰着他们。"高尚的野蛮人"似乎实现了古老的千禧年之梦,甚至是有着奇迹般产量的美洲玉米,也实现了土地的千禧年之梦——土地极其富饶,它能以一比一百的比率产出农作物。因此,新大陆孕育着旧大陆的乌托邦之梦——包括托马斯·莫尔著名的《乌托邦》(*Utopia*)之梦。到了 17 世纪,新大陆还提供了一个以各种方法试验乌托邦之梦的场所:给人类一个新起点,建立一个没有被旧大陆的贪婪、不平等和猜疑所玷污的新社会。

当西班牙和葡萄牙建立起广阔的海外帝国,并在遥远的土地上播撒罗马天主教的种子时,新教改革正在欧洲进行。1521 年,路德在沃尔姆斯帝国会议(Diet of Worms)上勇敢地站在了查理五世面前,也是在这一年,科特兹占领了特诺奇蒂特兰。这两件事的结果将在很多方面联系在一起——尽管路德不知道,查理五世也不知道,蒙提祖马二世(Montezuma II)更不知道! 例如,特诺奇蒂特兰的黄金让查理五世可以继续推行他扩张哈布斯堡家族和镇压新教的政策。几年之前,许多渴望改革教会的基督徒还希望西班牙会率先发起改革,但是,西班牙和哈布斯堡家族在新教改革面前成为传统基督教最坚定的捍卫者。

新教改革和西班牙与葡萄牙的殖民扩张仅仅过去了五百年,对于今天的我们来说,就其中哪一事件最终对基督教进程产生更大影响作出评判,可能还为时尚早。新教改革产生了延续至今的各大宗派,也复兴了圣经研究和神学。西班牙和葡萄牙的殖民扩张让基督教在人口与地域上都取得了有史以来最大的进展。在 16 世纪的新教改革造成分裂的一些地区,基督教正在普遍衰落,但是,在 16 世纪的殖民地中,基督教正表现出生命力与创造力这些重要的迹象,因此,"发现"和殖民美洲深刻地影响到 20 世纪末和 21 世纪初一些事件的走向。

在这部《基督教史》的下卷,我们将回到欧洲,继续讲述人们对复兴与改革教会的探索——还有那些为这项事业献出宝贵生命的人。但是,我们很快就会再次穿越大西洋,先后讲述基督教在英国和西班牙、葡萄牙以前的美洲殖民地中所取得的巨大进展,对于理解基督教其后的进程和今天的基督教来说,那些进展都是至关重要的。

建议阅读：

Germán Arciniegas. *America in Europe: A History of the New World in Reverse*. San Diego: Harcourt Brace Jovanovich, 1975.

Stephen Clissold. *The Saints of South America*. London: Charles Knight, 1972.

Vincent Cronin. *The Wise Man from the West*. New York: Dutton, 1955.

George H. Dunne. *Generation of Giants: The Story of the Jesuits in China in the Last Generations of the Ming Dynasty*. London: Burns & Oates, 1962.

John Hemming. *Red Gold: The Conquest of the Brazilian Indians*. Cambridge, Massachusetts: Harvard University Press, 1978.

Ondina W. González and Justo L. González. *Christianity in Latin America: A History*. Cambridge: Cambridge University Press, 2008.

Samuel Eliot Morison. *The European Discovery of America: The Southern Vogages, A. D. 1492–1616*. New York: Oxford University Press, 1974.

Stephen Neill. *Colonialism and Christian Missions*. London: Lutterworth, 1966.

J. H. Parry. *The Discovery of South America*. New York: Taplinger, 1979.

John Frederick Schwaller. *The Church in Colonial Latin America*. Wilmington, DE: Scholarly Resource Books, 2000.

附录:普世大公会议①

次数	日期	名称	主要决议
1	325	第一次尼西亚会议	谴责阿里乌 圣子与圣父同质 《尼西亚信经》
2	381	第一次君士坦丁堡会议	重申第一次尼西亚会议的决议 圣灵具有神性 谴责阿波利拿里
3	431	以弗所会议	谴责聂斯脱利 马利亚是"上帝之母"——"生上帝的人"
4	451	卡尔西顿会议	谴责欧迪奇 基督具有二性:神性和人性
5	553	第二次君士坦丁堡会议	谴责"三章":摩普绥提亚的西奥多 昔尔的狄奥多勒 埃德萨的伊巴斯
6	680－681	第三次君士坦丁堡会议	谴责基督一志论 谴责教宗霍诺里乌
7	787	第二次尼西亚会议	谴责反圣像崇拜者 可以崇敬圣像(二等崇敬) 禁止崇拜圣像(最高崇拜)
8	869－870	第四次君士坦丁堡会议	结束弗提乌斯分裂
9	1123	第一次拉特兰会议	批准《沃尔姆斯协定》
10	1139	第二次拉特兰会议	强制神职人员独身
11	1179	第三次拉特兰会议	确定教宗选举办法
12	1215	第四次拉特兰会议	颁布变体说的教义 每年至少认罪并领受圣餐一次 谴责费奥雷的约阿希姆、瓦尔多派和阿尔比派 规范宗教裁判所

① 1054 年,东西方教会分裂了。1054 年之后,只列出西方教会的普世大公会议。

次数	日期	名称	主要决议
13	1245	第一次里昂会议	废黜皇帝腓特烈二世
14	1274	第二次里昂会议	制定教宗选举的新办法
			罗马名义上与君士坦丁堡合一
15	1311 – 1312	维埃纳会议	镇压圣殿骑士团
16	1414 – 1418	康斯坦茨会议	结束西方教会大分裂
			谴责约翰·胡斯
			大公会议的权威高于教宗
			计划改革教会和召开其他大公会议
17	1431 – 1445	巴塞尔/费拉拉	名义上与君士坦丁堡、亚美尼亚和雅各
		佛罗伦萨会议	派再次合一
18	1512 – 1517	第五次拉特兰会议	谴责造成教会分裂的比萨会议
19	1545 – 1563	特伦托会议	谴责新教徒
			圣经与传统都具有权威
			强化天主教的改革
20	1869 – 1870	第一次梵蒂冈会议	颁布教宗无误的教义
21	1962 – 1965	第二次梵蒂冈会议	改革崇拜礼仪(在崇拜中使用本国语)
			教会开始回应现代世界:
			国际经济不平等、核战争、宗教自由、对其他基督徒持有开放的态度

索 引 [*]

137,257；fall of Rome，罗马陷落，259-61；spread of Christianity，基督教的传播，253,269-77

Barnabas，巴拿巴，31,33,35,116

Basel, Council of，巴塞尔会议，410,*410*,421,442

Basil the Great，大巴西尔，169,172,194,209,211-13,*212*,233

Basiliscus，巴西利斯库斯，303

Bastidas, Rodrigo，巴斯蒂达斯，461

Beatus of Liebana，利巴那的比亚图斯，320

Becket, Thomas，贝克特，369

Beghards，贝格哈德男修士，429

Beguines，贝居安会女修士，429

Beltrán, Luis，贝尔特兰，462

Benedict, St.，本笃，277-81,333

Benedict I，本笃一世，285

Benedict VI, VIII, and IX，本笃六世、本笃八世、本笃九世，324-25

Benedict XI，本笃十一世，395,396

Benedict XII，本笃十二世，398

Benedict XIII（Avignon pope），本笃十三世（阿维尼翁教宗），405-6,*405*,409

Benedict XV，本笃十五世，390

Benedictine Order，本笃修会，277-81；*Rules* and，《会规》和～，281,327-29

Benedict of Aniane，阿尼亚纳的本笃，317

Bernard of Clairvaux，明谷的伯尔纳，333-34,350,353,363-64,371,426

Berno，伯尔诺，328-29

Bethlehem，伯利恒，145,237,239,351

"Be Thou My Vision"，《成为我异象》，274

Biblia alfonsina，阿方索圣经，413

Bishops，主教，67,80,89,113-14,157,165,171,172,275；appointment，～的任命，273,317,331,337,341,451；authority，～的权威，80-81,103；election，～的选举，187；investiture，～的选任，331,341；joint office，～的共职，247；origins，～的起源，28；wealth and power，～的财富与权力，333,344

Boethius，波埃修，276-77

Bogomils，鲍格米勒派，354

Bohemia，波希米亚，366,415-22

Böhm, Hans，博姆，431

Bolivia，玻利维亚，465

Bonaventure, St.，波那文图拉，363,374

Boniface VII，卜尼法斯七世，325

Boniface VIII，卜尼法斯八世，368,393,396

Boniface IX，卜尼法斯九世，406,416

Borgias，博尔贾家族，442-43,444,*445*

Boris of Bulgaria，保加利亚的鲍里斯，310-11

Bourbon, house of，波旁家族，471

Brazil，巴西，470,482-84；*Santidade*，圣洁教，484

Brethren of the Common Life，共同生活弟兄会，427,428

Brethren of the Free Spirit，自由之灵弟兄会，427,429

Breviary，《日课经》，280

Britain：Christian conversion，不列颠：归信基督教，273-76,315-16；colonies，殖民地，488；Norse invasion，挪威人入侵，321-22,*322*；Scotch-Irish Church，苏格兰-爱尔兰教会，274-75,*See also* England；Scotland，另参英

曼人入侵，276 - 77，282 - 83；Great Schism，东西方教会大分裂，404；Norse invasions，挪威人的入侵，322，336；unification，统一，388，443

Jacob Baradaeus，雅各·巴拉德乌斯，307

Jacobites，雅各派教会，307

Jamaica，牙买加，454，488

James（brother of Jesus），雅各（耶稣的兄弟），28，29

Japan，日本，476，478 - 79，*478*

Jerome，哲罗姆，136，161 - 62，169，172，191，199，204，233 - 39，*235*，*236*，*239*，259

Jerome of Prague，布拉格的哲罗姆，419

Jerusalem，耶路撒冷，132，236；Constantine and，君士坦丁与～，152；Church of the Holy Sepulchre，圣墓大教堂，152；Crusades and，十字军东征与～，346，348 - 49，350；early Christians in，～的早期基督徒，25 - 30，*26*，31 - 33；Latin Kingdom，拉丁王国，349 - 50；Muslim rule，穆斯林的统治，291，350；"new"，新耶路撒冷，48，107；rebuilding of Temple，圣殿的重建，197；Roman destruction，被罗马帝国摧毁，14，16，17，29，46，70

Jesuits，耶稣会士，47；as missionaries，耶稣会宣教士，451，457 - 58，461 - 65，469 - 71，*470*，475，477 - 84

"Jesus, the Very Thought of Thee"（Bernard），《慕主歌》（伯尔纳），334

Jesus Christ，耶稣基督，1，2，16，29，73；birth，～的降生，1，78；death，～的受死，3，78；divinity and incarnation，～的神性与道成肉身，65 - 66，184，188，217，371，427；followers, class of，～的追随者的社会出身，105 - 6；humanity of，～的人性，72，333，353；legends, of，～的传说，107，254；meaning of "Christ"，"基督"的含义，18 - 19；Muslims and，穆斯林与～，290；nature of，～的本性，256，289，296 - 306；Pharisees and，法利赛人与～，16；resurrection，复活，27，36，91，154；salvation and，救恩与～，184 - 85；as Second Adam，～为第二亚当，86；as the Son，～为圣子，319 - 20；work of，～的工作，86，95，296. *See also* Incarnation; Logos，另参道成肉身；逻各斯

Jewish Christianity，犹太基督教，25 - 30，31，254

Jews. *See* Judaism/Jews，犹太人，另参犹太教/犹太人

Joachim of Fiore，费奥雷的约阿希姆，363，367 - 68，393

Joan of Arc，圣女贞德，389 - 90

João III of Portugal，葡萄牙的若昂三世，477

John，约翰，26，28，31，36，38

John, Gospel of，《约翰福音》，36，65 - 66

John I，约翰一世，276

John VIII, X, XI, XIII, and XIX，约翰八世，约翰十世，约翰十一世，约翰十三世，约翰十九世，324 - 35

John XXII，约翰二十二世，398，401

John XXIII，约翰二十三世，408

John XXIII（Pisan Pope），约翰二十三世

THE STORY OF
CHRISTIANITY
The Reformation to the Present

基督教史

宗教改革至今

胡斯托·L. 冈萨雷斯（Justo L. González）◎著

赵城艺 ◎译

| 下卷 |

上海三联书店

THE STORY OF CHRISTIANITY
by Justo L. González

The Story of Christianity, Volume II
The Reformation to the Present Day. Revised and Updated
Copyright © 2010 by Justo L. González
Simplified Chinese translation copyright

目录

第一部分

宗教改革

教宗	皇帝	卡斯蒂利亚	阿拉贡	法国	英国	苏格兰	历史事件①
		伊莎贝拉 （1474－1504）	费迪南德 （1479－1516）		亨利七世 （1485－1509）		哥伦布抵达美洲 （1492）
亚历山大六世 （1492－1503）	马克西米连一世 （1493－1519）			路易十二世 （1498－1515）		詹姆斯四世 （1488－1513）	
庇护三世 （1503）		疯女胡安娜 （1504－1516）			亨利八世 （1509－1547）	詹姆斯五世 （1513－1542）	
尤利乌斯二世 （1503－1513）							

① ☆表示人物去世的年份。

教宗	皇帝	卡斯蒂利亚	阿拉贡	法国	英国	苏格兰	历史事件
利奥十世（1513－1521）							
	查理五世（1516－1556）	查理一世（1516－1556）	弗朗索瓦一世（1515－1547）				伊拉斯谟的《新约圣经》(1515)
							路德的《九十五条论纲》(1517)
阿德里安六世（1522－1523）							沃尔姆斯帝国会议（1521）
克莱门七世（1523－1524）							罗耀拉在曼雷萨（1522）

教宗	皇帝	西班牙	法国	英国	苏格兰	历史事件
保罗三世（1534－1549）						德国农民起义（1524－1525）
						土耳其人围攻维也纳（1529）
						马尔堡会谈（1529）
						《奥格斯堡信纲》（1930）
						☆茨温利（1531）

教宗	皇帝	西班牙	法国	英国	苏格兰	历史事件
						英国与罗马教廷决裂（1534）
						明斯特陷落（1535）
						加尔文的《基督教要义》（1536）
						教宗批准建立耶稣会（1540）
				爱德华六世（1547－1553）	玛丽·斯图亚特（1542－1567）	特伦托大公会议（1545－1563）
			亨利二世（1547－1559）	玛丽·都铎（1553－1558）		☆路德（1546）
尤利乌斯三世（1550－1555）						《奥格斯堡和约》（1555）
马塞卢斯二世（1555）		腓力二世（1556－1598）				☆依格纳修·罗耀拉（1556）
保罗四世（1555－1559）	费迪南德一世（1558－1564）					

教宗	皇帝	西班牙	法国	英国	苏格兰	历史事件
庇护四世（1559 – 1565）			弗朗索瓦二世（1559 – 1560）	伊丽莎白一世（1558 – 1603）		加尔文的《基督教要义》最后一版（1559）
			查理九世（1560 – 1574）			☆门诺·西蒙斯（1561） 法国宗教战争（1562）
	马克西米连二世（1564 – 1576）					☆加尔文（1564）
庇护五世（1566 – 1572）						尼德兰革命（1566）
					詹姆斯六世（1567 – 1625）	
格列高利十三世（1572 – 1585）						圣巴多罗买日大屠杀（1572） ☆诺克斯（1572）
	鲁道夫二世（1576 – 1612）		亨利三世（1574 – 1589）			《根特和平协定》（1576） ☆沉默者威廉（1584）
西克斯图斯五世（1585 – 1590）						☆玛丽·斯图亚特（1587）

教宗	皇帝	西班牙	法国	英国	苏格兰	历史事件
乌尔班七世 (1590)			亨利四世 (1589 – 1610)			
格列高利十四世 (1590 – 1591)						
英诺森九世 (1591)						
克莱门八世 (1592 – 1605)		腓力三世 (1598 – 1621)				《南特敕令》(1598)

第一章

改革的呼声

荒淫腐朽令交托给神职人员的灵魂蒙受巨大损害，因为我们得知，绝大多数神职人员与他们的情妇公开姘居。如果我们用法律主持公道，惩处他们，他们就会起而反抗，引起公愤。他们极其藐视我们的法律，甚至自己武装起来，对抗我们的法律。

——卡斯蒂利亚的伊莎贝拉，1500 年 12 月 20 日

随着 15 世纪成为过去，教会显然需要彻底改革，许多人也渴望这样的改革。教廷的衰弱和腐败众所周知。教廷在迁到阿维尼翁之后就成为服务于法国利益的工具，西方教会大分裂导致同时有两位、甚至三位教宗，这进一步削弱了教廷，西欧也因效忠于不同教宗而产生分裂。有时，每一位自称是合法教宗的人似乎同样不称职。后来，在教会分裂刚被弥合之际，那些热衷于文艺复兴的荣耀却不太为十字架信息所感动的人控制了教廷。凭借战争、阴谋、贿赂和各种不法行为，这些教宗试图复兴、甚至超越古罗马的荣耀。结果，当大多数人仍相信罗马教宗拥有至高无上权威的时候，许多人却突然发现，他们难以调和自己对教宗制度的忠诚与对教宗本人的不信任之间的矛盾。

然而，并不只有罗马的教会领袖出现了腐败。大公会议的召开作为一种改革教会与结束教会分裂的方法，可以解决教会分裂的问题，但却不能带来教会急需的改革。此外，即使是在结束教会分裂的过程中，大公会议运动也表现出它自身的缺陷，因为很快就出现了两个相互敌对的大公

会议,就像以前出现的两位或三位相互敌对的教宗;大公会议运动在推动教会急需的改革方面也惨遭失败。原因之一是参加大公会议的一些主教本人即是当时腐败行径的获益者。因此,当满怀希望的大公会议派改革者颁发针对擅离职守、身兼数职和买卖圣职(买卖教职)的咒逐令和教令时,参加大公会议的许多主教都犯有这些罪,他们并不愿意改正。

这些腐败的教会领袖为大多数低教职神职人员和修士树立了坏的榜样。神职人员守独身是教会的教规,但是许多神职人员却公然违反;主教、地方神父,甚至一些教宗,都在夸耀他们有私生子。随着男女修道院变成安逸生活的中心,古代修道戒规也越来越松弛。君主和大贵族赡养私生子的方法,通常是让他们的私生子担任男女修道院院长,完全无视他们的私生子是否真的得到了修道呼召。修道院一直因其致力于学习而闻名于世,但如今修道院中的学习也越来越不受重视,对地方神职人员提出的教育要求实际上名存实亡。

大公会议运动浪潮已经退去,通过召开一次全体大会来推动教会所需改革的希望也随之破灭。第五次拉特兰大公会议便是这样的征兆;它由教宗尤利乌斯二世召开,原本希望改革教会,但实际上只是教宗本人试图重获教廷正在失去的政治权力的一个工具。第五次拉特兰大公会议于1512 年召开,直到 1517 年闭会为止,几乎没有取得任何成效:在法国人试图限制教宗权力时,它再次肯定了教宗的权威,坚持了主教和其他高级教士的权力与地位,颁布了一项有效期三年的征收重税的教令——实际上是在为一场新的宗教战争筹款。值得注意的是,第五次拉特兰大公会议于 1517 年 3 月闭会,就在几个月之后,新教改革爆发了。

在这样的环境中,即使是希望忠于自己呼召的神父和修士也发现自己极难做到。在已经成为安乐窝和社交晚会的修道院中,修士如何去践行默想与禁欲的生活?当神父们被迫买来他们的教职时,他们如何能抵制教区中的腐败?平信徒如何能相信对巨大的罪无动于衷的神职人员所施行的补赎礼?教会历代以来都是欧洲人的精神之母,但是,欧洲人的良知现在出现了裂痕,摇摆在对其精神之母的信任与精神之母明显的失败之间。

然而,不只是教会的道德生活需要改革。一些思想更深邃的基督徒越来越相信,教会的教义同样偏离了正路。君士坦丁堡在五十年前陷落,这令东方学者纷纷涌进了西欧,尤其是意大利,他们的观点不同于西方学者的普遍观点。东方学者带来了各种著作的抄本,这令西方学者注意到在反复抄写古代文本过程中所出现的许多改动和补充。此外,东方学者还带来新的哲学观。越来越多的西方学者开始掌握希腊文,他们现在可以对比希腊文新约与通用的拉丁文武加大译本。这样一群学者所带来的信念是必须回归基督教信仰的源头,这会导致一场对现行教义与习俗的改革。

虽然大多数持有这些观点的学者并不激进,但是他们要求基督教信仰回归源头的呼声,往往证实了以前一些改革者——如威克里夫和胡斯——的呼吁。如果教会的教义历经数百年演变真的偏离了新约,那么要求改革教会的教义似乎就合情合理。在英国、波希米亚和其他国家,仍有许多以前支持改革者的人,他们现在受到学术成就的鼓舞,虽然一些成就并不支持他们较为激进的要求,但却支持他们的基本原则:必须回归基督教信仰的源头,尤其是通过研究圣经。

此外,还有普通群众所表达的不满,他们已经在之前一些具有末世意义的运动中发泄过他们的不满,如汉斯·博姆所领导的运动。在过去几十年中,群众的经济状况非但没有改善,反而还在持续恶化。尤其是农民,地主对他们的剥削越来越严重。虽然一些修道院和教会领袖仍然救济穷人,但大多数穷人不再认为教会是他们的保护者。相反,高级教士的炫耀、他们作为地主所拥有的权力和他们对与日俱增的不公的支持,被许多人视为对穷人的背叛,并最终被看作是敌基督者控制了教会的标志。骚动与不满在群众中滋生,这些情绪会间歇地在农民起义、具有末世意义的异象和对新秩序的呼唤中爆发出来。

在托克马达的领导下，阿维拉的圣多明戈修道院成为宗教裁判所的活动中心。

10   与此同时，古代封建制度也行将灭亡。强大的君主制政体发展起来，先是在法国，后是在英国和西班牙，这迫使贵族为统一国家效力。这些国家的君主认为必须限制与控制高级教士的权力，因为许多高级教士也是拥有广阔土地的封建领主。就如法国以前带头镇压圣殿骑士团那样，西班牙现在不得不将一些古代的军事修会，如卡拉特拉瓦骑士团和圣地亚哥骑士团，置于国王的至高权威之下；为此，国王费迪南德被任命为军事修会的最高统帅。在一些尚未统一的国家（如荷兰和德国）充斥着不满的国家主义情绪，人人梦想统一与独立。此前，拉丁文是连结众多西欧国家的共同纽带，现在，拉丁文被日益局限在教会和学术中，各地方言同样

11   受人尊重。实际上，15和16世纪是西欧大部分文字的形成期。几百年前就开始形成的国家主义通过这些文字得以表达，并很快就在已经取得政治统一和仍饱受封建分裂与外国统治摧残的国家中成为人们的头等

大事。国家主义情绪击碎了"群羊归一牧"的古代梦想,在许多人看来,这个梦想只不过是为外国势力干涉本国事务找到的一个借口。

在一些地区,不断增长的君主的权力、在一个知识混乱的年代所出现的不同观点与思想以及对教会实际生活的失望,共同导致了宗教裁判所权力的增长及其活动的猖獗。在中世纪,像法官一样的主教已经并不罕见,他们审查自己所牧养的基督徒的神学观点,试图纠正他们眼中的异端,严惩支持这些观点的教师和领袖。宗教裁判所的权力和活动在 15 世纪达到一个新高度,尤其是在西班牙。宗教裁判所通常由教宗支配,它在中世纪晚期几乎成为服务教宗政策的工具,教宗现在将它的支配权交给费迪南德和伊莎贝拉。多米尼克修会的修士托马斯·德·托克马达(Tomás de Torquemada)被任命为卡斯蒂利亚的宗教裁判所所长,他以对正统信仰坚定不移的爱和积极迫害他眼中的异端而闻名于世。受他迫害的人主要是被强迫归信基督教的犹太人,他们现在受到"犹太化"的指控。

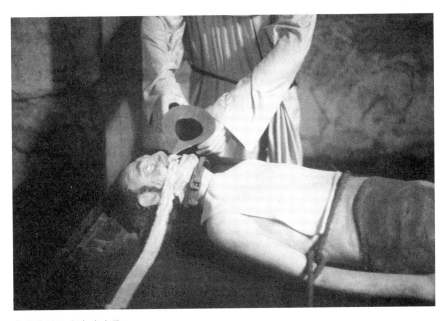

宗教裁判所酷刑:坐水凳。

我们将会看到，当时伊莎贝拉女王和她的忏悔神父弗朗西斯科·希门尼斯·德·希斯内罗斯（Francisco Jiménez de Cisneros）协力改革教会。在伊莎贝拉统治期间，她在希门尼斯坚定不移的鼓励下向犹太人和"犹太化"基督徒施加的压力越来越大。1492年，伊莎贝拉最终下令，所有犹太人要么接受洗礼，要么离开伊莎贝拉与费迪南德的所有领地，除此之外，他们别无选择。大多数犹太人和"犹太化"基督徒拒绝接受洗礼，尽管这意味着他们将被流放和失去大部分财产。虽然我们无法得知确切的数字，但大约有二十万信奉犹太教的西班牙人因此被流放，这常常导致他们死亡、被海盗俘虏或其他许多类似的灾难。

在伊莎贝拉颁布迫害犹太教徒的法令不久之前，卡斯蒂利亚的军队就已经攻陷了格拉纳达。格拉纳达是摩尔人在伊比利亚半岛最后一个据点，他们投降的条件包括穆斯林继续信奉自己宗教的自由。但是，希门尼斯很快就试图通过他的代表强迫摩尔人改信基督教，摩尔人别无选择，只能奋起抵抗。他们的起义遭到血腥镇压，但他们继续抵抗，最终所有摩尔人被命令要么接受洗礼，要么接受流放。摩尔人宁愿大批迁离西班牙，见此状况，西班牙又颁布一道新法令：禁止摩尔人离开西班牙，并强迫他们接受洗礼。随后，宗教裁判所便开始追捕坚守穆斯林的信仰与习俗的摩尔人。已被任命为宗教裁判所所长的希门尼斯念念不忘这项使命。1516年，他在费迪南德和伊莎贝拉去世之后被任命为摄政王，试图利用他的权力强迫"改信基督教"的摩尔人放弃他们的传统服饰和其他习俗。但是他失败了，起义和屠杀再次给西班牙带来动乱。

后来便是新教改革和"发现"新大陆，这两件事都令宗教裁判所的活动范围更加广泛。我们将会看到，在欧洲，宗教裁判所是天主教改革的一部分，也是天主教用来阻止新教传播的工具之一。在新大陆，宗教裁判所的权力最终也被用来防范与惩处来自欧洲其他国家的闯入者。

宗教裁判所被用来谋求政治目的、个人财富与公报私仇，这一切与宗教裁判所的酷刑一样众所周知，长久以来人们留下的记忆是，宗教裁判所是说明宗教极端主义和蒙昧主义所造成危险与恶果的最佳例子。

我们必须理解宗教裁判所出现的背景,包括其他一些正在改变西欧世界观与正在营造充满希望与未知氛围的重大事件,但是,这并不是在为宗教裁判所寻找借口。西方地平线另一端的新大陆正在被发现。到远东旅行越来越普遍。日月星辰围着扁平的地球旋转,这种观念已经成为过去。医学、数学和物理学都取得长足的进步。印刷术的问世恰逢其时,各地的学者可以借此轻易获得所有这些成果。

旧世界正在消逝,新世界即将诞生。新时代必然会影响教会,就如新时代的人正在出现,新时代的基督徒也将必然出现。但是,对于什么是新时代的教会,人们尚存争议。一些人试图从教会内部来改革老教会,而另一些人对这样的改革不抱任何希望,他们公然与教廷决裂。在如此动荡的年代,许多敬虔的基督徒深刻省察了自己的灵魂,这最终令他们得出了自己都意想不到的结论和观点。但是,其他一些基督徒同样真诚与敬虔,却得出了截然相反的结论。这导致的分歧与冲突成为那个时代的标志,那时代就是我们今天所说的 16 世纪的宗教改革。

中世纪结束后,它很快就被称为黑暗的时代(Dark Ages),许多教会改革的倡导者都相信,教会的最大弊病就是那个时代的蒙昧无知。印刷术、拜占庭学者的涌入、古代艺术与文学遗产的重新发现让人们相信,推动学术和教育有望带来教会所急需的改革。如果在过去几百年中有违背基督教最初教导的习俗被引入了基督教,那么这样的推测似乎合情合理:回归基督教信仰的源头——圣经和古代教父——会消除这些习俗。

这就是人文主义派改革者的计划。这里的人文主义派(humanist)并不主要是指那些认为人类高于一切的人,而是指那些致力于研究"人文学科"与希望复兴古典文学的人。16 世纪的人文主义者彼此差异很大,但是,他们都热爱古典文学。早在新教改革爆发之前,一大批人文主义者就经常通信,他们希望自己的工作会带来教会的改革。他们公认的领袖是鹿特丹的德西德里乌斯·伊拉斯谟(Desiderius Erasmus),他广受敬重,被誉为"人文主义王子"。

伊拉斯谟是一位神父与一位医生的女儿的私生子,他一生都背负着这个不光彩的身世。他出生在荷兰,在熙熙攘攘的商业环境中长大,他的观点反映出资产阶级所共有的价值观:宽容、温和与坚定等。他学过一些经院神学,但很快就对其产生了厌恶,因为经院神学过于注重细枝末节,追求看起来毫无意义的知识。后来,他决定将精力投入正在重燃人们兴趣的古典文学。他后来到访英国,成为关注教会改革的人文主义者之一,这些带领伊拉斯谟对被他视为经院神学家宠儿的圣经研究与早期基督教文献研究有了初步认识。正是在这时,他决定要完善自己的希腊文基础知识,并很快就熟练掌握了希腊文。与此同时他发表了《基督精兵手册》(*Handbook of the Christian Soldier*),他用军人的比喻详细阐述了他心目中的基督徒生活和"基督的精兵"应具有的才略。

年轻的伊拉斯谟曾在共同生活弟兄会的监督下学习,他们的"现代灵修"对他产生了深远的影响。现在,他将人文主义精神与"现代灵修"相结合,将基督教描述成一种正派、节制与平衡的生活。在他看来,耶稣的诫命类似于斯多葛主义和柏拉图主义的最好训导:它们的目的是让理性主宰欲望。这可以通过适当的禁欲训练来实现,但它一定要与修道主义不同。修士从世俗的共同生活中隐退,而真正的"基督的精兵"在俗世中为日常实际生活进行操练。如果进行改革,那么教会所需的改革是,基督徒进行这样的操练,远离异教徒的恶习。在伊拉斯谟看来,异教徒的恶习是文艺复兴时期教宗所树立的坏榜样,教宗更愿意与朱庇特或尤利乌斯·凯撒比较,而不愿意与耶稣或圣彼得比较。因此,伊拉斯谟并不赞同教会的炫耀和教会对世俗荣誉的追求——这些都是他那个时代许多教会生活的特点,他呼吁更简朴的生活方式。但是,这并不意味着仅仅复兴修道主义精神。他大肆抨击修士和已经成为懒惰与无知避风港的修道院。一些基督徒提出,所有人所必须服从的耶稣的诫命,不同于耶稣向修士特别提出的"完全的忠告"（counsels of perfection），但是，对于伊拉斯谟来说，这种区分是不可接受的，他也不赞同将修道主义理想建立在这种区分的基础之上。这种区分可以鼓励一些基督徒绝对顺服，但也意味着普通基督徒不是"基督的精兵"，他们没有得到绝对顺服的呼召。

伊拉斯谟认为，绝对顺服比教义更重要。他当然相信教义的重要性，也信奉基督教一些传统的正统教义，如道成肉身和三位一体。但是，他坚持认为，公义比正统教义更重要，他经常抨击那些一面探讨深奥的神学问题，一面却过着可耻生活的托钵修士。

另一方面，真正的基督徒生活是内在的。伊拉斯谟深受柏拉图主义和同样深受柏拉图主义影响的古代基督教作家所影响，他相信，基督徒的战争是内在的。虽然像圣礼这样的外在工具很重要，不应当抛弃，但它们的价值在于它们的内在意义和传递给信徒内心的信息。就如伊拉斯谟对洗礼的看法："如果我们里面是污秽的，在外面洒上圣水又有什么好处？"

简而言之，伊拉斯谟希望改革教会的习俗，操练道德与节制的生活，通过学习和默想塑造内在的灵命，建立一个鼓励这些方面的教会。虽然出身卑贱，但他最终赢得全欧洲与他有同样愿望的学者的钦佩，并成为他们的代言人。在他的众多仰慕者中，许多是贵族，甚至是君主。他的追随者是欧洲一些最强大宫廷的大臣和顾问。他所倡导的改革似乎一触即发。

后来，新教改革爆发了。人们情绪高昂，保持宽容与克制越来越难。这不再是改革教会的习俗，也不再是阐明某些可能已经偏离正统的基督教神学，而是彻底改变基督教一些传统的基本前提。新教徒和天主教徒都希望得到伊拉斯谟的支持，但他宁愿置身事外。在这场冲突中，双方似乎都失去理智，只剩下激情。我们将在以后看到，伊拉斯谟最终与路德和他的追随者决裂。但是，他仍然拒绝帮助天主教徒攻击新教徒。结果，虽然他在这两个阵营中都赢得了仰慕者，却几乎没有追随他的人。虽然仍有人提倡宗教裁判所那样的不宽容，但他却通过自己的研究继续呼吁宽容和克制,持守古代斯多葛主义者与柏拉图主义者的美德,按照人文主义者的计划来改革教会。然而很少有人去理会他,至少在他有生之年是这样,他抱怨说:

18

> 我厌恶纷争,因为这既违背基督的教导,也违背人类的内在本性。我不相信,争论的双方可以不用付出巨大的代价,就能迫使对方屈服。路德倡导的许多改革显然是教会所急需的。我现在唯一的愿望是,既然我老了,请允许我安享晚年。但是,双方都责怪我,都想胁迫我。一些天主教徒声称,既然我不攻击路德,就说明我赞同路德;而路德宗基督徒却宣称,我是一个背弃了福音的胆小鬼。①

然而,历经数百年之后,冷静下来的新教徒和天主教徒都承认,伊拉斯谟是一位伟大的思想家,他有一颗伟大的心灵,他们都从他学到了一些东西。

---

① "Epistle to Laurinus," February 1,1523.

第二章

马丁·路德:通往宗教改革的朝圣之旅

> 许多人将基督教信仰视为简单容易的事,甚至将它算作一种美德。这是因为他们并没有真正体验过它,也没有尝试过它的巨大力量。
>
> ——马丁·路德

在基督教的整个历史上,很少有人像马丁·路德那样饱受争议。一些人将他描述成毁掉教会合一的魔鬼、践踏了主的葡萄园的野猪以及穷尽一生摧毁修道主义根基的变节修士。对于另一些人来说,他是圣经真理的捍卫者、腐朽与背弃信仰的教会的改革者以及通过自己的努力令纯正的福音得以重新宣讲的大英雄。近年来,不同宗派的基督徒彼此增进了了解,这使他们得以更公允地研究路德。天主教徒和新教徒都修正了自己的观点,因为他们以前的结论并非得自历史研究,而是源自激烈的争辩。现在,很少再有人怀疑路德的真诚,许多天主教历史学家肯定他的抗议完全是合理的,他对教义许多要点的看法是正确的。另一方面,很少再有新教历史学家认为:路德是几乎凭借一己之力成功改革了基督教的大英雄,他的罪和错误小到微不足道。

路德既是博学与好学之士,也是举止不雅甚至粗鲁之人。这也许更有助于他以特殊方式表达那些非常深奥的神学观点,并迅速得到普通群众的响应。他的信仰非常敬虔,成为一股在他内心燃烧的激情,令他的信仰表达看起来似乎显得粗鲁。对他来说,他的信仰与他对上帝的顺服是

20

最重要的。他一旦相信自己的某个行动是上帝的旨意,就会顺服到底。他显然不是那种瞻前顾后的基督徒。他能熟练地使用拉丁文和德文,但是为了强调某个观点的重要性,他经常夸张地使用语言,以至于曲解了语言的原意。他一旦相信自己的事业符合真理,就愿意去对抗那个时代最强大的领主。但是,正是他的坚定信念、他捍卫真理的激情和他易于夸张的脾性,令他自己或他的追随者后来对他所说过的话与持有的观点感到遗憾。

另一方面,路德的许多影响是因为他所处的历史环境,这既不是他造成的,也不是他能控制的。在改革教会的过程中,他对自己所起到的许多作用只是有些模糊的意识。活字印刷术的发明令他的著作被广泛阅读,否则他的这些影响根本是不可能的。实际上,路德是第一个将印刷术作为一种宣传媒介来充分利用的人,他也是第一个在心里想着印刷纸张而写作的人。德国人的民族主义情绪持续高涨,他也有这种情感,这带给他意想不到却又十分重要的帮助。虽然许多希望改革教会的人文主义者并不赞同路德的许多理念和方法,但是他们坚持认为,他不应当像以前的约翰·胡斯那样,在没有进行听证的情况下就被定罪。宗教改革刚刚爆发时的政治局势也令路德免于被立即定罪,等到世俗与教会当局准备出面干涉时,要想平息他所掀起的那场改革风暴为时已晚。在研究路德的生平与工作时,有一点是显而易见的:教会所急需的改革爆发了,这并不是路德所决定的,而是改革教会的时机已经成熟,路德和许多同他一起的改教家已经做好了履行他们历史使命的准备。

漫长的探索

路德于1483年生于德国的艾斯勒本(Eisleben)。他的父亲出身农民,做过矿工,后来成为矿主。路德的童年并不幸福。他的父母极其严厉,多年之后他还会痛苦地讲起曾遭受的惩罚。他一生都深受抑郁与焦虑的折磨,一些学者提出,这是他严苛的童年生活所导致的。他在学校里的最初经历也并不美好,他后来说自己曾因糟糕的学习成绩而被鞭笞。虽然我们不应当夸大路德的早年经历对他的重要性,将其解释为影响他一生的唯一因素,但是,早年的经历无疑深刻地影响到他的性格。

1505 年 7 月,不满二十二岁的路德进入了爱尔福特(Erfurt)的奥古斯丁修道院。有许多原因令他做出这个决定。两个星期以前,他在一场电闪雷鸣中被死亡与地狱的恐惧所吞噬,他向圣安妮(St. Anne)发誓,自己愿意成为一名修士。但根据他后来的解释,他小时候所接受的严格教育令他进入了修道院。他的父亲原本希望他能进入法律界,并不遗余力地让儿子接受从事法律职业所必需的教育。但是路德并不想成为律师,因此,他可能既没有顺从父亲的安排,也没有随从己愿,而是选择了修道,尽管他并不完全清楚自己的动机。老路德在得知儿子的修道决定后勃然大怒,在他看来,儿子违背了他为其所设定的崇高目标,直到很久以后他才原谅了儿子。但是,对自己得救的关注最终令路德走进了修道院。得救与被定罪是他那个时代的重大主题;今生只是来生的预备和试炼。以法律为职业来谋取今生的名誉和财富似乎是愚蠢的行为,这无益于永生。因此,路德进入修道院时还是教会忠实的孩子,他的意图非常明显:利用教会所能提供的得救方法,而其中最可靠的,即是退隐的修道生活。

见习期间让路德相信,他做出了一个明智的决定,因为他感到快乐,得到与上帝同在的平安。他的修道院院长很快就看出他非凡的才能,并决定让他成为神父。后来,路德本人描述了他在第一次举行弥撒时产生的不可抗拒的经验:他一想到自己正拿着、分着基督的身体,就充满畏惧。后来,这种畏惧感越来越频繁地出现,因为他觉得自己不配得到上帝的爱,他并不相信自己所做的足以令他得救。在他看来,上帝是严厉的法官——很像他以前的父亲和老师;上帝在末日审判时会要他交账,并发现他并不合格。要想从这样一位上帝的愤怒中得救,必须利用教会所提供的所有蒙恩之道(means of grace)。

然而,对于路德这样极为敬虔、真诚和有激情的人来说,教会的蒙恩之道并不足够。善功和补赎礼本应当可以满足这位年轻修士在上帝面前被称义的需要。然而,它们不能。路德强烈地意识到自己的罪性,他越想努力战胜罪,就越感到罪对他的束缚。如果我们因此认为他并不是一个好修士,他的生活放荡淫乱,那就错了。相反,他尽其所能地实践自己的修道誓愿。他不断惩罚自己的身体,因为这是修道主义的伟大教师所教导的。他尽可能多地认罪。但是,这些并没有减轻他对被定罪的恐惧。如果必须依靠认罪来赎罪,那么就永远存在这样一种令人恐惧的可能性:他可能忘记一些罪,从而失去他所竭力追求的奖赏。因此,他会花上数个小时去列举与反省他的全部思想和行为,然而,他越是这样去做,就越能在思想和行为中找出更多的罪。有时,就在他离开忏悔室的那一刻,他会立即意识到,他还有一些没有忏悔的罪。他开始变得焦虑,甚至绝望,因为罪显然不只是人们可以意识到的行为或思想。罪是一种状态,一种存在方式,远非我们可以向神父忏悔的一桩桩具体的罪行。因此,本该减轻路德罪恶感的补赎礼,实际上却加重了他的罪恶感,这令他绝望。

路德的灵性导师后来建议他阅读神秘主义伟大教师的著作。我们已经讲过,中世纪晚期出现了一次神秘主义敬虔运动的高潮(这在某种程度上是对教会腐败的回应),它提供了另一条走近上帝的道路。路德之所以决心走上这条道路,并不是因为他怀疑教会当局,而是教会当局——他的忏悔神父——建议他这样去做。

路德曾有一段时间着迷于神秘主义——就像他曾着迷于修道主义。也许,他可以在神秘主义那里找到得救之路。但是,这条路很快又成为一条死胡同。神秘主义者断言,我们只需要爱上帝,其他一切都会因着爱上帝接踵而至。对于路德来说,这是解放的信息,因为他不必再继续私下数算他所有的罪,他曾竭力认罪,但是,他得到的回报只有失败和绝望。然而,他很快就发现,爱上帝并不是件容易的事。如果这位上帝好像是曾经将他打到流血的父亲和老师,他怎能去爱这样一位上帝?最终,路德得出一个可怕的结论:他对上帝的感情并不是爱,而是恨!

这种困境令人无法摆脱。为了得救,我们必须认罪;但是路德已经发现,尽管拼尽全力,他的罪也忏悔不尽。如果像神秘主义者所说,爱上帝就已足够,那么,这对他不会有多大帮助,因为路德不得不承认,他难以爱这位数算他所有行为的公义的上帝。

这时,路德的忏悔神父——修道院院长——做出了一个大胆的决定。人们通常认为,一位正在经受像路德这种危机的神父不应当被任命为别人的牧者和老师。但是,这正是他的忏悔神父对他所做的决定。几百年前,学习希伯来文让哲罗姆逃离了诱惑。虽然路德的问题与哲罗姆不同,但是,研究、教导和牧养工作同样可能令他摆脱困境。因此,路德意外地接到命令,做好准备去新建的维滕堡大学(University of Wittenberg)教授圣经——这并不是他所期待的。

新教徒中间有这样一个传说:作为修士的路德并不懂圣经,只是在他成为新教徒时——或在此之前不久,他才开始研读圣经。这只是个传说。作为一个必须按时祷告的修士,路德能够背诵《诗篇》。此外,1512 年,在他完成了包括圣经在内的学习之后,他获得了神学博士学位。

当路德不得不预备讲授圣经时,他开始发现圣经的新意义,这些新意义可能会解开他灵命探索中的困惑。1513 年,他开始讲授《诗篇》。他多年在教会的节期中背诵《诗篇》,因这些节期围绕着基督生命中重要的事件,所以他以基督为中心来解释《诗篇》。当《诗篇》作者用第一人称叙述时,路德认为,这是基督在说他自己。因此,路德在《诗篇》中看到,基督正在经受与他类似的试炼。这是他重大发现的开端。如果只有这个发现,可能会令路德得出当时普遍的结论:作为圣父的上帝要求顺服和公义,作为圣子的上帝爱我们,他舍命救了我们。但是,路德学过神学,他知道,这样将上帝一分为二是不可接受的。因此,虽然他在基督的苦难中得到了安慰,但这并不足以治愈他的痛苦和绝望。

1515 年,路德开始讲授《罗马书》,他可能就在这时有了重大发现。

他后来说,他在《罗马书》1章找到了解决他的难题的答案。这个答案得之不易,并不像某天翻开圣经,读到"义人必因信得生"那么简单。正如他自己所说,在经历了漫长斗争和极度痛苦之后才有了这个重大的发现,因为《罗马书》1:17说:"上帝的义正在这福音上显明出来。"根据这节经文,福音启示出上帝的义——上帝的公义。但是路德发现,正是上帝的公义让他难以忍受。这样的信息怎么会是福音,是好消息?对于路德来说,福音应当是上帝并不公义,即上帝不会审判罪人。但在《罗马书》1:17,福音与上帝的公义不可分割地联系在一起。路德讨厌"上帝的义"这段经文,他日思夜想,希望弄明白"上帝的义正在这福音上显明出来"与"义人必因信得生"之间的关系:经文先说"上帝的义正在这福音上显明出来",然后断言"义人必因信得生"。

答案令人惊讶。路德得出的结论与他以前一直被教导的不同,"上帝的义"并不是指惩罚罪人,而是指义人的"公义"或"义"并不是他们自己的,而是上帝的。"上帝的义"被赐予凭借信心生活的人。上帝之所以将义赐给他们,只是因为上帝愿意这样做,而不是因为他们是义人,满足了上帝对义的要求。因此,路德的"因信称义"的教义并不是指,上帝对我们的要求是信心,仿佛这是我们必须做的或完成的,然后上帝奖赏给我们的东西。相反,信心和称义都是上帝的作为,都是上帝白白赐给罪人的礼物。由于这个发现,路德告诉我们:"我觉得,我已经重生,天堂之门已被打开。整部圣经有了新的意义。从此以后,'上帝的义'不再令我满腔愤恨,而是因一种伟大的爱而变成一种无以言表的甜美。"

风暴来袭

虽然后来的事件揭示出路德性格的另一面,但是到目前为止,他似乎一直是个非常矜持的人,只是在埋头进行他的研究,应对灵命中的挣扎。虽然他的重大发现令他对福音有了新的理解,但他并没有立即抗议教会对基督教的解释。相反,我们的这位修士继续他的教导和牧养,虽然有一些迹象表明,路德在讲授他的新发现,但他并没有将其用来反对教会的传统教义。此外,整个补赎制度在当时所公认的神学与敬虔思想中根深蒂固,路德似乎并没有意识到,他的发现与整套补赎制度有着根本性的矛盾。

路德通过温和的劝导说服了他在维滕堡大学的大多数同事。当他确信必须对传统教义提出质疑时,他撰写了用于学术辩论的《九十七条论纲》(Ninety-Seven Theses)。《九十七条论纲》是用当时的学术语言拉丁文写成的,他在其中批评了经院神学的一些重要原则。他显然期待《九十七条论纲》的发表和辩论会引起轰动,让他可以透露他的重大发现。但是结果令他很吃惊,《九十七条论纲》和对它们的辩论在维滕堡大学之外几乎没有引起人们的兴趣。路德心中的福音完全不同于人们当时所普遍接受的福音,这一观点在他看来是至关重要的,可是,他的这个观点似乎引不起人们的兴趣。

后来,出人意料的事情发生了。路德用拉丁文又撰写了一组论纲,他完全没有想到它会比先前的《九十七条论纲》更有影响。有人将它翻译成德文,并以廉价的普及版予以传播。结果引起了轰动,最终其所带来的影响波及所有的基督教国家。这组论纲之所以会引起极为不同的反应,是因为其正式名称是《论赎罪券效能的九十五条论纲》(*Ninety-five Theses on the Power and Efficacy of Indulgences*),它现在通常被称为路德的《九十五条论纲》(*Ninety-five Theses*)——批评了赎罪券的销售及其神学前提。路德在公开反对有权有势的领主和高级教士为谋取利益而制定的计划时,并没有充分认识到他的所作所为,也不清楚他攻击的到底是谁。

教宗利奥十世授权销售的赎罪券尤其激起了路德的抗议,销售赎罪券也与霍亨索伦家族(House of Hohenzollern)的经济与政治野心密切相关,因为强大的霍亨索伦家族正渴望谋求在德国的霸权地位。勃兰登堡的阿尔伯特(Albert of Brandenburg)——霍亨索伦家族的一员——已经拥有了两个主教之职,他还希望成为德国最重要的大主教,即美因茨大主教。他开始与利奥十世谈判,而利奥十世是当时最糟糕的教宗之一——腐败、贪婪、懒惰。结果,他们达成一项协议,根据这项协议,阿尔伯特拿出一万达克特金币就可得到他所要求的。这是相当大的一笔钱,因此,教宗利奥十世也授权他在自己的领地内大肆销售赎罪券,条件是销售赎罪券的一半收益归利奥十世所有。利奥十世十分关注重新装饰罗马,西方教会大分裂以及文艺复兴时期一些教宗的好战情绪,导致罗马的许多美丽建筑被忽视。利奥十世的一个梦想是,建成从尤利乌斯二世时代就已经开始修建的圣彼得大教堂,为此,他希望从阿尔伯特销售赎罪券的收益中获取这笔资金。因此,整修罗马天主教现在引以为豪的圣彼得大教堂,是促成新教改革的间接原因之一。

多米尼克修会的约翰·台彻尔(John Tetzel)主要负责在德国销售赎罪券,他不择手段,只要有助于赎罪券的销售,他就愿意为他的商品编造任何谎言。例如,台彻尔和他的鼓吹者宣称,他们所销售的赎罪券可以令罪人"比在刚刚接受洗礼之后更洁净","比在亚当堕落之前更洁净","赎罪券销售者的十字架与基督的十字架同样具有能力"。他们向那些希望为自己死去的亲人购买赎罪券的人承诺:"投入钱箱内的银币叮咚一响,炼狱中的亡灵便升上天堂。"

这样的鼓吹令许多知识分子义愤填膺,他们知道,台彻尔和他的鼓吹者正在曲解教会的教义。一些人文主义者对当时盛行的无知与迷信感到悲哀,他们将台彻尔的鼓吹视为教会极度腐败的又一例证。另有一些德国人的民族主义情绪不断高涨,他们将台彻尔销售赎罪券的行为视作罗马骗取德国人民的钱财,并在盛宴与奢华中挥霍其所得。但是,他们只是和平地表达这些情绪,台彻尔还在继续销售赎罪券。

就在这时,路德将他著名的《九十五条论纲》钉在维滕堡教堂的大门上。这个《九十五条论纲》是用拉丁文写成的,与他之前对《九十七条论纲》的期待不同,他并没有指望《九十五条论纲》会引起多大的宗教轰动。在之前那次经历之后,他似乎一直认为《九十五条论纲》中的问题只会被马丁·路德所抗议的赎罪券。

神学家关注,他的新论纲不会在学术圈外被阅读与辩论。但是,他带着深深的义愤写成的《九十五条论纲》相比先前的《九十七条论纲》更具毁灭性。虽然涉及的神学问题更少一些,但是,《九十五条论纲》的确引起一些德国人的积极响应,他们憎恨外国的利益集团剥削德国人民,也憎恨像霍亨索伦家族那样与外国利益集团串通一气的德国人。此外,当路德具体地批评赎罪券的销售时,他损害到利奥十世和霍亨索伦家族的阴谋和计划。虽然路德对销售赎罪券的批评相对温和,但他不仅质疑了赎罪券的功效,还揭露了赎罪券的本质:剥削。在路德看来,如果教宗真能将亡灵从炼狱中拯救出来,他应当出于爱免费拯救亡灵,而不是出于一些微不足道的理由,如修建教堂(第八十二条)。实际上,教宗应当拿出他的钱,补偿那些被赎罪券叫卖者榨取最后一分钱的穷人,他应当这样做,即使这需要卖掉圣彼得大教堂(第五十一条)。

　　路德在万圣节前夕发表了《九十五条论纲》,影响巨大,因此,1517 年

10月31日经常被说成是宗教改革开始的标志。印刷机很快就将拉丁原文版和德文译本的《九十五条论纲》的复本传遍德国各地。路德亲自送给勃兰登堡的阿尔伯特一本《九十五条论纲》，并附上一封恭敬有加的说明信。阿尔伯特将《九十五条论纲》和说明信送到罗马，要求教宗利奥十世出面干涉。神圣罗马帝国皇帝马克西米连一世（Maximilian I）被这位如暴发户般自命不凡的修士的鲁莽无礼激怒了，他也要求利奥十世让路德闭嘴。与此同时，路德发表了一份对《九十五条论纲》的详细解释，阐明了他在那些非常简短的命题中所要表达的意思，但是，他更犀利地批评了赎罪券，并详细阐述了他的一些抗议所基于的神学观点。

利奥十世的回应是要求奥古斯丁修会（Augustinian Order）来处理此事，因为路德是该修会的修士。这位改教家被要求出席奥古斯丁修会将在海德堡（Heidelberg）召开的下一次例会。路德冒着生命危险来到了海德堡，因为有人希望将他定为异端，并作为异端烧死。但是，他惊讶地发现，奥古斯丁修会的许多同道支持他的教义，一些更年轻的同道甚至热衷于他的教义。其他一些修士同伴则认为，路德与台彻尔的争辩是多米尼克修会与奥古斯丁修会传统竞争的延续，因此他们拒绝放弃自己的斗士。最终，路德得以回到维滕堡，得到了他的修会和他为自己的事业所赢得之人的支持与鼓励。

利奥十世后来尝试了另一种策略。帝国会议（Diet of the Empire）——君主和贵族的会议——计划在奥格斯堡（Augsburg）召开，并将由皇帝马克西米连主持。利奥十世派博学的枢机主教卡耶坦（Cajetan）作为他的代表出席此次会议，他的主要任务是说服德国的王子们向正在威胁西欧的土耳其人发动一场宗教战争，并劝说他们同意为这场战争征税。土耳其人对西欧构成了巨大的威胁，这令罗马开始寻求与波希米亚的胡斯派和解，罗马甚至愿意接受他们所提出的一些苛刻的要求。其次，卡耶坦受命与路德会面，强迫他收回他的言论。如果这位托钵修士顽固不化，他将作为囚徒被押解到罗马。

路德的支持者是萨克森的选帝侯智者腓特烈（Frederick the Wise），他从皇帝马克西米连那里为路德弄到一张安全通行证。但是，路德不太相信皇帝，他还记得，几乎就在一百年之前，康斯坦茨大公会议在类似的情况下，曾不顾皇帝颁发的安全通行证，将约翰·胡斯烧死在康斯坦茨。尽管如此，路德还是去了奥格斯堡，他相信他不会死，除非那是上帝的旨意。

路德与卡耶坦的会谈并不顺利。这位枢机主教拒绝讨论路德的教导，只要求他收回自己的言论。这位托钵修士宣称，只要他被说服自己错了，他愿意收回言论。当他得知卡耶坦无意于辩论相关问题时——因为利奥十世已授权他逮捕路德——路德在夜晚秘密离开了奥格斯堡，回到维滕堡，并向一次大会提出了上诉。

在这段时间里，路德得到了智者腓特烈的保护，因为身为萨克森选帝侯的腓特烈也是维滕堡的领主。当时，腓特烈之所以必须保护路德，并不是因为他相信这位托钵修士的教导符合真理，而只是出于公正，他必须给路德一次听证的机会与公平的审判。最重要的是，腓特烈希望他能以一位智者与公正的统治者的形象被人们牢记与纪念。为此，他创建了维滕堡大学，那里有许多教授支持路德，并告诉他，路德并不是异端。腓特烈至少会在路德被依法审判与定罪之前保护他，以防他像胡斯那样被烧死。腓特烈如此坚定并不容易，因为反对他的人和称路德是异端的人越来越多，他们的势力也越来越大。

这时，皇帝马克西米连去世了，帝国皇位空缺。神圣罗马帝国皇帝是由选举产生的，因此，现在必须选出已故皇帝的继任者。两位最具实力的候选人是西班牙的查理一世和法国的弗朗索瓦一世。无论他们当中的哪一位晋升为神圣罗马帝国皇帝，都是教宗利奥十世所担心的，因为不管谁成为皇帝，都会令权力集中到一个人身上，这将威胁到利奥十世的政策。查理一世已经是西班牙的国王，从他的殖民帝国源源而来的黄金令西班牙迅速富裕起来，除了西班牙之外，他还在奥地利、低地国家（现在的荷兰、比利时和卢森堡)和意大利南部拥有广阔的世袭领地。如果神圣罗马帝国的皇冠戴到他的头上,他的权力在西欧将无可匹敌。法国的弗朗索瓦一世并不像查理一世那样拥有广阔的领地,但利奥十世也怕他成为神圣罗马帝国的皇帝,因为法国和德国若统一在一位皇帝之下,会令法国再次控制教廷。因此,利奥十世必须再找到一位值得支持的皇帝候选人,但这并不取决于这位候选人的权力,而是取决于他的个人威望。鉴于这个标准,利奥十世可以用来对抗查理一世和弗朗索瓦一世的理想皇帝候选人是萨克森的智者腓特烈,因为他赢得了德国其他诸侯的尊敬和爱戴。如果智者腓特烈被选为神圣罗马帝国的皇帝,其所带来的权力平衡会令利奥十世有更大的权势和自由。因此,早在皇帝马克西米连去世之前,利奥十世就已决定讨好腓特烈,将他选为自己所支持的皇位候选人。

然而,腓特烈却在保护路德,至少是在这位修士被依法审判与定罪之前。因此,利奥十世所采取的政策是推迟对路德的判决,试图改善他与这位改教家及其保护人腓特烈的关系。为此,他任命腓特烈的亲戚卡尔·冯·米尔蒂茨(Karl von Miltitz)作为他驻萨克森的代表。米尔蒂茨为腓特烈带来一朵金玫瑰,以示利奥十世对他特别的恩惠。虽然利奥十世并没有送给路德类似的礼物,但是,他命令自己的特使必须以一种和解的姿态会见路德这位反叛的修士。

米尔蒂茨接见了路德,路德承诺,只要他的对手不再继续论战,他也停止论战。这带来了短暂的和平,但是,英格斯塔德大学(University of Ingolstadt)的教授约翰·艾克(John Eck)打破了平静,因为他被路德的教导激怒了。艾克是个精明的对手,因此他并没有直接批评路德,而是批评了维滕堡大学另一位教授安德烈斯·卡尔施塔特(Andreas Bodenstein von Karlstadt),因为批评路德会令他成为现存和平的破坏者。卡尔施塔特已经改变立场,接受了路德的教义,但他是个鲁莽冲动的人,很容易在他的新信仰上走向极端。这本身就令他比路德更容易受到异端的指控,因此,艾克精明地向卡尔施塔特发起辩论的挑战。这场论战将在莱比锡进行,

教宗通谕《求主兴起》称路德为"野猪",并要求路德放弃自己的信仰。

起初它被公告为讨论卡尔施塔特的神学,而不是讨论路德的《九十五条论纲》。但是,这次论战所提出的问题显然是路德曾经提出过的,因此这位改教家声称,这只是攻击他本人的一个借口,他也将参加这场论战。

论战持续了几天,此时的论辩还是一场严格意义上的学术辩论。当路德与艾克最终交锋时,路德的圣经知识显然更胜一筹,而艾克则明显更熟悉教会法规和中世纪神学。艾克非常巧妙地将论战引向他所精通的领域,最终,路德被迫指出,康斯坦茨大公会议错误地惩处了胡斯,相比所有违背圣经的教宗和大公会议,有圣经支持的基督徒更有权威。这已经足够。路德表明了他的立场:他支持一个已被普世大公会议所定罪的异端,他甚至胆敢指责大公会议犯错。尽管路德的有力论证在许多论题上胜过了他的对手,但是,艾克却最终赢得了论战,因为他已经证明了他最初想要证明的东西:路德是异端,他支持胡斯的教导。

这就开始了路德斗争中的一个新阶段,其标志是更公开的斗争与更大的危险。但是,这位改教家和他的追随者善于利用政治局势所提供的时机,结果,全德国、甚至德国之外的人都认为,路德在捍卫符合圣经的信仰。与发生在英格斯塔德大学类似的事件在德国全境不断上演。在英格斯塔德大学，教师们一致赞同开除并逮捕一位较为年轻的教授，因为他赞同路德的观点。骚乱很快就爆发了。巴伐利亚的贵妇阿格拉·冯·格鲁姆巴赫（Argula von Grumbach）接受了路德的观点，她是第一个发表新教论文的女基督徒。她写了一封措辞严厉的信，为那位被开除的年轻教授辩护，她的信让我们看到，她比英格斯塔德大学的博学教师们更擅长神学辩论。在短短两个月内，她的信再版了二十次，引起了轰动。虽然并不总是同样引人注目，但是，类似的事件正在德国的每一个角落上演。

除了赞同路德的神学观点的人之外，还有许多人文主义者和德国的民族主义者也支持路德。人文主义者看到，他们所倡导的改革与路德的抗议有许多相同之处。德国的民族主义者认为，路德说出了德国人对罗马剥削德国人民所怀有的愤怒。

33　　在莱比锡论战几个星期之前，西班牙的查理一世被选为神圣罗马帝国皇帝，他就是后来的查理五世。虽然他非常感激智者腓特烈支持他参选皇帝，但他也是严格的正统基督徒，绝不能容忍在他的领地内出现异端，因此，他的当选预示着路德的噩运。腓特烈仍然支持路德——甚至比以前更加支持，因为他越来越相信，路德是正确的。如今，利奥十世再也没有任何理由推迟对路德的正式宣判，他以前这样做只是出于政治考虑。在通谕《求主兴起》（Exsurge Domine）中，利奥十世宣称，一只野猪闯入了主的葡萄园，他下令焚毁马丁·路德的全部著作；他给这位反叛的托钵修士六十天时间屈服于罗马当局，否则就将他革除教籍，并逐出教会。

路德在很久之后才得到教宗的通谕。《求主兴起》的复本被送到德国各地，各地对其反应不一。在一些地区，人们服从了利奥十世的命令，路德的著作被当众焚烧。但在另一些地区，学生和路德的其他支持者决定焚烧路德对手的著作。当路德最终得到《求主兴起》通谕时，他当众将它烧掉，还一同烧掉了其他一些书籍，宣称它们在为"教宗的教义"辩护。路德与利奥十世最终决裂，无法弥合。

利奥十世必须弄清楚皇帝和德国其他领主的态度,因为如果没有他们的支持,他难以让路德这位改教家闭嘴。为此,他使出了复杂的政治手腕,我们不必在此赘述。只需讲述一点:法国的弗朗索瓦一世是查理五世的敌人,当利奥十世过于支持弗朗索瓦一世时,即使作为坚定的天主教徒,查理五世也会利用路德来威胁利奥十世。在多次交涉之后,查理五世最终决定让路德出席将于 1521 年在沃尔姆斯(Worms)召开的帝国会议。

在沃尔姆斯帝国会议上,路德被带到神圣罗马帝国的皇帝和德意志帝国(German Empire)的几位大领主面前。负责审理路德一案的法官向他出示了许多著作,他问路德,这些是否真是他的著作。在查验之后,路德承认,它们的确都是他的著作,除此之外,他还写了其他著作。他随后被问到,是继续坚持那些著作中的观点,还是愿意收回其中一些言论。对于路德来说,这是一个艰难的时刻,并不是因为他惧怕皇权,而是因为他惧怕上帝。胆敢反对整个教会和由上帝所授权的皇帝是可怕的行为。我们的这位托钵修士再次在上帝的威严面前感到恐惧,他要求给他一天时间来考虑。

到了第二天,大家都知道,路德将出席沃尔姆斯帝国会议,会议大厅人山人海。查理五世也出席了此次会议,他带着一群西班牙士兵来到沃尔姆斯,他们对德国人毫无尊重可言,这激怒了德国人和德国的许多诸侯。路德再次被要求放弃他的观点。会议大厅一片寂静,这位托钵修士的回答是,他所写下的许多东西,是他和他的对手都相信的基督教的基本教义,因此,任何人都不要指望他否定这些教义。路德接着说,就其他问题而言,他的著作论述了德国人所遭受的暴政和不公。这也是他不会放弃的,虽然这并不是沃尔姆斯帝国会议的目的,但不管怎样,收回这些言论只会导致更加不公。他最后说,他在自己的著作中只是批评了某些人和教义的某些要点,这些是他与他的对手们所辩论的内容。他或许会承认一些话说得过于苛刻。但是,他不会否定它们符合真理,除非有人能说服他,他的确是错了。

查理五世的目的并不是参加对路德的教导的辩论,因此,路德再次被问道:"你是放弃,还是不放弃?"路德并没有采用神学辩论的传统语言拉丁语来回答,而是用德语回答了这个问题:"我的良心是上帝之道的囚徒。我不能,也不会放弃,因为违背良心既不正确,也不安全。求上帝帮助我。阿们。"①随后,路德以胜利者的姿态离开会议大厅,回到他的住所。

当路德焚烧教宗利奥十世的通谕时,他已经向罗马发起了挑战。现在,他又在沃尔姆斯帝国会议上再次向神圣罗马帝国发起挑战。因此,他有充足的理由祈祷:"求上帝帮助我!"

① *Opera* 17:580.

第三章

未知的十年

路德现在将被视为已被定罪的异端。从 4 月 15 日起,他还有二十一天。在这段时间之后,任何人都不应当再保护他。他的追随者也将被定罪,他的著作将从人类记忆中被抹去。

——沃尔姆斯法令

逃亡、动荡与起义

路德通过焚烧教宗利奥十世的通谕已经向教宗的权威发起了挑战。在沃尔姆斯帝国会议上,他拒绝放弃自己的观点,以此挑战了神圣罗马帝国皇帝查理五世的权威。查理五世绝不允许一位反叛的托钵修士挑战他的权威,因此,他准备对路德采取行动,尽管智者腓特烈已经为这位改教家拿到了一张安全通行证。但是,帝国会议中一些势力强大的议员反对查理五世对路德采取行动,他被迫与他们谈判。当沃尔姆斯帝国会议最终勉强满足了查理五世的心愿,颁布了我们在本章开头所引用的法令时,路德却不见了踪影。

事情的经过是这样的:智者腓特烈意识到,皇帝查理五世将要求沃尔姆斯帝国会议为路德定罪,所以他提前采取措施,以确保这位改教家的安全。按照这位选帝侯的命令,一支武装小分队绑架了路德,并将他带到瓦特堡(Wartburg Castle)。他下令不要将路德的藏身处告诉他,因此他自己也不知道路德被藏到了哪里。许多人以为路德死了,还有传言称,他已被利奥十世或查理五世下令杀害。

藏在瓦特堡的路德留起了胡子，他告诉自己最亲密的一些朋友，不要为他担心，他在潜心写作。他这段时期最重要的工作是将圣经翻译成德文。他在瓦特堡开始翻译的新约两年后完成；旧约的翻译则花去他十年时间。但是，花费时间翻译圣经是非常值得的，因为路德翻译的圣经不仅推动了宗教改革，还塑造了德国的语言和民族身份。

在路德逃亡期间，他在维滕堡的同道继续他的改革工作。其中最重要的是卡尔斯塔特（我们此前已经讲过，他参与了莱比锡论战）和菲利普·梅兰希顿（Philip Melanchthon）。梅兰希顿是年轻的希腊文教授，他的性格与路德截然不同，但他完全相信，那位比他年长的同道的教导符合真理。当时，路德所倡导的改革还没有在维滕堡的宗教生活中贯彻执行。路德敬畏上帝，对前途未卜的改革缺乏信心，他曾犹豫是否要采取得自他教义的具体措施。但是，既然他现在已经离开维滕堡，他的一些改革教会的具体措施相继被迅速地付诸实践。许多男女修士离开了他们的修道院，或是娶妻，或是嫁人。崇拜被简化，德语取代了拉丁语。为死者所举行的弥撒和禁食日都被废除了。梅兰希顿也开始主持"两种"圣餐——即不仅给平信徒杯，也给平信徒饼。

起初，路德支持这些改革。但是，维滕堡正在进行的改革有些过激，他很快对此提出质疑。当卡尔斯塔特和他的一些追随者开始捣毁教会中的圣徒肖像时，路德建议他们要克制。后来，有三个平信徒从附近的茨维考（Zwickau）来到了维滕堡，他们自称是先知，上帝直接向他们说话，因此，他们完全不需要圣经。梅兰希顿不知如何应对，他向路德征求意见。路德最终认为，目前福音本身正受到威胁，他必须回到维滕堡。他将这个重返维滕堡的计划提前告诉了智者腓特烈，并明确地表示，他回到维滕堡并不指望他的保护，而是上帝的保护。

虽然在涉及顺服上帝的问题时路德并不会考虑很多，但是，当时的政治局势对他有利，这令腓特烈可以继续将他藏在瓦特堡，后来，有利的政

沃尔姆斯帝国会议上的马丁·路德。因为沃尔姆斯宗教改革纪念碑浮雕。

治局势又令路德安全回到了维滕堡,他并没有被逮捕,也没有被处死。查理五世决心铲除路德宗"异端",但是更强大的敌人威胁到他,以致他难以疏离德国臣民中支持路德的人。法国的弗朗索瓦一世始终是查理五世的敌人。弗朗索瓦一世以前一直是欧洲最强大的君主,他并不喜欢西班牙的查理一世这颗正在冉冉升起的新星,因为查理一世现在成为神圣罗马帝国的查理五世,他所拥有的广阔的世袭领地实际上已将法国团团包围。在沃尔姆斯帝国会议前不久,查理五世与弗朗索瓦一世就已经在纳瓦拉产生了武装冲突。(我们将在以后看到,伊格纳修·罗耀拉[Ignatius Loyola]就是在这场战争中负伤,而这次伤病最终令他成为天主教改革的领袖之一。)从沃尔姆斯帝国会议召开的这一年(1521年)直到1525年,查理五世与弗朗索瓦一世之间不断爆发冲突。最终,查理五世的军队在帕维亚战役(Battle of Pavia)中俘获了法国国王弗朗索瓦一世,西欧两位最强大的君主的冲突似乎可宣告结束。

与此同时,在沃尔姆斯帝国会议召开几个月之前,利奥十世就已经去世了,查理五世利用他的权力令他的导师乌得勒支的阿德里安(Adrian of Utrecht)被选为教宗。新教宗取名为阿德里安六世,他是 20 世纪之前最后一位非意大利籍教宗,他渴望改革教会生活,但是,他绝不能容忍任何背离教会正统信仰的行为。他在罗马倡导苦修的生活,开始改革教会,希望以此平息对教会的批评和路德的愤怒。但是,阿德里安六世却在当选教宗一年半之后去世,他的改革计划被放弃了。继任者克莱门七世重新采取了利奥十世的政策,因为同他对教务的兴趣相比,他更关心艺术和意大利的政治。他很快就与皇帝查理五世爆发了严重的冲突,这令天主教一派难以共同采取行动来对付德国的改革者。

查理五世与他的囚徒弗朗索瓦一世签署了和约,后者重获自由与王位。但是,弗朗索瓦一世所被迫接受的条件很苛刻,他一回到法国就立即得到克莱门七世的支持,他们共同对抗查理五世。查理五世渴望消灭路德宗基督徒,并结束土耳其人对他帝国东部边界的威胁。这两个目标令他希望得到法国和教廷的支持。但是,正当查理五世备战之际,弗朗索瓦一世和克莱门七世向他宣战。

1527 年,主要由西班牙人和德国人组成的帝国军队入侵了意大利,并向罗马发起进攻。罗马陷落,克莱门七世逃到圣安吉洛城堡,他将罗马丢给入侵者,任由他们洗劫。许多入侵者是路德宗基督徒,因此,洗劫罗马便有了宗教色彩:上帝终于严惩了敌基督者。克莱门七世陷入绝境,但是,1528 年年初一支法国军队在英国人的资助下赶来援助他。帝国军队被迫撤退,如果不是一场瘟疫迫使法国人放弃追击,帝国军队将蒙受巨大损失。1529 年,查理五世先后与克莱门七世和弗朗索瓦一世和解。

查理五世再次准备采取强硬措施来镇压他德国领地内的异端,但是,土耳其人在苏莱曼(Suleiman)的率领下向维也纳发起进攻——维也纳是查理五世的奥地利领地的首都。维也纳的陷落令德国易于受到土耳其人的进攻,因此,查理五世和他的德国臣民将宗教分歧放到一边,协力抗击土耳其人的进攻。维也纳的保卫者英勇奋战,使维也纳坚不可破,德国援军最终迫使苏莱曼撤军。

就在这时,离开德国很久的查理五世回到了德国,他的意图非常明显:铲除路德宗异端。但在他离开的这些年,德国发生了一些重大事件。1522 和 1523 年,在弗朗茨·冯·济金根(Franz von Sickingen)的领导下41爆发了两次骑士起义。骑士的地位始终在下降,没有土地的贫穷骑士民族主义情绪高涨。许多骑士将他们的恶运归罪于罗马,他们将路德视为德意志民族的战士。一些像乌尔里希·冯·胡腾(Ulrich von Hutten)这样的骑士相信,路德的宗教教导符合真理,但是,他太懦弱了。当他们最终爆发起义时,他们声称是在保护宗教改革,尽管路德并没有煽动他们起义。起义军向特里尔(Trier)发起进攻,但是被德国的诸侯彻底击败,他们趁机剥夺了骑士仍占有的少数土地。济金根战死沙场,冯·胡腾逃往瑞士,并在随后不久去世。这一切被路德和他最亲密的同道视为一场大悲剧,这再次证明,人民应当顺服既定的权威。

1524 年,德国爆发了一场农民起义。由于几十年来德国农民的处境越来越差,德国已于 1476 年、1491 年、1498 年、1503 年和 1514 年相继爆发起义。但是,1524 年和 1525 年的农民起义规模最大,所造成的灾难也最严重。导致这两场起义特别有害的因素之一,是它们有了宗教色彩,因为许多农民相信,宗教改革者的教导支持他们的经济要求。虽然路德本人拒绝将他的教导拓展到政治领域,比如革命,但是其他人却并不这样认为。其中最重要的是托马斯·闵采尔(Thomas Müntzer)。

托马斯·闵采尔生于茨维考,他那些同乡"先知们"的教导曾在维滕堡引发一场骚乱,他的早期教导也类似于这些"先知们"的教导。闵采尔声称,最重要的并不是圣经中所记载的经文,而是圣灵现在的启示。在他看来,这种属灵的教义具有政治意义,因为他认为,由圣灵重生的人应当共同建立神权之国,来实现上帝的国。路德曾迫使闵采尔离开了萨克森,因为他担心闵采尔的教导会导致可怕的后果。但是,这位满怀激情的说教者又回来了,他加入了农民起义。

即使没有闵采尔的参与,这场农民起义在一定程度上仍受到宗教的鼓舞。农民在他们的《十二条》(*Twelve Articles*)中不仅提出了经济要求,也提出了宗教要求。他们试图将这些要求建立在圣经权威的基础之上,并最终宣布,如果他们的某个要求真的与圣经相悖,他们就会放弃这个要求。因此,虽然路德本人并没有看到他的教义与这场农民起义有任何联系,但是,农民的确将他们的起义与路德的教义联系在一起。

不管怎样,这令路德感到困惑,他不知道该采取怎样的态度。他的难题可能与他的两种国度的教义有关(参第四章)。当他第一次读到《十二条》时,他写信告诉德国的诸侯们,农民在《十二条》中的要求是合理的,因为农民受到了残酷的压迫。但是,当起义爆发,农民拿起武器时,他试图说服他们采取更和平的方法去解决问题,并最终要求德国的诸侯们镇压农民起义。在农民起义被血腥镇压之后,他又力劝胜利的诸侯们要宽待起义的农民。但是,无人理会他的劝告,据说,超过十万农民惨遭杀害。

农民起义对宗教改革的影响是致命的。信天主教的诸侯们认为是路德的教导导致了农民起义,从此以后,即使是最温和的天主教诸侯也采取措施,抑制异端在他们领地内传播。同时,许多农民相信,路德背叛了他们,他们或是重新信奉了天主教,或是成为了重洗派(参第六章)。

尽管农民起义占据了路德的大量时间,但是,他的个人生活也发生了巨变。附近女修道院的一群修女声称,她们相信路德的教义,希望他能帮助她们逃离修道院。按照当时的法律这是犯罪,但是路德还是帮助了她们。后来,他或是为她们找到了工作,或是帮她们找到了婆家。其中一个修女卡瑟琳·冯·博拉(Katharina von Bora)不愿意嫁给她的任何一个追求者。路德的几个朋友提出,他应当娶卡瑟琳。卡瑟琳也明确表示,她只考虑嫁给两个人——其中之一是路德博士。起初,路德只把这当作玩笑。他不愿意结婚,因为他当时相信自己很可能在不久之后殉道。但他最终同意娶卡瑟琳。虽然他们的婚姻明显受到当时男权主义的影响,但还是非常幸福的。他们之间不乏幽默的言谈——卡瑟琳抱怨,路德是个邋遢的人,路德也承认,他对"主人"卡瑟琳亏欠太多。路德还说,他清早醒来时在枕边看到两条小辫子会觉得非常怪异。他们生养了六个孩子,他们共同劳动,供养这六个孩子和其他许多孤儿与学生。路德说,他的家像一个"小教会",他很高兴自己能成为其中一员。著名的《桌边谈话》(*Table Talks*)由路德的学生编辑发表,它就是源于路德的这些经历和家庭生活,也是我们了解路德其人的一部佳作。他教育自己的孩子、学生和其他人的成就,为他赢得了公共教育先驱的美名。此外,他的家庭生活也成为德国几代敬虔的基督徒效法的榜样。

43

然而,在路德学习如何做丈夫和父亲之际,德国正在经历前所未有的动荡,全欧洲所有温和的天主教徒都被迫在路德及其对手之间做出选择。最著名的人文主义者伊拉斯谟支持路德宗基督徒的早期运动,但他并不喜欢这场运动所导致的纷争。他厌恶争辩和分歧,更愿意置身事外。但是,他的名气太大了,享受不到这样的奢侈,最终被迫表明了立场。虽然他经常批评神职人员的无知和腐败,但他从未倡导彻底的神学改革,因此,当他被迫表明立场时,他必定会支持路德的对手。

伊拉斯谟还是更愿意自己选择自己的战场。因此,他并没有在因信称义、弥撒是否为献祭或教宗权威这些问题上批评路德,而是提出了自由意志。路德已经肯定预定论,这不仅因为预定论是罪人凭借上帝白白的恩典因信心得以称义的必然结果,也是因为他在权威的保罗和奥古斯丁那里找到了支持预定论的足够依据。伊拉斯谟所批评的正是路德的预定论,并发表了一篇论自由意志的文章。

路德的回应先是感谢,他感谢伊拉斯谟所表现出的智慧:将他的精力集中在重要的问题上,而不是次要的问题,如销售赎罪券和圣徒遗物等等。但是,路德随后用他所特有的激情为自己的观点辩护。在他看来,异教哲学家和他那个时代的道德哲学家的自由意志观都没有考虑到罪的巨大力量。我们没有能力摆脱罪,只有依靠上帝的帮助才能称义,脱离罪的

44

权势。但即使是这样,我们仍是罪人。因此,就服侍上帝而言,我们经常夸耀的自由意志一无是处。只有依靠上帝的主动——上帝的预定,我们才得以称义。

路德与伊拉斯谟的争辩令许多人文主义者放弃了路德的事业。少数人仍坚定地支持路德,如菲利普·梅兰希顿,但他们也与伊拉斯谟和他的朋友们保持着友好的关系。支持路德的人本来就不多,因此,关于预定论和自由意志的争辩标志着路德宗基督徒与人文主义者建立亲密合作关系的所有希望都破灭了。

帝国会议

查理五世此时并不在德国,因为他必须治理整个神圣罗马帝国。他在沃尔姆斯帝国会议之后立即离开了德国,该会议是在他的压力之下才颁布了谴责路德的法令,因此这项法令实际上并没有得以实施。当1523年帝国会议在纽伦堡(Nuremberg)再次召开时,依然对路德宗基督徒采取宽容政策,查理五世和克莱门七世的代表对此提出抗议。

1526年,当查理五世与法国弗朗索瓦一世和教宗克莱门七世开战时,施派尔帝国会议(Diet of Spire)正式撤销了沃尔姆斯法令(Edict of Worms),给予德国许多邦国选择自己宗教信仰的自由。奥地利和德国许多南部领地选择了天主教,其他领地则开始推行路德宗的改革。因此,德国的宗教呈现出一幅多元图景。

1529年,第二次施派尔帝国会议走上了不同的道路。当时,查理五世可能再次出面干涉帝国会议,此前还相当温和的德国诸侯现在成为坚定的天主教徒。结果,第二次施派尔帝国会议重申了沃尔姆斯法令。这促使路德宗诸侯正式提出抗议,他们因此得名"抗罗宗"(Protestants)——新教徒。

为了参加奥格斯堡帝国会议,查理五世于1530年最终回到德国。在沃尔姆斯帝国会议上,皇帝拒绝听路德的论证。但是,现在由于局势的变化,他要求系统地解释正在争辩的问题。这份解释性文件主要作者是菲利普·梅兰希顿,它现在被称为《奥格斯堡信条》(Augsburg Confession)——在很长一段时间内,路德宗基督徒通常自称为"奥格斯堡信条基督徒"。在最初起草时,《奥格斯堡信条》只代表萨克森的新教徒。但是,其他一些德国诸侯和领袖也在信条上签了字,因此,该信条帮助大多数新教徒形成了一条对抗查理五世的统一战线(尽管还有另两份来自少数派的信仰声明,它们在一些问题上与梅兰希顿的《奥格斯堡信条》有分歧)。当《奥格斯堡信条》的签署者拒绝放弃他们的信仰时,查理五世被激怒了,他命令他们必须在第二年 4 月之前放弃信仰,否则将自食其果。

新教的存亡受到了威胁。查理五世拥有奥地利、西班牙和其他世袭领地,如果他将这些领地的军队与其他德国天主教诸侯的军队联合在一起,可以轻易消灭任何拒绝放弃新教信仰的德国诸侯。德国的新教诸侯认为,他们的唯一希望是并肩作战。在犹豫了很久之后,路德同意在查理五世的威胁下进行武力自卫是合法的。新教领地组成了施马加登同盟

(League of Schmalkalden),目的是抵抗查理五世可能试图通过武力所强行实施的法令。

双方都在为漫长而残酷的战争做着准备,这时,国际局势再次迫使查理五世推迟了行动。法国的弗朗索瓦一世再次准备开战,土耳其人也正计划一雪他们在维也纳的前仇。查理五世需要一个统一的德国来回击如此强大的敌人。这种局势要求谈判而不是战争,最终,新教徒与天主教徒于 1532 年签署了《纽伦堡和约》(Peace of Nuremburg)。它规定,新教徒可以实践他们的信仰,但是不能试图向其他领地传播他们的信仰;奥格斯堡帝国法令被撤销,作为报答,新教徒必须帮助查理五世对抗土耳其人。新教徒也承诺,他们不会逾越自己在《奥格斯堡信条》中所声明的信仰。政治局势再次对新教有利,虽然有《纽伦堡和约》规定,但是,新教仍在向新地区传播。

第四章

路德的神学

> 十字架的朋友肯定,十字架有益,行为无益,因为通过十字架,行为被废除了,依靠行为得力的老亚当被钉死了。
>
> ——马丁·路德

在路德生命的这个时期,我们必须停下来,去讲述他的神学,因为他的神学是他行为背后的动力,将在许多方面决定他的余生。到 1521 年路德参加沃尔姆斯帝国会议为止,他已经得出了他的主要神学结论,它们可以反映他的全部思想的特征。从此以后,他主要是扩展与更充分地阐述他的神学要点,而它们让他得出了他在沃尔姆斯帝国会议所持有的观点。因此,现在似乎是我们停下来讲述路德的基本神学主题的最佳时刻。此前,当我们讲述他探索自己如何得救时,我们提到了因信称义的教义。但是,因信称义绝不是路德神学的全部。

上帝的道

众所周知,路德试图令上帝的道成为他神学的出发点与最终权威。作为一位圣经教授,圣经对他来说至关重要,他正是在圣经中找到自己苦苦探索的得救的答案。但这并不意味着他是死板的圣经主义者,因为他所理解的"上帝的道"不只是记载在圣经中的字句。

就其首要意义而言,上帝的道就是上帝。《约翰福音》开篇几节经文就是依据:"太初有道,道与上帝同在,道就是上帝。"圣经本身也宣告,严格地讲,上帝的道就是作为圣子的上帝,就是三位一体的第二位,就是成为肉身并住在我们中间的道。因此,当上帝说话时,我们不只是被给予信息;最重要的是,上帝同时也在施展作为。这是上帝的道在《创世记》中的意义,上帝的道是一种创造的力量:"上帝说,要有……就有了……"当上帝说话时,上帝所说的,也被创造出来。除了告诉我们一些信息之外,上帝的道还在我们和所有受造物中做了一些事。那个创造与满有能力的道是基督,他成为肉身不仅是上帝最大的启示,也是上帝最伟大的作为。在耶稣里,上帝被启示给我们。在耶稣里,上帝战胜了束缚我们的罪的权势。上帝的启示也是上帝的胜利。

如果用这样一种圣经观来理解上帝的道,那么令圣经成为上帝的道的,并不是圣经绝对无误,也不是圣经是评判神学与宗教争辩的权威,圣经之所以是上帝的道,是因为耶稣——成为肉身的道——在圣经中临到了我们。任何阅读圣经却因某种原因而没有在圣经中找到耶稣的人,就没有遇见上帝的道。这就是路德在坚持圣经是最终权威的同时也贬低圣经某些书卷的原因。例如,在路德看来,《雅各书》"完全如禾秸一般",因为他在其中找不到福音,只读到一系列的行为准则。《启示录》也给他造成了难题。虽然他并不准备将这些书卷从圣经正典中删除,但他却公开承认,他难以在这些书卷中看见耶稣基督,因此,它们对他来说不会有太大的价值。

路德曾经提出,圣经的权威高于教会的权威,他的这个教义遭到天主教徒的质疑;路德认为,上帝的道就是耶稣基督,他用这个教义来回应天主教徒的质疑。天主教徒认为,教会的权威显然高于圣经的权威,因为圣经正典是教会所确立的。路德的回应是,既不是教会创造了圣经,也不是圣经创造了教会,而是福音——耶稣基督——创造了圣经和教会。最终的权威既不在教会中,也不在圣经中,而是在福音中,在耶稣基督的信息中,因为他是成为了肉身的上帝的道。同教宗的腐败教会,甚至是基督教

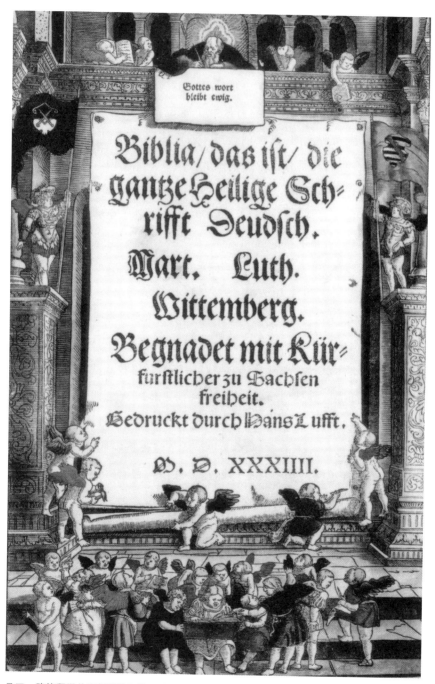

马丁·路德翻译的圣经塑造了德国的民族、宗教和语言。

传统的精华相比,圣经为福音所做的见证更加可信,因此圣经比教会、教宗和传统更有权威。事实的确如此,尽管在基督教最初几百年,教会在某些书卷、而不是另一些书卷中发现福音,并因此确定了圣经的正典。

十字架神学

路德深受中世纪晚期神学传统的影响,这一传统极其怀疑理性研究或证明信仰问题的能力。即使是这样,他仍赞同大部分传统神学的信念:通过纯理性或自然方法来认识上帝是可能的。这样的知识包括上帝存在,并容许我们分辨善恶。古代异教哲学家有这样的知识,从古罗马法律可明显看出他们可以分辨善恶。此外,哲学家能够得出这一结论:只有一位至高之神,他是万物存在的本源。

然而,这一切并不是对上帝的真正认识。正如路德所说,我们并不能通过思辨来认识上帝,这与我们用梯子爬到屋顶不同,人不可能爬上天堂去认识上帝。这样的努力就是路德所说的"荣耀神学"(theology of glory)。这种神学想要认识上帝在其自身荣耀中的神圣存在,却忽略了上帝与人之间的巨大距离。总而言之,荣耀神学试图在人所认为最有价值与最值得赞美的事物中去认识上帝,这就是它非常关注于上帝的能力、荣耀和良善的原因。但是,这只是在按照我们自己的形象创造上帝,我们是在骗自己相信,我们愿意让上帝的本性是什么,上帝的本性就是什么。

实际上,被启示出的上帝与荣耀神学中的上帝截然不同。上帝最高的自我启示发生在基督的十字架上,因此,路德所提出的并不是荣耀神学,而是"十字架神学"(theology of the cross)。这种神学并不是从我们所选定的地方寻找一位我们想象出来的上帝,而是从上帝在十字架上的启示中寻找上帝。我们在十字架上所看到的上帝是软弱的,他正在受苦,他被视为绊脚石。这就意味着,上帝以一种与我们的期待完全不同的方式来施展作为。在十字架上,上帝摧毁了我们预先设想的神圣荣耀。当我们认识了十字架上的上帝时,一定会抛弃自己以前对上帝的认识:我们自认为通过理性或内心的良知所认识的上帝。我们现在所认识的上帝,与荣耀神学简单预设的上帝迥然不同。

51 律法与福音

在上帝的启示中,我们才能真正认识上帝。但是,上帝在他的启示中以两种方式彰显自己:律法与福音。这并不简单地意味着先有律法,后有福音。也不是说,旧约就是律法,新约就是福音。这是一种误解,它最终导致许多路德宗基督徒将犹太教和犹太人视为基督教信仰的大敌,因为他们认为,犹太教和犹太人强调律法,而基督教是恩典的宗教。路德的确有他那个时代的基督徒对犹太人的许多——却不是全部——偏见。但是,对于路德来说,是旧约和新约二者中的福音与律法将上帝启示出来。律法与福音的差异表明,上帝的启示既是审判的道,也是恩典的道。两者总是一起出现,当我们听到恩典的道时,我们一定会听到审判的道。

因信称义的教义是上帝赦罪的信息,它并不意味着上帝对罪漠不关心。它也不是简单地说,上帝赦免了我们,因为我们的罪毕竟没有造成严重的后果。相反,上帝是圣洁的,罪与上帝的圣洁不可调和。当上帝说话时,我们会深刻地感到,上帝是如此圣洁,我们的罪是如此深重。这就是路德所说的作为律法的上帝的道。

然而,上帝也说赦罪的道——赦罪与上帝的圣洁紧密地联系在一起,以至于上帝的道有时既是审判,也是恩典。这种赦罪便是福音,这令所有人更喜乐,更无法抗拒,因为福音摧毁了律法的审判。赦罪的福音与律法并不矛盾,也不废掉律法。上帝的赦罪并不否认我们罪的严重性。正是因为我们的罪非常严重,才令福音成为非常不可思议的好消息。

可是,当我们听到赦罪的道时,律法的性质为我们改变了。以前似乎难以承受的重负现在变得可以忍受,甚至甜美。路德在评述《约翰福音》时如此宣告:

以前，对于我来说，律法中根本就没有快乐。但是，我现在发现，律法是好的，且甜美可口，律法被赐给我，因此，我可以活着，我现在在律法中得到了快乐。以前，它告诉我该做什么。现在，我开始改变自己，按照律法而活。为此，我要崇拜、赞美和服侍上帝。①

律法与福音之间的永恒辩证意味着，基督徒既是罪人，又是被称义之人。如常言所道：被称义的罪人仍是罪人。在被称义的那一刻，罪人并非不再是罪人。相反，一旦我们被称义，就会立即发现，我们的罪是多么深重。称义并不意味着我们没有了罪，而是指这一事实：甚至在我们还是罪人时，上帝就宣告我们是义人。律法与福音的永恒关系，就像我们自己的基督徒生活：我们既是罪人，也是被上帝宣告为义的信徒。

教会与圣礼

与我们普遍所认为的不同，路德既不是个人主义者，也不是理性主义者。在 19 世纪，当理性主义和个人主义似乎会成为未来的潮流时，一些历史学家试图将路德描述成这些潮流的先驱。这经常与一种努力联系在一起：证明德国是现代文明、应用理性和个人自由之母。在这样的诠释之下，路德成为了德国伟大的民族英雄和现代性的缔造者。

然而，这一切远非历史的真相。实际上，路德远非理性主义者。他经常将理性说成是"肮脏的"或"淫妇"——这反映了他成长过程中所处的中世纪晚期的神学环境，也足以说明他并不是理性主义者。至于他所谓的个人主义，更像是意大利文艺复兴领袖的特点，而不是德国这位改教家的特点；不管怎样，路德非常强调教会的重要性，他不应当被归类为真正的个人主义者。

尽管路德抗议当时被普遍接受的教义，反抗罗马教会当局，但是，他

---

① Sermon on John 1:17.

相信,教会是基督教信仰中必不可少的要素。他的神学并不是个人直接与上帝相交的神学,而是信徒在团契中共同过基督徒生活的神学,他经常将这样的团契称为"母会"(mother church)。

所有基督徒的确都通过洗礼成为了祭司,但是,这并不像后来的一些诠释者所说,意味着我们依靠自己便足以走近上帝。有一种直接与上帝相交的方法,所有基督徒可以,也应当享有这个方法。但是,还有一个有组织的实体,与上帝的相交都在其中发生,那一实体便是教会。成为祭司并不主要意味着我们成为了自己的祭司,而是作为上帝的祭司,我们成为了整个信仰团契的祭司,其中的所有成员也成为了我们的祭司——作为信仰的团契,我们所有人同时也成为了世界的祭司。"信徒皆祭司"的教义并没有否定教会团契的必要性,而是加强了它的重要性。能否走近上帝,不再由等级分明的祭司所控制。但是,我们仍需要信徒的团契——基督的身体,在其中,它的每一个成员都是其他成员的祭司,都牧养其他成员。如果没有这样的牧养,单独的成员便不能存活。

在这样的团契中,人人都有一个职位或天职,所有职业的价值在上帝眼中都是一样的,只要它们是道德的和圣洁的。同君王或鞋匠的生活相比,修士的生活并不会更圣洁或更有价值,因为所有职业都对上帝的计划和旨意有所贡献。这个观点通常被称为"普通生活皆圣洁"(sanctity of the common life),路德以此为现代天职观开辟了道路,但是,受其时代影响,他通常认为,每个人的呼召(天职)都是由他自己的出身决定的。要等到路德的下一代人那里,在加尔文及其同代神学家的影响下,天职观才为人们提供了从事各种新职业的机遇。

在教会生活中,基督徒在圣礼中领受上帝的道。如果圣礼是真圣礼,它必须是由基督所设立,它必须是福音应许的有形标记。根据这样的标准,路德认为,只有两个圣礼:洗礼和圣餐。虽然其他被普遍称作圣礼的礼仪和仪式可能有益,但是,它们不应当被视为福音的圣礼——尽管路德的确考虑过将补赎礼列为圣礼。

洗礼首先是基督徒与耶稣基督同死同复活的标记。但是,它并不只是标记,因为通过洗礼的力量,我们被塑造成基督的身体——教会——的一员。洗礼与信心密切相关,因为没有信心的洗礼是无效的。但这并不意味着,我们必须在接受洗礼之前有信心,或生于教会却尚未有信心能力的婴儿不应当接受洗礼。路德认为这样的结论是错误的,因为它们将信心视为人的行为和我们必须做的事情,而不是上帝白白赐下的恩典。上帝永远是救恩的发起者,这正是教会在为不能理解洗礼意义的婴儿施行洗礼时所宣讲的。此外,洗礼不仅是基督徒生活的起点,也是所有基督徒生活的基础和背景。洗礼不仅仅在基督徒接受洗礼时有效,在基督徒一生中都有效。所以路德告诉我们说,在经受痛苦的试炼时,他常常呼喊"我是受过洗的"。在他自己的洗礼中,有着他抵抗罪恶的力量。

圣餐是基督教另一个圣礼。路德否定许多公认的圣餐教义,尤其反对的是:举行个人弥撒、将圣餐理解为将耶稣基督再次献祭在髑髅地、只参加弥撒便会获得"善功"、变体说和"圣体的保留"——基督的身体甚至在圣餐结束之后仍留在饼中。在路德看来,这些教义是对圣餐的误解与误用,但是,他仍强调圣餐和基督临在于圣餐中的重要性。在强调需要宣讲上帝之道的同时,他也保留在圣餐中变得可见的道,将它作为基督教崇拜的中心。

基督如何临在于圣餐中的问题不仅引发了新教徒与天主教徒的漫长争辩,也在新教徒中间引发了长期的争论。路德明确否定变体说,他认为,变体说与亚里士多德的——因此是异教的——形而上学联系过于紧密。同样,变体说与弥撒是可带来善功的献祭这一理论联系在一起,也违背了因信称义的教义。

另一方面,路德并不愿意将圣餐降级为只是灵性实在的标记或象征。路德认为,耶稣在设立圣餐时所说的话——"这是我的身体"——是支持耶稣的身体临在于圣餐中的不可否定的明证。因此,路德不得不肯定,信徒在圣餐中的确分享了基督的身体。这并非像变体说所暗示的那样,饼

REGNVM SATANAE ET PAPAE.
2. THESS. 2.

路德宗的漫画表现了天主教徒与新教徒之间斗争的激烈。请注意：教宗坐在地狱口的宝座上，魔鬼在为他加冕。

和酒变成了耶稣基督的身体和血。饼仍是饼，酒仍是酒。但是，主的身体和血现在也与饼和酒同在，正是通过分享饼和酒，信徒才被耶稣基督的身体与宝血所滋养。虽然后来的诠释者普遍使用化质（consubstantiation）这一术语来表述路德关于基督临在于圣餐中的教义，以示他的圣餐论与罗马天主教变体说的差异，但是，路德从未使用过这种形而上学的术语，他只是说，基督的身体临在于（in）饼与酒、和饼与酒同在（with）、环绕着（around）饼与酒，即基督的身体全方位地临在于饼与酒。

    并不是所有反对传统教义的人都认同路德的圣餐论，这很快就造成了宗教改革领袖的矛盾。卡尔施塔特是路德在维滕堡大学的同道，他曾在莱比锡与埃克论战，他声称，基督在圣餐中的临在只是象征性的，当耶稣说"这是我的身体"时，他是在指他自己，而不是饼。乌尔里希·茨温利（Ulrich Zwingli，我们将在第五章中讨论他）持有类似的观点，但是他的论证更加有力。我们将会看到，当他们于1529年在马尔堡（Marburg）会谈时，对圣餐的理解是导致他们产生分歧的一个因素。最终，基督如何临在于圣餐中成为路德宗基督徒与改革宗基督徒所辩论的一个主要问题。

两个国度

在结束对路德神学简短的回顾之前,我们必须再来说说他对教会与国家关系的理解。路德认为,上帝建立了两个国:一个在律法之下,一个在福音之下。国家必须在律法之下运行,它的主要目的是限制人的罪及其后果。如果没有国家,罪将导致混乱和破坏。另一方面,信徒属于另一个在福音之下的国。这就意味着,基督徒不应期望用福音来统治国家,也不应通过迫害异端来支持正统信仰。此外,基督徒没有理由要求,他们臣服于国家的条件是由基督徒来统治国家。国家的统治者必须遵守律法,而不是福音。在福音的国中,世俗当局没有任何权力,基督徒不受国家的统治,也不必效忠于它。但是,我们要永远记得,基督徒既是被称义之人,也是罪人;因此,作为仍是罪人的人,我们还要接受国家的统治。

具体地说,这就意味着,真信仰只能凭借上帝的道获得,而不能利用世俗权力强加于人。但是,在国家和政治的复杂现实中,这些原则很难遵循。路德经常拒绝支持他事业的诸侯的帮助,但他还是发现他得到了他们的帮助。当宗教改革的支持者受到天主教军队的威胁时,他对如何应对犹豫不决,但他最终认同路德宗诸侯所进行的自卫战是正义战争。同样,就农民起义而言,路德认为,虽然农民正在遭受不公对待,但是作为基督徒,他们仍无权起义。几百年来,路德对教会与世俗秩序关系的理解,不断影响到他的追随者对压迫人民的、不公正的政府所持有的态度,但是,他们并不像改革宗基督徒(加尔文主义者)那样激进。

路德并不是和平主义者。当形势和正义需要时,律法之下的国家可以拿起武器。当土耳其人可能颠覆基督教国家时,路德建议他的追随者拿起武器。当他相信某些运动是具有颠覆性的,如农民起义和重洗派运动(参第六章),他会宣称世俗当局有义务镇压它们。他极度怀疑人们对政教关系的传统理解。他希望自己两个国度的教义可以成为他在政治舞台上采取行动的基础,但是,他的这个教义却难以在实际情况中应用。

第五章

乌尔里希·茨温利
与瑞士的宗教改革

> 上帝为了使人与他相交而按照自己的形象创造了人,因此,人可以在上帝的律法中获得喜乐,如果你是这样的人,除了上帝的道,不会再有任何法律或教导更能令你喜乐。
>
> ——乌尔里希·茨温利

人文主义和民族主义都成为有助于路德改革教会的因素,尽管这并不是路德的本意;然而,乌尔里希·茨温利却是有意识地利用这两个因素来领导瑞士的宗教改革。

茨温利的朝圣之旅

乌尔里希·茨温利于 1484 年 1 月生于瑞士的一个小村庄,他比路德晚出生不到两个月。他在叔叔那里受到启蒙教育之后,来到了人文主义兴旺的巴塞尔和伯尔尼。后来,他进入维也纳大学,之后又在巴塞尔学习。1506 年他获得了文科硕士学位之后,成为瑞士格拉鲁斯(Glarus)的神父。在格拉鲁斯,他继续他的人文主义研究,并熟练掌握了希腊文。他将教牧工作与他对人文主义的研究结合在一起,这在当时是极为罕见的,因为有文献表明,当时瑞士的许多教区神父都很无知,一些神父甚至从未读完全本圣经。茨温利与之形成鲜明对比:当伊拉斯谟发表他的希腊文新约时,茨温利得到了一本,他随身携带希腊文新约,以便尽量记住其中的内容。

茨温利不仅是牧者和学者,还是爱国者。当时,瑞士一些大的雇佣兵军团受雇于各个交战集团,他们甚至成为瑞士各州一项重要的收入来源。1512 和 1515 年,茨温利先后随同他所在地区的雇佣军远征意大利。第一次远征胜利了,这位年轻的神父看到他教区的居民残酷地掠夺被征服者的土地。第二次远征失败了,他现在有机会看到战争对战败者的伤害。这令他相信,瑞士的一大罪恶是雇佣军制度摧毁了社会道德——或像他所说,瑞士人在"卖血赚钱"。 58

　　茨温利在格拉鲁斯生活了十年,之后被任命为一座修道院的神父,有许多朝圣者去那里朝圣。他在那里讲道,抨击当时的一些观念,如朝圣有利于得救;他告诉人们,他在新约中找不到任何支持此类行为的依据,他很快就引起了人们的注意。他的声望越来越大,1518 年,他被调到苏黎世。这时,他已得出了与路德类似的结论。他的探索之旅并不像德国那位改教家那样痛苦,而是走上另一条道路:采取人文主义者的方法来研究圣经、极度愤慨冒充基督教的迷信、反对雇佣军制度和一些教会领袖对人民的剥削。 59

　　茨温利的讲道、灵修和学识很快就为他赢得了苏黎世教区居民的尊重。1519 年,苏黎世爆发了一场瘟疫,夺去四分之一以上苏黎世人的生命,茨温利在牧养苏黎世的信徒时被传染了,险些丧命。当一个赎罪券兜售者来到苏黎世时,他说服苏黎世政府将这位还没来得及开张的商贩逐出了苏黎世。 60

　　后来,法国的弗朗索瓦一世与查理五世开战,他要求瑞士联邦(Swiss Federation)派出雇佣军,所有州都派出了自己的雇佣军——除了苏黎世。教宗是弗朗索瓦一世的盟友,他坚持认为,苏黎世对教宗有义务,他说服苏黎世政府派出雇佣军为弗朗索瓦一世效劳。这件事令茨温利开始关注教宗的滥用权力,他对迷信和滥用权力的批评越来越尖锐地集中在教宗制度上。

　　此时在德国,路德在沃尔姆斯帝国会议上公然违抗查理五世的旨意,并在德国引起了轰动。现在,茨温利的敌人宣称,他的教导无异于德国那个异端的教导。后来,茨温利声明,他早在听到路德的教导之前,就已经通过自己对圣经的研究得出了类似的结论。因此,茨温利的改革并不是路德改革的直接结果,而是平行于德国的改革,并很快就与之建立了联系。不管怎样,到了 1522 年,即沃尔姆斯帝国会议召开的第二年,茨温利就已经准备进行改革教会这项伟大的工作,苏黎世政府议会(Council of Government of Zurich)愿意支持他的改革。

与罗马教廷决裂

苏黎世教会处在康斯坦茨主教管辖之下,他对正在苏黎世发生的事情表示关注。1522 年,茨温利讲道批评了禁食与禁欲的法律,他的教区中的一些居民在大斋节期间聚在一起吃香肠,康斯坦茨的副主教将茨温利告到了政府议会。但是,茨温利以圣经为基础为他的教导辩护,并获准继续讲道。随后不久,他扩大了对传统基督教的批评,因为他宣称,神职人员独身并不符合圣经,他进而声称,要求神职人员独身的人没有遵行他们自己的教导。他和其他十位神父给教宗写信,要求教宗批准他们结婚。当他的请求被拒绝时,他与寡妇安娜·莱因哈特(Anna Reinhart)秘密结婚,安娜在他的余生成为他忠实的伴侣和支持者。教宗阿德里安六世意识到需要改革教会,但是,他并不愿意进行路德和茨温利所要求的改革,他提出了诱人的建议。可是,茨温利拒绝了,他坚持认为自己所倡导的改革是以圣经为基础的。这令苏黎世政府议会要求茨温利与主教的代表进行辩论。

数百位观众在规定的时间聚集在辩论现场。茨温利详细阐述了一些论点,并根据圣经为它们辩护。主教的代表拒绝回应茨温利,他宣布即将召开一次大会,当前所辩论的所有问题届时都将得以解决。当他被要求证明茨温利的错误时,他再次拒绝。因此,苏黎世政府议会决定,既然没有人驳斥茨温利的教导,他可以继续自由地讲道。这个决定标志着茨温利最终与康斯坦茨主教辖区决裂,从而与罗马教廷决裂。

从此以后,茨温利的改革就在苏黎世政府议会支持之下阔步前进。茨温利的主要目标是恢复符合圣经的信仰和习俗。但是就改革的具体内容而言,他与路德有所不同,德国的路德愿意保留所有并不违背圣经的传统习俗,而瑞士的茨温利坚持认为,必须放弃一切没有明确圣经依据的习俗。例如,茨温利禁止在教会中使用管风琴,因为这种乐器——还有他能熟练演奏的小提琴——并没有出现在圣经中。不过,即使是音乐和其他的确出现在圣经中的习俗他也会禁止,他的理由是,绝不允许任何事物令心灵偏离它最重要的任务:聆听上帝的道。他甚至还禁止过于频繁地举行圣餐,因为圣餐会贬低上帝的道,因此,茨温利更愿意每年只举行四次圣餐,人们坐着分享圣餐。

在茨温利的领导下,苏黎世教会很快发生了改变。平信徒可以领受"两种"圣餐——饼和杯。许多神父以及从前的修士都结婚了。不分社会阶级的普通公共教育成为标准教育。许多人主动向瑞士其他州宣传茨温利的思想。

瑞士联邦并不是中央集权国家,而是由各个州复杂地组合在一起,每个州都有自己的法律和政府,它们为实现许多共同目标联合在一起,尤其是为了独立于德意志帝国。在瑞士联邦这幅多元画面中,一些州信奉新教,另一些州仍顺服罗马教廷。信仰分歧以及其他冲突似乎令内战在所难免。

天主教各州采取措施,试图与查理五世结成同盟,茨温利建议新教各州采取军事上的主动,以免为时过晚。但是,新教地区当局并不愿意先诉诸武力。当苏黎世最终决定必须开战时,其他新教各州并不同意。瑞士的新教徒不顾茨温利的建议而对天主教各州实施了经济制裁,他们指责天主教各州叛国,因为它们与可恨的哈布斯堡家族的查理五世结成同盟。

1531年10月,五个天主教州共同向苏黎世发动了突然袭击。苏黎世的守军几乎来不及准备战斗,因为他们直到看见敌人的军旗才意识到战争已经打响。茨温利与第一批战士出去迎战,他希望尽力抵抗,为其他守军赢得组织防御苏黎世的时间。在卡珀尔(Kappel),天主教五个州击败了苏黎世的军队,茨温利在战斗中负伤,一位雇佣军上尉在伤者中发现了他,并将他杀害。后来,他的遗体在胜利者的欢呼声中被肢解与焚烧。

仅仅在一个多月之后,瑞士的新教徒就与天主教徒签署了《卡珀尔第一和约》。新教徒同意支付近期的战争开支,作为回报,每个州都得到决定自己宗教事务的自由。从此以后,新教在瑞士的一些州得以牢固地建立,而另一些州仍信奉天主教。对信仰自由的追求导致州与州之间的人口流动,结果,新教与天主教很快各自在一些州中牢固地建立起来。在苏黎世,海因里希·布林格(Heinrich Bullinger)接过了茨温利的事业,他是茨温利的学生和伙伴;他在此后大约五十年中继续领导瑞士的宗教改革,直到他于1575年去世。

茨温利的神学

茨温利的神学在许多方面与路德的神学是一致的,因此,我们只需在此讲述这两位改教家的主要神学分歧。他们的分歧源于他们所走的不同道路。路德走的是一条痛苦的灵魂探索之旅,他最终在因信称义这一符合圣经的信息中得到了安慰,而茨温利走的却是研究圣经的人文主义者的道路,因为圣经是基督教信仰的源头,人文主义者鼓励信仰回归本源。这也意味着,茨温利对理性之力量的看法比路德更积极。

茨温利与路德各自的预定论可以很好地说明这种差异。他们都认为,预定论是符合圣经的教义,必须将它作为惟靠恩典称义这一教义的基础而予以肯定。路德经历到他对自己的罪无能为力,这让他发现并且宣告,他的得救与他的行为无关,是上帝的恩典;所以,对于路德来说,预定论既是他对自己这种经验的表达,也是他这种经验的结果。相反,茨温利认为,预定论是从上帝的本性推理而得的逻辑结论。对于瑞士这位改教家来说,支持预定论的主要论点在于,上帝是全能与全知的,因此,上帝预先知道且决定了万物。路德并没有使用这样的论点,而是乐于承认,预定论必不可少,因为人类无论做什么都不能得救。他或许会否定茨温利的预定论,认为他的预定论是理性思辨的结果,而不是圣经的启示和福音的经验。

茨温利对原始基督教的理解,受到一种他并没有完全意识到的独特传统的影响:用新柏拉图主义来解释基督教有着漫长的历史,这一传统通过查士丁、奥利金、奥古斯丁、伪亚略巴古人狄奥尼修斯和其他神学家的影响,进入基督教神学中。这种神学传统的一个要素是贬低物质,将物质与灵性实体对立起来。这是导致茨温利持有如下观点的原因之一:他坚持采用简单的崇拜方式,这种崇拜不会令信徒因过多地运用感官而关注于物质。另一方面,路德并没有将物质视为灵性的障碍,而是认为物质有助于基督徒的灵命。

这些分歧的观点明显影响到茨温利和路德这两位改教家对圣礼的理解,尤其是对圣餐的理解。路德认为,当人做出外在的行动时,上帝在人的里面做工,而茨温利拒绝将这种功效赋予圣礼,因为这会限制圣灵的自由。对他来说,物质和与之相随的物质行为只是灵性实体的标记或象征。就圣餐而言,茨温利认为,基督在饼与酒中的临在是象征性的,圣餐的有效性在于领受圣餐者的信心。但是,洗礼却造成了更大的难题。茨温利并不愿意放弃婴儿洗礼——这将削弱他的另一观点,即教会与国家有着共同的范围。但是,如果洗礼的功效只是象征性的,为什么要为不能理解这个象征意义的人施行洗礼?苏黎世第一批重洗派所暴露的,正是茨温利神学的这一内在张力(参第六章)。

对于茨温利和路德来说,他们就圣礼所产生的分歧至关重要,因为洗礼和圣餐在他们各自神学中都是很重要的部分。因此,当政治局势允许黑森的菲利普伯爵(Landgrave Philip of Hesse)将德国和瑞士的改教家们召聚在一起时,基督如何临在于圣餐中这一问题,实际上成为一道不可逾越的障碍。这发生在 1529 年,当时,黑森的菲利普伯爵邀请宗教改革的主要领袖来到马尔堡,他们是维滕堡的路德和梅兰希顿、斯特拉斯堡的布塞(Bucer)、巴塞尔的厄科兰帕迪乌斯(Oecolampadius)和苏黎世的茨温利。在所讨论的十五个问题中,他们就十四个问题达成一致,唯独在圣餐的意义与功效这个问题上产生了分歧。如果不是梅兰希顿提醒路德——在圣餐问题上向茨温利妥协会使路德及其同道想要赢得天主教徒认同的希望更加遥不可及,那么,他们可能会就圣餐问题达成一致。在一段时间之后,当与天主教的决裂最终在所难免时,梅兰希顿自己与瑞士和斯特拉斯堡的改教家们就圣餐问题达成了一致。

不管怎样,据称是路德在马尔堡会谈时所说的话——"我们不属于一灵",无疑正确地概括了当时的局势。他们在圣餐上的分歧并不是他们整个神学体系中一个无关紧要的枝节问题,他们的分歧源于各自对物质与灵性关系的不同理解,因此也是源于他们对上帝启示的不同理解。

茨温利与路德的这一分歧以及其他分歧,促成了两个新教传统:路德宗和改革宗,它们尤其就主如何临在于圣餐中这一问题难以达成一致。虽然改革宗信徒最终声称加尔文才是为改革宗传统奠定基础的神学家,但是改革宗传统仍深受茨温利的影响。就圣餐这个问题而言,许多改革宗信徒接受了茨温利的观点,而不是加尔文的观点(参第七章)。在很多时候,改革宗信徒——如荷兰、苏格兰、英国和美国的改革宗信徒——认为武装起义是正当和正义的;这再次让我们看到,既是改教家、也是爱国者茨温利的教导和态度,的确影响到后世的改革宗信徒。

第六章

激进的改革

现在,每个人都希望凭借一种肤浅的信仰得救;没有信仰的果子,没有历经试炼与苦难的洗礼,没有爱或盼望,没有真基督徒的行为。

——康拉德·格列伯

路德和茨温利都相信,基督教历经数百年的发展已经不再是新约中的基督教。路德希望净化基督教,除去基督教中所有违背圣经的东西。茨温利走得更远,他认为,只应当相信与实践有圣经依据的东西。但是,很快就有其他人指出,茨温利并没有让这些思想得出合乎逻辑的结论。

早期的重洗派

这些批判者认为,茨温利和路德都忘记了,在新约中,教会与它当时所处的社会有着明显的差异。其结果便是遭受迫害,因为罗马社会难以宽容初期的基督教。因此,君士坦丁归信基督教所导致的教会与国家的妥协,本身是对初期基督教的一种背叛。为了真正顺服圣经,路德所发起的改革必须比这位改教家走得更远。教会一定不能与社会其他机构混淆。两者的本质差异在于,人只是因生于社会而属于社会,这并不是人自己所能决定的,而人真正加入教会却是他自己的决定。因此,婴儿洗礼必须被废除,因为它会令人理所当然地认为,人因生于所谓的基督教社会而成为基督徒。这会令个人的决定显得微不足道,而它正是基督教信仰的本质。所以,由此而形成的信仰团契有责任管教它的成员,他们必须以生活的纯洁作为福音的见证——这种纯洁是世俗政府所不能保证与强迫的。重洗派的这个观点为一些较温和的改教家所努力遵循,因为斯特拉斯堡的布塞和日内瓦的加尔文先后坚持认为,教会有权利、有义务管教它的信徒,而不是将这类事务交给国家。

而大多数激进的改教家也认为,和平主义是基督教的一个本质要素。登山宝训的教导必须被完全遵守,任何反对或说这不可能的基督徒只能证明他们没有信仰。基督徒不应当拿起武器自卫,也不应当用武力保卫他们的国家,即使是国家受到土耳其人的威胁。不出所料,这样的教导在不断受到土耳其人威胁的奥地利和德国并不受欢迎,它在苏黎世和瑞士的其他新教地区也不受欢迎,因为新教在这些地区总是有被天主教军队歼灭的危险。

这些思想在欧洲许多看似毫无关联的国家中传播,包括一些天主教国家。但是,在苏黎世它们第一次引起公众的注意。在那里,一群基督徒敦促茨温利进行更激进的改革。这些人自称是弟兄(brethren),他们主张必须建立真信徒团契,以区分那些只因生于基督教国家而接受婴儿洗礼就自称是基督徒的信众。

当发现茨温利最终显然不会采取这种行动时,一些弟兄相信,建立真信徒团契的时机已经成熟。乔治·布劳若克(George Blaurock)以前是神父,他要求另一位弟兄康拉德·格列伯(Conrad Grebel)为他施行洗礼。1525年1月21日,格列伯在苏黎世市政广场的喷泉池为布劳若克施行了洗礼,布劳若克随后又为其他弟兄施行了洗礼。当时,他们并没有采用浸水洗礼,因为他们主要关注的并不是洗礼的方式,而是在接受洗礼之前必须要有信仰。后来,为了追求与新约一致,他们才开始采用浸水洗礼。

他们的敌人很快就将他们称为重洗派(Anabaptists),意为再接受洗礼者(rebaptizers)。这个名字并不是十分准确,因为所谓的再接受洗礼者并不认为应当重新接受洗礼,而是认为婴儿洗礼无效,因此,第一次真洗礼是我们在公开宣认信仰之后所接受的洗礼。不管怎样,他们以重洗派这个名字被载入史册,而这个名字已经没有了它最初的贬义。

重洗派运动召来了天主教徒和其他新教徒的强烈反对。虽然他们通常以神学原因提出他们的反对,但是,重洗派遭到迫害,实际上是因为他们被视为颠覆分子。尽管他们在一些问题上的观点是极端的,但是,路德和茨温利都接受了教会必须与国家共存、相互扶持的观念,他们都避免对福音所做的任何一种解释会威胁到既定的社会秩序。重洗派并没有尝试这样去做,他们的确威胁到既定的社会秩序。对于负责维护社会与政治秩序的人来说,他们极端的和平主义是难以接受的,尤其是在 16 世纪动荡不安的局势中。

同样,通过强调教会与世俗社会的差异,重洗派暗示教会不应当采用世俗社会的权力体系。路德宗基督徒现在得到了路德宗诸侯的支持,路德宗诸侯在世俗与教会事务中都享有巨大的权力,尽管这并不是路德的本意。在茨温利所在的苏黎世,政府议会在宗教事务中有最终决定权。盛行中世纪传统的天主教地区也是如此。这当然无法阻止教会与政府间不断出现的冲突,但至少可以有一个"共同预议机构"(a body of common presupposition),能够为解决教会与国家的冲突提供一个基本框架。这一切都被重洗派所否定,他们坚持认为,教会是一个自愿的信仰团契,完全不同于世俗团体。此外,许多重洗派是激进的平等主义者。在大多数重洗派群体中,女性拥有与男性一样的权利;至少在理论上讲,穷人和无知者与富人和知识分子同样重要。

就这一点而言,重洗派运动实际上是现代宗教宽容精神的重要先驱。教会与国家并不会永久并存,因此,国家无权决定其臣民的宗教信仰。一些更激进的重洗派在极少数情况下放弃了这个原则(例如,当他们占领明斯特时),但是,大多数重洗派仍坚守这个原则,因此,他们对现代性产生了重要影响,尽管这种影响是间接的。

1527 年,重洗派的许多领袖在瑞士的施莱特海姆(Schleitheim)召开会议——此时距重洗派运动开始还不到两年;此次会议的一个目的是抑制重洗派中的极端主义,与会者签发了《施莱特海姆信条》(Confession of Schleitheim),这份简短的文件阐明了大多数重洗派所认可的七个基本习俗和原则。第一条是,只应当为已经悔改且改正了自己的生活和相信基督的人施行洗礼。相比之下,婴儿洗礼是"教宗最最可憎的行为"。第二条与纪律(或"逐出教会")有关,在两次私下与一次公开规劝之后,如果某个基督徒仍拒绝改正他的生活,他将被禁止领受圣餐。第三条是,圣餐是纪念基督带有钉痕的身体和流下的宝血,非成年后接受洗礼的基督徒被禁止领受圣餐,因为所有真信徒在圣餐中同成一体。第四条是,真信徒必须远离所有未与基督和上帝联合的人,因为他们都是上帝所厌恶的。实际上,一切受造物非善即恶,基督徒必须远离恶者。第五条概述了牧师的职责。最后,《施莱特海姆信条》第六条和第七条是禁止宣誓和使用"刀剑"——意指任何形式的战争和暴力,并明确规定,禁止真信徒参与任何与"刀剑"或宣誓有关的活动,这包括战争、行政事务、向统治者或地方官员宣誓等等。

这一切让人感到极具颠覆性,因此,重洗派不得不面对残酷的迫害。这是促使他们签发《施莱特海姆信条》的原因之一。1525 年,在签发《施莱特海姆信条》两年之前,瑞士的天主教地区开始判处重洗派死刑。1526年,苏黎世政府议会做出了同样的决定。几个月之后,迫害蔓延到瑞士的其他地区。德国各则州对重洗派政策不一,每个州都有各自的政策,普遍的政策是各种针对异端的古代法律。1528 年,查理五世下令,可以根据古罗马惩处多纳图派的法律判处重洗派死刑,所有被指控为再接受洗礼的人都可以被判处死刑。1529 年的施派尔帝国会议——即路德宗诸侯正式提出他们的抗议,并第一次被称为抗罗宗(新教徒)的那次会议——批准了查理五世针对重洗派的法令。唯一一位依照自己的良心行事,并拒绝实施查理五世法令的德国诸侯是黑森的菲利普伯爵。在一些地区,包括路德所在的选帝侯区萨克森,重洗派受到异端和煽动叛乱的指控。异端是宗教罪名,煽动叛乱是非宗教罪名,因此,教会与世俗法庭都有权审判被指控为重洗派的人。

许多重洗派殉道——殉道的重洗派可能比在君士坦丁时代之前三百年中死于迫害的基督徒还多。他们殉道的方式因地而异,甚至每一起都不相同。许多重洗派被溺死,如此残忍的极刑只是为了嘲讽他们。其他重洗派被烧死,这是几百年来处死异端的常用方法。还有一些重洗派被酷刑折磨至死,或被四马分尸。如果要讲述在如此艰难的环境中的英雄事迹,我们恐怕还要多写几卷书。虽然重洗派受到了非常残酷的迫害,但是迫害越猛烈,他们的运动就越发展壮大。

重洗派中的革命派

重洗派运动的许多第一代领袖是学者,他们几乎都是和平主义者。但是,第一代领袖很快就死于迫害。后来,重洗派运动越来越极端,它成为一种表达群众不满的方式,而这种不满情绪以前曾导致农民起义。后来,最初的和平主义被人忘记,暴力革命取而代之。

早在重洗派运动高潮之前,托马斯·闵采尔就已经将重洗派的一些教导与农民对社会公义的盼望相结合。他加入了农民起义,结果于1525年被处死,这就发生在第一批重洗派在苏黎世接受洗礼的四个多月之后。许多重洗派现在也像托马斯·闵采尔那样起义。皮革工梅尔基奥尔·霍夫曼(Melchior Hoffman)便是其中之一。他先后成为路德宗基督徒和茨温利的追随者,最后成为重洗派。在斯特拉斯堡,一定的宗教宽容令重洗派相对强大,霍夫曼开始宣讲,主来的日子近了。他的讲道燃起了群众的热情,他们涌入斯特拉斯堡,希望新耶路撒冷在这里建立。霍夫曼宣称,他将被囚禁六个月,随后便是世界末日。他还抛弃了重洗派最初的和平主义,理由是世界末日近了,上帝的孩子必须拿起武器,对抗黑暗之子。当他被捕入狱时,这应验了他预言的前一半,更多的人来到了斯特拉斯堡,在这里等待启示他们拿起武器战斗的天上的异象。聚集在斯特拉斯堡的重洗派信众越来越多,这促使当局开始镇压他们;不管怎样,霍夫曼在他所预言的基督再来的日期之后仍被囚在狱中。

后来,重洗派提出,新耶路撒冷不会在斯特拉斯堡建立,而是在明斯特建立。在明斯特,天主教徒与新教徒势均力敌,这迫使他们采取了宽容的政策,因此,重洗派并没有受到迫害。预言家们来到了明斯特,许多因难以忍受的压迫而陷入绝望的人也来到了明斯特。上帝的国即将来临,它将在明斯特建立,那时,穷人会得到土地作为基业。

明斯特的重洗派很快就人多势众,他们控制了明斯特。他们的领袖是荷兰的面包工人约翰·马提斯(John Matthys)和他的主要门徒莱顿的约翰(John of Leiden)。他们抛弃了重洗派的宗教宽容,最先采取的行动即是将所有天主教徒逐出明斯特。主教被迫离开了他的教区,他集结一支军队,包围了新耶路撒冷。与此同时,在明斯特城内,越来越多的人坚持要求一切行动必须符合圣经。温和的新教徒也被逐出了明斯特。与传统的信仰和崇拜相关的雕像、绘画和各种物品都被捣毁。在明斯特城外,主教杀死了所有落入他手中的重洗派。守城的重洗派发现他们的处境越来越糟,因为他们的食物越来越缺乏,这让他们更加感情用事。每天都有人声称,他们得到了异象和启示。约翰·马提斯在一次突围中被杀,莱顿的约翰成为被困城市的领袖。由于漫长的战争和大批男性出逃,现在城中的女性多于男性。作为一种补救措施,莱顿的约翰下令,仿效旧约的先祖,实行一夫多妻制。

虽然被围困的重洗派物质越来越匮乏,但是,围攻他们的主教也开始缺乏供养作战军队的资金。后来,莱顿的约翰率领他的追随者进行了一场看似成功的突围,为此他们宣布,莱顿的约翰是新耶路撒冷国王。但是,在这些事过后不久,明斯特城中的一些居民再也无法容忍这些预言家,他们向主教打开了城门。新耶路撒冷国王被俘,他和两位重要的副官在明斯特被示众。后来,他们被施以酷刑,并被处死。重洗派的革命就此结束。梅尔基奥尔·霍夫曼已被大多数人所遗忘,他仍在狱中服刑,很可能最终死在狱中。如今,游客们仍可以在明斯特的圣兰伯特教堂(St. Lambert Church)看到三个牢笼,新耶路撒冷国王和他的两位副官曾关在里面被示众。

后期的重洗派

明斯特的陷落结束了重洗派革命。很快就出现了对明斯特这场悲剧的解释:重洗派放弃了和平主义。这场运动的新领袖同第一批重洗派一样,他们认为,基督徒之所以不愿意遵守登山宝训的训导,并不是因为这些训导难以遵守,而是因为它们需要极大的信心。信心坚定的基督徒将行出耶稣所教导的爱,并把其结果交在上帝手中。

这新一代重洗派中,门诺·西蒙斯(Menno Simons)是一位重要人物。他原是荷兰的天主教神父,1531 年一名重洗派的殉道,令他开始重新思考婴儿洗礼。五年之后,即 1536 年——莱顿的约翰和他的同伙被处死的同一年,门诺放弃了教区神父的职位,接受了重洗派信仰。他加入了荷兰的一个重洗派团契,最终,他的追随者被称为门诺派(Mennonites)。虽然门诺派同其他重洗派一样受到迫害,但是,门诺·西蒙斯并没有遇害,他多年游走于荷兰和德国北部,宣讲他的信仰,鼓励他的追随者。他还撰写了大量论文,1539 年出版的《基督教教义基础》(*Foundations of the Christian Doctrine*)是其中最有影响力的。他相信,和平主义是真基督教必不可少的一个要素,因此,他不愿意与重洗派中的革命派有任何关系。他也认为,基督徒不应当立下任何誓言,不应当担任要求他们宣誓的职务。但是,他们应当顺服世俗当局,只要当局不提出有悖于圣经的要求。门诺·西蒙斯将水从信徒的头顶浇下,为他们施行洗礼,他认为,只应当为当众宣认信仰的成年人施行洗礼。洗礼和圣餐都不能赐予恩典,它们只是外在的标记,象征着信徒与上帝的内在相交。最后,他和他的门徒效法耶稣的榜样施行濯足礼。

75　　　尽管门诺派拒绝参与颠覆性活动,但他们还是被许多政府视为颠覆分子,因为他们反对宣誓和服兵役。因此,他们被驱散到东欧各地,尤其是俄罗斯。后来,其他门诺派来到了北美洲,他们在这里得到了信仰自由。但是,在俄罗斯和北美洲,他们都遇到了困难,因为俄罗斯和北美洲各国都要求他们服兵役——这个要求后来在美国和其他国家被取消。因76　此,在 19 和 20 世纪,许多门诺派移民到南美州,他们在南美洲的一些地区可以过上相对孤立的生活。到了 20 世纪,门诺派已经成为 16 世纪重洗派运动的一个主要分支,他们仍坚持自己的和平主义立场。迫害已经成为历史,门诺派通过他们的社会服务赢得了社会的认可。

第七章

约翰·加尔文

> 我们要十分谨慎,以免我们的言语和思想僭越了上帝的道的启示……我们必须接受我们认识神的限制……照他启示给我们的样式认识他,而不企图在其圣道之外寻找任何关乎其本质的知识。

> ——约翰·加尔文

毫无疑问,约翰·加尔文是将 16 世纪新教神学系统化的最重要的神学家。路德是宗教改革勇敢的开拓者,而加尔文则是审慎的思想家,他将新教各个教义融合成一个紧密的整体。同样,令路德备受煎熬的对得救的探索,以及让他感到无比欣喜的对因信称义的发现,这两者始终主导着他的神学。作为宗教改革第二代神学家,加尔文并没有让因信称义夺去基督教其他教义的光芒,因此,他能更多地关注基督教信仰的其他方面,而它们几乎被路德完全遗忘——尤其是成圣的教义。

加尔文的早期生涯

加尔文于 1509 年 7 月 10 日生于法国小镇努瓦永(Noyon)。在此之前,路德已经开始了他在维滕堡大学的首度授课。加尔文的父亲是努瓦永的新兴中产阶级,他是主教的秘书,以及当地主教座堂的参议神父的代理人。通过这些关系,他为年轻的加尔文得到了两个小教职的收入,这笔收入被用来支付加尔文的学习费用。

有了父亲的资助,年轻的加尔文来到巴黎学习,他希望将来从事与教会相关的职业。在巴黎,他了解到人文主义及其保守派对人文主义的反动。当时正在进行的神学辩论,令他熟知威克里夫、胡斯和路德的教义。但是,正如他后来所说:"我当时深深陷入对教宗制的迷信。"[①] 1528 年,他获得了文科硕士学位。其时,他的父亲已经与主教彻底决裂,失去了他在努瓦永的影响力,他之后认为,他的儿子应当放弃神学,转而追求法律职业。为此,加尔文在奥尔良和博格斯(Bourges)学习,师从当时两位非常著名的法理学家:皮埃尔·德·莱斯都瓦勒(Pierre de L'Estoile)和安吉拉·阿尔西提(Andrea Alciati)。莱斯都瓦勒采用传统的方法来研究与解释法律,而阿尔西提是一位文风典雅却有点华而不实的人文主义者。当他们发生争论时,加尔文支持莱斯都瓦勒。这件事说明,即使在加尔文深受人文主义精神浸染之际,他也并不羡慕当时一些最著名的人文主义者身上空洞的典雅。

《基督教要义》

加尔文的父亲去世之后,他回到巴黎,继续他被打断的神学学习,并最终献身于新教事业。我们并不清楚他如何与罗马教廷决裂,以及这一决裂的具体日期。加尔文与路德不同,他很少写下自己的内心活动。或许是受到身边一些人文主义者的影响,以及他对圣经与早期基督教的研究,他才认为必须脱离罗马天主教,改信新教。

1534 年,加尔文回到努瓦永,他放弃了父亲为他争取的教职,尽管这是他的主要经济来源。我们无法弄清楚,他这时已经决定离开天主教,还是放弃教职只是他在走向宗教改革的灵命朝圣之旅中所迈出的又一步。实际上,此前对新教徒一向相对宽容的弗朗索瓦一世于 1534 年 10 月改变了他的政策,1535 年 1 月加尔文逃亡到瑞士的新教城市巴塞尔。

---

① "Preface to the Commentary on the Psalms," *Opera* 31:22.

加尔文感到,上帝对他的呼召是研究和写作。他并不希望成为一位宗教改革领袖,而是希望平静地生活,在这样的生活中研究圣经,为他的信仰著述。在到达巴塞尔前不久,他撰写了一篇短论,论述了灵魂在死人复活之前的状态。现在,他希望撰写诸如此类的论文,在那个困惑的年代帮助教会阐明信仰。

加尔文在这个战场上的主要工作是,从一个新教徒的立场简要概述基督教信仰。此前,大部分新教著作都是迫于辩论所著,专门论述所辩论的问题,基本不会涉及基督教的其他基本教义,如三位一体和道成肉身。因此,加尔文计划用他所说的《基督教要义》(*Institutes of the Christian Religion*)这本小册子来填补这个空白。

第一版《基督教要义》于 1536 年在巴塞尔出版,只有五百一十六页。它是小开本,可以轻易地装进人们当时所使用的宽衣袋,因此这本书得以在法国秘密流传。它只有六章,前四章论及律法、信经、主祷文和圣礼,最后两章辩论语气更浓,分别概述了新教对于罗马的"假圣礼"和基督徒的自由所持有的态度。

《基督教要义》立即取得了惊人的成功。第一版《基督教要义》是用拉丁文写成的,因此,它可以被其他一些国家的读者阅读,并在九个月内就销售一空。自此之后,加尔文继续撰写一版又一版的《基督教要义》,它的内容也逐年一卷卷增加。当时的神学争辩、加尔文所认为的各派的错误观点和教会的实际需要,都有助于扩展《基督教要义》的内容;因此, 为了弄清加尔文的神学发展和他所卷入的各种争辩,我们可以按照顺序来比较各版《基督教要义》。

1539 年第二版《基督教要义》以拉丁文在斯特拉斯堡出版。1541 年加尔文在日内瓦出版了第一部法文版《基督教要义》,它成为法国文学中一部经典之作。从此以后,《基督教要义》两版一组地出版:拉丁文版之后紧接着法文版,它们的出版时间如下:1543 和 1545 年、1550 和 1551 年、1559 和 1560 年。1559 和 1560 年的拉丁文版和法文版是加尔文生前最后的版本,因此,它们成为《基督教要义》的权威版本。

最后一版《基督教要义》已经远远不同于加尔文在 1536 年所发表的那本论基督教信仰的小手册,第一版只有六章的小手册已经变成一部长达四卷、共八十章的著作。第一卷论述上帝与启示、创造与人性。第二卷关注的是作为救赎主的上帝,以及他是如何在旧约及耶稣基督里先后被启示给我们的。第三卷试图说明我们如何凭借圣灵而分享到耶稣基督的恩典和由此结出的果子。最后,第四卷论及恩典的“外在工具”(external means),即教会和圣礼。整部《基督教要义》不仅表现出加尔文渊博的圣经知识,也表明他对古代基督教著作——尤其是奥古斯丁的著作——和16 世纪的神学争辩有着深刻的理解。毫无疑问,《基督教要义》是新教系统神学在宗教改革时期的巅峰之作。

日内瓦的改教家

在欧洲的许多国家,一些活跃的改教家成为宗教改革的领袖,但是,加尔文根本就无意成为宗教领袖。虽然他尊敬与钦佩他们,但是,他相信,他的恩赐并不是牧师和领袖的恩赐,而是学者和作家的恩赐。在短暂访问了费拉拉和法国之后,他决定在斯特拉斯堡定居,因为这里的新教事业已经成功,也有神学和文学活动,这为加尔文所计划的工作提供了合适的环境。

然而,战争令加尔文无法直接去到斯特拉斯堡,他必须绕路途经日内瓦。日内瓦的形势非常严峻。此前不久,新教城市伯尔尼向日内瓦派出了宣教士。这些宣教士得到平信徒中一小群知识精英和许多资产阶级的支持,前者急切希望改革教会,后者则希望得到与罗马教廷决裂即可获得的经济与政治自由。日内瓦的神职人员没有受过多少教育,他们的信仰并不十分坚定,当日内瓦政府下令废除弥撒,宣布日内瓦现已成为新教城市时,他们服从了命令。这一切仅仅发生在加尔文抵达日内瓦几个月之前,因此,伯尔尼的宣教士——他们的领袖是威廉·法雷尔(William

Farel）——现在发现，他们正在领导日内瓦的宗教生活，而他们的人手却严重不足。

加尔文来到了日内瓦，并决定第二天即赶往斯特拉斯堡。但有人告诉法雷尔，著名的《基督教要义》——此时才刚刚出版四个月——的作者现在就在日内瓦，结果便是加尔文后来所记载的那次令人难忘的会面。法雷尔对"促进福音事业有着惊人的热情"，他告诉加尔文日内瓦需要他留下来。对于这位比他年长大约十五岁的人所说的每一句话，加尔文都恭敬地倾听着。但他拒绝了法雷尔的请求，并告诉法雷尔，他已经有了一些研究计划，这些研究无法在法雷尔所描述的混乱环境中进行。当法雷尔费尽口舌也没能说服这位年轻的神学家时，他开始求告他们共同的主，并用可怕的威胁向加尔文发起了挑战："如果你在这么大的需求面前退缩，拒不伸出援手，愿你的安逸和你为自己的研究所寻求的平静被上帝定罪。"加尔文接着写道："这些话震惊了我，刺穿了我，我放弃了已经开始的行程。"②加尔文在日内瓦的改教家生涯就此开始。

虽然加尔文最初只是同意帮助日内瓦的新教领袖，尤其是法雷尔，但是，他的神学见解、法律知识和改革热情，很快就令他成为日内瓦宗教生活的核心人物。法雷尔此前一直是新教事业的领袖，但他现在欣然成为加尔文的主要同工和支持者。然而，并不是所有人都愿意遵行加尔文和法雷尔所制定的改革路线。这两位牧师刚刚开始坚持严肃认真地改革教会，许多曾经支持日内瓦与罗马教廷决裂的资产阶级就提出了异议；与此同时，他们还在其他新教城市散布谣言，传播日内瓦改教家们的所谓错误。冲突最终集中在教会的纪律和革除教籍的权力这两个问题上。加尔文坚持认为，如果按照宗教改革的原则来改革教会，那么拒绝悔改的罪人必须被革除教籍。当时掌控政府的资产阶级拒不同意，他们声称，这种严苛是无理的，是在篡夺政府的权力。最终，坚持己见的加尔文被驱逐出了

---

② "Preface to the Commentary on the Psalms," *Opera* 31:26.

日内瓦。受邀留下来的法雷尔更愿意与他的朋友一同逃亡，而不是成为一个工具，帮助资产阶级探求一种有许多自由却没有任何义务的宗教。

加尔文相信被逐出日内瓦是上帝所赐的良机，他可以继续计划中的写作和研究，因此，他去了很久以前就想要去的斯特拉斯堡。但是，平静的生活再次离他远去。斯特拉斯堡住着一大批法国难民，他们因自己的信仰而离开祖国，斯特拉斯堡的宗教改革领袖是马丁·布塞，他坚持认为加尔文应当担任他们的牧师。加尔文逗留在斯特拉斯堡这段期间，与布塞进行过多次长谈，布塞成为加尔文的良师益友，深刻影响到加尔文的神学和他对牧师职分的理解。正是在牧养教会的过程中，加尔文撰写了一部法文崇拜礼仪，还将一些诗篇和赞美诗译成法文，供逃亡的法国难民使用。在斯特拉斯堡，加尔文开始撰写第二版《基督教要义》——他为第二版补充了大量内容，这一工作受到了布塞的影响。在斯特拉斯堡，加尔文娶了寡妇伊德莉特·德·比尔（Idelette de Bure）为妻，他们过着幸福的生活，直到伊德莉特于 1549 年去世。

从 1538 到 1541 年，加尔文在斯特拉斯堡生活了三年，这三年可能是他一生中最快乐、最平静的一段时光。尽管这样，他还是后悔没能继续与日内瓦教会一同工作，他仍十分关注日内瓦教会。因此，当日内瓦的局势改变，新政府邀请加尔文回来时，他毫不犹豫地同意了。

加尔文于 1541 年回到日内瓦，他最先开始的一项工作是撰写了一套《教会律例》（Ecclesiastic Ordinances），日内瓦政府在做出一些修改之后批准了《教会律例》。这意味着日内瓦政府将日内瓦教会管理权交给了教会审议会议（consistory）——主要是由牧师和十二位平信徒长老组成。教会审议会议只有五位牧师，因此，平信徒长老在其中占据绝大多数席位。即使是这样，加尔文的个人威信依然极高，因此，教会审议会议通常会听从他的建议。

《教会律例》将教会圣工分成四种职分，加尔文认为，它们反映出了新约的习俗。在教会圣工这种四分法中，牧师负责讲道和主持圣礼。教

日内瓦圣皮埃尔教堂的加尔文座椅,他经常坐在这里教导信徒。

师,或称为博士,负责所有信徒的信仰教育,既包括孩子,也包括成年人。长老监督周围人的信仰生活,并规劝犯罪的信徒,如果他们不改正,长老可以将他们报告给教会审议会议。最后,执事负责教会的社会服务。

在随后的二十年中,教会审议会议与日内瓦政府不断爆发冲突,因为听命于加尔文的教会审议会议试图掌控同为教会成员的日内瓦公民的习俗,而且通常掌控得比政府更加严厉。到了1553年,反对派再次掌权,加尔文的政治地位并不稳定。

后来便是对塞尔维特(Michael Servetus)的著名审判。塞尔维特是西班牙医生,他的生理学研究为医学做出了巨大贡献。但是,他还撰写了许多神学论文,认为君士坦丁归信基督教之后的教会与国家的合一,实际上是一次严重的叛教,尼西亚大公会议在颁布三位一体教义时已经冒犯了上帝。他当时刚从法国的天主教宗教裁判所监狱中逃出来,因为他受到异端的指控,正在法国受审。他在途经日内瓦时被认出来了。他被逮捕,加尔文对他提出了三十八项指控。在日内瓦,一些反对加尔文的人接过了塞尔维特的事业,他们的理由是,既然塞尔维特被天主教指控为异端,那么,他应当被新教徒视为盟友。但是,日内瓦政府向瑞士的新教各州征求意见,它们一致认为,塞尔维特不仅是天主教的异端,也是新教的异端。这平息了反对的声音,塞尔维特被烧死了——尽管加尔文主张用更仁慈的斩首处死他。

塞尔维特被烧死遭到了猛烈的批评,尤其是塞巴斯蒂安·卡斯泰洛(Sebastian Castello)的批评。他之前被加尔文逐出日内瓦,因为他将《雅歌》(Song of Songs)解释成情诗。从此以后,烧死塞尔维特——一位著名的医生——成为加尔文的"日内瓦僵化教条主义"的象征。毫无疑问,我们有理由严厉批评对塞尔维特的审判过程,尤其是加尔文在其中所起的作用。但是,我们也不要忘记,当时全欧洲的新教徒和天主教徒都采用同样的方法来对付他们眼中的异端。塞尔维特之前被法国宗教裁判所判为异端,他之所以没被烧死,只是因为他逃跑了。

在塞尔维特被烧死之后,加尔文在日内瓦的权力无人能及,尤其是在他得到其他所有新教各州神学家支持之后;而他的对手却陷入艰难的境地,因为他们曾为一位同时被新教徒和天主教徒定为异端的人辩护。

1559 年,加尔文看到他最渴望的一个梦想实现了:在西奥多·贝扎(Theodore Beza)的领导之下,日内瓦学院(Genevan Academy)成立了,而西奥多·贝扎最终继承加尔文,成为日内瓦的神学领袖。在日内瓦学院,日内瓦的年轻人按照加尔文主义者的原则接受教育。欧洲各国的许多学生也来到日内瓦学院学习,他们在毕业之后将加尔文主义一同带回了祖国。

当加尔文意识到自己不久于人世时,他写下遗嘱,向他最亲密的同工道别。法雷尔在附近的纳沙泰尔(Neuchatel)领导宗教改革,他最后一次探望了他的朋友。加尔文于 1564 年 5 月 27 日去世。

加尔文与加尔文主义

加尔文在世时,造成新教徒分裂的主要问题是基督如何临在于圣餐中。不过,当时的新教徒并不包括重洗派,他们被其他新教徒视为异端。在马尔堡会谈时,圣餐问题是导致路德与茨温利产生分歧的主要原因。在圣餐问题上,加尔文跟随着他的朋友,斯特拉斯堡的改教家马丁·布塞——他的观点介于路德与茨温利之间。加尔文断言,基督在圣餐中的临在是真实的,尽管这是属灵意义上的真实。这就意味着,这种临在不只是象征性的,圣餐也不只是操练敬虔,而是上帝在圣餐中为领受圣餐的教会有真实的行动。另一方面,这并不意味着基督的身体从天而降,也不是如路德所说,基督的身体同时临在几个圣坛之上,而是基督徒在领受圣餐时凭借圣灵的力量被提升至天堂,预先与基督分享天上的盛宴。

1526 年,布塞、路德和其他新教神学家共同签署了《维滕堡协定》(Wittenberg Concord),它为路德和布塞的观点都留有余地。1549 年,布塞、加尔文、瑞士的主要新教神学家和德国南部其他新教神学家签署了一份类似的文件《苏黎世共识》(Zürich Consensus)。路德也为加尔文《基督教要义》的出版感到高兴。因此,加尔文与路德就基督如何临在于圣餐这一问题所产生的分歧,不应当成为新教合一不可逾越的障碍。

然而,这两位伟大教师的追随者并不如他们变通。1552 年,一位路德宗基督徒约阿希姆·维斯特法勒(Joachim Westphal)发表了一篇驳斥加尔文的论文,他在论文中以路德圣餐论捍卫者自居,宣称加尔文主义者的圣餐论正在鬼鬼祟祟地混入路德宗的传统领地。一些加尔文主义者作出回击,认为路德宗基督徒实际上信奉的是天主教的圣餐论。路德这时已经去世,梅兰希顿拒绝按照维斯特法勒的要求攻击加尔文。但最终的结果是,路德的追随者与接受《苏黎世共识》的基督徒越走越远,为了区别于路德宗基督徒,接受《苏黎世共识》的基督徒后来被称为改革宗基督徒。

因此,早期的加尔文主义或改革宗神学的主要特点并不是预定论——改革宗基督徒与路德宗基督徒就预定论普遍达成了共识。实际上,将加尔文主义者与路德宗基督徒真正区分开来的,是他们对圣餐的不同

86

理解。随着我们的讲述（参第二十章），我们将会看到，预定论在下一个世纪才被视为加尔文主义的标志。

不管怎样，通过日内瓦学院的影响和《基督教要义》的出版，加尔文的神学很快就影响到欧洲其他许多国家。例如，在荷兰、苏格兰、匈牙利、英格兰和法国等国，最终出现许多接受了日内瓦这位改教家教义的教会，这些教会现在被称为改革宗或加尔文派教会。重要的是，加尔文主义与改革社会的热情相结合，这在路德宗国家中是没有的，因为加尔文主义者相信，他们有义务令世俗政府遵守上帝的律法。因此，加尔文主义最持久的一个影响在于，它促成了一场场为现代世界开辟了道路的革命，而这很可能是加尔文自己都想象不到的。

第八章

大不列颠的宗教改革

> 诚如圣保罗所预言,正如世俗中各种不义的行为,基督教中各种不义也随处可见。堕落的生活显而易见,信仰的标准不再是上帝简明的道,而是人的风俗、习惯、意愿、赞赏和决定。
>
> ——约翰·诺克斯

大不列颠直到 17 世纪初还没有统一,而是由两大家族统治:英格兰的都铎家族(House of Tudor)和苏格兰的斯图亚特家族(House of Stuart)。这两个家族有着血缘关系,它们最终统一在一起。但是,在 16 世纪,他们的关系是敌对与公开战争的关系,因此,宗教改革在英格兰和苏格兰走上了不同的道路。所以,本章我们先来讲述英格兰的宗教改革,然后再将目光转向苏格兰的宗教改革。

亨利八世

16 世纪伊始,苏格兰是法国的盟友,英格兰是西班牙的盟友。法国与西班牙在欧洲大陆的争斗,也反映在苏格兰与英格兰在大不列颠的争斗中。英格兰的亨利七世为了巩固他与西班牙的关系,安排他的儿子兼继承人亚瑟(Arthur)娶了阿拉贡的凯瑟琳(Catherine of Aragon)。凯瑟琳是西班牙的费迪南德与伊莎贝拉的女儿,因此,她是查理五世的姨妈。亚瑟与凯瑟琳举行了隆重的婚礼,这本该可以确保英格兰与西班牙的关系,但是,十五岁的新郎亚瑟在四个月后去世,他的弟弟亨利成了英格兰王位继承人,后来,西班牙提出将凯瑟琳嫁给她已故丈夫的弟弟亨利。英格兰国王亨利七世同意了这桩婚事,他渴望保持与西班牙的友好关系,并保留这个遗孀的嫁妆。教会法禁止男子娶他兄弟的遗孀,英格兰驻罗马教廷的代表取得教宗特许,小亨利一到结婚年龄就娶了凯瑟琳。

这桩婚姻并不幸福。尽管有教宗的特许,但还是有人怀疑,教宗是否有权授予这样的特许,因为教会法明令禁止男子娶他兄弟的遗孀。这就意味着,这桩婚姻的合法性令人怀疑。亨利与凯瑟琳没能生下一位男性继承人——他们唯一活下来的孩子是公主玛丽·都铎(Mary Tudor),这被解释为上帝愤怒的表现。英格兰刚刚结束了一场因王位继承问题而爆发的血腥战争,因此,国王必须有一位男性继承人。但是,在几年婚姻生活过后,亨利与凯瑟琳显然没有生出一位男性继承人。

一些解决方案很快就被提出来了。亨利八世自己提出,要将被他封为里士满公爵(Duke of Richmond)的私生子立为他的合法继承人。但是,这样一种安排必须得到教宗的批准,可是,教宗是不会允许的,因为这样做会令他与西班牙关系疏远。后来,负责这些谈判的枢机主教提出,亨利八世可以将玛丽嫁给他的私生子。但是,国王亨利八世认为,将玛丽嫁给她同父异母的兄弟,会重复他娶自己兄弟遗孀的错误。他自己的方案是,要求罗马教廷废除他与凯瑟琳的婚姻,因此,他可以任意娶一位可能为他生下男性继承人的王后。亨利八世在他第一次请求废除他的婚姻时似乎还没有迷恋安妮·博林(Anne Boleyn),他最初提出离婚,只是出于对国家的考虑,而不是为了满足自己的私欲。

废除婚姻在当时并不罕见,因为教宗可以因各种原因而废除人们的婚姻。废除亨利八世的婚姻理由是,尽管有教宗的特许,但是,他与他兄弟遗孀的婚姻仍是不合法的,因此,他们的婚姻从来都不是真正的婚姻。但是,与教会法完全无关的其他原因显然更加重要。尤其是,凯瑟琳是查理五世的姨妈,查理五世当时实际上控制着教宗,他的姨妈凯瑟琳请求他挽救她的名誉,不要让她的婚姻被宣布为违法。如果教宗克莱门七世废除了亨利八世与凯瑟琳的婚姻,他与查理五世的关系必然会疏远。克莱门七世尽可能拖延此事,他的代表甚至提出,亨利八世不必休掉他的第一任妻子,而是秘密地另娶一位。但这不是解决问题的办法,因为亨利八世需要一位公认的继承人。托马斯·克兰麦(Thomas Cranmer)是亨利八世主要的宗教事务顾问,他建议亨利八世咨询一些最重要的天主教大学。其中最有威望的几所大学宣布,亨利八世与凯瑟琳的婚姻是无效的,这包括巴黎大学、奥尔良大学、图卢兹大学、牛津大学、剑桥大学,甚至是意大利的一些大学。

从此以后,亨利八世所采取的政策最终导致他与罗马教廷决裂。禁止向罗马教廷上诉的古代法律再次生效,这令神职人员直接处于亨利八世的控制之下。他甚至动了念头要扣留通常会被送往罗马的俸金。在这样的威胁之下,克莱门七世被迫任命克兰麦为坎特伯雷大主教。但是,亨利八世与罗马教廷的冲突并不意味着他对新教有丝毫的同情。事实上,

早在几年之前,他所发表的一篇驳斥路德的论文得到了教宗利奥十世的赞扬,因此,他还被利奥十世封为"信仰的捍卫者"。在亨利八世看来,他所需要的并不是正在欧洲大陆进行的宗教改革,而是重获国王能对抗教宗无理干涉的权力。

然而,路德的思想正在英格兰传播,他的思想现在与残留在英格兰的威克里夫的思想结合在一起,有这些思想的人普遍高兴地看到,他们的君主与罗马教廷越走越远。威克里夫的改革计划包括创建一个世俗政府所直接领导的国家教会,亨利八世的政策必然会导致这个结果。这也是托马斯·克兰麦的愿望,他也希望教会的改革是在国王的领导之下。

亨利八世最终于1534年与罗马教廷决裂,当时,按照国王的命令,英格兰议会颁布了一系列法律:禁止英格兰的神职人员将他们担任教职第一年的收入和其他类似的捐献交与罗马教廷;裁定亨利八世与凯瑟琳的婚姻并不是真正的婚姻,因此,玛丽无法成为英格兰国王的合法继承人;最后,英格兰国王是"英格兰教会之首"。为了实施这最后一项决议,英

格兰议会下令,任何胆敢宣称英格兰国王是分裂者或异端的人,都将被定为叛国罪。

在反对这些法律的人中,最著名的是托马斯·莫尔爵士(Sir Thomas More)。他曾是英格兰的大法官和亨利八世的朋友。他拒绝宣誓效忠于作为教会领袖的国王,因此被关进了监狱。他的一个女儿来到狱中看他,他曾让这个女儿受到良好的人文主义教育。她试图说服父亲收回他的言论,承认国王的权威高于教会的权威。为了说服父亲,她列出许多已经这样做的人,他们都是受人尊敬与爱戴的人。据说,托马斯·莫尔的回答是:"我绝不打算依照别人的良心行事。"在审判他的过程中,这位前大法官为他的观点辩护,他说,他从未否认国王是教会的领袖,只是拒绝亲口承认,我们不应当因我们没有说什么而被定罪。但是,在他被宣判死刑之际,他为了表明自己的良心而公开宣布,他并不相信一个像国王这样的平信徒可以成为教会的领袖,任何人都无权更改教会的法律。五天之后,他在伦敦塔被处死,在被斩首之前他说:"我死后愿人记住,我是国王的好仆人,但是,我首先是上帝的好仆人。"1935 年,在托马斯·莫尔去世四百年之后,他被正式追封为罗马天主教圣徒。

到目前为止,在英格兰所发生的一切只是与罗马教廷决裂,还没有对教会和许多教义进行改革,只是提出一些能够证明与罗马教廷决裂的合理性所必需的教义。但是,在英格兰有许多人认为,必须全面改革教会,他们将当时的事件视为全面改革教会的良机。托马斯·克兰麦便是这种态度的典型代表,他支持国王的政策,希望它们可以带来更深入、更深远的改变。

亨利八世在宗教事务上基本是保守的。他似乎一直坚信教会的大多数传统教义,尽管他的主要动机显然是政治性的。因此,在他统治期间,与宗教事务相关的法律随着政局的变化而改变。

亨利八世一被任命为教会的领袖,就宣布他与凯瑟琳的婚姻无效,并将他与安妮·博林木已成舟的秘密婚姻合法化。安妮并没有为亨利八世生下一位男性继承人,她只生下一个女儿伊丽莎白,最终,安妮·博林被指控通奸而被处死。随后,亨利八世娶了简·西摩尔(Jane Seymour),她终于为国王生下一位男性继承人——后来的爱德华六世(Edward Ⅵ)。在简·西摩尔去世之后,亨利八世试图利用他的第四次婚姻与德国的路德宗信徒结成盟友,因为他觉得自己受到了查理五世和法国的弗朗索瓦一世的威胁。因此,他娶了克里维斯的安妮(Anne of Cleves)——德国重要的新教诸侯萨克森的约翰·腓特烈(John Frederick)的小姨子。但是,德国的路德宗信徒依然还是坚持自己的教义,尽管它们是亨利八世所反对的;此外,就对英格兰的政策而言,查理五世与弗朗索瓦一世显然不可能达成一致。这两个因素促使亨利八世与他的第四个妻子离婚,并下令将安排这桩婚姻的人斩首。他的新王后是凯瑟琳·霍华德(Catherine Howard),她是保守派,因此,亨利八世的第五次婚姻标志着教会改革的倡导者开始进入一段艰难时期。亨利八世与查理五世达成一项共同入侵法国的协议。他现在不再惧怕已经成为他盟友的皇帝查理五世,因此,他中断了与德国路德宗领袖的所有谈判。在英格兰,他采取了一系列措施,以确保英格兰教会与罗马天主教尽可能保持一致,除了顺服教宗。他也拒绝恢复修道院,他曾以改革为借口查禁了修道院,并没收了修道院的财产,他现在无意返还这些财产。失宠的凯瑟琳·霍华德被斩首,查理五世因自己的原因而与英格兰决裂。亨利八世的下一个、也是最后一个妻子凯瑟琳·帕尔(Catherine Parr)支持教会的改革,当亨利八世于1547年年初去世时,教会改革的反对者处于非常危险的境地。

在亨利八世统治的这些年,改革的思想已经传遍了英格兰,这有时得到他的支持,有时遭到他的反对。克兰麦下令将圣经译成英文,按照国王的命令,英文的《大英圣经》(Great English Bible)进入英格兰的每一座教堂,放在所有人都可以读到的地方。(有趣的是,当时圣经不同译本的影响,仍可以在主祷文中的"罪过"[trespasses]或"债"[debts]一词上看出,在所有说英语的国家中,有的基督徒按照威廉·丁道尔[William

Tyndale]的译本说"罪过",有的基督徒按照迈尔斯·科弗代尔[Myles Coverdale]的译本说"债"。)《大英圣经》是教会改革倡导者手中的一个有力武器,他们每到一处都会宣讲圣经中那些支持他们教义与改革的经文。查禁修道院导致保守派失去了他们最坚定的盟友。数量众多与势力强大的人文主义者看到,国王的政策提供了一次完成教会改革的良机,而不会造成他们原以为的德国新教徒那样的暴行。最终的结果是,到了亨利八世去世时,教会改革的倡导者已经在英格兰各地得到了足够的支持。

爱德华六世

亨利八世已经决定,议会也已经同意,他的继任者是他的唯一男性继承人爱德华,按照出生顺序,玛丽和伊丽莎白分别是第二和第三继承人。爱德华是个体弱多病的孩子,他在父亲去世后只活了六年。爱德华六世统治的前三年是由萨默塞特公爵(Duke of Somerset)摄政,在这一时期,教会改革者的事业取得了长足的进步。平信徒在圣餐中可以领受杯,神职人员可以结婚,圣像被撤出了教堂。然而,在萨默塞特公爵摄政期间,教会所取得的最大成就是出版了《公祷书》(Book of Common Prayer)。它的主要作者是克兰麦,它令英国人第一次有了自己语言的崇拜仪文。

在萨默塞特公爵摄政之后,诺森伯兰公爵(Duke of Northumberland)成为摄政王,他比自己的前任更没有原则,但是,出于权宜之计,他继续采取改革的政策。在他摄政期间,修订后的《公祷书》出版了。在新一版《公祷书》中,如果比较一下牧师在为领受圣餐的人分饼时所说的话,我们便会明显看出茨温利的思想。牧师在以前的《公祷书》中所说的话是:"我们的主耶稣基督的身体被赐予你们,保守你们的身体和灵魂直到永生。"在新一版《公祷书》中,牧师说:"拿起来吃吧,以纪念基督为你们而死,凭借信心以感恩的心领受。"第一版《公祷书》从天主教徒或新教徒立场都能理解,而第二版《公祷书》明显受到茨温利和与他有类似思想的人的影响。这两版《公祷书》的差异说明了事态在英格兰的发展方向。改革派的领袖越来越倾向于改革宗神学,他们有理由希望,他们的事业会在不遇到巨大阻力的情况下赢得胜利。

玛丽·都铎

爱德华六世去世后,他同父异母的姐姐玛丽——亨利八世与阿拉贡的凯瑟琳的女儿——成为英格兰女王。玛丽一直是天主教徒,因为在她的切身经历中,宗教改革是与她小时候的耻辱相伴随的:她被宣布为私生子。此外,亨利八世曾宣布自己是英格兰教会的领袖,他与凯瑟琳的婚姻无效,如果亨利八世是正确的,玛丽就是私生子,她的王位继承权就令人怀疑。因此,考虑到信仰和政治需要,玛丽决心在英格兰复兴罗马天主教。在这项事业中,她得到表哥查理五世的大力支持,也得到许多保守主教的支持,他们都在前两位国王统治期间遭到废黜。但是,玛丽也知道,她必须谨慎行事,因此,在她统治英格兰最初几个月,她一心巩固自己在英格兰的地位。与此同时,为了加强她与天主教哈布斯堡家族的关系,她嫁给了她的表侄西班牙的腓力(Philip of Spain)——后来的腓力二世(Philip II)。

然而,玛丽一旦觉得她坐稳了英格兰的王位,就开始越来越猛烈地镇压新教徒。1554年末,英格兰正式宣布重新顺服教宗。现在,大部分在亨利八世和爱德华六世统治期间所制定的政策都被废除。圣徒日被恢复了。已婚的神职人员被命令离开他们的妻子。最终,英格兰的政策是公开迫害新教领袖。大约三百名新教领袖被烧死,无数新教徒或被关进监狱或被流放。因此,玛丽女王得到了她一直被称呼到今天的名字:血腥玛丽(Bloody Mary)。

1563年,在玛丽去世五年之后,约翰·福克斯(John Foxe)的《殉道史》(Book of Martyrs)披露了新教徒在玛丽统治下所遭受的苦难。福克斯早在玛丽统治英格兰很久之前就已经开始撰写《殉道史》,他的初衷是颂赞历代以来的殉道士。但是,他在斯特拉斯堡逃亡期间听说了玛丽统治之下英格兰正在发生的迫害,于是他重新调整了这本著作的重点,用浓墨重笔描写了英格兰近期的新教殉道士。这个新重点可以在《殉道史》的全名中看出:《教会的感人事件,后世危险时期中的行迹与纪念》(*Actes and Monuments of these Latter and Perillous Days*, *Touching Matters of the Church*)。大量表现各种悲惨殉道的木刻画增强了《殉道史》的影响力。在一定程度上正是得益于这些木刻画,《殉道史》很快就成为人们教育孩子时所普遍使用的精神素材,尤其是在清教徒中,因此,《殉道史》助长了英国新教徒对天主教徒及其信仰的长期仇视。

在玛丽统治期间,最著名的殉道士是托马斯·克兰麦。他是坎特伯雷大主教,因此他的案件被移交罗马教廷,他在罗马被判为异端,他的雕像被焚烧。但是,玛丽的目的是迫使这位改革派的精神领袖放弃他的信仰,从而取得对新教徒的精神胜利。为此,他被强迫在监牢中观看主教拉蒂默(Latimer)和主教里德利(Ridley)的死刑,因为他们是他在改革教会工作中的主要支持者和亲密同工。最后,克兰麦的确签署了一份放弃信仰的声明,历史学家直到今天还在争论,他这样做是出于对火刑的恐惧,还是因为他始终宣称,他会服从他的君主。但最有可能的是,他并不完全清楚自己的动机。实际上,他的确签署了一份放弃信仰的声明,尽管如此,他还是被判处了死刑,这是为了警示任何可能追随他的人。后来,在被处死之前,他被安排当众放弃信仰。这位大主教被带到圣马利亚教堂(Church of St. Mary),这里已经架起了木制讲坛,在讲道之后,他得到了放弃信仰的机会。他以忏悔自己的罪与软弱开始,在场的所有人都在期待,他会以忏悔自己犯下了脱离罗马教会的罪作为结束。然而,他令折磨他的那些人大吃一惊,因为他收回了自己在放弃信仰的声明上曾说过的话:

> 我写下了与自己内心的真理相悖的话,之所以写下它们,是因为我害怕死亡,如果可能,我想挽救自己的生命……既然我已经写下许

多与我心相悖的话,我的手将先受到惩罚;如果我走向烈火,它将先被焚烧。至于教宗,我否认他和他的所有假教义,因为他是基督的敌人和敌基督者。①

实际上,克兰麦一直将他的手伸在烈火之中,直到烧焦。这位老人最后的英勇之举令人们忘记了他先前在信仰上的动摇,新教徒将克兰麦视为他们事业的伟大英雄。在他的鼓舞之下,许多人坚持传播新教的教义,越来越明显的是,如果新教不被连根铲除,玛丽必然采取更无情的措施。

伊丽莎白

玛丽于 1558 年末去世,她的继任者是同父异母的妹妹伊丽莎白——亨利八世与安妮·博林的女儿。查理五世曾不断建议玛丽处死她这位同父异母的妹妹,但是,这位血腥的女王不敢这样去做,现在,她的继任者废除了她的政策。当时,许多曾因信仰而离开英格兰的人回到了祖国,并带回他们在欧洲大陆所学到的茨温利和加尔文的思想。就如玛丽因信仰和政治所需一直是天主教徒,伊丽莎白也因同样的原因而成为了新教徒。如果英格兰教会的领袖是教宗而不是国王,那么,亨利八世与阿拉贡的凯瑟琳的婚姻就是合法的,伊丽莎白就是私生女,因为她是在凯瑟琳还活着时由安妮·博林所生。当时的教宗保罗四世表明,他愿意宣布伊丽莎白是亨利八世的合法女儿,只要伊丽莎白不脱离罗马天主教。但是,伊丽莎白甚至都没有告知保罗四世她已经登基,她还召回了英格兰驻罗马教廷的大使。虽然她比玛丽更偏爱政治,但她从小到大一直所受的教导是她的父亲宣布他是英格兰教会的领袖,这并没有错,她在这一信念上不会动摇。

①　J. Foxe, *Actes and Monuments of these Latter and Perillous Days* (1559), 3:670.

伊丽莎白并不是极端的新教徒。她心中的理想教会是:有统一的崇拜仪式,并将英格兰统一在共同的崇拜中,教会也应当接纳不同的观点。在这样的教会中,既没有罗马天主教徒,也没有新教极端分子。所有温和的新教徒都是可被接纳的,只要他们参加英格兰教会的崇拜。

新版《公祷书》体现出支持伊丽莎白的宗教政策。新版《公祷书》将先前两版《公祷书》中牧师在分饼时所使用的不同表述结合在一起,这体现出伊丽莎白宗教政策的神学包容性。新版《公祷书》的这个惯用语是:

> 被赐予你们的我们主耶稣基督的身体,保守你们的身体和灵魂直到永生。拿起来吃吧,以纪念基督为你们而死,藉着信心以感恩的心领受。

毫无疑问,这个合二为一的表述是为了调和两群基督徒两种不同的圣餐论:一群基督徒相信,圣餐只是纪念仪式,而另一群基督徒坚持认为,他们在圣餐中真领受了基督的身体。

《三十九条信纲》(Thirty-nine Articles)也体现出同样的政策。该信纲于1562年公布,成为英格兰教会的教义基础。它明确否定了天主教的一些教义和习俗,但它并没有选择新教的观点。相反,《三十九条信纲》尝试了一条所有基督徒都可以接受的中间道路——除了罗马天主教徒和新教的极端教条主义者。从此以后,这一直是圣公会——英格兰教会和从中衍生出来的教会——的主要特点之一。

在伊丽莎白统治期间,天主教在英格兰的处境仍不安全。一些天主教徒肩负起苏格兰女王玛丽·斯图亚特(Mary Stuart)的事业,她曾被迫在英格兰逃亡,我们将在本章下一个部分中讲述她的生平。如果伊丽莎白被宣布为私生女,玛丽·斯图亚特将成为英格兰女王。因此,她成为天主教徒的一些阴谋的焦点,因为教宗宣布,任何人都没有义务效忠伊丽莎白。逃亡的天主教领袖宣布,伊丽莎白是信奉异端邪说的篡位者,他们密谋将伊丽莎白赶下王位,将玛丽·斯图亚特送上英格兰王位。与此同时,一些逃亡的天主教神学院的毕业生秘密回到了英格兰,冒着生命危险为信徒主持圣事。我们难以区分这些遭到禁止的秘密聚会与针对伊丽莎白及其政府的阴谋。渗透到英格兰的神父和反对伊丽莎白的天主教阴谋家都被逮捕,并被处死。有充足的证据表明,这些阴谋的目的是杀死伊丽莎白,玛丽·斯图亚特是大多数阴谋的焦点,其目的是将她加冕为国王。我们并不十分清楚,玛丽本人是否曾策划过这些阴谋。但她最终被卷入其中,伊丽莎白在深思熟虑之后下令处死了她的表侄女。

在伊丽莎白统治期间,因宗教原因而被处死之人的总数,与在她同父异母的姐姐玛丽·都铎统治期间殉道士的人数大致相同——但是,我们不应当忘记,伊丽莎白的统治时间几乎是玛丽·都铎的十倍。不管怎样,到了伊丽莎白晚年时,天主教徒表明他们愿意将他们在信仰上对教宗的效忠与在政治与世俗事务上对伊丽莎白的效忠区分开来。正是基于这种区分,天主教徒才最终被允许公开实践他们的信仰。

同样,直到伊丽莎白统治的晚期,清教徒(Puritans)的人数才开始增长。加尔文的思想启发了他们,他们之所以被称为清教徒,是因为他们主张恢复符合新约的纯净的习俗和教义。他们后来才成为推动英格兰宗教生活的一股力量,因此,我们等到另一章中再讲述他们(参第十八章)。 99

苏格兰的宗教改革

苏格兰位于英格兰北部,它的传统政策是寻求法国的支持,共同对抗不断入侵它领地的英格兰人。但是,苏格兰于16世纪分裂成两派,一派支持苏格兰的传统政策,另一派认为形势已经发生变化,苏格兰应当与英格兰建立更紧密的关系,这才最符合苏格兰的利益。1502年,当苏格兰的詹姆斯四世(James IV)娶了英格兰亨利七世的女儿玛格丽特·都铎(Margaret Tutor)时,新政策的倡导者取得了一次重大胜利。因此,当亨利八世成为英格兰国王时,苏格兰有望与英格兰最终和平相处。詹姆斯五世（James V）是詹姆斯四世与玛格丽特·都铎的儿子,他是亨利八世的外甥,亨利八世希望与苏格兰建立更紧密的关系,他提出将他的女儿玛丽嫁给詹姆斯五世。但是,苏格兰决定与法国重建传统的盟友关系,为此,詹姆斯五世娶了法国人吉斯的玛丽（Mary of Guise）。从此以后,苏格兰和英格兰就走上了截然相反的两条道路,尤其是在教会改革和与罗马教廷的关系上。

与此同时,新教正在传入苏格兰。罗拉德派与胡斯派的教义很久以前就在苏格兰赢得了追随者,将其连根铲除是不可能的。现在,新教在这些基督徒中找到一片沃土。许多在德国完成学业的苏格兰人回到祖国,他们一同带回了路德和其他改教家的著作和思想。苏格兰议会颁布了针对这些著作和传播新教教义之人的法律。第一个新教的巡回布道家于1528年殉道,从此以后,被处死的新教徒越来越多。但是,一切都是徒劳。尽管出现了迫害,新教仍在不断赢得拥护者。新教在贵族和大学生中的传播尤其引人注目,贵族不满于国王取得越来越大的权力,他们丧失许多古代特权;大学生不断阅读与传播被偷运进英国的新教著作。

当詹姆斯五世于1542年去世时,他的王位继承人是他的女儿玛丽·斯图亚特。玛丽·斯图亚特还未成年,这导致了一场权力之争。亨利八世试图将这位未成年的女王嫁给他的儿子兼继承人爱德华——这个

100

这两个字母代表帕特里克·汉密尔顿（Patrick Hamilton）,他在欧洲大陆时读过路德的著作,后来被烧死,是苏格兰宗教改革第一位殉道者。

计划得到了亲英派的支持，他们是苏格兰的新教贵族。亲法派的天主教徒希望将玛丽·斯图亚特送到法国接受教育，并将她嫁给法国王子。他们成功了，因此挫败了亨利八世的计划。

在新教徒这边一群阴谋家夺取了圣安德鲁城堡（Castle of St. Andrew），杀死了新教的大主教。因内部冲突而焦头烂额的政府对此几乎无能为力。一支军队被派来镇压叛乱者，但是在短暂的包围之后便撤退了，举国上下的新教徒开始将圣安德鲁城堡视为他们在信仰上的精神堡垒。

就是在这时，约翰·诺克斯（John Knox）登上了历史舞台。我们对这位充满激情的改教家的早年生活知之甚少，他很快就成为苏格兰新教领袖。他大概生于 1515 年，学过神学，在 1540 年之前被按立为神父。他后来成为两位贵族子弟的家庭教师，这两位贵族共谋夺取了圣安德鲁城堡，他还与乔治·威沙特（George Wishart）一直保持着联系，而乔治·威沙特是位最终殉道的著名新教布道家。当阴谋者夺取圣安德鲁城堡时，约翰·诺克斯被命令将他的两个学生带到这里。虽然他计划将这两个学生送去之后便去德国学习新教神学，但是到了圣安德鲁城堡他便立即发现，他已经不可避免地卷入了这起震惊全国的事件。他不情愿地被任命为新教徒的传道人，从此以后，他就成为苏格兰新教事业的主要代言人。

圣安德鲁城堡的新教徒之所以能够坚持住，是因为英格兰和法国都遇到了困难，无法干涉苏格兰的事务。但是，一旦法国发现可以轻松支援苏格兰，法国政府便向圣安德鲁城堡派出一支强大的军队，圣安德鲁城堡遭到猛攻，新教徒被迫投降。诺克斯和其他新教徒被定罪并到船上服苦役，但这违反了新教徒投降的条件。这位未来的改教家在船上服了十九个月的苦役，幸亏英格兰出面干涉——英格兰当时的国王是爱德华六世——他才被最终释放，并在英格兰成为牧师。

随着爱德华六世的去世令玛丽·都铎成为英格兰国王，英格兰在苏格兰的这段小插曲结束了。针对新教徒的迫害爆发了。诺克斯随后来到瑞士，他在日内瓦与加尔文、在苏黎世与茨温利的继任者布林格生活了一段时间。他还两次回到苏格兰,坚固新教徒的信心。

与此同时,一些重大的事件正在苏格兰发生。年轻的玛丽·斯图亚特已被送到法国,在那里得到了她吉斯家族亲戚的保护。她的母亲也是吉斯家族的一员,她是苏格兰的摄政王。1558 年 4 月,玛丽·斯图亚特嫁给了法国的王位继承人,她的丈夫仅仅在一年多之后就被加冕为弗朗索瓦二世。因此,十六岁的玛丽·斯图亚特既是法国王后,也是苏格兰的名义女王。但是,这些头衔和荣誉还不够,因为她还声称,她是英国的合法女王。玛丽·都铎于 1558 年去世,她同父异母的妹妹伊丽莎白继承她成为英格兰女王。但是,如果像天主教徒所说的那样,伊丽莎白是私生女,那么,亨利七世的曾外孙女玛丽·斯图亚特就是英格兰的合法女王。因此,玛丽·都铎刚刚去世,玛丽·斯图亚特就声称自己是英格兰女王,这令她成为她表姑伊丽莎白的公敌。在苏格兰,女王玛丽·斯图亚特的母亲吉斯的玛丽是摄政王。她的倾天主教政策迫使新教领袖团结在一起,1557 年末,他们庄严地缔结了盟约,承诺服侍"上帝的圣道和他的圣会",因此,他们被称为贵族会(Lords of the Congregation)。他们意识到,他们的事业类似于英格兰新教徒的事业,他们与英国的新教徒建立了紧密的联系。摄政王吉斯的玛丽下令加紧迫害"异端",但是他们毫不动摇,并于 1558 年建立了教会。此前不久,他们写信给远在瑞士的诺克斯,请他回到苏格兰。

诺克斯在逃亡期间已开始撰写著作,猛烈抨击了欧洲当时的女统治者:苏格兰的摄政王吉斯的玛丽、英格兰的玛丽·都铎和法国的凯瑟琳·德·美第奇(Catherine de Medici)。他的著作《向恐怖的女摄政者吹响第一声号角》(*The First Blast of the Trumpet against the Monstrous Regiment of Woman*)的出版时机并不是很好,因为玛丽·都铎去世了,伊丽莎白刚刚成为英格兰女王,所以该书在英国几乎没有流传。虽然该书是针对伊丽莎白当时已故的同父异母的姐姐,但是,她对诺克斯在书中的许多言论感到不满,因为书中的论证是基于反女性的偏见,它们可以被轻易用在她的身上。这妨碍了在诺克斯与伊丽莎白之间本该形成的天然同盟。诺克斯一再表示愿意收回他的言论,但是,这并不足以抚慰英格兰女王。

当时的局势对苏格兰的新教徒很不利。苏格兰摄政王吉斯的玛丽要求法国派军镇压贵族会。贵族会的确有几次战胜了入侵者,但是他们的军队缺乏战略物资,难以长期战斗。他们不断向英格兰求助,理由是如果天主教徒镇压了苏格兰的新教起义,苏格兰就会落入天主教徒之手,并成为法国的盟友,那么,伊丽莎白的王位将会受到威胁。诺克斯在此前不久就回到了苏格兰,他用自己的讲道与坚定的信仰支撑着那里的新教徒。最终,伊丽莎白于1560年初决定向苏格兰派军。英军与苏格兰的新教徒会合,一场鏖战似乎在所难免。但在这时,苏格兰摄政王吉斯的玛丽去世了,法国人认为停战的时机已经成熟。于是法国人和英格兰人都撤走了他们的军队。

然而,危机一旦解除,诺克斯就与此前一直支持教会改革的苏格兰贵族爆发了争论。虽然还有其他原因,但是,经济问题是他们产生冲突的根本原因。贵族想要占有教会的财富,而诺克斯和他的支持者希望用这笔财富建立全民教育机制,减轻穷人负担,供养教会。

在冲突过程中,贵族决定邀请玛丽·斯图亚特回到苏格兰,他们声称,玛丽·斯图亚特是在继承她父亲的王位。玛丽·斯图亚特原本希望继续留在法国做王后,但她的丈夫去世了,这剥夺了她的这一殊荣,因此,她同意了苏格兰人的请求。她于1561年回到苏格兰。虽然她从不受人欢迎,但她最初还是愿意听从詹姆斯·斯图亚特(James Stuart)的建议。詹姆斯·斯图亚特是玛丽·斯图亚特同父异母的哥哥,他也是私生子;他是莫里伯爵(Earl of Moray),还是新教领袖,他让玛丽·斯图亚特并没有立即疏远其他新教贵族。

诺克斯似乎一直相信,他与女王玛丽·斯图亚特的冲突不可避免——玛丽·斯图亚特可能也是这样认为的。从玛丽·斯图亚特来到苏格兰那一刻起,她就坚持在她的私人小礼拜堂举行弥撒,这令充满激情的

103

改教家约翰·诺克斯开始讲道抨击这位"新耶洗别"的"偶像崇拜"。诺克斯与玛丽·斯图亚特有过多次暴风骤雨般的会面,他们的谈话越来越激烈。但是,贵族对当时的局势非常满意,他们不愿意像诺克斯那样极端。

诺克斯与玛丽·斯图亚特和一些新教贵族的冲突不断升级,但是,这并没有阻止他和他的追随者创建苏格兰改革宗教会。苏格兰改革宗教会的体制类似于后来的长老制。每个教会的长老都是由选举产生的,长老就像是牧师,只是牧师必须经过其他牧师考察之后才能上任。这个新生教会的基石是《教纪书》(*Book of Discipline*)、《公共崇拜书》(*Book of Common Order*)和《苏格兰信纲》(*Scots Confession*)。

玛丽·斯图亚特最终自取灭亡。她总是梦想成为英格兰女王,但是,她在追求这个梦想的过程中先后失去她的王位和生命。为了提升继承英格兰王位的资格,她嫁给了她的堂弟达恩利勋爵(Lord Darnley)亨利·斯图亚特(Henry Stuart),他也有继承英格兰王位的一点资格。莫里伯爵反对这桩婚姻,也反对玛丽·斯图亚特联合西班牙共同铲除苏格兰的新教。当他的反对无人理睬时,他起义了。玛丽·斯图亚特随后命令波斯维尔勋爵(Lord Bothwell)詹姆斯·赫伯恩(James Hepburn)镇压莫里伯爵的起义。詹姆斯·赫伯恩是位能干的军事将领,他击败了莫里伯爵,并迫使他逃到了伦敦。玛丽·斯图亚特在这次胜利的鼓舞之下宣布,她不久之后就会坐上伦敦的王位宝座。

没有了莫里伯爵的建议,玛丽·斯图亚特的政策越来越不明智。她认为,她不该嫁给达恩利勋爵,并把这个想法告诉了波斯维尔勋爵和其他一些人。随后不久,达恩利勋爵被人谋杀,波斯维尔勋爵被视为主要怀疑对象。波斯维尔勋爵最终被判无罪,但在审讯他的过程中,任何人都不许出庭作证。但是,这丝毫没有减轻人们的怀疑,尤其是玛丽·斯图亚特在几个月之后嫁给了波斯维尔勋爵。

苏格兰的贵族痛恨波斯维尔勋爵,他们很快就起义了。当女王玛丽·斯图亚特试图平息叛乱时,她发现自己的军队并不愿意帮助她平息叛乱,她被贵族控制了。这些事令她相信,贵族已经掌握了她参与谋杀达恩利勋爵的证据。他们给玛丽·斯图亚特两个选择:要么退位,要么以谋杀罪接受审判。为了她一岁大的儿子詹姆斯六世(James VI)——她与达恩利勋爵所生——她选择了退位。莫里伯爵从英格兰回到苏格兰,成为苏格兰的摄政王。玛丽·斯图亚特成功逃跑,组建了一支支持她的军队。但是她被莫里伯爵的军队击败,她的唯一出路是逃到英格兰,寻求她所憎恨的表姑伊丽莎白的保护。

浪漫的想象围绕着玛丽·斯图亚特的被俘和死亡,人们编织了许多故事,令她成为一位殉道士,死在她残忍的、野心勃勃的表姑手中。实际上,并不像那些长久以来宣称玛丽·斯图亚特是私生女,她试图夺去伊丽莎白王位的人所想象的那样,伊丽莎白非常客气地接待了玛丽·斯图亚特。虽然玛丽·斯图亚特的确是一名囚犯,因为她被禁止离开她所居住的城堡,但是,伊丽莎白下达了严格的命令,给予玛丽·斯图亚特女王般的待遇,她可以为自己选择三十个仆人。但是,她仍是许多阴谋的焦点,其中大多数阴谋的目的是杀死伊丽莎白,因为伊丽莎白是她成为英格兰女王以及她在英国复兴天主教的主要障碍。这些阴谋的另一个共同特点是试图让支持玛丽·斯图亚特的西班牙军队入侵英格兰。当第三个这类阴谋败露时,有确凿的证据表明,玛丽·斯图亚特即便不是阴谋的策划者,至少也是积极参与者;她接受了审判,并被判处死刑。当她最终被带到行刑者面前时,她以皇族应有的尊严迎接了死亡。

在苏格兰,玛丽·斯图亚特的逃亡并没有结束各派之间的争端。诺克斯支持莫里伯爵摄政。但是,仍有许多人反对。诺克斯的身体日渐衰弱,被迫停止了他忙碌的生活。当他听说发生在法国的针对新教徒的圣巴多罗买日大屠杀之后——我们将在第十一章中更详细地讲述这起事件——他拼尽全力回到了讲坛,告诉他的苏格兰同胞必须继续战斗,以免遭受同样的命运。这是他最后一次讲道,几天之后诺克斯去世。到此时为止,越来越明显的是,改革宗传统已经在苏格兰取得了胜利。

第九章

路德宗的进一步发展

基督徒统治者可以、也必须保护他的臣民,对抗每一个强迫他们否认上帝的道与崇拜偶像的更高权力。

——《马格德堡信条》(1550 年)

施马加登战争

《纽伦堡和约》于1523 年签署,这令新教徒可以在他们的领地自由地实践自己的信仰,但是,这一协定也完全禁止他们继续传播新教信仰。查理五世似乎希望以此遏制路德宗异端的发展,直到他得以集合彻底消灭异端所必需的力量。但是,这样的政策注定失败,因为尽管有《纽伦堡和约》的规定,新教仍在继续传播。

德国的政治局势极为复杂,也瞬息万变。虽然查理五世是神圣罗马帝国的皇帝,但是,许多利益集团令他难以完全施行他的统治。即使不考虑宗教事务,还是有许多人担心,以查理五世为首的哈布斯堡家族正在不断扩张他们的权力。其中一些是天主教诸侯,他们怀疑查理五世将利用他对路德宗的反对来扩张自己家族的势力,因此,他们并不愿意完全委身于查理五世所希望对路德宗发动的宗教战争。此外,阻碍哈布斯堡家族的最强大的诸侯之一是黑森的菲利普,他也是施马加登同盟的领袖。因为这些原因,查理五世无法阻止新教向《纽伦堡和约》所禁止的地区传播。

1534 年,黑森的菲利普从天主教徒手中夺取了已被他们所占领的符腾堡公国(Duchy of Württemberg)。菲利普进行了一些外交斡旋,这确保其他天主教诸侯不会出面干预,之后他入侵了符腾堡公国,并召回了逃亡的符腾堡公爵,随后符腾堡公爵宣布他支持新教。符腾堡公国的人民倾向于路德宗,他们很快就在宗教上效忠于符腾堡公国刚刚复位的诸侯。

对于德国的天主教来说,萨克森公爵乔治(Duke George)于 1539 年去世是另一个沉重打击。萨克森由两个独立的领地组成:公爵领地萨克森(Ducal Saxony)和有皇帝选举权的萨克森(Electoral Saxony)。智者腓特烈统治着有皇帝选举权的萨克森,这里始终是路德宗的摇篮。但是,公爵领地萨克森抵制新教,乔治公爵一直是路德及其追随者的死敌。当他去世时,他的弟弟兼继承人亨利宣布自己是新教徒,路德被邀请到州府莱比锡讲道,而莱比锡正是路德在几年之前与艾克论战的地方。

在萨克森公爵乔治去世的同一年,勃兰登堡(Brandenburg)也接受了新教,甚至有传言称,三位有权选举皇帝的教会人士——特里尔大主教、科隆大主教和美因茨大主教——正在考虑信奉新教。这将令新教徒在由七位权贵——四位平信徒诸侯和三位大主教——所组成的选帝团中占有绝对优势,他们的任务是选出下一位皇帝。

查理五世无暇顾及这些,因为他卷入了世界各地太多的冲突,他只能鼓励天主教诸侯结成同盟,对抗施马加登同盟。这便是于 1539 年结成的纽伦堡同盟(League of Nuremberg)。面对着现实的政局,查理五世也采取了倾向和解的政策,他希望天主教徒与新教徒建立友好的关系。在这个新政策的指导之下,天主教徒与新教徒展开了一些对话,但是,他们的对话几乎没有收到任何成效。与此同时,施马加登同盟接管了查理五世在德国北部最坚定的盟友不伦瑞克的亨利(Henry of Brunswick)的领地,德国北部成了新教的领地。德国北部的一些主教也是封建领主,他们意识到,他们教区中的绝大多数居民倾向于路德宗,于是他们将自己的领地变成了世俗国家,摇身一变成为了世袭领主,并宣布支持新教。当然,这样一些举动在很大程度上是出于个人野心。但在实际上,新教看起来将会占领整个德国,因为十多年来,皇帝和教宗的权力与势力始终在下降。

然而,新教随后不久就遭受到一系列沉重的打击。第一个打击是黑森的菲利普重婚。这位诸侯是施马加登同盟的领袖,他为人真诚,坚定地委身于新教事业。但是,他的良心深受搅扰,因为他多年来与妻子一直没有夫妻生活,他发现自己无法保持独身。他绝不是放荡的人,而是一个深受自己的性欲和罪疚感折磨的人,因为他过着非法的性生活。他咨询了主要的新教神学家,而路德、梅兰希顿和布塞这些斯特拉斯堡的改教家都认为,圣经并没有禁止重婚,菲利普可以不离开他的第一个妻子,再娶第二个妻子。可是,他必须秘密结婚,因为虽然重婚在上帝看来不算犯罪,但它在世俗法律中是犯罪。菲利普这样做了,当他的秘密婚姻败露时,随之而来的流言蜚语令菲利普和他的神学顾问陷入困境。这些事不仅令新教的道德权威蒙受巨大损失,也削弱了施马加登同盟,许多成员反对菲利普继续担任同盟的领导。

第二个打击是萨克森的公爵莫里斯(Duke Maurice of Saxony)拒绝加入施马加登同盟。他宣布自己是新教徒,但是,他坚持贯彻他的独立政策。查理五世解释说,他不是在反对新教,而只是在反对路德宗诸侯造反,并且他承诺给予莫里斯特别的对待;这时,莫里斯决定相信皇帝的解释,与皇帝共同对抗施马加登同盟。

第三个打击是路德于 1546 年去世。虽然他已经因农民起义和黑森的菲利普重婚而威信大失,但他仍是唯一可以令新教徒并肩作战的人。他在菲利普的重婚败露不久之后去世,这令新教徒在政治与精神上都失去了领袖。

然而,最沉重的打击来自查理五世,他终于有时间来处理德国的事务,新教诸侯的顽固反叛令他遭受羞辱,他渴望有机会实施报复。借助于新教徒的不团结和莫里斯的帮助,查理五世入侵了德国,他俘虏了黑森的菲利普和智者腓特烈的儿子兼继承人约翰·腓特烈(John Frederick)。

虽然查理五世取得了军事胜利,但是他知道,要想强制执行他的宗教政策为时过晚,因此,他愿意公布由天主教与新教神学家所共同起草的《奥格斯堡临时协定》(Augsburg Interim)。按照查理五世的命令,所有德国人必须遵守他的临时协定。《奥格斯堡临时协定》之所以被称为"临时协定",是因为在召开一次大公会议,并对当前所争论的问题做出决议之前,它就是德国的法律。(特伦托大公会议在三年前的 1545 年召开;但是,教宗与查理五世产生了分歧,因此,查理五世拒绝承认此次大公会议的合法性。)查理五世希望改革德国的教会,正如其外祖母伊莎贝拉统治西班牙后所做的——起诉权力滥用和腐败,鼓励敬虔与学习,并且严禁教义分歧。查理五世希望《奥格斯堡临时协定》可以为他赢得启动这些改革所必需的时间。

查理五世想要为良心之事立法,但是天主教徒和新教徒都不感激他的努力。他们普遍抵制《奥格斯堡临时协定》。一些新教神学家坚决反对服从《奥格斯堡临时协定》。最终,梅兰希顿领导的维滕堡新教神学家同意了修改后的《奥格斯堡临时协定》,即《莱比锡临时协定》(Leipzig Interim)。但是,甚至是《莱比锡临时协定》也难以被绝大多数路德宗信徒所接受,他们指责梅兰希顿和他的追随者是懦夫。梅兰希顿和他的追随者认为,必须区分"必行之事"与"非必行之事"——可行可不行之事(adiaphora),他们对"非必行之事"做出了让步,目的是能继续宣讲与实践其他"必行之事"。

不管怎样,查理五世没能利用施马加登战争为他赢得的有利条件。德国的许多诸侯,包括一些天主教诸侯,抗议黑森的菲利普和萨克森的约翰·腓特烈所遭受的虐待。有传言称,为了抓住菲利普,查理五世使用了卑劣的伎俩。新教诸侯在施马加登战争之前就产生了严重的分裂,但是,他们现在因共同反对《莱比锡临时协定》而团结在一起。教宗和法国国王并不愿意看到查理五世成功,他们都利用外交斡旋来阻挠查理五世。

　　新教诸侯很快就开始共谋反抗查理五世。萨克森的莫里斯不满查理五世所给予他的背叛新教事业的奖赏,此外,他还担心,哈布斯堡家族的权力会越来越大,因此,他与新教诸侯共谋,共同向法国国王派出使团,争取法国的支持。当起义最终爆发时,法国国王亨利二世的军队入侵了查理五世在莱茵河以北的领地。查理五世所依靠的军队并不足以进行战斗,因此他不得不逃跑了。但是逃跑也并不容易,因为萨克森的莫里斯占领了一些战略要地,查理五世差一点成为他的阶下囚。查理五世逃脱之后,他命令军队重夺已被法国人所占领的梅斯(Metz)。但是,法国人击退了他们的进攻,新教诸侯继续公开叛乱。在其叱咤风云的岁月行将结束之际,查理五世想必已经意识到,他在德国的政策必然会一败涂地。

　　查理五世逐渐将德国事务交给了他的弟弟费迪南德,费迪南德最终与反叛的诸侯签署了《帕绍和平协议》(Peace of Passau)。按照《帕绍和平协议》的规定,黑森的菲利普和萨克森的约翰·腓特烈被释放了,神圣罗马帝国各地都有了宗教自由。但是,宗教自由受到了很多限制。它并不意味着,帝国的所有臣民都可以自由地选择自己的信仰,而是地方统治者可以决定他们自己及其臣民的信仰——统治者的信仰便是人民的信仰(cuius regio, eius religio),而且,皇帝不再坚持要求新教诸侯重信天主教。此外,《帕绍和平协议》所给予的宗教自由只适用于传统的天主教徒或接受《奥格斯堡信纲》的新教徒。重洗派和改革宗基督徒并不包括在内。

　　查理五世在德国的失败让他最终放弃权力,退隐到修道院寻找平静。1555 年,他开始放弃他的领地。为了儿子腓力二世,他先后放弃了低地国家、他在意大利的领地和西班牙王位。1556 年,他正式放弃了神圣罗马帝国的皇位,并退隐到西班牙的圣尤斯特修道院(St. Yuste)。他在那里仍过着皇帝般的奢华生活,仍是他的儿子西班牙的腓力二世的顾问。他在圣尤斯特修道院生活了两年,于 1558 年 9 月去世。

　　神圣罗马帝国的新皇帝费迪南德一世放弃了他哥哥查理五世的宗教

政策，他非常宽容，以至于一些天主教徒担心他已经秘密成为了新教徒。在他和继任者马克西米连二世统治之下，新教继续向新地区传播，其中包括奥地利——哈布斯堡家族的主要世袭领地。这导致了新教徒与天主教领袖的矛盾，结果，他们不断爆发小规模的政治与军事冲突。我们会在以后讲到，这些小规模冲突最终在下个世纪导致了三十年战争。

斯堪的纳维亚的路德宗

当这一切在德国发生时，路德也影响到附近的斯堪的纳维亚。德国的宗教改革和随后爆发的战争分裂了德国，这帮助大贵族维护了他们高于君主的权力，但是，斯堪的纳维亚的宗教改革收到了截然相反的效果。在斯堪的纳维亚，君主肩负起宗教改革这一事业，宗教改革的胜利也是他们的胜利。

从理论上讲，丹麦、挪威和瑞典是一个统一的王国。但是，国王实际上只统治着他所在的丹麦。他在挪威的权力受到限制，他在瑞典没有任何权力，在瑞典，强大的斯图雷家族（House of Sture）摄政，他们才是瑞典的真正统治者。即使是在丹麦，皇权也受到贵族和教士的限制，他们坚定维护他们的古代特权，防止国王的任何侵害。国王由选举产生，因此，在每一次选举时，世俗贵族和教会权贵都能从候选人那里勒索到新特权。受世俗大领主和教会大权贵压迫的人民无能为力，他们被迫缴纳越来越重的赋税，遵守为保护权贵而制定的法律。

当宗教改革在德国爆发时，克里斯蒂安二世（Christian II）是斯堪的纳维亚的国王，他娶了查理五世的妹妹伊莎贝拉。瑞典人并不支持他在他们的国家施行有效的统治，因此，他向查理五世和其他诸侯求助，结果，一支强大的外国军队入侵了瑞典，他在斯德哥尔摩被加冕为瑞典国王。尽管他发誓赦免他的瑞典敌人，但是，加冕称王几天之后他便下令发动了斯德哥尔摩大屠杀，瑞典的主要贵族和教会领袖因此遇害。

斯德哥尔摩大屠杀不仅在瑞典，也在挪威甚至丹麦引起了强烈不满。

克里斯蒂安二世所有领地的权贵都担心国王在消灭瑞典的贵族之后会转向对付他们。克里斯蒂安二世声称,他的目的是将瑞典人从他们贵族的压迫中解救出来。但是,他食言而杀害敌人这种背信弃义的行为和教会对他不利的大肆宣传,很快就令他失去了本该受到的欢迎。

后来,克里斯蒂安二世试图利用宗教改革来实现自己的目的。此前不久,路德宗的第一批传道人来到了丹麦,丹麦人似乎愿意听他们讲道。但是,这个政策再次失败,因为当大多数新教徒更愿意远离斯德哥尔摩大屠杀的制造者时,这加剧了高级教士对国王克里斯蒂安二世的憎恨。最终,起义爆发了,克里斯蒂安二世被迫逃跑。八年之后他又回来了,这一次,他得到了欧洲其他国家一些天主教统治者的支持。他在挪威登陆,并宣称他是天主教的捍卫者。但是,他的叔叔兼继承人腓特烈一世击败了他,并将他囚禁。结果,他余生的二十七年都是在监狱中度过。

腓特烈一世是新教徒,当时,许多平民和贵族都是新教徒。但是,在他被选为国王时,他承诺既不会攻击天主教,也不会利用他的权力支持新教。他意识到,一个小国的真国王强于一个大国的假国王,因此,他不再声称是瑞典国王,并允许挪威人选出他们自己的国王。后来,挪威人选择了他,因此,在未采取他侄子那些残暴方法的情况下,他就可以保持斯堪的纳维亚以往的统一。他可以集中精力去处理丹麦和挪威的事务,采取措施巩固国王在丹麦和挪威的权力。在宗教事务方面,他遵守了当选国王时所立下的誓言。获得自由的新教迅速传播,1527 年,新教被正式认可,并得到了信仰自由,到腓特烈一世于 1533 年去世为止,他的大多数臣民都成为了新教徒。

这时,外国势力开始干预,他们试图强行在丹麦和挪威扶植一位天主教国王。但是,觊觎王位者被击败了,新统治者是坚定的路德宗基督徒克里斯蒂安三世,他曾出席过沃尔姆斯帝国会议,极其钦佩路德的教义和勇气。他迅速采取支持新教与限制主教权力的行动。他请求路德派来教师,帮助他改革教会。最终,丹麦的所有教会都签署了《奥格斯堡信条》。

与此同时,类似的事情正在瑞典发生。当克里斯蒂安二世试图强行在瑞典推行他的统治时,在他的囚犯中,有一个名叫古斯塔夫·埃里克森(Gustavus Erickson)的年轻瑞典人——他更为人所知的名字是古斯塔夫·瓦萨(Gustavus Vasa)。年轻的瓦萨逃跑了,他在国外逃亡时试图抑制克里斯蒂安二世的权力。当他听说了斯德哥尔摩大屠杀后(他的几个亲戚在大屠杀中惨遭杀害),他秘密回到了祖国。他乔装成工人,住在人民中间,并坚固瑞典人反抗丹麦人占领的情绪。他后来发动了一场全国起义,他和他的一群普通追随者拿起武器,组成一支松散的军队。胜利一个接着一个,军队的英勇壮举不胜枚举,古斯塔夫·瓦萨成为传奇。1521年,他被起义军任命为瑞典的摄政王,又在两年之后被任命为瑞典国王。在成为瑞典国王几个月之后,他胜利进入了斯德哥尔摩,受到了人民热烈的欢迎。

然而,国王的头衔并没有带来相应的权力,因为贵族和高级教士都拒绝放弃他们的古代特权。新国王古斯塔夫·瓦萨采取了一个巧妙分裂敌人的政策。起初,他对主教采取了较为严厉的措施。他每一次都能区别对待煽动叛乱的主教和他们的支持者。他击败、俘虏、处死了两位叛乱的主教,但赦免了他们的所有追随者,并宣称他们被误导了。他就这样分裂了神职人员、贵族,以及广大群众。在主教造反的同一年,他召开了一次全国会议,高级教士、贵族、一些资产阶级、甚至农民都参加了此次会议。当神职人员和贵族联合起来抵制古斯塔夫·瓦萨的改革计划时,国王提出退位,他宣称,瑞典并不想要一位真国王。三天之后,此次会议在暴乱的威胁之下同意召回国王,并限制高级教士的权力。

这次全国会议及古斯塔夫·瓦萨的胜利,使得高级神职人员失去了他们的政治权力。从此以后,路德宗的影响力不断增长,保皇党人普遍信奉新教。古斯塔夫·瓦萨并不是十分敬虔的人。但是,当他于1560年去世时,瑞典成为了新教国家,瑞典教会成为了路德宗教会,瑞典国王不再由选举产生,而是变成世袭制。

第十章

低地国家的宗教改革

> 要让他们知道，我们每个人都有两只手臂，如果饥饿让我们
> 必须吃掉一只，然后有力量用另一只战斗，我们就会吃掉一只。
>
> ——莱顿受围时的新教守城者

  同在欧洲其他国家一样，新教也很早就在低地国家赢得了信奉者。1523 年，新教最早的两位殉道士在安特卫普（Antwerp）被烧死。从此以后，有迹象清楚地表明，新教在低地国家的各个地区都取得了进展。但是，政治局势很快就令新教卷入为争取独立进行的漫长而又艰苦的斗争中。

政治局势

  在莱茵河入海口附近，有一片被统称为"十七省"（Seventeen Provinces）的地区，大致相当于今天的荷兰、比利时和卢森堡。这片地区是哈布斯堡家族的领地，因此，查理五世从他的父亲——美男子菲利普（Philip the Fair）那里继承了这一地区。查理五世是在十七省出生和长大的，因此他深受当地居民的喜爱，在他的统治之下，十七省之间的联系也越来越紧密。

  然而，这样的政治统一在某种程度上是一种假象。虽然查理五世鼓励公共机构的建设，但是在他统治期间，每一个省都保留着各自的许多古代特权和独特的政府。文化并没有统一，因为在说法语的南方与说荷兰

语的北方之间,是一片说弗拉芒语的地区。教会的状况甚至更复杂,因为各个主教的教区与政治区划并不一致,一些省是主教辖区的一部分,但是,主教座堂却在十七省之外。

当查理五世在1555年于布鲁塞尔举行的庆典上将十七省交与他的儿子腓力统治时,他希望儿子继续他的政策。这正是腓力努力去做的。但是,想要继续他父亲的政策并不容易。十七省将查理五世视为弗拉芒人,弗拉芒语的确是他最熟练掌握的语言。另一方面,腓力是在西班牙长大的,他的语言是西班牙语,他的思维方式是西班牙人的思维方式。1556年,他从父亲那里继承了西班牙的王位,成为腓力二世,他让世人清楚地看到,西班牙是他最重要的领地。低地国家成为了服务于西班牙及其利益的工具。这激起了十七省领袖的不满,他们坚决反对腓力二世统一十七省,并将其视为西班牙国王世袭领地之一。

新教的传播

早在新教改革爆发之前在低地国家就已经有了一场强大的改革运动。共同生活弟兄会以及最伟大的人文主义改革者鹿特丹的伊拉斯谟都是在低地国家诞生的。共同生活弟兄会的特点之一是他们强调不仅需要阅读拉丁文圣经,还需要阅读人们的母语圣经。因此,新教改革在低地国家找到了一片宣讲其教义的沃土。

路德宗传道人很快就进入了低地国家,他们在这里赢得了许多信徒。后来,重洗派取得巨大的进展,尤其是接受了梅尔基奥尔·霍夫曼教导的重洗派。值得注意的是,明斯特这个"新耶路撒冷"的领袖是低地国家的人。早在明斯特运动还在进行时,他们的许多同胞就希望加入他们,但是,神圣罗马帝国的军队将他们阻截并消灭。后来,重洗派试图占领十七省的一些城市,但是他们失败了。最后,来自日内瓦、法国和德国南部的许多加尔文派传道人来到了低地国家。最终,这些加尔文派传道人是最成功的,改革宗成为低地国家的主要新教。

查理五世采取严厉的措施,阻止新教在低地国家传播。他颁布了一系列针对新教——尤其是重洗派——的法令。这样的法令一个接着一个,这表明它们并没有成功限制新教的传播和人们归信新教的浪潮。数万新教徒殉道,领袖被烧死,他们的追随者被斩首,许多女新教徒被活埋。但是,尽管出现了非常残酷的迫害,新教仍在传播。有迹象表明,到了查理五世统治晚期,反对他宗教政策的浪潮一浪高过一浪。然而,他是一位受欢迎的统治者,不管怎样,大多数人仍然相信,新教徒是异端,他们完全罪有应得。

腓力二世在低地国家从来就没有受到过欢迎,现在,他一系列愚蠢、顽固和伪善的行为令他更不受欢迎。他决定回到西班牙,将十七省交给他同父异母的姐姐帕尔玛的玛格丽特(Margaret of Parma)统治,玛格丽特成为十七省的摄政王。为了巩固玛格丽特的统治,腓力二世在低地国家派驻了西班牙军队。西班牙军队必须由当地的物资供养。西班牙士兵很快就与当地居民产生了摩擦和冲突,居民质疑是否必须在他们的国家派驻外国军队,因为并没有爆发需要派驻外国军队的战争,唯一可能的解释是,腓力二世怀疑他臣民的忠诚。

此外,腓力二世还在低地国家任命了有审判权的新主教。毫无疑问,十七省的教会需要重建;但是,腓力二世所选择的时机和方法都是不明智的。有人提出,重建教会的理论基础是必须铲除异端。低地国家的居民知道,宗教裁判所已经在西班牙成为服务于国王政策的一个工具,因此他们担心腓力二世想要在他们的国家干出同样的事情。

更糟的是,腓力二世和摄政王玛格丽特不太重用他们最忠实的臣民。奥兰治的威廉王子(William Prince of Orange)和埃格蒙特伯爵(Count of Egmont)被任命为国家议会的议员。前者始终是查理五世的密友,后者是杰出的军事将领。但是,在一些重要事务上没有人与他们磋商,而是由摄政王和她的外国顾问决定。在这些外国顾问中,最可恨的是主教格朗维尔(Granville),低地国家的人指责他造成了他们所遭受的一切不公和耻辱。人们不断抗议,腓力二世召回了格朗维尔。但是,人们很快就清楚地意识到,被废的主教只是执行了他主人的命令,他那些令人愤怒的政策与行为正是腓力二世本人所指使的。

为了给他们的事业辩护,十七省的领袖将埃格蒙特伯爵派到了西班牙。腓力二世礼貌地接待了他,并许诺在政策上做出彻底改变。埃格蒙特伯爵回到了祖国,并很高兴他得到了腓力二世的保证。但是,当他在国家议会上打开腓力二世交给他的密信时,他大失所望,因为信的内容与腓力二世的承诺完全相反。与此同时,腓力二世命令玛格丽特执行特伦托大公会议针对新教所颁发的教令,并处死所有反对教令的人。

腓力二世的命令引起了巨大的轰动。他下令处死许多人,但是,十七省的领袖和地方官并不愿意处死他们的同胞。面对着腓力二世的命令,数百位贵族与资产阶级的领袖共同向摄政王玛格丽特请愿,请求玛格丽特不要执行腓力二世的命令。玛格丽特接待了他们,当她表现得有些不安时,一位朝臣插话告诉她,不要理睬,也不要害怕"那群乞丐"。

乞丐

这个绰号燃起了爱国者的想象力。既然压迫者将他们称为乞丐,他们索性接受了这个名字。乞丐的皮袋子成为了起义的旗帜。在这面旗帜之下,此前还只属于贵族和资产阶级的运动,现在在全民中深深扎根。起义的旗帜在各地飘扬,当局对此不知所措。

在进行武装斗争之前,这场运动便有了宗教色彩。经常会有露天聚会,在聚会中有人在武装乞丐的保护下宣讲新教教义和对政府的不满。由于担心引发更大的骚乱,玛格丽特的军队并没有镇压这样的聚会。后来,有一伙反圣像崇拜者闯入教堂,他们砸毁圣坛,捣毁圣像和旧信仰(天主教)的其他偶像。当这伙暴徒闯进教堂时,没有人阻拦他们,因为有许多人暗自高兴,另有许多人惊讶于上帝为什么不击杀这群亵渎圣物的人。

最终,国家议会不得不求助于经常与它产生分歧的奥兰治的威廉。怀着与曾效忠于查理五世同样的忠诚,他冒死出面干涉。因着他的恳求和他的支持者,这场暴动得以平息,反圣像崇拜的浪潮也平息了。但是,这一切之所以会平息,只是因为国家议会剥夺了宗教裁判所的权力,并给予人民一定的崇拜自由。乞丐承诺,只要政府不再强制开设宗教裁判所与进行其他形式的压迫,他们就不会采取任何行动。

然而,腓力二世并不是会被臣民的反对所左右的国王。他曾非常认真地宣布,他无意成为"异端之主"。在这种情况下,根本就不必向不信者信守诺言。他许诺遵守在十七省所达成的协议,赦免起义者,但是他却在集结军队,准备在低地国家强制推行他的旨意和信仰。奥兰治的威廉意识到腓力二世的奸诈,他建议他的朋友——尤其是埃格蒙特伯爵和霍恩伯爵(Count of Horn)——共同进行武力抵抗。但是,这些朋友相信腓力二世的承诺,威廉撤退到他在德国的领地。

风暴迅速袭来。1567年初,阿尔巴公爵(Duke of Alba)率领一支由西班牙人和意大利人组成的军队入侵了低地国家。腓力二世任命阿尔巴公爵为真正的统治者,玛格丽特成为有名无实的摄政王。阿尔巴公爵的任务是血腥镇压所有起义和异端。他最先采取的措施之一是组建"除暴委员会"(Council of Disturbance)——人们很快就将它称为"血腥委员会"(Council of Blood)。这个法庭不受任何法律条款的限制,因为阿尔巴公爵向腓力二世的解释是,合法性只对罪名已经成立的罪犯有效,而目前的"事态形势"要求必须采取更严厉的措施。新教徒因被视为异端而被定罪,天主教徒因没有足够坚决地抵制异端而被定罪。甚至怀疑"除暴委员会"的权威也是叛国罪。任何反对重建教会或宣称十七省有国王所不能剥夺的权利与特权的人也受到叛国罪的指控。依照这些条例而被处死的人不计其数,以至于当时的编年史家声称,空气中弥漫着恶臭,数百具死尸悬挂在道路两旁的树上。完全信任并忠于腓力二世的埃格蒙特伯爵和霍恩伯爵仍在自己的领地,他们遭到逮捕,并接受了审判。阿尔巴公爵抓不到奥兰治的威廉,但抓到了威廉十五岁的儿子菲利普·威廉,并将他送到西班牙。这时,奥兰治的威廉倾其家产组建了一支主要由德国人组成的军队,他率领这支军队入侵了低地国家。但是,阿尔巴公爵一次次将他击败,为了报复他,阿尔巴公爵下令处死了埃格蒙特伯爵和霍恩伯爵。

阿尔巴公爵似乎完全控制了局势,但起义军这时意外得到一支军队的支持。奥兰治的威廉曾准许一些水兵武装民船,他希望他们可以袭扰阿尔巴公爵与西班牙的联系。这群海上乞丐(beggars of the sea)起初只是海盗,但是,他们有一定的组织,腓力二世的海军难以消灭他们。英格兰的伊丽莎白曾一度支持他们,最重要的是允许他们在英国港口销售他们的战利品。最终,西班牙迫使伊丽莎白改变了这一政策。但是,海上乞丐这时已经非常强大,要想消灭他们谈何容易。他们巧妙地夺取了布里尔(Brill),从此以后,他们接连取得胜利,这令他们成为传奇,也鼓舞了在陆地上奋勇抵抗的爱国者。一些城市宣布支持再次入侵了十七省的奥兰治的威廉,这一次,他得到了法国人的支持。但是,法国人也是背信弃义之辈,奥兰治的威廉在向布鲁塞尔挺进的途中听说了圣巴多罗买日大屠杀(我们将在下一章中讲述),这令新教徒不可能与法国国王再有任何合作。在缺少资金和军事支持的情况下,奥兰治的威廉被迫解散了他的军队,因为这支军队主要是由雇佣兵组成的。

阿尔巴公爵的复仇是可怕的。他的军队攻取了一个又一个城市,又一次又一次地违背了投降的协议。战俘惨遭屠杀,复仇是唯一的原因;一些抵抗城市被付之一炬。妇女、儿童和老人与起义军一同被杀。阿尔巴公爵很快就占领了起义军的每一个要塞。

起义军只是在海上仍然强大。海上乞丐不断击败西班牙人,甚至俘虏了他们的海军元帅。这令阿尔巴公爵的军队难以得到补给和资金,因此,他的将士出现了兵变的迹象。他要求西班牙为他运送物资,但西班牙并没有送来,痛苦的阿尔巴公爵厌倦了漫长的战争,他要求西班牙任命他到其他地区。

新任西班牙将军路易斯·雷克森斯（Luis de Zúñiga y Requesens）聪明地利用了起义军的信仰分歧。他试图与南方省份的天主教徒单独签署合约，以此制造他们与在北方占绝大多数的新教徒之间的分裂。此前，对于一场真正反抗外国统治的全国起义来说，宗教问题只是导致这场起义的众多因素之一。起义领袖奥兰治的威廉至少直到他在德国逃亡时还是开明的天主教徒，他于1573年才宣布自己是加尔文主义者。但是，雷克森斯的政策强调战争中的宗教因素，这就使南方的天主教各省保持了中立。

新教事业因此陷入绝境，新教的军队一再受挫，并最终被彻底击败。

新教的唯一希望似乎只有海上乞丐了。重要的贸易中心莱顿（Leiden）宣布它是新教城市，因此，西班牙人开始围剿莱顿。这时，危机开始了。奥兰治的威廉派兵突围，但是西班牙人将他们击败，在这次突围中，威廉的两个兄弟战死。威廉——被他的敌人称为沉默者（Silent）或狡诈者（Sly）——决心拼死一搏，他建议掘开海堤，冲毁莱顿周围地区。这意味着多年的艰苦劳作将毁于一旦，大量的耕地将因此损失。但是，莱顿的居民同意了。尽管被围剿的军民极其缺乏食物，但他们还是抵抗了四个月，在此期间，食物由水路被送往莱顿。海上乞丐借着决堤的洪水也来到了莱顿，他们宁可高呼他们是土耳其人，也不愿高喊他们是天主教徒。西班牙人因缺少海军支援，被迫放弃了围剿。

这时，雷克森斯去世了。他的军队没有了首领，也没有了薪水，他们造反了，开始洗劫南方的城市，因为南方的城市是比北方的城市更容易到手的猎物。这促使十七省的居民再次团结起来，他们于1576年签署了《根特和平协定》（Ghent Pacification）。这一协定是十七省的一份盟约，它清楚地阐明当前的问题是国家的自由，而不是信仰的分歧。《根特和平协定》得到奥兰治的威廉的称赞，他曾不断呼吁，宗教的教条主义和宗派主义者的不容异己是十七省获得统一与自由的障碍。

下一任总督是奥地利的唐·胡安（Don Juan de Austria），他是查理五世的私生子,因此,他是腓力二世同父异母的弟弟。他是基督教国家中最受钦佩的军事将领之一,因为他在勒班托战役(Battle of Lepanto)中击败了土耳其人,但是他并没能进入布鲁塞尔,直到他同意了《根特和平协定》的条款。然而,腓力二世并没有放弃战争。一支新军被派到十七省,南方各省再次放弃了战斗。后来,北方各省没有采纳奥兰治的威廉的建议,它们独立组成同盟,捍卫自己的信仰与自由。

战争又艰难地进行了十年。尽管西班牙人成为南方各省的主人,但是他们并没能征服北方。1580 年,腓力二世发表声明,承诺任何杀死沉默者威廉的人都可以得到二千五百千克朗的奖赏,并被加封为贵族。威廉和他的追随者针锋相对,他们也发表了一份正式声明,宣布他们不服从国王的任何统治。但是,仅仅过了三年,在他成功躲过许多次暗杀之后,威廉被垂涎奖赏的人暗杀了(腓力二世再次食言,他先是拒绝封赏,后来只是支付了赏金的一部分)。腓力二世原本希望威廉被暗杀可以结束这场起义,但威廉的儿子莫里斯(Maurice)——他当时只有十九岁——实际上是比他的父亲更优秀的将军,他率领军队赢得了一系列战役的胜利。

1607 年,大约在腓力二世去世十年之后,西班牙决定停战,认为这场战争不值得再进行下去。双方签署了停战协定,这时,北方各省的绝大多数居民是加尔文主义者,许多人将他们的加尔文派信仰等同于他们对祖国的忠诚,而南方各省的居民仍是天主教徒。最终,信仰、经济和文化的差异将导致三个国家的建立:新教国家荷兰和天主教国家比利时与卢森堡。

第十一章

法国的新教

哦,主啊,我们向你呼求:你会允许犯下这些有损你荣耀的罪行吗?

——埃蒂安·德·梅桑弗鲁尔(Etienne de Maisonfleur)

16 世纪伊始,法国是西欧统一与集权化程度最高的国家。然而在 16 世纪,随着时间的推移,法国也成为西欧分裂最严重的国家。这是因为新教徒与天主教徒的不断冲突,在法国导致了两败俱伤的漫长战争。

不断变换的皇家政策

在宗教改革伊始,法国的统治者是瓦卢瓦家族(House of Valois)最后一位伟大的国王弗朗索瓦一世。他的宗教政策总是含糊不清,摇摆不定,因为他并不希望看到新教传入并分裂他的领地,但是,他却鼓励新教在德国的传播,因为新教在德国是他的敌人查理五世的眼中钉。因此,虽然弗朗索瓦一世从未支持过法国的新教徒,但是,他对他们的政策取决于政治的权宜之计。当他为了削弱查理五世而试图与德国的新教徒建立更紧密的联系时,他不得不给予法国的新教徒一定的信仰自由。但是,法国的新教徒有时也会受到迫害,他们所受的迫害与新教徒在其他天主教国家所受的迫害同样残酷。尽管弗朗索瓦一世对新教的政策摇摆不定,但是,新教还是在法国赢得了许多信徒,尤其是在知识分子和贵族中。在残酷的迫害之后，便是一段太平时期。正是如此起伏不定的局势，导致法国的许多新教徒被迫逃亡——约翰·加尔文就是其中之一。这些逃亡者在法国附近的城市——如日内瓦和斯特拉斯堡——密切关注着祖国的事态发展，只要有可能，他们就会介入法国的事务。

126

与此同时，在附近的纳瓦拉王国（Kingdom of Navarre，位于法国和西班牙之间），弗朗索瓦一世的妹妹——昂古莱姆的玛格丽特（Margaret of Angouleme）嫁给了纳瓦拉的国王亨利（King Henry of Navarre），她支持改革运动。她是位学者，还在法国生活时她就支持法国的改革派人文主义者。现在，她在自己的宫廷中为法国的新教逃亡者提供避难所，而他们都是从她哥哥的领地中逃出来的。新教书籍从纳瓦拉和毗邻法国的城市，如斯特拉斯堡和日内瓦，被不断偷运进法国。但是，尽管如此，法国直到很久以后的1555年才有了对新教教会的记载。

弗朗索瓦一世于1547年去世，他的儿子亨利二世继位，他继承了他父亲的政策，但是，他对新教的迫害更持久，更残酷。虽然新教受到这样的迫害，但是，第一个新教教会在亨利二世统治时期正式建立，它是根据逃亡的约翰·加尔文所制定的规则建立的。四年之后，当第一次全国宗教会议召开时，新教教会已经遍布法国各地。第一次全国宗教会议在巴黎附近秘密召开，为新教会制定了《信条》（Confession of Faith）和《教纪》（Discipline）。

127

在第一次全国宗教会议召开不久之后，亨利二世在一次比武中受伤，并因此丧命。他有四个儿子和三个女儿，其中三个儿子——弗朗索瓦二世、查理九世和亨利三世——相继成为法国国王，他的女儿瓦卢瓦的玛格丽特（Margret of Valois）在她的哥哥们去世之后成为法国女王。他们的母亲是野心勃勃的凯瑟琳·德·美第奇，她希望借孩子之手统治法国。

然而，吉斯家族（House of Guise）的领袖们妨碍了凯瑟琳·德·美第奇的计划。在弗朗索瓦一世统治时期，来自洛林（Lorraine）的吉斯家族就已经声名显赫。吉斯的弗朗索瓦（François of Guise）和他的弟弟洛林的枢机主教查理（Charles）曾是亨利二世的主要顾问。现在，这两兄弟是法国的真正统治者，他们在以弗朗索瓦二世的名义统治法国，因为年轻的弗朗索瓦二世对国家政务不感兴趣。但是，他们的权力招来老牌贵族的不满，尤其是亲王的不满，他们是国王的至亲。

安托万·德·波旁（Antoine de Bourbon）和他的弟弟路易·德·孔代（Louis de Condé）就是这样的亲王。安托万·德·波旁娶了珍妮·德·阿尔布雷特（Jane d'Albret），她是纳瓦拉的玛格丽特的女儿，她跟随母亲，成为加尔文主义者。后来，她的丈夫安托万和小叔子孔代接受了她的信仰，因此，新教在法国最大的贵族中取得了成功。吉斯家族是坚定的天主教家族，他们希望铲除新教，因此，他们与波旁家族的斗争很快就有了宗教色彩。后来，"安布瓦斯阴谋"（Conspiracy of Amboise）败露，它的目的是劫持年轻的弗朗索瓦二世，让他远离吉斯家族。严格地讲，"安布瓦斯阴谋"的动机并不是宗教上的，但是，大多数阴谋策划者是胡格诺派（Huguenots）——用来称呼法国新教徒的起源不详的名字。路易·德·孔代牵连其中，他被吉斯家族监禁。这引起了新教与天主教贵族的极大不安，他们担心，将一位亲王监禁、审判和定罪，会沉重地打击到他们的古老特权。

这时，弗朗索瓦二世意外去世。凯瑟琳·德·美第奇迅速采取行动，成为她十岁大的儿子查理九世的摄政王。她曾不断被吉斯家族所羞辱和阻挠，因此，她最先采取的行动之一是释放孔代，并与胡格诺派共同限制洛林家族的权力——吉斯家族也被称为洛林家族。当时，法国有许多新教徒；法国大约有两千个胡格诺派教会。因此，凯瑟琳支持新教徒的原因是政治，不是信仰。遭到监禁的新教徒被释放了，他们只是受到了温和的规劝：放弃他们的异端邪说。后来，凯瑟琳在普瓦西（Poissy）召开了一次由新教与天主教神学家参加的和谈，她希望他们能达成一项协议。不出所料，这次和谈失败了。但是，1562 年，凯瑟琳颁发了《圣日耳曼敕令》（Edict of St. Germain），给予胡格诺派信仰自由，但却禁止他们拥有自己的聚会所、在未经预先批准的情况下召开会议、筹集资金和供养军队等等。因此,胡格诺派实际上只得到了聚在一起崇拜的权利,而且,他们必须在白天、在城市之外、在没有军队的情况下进行崇拜。凯瑟琳希望这些措施可以为她赢得新教徒的支持,同时限制新教徒可能拥有的一切政治与军事权力。她希望利用胡格诺派来威胁洛林家族,而不是威胁法国的统一和国王的权力。

吉斯家族拒不服从《圣日耳曼敕令》,他们希望以此削弱凯瑟琳的权威。在颁布《圣日耳曼敕令》仅仅两个多月之后,吉斯家族的两兄弟弗朗索瓦和查理就率领二百位全副武装的贵族包围了一群胡格诺派正在聚会的地方——瓦西(Vassy)的马厩,残忍地屠杀了他们所能屠杀的所有胡格诺派。

瓦西大屠杀导致了第一场宗教战争,这和此后的多场宗教战争在法国造成巨大的灾难。有时,新教暴徒袭击天主教教堂,捣毁教堂中的圣坛和圣像,他们有时还会袭击神父和修士。也有天主教暴徒在神父带领之下洗劫新教徒的教堂和寓所,被洗劫的新教徒通常会被天主教徒屠杀。在几次小规模冲突之后,新教徒和天主教徒都组建了各自的军队,他们最终开战——天主教徒的领袖是吉斯公爵(Duke of Guise),新教徒的领袖是盖斯帕德·德·科利格尼将军(Admiral Gaspard de Coligny)。天主教徒赢得了绝大多数战斗,但是,他们的将军被一位新教贵族暗杀;在瓦西大屠杀一年之后,双方签署了停战协议,该协议给予胡格诺派一定的宽容。但是,这并没有带来永久的和平,在1567和1570年间又爆发了两场宗教战争。

圣巴多罗买日大屠杀

在漫长的战争之后,1570年的停战有望带来永久的和平。凯瑟琳·德·美第奇似乎愿意向新教徒让步,她希望新教徒会帮她对付吉斯家族。1571年,科利格尼来到了皇宫,他给年轻的国王留下非常好的印象,以至于国王将他称为"我的父亲"。凯瑟琳·德·美第奇还打算将她的女儿玛格丽特·瓦卢瓦嫁给新教亲王亨利·波旁(Henry Bourbon),他是安托万的儿子。这一切都预示着胡格诺派的好运,现在,他们在漫长的战争之后可以自由地出入皇宫。

然而,危机潜藏在美好的表象之后。吉斯的新公爵亨利相信,科利格尼曾下令杀死了他的父亲,他渴望报仇。凯瑟琳·德·美第奇开始担心,已经赢得国王信任与爱戴的新教将军科利格尼的影响力会越来越大。一个阴谋就这样酝酿出来:他们为自己除掉科利格尼将军——那个动荡年代最正直的人之一。

当时,亨利·波旁是纳瓦拉的国王,为了参加他与法国国王的妹妹玛格丽特·瓦卢瓦的婚礼,胡格诺派的重要领袖都来到了巴黎。8 月 18 日,婚礼在欢乐祥和的气氛中举行。新教贵族被国王的友好接待和不加掩饰的善意蒙骗得过于自信。后来,当科利格尼从当时的皇宫卢浮宫(Louvre)返回他的寓所时,有人从吉斯家族所拥有的一座楼中向他开枪。科利格尼失去了右手的一根手指,左臂也受了伤。但是,暗杀他的计划失败了。

胡格诺派的领袖被这种破坏国王盛情的行为激怒了,他们要求严惩凶手。查理九世下令严查此事,有证据表明,子弹是从吉斯公爵的一把火绳枪中射出的,暗杀者在逃跑时所骑的马是凯瑟琳·德·美第奇马厩中的马。一些人甚至怀疑,查理九世的弟弟安茹的亨利(Henry of Anjou)——后来的亨利三世——也是这起阴谋的策划者之一。义愤填膺的查理九世将吉斯家族的人逐出了皇宫,与此同时,此案的调查还在继续。

阴谋者后来采取了极端的行动。查理九世相信,胡格诺派正在策划一起夺取皇位的惊天阴谋,阴谋的领导者是科利格尼。但是,这明显是凯瑟琳说服查理九世相信的。从未有过坚定信仰的查理九世相信了这些话,对新教徒的大屠杀即将上演。查理九世召来了他的主要参谋——除了新教徒;在8月23日晚上,他们决定采取极端的行动。

第二天,1572 年 8 月 24 日——圣巴多罗买日(St. Bartholomew's Day)。这天夜里,在查理九世和凯瑟琳·德·美第奇的许可之下,吉斯公爵会见了负责维护巴黎治安的人,并向他们下达了详细的命令,他们应当袭击的每一个寓所和应当袭击的人。他亲自负责干掉正在康复中的科利格尼。他们突然闯进科利格尼的卧室,大吃一惊的科利格尼被他们重伤。还活着的科利格尼被抛出窗外,掉到正等在楼下的吉斯公爵的脚边。据说,吉斯公爵踢死了科利格尼。随后,科利格尼的尸体被残忍地肢解,他的部分尸体被挂在蒙福孔(Montfaucon)的绞刑架上示众。

与此同时,大约两千名胡格诺派惨遭屠杀。即使是皇宫卢浮宫,也血流成河,大约三十名波旁家族的侍卫被屠杀。两位新教亲王路易·德·孔代和纳瓦拉的国王亨利·波旁——他现在是查理九世的妹夫——被拖到查理九世面前,他们放弃了自己的信仰,这样才保住了性命。

巴黎的圣巴多罗买日大屠杀只是一个信号,它预示着法国各省也会发生同样的事情。吉斯公爵已经下令屠杀全法国的新教领袖。少数正直的地方官员拒绝服从命令,他们声称,他们既不是刽子手,也不是谋杀犯。但是,大多数地方官员服从了命令,暴徒们已经不顾吉斯公爵的命令,他们肆无忌惮地洗劫新教徒的住所,屠杀他们全家。受害者人数高达数万。

圣巴多罗买日大屠杀的消息传遍了欧洲。我们已经讲过,奥兰治的威廉(他后来娶了科利格尼的一个女儿)正率领一支在法国支持下组建的军队向布鲁塞尔进发。当他听说圣巴多罗买日大屠杀时,他被迫解散了军队,停止了战斗。在英格兰,伊丽莎白女王穿上了丧服。虽然神圣罗马帝国的皇帝马克西米连二世是敬虔的天主教徒,但是,他也对圣巴多罗买日大屠杀的消息感到十分震惊。但是,在罗马和马德里,教宗和国王却有着截然不同的反应。在宣告反对流血的同时,教宗格列高利十三世下令歌唱《感恩赞》(Te Deum),以庆祝圣巴多罗买之夜的大屠杀,而且,每年都要这样来纪念这一丰功伟绩。西班牙的编年史家证实,腓力二世在第一次听说圣巴多罗买日大屠杀时当众笑了起来,他也下令歌唱《感恩赞》,并举行其他庆祝活动。

三 亨利之战

尽管新教的死难者众多,但是,新教并没有被连根铲除。由于圣巴多罗买日大屠杀,胡格诺派失去了他们的军事将领,但是,他们在拉罗切利(la Rochelle)和蒙托邦(Montauban)——之前的和平条约所给予他们的两座城市——强大起来。他们宣布,查理九世和吉斯家族现在都是叛国者和谋杀犯,他们已经做好了与他们战斗的准备。许多天主教徒厌倦了两败俱伤的战争和伤亡,他们认为必须采取宽容的政策,为此,他们给予新教支持。至于查理九世,他显然难以统治法国;法国几乎乱作一团,直到查理九世于1574年去世。

随后,查理九世的弟弟安茹的亨利成为法国国王——亨利三世,他是圣巴多罗买日大屠杀的策划者之一。他的母亲凯瑟琳·德·美第奇安排他被选为波兰国王,他现在正统治着波兰。但是,当他得知哥哥去世的消息时,他急匆匆地赶到巴黎,索要法国的王位,甚至不考虑卸任波兰的王位。亨利三世同他的母亲一样,他的信仰只是帮助他夺取与保持权力的工具。因此,当他认为与新教起义者和解对他有利时,他便这样做了,新教徒在巴黎以外获得了崇拜的自由。

132 吉斯公爵领导着更好战的天主教徒,他们反应强烈,并在西班牙支持下向胡格诺派开战。最终,亨利三世加入到他们中间,第八次宗教战争就此爆发——宗教战争似乎会无休止地进行下去。这场宗教战争令法国陷入一片血泊,但它并没有解决任何问题,因为胡格诺派还没有强大到足以击败天主教徒,天主教徒也没有强大到足以消灭新教。

后来,局势发生了出人意料的转变。亨利三世并没有直系继承人,因此,纳瓦拉的国王亨利·波旁现在成为法国王位的合法继承人。这位在圣巴多罗买日大屠杀之后被囚禁在巴黎的亲王于1576年成功地逃跑了。

他后来第四次改变了他的信仰——这还不是最后一次,他声称自己是新教徒。虽然胡格诺派并不喜欢他(和他妻子)的荒淫无度,但他还是成为新教徒抵抗的中坚力量。因此,如果当前的局势不变,法国国王的合法继承人将是新教徒。

这是天主教徒所不能容忍的,因此,他们提出吉斯的亨利才是法国王位的合法继承人。据说,一份文献在洛林被发现,它可以证明吉斯家族是查理曼大帝的后裔,因此,吉斯家族的人比波旁家族的人、甚至比瓦卢瓦家族的人——上一位国王亨利三世来自这个家族——更有资格继承法国的王位。

这就出现了三派,每一派的领袖都是亨利。在这三位亨利之中,合法的国王亨利三世是最没有资格与最无能的。天主教的觊觎王位者吉斯的亨利要求继承王位的理由是一份明显伪造的文献。新教的领袖亨利·波旁并没有要求继承王位,他只是提出他有权继承王位。

宗教战争一直在进行,直到吉斯的亨利攻占巴黎,在巴黎称王。后来,亨利三世使用了吉斯的亨利以前对付新教徒的方法。在 1588 年圣诞节两天前,按照亨利三世的命令,吉斯的亨利被谋杀在他于十五年之前下令发动圣巴多罗买日大屠杀的地方。

然而,这并没有结束天主教徒的反对。几乎没有天主教徒愿意信任一位不断利用政治暗杀的国王。天主教起义者找到了新领袖,他们继续战斗。亨利三世很快就陷入绝境,他别无选择,只能逃出巴黎,在他昔日的敌人亨利·波旁的营中寻求保护,因为亨利·波旁至少还承认他是合法的国王。

亨利·波旁以应有的尊敬接待了国王,并给予他保护,但是,他并不允许亨利三世制定政策。然而,这种尴尬的局面并没有持续太久,因为一个相信亨利三世是暴君、认为弑杀暴君合法的多米尼克修会的狂热托钵修士进入新教营地杀死了国王。

亨利三世的死并没有结束宗教战争。亨利·波旁现在显然是亨利三

133

世的合法继承人,他取名为亨利四世。但是,法国的天主教徒并不愿意有一位新教国王。在西班牙,腓力二世正打算抓住这次良机,令自己成为法国的主人。教宗宣布,亨利·波旁无权继承法国的王位。因为这些原因,宗教战争又进行了四年。最终,亨利四世意识到,如果他不成为天主教徒,就永远不会成为法国国王,因此,他又一次改变了他的信仰。虽然他可能从未说过"巴黎完全有必要举行弥撒",但是,这句话显然表达了他的想法。在亨利四世第五次改变信仰的那一年,新国王进入了巴黎,数十年的宗教战争就这样结束了。

虽然亨利四世成为了天主教徒,但是,他并没有忘记以前并肩战斗的战友。相反,他对他们非常忠诚,非常偏爱,以至于更顽抗的天主教徒声称,他仍是异端。1598 年 4 月 13 日,亨利四世最终颁发了《南特敕令》(Edict of Nantes),给予胡格诺派崇拜的自由,他们可以在巴黎以外的、所有他们在 1597 年之前拥有教会的地方进行崇拜。他们的安全也有了保障,因为他们被允许保留他们于 1597 年所拥有的一切设有防御工事的城镇。

尽管亨利四世在宗教信仰上前后不一,他的个人生活荒淫无度,但是,他精明地统治着法国。法国在他的统治之下繁荣昌盛,他很快就赢得了以前许多敌人的尊敬。但是,宗教仇恨与偏见并没有完全消失,亨利四世最终成为它们的牺牲品。1610 年,一名狂热的天主教徒结束了他的生命,因为这个狂热的天主教徒相信,他仍是新教异端,杀死他就等于服侍了上帝。

第十二章

天主教的改革

天地之主死在十字架上,和平在战争的危难中来临。

——圣特蕾莎

除了新教改革之外,各种强大的改革浪潮正在席卷欧洲。早在路德的抗议之前,就有许多人渴望改革教会,并为此付出了努力。尤其是在西班牙,当路德还是个孩子时,天主教就已经在伊莎贝拉女王和枢机主教弗朗西斯科·希门尼斯·德·希斯内罗斯的领导之下进行了改革。

西班牙的天主教改革

当伊莎贝拉于 1474 年继承卡斯蒂利亚的王位时,她领地内的教会急需改革。同欧洲其他国家的高级教士一样,西班牙的许多高级教士也是大地主,他们更关心战争与阴谋,而不是信徒的灵命。大多数低级教士并没有受过足够的训练,因此,他们只能主持弥撒。同欧洲其他地区的修道主义一样,西班牙的修道主义也开始衰退,对于皇家和贵族的私生子来说,一些较大的男女修道院已经成为他们备受欢迎的安乐窝。

伊莎贝拉决心改革教会,为此,她从教宗那里获得了任命教士的权力。她的丈夫费迪南德——附近的阿拉贡的国王——也得到了在他的领地任命教士的权利。但是,他们的动机却大不相同。伊莎贝拉所关心的是获得改革教会的权力,而费迪南德将主教的任命权视为巩固他王位的

136

重要的政治特权。因此,当伊莎贝拉积极寻找能胜任空缺教职的最优秀人选时,费迪南德却将他只有六岁大的私生子任命为首都萨拉戈萨的大主教。

在改革教会的过程中,伊莎贝拉并没有得到她丈夫费迪南德的任何支持,但是,她得到了她的忏悔神父弗朗西斯科·希门尼斯·德·希斯内罗斯的帮助。希门尼斯是位严肃的方济各会修士,他因拒不参与当时教会的腐败行为而被监禁了十年。他在狱中学习了希伯来文和迦勒底语,因为他深受人文主义学者的影响。最终,通过托莱多改革派主教的举荐——托莱多主教也是伊莎贝拉任命的——希门尼斯被任命为伊莎贝拉的忏悔神父。当大主教去世时,伊莎贝拉采取了必要的措施,以确保希门尼斯被任命为西班牙最重要的大主教。但希门尼斯拒绝了,伊莎贝拉从教宗亚历山大六世——他根本就不是改革者——那里得到一份通谕,命令这位不情愿的托钵修士服从了伊莎贝拉的任命。

137 伊莎贝拉女王和大主教希门尼斯开始改革男女修道院。他们亲自视察最重要的修道院——它们因其松散的修道生活而臭名昭著,他们呼吁全体修士重新遵守他们的修道誓愿,并斥责几乎没有任何改进的修士,他们有时还会严惩抵制他们要求的修士。这些修士向罗马提出抗议。教宗并不是改革者,他是政治家,他知道自己必须迎合伊莎贝拉这位改革派女王。结果,女王的权力得以进一步加强,甚至西班牙最腐败的主教也不得不采取了改革教会的措施。

希门尼斯的学识,尤其是他对圣经的重视,成为伊莎贝拉改革计划中的一个要素。伊莎贝拉相信,教会和她的国家都需要知识渊博的领袖,因此她鼓励学术研究。她本人就是位学者,在她身边聚集了一大批著名的男女知识分子。她在费迪南德的支持下鼓励印刷书籍,印刷机很快就出现在西班牙所有重要城市。在所有这些改革工作中,希门尼斯都是伊莎贝拉的重要支持者。但是,他最重要的两个贡献是创建了阿尔卡拉大学(University of Alcala)和出版了康普路屯多语圣经(Complutensian Polyglot

Bible）。阿尔卡拉大学位于马德里几英里之外,它很快就培养出西班牙最杰出的一些宗教人士和文学巨匠,其中就有塞万提斯(Cervantes)和伊格纳修·罗耀拉。康普路屯多语圣经——以阿尔卡拉的拉丁名字康普路屯命名——是当时最优秀的一些学者所编译的一部多语版圣经:三位从犹太教归信基督教的学者编译希伯来文部分,一位克里特学者和二位西班牙学者主要负责希腊文部分,西班牙最优秀的拉丁文学者编译武加大译本。三种语言的经文并列编排,康普路屯多语圣经共有六卷(前四卷是旧约,第五卷是新约,最后一卷详细讨论了希伯来文、迦勒底语和希腊文语法)。尽管康普路屯多语圣经于 1517 年就已经编译完成,但它直到 1520 年才正式出版。据说,当康普路屯多语圣经最终完成时,希门尼斯高兴地说:"这一圣经版本在关键的时候为我们的信仰打开了一条神圣之源,从中将流出比所有来自间接之源的神学更纯正的神学。"如果再晚几年,对圣经高于传统这么明确的肯定,将导致希门尼斯被指控为"路德宗异端"。

然而,希门尼斯和伊莎贝拉对学术的重视并没有带来宽容。只要学术有助于改革教会的习俗和道德,他们就会鼓励,但是,如果有人偏离教义,他就会受到严厉的惩罚。因此,枢机主教希门尼斯既是主持编译康普路屯多语圣经的学者、书籍与学术的保护者和教会的改革者,他也是绝不能宽容任何教义分歧或背离教义的宗教大法官。就这一点而言,他代表了天主教大多数改革者,他们试图通过苦修、灵修和学术来净化教会,但与此同时,他们坚持严格地遵守传统的教义。在天主教改革中,大多数圣徒和贤士——如伊莎贝拉——都有着纯洁的道德、敬虔的信仰和毫不宽容的态度。

与新教论战

虽然天主教改革开始得更早,但是,新教的诞生令天主教改革有了一个新特点。天主教改革不再只是出于内部所需,它还努力回应要求改革教会教义的人。尤其是在一些新教真正威胁到天主教的地区,天主教的

IACOBVS LATOMVS.

Ædificat Latomus multa & præclara difertus
Difponenfque manu conftruit artifici.
Qui loca quæfierit fidei bene commoda noftræ
Flla petat, doctus quæ pofuit Latomus.

C₂

詹姆斯·拉托姆斯是众多反对路德及其观点的
天主教学者之一。

改革家不仅必须改革教会的习俗,也必须捍卫教会的传统教义。

139　　这些天主教领袖往往是学者,而另一些天主教领袖则担心人文主义者的计划是与新教一样大的威胁。与路德和卡尔斯塔特在莱比锡论战的神学家约翰·艾克,不仅是一位尽职的神父,也是一位学者,他于1537年出版了自己翻译的德文圣经。另一方面,鲁汶大学(University of Louvain)校长詹姆斯·拉托姆斯(James Latomus)批评了新教徒和人文主义者,他认为,只需根据教会传统阅读拉丁文圣经来理解圣经,研究希腊文和希伯来文毫无用处。但是,天主教神学家最终清楚地认识到,必须用学术来驳斥新教徒的教导;因此,出现了一批致力于驳斥新教教义的天主教神学家和学者。其中最重要的是罗伯特·贝拉明(Robert Bellarmine)和凯撒·巴罗尼乌(Caesar Baronius)。

　　贝拉明是将驳斥新教教义的天主教教义系统化的重要人物。从

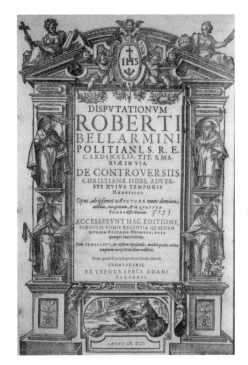

罗伯特·贝拉明提出了数百年来天主教徒驳斥新教徒的主要论点。

1576 年开始,他担任罗马新设立的辩论主席(Chair of Polemics)十二年,在即将卸任之际开始发表他的伟大著作《论基督教信仰的争论》(*On the Controversies of the Christian Faith*),并于 1593 年全部完成。它成为天主教驳斥新教的经典源泉。实际上,直到今天,保守的天主教徒在驳斥新教时使用的大多数论点都是引自贝拉明的这部著作。他还参与了审判伽利略,此次审判得出的结论是,地球绕着太阳转的观念是异端。

另一方面,凯撒·巴罗尼乌是一位伟大的天主教历史学家。马格德堡大学的一批学者开始发表一部篇幅浩大的教会史,他们试图证明,罗马天主教已经偏离了原始基督教。这部从未完成的历史巨著每卷记述一百年教会历史,因此,它通常被称为《马格德堡百载千年》(*The Centuries of Magdeburg*)。为了回应这批学者,巴罗尼乌撰写了他的《教会编年史》(*Ecclesiastical Annals*)。直到 17 世纪晚期,随着戈特弗里德·阿诺德

（Gottfried Arnold）的《初期基督徒的真实面貌》（*True Picture of the First Christians*）和《客观的教会与异端史》（*Nonpartisan History of the Church and of Heretics*）分别于 1696 年和 1699 年出版，教会历史学家才开始尝试撰写能够客观回顾过去的教会史，而不是只为教会历史学家的观点辩护的教会史——甚至到了这个时候，我们还是可以看到，阿诺德的教会史观有着敬虔主义倾向。

新修会

　　虽然修道主义在宗教改革爆发时就已经开始衰落，但是，在男女修道院中仍有许多修士严肃地发愿，他们对修道生活的悲惨状况备感伤心。在 16 世纪，改革修道院的渴望在改造老修会——像伊莎贝拉和希门尼斯曾倡导的那样——和建立新修会的过程中结出了果实。在这些新修会中，一些修会寻求恢复古代对修道发愿的严格遵守，而另一些修会在回应 16 世纪新形势的过程中形成。在第一种修会中，最引人注目的是特蕾莎（Teresa）所建立的赤足加尔默罗修会（Discalced Carmelites）。与此同时，在希望用新方法来回应新时代的修会中，伊格纳修·罗耀拉所领导的耶稣会是最重要的。

　　特蕾莎年轻时的大部分时光是在阿维拉（Avila）度过的，阿维拉是一座古墙环绕的城市，屹立在卡斯蒂利亚的高原之上。特蕾莎的祖父是犹太教徒，后来才改信基督教，他在家乡托莱多受到宗教裁判所的羞辱，于

特蕾莎居住时的阿维拉古墙，研究特蕾莎神秘主义的许多人相信，阿维拉古墙启发了特蕾莎将灵魂视为"心里的城堡"。

是搬到阿维拉。特蕾莎很小时就被修道生活所吸引，但是她后来说，她也曾害怕修道生活。最终，她在违背父亲意愿的情况下加入了位于阿维拉之外的加尔默罗道成肉身女修会（Carmelite of Incarnation）。在该修会中，她的智慧与魅力令她极受欢迎，以至于前来与她寒暄在阿维拉贵族中成为一种风尚。但是，她并不喜欢这么安逸的修道生活，而是尽可能多地花时间来阅读灵修书籍。

宗教裁判所发出了一份禁书单，其中包括特蕾莎最喜爱的大部分书籍，这令她十分沮丧。她后来得到一个异象，耶稣在异象中告诉她说："不要惧怕，因为我将成为一本你随时可读的书。"从此以后，这样的异象越来越多。这令她开始了漫长的内心斗争，因为她无法确定这些异象是否真

阿维拉的圣特蕾莎雕像。

实,或是像她所说,"是个魔鬼"。她频繁更换她的忏悔神父,但也无济于事。其中一位忏悔神父甚至告诉她可以用淫秽的动作来驱除异象——这是她永远都不会做的事。最终,在一些博学的托钵修士的帮助之下,她渐渐相信,她的异象是真的。

特蕾莎后来再次被异象所感召,离开了加尔默罗道成肉身女修会,并在附近建起了一座修道院,目的是在这里过更严格的修道生活。她抵挡住阿维拉的主教、修女和贵族的强烈反对,成功地创建了她的小修道院。但是,这还不够,因为她的异象呼召她在全西班牙建立类似的修道院。她的敌人指责她游手好闲。但是,她赢得了主教和皇室的尊重,最终,她所创立的修会遍布全西班牙及其领地。她的修女穿着凉鞋,因此她们通常被称为赤足(或赤脚)加尔默罗修女。

特蕾莎得到了十架约翰——后来被称为圣十架约翰(St. John of Cross)——的帮助。十架约翰个子很矮,据说,特蕾莎见到他时俏皮地说:"主啊,我向你所求的是一个修士,

阿维拉的十架约翰雕像。

你却只给我派来半个。"特蕾莎与约翰成为亲密的朋友和同工,通过约翰的工作,特蕾莎的改革令赤足加尔默罗男修会得以建立。因此,在基督教历史中,圣特蕾莎是唯一一位同时创建了男女修会的女基督徒。

虽然特蕾莎忙于修会的各种行政事务,但她还是花时间去作神秘默想,她的神秘默想经常令她得到异象,进入忘我的境界。她的许多论神秘默想的著作已经成为神秘灵修的经典,1970 年,教宗保罗六世将特蕾莎正式追封为"教会圣师"——只有锡耶纳的圣凯瑟琳与圣特蕾莎这两位女基督徒荣获这一殊荣。此外,十架约翰也被追封为"教

会圣师"。

特蕾莎的改革以修道生活和更严格地遵守加尔默罗修会的古老会规为中心,而圣伊格纳修·罗耀拉所领导的、开始于几年之前的改革,则旨在回应时代给教会带来的外在挑战。伊格纳修是一个古老贵族家族的后裔,他曾希望在军事生涯中名垂青史。但是,他的梦想破灭了,因为他在纳瓦拉的潘普洛纳围剿(Siege of Pamplona)中负伤,留下了终身残疾,成了一个瘸子。他在卧床不起时深受痛苦与失望的折磨,为了减轻痛苦,他开始阅读灵修书籍。这令他得到一个异象,他后来用第三人称讲述了这个异象:

> 一天夜里,他躺着没睡,清楚地看到我们的圣母抱着圣子耶稣,这个异象令他得到了前所未有的安慰,让他极度厌恶自己以往的生活,尤其是他肉体的私欲,他也清楚地看到,所有曾刻在他灵魂上的画面似乎都被抹去了。①

罗耀拉后来踏上了去蒙特塞拉特(Montserrat)隐修院的朝圣之旅。在蒙特塞拉特隐修院,他在一次纪念古代骑士团的仪式中全心服侍圣母,忏悔了他所有的罪。后来,他来到了曼雷萨(Manresa),想在那里隐修。但是,这并不足以平静他不安的灵魂,因为他深受罪疚感的折磨——就像以前的路德。他记录下这段与路德的经历惊人相似的日子:

> 当时,他还是有所顾忌,这给他带来了巨大的痛苦,因为虽然他已在蒙特塞拉特修道院详细忏悔,并记下了他所有的罪,(……)但在他看来,他似乎还有一些没有忏悔的罪。这令他陷入极大的痛苦,因为即使忏悔了这些罪,他还是不得安宁。

---

① *Autobiography* 1.10.

后来(……)忏悔神父命令他不要忏悔任何过去的罪,只忏悔他记得非常清楚的罪。但是,对他来说,以往所有的罪仍记忆犹新,因此,忏悔神父的命令对他毫无益处,他仍然陷于巨大的痛苦之中。(……)

每当他这样想时,巨大的诱惑便向他猛烈袭来,诱惑仿佛会从他房间的大洞中跳出来,紧挨着他祷告的地方。但是,他后来意识到自杀也是罪,他会大声呼求:"主啊,我不会做任何不讨你喜悦的事。"②

这就是耶稣会未来的创建者在认识上帝的恩典之前所遭受的折磨。他并没有告诉我们,他如何经历到上帝的恩典。但他的确说过:

从那一天起,他没有了顾虑,他确信,我们的主希望用他的仁慈赐给他自由。③

然而,罗耀拉与路德在这时分道扬镳,因为德国的那位修士走上了一条最终令他与天主教公开决裂的道路,而西班牙的这位修士却走上了一条截然相反的道路。从此以后,罗耀拉不再专心在修道生活中探索他的救恩,而是竭力服侍教会,努力宣教。他希望向土耳其人宣教,因此,他首先来到了几百年来对欧洲人有着神秘吸引力的圣地。但是,方济各会的宣教士已经在耶路撒冷宣教,他们担心这位狂热的西班牙宣教士会节外生枝,于是强迫罗耀拉离开了圣地。他后来决定,他必须学习神学,才能更好地服侍上帝。已经成年的罗耀拉与比他年轻的同学在巴塞罗那大学、阿尔卡拉大学、萨拉曼卡大学和巴黎大学一同学习。他强烈的信仰和

---

② *Autobiography* 3.22 – 3.24.

③ *Autobiography* 3.27.

热情吸引了一小群追随者。1534 年,他最终和一小群追随者回到了蒙特塞拉特,在那里,他们都庄严地立下了守贫、独身和顺服教宗的修道誓愿。

　　起初,耶稣会的目的是向圣地的土耳其人宣教,但是,到了教宗保罗三世于 1540 年正式认可耶稣会时,新教对天主教构成了巨大的威胁,这令耶稣会成为天主教用来对付新教的一个重要工具。但是,耶稣会并没有放弃它最初的宣教呼召,数百位耶稣会会士很快就去到远东和新大陆宣教。就对付新教而言,耶稣会是改革派教宗手中一个强有力的武器。耶稣会模仿军队来组织会员,这令它能迅速有效地应对各种机遇和挑战。145许多耶稣会会士也是学者,他们的学识为天主教驳斥新教做出了贡献。

罗马教廷的改革

　　当路德将他的《九十五条论纲》钉在维滕堡教堂的大门上时,教宗利奥十世对教会事务并不感兴趣,他更重视装饰罗马和为美第奇家族谋取更多的利益。因此,甚至是那些仍忠于教宗的天主教徒,也对罗马教廷会146发起教会所急需的改革不抱有多大希望。一些天主教徒希望平信徒统治者会帮助教会走上正轨,而另一些天主教徒再次提出以前的大公会议思想,他们希望通过召开大公会议来讨论路德和他的追随者所提出的问题,并制定结束教会内的腐败与权力滥用的改革计划。

　　教宗阿德里安六世的短暂任期为改革教会带来了一些希望。他有着崇高的理想,确实希望改革教会。但是,罗马教廷的阴谋阻碍了他的大部分改革计划,而他的意外去世更令他的改革计划成为泡影。下一任教宗克莱门七世是利奥十世的堂弟,他的政策类似于他亲戚的政策。虽然他成功地美化了罗马,但是,对于罗马教会来说,他的任期是一场灾难,因为他在任时,英格兰宣布不再受教宗管辖,查理五世的军队洗劫了罗马。克莱门七世的继任者保罗三世是位暧昧不明的教宗,他似乎更相信占星学,而不是神学,他同前任们一样,任人唯亲,玷污了他的教廷:他的儿子被任命为帕尔马和皮亚琴察的公爵(Duke of Parma and Piacenza),他十几岁大的孙子们被任命为枢机主教。他也希望将罗马建成有最多文艺复兴艺术品的中心,因此,他继续施行剥削制度,罗马教廷希望以此在欧洲各国敛财。但是,他也是位改革派教宗。他正式批准耶稣会成立,并利用耶稣会宣教,与新教论战。1536 年,他任命了一个由枢机主教和主教所组成的杰出的主教委员会,向他报告改革教会的需要和方法。罗马教廷的敌人设法得到了这个报告,这为新教徒与罗马天主教的战斗提供了充足的弹药。保罗三世本人也意识到,他的一大部分收入来自他自己的主教委员会所报告的腐败行为,因此,他决定最好还是不要采取任何行动。但是,在许多人的坚持和要求下,他召开了一次大公会议。此次普世大公会议于 1545 年开始在特伦托召开。下一任教宗尤利乌斯三世有着他前任的所有恶行,却没有他拥有的美德。任人唯亲再次盛行,罗马教廷同欧洲的宫廷一样,成为娱乐和欢宴的中心。后来,立志改革教会的马塞卢斯二世(Marcellus II)成为下一任教宗。但是,他的意外去世结束了他的任期。

最终,枢机主教吉奥瓦尼·彼德罗·卡拉法(Giovanni Pietro Carafa)

于 1555 年被选为教宗,名为保罗四世。他曾是保罗三世以前所任命的主教委员会中的一员,一旦成为教宗,他就立即着手纠正主教委员会所谴责的恶行。他是个严格、近乎死板的人,往往将改革教会等同于在所有事务中设定一个完全统一的标准。在他的领导之下,宗教裁判所的活动上升到令人恐怖的程度;他下令发行《禁书目录》(Index of Forbidden Books),其中包括天主教一些最优秀的著作。但是,尽管如此,保罗四世还是值得赞扬的,因为他净化了罗马教廷,令罗马教廷领导了天主教的改革。此后的几任教宗以不同的方式、在不同的程度上都采纳了他的政策。

特伦托普世大公会议

读者还会记得,路德和其他一些改教家不断向普世大公会议求助。但在宗教改革初期,教宗反对召开大公会议,因为他们担心这会复兴曾声称其权威高于教宗权威的大公会议运动。因此,到了保罗三世担任教宗

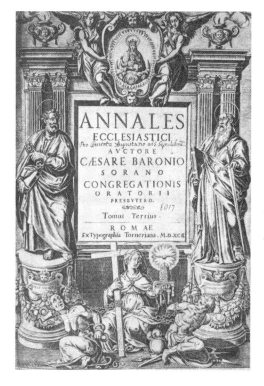

天主教徒与新教徒的争辩迫使双方再次研究教会史,天主教徒巴罗尼乌成为天主教的教会史之父,图为他的著作《教会编年史》。

期间,当新教徒与天主教徒的决裂永远无法弥合时,罗马教廷才开始认真考虑召开大公会议的可能性。在多次艰难与复杂的谈判之后,罗马教廷决定于 1545 年 12 月在特伦托召开一次大公会议。查理五世坚决要求此次大公会议必须在他的领地召开,这是他们选择在意大利北部的帝国城市特伦托召开会议的原因。即便如此,还是没有多少主教出席会议——第一次会议只有三十一位,最后一次有二百一十三位。

在此之前,多数大公会议都没有讨论太多问题,或只是讨论被视为异端的某个教义。但是,新教所提出的问题非常重要,教会需要改革,因此,特伦托大公会议不能只是谴责新教,还必须讨论新教所质疑的每一个神学问题,并颁发许多改革教会的教令。此外,此次大公会议还将一致性与正统联系起来,采取了规范教会生活与崇拜的措施。

特伦托大公会议被罗马天主教视为第十九次普世大公会议,它有着一段多变的历史。当教宗保罗三世与皇帝查理五世的关系日益紧张时，保罗三世将此次大公会议迁到了教宗国。但是，查理五世命令他的主教留在特伦托，结果，此次大公会议于 1547 年休会，1551 年重新召开，1552 年再次休会。1555 年，保罗四世成为教宗。虽然他希望继续特伦托大公会议所开始的改革工作，但是，他担心西班牙人在此次大公会议上有过多的影响力，因此，他并没有再次召开会议。最终，在下一任教宗庇护四世的任期内，特伦托大公会议于 1562 年再次召开，并于 1563 年完成了它的使命。因此，虽然特伦托大公会议在理论上讲是从 1545 年一直召开到 1563 年，但是，实际上大部分时间它都在休会。

特伦托大公会议颁发的教令太多了，我们无法在此赘述。就改革措施而言，它规定主教必须住在他的教区；谴责了神职人员身兼数职（同时拥有数个教职）；列出并详细说明了神职人员的义务；规范了一些物品的使用，如圣徒遗物和赎罪券；下令创办培训神父的神学院（此前还没有被普遍接受的、对按立圣职的统一规定和学历要求）。它也倡导对托马斯·阿奎那的研究，这令他的神学成为天主教的主要神学。另一方面，它采取了针对新教的措施。在这一方面，它宣布圣经的拉丁文译本武加大译本是评判教义正确与否的权威；传统与圣经具有一样的权威；圣礼有七个；弥撒是真正的献祭，可以为死人举行弥撒；不必举行两种圣餐，即指平信徒既领受饼，又领受杯；称义的基础是信徒凭借恩典与他们自身的合作而行出的善行，等等。

虽然特伦托大公会议有着多变的历史，出席此次大公会议的主教很少，许多君主抵制它——他们禁止在自己的领地施行它的教令，但它却标志着现代天主教的诞生。现代天主教与路德所抗议的中世纪的教会并不完全相同，因为现代天主教的特点是回应新教。在随后的四百年中，这个特点令罗马天主教拒绝承认特伦托大公会议所否定的新教的许多教义在基督教传统中有着深厚的根源。直到很久以后的 20 世纪，罗马天主教才最终能够抛开回应新教这一思想来制定自己独立的改革计划。

第十三章

处于边缘的新教

以阿尔卑斯山、皮埃蒙特和多菲内的瓦尔多派教会名义……
我们在此,在上帝面前,按手在圣经上宣誓,我们的所有教会都会
勇敢地在宗教问题上彼此坚固……我们宣誓,完全不加改变地按
真使徒教会的传统来坚守圣经,保守自己不偏离神圣的信仰,即
使那样会有生命危险。

——《瓦尔多派信仰宣言》(1561 年)

在 16 世纪,罗马天主教徒、路德宗基督徒、改革宗基督徒和英国圣公
会基督徒都理所当然地认为,一个国家必须有其所有臣民都必须信奉的
一种信仰。但是,重洗派——在明斯特建立了"新耶路撒冷"的极端重洗
派除外——并不这样认为,他们拒绝信奉单一的国家宗教,这就意味着,
欧洲的所有国家都很少会给予他们所倡导的宗教宽容。我们在讲述德国
路德宗的历史时已经看到,和平之所以可能,只是因为一些州决定信奉路
德宗,而另一些州决定信奉天主教——这还是出于"统治者的信仰就是人
民的信仰"这一原则。法国的宗教战争和战后的悲剧史最好地体现了一
个国家只能有一种宗教的观念所造成的恶果。甚至结束了法国宗教战争
的《南特敕令》,也只是通过批准许多城市可以信奉新教才保证新教得以
残存,而法国的其他地区仍信奉天主教。

然而,为信仰立法并不容易,因此,在每一个国家都有人否认政府所
支持的信仰。我们已经讲过英格兰和法国的宗教战争,它们令这两国不

塞维利亚之外的桑蒂庞塞修道院,新教在西班牙传播的中心之一。

152 信奉国家宗教的人——在英格兰是天主教徒,在法国是新教徒——陷入
可怕的境地。虽然有来自政府的压力甚至迫害,但是,一些勇敢的天主教
徒和新教徒仍坚守他们的信仰,我们不可能详细讲述这些勇敢者的故事,
但是,我们至少应该肯定他们为自己的信仰所进行的斗争和他们的贡献,
如果做不到这一点,我们就没有讲完 16 世纪的基督教史。

西班牙

在新教改革爆发之前,许多人希望西班牙可以领导被耽误已久的教
会改革。我们此前已经讲过,伊莎贝拉和枢机主教希门尼斯已经进行了
大规模的改革——包括复兴圣经研究,这令我们今天有了康普路屯多语
圣经。在西班牙,还有许多人文主义改革者,其中一些还担任要职,他们
希望进行像伊拉斯谟曾提出的那样的改革。

然而,由于新教改革,情况后来发生了变化。在沃尔姆斯帝国会议
上,一个名叫马丁·路德的傲慢无礼的德国修士胆敢对抗神圣罗马帝国

卡西奥德罗·德·雷纳翻译的西班牙文圣经第一版（1569 年），该版圣经被称为《熊之经》（La Biblia del Oso），因为第一页的插图是一只吃蜂蜜的熊。

的皇帝查理五世——他也是西班牙国王查理一世，因此，奥地利的哈布斯堡家族开始反对路德宗和所有可能接近路德宗的人。此前，西班牙的宗教裁判所主要对付被指控为"犹太化基督徒"或巫师的人，现在，它将目光转向可以被视为"路德宗基督徒"的教会改革者。许多重要的人文主义者逃到了能让他们获得更大自由的国家，其他人文主义者转向了文学研究，不再理会宗教事务。

　　然而，宗教裁判所并不能消灭所有"路德宗传染病"，尤其是在瓦拉多利德（Valladolid）和塞维利亚，这里不断有被判为路德宗基督徒的"异端"被处以火刑（autos-da-fe）。宗教裁判所的法官们并不知道，塞维利亚几英里之外的桑蒂庞塞（Santiponce）的哲罗姆派修道院（Order of St. Jerome），已经成为改革的中心，圣经和新教著作被装在所谓的油桶或酒桶里偷运到这里。在走私者被俘获并烧死之后，宗教裁判所得知了桑蒂庞塞修道院里的"勾当"，这时，十二名修士决定逃跑，并相约一年之后在日内瓦相见。其中每一名修士的冒险都是一部传奇故事，但是，他们最终得以在日内瓦相见。其中一名修士成为日内瓦说西班牙语教会的牧师。

另一名修士卡西奥德罗·德·雷纳（Casiodoro de Reina）将余生致力于把圣经翻译成西班牙文，在众多变故之后，他于1569年出版了一部西班牙文圣经，赢得了普遍赞誉，并成为西班牙语文学中的一部经典之作。若干年后，那十二名修士中的另一位，名叫西普里亚诺·德·瓦莱拉（Cipriano de Valera），修订了这部西班牙文圣经，于是便有了我们今天的雷纳-瓦莱拉圣经（Reina-Valera Bible）。与此同时，在他们以前所在的桑蒂庞塞修道院以及塞维利亚全境，宗教裁判所继续清洗教会，试图清除一切"路德宗异端"的痕迹——宗教法官们将他们称为"路德宗基督徒"，但是，他们当中的大多数人实际上只是加尔文主义或希望按照人文主义者路线来继续改革教会的伊拉斯谟的追随者。此外，20世纪的一些研究表明，宗教裁判所似乎并没有取得全面胜利，甚至在桑蒂庞塞，这场改革运动的一些幸存者又继续活动了一段时间。

意大利

在阿尔卑斯山最难以到达的山谷以及意大利与法国南部人口较为稀少的地区，12世纪由彼得·瓦尔多创建的古老社区仍然存在（参上卷第三十二章），虽然与世隔绝，但是它仍受到威胁。试图消灭这伙"异端"的军队不断向他们发起进攻，但是，他们凭借长久以来的山中要塞挺住了，并成功击退了所有入侵者。但是，到了16世纪初，随着试图镇压他们的威胁与迫害不断出现，瓦尔多派运动似乎失去了动力。许多瓦尔多派认为，他们为脱离罗马天主教付出的代价太过高昂，越来越多的瓦尔多派重返罗马天主教的怀抱。

后来，奇怪的传言出现了。据说，一场大规模的改革运动在其他国家已经开始，这场运动正在取得惊人的进展。一个使者被派去核实这些传言，他于1526年带回的消息是，这些传言的确属实，在德国、瑞士、法国甚至是更远的国家正在进行一场改革，这些改教家的许多教义与瓦尔多派信奉了数百年的教义别无两样。另一个使团被派去见这些改教家中的一些领袖——其中有厄科兰帕迪乌斯和布塞,这些新教领袖热情地接待了瓦尔多派代表,他们肯定了瓦尔多派的大多数教义,与此同时,新教领袖提出,瓦尔多派的一些教义应当更符合圣经。1532 年,瓦尔多派召开了一次会议,他们宣布此次会议代表着"皮埃蒙特(Piedmont)山谷的牧师和族长",他们在进行了一些讨论之后表决通过了相当于新教改革主要教义的基本信条,因此,瓦尔多派成为了最古老的新教教会——瓦尔多派在宗教改革之前已经存在了三百多年!

对于瓦尔多派来说,这并没有令事情变得更加简单。法国南部比阿尔卑斯山谷更容易受到攻击,这里的瓦尔多派受到了攻击,实际上几乎被彻底铲除,大多数幸存者逃到阿尔卑斯山避难。后来,教宗颁发了一系列教令,先是禁止他们参加新教崇拜,后是命令他们参加天主教弥撒。瓦尔多派在皮埃蒙特一些较容易到达的地区被再次摧毁,更多的瓦尔多派逃到了阿尔卑斯山更隐蔽的地区。与此同时,此前已在意大利南部的卡拉布里亚(Calabria)发展起来的瓦尔多派社区被连根铲除。

瓦尔多派仍坚守他们的信仰,在教宗、萨伏伊公爵(Duke of Savoy)和其他强大领主的鼓励与支持下,一批批大军不断入侵阿尔卑斯山,却被守军击败,甚至是溃败。有一次,六名只有步枪的战士在一个狭窄的山隘顶住了整支敌军的进攻,与此同时,一些士兵爬到了山顶。巨石如雨点般砸向敌人,令入侵者惊慌失措,整支敌军溃不成军。当长期合约最终签署时,却爆发了瘟疫,导致许多瓦尔多派丧生。瘟疫的毁灭性非常大,以至于只有两位牧师幸存。外界派来了接替者——他们主要来自瑞士的改革宗地区,瓦尔多派与改革宗的联系变得更加紧密。瓦尔多派的厄运仍没有结束,因为 1655 年,所有住在今天意大利北部的瓦尔多派被命令在三天之内离开他们的家园,将他们的土地卖给好天主教徒,并搬到环境更艰苦的地区,否则他们将被判处死刑。就在同一年,负责剿灭瓦尔多派的皮亚琴察侯爵(Marquis of Piacenza)率领一支军队向阿尔卑斯山发起进攻;

但是,他自己非常清楚,如果进攻阿尔卑斯山,他的军队将遭受与以前的入侵者同样的命运,于是他主动与瓦尔多派讲和。瓦尔多派始终坚持认为,他们的战争只是自卫的战争,因此,他们当时允许皮亚琴察侯爵的士兵进入他们的家,并为他们提供食物,帮助他们御寒,允许他们搬进一些最隐蔽的山谷。两天之后,所谓的和平之客在接到预先商定的信号之后,掉头转向他们的主人,杀死了男人、妇女和儿童,随后用《感恩赞》庆祝这场胜利。

瓦尔多派仍在顽强抵抗,他们仍然相信,他们的敌人会与他们和解。法国的路易十四——他因下令将所有胡格诺派逐出法国而为人所知——要求萨伏伊公爵也逐出他领地的瓦尔多派臣民。最终,许多瓦尔多派离开了他们在阿尔卑斯山的家,逃到日内瓦和其他新教地区,但也有一些瓦尔多派坚持留在祖先的土地上,他们不断遭受新的入侵与暴行。直到1848 年革命和皮埃蒙特王国(Kingdom of Piedmont)宪法颁布(这部宪法最终统一了意大利),瓦尔多派和其他持不同信仰者才最终得到了崇拜自由。

即使在这时,瓦尔多派的生活仍不容易。1850 年,饥荒爆发了。由于长期的过度利用和当时过多的人口,阿尔卑斯山谷很快就显明难以再养活这里的人。在多次商讨之后,第一支瓦尔多派分遣队去到了刚成立不久的乌拉圭共和国。在乌拉圭——后来在阿根廷,他们定居下来,并世代繁衍,他们在推动农业创新中起到了主导作用。1975 年,大西洋两岸的瓦尔多派明确声明,他们仍同属一个教会,他们决定共同召开会议,并接受这个会议的管理。该会议通常每年举行两次,第一次于 2 月份在美洲召开,第二次于 8 月份在欧洲召开。

尽管我们在此讲述了瓦尔多派的许多英雄故事,但他们并不是出现在意大利的唯一的新教宗派。在其他许多新教徒中,胡安·德·瓦尔德斯(Juan de Valdés)和伯纳迪诺·欧奇诺(Bernardino Ochino)值得我们特别关注。瓦尔德斯是位有着新教倾向的西班牙伊拉斯谟主义者,他清楚地看到,查理五世决心铲除西班牙的新教,因此,他于 1531 年被迫离开西班牙,到意大利避难。他定居在那不勒斯,在自己身边聚集了一群追随者和同道,致力于灵修和圣经研究;他们并不想公开他们的观点,他们在学习新教教义时表现得相当温和。在这群基督徒中,女基督徒朱莉娅·贡萨加(Giulia Gonzaga)赫赫有名,以至于君士坦丁堡的苏丹想要绑架她。但是,这群基督徒中的另一位,欧奇诺——一位很敬虔的著名的传道人——两次被选为嘉布遣会(Capuchins)会长,他公开信奉新教,并当众教导新教的教义。当他受到宗教裁判所的威胁时,他逃到了日内瓦。从此以后,他就过上了流浪生活——不仅是地域上的,也是教义上的。他先到了日内瓦,后来又去了奥格斯堡、斯特拉斯堡、伦敦,最后去到苏黎世。从教义上讲,他越来越偏激,最终否定了三位一体的教义,并为一夫多妻辩护。他因此被迫离开了苏黎世,继续流浪,直到 1564 年死于瘟疫。

匈牙利

在新教改革伊始,匈牙利国王是相当无能的路易二世,1516 年,年仅十岁的他成为了国王。1526 年,奥斯曼土耳其人击败了匈牙利人,并杀死了他们的国王。匈牙利的贵族领袖随后将哈布斯堡家族的费迪南德选为国王,但其他有着强烈民族感情的贵族则任命佐波尧·杰纳斯二世(Janus II Zapolya)为他们的国王,他也被称为约翰·西吉斯蒙德(John Sigismund)。在复杂的冲突和谈判之后,匈牙利的一部分领土由哈布斯堡家族统治,但是,大部分领土处在土耳其人的统治之下。同在欧洲其他国家一样,哈布斯堡家族在匈牙利支持天主教,他们采取一切可能的措施,阻止他们眼中的"新教传染病"。但他们的领地只是匈牙利的西部边界,土耳其人统治着匈牙利的大部分领土。特兰西瓦尼亚(Transylvania)——或称皇家匈牙利(Royal Hungary)——有一定的自治权,国王西吉斯蒙德最终看到,宗教分裂削弱了他的国家,他决定给予四种基督教同样的地位:罗马天主教、路德宗、来自瑞士的改革宗传统和神体一位论派——

我们在讲述波兰宗教改革时还会讲到它。但是，土耳其人统治着匈牙利的大部分地区，他们对基督教的政策是促进基督教的分裂，他们所使用的方法是平衡天主教与新教的力量：当天主教强大时，他们抑制天主教的力量，直到新教与天主教势均力敌；当新教强大时，也采用同样的办法。土耳其人给天主教施加了巨大的压力，从1500年到1606年，匈牙利方济各会的宣教士从一千五百名减少到仅剩三十名。

路德宗很早就传到了匈牙利，它也被迫生存在同样的环境中。有证据表明，路德的《九十五条论纲》张贴后不到一年就在匈牙利流传开来。到了1523年，哈布斯堡家族统治下的匈牙利议会下令烧死路德宗基督徒，目的是阻止他们传播"恶毒的教义"。一些年后，茨温利的教导传到了匈牙利，它们受到了同样的待遇。尽管土耳其人的统治残暴无情，所有基督徒都尝过他们的暴行，但是，新教在土耳其人所占领的地区发展得最快。匈牙利人处于高度集权化的统治之下，因此，他们更喜欢改革宗传统，而不是路德宗传统，因为路德宗的等级制度过于分明，而瑞士教会的组织形式更接近于匈牙利人理想中教会与世俗政府的组织形式，而且改革宗教会的牧师也与平信徒分享权力。同样，这种分权的政府模式令土耳其当局更难向教会领袖施加压力。（虽然土耳其人通常因信仰问题向基督徒施压，但是，这也是腐败的土耳其当局从基督徒那里勒索钱财的一种手段。有记录表明，土耳其当局批准任命教区牧师的条件是，无论教区牧师因何种原因被捕，他所牧养的基督徒都要承诺用钱将他赎回。无需多说，牧师经常被捕，但是只要赎金一到，他就会被立即释放。）

哈布斯堡家族和土耳其人都设法阻止讨厌的新教教义通过印刷机传播。早在宗教改革之前很久的1483年，苏丹就已经颁布了砍掉印刷工双手的法令。现在，费迪南德一世针对无证印刷工颁布了类似的法令——唯一不同的是将他们溺死，而不是砍掉他们的双手！即便如此，新教书籍还在流传，它们有时由行踪不定的秘密印刷机印出，有时被放在所谓的货桶中偷运进来——这与当时西班牙新教徒的做法如出一辙。这带来的一个结果是,方言出版物大量增加,其顶点是 1590 年卡罗伊圣经(Karoly Bible)和 1607 年维洛伊圣经(Vizsoly Bible)的出版,它们在匈牙利所起的作用类似于路德翻译的圣经在德国起到的作用。据估计,到了 1600 年,每五个匈牙利人中就有四个是新教徒。

后来,局势发生了变化。17 世纪初,土耳其人的权力开始衰落,高涨着民族主义情绪的特兰西瓦尼亚与哈布斯堡家族产生了冲突,并且特兰西瓦尼亚最初占据上风。《维也纳和约》(Treaty of Vienna)很快就解决了这一冲突,它赋予新教徒和天主教徒同样的权利。但是,三十年战争——特兰西瓦尼亚在三十年战争中反对哈布斯堡家族和他们的盟友——后来给匈牙利造成了更大的灾难。即使在三十年战争结束之后,哈布斯堡家族、特兰西瓦尼亚和土耳其人这三方的冲突还没有结束。最终,哈布斯堡家族占据上风,1699 年的《卡洛维兹条约》(Treaty of Karlowitz)令他们控制了几乎整个匈牙利——他们统治匈牙利一直到 1918 年。同在其他国家一样,哈布斯堡家族在匈牙利施行反新教的高压政策,最终,匈牙利成为天主教国家;但是,匈牙利改革宗教会(Reformed Church of Hungary)仍然强大,继续在匈牙利存在,苏西尼神体一位论派(Socinian Unitarians)也是如此。

波兰

当路德发表《九十五条论纲》时,波兰西部已经有了许多胡斯派,他们为逃离波希米亚的艰难处境来到了波兰。后来,路德的著作和教导主要通过维滕堡的学生传到了波兰。但是,波兰人与德国人长期不和,他们不信任来自德国的任何东西。因此,虽然路德宗的确开始在波兰传播,但是,它的发展相对较慢。直到加尔文主义传到波兰,新教才开始取得巨大进展,因为加尔文主义并非起源于德国,所以是没有被德国人所玷污的新教。当时,波兰国王西吉斯蒙德一世(Sigismund I, 1501—1548)强烈反对所有新教教义。但是,到了 16 世纪中叶,加尔文主义得到了西吉斯蒙德二世(1548—1572)的一定支持,他甚至还与加尔文通过信。

在波兰,加尔文主义运动的领袖是杨·拉斯基(Jan Laski,或约翰尼斯·拉斯科[Johannes a Lasco], 1499—1560)。他是贵族,与许多有改革倾向的人保持通信——包括梅兰希顿和伊拉斯谟,他还买来他们的著作。他因自己的加尔文主义倾向而被暂时逐出波兰,但是后来被一些支持加尔文主义的贵族召了回来。他带领一些人归信了加尔文主义,此外他还将圣经译成波兰文。他致力于改善加尔文主义者与路德宗基督徒的关系——在他去世十年后,1570年森多米尔宗教会议(Synod of Sendomir)所达成的共识实现了他生前的努力。

总的来说,波兰政府所采取的宗教政策比欧洲的大多数宗教政策更宽容,所以有许多人——主要是犹太人和非正统基督教——来到波兰避难。福斯图斯·苏西尼(Faustus Socinius, 1539—1604)便是其中之一,他的叔叔拉埃柳斯·苏西尼(Laelius Socinius, 1525—1562)曾因反对三位一体而与新教改革的一些领袖产生了冲突。福斯图斯·苏西尼接受了他叔叔的教导,他否定耶稣不可或缺的神性,最终,他先在特兰西瓦尼亚避难,后来又于1579年逃到波兰,在波兰,他与其他有相同信仰的人一同否定三位一体的教义——他们因此得名神体一位论派(Unitarians)。他的两位追随者撰写了《拉科维亚教义问答》(Racovian Catechism),于1605年出版,它表达与捍卫了福斯图斯·苏西尼的思想和观点。神体一位论派极为重视《拉科维亚教义问答》,这份文件肯定并论证了只有圣父是上帝;耶稣并不是上帝,而是完全的人;圣灵只是一种指称上帝的能力与临在的方法。

在16世纪的大部分时间和17世纪的许多时间里,森多米尔宗教会议所确定的新教信仰赢得了越来越多的信徒——苏西尼神体一位论派也是如此。但是,随着波兰的国家认同的发展,它一方面区别于和反对东面的俄罗斯东正教,另一方面也区别于和反对西面的德国路德宗,加上俄国和德国一再地想占领波兰领土,这一国家认同越来越具有罗马天主教色彩。因此，到了 20 世纪，波兰成为欧洲最大的天主教国家之一。

西班牙、意大利、匈牙利和波兰屹立在新教改革的边缘，我们简短回顾了这四个国家的基督教发展，这些足以说明，新教不仅深刻影响到那些已经成为新教国家的国家，还在欧洲其他国家产生了巨大的影响。此外，在结束本章之前，我们还可以说，新教对东正教也产生了巨大的影响，因为我们将在第三十章中看到，君士坦丁堡牧首西里尔·卢卡里斯（Cyril Lukaris）于 1629 年所发表的一份《信仰声明》，读起来就像是新教的信仰声明。18 世纪初，诺夫哥罗德（Novgorod）的俄罗斯东正教大主教费奥凡·普罗科波维奇（Feofan Prokopovic，1681—1736）认为，俄罗斯东正教从新教的影响中获益。

第十四章

一个震撼的时代

上主是我坚固保障,庄严雄峻永坚强;上主使我安稳前航,助我乘风破骇浪。

——马丁·路德

　　在基督教的整个历史上,16世纪是一关键时期。转折点在15世纪就已经出现:君士坦丁堡于1453年被土耳其人攻陷,美洲于1492年被"发现"。在此之前,大西洋是基督教向西方传播的尽头,穆斯林阻碍了基督教向南方与东方的传播——俄罗斯的基督教是个明显的例外,随着沙皇权力的扩张,俄罗斯的基督教继续向东方发展。当基督徒想到教会在全世界范围内宣教时,他们几乎只想到带领穆斯林归信基督教。当他们想到自己的信仰所面临的挑战时,也只是想到伊斯兰教的挑战。君士坦丁堡的陷落和土耳其人权力的推进似乎也加固了这种世界观,土耳其人的势力似乎对基督教的存亡构成了最大的威胁。

　　然而,在短短一百年间,情况就发生了翻天覆地的变化。基督教在东方和南方开始了反击,1492年,西班牙复地运动(Spanish Reconquista)完成;1529年,土耳其军队攻取维也纳的计划宣告失败;1571年,在勒班托战役中,西班牙、威尼斯和教宗国的联合海军在奥地利的唐·胡安的率领下,彻底击败了此前在东地中海一直所向披靡的土耳其海军。

　　与此同时,大西洋不再是西方文明——和与之联系在一起的基督

162

教——扩张的障碍。西班牙殖民者向西航行,征服了远比西班牙本土还要广阔的土地,并将罗马天主教传到了新大陆。葡萄牙殖民者向南航行,他们绕过非洲,在远东建立了贸易殖民地和宣教区。西方列强的经济与军事实力不断增长,它们现在包围了似乎曾是基督教扩张最大障碍的穆斯林的腹地。最终,北非和西亚的许多传统穆斯林国家成为欧洲列强的殖民地。当它们最终于20世纪独立时,尤其是当石油带来的收益令它们富裕时,其中一些国家成为穆斯林武力反抗西方列强的中心。

与此同时,在大西洋彼岸的遥远大陆,在撒哈拉沙漠以南的非洲,在远东,基督教正在建立其牢固的据点,数百年后,这些据点也将成为基督教的活跃地区与宣教中心,尤其是当基督教正失去它在西欧的阵地时。

正如通常的情况,当时的人并没有完全意识到他们所见证的事件具有重大的意义。甚至在哥伦布航海之后,教宗仍自信地认为,通过命令一个国家向西航行,一个国家向东航行,他就可避免西班牙与葡萄牙爆发冲突——伴随着可以预见却也出人意料的结果,它们最终在菲律宾群岛遭遇。路德还在用"土耳其人"一词来称呼基督徒和犹太人之外的人。除了在西班牙和葡萄牙——受殖民事业影响最大因此变得富裕的地区,很少有人再过多关注阿梅莉格·韦斯普奇(Amerigo Vespuci)所宣称的新大陆。甚至在西班牙,国王费迪南德和他的外孙查理五世也不太关注大西洋彼岸的前景,而是更关心地中海沿岸的政治。

然而,当时还发生了其他重大的变化,让全欧洲人有切身的感受。整个16世纪,正是发生地理与政治巨变的一百年,中世纪基督教这座高耸的大厦坍塌了。在废墟中,基督徒抢救出一些东西,特伦托大公会议为现代天主教奠定了基础,而一些新教宗派则在废墟之中崛然而起。由可见领袖教宗来领导教会这一古老的理想,在东方从未成为主流,现在,它在西方也失去了力量。从此以后,西方基督教就分裂成有着巨大文化与神学差异的不同传统。

163

16 世纪伊始,腐败盛行,许多人高声疾呼改革,但是,大多数基督徒普遍认为,从本质上讲,教会只有一个,教会的建制和等级制度必须体现出教会的合一。实际上,新教改革的所有主要领袖最初都是这样来理解教会的,很少有人完全否定这样的教会观。大多数重要的新教领袖的确相信,教会的合一是教会必不可少的本质,因此,尽管他们为了忠于上帝的道必须暂时打破教会的合一,但也正是他们的忠诚要求他们必须尽一切努力来恢复教会所失去的合一。

16 世纪初的人同之前中世纪的人一样,他们也理所当然地认为,国家的存亡取决于其臣民的信仰是否一致。当基督徒在罗马帝国还是少数派时,这个观念并不被他们所接受,但是,在君士坦丁归信基督教几十年之后,基督徒普遍接受了这个观念。所有生活在基督教国家的人必须是基督徒,他们必须是教会忠诚的孩子。可能的例外仅仅是犹太人和西班牙一些地区的穆斯林。但是,这样的例外被认为很不正常,也并不足以保证犹太教徒和穆斯林免于被国家剥夺公民权以及频繁受到迫害。

国家的统一与信仰的一致被联系在一起,这个观点是引发许多宗教战争的根本原因,而这些宗教战争令 16 和 17 世纪动荡不安。在不同的地区,或早或晚,人们最终意识到,信仰的一致并不能确保国家的安全,或者说,虽然统一信仰是人们所渴望的,但是,他们为此付出的代价太昂贵了。例如,法国的《南特敕令》承认,以前要求国王的所有臣民共同信奉一种宗教的政策失败了。在低地国家,由于不同的政治原因,像沉默者威廉这样的领袖,也否定统一信仰的必要性。这就开始了一个漫长的发展过程,这一过程意义重大,因为欧洲国家——甚至是仍有国家教会的国家——逐一采取了宗教宽容政策。这最终导致更现代的世俗国家观——即与所有宗教都没有关联的国家。一些教会谴责这样的思想,一些教会为之喝彩(我们以后还会回过头来讲述这些进展)。

16 世纪也见证了一个古老梦想的破灭:帝国之下的政治统一。仍然

164

抱有这一幻想的最后一位神圣罗马帝国皇帝是查理五世,尽管他的权力受到了限制。在他之后,所谓的帝国皇帝只是德国的国王,甚至在德国,他们的权力也受到了限制。

最后,通过普世大公会议来改革教会的希望也破灭了。几十年来,新教的改教家们始终希望能有一次大公会议证明他们是正确的,并令罗马教廷走上正轨。但是,事实恰恰相反。罗马教廷并没有借助大公会议来改革教会,而是成功地进行了它自己的改革,到了特伦托大公会议最终召开时,人们清楚地看到,它并不是一次真正的普世大会,而是罗马教廷手中的一个工具。

注定要生活在 16 世纪的敬虔基督徒——无论是新教徒,还是天主教徒——看到,以往许多"必然之事"在他们身边支离破碎。甚至是美洲新大陆的发现与被征服,以及非洲与亚洲一些地区正在被西方殖民者占领,也带来一些不能按照古代标准来解决的新问题。中世纪的基础——教宗制度、帝国和传统——不再牢固。正如伽利略所断言的,地球并不是固定不变的基准点。社会与政治暴乱频繁爆发。古代的封建制度正在为早期的资本主义让路。

这就是路德、伊拉斯谟、加尔文、诺克斯、罗耀拉、门诺·西蒙斯和其他伟大的改教家所处的时代。但是,在一个看似混乱的时代中,这些改教家依靠上帝的道的能力,坚守他们的信仰。上帝的道曾从虚无中创造了世界,它也一定能创造整个教会所需要的改革,新教的改革运动只是整个教会改革的序言。例如,路德和加尔文始终坚信,上帝的道大有能力,尽管教宗和他们的顾问们拒绝倾听上帝的道,但只要罗马天主教继续倾听上帝的道,天主教团契中就永远会有"教会的痕迹"(vestige of the church),因此,他们愿意等待,等待古老的教会再次倾听上帝的道,进行他们所倡导的改革。

因此,两个引发巨变的事件主导了基督教在 16 世纪的历史:宗教改革和广阔新大陆的殖民。基督教王国的东部边界受到穆斯林的威胁,但是,他们的威胁后来暂时平息下来,这有助于殖民者在广阔的新大陆推进殖民事业。大多数教会历史学家更关注宗教改革,而不是新大陆的殖民。但是,事实上,我们直到今天也难以断定,在宗教改革和殖民扩张中,哪一个将对基督教未来的历史产生更大的影响。

建议阅读：

Paul Althaus. *The Theology of Martin Luther.* Philadelphia：Fortress，1966.

Paul Ayris and David Selwyn. *Thomas Cranmer：Churchman and Scholar.* Woodbridge［UK］：Boydell Press，1999.

Roland H. Bainton. *Erasmus of Christendom.* New York：Charles Scribner's Sons，1969.

Roland H. Bainton. *Here I Stand：A Life of Martin Luther.* Nashville：Abingdon，1950.

Roland H. Bainton. *The Reformation of the Sixteenth Century.* Boston：Beacon，1952.

Ernest Belfort Bax. *Rise and Fall of the Anabaptists.* New York：American Scholar Publications，1966.

David Buschart. *Exploring Protestant Traditions：An Invitation to Theological Hospitality.* Downers Grove，IL：InterVarsity Press，2006.

Henry Daniel-Rops. *The Catholic Reformation.* New York：Dutton，1962.

Gordon Donaldson. *The Scottish Reformation.* Cambridge：University Press，1960.

Pieter Geyl. *The Revolt of the Netherlands.* New York：Barnes & Noble，1958.

Justo L. González. *A History of Christian Thought.* Vol. 3. Nashville：Abingdon，1975.

Arthur James Grant. *The Huguenots.* Hamden，Connecticut：Archon，1969.

P. E. Hughes. *Theology of the English Reformers.* London：Hodder & Stoughton，1965.

Franklin H. Littell. *The Free Church.* Boston：Starr King，1957.

Geddes Macgregor. *The Thundering Scot：A Portrait of John Knox.* London：Macmillan & Co.，1958.

Clyde L. Manschreck. *Melanchthon：The Quiet Reformer.* Nashville：Abingdon，1958.

Martin Marty. *Martin Luther.* New York：Penguin Books，2004.

John C. Olin. *The Catholic Reformation：Savonarola to Ignatius Loyola.* New York：Harper & Row，1969.

Jean Horace Rilliet. *Zwingli：Third Man of the Reformation.* London：Lutterworth，1964.

H. J. Selderhuis, ed. *The Calvin Handbook.* Grand Rapids：Wm. B. Eerdmans. 2009.

W. Peter Stephens. *Zwingli：An Introduction to His Thought.* Oxford［UK］：Clarendon Press，1994.

George Stroup. *Calvin.* Nashville：Abingdon，2009.

François Wendel. *Calvin：The Origins and Development of His Religious Thought.* London：Collins，1965.

Thomas Worcester, ed. *The Cambridge Companion to the Jesuits.* Cambridge［UK］：Cambridge University Press，2008.

A. D. Wright. *The Counter-Reformation：Catholic Europe and the Non-Christian World.* Burlington，VT：Ashgate，2005.

第二部分

正统、理性与敬虔

编年表

教宗	皇帝	西班牙	法国	英格兰	历史事件①
克莱门八世 （1592－1605）	鲁道夫二世 （1576－1621）	腓力三世 （1598－1621）	亨利四世 （1589－1610）	伊丽莎白一世 （1558－1603） 詹姆斯一世 （1603－1625）	火药阴谋（1605） 建立詹姆斯教（1607） 德国的福音派联盟（1608） 德国的天主教联盟（1609）
利奥十一世 （1605） 保罗五世 （1605－1621）	马蒂亚斯 （1612－1619）		路易十三 （1610－1643）		

① ☆表示人物去世的年份。

教宗	皇帝	西班牙	法国	英格兰	历史事件
					多特会议（1618－1619）
					三十年战争（1618－1648）
格列高利十五世（1621－1623） 乌尔班八世（1623－1644）	费迪南德二世（1619－1637）	腓力四世（1621－1665）			五月花号的朝圣者（1620）
				查理一世（1625－1649）	黎塞留政府（1624－1642） 拉罗切利之围（1627－1628） 《吕贝克条约》（1629） 清教徒向新大陆移民（1630－1642） 古斯塔夫·阿道夫（1632） 建立普罗维登斯（1636） 笛卡尔的《方法论》（1637） 安妮·哈钦森来到罗德岛（1638） 长期议会（1640） 英格兰内战（1642）
	费迪南德三世（1637－1657）		路易十四（1643－1715）		

教宗	皇帝	西班牙	法国	英格兰	历史事件
英诺森十世（1644－1655）					议会囚禁查理一世（1647） 《威斯特伐利亚和约》（1648） 查理一世被斩首（1649）
				空位期（1649－1660）	克伦威尔的护国公时期（1653－1658） 贵格会在马萨诸塞受迫害（1656）
亚历山大七世（1655－1667）	利奥波德一世（1658－1705）				
		查理二世（1665－1770）		查理二世（1660－1685）	英国占领新阿姆斯特丹（1664）
克莱门九世（1667－1669） 克莱门十世（1670－1676） 英诺森十一世（1676－1689）					菲利普国王战争（1675－1676） 斯彭内尔的《渴慕敬虔》（1675） 班扬的《天路历程》（1678） 建立宾夕法尼亚（1681） 取消《南特敕令》（1685）
				詹姆斯二世（1685－1688）	

教宗	皇帝	西班牙	法国	英格兰	历史事件
亚历山大八世 （1689－1691）				威廉三世 （1689－1702） 与玛丽二世 （1689－1694）	英格兰实现宗教宽容（1689） 洛克的《人类理解论》（1690） ☆乔治·福克斯（1691）
英诺森十二世 （1691－1700）					
克莱门十一世 （1700－1721）		腓力五世 （1700－1764）			
	约瑟夫一世 （1705－1711）			安妮女王 （1702－1714）	
	查理六世 （1711－1740）		路易十五 （1715－1774）	乔治一世 （1714－1727）	
英诺森十三世 （1721－1724）					
本笃十三世 （1724－1730）				乔治二世 （1727－1760）	☆弗兰克（1727） 建立佐治亚（1733）
克莱门十二世 （1730－1740）					卫斯理抵达佐治亚（1736） 卫斯理在阿尔德门（1738）

教宗	皇帝	西班牙	法国	英格兰	历史事件
本笃十四世 （1740－1758）	查理七世 （1742－1745）				
	弗朗索瓦一世 （1745－1765）	费迪南德六世 （1746－1759）			
克莱门十三世 （1758－1769）		查理三世 （1759－1788）		乔治三世 （1760－1820）	☆莱岑道夫（1760）
克莱门十四世 （1769－1774）	约瑟夫二世 （1765－1790）		路易十六 （1774－1792）		库克船长的航海 （1768－1779） ☆斯韦登堡（1772）
庇护六世 （1775－1799）					美国独立战争（1775－1783）

教宗	皇帝	西班牙	法国	英格兰	历史事件
					☆伏尔泰（1778）
					康德的《纯粹理性批判》（1781）
		查理四世（1788－1808）			美国美以美会（1784）
					法国实现宗教宽容（1787）
	利奥波德二世（1790－1792）				攻陷巴士底狱（1789）
	弗朗索瓦二世（1792－1806）		法兰西第一共和国（1792）		路易十六被处死（1792）

第十五章

一个教条与怀疑的时代

> 我们最神圣的宗教是建立在信心之上,而不是理性之上;如果我们让基督教经受它所经受不起的检验,这足以暴露它的弱点。
>
> ——大卫·休谟

16世纪是基督教展现出巨大活力的一个时代,新教徒和天主教徒、神学家和统治者、权贵和平民都表现出极大的宗教热情。当时,宗教战争的双方都相信,他们是在为自己的信仰而战。天主教这边是查理五世,新教这边是智者腓特烈,他们只知道自己心中上帝的真理高于一切,他们的政治与个人抱负都没有上帝的事业重要。在多年的痛苦探索之后,路德和罗耀拉得出了令他们名声大噪的结论和观点。他们和下一代追随者的行为都受到他们那些深刻的宗教经验的影响。甚至是个人品德很少受人称赞的亨利八世似乎也相信,他在宗教事务上的所有举措,都是出于他对上帝的真心服侍。因此,从某种程度上讲,某一宗派的基督徒攻击其他宗派基督徒的激烈言辞,甚至是他们所采用的暴力,都是缘于他们的坚定信仰和支撑他们宗派信仰的不可抗拒的宗教经验。

然而,随着时光的流逝,越来越多的人不再有前代人的热情——甚至通常不再有前代人的信仰。最终,甚至一些卷入宗教战争的人也表明,政治与个人的原因才是最重要的。其中的典型代表是法国的亨利四世,他为了保命或实现他的政治目标,多次改变自己的信仰。当他最终登上王位时,他有限的宗教宽容政策成为他缔造现代法国的基础之一。

在 17 和 18 世纪,有许多像亨利四世这样的人。我们将在下一章讲到三十年战争,它在德国造成的后果类似于以前的宗教战争在法国所造成的后果。越来越多的德国诸侯和他们的大臣利用宗教来推动自己的政治计划。这在民族主义情绪不断高涨的德国阻碍了国家的政治统一,因此,许多德国人认为,不应当因教义分歧而发动战争,宗教宽容才是更明智的决策。

这一切连同科学新发现所造成的后果是,理性主义风靡欧洲。如果全人类都拥有的天赋自然理性能够解答关于上帝和人类本性的基本问题,为什么还要关注于只能导致争吵与偏见的基督教教义的细枝末节?抛开教义的枝节问题并以理性为基础构建一种"自然宗教"(natural religion),让那些轻信和盲信者去相信一切只能声称是启示权威的东西岂不是更好吗?因此,17 和 18 世纪表现出怀疑新教和罗马天主教传统教理的特点。

另一方面,同路德、加尔文或罗耀拉相比,一些神学家对真教义的热情毫不逊色。但是,17 和 18 世纪不再是一个充满伟大的神学发现的时代,不再是一个沿着未知之路前进的时代。17 和 18 世纪的神学家热衷于为 16 世纪的神学伟人的教导辩护,但是,他们并没有前辈们那样的新颖的神学创见。他们的神学风格越来越死板,越来越缺乏热情,越来越学术化。他们的目标不再是纯粹地聆听上帝的道,而是维护与阐释前辈们的教导。信仰常常被教条所取代,正统教义往往取代了爱。改革宗是这样,路德宗是这样,天主教也是这样,它们都发展出信徒必须严格遵守的正统教义,否则,他们就不能被视为正统基督徒。

然而,并不是所有人都满足于这些正统教义。我们提到过理性主义者的选择。有些人的信仰在他们的祖国并不被认可,他们移居到其他国家。一些基督徒通过强调福音的属灵层面来寻找新方法,他们有时忽略、甚至否定了福音与客观事实和政治现实之间的关系。还有一些基督徒——英国的循道宗基督徒和欧洲大陆的敬虔派——组织了一群群信徒,他们并没有断绝自己与建制教会的联系,而是试图培养出一种更强烈、更个人化的信仰和敬虔。

上述这些是我们叙述的这一部分的轮廓。我们先来讲述爆发在德国(第十六章)、法国(第十七章)和英格兰(第十八章)的一些大规模的宗教战争。随后,我们会讲到正统教义在罗马天主教(第十九章)、路德宗(第二十章)、改革宗或加尔文主义传统(第二十一章)中的形成。我们将在第二十二章中讲述理性主义。在第二十三章中讲到用属灵的方法解释福音以求栖身的基督徒。德国的敬虔主义和英格兰的循道宗将是第二十四章的主题。在第二部分的最后一章,即第二十五章,我们将讲述那些决定在大西洋彼岸的北美洲新殖民地寻找出路的基督徒。

第十六章

三十年战争

> 唉,在主自己的家中,哪里还有我们不冒生命危险来到主前
> 的自由?
>
> ——1638 年的一位新教传道人

《奥格斯堡和约》结束了德国 16 世纪的宗教战争,但是,和平并没有持续太久。该和约规定,天主教和新教的诸侯或统治者可以自由决定他们领地的宗教,如果愿意,他们的臣民可以自由地移居到其官方宗教与他们的宗教一致的地区。但是,《奥格斯堡和约》只是针对接受了《奥格斯堡信条》的新教徒而言,其他新教徒并没有被包括在内;因此,其他所有新教徒——包括加尔文主义者——仍被视为异端,他们还在遭受迫害。选择自己宗教的自由只是被给予了统治者,因此,他们的许多臣民对此并不满意,也深感不安。最后,《奥格斯堡和约》还对"教会保留地"(Ecclesiastical Reservation)做出了规定,它保证主教所统治的领地仍是天主教领地,即使该领地的主教成为了新教徒。鉴于这些原因,在奥格斯堡所签署的和约最多只是保证了暂时的休战,只要天主教和新教当中任何一方无力向另一方开战,和平就将保持下去。

战云密布

鲁道夫二世(Rudolf II)于 1576 年成为神圣罗马帝国的皇帝,他并不

被新教徒所信任,因为他在西班牙接受了耶稣会的教育,据说,他的许多政策仍是耶稣会制定的。他之所以能在相对和平的环境中统治三十年,是因为他是一位软弱无能的统治者,他的有利于天主教的政策通常无人遵守。后来,一场骚乱于 1606 年在帝国城市多瑙沃尔特(Donauwörth)爆发了。多瑙沃尔特位于巴伐利亚边界,而巴伐利亚坚定地支持天主教,但是多瑙沃尔特选择了新教,到了 1606 年,多瑙沃尔特唯一的天主教中心是一座修道院,这里的修士可以自由地实践他们的信仰,但是,宗教自由限于修道院之内。然而,也许是被鲁道夫二世对天主教的支持所鼓舞,多瑙沃尔特的修士现在居然走出修道院游行示威,人们拿着棍棒、石子追打他们,强迫他们回到修道院。类似的事件在当时并不罕见,通常的结果是双方都会受到规劝。但在这一次,有人采取了更为激进的行动。这一事件过去一年多之后,巴伐利亚的马克西米连公爵(Duke Maximilian of Bavaria)自认为得到铲除新教的呼召,他率领一支大军来到多瑙沃尔特,强迫多瑙沃尔特的居民归信天主教。

新教徒很快就进行了反击。1608 年初,新教徒结成了福音派联盟(Evangelical Union)。一年之后,他们的对手成立了天主教联盟(Catholic League)。但是,并不是所有新教徒都加入了福音派联盟;因此,战争一旦爆发,天主教联盟显然会轻易消灭福音派联盟。

与此同时,在附近的波希米亚,时局也正向着爆发战争的方向发展。波希米亚是以前胡斯派的国家,他们已经与新教的改革宗结成同盟,现在,德国大量的加尔文主义者移民到波希米亚,这令波希米亚的绝大多数人成为天主教徒眼中的异端。起义随时可能爆发,鲁道夫二世把事情处理得一团糟,因此他被迫退位。他的弟弟兼继承人马蒂亚斯(Matthias)也没有好到哪里。他任命他的表弟费迪南德为波希米亚国王,费迪南德是坚定的天主教徒,因此他很快就失去了臣民的信任。当布拉格的皇家议会(Royal Council)拒绝听取波希米亚的新教徒反对费迪南德的政策意见时,波希米亚人起义了,他们将国王的两个顾问扔出窗外——他们并没有受重伤,因为他们掉到了一堆垃圾上。这一事件被称为"掷出窗外事件"(Defenestration of Prague),它是三十年战争的导火索,三十年战争可能是欧洲在20世纪之前最血腥、最具毁灭性的战争。

战争的进程

波希米亚人后来要求帕拉廷的选帝侯腓特烈(Frederick of Palatinate)担任他们的国王。虽然天主教巴伐利亚和其他领地将波希米亚与帕拉廷隔开,但是,大多数帕拉廷人都是改革宗基督徒,因此,帕拉廷似乎是波希米亚人的天然盟友。起义很快就从波希米亚东部蔓延到附近的西里西亚(Silesia)和摩拉维亚的一些省份。与此同时,马蒂亚斯去世了,他的表弟——神圣罗马帝国的现任皇帝费迪南德二世——要求巴伐利亚的马克西米连和天主教联盟入侵波希米亚。他们入侵了波希米亚,大胜起义军,起义军被迫投降。帕拉廷的选帝侯腓特烈被废黜,他失去了波希米亚的王位和他在帕拉廷的世袭领地。曾被起义军所废黜的费迪南德再次成为波希米亚国王,马克西米连得到了帕拉廷,这是对他出兵相助的奖赏。在波希米亚和帕拉廷,新教徒都受到了迫害。他们的一些领袖被处死,有财产的领袖被没收了财产。在波希米亚,所有不愿意成为天主教徒的人都被命令必须在1626年复活节之前离开波希米亚。这一系列类似的政策造成了巨大的灾难,据估计,波希米亚的人口在三十年战争期间减少了五分之四。

马克西米连的成功在新教国家引起巨大的恐慌。此外,还有王朝方面的原因,因为其他占统治地位的家族惧怕哈布斯堡家族——该家族统治着西班牙,并自查理五世以来一直统治着神圣罗马帝国。因此,1625年末,英格兰、荷兰和丹麦结成新教同盟(Protestant League),它们计划入侵德国,帮助腓特烈——英国的詹姆斯一世(James I)的女婿——重新夺回他在帕拉廷的领地。他们也得到德国一些新教诸侯的支持,甚至是少数天主教徒的支持,因为他们畏惧哈布斯堡家族不断增长的权力。与此同时,费迪南德二世并不信任马克西米连和天主教联盟可以保卫他的帝国,他决心组建自己的军队,并将阿尔布雷希特·华伦斯坦(Albrecht von Wallenstein)任命为军队统帅。因此,当丹麦的克里斯蒂安四世(Christian IV)入侵德国时,他必须与马克西米连和华伦斯坦的军队同时作战。战争再次给德国人带来了灾难,直到费迪南德二世与克里斯蒂安四世签署了《吕巴克条约》(Treaty of Lübeck)。丹麦人撤出了德国,除了给这个已经饱受战争蹂躏的国家带来更多的苦难,他们什么都没有做。结果,数千人被迫归信了天主教。

后来,援助从四面八方而来。1611年,只有十七岁的古斯塔夫·阿道夫(Gustavus Adolphus)成为瑞典国王。身为瑞典国王并不容易,因为丹麦人当时控制着瑞典的很多地区,瑞典分裂成许多小派别,他们都没有对国王表现出应有的尊敬。不过,年轻的国王阿道夫事实上是位能干的统治者,他慢慢统一了他的臣民,并赶走了丹麦入侵者。随着权力的增长,他越来越关注哈布斯堡家族所构成的威胁,因为他们试图占领瑞典在波罗的海的领地。古斯塔夫·阿道夫还是坚定的路德宗基督徒,他对正在德国和波希米亚发生的事深感悲哀,他必须出面进行干涉,这可以实现两个目的:保护新教徒与挫败哈布斯堡家族的野心。

费迪南德二世已经解散了华伦斯坦的军队,因为他也同样不放心华伦斯坦,现在他只能指望天主教联盟。1630年,当古斯塔夫·阿道夫入侵德国时,他所遇到的费迪南德二世的军队实际上属于天主教联盟。起初,瑞典人几乎得不到德国新教徒的任何支持,他们惧怕费迪南德二世,而且不管怎样,他们并不信任瑞典入侵者。但是,古斯塔夫·阿道夫是位非常杰出的将军,他的不断胜利很快就成为传奇。他的士兵与曾参加这场漫长战争的所有军队都不同,他们对德国人非常友善与尊敬。瑞典人显然是新教徒,但是,他们并没有强迫战败地区的天主教徒改信新教。古斯塔夫·阿道夫不断让德国人看到,他并不是为了瑞典的利益而来分裂德国。当法国主动提出在经济上支持他这场针对哈布斯堡家族的战争时,他接受了,条件是法国不能以此为借口夺取德国的任何一座村庄。最终,他得到德国一些强大的新教诸侯的支持。天主教联盟包围了马格德堡,他们希望瑞典人会赶来救援,从而落入他们早已设好的圈套。但是,古斯塔夫·阿道夫识破了他们的圈套,他继续按原计划作战。后来,天主教联盟攻取了马格德堡,城里的居民惨遭屠杀,天主教联盟随后继续进军和瑞典人作战。在莱比锡附近的战场上,天主教联盟被彻底击败,古斯塔夫·阿道夫派他的一些德国盟军进攻波希米亚,他自己则继续向德国南部挺进,直逼天主教联盟腹地巴伐利亚。这时,一些天主教领袖开始求和,更有许多天主教领袖愿意接受瑞典国王所提出的条件:给予天主教徒和新教徒宗教宽容,恢复波希米亚的古老权利,将帕拉廷还给腓特烈,将耶稣会逐出神圣罗马帝国。

天主教联盟辜负了费迪南德二世的期望,因此他再次召回了华伦斯坦,华伦斯坦同意帮助费迪南德二世,条件是费迪南德二世要承诺给他一笔丰厚的奖赏。华伦斯坦向已经夺取了布拉格的新教徒发起了进攻,新教徒被迫撤退。后来,他收编了天主教联盟的残余部队,共同向瑞典人发动进攻。他们与瑞典人在吕岑(Lützen)的战场遭遇,华伦斯坦的军队被彻底击垮,但是,古斯塔夫·阿道夫也战死沙场。

战争后来变成小规模的冲突、抢劫和漫长的谈判。瑞典政府愿意签署和约;但是,对于在战场上拼杀多年的瑞典将士们来说,战争已经成为一种生活方式。华伦斯坦与瑞典人、法国人和德国新教徒正在秘密谈判。费迪南德二世得到了这个消息,华伦斯坦和他的一些军官被谋杀,但是,我们不能确定是费迪南德二世直接下令谋杀了华伦斯坦。西班牙的哈布斯堡家族派来一支支持他们德国亲戚的军队。法国人随后更大胆地支持新教徒,尽管罗马天主教的一位枢机主教当时正统治法国。与此同时,普通百姓在这场由宗教所引发的战争中遭受苦难,但是,最初的宗教动机这时已经几乎被人遗忘,信仰只是成为一场权力之争的借口。

《威斯特伐利亚和约》

最终,连最嗜血成性的人也厌倦了战争和破坏。费迪南德二世于 1637 年去世,虽然他的儿子兼继承人费迪南德三世是敬虔的天主教徒,但是,他比他的父亲更加宽容。德国人悲痛地看到,支持天主教和新教的外国军队在他们的祖国肆虐。瑞典人准备撤出他们的军队。法国人知道,获得最多实惠的时机已经成熟。因此,在漫长与复杂的谈判之后,《威斯特伐利亚和约》(the Peace of Westphalia)于 1648 年签署,结束了三十年战争。

法国和瑞典在三十年战争中获益最大,因为法国将它的边境扩张到莱茵河,而瑞典得到了波罗的海和北海附近的广阔土地。按照法国和瑞典的意愿,德国的诸侯们得到了更大的权力,目的是削弱神圣罗马帝国皇帝的权力。在宗教事务方面,《威斯特伐利亚和约》规定,所有人——包括诸侯和他们的臣民——都有宗教自由,只要他们是天主教徒、路德宗基督徒和改革宗基督徒(被许多人视为颠覆分子的重洗派再次被排除在外)。各个宗派于 1624 年拥有的教产被归还给它们。所有在三十年战争中反叛自己领主的人都得到了特赦——除了在哈布斯堡家族的世袭领地的人。

这些即是漫长而残酷的三十年战争所造成的直接后果。可是,三十年战争还造成了其他影响,虽然《威斯特伐利亚和约》没有提到它们,但是,它们仍然同样重要。《威斯特伐利亚和约》的宽容原则并不是源于对基督教的爱有更深刻的理解,而是源于越来越冷漠的宗教情感,即使有着深厚的宗教义务感,它也应当只是个人的,不应当带入世俗与政治生活。三十年战争充分地证明,试图通过武力来解决宗教问题无济于事,只能导致残酷的暴行。也许,统治者们不应当让他们的决定被信仰或宗派原因所左右,而是应当将他们自己和他们臣民的利益放在首位。因此,现代世俗国家开始形成,与之一同出现的是,以前人们认为理所当然的事,现在开始受到怀疑。神学家根据什么敢于肯定他们是正确的,而其他人是错误的？导致三十年战争暴行的所有教义都是正确的吗？无论是天主教徒,还是新教徒,难道他们就没有比只遵守正统教义更宽容、更恭敬,甚至更符合基督徒身份的方式来服侍上帝吗？这些问题是 17 和 18 世纪所提出的问题,从某种程度上讲,也是三十年战争和其他类似事件所造成的结果。

旷野教会

> 一个成圣的灵、满有能力的灵……最重要是殉道的灵,在教
> 导我们内在的老我一天天死去……也在装备与塑造我们,让我们
> 能在刑房的酷刑中和绞刑架上勇敢地献出我们的生命,只要这是
> 上帝的呼召。

> ——安托万·库尔

1610 年 5 月 14 日,亨利四世被狂热的天主教徒拉瓦亚克(Ravaillac)暗杀了,这令法国的新教徒极为不安。虽然亨利四世因政治上的权宜之计而宣布他是天主教徒,但他表明自己是他以前在教界和军界的伙伴们的忠实朋友,他用《南特敕令》保护了这些伙伴的自由和生命,他们知道自己以前的敌人当中有许多人痛恨已故国王亨利四世带给他们的和平与宽容,现在,他们的敌人试图废除已故国王的政策。法国的新国王路易十三(Louis XIII)只有八岁,因此他的母亲玛丽·德·美第奇(Marie de Medici)——亨利四世的第二个妻子——控制了政府,她认为必须通过确认《南特敕令》来消除新教徒对她的不信任。由于她的这一举措,法国的胡格诺派在随后召开的大会上宣誓效忠新国王。

然而,在玛丽·德·美第奇的身边聚集了一小群意大利顾问,他们既不了解法国的局势,也不了解法国人为当前局势所付出的血与痛。他们的政策是与哈布斯堡家族紧密合作,尤其是与西班牙的哈布斯堡家族,而这个家族因坚定的天主教信仰和对新教的仇恨闻名于世。年轻的路易十

三娶了西班牙的公主奥地利的安妮(Anne of Austria),他的妹妹伊莎贝拉(Isabella)嫁给了未来的西班牙国王腓力四世。这导致一些胡格诺派起义,他们的起义并没有解决任何问题,结果,一些胡格诺派领袖丧生,新教徒失去了许多要塞。

到了 1622 年,当玛丽·德·美第奇正丧失她的权力时,枢机主教阿曼德·德·黎塞留(Armand de Richelieu)是法国宫廷中一颗正在崛起的新星。在短短两年之内,他就成为路易十三最信任的顾问。他是个老谋深算的政治家,他的主要目标是扩张路易十三和他自己的权力。虽然他是罗马天主教的枢机主教,但他的宗教政策并不是基于神学或信仰,而是基于利益。他相信,法国波旁家族的主要敌人是哈布斯堡家族,因此,他出面干涉三十年战争——主要是通过秘密的资金支持,他支持新教徒对抗天主教皇帝。但是,同样的政治原因令黎塞留在法国采取了完全不同的宗教政策。他并不在意支持新教徒对抗天主教皇帝会分裂德国。但是,胡格诺派在法国必须被消灭,因为他们是法国的一个毒瘤。黎塞留最关心的还不是胡格诺派是新教异端,而是亨利四世为确保他们的安全而给予他们一些设防的城市,这令胡格诺派宣布,他们是国王的忠实仆人,与此同时,如果他们的权利受到侵犯,他们仍有能力奋起反抗。黎塞留的集权化政策并不允许在法国还存在这样一股独立的力量。

黎塞留试图铲除新教这个毒瘤,这导致了拉罗切利之围(Siege of La Rochelle)——拉罗切利是胡格诺派的重要据点,被围剿了一年,在此期间,守军英勇抵抗法军的进攻。当拉罗切利最终投降时,城里的二万五千名居民只剩下一千五百名饥饿、虚弱的幸存者。拉罗切利的防御被解除,拉罗切利的所有教堂都举行了天主教的弥撒。其他新教城市一听到这个消息,就爆发了武装起义,奋起反抗路易十三。但是,没有一个城市能像拉罗切利那样顽强抵抗,其中许多城市惨遭屠城,因为国王的军队采取了灭绝的政策。

然而,引起黎塞留高度重视的并不是新教在法国的存在,也不是新教徒继续他们的崇拜,而只是他们所拥有的政治权力。因此,一旦设防的新教城市于 1629 年被攻取,黎塞留便立即颁布了在世俗与宗教事务中宽容新教徒的法令。胡格诺派失去了他们的军事要塞,不能再威胁到国王,黎塞留也无意将法国拖入漫长的内战,从而导致国家陷入一片血泊,并令国家经济蒙受损失。在解除了新教徒的政治与军事权力之后,这位枢机主教又将他的目光转向了哈布斯堡家族,想要消灭这个家族;因此,在黎塞留统治法国的最后几年,胡格诺派过着相对和平的日子。

黎塞留于 1642 年去世,到了 1643 年,路易十三也去世了。新国王路易十四当时只有五岁,他的母亲奥地利的安妮成为摄政王,她将国务交与枢机主教朱尔斯·马萨林(Jules Mazarin)主持。马萨林以前是黎塞留的同僚,他继承了前任的政策。在拉罗切利和其他新教城市陷落二十多年来,法国的新教徒得到了宗教宽容。虽然马萨林的政府充满了阴谋和起义,但是,新教徒普遍没有牵连其中,他们的人数在社会各个阶层中越来越多。在乡村也有很多新教徒,其中既有农民,也有乡村贵族。在城市中,最著名的沙龙接纳了胡格诺派知识分子。

当马萨林去世时,路易十四二十三岁,他拒绝任命马萨林的继任者。这位被称为"太阳王"(Sun King)的国王绝不允许任何人的权力超过他的权力。因此,他与教宗也产生了冲突,因为教宗试图干涉法国事务。针对教宗当时汲汲于独揽大权,路易十四宣告并保护"高卢教会的自由"——我们将在第十九章讲到。但是,正是出于相同的原因,他不会容忍任何异端或持不同信仰者,因此他采取了铲除法国新教的强硬措施。

为了实现天主教徒与新教徒所谓的重新合一——即新教徒改信天主教,路易十四采用了各种措施,随着时光的流逝,他的措施越来越严厉。最初他只是劝说与施加一点压力。后来,他几乎主动开始收买归信者。他的理由是,成为天主教徒的新教牧师失去了他们的生活来源,新教的平信徒也是如此,失去了他们的顾客或其他收入来源。因此,为了弥补这些损失,所有改信天主教的新教徒都会得到一笔钱。但是,这个政策并不成功,路易十四后来不得不采取更严厉的措施。太阳王将法国卷入了不断的战争,后来,法国于1684年得到一次短暂喘息的机会,这时,军队被用来强迫新教徒与天主教徒"重新合一"。这个暴力的政策取得了巨大的成功,因为在一些地区,数万名新教徒被迫改信了天主教。

最终,路易十四于1685年颁布了《枫丹白露敕令》(Edict of Fontaine-bleau),废除了《南特敕令》的条款,并规定在法国成为新教徒是违法的。随即发生大规模流亡,法国的胡格诺派逃到了瑞士、德国、英格兰、荷兰和北美洲。在这些难民中,许多人是技工和商人,因此,他们的离去令法国蒙受了巨大的经济损失——以至于一些学者提出,《枫丹白露敕令》所造成的经济破坏成为导致法国大革命的原因之一。

在颁布《枫丹白露敕令》之后,法国官方声称,法国已经没有了新教徒。但是,实际情况是,许多表面上改信了天主教的新教徒仍坚守他们以前新教信仰,并设法继续进行新教的崇拜。对于其中的许多人来说,他们的良心因放弃了信仰而深感不安,因此,进行新教的聚会便显得更加必要。没有教堂,他们就在野外空旷的田间或林中空地聚会。在这样的地方,数十名、甚至上百名信徒在夜幕掩护下定期在一起聚会,他们聆听上帝的道,承认他们的罪,并一同领受圣餐。人们尽力保守这些聚会的秘密,政府的特工很少能发现预定的崇拜时间和地点。他们一旦真的获取了这些聚会的情报,会等到所有信徒都到场,然后再冲向崇拜者,将他们逮捕。男信徒被送到船上摇橹,女信徒被终身监禁。牧师被处死,孩子被送到天主教家庭,作为天主教徒来寄养。尽管如此,这场运动还在继续;路易十四的特工并不能消灭现在自称是旷野基督徒(Christians of the desert)的胡格诺派。

正如在这种情况下所经常发生的那样,后来,从这场运动中发展出激进的预言派,他们声称,世界末日近了。皮埃尔·朱里厄(Pierre Jurieu)牧师在鹿特丹逃亡时发表了一部研究《启示录》的著作,他在该书中表示,《启示录》的预言正在实现,基督将于1689年取得最后的胜利。在这些预言的鼓舞之下，法国的一些新教徒越来越大胆，结果，许多新教徒被杀害或被罚作划船工。但是，预言的异象和神秘的经验还是层出不穷，越来越多的新教徒愿意为将被上帝所证实的事业献出宝贵的生命。一些新教徒听到了某种声音，另一些新教徒在精神恍惚的状态中自言自语。这一切令当局更容易找到顽抗的新教徒，他们随后会受到残酷的迫害。但是，很少有新教徒会说出决定命运的话："我愿意重新合一"——即愿意重返天主教。

后来，这种预言精神变成了武装起义。同以前宗教战争中的情况不同，这场武装起义不再由新教贵族领导。这支"旷野"新军主要是农民。这些农民仍然耕地、播种和收割，但是，他们在其他时间组成军队，攻击路易十四的军队。他们在进军之前会阅读圣经，在战场上高唱赞美诗。虽然这支起义军始终只有数百人，但是，他们完全可以牵制一支二万五千人的军队。由于一些我们并不是完全清楚的原因，这些起义者被称为卡米撒派（Camisards）。常规战争难以消灭他们，因此，路易十四的军队所采取的政策是，将卡米撒派进行军事活动的地区夷为平地。因此，大约五百座村庄和部落被摧毁。但是，这只能壮大起义者的队伍，因为已经无家可归的人现在也加入了他们。这场宗教战争又进行了许多年。凭借一些从未兑现的奖赏承诺，路易十四的军官们镇压了一些地区的起义。但是，卡米撒派一直抵抗到1709年，这一年，他们的最后一批领袖被俘虏，并被处死。这时，他们的抵抗已经在新教国家成为传奇，但却没有人给予卡米撒派任何有效的援助。1710年，英格兰人最终决定支持他们。但为时已晚，因为起义的最后一丝火花也已被扑灭。

与此同时，另一支不同的队伍也出现在法国的新教徒中。他们的领袖并不相信末日的异象——不管怎样，这些异象并没有实现，他们倡导回归改革宗传统，谨慎与清楚地解释圣经成为崇拜的中心。这群新教徒的杰出领袖是安托万·库尔（Antoine Court），他于1715年组织召开了法国改革宗教会（French Reformed Church）的第一次会议。按照加尔文和贝扎（Beza）的教导，库尔建议他的追随者应当在所有事情上都服从世俗当局，除非世俗当局的要求有悖于上帝的道，这成为新生法国改革宗教会的官方政策。在法国改革宗教会的第一次会议召开十天之后，路易十四去世了，他五岁大的曾孙继承了王位，取名为路易十五。但是，太阳王的去世并没有给遭受迫害的胡格诺派带来任何喘息的机会，因为新政府在奥尔良的腓力（Philippe D'Orleans）摄政时期继续采取前任政府的宗教政策。尽管如此，库尔和他的追随者仍坚持他们为自己制定的政策。当他们的一位牧师被监禁时，库尔命令他的追随者要克制，不要通过武力去迎救。1726 年，一所逃亡者的神学院在瑞士洛桑成立。这所神学院旨在为法国培养牧师，因此，法国改革宗教会开始有了一批骨干传道人，他们都精通圣经和神学。1729 年，库尔来到洛桑，成为法国整整一代秘密传道人的导师。虽然他如今在洛桑逃亡，但是他经常前往法国，鼓励与指导法国改革宗教会的事务。1767 年，八十三岁高龄的库尔去世了，这时，新教的改革宗已经在法国牢牢扎根。但是，迫害一直持续到 1787 年。那一年，路易十五的孙子兼继承人路易十六最终颁布了宗教宽容的法令。在漫长的迫害期间，数千名男新教徒被罚作划船工，数千名女新教徒被判终身监禁，只有很少一部分新教徒说出"我愿意重新合一"，两位新教牧师放弃了他们的信仰。但是，仍有无数新教徒因不愿放弃信仰而殉道。"旷野教会"得以存活下来。

同德国三十年战争一样，法国的宗教战争也导致许多人极度怀疑教条和教条主义。伏尔泰（Voltaire）就是其中之一，他之所以为新教事业辩护，并不是因为他真的同情它，而是因为他认为，在信仰上的不容异己之说是非理性的、不道德的。这个迫害与反抗、恐怖与荣耀的年代，塑造了后来拥护法国大革命理想的思想家。

第十八章

清教徒革命

> 世俗的官员不得假设自己有权讲道和施行圣礼……但是,他
> 有权——并且这也是他的义务——采取行动,维护教会的合一与
> 和平,保持上帝真理的纯正和完整,压制一切亵渎的事情和异端,
> 防止或改革崇拜和纪律的一切腐败与陋习,确保上帝的法规适当
> 地订立、施行和遵守。
>
> ——《威斯敏斯特信条》

讨论英格兰的宗教改革时我们已经看到,伊丽莎白女王走上了保守派与加尔文主义者之间的一条中间路线:保守派尽可能多地保留古代的习俗和信仰,加尔文派新教徒则认为教会的生活和组织应当符合他们心中的圣经标准。在伊丽莎白女王有生之年,这一微妙的平衡还可以保持;但是,这种情形所固有的不安性不断导致紧张的局势,伊丽莎白女王和她的大臣们只有采取强硬的、决定性的干预才能控制局面。

詹姆斯一世

伊丽莎白于 1603 年去世时并没有留下一位直系继承人,但是,她宣布,她的合法继承人是詹姆斯。詹姆斯是玛丽·斯图亚特的儿子,他当时已是苏格兰国王。王位接替并没有遇到太大的困难,因此,斯图亚特家族成为英格兰的统治者。新国王——英格兰的詹姆斯一世兼苏格兰的詹姆斯六世——发现,统治英格兰并不容易。英格兰人始终将他视为外国人。

他计划统一苏格兰和英格兰——这两国的最终统一,令他在苏格兰和英格兰都结下了仇敌。伊丽莎白支持贸易的措施正在取得成效,因此,商人的势力越来越大,他们对詹姆斯一世并不满意,因为他的政策有利于贵族和他的亲信。但是,他与新教徒的矛盾更大,他们认为,国王和他顾问们的政策导致英格兰的宗教改革进行得不够彻底。附近的苏格兰——詹姆斯一世的祖国——的宗教改革领先一步,英格兰的加尔文主义者认为,在他们的国家进行类似改革的时机已经成熟。

这些较为激进的新教徒并没有统一在一起,也没能就所有问题达成一致,因此,我们难以概括性地描述他们。他们被称为清教徒,因为他们主张必须通过回归圣经中的信仰来清洁教会。他们反对英格兰圣公会所保留的许多传统的崇拜要素,如佩戴十字架、穿着特定的牧师服和在圣坛上举行圣餐——需不需要圣餐桌或祭坛,需要的话应该放在什么位置这些问题包含了对圣餐意义的不同解释,导致了漫长而激烈的争辩。清教徒也坚持认为,必须按照圣经的教导过有节制的生活,他们禁止奢侈和炫耀。对于他们来说,英格兰圣公会崇拜中许多礼仪的精心设计都是多余的,这令他们更反对英格兰圣公会的崇拜。许多清教徒坚持,必须守主日,在这一天专门进行宗教活动,并进行慈善活动。他们还拒绝使用《公祷书》和成文的祷文,宣称这样的祷文会导致虚伪,因此,他们将《主祷文》视为祷告的典范,而不是一系列被反复诵读的祷文。他们并不完全反对饮酒,因此大多数清教徒都适当地饮酒,但是,他们严厉批评醉酒,尤其是英格兰圣公会的牧师醉酒。他们也严厉批评他们所认为的所有不道德行为——包括戏剧,这不仅因为戏剧经常描写不道德的行为,也因为戏剧表演所暗含的显而易见的欺骗性。

许多清教徒反对主教。他们认为,主教制在圣经中并没有依据,是后人的发明,至少他们那时的主教制是这样的;教会不仅应当根据圣经来规定教义,也应当根据圣经来建立与管理教会。更为温和的清教徒只是宣称,人们可以在圣经中找到不同的教会管理模式,因此,虽然主教制可能是好的与有效的,但是它并没有"上帝的权利"。还有一些清教徒主张新约中的教会是由"长老"管理的,因此,真正符合圣经的教会也应当由长老来管理。此外,还有一些清教徒断言,不同教会应当彼此独立,他们被称为"独立派"(Independents)。

浸信会基督徒(Baptists)就是独立派中的重要一派。他们的早期领袖之一是约翰·史密斯(John Smyth,1554—1612)。他是英格兰圣公会的牧师,他认为,英格兰圣公会的改革进行得不够彻底,他还创建了一个独立派教会——因此是非法的教会。随着这个教会不断壮大,史密斯和他的追随者决定逃到阿姆斯特丹。他在阿姆斯特丹继续研究圣经,他的研究令他拒绝在崇拜中使用圣经的译本,认为只有原文圣经才具有绝对的权威。在崇拜时,他阅读希伯来文或希腊文圣经,然后在讲道时将他所读的经文翻译出来。由于他对圣经的研究和他与门诺派的接触(他接受了门诺派的和平主义和拒绝宣誓),他最终相信,婴儿洗礼是无效的,因此,他先用水瓢从桶中舀出水来浇在头上为自己施行洗礼,然后再为他的追随者施行洗礼,批评他的人因此将他称为"自洗者"(self-baptizer)。

富有的律师托马斯·赫尔韦斯(Thomas Helwys)资助了史密斯和他的追随者前往阿姆斯特丹的旅费。但由于绝对的和平主义和宣誓这两个问题,赫尔韦斯离开了史密斯的阵营,因为身为律师的赫尔韦斯认为,适当使用暴力和宣誓是社会稳定的基础。赫尔韦斯和他的追随者后来回到了英格兰,1611年,他在英格兰建立了第一个浸信会教会(Baptist Church)。

最终,浸信会基督徒也分裂了,导致他们分裂的原因,类似于严格的加尔文主义者与阿明尼乌派(Arminians,参第二十一章)的分裂。持有阿明尼乌派观点的浸信会基督徒被称为普遍浸信会(General Baptist),因为他们相信救恩的大门向所有人是敞开的;相反,特殊浸信会(Particular Baptist)认为,只有被上帝预定得救的人才能获得救恩。

与此同时,英格兰圣公会正走上一条类似却截然相反的道路。为了在圣公会基督徒与清教徒之间保持平衡,伊丽莎白建立了这样的教会:教会的神学是温和的加尔文主义，同时保留了所有不明显、不直接违背这种新神学的崇拜仪式和教会管理模式。但是，伊丽莎白的这个解决方案难以维持。为了保护崇拜的一些传统要素，一些圣公会基督徒开始放弃加尔文主义。英格兰圣公会的重要神学家非常欣赏当时的崇拜美感，以至于他们很少按照其他要求——如神学或符合圣经的解经——进行崇拜。清教徒很快就开始担心，一场回归"天主教"的大规模运动正在酝酿之中。

当詹姆斯一世继伊丽莎白之后成为英格兰国王时，所有这些因素实际上已经出现。从此以后，潜伏已久的冲突开始越来越猛烈地爆发。清教徒不信任詹姆斯一世，因为他的母亲是玛丽·斯图亚特。实际上，詹姆斯一世并未支持天主教徒，他令原本希望从他那里得到大实惠的天主教徒一次次失望。他的理想是在英格兰建立君主专制政体，就像法国那样。在苏格兰，他的长老会臣民并不允许他按照己意来自由地统治国家——而他相信国王应该有这样的自由，因此，他将在英格兰巩固主教制视为增加他权力的一种手段。正如他自己所说："没有主教，就没有国王"——换句话说，教会的主教制将支持国家的君主制。

詹姆斯一世的个性无助于增加他的威望。他是同性恋者，当时，人们对同性恋持有巨大的偏见。他的宠臣在他的宫廷和政府中享有并不配得的特权和权力。他坚持认为，他有权成为一位独裁的君主，但是，他却在固执的严厉与无力的灵活之间摇摆不定。虽然他能认真地管理资金，但是，他在不必要的事上过于浪费，一些重要的项目因缺乏资金而被迫停工。他将爵位和荣誉随意授予他的朋友，这激怒了许多终生效忠国王却没有得到多少奖赏，甚至没有得到任何奖赏的人。

詹姆斯一世试图采取类似于伊丽莎白的宗教政策。只有重洗派受到了有组织的迫害，因为他们的平等主义思想令詹姆斯一世感到恐惧。天主教徒被视为教宗的忠实追随者，因此也被视为潜在的叛国者。但是如果教宗愿意承认詹姆斯一世有权继承王位，并有权处死弑君者——这是

英格兰的詹姆斯一世也是苏格兰的詹姆斯六世,他认为主教制对国王是绝对必要的,因此痛恨许多清教徒所倡导的长老制。

一些极端的天主教徒提出的解决英格兰宗教纠纷的方法——詹姆斯一世就愿意宽容他王国中的天主教徒。在英格兰,詹姆斯一世还在苏格兰时就憎恨的长老会基督徒得到了宽容,他甚至向他们做出了一些小小的妥协。但是,他并不愿意放弃英格兰教会的主教制,因为他相信——他在这一点上是正确的——主教是国王最忠诚、最有力的支持者之一。

在詹姆斯一世统治期间,英格兰圣公会的高级教士与清教徒的关系越来越紧张。1604 年,坎特伯雷大主教理查德·班克罗夫特(Richard Bancroft)批准了一系列教规,规定主教制是上帝所设立的,没有主教制,就没有真教会。这相当于否定了欧洲大陆许多没有主教的新教教会,因此,清教徒认为,英格兰圣公会为了将天主教重新引入英格兰,与新教进一步决裂了。此外,班克罗夫特所坚持批准的其他教规也是明显针对清教徒的。

议会正在召开,为了征收新税,詹姆斯一世必须得到议会的批准。下议院有许多清教徒,他们现在与其他议员一同向詹姆斯一世请愿,要求废除班克罗夫特的教规。詹姆斯一世在汉普顿宫召开了一次由他亲自主持的会议。当与会的一名清教徒不经意间提到"长老制"时,詹姆斯一世宣布,君主政体与长老制的关系就像上帝与魔鬼的关系。所有和解的尝试都失败了,此次会议的唯一成果是一部出版于1611年的圣经新译本——通常被称为英王钦定本(King James Version)。它是在英语达到巅峰时出版的,因此,它——以及《公祷书》——对后世的英语文学产生了深远的影响,成为英语文学的经典之作。

从此以后,下议院就与更保守的主教越来越不和。詹姆斯一世与保守的主教共同宣称,他们的统治是上帝授予的权力。1606年,教会当局批准了一系列新教规,更明显地反对清教徒。议会的回应策略是:并不攻击国王或大主教,而是攻击国王和大主教的支持者,因后者更容易对付。最终,在下一任国王统治期间,这种日趋紧张的局势导致了内战。

与此同时,火药阴谋(Gunpowder Plot)于1605年末败露。一项针对天主教徒的高压法律在前一年颁布,借口是天主教徒并不效忠国王,而是效忠教宗。该法律的真实目的似乎是筹集资金,因为政府利用该法律没收财产,获得巨额罚款。不管怎样,一些天主教徒认为,必须除掉詹姆斯一世。一名天主教徒租用了一块地产,它的地下贮藏室延伸至议会会场底部。天主教徒计划将几桶火药伪装成酒桶,把它们放在会议室下面,并在詹姆斯一世召开下一次议会会议时引爆这些火药,将詹姆斯一世和出席会议的清教徒全部炸死。但是,火药阴谋败露了,阴谋的主要策划者和一些参与者在没有被定罪的情况下就被处死。在一些地区,政府开始搜捕天主教徒。詹姆斯一世似乎有意区别对待有罪的与无罪的天主教徒。但是,他的确利用这次良机来罚款敛财,数以千计的天主教徒很快就被关进了监狱。

在他统治数年之后,詹姆斯一世试图在不召开议会的情况下统治他的国家。但是,征收新税必须得到议会的授权,因此,当他的财政状况于1614年陷入绝境时,他决定再次召开议会。结果,新选出的下议院比以前的下议院更难对付,于是他解散了议会,试图只用他有权征收的关税维持统治。他也被迫向主教和贵族借钱。后来,三十年战争爆发了。被废的帕拉廷的选帝侯兼波希米亚国王腓特烈是詹姆斯一世的女婿。但是,他并没有帮助腓特烈,英格兰的许多新教徒开始指责詹姆斯一世是懦夫和叛国者,而他却反驳说,他缺少资金,只能袖手旁观。最终,他于1621年再次召开议会,他希望,如果他许诺将清教徒新税收的一部分用来帮助德国的新教徒,下议院的清教徒会同意他征收新税。但是,清教徒后来听说詹姆斯一世正计划为他的儿子兼继承人迎娶西班牙公主。这意味着与哈布斯堡家族结盟,议会中的清教徒对此并不满意,他们只批准了一些小额税收,他们还坚持将他们的不满告诉了国王。詹姆斯一世的回应是再次解散议会,并逮捕了议会的几位领袖。后来,他因其他原因而放弃了与西班牙哈布斯堡家族联姻的计划。1624年,他再次召开议会,但他随后又解散了议会,因为他依然没有得到他想要的资金。此后不久,詹姆斯一世去世了,他的儿子查理继承了王位。

查理一世

新国王查理一世同他的父亲一样相信,必须有一个集权、强大的君主政体,因此,他也与议会产生了冲突。清教徒怀疑查理一世结婚的目的,因为他在与西班牙的谈判破裂之后娶了法国国王路易十三的妹妹。促成这桩婚姻的谈判包括国王向英格兰的天主教徒让步,此外,新王后和她的侍从可以继续自由地信奉他们的天主教信仰。许多清教徒认为,这复兴了偶像崇拜,他们抱怨皇室已经叛教。一些清教徒很快就将王后比作耶洗别,但是,这只是他们私下说的。

查理一世继承了父亲与议会的冲突,这在审判理查德·蒙塔古(Richard Montague)时达到了顶点。蒙塔古拥护君权神授,反对清教和议会制。他曾发表过几部相关的著作,最终,下议院在他发表了一部特别令议会感到愤怒的著作之后审判了他,他被处罚款,并被关进了监狱。国王查理一世却将蒙塔古任命为他的私人牧师,因此,议会无权处置蒙塔古,国王就这样救了他的支持者。后来有传言称,议会为了报复而指控查理一世的大臣白金汉公爵犯有叛国罪。查理一世随后解散了议会,他决心不通过议会来统治国家。但这是不可能的,因为查理一世需要钱,只有议会才能投票决定国王是否可以征税。查理一世被激怒了,他采取了更严厉的措施。当坎特伯雷大主教试图调解时,查理一世几乎剥夺了他的权力,并将他的权力移交给清教徒最痛恨的对手之一——威廉·劳德(William Laud)所领导的委员会。查理一世不断召开议会会议,但是又一次次解散议会,因为下议院坚持要求,必须先解决他们的上诉,然后再对筹集资金投票。他奖赏下议院中支持他的议员,将他们任命为上院议员,这令他进一步失去了他在下议院中不多的支持。甚至上院议员也开始反对国王,他们不满查理一世只是将在议会辩论中支持他的下院议员晋升为上院议员。1629 年后,当查理一世在他统治期间第三次解散议会时,他决心自己来统治英格兰,但在十一年之后他被迫再次召开议会。

查理一世自己统治英格兰的这十一年给贵族带来了繁荣。但是,物价上涨的速度比收入上涨的速度更快,因此,当权贵变得越来越富裕时,绝大多数平民认为,他们受到了经济压迫。查理一世为了得到他所需要的资金而向贵族做出越来越大的让步,而贵族却在压迫穷人。虽然查理一世的确对穷人的悲惨遭遇有所关心,并采取了一些改善穷人处境的措施,但是,同他无力的措施所能减轻的压迫相比,社会与政治制度导致了更多苦难。尤其是在工业地区,越来越多的人将查理一世和在宗教事业上支持他的主教视为人民的敌人。清教徒抨击国王和主教的暴行,以及"新耶洗别"的奢侈和偶像崇拜,这令他们迅速赢得了人民的支持。

1633 年,威廉·劳德被任命为坎特伯雷大主教。他着迷于英格兰圣公会崇拜的华美和庄严,他也坚信统一信仰对国家是有益的。他针对清教徒的措施既严厉又残酷,包括死刑和切断手足。这么热诚的支持激起了查理一世的热情,他将苏格兰教会完全交给了劳德,劳德试图将英格兰圣公会的崇拜礼仪强加给苏格兰长老会,这导致了一场很快就演变成起义的骚乱。当苏格兰教会大会（General Assembly of the Church of Scotland）试图限制主教的权力时，查理一世的代表宣布解散会议。但是大会拒绝服从查理一世的命令，他们废除了主教制，并在长老制基础上重组了苏格兰教会。

这令战争不可避免。查理一世既没有足够强大的军队，也没有足够的金钱来供养一支可以战斗的军队，他求助于他的爱尔兰臣民，他们是敬虔的天主教徒，因此，他希望王后的天主教信仰会促使他们帮助他。这令苏格兰的加尔文主义者与英格兰的清教徒联系得更加紧密。1640 年，查理一世召开了一次议会会议，希望得到镇压苏格兰起义军的资金。但是，很快就显而易见，下议院的许多议员更同情查理一世的敌人，而不是同情他，于是他解散了议会，此次议会后来被称为短期议会（Short Parliament）。在这种局势的鼓舞之下，苏格兰人入侵了英格兰人的领地，查理一世的军队溃不成军。他不得不再次召开议会。长期议会（Long Parliament）就这样开始了，它将对英格兰的历史产生重大的影响。

长期议会

在长期议会召开第一次会议之前的若干年，陷入困境的经济已经导致了对社会的破坏。此前，社会动乱和经济动荡几乎只影响到穷人和无产阶级，但是，现在它们开始对资产阶级产生不利的影响。因此，被选入新议会的下议院的绝大多数议员都是不满查理一世政策的人的代表，即使不是出于信仰，也是出于经济利益的考虑。贵族与资产阶级共同投资商业，这令许多上议院的议员愿意与下议院一同限制查理一世的权力。因此，新议会实际上比以前的议会更难以对付。查理一世召开新议会的目的是让议会投票批准他所需要的资金，以便利用这笔资金来组建一支军队，将苏格兰起义军赶出英格兰。但是，议会的议员们知道，他们的权力恰恰得自起义军所构成的威胁，因此，他们并不急于解决这个问题。首先，他们采取一系列措施来对付近年来试图消灭清教的人。被坎特伯雷大主教劳德囚禁的受害者被释放,他们得到了一笔赔偿金。议会审判了查理一世最忠诚的大臣之一斯特拉福德伯爵(Lord Strafford),他被判处死刑,而查理一世却没有尝试救他。

后来,议会设法确保它的措施可以永远发挥作用。1641 年 5 月,议会通过了一项法律,规定国王在未经议会批准的情况下不得解散议会。虽然该法律剥夺了查理一世一个重要的特权,但是,他并没有反对这一规定,而是希望通过一系列精心策划的阴谋来解决他的问题。当议会最终

开会讨论镇压苏格兰叛军所需的资金时,他们发现,查理一世一直在与入侵者谈判,他希望解除议会的权力。有人说,爱尔兰天主教徒的一次起义是王后所煽动的,她希望这次起义会给议会制造麻烦,并迫使议会给查理一世的军队拨款。不管是真是假,国王和王后的奸诈令更激进的新教徒与希望限制查理一世权力的人联系得更加紧密。

主教是上议院的议员,他们是查理一世在议会中的主要支持者。但是,下议院开始对一些主教提起法律诉讼,当受到指控的主教出席议会会议时,伦敦人爆发了骚乱,他们禁止这些主教出席会议。在这些事件的鼓舞之下,更激进的下院议员宣布了他们审判王后的计划,他们对王后提出的指控是,她参与了导致爱尔兰爆发起义的事件。这些极端的行动激起了对清教徒的反感。上议院的许多议员相信,恢复秩序的时机已经成熟。时机对查理一世有利。但是,他并没有足够的耐心等到局势为他带来胜利,而是匆忙向上议院提出他对下议院一些领袖的指控。上院议员担心,查理一世有朝一日也会用同样的方法来对付他们,于是否决了查理一世的指控。后来,查理一世下令逮捕被告,而议会拒绝交出被告。第二天,查理一世派出一支武装分遣队去逮捕被告,他们发现,议会已经得到了伦敦人的支持,他们不允许军队逮捕被告。查理一世失去了他的首都,退到了汉普顿宫和温莎城堡。与此同时,在伦敦,造反议会的领袖约翰·皮姆(John Pym)作为"无冕之王"正在统治着英格兰。下议院后来提出了一项将主教逐出上议院的法律。上议院批准了该法律,查理一世没有反对,

因此,主教被逐出了上议院。就这样,反对清教的人被逐渐逐出了议会,这令议会越来越激进。议会后来下令招募国民军。国民军由议会领导,因此,查理一世认为,决战时刻已经到来。他召集了忠于他的军队,并准备向议会的国民军开战。查理一世与议会的冲突最终导致了内战。

204 内战

　　查理一世和议会都开始组建各自的军队。查理一世得到了贵族的最大支持,而议会则在当时遭受最多苦难的人群中得到了支持。议会的军队主要由社会底层人士组成,此外还有许多商人和少数贵族。查理一世的主力军是传统上专属贵族的骑兵;议会的主力军是步兵和海军——贸易对这两支队伍非常重要。起初,双方只是进行了一些小规模的战斗,与此同时,他们都在寻找外界的支援:议会得到了苏格兰人的支持,查理一世得到了爱尔兰天主教徒的支持。同样,清教各派在内战的威胁下也联系得更加紧密。

　　为了获得苏格兰人的支持,议会采取了一系列倾向长老会的措施。并不是英格兰的所有清教徒都认为长老制是恰当的教会组织模式,但是,该国大多数清教徒都否定主教制——主教被认为是查理一世在教会中的主要支持者。最终,主教制被废除,有三个原因:一是主教支持查理一世,二是神学原因,三是没收主教的财产意味着议会不用征收新税就可以获得资金。

　　与此同时,议会召集了一批神学家,作为议会的宗教事务顾问。这便是著名的威斯敏斯特会议(Westminster Assembly),与会者包括一百二十一位牧师、议会所任命的三十位平信徒和来自苏格兰的八位代表。苏格兰人得到一支大不列颠最强大的军队的支持,因此,他们对威斯敏斯特会议的影响是决定性的。在第二十一章中,我们将详细讨论此次会议的神学,它所颁布的《威斯敏斯特信条》(Westminster Confession)成为加尔文派正统神学的基础性文件之一。我们现在只需要说,虽然威斯敏斯特会议的一些与会者是独立派——即公理制的支持者，另一些偏爱主教制，但是，此次会议还是选择了长老制，并建议议会也选择长老制作为英格兰圣公会的教会组织形式。在议会中有许多独立派，他们更愿意选择另一种教会组织形式，但是，内战进程迫使他们与苏格兰人组成了"神圣盟约"，这令他们不得不忠于长老制。1644年，议会最终颁布法律，规定英格兰圣公会采用长老制，1645年，议会下令处死了威廉·劳德——当时的坎特伯雷大主教。

其时正当议会组建它的军队之际，奥利弗·克伦威尔（Olive Cromwell）登上了历史舞台。他是亨利八世一位顾问的后裔，生活相对富裕。几年*205*之前，他成为一名清教徒，开始如饥似渴地阅读圣经。他相信，每一个决定——无论是个人的，还是政治的——都应当基于上帝的旨意。这就意味着，虽然他做出决定的速度通常很慢，但是，一旦做出决定，他就会坚持到底。虽然他的清教徒同伴尊敬他，但是，他直到内战爆发时还只不过是下议院的一位议员。然而，当他相信武装冲突在所难免时，他回到家乡，招募了一支骑兵小队。他知道，骑兵是查理一世的主要武器，议会也需要这样的军队。他的热情极具感染力，他的骑兵小队逐渐发展成一支强大*206*的骑兵军团，他们相信自己正在进行一场圣战，高唱赞美诗奔赴战场。议会的所有军队很快就都认为他们正在进行圣战，从而成为一股不可抵挡的力量，他们在内斯比战役（Battle of Naseby）中彻底击败了查理一世。

内斯比战役是查理一世末日的开始。起义军攻取了他的营地，他们在那里发现了查理一世曾鼓动外国的天主教军队入侵英格兰的证据。查理一世后来决定与苏格兰人谈判，希望用他的承诺赢得苏格兰人的支持。但是，苏格兰人将他关进了监狱，他们最终将他交给了议会。议会就这样赢得了内战，并采取了一系列清教徒的政策：包括在主日专门进行宗教活动，禁止进行轻浮的娱乐活动等。

然而，为共同抵抗查理一世和他的主教而联合起来的清教徒内部产生了严重的分裂。当时，议会的绝大多数议员支持长老制，这可以令英格兰建立一个没有主教的国家教会。但是,独立派在军队中占绝大多数。他们在许多问题上也产生了分歧。不过,他们的确相信,以长老制为基础的国家教会将剥夺他们按照自己的理解顺服圣经的自由。因此,议会与它的军队关系越来越紧张。1646 年,议会试图解散军队,但是并没有成功。一些更极端的派系在军队中壮大起来,如"第五王国派"(Fifth Monarchy Men)和"平等派"(Levellers)。他们当中的一些人宣称,主即将再来,必须通过建立公义与平等来改造社会制度。商人仍主导着议会,议会针对军队采取了更严厉的措施,这反而令军队宣称,他们代表着更多的人民,军队有权代表国家说话,而不是代表议会。

这时,查理一世逃跑了。他后来开始与苏格兰人、军队和议会谈判,对这三方做出了相互矛盾的承诺。他得到了苏格兰人的支持,他向他们承诺在苏格兰和英格兰建立长老制教会。与此同时,他继续与议会秘密谈判。但是,清教徒的军队击败了苏格兰人,俘获了查理一世,并开始清洗议会。四十五位议会领袖被逮捕,更多的议员被禁止参加议会,还有些议员拒绝参加议会。现在,那些剩下的议员被敌人恰当地称为残余议会(Rump Parliament)。

残余议会后来对查理一世提起了诉讼,他们指控查理一世叛国,并将国家拖入了内战。十四位敢于出席上议院会议的议员一致否定了这些指控。但是,下议院还是继续审判查理一世,查理一世拒绝为自己辩护,他的理由是,审判他的法官根本就没有合法的裁判权。1649 年 1 月 30 日,查理一世被斩首。

护国公

苏格兰人担心他们会失去从英格兰获得的独立,他们迅速承认,已故国王的儿子查理二世是他们的统治者。爱尔兰人借机起义。在英格兰,独立派清教徒正在分裂。在更激进的清教徒中,"掘地派"(Diggers)正在崛起。这是一场社会运动,它倡导建立一种人人有权拥有财产的社会新制度。这样的教导威胁到此前与议会共同反抗查理一世的商人。与此同时，长老会基督徒坚持建立一个国家教会，但是，国家教会被独立派视为暴政。简而言之，英格兰可能又要陷入混乱。

这时，克伦威尔掌控了大权。虽然他并没有参与清洗议会，但是，他认同了清洗议会的结果，并以残余议会的名义先后清剿了爱尔兰人的起义和苏格兰的保皇党。查理二世被迫逃到了欧洲大陆。后来，克伦威尔决定做国王没能做完的事：当残余议会开始讨论一项永久确立其权力的法律时，他来到议会，赶出了为数不多的残余议员，并关闭了国会大厦。因此，他显然是在自己不情愿的情况下成为了英格兰的主人。他曾试图建立某种代表制政府，但他最终成为"护国公"（Lord of Protector）。从理论上讲，他将在由英格兰、苏格兰和爱尔兰的代表所共同组成的议会的帮助之下统治英格兰。但是，新议会实际上几乎全是英格兰议员，克伦威尔成为英格兰的真正统治者。

克伦威尔后来开始着手改革教会和国家。考虑到当时的大环境，他的宗教政策是相当宽容的。虽然他是独立派，但他试图建立一种为长老会基督徒、浸信会基督徒，甚至一些倡导主教制的温和派都留有一定空间的宗教制度。作为一名真正的清教徒，他也试图通过对主日、赛马、斗鸡和戏剧等立法来改革英格兰的习俗。他的经济政策有利于中产阶级，这尤其损害到贵族的利益，也在一定程度上伤及穷人。结果，极其富裕与极其贫穷的人越来越反对克伦威尔。

只要克伦威尔还活着，他就能有效地统治英格兰。但是，他想建立一个稳定的共和国的梦想破灭了。同以前的国王一样，他与议会的关系也不融洽——他的支持者甚至将他的反对者强行赶出了议会，从而又造成了一个"残余议会"。护国公政体显然只是暂时的，因此，当有人建议克伦威尔加冕为国王时，他拒绝了，他仍希望建立共和国。1658年，他在去世之前不久任命自己的儿子理查德为继任者，但是，小克伦威尔并没有他父亲那样的能力，他辞去了护国公之职。

复辟

护国公政体的失败只留下一种选择:恢复君主政体。在蒙克将军（General Monck）的领导之下,议会召回了查理二世,并将他重新推上他父亲的王位。这导致了政府对清教徒的反对。虽然查理二世起初试图在英格兰圣公会中为长老会基督徒留有一定的空间,但是,新议会并不同意,它更喜欢传统的主教制。因此,新政府重新启用了主教制和《公祷书》,并颁布了针对持不同信仰者的法律,这令他们在英格兰圣公会中没有了任何生存的空间。但是,这些法律难以彻底消灭以往动荡岁月中所出现的大多数运动。它们仍在违法地进行,直到政府在17世纪末颁布了宽容的法令。

在苏格兰,复辟造成了更严重的后果。苏格兰人是坚定的长老会基督徒,现在,查理二世的法令重新启用了主教制,该法令支持愿意维护主教和《公祷书》的牧师,而长老会的牧师则被罢免。这导致了暴乱和起义。大主教詹姆斯·夏普（Archbishop James Sharp）——苏格兰最重要的高级教士——被谋杀了。这招来支持苏格兰保皇党的英格兰人的干预,长老会的起义遭到了血腥的镇压。

查理二世在临终之际宣布自己是天主教徒,这证实了许多受迫害的清教徒和苏格兰长老会基督徒对他的怀疑。他的弟弟兼继任者詹姆斯二世决心在他的王国恢复罗马天主教,令其成为大不列颠的官方宗教。在英格兰,他试图通过施行宗教宽容来赢得持不同信仰者的支持。但是,他们强烈反对天主教,如果可以不复兴天主教,他们宁愿不要宗教宽容。苏格兰的局势更加糟糕,因为詹姆斯二世——苏格兰的詹姆斯七世——任命天主教徒担任要职,并下令处死所有参加非法崇拜的基督徒。

在詹姆斯二世统治英格兰三年之后,英格兰人发动了起义,他们邀请奥兰治的威廉王子和他的妻子玛丽——詹姆斯二世的女儿——统治英格兰。威廉于1688年来到英格兰,詹姆斯二世逃到了法国。在苏格兰,詹姆斯二世的支持者又坚持了几个月,但是,到了1689年,威廉和玛丽也牢牢坐稳了苏格兰的王位。他们的宗教政策相当宽容。在英格兰,所有接受1562年的《三十九条信纲》和宣誓效忠君主的基督徒得到了宽容。拒绝向国王宣誓效忠的英格兰圣公会牧师被称为拒绝宣誓者(Nonjurors)。只要他们不策划谋反国王的阴谋,就可以得到宗教宽容。在苏格兰,长老会成为官方教会,《威斯敏斯特信条》成为长老会的教义标准。

然而,甚至是在复辟之后,清教徒的理想仍然存在,他们的理想对大不列颠的民族精神产生了深远的影响。长久以来,两位伟大的英格兰作家约翰·班扬(John Banyan)和约翰·弥尔顿(John Milton)一直都是最受欢迎的作家。班扬最著名的著作通常被简称为《天路历程》(*Pilgrim's Progress*),它是一部深受欢迎的灵修著作,是后世许多基督徒非常喜欢默想与讨论的主题。弥尔顿的《失乐园》(*Paradise Lost*)则确立了绝大多数英语世界的人阅读与解释圣经的方法。

第十九章

天主教正统

> 对于想见的人,就有足够的亮光,对于有相反性情的人,就有
> 足够的黑暗。足够的明晰光照上帝拣选的人,足够的黑暗令他们
> 谦卑。足够的黑暗蒙蔽上帝摒弃之人的双眼,足够的明晰将他们
> 定罪,令他们无可推诿。
>
> ——布莱斯·帕斯卡尔

特伦托大公会议确立了天主教未来四百年的正统,也提出了教会改革的整体计划。但是,在天主教内部,这样的正统和改革都遇到了反对。首先,特伦托大公会议的改革计划基于教宗集权,因此与各国政府产生了冲突。其次,所提议的改革要求高级教士做出他们并不愿意做出的牺牲。最后,一些天主教徒担心,在致力于驳斥新教的过程中,特伦托大公会议走得太远,尤其是忽视了奥古斯丁的恩典论:恩典在救赎人类中居首位。

高卢主义与对教宗权力的反对

尽管特伦托大公会议是必要的,因为教宗并没有决心和能力应对新教改革的挑战,但是,到了此次大公会议结束时,教宗已经获得了巨大的威望,被赋予统治所有天主教会的巨大权力。但是,特伦托大公会议的这一决议在欧洲的许多宫廷并未受到欢迎。当时,民族主义高涨,专制君主越来越强大,因此,国王和民族主义者都反对建立在教宗统治之下的集权教会。这样一种思想被称为高卢主义(Gallicanism)——它来自高卢,即

古代的法国,因为高卢主义在法国最为强大。维护教宗权力的天主教徒被称为越山派(Ultramontanes),因为他们仰赖山那一边——即阿尔卑斯山那一边——的权力。

到了中世纪晚期,当教宗生存于法国庇护之下时,法国国王令教宗作出许多让步,主要是法国教会得到了一定的自主权。现在,法国人坚持保留古代"高卢教会的自由",这被特伦托大公会议的集权化教令否定了。一些高卢派因政治原因而反对教宗集权,而其他高卢派之所以也反对,是因为他们相信,教会的权力在于主教,而不是在于教宗。不管怎样,在法国国王下令施行之前,特伦托大公会议的教令在法国是无效的。虽然亨利四世在漫长的谈判之后同意施行这些教令,但是,法国议会并没有批准亨利四世的决定,因此在法国实施此次大公会议的教会绝非易事。1615年,在亨利四世被暗杀五年之后,法国政府仍没有批准实施这些教令,当时由越山派所主导的法国神职人员决定自行实施这些教令。但是,这一事实——法国神职人员裁定了特伦托大公会议在法国的合法性——最终被为"高卢教会的自由"辩护的人用作他们的一个论据。

在欧洲其他国家,也出现类似的运动。费布朗尼主义(Febronianism)得名于查斯丁·费布朗尼(Justin Febronius),费布朗尼于1763年匿名发表了《国家教会与罗马教宗的合法权力》(*The State of the Church and the Legitimate Power of the Roman Pontiff*)。该书认为,教会是信徒的团契,主教是他们的代表,教会应当由主教来治理。因此,教会的最终权力在于主教会议,而不在于教宗。教宗克莱门十三世将费布朗尼的著作斥为异端。但是,费布朗尼主义还在传播,并受到欢迎。一些天主教徒认为,费布朗尼主义可能有助于通过召开一次大公会议,令天主教徒与新教徒重新合一。另一些天主教徒之所以支持费布朗尼主义,是因为该主义符合他们的民族主义。一些大教区的富裕主教也支持费布朗尼主义,因为他们能以此避开教宗下令进行的改革。

在维也纳的宫廷中,费布朗尼主义也受到了欢迎,并发展出不同的形

式。皇帝约瑟夫二世(Joseph II)是一位有学识、有自由思想的统治者,他
在自己的领地进行了许多改革。他需要教会支持他的这些改革,但他并
不需要那些听命于特伦托大公会议的教会的支持,他认为这些教会蒙昧
无知,难以容忍。因此,他接管了对神职人员的教育,关闭了他所认为过
于传统的修道院,创建了新教会,并按照他所认为最好的方式来全面改革
教会。其他统治者愿意效法约瑟夫二世的榜样,1764 年谴责了费布朗尼
主义的教宗,又于 1794 年谴责了"约瑟夫主义"。但是,法国大革命(我
们以后将会讲到)——而不是教宗的谴责——结束了这场运动以及其他
类似的运动。

与此同时,耶稣会的解散沉重地打击了教宗的权力。对于教宗来说,
耶稣会就是一支军队,但是,18 世纪的专制君主并不喜欢耶稣会。耶稣
会支持导致了三十年战争的狭隘政策,这对耶稣会的声望没有任何好处。
尤其是波旁家族,他们极其厌恶耶稣会会士,因为他们一贯支持波旁家族
的敌人——哈布斯堡家族。因此,随着波旁家族的兴起,哈布斯堡家族的
衰落,耶稣会陷入了困境。1758 年,耶稣会被指控蓄意暗杀葡萄牙的约
瑟夫一世。一年之后,耶稣会被驱逐出葡萄牙和葡萄牙的殖民地,葡萄牙
的约瑟夫一世还没收了耶稣会的财产。同在波旁家族统治之下的法国于
1764 年镇压了耶稣会。三年之后,查理三世将耶稣会驱逐出西班牙和西
班牙的殖民地。后来,那不勒斯的国王费迪南德四世同他的父亲西班牙
的查理三世一样,也将耶稣会逐出了他的领地。波旁家族和哈布斯堡家
族都在他们的领地和全世界清剿耶稣会。1769 年年初,波旁家族驻罗马
的特使向教宗呈交了一份联合决议,要求解散耶稣会。最终,教宗克莱门
十四世于 1773 年下令解散耶稣会,因此,教宗失去了推行他的政策最有
力的一个工具。

高卢主义、费布朗尼主义、约瑟夫主义和镇压耶稣会,这一切都表明,
当教宗们坚持自己的普世权力时,他们实际上正在丧失他们的权力和
威望。

詹森主义

特伦托大公会议明确谴责了路德和加尔文的恩典论与预定论;但是,许多天主教徒担心,这么极端地回击新教将导致否定奥古斯丁的教导。因此,在天主教徒中爆发了一系列有关恩典和预定的争辩。

萨拉曼卡大学的耶稣会会士于 16 世纪末在路易斯·德·莫利纳(Luis de Molina)的领导下断言,预定的基础是上帝的预知。多米尼克修会的修士多明戈·巴涅斯(Domingo Báñez)——当时最优秀的天主教神学家之一——对此的回应是,这样的教导有悖于奥古斯丁的教导,因此应当受到谴责。双方都将对方告到西班牙的宗教裁判所,耶稣会会士宣称,多米尼克修会的修士是加尔文主义者,而多米尼克修会的修士扬言,耶稣会会士是帕拉纠派。宗教裁判所将这起案件移交给罗马,教宗在犹豫了很久之后宣布,双方的指控都不成立,并命令双方不要再相互攻击。

在鲁汶大学爆发的类似争辩引起了更大的反响。在鲁汶大学,迈克尔·贝乌斯(Michael Baius)提出了类似于奥古斯丁的论点,他认为,有罪的意志根本就不可能产生善,因此,只有恩典——而不是人的意志——才能令人悔改与归信上帝。1567 年,教宗庇护五世谴责了从贝乌斯著作中所得出的七十九个论点。贝乌斯同意放弃他的论点,但是,他继续教导非常相似的教义。当耶稣会的一位神学家攻击他时,鲁汶大学神学系的全体教师宣称,耶稣会会士是帕拉纠派。教宗再次出面干涉,试图令双方冷静下来。但是,贝乌斯的神学继续在鲁汶大学传播,并在六十年之后的1640 年再次出现在利尼利斯·詹森(Cornelius Jansenius)的著作中。詹森的著作《奥古斯丁》(*Augustine*)在他去世之后出版,他声称此书只是研究与解释了这位伟大神学家的恩典论和预定论。但是,詹森在奥古斯丁那里所发现的教导与加尔文的教义太相像了,1643 年,教宗乌尔班八世谴责了詹森的论点。

然而,这场争辩并未结束。在法国,让·迪韦吉耶(Jean Duvergier)接过了詹森的火炬。让·迪韦吉耶更为人所知的名字是圣西朗（Saint-Cyran），因为他是圣西朗男修道院的院长，波尔罗亚尔女修道院（Port-Royal）的修女也将他称为圣西朗。在圣徒般的女修道院院长安基里克·阿尔诺嬷嬷（Mother Angelique Arnauld）的领导之下，波尔罗亚尔女修道院成为灵修和改革的中心，圣西朗作为这场运动的领袖而闻名于世。他后来被黎塞留所监禁，因为黎塞留担心这些改革者的宗教热情将妨碍他的政治计划。圣西朗于 1643 年被释放，就在同一年，他已故的朋友詹森的教义受到了谴责，圣西朗成为了詹森主义的捍卫者，波尔罗亚尔女修道院成为了詹森主义的总部。但是，詹森主义现在已不再是关于恩典和预定的教义，而更像是一场狂热的宗教改革。耶稣会会士已经提出盖然论（probabilism）——某一行为哪怕有最低程度的正确的可能性，也可以使之在道德上被接受。在法国的詹森派看来，这是道德冷漠；他们过着一种自律与严格的生活，以致有人说，波尔罗亚尔女修道院的修女"像天使一样纯洁，像魔鬼一样骄傲"。

　　圣西朗在被释放不久之后去世，但是，安基里克·阿尔诺嬷嬷的弟弟安托万·阿尔诺（Antoine Arnauld）和哲学家布莱斯·帕斯卡尔（Blaise Pascal）接过了圣西朗的事业。帕斯卡尔很小的时候就表现出他的天赋，尤其是在物理和数学上的天赋。三十一岁时——在他去世八年之前——他接受了詹森主义。对于他来说，这是一次深奥的宗教经验，并影响到他的余生。当索邦神学院（Sorbonne）的全体教师谴责阿尔诺时，帕斯卡尔发表了他的二十封《乡间来信》（*Provincial Letters*）中的第一封。《乡间来信》假称是外省人写给巴黎耶稣会会士的信件，其幽默和智慧很快就令它们广为流传，并被天主教列入《禁书目录》。成为詹森派一员一度在巴黎的知识分子和贵族中成为时尚。

　　反对的人很快就出现了。路易十四难以容忍这股很容易就发展成宗派的宗教热情。神职人员的大会谴责了这场运动。波尔罗亚尔女修道院的修女们被解散了。尽管路易十四是高卢派，但他还是希望得到教宗亚历山大三世的支持,教宗下令,所有神职人员必须否定詹森主义。但是,局势再次发生了变化。亚历山大三世去世了,他的继任者更为仁慈,他允许波尔罗亚尔女修道院的修女重返修道院,甚至有传言称,阿尔诺将被任命为枢机主教。但是,这只是短暂的平静。最终,阿尔诺被迫逃亡,并在逃亡中去世。路易十四越来越不容异己之说,教宗克莱门十一世重申了对詹森主义的谴责。1709 年,警察占领了波尔罗亚尔女修道院,逐出那些年迈的修女。波尔罗亚尔女修道院的墓地仍是人们蜂拥朝圣的圣地,因此,修道院的墓地被掘开,据说,狗都撕抢被掘出的遗骨。1713 年,克莱门十一世在通谕《唯一圣子》(*Unigenitus Dei Filius*)中明确谴责了詹森主义。

然而,詹森主义并没有消失,甚至还在发展壮大。但是,此时的詹森主义已经与詹森的教导、圣西朗和安基里克·阿尔诺嬷嬷的改革热情、甚至帕斯卡尔深深的宗教情感相距甚远,它更像是一场与高卢主义十分相似的政治与知识运动。一些低级教士为了抗议他们上级的富裕而加入这场运动,另一些人利用这场运动来对抗教宗对法国事务的无理干涉。此外,还有一些理性主义者将这场运动视为对权威教条的反抗。最终,詹森主义消失了,这并不是因为它受到的谴责和迫害,而是因为它已经演变成一场无组织的运动。

寂静主义

在天主教内部,另一场大争论是围绕着寂静主义(Quietism)展开的。寂静主义始于 1675 年《灵修指南》(*Spiritual Guide*)一书的出版,其作者是西班牙的米格尔·德·莫利诺斯(Miguel de Molinos)。莫利诺斯是位备受争议的人物,有人将他视为圣徒,有人将他称为骗子。他的《灵修指南》和后来的《论每日圣餐》(*Treatise on Daily Communion*)引起了巨大的轰动,因为有人指责他是异端,又有人声称他的灵修是基督教灵修的最高境界。

莫利诺斯倡导信徒在上帝面前完全是被动的。信徒最终只能消逝、死去并完全消融在上帝里面。所有行动主义（activism）——无论是身体的，还是灵魂的——都必须被抛弃。默观必须是纯精神的，与任何物质的或可见的途径无关——包括基督的人性。禁欲的操练也是如此，它是另一种形式的行动主义。当灵魂沉浸在默观上帝的过程中时，必须什么都不要想——甚至不要想邻舍。

这样的教导招来了强烈的反对。一些天主教徒认为，它更像穆斯林的神秘主义，而不像基督教伟大教师的教导。也有天主教徒指出，莫利诺斯主义导致了隐逸主义（privatism），这会令教会没有任何意义或权威，也会令基督徒放弃政治或社会生活。被要求审理此事的宗教裁判所最初支持莫利诺斯。但是，许多神父提出抗议，莫利诺斯的教导正在信徒中助长道德松懈。后来有传言称，莫利诺斯本人在他的追随者中鼓励道德松懈，他与自己的女追随者关系不正常。

1685 年，教宗下令逮捕了莫利诺斯和他的一些追随者。在接受宗教裁判所的审讯时，他拒绝为自己辩护，甚至都没有驳斥那些最荒谬的指控。仰慕他的人宣称，他只是在实践自己所教导的寂静主义。指责他的人认为，他的沉默已经证明他有罪。当他被命令放弃他的主张时，他做得非常谦卑，以至于放弃主张本身被解释为他仍忠于他的信仰。虽然许多天主教徒要求处死他，但是，教宗英诺森十一世并不希望为寂静主义制造殉道士，他将莫利诺斯关进了监狱，他余生的十一年是在监狱中度过的。在狱中，他似乎仍坚持着他所倡导的寂静默想。

寂静主义渗透到法国，法国的盖恩夫人（Madame Guyon）和她的忏悔神父拉孔布（Lacombe）接受了寂静主义。他们都有着深厚的宗教情感，都习惯了异象和其他神秘经验。在他们身边聚集了一群追随者，他们指导这些追随者的宗教生活。当盖恩夫人发表了一篇题为《简易祈祷法》（*A Short and Simple Means of Prayer*）的文章时，她的名声传遍了法国。后来，她和她的忏悔神父搬到了巴黎，他们在巴黎所赢得的仰慕者包括一些最高爵位的贵族妇女。

然而，盖恩夫人的教义也遭到了质疑，因为她将莫利诺斯的教导发展得更极端。她最终宣称，为了真正给上帝献祭，人有时必须犯下真正被人鄙视的罪。如此明确的教导和她与拉孔布的亲密合作引起了恶毒的传言，巴黎大主教下令将拉孔布神父关进监狱，将盖恩夫人关进修道院。拉孔布被从一所监狱转移到另一所监狱，直到他疯掉、死去。盖恩夫人最终在国王一位宠臣的帮助下才被释放。

这个时候，盖恩夫人遇见了年轻的主教弗朗索瓦·芬乃伦（François Fénelon）。盖恩夫人说服芬乃伦接受了她的教义，但是，芬乃伦并未走到她那些极端的结论。最终，寂静主义的问题演变成芬乃伦与法国当时最伟大的神学家之一雅克·贝尼涅·波舒哀（Jacques Bénigne Bossuet）的激烈争辩。他们的争辩持续了很久，波舒哀得到了国王的支持，而芬乃伦是受人敬佩的敬虔的基督徒。最终，教宗英诺森十二世迫于路易十四的压力，同意否定芬乃伦的一些论点，但是，教宗谨慎地宣布，这并不是因为芬乃伦的论点错了，而是因为他的论点可能误导人犯错。芬乃伦一得知教宗的决定就非常谦卑地接受了，以至于波舒哀在公众心目中被视为一个傲慢的人，他毫无必要地羞辱了自己一位可敬的同道。芬乃伦后来不再与波舒哀争辩，继续履行他的康布雷（Cambray）大主教的教牧职责。他将自己的全部财产都分给了穷人，过着令人敬佩的生活。在小说《悲惨世界》（*Les Miserables*）中，维克多·雨果（Victor Hugo）虚构出圣徒般的主教米里哀（Myriel），而芬乃伦可能就是小说中这位主要人物的原型。

所有这些事件和争论都表明，在 17 和 18 世纪宗教改革这场危机过后，罗马天主教正在重新调整自己。特伦托大公会议严格界定了天主教的正统，从理论上讲，教宗已经成为教会权力的中心。在教义方面，特伦托大公会议的决议神圣不可侵犯，因此，所有神学争论都是在特伦托正统的框架之内进行的。但是，还有一些强而有效的政治力量反对教会的集权化,因此,它们导致了高卢主义、费布朗尼主义和约瑟夫主义。对教宗的反对最终削弱了天主教,这令它更难以应对法国大革命的挑战。

第二十章

路德宗正统

> 我是深深忠于《奥格斯堡信纲》的基督徒,我的父母用它养育
> 了我。我忠于它,也是因为这是我不断重新认真思考和我每天与
> 各种试探斗争的结果。
>
> ——保罗·格哈特(Paul Gerhardt)

路德所倡导与发起的改革不仅与教会的实际生活息息相关,也关乎教会的教义。虽然他批评在教会生活中十分普遍的腐败,但那并不是问题的关键。路德的改革以一次神学发现开始,他始终相信,正确的信仰对教会至关重要。但是,这并不意味着所有基督徒必须就教义的每一个要点达成一致。菲利普·梅兰希顿是路德多年的好友和最亲密的同工,他在教义的许多要点上与路德产生了分歧。路德自己说,他的任务是从田间砍树捡石,而梅兰希顿更耐心,他的任务是撒种耕种。同样,虽然后人总是强调加尔文与路德的分歧,但是,当德国这位改教家读到加尔文的第一版《基督教要义》时,他对其赞赏有加。但是,并非所有路德宗神学家都有路德那样宽广的思维,这在分裂的下一代路德宗基督徒的争论中显而易见。

菲利普派与路德宗严格派

在路德去世之后,梅兰希顿取代了路德,成为路德宗神学的主要解释者。通常被简称为《神学要义》(*Loci theologici*)的著作是梅兰希顿对路德

宗神学的系统解释,它成为路德宗基督徒学习神学的标准教科书;该书多次再版,每次再版时梅兰希顿都会对前一版做出进一步修订。但还是有一些路德宗基督徒认为,梅兰希顿并没有忠实地解释那位已故改教家的神学。造成路德与梅兰希顿所有神学根本分歧的是"菲利普大师"(Master Philip)——路德经常这样称呼他——的人文主义倾向。当路德与伊拉斯谟和他的人文主义改革计划决裂时,梅兰希顿仍与这位杰出的学者保持着友好的关系。从某种程度上讲,这是出于梅兰希顿对和平的热爱。但是,这也是由于他并不赞同路德极端地否定"肮脏的理性"。因为类似的原因,梅兰希顿在肯定因信称义教义的同时仍坚持认为,善行必不可少,但善行并不是得救的一种方法,而是得救的结果和确据。

　　一些路德宗神学家在路德去世之后夸大了路德与梅兰希顿的这些分歧,导致了"菲利普派"(Philippists)与"路德宗严格派"(strict Lutherans)的争论。导致冲突的直接原因是《奥格斯堡临时协定》,因为该协定试图强迫路德宗基督徒同意与天主教徒妥协(参第九章)。所有路德宗领袖对《奥格斯堡临时协定》都不抱有多大热情,大多数领袖拒绝在该协定上签字。但是,在帝国皇帝的巨大压力之下,以梅兰希顿为首的维滕堡的神学家最终同意签署修改后的《奥格斯堡临时协定》——《莱比锡临时协定》。路德宗严格派坚持拒绝在《莱比锡临时协定》上签字——尽管帝国皇帝对此不满——他们指责维滕堡的菲利普派抛弃了路德教导中的一些基本原则。梅兰希顿的回应是区分了福音的主要因素与次要因素,他用一希腊单词将后者称为 *adiaphora*,即"非必行之事"。必行之事不论付任何代价都不能放弃;虽然非必行之事也很重要,但是一定不能将它与必行之事混淆。因此,在教会当时所处的环境中,为了得到继续讲道与教导必行之事的自由,放弃一些非必行之事并没有错。路德宗严格派的领袖是马提亚·弗拉希乌(Matthias Flacius),他认为,虽然福音可能真有主要因素和次要因素之分,但是,有些情况要求基督徒必须明确地宣认他们的信仰。这时,一些本可以作为次要因素的,却恰恰成为了信仰的象征,放弃它们就意味着放弃信仰。真正希望能明确见证信仰的基督徒，甚至在次要之事上也要拒绝屈服，因为他们担心，他们的屈服可能被解释为放弃信仰。弗拉希乌认为，接受《莱比锡临时协定》就等于拒绝宣认信仰，即使是菲利普派只在次要之事上妥协了。

后来，这场争论又出现了新问题。路德宗严格派指责菲利普派过于相信人在救恩中的作用。梅兰希顿本人从未赞同路德的"被缚的意志"（enslaved will），他的确正向着一个给罪人的意志更大自由的方向发展，并最终说到圣灵、上帝的道和人的意志之间的合作。反对他的路德宗严格派强调，罪败坏了人的本性；弗拉希乌甚至断言，堕落的人类本性就是败坏。这时，路德宗严格派开始强调，路德与加尔文有关主临在于圣餐中的观点存在分歧，他们宣称，菲利普派的观点更像加尔文的观点，因此，他们实际上是加尔文主义者。

这些争论和类似的争论最终导致了 1577 年的《协和信条》（Formula of Concord）。就争论的大多数问题而言，《协和信条》采取了一种中间立场。例如，即使福音的一些次要因素的确存在，基督徒在受迫害时也不该放弃它们。同样，在圣餐问题上，《协和信条》赞成路德宗严格派的观点，它表明，路德在马尔堡所明确否定的茨温利的观点，与加尔文的观点并没有多大不同。结果，从此以后，路德宗神学的一个特点是，以区别于加尔文主义的方式来界定它对圣餐的理解。

路德宗正统的胜利

菲利普派与路德宗严格派在签署《协和信条》之前爆发了争论，然而，下一代路德宗神学家却开始调和路德与梅兰希顿两个人的教导。这种调和精神在《协和信条》和它的主要起草者马丁·开姆尼茨（Martin Chemnitz）那里就已经显而易见，他在神学上接受了路德宗严格派的许多命题，但是，他的神学方法却接近于梅兰希顿的方法。对于开姆尼茨来说，他现在的任务是调和路德宗内部的不同观点，同时强调路德宗神学与天主教神学及其他新教神学的差异。

这样调和而成的神学被称为路德宗正统或路德宗经院神学（Lutheran Scholasticism）。在改革宗传统中，也有通过类似方法发展而来的神学，即加尔文主义正统或改革宗正统，我们将在下一章中讲述。路德宗正统和改革宗正统的共同特点是关注神学的细枝末节，试图阐明与讨论每一个可能的神学主题，重新采用亚里士多德哲学来研究神学——这是路德所明确反对的——以及用圣经经文作为砖瓦来构建庞大的神学体系。就构建神学体系而言，新教的经院神学家——路德宗神学家和改革宗神学家——都抛弃了理性主义，但他们会模仿理性主义者的一些方法。

225 在整个 17 世纪和 18 世纪的部分时间里，这种经院神学主导了路德宗的思想。新教经院神学的主要特点是强调思想的系统性，但路德从未想过发展系统的神学体系。梅兰希顿的确写过一部简短的系统神学著作，并很快就得到了普遍的认可。但是，新教经院神学家们所撰写的庞大的系统神学著作，无论是在篇幅上，还是在对神学议题的详细定义和分析上，都可以与中世纪的《神学大全》相媲美。例如，约翰·格哈特（Johann Gerhardt）的巨著就有九卷，到第二版时已经增加到二十三卷。从 1655 到 1677 年，亚伯拉罕·卡洛维（Abraham Calovius）陆续出版了一部十二卷的系统神学著作。

令新教经院神学类似于中世纪经院神学的第二个特点是，新教经院神学使用了亚里士多德哲学。路德曾说过，要想成为神学家，我们必须摆脱亚里士多德。但是，到了 16 世纪末，亚里士多德哲学重新燃起人们的兴趣，大多数路德宗神学家很快就开始尝试基于亚里士多德的逻辑学和形而上学来构建他们的神学体系。一些路德宗神学家甚至开始使用耶稣会神学家的著作，而耶稣会神学家也是基于亚里士多德来研究神学。因此，虽然新教经院神学在内容上与天主教神学完全对立，但是，它的风格和方法却与当时的天主教神学非常相似。

17 世纪的路德宗神学可以被恰当地称为经院神学的第三个原因是，

它主要是学院的产物。同 16 世纪的路德宗神学不同,17 世纪的路德宗神学不再源于教会生活,讲道与牧养灵魂不再是它的中心。它是一种在大学里发展起来,并与其他学者和大学教授对话的神学。

虽然新教经院神学到了 18 世纪末开始衰落,但是,它留下了两个重要的遗产:圣经默示(Inspiration of Scripture)和严格的宗派主义精神。路德从未专门论述过圣经默示的问题。毫无疑问,他相信圣经是上帝所默示的,这是所有教义必须以圣经为基础的原因。但是,他从未讨论过圣经默示的本质。在他看来,重要的并不是圣经中的经文,而是经文所见证的上帝的作为。上帝的道就是耶稣基督,圣经是上帝的道,因为圣经引人认识上帝。但是,路德宗经院神学家所提出的问题是:圣经是如何被默示的,以及圣经默示的意义。大多数新教徒所给出的答案是圣灵:圣灵将圣经的作者所要写下的内容默示给他们,并命令他们写下这些内容。为了 226 驳斥一些天主教徒所提出的论点,这个答案似乎是必要的,因为这些天主教徒认为,十二使徒曾通过著作和口传将一些教导告诉了他们的门徒。路德宗经院神学家认为,重要的并不是十二使徒是否告诉他们的门徒一些没有记载在圣经中的教导,因为这些教导——如果它们真的存在——并非像圣经那样被上帝所默示。对于教会来说,只有圣灵默示使徒和先知写下的东西才具有权威。

路德宗经院神学家所提出的关于圣经默示的另一个重要问题是,圣经的每一位作者在多大程度上决定了他们所写下的内容。最普遍的答案是,圣经的作者只不过是圣灵的秘书或抄写员。他们逐字写下圣灵对他们的默示。但是,圣灵知道每位作者各具特色,并考虑到这一点,这就是保罗的书信为什么会不同于约翰的书信。这一切导致路德宗神学家强调圣经的每字每句都是上帝的默示,甚至是强调历经数百年所传承下来的经文也是上帝的默示。就这一点而言,值得注意的是,天主教神学家认为,圣经的古代拉丁文译本武加大译本是上帝的默示,而路德宗神学家并不承认这点,然而他们却断言圣灵默示中世纪的犹太学者为希伯来经文补填元音——因为旧约希伯来文并没有元音。

格奥尔格·卡里克斯图与"宗教调和主义"

路德宗经院神学越来越僵化,这体现在围绕着格奥尔格·卡里克斯图(Georg Calixtus)的"宗教调和主义"(syncretism)所展开的争论。卡里克斯图是敬虔的路德宗基督徒,他相信,虽然路德宗的教义是对圣经的最好解释,但是这并不足以断定其他所有基督徒都是异端或假基督徒。他认为,他那个时代的神学争论,尤其是基督徒之间的猛烈攻击,并不符合基督教的精神。因此,他试图与其他宗派的信徒建立友好关系,尽管这种友好关系并不会令他抛弃自己的路德宗信仰。为了与其他基督徒建立友好关系,他像梅兰希顿那样做出了主次之分。圣经中的一切都是上帝的启示,我们应当相信;但是,上帝的所有启示并非都同样重要。只有与救恩相关的才是最重要的和绝对必要的。其他一切同样是真理,也都重要,否则上帝就不会将它们启示出来。但是,它们对成为一名基督徒来说并非必不可少。异端与错谬是有区别的。异端否定了对救恩必不可少的教义,而错谬否定了上帝所启示的其他东西。异端和错谬都是有害的,都应当避免。但是,只有异端才能严重到令基督徒放弃他们彼此之间的团契。

那么,我们如何区分主次呢?卡里克斯图提出"最初五百年的一致意见"(consensus of the first five centuries)的观点。他认为,基督徒在最初五百年中达成了一致意见。一些教义被谴责为异端,我们也应当将其视为异端。但是,断言在最初五百年基督教神学中所找不到的一些教义对救恩必不可少是荒谬的。这样的断言将导致这一结论:初期教会的基督徒都不会得救!

这倒不是说,我们只应当相信能在最初五百年的基督教著作中找到的教义。相反,我们应当相信圣经所告诉我们的一切。但是,不相信源自圣经和在最初五百年的基督教神学中所找不到的教义,这是错误,不是异端。因信称义的教义就是个恰当的例子。毫无疑问,我们可以在圣经中找到这个教义。但它并不是基督徒在最初五百年间的一个共同信仰。因此,虽然它是重要的,但它并不是针对所有人的要求,仿佛所有否定它的人都是异端。路德肯定因信称义这个教义并没有错,路德宗基督徒坚持这个教义是真理也没有错。但是,这并不意味着天主教徒是异端。路德宗基督徒与加尔文主义者就基督如何临在于圣餐中的问题所产生的分歧也可以这样来理解:虽然加尔文主义者犯了错,但他们并不是异端。

卡里克斯图希望用这些论证来增进不同宗派基督徒之间的理解和他们彼此之间的正确评价,因此,他可以被恰当地称为普世教会运动的先驱之一。但是,捍卫路德宗正统的人却不为所动。亚伯拉罕·卡洛维断然宣称,上帝在圣经中所启示的一切都是绝对必要的。任何人只要否定或抛弃了圣经的教义,无论它们看似多么微不足道,他们就是否定与抛弃了上帝。其他路德宗神学家并没有这么极端,他们指出,在卡里克斯图提出"最初五百年的一致意见"这个理论时,他就已经恢复了传统的权威,而这是路德曾否定的。卡里克斯图的理论很快被贴上了宗教调和主义的标签,这错误地暗示了他打算混合不同宗派的要素,或他相信所有宗派都是正确的。卡里克斯图的理论只在波兰得以试行。在波兰,国王瓦迪斯瓦夫四世(Wladyslaw IV)试图通过开展天主教徒与新教徒的对话来应用卡里克斯图的理论。但是,瓦迪斯瓦夫四世的努力毫无结果,格奥尔格·卡里克斯图最终被人们遗忘。

我们可以清楚地看到,每一个宗派的正统神学家都越来越固守他们自身的教义,仿佛只有完全赞同他们教义的人才配得基督徒这个称呼。尽管这样的教条主义坚固了一些人的信仰,但它也让人们越来越怀疑基督教的真理,至少是怀疑神学和教义的价值。

第二十一章

改革宗正统

> 拣选是上帝在创世之前的永恒计划,他在全人类中拣选一定
> 数量的人在基督里得救。
>
> ——多特会议

在 17 世纪,改革宗传统确定了它此后的正统神学。这是通过两次隆重的宗教会议实现的:多特会议(Synod of Dort)和威斯敏斯特会议,它们的信条被视为对加尔文主义最忠实的说明。

阿明尼乌主义与多特会议

雅各布·阿明尼乌(Jacobus Arminius)是荷兰杰出的牧师和神学教授,他所受的神学训练完全是加尔文主义的,他曾师从加尔文的继任者西奥多·贝扎在日内瓦接受神学训练。回到荷兰后,他凭借自己在阿姆斯特丹一个重要讲坛上的讲道而获得了普遍认可。由于他的好名声和他对圣经与神学的研究,阿姆斯特丹的教会领袖请他驳斥德克·科恩赫特(Dirck Koornhert)的教导。科恩赫特是一名神学家,他否定了加尔文的教义的某些方面,尤其是加尔文的预定论。为了驳斥科恩赫特,阿明尼乌研究了他的著作,并将他的著作与圣经、早期的基督教神学和几位重要改教家的教导进行比较。最终,他在良心的驱使之下认为科恩赫特是正确的。阿明尼乌于 1603 年成为莱顿大学的神学教授,他的观点被公开辩论。他

的一位同事弗朗西斯·哥马如(Francis Gomarus)是最严格的预定论的坚定支持者,他很快就与阿明尼乌产生了冲突。就这样,自认为是加尔文真正追随者的雅各布·阿明尼乌为阿明尼乌主义(Arminianism)命了名,从此以后,阿明尼乌主义就被许多人视为与加尔文主义对立的神学。

哥马如与阿明尼乌之间的问题并不是预定是否存在。他们都认为预定的确存在,因为他们都在圣经中找到大量提及预定的经文。预定的基础才是他们争论的内容。阿明尼乌认为,预定基于上帝的预知,上帝预先知道那些以后将要相信耶稣基督的人。哥马如则声称,信仰本身就是预定的结果,因为上帝的至高意志在创世之前就已经命定了相信与不相信耶稣基督的人。对此,阿明尼乌的回应是,预定的伟大旨意是,耶稣基督将成为人类的中保和救主。这的确是上帝的至高旨意,完全不取决于人的回应。但是,上帝的这个与每个人最终命运息息相关的至高旨意,并不是基于上帝的至高意志,而是基于上帝的预知,因为上帝预先知道,每个人将如何回应他在耶稣基督里所预备的救恩。阿明尼乌在其他几乎所有问题上都是严格的加尔文主义者。例如,他的教会论和圣餐论,基本上遵循了加尔文的教导。因此,虽然阿明尼乌的对手最终被称为"加尔文主义者",但是,整场争论实际上是在加尔文的追随者中进行的。阿明尼乌于1609年去世,但是,他的离世并没有结束这场神学争论,因为他在莱顿大学教席的继任者拥护他的观点,并继续与哥马如辩论。

当时的神学问题很快就有了政治与经济因素。虽然荷兰人为了独立于西班牙而进行着艰苦与漫长的斗争,但这仍不能确保荷兰独立,一些荷兰人希望改善与他们以前的压迫者的关系。他们主要是商人,在一些城市是真正的寡头统治者,他们从与西班牙有所改善的贸易中获利。许多神职人员对此坚决反对,他们担心与西班牙的这些联系会腐化荷兰教会的纯净教义。那些生活在社会底层、没有在与西班牙的贸易中获益的荷兰人,内心充满了爱国主义情绪和对商人的憎恨,他们也深受加尔文主义的影响,反对与西班牙改善关系。商人寡头统治集团很快就站在阿明尼乌一边,而反对他们的人则支持哥马如。

1610 年,阿明尼乌派发表了《抗议书》(Remonstrance),随后他们就被称为"抗辩派"(Remonstrants)。《抗议书》的五条论述了当时所争辩的问题。第一条有关预定的定义,含糊不清,因为它在肯定上帝在创世之前预定相信基督就会得救的同时,并没有告诉我们,上帝是像阿明尼乌所教导的那样,预先知道相信基督的人,并预定他们得救;还是上帝预定只要以后相信基督的人就会得救——这就是后来所说的未定预定论(open decree of predestination)。不管怎样,整部《抗议书》都充满了这种歧义,它最后宣称,这就是得救所需的一切,"再提出问题,再去深究,既没有必要,也没有意义"。简而言之,就是要弃绝对上帝预定旨意之起因作毫无意义的思辨。第二条断言耶稣为所有人而死,但实际上只有信徒才能得到耶稣受难的恩惠。第三条试图解决哥马如和他的追随者对阿明尼乌及其支持者提出的指控——他们是帕拉纠派(读者还会记得,帕拉纠主义是奥古斯丁所反对的教义,帕拉纠主义认为,人有能力独立行善)。为了阐明他们并不是帕拉纠派,抗辩派宣称,人根本就无法独立行善,人必须依靠上帝的恩典才能行善。但是,第四条驳斥了奥古斯丁和哥马如所得出的结论,即恩典是不可抗拒的。它指出,"至于恩典的运作方式,恩典并不是不可抗拒的,因为圣经记载,很多人抵挡圣灵。"最后,第五条讨论了已经相信耶稣基督的人是否会从恩典中坠落。哥马如和他的追随者认为,预定大有能力,已被预定有信仰的人不能失去他们已经得到的恩典。抗辩派只是回应称,圣经对此的教导并不明确,他们在采取某个立场之前需要更清楚的经文依据。

若干年后,政治局势变得对抗辩派不利。拿骚的莫里斯亲王(Prince Maurice of Nassau)——奥兰治的威廉的儿子兼继承人——以前并没有干预这场神学争论,但是,他现在开始支持哥马如派和不希望与西班牙有任何联系的人。与西班牙人谈判的主要人物约翰·范·奥尔登巴内费尔特(Johann van Oldenbarnevelt)——他也被称为巴内费尔特(Barnevelt)——

被关进了监狱。他的朋友雨果·格劳修斯(Hugo Grotius)——他以论国际法的著作而闻名——也被逮捕。作为对抗商人和阿明尼乌派的一项措施,荷兰的三级议会(Estates General)召开了一次教会会议,结束了哥马如派与抗辩派的神学争论。

此次会议即是从 1618 年 11 月到 1619 年 5 月召开的多特会议。在此次会议召开时,荷兰的三级议会不仅在寻求荷兰的加尔文主义者的支持,也在寻求欧洲其他国家的加尔文主义者的支持。因此,多特会议还邀请了其他国家的改革宗教会的代表,来自大不列颠、瑞士和德国的二十七位代表出席了此次会议(路易十三禁止法国的胡格诺派参加此次会议)。在大约七十位荷兰代表中,几乎一半是牧师和神学教授,四分之一是平信徒长老,其余的是荷兰三级议会的议员。多特会议的第一次会议讨论了行政事务,包括下令将圣经重新译成荷兰文。但是,此次会议的主要目的是谴责阿明尼乌主义,这对结束这场分裂了荷兰的神学争论和确保得到其他改革宗教会的支持是必要的。因此,虽然多特会议并没有批准哥马如最极端的教义——他也出席了会议,但是会议的确认为,有必要谴责阿明尼乌主义。

多特会议肯定了抗辩派所不能接受的五个教义,从此以后,这五个教义便成为正统加尔文主义的标志。第一个是无条件的拣选。这就意味着,拣选被预定的人,并不是基于上帝预先知道每一个人对救恩的回应,而是基于上帝那高深莫测的意志。第二个是有限的救赎。抗辩派声称,基督为所有人而死。相反,多特会议宣布,基督只是为被拣选者而死。第三个是全然败坏。多特会议肯定,虽然堕落的人类仍有残余的自然之光,但是,人类的本性已经非常败坏,以至于无法正确使用自然之光。这不仅体现在败坏的人类本性无法认识与相信上帝,也体现在败坏的人类本性不能认识"文明和自然"的东西。第四个是不可抗拒的恩典。第五个是圣徒永蒙保守。多特会议肯定了被拣选的人会永远蒙受救赎的恩典,不会从恩典中坠落。虽然圣徒永蒙保守并不是信徒的作为,而是上帝的作为,但是,即使我们看到罪的权势仍活跃在我们里面,它应当足以令我们相信自己已经得救,并坚定不移地行善。(对于说英语的神学生来说,他们普遍用 TULIP 这个词来记这五个要点:T 代表完全的堕落[total depravity],U 代表无条件的拣选[unconditional election],L 代表有限的救赎[limited atonement],I 代表不可抗拒的恩典[irresistible grace],P 代表圣徒永蒙保守[perseverance of the saints]。)

多特会议结束后,抗辩派随即受到了严惩。范·奥尔登巴内费尔特被判处死刑,雨果·格劳修斯被判处终身监禁——据说,他随后不久在妻子的帮助下藏在装满书的箱子中成功越狱。大约一百名阿明尼乌派牧师被勒令离开荷兰,其他许多牧师被剥夺了讲道的权利。那些坚持宣讲阿明尼乌主义的牧师被判处终身监禁。参加阿明尼乌派崇拜的平信徒必须交纳巨额罚款,教师也被要求在多特会议的决议上签名。在一些地区,甚至对教会的风琴师也提出了类似的要求。据说,一位风琴师说他不知道如何按照多特会议的教规来演奏风琴。

拿骚的莫里斯于 1625 年去世,在他去世之后,针对抗辩派的严厉措施有所缓解。1631 年,荷兰政府最终给予他们宗教宽容。他们随后建立了自己的教会,其中的许多教会一直存在到今天。但是,阿明尼乌主义并不是通过这些教会对后世产生了重要影响,而是通过其他接受阿明尼乌主义的团体和运动——尤其是循道宗(Methodist Church)。

《威斯敏斯特信条》

在第十八章中,我们已经讲过导致威斯敏斯特会议召开的那段历史,但是,我们将《威斯敏斯特信条》的神学内容留到本章讲述,是因为《威斯敏斯特信条》是对正统加尔文主义的精神最清楚和最重要的表述之一。同多特会议的信条相比,《威斯敏斯特信条》的论述更详细,内容更广泛,因为它涉及许多主题。因此,我们不能在此概述《威斯敏斯特信条》的所有内容,只能指出《威斯敏斯特信条》一些关键部分,因为它们可以表明,英国的加尔文主义正统与多特会议的加尔文主义正统是一致的。

《威斯敏斯特信条》的第一章论到圣经的权威,圣经是所有宗教争议的"最高裁判者"。整部圣经表达得并不是同样清晰,因此,"无谬误地解释圣经的规则,就是以经解经"(1.9)。这就是说,圣经中任何晦涩难懂的经文都必须按照较为易懂的经文来解释。在以传统的方法讨论了三位一体的教义之后,《威斯敏斯特信条》继续讨论"上帝永恒的法令",它对此的肯定是,上帝从无始之时就"自由与不变地命定一切将会发生的事"(3.1)。"上帝永恒的法令"之一,是上帝预定一些人和天使得永生,其他人和天使被预定受永死。此外,这绝对不是基于上帝对个人未来的行为或回应的预知。 *234*

《威斯敏斯特信条》同多特会议一样,认为亚当的罪所导致的结果是,"由于原初的败坏,我们完全不愿意行善,不能行善,而是与善完全对立"(6.4)。《威斯敏斯特信条》也肯定了有限的救赎,因为它宣布,基督救赎一切他想要救赎的人。在犯罪之后,人类已经完全失去了转向救恩的自由,救恩只能源于"有效的呼召"(effectual calling),上帝通过"有效的呼召"在被拣选者的意志中做工,并"令他们向善"(10.1)。当圣灵在恰当的时候将基督的作为加给被拣选者时,他们就得以称义。随后是成圣,虽然人不可能在今生达至完美,但是成圣仍必不可少。这样的人"不会完全或最终从恩典的地位坠落,他们必定永蒙保守,永远得救"(17.1)。

在此之后的很多章节,论述了英国在清教徒革命(Puritan Revolution)时期所讨论的问题,例如,如何过主日、宣誓是否合法以及教会的组织模式等等。然而,显而易见的是,无论是在内容上,还是在小心地照顾到严格的正统时,《威斯敏斯特信条》的神学都与多特会议的神学非常相似。因此,研究《多特信条》(Canons of Dort)和《威斯敏斯特信条》,可以让我们看到17世纪,甚至是18世纪的加尔文主义正统的本质。在声称忠实地诠释了加尔文神学的同时,《威斯敏斯特信条》还将日内瓦这位改教家的神学发展成一种加尔文本人可能都难以建立的严谨体系。加尔文在他 *235*

自己的生活中发现了令人自由的喜乐：人凭借他不配得到的上帝的恩典得以称义的真理。对于加尔文来说，预定论是表达这种喜乐和人不配得到救恩这一本质的一种方法。但是，在加尔文追随者的手中，预定论成了检验正统教义，甚至是检验上帝的恩惠的一种手段。有时，他们似乎将对预定的疑惑误解为上帝实际的摒弃与随之而来的永罚。加尔文热爱文学这门艺术，他以一位人文主义者的文雅与严谨著述，但是，他的追随者几乎没有他的人文主义精神。

第二十二章

理性主义者

理性论证简单易懂,几何学家可以用它进行最难的证明,这
让我相信,人类的所有知识也是由理性联系在一起的。

——勒内·笛卡尔

理性主义在 18 和 19 世纪达到了顶峰,它的特点是关注世界,相信理性的力量。自 13 世纪以来,西欧人越来越关注自然。13 世纪的大阿尔伯特和托马斯·阿奎那将亚里士多德哲学重新用作研究神学的一个基本工具。亚里士多德哲学与此前一直主导着神学思想的柏拉图哲学,它们的一个不同点在于新哲学更强调感觉的重要性。这就意味着,对世界的观察可以让人得到真实而重要的知识。因此,大阿尔伯特——他撰写过论上帝、哲学和动物的著作——的时代以降,人们开始越来越关注自然界。到了中世纪晚期,这种思潮继续存在,因为人们当时已不再相信思辨。从某种程度上讲,文艺复兴时期的艺术和它对人体与自然之美的欣赏,进一步体现出这种旨趣。到了 17 世纪,许多人认为,理性的目标就是理解自然界。

然而,与对自然界的关注同时出现的——主要是在文艺复兴时期——是人们越来越相信理性的力量。这两种因素通常共同证明,自然秩序与理性秩序是一致的。例如,这可以从伽利略的工作中看出,他相信,整个自然界是由数学关系式所组成的一个整体,知识的目标是将一切现

238

象简化成对它们作出量的表达。这些尝试的不断成功似乎都证实了人们对理性力量最乐观的期望。

笛卡尔与笛卡尔主义

在这些不同思潮的影响之下,勒内·笛卡尔(René Descartes)发展出自己的哲学体系。他的一生大约贯穿了 17 世纪的上半叶(1596—1650)。他的哲学体系基于对数学推理的巨大信心和对一切非绝对确定之事的极度怀疑。因此,他将自己的哲学方法比作几何学——只接受不可否定的定理或可以通过理性证明的东西。

在应用这种方法时,笛卡尔认为,他应当从普遍怀疑的态度出发,一旦发现了某些不可被怀疑的事物,他就可以绝对确信,它们是真理。他后来在自身的存在中发现了不可被否定的第一真理。他可以怀疑一切,但是,他不可以怀疑主体(他自己)的存在。"我思故我在"(*cogito, ergo sum*)成为笛卡尔哲学的出发点。但是,这个自身的存在不可被怀疑的我,只是作为思维实体(*res cogitans*)的哲学家,因为他的广延实体(*res extensa*)——身体——的存在并没有被证明,仍必须受到怀疑。

然而,笛卡尔认为,他在证明自己的身体存在之前可以证明上帝的存在。他在自己的思想中发现了一个"更完美的存在"(more perfect being)这个理念,他的思想并不能想出这样一个超越思想自身的理念,因此,它一定是上帝放在那里的。因此,笛卡尔的第二个结论是,上帝是存在的。他相信,上帝是存在的,上帝是完全的。只是在这时,基于上帝的存在和对上帝之完全的信心,他才觉得可以继续自由地证明世界和他自己身体的存在。

笛卡尔有着深厚的宗教情感,他希望他的哲学可以帮助神学家。但是,并不是所有神学家都与他的想法一致。那是一个严格正统的年代,许多神学家担心笛卡尔主义的挑战。笛卡尔提出,普遍怀疑是他的哲学的出发点,这在一些神学家看来似乎是彻头彻尾的怀疑主义。一些大学的神学教师宣称,亚里士多德哲学是最适合基督教神学的哲学,甚至有神学家宣称,笛卡尔主义必然导致异端。这些批评令笛卡尔心灰意冷,他决定离开他的祖国法国,接受瑞典女王的邀请,定居在这个北欧国家,他在瑞典度过了他的余生。

然而,还是有神学家热衷于笛卡尔主义,他们在其中看到了复兴神学的希望。在法国,接受了詹森主义的知识分子时髦地接受了笛卡尔哲学。最终,其他更正统的神学家也接受了笛卡尔哲学,关于笛卡尔主义的价值争论一直持续了很久。

笛卡尔主义带来了神学和哲学的进一步发展,促成这一发展的主要问题是精神与物质的关系。笛卡尔已经肯定,人是由两个部分组成的:思维实体和占据空间的广延实体,或用更传统的术语来表达,即是灵魂和身体。对于当时的正统神学家来说,这是完全可以接受的。但是,问题在于笛卡尔始终没能令人满意地解释灵魂与身体的关系。当灵魂思考时,它的决定是如何被传达给身体的? 当某些事物影响到身体时,又是如何被传达给灵魂的? 哲学家为这个难题给出三种解释:偶因论(Occasionalism)、一元论(Monism)与前定和谐论(Pre-established harmony)。偶因论的倡导者是佛兰德哲学家阿诺尔德·赫林克斯(Arnold Geulincx)和法国神父尼古拉斯·马勒伯朗士(Nicolas Malebranche)。他们认为,身体与灵魂并没有直接传递信息,只是通过上帝的干预。上帝偶然按照灵魂的决定驱动了身体,上帝偶然按照身体的感觉和要求驱动了灵魂。虽然偶因论者认为偶因论颂扬了上帝的伟大,但是,他们的观点并没有被普遍接受,因为偶因论似乎将所有事和思想的责任都推卸给上帝。

一元论得名于希腊词 *monos*,意为一(one),它的支持者是荷兰籍犹太人巴吕赫·斯宾诺莎(Baruch Spinoza)——后来改名为贝内迪特·斯宾诺莎(Benedict Spinoza)。他试图用类似于数学方法的方法来解释实在,就像笛卡尔曾经提出的。他解决灵魂与身体的关系——以及其他所有实体之间关系——的方法是,肯定只有一个实体。思想和物质外延并不是两个不同的实体,而是同一个实体的两个属性,就像"红"和"圆"是一个苹果的两个属性。上帝和世界也是如此,因为它们只是一个实体的不同属性,即宇宙的不同属性。无需说,正统基督徒绝对不会接受这样的教义,对于他们来说,相信上帝不依赖于这个世界而存在是最基本的。

最后,德国哲学家和数学家莱布尼茨(Gottfried Wilhelm Leibniz)提出了"前定和谐论"。莱布尼茨与斯宾诺莎不同,他的出发点是存在无数彼此绝对独立的实体,他将它们称为单子(monads)。按照他自己的说法,这些单子之间"没有窗户",即它们无法彼此传递信息。上帝也没有让它们彼此传递信息。相反,上帝起初创造了这些单子,似乎是要它们彼此协作。灵魂与身体传递信息的方法就像一家商店里的各个时钟彼此"传递信息"一样:时钟并没有传递信息,而是按照钟表匠所预设的程序工作。如果钟表匠非常优秀,那么他所制造的所有钟表仿佛就会"传递信息",目的是保持时间的一致。这个解释也遭到了强烈的反对,因为它似乎是在暗示,上帝已经预定了万物,既有善,也有恶,根本就没有人的自由这种东西,尽管这并不是莱布尼茨的初衷。

经验主义

在欧洲大陆取得这些哲学进展的同时,大不列颠的哲学走上了一条不同的道路:经验主义(empiricism)——源自一个意为"经验"的希腊词。其领袖是牛津大学教授约翰·洛克(John Locke),他于 1690 年发表了《人类理解论》(*Essay on Human Understanding*)。洛克读过笛卡尔的著作,他认为世界的秩序与心灵的秩序是一致的。但是他并不相信,存在通过观察自身就可以发现的天赋观念。相反,他主张所有知识都得自经验,包括"外在经验"——感觉,和"内在经验"——我们可以依此来认识我们自身和我们心灵的功能。这就意味着,真理基于我们的三层经验:我们不断经验到自己存在的自身经验;呈现在我们眼前的外在实在;通过我们自身的存在及其经验时刻证明其存在的上帝。离开了这三层经验,就没有确定的知识。

然而,还有另一层知识:或然性知识,它在人类生活中起到重要的作
用。在这一层知识中,我们并不应用严格的理性证明,而是应用判断力的
证据。判断力令我们推测到,既然我们已经一再经验到洛克的存在,那
么很可能的是,即使他不在我面前,他也继续存在。虽然判断力并不是
绝对确定的,但它是必要的,因为判断力是我们进行日常大部分活动的
基础。

信仰认同源自启示的知识,而不是源自理性的知识。因此,虽然信仰
知识极可能是正确的,但它绝对不是确定无误的真理。信仰要求我们相
信之事的可信度必须由理性和判断力来检验。因此,洛克反对一些人的
"盲信的宗教狂热"(fanatical enthusiasm),他们认为,他们所说的一切都
是基于上帝的启示。出于同样的原因,洛克拥护宗教宽容。宗教的不容
异己之说源于混乱不清的思维,它混淆了信仰的可能判断与经验理性的
确定之事。此外,宽容也正是基于社会的本质。国家无权限制其公民的
自由,如他们个人的信仰自由。

1695 年,洛克发表了文章《基督教的合理性》(*The Reasonableness of
Christianity*),他在这篇论文中声称,基督教是最合理的宗教。他认为,基
督教的核心信仰是上帝的存在和相信基督是弥赛亚。但是,洛克并不认
为基督教除了通过正确使用理性和判断力就可以获得的知识之外,还
能带来什么重要的东西。总而言之,基督教只是非常清楚地表达了非
基督徒通过他们的自然官能就可以认识的真理和规律。

自然神论

洛克的宗教观反映出早在他发表著作之前就已经普遍存在的一种思
维方式。17 世纪的英国出现了许多宗派和运动,它们引发了无休止的争
论,许多厌倦了争论的人试图超越狭隘的、吹毛求疵的正统来理解宗教。
他们通常是自然神论者(Deists)或自由思想家(freethinkers)——之所以称

他们为自然神论者，是因为他们否定他们所认为的无神论者的错误；而将他们称为自由思想家，是为了将他们区别于信奉"狭隘的正统"的基督徒。

　　自然神论（Deism）的第一位伟大人物是切尔伯里的赫伯特勋爵（Lord Herbert of Cherbury），他认为，真宗教必须是普世的，这不仅是因为它要求所有人相信，也是因为它是全人类的自然宗教。真宗教既不是基于特殊启示，也不是基于历史事件，而是基于每一个人的自然本能。自然神论有五个基本教义：上帝的存在、崇拜上帝的义务、崇拜上帝的伦理要求、悔改的必要性以及今生与来世的奖赏。虽然上帝的启示可能存在，但是任何声称源自上帝启示的教义都不能有悖于这五个基本教义；不管怎样，只有一部分人可以得到上帝的启示，因此，没有理由要求所有人都要接受。

　　就在洛克发表了《人类理解论》之后不久，约翰·托兰德（John Toland）发表了自然神论的经典著作：《基督教并不神秘；或一本论著，证明在福音书中没有任何违背理性并超越理性的东西；以及恰当地说来，任何基督教的教义都不能叫做奥秘》（*Christianity not Mysterious, or a Treatise Showing that there is Nothing in the Gospel Contrary nor Above it, and that no Christian Doctrine Can Be Properly Called a Mystery*）；1730 年，马修·廷德尔（Matthew Tindal）发表了《基督教与创世同龄，或福音：自然宗教的再发布》（*Christianity as Old as the World, or the Gospel a Republication of the Religion of Nature*）。这两部著作的名字就足以说明自然神论的本质，它试图证明，基督教有的价值，"自然宗教"也有。

　　自然神论在两个战场上作战。一方面，它反对已经控制了基督教大多数宗派的狭隘的教条主义。另一方面，它试图驳斥不假思索之人的怀疑主义，他们厌倦了神学家的诡辩，且简单地抛弃了一切宗教。但是，许多基督徒并不是狭隘的教条主义者，他们对自然神论深感不安，因为自然神论往往忽视了特殊启示和独特的历史事件的意义，而这会贬低耶稣基督的重要性。但是，最终彻底批判了自然神论的并不是神学家，而是一位来自苏格兰的哲学家，他证明了"理性"并不像自然神论者和其他理性主义者所相信的那样"合理"。这位苏格兰哲学家的名字是大卫·休谟（David Hume）。

大卫·休谟与他对经验主义的批判

大卫·休谟（1711—1776）是一个有着无限乐观精神的人，可是，他对理性的能力却非常悲观。他自己的乐观精神可能令他怀疑哲学家所说的许多东西，因为即使是整座哲学大厦将要坍塌，他也不会崩溃。相反，他自由地翱翔在知识的天空中，任凭他的求知欲带他到任何地方。因此，他以洛克的经验主义为出发点所得出的结论是，真知识的范围比理性主义者所声称的更有限。的确，理性主义者所认为的他们可以基于观察和理性而肯定的大多数理论并没有这样的基础，它们只是得自非理性的思想习惯。头脑所认为理所当然的基本概念包括实体和因果。

经验主义者声称，只有基于经验的知识才是真知识。但是，休谟指出，根本就没有人见过或经验过我们所说的因果。例如，我们的确见过一个撞球落在另一个撞球所在的地方，然后，我们听到撞击声，看到第一个撞球停下来，第二个撞球被撞开。如果将这个实验重复几次，我们会得出同样的结论。然后，我们会说，第一个撞球的运动是另一个撞球的运动的因。但是，我们实际上并没有看到任何这样的东西。我们只是看到了一系列现象，我们的思想通过因果这个概念将它们联系起来。我们通过因果关系将看到的一系列看似彼此相关的现象联系起来，但是这样做并不是基于经验的观察，而是源自我们的思想习惯。因此，根据经验主义者的定义，它并不是理性知识。

实体这个概念也是如此。例如，我们说，我们看见一个苹果。但是，我们的感官实际上感觉到的是一系列属性：形状、颜色、重量、滋味和气味等等。我们也感觉到，这些属性同时出现，它们似乎彼此依附，仿佛有什么东西将它们结合在一起。然后，我们的思想根据实际上是非理性的习惯，宣称所有这些属性存在于我们所说的苹果这个实体。但是，我们还是没有经验到实体,只是经验到实体的属性。纯粹的经验理性并不能令我们肯定存在我们所感觉到的有不同属性的实体。

对经验理性主义的这种批判提出了关于自然神论的重大问题。如果因果关系并不是真的符合理性,那么,自然神论者用来证明上帝存在的论据——即世界一定有一个因——就不再正确。同样,如果我们只能合理地说出属性,而不能说出属性之外的实体,那么,像“灵魂”和“上帝”这样的概念就几乎没有任何意义。即便如此,还是有许多人觉得休谟的论证有缺陷。其中就包括苏格兰人托马斯·里德(Thomas Reid,1710—1796),他于 1764 年出版了《按常识原理探究人类的心灵》(*An Inquiry into the Human Mind on the Principles of Common Sense*)。在该书中,里德论证了不证自明的知识或常识的价值,因此,他的理论被称为常识哲学(common sense philosophy)。因此,尽管遭到了休谟的批判,但是,约翰·托兰德在半个多世纪之前所提出的自然神论并没有消失。

法国的新思潮

与此同时,新思潮正在法国和欧洲大陆的其他国家形成。新哲学中的一位伟大人物是弗朗索瓦·马里·阿鲁埃(François-Marie Arouet),他更为人所知的名字是他的笔名“伏尔泰”(Voltaire)。他的政治观曾令他被监禁在巴士底狱(Bastille)并被迫逃亡到伦敦与瑞士。但是,法国当局越是试图严禁他的教导,伏尔泰的同胞就越是爱戴他。他是各种宗教狂热的敌人。他在路易十四统治的最后几年亲眼目睹了法国新教徒所受的迫害,他相信迫害是错误的,它将成为“太阳王”这个名字的污点。当他读到洛克论政治与宗教宽容的著作后,他决心肩负起这项事业,并将他的智慧和文学才华献给这项事业。但是,他并不相信当时所流行的乐观的理性主义。他评论说,笛卡尔主义像一部构思精妙的小说,其中的一切都非常合理,但却都是假的。他也嘲笑英国的自然神论者,因为他们声称,他们对上帝和灵魂的认识超过人类理性所能认识的程度。

因此,伏尔泰和他的追随者是自成一派的理性主义者。他讽刺、嘲笑——他也经常自嘲——当时所有流行的庞大的思想体系。但是,他的确相信理性作为常识的作用,人必须过理性的生活。此外,他还认为,人类的历史正是越来越认识我们自己和我们的制度的历史,人类应当不断努力适应这种越来越清楚的认识。这尤其意味着在理解与捍卫人权上的进步。虽然君主制是政体必不可少的一部分,但它并不是用来为君主谋求利益,而是服务于民,所有人的权利都必须受到尊重和保护。凭借论述与宣传了这些思想,伏尔泰成为法国大革命的先驱之一。

伏尔泰的同代人孟德斯鸠男爵(Baron de Montesquieu)——夏尔·路易·德·塞孔达(Charles Louis de Secondat)——试图将理性原则应用到政府的理论上。因此,他得出的结论是,共和制是比专制和君主制更好的政府组织形式,因为专制政府是建立在恐怖暴力的统治之上,而君主制的基础是被称为"社会礼法"(honor)的偏见。由于权力腐败,孟德斯鸠建议,政府应当由三个可以相互平衡与制约的权力组成:立法权、司法权和行政权。因此,到了1748年,美国独立战争(American Revolution)和法国大革命爆发几十年前,孟德斯鸠已经提出了这两场革命的一些基本理论。 *246*

大约在同一时期,让·雅克·卢梭(Jean Jacques Rousseau)正在阐述其他同样具有革命性的理论。他认为,我们所说的进步不是真正的进步,因为人类实际上已经逐渐远离了人类的自然状态,堕入到非自然的状态。在政治领域,这就意味着我们必须回到最初的原始秩序,目的是通过捍卫公正和自由来服务被统治者。统治者实际上是人民的雇员,他们的任务是维护自由和公正。在宗教领域,卢梭认为,教义和教会是所谓的人类进步的一部分,但是,这个进步的特点是从自然的状态中堕落,我们必须回到由信仰上帝、灵魂不朽和道德秩序所构成的自然宗教。

因此,虽然方式不同、观点不一,但是,这些哲学家令法国的理性主义独具特色,他们避开了其他理性主义者的理性思辨,而是强调被理解为常识的理性的社会与政治意义。通过这样做,他们正在为法国大革命开辟道路。

伊曼努尔·康德

17 和 18 世纪的哲学运动导致了有史以来最伟大的哲学家之一伊曼努尔·康德(Immanuel Kant, 1724—1804)令人震惊的批判。他一直是坚定的理性主义者,但是,正如他自己后来所说,阅读休谟的著作令他从"教条的睡梦"中醒来。笛卡尔主义始终没能解决实体的交流这个难题。最终,笛卡尔的天赋观念论影响到莱布尼茨,对于莱布尼茨而言,所有观念都是内在的,心灵与其他实体并没有任何交流。另一方面,经验主义导致了休谟的批判:如果只有通过经验所得的知识才是真知识,我们就不可能真正认识一些基本的哲学命题,如因果关系和实体。

康德于 1781 年发表了《纯粹理性批判》(*Critique of Pure Reason*),他在该书中彻底批判了笛卡尔主义和经验主义。他认为,并没有天赋观念,而是有心灵的基本结构,我们必须将所有感知到的信息都放入这些基本结构。这些结构首先是时间和空间;其次是十二个"范畴"(twelve categories),如因果律、存在和物质等等。时间、空间和十二个范畴并不是我们感知到的,而是我们的心灵用来组织我们感知到的经验的形式。为了理解感知到的经验,我们必须将它放入这个心灵结构。感觉提供了大量的混乱经验。只有心灵将它们在时间、空间和十二个范畴中组织之后,它们才成为可以理解的经验。

结果,前几代哲学家的过于简单的理性主义不再站得住脚。我们获得的知识并不是知识本身,而是我们的心灵可以理解的东西。因此,没有绝对客观的知识,笛卡尔主义者、经验主义者和自然神论者的纯粹理性只是一个幻想。

康德的批判也意味着用来捍卫基督教教义的传统论点不再有效。例如,存在并不是从实在推理得出的结论,而是心灵的一个范畴,因此,我们无法证明上帝或灵魂的存在。我们也不可以说,一个"永恒"存在于时间之外,因为我们的心灵并不能真正理解这样的事情。另一方面,这绝对不是否定上帝、灵魂或永恒,而是说,即使它们是真实的,理性也不能认识它们,就像眼睛不能听到声音,耳朵不能看见东西。

那么,我们如何理解宗教呢?康德在他的一些著作中论述了这个问题,尤其是在他于 1788 年发表的《实践理性批判》(*Critique of Practical Reason*)一书中。他认为,虽然纯粹理性并不能证明上帝和灵魂的存在,但是,还有一种与道德生活相关的"实践理性",它的运作方式不同于纯粹理性,实践理性"可以令你的行为准则成为普遍准则",实践理性的确可以认识作为万物审判者的上帝、作为道德行为起因的灵魂与灵魂的自由以及作为赏善罚恶的来世。这一切都与自然神论者所说的非常相似,因此,康德在讨论宗教问题时并没有超越他们很多。

然而,康德对于宗教和神学的重要性绝非缺乏创见地将宗教建基于道德。对于前几代哲学家的简单的理性主义来说,他的哲学批判是致命的一击,并从根本上动摇了这一观念:我们可以用完全理性与客观的方式来论述哲学命题,如上帝的存在和来世。我们将在以后看到,在他之后,论述信仰与理性关系的神学家必须考虑他的批判。最终,其他哲学家进一步发展了他的理论,他们对心灵的范畴的普遍性和永恒性提出了质疑,他们认为,像心理学、文化和语言这些因素有助于心灵的范畴的形成。因此,虽然康德的批判在某些方面是现代哲学的巅峰,但是在其他方面,他的批判为后现代哲学批判现代哲学坚持客观性与普遍性是真理的标志奠定了基础。

第二十三章

灵性主义者

> 我高兴地接到命令,去引人认识那内心之光、圣灵和恩典,凭
> 借这些,所有人都可以确信他们得救,认清他们走向上帝的道路;
> 他们甚至知道,上帝的灵将引领他们认识全备的真理,我确信,上
> 帝的灵不会欺骗任何人。

> ——乔治·福克斯

看似无休止的教义争论和基督徒彼此的不宽容,令许多基督徒在一种纯然属灵的宗教中寻求慰籍。同样,过分强调正确的教义有利于社会上层,他们有更多受教育的机会。没机会受教育的基督徒无法讨论复杂的神学问题,他们被视为孩子,需要有人带领他们穿越教条的迷雾,以免在错综复杂的教条中犯错。因此在 17 和 18 世纪,灵性主义者(spiritualists)运动既吸引了知识分子,也吸引了很少或根本就没有受过正规教育的人:前者极其厌恶狭隘的教条主义,后者将灵性主义运动视为一次表达自我的良机。相对来说,一些灵性主义团体或学派的创建者都没有受过多少教育,但是,很快就有受过更多教育、社会地位更高的信徒加入他们的阵营。

由于灵性主义运动的特点,我们难以追溯它的历史。这场运动导致了许多思潮,产生了许多领袖,他们的追随者和教义紧密地交织在一起,以至于我们并不总能分清他们,并难以确定某个思想或某场运动的真正发起者。因此,理解灵性主义运动本质最简单的方法,是讲述这场运动中

的三位重要领袖:波墨、福克斯和斯韦登堡。但是,我们不要忘记,他们彼此非常不同。

雅各·波墨

雅各·波墨(Jakob Boehme,1575—1624)生于德国的西里西亚(Silesia)。他的父母是出身卑微的坚定的路德宗基督徒。在这个敬虔的家庭中,小波墨形成了虔诚的信仰;但是,当时的讲道全是关于神学争论的长篇大论,这令他感到乏味。十四岁时,父亲让他去做鞋匠学徒,这成为了他的终生职业。但是,他在学徒生涯开始不久就得见异象,以至于最终被师父赶走,师父说,他想要的是学徒,不是先知。

波墨后来成为一个流浪鞋匠,依靠四处修鞋为生。他在流浪生活中得出结论,教会领袖已经建起了一座名副其实的"巴别塔",其上是冗长的诡辩。因此,他决心培养他的内在生命,阅读了所有他能找到的相关著作。他就这样形成了他的世界观和人生观,异象和其他属灵经验印证了他的这些观点。但是,他最初并没有将他的这些信念和经验告诉别人,只满足于他的鞋匠生活。他大约在二十五岁时结束了流浪生活,在小镇格尔利茨(Goerlitz)开了一间店铺,并过上了相当舒适的生活。

虽然波墨并没有得到讲道的呼召,但是他相信,上帝已经命令他记下他的异象。因此,他写下了《明亮的曙光》(*Brilliant Dawn*),这位先知在书中不断声称,他写下的每字每句都是上帝的启示,他只不过是上帝手中的一支笔。他并没有发表这部著作,但是,格尔利茨的牧师得到了一个抄本,他向地方官控告了波墨。波墨在被流放的威胁下承诺不再教导或撰写宗教问题,五年中他没有食言。但是,在新异象和一些仰慕者的驱使之下,他于1618年重新开始写作。在未经波墨允许的情况下,他的一个追随者发表了他的三部著作,格尔利茨的牧师也得到了这些著作,他再次指控波墨是异端。结果,波墨被迫离开了格尔利茨。

波墨随后来到了萨克森选帝侯的宫廷,这里的几位神学家审查了他的教导,但是并没有得出任何结论,因为他们承认,他们难以准确地理解波墨的意思。他们建议再给波墨一些时间,让他阐明他的思想。但是,上帝并没有赐给他这些时间,因为他病倒了。他决定回到格尔利茨,死在他的朋友和追随者身边。五十岁的波墨就这样离开了人世。

神学家的回应"他们难以理解波墨的教导"并不是他们避免宣判的托词。实际上,我们仍可以对波墨的著作做出不同的解释。我们在他的著作中发现,他将基督教的一些传统主题,与魔术、炼金术、神秘主义和通神论中的一些要素奇怪地混合在一起。他从未清楚地告诉我们,所有这些是如何联系在一起的,他大胆地使用他从未解释过的比喻,这令他的教导更含糊不清。例如,他所说的"永恒的子宫"(eternal womb)或"众生之母"(mother of all birth)是什么意思?它们只是上帝的其他名字?还是它们意在传递其他信息?

不管怎样,对于我们来说,重要的并不是波墨教导的确切内容,而是它们的基本方向,这非常清楚。这是在反抗神学家冷漠的教条主义和教会空洞肤浅的崇拜。波墨反对这些,他赞扬灵性自由、内在的生命和直接的个人启示。例如,他宣称,既然"字句叫人死",那么,信徒不应当由圣经来引导,而应当由圣灵来引导,因为圣灵启示了圣经的作者,甚至现在还在启示信徒。正如波墨自己所说:

> 拥有"自我"这本书就已足够。如果我有基督的灵在我里面,整部圣经就在我里面。我为什么还渴望得到更多的书?为什么还辩论外在的东西,不学习内在的东西?①

波墨生前并没有多少追随者,但是,他的著作后来为他赢得了许多崇拜者。在英国,他的一些追随者发起了一场"波墨主义运动"(Boehmenist

---

① *Apology to Tilken*,2:298.

Movement)，其中一些人还与乔治·福克斯（George Fox）的贵格会基督徒（Quakers）产生了冲突。因此，在一定程度上源于抗议传统神学争论的灵性主义运动，最终也卷入到神学争论之中。

乔治·福克斯与贵格会

在波墨去世的那一年，乔治·福克斯（1624—1691）生于英国的一个小村庄。他也是出身卑微，也是鞋匠学徒。但是，他在十九岁时厌恶他的学徒同伴的放荡生活，在圣灵的驱使下，他放弃学徒工作，开始了流浪生活，参加各种宗教聚会，寻求来自天上的启示。他也致力于研读圣经，据说他可以背诵整部圣经。福克斯经历过许多内心的争战，有时，他对认识真理感到绝望，有时，他被宗教经验所激励。他渐渐相信，盛行在英国的所有宗派都是错误的，它们的崇拜是上帝所厌恶的。

福克斯质疑了传统基督教的许多东西。如果上帝并不住在人手所造的房屋中，那么，怎么会有人敢将他们聚会的房屋称作"教会"？它们实际上只不过是建有钟楼的房子。为领取工资而侍奉的牧师并不是真正的牧者，而只是"司祭"（priests）和"熟练工"（journeymen）。赞美诗、崇拜仪式、讲道、圣礼、信经和牧师——它们都是人类为圣灵的自由所设的障碍。与它们形成鲜明对比的是，福克斯提出了"内心之光"（inner light）。它是一粒存在于所有人内心的种子，它是我们为了找到上帝而必须走上的真道。加尔文主义者的人性完全败坏的教义否定了上帝的爱，也否定了爱上帝的基督徒的经验。相反，人人都有内心之光，无论它有多么微弱。因着这束内心之光，异教徒才能与基督徒一同得救。但是，一定不要将内心之光与理性或良知混淆。它既不是自然神论者的"自然理性"，也不是一系列指向上帝的道德原则，而是我们所有人都有的认识与接受上帝的存在的能力。正是依靠内心之光，我们才能相信与理解圣经。因此，通过内心之光与上帝的相交，先于任何通过外在的方法与上帝的相交。

虽然与福克斯关系密切的人都知道他内心所燃起的那团烈火，但是，他在一些年内并没有宣讲他相信自己所发现的信仰和基督教的真正意义。当时,英国有许多宗派,他参加过所有宗派,但是没有一个宗派能让他满意。最终,在圣灵的呼召之下,他在一次浸信会的聚会中讲出了他当时在内心所相信的真理。从此以后,圣灵这样的呼召越来越频繁。他在不同宗派的聚会上宣称,圣灵命令他讲出他的基督教的属灵异象。他的话经常遭到蔑视和敌视,他经常被赶出聚会,遭到殴打,并被别人用石头击打。但是,这些事并没能阻止他,随后不久,他在另一个"建有塔楼的屋子"中打断崇拜,并宣讲出他的教义。他的追随者迅速增长。起初,他们自称是光之子(children of light);但是,福克斯更喜欢教友(friends)这个名字,"教友"后来成为了他们的官方名称。但是,其他人还看到,他们的宗教热情令他们颤抖,这些人开始将他们称为震颤者(Quakers)——贵格会基督徒,这成为了他们为人所知的名字。

福克斯从 1652 年起就得到了玛格丽特·费尔(Margaret Fell)的坚定支持。费尔是个贵妇,她于 1658 年成为寡妇,并打算在 1669 年嫁给福克斯。这时,她已经成为这场新生运动的领袖,她用她的贵族身份来保护这场运动。但是,贵格会在政治上遭到很大的反对,以致到了 1664 年费尔因支持贵格会运动而被捕,她的财产被全部没收,并被判处终身监禁。直到国王下令将她释放之后,她才得以嫁给福克斯。他们在余生致力于教导和宣教,但是,他们不断被监禁,这经常打断他们的工作。乔治·福克斯于 1691 年去世,玛格丽特·费尔·福克斯于 1702 年去世。

福克斯和他的追随者相信,任何形式的崇拜都会阻碍圣灵的工作,因此,教友会的崇拜总是安静地进行。任何有感动的教友都可以自由地大声讲道或祷告。当被圣灵感动时,女教友也有权像男教友那样讲道。福克斯本人并不打算在这样的聚会中讲道,而只是听凭圣灵的感动。有时,当许多希望听他讲道的教友聚在一起时,他却拒绝讲道,因为他觉得圣灵并没有感动他。同样,贵格会崇拜也不包括传统的洗礼和圣餐,因为他们担心,物质的水、饼和酒,会令教友的注意力远离属灵的经验。这是他们

254

与波墨主义者产生冲突的主要原因,因为波墨派继续举行圣礼——尽管他们将圣礼(sacraments)称为仪式(ordinances)。

福克斯意识到这一危险:他强调圣灵的自由将导致过分的个人主义。其他同样强调圣灵的自由的运动都没有持续太久,因为个人自由的运用毁掉了它们的信徒。福克斯通过强调团契与爱的重要性来避免这样的危险。在教友会的聚会中,决议并不是通过绝大多数教友的表决来做出的。如果他们没有达成一致,他们会推迟做出决定,聚会继续安静地进行,直到圣灵给出一个解决办法。如果圣灵没有给出解决办法,悬而未决的问题将留到下一次聚会解决。

许多人并不喜欢福克斯和贵格会的教导和习俗。宗教领袖痛恨这些"狂热分子"为了宣讲或阅读圣经而打断他们的崇拜。这些教友拒绝什一奉献、宣誓、向"优渥者"鞠躬,或向上帝之外的任何人脱帽致敬,因此,掌权者认为必须教训一下他们。贵格会基督徒主张用亲密的"你"(Thou)来称呼上帝,因此,不应当用更尊敬的"您"来称呼其他任何人。对于许多习惯了被比自己"低下的人"顺服的人来说,这一切似乎都是不敬的,是不能容忍的悖逆。

结果,福克斯经常遭到殴打,他被监禁了许多年——玛格丽特·费尔·福克斯也是如此。一位牧师宣讲说,最终的真理将在圣经中被找到,福克斯驳斥了他,认为他讲错了,因为最终的真理是在默示了圣经的圣灵那里,结果,福克斯因打断了这位牧师的讲道而被第一次送进了监狱。还有几次,他受到了亵渎上帝的指控,或被指控阴谋反叛政府。在当局主动提出赦免他时,他拒绝了,宣称他并没有罪,没犯罪而接受赦免是在撒谎。还有一次,当他因被控亵渎上帝而服刑了六个月时,他得到了一个用在共和国军队中服役来换自由的机会。他拒绝了,并宣称基督徒不应当使用任何武器,除非是圣灵的武器,结果,他的刑期又被延长了六个月。从此以后,贵格会基督徒就因他们坚定不移的信仰而闻名于世。

在福克斯没有被监禁时,他大部分时间生活在斯沃斯莫尔庄园

255

(Swarthmoor Hall)——玛格丽特·费尔的家,这里成为教友会的总部。福克斯在其余时间游走于英国和国外,他访问贵格会聚会,并向新地区传讲他的信息。他先去了苏格兰,在那里他受到煽动叛乱的指控;他后来又去了爱尔兰;再后来,他在加勒比海地区和北美洲生活了两年;他也两次造访欧洲大陆。在他到过的每一个地方,他都赢得了信徒,当他于1691年去世时,他的追随者已经达到数万人。

贵格会基督徒也遭到了迫害。他们被关进监狱,罪名是流浪、亵渎上帝、煽动暴乱和拒缴什一税。1664年,查理二世下令禁止举行未经当局许可的宗教集会。许多宗教团体继续秘密聚会。但是,贵格会基督徒宣称,秘密聚会等于说谎,因此,他们径直违抗查理二世的命令。数以千计的贵格会基督徒随后被关进了监狱,等到宗教宽容于1689年实现时,数百名贵格会基督徒已经死在狱中。

在福克斯的追随者中,最著名的是威廉·佩恩(William Penn),宾夕法尼亚(Pennsylvania)就是以他的名字命名的。他的父亲是英国海军上将,他努力确保儿子可以受到当时最好的教育。年轻的佩恩在学生时代就成为了清教徒。后来,他在法国学习时受到了胡格诺派的影响。1667年,他回到了英国,并成为贵格会基督徒。他的父亲对一个这么"狂热"的儿子无能为力,他将佩恩赶出了家门。佩恩在他的信仰上坚定不移,最终,他在伦敦塔被监禁了七个月。据说,他当时告诉国王,伦敦塔是最不能令他信服的论据,无论是谁,无论谁对谁错,只要用暴力来寻求信仰一致就一定是错的。最终,多亏了他的父亲和其他有地位的朋友的帮助,他才被释放出来。在随后的一些年,他组建了家庭,游走于欧洲各地,并撰写著作和文章,为贵格会辩护。

然而,佩恩为宗教宽容的辩护并不受欢迎。一些人甚至声称,他是秘密的耶稣会会士,他的真实目的是帮助罗马天主教徒重获已经丧失的特权。正是在这时,佩恩构想出被他称为"神圣实验"(Holy Experiment)的思想社会。一些会友向他提到北美洲的新泽西。国王欠他一大笔钱,而国王不愿意支付他现金,因此,佩恩能从查理二世那里得到一块赠予地——位于今天的宾夕法尼亚。他的计划是建立一块完全有宗教自由的新殖民地。当时,英国殖民者已经在北美洲建立了殖民地。但是,除了罗德岛之外,所有殖民地都没有宗教宽容。在最不宽容的殖民地马萨诸塞,贵格会基督徒受到了迫害,他们被流放,甚至被砍断手足并处死。佩恩现在提出建立一块新殖民地,所有人在这里都可以根据他们的信仰自由地崇拜。在一个不宽容的时代,这似乎是糟透了。但更糟的是,佩恩计划从印第安人手中购买国王所赠予他的土地。他相信,这片土地的合法拥有者是印第安人,而不是国王。他希望与印第安人建立友好的关系,这样,殖民者就不需要用武力来保护自己。这块神圣实验地的首府将被称为费城——友爱之城。

对于更"求实"的英国公民来说,佩恩的神圣实验似乎是拙劣的,但是,无论他所构想的神圣实验有多么拙劣,很快就有许多人——不仅是在英国,也在欧洲其他国家——愿意参与他的实验。其中许多人是贵格会基督徒,因此,教友派曾一度主导了宾夕法尼亚的政治生活。但是,这里也有许多不同宗派的殖民者。在宾夕法尼亚的第一任总督佩恩的领导之下,殖民者与印第安人的关系非常友好,在很长一段时间内,佩恩实现了他的和平殖民的梦想。在多年之后的 1756 年,另一位殖民总督向印第安人开战,贵格会基督徒辞去了他们在政府中的公职。但是,作为佩恩的"神圣实验"的一部分,宗教宽容最终被写进了美国——以及其他许多国家——的宪法。

依曼纽尔·斯韦登堡

乔治·福克斯生于波墨去世的那一年,而依曼纽尔·斯韦登堡(Emanuel Swedenborg, 1688—1772)则生于福克斯去世的三年之前。因此,我们在本章所讲述的三位宗教领袖的生活几乎跨越了整个 17 和 18 世纪。

斯韦登堡的一些教导与波墨和福克斯的非常相似,但是,他们在其他方面却极为不同。波墨和福克斯出身卑微,而斯韦登堡生于瑞典的一个贵族家庭。此外,他们的另一个不同点是,斯韦登堡接受了他可以受到的最好教育,他曾在乌普萨拉大学(University of Uppsala)学习,后来又在英国、荷兰、法国和德国生活了五年,并一直在学习。福克斯和波墨在很早就表现出他们的信仰不安,而年轻的斯韦登堡却对科学研究产生了浓厚的兴趣,他的科学研究引领他开始了探索之旅,他的探索令他有了宗教信仰。

斯韦登堡在多年的科学研究之后得到一个异象,他说这个异象将他带入一个灵性世界,他在这里得以认识永恒的真理。在这个异象之后,他撰写了数卷论实在和圣经的真正意义的著作。他认为,所有实在都反映出上帝的属性,因此,可见的世界"对应"(correspond)着不可见的世界。圣经也是如此,它所反映出的真理只有已经进入了灵性世界的人才能认识。

斯韦登堡相信,他的著作将为世界史和宗教史开辟一个新时代。他甚至宣称,他得到启示这件事就是圣经所说的基督再来。不出所料,他的绝大多数同代人并不欢迎他的这些思想,因此,他的追随者很少。他并未觉得自己得到了创建新教会的呼召,而是呼吁现有的教会重新理解教会的本质和教会所传讲的信息。但是,到了1784年,即在斯韦登堡去世十二年之后,他的追随者创建了"新耶路撒冷教会"(Church of New Jerusalem),该教会的信徒从来就不是很多,但是,这个教会直到21世纪依然存在。此外,"斯韦登堡会"(Swedenborgian Society)于19世纪初成立,该会的目的是出版与经销斯韦登堡的著作。

在本章所讨论的三位宗教领袖中,只有福克斯能领导与组织一场大规模的运动。这在一定程度上是因为他相信,信徒团契是宗教生活必不可少的一部分。同样,福克斯和他的教友与其他大多数灵性主义者不同,他们关心社会问题,并积极寻找解决社会弊病的方法。但是,除了贵格会之外,灵性主义运动注定不会对教会和整个社会产生太大的影响,因为它关注于个人与来世。另一场同样反抗理性主义和冷漠的教条主义的运动所产生的影响更为深远。现在,我们就来讲述这场运动。

第二十四章

敬虔派

在循道宗基督徒中，多少富人每天真正地"克己并背起他们的十字架"？（请注意，循道宗成立之初没有一个富人）你们现在富裕了，谁还像当初贫穷时那样克己？

——约翰·卫斯理

敬虔主义（Pietism）是对神学家的教条主义、哲学家的理性主义以及三十年战争的一种回应：教条主义和理性主义有悖于基督教最本质的鲜活的信仰，三十年战争让许多人看到，个人灵修和宗教经验有更大的价值。虽然敬虔主义从严格的意义上讲只是指斯彭内尔和弗兰克在德国所领导的一场运动，但是，我们在本章中还将讲述亲岑道夫和约翰·卫斯理所领导的两场类似的运动。

德国的敬虔主义：斯彭内尔与弗兰克

在后来被称为敬虔主义的思想中，许多思想早在菲利普·雅克布·斯彭内尔（Philip Jakob Spener, 1635—1705）的时代之前就已经在德国流传，但是，他被称为"敬虔主义之父"一点都不为过。斯彭内尔生于阿尔萨斯（Alsace），在一个敬虔的路德宗贵族家庭中长大。他在最好的新教大学学习神学，获得博士学位之后成为法兰克福的一位牧师。牧师由国家供养，他们被视为政府职员，因此，许多牧师安于讲道和主持圣礼。但是，斯彭内尔相信，他的教牧工作绝不仅限于此，还包括牧养他教区信徒的个人灵命。作为法兰克福的一位牧师，他建立了圣经研究与灵修小组，并将它们称为"敬虔会"（colleges of piety）。1675 年，在他开始这项实验五年之后，他发表了《敬虔的愿望》（*Pia desideria*），在该书中提出了培养敬虔的方法。这成为敬虔主义的基本纲领。

在《敬虔的愿望》中，斯彭内尔着眼于路德宗"信徒皆祭司"这个教义，他提出，应当更少地强调平信徒与神职人员的差异，更多地强调所有基督徒的共同责任。这意味着平信徒应当更加重视灵修和学习。为此，他提倡建立如同"敬虔会"这样的小组。至于牧师和神学家，他主张他们的候选人应当接受严格的考核，以确保他们的确是有敬虔的个人信仰的"真基督徒"。他也呼吁牧师放弃他们的辩论与学术风格，因为讲道的目的并不是炫耀传道人的知识，而是呼吁信徒顺服上帝的道。这一切并不是对教会教义的攻击，因为斯彭内尔完全赞同那些教义。但是，他坚持认为，教义不应当取代个人信仰。神学错误的确可能对基督徒生活造成灾难性的后果，但是，不能摆脱教条束缚的人也确实很难洞察基督教的财富。因此，斯彭内尔提出了一种新改革——或至少完成了始于 16 世纪且被教义争论所打断的改革。许多人很快就将斯彭内尔视为另一个路德，他收到了来自德国各地的信，有的是感谢他的启发，有的是征求他的建议。

然而，这一切却不被路德宗正统教会的领袖所支持。虽然斯彭内尔并没有偏离路德宗的教义，但是，他似乎淡化了路德宗正统神学家已经阐明的纯正教义。他同之前的路德一样坚持认为，必须不断回到圣经中，以敬虔的态度来阅读圣经。此外，他似乎在一点上偏离了路德宗传统。路德极其关注因信称义，而很少重视成圣。在当时的斗争中，路德坚信重要的并不是信徒的生活方式，而是上帝的恩典——因为使人称义的，是上帝的恩典，不是个人的圣洁。加尔文和改革宗传统赞同路德对因信称义的看法，但是，他们认为，使人称义的上帝，也是使人成圣的上帝，上帝赐给信徒过圣洁生活的能力。在这一点上，斯彭内尔和他的追随者更倾向于加尔文,而不是路德。斯彭内尔本人曾受到改革宗教师的影响,他认为,路德宗思想应当更多地强调成圣的必要性。因此,许多路德宗的正统神学家声称,斯彭内尔实际上是加尔文主义者。

斯彭内尔的启示论也令他容易受到攻击。正如在艰难的岁月中所经常发生的那样,他相信,《启示录》中的预言正在应验,基督再来的日子近了。他的预言并没有实现,因此他的敌人认为,既然他在这一点上犯错了,他也可能在其他方面犯错。

从某种意义上讲,有关敬虔主义的争论所面对的问题是,基督教信仰应当仅仅符合普遍道德,还是应当号召信徒过一种不同的生活。正统的讲道理所当然地宣讲,上帝只要求信徒相信正确的教义,过得体的生活。敬虔派坚持认为,社会对其成员的期待与上帝对其信徒的要求是不同的。对于安逸的教会来说,这样的教导始终是个令人不安的挑战。

斯彭内尔最伟大的追随者是奥古斯特·赫尔曼·弗兰克(August Hermann Francke),他也是生于一个富裕的路德宗家庭。他的教导与斯彭内尔的非常相似。但与斯彭内尔不同,他并没有将当时的事件解释为《启示录》所描写的事件。他比斯彭内尔更强调基督徒生活的喜乐,他认为基督徒的生活应当是一首献给上帝的赞歌。作为哈雷大学(University of Halle)的教授,他更关心敬虔主义与路德宗传统神学的关系。他这样描述了自己的宗教经验:

> 突然间,上帝应允了我。我的疑虑消失了,这就像人翻过手掌那么简单。在内心之中,我确信得到了上帝在耶稣基督里的恩典。从此以后,我不仅能将上帝称为"上帝",还能将上帝称为"父"。忧伤与惊恐顿时从我心中消失。我突然被一股喜乐的浪潮所战胜,以至于我高声地赞美和颂扬赐予我这般恩典的上帝。[1]

---

[1] *Selbstzeugnisse* ("Testimonies"), p. 25.

弗兰克、卫斯理和其他敬虔派对宗教经验的这种描述，让人们错误地认为，敬虔派坚持个人经验的必要性。实际上，早期的敬虔主义运动倡导鲜活的个人信仰，至于如何与何时获得信仰并不是最重要的。

成千上万的基督徒加入敬虔主义运动，他们组成小组或"敬虔会"，262即使一些神学家指责这场运动情绪化、主观化，甚至是异端。虽然敬虔主义遇到了这样的反对，但它最终还是影响到整个路德宗传统。虽然斯彭内尔和弗兰克都是路德宗基督徒，但是，敬虔主义也在德国改革宗中赢得了信徒。改革宗敬虔主义的一位杰出人物是兰普（F. A. Lampe，1683—1729），他的赞美诗、讲章和著作对敬虔主义精神的传播起到很大的作用。兰普避免使用正统神学所特有的术语，因此，他在平信徒中赢得了大量的追随者，并遭到学术神学家的强烈反对。但是，德国改革宗正统教会并没有路德宗正统教会的政治势力，因此，改革宗敬虔主义并没有像路德宗敬虔主义那样艰难地生存在政治压力之下——至少在它传到改革宗正统教会占统治地位的荷兰之前是这样。在后来于北美洲爆发的大觉醒运动（Great Awakening）中，我们可以看到敬虔主义在改革宗传统中的影响。

然而，敬虔主义对基督教史所做出的最大贡献，是新教宣教运动的诞生。16 世纪的改教家为新教的生存而战，他们很少关注非基督教世界。一些改教家甚至宣称，现代基督徒并没有得到向其他国家宣教的呼召，因为那是主耶稣专门给十二使徒的命令。起初，敬虔派并不关注宣教，但是，他们积极地满足其他基督徒的需要，他们建立学校，为孤儿、穷人和其他有需要的人创建收容所。但是，1707 年，丹麦国王——敬虔主义的崇拜者——决定向他在印度的殖民地派遣宣教士。他在自己的领地找不到可以担此重任的人，于是请弗兰克为他差派宣教士，弗兰克派来了他在哈雷大学最有前途的两位学生，巴托洛梅乌斯·齐根巴尔格（Bartholomaeus Ziegenbalg）和海因里希·普卢斯考（Heinrich Plutschau）。他们在印度建立了德伦格巴尔（Tranquebar）宣教区。他们的信件和报告在德国流传，这唤起了许多敬虔派的兴趣。在弗兰克的领导下，哈雷大学很快就成为培训宣教士的中心。在丹麦,在国王的支持和敬虔派的领导下,一所培训前往拉普兰(Lapland)和格陵兰(Greenland)的宣教士的学校建立起来。

263 亲岑道夫与摩拉维亚弟兄会

与此同时,敬虔主义也影响到斯彭内尔的教子,年轻的尼古拉斯·路德维希·冯·亲岑道夫伯爵(Count Nikolaus Ludwig von Zinzendorf)。亲岑道夫在儿时就非常敬虔,他后来说,因他从未与上帝分离,所以说不出归信上帝的经验。他的父母是虔诚的敬虔派,他们将他送到哈雷大学,在弗兰克的指导下学习。后来,他又来到路德宗正统神学的主要中心维滕堡大学,他在这里经常与老师发生冲突。他还去过其他国家,并学习了法律。此后,他结婚了,并进入德累斯顿(Dresden)政府。

亲岑道夫在德累斯顿第一次遇到了一群将改变他生活轨迹的摩拉维亚弟兄会基督徒。他们是胡斯派,为了逃避迫害而被迫离开了他们的祖国摩拉维亚,亲岑道夫在德国为他们提供了避难所。他们在德累斯顿建立了赫仁护特(Herrnhut)聚居点,亲岑道夫深为这个社团吸引,以至于他辞去了在德累斯顿的工作,加入到赫仁护特社团。在亲岑道夫的领导下,摩拉维亚弟兄会加入了当地的路德宗教区。但是,他们与路德宗基督徒关系紧张,因为路德宗基督徒并不信任这些深受敬虔主义影响的外国人。

1731 年,当时还在丹麦的亲岑道夫遇见了一群爱斯基摩人,路德宗宣教士汉斯·埃格德(Hans Egede)已经带领他们归信了基督教,这燃起了亲岑道夫对宣教的兴趣,宣教就此成为他余生的主要活动。赫仁护特社团很快就燃起了同样的热情,这里的第一批宣教士于 1732 年前往加勒比海地区。在短短几年之内,摩拉维亚弟兄会宣教士就遍布于非洲、南美洲和北美洲——他们在北美洲的宾夕法尼亚建立了伯利恒(Bethlehem)社团和拿撒勒(Nazareth)社团,在北卡罗来纳建立了塞勒姆(Salem)社团。因此,在短短二十年时间里,由二百名难民所发起的宣教运动在海外的宣教士数量就超过了所有新教教会自宗教改革以来二百年间所差派的宣教士的数量。

与此同时,摩拉维亚弟兄会与德国路德宗当局的冲突并没有缓解。亲岑道夫本人被驱逐出萨克森,他去到了北美洲。当伯利恒社团于1741年建立时,他就在北美洲。在亲岑道夫回到德国之后不久,路德宗基督徒与摩拉维亚弟兄会基督徒和解了,他们承认摩拉维亚弟兄会基督徒是真路德宗基督徒。但是,这只是暂时的和解。亲岑道夫本人同意被摩拉维亚弟兄会基督徒任命为主教,他们声称,他们继承了古代胡斯派教会的主教制,这导致他们与路德宗基督徒的关系更加紧张。亲岑道夫于1760年在赫仁护特社团去世,随后不久,他的追随者就与路德宗基督徒决裂了。虽然摩拉维亚弟兄会从未有过许多信徒,并很快就不能再差派与供养很多的宣教士,但是,它的榜样为19世纪的宣教大觉醒做出了贡献。但是,这场运动的最大意义或许在于它对约翰·卫斯理的影响,又通过他影响到整个循道宗传统。

约翰·卫斯理与循道宗

1735年末和1736年初,第二批摩拉维亚弟兄会基督徒正向新大陆航行,他们希望向佐治亚的印第安人宣教。在船上,有一位年轻的英国圣公会牧师,他的名字是约翰·卫斯理(John Wesley),佐治亚总督詹姆斯·奥格尔索普(James Oglethorpe)邀请他到萨瓦那(Savannah)担任牧师。年轻的卫斯理接受了邀请,他希望能向印第安人传讲福音。但是,他对印第安人的美德期望过高。最初,当他横跨大西洋时,一切都很顺利,年轻的卫斯理所学到的德语足以令他与摩拉维亚弟兄会同伴交流。但是,天气随后变得十分不利,船很快就驶入了恐怖的海峡。主桅断裂,全体船员惊恐至极,但是,摩拉维亚弟兄会基督徒在严峻的考验中高唱赞美诗,他们表现出令人难以置信的平静。与此同时,身为随船牧师的卫斯理痛苦地意识到,他更关心自己,而不是他的同伴。在暴风雨过后,摩拉维亚弟兄会基督徒告诉他,他们之所以表现得非常勇敢,是因为他们并不惧

264

怕死亡;年轻的卫斯理开始怀疑自己信仰的深度。

在抵达萨瓦那之后,卫斯理向摩拉维亚弟兄会的戈特利布·斯潘根贝里(Gottlieb Spangenberg)请教如何牧养印第安人,如何向印第安人宣教。卫斯理在日记中记载了这次谈话:

> 他说:"我的弟兄,我必须先问你一两个问题。你自己心中有没有什么见证?上帝的灵是不是与你的心一同见证你是上帝的孩子?"我觉得惊奇,不知该如何回答。他察觉到我的踌躇,接着问道:"你认识耶稣基督吗?"我想了想说:"我知道他是世界的救主。"他回答道:"的确如此。但是,你是否知道,他已经拯救了你?"我回答说:"我希望,他的死是为了拯救我。"他只是补充了一句:"你自己知道吗?"我说:"我知道。"
>
> 像是这次谈话的后记,这位年轻的圣公会牧师说:"但是,我害怕,这些只是空话。"②

这些经历触动了卫斯理,也令他困惑。他始终自认为是好基督徒。他的父亲萨缪尔·卫斯理(Samuel Wesley)是一位英国圣公会牧师,他的母亲苏珊娜·卫斯理(Susanna Wesley)也是一位英国圣公会牧师的女儿。她一直以来特别关心她十九个孩子的信仰与道德教育。在约翰·卫斯理五岁时,他家里失火了。这个小男孩竟然奇迹般地获救,从此以后,他的母亲就认为,他是"从烈火中抽出的一根柴",因为上帝在他身上有特殊的计划。在牛津大学,卫斯理既是一位以敬虔闻名的年轻人,也是一位著名的学者。他在父亲的教区帮助父亲工作了一段时间,随后回到牛津大学,加入了他的弟弟查尔斯·卫斯理(Charles Wesley)和一群朋友创办的宗教社团。社团成员约定过圣洁与朴素的生活,每周至少领受一次圣餐,

---

② *Journal*, February 7, 1736.

牛津的圣洁俱乐部,其成员"循规蹈矩的生活"让他们有了"循规蹈矩者"这个绰号。

严格地进行个人灵修,定期去探访囚犯,每天下午用三个小时研读圣经和灵修著作。约翰·卫斯理是他们当中唯一接受了按立的牧师,也有特别的恩赐,因此他很快就成为这个社团的领袖。其他学生嘲笑这个社团是"圣洁俱乐部"(Holy Club)——他们因循规蹈矩的生活也被称为"循规蹈矩者"(Methodists)。

这就是这位年轻的圣公会牧师的故事,现在,他正在遥远的佐治亚怀疑自己信仰的深度。作为一位牧师,他惨遭失败,因为他希望他的教区能像"圣洁俱乐部"那样,而他所牧养的基督徒希望他能满足于他们来参加崇拜。约翰·卫斯理的弟弟查尔斯·卫斯理也在佐治亚总督詹姆斯·奥格尔索普手下效力,他对自己的工作感到失望,决定回到英国。但是,约翰·卫斯理留了下来,这并不是因为他更成功,而是因为他不愿放弃。后来,他被迫伤心地离开了。他所追求的一个年轻女子嫁给了别人。卫斯理认为,这位年轻的新娘举止轻浮,他禁止她领受圣餐,因此,他被指控毁谤。卫斯理既烦恼,又痛苦,他决定返乡;不管怎样,这似乎是他的教区居民所希望的。

回到英国的卫斯理不知道该做些什么,他联系了摩拉维亚弟兄会。摩拉维亚弟兄会的彼得·伯勒尔(Peter Boehler)成为了他的信仰导师。卫斯理认为,他并没有得救的信心,因此应当停止讲道。伯勒尔建议他继续传讲信心之主题,直到他有了信心;一旦他有了信心,他应当继续讲道,因为他有了信心。最终,在 1738 年 5 月 24 日,卫斯理得到了改变他生命的经验:

> 晚上,我极不情愿地参加了一个在阿尔德门街(Aldersgate)的聚会,会中有人宣读路德为《罗马书》所写的序言。八点四十五分左右,当他论到靠着在基督里的信,上帝在人心中所施行的那种改变时,我感到,我的心奇异地温暖起来。我感到,我确实信靠基督,唯有信靠基督才能得蒙救赎;并且,我得到一个确据,他已经洗清我的罪,竟然是我的罪,并将我从罪与死的律中拯救出来。③

267　　　在这次经历之后,卫斯理不再怀疑他是否得救。此外,他也不再全心关注他是否得救。他确信自己已经得救,因此,他可以全心关注其他人是否得救。他首先拜访了赫仁护特社团的摩拉维亚弟兄会。虽然这次拜访令他备受鼓舞,但是,这也令他相信,摩拉维亚弟兄会的属灵气质与他的性情和他参与社会问题的意愿格格不入。因此,虽然他心存感激,但还是决定不加入摩拉维亚弟兄会。

当卫斯理经历这一切的时候,"圣洁俱乐部"以前的另一成员乔治·怀特菲尔德(George Whitefield)成为了著名的布道家。若干年前,一次与

---

③ *Journal*, May 24, 1738.

卫斯理在阿尔德门街类似的经历感动了他,他现在奔走于他在佐治亚的教区与英国之间,他的布道在英国取得了极大的成功,尤其是在工业城市布里斯托尔(Bristol)。他的布道动情、感人,当一些批评他的人反对他这样来使用讲坛时,他开始了露天布道,就像他在佐治亚经常做的那样。他在布里斯托尔需要帮手,而且他很快就要回到新大陆,因此,怀特菲尔德请卫斯理来帮他,负责他不在布里斯托尔期间的一切事务。

虽然卫斯理接受了怀特菲尔德的邀请,但他并不完全喜欢这位狂热布道家的布道。他反对露天布道。很久以后,他在谈到早年的这些经历时说,他当时非常相信,上帝希望一切都井然有序地进行,以至于他几乎认为,在教堂之外拯救灵魂是罪。后来,他渐渐因露天布道所取得的效果而接受了这种布道,但是,他始终因必须进行露天布道而感到痛惜。他也担心人们对他的布道所做的回应——有些人因他们的罪而大声哭泣哀叹,有些人在痛苦中晕倒。他们随后又表现出极大的喜乐,并宣称,他们觉得自己的罪恶已被洁净。对此,卫斯理宁愿人们采用更为庄严的方式来回应他的布道。他最终认为,在这种情况中,有撒但与圣灵的争战,而他不应当阻碍上帝的工作。不管怎样,在早年的这些经历之后,这些极端的事情越来越少了。

卫斯理与怀特菲尔德合作了一段时间,但是,卫斯理渐渐成为这场运动的主要领袖。最终,他们因神学分歧而分道扬镳。就大多数问题而言,他们都是加尔文主义者;但是,在预定和自由意志的问题上,卫斯理背离了正统的加尔文主义,选择了阿明尼乌的立场。在数次辩论之后,这两个朋友认为,他们应当坚守各自的信仰,并避免争论——他们的追随者却并不总能坚守这一协定。在亨廷顿伯爵夫人(Countess of Huntingdon)的帮助下,怀特菲尔德创建了加尔文宗循道会(Calvinist Methodist Church),它在威尔士最为强大。

卫斯理则无意创建新宗派。相反,他是圣公会牧师,而且一生都是圣公会牧师。他的目的是唤醒与培养英国圣公会信众的信仰,就像敬虔主

在某种程度上，由于苏珊娜·卫斯理对自己孩子的影响，循道宗许多早期领袖都是女性。

义正在为德国路德宗教会所做的那样。因此，他避免将讲道安排得与圣公会崇拜发生冲突。他始终理所当然地认为，循道宗的聚会是在为参加圣公会崇拜和领受圣公会的圣餐做准备。对于卫斯理来说——就像历代基督徒所认为的那样，崇拜的中心是圣餐。在英国圣公会的正式崇拜中，他尽可能多地领受圣餐，他希望他的追随者也会这样去做。

虽然这场运动无意创建一个独立教会，但它的确需要一种组织。在布里斯托尔——这场运动的真正诞生地，卫斯理的追随者组成了社团（societies），他们最初在个人家中聚会，后来才有了自己的教堂。人们嘲笑他们是"循规蹈矩者"，但是，他们最终自豪地接受了这个名字。循道

269

苏珊娜·卫斯理对儿子约翰·卫斯理和查尔斯·卫斯理产生了深远的影响,她在循道宗运动早期仍给予他们智慧的指导。

宗社团的成员越来越多,他们难以得到有效的牧养,这时,卫斯理接受了一个朋友的建议,他将成员分成若干班组,每一个班组有十一名信徒和一位带领者。他们每周聚在一起读经、祷告、讨论神学问题和募集资金。担任带领者不一定必须富有或有文化,因此,这令许多感到被英国圣公会抛弃了的基督徒可以参与其中。同样,还有女基督徒所带领的"女班",这令女基督徒在循道宗教会中有了重要的地位。

这场运动迅速发展壮大,卫斯理被迫奔走于大不列颠,他四处讲道,组织他的信徒。布里斯托尔主教试图限制他的活动,他告诉卫斯理,他的巡回布道扰乱了教区秩序,这时,卫斯理回答说:"世界就是我的教区。"这些话最初是抗议死板的教会体制,后来成为了循道宗宣教事业的座右铭。但是,与此同时,卫斯理和他新生的运动需要有更多人来分担布道工作。几位圣公会牧师加入了这场运动。其中最著名的是约翰·卫斯理的弟弟查尔斯·卫斯理,他的赞美诗满誉世界,包括《圣名荣光》(*O for a Thousand Tongues to Sing*)、《新生王》(*Hark, the Herald Angel Sing*)、《基督我主今复活》(*Christ the Lord is Risen Today*)和《神圣主爱，超乎万爱》(*Love Divine, All Loves Excelling*)。不过，约翰·卫斯理所肩负的是最繁重的工作，他每天要讲道数场，每年要在马背上行走数千英里，直到他七十岁。

这种情况迫使卫斯理开始起用平信徒传道人。当他得知平信徒托马斯·马克斯菲尔德(Thomas Maxfield)一直在伦敦的一个社团中讲道时，卫斯理决定让马克斯菲尔德停止在那里的讲道。但是，他的母亲苏珊娜让他在做出决定之前先去听听这个人的讲道，结果，他给卫斯理留下了非常深刻的印象，以至于卫斯理认为，起用平信徒传道人是上帝对这场运动急需传道人所做的回应。他们并不会取代神职人员，因为他们不可以主持圣餐，这是最高形式的崇拜。他们的作用类似于社团和英国圣公会神职人员的作用，他们也是对圣公会神职人员的一种补充。在循道宗平信徒传道人中，很快就出现了许多女传道人——当时她们还不可能被按立为神职人员。

一切准备就绪后，卫斯理将他的追随者组织成联络团(Connection)。许多社团共同组成在会督(superintendent)领导之下的联会(Circuit)。为了帮助管理联络团，卫斯理开始定期召开由圣公会神职人员和平信徒传道人参加的会议。这最终发展成为"年会"(Annual Conference)，每个在联会中服侍的成员在年会中接受任命，他们的任期通常是三年。

在整场运动中并不是没有冲突。在这场运动的初期，经常爆发针对循道宗基督徒的暴行，一些神职人员和贵族并不愿意看到这场新运动将权力赋予底层人士。受雇的流氓经常打断循道宗基督徒的聚会，卫斯理的性命偶尔也会受到威胁。后来，对循道宗的反对有所缓解，直到最终消失。此外，还爆发了神学冲突。卫斯理被迫与摩拉维亚弟兄会决裂，他们的寂静主义倾向是他所担心与痛惜的。

然而，最重要的冲突是与英国圣公会的冲突，卫斯理是圣公会牧师，他希望留在圣公会。直到晚年，他还在斥责希望脱离圣公会的循道宗基督徒。但是,决裂不可避免。一些圣公会领袖正确地看到,循道宗运动暴露出圣公会的不足,因此,他们憎恨这场运动。圣公会领袖还觉得循道宗基督徒扰乱了秩序,因为他们四处布道,无视教区的存在,这不可饶恕。卫斯理本人是十足的圣公会基督徒,他也对必须四处布道感到难过;但是,他必须这样去做,那些还没有听到教会所传福音的人,正是他渴望去触及的。

一项难以应对的法律令事态更加紧张。英国法律规定,非圣公会的崇拜和教堂是被允许的,但是,它们必须在政府注册。这令循道宗基督徒陷入艰难的境地,因为英国圣公会并不承认他们的聚会和教堂。如果他们到政府注册,就是在默认他们并不是圣公会基督徒。如果不去注册,他们将触犯法律。1787 年,卫斯理在反复思量之后决定让他的传道人去注册,因此,这成为创建独立教会所采取的第一个法律措施。但是,早在三年之前,卫斯理就已经迈出了更具神学意义的一步。长久以来,他一直在认真研究教父,他相信,在早期教会,主教正是长老。这令他坚信,所有已经接受按立的长老——包括他自己——都有授任圣职的权力。但是,为了避免进一步疏远圣公会领袖,他并没有使用这项权力。可是,美国独立提出了新的难题。在美国独立战争期间,圣公会神职人员多是亲英分子,其中大多数人在美国独立之后回到了英国。这令刚刚诞生的美国公民难以领受圣餐,有时甚至是无法领受圣餐。伦敦主教对以前的殖民地仍有所谓的管辖权,他拒绝为美国按立神职人员。卫斯理认为,英国以前的殖民地爆发起义毫无理由,他对此深感悲痛,这不仅因为他坚定拥护英国国王的权威,也因为他难以理解,仍拥有奴隶的起义者怎么可以宣称,他们是在为自由而战。尽管如此,卫斯理相信,圣餐就是基督教崇拜的中心,他认为,无论殖民地居民的政治立场如何,他们一定不能被剥夺领受圣餐的权利。1784 年,他最终为新生的美国将两位平信徒传道人按立为长老,并任命圣公会牧师托马斯·库克(Thomas Coke)为他们的会督。他相信,他所熟知的会督这个词与被译为主教的希腊词的意义完全相同。后来,他也为苏格兰和其他国家按立了神职人员。虽然卫斯理采取了这些措施,但是,他仍坚持认为,一定要避免脱离英国圣公会。他的弟弟查尔斯告诉他,为新大陆按立牧师本身就等于是脱离了英国圣公会。1786 年的年会决定,在英国圣公会难以牧养所有人和圣公会牧师不称职的地区,循道宗教会可以安排与圣公会崇拜有冲突的聚会。尽管卫斯理拒绝承认现实,但是,到他去世时,循道宗显然正在成为一个独立教会。

从某种程度上讲,循道宗在英国取得的成功是因为它回应了工业革命所带来的新需要。在 18 世纪后半叶,英国正经历一个迅速工业化的过程,这导致大量人口流动到工业中心。这些人因经济情况而被迫背井离乡,他们往往与教会失去了联系,教区制度难以满足城市新居民的需要。循道宗教会满足了他们的需要,它在这些人中赢得了大多数信徒。

在北美洲,一场完全不同的运动——殖民者向西部拓荒——令迁离家园的人失去了他们与教会的传统联系,较为传统的教会难以牧养他们。循道宗教会在这群人中取得了最大成功。正式来讲,北美洲的循道宗教会比英国循道宗教会更早地成为独立教会。1771 年,卫斯理将平信徒传道人弗朗西斯·阿斯伯里(Francis Asbury)派到殖民地。阿斯伯里成为确保循道宗沿边疆城市向西传播的动力。当北美洲的十三个殖民地宣布独立时,卫斯理撰文批评他们的起义。但是,美国的循道宗传道人主要是殖民地居民,他们支持美国的独立事业,至少是保持中立。结果,美国循道宗基督徒不再听命于卫斯理,但是,他们依然尊敬他。为了解决缺乏圣公会牧师的问题,他们在违背卫斯理意愿的情况下建立了主教制循道会(Methodist Episcopal Church)。他们与卫斯理产生了分歧,主教制这个名字就是他们的分歧所导致的直接结果,卫斯理将自己和库克称为会督,但是,当他得知库克和阿斯伯里——当时也是会督——自称为主教时,他被激怒了。从此以后,美国循道宗教会就有了主教,而英国循道宗教会则没有主教。

卫斯理于 1791 年去世。在他去世之后,循道宗内部进行了一段时期的斗争,主要是关于循道宗与英国圣公会的关系。最终,在英国和其他循道宗已经强大的地区,建立起完全独立于英国圣公会的循道宗教会。

第二十五章

十三个殖民地

> 上帝并不要求任何世俗国家为统一信仰立法。强迫信仰统一，迟早会成为导致内战爆发、良知丧失、在基督耶稣的仆人身上迫害基督自己，以及数百万灵魂变得伪善与灭亡的最大诱因。
>
> ——罗杰·威廉姆斯

基于《托德西利亚斯条约》（Treaty of Tordesillas）——西班牙与葡萄牙于 1494 年签订，1506 年修改——西班牙和葡萄牙都于 16 世纪建立了各自的殖民帝国。在北美洲，西班牙殖民帝国包括新西班牙（墨西哥），当时，西班牙在北美洲的殖民地延伸至今天的美国西部。但是到了 17 世纪，其他殖民列强也开始建立自己的殖民帝国。在北美洲，法国殖民者于 1609 年在魁北克殖民。但是，英国是最成功的新殖民国家，它在海外的殖民扩张始于 17 世纪，并于 19 世纪达到顶峰。英国在海外建立的第一批殖民地包括北美洲的十三个殖民地，它们后来成为了美国。

学者们经常比较英国在北美洲的十三个殖民地的起源与西班牙殖民地的起源，并试图解释殖民地的不同起源所造成的不同后果。例如，一个普遍的说法是，西班牙殖民者为黄金而来，而英国殖民者为信仰而来；西班牙殖民者对印第安人非常残酷，而英国殖民者努力与印第安人和平相处；西班牙殖民者带来了宗教裁判所，而英国殖民者带来了信仰自由；西班牙殖民者作为贵族而来，他们基于印第安人的艰苦劳动而变得富有，而英国殖民者前来耕种那片土地。虽然这些说法从某种程度上讲并没有错,但是,历史真相其实更加复杂。

　　英国殖民事业的经济动机与西班牙同样强烈。但西班牙殖民者已经征服了最富裕的帝国,不再有像阿兹特克人(Aztecs)和印加人的财富那么大的财富,也不再有可以被强迫为殖民者劳动的大量人口。十三个殖民地以及十三个殖民地之外的大多数原住印第安人,生活在游牧或半游牧部落中,当英国殖民者到来时,他们逃到了内陆,以避免成为殖民者的仆人或奴隶。因此,英国投资者被迫将重点放在了贸易上,因为他们不能指望像科特兹和皮萨罗那样通过纯粹的征服来获取财富,或像西班牙殖民者那样剥削印第安人的劳动力。当英国殖民者与印第安人的贸易显然难以获得必要的回报时,他们将重点转向了农业,他们希望向欧洲出口农产品可以为殖民者带来财富。这是通过英国的劳动力实现的。总的来说,并不存在自己耕种土地的自由殖民者,而是有合同工,他们耕种殖民公司所有的土地。起初,殖民地居民甚至被禁止拥有土地。至于宗教自由,罗德岛和宾夕法尼亚的确在引领世界向着这个方向发展,但是,新英格兰的朝圣者——清教徒——也确实不比西班牙的宗教法官更宽容。最后,就虐待印第安人而言,我们一定不要忘记,同西班牙殖民者对他们自己的殖民地——除了加勒比海地区——的印第安人所造成的破坏相比,英国殖民者在最终成为美国的这片土地上对印第安人造成的破坏更加彻底。这几乎与哪个民族表现得更仁慈无关,而是关乎不同的经济原因。西班牙殖民者想从印第安人那里获得劳动力,因此,他们无意灭绝印第安人。英国殖民者想要印第安人的土地;因此,在殖民时期和美国独立之后,他们最常采取的政策是灭绝和限制。在某些地区,如果西班牙和葡萄牙的殖民者也是以获取土地为目标,他们就会采取类似的政策。

　　欧洲的新局势——尤其是英国的新形势——的确令许多人因信仰原因而移民到新大陆。在讲到英国的清教徒革命时,我们已经看到,许多不同的宗派出现了。英国政府的政策并不允许这么多不同宗派的存在,因为英国政府将信仰统一视为维护政治稳定的一种手段。要求信仰统一的法律在海外更难以施行；因此，持不同信仰者希望通过移民到殖民地或建立新的殖民地来躲避迫害。在这些持不同信仰者中，一些人丝毫不比他们正在逃离的政府更宽容。但是，另一些人逐渐认为，宗教宽容是最好的，这不仅因为它有益处，也因为它是上帝的旨意。

弗吉尼亚

英国殖民者最初在北美洲的殖民冒险均以失败告终。1584 年，伊丽莎白女王的宠臣沃尔特·罗利爵士（Sir Walter Raleigh）被给予一张在北美洲殖民的皇家特许状。他将他所希望殖民的地区命名为弗吉尼亚（Virginia），以纪念童贞女王（Virgin Queen）伊丽莎白。但是，他在 1585 和 1587 年的两次殖民冒险都以失败告终。第一批殖民者回到了英国，第二批殖民者失踪了。

永久殖民弗吉尼亚始于 1607 年。在这一年的 5 月，一百零五名殖民者在以他们的新国王——伊丽莎白已于四年前去世——命名的詹姆斯河河口附近登陆，他们建立了詹姆斯敦（Jamestown）。他们当中有一位牧师，因为资助了这次殖民事业的弗吉尼亚公司（Virginia Company）希望在新殖民地建立起牧养殖民者和印第安人的圣公会。由于民族原因和担心天主教，英国殖民者也希望新殖民地能阻止西班牙殖民者向北方的扩张。但是，殖民的主要目的并不是信仰，而是经济，以至于从未有过一位英国圣公会的主教定居在弗吉尼亚以及十三个殖民地中的某个殖民地。弗吉尼亚公司的股东们只是希望与印第安人的贸易（或许还有农业）可以为他们带来可观的收益。

当弗吉尼亚建立时，清教徒在英国圣公会中的影响是最大的，因此，许多股东和殖民者相信，应当按照清教徒的原则来治理弗吉尼亚。弗吉尼亚的早期法律规定，殖民者每天必须参加两次崇拜，严格遵守主日，严惩亵渎上帝和不得体的着装。但是，神圣信仰联邦（Holy Commonwealth）

的梦想必须屈服于政治现实。国王詹姆斯讨厌清教主义,他不会允许清教徒信仰出现在他的殖民地弗吉尼亚。1622 年,英国殖民者与印第安人爆发了一场战争,这让国王有了借口,他于 1624 年开始直接统治弗吉尼亚。从此以后,清教徒的影响力逐渐减弱。后来,查理一世也仿效了詹姆斯反对弗吉尼亚清教徒的政策,夺取了弗吉尼亚的大部分土地,并建立起殖民地马里兰(Maryland),他将马里兰赐予了一位天主教领主。与此同时,由于种植与出口烟草,起初只是处于殖民事业边缘的弗吉尼亚取得了经济成功。种植与出口烟草需要大量的劳动力,因此,到了 1619 年,弗吉尼亚开始从非洲引进黑奴。蓄奴经济就这样开始了,它成为弗吉尼亚和其他殖民地的特点。

英国的清教徒革命对弗吉尼亚几乎没有任何影响。当时,殖民者更关心种植烟草和开垦荒地,而不是英国的宗教斗争。他们以前的清教热情在繁荣的经济中失去了活力。而且,清教徒对劳动的重视在一个基于奴隶制的社会中几乎没有任何意义。因此,当英国爆发清教徒革命和斯图亚特王朝后来复辟时,这些事件并没有影响到弗吉尼亚。大多数殖民者仍是英国圣公会基督徒。这不再是过去的清教圣公会,而是一个安逸的贵族圣公会,它会很容易迎合种植园主,却几乎没有影响到黑奴或普通的白人。

英国圣公会很少向黑奴宣教。其中一个原因是禁止基督徒奴役基督徒的古老原则,一些人坚持认为这个原则仍然有效。因此,为了避免遇到麻烦,奴隶主更喜欢他们的奴隶不接受洗礼。于 1667 年通过的一项法律规定,洗礼并不会改变奴隶的社会地位——这再次表明既定的宗教更倾向服务于统治者的利益。但是,尽管如此,还是很少有圣公会基督徒向黑奴宣教,因为许多奴隶主认为,保持黑奴的无知,是确保得到他们的劳动和顺服的最好方法。

英国圣公会迎合统治者的利益,这在白人中造成严重的后果。新兴贵族仍忠于英国圣公会,而普通白人则开始加入持不同信仰的运动。他们受到了残酷的迫害,数百人移民到附近的天主教马里兰,因为那里有更大的宗教自由。尽管贵格会基督徒受到了法律限制,但他们还是在弗吉尼亚取得了进展。当乔治·福克斯于 1762 年到访弗吉尼亚时,他高兴地见到了许多教友,他也注意到,虽然贵格会运动在普通人中取得了最大成功,但是,一些贵族并不讨厌贵格会。后来,通过阿斯伯里及其传道人的努力,循道宗取得了巨大进展,尽管它当时仍自认为是英国圣公会的一部分。

其他殖民地在弗吉尼亚以南建立起来。1663 年,英国国王将卡罗来纳(Carolinas)赠予了一群贵族和股东,但是,卡罗来纳发展得很慢。为了促进移民,卡罗来纳的土地所有者颁布了宗教自由,这吸引了来自弗吉尼亚的许多不同信仰者。就社会阶层而言,在卡罗来纳——尤其是在南卡罗来纳——所形成的社会类似于弗吉尼亚的社会。同样,权贵是英国圣公会基督徒,而许多普通人成为贵格会基督徒或浸信会基督徒。但是,即便在白人中,大多数人似乎都与教会没有任何联系。

建立佐治亚有两个基本目的。一是阻止西班牙殖民者从他们的圣奥古斯丁基地向北方扩张。二是将佐治亚用作新的债务人监狱。到了 18 世纪初,英国许多有宗教情怀的人希望改善被剥夺权利者的命运。这场运动首先关注监狱群体,监狱中的非人道状况在议会中不断受到批评。军队中的英雄詹姆斯·奥格尔索普是这场运动的领袖之一,他认为,应当在北美洲建立一个监禁债务人的殖民地。英国国王于 1732 年批准了他的提议,1733 年第一批罪犯抵达佐治亚。其他人很快也来到了佐治亚,还有不同地区的许多宗教难民。虽然英国圣公会是官方教会,但是它对佐治亚几乎没有任何影响。作为圣公会牧师,卫斯理失败了,他的失败可以代表其他许多圣公会牧师的失败。摩拉维亚弟兄会基督徒取得了一定的成功,但是,他们的数量从来就不是很多。也许,在佐治亚早期的宗教运动中,佐治亚居民对乔治·怀特菲尔德布道的回应是最重要的,他们的回应类似于人们在英国的回应。到了怀特菲尔德于 1770 年去世时,他已经影响到佐治亚许多人的宗教生活。后来,循道宗、浸信会和其他宗派都收获了怀特菲尔德播下的种子所结出的果实。

北方的清教殖民地

清教影响最大的地区是更远的北方。在今天的新英格兰(New England),殖民者建立了一些殖民地,他们最初的动机显然是宗教上的。其中第一个殖民地是普利茅斯种植园(Plymouth Plantation),它是由一群持不同信仰者所建立的,他们从英国来到了荷兰,后来产生了在新大陆按照他们的宗教原则建立殖民地的想法。他们与急需定居者和深受清教影响的弗吉尼亚公司达成了一项协议。最终,一百零一名移民者登上五月花号(Mayflower)客船,驶向了新大陆。他们抵达了比预计更远的北方,远远超出了弗吉尼亚的范围。因此,他们在踏上新大陆之前就已经决定建立一个效忠于英国国王的自治政府。在他们的《五月花公约》(Mayflower Compact)中,他们承诺遵守政府所通过的"公正与平等的法律"。后来,在暂时逗留科德角(Cape Cod)之后,他们定居在普利茅斯。新殖民地最初的几个月是一场悲剧。一场瘟疫席卷了普利茅斯,只有五十个人活了下来。但是到了春季,印第安人教会新定居者种植玉米;有了玉米,再加上捕鱼和打猎,他们有了足以过冬的食品贮备。最终,他们可以用毛皮从欧洲交换他们所需的物品,因此,他们在普利茅斯存活下来。

在第一批移民定居之后不久,一群英国清教徒成立了马萨诸塞海湾公司(Massachusetts Bay Company)。他们希望在新大陆建立一个新社群,可以在其中更自由地按着良心行事。他们愿意将他们的公司一同带到新大陆,在新英格兰建立公司的总部,因为他们希望以此避免英国政府的过度干预。当一切都准备就绪时,一千多名殖民者开始了新的殖民。他们与普利茅斯的"朝圣者"不同,他们并不是独立派,而是仍属于英国圣公会并希望更严格按照新约要求而生活的清教徒。他们在英国几乎看不到这样的希望,因此,他们移民到美洲,希望在那里实现他们的理想。劳德大主教对清教徒的迫害令这个计划更加必要。在他迫害清教徒期间,大约有一万名清教徒逃到了新英格兰,他们巩固了马萨诸塞湾的殖民地,并建立了新殖民地:康涅狄格(Connecticut)和纽黑文(New Haven)。

当查理一世正准备对付这些正在发展壮大的清教中心时,他卷入到最终让他丢掉王位和性命的内战。但是,内战和清教徒的胜利结束了移民浪潮,因为现在有望不再在尚未开发的遥远的大陆海岸,而是在英国本土建立神圣信仰联邦。虽然殖民者显然同情清教徒起义者,但他们还是保持了中立,致力于扩张他们的领地和完善自身的制度。因此,沉重打击到英国清教的斯图亚特王朝的复辟并没有殃及新大陆的清教。稍晚一些,詹姆斯二世成立了新英格兰自治领(Dominion of New England),试图巩固北方的一些殖民地。但是,他的垮台结束了这个计划,北方的殖民地重获以前的许多特权,并且重组了政府。这时,北方的殖民地被给予了宗教宽容,尽管这是国王颁布的法令,而不是殖民者所提的要求。

在新英格兰的清教殖民地——当时由马萨诸塞和康涅狄格联合而成,爆发了许多神学辩论。主要的难题是,在保留儿童洗礼的同时,许多清教徒坚持认为,真基督徒必须有归信基督教的经验。那么,洗礼的意义是什么? 如同浸信会基督徒所说的,等到有了归信的经验再施行洗礼不是更好吗? 一些基督徒认为,这才是最好的方法。但是,这违背了清教徒的目标:建立一个由圣经原则所指导的社会。像在古代的以色列那样,只有当人一出生即属于群体中一员,以致世俗与宗教团体因此同存共处时,基督教联邦才有可能建立。因此,有必要为"约的孩子"(children of the Covenant)施行洗礼,就像在古代以色列人们为婴儿施行割礼那样。但是,另一方面,如果所有接受洗礼的人都是"约的孩子",又该如何保护生活与教义的纯洁? 此外,如果婴儿作为"约的孩子"接受洗礼,又该如何对待已经接受了洗礼、却从未有过归信经验的父母所生的婴儿? 因此,许多清教徒认为应该有一个"半途信约"(Half-Way Covenant),它包括已经接受了洗礼但从未有过归信经验的基督徒。这些基督徒的孩子将接受洗礼,因为他们仍是约的子民。但是,只有有了归信经验的基督徒才是教会的正式成员,他们才有权参与决策。不管怎样,这场辩论导致了深深的仇恨,结果,殖民者逐渐失去他们最初的乐观精神。此外,还爆发了一些关于如何组建教会和教会之间的关系的辩论。最终,绝大多数清教徒决定采取相当于公理制的教会组织形式,但是,所有信众必须同意《信条》(Confession of Faith)——修改后的《威斯敏斯特信条》,而且,世俗当局被授权保护这份信条。

在新英格兰早期殖民史中,最著名的一个事件是审判马萨诸塞的塞勒姆(Salem)的"女巫"。在此之前,马萨诸塞审判过一些女巫,结果有三个女巫被吊死。但是在1692年,基于对几个年轻女子的无稽指控,出现了有许多人在塞勒姆行巫术的谣言,谣言最终导致了人们歇斯底里的情绪。共有二十人——十四个女人和六个男人——被吊死,还有一些人死在狱中。一些人承认他们行过巫术,为了免于一死他们指控其他人是他们的老师。最终,受人尊敬的神职人员、富裕的商人,甚至是总督夫人都受到了指控。这时,当局决定停止进一步的调查。二十年后,马萨诸塞的法庭判定,审判女巫存在着巨大的不公,并下令赔偿受害者的家人。在整个女巫事件中,新英格兰两位最有影响力的宗教领袖英克里斯·马瑟(Increase Mather)和他的儿子科顿·马瑟(Cotton Mather, 1639—1723)起到了重要的作用。英克里斯·马瑟是哈佛学院(Harvard College)的院长,他相信巫术的存在与力量,他最终因塞勒姆的许多事件而备受谴责。同时,他也严厉批评了审判"女巫"的实际司法程序和给"女巫"定罪的证据性质。他的儿子科顿·马瑟持有类似的观点,他撰文批评巫术,后来又痛惜审判"女巫"的方式。许多人认为,马瑟父子对女性和性欲的严格要求与他们对巫术的态度存在着必然联系。但是,这两位神学家的工作远非巫术问题,因此,他们——特别是著有四百部著作和小册子的科顿·马瑟——为清教新英格兰的社会风气奠定了基调。马瑟父子对女性的许多看法尤其影响到这个已经限制了女性作用的社会。尽管如此,从新英格兰早期开始,女性开始找到她们的新角色以及表达自己的新方法,这可以在美国殖民时期的第一位女诗人安妮·布拉德斯特里特(Anne Bradstreet,1612—1672)的作品中看出来。

一些殖民者的确热心向他们的印第安邻舍传福音。在这一方面,梅休(Mayhew)家族是值得注意的,他们定居在玛撒葡萄园(Martha's Vineyard),这个家族的五代人都致力于向印第安人传福音和教育印第安人——从1642年直到撒迦利亚·梅休(Zacharias Mayhew)于1806年去世。不过,约翰·艾略特(John Eliot)于1646年在莫希干人(Mohicans)中开始的工作产生了更大的影响。他相信,印第安人是以色列遗失的支派,他们归信基督教将实现古代的预言。因此,在他的带领之下,一些印第安人归信了基督教,他根据摩西的律法来治理他们的村庄。他教授他们欧洲的农业与机械技术,让他们可以自力更生。他也非常强调阅读与研究圣经,他刻苦学习莫希干语,并发明了一套书写莫希干语的方法,并将圣经译成了莫希干文。艾略特建立了十四座这样的村庄,受到他启发的人建立了更多这样的村庄。

1675年,在一位被印第安人称为菲利普国王(King Philip)的酋长的率领之下,一些印第安人决心结束殖民者对他们犯下的暴行和殖民者对他们家园的逐渐入侵。随后爆发的战争被称为"菲利普国王战争"(King Philip's War),在这场战争中,许多已经归信了基督教的印第安人,或是支持殖民者,或是避免参加战争。尽管如此,数以百计的印第安人还是被绑架出他们的村庄,被迫生活在波士顿湾(Boston Bay)一座人口过度拥挤的小岛上。许多印第安人被白人杀害,他们觉得所有印第安人都是敌人。当殖民者最终赢得战争时,被俘与投降的印第安人被分配给白人——妇女和儿童成为他们的奴仆,男人被卖为奴隶,并被船送到尽可能远的地方。在这些事之后,艾略特的工作成果所剩无几。

284

罗德岛与浸信会

在清教的殖民地盛行的宗教狭隘,迫使一些人离开了那里。其中最著名的是罗杰·威廉姆斯(Roger Williams),他于1631年就已经来到了马萨诸塞。他拒绝在波士顿担任牧师,后来还宣称殖民地的清教徒做错了,因为他们给予世俗当局权力,令它们可以强制执行与个人信仰相关的命令。他相信,世俗官员只应当得到维护社会秩序的权力。他也宣称,殖民者所占领的土地属于印第安人,整个殖民事业是不公正的、违法的。这些思想在当时似乎是激进的,令威廉姆斯在波士顿受到排挤,于是威廉姆斯搬到了普利茅斯。他在塞勒姆成为牧师。但是,当他试图带领自己的教会独立时,马萨诸塞当局将他驱逐出境。后来,他与一群朋友先后定居在普利茅斯和纳拉甘塞特(Narragansett)——位于他从印第安人那里购买的一个岛上。他在那里根据宗教自由的原则建立了殖民地普罗维登斯(Providence)。

威廉姆斯认为,宗教自由是崇拜上帝所要求的一个义务。崇拜必须是真诚的,所有被迫的崇拜实际上只会削弱崇拜。因此,在普罗维登斯,不应当基于公民的信仰或习俗而剥夺人们的公民权,政教必须完全分离。1644年,威廉姆斯发表了《论为良心的缘故而施加迫害的血腥教旨》(The Bloudy Tenent of Persecution for the Cause of Conscience Discussed),他在该文章中详细阐释了他的观点。马萨诸塞的一位重要牧师以《在羔羊之血中得以清洗洁白的血腥教旨》(The Bloudy Tenent Washed and Made White in the Bloud of the Lambe)对威廉姆斯做出了回应。

与此同时,其他人因类似原因搬到了附近地区。1637年末,先知安妮·哈钦森(Anne Hutchinson)被逐出了马萨诸塞,这主要是因为她宣称,她得到了上帝的启示。她和其他十八个人在普罗维登斯附近的一座岛上同样基于宗教自由的原则建立了朴次茅斯(Portsmouth)。随后不久,一群来自朴次茅斯的人在这座岛的另一端建立了纽波特(Newport)。这些新殖民地迅速发展壮大,浸信会基督徒、贵格会基督徒和其他来自清教殖民地的殖民者大批涌入这些地区。但是,新殖民者声称他们合法的唯一理由是,这些新殖民地是他们从印第安人那里购买的,附近殖民地的许多殖民者声称想要摧毁他们所谓的"新英格兰的下水道"(sewer of New England)。因此,罗杰·威廉姆斯来到了英国,并于1644年得到了长期议会对殖民地罗德岛(Rhodes)和普罗维登斯种植园(Providence Plantation)的法律认可,因此,威廉姆斯可以民主地治理这里。在斯图亚特王朝复辟之后,查理二世确认了罗德岛和普罗维登斯的合法权利。

威廉姆斯在普罗维登斯建立的教会成为了浸信会。一个浸信会基督徒为威廉姆斯施行了洗礼,他又为其他人施行了洗礼。但是,威廉姆斯本人并没有留在浸信会太久,因为他的思想越来越偏激。他十分尊敬印第安人,他与印第安人的接触令他宣称,上帝也许像喜悦基督教那样喜悦印第安人的宗教。不管怎样,他们不一定非要成为基督徒才能得救。这令他受到了更多的批评,这些批评不仅来自马萨诸塞的清教徒,也来自普罗维登斯的许多浸信会的基督徒。但是,他继续向激进的灵性主义前进,这最终令他相信,所有教会都是错的,圣经必须用纯属灵的方法来理解。

与此同时,普罗维登斯的浸信会基督徒卷入到他们自己的神学争论中。当我们讲述英国的清教徒革命时,我们有理由说,浸信会是当时出现的众多宗派之一。虽然他们的一些教导与欧洲大陆的重洗派的教导是一致的,但是,大多数浸信会基督徒的这些思想并不是得自重洗派,而是源于他们自己对新约的研究。许多浸信会基督徒在荷兰逃亡时受到了阿明尼乌主义的影响,他们将阿明尼乌主义一同带到了英国。其他浸信会基督徒留在了英国,他们继续信奉已经成为清教运动基础的严格的加尔文主义。因此,在浸信会基督徒中出现了两个不同的派别:浸信会普遍派和浸信会特殊派。浸信会普遍派同阿明尼乌派一样,他们认为耶稣是为全人类而死。另一方面,浸信会特殊派信奉正统的加尔文主义,他们断言,耶稣只为预定得救的人而死。在普罗维登斯,一些浸信会基督徒信奉了 286

浸信会普遍派的阿明尼乌主义,另一些浸信会基督徒接受了浸信会特殊派的加尔文主义。

浸信会运动遍及所有殖民地,尽管浸信会基督徒在一些殖民地受到了迫害。浸信会基督徒全部被逐出了马萨诸塞,但这并不足以阻止这场所谓的传染病,它传染到殖民地中一些最有威望的人,包括哈佛大学的校长。渐渐地,随着宗教宽容成为更普遍的政策,浸信会基督徒出现在每一个殖民地。起初,他们主要是浸信会普遍派。但是,在大觉醒运动期间——我们马上就会讲到——出现了一次加尔文主义高潮,在许多地区,浸信会特殊派在数量上远远超过了其他基督徒。

马里兰的天主教

在北美洲的英国殖民地中,罗马天主教的主要中心是马里兰。1632年,查理一世授予巴尔的摩勋爵塞西尔·卡尔弗特(Cecil Calvert the Lord Baltimore)一块领地的产权和殖民权——弗吉尼亚以前声称对这块领地拥有主权。巴尔的摩勋爵是天主教徒,赠予他土地是查理一世寻求天主教支持的一项政策。在英国,天主教徒总是受到限制,困难重重,因此,许多天主教徒希望可以有一个让他们自由生活的殖民地。建立纯粹的天主教殖民地在当时并不是一个明智的政治之举,因此,巴尔的摩勋爵决定给予马里兰宗教自由。他命令他在马里兰的代表施行宗教自由的政策,并指示他们避免让新教徒找到任何攻击马里兰天主教徒的借口。

第一批殖民者于1634年来到了马里兰,他们的组成预示了马里兰的主要社会结构。大约十分之一的殖民者是信奉天主教的贵族,其余的主要是他们的新教徒仆从。烟草很快就成为马里兰的经济支柱,这带来了繁荣的大种植园。马里兰是由天主教的地主统治的,但这里的绝大多数居民是新教徒。只要英国变幻莫测的政治局势对新教徒有利,他们就会尝试利用时机来夺取拥有土地的天主教贵族的权力。当詹姆斯二世被推翻时,他们终于成功了。英国圣公会后来成为马里兰的官方教会,天主教徒的权利受到了限制。

由于威廉·佩恩所倡导的宽容政策,宾夕法尼亚也出现了许多天主
教徒。在宾夕法尼亚和其他殖民地,天主教在斯图亚特王朝复辟之后取
得了重要的进展。但是,在詹姆斯二世于 1688 年垮台之后,天主教的发
展受到了限制;在整个殖民时期,天主教徒在全部十三个殖民地中都是少
数派。

中大西洋的殖民地

建立在新英格兰与马里兰之间的殖民地——纽约、新泽西、宾夕法尼
亚和特拉华(Delaware)——最初并不是某个特定宗派的避难所。我们已
经讲过佩恩在宾夕法尼亚的"实验"。虽然建立宾夕法尼亚的灵感基本
上来自贵格会,但是,宾夕法尼亚从一开始就住着不同宗派的居民。特拉
华也是如此,它是佩恩从约克公爵那里买来的,它在 1701 年之前始终是
宾夕法尼亚的一部分。

新泽西的政治史和宗教史都很复杂。但是,总的来说,东新泽西采取
了新英格兰的清教徒严格派的社会模式,而贵格会为西新泽西新生的社
会奠定了基础,这里有宗教宽容。但是,新泽西的许多贵格会基督徒最终
成为蓄奴贵族,他们与其他贵格会基督徒的关系越来越紧张。

荷兰殖民者定居在后来的纽约,他们的东印度公司在曼哈顿建立了
地区总部,并将自己的改革宗教会一同带到了这里。1655 年,他们夺取
了他们敌人的殖民地——瑞典殖民者在特拉华河(Delaware River)所建
立的殖民地。英国殖民者后来于 1664 年击败了荷兰殖民者,以前的新荷
兰(New Netherland)成为了新约克(New York)——纽约,与此同时,以前
的荷兰殖民者并不是完全满意以往的政权,他们成为了英国臣民。英国
殖民者一同带来了英国圣公会,它的唯一信徒是总督、他的家人和他的军
队。但是,随着英国移民越来越多,纽约的宗教结构开始接近英国的宗
教结构。

简而言之,在 17 和 18 世纪,英国在北美洲扩张,并建立了一连串殖民地。(1759 年,英国殖民者也夺取了法国人在圣劳伦斯[St. Lawrence]北部的领地,但是,这个殖民地的历史走向了不同的方向。)宗教动机在建立这些殖民地的过程中起到了重要的作用。虽然一些殖民地最初难以容忍宗教的多样性,但是,随着岁月的流逝,所有殖民地都效法了罗德岛和宾夕法尼亚的榜样。这两个殖民地最初就有宗教自由,这其实是一个切实可行的方法,可以解决导致欧洲不断爆发血腥战争的宗教危机。与此同时,奴隶制、以大种植园的存在为基础的社会不平等、对印第安人的剥削、对印第安人土地的侵占和许多类似的因素,削弱了曾激励了许多早期殖民者的宗教热情和他们建立一个神圣信仰联邦的希望。

大觉醒运动

敬虔主义运动出现于 18 世纪的德国和英国,同样,18 世纪也为北美洲带来了一场敬虔主义运动。例如,长老会基督徒因一场争论而分裂成"旧派"和"新派":"旧派"坚持认为,严格遵守《威斯敏斯特信条》最为重要,而"新派"则强调,经历得救的恩典必不可少。虽然双方最终合一,但是这场争论一度曾经导致教会分裂,而一场被称为大觉醒运动(Great Awakening)的敬虔主义运动又令教会的分裂更加严重。

北美洲的许多殖民者很早就觉得,个人的宗教经验对基督徒生活非常重要。但是,因着始于 1734 年的一系列事件中,这种宗教情感才变得更加普遍,当时,马萨诸塞的北安普敦(Northampton)出现了大觉醒运动的最初迹象。北安普敦的牧师乔纳森·爱德华兹(Jonathan Edwards)是坚定的加尔文主义者,他曾在耶鲁大学接受教育,他相信,基督徒需要有归信基督教的经验。他在北安普敦讲道几年,所取得的成绩一般,可是,他的讲道所激起的回应令他惊讶。他的讲道并不是十分生动,但是,他的确强调需要有深信罪以及上帝赦罪的经验。1734 年,人们开始回应他的讲道,一些人迸发出强烈的感情,许多人的生命发生了显著的改变,他们越来越关心个人灵修。在短短几个月之内,大觉醒运动就席卷了整个北安普敦,并发展到康涅狄格。但它很快就平息下来,三年之后,大觉醒运动的惊人迹象几乎完全消失。然而,它并没有被遗忘,人们仍然希望它会卷土重来。

随后不久,乔治·怀特菲尔德造访新英格兰,他的讲道让许多人得到了归信基督教的经验,开始悔罪,并表现出外在的喜乐。虽然爱德华兹是公理会牧师,但是,他邀请英国圣公会的怀特菲尔德到他的教会讲道,据说,当怀特菲尔德讲道时,爱德华兹哭了。这令大觉醒运动有了新动力。长老会新派牧师和其他有类似倾向的牧师加入了这场运动。一些传道人效法怀特菲尔德的榜样,他们在乡村四处讲道,不同宗派的许多地方的牧师,包括圣公会牧师、长老会牧师和公理会牧师,为他们的讲坛带来了一股新热情,他们在自己的教会也唤起了人们非凡的响应。人们哭着悔罪,一些人因罪得赦免而高声欢呼,少数人难以控制他们的情绪,以至于昏死过去。

讲道所激起的回应导致大觉醒运动的敌人指责它的领袖破坏了崇拜的神圣性,以宗教情感代替研究和灵修。但是,我们必须要说,大觉醒运动的许多领袖并非是特别注重情感,许多领袖是学者,不管怎样,这场运动的目的并不在于进行不断迸发出情感的崇拜,而是带领每个信徒得到一种令基督徒进行更多灵修和更认真研究圣经的经验。这可以在爱德华兹的讲章中看出。他的讲章不是宣泄情感的长篇大论,而是详尽解释深奥的神学问题。爱德华兹相信,情感是重要的。这种情感,包括归信基督教的高峰体验,不应当比正确的教义和理性的崇拜更重要。大觉醒运动的领袖多是正统的加尔文主义者。怀特菲尔德正是因他的加尔文主义才与卫斯理分道扬镳。爱德华兹为预定论辩护的著作严谨、深奥。虽然早期的大觉醒运动是由公理会和长老会领导的,但是,从长远的角度来看,浸信会和循道宗从大觉醒运动中获益最多。

起初,浸信会基督徒反对大觉醒运动,他们将这场运动视为愚昧、肤浅的。但是,大觉醒运动令许多人得出了有利于浸信会的结论。的确,如果归信基督教的经验在基督徒生活中是最重要的,这就会令人对婴儿洗礼产生质疑。因此,强调个人经验的大觉醒运动影响到许多公理会基督徒和长老会基督徒,他们最终否定了婴儿洗礼,并成为浸信会基督徒。整个公理会也是如此。

290　　　大觉醒运动也令浸信会基督徒和循道宗基督徒都来到了西部边界。当时,白人不断侵占印第安人的土地,这一次,深受大觉醒运动精神影响的循道宗基督徒和浸信会基督徒肩负起向西部殖民者讲道、组织他们的宗教生活的使命。因此,循道宗基督徒和浸信会基督徒在西部新殖民地的人数最多。由于大觉醒运动和后来类似的运动,渴望"觉醒"成为北美洲基督教一个独特的重要标志。

　　最终,大觉醒运动有了政治意义。它是第一场席卷了最终成为美国的十三个殖民地的运动。因着大觉醒运动,"共同感"开始在十三个殖民地中形成。与此同时,关于人权和政府的思想正在传播。这些思想与在北美洲十三个殖民地不断增长的"共同感",共同造就了一些重大的事件。

建议阅读:

Sydney E. Ahlstrom. *A Religious History of the American People.* Second edition, David D. Hall, ed. Hew Haven: Yale University Press, 2004.

Carl Bangs. *Arminius: A Study in the Dutch Reformation.* Nashville: Abingdon, 1971.

Robert Bireley. *The Jesuits and the Thirty Years' War.* Cambridge [Eng]: Cambridge University Press, 2003.

Francis J. Bremer. *Puritanism: A Very Short Introduction.* Oxford: Clarendon Press, 2009.

Frederick C. Copleston. *A History of Philosophy.* Vols. 4 – 6. London: Burns, Oates and Washburne, 1958 – 1960.

Rupert E. Davies. *Methodism.* Baltimore: Penguin, 1963.

Janet Glenn Gray. *The French Huguenots: Anatomy of Courage.* Grand Rapids: Baker Book House, 1981.

Herbert H. Henson. *Puritanism in England.* London: Hodder and Stoughton, 1912.

Richard P. Heitzenrater. *The People Called Methodists.* Nashville: Abingdon, 1994.

Randy L. Maddox and Jason E. Vickers. *The Cambridge Companion to John Wesley.* New York: Cambridge University Press, 2009.

Henry Petersen. *The Canons of Dort.* Grand Rapids: Baker, 1968.

Meic Pearse. *The Age of Reason: From the Wars of Religion to the French Revolution.* Grand Rapids: Baker Book House, 2006.

F. Ernest Stoeffler. *German Pietism during the Eighteenth Century.* Leiden: E. J. Brill, 1973.

N. M. Sutherland. *The Huguenot Struggle for Recognition.* New Haven: Yale University Press, 1980.

Henry Van Etten. *George Fox and the Quakers.* New York: Harper, 1959.

第三部分

超越基督教王国

编年表

教宗	历史事件①
克莱门十四世(1769 – 1774)	库克船长的航海(1775 – 1779)
庇护六世(1775 – 1799)	美国独立战争(1775 – 1783)
	发明第一台蒸汽机(1776)
	图帕克·阿马鲁起义(1780 – 1782)
	康德的《纯粹理性批判》(1781)
	循道宗召开圣诞节会议(1784)
	法国的国民议会(1789)
	攻陷巴士底狱(1789)
	《神职人员民事组织法案》(1790)
	法国的立法会议(1791)
	法国的国民公会(1792)
	浸信会特殊派联会(1792)
	路易十六被处死(1793)
	克里抵达印度(1793)
	法国的恐怖时期(1793 – 1795)
	伦敦传道会(1795)
	英国占领锡兰(1796)
	第二次大觉醒运动爆发(1797)
	法国囚禁庇护六世(1798)
	罗马共和国(1798)
	法国的执政府(1799)
	建立塞拉利昂(1799)
	英国圣公会宣教会(1799)
	施莱尔马赫的《论宗教》(1799)
庇护七世(1800 – 1823)	凯恩里奇复兴(1801)
	美国购买路易斯安那(1803)
	拿破仑称帝(1804)
	英国及海外圣经公会(1804)
	海地独立(1804)
	英国人抵达好望角(1806)

---

① ☆表示人物去世的年份。

教宗	历史事件
	黑格尔的《精神现象学》(1807)
	法军占领罗马(1808)
	约瑟夫·波拿巴成为西班牙的国王(1808)
	墨西哥独立(1810)
	美国海外传道委员会(1810)
	巴拉圭与委内瑞拉独立(1811)
	美国第二次独立战争(1812 – 1814)
	拿破仑入侵俄国(1812)
	耶稣会重组(1814)
	滑铁卢战役(1815)
	拉普拉塔地区独立(1816)
	美国圣经公会(1816)
	《即使是无边的大陆》(1816)
	《马太福音》被译成缅甸文(1817)
	智利独立(1818)
	詹姆斯·朗来到得克萨斯(1819)
	秘鲁与中美洲国家独立(1821)
	施莱尔马赫的《基督教信仰》(1821 – 1822)
利奥十二世(1823 – 1829)	门罗主义(1823)
	《长久以来》(1824)
	玻利维亚独立(1825)
	美国禁酒促进会(1826)
	巴拿马议会(1826)
庇护八世(1829 – 1830)	墨西哥废除奴隶制(1829)
	《摩门经》(1830)
	孔德的《实证哲学教程》(1830 – 1842)
格列高利十六世 (1831 – 1846)	南非布尔人移民(1835)
	得克萨斯共和国(1836)
	加勒比海各英属岛屿废除奴隶制(1838)
	鸦片战争(1839 – 1842)
	布鲁克统治沙捞越(1841 – 1946)
	利文斯通到非洲(1841)
	克尔凯郭尔开始发表著作(1843)
	《天定命定论》(1845)
	循道宗与浸信会因奴隶制分裂(1845)

教宗	历史事件
庇护九世（1846－1878）	美墨战争（1846－1848）
	利比里亚独立（1847）
	爱尔兰爆发饥荒；爱尔兰人移民美国（1847）
	法兰西第二共和国（1848）
	《共产党宣言》（1848）
	罗马共和国（1849）
	太平天国起义（1850－1864）
	意大利的凯沃尔政府（1852－1861）
	拿破仑三世（1852－1870）
	颁布马利亚无罪成孕的教义（1854）
	佩里准将到日本（1854）
	霍利到海地（1855）
	达尔文的《物种起源》（1859）
	意大利王国（1861）
	美国内战（1861－1865）
	长老会因奴隶制分裂（1861）
	东正教礼仪委员会（1862）
	俾斯麦担任首相（1862）
	救世军（1864）
	《谬论举要》（1864）
	朝鲜迫害天主教徒（1865）
	中国内地会（1865）
	第一次梵蒂冈大公会议（1869－1870）
	颁布教宗无谬的教义（1870）
	普法战争（1870－1871）
	法兰西第三共和国（1870－1914）
	慕迪开始讲道（1872）
	玛丽·贝克·埃迪的《科学与健康》（1875）
利奥十三世（1878－1903）	新教宣教士在朝鲜宣教（1884）
	《新事》（1891）
	美国最高法院批准种族隔离（1892）
	五个"基要信仰"（1895）
	美西战争（1898）
	中国的义和团运动（1899－1901）
	弗洛伊德的精神分析（1900）

教宗	历史事件
庇护十世(1903 – 1914)	阿苏萨街复兴(1906)
	《牧放主羊》(1907)
	比属刚果独立(1908)
	美国联邦基督教协会(1908)
	斯科菲尔德圣经(1909)
	全美有色人种协进会成立(1909)
	日本吞并朝鲜(1910)
	智利的五旬节循道宗教会(1910)
	爱丁堡世界宣教大会(1910)
	中国清朝灭亡(1912)
	神召会(1914)
本笃十五世(1914 – 1922)	第一次世界大战(1914 – 1918)
	俄国革命(1917)
	巴特的《罗马书注释》(1919)
	美国禁酒运动(1919 – 1933)
	美国女性获得选举权(1920)
庇护十一世(1922 – 1939)	墨索里尼抵达罗马(1922)
	《时代之间》创刊(1922)
	斯德哥尔摩生命与事工会议(1925)
	加拿大联合教会(1925)
	中国第一批六位天主教主教(1926)
	洛桑会议(信仰与教制)(1927)
	中华全国基督教协进会(1927)
	墨西哥没收教会的财产(1927)
	国际宣教协会耶路撒冷会议(1928)
	股票市场崩溃(1929)
	经济大萧条(1929)
	理查德·尼布尔的《宗派主义的社会起源》(1929)
	奥伦的《胜利的基督》(1930)
	尼格伦的《圣爱与欲爱》(1930 – 1936)
	西班牙共和国(1931)
	通谕《在第四十年》(社会教导)(1931)
	通谕《我们不需要》(驳法西斯主义)(1931)
	巴特的《教会教义学》(1932 – 1967)
	希特勒掌权(1933)

教宗	历史事件
	梵蒂冈与德国和解（1933）
	罗斯福就任美国总统（1933）
	《巴门宣言》（1934）
	西班牙内战（1936）
	驳斥纳粹主义与共产主义的通谕（1937）
	牛津会议（生命与工作）（1937）
	爱丁堡会议（信仰与教制）（1937）
	中日战争（1937）
	朋霍费尔的《作门徒的代价》（1937）
	理查德·尼布尔的《美国的上帝之国》（1937）
	国际宣教协会马德拉斯会议（1938）
庇护十二世（1939－1958）	弗朗哥在西班牙内战中获胜（1939）
	朋霍费尔的《团契生活》（1939）
	第二次世界大战（1939－1945）
	布尔特曼的《新约与神话》（1940）
	德国进攻俄国（1941）
	日本联合基督教会（1941）
	日本偷袭珍珠港（1941）
	莱因霍尔德·尼布尔的《人的本性与命运》（1941－1943）
	墨索里尼倒台（1943）
	通谕《由圣灵嘘气》（1943）
	庇隆在阿根廷掌权（1943）
	☆朋霍费尔（1945）
	德国投降（1945）
	美军在广岛投下原子弹（1945）
	菲律宾与印度尼西亚独立（1945）
	瓦加尔斯在巴西垮台（1945）
	南印度联合教会（1947）
	国际宣教协会惠特比会议（1947）
	世界基督教联合会成立（1948）
	☆圣雄甘地（1948）
	中华人民共和国（1949）
	颁布马利亚升天的教义（1950）
	朝鲜战争（1950）
	通谕《人类》（1950）

教宗	历史事件
	葛培理福音传播协会（1950）
	印度独立（1950）
	美国最高法院禁止在公立学校施行种族隔离（1952）
	国际宣教协会威灵根会议（1952）
	取缔工人神父运动（1954）
	世界基督教联合会埃文斯通会议（1954）
	☆德日进（1955）
	庇隆在阿根廷垮台（1955）
	拉丁美洲主教会议成立（1955）
	加纳独立（1957）
	国际宣教协会加纳会议（1957－1958）
约翰二十三世（1958－1963）	古巴革命（1959）
	教宗宣布计划召开一次大公会议（1959）
	教宗创立促进基督教合一秘书处（1960）
	非洲十七个国家独立（1960）
	通谕《慈母与导师》（1961）
	第一次载人航天飞行（1961）
	世界基督教联合会新德里会议（1961）
	国际宣教协会加入了世界基督教联合会（1961）
	智利五旬节派教会加入世界基督教联合会（1961）
	阿尔及利亚独立（1962）
	☆理查德·尼布尔（1962）
	罗宾逊的《对上帝诚实》（1963）
	第二次梵蒂冈大公会议（1962－1965）
	莫尔特曼的《希望神学》（1965）
保罗六世（1963－1978）	东南亚战争逐步升级（1965）
	通谕《人类的生命》（1968）
	☆马丁·路德·金（1968）
	拉丁美洲主教会议的麦德林会议（1968）
	世界基督教联合会乌普萨拉会议（1968）
	☆卡尔·巴特（1968）
	人类成功登月（1969）
	☆莱因霍尔德·尼布尔（1970）
	古铁雷斯的《解放神学》（1971）
	《芝加哥宣言》（1973）

教宗	历史事件
	智利政变（1973）
	海尔·塞拉西被废（1974）
	《洛桑信约》（1974）
	世界基督教联合会内罗毕会议（1975）
约翰保罗一世（1978）	《戴维营协议》（1978）
约翰保罗二世 （1978 – 2005）	拉丁美洲主教会议普埃布拉会议（1978）
	非洲建制教会组织（1978）
	苏联入侵阿富汗（1979）
	伊朗伊斯兰共和国（1979）
	罗得西亚改名为津巴布韦（1979）
	拉丁美洲基督教协会（1982）
	福克兰群岛 – 马尔维纳斯群岛战争（1982）
	世界基督教联合会温哥华会议（1983）
	☆卡尔·拉纳（1984）
	科学家正式确认艾滋病（1984）
	苏联解体（1985 – 1991）
	推倒柏林墙（1989）
	大学生在北京天安门广场抗议（1989）
	美国入侵伊拉克（1991）
	世界基督教联合会堪培拉会议（1991）
	拉辛格担任信理部部长（1991）
	欧盟成立（1993）
	通谕《愿他们合而为一》（1995）
	☆特雷莎修女（1997）
	世界基督教联合会哈拉雷会议（1998）
	☆赫尔德·卡马拉（1999）
	恐怖分子袭击美国（2001）
	阿富汗战争（2001）
	美国入侵伊拉克（2003）
	恐怖分子袭击马德里（2004）
	欧盟增加十个新的成员国（2004）
本笃十六世（2005 –　　）	世界基督教联合会阿雷格里港会议（2006）
	由中国天主教爱国会授予圣职的主教被革除教籍（2006）
	科索沃宣布独立（2008）
	世界福音大会第三次会议（2010）

第二十六章

一个超越基督教王国的时代

18 世纪就此结束。19 世纪在凉爽的西南晨风中吹来;在政治的地平线上,出现了同样美好的前景……势不可挡的人权宣传,根除笼罩着世界的等级观念、迷信和暴政。

——纳撒尼尔·艾姆斯日记,1800 年 12 月 31 日

在 18 世纪末和 19 世纪初,发生了一系列动摇欧洲和西半球的政治变革。总的来说,新的政治思想和不断壮大的资产阶级的经济利益共同导致了这些变革。在 18 世纪下半叶的欧洲和西半球,一个新阶级经济实体已经壮大。在法国,这个新阶级是资产阶级,它随着城市、贸易和工业发展逐渐形成。在西半球,农业是财富的来源,而贸易逐渐从农业中发展起来;因此,拥有土地的殖民地居民成为资本新贵。资本新贵和欧洲资产阶级与老牌贵族产生了利益冲突。在法国,底层阶级因憎恨贵族而与资产阶级联合起来,他们将贵族视为吞吃他们劳动成果的寄生虫。在新大陆,底层阶级也同样联合资本新贵共同对抗老牌贵族,他们将贵族视为无视他们的梦想与问题而从殖民地掠夺财富的外国人。这一切所导致的结果是:美国独立,法国大革命爆发,拉丁美洲大多数国家独立。这些革命开启了一段崭新的历史,在随后的 19 和 20 世纪上半叶,又爆发了许多革命:德国和其他欧洲国家于 1848 年、墨西哥于 1910 年、俄国于 1917 年、古巴于 1959 年相继爆发了革命,肯尼亚的革命令肯尼亚于 1963 年独立……这些革命的成功和它们的长远影响各不相同,但是,它们共同表明,

302

19 和 20 世纪是政治与社会发生巨变的时代,它们将对整个基督教产生重大的影响。

同样,就地域扩张而言,只有 16 世纪的基督教才能与 19 世纪的基督教相媲美。16 世纪是罗马天主教大扩张的一个时代,而 19 世纪是新教大扩张的一个世纪。虽然新教扩张的影响尚不清楚,但几乎可以肯定的是,从基督教史的角度来看,19 世纪最重要的事件是真正建立了一个所有民族和国家都参与其中的普世教会。但在另一方面,我们必须指出,建立普世教会的背景是殖民主义和经济帝国主义——这也深刻地影响到教会生活。

19 世纪伊始,人们有理由相信,欧洲殖民主义高潮已经过去,尤其是在几百年前欧洲殖民扩张最为显著的西半球。美国的独立令英国的殖民地只剩下加拿大、加勒比海地区的几座岛屿和中美洲、南美洲一些面积相对较小的领地。法国人失去了他们当时最富饶的殖民地海地。西班牙人被迫放弃了他们在美洲的所有殖民地——除了古巴和波多黎各,但是,在世纪之交,这最后两个殖民地也失去了。此外,拿破仑战争(Napoleonic Wars)带来的消耗似乎会终结欧洲在全世界的霸权。

然而,实际情况恰恰相反。拿破仑战争将英国殖民者的目光转向了他们敌人的殖民地。当拿破仑成为欧洲大陆的霸主时,英国依仗海军优势得以幸存,它最强大的海军舰队保护它免受入侵。与此同时,其他舰队试图阻截拿破仑的欧洲(法国、西班牙、葡萄牙和荷兰)与它的殖民地的贸易。英国人经常听到对抗拿破仑的陆军的坏消息和袭扰他的海军的好消息,对此,英国人早就习以为常。当拿破仑战争结束时,英国占领了法国和荷兰以前的一些殖民地。

303   与此同时,工业革命(Industrial Revolution)爆发了,它是 19 世纪殖民扩张的主要原因。随着科技进步的成果被应用到工业生产中,必然需要更多的资本和更大的市场。欧洲尚未实现工业化的地区曾一度提供了必需的市场。但是,工业强国很快就开始寻找其他市场,它们在拉丁美洲和亚洲找到了新市场。

这种情况在拉丁美洲导致了新殖民主义（Neocolonialism），即使是那里的国家获得解放、签署独立宣言和成立国家政府之后。在新殖民主义制度下，殖民国家并不直接统治被殖民国家，而是给予它们一定的政治独立，让它依赖于殖民国家，从而对它们进行经济剥削。西班牙以前的殖民地刚刚独立，英国、法国和美国便开始为争夺新市场展开了竞争。起初，外国投资者主要对城市市场感兴趣。但是到了1870年，控制内地农产品的竞争开始了。随着工业和科技取得了新进展，现在需要的不再是新市场，而是用于工业生产的原材料。殖民者将贪婪的目光转向了以前几乎无人关注的地区，大量的外国资本被投入到铁路、港口和加工厂。这样的投资得到了当地统治阶级克里奥罗人（criollos）——即拉美混血儿——的同意和支持，他们的地产规模和价值都因此大幅增长。因此，国外和国内的资本就这样结成了同盟，通常由这些资本支持的寡头政府最好地服务于它们的收益。由于这样一种权势联盟，彻底的社会与政治变革很少发生。

欧洲的工业革命在亚洲造成类似的结果，尽管亚洲的殖民主义通常是以更传统的形式出现：军事占领和公然的政治统治。起初，西方的经济列强还满足于开辟新市场。但是，它们的经济利益一再受到政治进展、当地政府的软弱或另一个工业强国的威胁，这迫使它们必须进行武装干涉和接管当地政府——至少是牢牢控制当地政府。但是，到了20世纪中叶和21世纪，亚洲开始了反抗，在第二次世界大战和中国新政权之后，日本、中国、印度、韩国这些国家成为政治与经济强国。

此前，对黑非洲（Black Africa）的殖民相对较慢，在19世纪最后几十年，殖民黑非洲的步伐开始加快。当时，欧洲充斥着帝国主义狂热，欧洲列强寻求的不再是新市场，而是原材料产地。欧洲的许多人相信，如果某个国家想要成为世界的头等强国，它必须统治一个庞大的海外殖民帝国。在此之前，英国、法国和荷兰已经有了海外殖民帝国，现在，比利时、意大利和德国也加入进来,疯狂地抢夺世界的每一块土地。在 20 和 21 世纪,民族主义者再次奋起反抗,这又导致许多国家获得独立。

19 世纪的殖民主义扩张之所以可能,是因为现代工业发展的另一个结果:军事力量。西方列强拥有强大的武器,它们能用这些武器击败规模更大的军队。即使像有着民族自豪感且人数众多的中国和日本,也不得不因为没有强大武器而屈居二等国家。非洲和亚洲只有少数国家能保持政治独立,但是,即便这样,它们也被迫失去了经济独立。例如,虽然中国和日本从未被西方列强完全征服,但是,它们实际上不得不与西方列强进行贸易。世界有史以来第一次成为一张巨大的经济网。

这一新秩序背后是一场更深刻的知识革命,它始于文艺复兴,却直到 19 和 20 世纪才结出丰硕的果实。西方文明开始注重观察和实验,并将它们用作获取知识的主要方法,然后再用这些知识来改造世界。这种新知识的第一次重要应用与工业革命和它所需要的能源密切相关。几百年来,能量的主要来源始终是水和风;它们为驱动磨粉机和船舶提供了能量。现在,新能源被开发出来。现代活塞蒸汽机最早研发于 16 世纪末和 17 世纪初,它现在被应用于工业生产和海陆交通——第一艘商用轮船于 1802 年造成。以前要花费数月之久的旅行现在被缩短到几周,甚至是几天。后来,内燃机被发明出来并应用于交通,这促成了汽车与货车运输业、修建更宽的公路、新的生活方式、殖民中东石油储量丰富的地区以及整个生产与销售过程中的无数变革。同蒸汽机和铁路为世界所带来的变化相比,被应用到航天领域的内燃机让世界变得更小。以前要花费数天的旅行现在只需短短的几个小时。到了 20 世纪下半叶,显然人们必须找到并开发新的能源及其来源。大型水力发电厂不仅在工业国家建成,也在许多希望达到像西欧和美国那样发展水平的较为贫穷的国家建立起来。世界似乎变得越来越小。人类甚至登上了月球,还有人要到外太空建立城市。核能登上了历史舞台,这导致赞扬核能威力的人与担心核动力危害的人爆发了争论。石油仍是最被普遍使用的能源,但是,尝试开发代替性能源——风能、太阳能、地热和潮汐——的实验和试点项目也开始了。

然而,如果交通的迅猛发展震惊了生活在 20 世纪上半叶的人,那么,还有更令人震惊的事。新的交通工具似乎令这个世界变小了,然而,新的通讯工具让这个已经变小的世界更小了。塞缪尔·莫尔斯(Samuel Morse)于 1837 年发明了电报,到了 1844 年,它已经成为一种切实可行的通讯方式;第一部电话于 1877 年被展出;到了 20 世纪 50 年代,在大多数工业国家,电视已经成为普通的家用电器。1950 年的纽约人会惊叹,他可以呼叫接线员,让他安排他们与远在开罗的某个人通电话——接线员有时在一小时之内就能将这次通话安排就绪。但是,到了 2010 年,人们不仅能与开罗的某个人通电话,还可以在短短几秒钟之内用电子邮件将书籍和照片发送出去。1975 年,相对较少的一部分专业人员开始使用电脑。到了 2010 年,连学龄前儿童都已在使用电脑,人们瞬间就可以联系到世界各地几乎每一个人,互联网上的信息(真假都有)比任何一个图书馆所存储的信息都更多。

从某种程度上讲,这是始于 19 世纪、甚至是更早期发展所达到的顶峰。在整个 19 世纪,西方文明自认为注定要带领整个世界进入一个幸福与富裕的时代。工业革命所创造的财富和幸福在二百年前看来是无法想象的。在亚洲、非洲和拉丁美洲,人们渴望获得工业化的欧洲和美国的方法和智慧。宣教事业仍在蓬勃发展,尽管它遇到挫折,如中国的义和团运动(参第三十六章),但是,全世界人口的大多数有望在不远的将来成为基督徒。除了少数特例之外,欧洲列强和平共处了近一百年。

然而,一股股毁灭性的暗流潜藏在和平的表象之下,它们最终将整个世界拖入有史以来最具毁灭性的战争——战后便是革命、经济巨变,甚至是更具毁灭性的战争。19 世纪的欧洲之所以能享受相对的和平,一个原因是欧洲列强之间的竞争是殖民主义扩张。当欧洲享受和平时,国际政策的共同特点是,欧洲列强的海外代理人在进行战争。但是,到了 1914 年,亚洲、非洲和拉丁美洲的大部分地区已经成为殖民地——如果不是政治上的,至少也是经济上的。欧洲后来将目光转向了自己的东南方:巴尔干半岛。巴尔干半岛的土耳其帝国逐渐分裂成许多没有固定边界和稳定政府的国家。它们成为欧洲列强争夺的焦点,这正是第一次世界大战爆发的原因。后来,西方所夸耀的科技与工业进步显示出它的全部毁灭力,因为战争为科技在军事上的应用提供了一次良机:科技在第一次世界大战中被应用于海战、空战和化学战。工业强国对遥远国家的控制意味着,世界的大部分地区直接或间接卷入了战争。第一次世界大战持续了四年,战争波及三十个国家,共计六千五百万人参战,其中大约七分之一的人在战争中丧生,三分之一以上的人在战争中负伤。虽然平民在战争中的伤亡更难估计,但是,他们的伤亡至少与军人的伤亡持平。

与此同时,俄国的混乱导致了革命。俄国是欧洲的一大强国,19世纪的自由思想在俄国实际上没有取得任何进展。俄国的独裁政府和拥有土地的贵族仍像几百年前那样统治着国家。卡尔·马克思(Karl Marx)从未想过,工业化进展非常缓慢的俄国会成为第一个他所倡导的革命获得成功的国家。他的期望是,工业和资本的发展将最终导致工业工人的革命,农民不会同情这样的革命。但是,第一次世界大战令他的预言落空。在俄国,民族主义者痛恨无法赢得战争的政府,不久城市居民因缺乏面包、农民因缺少土地而提出抗议,真是雪上加霜。1917年3月,沙皇尼古拉二世(Czar Nicholas II)被迫让位给他的弟弟,但是,他的弟弟几天之后也退位了。温和派曾短暂地掌控政府,他们希望建立自由的资产阶级共和国。但是,这届政府在第一次世界大战中和经济政策上都失败了,在列宁(Lenin)和他的布尔什维克党的鼓舞之下,德国于1917年爆发了十一月革命(November Revolution)。列宁随即启动了他庞大的社会重组计划:将土地和所有银行国有化,通过国家所控制的工会来管理工厂。作为改革计划的一部分,所有教会的财产也被没收。因此,在拜占庭帝国陷落之后自认为是"第三罗马"的俄国教会,现在的生存状况就像拜占庭教会在土耳其人入侵之后的处境。新政府退出了第一次世界大战,但是,俄国很快就陷入了内战,红军必须对付得到国际与教会支持的反革命分子。等到红军赢得内战时,苏维埃政府比以往更相信,教会是它的死敌。

第一次世界大战并没有那么严重地影响到西半球。美国直到1917年4月才参战,但是,美军伤亡惨重,其他问题很快就引起了美国的关注。美国将目光转向国内,为了解决自身问题而孤立于世界其他国家,也拒绝加入国联(League of Nations)。19世纪两个根深蒂固的问题占据了美国历史舞台的中心:禁酒和女性的选举权。1919年,第一次世界大战结束不到一年,禁酒就成为美国法律。1920年的"宪法第十九条修正案"(Nineteenth Amendment to the Constitution)最终将选举权赋予了女性。20世纪20年代是经济繁荣的十年,尤其是对少数富人来说(百分之五的美国人得到了全美国个人收入的三分之一)。后来爆发了经济大萧条,它导致富兰克林·罗斯福(Franklin D. Roosevelt)被选为美国总统,他颁布了"新政"(New Deal)。美国在罗斯福担任总统期间开始复苏,人们认为这证明国家状况基本健康,经济大萧条只是一个通过艰苦有序的工作就可以克服的短暂时期。因此,在20世纪上半叶,开始席卷欧洲的怀疑与悲观情绪并没有在美国出现。

在西半球的其他国家,最值得关注的事件是墨西哥革命(Mexican Revolution),它是一场旷日持久的革命,从1910年起持续了数十年,有时相当激进,有时相对温和。天主教同样与革命不断爆发冲突。1927年,教会财产被没收了,就像以前在俄国发生的一样。最终,国家放宽了针对教会的最严厉的政策,但是,国家并没有将没收的财产还给教会。

在欧洲,国联有望阻止第一次世界大战这样的悲剧再次上演,但是,法西斯主义的壮大令这个希望化为泡影。法西斯主义在贝尼托·墨索里尼(Benito Mussolini)统治之下的意大利最先突显出来,它利用受伤的民族自尊心来荣耀战争,并将整个意大利变成一个极权主义机器。它的社会学说含糊不清;它起初支持激进的革命,但是最终利用了人们对共产主义的恐惧,并联合产业工人的力量创造出一个权力与产业的新贵。不管怎样,各个阶段的法西斯主义的一个共同特点是,梦想国家的辉煌,憎恨创造了脂粉气十足的资产阶级民主与政治自由主义。正如墨索里尼所说:"母性是女人的天性,战争是男人的天性。"法西斯主义很快就蔓延到其他国家。德国的法西斯主义是纳粹主义,纳粹分子于 1933 年开始掌权,纳粹主义最终超过了意大利的法西斯主义。通过纳粹党的影响,反犹太主义成为一个国际法西斯主义的既定教条,这导致德国和其他国家数百万犹太人丧生。到了 1936 年,法西斯主义不仅在意大利和德国,也在日本、波兰、奥地利、匈牙利、希腊、罗马尼亚和保加利亚获得一定的权力。1939 年,随着弗朗哥(Franco)在西班牙内战中胜利,法西斯主义在西班牙站稳脚跟。法西斯主义者对基督教的态度不尽相同。在西班牙,弗朗哥将天主教视为他最亲密的盟友之一,他总是宣称,他是敬虔的天主教徒。墨索里尼对基督教的态度因时局变化而变化。阿道夫·希特勒(Adolf Hitler)认为,教导博爱与宽容的基督教是他的敌人,因为他的目标是征服和统治——但是,他也试图利用教会来实现自己的目的。

　　法西斯主义的一个诱惑是复兴古代的辉煌。墨索里尼许诺复兴古罗马帝国。希腊的法西斯主义者说到复兴斯巴达的军国主义和古代的拜占庭帝国。西班牙长枪党党员(Falangists)希望重返西班牙帝国黄金世纪。显而易见,这些梦想之间是相互冲突的。但是,在它们背后是颂扬战争、恐惧思想自由的交流、建立极权的民族主义和反对一切平等主义,它们与各种反对一切民主、自由与和平的法西斯主义运动相结合。意大利和德国组成法西斯主义轴心国,日本随后也加入进来。德国与苏联共同签署的《苏德互不侵犯条约》(Molotov- Ribbentrop Pact)确保了苏联的中立。一个月之后,也就是 1939 年 9 月,第二次世界大战爆发。

　　在短短的三十年之内,整个世界被再次拖入了战争。起初,法西斯国家——轴心国——确保苏联保持中立。实际上,苏联是利用它与轴心国的友好关系而与德国一同瓜分波兰,扩张它在波罗的海的领地。法西斯主义者很快就占领了西欧的大部分国家,与此同时,他们的盟友日本也在东方扩张它的领地。到了 1941 年,随着德国入侵苏联和日本偷袭珍珠港,世界上再没有哪个大国可以保持中立。轴心国已经占领了大部分欧洲,因此,现在的主要战场是在太平洋、北非、苏德边界和英吉利海峡。但是,欧洲列强在非洲的殖民地、近东和遥远的拉普拉塔河(Río de la Plata)——今天的乌拉圭和阿根廷——也爆发了战争。曾经不为人知的太平洋群岛如今在西方家喻户晓。生活在相对与世隔绝部落里的土著人看到,战机在他们的天空交错往来,他们当时全然不知的国家正在争夺他们的土地。在第二次世界大战中,共计有五十七个国家参战。

到了战火消退、伤亡可计时,战争的代价显然是巨大的。在主要的交战国,战争所导致的死亡与失踪军人数是毁灭性的:美国每四百五十人中就有一人,英国和意大利每一百五十人中就有一人,法国和中国每二百人中就有一人,苏联每二十二人中就有一人,德国每二十五人中就有一人,日本每四十六人中就有一人。军人死亡或失踪总数超过一千五百万。[①]此外,还有更多直接死于战争的平民,纳粹和其盟友所屠杀的数百万犹太人以及死于战争所间接导致的饥荒或疾病的不计其数的平民。

第二次世界大战所带来的另一个难以估量的后果是曾盛行于 19 世纪的对未来西方文明的乐观态度消亡了。19 世纪的西方文明将基督教的价值观与科学技术的进步结合在一起,它有望为人类开启一个崭新的时代。这种文明是白人与较为不幸的人一同分担的白人的负担(white man's burden)[②]。现在,经过有史以来最具毁灭性的两场世界大战,这种文明在全世界传播了死亡和毁灭。它的科技力量被用来发明极具毁灭性的武器,这是前一代人所无法想象的,它在 1945 年 8 月 6 日达到顶峰:这一天,美国空军在广岛投下第一枚原子弹。德国,一度是欧洲文明的象

---

① *Encyclopaedia Britannica* (1968 ed.), 23:800.
② 《白人的负担》是英国诗人鲁德亚德·吉卜林 1899 年的作品,此诗作表面上是在呼吁白人为所有人的利益征服和殖民野蛮国家,因其主题成为欧洲中心主义、种族主义和帝国主义的象征之一。——编者注

征,并因其在西方世界的知识领先而洋洋自得,最终却深受恶魔般狂热之害,而这种狂热是世界上最野蛮的原始部落也望尘莫及的。

311　　这一切的一个直接后果是,在全世界范围内掀起了一场反抗一切形式的殖民主义的风暴。首先,战败国的殖民帝国瓦解了。但是很快就显而易见,甚至是战胜国也因战争而极大地失去了它们的威望。早在几十年前就已经开始的民族主义运动突然有了新生命,所有殖民帝国在短短二十年间就全部瓦解。政治独立并不总能带来经济独立,因为经济剥削的新形式——新殖民主义——在很多时候取代了旧的剥削形式。但是,在第二次世界大战结束二十年之后,一些较为贫穷的国家爆发了反抗经济帝国主义的强大运动。有时,民族主义表现为一种复兴的古代非基督教信仰。一些民族主义运动不仅希望改变国际经济秩序,也试图改变国内社会秩序,它们经常采取社会主义的模式。中国就是这样一个社会主义国家,中国共产党在内战中推翻了国民政府。虽然中国曾忠实于苏联的社会主义,但是,它最终摆脱了这一束缚,因为这种联系仍然很像欧洲国家过去对世界其他国家的监护,中国最终发展出具有中国特色的社会主义。日本走上了迥然不同的道路:成为资本主义国家,并实现了工业化,它与欧洲和北美洲的老牌工业强国展开了竞争。几乎整个非洲和所有穆斯林国家都摆脱了西方国家的统治。在穆斯林世界,传统习俗经常受到国外势力的威胁,这导致极端与残暴的伊斯兰教派出现,到了 21 世纪,他们在西方国家和穆斯林世界都引起巨大的恐慌。以色列被许多国家视为被包围在非西方世界的西方领土,受到来自邻国的巨大压力,因为它们认为,以色列建国会对它们不利。罗得西亚(Rhodesia)和南非的白人霸权制度崩溃了。全世界的新国家和拉丁美洲国家有许多人认为,21世纪的中心议程是建立一个更有利于贫穷国家的经济秩序,并以此为基础,调整国际关系,重新分配国内的财富。

　　所有这些变革经常令欧洲的工业化国家和美国感到困惑,在这些国312　家,许多人接受的教育是,整个殖民事业和新殖民事业是利他的,它们基于崇高的理想。从这个角度来看,反殖民主义就是在制造混乱。这只能被解释为是造成那些所谓的"国人"失去他们最大利益的邪恶阴谋。冷战思维促进了对反殖民主义运动的这种理解。(冷战[Cold War]是指资本主义国家与共产主义国家在第二次世界大战结束后随即爆发的冲突,它以不同的程度持续了几十年。)由于第二次世界大战,苏联控制了大部分东欧,德国分裂成联邦德国(西德)和民主德国(东德)。德国成为许多冷战活动上演的舞台,包括共产主义者封锁柏林,修建防止东柏林人叛逃到西柏林的柏林墙。在一些地区,如朝鲜和越南,冷战升级为公开的战争——尽管主要大国出于担心对方核能力的缘故,避免直接的武装冲突。许多西方人依据冷战来解释整场反殖民主义运动。共产主义者的确在许多革命运动中发挥了作用——尽管他们并没有领导革命;因此,整场反殖民主义浪潮可以被视为共产主义者的大阴谋。这种解释在欧洲比在美国更普遍,因为它的优点是可以解释白人的利他主义——白人的负担——为何导致 20 世纪末充满敌意的反殖民主义斗争。但是,这种过于简单化的解释是危险的,西方将为此付出巨大的代价——它可能令西方人疏远世界上绝大多数人,因为它将每一场争取公义和自由的战争都视为共产主义者的阴谋。从冷战的角度来看,这场声势浩大的斗争是东西方的斗争,是资本主义与共产主义的斗争。

在 20 世纪最后十年,东欧的共产主义意外消亡,苏联解体,当时,斗争显然已不再是东西方的斗争,而是南北方的斗争、富人与穷人的斗争、发达国家与不发达国家的斗争。高压政权的瓦解通常会导致当时由这些政权所维系在一起的国家解体。不仅是苏联,捷克斯洛伐克、南斯拉夫和其他国家也很快就因民族、文化和宗教问题而产生分裂,这常常会导致战争,甚至是种族屠杀。

与此同时,西方也正在发生重大的变革。工业生产和通讯科技在贫穷国家的成本通常更低,因此,许多工厂迁到了贫困国家,也带去了就业岗位,这就令许多产业工人认为,他们被出卖了,他们的生计被夺走了。

313

但是,在工业国家的工人发出这些怨言时,人们认为,财富依然从以前的殖民地流向以前的宗主国。为了寻找更好的生活,殖民地区和新殖民地区的人开始移民到他们的宗主国,这为英国带来大量来自非洲、亚洲和加勒比地区的移民,为美国带来大量来自拉丁美洲的移民,为西欧带来大量来自非洲和阿拉伯的移民,为荷兰带来大量来自印度尼西亚的移民;因此,我们可以说,以往希望整个世界都西化的那种想法必须改变,实际上,以前被西化的人正在影响西方,正在通过意想不到的方式改变西方——从语言到饮食,从家庭生活到宗教。

在20世纪末和21世纪初,另一场革命性的变革也在席卷整个世界。以前似乎还满足于二等身份的人——尤其是黑人以及在白人统治之下的少数民族和世界各地的女性——突然开始要求有决策权。在拉丁美洲,人们强烈要求重新肯定美洲印第安人的古老文化,这通常会与政治联系在一起。显然,这与两场世界大战的悲剧和十分可能爆发的第三次世界大战有关。的确,如果领导世界的人将世界拖入了巨大的灾难,其他人似乎早就应该得到领导世界的机会。在第二次世界大战期间,美国的黑人与女性和英国的女性为各自的祖国倾其所能。在战争结束之后,他们实际上不再满足于他们以前的地位。与此同时,人权运动和女权运动都试图为黑人和女性赢得更多权力,它们是对白人男性统治世界的抨击。

所有这些就是基督教生存的背景。基督教比任何一个国际机构、跨国公司和政治运动都更超越国界、阶级和政治。的确,19世纪的一大遗产是,诞生了有史以来真正意义上的普世教会。虽然20世纪的一些人将以前的宣教士视为不切实际的梦想家,但是,他们实际上是成功了,因为他们在去世之后留下了一个由每一种文化、每一种肤色和每一个民族所组成的巨大的基督徒网。对于这样一个国际教会来说,21世纪的问题并不简单。许多基督徒——尤其是在世界较贫穷国家的基督徒——相信,他们的基督教信仰要求他们必须帮助那些受经济与社会压迫的人获得解放;也有许多基督徒坚持认为,这并不是教会的使命。在时代困境和复杂形势的威胁之下,许多基督徒接受了基要主义(Fundamentalism)。基要主义经常与政治和经济保守主义结成同盟,尤其是在以前的殖民地和新殖民地。但是,也有许多基督徒——还是主要生活在世界较贫困地区的基督徒——认为,基督教已经成为一种个人与集体的生存手段,因为基督教信仰促进了食品的生产与分配,促进了教育和健康,也带来土地改革——但是,他们的做法有时相当激进。这些都发生在这样一个背景,在其中,战争、种族斗争和阶级斗争正分裂着教会——尽管沿着与先前的神学分歧不相干的路线。有时,教会受到了迫害;有时,教会被存有私心的人利用。在当时的混乱局势中,基督徒经常处在分裂、困惑甚至是恐惧当中。可是,在经历战争、迫害和内部争斗过程中,他们还是力图见证这位独一上帝,他的和平和公义的统治永无停息。

在西方,教会已经失去了许多它曾拥有的政治权力和文化威望。这可以在爆发于18世纪末和19世纪初的一系列革命中看出,先是爆发在即将成为美国的那片土地上(参第二十七章),后是在法国(参第二十八章),最后是在拉丁美洲(参第二十九章)。这些革命——连同1917年的俄国革命(参第三十五章)——可以说是标志着基督教进入了"后君士坦丁时代"(Post-Constantinian Era):一个基督教不再有世俗国家及其机构支持的时代。基督教不仅失去了权力和威望,也失去了文化与社会影响力。到了21世纪初,教会对西方的欧洲人和北美人日常生活的影响与教导显然正在下降。不仅参加基督教崇拜的信徒数量正在下降,基督教也几乎从许多大众媒体以及社会与家庭生活中消失或是被忽视。虽然造成基督教衰落的主要原因是世俗主义(secularism),但是,在全世界——尤其是在西方,许多人也试图从古代的宗教与习俗中寻求精神慰藉,他们认为体制化的教会不能满足他们在精神方面的需求。教会曾经认为,诺斯替主义已经成为遥远的过去,但是,现在它又复兴了。有些人转向了占星术、招魂术或巫术;还有些人只是将不同来源的各种元素拼凑在一起,创建出他们自己的个人化信仰。

315

神秘宗教是 20 世纪很长一段时间的一大特色,甚至在高高的安第斯山脉,人们也对神秘宗教有浓厚的兴趣。

　　知识的挑战同样令人气馁。现代性已经彻底改变了生活在传统基督教国家的大多数人的世界观。包括圣经在内的各种古代权威受到了前所未有的质疑。新的民主思想与一些教会、尤其是与罗马天主教的等级制度产生了冲突。达尔文(Darwin)和他的进化论代表了人们当时对知识和教义所发起的挑战。基督徒应该如何回应现代性的这些挑战和其他挑战?我们将会看到,在这个战场上,罗马天主教神学(参第三十一章)走上了与大多数新教神学截然相反的道路(参第三十章)——这导致的直接后果是,西方基督教的这两个支派在 19 世纪产生了有史以来最大的分歧。但是,在 20 和 21 世纪,意想不到的进展再次成为其特征。现代性的失败令人们提出了后现代的观念。在神学领域,形势发生了变化,新教与天主教的神学家都放弃了他们以前的极端立场——新教徒普遍更怀疑现代性的成就和希望,而天主教徒则承认现代性的一些价值和贡献。但是,所有基督徒现在不得不应对正在质疑现代性许多公理的新知识结构。

　　在大多数神学家和教会领袖关注这一切的同时,教会生活也正在发生其他重大的变革。我们这卷《基督教史》最后一部分的标题"超越基督教王国"(beyond Christendom)正指向这些事件。在这个背景下,基督教王国是从空间上和政治上来理解的。直到此时,对大部分基督教历史来说,世界上的一些地区自认为是基督教的,它们与非基督教地区截然不同;在这些地区,有着不同表现形式的教会通常都有相当大的政治与社会权力。但是,这一部分标题中的"超越"一词也有另外两层含义,如果我们想要理解21世纪初的基督教状况,这同样重要。首先,超越有空间上的意义,它表明发生在19和20世纪最重大的事件,也许既不是我们传统上十分关注的西欧的神学辩论,也不是罗马天主教针对现代性的罪恶所颁布的教令,更不是欧洲和北美洲的政治与社会革命。虽然所有这些事件都非常重要,必须引起我们足够的重视,但是,从21世纪的角度来看,在19和20世纪的基督教史中,最重要的事件可能是,基督教超越了它在西方文明中的传统界限,并成为一种真正的普世信仰。我们将会看到(参第三十六章),这最初是与西方的殖民主义扩张联系在一起的。但是,当殖民主义扩张浪潮开始减退时,在许多以前的殖民地中,基督教仍在发展壮大,它在这些地区深深扎根,并找到更适合当地文化与社会的新形式。因此,在19和20世纪初,基督教超越了空间意义上的基督教王国。

317

然而,这一切的结果是,我们现在可以说,基督教也超越了时间意义上的基督教王国。在21世纪,基督教王国的时代显然已经成为了过去。随着教会与国家、基督教信仰与社会文化和习俗在君士坦丁时代融合的结束,基督教王国的时代已经成为过去。我们已经进入一段崭新的历史,北大西洋不再是基督教活力和创造力的中心,因此,基督教王国的时代也在时间意义上成为了过去。

有统计数据可以证实这一点。在1900年,百分之九十四点五的欧洲人和百分之九十六点六的北美人是基督徒;到了2000年,这两个数字分别下降到百分之七十六点八和百分之八十四点二。在1900年,百分之九点二的非洲人是基督徒,到了2000年,这个数字是百分之四十五点九。

在全世界人口最多又有许多宗教存在的亚洲，在 1900 年，基督徒所占人口比率是百分之二点三，这个数字到了 2000 年上升到百分之八点五。③基督教在几百年前最不兴旺的地区迅猛发展，因此平衡了基督教在其原本的中心地区人数上的衰减。

　　我们现在必须来讲述这些进展，它们有时令人恐惧，但是，它们一定是激动人心的。

---

③ 数据来自 David K. Barrett et al. , eds. , *World Christian Encyclopedia* (Oxford：Oxford University Press, 2001), vol. 1, table 1 - 4.

第二十七章

转变中的景象：美国

> 赐予我们生命的上帝，同时赐给了我们自由；暴力之手可以
> 摧毁它们，却不能将它们分开。
>
> ——托马斯·杰弗逊

十三个殖民地的独立

英国在北美洲的十三个殖民地自建立以来就享有一定的自主权。政治与宗教动乱震动了 17 世纪的英国，这令英国政府无力治理它在海外的殖民地，但是，这有助于英国在北美洲的十三个殖民地保持自治。由于这种局势，十三个殖民地中的许多殖民地建立了最适合它们自己，而不是最好地服务于英国利益的政府和贸易。但是，到了 18 世纪后半叶，英国政府开始在十三个殖民地寻求更直接的统治，遭到这些殖民地的强烈抵抗。最终导致公开战争有三个主要原因。第一，英国殖民者在十三个殖民地驻扎了十七个军团。英国殖民者并不需要用这么多军队进行防卫，因此，殖民地居民有理由认为，军队是用来镇压他们的一个工具。第二，征税不断导致冲突。英国国王决定由十三个殖民地支付他的政府的开销——包括供养让十三个殖民地非常憎恨的军队的开销，因此，国王开始了一系列征税。在英国，法律一直规定必须由议会来批准征税。殖民地居民认为，他们有同样的权利，这个权利受到了侵犯。第三，十三个殖民地与英国因

为印第安人的土地而爆发了冲突。由于政治与道德的原因，英国当局下令，禁止白人再侵占阿巴拉契亚山脉（Appalachians）以西地区。这项法律在十三个殖民地并不受欢迎，殖民地的贫穷白人希望在现在被禁止殖民的土地建立家园，而拥有土地的贵族投机者也已经成立了明显以殖民印第安人土地为目标的公司。

因为这些原因，十三个殖民地与宗主国的关系越来越紧张。更严厉的法律激起了更顽强的反抗。1770 年，英军向波士顿平民开火，结果五人被打死。英军现在被视为外国军队，面对着他们的威胁，十三个殖民地的军民更积极地建设自己的军火库。1775 年，当英军威胁消灭其中一个军火库时，军民奋起反抗，美国独立战争就此爆发。1776 年 7 月 4 日，也就是在一年多之后，十三个殖民地的代表在费城召开了大陆会议（Continental Congress），他们宣布，十三个殖民地从英国独立出来。后来，法国和西班牙成为这个新国家的盟友，而英国只能指望印第安部落的支持，印第安人担心，殖民地的独立将导致他们的灭亡——这样的事的确发生了。最终，一份临时协定于 1782 年签署，一年后的《巴黎条约》（Treaty of Paris）确认了这份临时协定。

这些事件深刻地影响到北美洲的宗教。许多人将争取独立的战争与一种理性主义意识形态结合在一起：将上帝的护理视为首要进步的动因。新国家本身就是人类进步的鲜活证据。人类进步的一个表现是，抛弃了传统基督教的教条主义，只拥护自然宗教，或最多是拥护基督教的精华。除了可以通过自然理性或普遍道德来理解的以外，基督教的传统教导和习俗一律被视为过去的遗物和进步之旅中的累赘。

这些思想在两场最初彼此独立、但很快就联系在一起的运动中形成了体系：神体一位论（Unitarianism）和普救论（Universalism）。神体一位论几乎与美国独立同时出现，它主要是在英国圣公会和公理会中取得了进展，这两个宗派的基督徒不愿意再信奉基督教传统的正统教义。虽然源于这场运动的教会被称为神体一位论派，因为他们否定了三位一体的教义,但是,他们实际上在其他许多要点上也与正统教会产生分歧。他们是理性主义者,强调人的自由和理性的能力,这与正统基督徒强调上帝的奥秘和人的罪不同。这场运动在新英格兰商人中影响力最大。普救论——即所有人最终都会得救的教义——在十三个殖民地独立之前不久被英国循道宗信徒带到美国。这些循道宗基督徒主张,永罚否定了上帝的爱。在美国独立后,一些普救论派教会在新英格兰建立起来。这场运动很快就与神体一位论结合在一起。超验主义(Transcendentalism)在神体一位论派与普救论派中赢得了最多信徒。这场运动最著名的代表人物是拉尔夫·沃尔多·爱默生(Ralph Waldo Emerson,1803—1882),超验主义者将理性主义与浪漫主义结合在一起。他们强调,自我认知(self-knowledge)是理解宇宙及其目标的一种方法,所有人都有一点神性——一些超验主义者将其称为超灵(Oversoul)。同普救论派一样,超验主义的大多数名家都来自社会上层,但是,超验主义的许多思想最终渗透到美国社会的其他阶层。

不管怎样,美国教会所面临的最直接挑战是与英国教会的关系。可以预料的是,这个问题对圣公会来说是最重要的。早在美国独立之前,殖民地的许多居民就将主教视为英国国王的代理人,因此,他们反对为十三个殖民地任命主教。在美国独立战争期间,许多亲英派是圣公会信徒,其中许多人最终移民到英国、加勒比地区或加拿大。最终,留在美国的圣公会信徒于1783年成立了新教圣公会(Protestant Episcopal Church),它在贵族中最为强大。

起初,循道宗因同样的原因而有所退步。卫斯理坚决拥护英国国王,他呼吁十三个殖民地的循道宗信徒服从国王的命令。他也批评殖民者发动起义,因为他们在为自己争取自由时并没有将自由给予他们的奴隶。在《独立宣言》(Declaration of Independence)之后,所有在十三个殖民地的英国循道宗传道人——除了阿斯伯里之外——都回到了英国。这令循道宗在爱国者中很不受欢迎。但是,因着阿斯伯里的不懈努力,美国循道宗开始成形,并招募了新的传道人。最终,美国循道宗在1784年的"圣诞节会议"(Christmas Conference)上决定成立自己的教会,独立于英国的循道宗和英国圣公会。此次会议还决定,美国的循道宗由主教领导。

其他教会有着不同的历史。浸信会发展迅速,尤其是在弗吉尼亚和南方的其他殖民地,浸信会从这里发展到新地区:田纳西(Tennessee)和肯塔基(Kentucky)。尽管公理会因支持十三个殖民地的独立而赢得了威望,但是,它只在新英格兰取得了重大进展。总的来说,所有宗派都尽其所能地根据新形势来重建它们的教会,并修复战争所带来的创伤。

实际上,宗派(denomination)一词说明了北美洲新教的一个主要特点。宗派一词表明,不同的教会被视为宗派,即对基督徒的不同称呼。在一个宗教多元化的社会里,宽容对政治生存来说必不可少,由于教条主义在其他国家造成了伤亡,北美洲的新教徒往往将教会视为一个非可见的实体,它既是由所有真信徒组成的,也是由可见的教会或宗派组成的,它们是信徒自愿组成的团体,是信徒根据自己的信仰与喜好而自愿创建与加入的。

对教会与宗派的这种区分所造成的一个实际后果是,分裂北美洲新教的大争论不只局限于某个特定的教会,而是超越了宗派的界限。例如,像奴隶制、进化论、基要主义、自由主义和种族政策这样的问题,同时分裂了数个宗派,某个观点的支持者会跨宗派地联合在一起。

基督门徒会(Disciples of Christ)的诞生就是对美国基督教宗派主义的回应。这场运动的创始人托马斯·坎贝尔(Thomas Campbell,1763—1854)和他的儿子亚历山大·坎贝尔(Alexander Campbell,1788—1866)原本无意创建新的教会或宗派。他们的目的是呼吁所有新教徒通过宣讲起初纯净的福音来实现合一。亚历山大·坎贝尔很快就成为这场运动的领袖,他极为重视新约的权威,并将其与他那个时代一些普遍的理性主义相结合。因此,他对新约的许多解释都受到理性主义的影响,但是,他热情地服从他所认为的上帝的诫命,这是理性主义者所无法比拟的。坎贝尔坚信，如果基督徒一同回归他所理解的原始基督教，基督教是可以合一的，他心怀这一信念发起了一场改革，他的改革最终形成了一个新宗派：基督教会（Christian Church）或基督门徒会。由于坎贝尔异象自身的张力和后来的各种影响，基督门徒会在其整个历史上既出现了理性主义者，也出现了保守派。但是，他们所共同关注的是基督教的合一。

早期移民

在后来成为美国的十三个殖民地，居住着主要来自英国的移民，也有来自德国和其他欧洲国家的移民。但是，在 18 世纪末和整个 19 世纪，出现了一波史无前例的移民狂潮，许多人从欧洲涌入了美国。这一方面是因为欧洲的局势——拿破仑战争、工业化所导致的社会动荡、各国政府的暴政和饥荒等等，另一方面也是因为美国西部看似广阔的土地。与此同时，奴隶贸易也令许多人不情愿地被移民到美国。

324

这么多的移民对基督教在美国的形成产生了深远的影响。到了 19 世纪中叶，天主教（在美国独立时还是少数派）已经成为美国最大的宗教团体。起初，大多数天主教徒是英国人的后裔。后来，法国与德国的天主教徒移民来到了美国。大约在 1846 年，爱尔兰爆发了一场持续数十年的大饥荒，爱尔兰移民和他们的后裔很快就成为美国天主教中数量最多的一群人。这在地方与国家层面的天主教中制造了紧张的局势。就教区层面而言，每一群移民都将教会视为保护他们文化和传统的方法；因此，每一群移民都想要一个独立的教区。就国家层面而言，各群移民之间爆发了权力斗争，他们各自都希望由理解与代表他们利益的统治集团来管理他们。这种紧张局势一直持续到 20 世纪，随着其他天主教移民——意大利人、波兰人和其他国家的移民；买来的路易斯安那的法国人（1803 年）；墨西哥的西班牙人（1848 年）；先因军事征服、后通过移民而来到美国的波多黎各人（1898 年）——的到来，北美洲的天主教变得更加复杂。最终，美国的天主教呈现出如此的特点：它的文化具有多样性，而且其周围文化的多样性和施加的压力在不同程度上质疑与限制了天主教统治集团的传统权力。

天主教的壮大激起了一些新教徒的强烈反抗。早在美国刚刚诞生的那几年,就已经有新教徒反对放任天主教徒移民,他们的理由是,罗马天主教徒的权力等级观有悖于民主,因此,越来越多的天主教徒将会对国家构成威胁。后来,三K党(Ku Klux Klan)发泄了他们憎恨外国人的狂热情绪,他们不仅攻击黑人,也攻击天主教徒和犹太人,他们的理由是,上帝呼召美国成为一个白人的、新教徒的和民主的国家,这三者缺一不可。1864年,教宗庇护九世谴责了八十个"谬论"(参第三十二章),其中包括有关美国民主的一些基本论点,这时,美国的许多人——既有保守派,也有自由派——认为,这证实了他们对天主教的政治意图的最大担心。美国用了将近一百年的时间才愿意任命罗马天主教徒担任政府的最高职务。

路德宗也通过移民而发展壮大。起初,大多数路德宗移民是德国人,但是,许多斯堪的纳维亚人后来也移民到美国。每一群移民都带来了他们的传统,长久以来,美国路德宗的主要目标是,各个路德宗教会能最终合一。其他通过移民而发展壮大的宗教团体还有门诺派、摩拉维亚弟兄会、希腊东正教、俄罗斯东正教和犹太教。这些宗教团体的多样性令几百年前始于罗德岛和宾夕法尼亚的宗教宽容传统更加必要。

许多移民也一同带来了这样一种理想生活目标:在由福音原则指导的宗教社群中,过一种与社会其他人迥然不同的——有时甚至是出世的——生活。因此,社群式生活试验点缀着美国的乡村。从很早的时候起,促使欧洲人殖民北美洲的一个动力是在新大陆建立新社会。数千名殖民者怀有这样的梦想,五月花号上的朝圣者只是他们当中的第一批。欧洲移民和美国原住居民一同向西部迁移,他们希望找到建立理想社会的地方。摩拉维亚弟兄会在宾夕法尼亚所建立的殖民地仍然存在,门诺派和重洗派也进行了类似的实验,他们正在寻找可以自由实践他们的和平主义信仰的地方。德国的敬虔派也在宾夕法尼亚建立了埃夫拉塔（Ephrata）社区，他们还在附近和俄亥俄（Ohio）建立了其他社群。许多这样的殖民地的特点是凡物公用。1846 年，奥奈达人（Oneida）的社群甚至采纳了混合婚姻（complex matrimony）——所有成年男人都是所有成年女人的丈夫，所有成年女人也都是所有成年男人的妻子。

在所有这些运动中，最引人注目的是震颤派（Shakers）的运动。震颤派的领袖是安妮·李·斯坦利（Ann Lee Stanley）——教母安妮·李（Mother Ann Lee）。他们曾试图在自己的祖国英国实践他们的信仰，但是，社会压力最终迫使他们决定移民美国。他们在自己的新家园选择了社群式生活，这可能是在模仿附近的社群。教母安妮·李声称，她是再来的基督（因此，震颤派教会的正式名称是基督复临信徒联合会[The United Society of Believers in Christ's Second Appearing]），基督现在取了女性的形象，就像他以前取了男性的形象。最终，所有人都会得救，现在的信仰社群只是最终得救的第一步。与此同时，信徒必须弃绝性，性是万恶之源。震颤派崇拜的特点之一是舞蹈在崇拜中发挥着重要的作用。震颤派运动蓬勃发展了几十年，并建立了一些震颤派社群。作为社群式生活的试验，震颤派是相当成功的，因为震颤派社群里的生活条件通常好于附近其他地区。但是，震颤派运动最终衰落了，因为它既缺少归信者，又缺少从自身而出的新一代信徒，今天只有很少一部分震颤派留存下来。

第二次大觉醒运动

到了 18 世纪末，第二次大觉醒运动（Second Great Awakening）在新英格兰开始了。起初，第二次大觉醒运动的特点并不是情感大爆发，而是突然热衷于基督教的灵修和生活。参加基督教崇拜的人明显增多，许多人说自己有了归信基督教的经验。第二次大觉醒运动与其他一些类似运动不同，它最初并不是反理性的。相反，它在新英格兰一些最杰出的神学家中取得了成功，其最重要的倡导者之一是耶鲁大学的校长蒂莫西·德怀

326

特（Timothy Dwight）——乔纳森·爱德华兹的外孙。

在第二次大觉醒运动的第一个阶段，一些旨在推广福音的协会建立起来。其中最重要的是于 1816 年成立的美国圣经公会（American Bible Society）和在此六年前创建的美国海外宣教委员会（American Board of Commissioners for Foreign Missions）。美国海外宣教委员会是由一群在干草堆前聚会的学生创建的，他们宣誓致力于海外宣教。阿朵拉姆·贾德森（Adoniram Judson）是美国海外宣教委员会派出的第一批宣教士之一，当他成为浸信会信徒后，美国的许多浸信会信徒放弃了他们一些极端的公理制思想，他们希望建立用于资助全世界浸信会宣教士的全会（General Convention）。在地方教会中还出现了女宣教会，其中一些后来发展成不同的女性组织。在第二次大觉醒运动中诞生的其他协会也肩负起不同的社会事业，如美国殖民协会（American Colonization Society）——我们还会讲到——的废奴运动和 1826 年建立的美国禁酒促进会（American Society for the Promotion of Temperance）所领导的禁酒运动。女性在禁酒运动中成为领袖，到了 19 世纪下半叶，在弗朗西斯·威拉德（Frances Willard）的领导之下，全美基督教妇女禁酒联盟（Woman's Christian Temperance Union）成为维护女性权利的最重要的组织。因此，美国女权运动的一些根源可以追溯到第二次大觉醒运动。

与此同时，第二次大觉醒运动并没有只局限在新英格兰和知识精英中，它在受过较少教育的人和穷人中取得了巨大的进展。其中的许多人正在向西部迁移——美国独立战争的一个成果是，欧洲的殖民列强同意美国扩张到密西西比。许多正向西部迁移的人一同带去了第二次大觉醒运动所燃起的充满活力的信仰。但是，西部边疆的形势有所不同，因此，第二次大觉醒运动现在变得感性有余而理性不足，并最终发展成一场反理性运动。

凯恩里奇复兴（Cane Ridge Revival）于 1801 年在肯塔基的凯恩里奇（Cane Ridge）爆发，这标志着第二次大觉醒运动向反理性迈出了重要的一步。凯恩里奇复兴最初是由长老会的一位地方牧师发起的,他宣布举行一次大会或"露营聚会"(Camp Meeting),目的是倡导更敬虔的信仰。在一个很少有机会聚会与举行庆祝活动的地区,这位牧师的号召得到了积极的响应。数千人在约定的日子聚在一起。许多人因信仰而来到凯恩里奇,有些人将这次聚会视为赌博和狂欢的良机。除了最初发出邀请的那位牧师之外,还来了几位浸信会和循道宗的传道人。当这几位牧师讲道时,有人在赌博,有人在狂饮。第二次大觉醒运动的一位评论者后来说,在凯恩里奇聚会的许多人认为,他们得救了。不管怎样,人们难以抗拒悔改的呼召,人们对呼召悔改的回应令人惊讶。一些人哭泣,一些人难以自制地大笑;一些人颤抖,一些人四处乱跑,甚至像狗一样狂叫。这次聚会持续了一周,从此以后,许多人相信,这样的聚会是传福音的最好方法。后来,每当有人提到"福音布道"和"复兴"时,人们便会想到凯恩里奇。

虽然凯恩里奇的聚会是由一位长老会牧师组织的,但是,长老会并不赞同聚会中无法抑制的情感回应,它正在成为第二次大觉醒运动的一部

在第二次大觉醒运动期间,循道宗这样的"露营聚会"是美国边疆基督教一道独特的风景。

分。长老会很快就针对参加类似于凯恩里奇的聚会的牧师采取了行动。但是,循道宗和浸信会继承了举行"露营聚会"的思想,露营聚会最终发展成定期的"奋兴会"。这样的奋兴会成为边疆社会生活的一个重要部分,因此,循道宗和浸信会都发展迅猛。其中另一个原因是,它们愿意尽可能简单地传讲福音,也愿意起用受过很少教育或根本就没有受过教育的传道人。其他宗派缺少传道人,因为它们在边疆没有教育传道人的机构,但是,循道宗和浸信会愿意起用所有自认为被主呼召的人。循道宗的先锋是平信徒传道人,其中许多传道人服侍始终处于"联络团"和它的主教监管之下的整个联会。浸信会还起用了农民或商人,他们也是地方教会的牧师。当有新的地区可以殖民时,在殖民者中通常会有愿意宣教的敬虔的浸信会信徒。因此,循道宗和浸信会在新地区都非常强大,到了19世纪中叶,循道宗和浸信会成为美国最大的新教宗派。

第二次大觉醒运动的另一个重要意义是,它有助于打破民族与信仰的紧密联系。在浸信会和循道宗的新信徒中,有德国的前路德宗信徒、苏格兰的前长老会信徒和爱尔兰的前天主教徒。虽然总体来说宗派信仰仍与民族出身保持一致,但是在第二次大觉醒运动之后,宗派信仰与民族出身的一致性不再被认为理所当然,尤其在美国的西部边疆更是如此。

³²⁹ 天定命运论和美墨战争

自从五月花号的朝圣者第一次踏上新大陆以来,一个被普遍接受的观念是,为了完成上帝的使命,上帝帮助英国殖民者在新大陆建立了殖民地。独立战争的领袖表明他们将带领人类在进步与自由之路上进行新试验。后来,移民将美国视为充满了自由与财富的应许之地。同这些思想经常相联系的一个信念是,新教优于天主教,天主教阻碍了自由和进步。英国从很早就认为,它的殖民地受到南方西班牙天主教徒和北方法国天主教徒的威胁;因此,这些殖民地被视为新教在新大陆的壁垒。这一切又与种族主义联系在一起;欧洲的移民经常理所当然地认为白人更优越,因此,白人有理由从印第安人手中夺取土地,从黑人手中夺取自由。

于 1845 年被创造出来的新词天定命运论(Manifest Destiny)明确表达了这些思想。1823 年,总统詹姆斯·门罗(James Monroe)宣布了他的著名学说:美国不会支持欧洲殖民者在西半球的新探险,美国的命运似乎尤其与西半球联系在一起。大约就在同一时间,墨西哥驻美国的大使注意到,在美国,与他谈过话的许多人相信,西班牙美洲独立战争的最终结果是,北美洲的大部分土地将属于美国。当"天定命运论"于 1845 年最初被发明出来时,它特指美国通过占领而一路向西方的太平洋扩张:与英国争夺并占领俄勒冈(Oregon),占领当时位于美国边境正西方向的整个墨西哥。当谈判解决了俄勒冈的争端时,位于美国与太平洋之间的墨西哥领土问题仍有待解决。

美国的扩张主义先前在得克萨斯(Texas)起到了重要作用。得克萨斯是墨西哥科阿韦拉(Coahuila)一片被忽视的地区,探险家詹姆斯·朗(James Long)于 1819 年入侵了得克萨斯,但他被墨西哥军队击败了。为了阻止其他殖民者进行类似的探险,墨西哥开始允许来自美国的人在得克萨斯移民,只要他们是天主教徒,并宣誓效忠墨西哥。结果出现了一股移民浪潮,一些人为了能拥有土地而愿意否定他们的信仰,虽然他们名义上是墨西哥人,但是他们相信,他们天生就优于那些以墨西哥名义统治得克萨斯的梅斯蒂索人(*mestizos*)——印第安人与欧洲人的混血儿。其中一个叫斯蒂芬·奥斯丁(Stephen Austin)的移民后来说:

> 为了令得克萨斯美国化,我像奴隶一样劳动了十五年……我的敌人是混居一起的印第安人、墨西哥人和叛徒,他们都是白人和文明的天敌。[1]

330

---

[1] *The Austin Papers*, ed. Eugene C. Barker (Washington, D. C.: Government Printing Office, 1919), 3:345, 347.

奴隶制的问题令事情更加棘手。墨西哥于 1829 年废除了奴隶制,前往得克萨斯的移民(他们的财富通常依赖奴隶制)阴谋令墨西哥并入美国。这些阴谋得到一些美国人的支持,他们开始担心废奴运动,并将得克萨斯视为一个可能的盟友。还有一些支持得克萨斯退出墨西哥的人,他们希望投机墨西哥人被迫放弃的土地会为他们带来财富。美国提出购买得克萨斯,美国驻墨西哥的大使试图贿赂墨西哥的一位官员,他想用两万美元换得这位官员对美国购买墨西哥计划的支持。

战争最终爆发了。墨西哥军队人数较多,但是,得克萨斯的起义军——来自美国的移民和满腹牢骚的墨西哥人——的武器装备更精良,火炮更多,他们的机枪射程是墨西哥军队步枪的三倍。在圣安东尼奥(San Antonio)的埃尔阿拉莫(El Alamo)战斗中,大约两百名起义军顶住了墨西哥整支军队的进攻。在激烈的战斗之后,最后的幸存者投降了,他们全部被墨西哥人处死。"纪念埃尔阿拉莫"后来成为起义军的战斗口号,它被用来在美国筹集资金和招募自愿军。起义军不断被人数更多的墨西哥军队击败;但是,1836 年萨姆·休斯顿(Sam Houston)令人惊讶地夺取了墨西哥的总部,俘虏了墨西哥的将军(与独裁者)安东尼奥·洛佩兹·德·圣安纳(Antonio López de Santa Anna),他通过同意得克萨斯共和国(Republic of Texas)独立而赎回了他的自由。墨西哥政府同意得克萨斯独立,条件是得克萨斯保持独立,美国不可以吞并得克萨斯——美国接受了这个条件。

然而,一纸和约并没有阻止美国向西部扩张。詹姆斯·波尔克(James K. Polk)于 1844 年被选为美国总统,这给认为美国应当继续向西部挺进的人带来了动力。早在新总统宣誓就职之前,议会就已批准得克萨斯成为美国的一个州。第二年,"天定命运论"第一次被使用。这一命运论和隐藏在它背后的巨大的经济利益,要求征服墨西哥北部。但是美国仍有许多人反对这样的扩张,他们赞同约翰·昆西·亚当斯(John Quincy Adams)在众议院发表的讲话,在与墨西哥的战争中,"墨西哥将高举自由的旗帜;我羞愧地说,你们的旗帜将是奴役的旗帜。"②因此,必须让墨西哥打响第一枪,为此波尔克命令扎迦利·泰勒(Zachary Taylor)将军进入美国与墨西哥存在争议的地区。若干年后,参加过这次远征的年轻中尉尤利西斯·格兰特(Ulysses S. Grant)回忆说:"我们被派去挑起战争,但是,必须是墨西哥率先发起战争。"③当墨西哥军队拒绝挑起公开的冲突时,泰勒被命令继续向前挺进,直到他激起墨西哥军队的炮火。当墨西哥最终进行抵抗时,议会同意波尔克对墨西哥宣战。格兰特相信,在所有这些事件背后潜藏着一个巨大的阴谋:增加畜奴州。

1848 年的《瓜达卢佩伊达尔戈条约》(Treaty of Guadalupe-Hidalgo)结束了这场短暂的战争。《瓜达卢佩伊达尔戈条约》规定,为了抵偿一千五百万美元债务,墨西哥需要割让给美国三百多万平方公里的土地,包括现在的新墨西哥(New Mexico)、亚利桑那(Arizona)、加利福尼亚(California)、犹他(Utah)、内华达(Nevada)和科罗拉多(Colorado)的部分地区,墨西哥同意得克萨斯并入美国,格兰德河(Rio Grande)作为美墨两国的边界。《瓜达卢佩伊达尔戈条约》还保证了仍愿意留在被征服土地上的墨西哥人的权利。但是,随着新殖民者的到来,这些权利很快就受到侵犯,仿佛这片土地根本就没有主人,美国人歧视墨西哥人,他们被视为劣等民族,这在美国的西南部非常普遍。

早在 1848 年之前,由于对战争和"天定命运论"的不同理解,美国教会产生了分裂。英勇的抗议之声出现了,他们反对赤裸裸的侵略和在已经废除了奴隶制的国家恢复奴隶制的企图。但是,在与墨西哥的战争结束之后,随着殖民者涌向西部去掠夺土地,教会也加入了这场向西部扩张的运动,一些宗派很快就宣称,上帝已经为向墨西哥人传福音开启了一扇门。

对于罗马天主教来说,征服这些土地造成了不同的后果。最重要的

---

② *Speech of John Quincy Adams*, *May 25*, *1836* (Washington D. C.: Gales and Seaton, 1838), p. 119.

③ Memoirs, quoted in W. S. McFeely, *Grant*: *A Biography* (New York: Norton, 1981), p. 30.

是，罗马天主教突然多了许多信徒，他们在文化上完全不同于北美洲其他天主教徒。几十年来，美国天主教拒绝接受这些文化上的差异，仍在努力令它的新信徒"美国化"。1850 年，美国西南部的天主教被移交给来自美国东部的主教团，说西班牙语的神父迅速减少。墨西哥裔美国历史学家证实，以前的墨西哥神父与来自美国东部的新神父截然不同，前者生活在平民中，他们服侍穷人，后者主要在说英语的殖民者中活动，他们只为贫穷的墨西哥人举行弥撒。安东尼奥·何塞·马丁内斯(Antonio José Martínez)——他被当地人称为"陶斯的神父"(el cura de Taos)——与新墨西哥的代理主教让·拉米(Jean B. Lamy)的冲突就是一个很好的例子。虽然拉米是法国人，但是他在巴尔的摩(Baltimore)教区服侍，他是该教区许多新公民的密友——基特·卡森(Kit Carson)便是其中之一。自 1824 年以来，马丁内斯一直担任陶斯一所神学院的院长，陶斯以前的大多数神职人员都接受过他的教导。虽然他公开反对独身，但是，陶斯的许多人仍将他称为圣徒，因为他将全部精力都用来照顾穷人。当拉米命令马丁内斯和其他墨西哥神职人员在收取与上缴什一税时再积极一些时，他们的回答是，夺走穷人的钱并将其交给富人是不道德的，这并不符合基督教的精神。拉米将这位倔强的神父和他的追随者革除了教籍，这令他们与教会领袖公然决裂，他们继续作为神父服侍墨西哥人，并为他们举行圣礼。这场运动在马丁内斯于 1867 年去世之后又延续了一些年。随着这场运动的衰落，愿意成为神职人员的墨西哥人越来越少。直到 20 世纪，美国西南部才有了一位有拉美血统的天主教主教。

奴隶制与内战

自殖民时代以来，奴隶制问题始终困扰着许多人的良心。随着美国独立日益临近，一些人提出，新国家不应当有如此邪恶的制度。然而，为了组成对抗英国的统一战线，这些声音被压制下去，虽然美国自称是自由者的国家，但是，奴隶制仍在美国存在，尽管一些宗派明确反对奴隶制。

1776 年,贵格会开除了所有坚持拥有奴隶的贵格会信徒。1784 年的"圣诞节会议"不仅创建了独立的美国循道宗,也禁止循道宗信徒拥有奴隶。虽然浸信会并没有可以采取类似措施的全国性组织,但是,许多浸信会信徒也反对奴隶制。

然而,随着岁月的流逝,基督徒反对奴隶制的早期立场改变了。只有贵格会还在坚持它的立场——贵格会信徒在美国南部并不是很多。循道宗和浸信会不再那么坚决地反对奴隶制,因为它们希望吸引美国南部拥有奴隶的白人。到了 1843 年,拥有奴隶的循道宗牧师和传道人超过了一千人。对于奴隶制,其他宗派的立场同样摇摆不定。例如,1818 年,长老会大会(General Assembly of the Presbyterian Church)宣布,奴隶制违背了上帝的律法,但是,长老会仍反对废除奴隶制,并罢免了一位倡导废除奴隶制的牧师。

起初,反对奴隶制的情绪在南北方同样强烈。1817 年,美国殖民协会成立,它的目的是购买奴隶,释放他们,并将他们送回非洲。从很大程度上讲,利比亚共和国(Republic of Liberia)的成立正是美国殖民协会的工作成果。但是,总的来说,这样的努力对当时盛行的奴隶制影响甚微。与此同时,废奴运动在北方越来越高涨,北方的奴隶制并没有多大的经济意义,而南方的经济与社会制度则基于奴隶的劳动,因此,南方并不反对奴隶制。南方的许多牧师很快就开始宣讲,奴隶制是上帝所认可的制度,即便是黑人也能从中获益,因为奴隶制将他们从异教与未开化的非洲救出来,让他们得享福音的益处。在北方,废奴运动同样如火如荼,北方人相信,奴隶制并不是上帝的旨意。许多循道宗信徒开始要求,重申循道宗以前反对奴隶制的立场。当循道宗大会(Methodist General Conference)于 1844 年因拥有奴隶而谴责佐治亚主教时,循道宗教会分裂了,1845 年,主教制循道会(Methodist Episcopal Church)在南方诞生。类似的事情也发生在浸信会中,因为浸信会的宣教机构拒绝差派佐治亚浸信会(Georgia Baptist Convention)推荐的一位候选人,理由是他拥有奴隶。这时,美南浸信会(Southern Baptist Convention)诞生了。1861 年,南方的长老会退出了全美长老会(Presbyterian Church),并创建了它们的宗派,这反映出国家的分裂。这样的分裂一直持续到 20 世纪,当时,有些分裂被弥合了,有些却没有。唯一能经受风雨而没有分裂的大宗派是天主教。虽然美国圣公会(Episcopal Church)在内战期间分裂了,但是,在内战刚一结束分裂就被弥合了。

1861 年,美国因美国南部联邦(Confederate States of America)和内战分裂了。在内战中,南北方的牧师都为他们的"正义"事业辩护。内战结束之后,仇恨和偏见加深了,因为在"南方重建"(Reconstruction)——这基本上相当于北方的军事占领——之后,南方成为北方的经济殖民地。南方的白人被允许处理他们的政治与社会事务,只要他们不妨碍北方人的经济利益和他们在南方的投资。南方的白人无法向北方泄愤,他们将矛头指向黑人。南方许多牧师的讲道加深了人们对黑人的恐惧,当这种恐惧导致三 K 党出现时,一些牧师公然支持它的活动。对北方同样的恐惧和仇恨也导致了南方教会的反智主义(anti-intellectualism)和保守主义,因为多数大规模的教育中心都位于北方,所有来自那里的思想都会受到怀疑。

南方的白人可以向黑人宣泄他们的愤怒和失落,他们的确这样做了。在南方重建时期,北方的入侵者给予黑人一些重要的职务。但是,这只能加深南方的白人对黑人的偏见,南方重建一旦结束,南方的白人便立即着手限制黑人的权利和势力。1892 年,美国最高法院批准了种族隔离制度,这令地方颁布了要求按种族开展公共服务与使用公共设施的法律。虽然这些所谓的吉姆·克劳法(Jim Crow Laws)要求给予所有种族"隔离却平等"的权利,但是,黑人被有效地赶出了公共场所,被剥夺了选举权和接受良好公共教育的权利等等。与此同时,南方的白人教会继续宣讲与实践种族主义。黑人以前作为奴隶加入了这些教会,现在,他们被鼓励离开,这反而促成了不同的黑人宗派。浸信会的黑人信徒成立了他们自己

自由人理查德·艾伦是北美循道宗教会按立为执事的第一个黑人。

的教会,他们后来加入了全美浸信会(National Baptist Convention)。循道宗的黑人信徒建立了有色人种主教制循道会(Colored Methodist Episcopal Church, C. M. E. Church)——它后来成为基督徒主教制循道会(Christian Methodist Episcopal Church)。与此同时,北方的教会——尤其是长老会和循道宗——开始在南方的黑人中开展工作。

然而,北方并不是就没有偏见和种族隔离。即使在内战之前,偏见和种族隔离就已经导致了两个黑人宗派的建立:非洲人主教制循道会(African Methodist Episcopal Church)和非洲人主教制循道宗锡安会(African Methodist Episcopal Zion Church),这两个宗派后来在南方获得自由的黑人中发挥了重要的作用。非洲人主教制循道会是理查德·艾伦(Richard Allen)创建的,他是自由民,是北美循道宗(North American Methodists)教会第一个被按立为执事的黑人。艾伦在费城为黑人建立了一个地方教会,但是,他的教会与同一教派中的白人领袖不断爆发冲突,这最终导致他的黑人教会脱离了白人教会,成为一个新宗派。五年之后,即 1821 年,纽约的类似事件导致了非洲人主教制循道宗锡安会的建立。这两个宗派在北方的黑人中发挥了重要的作用,内战之后它们也在南方发挥了重要的作用。它们还在非洲开展了重要的宣教工作。

336 黑人教会很快就发展成黑人社会的一个重要机构。黑人能相对自由获得的唯一受人尊敬的职业是牧师,因此,一百年来,大多数黑人领袖也是牧师。一些黑人教会倡导顺服现世的不公平,同时等候上帝的奖赏。与此同时,另一些黑人牧师更激进地宣讲公义和黑人的尊严。但是,这一切都有助于黑人身份与凝聚力的形成,它们将在一百年之后的民权斗争中成为黑人的精神支柱。

从内战到第一次世界大战

在美国内战(American Civil War)结束之后,最初几十年的社会与经济张力日益增加。南方甚至变得更为种族主义和反智主义。在北方,移民令城市迅猛发展,教会难以应对城市的增长以及越来越多来北方寻找更好生活条件的黑人所带来的挑战。在西部,印第安人仍在承受残酷的压力,有拉美血统的人成为了歧视对象。

在如此多样的局势中,一个因素有助于美国的统一:上帝的旨意在人类进步中发挥了重要的作用。这个作用通常是以种族、宗教和制度的优越性来理解的——即白人、新教信仰和基于自由精神的民主政府的优越性。因此,在 19 世纪末,福音派联盟(Evangelical Alliance)秘书长约书亚·斯特朗(Josiah Strong)宣布,上帝在为盎格鲁—撒克逊族预备一个重337大的时刻:"种族的最后竞争",那时,代表着"最大的自由、最纯正的基督教和最高文明"[④]的盎格鲁—撒克逊族将完成上帝赋予他们的使命:除掉更弱的民族,同化其他民族,塑造余下的民族,从而将全人类"盎格鲁—撒克逊化"。美国新教保守派的这位领袖所表达的这种情绪类似于美国新教自由派的观点,他们认为,新教和思想自由是北欧日耳曼民族为反对暴

---

④ 引自 Sydney E. Ahlstrom, *A Religious History of the American People*, vol. 2 (Garden City, New York: Doubleday, 1975), p. 327.

政和南欧人的天主教所做出的一大贡献,因此,有日耳曼血统的民族有责任教化世界上其他"落后"的民族。

然而,这些观念与美国的城市现实形成鲜明对比,在城市中,新近来到美国的移民受到剥削,他们生活在过度拥挤的环境中,与体制教会没有任何联系——尤其是与新教。新教试图通过各种方法来应对这一挑战。一个方法是建立旨在服务城市大众的组织。其中最成功的是于 19 世纪中期从英国引入的基督教男青年会(Young Men's Christian Association,YMCA)和基督教女青年会(Young Women's Christian Association,YWCA)。针对新人口的挑战,新教的另一个应对方法是创办主日学。当时,人们不在家中学习圣经,基督徒的圣经知识开始下降,因此主日学起到了非常重要的作用。最终,一些教会的主日学比主日崇拜更重要。1872 年,一些大宗派开始协调在主日学所使用的经文,并就这些经文达成了一致——这个惯例一直沿用到 20 世纪,这增进了各宗派之间的了解与合作。

新教也通过调整以前的"露营聚会"以适应新形势来应对城市的挑战,"复兴"成为城市宗教舞台上的重要一景。这一进展早期的重要人物是德怀特·慕迪(Dwight L. Moody)。慕迪在芝加哥销售鞋子,这座大城市的居民并没有信仰生活,这深深地触动了慕迪。他开始将人领进他所在的公理会,但是,他很快就创建了独立教会。他还参与基督教青年会的工作,他在那里以传福音的热情而著称。1872 年,他因青年会的工作而来到伦敦,并被第一次邀请讲道。他的讲道取得了振奋人心的效果,以至于慕迪认为,他的呼召是向城市的群众布道——他先后在英国和美国布道。他的讲道简洁动人,他呼吁人们悔改,并接受上帝在耶稣基督里所预备的救恩。他相信,大批群众归信基督教将改善城市的生活环境,因此,他很少提到导致许多人类不幸的社会现实与制度。毫无疑问,他的信息和风格出色地迎合了城市居民的需要。许多传道人很快就开始模仿慕迪,其中一些相当成功,复兴成为美国城市一道亮丽的风景。

新宗派也在回应城市的挑战过程中诞生了。在英国和美国的循道宗

338

传统中,许多人认为,他们的教会已经抛弃了卫斯理的一些基本教导。显而易见,循道宗越来越倾向于中产阶级,对穷人的关心越来越少,尤其是城市的穷人。循道宗在穷人中最先取得了成功,因此,许多循道宗信徒希望循道宗能重新关注穷人。在英国,这令循道宗传道人威廉·布斯(William Booth)和他的妻子凯瑟琳·穆佛(Catherine Munford)——穆佛也是传道人,因为救世军的一个特点是男女平等——创建了救世军(Salvation Army)。救世军也关注城市中心的居民的精神与物质生活,并很快就因它在穷人中的救济工作——如为穷人提供食物、住所和工作等等——而闻名于世。由于美国城市生活的状况,当救世军从英国来到美国时,它在美国找到了一片沃土。

由于循道宗基督徒对他们的教会所走的路线感到不满,所以在美国诞生了一些新教会。这些教会希望再像以前那样关注群众,并强调卫斯理对成圣的教导。由于强调成圣,这些教会被统称为圣洁教会(Holiness Church)。起初有许多圣洁教会,但是,它们彼此并没有任何联系。但是,它们逐渐形成了一些新宗派,其中信徒最多的是一些圣洁教会于 1908 年联合而成的宣圣会(Church of the Nazarene)。但是,圣洁运动的主要力量仍是美国各地数百个独立教会和其他小宗派的教会。

339 　　圣洁运动的领袖之一菲比·帕尔默(Phoebe Palmer, 1807—1874)是循道宗信徒,她于 1835 年开始在自己家中带领女基督徒举行祷告会。四年之后,男基督徒开始参加她的祷告会。随着她开始公开讲道,她的运动和她个人的影响越来越大,到了 19 世纪中期,她到过美国、加拿大、英国和欧洲大陆;她在所到之处领导"圣洁复兴"(holiness revival),并在圣洁复兴会上布道。帕尔默相信,完全的圣洁——在归信基督教之后的第二次祝福——必须成为基督徒生活的目标和结果。因此,她受到她所在的主教制循道会许多领袖的严厉批评,他们声称,她的观点几乎将成圣变成一个机械的程序。但是,她坚持自己的观点,与此同时,她也强调圣洁的社会意义,这不仅在于个人的圣洁和灵修,也在于爱的行为。她以此为基

菲比·帕尔默是圣洁运动的一位杰出领袖。

础,创建了循道宗女子家庭宣教会（Methodist Ladies Home Missionary Society），该组织在美国一些最贫穷的城市开展工作。帕尔默的工作,以及其他许多有类似信仰的女性所开展的工作,最终促成后来的美国女权运动。

340

许多圣洁教会的崇拜特点是"圣灵恩赐"的浇灌——说方言、说预言和医治的神迹。这些行为最终被许多圣洁教会所抛弃,但是,1906 年它们在洛杉矶阿苏萨街宣教会（Azusa Street Mission of Los Angeles）中再次强势出现。这场运动始于邦妮贝瑞阿街（Bonnie Brea Street）私人家中的信徒小组聚会。他们的领袖是威廉·西摩尔（William J. Seymour）牧师,他以前是奴隶,深受五旬节派传道人查尔斯·帕海姆（Charles Parham）的影响,曾宣讲说方言的恩赐,这导致他被禁止讲道。在邦妮贝瑞阿街的屋子里,突然出现了圣灵能力现象,尤其是说方言。在这些事情的鼓舞之下,西摩尔的追随者搬到了阿苏萨街一处更大的聚会所。从此之后,始于"阿苏萨街复兴"的"五旬节之火"蔓延到美国各地。在阿苏萨街的聚会中,既有黑人,也有白人,因此,这场运动在黑人和白人中都开始发展——

尽管这场运动很大程度上最终导致教会内部出现造成国家分裂的种族界限。这场运动后来超越了循道宗传统,许多浸信会信徒和其他基督徒也加入进来。到了1914年,五旬节派一份出版物的主编呼吁举行一次"接受圣灵洗礼的信徒"的大聚会,神召会(Assembly of God)——美国主要的五旬节派宗派——在这次聚会中诞生了。神召会和其他五旬节派宗派在城市大众中取得了巨大的成功,并很快就发展到乡村和遥远的国家,它们向这些国家派出了许多宣教士。到了21世纪,始于阿苏萨街的这场运动成为全球基督教一道亮丽的风景。

虽然基督复临安息日会(Seventh Day Adventists)是在美国内战结束之后创立的另一个宗派,但是,它的最终成立经历了一个漫长的过程。19世纪初,佛蒙特(Vermont)的浸信会信徒威廉·米勒(William Miller)综合研究了《但以理书》、《创世记》和圣经其他书卷的一些经文,他得出的结论是,耶稣将于1843年再来。当耶稣于1843年及其后并没有再来时,米勒的大多数追随者离开了他。但是,一少部分人留了下来,他们继续迫切等候主的再来。后来,在这场运动行将终结之际,女先知艾伦·哈蒙·怀特(Ellen Harmon White)出现了。当时,在基督复临浸信会(Seventh Day Baptists)的影响之下,他们开始在星期六守安息日,他们在星期六进行主要的崇拜活动,而不是在星期天。怀特是位出色的组织者,她所公布的异象为她赢得了米勒的剩余追随者和其他许多追随者,他们最终于1868年创建了独立的教会。在怀特的领导之下,基督复临安息日会十分关注医学、营养学和宣教。到了她于1915年去世时,这场运动在美国和其他一些国家已经赢得数千名信徒。基督复临安息日会不再只是有海外分部或宣教团的北美宗派,而是以真正国际化的方式重组了教会,就这一点而言,这个独特的宗派做出了表率。

除了城市的增长之外,美国新教还面临着其他挑战,其中最重要的是知识挑战。来自大西洋另一端欧洲的不仅是源源不断的移民,还有质疑以前许多理所当然之事的新思想。达尔文的进化论似乎驳斥了《创世记》中的创世故事,从而在群众中引起巨大的轰动。但是,在神学家当中,一个更大的挑战是欧洲正在进行的历史与批判研究。这些研究对圣经一些——如果不是大部分——书卷的历史真实性提出了质疑。作为一种假设方法,所有非凡的或神奇的东西似乎都必须被否定。同样是在学术界,盛行着对受造物人类及其能力的乐观精神。凭借进化和进步,这一天指日可待:人类可以解决迄今为止尚未解决的所有问题,从而开创一个快乐、自由、和平、公正和富裕的新时代。

新教自由主义试图在这些思想框架内解释基督教,并在美国知识分子精英中获得了普遍认可。它不是一场完全统一的运动,因为"自由主义"这一观念正意味着随心所欲地自由思考——只要不陷入自由派所说的"迷信"。但它的确是一股强大的思潮,许多人认为,它否定了基督教信仰。在这股思潮中,有相对较少的一部分激进分子——他们有时被称为现代主义者,对于他们来说,基督教只是众多宗教中的一种宗教,圣经只是众多著作中的一部伟大著作。但是,大多数自由派都是敬虔的基督

阿苏萨街复兴始于邦妮贝瑞阿街的这间小屋,现在它成为五旬节运动初期历史的博物馆。

徒,正是他们的敬虔驱使他们回应那个时代的知识挑战,他们希望基督教信仰在现代人看来是可信的。不管怎样,美国的自由主义几乎完全局限于美国东北部和中上层阶级,对于他们来说,当时的知识问题似乎比城市劳动者的社会状况更紧迫。自由主义在美国南部和西部几乎没有任何影响。

美国新教迅速做出了回应,许多新教徒认为,自由主义威胁到基督教信仰的核心。对于普通新教徒来说,进化论是讨论得最多的问题,甚至还出现了通过法律来裁决进化论的努力。到了 21 世纪初,关于公立学校是否被允许讲授进化论和如何讲授进化论才不违背圣经的争论仍在一些地区继续。但是,保守的神学家清楚地看到,进化论只是新思想威胁到基督教"基要信仰"(fundamentals)的一个例子。"基要信仰"这一术语很快就成为所谓基要主义(fundamentalism)的反自由主义的特点。1846年,当这场运动开始成形时,福音派联盟成立了,它试图团结所有认为自由主义否定了基督教信仰的人。1895 年,在纽约的尼亚加拉瀑布市(Niagara Falls)举行的会议上,这场运动列出了五个不能被否定、否则就会陷入自由主义谬误的"基要信仰":圣经无误谬、耶稣具有神性、耶稣由童贞女所生、耶稣为我们的罪死在十字架上、相信耶稣的身体复活和耶稣即将再来。随后不久,长老会大会采纳了类似的标准。在随后的几十年中,绝大多数新教徒——尤其是美国南部的新教徒——都是基要派。

另一方面,注意到这一点非常重要:当基要主义自称捍卫了传统的正统信仰时,它导致了对圣经的新解释。基要主义强调圣经无误,并且否定了许多圣经学者所得出的结论,这促使他们努力比较圣经不同书卷的经文,并从此提出许多概述与解释上帝在过去、现在和未来的作为的方案。其中最成功的是时代论者(dispensationalist),他们提出了许多方案。赛勒斯·斯科菲尔德(Cyrus Scofield)的时代论最受欢迎,他把人类的历史分为七个"时代"(dispensation)——当时是第六个时代。1909 年,《斯科菲尔德圣经》(Scofield Bible)出版了,它概述了人类历史的七个阶段,并很快就被基要派所广泛使用。因此,基要主义与时代论紧密地联系在一起——尽管许多基要派在一些细节问题上与斯科菲尔德产生了分歧。

与此同时,自由主义在所谓的社会福音(Social Gospel)中做出了最大贡献。这并不是大多数自由派的信仰,因为他们属于城市的中产阶级,极少关心穷人的疾苦。但是,一小群核心自由派的确致力于研究与证明福音的要求与城市群众的苦难的关系。他们的领袖是沃尔特·饶申布什(Walter Rauschenbusch),他从 1897 年开始担任罗彻斯特浸信会神学院(Rochester Theological Seminary)的教会史教授,一直到他于 1918 年去世。他坚持认为,国家的社会与经济生活应当符合福音的要求,他试图证明,经济自由主义——供求规律足以调控市场的理论——导致了极大的不平等和社会不公。在这种情况下,基督徒的任务是限制恶性的通货膨胀,并倡导有助于穷人与促进更多公平的立法。社会福音与自由主义的共同点是,它们对人类的能力和社会的进步都持有乐观的态度。自由派简单地相信人类和资本主义社会的自然进步,而社会福音的倡导者则担心所谓的进步是以穷人为代价的。

当人们似乎认为美国的政治和经济一定会有一个光明的未来时,基要主义和自由主义都达到了顶峰。与墨西哥的战争、废除奴隶制以及 1898 年与西班牙的战争,这些都似乎预示着美国——以及统治美国的白人——注定要带领世界进入一个进步与繁荣的时代。然后,第一次世界大战爆发了,随后便是经济大萧条。这将如何影响美国的基督教,是我们稍后要讲述的主题。

344

新宗教

19 世纪美国宗教生活的一个最奇特的现象,是诞生了一些与传统基督教极为不同的运动,以至于它们可以被恰当地称为新宗教。其中最有影响的是摩门教(Mormons)、耶和华见证人(Jehovah Witnesses)和基督教科学派(Christian Science)。

摩门教的创始人是约瑟夫·史密斯（Joseph Smith），他在年青时生活似乎很失败。他的父母是贫穷的乡下人，为了过上更好的生活，他们从佛蒙特搬到了纽约，可是，他们的生活并没有任何起色。年轻的史密斯不愿在田间干活，他更愿意寻找神秘的宝藏，并声称自己得到了告诉他宝藏所在地的异象。他后来又声称，一个名叫摩洛尼（Moroni）的天使向他显现，并给了他一套写有古埃及象形文字的金板和两块可以用来阅读这些金板的"先知之石"。史密斯藏在窗帘后口述了他对这些圣板的翻译，与此同时，窗帘另一面的人记下了他的口述。这便是于 1830 年发表的《摩门经》（*Book of Mormon*）。《摩门经》还包括一些见证人的见证，他们证实，他们在摩洛尼取走金板之前见过金板。

史密斯发表《摩门经》不久之后就赢得了许多追随者。随后有一整群人加入其中，而这群人早已践行公社生活，于是，摩门教徒采纳了相似的结构。他们认为，他们的新宗教之于基督教，就如基督教之于犹太教：摩门教是基督教的顶点。与此同时，史密斯不断得到新异象，这令他越来越偏离正统基督教。他和他的追随者在俄亥俄居住了一段时间之后搬到了伊利诺伊（Illinois），并在这里建立了一个拥有自己军队的自治区，史密斯最终被称为"上帝之国的国王"（King of the Kingdom of God）。但是，他们与周围社会的关系越来越紧张，尤其是当史密斯自称是美国总统候选人时。最终，一群不法暴徒将这位先知和他的一个追随者杀死了。

杨百翰（Brigham Young）成为了这场运动的领袖，他带领摩门教徒——更确切地说是耶稣基督末世圣徒教会（Church of Jesus Christ of the Latter Day Saints）——来到了犹他。他们建立了一个自治州，直到美国因向西部扩张而于 1850 年占领了这里。这导致了新的冲突。两年之后，杨宣称，史密斯曾得到一个此前从未公布的恢复一夫多妻制的异象。1857年，摩门教徒与美国爆发了战争。摩门教徒最终渐渐被社会其他人同化，他们不再强调异象和公社生活，并于 1890 年正式放弃了一夫多妻制——尽管一些摩门教徒仍在秘密实行一夫多妻制。摩门教在犹他的政治势力

杨百翰是约瑟夫·史密斯的继任者，摩门教徒在他的带领下来到了定居地犹他州。

强大，其宣教士很快就将他们的信仰传到了其他一些国家。

许多人认为圣经里隐藏着关于未来的事件和世界末日的线索，耶和华见证人的信仰便是源于这种读经方法。这场运动在早期就明确表达出社会底层人士对宗教、政治和社会权威的不满。因此，这一新信仰的创建者查尔斯·罗素（Charles T. Russell）宣称，撒但的三大工具是政府、企业和教会。他也否定了三位一体的教义和耶稣的神性，宣称基督将于1872年再来，世纪末日将是1914年。

第一次世界大战于1914年爆发，但它并不是罗素所预言的世界末日的善恶之战。两年之后，罗素去世。他的继任者是约瑟夫·卢瑟福（Joseph F. Rutherford）——他更为人所知的名字是卢瑟福法官（Judge Rutherford）。他于1931年将这场运动命名为耶和华见证人，他将耶和华见证人打造成一部巨大的宣教机器，与此同时，他在罗素的预言于1914年彻底落空之后重新解释了罗素的教导。

当我们讲述诺斯替主义、摩尼教和灵性主义等思潮时,我们经常遇到一种有着漫长历史的宗教传统,它在美国的主要代表是基督教科学派。总的来说,这种宗教传统认为,物质世界或是虚幻的,或是次要的;人类的生活目标是与宇宙之灵(Universal Spirit)和谐共存;圣经要通过一种属灵的线索来解释,而它通常不为绝大多数基督徒所知。基督教科学派的创建者玛丽·贝克·埃迪(Mary Baker Eddy)年轻时经常生病。她两次结婚,两次成为寡妇,并且贫病缠身,她忍受着借助于大量的吗啡都难以减轻的巨痛,最终找到了菲尼亚斯·帕克赫斯特·昆毕(Phineas Parkhurst Quimby),他声称疾病是"错误",认识真理足以将它治愈。昆毕治好了埃迪,她成为昆毕的信徒和使徒。1875 年,即在昆毕去世几年之后,她出版了《科学与健康,开启圣经的钥匙》(*Science and Health*, *with a Key to Scripture*)。在她有生之年,这部著作被重印了三百八十一次。在《科学与健康》中,埃迪使用了正统基督教的一些传统术语,如上帝、基督、救恩和三位一体等等,认为它们的"属灵"意义不同于它们的传统意义——这种做法令人回想起古代的诺斯替主义对圣经的解释;对于埃迪来说,像真理和生命这样的词具有独特的意义。她认为疾病是精神的错误,它源于错误的观念,要想治愈疾病,不必依靠医生或药物,而是使用耶稣曾经用过的、她现在重新发现的"属灵的科学"。同样,认识"属灵的科学"将会带来美国中产阶级所理解的那种幸福和繁荣。

基督教科学派(Church of Christ, Scientist)于 1879 年正式成立,并很快就在全美国赢得了追随者。两年之后,玛丽·贝克·埃迪在波士顿创建了"形而上学学院"(Metaphysical College),基督教科学派的"信仰疗法术士"(practitioners)——而不是牧师——在这里接受训练。她后来发展出一个完全在她控制之下的集权组织。波士顿教会成为"母会",所有希望加入基督教科学派的人都必须隶属于波士顿的母会。埃迪也采取措施,以确保她的追随者不会背离她的教义。她宣称,《科学与健康》是在上帝的启示之下写成的,而她撰写《科学与健康》一事就是基督再来的标志。为了避免一切不同的教义,她禁止有人在她的教会中讲道,取而代之的是阅读从圣经和她的《科学与健康》中所选出的指定经文。这些经文是由玛丽·贝克·埃迪本人选定的,她的追随者在崇拜中要朗读这些经文,由一男一女两个信徒轮流朗读——因为女性在这场运动中始终有着重要的地位。

尽管玛丽·贝克·埃迪的教义承诺了幸福和健康,但是,她的晚年却充满了痛苦。她只能依靠剂量越来越大的吗啡来减轻肉体痛苦,她还忍受着巨大的精神痛苦,以至于她觉得必须有追随者一直陪着她,这样才能保护她不受敌人一波波的"动物磁力"(animal magnetism)的伤害。

当我们现在回顾美国的基督教在美国独立之后第一个百年中的形成与发展时,我们的印象是,似乎有无数个分裂了基督徒的新宗派和新运动,美国的社会与经济制度对美国的宗教产生了极大的影响。一些宗派源于各国的移民所带来的宗教传统的多样性;一些宗派诞生于洁净教会的努力,它们试图创建在教义、崇拜和道德上都比其他教会更纯净的新教会;一些宗派源于政治与社会分歧,尤其是关于奴隶制和废除奴隶制的问题所产生的分歧;还有一些宗派产生于对圣经一些特别的经文所做出的拘于字面的解释,一些人声称,他们在其中找到了开启整卷圣经和全部历史的钥匙。此后的几十年是美国在政治、经济和宗教上进行扩张的重要时代,因此,我们在本章刚刚讨论过的事件和潮流影响了全世界的基督教——尤其是拉丁美洲、亚洲和非洲的基督教,我们很快就会在下面一章讲述这些。

第二十八章

转变中的景象：西欧

> 没有哪种宗教或迷信不是基于对自然律的无知。这些荒唐
> 事的创造者和捍卫者并没有预见到人类智力的进步。他们相信，
> 他们那个时代的所有知识将成为永恒的知识……他们将自己的
> 梦想建基于他们那个时代的见解之上。
>
> ——孔多塞

18世纪末欧洲发生了影响深远的政治与文化剧变。虽然这些事件发生在不同的国家，但是与法国大革命相关的一些事件是最重要的。

法国大革命

路易十六——我们已经讲到过他，他对法国的新教徒采取宽容政策——既不是一位好的统治者，也不是一位明智的政治家。在他统治期间，法国的经济状况持续恶化，尤其是穷人的处境，但是，他和他的侍从的开支却在飞速增长。他试图从贵族和神职人员那里弄来资金，因为按照惯例他们不用交税。当他们反抗时，路易十六和他的大臣们召开了三级会议——它是法国的议会，由三个社会等级或社会阶层构成：神职人员、贵族和资产阶级。路易十六的目的是利用三级会议来瓦解神职人员和贵族的抵抗，因此，他的大臣们建议在三级会议中安排更多的第三级代表——资产阶级，从而令资产阶级的人数超过另两级的人数。路易十六也采取了其他措施，以确保神职人员的组成不仅包括主教和处于统治地

350

位的其他教士,还包括反对贵族和教会统治集团的教区神父。当三级会议最终于 1789 年 5 月 4 日召开时,资产阶级的代表多于其他两级代表的总和;在神职人员中,高级教士还不到三分之一。会议召开时,资产阶级坚持认为,三级会议必须召开联席会议,由绝大多数议员来做出决议。而神职人员和贵族更愿意召开三级的议会,这将令他们获得两票,战胜资产阶级的一票。但是,资产阶级立场坚定。一些神父憎恨有贵族倾向的高级教士,他们加入了资产阶级,他们和资产阶级最终决定自己召开国民议会(National Assembly),他们自认为可以代表法国的绝大多数国民。两天之后,神职人员决定加入国民议会。

与此同时,经济仍没有好转,越来越多的人在挨饿。法国政府担心,国民议会可能采取行动,于是政府关闭了议会大厅,并下令解散国民议会。但是,国民议会的议员拒绝服从命令,他们庄严宣誓,继续开会,直到为法国制定出一部宪法。针对这种情况,路易十六和他的顾问们将军队调到了巴黎郊外,并罢免了极受资产阶级和巴黎人喜爱的新教银行家兼政府大臣雅克·内克尔(Jacques Necker)。巴黎人后来在一系列暴乱中宣泄了他们的愤怒,这在 1789 年 7 月 14 日达到高潮,巴黎人在这一天攻陷了巴士底狱——关押国王的敌人的老监狱。

从此以后,重大的事件接连发生。路易十六向资产阶级做出让步,他命令其他两级议员加入国民议会,他们成立了全国制宪会议(National Constituent Assembly)。全国制宪会议后来颁布了《人权与公民宣言》(Declaration of the Rights of Man and the Citizen),这个宣言成为法国和其他国家民主运动的基本文献之一。当路易十六拒绝接受《人权与公民宣言》以及全国制宪会议的其他决议时,巴黎人爆发了叛乱,从此以后,路易十六和他的家人实际上成为了巴黎的囚徒。

根据《人权与公民宣言》的原则和一些哲学家的政治思想(我们已经在第二十二章中讲过它们),全国制宪会议在民事、经济和宗教三个方面重组了法国政府。在宗教生活方面,《神职人员民事组织法案》(Civil

351

Constitution of the Clergy）于 1790 年的颁布是最重要的。几百年来,法国教会始终在夸耀其"高卢教会的自由",这保护它免于罗马的过度干预,并令它处于法国的主教和国王的管辖之下。因此,以法国国王受托人自居的全国制宪会议认为,它有权调整法国天主教的生活和组织。此外,对教会进行某种重建是有必要的,因为教会中出现了许多弊端。贵族几乎占据了全部高级教职,他们并没有牧养信徒,而是利用他们的高位牟取私利。一些古老的男女修道院已经成为安逸奢侈生活的中心,一些修道院院长因他们的宫廷与政治阴谋而家喻户晓。这一切都需要改革。但是,在全国制宪会议中还有许多议员相信,教会和基督教信仰是迷信时代的残余,它们现在已经过时,因此必须被消灭。在颁布《神职人员民事组织法案》时,希望看到教会消失的人还不多,他们并没有发挥多大的作用。但是,随着事态的发展和法国大革命越来越极端,他们走上了历史的舞台。

《神职人员民事组织法案》的大多数举措意在改革教会。但是,正如一些人所说的,问题的关键是全国制宪会议是否有权"在没有咨询教会"的情况下就颁布改革教会的法令。但是,应当被咨询的"教会"的身份并不明确。一些人建议召开一次法国全体主教的会议。但是,全国制宪会议很清楚,这样一次会议将掌控在教会权贵的手中。其他人提出应当咨询教宗——这的确是路易十六在批准全国制宪会议的法令之前所做出的选择。但是,这本身就将侵犯国家的主权,这将否定"高卢教会的自由"。教宗庇护六世告诉国王路易十六,《神职人员民事组织法案》是一份分裂性的文件,他绝对不会接受。路易十六担心全国制宪会议将奋起抵抗,他并没有声张庇护六世的这个决定,而是继续努力劝说教宗改变他的立场。在全国制宪会议的压力之下,路易十六批准了《神职人员民事组织法案》,他宣布,他的批准是暂时的,这仍需庇护六世同意。最终,全国制宪会议下令,所有神职人员必须宣誓遵守《神职人员民事组织法案》,拒绝宣誓的神职人员将被罢免。

最终的结果是教会的分裂。从理论上讲,拒绝宣誓遵守《神职人员民事组织法案》的神职人员只是被革除教职。基于全国制宪会议的《人权宣言》,他们不能被剥夺思想自由,如果愿意,任何被革职的神父都可以自由地保留他们以前的思想——一个重要的不同是,宣誓遵守《神职人员民事组织法案》的神父将获得国家的支持,拒绝宣誓的神父只能得到他们的追随者的支持。但是,拒绝宣誓的神父实际上很快就受到了迫害,所谓的理由并不是他们的宗教观点,而是怀疑他们进行了反革命活动。

与此同时,革命运动正在欧洲的其他国家积聚力量。此前,低地国家和瑞士的革命运动均以失败告终,但是君主和大贵族担心,法国大革命会蔓延到其他国家。这反而促使法国的革命者采取了更极端的行动。1791年,全国制宪会议被更激进的立法会议(Legislative Assembly)所取代。半年之后,法国与奥地利和普鲁士爆发了战争。从此,漫长的武装冲突持续不断,直到1815年拿破仑战争结束才安静下来。当战机对法国不利时,立法会议向明显支持外国君主和贵族的路易十六发泄了它的愤怒。在瓦尔密战役(Battle of Valmy)中,法国人最终阻止了敌人的进攻。第二天,国民公会(National Convention)取代了立法会议,国民公会在召开第一次会议时废除了君主制,并宣布成立法兰西共和国(Republic of France)。四个月之后,路易十六被指控叛国,他受到了审判,被定罪处死。但是,这并没有解决国家的问题。在资产阶级的领导之下,再加上战争的重担和内乱,城市穷人的经济状况并没有好转,乡村的情况也基本如此。在旺代(La Vendée)地区爆发了农民起义。人民越来越担心,外国人会入侵法国。这一切掀起了一股恐惧的浪潮,人人都被怀疑有反革命情绪,法国大革命中的多数重要人物被一个个送上了断头台。

与此同时,爆发了一股强大的反基督教浪潮——既反对天主教,也反对新教。法国大革命的新领袖相信,他们是新时代的先驱,在新时代,科学和理性将战胜一切迷信和宗教——迷信和宗教毕竟只是人类无知的产物。随着新时代的到来,没有事实根据的旧信仰应当被抛弃。在此基础之上,法国大革命创建了自己的宗教,这种新信仰先后被称为理性崇拜(Cult of Reason)和至上崇拜(Cult of the Supreme Being)。这时,《神职人员民事组织法案》已被遗忘,因为法国大革命希望断绝与教会的一切联系。甚至是历法也被改得更加"合理"——每个星期有十天,月份按照每个季节的自然状况来命名——"热月"(Thermidor)、"播种月"(Germinal)和"果月"(Fructidor),等等。隆重的仪式被发展起来,取代了宗教节日,它们以庄严的列队行进开始,将伏尔泰的遗体送到法兰西共和国的万神殿(Pantheon of the Republic)。后来,崇拜理性的神殿被建成,官方的圣徒名单被公布出来——其中有耶稣、苏格拉底、马可·奥勒留和卢梭。关于婚礼、葬礼和将孩子献给自由的仪式也有了规定。

这一切不仅荒谬可笑,还造成了痛苦和杀戮。新宗教的倡导者任意使用了残酷的断头台刑罚。基督教的崇拜在理论上还没有被禁止;但是,任何拒绝在自由的圣坛之前宣誓的神父或牧师都将受到进行反革命活动的指控,他们将被送上断头台。因此,大约有两千到五千位神父或牧师、许多修女和无数平信徒被处死,还有许多人死在狱中。最终,不再区别对待宣誓服从《神职人员民事组织法案》的基督徒、拒绝宣誓的基督徒和新教徒。实际上,法国的新教——以前的"旷野教会"——并没有做好应对挑战的准备,他们并没有像天主教徒那样英勇地应对挑战。虽然恐怖的统治于1795年有所缓和,但是,法国政府的官方政策仍对基督教不利。法国人在瑞士、意大利和低地国家所取得的军事胜利将类似的政策带到了这些国家。1798年,法国人入侵了教宗的领地,俘虏了教宗庇护六世,并将他作为阶下囚带到了法国。

拿破仑·波拿巴(Napoleon Bonaparte)之前已经是军队中一颗冉冉升起的新星。1799年11月,他成为了法兰西的主人。庇护六世在几个月之前去世,他在去世时仍是法国人的囚徒。但是,拿破仑相信,寻求与罗马天主教和解是最明智的政策,因此,他开始与新教宗庇护七世谈判。据*354* 说——这可能并不是事实——拿破仑向教宗表示,他希望"将四千万法国公民作为礼物献给教宗"。最终,1801 年,罗马教廷与法国政府签署了《政教协定》(Concordat),该协定规定,对主教和其他高级教士的任命必须保护到教会和国家的利益。三年之后,拿破仑认为,他所拥有的"第一执政官"(First Consul)的头衔并不足够,他决定加冕为皇帝,教宗庇护七世主持了他的加冕礼。当时,拿破仑已经下令给予新教徒宗教宽容。十分奇怪的是,所有这些不利的条件反而增加了教宗统治法国教会的权力。当时,法国的国王和主教坚持"高卢教会的自由",以防教宗直接干涉法国的教务。现在,就法国教会的内部事务而言,皇帝给予了教宗更大的权力——只要教宗不干涉皇帝的政策。

然而,《政教协定》并没有持续太久,因为拿破仑的野心与教宗的坚定发生了抵触。结果,法国人再次入侵了教宗的领地,庇护七世成为法国人的阶下囚。但是,甚至是在被囚期间,教宗仍然态度坚定,他拒不支持拿破仑的行动,尤其谴责了拿破仑与约瑟芬(Josephine)离婚。在拿破仑垮台之后,庇护七世获得了自由,回到了罗马。在罗马,他宣布赦免他的所有敌人,他还在英国的胜利者面前为拿破仑求情。

新欧洲

拿破仑战争令全欧洲陷入一片混乱。在西班牙、葡萄牙、意大利、低地国家和斯堪的纳维亚半岛,执政王室全部被推翻。在拿破仑战败之后,反对他的主要国家——英国、奥地利、普鲁士和俄国——决定了欧洲未来的政治版图。法国的版图被确定为它在法国大革命之前的版图,波旁家族重新成为法国的统治者,路易十六的弟弟路易十八成为法国国王。被拿破仑所废黜的大多数君主重新掌权。当时,葡萄牙的若昂六世(João VI)已经逃到了巴西,他并没有立即回到里斯本,当他决定回到里斯本时,他将巴西交给了他的儿子佩德罗(Pedro)。荷兰和比利时由一位君主统治。在瑞典,拿破仑以前的一位元帅贝纳多特(Bernadotte)成为了王储,事实证明,他是位明智、受欢迎的统治者。这些安排有望给疲于战争的欧

355

洲大陆带来和平。这些希望并非没有实现,因为欧洲在整个 19 世纪都享受到相对和平的时光——除了 1854—1856 年的克里米亚战争(Crimean War)和 1870—1871 年的普法战争(Franco-Prussian War)之外。

然而,在国际和平的外表之下,社会与政治的紧张局势导致了阴谋、暴乱和剧变。造成社会动荡的一个重要原因是,意大利人和德国人渴望统一他们的国家。意大利和德国都还没有实现政治统一,越来越多的意大利人和德国人认为,实现政治统一的时机已经成熟。这些目标遭到奥地利统治者的反对,他们的领地包括德国和意大利的广阔领土,那里并没有统一的文化。在奥地利的大臣克莱门斯·梅特涅(ClemensL. Metternich)的领导之下,一个巨大的国际间谍与破坏者网络形成了,他们有着明确的目标:阻止意大利和德国的统一,破坏欧洲的各种自由主义与社会主义运动。

356 越来越强大的商人和资产阶级狂热地拥护经济自由主义——请不要将它与神学自由主义混淆。经济自由主义的实质是经济学的放任主义(laissez-faire),它主张供求律足以调控市场和整个经济制度;因此,根本就不需要政府的调控和制约。根据这个经济理论——它在 20 和 21 世纪得到许多所谓的保守派的拥护——政府不应当通过调控贸易或利用资本来干预经济。当时,工业革命对欧洲大陆产生了最大的影响,因此,当时的资本也在急剧增长——放任主义并没有抑制资本的增长。经济自由主义期待随着资本的增长和工业的发展,穷人的经济状况也将得到改善。经济自由主义经常与政治自由主义结合在一起。政治自由主义十分强调普选权(尽管通常只有男性才有普选权),坚持模仿英国的模式建立君主立宪制。

经济自由主义和政治自由主义与以前的专制主义的斗争在不同的国家造成了不同的结果。在西班牙,费迪南德七世恢复了革命之前的专制统治。在法国,路易十八表现得更为谨慎,他建立了议会制。在德国,普鲁士捍卫国家的统一,而奥地利则拥护旧制度。在意大利,一些人试图建立统一的皮埃蒙特和撒丁王国(Kingdom Piedmont of and Sardinia),一些人希望成立共和国,还有一些人试图以教宗为中心来构建统一的国家。1830 年,比利时从荷兰独立出来——宗教感情在比利时独立过程中发挥了重要的作用,因为比利时是天主教国家,荷兰是新教国家。就在同一年,共和党试图颠覆法国的君主政体。虽然他们没有成功,但是他们将保守派国王查理十世——路易十八的弟弟赶下了台,并将倾向自由主义的奥尔良公爵路易·菲利普(Louis Philippe d'Orleans)加冕为国王。

1848 年,新革命爆发了。德国、意大利、比利时、英国、瑞士和法国都爆发了暴乱和起义。瑞士有了新宪法。在法国,路易·菲利普被推翻了,法兰西第二共和国宣布成立。1851 年,已故皇帝的侄子路易·拿破仑(Louis Napoleon)夺取了权力,并宣布他是法兰西第二帝国的皇帝,取名为拿破仑三世,法兰西第二共和国宣告灭亡。还是在 1848 年,奥地利的梅特涅倒台;卡尔·马克思(Karl Marx)和弗里德里希·恩格斯(Friedrich Engels)发表了他们的《共产党宣言》(Communist Manifesto)——当时的人几乎没有注意到这件事。

357

1852 年,卡米罗·迪·凯沃尔(Camillo di Cavour)成为皮埃蒙特王国总理,随后不久,意大利的版图开始变化。在拿破仑三世的帮助之下,凯沃尔开始了统一意大利的大业。当他于 1861 年去世时,意大利的新王国包括了除威尼斯和罗马之外的整个亚平宁半岛。当意大利于 1866 年吞并威尼斯时,意大利得到普鲁士的帮助,阻止了奥地利不断分裂意大利的企图。罗马和教宗国的历史更加复杂。1849 年,正在席卷欧洲的革命浪潮导致罗马共和国(Republic of Rome)建立,教宗庇护九世不得不请求拿破仑三世帮他重新登上教宗宝座。在法国保护之下,教宗国当时还能保持独立,尽管它的独立不断受到威胁。最终,当法国与德国于 1870 年爆发战争时,意大利国王维克多·伊曼纽尔(Victor Emmanuel)夺取了罗马,于是,他实现了亚平宁半岛的统一。除了每年都给一笔收入保障之外,伊曼纽尔还赐予教宗三座被视为独立领地的宫殿:梵蒂冈宫、拉特兰宫和甘

358

多福宫（Castel Gandolfo）。但是，庇护九世拒绝接受这一切，随后几年，梵蒂冈与意大利政府的关系不断恶化。直到1929年罗马教廷才最终承认，它失去了自己的广阔领地，并签署了一份类似于维克多·伊曼纽尔曾经提出的协议。

当这些事正在意大利发生时，主导着德国命运的重要人物是奥托·冯·俾斯麦（Otto von Bismarck），他于1862年成为普鲁士的首相。他的伟大成就是将奥地利赶出了德意志联邦（German Confederation），随后又将德意志联邦打造成一个统一的国家。在十年的卓越外交与军事征服之后——军事征服的顶峰是1870—1871年与法国的战争——德国统一在普鲁士的威廉（Wilhelm of Prussia）之下。俾斯麦的宗教政策不利于罗马天主教。绝大多数奥地利人信奉罗马天主教，因此，普鲁士的这位首相担心自己领地内的天主教徒会支持奥地利人。同样，他的国际政策要求他支持意大利的统一——这是奥地利所反对的，因此，在他统治之下的天主教徒给他造成极大的麻烦，他们坚持认为，普鲁士应当帮助教宗重新夺回他的领地。但是，最重要的是俾斯麦相信天主教是愚昧的，而有自由思想的新教更适合德国即将履行的伟大历史使命。由于这个原因以及其他一些原因，俾斯麦采取了一些反天主教的政策。德国与罗马教廷断绝了外交，一些修会被逐出了德国，按照传统拨给天主教的经费被削减了。1880年，俾斯麦出于政治上的权宜之计而改变了一些政策，他与罗马教廷重新建交。但是，此前的这些冲突是众多令庇护九世相信天主教与现代国家观必然对立的因素之一——我们将在第三十二章探讨这个问题。

除了我们将在第三十一章和第三十二章讨论的神学进展和宣教事业之外，欧洲的新教在19世纪最重要的进展是教会与国家越来越分离。16世纪宗教改革后，在新教占优势的国家，新教仍像天主教那样与国家保持着密切的联系。但是，在法国大革命之后，这种情况开始改变。例如，在荷兰，在法国征服荷兰、建立"巴达维亚共和国"（Batavian Republic）之后，国家与改革宗的合一被打破了，荷兰独立之后，教会与国家的关系再没有从前那样紧密。在德国,对统一国家的寻求导致许多试图强迫宗教统一的旧法律被废除。在整个欧洲,政治自由主义和经济自由主义造成了类似的结果。这反而有助于所谓的自由教会(free church)的增长,即人们自愿选择加入由信徒的奉献款来供养的教会,而不是由国家资金所支持的国家教会。循道宗信徒和浸信会信徒遍布于德国和北欧。甚至在与政府关系紧密的路德宗和改革宗,敬虔主义也取得了进展。敬虔派创建了一些宣教组织以及其他旨在解决欧洲弊病的组织。在德国和其他北欧国家,女执事和她们的组织为病人、老人和穷人的福利做出了巨大的贡献。在丹麦,路德宗领袖格伦特维(N. F. S. Grundtvig)极力倡导通过合作来解决乡村穷人的困境。总的来说,没有国家支持的教会重新燃起了欧洲许多新教徒的热情,他们吸引许多人参与到教会工作的各个方面。

基督教在英国的发展

在整个 19 世纪,英国的历史类似于欧洲大陆的历史。工业革命也影响到英国,而且在英国开始得更早,影响更大。工业革命令中产阶级和资本家获益,但却损害了老牌贵族和穷人的利益。工业的发展导致城市迅速增长,越来越多的贸易造成了过度拥挤的贫民区,穷人的生活与工作环境日益恶劣,他们不断受到剥削。与此同时,经济自由主义和政治自由主义正在大踏步前进,这增强了下议院的权力,并削弱了上议院。这种局势造成的一个后果是,出现了一股声势浩大的移民浪潮,大批英国人开始移民到美国、加拿大、澳大利亚、新西兰和南非。工业革命所造成的另一个后果是工会运动,工会从 19 世纪初(当时工会还被法律所禁止)到 19 世纪末(工党[Labor Party]成为了一股政治力量)取得了长足的进步。卡尔·马克思也在英国形成了他的许多经济理论。

这一切也影响到教会。当法国大革命爆发时,在英国圣公会中有许多恶行,它们具有教会在中世纪最糟糕年代的特点:擅离职守、身兼数职和以权谋私。但是,在 19 世纪,英国圣公会出现了一次重要的复兴。在政府所颁发的许多改革法令的帮助之下,许多人试图建立信仰更坚固的教会。一些充满改革热情的人属于英国圣公会的福音派,他们深受欧洲大陆敬虔主义影响,希望看到英国圣公会与其他新教宗派更紧密地站在一起。另有些人走上了截然不同的道路,尤其是牛津运动(Oxford Movement)的成员,他们被称为圣公会高教会派(Anglo-Catholics)。牛津运动在许多方面都受到浪漫主义的影响,它经常在东正教中寻求启发,强调传统的权威、使徒统绪以及圣餐是基督教崇拜的中心。约翰·亨利·纽曼(John Henry Newman)是牛津运动的领袖之一,他改信了罗马天主教,并最终被任命为枢机主教——尽管保守的天主教徒从未真正信任过他。但是,牛津运动的大多数成员并没有脱离英国圣公会,他们复兴了圣公会的灵修生活。牛津运动的另一个成果是,修道主义在英国圣公会复兴了,圣公会的男女修士很快就全力来满足穷人和病人的需要。

然而,在 19 世纪的英国,不从国教的教会表现出最大的活力。中产阶级的壮大令不从国教的教会信徒人数急剧增长。循道宗信徒、浸信会信徒和公理会信徒数量迅速增长,此外,他们也在自己创建的组织中表现得异常活跃,他们帮助穷人,改正一些突出的社会弊病,并向世界其他国家传福音。为了向穷人和没有受过教育的群众传福音,不从国教的教会创办了主日学,新教各宗派最终都开办了主日学。新教徒还创办了基督教男女青年会。此外,许多新宗派也诞生了,尤其是于 1864 年创建的救世军,它旨在牧养穷人和城市中没有教会牧养的群众。

所有这些基督徒和英国圣公会的福音派都极为关注当时的社会痼疾。循道宗、贵格会和其他新教宗派的支持和启发,对工会的诞生、监狱的改革和关于童工的立法做出了重要贡献。然而,在 19 世纪,英国基督徒所取得的最大成就是废除了西方大多数国家都有的奴隶制。若干年前,贵格会和循道宗都曾谴责过奴隶制。此后,由于威廉·威伯福斯(William Wilberforce)和其他敬虔基督徒的努力,英国政府采取了反对奴隶制的措施。在 1806 和 1881 年,议会颁布了禁止奴隶贸易的法律。

1833 年的法令规定,将自由给予英属加勒比地区的所有奴隶,后来,议会还为英国的其他殖民地颁布了类似的法律。与此同时,英国还在积极地与其他国家签署结束奴隶贸易的条约。当仍有这样的条约签订时,英国的海军会强制干预。于是,大多数西方国家在很短的时间里就废除了奴隶制。

总而言之,欧洲在 19 世纪发生了巨大的政治与经济变革,总体来说,这些变革对天主教的冲击比它们对新教的影响更大。因此,19 世纪是罗马天主教对抗现代思想的一个世纪,天主教徒通常将现代思想视为一个威胁。另一方面,对于新教来说,19 世纪带来了新的机遇。新教国家增强了它们在世界的影响力,如英国和德国。政治自由主义和经济自由主义与新教结成紧密的同盟,这被它们的追随者视为未来的潮流——是对陈旧的、独裁的天主教的反动。在解决社会弊端的斗争中,新教徒的确起到了重要的作用,其中最引人注目的是反奴隶制。结果,罗马天主教极为谨慎地注视着新时代(参第三十二章),而许多新教徒却在盲目乐观地看待新时代(参第三十一章)。

第二十九章

转变中的景象:拉丁美洲

> 圣彼得的继任者们永远是我们的父亲,但是,战争将孤儿留
> 给了我们,他们像是迷失的羔羊,在徒然呼唤失丧的母亲。现在,
> 慈母找到了他,并将他送回羊群,我们得到了与教会和共和国相
> 称的牧人。
>
> ——西蒙·玻利瓦尔

一幅新国家的壮丽画面

欧洲和英属北美殖民地所发生的政治巨变在 19 世纪初也影响到拉
丁美洲。在西班牙和葡萄牙的殖民地中,新近从欧洲到来的移民半岛人
(*peninsulares*)与以前的移民的后裔——生于拉丁美洲的克里奥罗人——
的关系长久以来都很紧张。克里奥罗人通过剥削印第安人和黑奴的劳动
而成为相对富裕的阶级,他们觉得自己比半岛人更了解殖民地的事务,因
此,他们应当参与殖民地的管理。但是,所有重要职务——世俗的与教会
的——都是在欧洲任命的,因此,重要职务通常都是由半岛人来担任,其
中许多人在被任命治理新大陆的殖民地之前从未到过新大陆。克里奥罗
人似乎已经忘记了印第安人和黑奴的艰苦劳动,他们相信,殖民地的财富
是他们努力创造的,因此,他们怨恨半岛人的权力。虽然他们仍是国王
的忠实臣民,但是,他们痛恨那些以殖民地为代价而为宗主国谋利的法
律。许多克里奥罗人都很富有,因此,他们经常去欧洲,当他们从欧洲

回来时,他们带回了正在席卷欧洲大陆的共和思想。因此,克里奥罗人在拉丁美洲所发挥的作用,类似于资产阶级在法国所起到的作用。

1808 年,拿破仑废黜了西班牙国王费迪南德七世,并将他的哥哥约瑟夫·波拿巴(Joseph Bonaparte)送上西班牙的王位,西班牙人将他称为佩佩·博特利亚(Pepe Botella)或"瓶子"乔(Joe Bottle),因为他身材矮胖。西班牙人抵抗这位篡位者的总部是卡迪兹(Cadiz),在卡迪兹,"政务审议会"(junta)以被废国王的名义继续施行统治。拿破仑宣布,西班牙的所有殖民地现在应当服从国王约瑟夫;但是,他并没有独立统治的能力,地方政务审议会在新大陆纷纷建立起来。半岛人坚持认为,所有地方政务审议会应当听命于卡迪兹政府,但是,克里奥罗人更喜欢独立的政务审议会,他们的主张占据了上风。因此,殖民地以西班牙国王的名义开始了自治。在拿破仑战败之后,费迪南德七世于 1814 年重新登上了王位。但是,他并没有感激为他保护领地的人,而是毁掉了相对自由的政务审议会所做的一切。在西班牙,他废除了卡迪兹政务审议会所颁布的宪法,此举遭到了强烈的抵抗,以至于他于 1820 年被迫恢复了该宪法。在西班牙的殖民地中,类似的情况加深了克里奥罗人对西班牙政策的不满,以前还忠诚地保护费迪南德七世的人很快就叛变了。在通常被称为拉普拉塔河的地区,即今天的阿根廷、巴拉圭和乌拉圭,政务审议会仍在统治着国家,直到拉普拉塔于 1816 年宣布独立。三年之后,巴拉圭宣布从西班牙和拉普拉塔独立出来。到了 1828 年,乌拉圭脱离了拉普拉塔,成为独立的国家。与此同时,何塞·德·圣·马丁(José de San Martin)越过安第斯山脉(Andes)进军智利,智利于 1818 年宣布独立。当南方发生这些巨变时,北方的西蒙·玻利瓦尔(Simón Bolívar)组建了一支军队,他们击败了西班牙人,并宣布成立大哥伦比亚(Greater Columbia),即现在的哥伦比亚、委内瑞拉和巴拿马。后来,厄瓜多尔加入了大哥伦比亚,玻利瓦尔率军南下,解放了南方的秘鲁,包括今天的秘鲁和玻利维亚。

玻利瓦尔的梦想是建立一个包括拉丁美洲大部分地区的庞大的共和

国。然而,他的梦想很快就破灭了。大哥伦比亚分裂成委内瑞拉、哥伦比亚和厄瓜多尔。在秘鲁,上秘鲁(Alto Peru)坚持自己的独立,它成为玻利瓦尔共和国(Republic of Bolivar)——现在的玻利维亚。玻利瓦尔的最后希望是建立一个大陆联邦,但是,他的这个梦想在 1826 年的巴拿马议会(Panama Congress)上化为泡影,因为地区的利益——还有美国的利益——显然不允许新国家之间存在任何紧密的合作。五年之后,当玻利瓦尔面临离世之际,他表达了自己的失望:“美洲是难以统治的。革命在破浪前行。”[1]

在墨西哥,形势正在朝着不同的方向发展。克里奥罗人正计划夺取半岛人的权力,当阴谋败露时,他们的领袖之一米格尔·伊达尔戈·伊·科斯蒂利亚(Father Miguel Hidalgo y Costilla)神父决定在被捕之前就采取行动。1810 年 9 月 16 日,他宣布墨西哥独立,并很快就成为一支拥有六万人的无组织军队的领袖,这支军队主要是由印第安人和梅斯蒂索人(印第安人与西班牙人的混血儿)组成的。在伊达尔戈被捕并被处死之后,梅斯蒂索人何塞·马里亚·莫雷洛斯(José María Morelos)神父继承了他。因此,这个新国家最初就得到了印第安人和梅斯蒂索人的支持和参与。克里奥罗人曾一度重获权力,但是贝尼托·胡亚雷斯(Benito Juárez)后来

改变了这种局势。因此,印第安人和梅斯蒂索人在墨西哥的政治史上发挥了重要作用。中美洲最初属于墨西哥,该地区于 1821 年宣布独立,后来又分成危地马拉、萨尔瓦多、洪都拉斯、尼加拉瓜和哥斯达黎加。(巴拿马起初并不属于中美洲,而是属于哥伦比亚。为了规避哥伦比亚为修建巴拿马运河所提出的条件,美国鼓励巴拿马独立。1903 年,巴拿马宣布独立。)

巴西的独立也是因为拿破仑战争。1807 年,葡萄牙宫廷为了躲避拿破仑的军队而逃到巴西避难。1816 年,若昂六世重新成为葡萄牙国王,

---

[1] Simón Bolívar, *Obras completas*, vol. 3 (Havana: Lex, 1950), p.501.

但是,他根本无意重返葡萄牙,直到 1821 年的政治局势迫使他必须重返葡萄牙。他的儿子彼得罗(Pedro)被他任命为巴西的摄政王。彼得罗后来拒绝回到葡萄牙,他宣布巴西独立,并被加冕为皇帝:巴西的彼得罗一世。1825 年,葡萄牙承认了其以前殖民地的独立。但是,彼得罗一世难以按照他的意愿统治巴西,他被迫同意组建议会制政府。1889 年,在彼得罗一世的儿子彼得罗二世退位之后,巴西共和国宣布成立。

法国大革命也直接导致了海地的独立。法国大革命一旦令白人丧失了军事保护,占海地人口绝大多数的黑人就立即爆发了起义。海地于 1804 年宣布独立,1825 年,法国承认了海地的独立。美国直到 1862 年才承认海地独立,因为美国当时的蓄奴州担心,黑奴会效法海地的榜样,通过起义来建立新国家。

如果整体来看所有这些事件,我们便会发现几条共同的线索。来自法国和美国的共和思想为拉丁美洲的革命与独立提供了基本的意识形态。但是,拉丁美洲的革命通常令权力落入克里奥罗人之手——或是像海地那样,权力落入军队领袖之手,可是,他们并不关心普通百姓的疾苦。少数地主仍控制着广阔的土地,绝大多数人没有任何土地。到了 19 世纪中叶,拉丁美洲的经济基于国外资本和农产品出口而取得巨大进展。这反而促使克里奥罗人地主拥有了更多的土地,令他们与国外资本结成同盟。城市中还出现了城市中产阶级,他们是商人和政府雇员,他们没有多少权力,但是,他们的利益与当时的经济发展密切相关。拉丁美洲人将希望寄托在一个不断被重复的承诺上,那就是贸易、工业和教育的发展最终会让社会的所有阶层获益,即使最穷的人也会分享正在被创造出来的财富。但是,经济发展需要良好的社会秩序,因此,独裁统治通常就有了恰当的理由。

在整个 19 世纪,拉丁美洲的思想大辩论爆发在自由派与保守派之间。总的来说,自由派和保守派领袖都属于社会上层。但是,保守派的主要力量是拥有土地的贵族,而自由派则得到城市商人和知识分子的支持。

保守派害怕自由的思想和自由企业这样的观念。自由派则拥护这些观念，因为它们更现代，更符合商人的利益。大多数保守派仿效西班牙，而自由派则标榜英国、法国和美国。但是，自由派和保守派都不愿为社会底层人可以分享国家的财富而改变社会制度。结果便是漫长的独裁统治（包括自由派的独裁统治与保守派的独裁统治）、宫廷政变和暴动。到了世纪之交，许多人倾向于认同玻利瓦尔的话：美洲大陆是难以统治的。这个观点似乎被墨西哥革命所证实，墨西哥革命始于 1910 年，它造成的国内暴动和骚乱令墨西哥贫瘠不堪，并迫使许多人移民到国外。

新国家的教会

在整个殖民时期，拉丁美洲的教会始终处于皇家庇护权（Patronato Real）保护之下。这包括西班牙与葡萄牙政府对主教的实际任命。因此，半岛人与克里奥罗人的紧张关系也波及教会，高级教职由半岛人担任，而克里奥罗人和梅斯蒂索人主要担任低级教职。虽然少数主教支持西属美洲殖民地的独立事业，但是，大多数主教拥护西班牙国王，其中许多主教还通过教牧书信来谴责独立。在殖民地独立之后，大多数主教回到了西班牙，这令许多教区主教职空缺。任命离职主教的接替者是不可能的，因为西班牙坚持它古老的皇家庇护权，而新生的共和国难以接受西班牙国王所任命的主教，它们甚至坚持所谓的国家庇护权（PatronatoNacional），声称正如西班牙国王所享有的权利，新政府现在也有权任命自己的主教。教宗的态度摇摆不定，因为西班牙仍是他在欧洲的主要盟友之一，但是，新国家也有大量的天主教徒。庇护七世在他的通谕《即便是无边的大陆》（Etsi longissimo，1816）中提到了"起义的重罪"和"我们在耶稣基督里最爱的儿子，你们的天主教徒国王费迪南德"。但是，政治现实最终迫使教宗保持了中立。1824 年，利奥十一世在通谕《长久以来》（Etsi iam diu）中宣称，独立运动是"稗子"，费迪南德是"我们非常爱的儿子、西班牙所有领地的天主教徒国王"。在欧洲，法国、奥地利和俄国连同西班牙一起拒绝承认新国家,而新国家也在未与西班牙商议的情况下自行任命了主教。1827 年,利奥十二世最终决定为大哥伦比亚——包括今天的哥伦比亚、委内瑞拉、厄瓜多尔和巴拿马——任命第一批主教。这便是我们在本章开头引用玻利瓦尔那段话的原因。但是,这并没有解决问题,因为费迪南德七世与罗马教廷决裂了,教宗不得不放弃了他以前做过的许多事情。在随后十年中,格列高利十六世正式承认了新共和国的独立,并为它们任命了主教。由于罗马天主教圣礼的特点,缺少主教不仅意味着缺少领袖,而且还无法按立圣职;如果没有足够的被按立了圣职的神职人员,天主教的许多圣礼就无法举行。

低级神职人员主要是克里奥罗人和梅斯蒂索人,他们的态度与主教截然不同。在墨西哥,每四位神父就有三位支持起义。在签署《阿根廷独立宣言》(Declaration of Independence in Argentina)的二十九人中,有十六人是神父。同样的,在起义刚刚爆发时,支持独立运动的人寥寥无几,为了赢得人们的支持,教区神父做出了很大的贡献。教会的这种矛盾态度在许多方面延续了拉丁美洲的教会在殖民初期就已经表现出的两种态度。一些神职人员——尤其是高级神职人员——普遍支持保守派的政策,同时,也有许多神职人员支持政治、经济和社会各方面的改革。

不管教会的官方教导是什么,越来越明显的是,拉丁美洲的天主教徒实际上所理解与实践的信仰存在着很大的差异,这令局势变得错综复杂。缺少神父导致天主教徒更少关注圣礼,更多强调不需要神父的宗教仪式 *369*和节日,如圣徒日、玫瑰经、向圣徒许愿、具有所谓神奇能力的成文祷文等等。这一切与美洲原始居民残存的古代信仰和黑人从非洲所带来的信仰中的许多要素结合在一起——后来又与来自欧洲的强调轮回转世以及与死人灵魂相交的秘传招魂术混合起来。虽然其中大多数信仰行为经常是 *370*以纯宗教的方式来理解的,但是,这显然在很大程度上是为了反抗控制着教会的掌权者。

由于这些原因,新政治领袖对天主教的态度是复杂的。他们都自称是天主教徒,各国的早期宪法都承认,罗马天主教是国教。但是,新国家的教会与罗马教廷的关系都很紧张,以至于一些教会领袖——尤其是墨西哥的教会领袖——提出脱离罗马天主教,并建立国家教会。在随后一些年中,只要教宗表现出违背国家政治利益的倾向,建立国家教会的计划就会被一再提出。

在西班牙美洲殖民地独立之后,自由派与保守派的冲突也反映在他们各自不同的宗教政策中。保守派希望保留神职人员和教会的古老特权,而自由派反对其中的许多特权。这时,许多以前支持殖民地独立的本土神职人员加入保守派阵营。早期的自由派并非因为天主教的特权而反对天主教,他们只是反对他们所认为的神职人员那种狭隘的思想和行为,虽然他们生在美洲,他们却仍将西班牙视为世界的中心。然而,自由派与教会领袖的不断冲突导致自由派越来越反对天主教。

在19世纪后半叶,自由派拥护奥古斯特·孔德(August Comte)的实证主义哲学,因此,自由派更反对天主教。孔德是法国哲学家、现代社会学的奠基人之一,他相信,我们可以、也应当根据理性来重建社会。他认为,人类经历了三个发展阶段:神学的、形而上学的和科学的/实证的——他的哲学因此被称为实证哲学(Positivism)。孔德认为,虽然我们仍处于前两个阶段,但是,我们现在已经进入了科学时代,因此,我们必须基于科学或实证原则来彻底地重建社会。这样重建起来的社会将明确区分属灵的权威与世俗的权力。世俗的权力必须交给资本家和商人,因为他们最了解社会的需要。至于属灵的权威,最好交给没有超自然上帝的新天主教会,并致力于人类的宗教。这些思想得到拉丁美洲资产阶级的普遍认可,尤其是在巴西和阿根廷、智利这样的国家,在这些国家,来自法国的思想通常都很受欢迎。结果,自由派与教会爆发了新冲突,与此同时,国家却变得越来越世俗化。

在墨西哥,19世纪的这些潮流在1910年的墨西哥革命中达到了顶峰。在与得克萨斯的战争(1835—1836)和与美国的战争(1846—1848)

墨西哥革命夺去所有宗教建筑物的所有权,并对其使用做出规定,结果,循道宗基督徒现在来到前天主教修道院聚会,墨西哥城的循道宗教会能够表明墨西哥革命所带来的一些影响。

之后,贝尼托·胡亚雷斯所领导的自由派政府废除了天主教的许多传统特权——包括此前一直不受民事法庭司法管辖的神职人员的特权;下令没收教会所有与其宗教职能并不直接相关的财产;由世俗机构来记录出生、婚嫁和死亡。这一切后来都被写入1857年的自由派宪法。当保守派向拿破仑三世求助时,法国人入侵了墨西哥,他们于1864年将奥地利的马克西米连推举为墨西哥的统治者。这导致了起义,马克西米连于1867年被俘,并被处死。在更多的内乱以及自由派与民主派的不断冲突之后,波费里奥·迪亚兹(Porfirio Díaz)夺取了政权。他的统治被称为波费里奥时期(Porfiriato),在他统治墨西哥期间,政府对反对派进行了长达三十四年的暴力镇压,教会与政府关系紧密,这放宽了1857年宪法的条款。到了1910年,政府的镇压措施和农民日益贫穷导致了革命。迪亚兹于1911年被废黜,教会的特权也再次被废除。但是,战争又激烈地进行了数年,一方面是越来越苛刻的反教会法,一方面是教会领袖更公开的政治抵抗。

到了 1926 年,教会的支持者领导了基督革命(Cristero Revolution),三万多起义者和大约六万联邦军在革命中丧生。当双方显然都难以消灭对方时,他们于 1929 年达成了协议。

在 19 世纪后半叶,一股新的移民浪潮席卷了整个拉丁美洲——移民主要是来到拉丁美洲各地的欧洲人以及来到拉丁美洲的太平洋沿岸的中国人。对于处于统治地位的资产阶级来说,这些移民是他们设想发展拉丁美洲所必要的。移民不仅为工业和商业提供了必需的劳动力,也平衡了印第安人和黑人的数量。不管怎样,这股移民浪潮对拉丁美洲的宗教生活是非常重要的。许多希望移民的人都是新教徒,因此,一些国家感到必须给予他们宗教自由。最初宗教自由只是给予了这些移民,但是,所有人最终都得到了宗教自由。然而,移民最显著的结果是,接受了洗礼的天主教徒迅速增长,他们实际上根本就得不到教会的牧养。因此,拉丁美洲的天主教变得更表面化。在一些像布宜诺斯艾利斯和圣保罗这样的大城市,大多数人仍自称是天主教徒,但是,他们很少参与教会生活。

长久以来,天主教的统治集团始终都在通过回归传统来应对这一切,但是,这样的努力毫无效果。新思想传播得越普遍,天主教领袖就越强烈地谴责它们。最终,拉丁美洲的许多天主教徒将信仰视为个人的事情,甚至反对教会的权威。因此,当新教徒来到拉丁美洲,他们发现,已经成熟的庄稼正等待着收割。

第三十章

转变中的景象：
东方的基督教

> 时机已经成熟，全世界基督徒的责任是协力来实现先知以赛
> 亚的话："要将刀打成犁头，把枪打成镰刀"，从而再次证明基督教
> 在世界上的生存能力，证明基督教将永存于世。
>
> ——罗马尼亚牧首查士丁尼，1960 年

在 21 世纪，所有基督徒面临的一个重要问题是如何在"后君士坦丁
时代"生存。"后君士坦丁时代"是指教会不能再指望自君士坦丁时代以
来所享有的政治支持。我们在前几章中已经看到，自美国独立战争和法
国大革命以来，西方基督教不得不应对世俗国家的挑战，虽然世俗国家并
不总是对基督教怀有敌意，但是它们往往无视它的存在。另一方面，对于
东方的基督教来说，这种情况始于土耳其人于 1453 年攻陷君士坦丁堡。
前面我们在那里停了下来，没再讲述东方基督教的进程，现在我们必须回
过头来，继续讲述东方的基督教。

拜占庭帝国的基督教

基督教从拜占庭帝国那里所得到的传统支持并不是纯粹的祝福。基
督教与拜占庭帝国的关系的确为希腊教会带来巨大的威望，但是，这也极
大地限制了它的自由。教宗在西方通常比国王甚至皇帝更有权力，而在
东方，皇帝控制着教会，不服从皇帝命令的牧首将被轻易地罢免与取代。
当拜占庭帝国的皇帝为了拯救他的帝国而决定必须与罗马重新合一时，

这种合一实现了,即使这明显有悖于绝大多数拜占庭帝国教会的意愿。一年之后,即 1453 年,君士坦丁堡被土耳其人攻陷,拜占庭帝国的许多基督徒认为,君士坦丁堡的陷落将他们从一位强迫他们与异端罗马合一的专制皇帝手中救了出来。

起初,奥斯曼帝国还给予教会一些自由。君士坦丁堡的征服者穆罕默德二世邀请主教选出一位新牧首——之前那位已经逃到了罗马;他给予新牧首统治他领地内基督徒的世俗的与宗教的权力。在君士坦丁堡,一半的教堂变成了清真寺,但是,奥斯曼帝国仍然允许基督徒在另一半教堂中进行基督教的崇拜。1516 年,土耳其人征服了叙利亚和巴勒斯坦,这里的基督徒也接受君士坦丁堡牧首的管辖。一年之后,当土耳其人征服埃及时,亚历山大牧首得到了管理埃及基督徒的特权。虽然这个政策令牧首成为一个处于更大的奥斯曼帝国之内的基督教国家的实际统治者,但是这也意味着,不履行苏丹政策的牧首很快就将被废黜。

几百年来,西方神学的影响和说希腊语的教会对西方神学的回应,始终主导着说希腊语的教会的神学活动。在新教改革期间,说希腊语的教会也在讨论西方教会所争论的问题。1629 年,君士坦丁堡牧首西里尔·卢卡里斯发表了一份《信仰声明》,它在许多方面都具有新教的精神。尽管卢卡里斯被罢免与谋杀,但是仍有许多人敬佩他——一些人甚至声称《信仰声明》是伪造的。最终,1672 年的一次宗教会议对他作出了谴责:"如果《信仰声明》的确是他所作,那他便是加尔文派异端。"但是到了 18 世纪,问题不再是新教,而是西方的哲学与科学和它们对东正教神学所产生的影响。在 19 世纪,当希腊从土耳其独立出来时,这个问题有了政治意义。总的来说,希腊的民族主义者支持这些人:他们倡导引进西方的研究与学术方法,他们也认为,既然希腊现在是一个独立的国家,希腊教会应当独立于君士坦丁堡牧首。另一方面,保守派认为,被普遍接受的传统应当引领学术,这个传统的一部分是服从君士坦丁堡牧首,即使他臣服于土耳其的苏丹。

在 19 世纪和 20 世纪初,奥斯曼帝国瓦解了,民族性的东正教会相继形成,不仅在希腊,而且也在塞尔维亚、保加利亚和罗马尼亚。在所有这些国家,民族主义情绪与东正教超国家的本质的紧张关系成为一个重要的问题。在两次世界大战之间,君士坦丁堡牧首承认了许多东正教会的自治权,这不仅包括土耳其人以前在巴尔干半岛领地内的东正教,也有欧洲其他国家的东正教,如爱沙尼亚、拉脱维亚和捷克斯洛伐克的东正教。这些地区的大多数国家在第二次世界大战之后处于苏联霸权之下,因此,苏联的宗教政策被普遍应用于这些国家。

20 世纪初,耶路撒冷、亚历山大和安提阿古老的牧首区处于阿拉伯人统治之下。起初,这些新成立的阿拉伯国家生存在西方列强的阴影之下。当时,这些牧首区的许多基督徒成为了天主教徒或新教徒。后来,阿拉伯人的民族主义情绪不断增长,他们抵抗西方列强的势力和影响,这抑制了新教和天主教的发展。到了 20 世纪下半叶,只有希腊和塞浦路斯的东正教还可以依靠政教合一这一类传统——塞浦路斯于 1960 年宣布独立,它的官方宗教是塞浦路斯东正教(Cypriot Orthodox Church)。

尽管遇到困难,但是,以前处于君士坦丁堡牧首区、现在处于苏联统治之下的各个东正教会的确表现出活力。人们曾一度担心,政府的宣传压力和缺少教会学校将令新一代人远离教会。但是,数十年的经验似乎表明,崇拜作为东正教徒灵性力量的传统源泉,甚至在敌对基督教的国家也足以胜任传递基督教传统的任务——这在苏联于 20 世纪末解体之后被证实。苏联的许多加盟共和国在不同时期都剥夺了基督徒的民事行为能力,这的确令忙于生计的基督徒难以主动来到教会,但他们许多人在退休之后又回到了教会,这一点很重要。

俄罗斯的东正教

君士坦丁堡于 1453 年陷落,这在俄罗斯被许多人解释为上帝对君士坦丁堡与异端罗马重新合一的惩罚。这样一种理论最终得以形成:就如君士坦丁堡已经取代罗马成为"第二罗马",莫斯科现在是"第三罗马",它成为新的罗马,上帝赋予它的使命是捍卫基督教正统。1547年,俄罗斯的伊凡四世(Ivan IV)取名为"沙皇"或君主,此举的目的是要表明,他是古罗马帝国和古拜占庭帝国的凯撒的继任者。同样,莫斯科大主教于1598年改称为牧首。为了支持这种自我理解,俄罗斯教会出版了一大批驳斥希腊东正教徒、天主教徒和新教徒的辩论性著作。到了17世纪,这些观念已经根深蒂固,以至于一次与希腊东正教徒重建友好关系的尝试在俄罗斯造成了分裂。

沙皇阿列克谢·米哈伊洛维奇(Alexis I Mikhailovich,1645—1676)将与希腊东正教徒的友好关系视为征服君士坦丁堡的预备步骤,因此他鼓励牧首尼康(Nikon)修改崇拜仪文,以便俄罗斯教会的崇拜与希腊东正教的崇拜保持一致。但是,许多俄罗斯人强烈反对,尤其是社会底层人。他们怀疑一切外国的事物,尤其是在贵族有意倡导这些新思想之后。结果,旧礼仪派(Old Believers)分裂出来,其中一些人后来加入了农民起义。农民起义遭到血腥的镇压,农民的处境更加悲惨。旧礼仪派继续存在,但是,他们在许多问题上存在分歧——尤其是是否接受来到他们中间的东正教司祭,还是根本就不需要司祭。一些人被极端的启示所吸引,数千人为见证他们的信仰而自杀。但是,较为极端的人最终消失了,作为少数派,旧礼仪派至少在21世纪之前仍在俄罗斯存在。

沙皇彼得大帝(Peter the Great,1689—1725)采取了不同的策略。他并不看重与希腊东正教徒建立友好关系,而是更愿意他的国家接受西方的影响。就教会生活而言,这令俄罗斯教会越来越关注天主教与新教的神学。总的来说,关注相互抵触的天主教与新教神学的东正教神学家并没有放弃他们的东正教信仰,而是试图利用天主教或新教的方法来发展东正教神学。就一些争论性问题而言,一些东正教神学家追随天主教的传统,而另一些东正教神学家则从新教那里摄取营养。彼得·莫吉拉(Peter Mogila)是基辅学派(Kievan School)的伟大神学家,他接纳了天主教的思想;而费奥凡·普罗科波维奇(Theophanes Prokopovich)和他的追随者认为,俄罗斯东正教应当重视新教对传统的批判。19世纪初,启蒙运动和浪漫主义的影响令普罗科波维奇派占据了上风。但到了19世纪末,爆发了民族主义反抗运动——斯拉夫民族运动(Slavophile Movement),它更强调俄罗斯民族的传统价值观。这场运动的主要领袖是平信徒神学家阿列克谢·霍米亚科夫(Alexis Khomiakov,1804—1860),他用黑格尔的范畴来证明东正教对大公性(sobornost)的真正理解,是天主教的教会权威这一正题与新教的福音自由这一反题的完美合题。

俄国革命令这场争论近乎终结。一种不同的西方哲学——马克思主义占据了上风。1918年,教会与国家正式分离——1936年的宪法正式批准了政教分离,这不仅保证了"宗教崇拜的自由",也确保了"反宗教宣传的自由"。1920年,在学校进行宗教教育被视为违法。两年之后,神学院全部被关闭。在牧首吉洪(Tikhon)于1925年去世之后,政府禁止俄罗斯东正教选出他的继任者,这种情况一直持续到1943年。当时,苏联与德国的战争令它需要一切可能的支持,这在一定程度上迫使政府决定承认教会仍然存在。1943年,神学院复课。同时,政府允许印刷一些宗教书籍和期刊,以及生产用于崇拜的必需品。

同其他处于共产党统治之下的东正教会一样,俄罗斯教会的崇拜能够牧养信徒,并将其传统传递给新一代人。到了20世纪末,在共产党统治了七十多年之后,苏联仍有大约六千万东正教徒。

其他东正教会

除了上述东正教会以外,世界各地还有其他地区的东正教会。其中一些是俄罗斯东正教的宣教成果,如日本、中国和朝鲜半岛的东正教会。它们完全是本土化教会,其信徒及神职人员主要是本国人,他们用自己的母语进行崇拜。另一些东正教会源于所谓的"散居东正教"(Orthodox Diaspora)。由于政治巨变、宗教迫害和寻找更好的生活条件等诸多原因,许多东正教徒离开了他们的家乡,移民到遥远的国家。尤其是在西欧和新大陆,生活着许多俄罗斯、希腊和其他国家的东正教徒,对于他们来说,他们的信仰和东正教崇拜成为保留传统与价值观的一种方法,否则传统与价值观都将失去。这些东正教徒彼此的关系为东正教制造了难题,因为东正教始终认为,在某一个地方或地区只能有一种东正教。有时,这会引向强调东正教团契(Orthodox Communion)的合一。在 20 世纪的美国就出现了这样的难题,当时,俄罗斯东正教允许美国的东正教自治,君士坦丁堡牧首和美国其他东正教会的一些领袖对此提出抗议,并最终促成许多试图建立美国统一的东正教会的对话。

然而,并不是所有东方教会都属于东正教团契。自从公元 5 世纪的基督论争论以来,许多不赞同普世大公会议决议的东方基督徒就已经建立起独立的教会。在波斯帝国以前的领地中,绝大多数基督徒拒绝将马利亚称为"上帝之母",因此他们被称为聂斯脱利派或亚述派(Assyrians),其历史漫长多变。虽然他们的教会在中世纪一度兴旺发展,甚至在遥远的中国展开了宣教工作,但他们近年来受到残酷的迫害,尤其是穆斯林邻邦对他们的迫害。20 世纪初和 21 世纪初的两次迫害几乎令聂斯脱利派灭绝。许多幸存者逃到了西半球,包括他们的领袖大主教(catholicos),他先后在塞浦路斯和芝加哥避难,他的继任者在 21 世纪仍住在芝加哥。当时,聂斯脱利派大约有十万名信徒,他们主要分布在伊拉克、伊朗、叙利亚和美国。

有些教会因卡尔西顿大公会议的《信仰定义》近乎割裂了耶稣的人性与神性而拒绝接受它,它们被称为基督一性论派(Monophysites),尽管这个名字并没有正确地描述它们的基督论。最大的基督一性论派是埃及科普特教会和它的子教会埃塞俄比亚教会。埃塞俄比亚教会是最后一批接受国家主动支持的东方教会之一;但是,这样的支持最终被埃塞俄比亚皇帝海尔·塞拉西(Haile Selassie)于 1974 年撤销。古老的叙利亚基督一性论派教会,也被称为雅各派(Jocobites),在叙利亚和伊拉克仍然强大。它的领袖是安提阿牧首,他住在叙利亚的首都大马士革。从理论上讲,印度的叙利亚教会处于安提阿的雅各派牧首管辖之下,但是它实际上已经自治,并声称是由圣雅各亲自建立,它完全是本土化教会,大约有五十万名信徒。

我们以前已经讲过,亚美尼亚教会拒绝接受卡尔西顿大公会议的《信仰定义》,这主要是因为它怨恨罗马帝国没有在波斯人入侵亚美尼亚时施以援手。土耳其人征服了亚美尼亚,亚美尼亚人坚决不放弃祖先的信仰,这是他们与土耳其统治者彼此仇恨的原因之一。随着奥斯曼帝国的衰落,这种仇恨演变成暴力。1895 年、1896 年和 1914 年,在土耳其人统治之下的成千上万亚美尼亚人惨遭屠杀。大约一百万名亚美尼亚人幸免于难,结果,到了 21 世纪,叙利亚、黎巴嫩、埃及、伊朗、伊拉克、希腊、法国和西半球都有大量的亚美尼亚基督徒,他们当中的许多人要求土耳其政府承认土耳其正史所没有记载的种族屠杀。亚美尼亚的一部分地区处于苏联的统治之下,教会的生存环境与其他在苏联统治之下的教会相类似。

在 20 世纪前几十年,东正教对普世教会运动的参与还相当保守。它们担心去参与讨论"信仰与教制"(Faith and Order)问题,将被解释为它们对自己的信念存有怀疑,或是对自己的信念做出妥协。因此,虽然一些东正教徒愿意在一些实际问题上与其他基督徒合作,但是,他们拒绝进行任何可能被解释为试图通过谈判来解决信仰问题的官方讨论。1948 年,世界基督教联合会第一次会议(First Assembly of the World Council of Churches)在阿姆斯特丹召开(参第三十三章),东正教得到了参加会议的邀请,大多数东正教会在交换了意见之后,决定不参加此次会议。1950年,世界基督教联合会中央委员会(Central Committee of the World Council of Churches)发表了一份声明,消除了大多数东正教会的疑虑。从此以后,这些东正教会成为世界基督联合会的正式会员。同样,其他东正教会也越来越多地参与普世教会运动。在这一特殊背景之下,通过世界基督教联合会的帮助,接受卡尔西顿大公会议《信仰定义》的东方教会与拒绝接受的东方教会——聂斯脱利派和基督一性论派——进行了重要的对话。双方通过这些对话发现,他们达成一致将具有深远的意义,他们的许多分歧都是出于误解。因此,当东西方的基督教开始对话时,普世教会运动也促进了东正教徒之间颇有价值的对话。

进一步的变化:苏联解体

苏联解体为苏联的东正教发展带来巨大的变化。米哈伊尔·戈尔巴乔夫(Mikhail Gorbachev)的改革政策是苏联进入新时代的最早迹象之一,他的改革包括给予教会更大的自由,这让全世界惊讶地看到,在政府竭力镇压基督教八十多年之后,苏联的基督教仍表现出巨大的活力。仅在 1989 年,就诞生了一千多个新的东正教团契,在西伯利亚建立了一所神学院,在白俄罗斯也建立了一所,一些曾被政府关闭的修道院重新开放。1990 年,以思想保守和甘于屈服政府而著称的牧首皮蒙(Pimen)去世。他的继任者牧首阿列克谢二世与前任不同,他是由不记名投票选出的,他坚定地捍卫民主,并将基督教与俄罗斯的民族主义明确区分开来。1993 年,莫斯科东正教大学(Orthodox University of Moscow)成立。在一些现在脱离了苏联统治的东欧国家,如乌克兰、爱沙尼亚和其他国家,基督教表现出类似的活力。毫无疑问,已经摆脱苏联统治的东正教表现出巨大的生命力。

然而,并不是一切都很乐观。在俄罗斯,东正教现在不得不应对其他基督教团契的出现,当教宗为莫斯科和俄罗斯其他城市任命罗马天主教的主教时,俄罗斯东正教提出了强烈的抗议。现在,一些曾普遍被共产党镇压与被迫加入官方东正教的东仪天主教会(Uniate)开始索要它们失去的教产,它们声称官方东正教夺走了它们的教产,尤其是在乌克兰,这里的冲突升级为暴动。1996 年,爱沙尼亚政府正式承认了爱沙尼亚使徒东正教(Estonian Orthodox Apostolic Church),它的许多领袖在苏联时期逃亡瑞典,君士坦丁堡(伊斯坦布尔)牧首声称,爱沙尼亚使徒东正教是处于

381

布鲁克林的圣拉斐尔已经成为东正教在美国和其他地区宣教事业的象征。

他管辖之下的自治教会。阿列克谢二世和俄罗斯东正教对此作出回应——暂时中断了莫斯科牧首区与君士坦丁堡牧首区的一切联系。

　　当一些曾由共产主义者统一在一起的国家分裂时，类似的事情相继发生，尤其是在南斯拉夫，因国家分裂而爆发的内战以及穆斯林、东正教徒与天主教徒之间的宗教冲突严重违反了人权，并对人类犯下了罪行，尽管塞尔维亚牧首帕夫莱（Pavle）呼吁停止冲突也无济于事——在阿尔巴尼亚和其他一些以前由共产党统治且穆斯林占绝大多数的地区,东正教的领袖也对新政府过度限制他们和他们的信徒提出抗议。

382

甚至在苏联之外,东正教内部也爆发了冲突,因为东正教正在努力顺应新形势:移民令它难以像从前那样有一个国家教会。在美国、澳大利亚、拉丁美洲和其他地区,东正教移民和他们的后裔一同带来了他们的信仰。每一群东正教徒都与他们祖先的教会保持着密切的联系,因此,不同的东正教会现在出现在某一个国家,它们都忠于各自祖国的牧首或大主

383

教,这一切导致了混乱和冲突,因为不同的牧首和高级教士都在声称,他们对某一个教会拥有管辖权。

总体来看这些不同的东正教会,我们可以得出两个结论。首先,虽然它们处于不同的年代,但它们亟需在急剧变化的局势中找到生存与牧养信徒的方法,这种局势与其中一些教会——尤其是俄罗斯东正教会——所长期生存的基督教王国极为不同。其次,西方的基督徒,尤其是新教徒,可能低估了东正教的崇拜和传统的力量,因为它们令东正教在最不利的环境中得以继续生存,甚至是兴旺发展。因此,东正教不仅为崇拜在20和21世纪的复兴做出了重要贡献,也吸引了那些努力在基督教传统中寻根溯源的新教徒。

正在变化的形势和东正教的崇拜与传统的活力,可以在这样一些运动中体现出来:它们在20世纪始于一些非传统东正教地区,并将东正教传给新的地区和民族。虽然东正教在地域上的诸多扩张是俄罗斯东正教徒、希腊东正教徒和其他东正教徒移民的结果,但是到了20世纪初,美国的东正教徒开始希望将东正教传给在传统上不信奉东正教的地区和民族。这场运动的一位先驱是生于黎巴嫩的拉夫尔·哈瓦维尼(Rafle Hawaweeny,1860—1915)——现在被称为布鲁克林的圣拉斐尔(St. Raphael of Brooklyn)。通过创建三十个教区等工作,圣拉斐尔开始在美国系统地传播东正教。1988年,当福音派东正教(Evangelical Orthodox Church)加入了安提阿东正教北美大主教区(Antiochian Orthodox Christian

Archdiocese of North America)时,他的努力结出了重要的果实。(福音派东正教是福音派新教徒创立的,而这些新教徒中的许多人是学园传道会[Campus Crusade]的成员。)也是在 1988 年,安提阿东正教成立了它的宣教与福音部(Department of Missions and Evangelism),其目标是"令美国成为东正教国家"。

第三十一章

新教神学

> 由理性神学、自由神学和现代神学所建立的基督教的历史根
> 基不复存在;但这并不意味着基督教已经失去它的历史根基⋯⋯
> 现代神学家对于我们的历史方法和历史上的耶稣过于骄傲,
> 对于我们的历史神学所能带给世界的属灵财富过于自信。
>
> ——阿尔伯特·史怀哲

19 世纪向基督教提出了巨大的思想挑战。天主教当局和神学家的回应通常是谴责与否定现代思想(参第三十二章),而许多新教徒则寻找方法,根据新思想来解释他们的古老信仰。西方基督教的这两个支脉面对着同样的挑战,我们先在这一章中讲述新教的回应,然后在下一章中讲述天主教的反抗。

新思潮

到了 19 世纪初,工业革命已经波及了西欧大多数国家,甚至是新大陆的一些地区。它的影响不仅仅局限在经济方面,也波及生活的各个方面。为了能在工业中心找到工作,大规模的人口迁移出现了,还有许多人放弃了他们的耕地,因为这些耕地现在被用于工业。人口迁移削弱了传统的大家庭——父母、叔舅、姨婶、堂表兄妹生活在一起的家庭,小家庭不得不肩负起更大的责任:价值观和传统的传递。更多的人将他们的生活视为自己的事情,因此,个人主义和对"自我"的关注成为哲学与文学的

一个共同主题。

工业革命也有助于思想的进步。纵观人类大部分历史,人们始终认为,古旧的与经过实践检验的思想和习俗要好于大多数创新。甚至在文艺复兴和宗教改革时期,当许多新思想被提出时,人们仍希望回到宗教、艺术和知识的古代源头。但是,人们现在不再回顾过去,而是放眼未来。实用科学已经证明,它能够带来以往所没有的财富与安逸。未来似乎是一切皆有可能。社会的领导阶级将工业革命所带来的问题视为过眼云烟。实用科技很快就将解决它们,此后,社会的所有阶层都将从新秩序中获益。大多数知识分子属于社会领袖,因此,这些思想在他们的学说和著作中引起了共鸣。从某种意义上讲,达尔文的进化论表达了对进步的信仰,他只是将这种信仰应用在自然科学中。并不只有人类在进步,自然界中的一切都在进步。进步是构成宇宙的一部分。社会进步也是如此,这并不是简单的进步,而是适者生存的残酷斗争,在生存的过程中,生存斗争促进了所有物种的进化。这在达尔文于 1859 年发表的著作的书名中有所体现:《物竞天择,适者生存之物种起源论》(*On the Origin of Species by Means of Natural Selection, or the Preservation of Favored Races in the Struggle for Life*)。

进步在人类生活、甚至整个宇宙中都是一个重要因素,因此,进步对于历史也是非常重要的,因为历史不就是过去的进步吗?19 世纪的人强烈地意识到,社会在几百年来发生了根本性的变革,同其他文化——尤其是非洲和太平洋地区的文化——越来越多的交流进一步增强了这种意识。因此,人们得出的结论是,人类从未停滞不前,他们的知识和宗教观也在进化。我们已经讲过孔德的进步论:从"神学"进步到"形而上学",最后到"科学"。这些是人们在 19 世纪的典型思想。结果,一系列质疑过去许多传统观点的历史研究出现了。这些研究被应用到圣经和初期基督教,结果,许多人发现,历史研究所得出的结论有悖于基督教信仰。

工业革命带来了进步,但是,进步的背后是高昂的社会代价。许多基督徒努力满足特定人群的需要。主日学运动希望帮助那些不再有多少机会接受传统宗教教育的人。救世军、基督教青年会和许多类似的运动试图帮助城市群众,减轻他们的痛苦。但是,问题和解决问题的方法不再是慈善机构能为穷人做些什么那么简单,许多人开始考虑是否需要彻底改变社会制度。如果的确存在进步,社会结构几百年来果真发生了变化,那么,为什么不尝试进一步改变社会结构呢?我们之前所提到的孔德通常被视为现代社会学奠基人之一,他明确地提出了改革社会的方法——将社会交给资本家和商人。这样的方案于 19 世纪经常被人提到。各种各样的社会主义成为关注社会现状之人的共同话题,其中包括许多基督徒。这些思想和社会改革方案成为导致 1848 年欧洲革命失败的原因之一。

最终,最具影响力的社会主义作家是卡尔·马克思,他于 1848 年发表了《共产党宣言》。他的哲学体系超越了当时的社会主义乌托邦,因为他基于他所说的"辩证唯物主义",分析了历史和社会。这种分析的基本假设是这一观念:无论思想看起来多么属于纯理性范畴,它总是有社会与政治功能。统治阶级发展出一种意识形态,它虽然看起来是纯理性的构造,但它的真正功能是维护现有的制度。宗教本身就是维护统治者统治的一种手段,因此便有了人们经常引用的名言:"宗教是人民的鸦片"。但是,马克思也认为历史在不断进步,下一步将是一场大革命,革命将首先建立"无产阶级专政",并最终建立一个没有阶级的社会——在这样的社会里,即使国家也是多余的——即真正的共产主义社会。虽然马克思的理论向 20 世纪的基督徒提出了严峻的挑战,但是,它们在 19 世纪的影响力相对较小。

到了 19 世纪末,西格蒙德·弗洛伊德(Sigmund Freud)的工作提出了新的挑战。在研究了不同的学科多年之后,弗洛伊德对人类精神活动的方式产生了兴趣,尤其是潜意识层面的精神活动。他基于多年的观察得出结论,精神不仅受它所意识到的事物的驱动,也受潜意识中一些因素——尤其是经验和本能——的驱动。精神因社会压力或其他一些原因而压抑了经验和本能,但是,从未摧毁它们。例如,性和攻击的本能仍然活跃,无论我们将它们压抑得多深。这不仅为心理学打开了新视野,也为神学开辟了新领域,但是,神学并不总是清楚该如何回应弗洛伊德的理论。

虽然马克思和弗洛伊德都生活在 19 世纪,但是,他们对 20 世纪的影响是最大的。他们都代表着在他们的时代正发生的改变,即,科学推理开始被应用到自然科学之外,这是为了理解社会和人的精神。正是因为这个原因,一些新学科于 19 世纪诞生,如社会学、经济学、人类学和心理学。神学家不得不在新学科兴起的背景下进行他们的神学研究。

施莱尔马赫的神学

我们已经讲过,康德的批判结束了 18 世纪肤浅的理性主义——至少给它蒙上了一层阴影。如果纯粹理性在被用来解决上帝的存在或复活这类问题时陷入了绝境,那么,神学将如何来解决这些问题以及对宗教同样重要的其他问题?如果心灵中的确有思想的结构,它们不一定与实体相对应,那么,我们如何来讨论终极实在?对于这样的问题,有三种可能的解决方法,神学家们探究了这三种方法,我们将在本章的这个部分和随后两个部分中讨论这三种方法。

第一种选择是为宗教寻找一个纯粹理性或思辨理性之外的核心。康德在他的《实践理性批判》中的确是这样做的。他主张,认为宗教基本上是个智性问题是错误的,因为宗教的基础实际上并不是智性,而是道德感。人类天生就是有道德的,基于这一与生俱来的道德感,我们可以证明上帝的存在、灵魂、人的自由和复活。从某种程度上讲,康德这样做是在努力挽救他在《纯粹理性批判》中所诋毁的一些基督教理性,他的方法是将宗教置于一个纯粹理性之外的地带。

19 世纪初,弗里德里希·施莱尔马赫(Friedrich Schleiermacher)提出了一个类似的解决方法,但是,他既没有将宗教建立在纯粹理性基础之上,也没有以实践理性作为宗教的基础。他出生、成长在一位改革宗牧师的家庭,他的父亲有摩拉维亚派的思想,并让摩拉维亚派来教育他的儿子。尽管施莱尔马赫是改革宗基督徒,但是,摩拉维亚派的敬虔精神的确影响到他的神学。不管怎样,当时所盛行的理性主义在一段时间内令年轻的施莱尔马赫难以继续相信基督教的一些传统教义。浪漫主义帮他摆脱了困境。浪漫主义者认为,人类不仅有冰冷的理性。这场运动在年轻一代人中培养出了了许多名家,他们认为,理性主义摧毁了人性。施莱尔马赫开始用浪漫主义者的洞见来寻找方法,以摆脱理性主义带给他的绝境与疑虑。1799 年,他发表了第一部重要著作《论宗教——致蔑视宗教的知识界人士》(*Speeches on Religion to the Cultured among its Despisers*),这正是他试图向浪漫主义者证明,宗教必将在人类生活中占据重要的一席之地。他的主要论点是,宗教既不是理性主义者和正统基督徒所相信的一种知识形式,也不是康德所说的一套道德体系。宗教的基础既不是纯粹理性,也不是实践理性或道德理性,它的基础是 *Gefühl*——对这个德语词汇最恰当的翻译是情感(feeling),尽管这并不是完全准确。

《论宗教》并没有阐明这种情感的确切内含,他在更为成熟的著作《基督教信仰》(*The Christian Faith*)中进行了这项工作。他在该书中清楚地表明,情感并不是感官上的感觉,也不是一时冲动或突然的经验,而是深刻意识到存在唯一一位存有(One)——我们和我们周围世界的存在都依赖于这一位存有。因此,这种情感并不是不明确的或难以名状的,因为它的明确内涵是我们对上帝的绝对信靠。这种情感并非基于理性能力或道德感情,但是它的确在理性推理和伦理责任中都起到了重要的作用。

这种信靠感在每一个宗教团体都有一种特定的形式。宗教团体的目的是向他人和后人传送它们独特的基本经验,以此让他们得以分享同样的情感。施莱尔马赫本人对新教团体感兴趣,而新教团体基于两个重要的历史时刻:耶稣和他对第一代门徒的影响,以及 16 世纪的宗教改革。

390　　　神学的作用是探究与解释信靠感在三个层面上的意义:信靠感、它与世界的关系和它与上帝的关系。在神学中,任何不能被证明与信靠感有关的教义都没有任何意义。我们以创世的教义为例。这个教义对绝对信靠感至关重要,因为它肯定一切存在都依靠上帝。否定这一点,就否定了基督徒的宗教情感:信靠。但是,这并不意味着我们必须肯定某种独特的创世模式。《创世记》所讲述的创世可能是历史事实,也可能不是——施莱尔马赫本人并不认为它是,但是,不管怎样,这并不是神学应当探究的问题,因为它与信靠无关。即使摩西的故事是真实的,以某种超自然方式被启示出来,但是,"几条独特的信息绝不会成为我们的信仰内容,因为我们的绝对信靠感并不会因此而有新内容、新形式或更清晰的定义。"①其他问题也是如此,如天使和撒但的存在等等。由于同样的原因,我们应当抛弃对自然与超自然的传统区分,这并不是因为它与现代科学相悖,而是因为这种区分限制了我们对显明了超自然事物的事件或地点的信靠感。由此,施莱尔马赫坚持认为,宗教不同于知识,他解释基督教核心教义的方法令它们不与科学结论相悖。

施莱尔马赫的影响是巨大的。在一个许多人认为宗教已经过时的年代,在他讲道时,人们涌进了教会。但是,他对后人的影响甚至更大,他们将他恰当地称为"自由主义神学之父"。

黑格尔的哲学体系

在康德的批判之后,黑格尔(G. W. F. Hegel, 1770—1831)走上了另一条宽阔的大道。他赞同康德的观点,心灵会影响所有知识,但是,他并不认为这可以证明理性的界限,他断言,理性就是实在本身。理性并不存在于我们的心灵,它并不是我们用来理解实在的工具。理性就是实在,且是唯一的实在。

黑格尔从神学领域开始了他的知识分子生涯,但是,他后来认为,神

---

① Friedrich Schleiermacher, *The Christian Faith* (Edinburgh: T. & T. Clark, 1928), p.151.

391 学是个非常狭隘的研究领域,因为人们不仅必须努力理解宗教,还要努力理解所有实在。实在一定不能被视为一系列毫不相关的事物和事件,而是应被视为一个整体。黑格尔提出,我们可以通过证明理性与实在的一致性来解决这个问题。这不只是理性可以理解实在或实在限制了理性,而是理性就是实在,理性是唯一的实在。就如黑格尔所说:"凡是合理的都是存在的,凡是存在的都是合理的。"

然而,当说到理性时,黑格尔并非只是指理解,也并非指理性推理所得出的结论,而是指理性思考的过程。在理性思考中,我们的目的并不是研究某个既定的观念。相反,我们提出一个观念并研究它,以至于为了赞同另一个观念而超越它或否定它,我们最后得出第三个观念,它包含了前两个观念的所有要旨。提出正题(thesis),再通过反题(antithesis)质疑正题,并最终得出合题(synthesis)这一过程,就是黑格尔所说的"理性"。因此,这是一种动态的理性,是一种不断前进的趋势。但是,这个理性并不仅仅存在于人的心灵。普遍理性——黑格尔有时将它称为精神(Spirit)

392 ——就是全部实在。一切存在都是精神之辩证的与动态的思考。

黑格尔以此为基础建立了一套令人难忘的哲学体系,它包括精神思考的全部历史。各种宗教、哲学体系和社会与政治制度都是精神思考的不同环节。在精神思考过程中,过去从未消失,它总是被超越,并被包括在新合题中。因此,现在包括整个过去,因为它总结了过去,概述了整个未来,因为现在将合理地发展成未来。

黑格尔相信,基督教是"绝对的宗教"(absolute religion)。这并不意味着基督教否定了其他宗教,而是指基督教成为它们的顶点——基督教总结了人类宗教发展的整个历史。宗教的核心主题是神与人的关系。这个关系在基督教道成肉身的教义中达到了完满:上帝与人完全合一。神人合一暗含在以前的宗教中,现在,它在道成肉身中显明出来。同样,三位一体的教义成为神论的顶峰,因为它肯定了终极实在的动态本质。三位一体的辩证关系包括三种动态。首先,上帝是个永恒的观念,他甚至置身于我们称之为创造的理性实在的发展之外。这是"圣父的国度"（Kingdom of Father），它只是被上帝视为远离其他一切存在。"圣子的国度"（Kingdom of Son）即是我们通常所说的创造，即存在于时间和空间中的世界，它的顶峰是上帝的道成肉身，它表明，上帝与人将最终合一。上帝与人最终合一之后是"圣灵的国度"（Kingdom of Spirit），上帝在世界中的临在将它显明出来。这一切共同构成了"上帝的国度"（Kingdom of God），它在历史中得以实现，它也在道德生活和国家制度中得以实现——因为黑格尔有一种崇高的国家观。在黑格尔看来，这一切的结果是，哲学完全摆脱了所有教条的或不完全的理论体系的狭隘性。

这个影响深远的实在论赢得了许多崇拜者。据说，人类最终可以将实在视为一个整体。为了支持黑格尔的哲学体系，他的追随者试图证明，实在的各个要素都可以融入黑格尔庞大的哲学体系。正是在抗议人们追捧黑格尔的哲学时，丹麦哲学家与神学家索伦·克尔凯郭尔诙谐地说到了如何解决一切问题："黑格尔的哲学体系现在是完美的；即便不是，它到了下个星期天也将完美。"但是，即使在不接受黑格尔哲学的许多人中，黑³⁹³格尔的思想也迫使哲学家和神学家严肃地对待历史。在黑格尔之后，对于关注永恒实在的人来说，历史不再是次要问题，而是被视为人们可以在其中认识永恒实在的重要领域。这个观念帮助后来的神学家重新发现了许多圣经观，它是黑格尔和19世纪留给后人的遗产之一。

克尔凯郭尔的工作

索伦·阿比·克尔凯郭尔（Søren Aabye Kierkegaard，1813—1855）是19世纪最引人关注的人物之一。他生于丹麦一个严格的路德宗家庭，他的家庭对他产生了很大的影响。他的童年并不快乐，他虚弱而略显畸形的身体令他一生成为别人嘲笑的对象。但是，他很快就相信自己无可否认的智力天赋意味着他得到了上帝特别的呼召，其他所有兴趣和爱好必须为此让路。因此，他解除了与深爱之人的婚约。他认为，婚姻可以令他幸福,但是,婚姻也会阻止他成为孤独的信仰骑士,而这正是他的呼召。若干年后,他将这个痛苦的决定比作亚伯拉罕献以撒时的心甘情愿;他后来还说到,他的一些著作是"为了她"而作。

康德对理性主义的批判留下了第三种选择(它不同于施莱尔马赫和黑格尔的方法):虽然理性不能参透终极真理,但是信仰可以。康德的纯粹理性既不能证明,也不能驳斥上帝的存在;但是,信仰直接认识上帝。从这个角度来说,基督教的基础既不是它的非理性,也不是它在黑格尔哲学体系中的荣耀地位,更不是绝对的信靠感。基督教关乎信仰——所信的是这样的上帝,他的启示在圣经中、在耶稣基督里临到我们。

然而,这还不是全部,因为到现在为止,克尔凯郭尔只说到了试图在信仰中寻找藏身之所以回应时代挑战的人始终在强调的东西。克尔凯郭尔会说,这种"信仰"并不是真信仰;因为真信仰绝对不是件容易的事,它不是一种让人过上平静生活的方法。相反,信仰始终是一场冒险,它需要克己,需要放弃没有信仰之人的所有快乐。克尔凯郭尔基于此痛斥了当时最著名的一位布道家,他宣称,将一个以宣讲基督教来获得世俗好处的人说成"真理的见证人"是荒谬的。他以同样的思路彻底批判了当时的丹麦社会——尽管这是克尔凯郭尔的大多数学生直到 21 世纪才强调的重要方面。

对于克尔凯郭尔来说,基督教的最大敌人是基督教王国,它的目的是让成为基督徒变成一件简单的事情。在基督教王国中,一个人之所以是基督徒,只是因为他不是犹太人或穆斯林。但是,这样理解基督教的人实际上只是异教徒。这种廉价的基督教既不需要为其受苦,也不需要为之付出代价,它像是一场军事演习,军人在战场上厮杀,战场上回响着巨大的厮杀声,却没有任何真正的危险和痛苦——因此就没有真正的胜利。我们所说的基督教只是在假扮基督徒。许多传道人助长了这部闹剧,因为他们试图将基督教变成一件容易的事。这是"基督教王国的罪行",它在戏耍基督教,并"将上帝当成了傻瓜"。可悲的是,很少会有人意识到,这样来谈论上帝是多么荒谬。

为了应对基督教王国的歪曲和悲剧,克尔凯郭尔认为,他的呼召是"令基督教成为难事"。这并不意味着,他要说服人们相信,基督教信仰是错误的,而是他必须告诉他们,他们听到的讲道与所受的教导远非基督教的真信仰。换句话说,为了成为真基督徒,我们必须意识到信仰的代价,并付出这一代价。如果做不到这一点,我们很可能只是基督教王国的一员,但不是基督徒。

真基督教不仅关乎理智,也与人的存在有关。克尔凯郭尔认为,他必须在这一点上驳斥黑格尔哲学体系的幻想——他将黑格尔的哲学讽刺为"体系"。黑格尔和他的追随者所做的是建造了一座雄伟壮丽的大厦,在这座大厦中,人类的真实存在——在痛苦、疑虑和绝望中的存在——没有任何位置。他们建造了一座华丽的大厦,可是,他们却决定住在畜棚中,因为他们的大厦对于他们来说太好了。存在——人类真实的、痛苦的存在——先于本质,它远比本质重要。如此强调存在,令克尔凯郭尔成为存在主义(existentialism)的奠基人,尽管后来许多存在主义者的旨趣与克尔凯郭尔的极为不同。存在是一场无休止的斗争,一场成长与新生的斗争。当我们令存在成为事物的核心时,我们不仅必须放弃黑格尔哲学,也不得不放弃其他一切理论体系,甚至是对一个坚实的理论体系的全部希望。虽然实在本身就可能构成一套关于上帝的理论体系,但这是存在中的人绝不会赞同的。

然而,克尔凯郭尔关注一种独特的存在:基督徒的存在。这并不能被简化为一套理论体系。基督教王国和安逸的基督教的悲剧在于,存在不再是上帝面前一场无休止的冒险,它已经成为一种道德理论或教义体系。因此,克尔凯郭尔试图向所有人提出的一个重要问题是:在不利的环境下,即生活在基督教王国中,我们该如何成为真基督徒。

基督教与历史

19 世纪的特点在于,学者们对历史产生了兴趣,这也影响到圣经研究和神学研究。在图宾根,鲍尔(F. C. Baur, 1792—1860)试图按照黑格尔哲学来解释神学在新约中的发展。鲍尔和他的追随者认为,我们在新约中发现的根本矛盾是彼得的犹太化基督教与保罗的普世观的矛盾。正题与反题的张力后来在一个合题中得以解决:有的人说是第四福音书,有的人认为是公元 2 世纪的基督教。鲍尔的基本理论及其诸多衍生理论和人们当时对历史的普遍关注,导致了关于圣经各书卷的作者与成书日期的漫长的学术讨论。许多人认为,这些争论和它们的惊人结论是对信仰的威胁。不管怎样,这些争论使得历史研究方法越来越缜密,并帮助人们更好地理解了圣经和它的时代。

与之类似的,是教会史的研究。基督教教义历代以来其实始终在发展,这个观念成为许多人的绊脚石。一些人坚持认为,这种发展只是展开了已经暗含在早期基督教中的教义。但是,以历史学家阿道夫·冯·哈纳克(Adolph von Harnack, 1851—1930)为首的其他人把教义的发展视为逐渐抛弃了早期教会的信仰,从耶稣的教导转到有关耶稣的教导。哈纳克认为,耶稣的教导是上帝是圣父、世人皆兄弟、人的灵魂有无限的价值以及爱的诫命。后来,历经许多年的发展,耶稣和对耶稣的信仰,成为基督教的核心信息。

其中,许多思想源于阿尔布雷希特·利奇尔(Albrecht Ritschl, 1822—1889)。他是 19 世纪最具影响力的神学家之一,哈纳克将他称为"教会的最后一位教父"。利奇尔同施莱尔马赫一样,通过将宗教置于一个不同于纯粹理性或认知理性的范畴来回应康德的挑战。但是,他认为,施莱尔马赫的"绝对信靠感"过于主观。在他看来,宗教——尤其是基督教——既不是合理的知识,也不是主观的情感,而是实际的生活。他认为,思辨的理性主义过于冷漠,它并不要求信仰上的义务。另一方面,他否定了神秘主义,认为神秘主义既过于主观,又太个人化。基督教是实际的宗教,因为它是在实际的、道德的生活中被实践出来的。

然而,基督教之所以是实际的宗教,也是因为它必须基于对实际事件的认识——尤其是对耶稣事件的认识。对于实际生活来说,上帝在耶稣里的历史启示是最重要的。当神学忽略了这一点时,它就变成了理性主义或神秘主义。历史研究反对这两种错误,它表明,耶稣的核心教导是上帝的国及其道德规范——"以爱的行为来组织人类"(organization of humanity through action based on love)。因此,教会一定不能是个人主义的。利奇尔神学的这个方面为饶申布什的社会福音奠定了基础。 *397*

在 19 世纪,对历史的兴趣引领人们去"探寻历史的耶稣"(quest for the historical Jesus)。为了认清基督教的真本质,人们认为必须找到藏在教会信仰、甚至是福音书记载背后的真实的耶稣。但是,探寻历史的耶稣的难题是,所有发现都受到历史学家个人价值观与实在观的影响。因此,到了 20 世纪初,著名的神学家、音乐家和宣教士阿尔伯特·史怀哲(Albert Schweitzer)认为,探寻历史的耶稣是在寻找一个 19 世纪的人,而不是在寻找历史上真实的耶稣。

我们在这一章中提到的神学家,只是许多值得研究的神学家中的几位,因为很少有哪个时代的神学活动能与 19 世纪相媲美。但是,我们提到的这少数几位神学家足以让我们了解出现在新教中极为多样的观点和立场,以及这一多样性所反映出的知识活力。当然,在狂热的知识活动中,新教徒所提出的观点与所采取的立场必然很快就需要修正。但是,一个不容否认的事实是,19 世纪证明了新教阵营中有许多人并不惧怕他们那个时代的知识挑战。

第三十二章

面对现代性的天主教

> 尊敬的弟兄们,我们恐惧地看到那逼迫我们的可怕的教义,
> 或更确切地说极大的谬误。它们通过许多书籍、宣传册和其他篇
> 幅小、危害大的著述而广泛传播。
>
> ——格列高利十六世

许多新教神学家走上自由主义的道路,而天主教当局却试图阻止天主教神学家走上同一条道路。其中的主要原因是,新思想已经威胁与危害到天主教的权威。

罗马教廷与法国大革命

庇护六世是法国大革命爆发时的教宗。在此之前的 1775 年,他一上任就发布了一份通谕,抨击倡导社会与政治新秩序的哲学家的思想。因此,庇护六世在法国大革命爆发之初就尽其所能来阻止大革命的进展。到了法国新政府颁布《神职人员民事组织法案》时,法国政府与罗马教廷的紧张关系令双方几乎不可能谈判。为了报复庇护六世对保守主义的支持,法国的共和制政府试图削弱罗马教廷的权力,这是产生理性崇拜的原因之一。在罗马,法国特工通过散布共和思想来削弱教宗的权威。1798 年,法国军队占领了罗马,宣布成立罗马共和国,教宗不再是罗马的世俗统治者。庇护六世于 1799 年去世时,实际上是法国人的囚徒。

后来,在罗马皇帝奥地利的法兰西斯二世——法兰西共和国的敌

人——的保护之下,枢机主教在威尼斯选出了庇护七世。拿破仑的掌权缓和了新教宗与法国的紧张关系,1801 年,双方达成了一项协议。虽然拿破仑并不是特别敬虔的基督徒,但是,他认为完全没有必要将自己的精力耗在与罗马教廷的冲突上,庇护七世重新成为了教宗,他过上了几年相对和平的生活。1804 年,他为了将拿破仑加冕为皇帝而来到巴黎——拿破仑从教宗手中接过皇冠,戴在自己头上,以此象征他拥有了至高无上的权力。1805 年,皇帝拿破仑的军队入侵了意大利,并于 1808 年攻占了罗马。庇护七世拒绝逃跑,他革除了所有对他和教会犯下暴行之人的教籍。法国人俘虏了他,直到拿破仑垮台他才被释放。后来他回到了罗马,所做的第一件事便是赦免了他的敌人。

庇护七世在拿破仑去世两年之后的 1823 年去世,他的继任者是利奥十二世。利奥十二世和他的继任者庇护八世、格列高利十六世相继和平地治理教会。但是,法国大革命的记忆令他们在政治和神学上日趋保守,他们不断设置障碍,阻止天主教徒支持共和思想和民主思想。因此而受到谴责的最著名的法国神学家是德·拉梅内(F. R. de Lamennais),他坚决抵制拿破仑利用教会来实现他的个人野心。在漫长的灵魂朝圣之旅后,拉梅内认为,独裁的君主总是受到利用教会来实现个人野心的诱惑,因此,基督徒应当支持限制君主权力的运动。这应在罗马教廷的支持与领导之下进行。作为这一庞大政治计划的一部分,教宗应当倡导舆论自由,因为这是新制度的先锋。拉梅内相信,如果教宗领导这样一场政治运动,教会可以在随之建立起来的社会新制度中争取它的合法权利。到目前为止,拉梅内始终支持教会对抗不尊重教会特权的独裁政府,利奥十二世甚至考虑将他任命为枢机主教。但是,当拉梅内开始倡导教宗与政治自由主义结盟时,他失去了罗马教廷的一切支持,因为罗马教廷仍对法国大革命记忆犹新。于是他来到罗马,希望说服教宗,他的计划是明智的。但是,当时的教宗格列高利十六世在两份通谕中谴责了他的思想。拉梅内后来离开了教会,并同时带走了其他许多有类似思

401

想的人。

当这场争论进行时,民族主义情绪在意大利不断高涨。一大部分意大利爱国者希望以罗马教廷为中心来建立一个统一的新国家。但是,教宗惧怕一切与煽动暴乱有染的东西,他们愿意取悦希望看到意大利分裂的君主,因此很快就失去了意大利民族主义者的支持。

庇护九世

有史以来,庇护九世的教皇任期(1846—1878)是最长的,但是,对于罗马教廷来说,他的任期是一个充满悖论的时代。最大的悖论在于,在教宗宣布教宗无误信条的同时,他们失去了他们的世俗权力。1848年的革命影响到罗马,罗马共和国在同一年宣布成立。庇护九世被逐出了罗马,后来他在法国人的支持下得以重返罗马。复位之后,他并没有继续改革教会,也没有给予共和党所提出的自由,而是试图成为独裁的君主。他还与撒丁尼亚-皮埃蒙特王国(Kingdom of Piedmont-Sardinia)的伟大政治家凯沃尔(Cavour)产生了冲突,因为凯沃尔的目标是统一意大利。最终,意大利新王国的军队于1870年9月20日占领了教宗国。尽管教宗们在很长时间内拒绝接受这一新现实,但是,这些事件标志着教宗世俗权力的终结,因为他们至高无上的权威现在被限制在几座意大利所允许他们拥有的宫殿中,包括梵蒂冈宫。大约在同一时期,德国的俾斯麦正在推行限制教会权力的政策,其他欧洲国家纷纷效法他的榜样。因此,庇护九世的任期标志着教宗政治权力的终结——这一权力曾在英诺森三世于13世纪担任教宗期间达到顶峰。

庇护九世在丧失权力之际,仍在坚持重申他的权力,即便那只是宗教事务的权力。因此,他于1854年颁布了马利亚无罪成孕信条。根据这个信条,由于马利亚被上帝拣选为救主之母,她没有沾染任何罪污,包括原罪。这曾是天主教神学家争论数百年也没有达成一致的问题。但是,从历史的角度来看,最重要的事实是,当庇护九世宣布马利亚无罪成孕是教会的信条时，他成为有史以来第一位没有大公会议支持就独自规定一个信条的教宗。从某种意义上讲，他颁布马利亚无罪成孕的通谕《无可言喻的上帝》(*Ineffabilis Deus*)是为了察看世人的反应。并没有多少人反对这份通谕，因此，颁布教宗无误信条的时机已经成熟。

与此同时，庇护九世还与流传在欧洲和美洲的新的政治思想进行斗争。1864年，他颁布了通谕《何等关怀》(*Quanta cura*)，该通谕还附有一份《谬论举要》(*Syllabus of Errors*)，列举了八十个天主教徒必须否定的命题。《谬论举要》所列举的一些谬论表明了罗马教廷在19世纪的态度：

> 13. 古代的经院博士所用以研究神学的方法和原则绝对不适于现在的需要和科学进步。
>
> 15. 每个人自由地接受和信奉似乎最符合理性之光的宗教。
>
> 18. 新教只是同一基督宗教的另一种形式，同真天主教一样，新教也可能取悦上帝。
>
> 21. 天主教会无权宣布它的宗教是唯一真宗教的教义。
>
> 24. 教会无权使用武力，也没有世俗的权力……
>
> 30. 教会与教士的豁免权基于国家的法律。
>
> 37. 建立分离于和完全独立于罗马教宗的国家教会是合法的。
>
> 38. 教宗的独断行为造成了东西方教会的分裂。
>
> 45. 在基督教国家，年轻人所接受教育的学校，除神学院因某种原因而破例之外，学校可以、也应该由世俗国家完全掌管，而这种管理不允许其他任何权力来干涉学校的管理、学科的分配、学位的授予和师资的甄选与核准。
>
> 47. 良好的世俗社会秩序要求公立学校向所有阶层的儿童开放，大体来说，所有公立大学致力于教授文学与科学，以及教育年轻人，这并不受教会任何权威或其代理人的限制，只受国家和政府的限

403

制,因此,公立学校与公立大学可以根据统治者的意旨和当代的公共舆论办学。

55. 教会应当与国家分离,国家也应当与教会分离。

77. 在我们这个时代,将天主教视为国家唯一的宗教,或排斥其他一切宗教,已经不再合适。

78. 因此,值得赞扬的是,在一些天主教国家,法律允许移民公开举行他们的崇拜。

79. 如果一切宗教都被国家给予自由,所有人都被允许公开任意表达他们的观点和思想,这是错误的,这将容易导致道德和精神的腐化,也会导致瘟疫般的冷淡主义蔓延。

80. 罗马教宗可以、也应该与进步、自由主义和现代文明相协调,并对其认可。

因此,在 19 世纪最后几十年,罗马教廷公开反对新思想,如政教分离、崇拜自由、舆论自由和国家管理公立学校等等。与此同时,教宗坚持他的权威,认为不服从他的权威就是罪恶。在庇护九世领导之下召开的第一次梵蒂冈大公会议(First Vatican Council)上,这一切达到了顶峰。在通谕《永恒的牧人》(*Pastor aeternus*)中,第一次梵蒂冈大公会议颁布了教宗无误这一信条:

> 因此,忠于基督教信仰诞生之时就传下来的传统,为荣耀我们的救赎主上帝,为赞扬基督宗教和上帝对基督徒的救赎,在此次神圣的大公会议的批准下,我们教导和规定该信条为上帝所启示的信条:罗马教宗,当他在这"座位"(*ex cathedra*)上讲话时,即当他以自己无上的使徒权柄来掌管所有基督徒的牧养与教导的职分时,他凭借着上帝在蒙福的彼得里所应许给他的帮助规定一个普世教会所信奉的信仰教义或道德教义,他拥有这一神圣的"无误性",神圣的救赎主意

404

愿他的教会被赋予规定信仰与道德教义的"无误性";因此,这一规定不可改变,也不在于教会是否同意。①

这是天主教对教宗无误信条的官方声明。最重要的是,我们要看到,通谕《永恒的牧人》并没有说教宗永远无误,只有教宗在权威地(*ex cathedra*)说话时才是无误的。"权威地"之所以被写进这份声明,是为了回应一些反对的声音,如指责教宗洪诺留是异端。那么,对这种反对的回答是,洪诺留在接受错误的教义时,并不是在权威地说话。不管怎样,在六百多位出席第一次梵蒂冈大公会议的主教中,五百二十二位投票赞成教宗无误论,两位反对,一百多位弃权(在教宗无误论宣布之后,教宗只有一次使用过这个权力,即庇护十二世于 1950 年颁布马利亚升天这个教义时——即马利亚的肉体在死后升天)。

教宗无误论的颁布并没有引起预想的轰动。在荷兰、奥地利和德国,一些人退出罗马天主教,并建立了"老派天主教"(Old Catholic Church)。但是,大体上讲,抗议和批评是较温和的,因为罗马教廷已经失去了它的政治权力,它不再像以前那么可怕。在以前的高卢派与越山派的斗争中(参第十八章),越山派最终获胜。但是,越山派之所以能够取胜,是因为罗马教廷已经失去了许多高卢派以前所惧怕的权力。罗马教廷于 1870 年 7 月 18 日颁布了教宗无误论信条,同年 9 月 20 日,罗马向意大利军队投降。庇护九世自称是国王维克多·伊曼纽尔的囚徒,他拒绝接受新秩序。不管怎样,当教宗以前多次失去罗马时,总有人帮他重返罗马教廷。但是,这一次却没有人出手相助,1929 年,庇护十一世(Pius XI)终于接受了已过去半个多世纪的事实。

---

① Tr. By H.E. Manning, 1871; quoted in Schaff, *The Creeds of Christendom*, vol. 2 (New York: Harper & Brothers, 1878), pp. 270 – 71.

利奥十三世

庇护九世的继任者是利奥十三世,他的任期(1878—1903)也是出奇地长。考虑到意大利的政治局势,利奥十三世仍坚持认为,他有统治罗马及其周边地区的世俗权力,他宣布,天主教徒不应当在意大利的选举中投票。这个禁令一直持续到 20 世纪,它实际上剥夺了天主教徒参与意大利建国的机会。但是,当利奥十三世在意大利采取这个保守的政策时,他认为需要在其他地区做出让步。因此,他与德国达成默契,结果,俾斯麦所推行的一些反天主教的政策被废除了。在法国,法兰西第三共和国也采取了反天主教的政策,但是,利奥十三世认为,和解政策是最好的。1892年,他甚至建议法国的神职人员不要再反对共和国——即使他在几年之前的通谕《永恒的上帝》(*Immortale Dei*)中曾宣布,民主有悖于教会的权威。因此,当利奥十三世承认需要考虑新局势和现代新思想时,他对教宗权威的理解与庇护九世非常相似,他仍梦想一个由罗马教廷所制定的原则来指导的天主教社会。

这可以在利奥十三世任期内最重要的文献中看出:他于 1891 年 5 月 15 日发布了通谕《新事》(*Rerum novarum*)。《新事》的主题是以前的教宗几乎没有涉及的:工人与雇主的恰当关系。在这份通谕中,利奥十三世表明,他意识到"少数个人的巨大财富与多数人的极度贫穷"导致了不平等。因此,他写道,"规定富人与穷人、资本与劳动之间的相互权利与义务"的时机已经成熟。自从工会在近期消失以来,在"一小群非常富有的人为贫穷的劳工大众套上相当于奴隶制的枷锁"之后,工人与雇主的关系就更加恶劣。虽然相信穷人与富人之间只存在阶级斗争是错误的,但是,的确需要特别注重保护穷人,因为富人有许多保护自己的方法,而穷人只能指望国家的保护。因此,法律应当保护穷人的权利,尤其是工人在自愿付出合理劳动的情况下得到足以养家糊口的薪水的权利。这一切应当被实现,因为"上帝偏爱不幸的人"。

另一方面,这并不意味着社会主义者的观点是正确的,因为私有财产是上帝所赋予的权利,继承权也是。此外,至少在一定程度上讲,社会制度的差异源于人类的自然差异。当时,利奥十三世对富人的第一个要求是施舍。这并不是说,每一个人都有义务施舍到他只能维持生计或生活尊严的程度,而是在满足这些需求之后,"我们有义务将自己的所余给予穷人。"对于穷人来说,他们不应当憎恨富人,而是要记住,贫穷是光荣的,将美德付诸实践会带来物质的富足。

利奥十三世充分意识到,施舍和爱并不足以带来公平,因此,他呼吁所有基督徒保护穷人,并敦促建立保护工人权利的工会。穷人的权利包括合理的工资、合理的工作时间和不受干涉而实践天主教信仰的权利,利奥十三世呼吁建立天主教工会,他认为,没有信仰支撑的贫穷会导致仇恨和分裂,而这种情况不会出现在天主教工会中。通谕《新事》对此所做的总结是:

> 当今的迫切问题是工人阶级的生活状况……但是,基督徒工人将通过建立协会、选择明智的领袖和踏上他们的先辈曾经走过的为自己与社会带来巨大福祉的道路而轻易解决这个问题。

这份通谕再次激发了许多天主教徒,因为他们已经在寻找解决工业革命和不断壮大的资本主义所造成的问题。在通谕《新事》的鼓舞之下而行动起来的一些人后来认为,它的解决方法过于简单。其他人反对工会运动,他们指责利奥十三世鼓励建立天主教工会,而不是其他工会。因此,通谕《新事》在开创了现代天主教工会运动的同时也表明,利奥十三世在现代世界的挑战和需求面前表现得非常矛盾。

408

类似的矛盾可以在利奥十三世对现代学术的态度中看出。他的确向历史学家公开了梵蒂冈的档案,因为他相信,历史研究的结论将巩固教会的权威。但是,在通谕《眷顾的上帝》(*Providentissimus Deus*)肯定了圣经历史研究之价值的同时,他也发出了警告:这种研究会削弱圣经或教会的权威。因此,希望更自由地进行圣经批判研究的人和反对他们的人都可以在《眷顾的上帝》中找到可能支持他们的部分。此外,利奥十三世倡导回归托马斯·阿奎那的神学,他不仅成立了对阿奎那的全部著作进行批判修订的"利奥委员会"(Leonine Commission),还下令将修订后的阿奎那的著作——不只是它们的注释——作为神学院中神学教育的基础。这些措施肯定有保守的成分,但我们也应当注意到,利奥十三世认为阿奎那具有独特的价值,因为他也不得不应对变化中的时代和哲学中的新思想所带来的挑战。

庇护十世

利奥十三世的继任者是庇护十世(1903—1914),他在第一次世界大战之前一直担任教宗。他的政策比利奥十三世更为保守,他继承了庇护九世的政策。结果,天主教与现代主流思想和主流社会的鸿沟越来越深。按照庇护十世的命令,宗教法庭(Holy Office)——以前的宗教裁判所——颁布了一个教令,谴责那些胆敢用新方法来研究圣经或神学问题的人。这些人即是所谓的现代主义者,其中最著名的是法国人阿尔弗雷德·卢瓦西(Alfred. F. Loissy)、英国人乔治·提勒尔(George Tyrrell)和德国人赫尔曼·舍尔(Hermann Schell)。随后不久,庇护十世在通谕《牧放主羊》(*Pascendi Domini gregis*)中肯定了宗教法庭的行为。最终的结果是,许多现代主义者离开了教会,但更多决心不脱离教会的天主教徒对教宗的命令却置若罔闻。

⁴⁰⁹ 从本笃十五世到庇护十二世

第一次世界大战刚刚爆发,庇护十世就去世了,他的继任者是本笃十五世(1914—1922)。庇护十世曾将他任命为大主教,他决心继续推行庇护十世的政策。他同之前的三位教宗一样坚持认为,他有权统治教宗国,声称意大利篡夺了罗马教廷的权力。他最初致力于实现和平,但却不断被第一次世界大战的交战国所挫败。当战争最终结束、国联建立时,他对所有事件都起不到决定性的作用。在第一次世界大战之后,他与一些通过和平谈判而建立起来的新国家签署合约。总的来说,人们认为他比他的前任更开明,但他并不是一位十分高效的教宗。

本笃十五世的继任者是庇护十一世(1922—1939),他是位学者和能干的管理者。他强烈地意识到,欧洲之外的国家越来越重要,因此,在他的职权范围之内,他尽其所能地促进宣教工作,并帮助以前已经在宣教地建立起来的教会走向成熟。在他的任期之内,天主教宣教士的数量增加了一倍,他为中国祝圣了第一批主教。我们将会看到,他强调天主教在其他地区的发展,这在 20 世纪以后的时间里结出了重要的、意想不到的果实。与这一时期的大多数教宗不同,他十分关注简单的敬虔与灵修,因此,他极为崇敬利雪的特雷莎(Thérèse of Lisieux,1873—1897),特雷莎的灵修是以顺服的“小道”(little way)为中心,即谦卑的灵修,她自认为是“使徒们的使徒”,她为神父祷告,并鼓励他们的侍奉。为了表明对特雷莎的崇敬,以及深信特雷莎的教导是他那个时代的教会非常亟需的,庇护十一世于 1923 年为特雷莎举行了宣福礼,两年之后又将特雷莎追封为天主教圣徒。从某种程度上讲,对特雷莎的崇敬表明庇护十一世对平信徒越来越多的活动的关注,尽管他们的活动始终处于教会当局的监督之下。他在自己的第一份通谕中对此进行了概述,这份通谕为公教进行会(Catholic Action)——20 世纪上半叶最重要的天主教平信徒组织——制定了目标和准则。

虽然庇护十一世非常担心共产主义和它所公开宣扬的无神论的危险,但是,他并没有对法西斯主义表现出同样的关注,尤其是当法西斯主义表现为共产主义的主要敌人时。此外,法西斯主义采取了庇护九世在他的《谬论举要》中强烈倡导的同一原则:分等级的社会、强烈的权威感和致力于加强道德标准的国家。意大利早期的法西斯主义支持天主教,

410

因此,庇护十一世非常愿意与其合作。1929 年,他的代表与墨索里尼签订了一份协议,该协议最终解决了意大利对罗马主权的问题。意大利承认,梵蒂冈城是一个主权国家,并给予罗马教廷对它的主权,意大利还为教宗失去了其他领地给予了经济赔偿。作为报答,庇护十一世承认,意大利是合法的国家,罗马是它的首都。然而,庇护十一世最终还是与意大利的法西斯主义产生了冲突,他不断谴责希特勒和早期的纳粹主义。但是,他后来对纳粹帝国的立场有所缓和,他的确支持西班牙的法西斯主义者弗朗哥。在德国,对自由主义和共产主义的恐惧令许多天主教徒倾向于正在崛起的纳粹主义。1933 年,反对希特勒的天主教徒失败了,高级教士路德维格·卡斯(Ludwig Kaas)所领导的政党令希特勒获得了完全掌控政府所必需的多数选票。大约在同一时期,主教们聚集在富尔达(Fulda),收回了他们以前对纳粹主义之危险的激烈言辞。在罗马,庇护十一世和他的教廷国务卿枢机主教帕切利(Pacelli)——后来的庇护十二世——认为,与希特勒签订协议的时机已经成熟,他们在短短几个月之后就签署了一份合约,国际社会认为,该合约是梵蒂冈对纳粹帝国的正式认可。几年之后,庇护十一世才意识到纳粹主义的危险;因为他长久以来一直认为,同共产主义相比,纳粹主义是一个更可以接受的选择。最终,他于 1937 年颁发了两份通谕,一份针对纳粹主义,另一份针对共产主义。他在第一份通谕《深表不安》(*Mit brennender Sorge*)中宣布纳粹主义是一种新异教,并指责希特勒违背了 1933 年的合约。五天之后,第二份通谕《神圣救主》(*Divini Redemptoris*)谴责了共产主义——共产主义因苏联力度越来越大的反宗教宣传引起了庇护十一世的高度关注。共产主义也正在亚洲迅速发展壮大,庇护十一世担心墨西哥革命将导致另一个共产主义国家的建立。在通谕《神圣救主》中,他谴责了马克思主义宗教观:宗教是压迫社会底层人的工具;他宣布,根本就不存在基督徒与共产主义合作的基础。与此同时,希特勒与墨索里尼越来越紧密的关系以及庇护十一世与意大利法西斯主义的不断冲突,令教宗开始准备一份谴责意大利法西斯帝国行径的措辞强硬的演讲稿,但是,他并没有与意大利法西斯帝国决裂。直到他去世时这份演讲稿还没有写就。

枢机主教团只用了一天时间和三张选票就选出了庇护十一世的继任者。他是枢机主教帕切利,他通过取名为庇护十二世(1939—1958)来表明他决心继续奉行庇护十一世的政策。庇护十二世精于外交事务,有点任人唯亲,他的教会观是极度的教权主义和权威主义。他是一位神秘主义者,每天都要祷告数个小时。他还是一位不知疲倦的工作者,他的助手经常抱怨他强迫他们工作得过于辛苦。他也是一个极具个人魅力的人,既能赢得朋友的极大尊重,也同样能赢得敌人的敬重。第二次世界大战主导了庇护十二世的早期教宗生涯,他曾努力阻止战争,但是他失败了。当战争必然爆发时,他尽量阻止意大利卷入战争,他又失败了;他也支持推翻希特勒的阴谋。当第二次世界大战爆发时,他采取了中立政策,他希望置身事外可以令他在恰当的时候充当调停者。但是,中立政策的代价是他在纳粹分子对犹太人犯下暴行时保持沉默,他因他的中立政策而遭到了严厉的批评。在这一点上,甚至他的辩护者也承认,他知道正在德国发生的暴行;他为他的政策辩护的理由是,抗议解决不了任何问题。然而,这些顾虑并没有妨碍他谴责纳粹分子对波兰天主教徒犯下的暴行——即使波兰的主教们报告称,在梵蒂冈电台每次播报完抗议之后,纳粹总会有针对波兰天主教徒的进一步措施。在这些问题上,庇护十二世似乎又代表了罗马教廷自特伦托大公会议以来的基本态度:不惜一切代价保护教会,尽可能为教会争取自由和权力,这个问题高于一切。也有可能,庇护十二世在害怕纳粹胜利的同时更担心共产主义的壮大,在轴心国与苏联的战争中,他更同情前者。不管怎样,他确实在一直坚持评判国家和政府的普遍原则,尽管他本人并没有做出这样的评判。

纳粹分子在德国和它的欧洲占领区大肆迫害犹太人,虽然庇护十二世对此的反应很令人遗憾,却有其他天主教徒为他们的犹太弟兄姐妹甘冒失去生命与自由的危险。庇护十二世知道,一些秘密网络正在帮助犹

太人逃离德国、法国和东欧各国。在被全世界犹太人所认可的那些为回
应时局的挑战而涌现出来的"公义的外邦人"中,有许多天主教徒,他们
做出很多英勇的举动。

在第二次世界大战结束之后,庇护十二世的国际政策主要针对共产
主义的威胁。他于1949年下令,无论在哪个国家,任何支持共产主义者
的天主教徒都将被自动革除教籍。苏联当时正在进行帝国主义大扩张,
它的势力范围很快就覆盖了东欧大部分国家。在亚洲,中国也成为共产
主义国家,当时,在这个庞大的国家中,天主教——和其他所有教会——
似乎完全消失了。为了消除共产主义的威胁,也为了阻止未来的战争,庇
护十二世也发声呼吁建立一个统一欧洲。1953年,他与西班牙的弗朗哥
政府签署了一份合约,而弗朗哥政府是在第二次世界大战中残存下来的
法西斯堡垒。庇护十二世与弗朗哥政府缔结合约的原因有很多。在西班
牙内战之前,随着紧张局势的升级,共产主义者在西班牙政府中的影响力
越来越大。担心共产主义的天主教徒认为,弗朗哥和他的运动是唯一的
选择,这反而导致了更强烈的反教权主义。后来,这些强烈的情绪在内战
中被释放出来,数千名神父、修女和修士因此丧生。当战火平息时,弗朗
哥牢牢地控制了国家,他最坚定的盟友是天主教最保守的神职人员。因
此,在一个有越来越多的政府开始敌对教会的世界中,弗朗哥和他的政府
受到梵蒂冈的欢迎。

庇护十二世的倾向也可以在他对于罗马教廷及其教导与行政权力的
理解中看出。他倾向于集权化的教会管理模式,剥夺了各个国家主教区
的许多提案权。他比他的前任们更支持普世教会运动,但是,1950年,他
为普世教会运动的开展设下了一个障碍,因为他颁布了马利亚升天的信
条。同时,最重要的是,他极度怀疑神学领域中的创新。1950年,通谕
《人类》(Humani generis)重申了以前对神学创新的警告。当时一些最具
创造力的天主教神学家被压制下来,他们当中几位的著作为第二次梵蒂
冈大公会议奠定了基础。德日进(Pierre Teilhard de Chardin)是20世纪

最具创造力的天主教思想家之一,宗教法庭禁止出版他的神学著作,那些著作直到 1955 年他去世之后才得以出版。在法国,一些天主教领袖试图通过"工人神父"(worker priests)渗透到工人运动中,他们从事普通工人的工作,有时甚至不公开他们的神父身份,直到他们被其他工人所熟知与接纳。虽然这场运动遭到法国天主教一些更保守的持不同意见者的批评,但是它在最初就得到梵蒂冈的支持。可是,当一些神父成为工人运动的领袖并反对资产阶级时,庇护十二世不再支持工人神父运动。他命令所有工人神父退出劳动大军,关闭了大多数工人神父正在其中接受培训的神学院。当时正值冷战时期,庇护十二世——他在第二次世界大战期间曾希望充当调停者——现在发现,他自己被卷入了冷战,这令他好像只能选择反共保守主义来对抗共产主义。

另一方面,庇护十二世的一些政策的确为将要发生在下一任教宗任 414 期内的重大变革铺平了道路。他于 1943 年发布的通谕《由圣灵嘘气》(*Divino afflante Spiritu*)鼓励使用现代的圣经研究方法。虽然他后来坚持这种研究必须采取谨慎的态度,但是,在这份通谕影响之下所开展的圣经研究为今后的教会复兴做出了重要的贡献。庇护十二世鼓励改革崇拜仪式(这是第二次梵蒂冈大公会议最早进行的改革之一),但是,改革必须非常谨慎地进行。最为重要的是,他带领教会走上了国际化的道路,这最终令第二次梵蒂冈大公会议成功召开。他的理解是,殖民时代已经结束,因此,他继续奉行前任们的政策:巩固欧洲之外的教会。他也鼓励殖民地的解放,以至于他被批评是欧洲的敌人——尤其是来自法国的批评,法国曾一度极不情愿让它的殖民地独立。他坚持认为,他有普世的管辖权,可以直接统治所有教会,与此同时,他还鼓励信徒在本国主教领导之下建立本土化教会。拉丁美洲主教会议(C. E. L. A. M)对天主教后来的发展非常重要,它是在梵蒂冈的支持之下成立的,是天主教第一个官方的地区间国际组织。庇护十二世还将非意大利人带进罗马教廷,这实现了枢机主教团的国际化,到他去世时,枢机主教团只有三分之一意大利人。因此,虽然他是一位坚守特伦托普世大公会议和第一次梵蒂冈大公会议传统的保守派教宗,但是,他启动了一台巨大的改革机器,并最终促成第二次梵蒂冈大公会议及其所倡导的改革。

　　总而言之,美国独立战争和法国大革命之后,在发生巨变的环境中,所有基督教会都不得不应对新的政治、经济、社会和知识环境。总的来说,新教试图探索应对新环境的方法;但是,天主教采取了截然相反的策略。显而易见,人们对这种普遍的态度有着很多期待。但最终的一个结果是,到了第一次世界大战爆发时,新教徒与天主教徒并没有拉近距离,他们的距离仍像以往任何时代那样遥远。新教徒将天主教视为过去时代的遗物,而天主教徒则认为新教是异端,因为它屈服于现代世界的挑战。只要这种看法普遍存在,西方基督教这两个支脉和解的希望就非常渺茫。我们将会看到(第三十五章和第三十六章),第一次世界大战迫使许多新教徒重新审视他们对现代性的轻易接受,然而与之相比,直到20世纪下半叶,随着第二次梵蒂冈大公会议的召开,罗马天主教官方才开始重新评估他们对现代性所持极度消极的观点。

415

第三十三章

基督教在地域上的扩张

就如改良过的通讯工具的发展极大地促进了福音和西方文明纯粹的、满有希望的势力的传播,同样,因这些进步而团结起来的国家和民族也可能令敌对基督国度的势力更迅速地传播。

——爱丁堡世界宣教大会,1910 年

殖民主义时期的宣教事业

在西方世界,基督徒对殖民主义的态度有着很大差异。一些基督徒极为反对殖民运动,他们的理由是,殖民运动并不符合国家利益。也有许多非常敬虔的基督徒抗议一些殖民地居民所受的虐待。但是,总的来说,殖民者——包括许多敬虔的基督徒——相信,他们的殖民事业是正当的,因为被殖民者从殖民事业中获益。在他们看来,上帝已经将西方文明和基督教信仰这两大恩惠赐给了白人——欧洲人和北美洲的殖民者,目的是让他们与世人分享西方文明和基督教信仰所带来的好处。这份责任就是所谓的白人的负担:将工业化、资本主义、民主和基督教的益处传遍世界。

这些愿景是有理由的。例如,医学传到许多偏远的地区,拯救了无数人的生命。贸易和工业的发展增加了许多地区的财富,因此,这得到当地某些特定阶层的支持。在世界各地,许多人受益于时代的进步,对于他们来说,现代性所许诺的进步已经实现了。但是,在全世界,现代性也令许

418

多人失去了土地,它摧毁了许多维系社会数百年之久的文化模式,全世界的贫富差距越来越大。不管怎样,整个殖民事业的基础是种族与文化的傲慢,它只能造成反殖民主义,而反殖民主义成为20世纪中期的标志。

教会深受这些环境和思想的影响,但是,殖民主义与宣教的关系非常复杂。虽然宣教士经常被控告为殖民主义的代理人,但事实并不总是如此,因为有许多宣教士反对殖民主义,他们从各个方面来批评与谴责殖民主义。宣教士凭借殖民主义所打开的大门才可以宣教的观念并不总是正确的;因为虽然宣教士在很多时候去到殖民地宣教,但是,也有许多宣教士去到白人商人或殖民者以前从未到过的地区。此外,许多殖民地当局和商人反对宣教士宣教,因为他们担心宗教冲突会妨碍贸易。实际上,西方国家——尤其是西方的新教国家——的殖民扩张是与宣教同时进行的,因此,两者有时相互支持,有时彼此妨碍。

宣教事业在19世纪最显著的特点之一是建立了许多宣教组织。一些组织成员来自同一个宗派,而另一些组织则打破了宗派的界限。所有宣教组织都是自发成立的,因为体制教会通常并不支持宣教。宣教运动的先驱是1698年成立的基督教知识促进会(Society for Promoting Christian Knowledge,S. P. C. K)和1701年成立的海外福音推广会(Society for the Propagation of the Gospel in Foreign Parts,S. P. G)。它们都是由英国圣公会信徒创办的,在一段时间之内,它们的主要宣教对象是移民到海外的英国人。由于敬虔派、摩拉维亚派信徒和循道宗信徒的影响,一些类似的宣教组织也于18世纪成立了。但是,宣教组织的全盛期始于18世纪末,并在19世纪持续了一百年。通过威廉·克里(William Carey)的不懈努力,浸信会向异教徒特传福音会(Particular Baptist Society for Propagating the Gospel amongst the Heathen,它的名字后来改为浸信会传道会[Baptist Missionary Society])于1792年成立。三年之后,一群循道宗信徒、长老会信徒和公理会信徒创建了伦敦宣道会(London Missionary Society,L. M. S),这在一定程度上是仿效浸信会信徒。1799年,英国圣公会宣教会（Church Missionary Society）成立了，它的成员是英国圣公会的福音派。其他有着更明确目标的机构也纷纷建立，如1804年成立的英国及海外圣经公会（British and Foreign Bible Society）。宣教运动后来发展到其他国家，新教的宣教机构很快就在荷兰、瑞士、丹麦、德国和其他国家建立起来。在法国，既出现了新教宣教机构，也出现了天主教宣教机构。美国的公理会信徒创建了美国海外传道委员会（American Board of Commissioners for Foreign Missions）。当其中一位宣教士阿朵拉姆·贾德森（Adoniram Judson）成为浸信会信徒时，一个支持他和其他浸信会信徒的宣教机构成立了，该机构最终发展成美国浸信会联会（American Baptist Convention）。

　　这些宣教机构的成立，表明了19世纪宣教运动的另一个特点：它得到了广泛的支持。在以前的几百年中，大部分宣教工作是在国家官方支持之下进行的。但是，在19世纪，西方大多数政府很少或者根本就没有与宣教机构的官方往来。多年以来，英国东印度公司（British East India Company）试图将宣教士赶出它所控制的地区。欧洲的大多数政府和美国对宣教士及其目标采取中立的态度——有时还有一点敌意。至少从理论上讲，宣教士只能指望他们参与其他事业的同胞的保护。但是，同以往的宣教相比，现代宣教的最大不同在于它需要资金支持。很少会有政府和教会愿意为宣教事业奉献资金。想去宣教的人缺少国家和教会的经济支持，他们只能求助于公众，因此，宣教机构随之增多，并发展壮大。

　　结果，国际宣教工作几百年来第一次引起教会成员的广泛兴趣。当然，其时还有许多人对宣教毫无兴趣。但是，那些希望宣教的人，从最年轻的到最年老的，都促进了福音在偏远地区、甚至在国外的传讲。宣教机构带回来亚洲或非洲最遥远地区的消息，因此，它们不仅成为公众获取信息的一个主要来源，也成为教授异国文化的一个主要机构。

　　女基督徒在宣教运动中起到了重要的作用。在欧洲和美国的许多宗派中，女基督徒建立了自己的宣教机构，并为海外宣教筹集物资，寻求支持。起初,宣教士都是男性——尽管许多宣教士已经结婚,他们将自己的妻子带在身边。但是,事实很快就证明,女宣教士在海外做出了巨大的贡献。一些女性宣教机构开始差派自己的宣教士。在天主教宣教士中,女宣教士通常是修女,她们在宣教地所做的工作类似于她们在家乡开展的工作:教导、做护理员和照顾老人等等。在新教宣教士中,女宣教士开始承担她们在家乡被禁止承担的责任,如讲道和管理教会(当时所盛行的种族主义令人们可以接受这些女宣教士有高于"当地人"的权威,而这种权威是她们在自己家乡因性别主义而禁止的)。最终,这些女宣教士的榜样和她们成功的消息,促使留在欧洲和美国的女基督徒寻求得到同样的机会。因此,宣教运动是西方新教徒中女权运动的根源之一。

最后,宣教运动的另一个重要结果是,各个宗派开始合作。对于印度或中国的宣教工作来说,在欧洲或美国看似合理的宗派竞争成为宣教工作的绊脚石。因此,许多宣教士采取措施,消除宗派之间的障碍,在他们的带领之下,归信基督教的人很快也这样做了。一些宣教机构的成员不只来自一个宗派。在宣教方面,宣教士不断寻找共同为主作见证和避免宗派竞争的方法。因此,19 世纪和 20 世纪的宣教经验至少在新教徒中成为普世教会运动的一个重要根源。

亚洲与大洋洲

数百年来,远东的古老文明始终令欧洲人梦绕魂牵。中世纪的著作记载了远东地区的古怪习俗和令人难以置信的怪物,但往往都是含糊不清的传言。后来,马可·波罗(Marco Polo)和其他旅行家带来消息,称中国和印度的宫廷都极为富有。16 世纪时,葡萄牙殖民者在中国和印度建立了永久的贸易站,随后不久,欧洲其他国家也开始寻找类似的据点。贸易和对贸易的保护经常导致军事占领和政治控制,到了第一次世界大战爆发时,亚太地区的很多国家都处于殖民统治之下。虽然宣教士和他们所建立的教会并不总是赞同殖民政策,但他们还是在欧洲的殖民扩张中起到了一定的作用。

在亚洲，印度次大陆——包括现在的印度、巴基斯坦、孟加拉国和斯里兰卡——最先受到殖民主义扩张新浪潮的影响。我们已经看到，印度次大陆在古代就有了基督教（参上卷第二十五章），而且天主教在 16 世纪传到了那里（参上卷第三十七章）。18 世纪初，在一位深受敬虔主义影响的丹麦国王的赞助之下，新教的第一批传教士来到了印度次大陆。随着英国势力的突然增长，新教的宣教事业于 19 世纪取得了最大进展。

英国东印度公司于 18 世纪初在印度开始了它的业务。一百年之后，该公司几乎统治着印度次大陆的整个东海岸。几年之前，英国殖民者占领了锡兰（Ceylon）。到了 19 世纪中叶，几乎整个印度都直接或间接地处于英国统治之下。1858 年，通过议会的一项法案，英国政府夺取了英国东印度公司对印度的统治权，印度开始直接处于英国国王的统治之下。

英国东印度公司在它开展业务的最初一百年反对宣教工作，因为它担心基督教的教导可能会导致阻碍贸易的紧张局势和骚乱。这项政策在英国几乎无人反对，因为那里几乎没有人关心宣教。后来，这种情况发生了改变，其中一个原因是威廉·克里的不懈努力，因此，他可以被恰当地称为"现代宣教的奠基人"。

虽然威廉·克里成长在一个圣公会家庭，但是，他成为了浸信会信徒。他的职业是教师和鞋匠，库克船长（Captain Cook）在太平洋发现新大陆的消息引起了他的兴趣。他将自己的信仰与他对遥远的新大陆的兴趣联系在一起，他相信，基督徒有义务在遥远的国家向从未听过福音的人传福音。当时，这样的想法非同寻常，他受到了很多批评。后来，他召集了许多具有同样心志的基督徒，他们成立了浸信会向异教徒特传福音会。当该会找不到可以差派的宣教士时，克里决定自己去宣教。1793 年，他和自己的家人最终在加尔各答登陆，还有一位协助他宣教的医生与他同行。他遇到了许多困难，在写给英国一位赞助者的信中称："到处都有障碍，我别无选择，只能继续前进！"这足以说明他的处境。他的热情，尤其是他向英国发回的报告,重新唤起人们对宣教的热情,第二支宣教队最终加入到他的队伍中。英国东印度公司禁止新来的宣教士在加尔各答定居,因此,克里搬到附近的塞兰坡(Serampore),这里成为整场宣教运动的总部。他和他的同工——其中一位是印刷工——认为,他们最先要做的一项工作是让印度人可以读到圣经。克里有着学习语言的非凡天赋。在他去世之前,他已将圣经或部分圣经译成了三十五种语言——他后来因翻译中的错误受到了批评,导致那些错误的原因是他对其中许多语言的知识都非常有限。他也致力于废除印度人在丈夫的葬礼上烧死妻子殉葬的习俗。他在这两方面都取得了非凡的成功。

克里的工作和传回到英国与美国的消息激励许多人效法他的榜样。在他的影响之下,许多宣教机构于 19 世纪初成立。越来越多的基督徒听说了克里的事迹,他们觉得自己也得到了宣教的呼召。1813 年,当英国东印度公司修改它的宪章时,英国议会在新宪章中增加了一条:宣教士可以自由进入东印度公司所管治的地区。

在印度,克里的工作最初并没有帮助许多人归信基督教。但是,到了他宣教生涯的晚年,教会显然已经在印度深深扎根,其他人将继续他的工作。在下一代人中,苏格兰人亚历山大·达夫(Alexander Duff)因他在教育领域的工作而闻名于世,因为他相信,教育是基督教进入印度的最好方法。由于他和其他人的工作,到了一百年之后印度独立时,新印度的许多领袖或是基督徒,或是深受基督教信仰影响的人士。

与此同时,印度的许多平民归信了基督教。新教宣教士坚持认为,盛行在印度的种姓制度是错误的。在印度的传统中,如果不同种姓的人共同领受圣餐,那么,圣餐中的擘饼就恰巧打破了种姓制度。因此,许多贱民(untouchable)和传统上被排斥在印度主流社会之外的部落在新教当中找到了一种解放的力量,他们归信了新教。同样,许多女性在基督教中得到了自由,她们开始担任教会中的重要职务。其中最卓越的是潘迪塔·拉玛贝伊(Pandita Ramabai),她先后到过英国和美国,后来又回到了印度,她在余生致力于女性的教育事业。由于她的工作,印度的许多女性得以对印度的教会和社会做出重要的贡献。

在东南亚,曾经强大的暹罗王国(现在的泰国)将殖民势力一分为二。东方是法国殖民地——当时被称为法属印度支那,而英国殖民者则控制了暹罗西方的缅甸。在法国殖民地中,天主教宣教士将那些在他们带领下归信基督教的信徒安排在独立的村庄中,在这些村庄里,他们可以按照天主教的教导生活。结果,法国殖民地被分为两个部分:天主教村庄和佛教村庄,这种局面一直持续到 20 世纪。在缅甸,最著名的宣教士是阿朵拉姆·贾德森,他是由美国海外传道委员会所差派的美国公理会宣教士,他在前往宣教地的途中成为了浸信会信徒。他效法克里的榜样,和他的妻子一同将圣经译成了缅甸文、泰文和其他文字。他们赢得的信徒并不是很多,但是,其中的柯大溥(Ko Tha Byu)后来在他的部落克伦人(Karen)中开始了一场大归信运动——到了 21 世纪,许多克伦人为了逃避军事镇压而被迫逃到美国避难。在东南亚,只有暹罗可以保持独立,这里既有天主教宣教士,也有新教宣教士。虽然一场短暂的迫害阻碍了他们的工作,但是到了 19 世纪末,他们已经成功建立了一些相当强大的教会。

中国仍是远东一个庞大的帝国。基督教曾屡次传到中国,但是,由于它所处的孤立环境和它所受到的迫害,宣教成果也屡次消失无踪。在 16 世纪末和 17 世纪初,利玛窦和他的耶稣会同工成功地建立了一个小教会(见上卷第二十七章)。但是,后来出现了一段孤立主义时期,到了 19 世纪初,中国这个天主教社群的生存并不稳固。长久以来,新教宣教士一直梦想着进入中国。克里的一位同工已经开始了一项不朽的工作:他将圣经译成中文,并同许多圣经翻译者一样,他也在翻译圣经的过程中得到中国人的巨大帮助,中国人在译经工作上也极具创造力。后来,苏格兰人马礼逊(Robert Morrison)定居广州,并致力于将圣经和其他著作译成中文。他用了七年时间才带领第一个中国人归信了基督教,他从未赢得许多信徒。但是,他的榜样和圣经中译本的存在,仍令基督教信息传入这个庞大帝国的梦想没有破灭。但有一大难题,即中国政府禁止外国人进入中国。只有一小部分被中国人视为西方野蛮人的外国人获允进入特定的港口城市进行贸易。

后来,鸦片战争(1839—1842)爆发了。这是西方殖民史上最可耻的一幕,因为在英国商人直接违反中国政府的法律向中国输入鸦片的情况下,英国殖民者为了维护英国商人的所谓权利而向中国发动了战争。《南京条约》结束了鸦片战争,但是,中国政府将香港割让给英国,并向英国商人开放了五个重要的通商口岸。在鸦片战争之后,西方其他列强纷纷效法英国殖民者的榜样,他们凭借自己的军事力量强迫中国人做出越来越大的让步。许多迫使中国人做出让步的条约,也允许宣教士进入中国宣教,一些条约还给予他们特别的保护。最终,有些特殊条款甚至将中国基督徒包括在内——这种情况造成的后果是,一些中国人为了物质利益而接受了洗礼,他们被许多人称为"吃教者"(Rice Christians),他们显然是为了享受像食物这样的特权才信仰基督教。各国和各宗派的宣教士很快就相继去到中国,他们最初的成功令人备受鼓舞。

基督教在中国的宣教产生了一个出人意料的副产品:洪秀全所领导的太平天国起义。洪秀全是私塾先生,而他读过许多谈基督教的文章,他认为,建立太平天国的时机已经成熟,他是太平天国的国王。在太平天国中,一切都是共有的,男女平等,还有针对妓女、通奸、奴隶制度、女子裹脚、鸦片、烟草和酒精的法律。1850 年,太平天国运动发展成公然的起义,太平军赢得了一些重要的胜利。1853 年,他们在南京建立了天国首都,改南京为天京,甚至威胁到帝国的首都北京。最终,大清帝国军队在西方列强的帮助之下平定了叛乱。太平天国运动持续了十五年,造成二百万人丧生(有意思的是,许多赞扬本国的革命与军中勇士的宣教士却反对太平天国运动,理由是暴力有悖于基督教信仰)。

在太平天国运动期间,戴德生(J. Hudson Taylor)第一次去到中国。

但是,糟糕的身体状况迫使他又回到了英国,后来,他致力于创建与领导中国内地会(China Inland Mission),在该会的赞助之下他又回到了中国。中国内地会的目标是向中国传福音,前提是它不会造成欧洲与美国新教中那种分裂。它接收所有宗派的宣教士,这令数百间教会在中国各地建立起来。它也拒绝利用外国的保护带来的所谓优势,因为它意识到,使用这样的特权只能引起中国人的憎恨,最终要为此付出惨痛的代价。

戴德生的预测实现了。1899—1901 年间的义和团运动便是中国人憎恨外国势力干涉中国的暴力表达。据估计,超过三万名中国基督徒惨遭杀害,其中一些在被酷刑折磨之后牺牲,还有一些在被杀之前被迫喝下其他被害基督徒的血。北京的各国外交官一直在谴责发生在清朝的这些暴行,于是,他们遭到围攻,直到一支西方联军将他们救出。最终,西方列强镇压了义和团运动,清政府被迫做出更大的让步,包括支付巨额赔款。一些宣教机构从义和团起义中吸取了教训,它们拒绝接受任何赔款。最终,所有这些动乱导致大清帝国灭亡。1911 年,革命再次爆发,皇帝被迫退位,这为建立中华民国开辟了道路。这时,中国的新教宣教士已经达到数万人之多,中国的每一个省都出现了兴旺的教会,越来越多的中国基督徒成为了教会领袖。未来似乎一片光明,西方一些观察家开始表达带领整个中华民族归信基督教的愿望,就像是曾在君士坦丁统治时期的罗马帝国所发生的那样。

19 世纪上半叶,日本人完全与西方隔绝。1854 年,美国海军准将佩里(Commodore M. C. Perry)迫使日本人与西方国家签署了第一份贸易条约。后来,英国、法国、荷兰和俄国纷纷仿效美国的做法。1864 年,一支西方联军结束了日本对外国势力的所有抵抗。日本人看到了西方的科技优势,他们尽其所能地向西方学习。到了 19 世纪末,日本已经成为能击败中国和俄国的工业与军事强国;1910 年,日本吞并了过去的朝鲜。日本迅速西化,这有利于在佩里之后不久来到日本的宣教士。教会很快就在日本的主要城市建立起来,日本的教会有了本土的教会领袖。值得注

义和团运动表达出中国人对外国势力入侵中国压抑已久的憎恨,该运动导致成千上万宣教士及在其带领下归信基督教的信徒丧生,并使教会财产蒙受巨大损失。

意的是,新教宣教士在长崎附近发现,大约有十万人仍保留着数百年前的沙勿略和其他耶稣会宣教士所教给他们祖先的一些东西(参上卷第三十七章)。

日本人从佩里那里学到很好的教训,1876 年,他们强迫朝鲜与他们签订了朝鲜的第一份贸易条约。很快,朝鲜就与美国(1882 年)、英国(1883 年)和俄国(1884 年)签订了类似的条约。这为第一批新教宣教士来到朝鲜开辟了道路:美国的循道宗宣教士和长老会宣教士于 1884 年去到了朝鲜。他们的策略是,从一开始就建立自养的教会,并为这些教会培养它所必需的本土领袖。他们取得的成果是惊人的。虽然日本于 1910 年对朝鲜的占领给教会带来了困难,但是,教会仍在兴旺发展,朝鲜的基督徒在国家人口中的比率很快就在除菲律宾以外的远东国家中成为最高的。

此前很久,西班牙殖民者就征服了菲律宾,并开始在那里进行殖民统治,因此,到了19世纪初,大多数菲律宾人都是天主教徒。但是,西班牙在美洲的殖民地的独立,令越来越多的菲律宾人渴望独立。1896年菲律宾宣布独立,尽管在长达五十年之后菲律宾才真正取得独立。两年之后,由于美西战争的失利,西班牙将菲律宾割让给美国。但是,这并没有结束菲律宾人争取独立的斗争,他们始终在战斗,直到菲律宾于1946年最终独立。在菲律宾与西班牙的战争期间,天主教是殖民政府手中的工具,这促进了菲律宾独立教会(Filipino Independent Church)的建立——它后来受到新教的影响,更加疏远天主教。新教徒在美国占领菲律宾期间进入了菲律宾,但是,他们在1914年之前建立的教会还是很少。

葡萄牙人最早在印度尼西亚殖民,但是到了19世纪初,印度尼西亚主要处于荷兰殖民者的统治之下。荷兰东印度公司(Dutch East India Company)在1798年之前一直负责殖民地的事务,它对宣教怀有敌意。因此,在19世纪大部分时间里,宣教士尽其所能地向印度尼西亚人宣教。腐败的政府和赤裸裸的剥削遭到荷兰基督徒的猛烈批评,这导致荷兰殖民者于1870年对印度尼西亚进行了改革。与此同时,英国冒险家詹姆斯·布鲁克(James Brooke)被任命为婆罗洲(Borneo)的沙捞越(Sarawak)的酋长或国王。他和他的继任者们——他的儿子查尔斯·安东尼·布鲁克(Charles Anthony Brooke)和孙子查尔斯·维耐尔·布鲁克(Charles Vyner Brooke)——邀请宣教士到他们的领地宣教,他们希望宣教士能改善当地的教育与医疗服务。他们也鼓励中国的基督徒移民。到了19世纪末,印度尼西亚已经有了许多基督徒——尽管沙捞越当时还是马来西亚的一部分。

印度尼西亚以东、以南地区,对于16世纪以来的欧洲人来说只是有所听闻而已,但是,库克船长从1768年到1779年的探险引起了英国人对这里的关注,就像是库克船长的航海唤起了威廉·克里对国外的兴趣。

430

詹姆斯·库克船长的航海报告唤起了西方宣教士对遥远地区的兴趣,也吸引他们来到这里宣教。

在这一地区,澳大利亚和新西兰面积最大,英国殖民者很快就开始在这两个地方殖民,他们在这里所建立的教会类似于英国的教会。大批的澳大利亚土著居民和新西兰的毛利人(Maoris)死于欧洲移民和他们带来的疾病,教会对欧洲移民虐待和剥削当地人提出了抗议。在新西兰,像豪豪(Hau Hau)和林格图(Ringatu)这样的运动,将毛利人的古老传统与基督教的教导和他们对公正与自我辩护的渴望结合在一起,到了 21 世纪,这样的运动还在毛利人中拥有大批追随者。太平洋上一些面积较小的岛屿最初只是引起探险家和梦想家的注意,后来它们也引起了宣教士的兴趣,并最终将帝国主义国家的视线引至这里(帝国主义国家在 1870 年之后开始疯狂地掠夺殖民地,它们以此形象登上了历史舞台)。到了 19 世纪末,几乎太平洋上每一座岛屿都有一个国家声称对其拥有主权。这时,大多数玻利尼西亚人(Polynesians)都是基督徒,美拉尼西亚(Melanesia)和密克罗尼西亚(Micronesia)的几乎每一座岛上都有了教会。只有在最遥远的地区,如新几内亚(New Guinea)的内陆,基督的名才没有被宣扬。

非洲与穆斯林世界

数百年来,穆斯林国家始终阻碍着欧洲向南方和东南方扩张。北非海岸的穆斯林国家以南是一片贫瘠的土地,在欧洲人看来,这片土地之外是危险的热带地区。因此,欧洲人渐渐认为,非洲和穆斯林国家是阻碍他们获取东方财富的障碍。但是,在 19 世纪这一百年中,这样一种世界观被彻底改变了。19 世纪初,近东和北非海岸的大部分地区属于奥斯曼帝国,它的首都是君士坦丁堡——它于 1930 年更名为伊斯坦布尔(Istanbul)。到了第一次世界大战爆发时,英国、法国和意大利已经控制了非洲北海岸,奥斯曼帝国行将灭亡。这令许多人认为,宣教士有可能在非洲北海岸和其他传统穆斯林国家开展宣教工作。

然而,在近东和北非海岸已经有了基督徒——这里毕竟是基督教的诞生地。因此,对于西方的宣教士来说,主要问题是他们应当如何处理自己的工作与这些更古老教会的关系。总的来说,罗马天主教徒试图令所有东方基督徒与罗马合一,并让他们顺服于教宗。这些东方基督徒仍保留着他们自己的崇拜仪式和传统,但是,他们实际上成为了罗马天主教徒,被称为东仪天主教徒(Uniates)。为了以一种独特的方法来解决困扰着他们的问题,东方礼仪委员会(Congregation of Eastern Rites)于 1862 年在罗马成立。虽然罗马天主教徒也试图带领穆斯林归信基督教,但是相对来说,他们并不是很成功。另一方面,新教徒经常寻求与古老的东方教会合作,他们希望这样的合作将复兴东方教会的生活。这个计划的确取得了一定的成功,但是,它最终在东方古老的教会中制造了紧张关系,这些教会后来分裂了。保守的东方教会重回它们的古老传统,而较为进步的东方教会成为了新教教会。新教在东方教会的这些分裂中赢得了它在当地的绝大多数信徒,尽管它也开始在穆斯林中赢得信徒。新教的宣教工作在埃及、叙利亚和黎巴嫩尤其成功。

432

19世纪初,欧洲殖民者在黑非洲有一些被包围的领土。葡萄牙殖民者在安哥拉(Angola)和莫桑比克(Mozambique)的统治并没有深入遥远的非洲内陆。1652年,荷兰殖民者在好望角建立了殖民地。随后不久,法国殖民者在塞内加尔(Senegal)开设了贸易站。1799年,英国殖民者建立了塞拉利昂(Sierra Leone),他们规定,获得自由并希望回到非洲的黑人可以来到塞拉利昂。这是欧洲殖民者于19世纪初在非洲的殖民范围。与此形成鲜明对比的是,到了1914年,只有埃塞俄比亚和利比里亚能够在整个非洲大陆保持独立——利比里亚是美国废奴运动的早期产物。

殖民进程在19世纪初还相当缓慢。英国殖民者从荷兰殖民者手中夺走了好望角,荷兰殖民者来到北方,并建立了新殖民地。1820年,美国的第一批黑奴抵达了1847年获得独立的利比里亚。与此同时,宣教士来到了欧洲人以前从不知晓的地区,他们让世人了解到奴隶贸易的强取豪夺和非洲内陆的经济资源。1867年,钻石在南非被发现。法国试图将它在阿尔及利亚(Algeria)的领地与塞内加尔的领地连接起来。德国于1884年占领了纳米比亚(Namibia),它也加入到殖民地竞争者的行列。比利时的利奥波德二世(Leopold II)的权力在自己的国家受到限制,他将殖民刚果视为个人的事业,1908年,刚果正式成为比属刚果。1885年,西班牙殖民者建立了西属几内亚和里奥得奥罗(Rio de Oro)。后来,意大利占领了厄立特里亚(Eritrea)。这时,非洲大陆的其他地区也已被英国、法国和德国瓜分。

433　这些事件唤起欧洲与美国宣教士的兴趣。总的来说,天主教宣教士在天主教殖民地中最为成功,而新教宣教士在英国和德国的殖民地中赢得了更多信徒。在天主教殖民地中,关于管辖权的争论——葡萄牙仍声称它有对非洲所有教会的古老保护权——阻碍了天主教的发展,而法国和比利时则因刚果峡谷的问题爆发了冲突。

434　前往非洲的最著名的新教宣教士是大卫·利文斯通(David Livingstone),他是苏格兰人,也是一位医生,经常在非洲南部旅行传道,医

爱丁堡大教堂广场上纪念大卫·利文斯通的雕像。

治病人,并写下大量笔记,将他亲眼所见的所有奇人异事都记载下来。利文斯通的目标和愿望不只是带领人们归信基督教,也是让非洲人可以进行合法贸易,从而结束恐怖的奴隶贸易。为了实现这个目标,他四处奔走;他有时是宣教士,有时是英国政府的代表。他总是如实汇报他的所见所闻,赢得了非洲许多黑人的爱戴与信任,因为他们逐渐了解到他的行事为人。苏格兰和北大西洋国家开始关注撒哈拉沙漠以南的非洲,利文斯通的著作在其中起到了很大作用,它们为奴隶贸易的废除做出了重要贡献。

　　到了1914年,不仅非洲大多数国家成为殖民地,而且非洲的每一个殖民地都有了基督教会。非洲的重要城市有了教会,内陆许多偏远乡村也有了教会。这时,非洲的教会都在培养自己的领袖,并在新地区开展它

435

们的工作。塞缪尔·克劳瑟（Samuel Crowther）是最早生于非洲的宣教士之一，他于 1843 年被按立为牧师，他满怀热情地说，用他的母语进行崇拜和讲道，这种经历就像一场梦。但是，随后是漫长的斗争，因为非洲的领袖要求与生于国外的宣教士平等。

拉丁美洲

我们在第二十九章中已经讲过拉丁美洲殖民地的独立对拉丁美洲天主教的影响。但是，殖民地的独立也令新教的教会在每一个拉丁美洲国家建立起来。起初，这是移民的结果。新政府出于许多原因而认为它们应当鼓励移民。首先，它们的目的是仿效一些国家的工业发展，如英国；它们希望来自这些地区的移民会提供工业发展所必需的经验丰富的人员。其次，尚有未被开垦的广阔耕地。定居在这里的移民将耕种这些土地，并增加国家的财富。最后，必须介绍和传播与来自西班牙的思想不同的、还在许多天主教徒中孕育的思想。因此，在整个 19 世纪，一些拉丁美洲政府，尤其是自由派政府，鼓励来自欧洲和美国的移民。

在实施这项政策时，一定要记得，未来的许多移民是新教徒，他们并不愿意放弃自己的信仰。强迫他们放弃信仰，将会怂恿那些毫无原则的伪君子移民——这是墨西哥在得克萨斯学到的惨痛教训。因此，许多政府，甚至是不给予自己公民宗教自由的政府，也颁布法律，保障移民的宗教自由。但是，它们很快就意识到，这样的法律有不和谐的因素，因为它们不得不赋予自己的公民同样的权利。因此，鼓励外国移民的这项政策最终促进了新教在拉丁美洲的传播。

拉丁美洲早期的大多数移民来自欧洲，还有很少一部分来自美国（如果不算移民到从墨西哥那里夺来的地区中的人），因为美国人当时正在向西部扩张，西部有充足的土地，美国人不需要向拉丁美洲移民。许多苏格兰人移民到阿根廷、乌拉圭和智利，这里的气候与他们家乡类似，在许多情况下，这里的经济条件还要好于他们的家乡。因此，在第一批拉丁美洲人归信新教之前很久,新教徒就已经在拉丁美洲南部一些重要城市用英语举行崇拜了。

依靠移民宣教的一个特别有趣的例子是詹姆斯·西奥多·霍利(James Theodore Holly)和他的一百一十个同伴。他们是美国圣公会的黑人基督徒,从美国移民到海地,希望在海地得到更大的自由,并向海地人传福音。其中四十三人在十八个月后死于各种疾病。大多数幸存者决定回到美国或继续前往牙买加。但是,霍利和少数人留了下来,他们在海地建立了一个教会。1876年,美国圣公会授予霍利圣职,他成为海地使徒正统教会(Apostolic Orthodox Church of Haiti)——后来的海地圣公会(Episcopal Church of Haiti)——的第一位主教。

移民运动最终促成在拉丁美洲本地人中间的宣教。第一位来到拉丁美洲的宣教士可能是苏格兰人詹姆斯·托马森(James Thomson),他是英国及海外圣经公会的浸信会代表,于1818年来到布宜诺斯艾利斯。在随后一些年中,他走访了阿根廷、智利、古巴和墨西哥,后来又去了其他一些国家。在哥伦比亚,他在几位自由派牧师的帮助之下创建了一个圣经公会。他的主要工作是分发西班牙文圣经,并亲自与牧师和其他人讨论问题。19世纪下半叶,新教徒在大部分拉丁美洲国家开始了永久性的工作。在布宜诺斯艾利斯,第一次有记载的西班牙语讲道是在1867年。大约在同一时期,长老会正在智利开展工作。总的来说,美国的宣教机构在1870年之后开始主动关注拉丁美洲。

在拉丁美洲,制约新教宣教的一个因素是罗马天主教的存在,在欧洲和美国也是如此。向拉丁美洲宣教将意味着天主教徒并不是基督徒,或者天主教是有缺陷的,这是令许多新教宣教机构和教会畏足的原因。尤其是在英美两国的圣公会基督徒中,有人强烈反对在天主教徒中宣教。因此,圣公会在拉丁美洲最早宣教工作是在火地群岛(Tierra del Fuego)的印第安人中进行的。

然而,到了20世纪初,新教在拉丁美洲的宣教取得了巨大的进展。

早期的大多数宣教士不仅关心灵魂的得救,也关注信徒的身体健康与教育。因此,新教徒很快就因他们在教育和医疗领域中的工作而闻名于世。此外,随着美国的威望越来越高,与美国有关的教会也多了起来。早期的大多数宣教士来自较大的宗派,但是到了 20 世纪初,保守的小宗派所派出的宣教士越来越多。

拉丁美洲的其他新教会源于教会的分裂。在墨西哥和波多黎各,脱离罗马天主教的信徒最终成为圣公会信徒。在智利,于 1910 年被逐出循道宗的一小群灵恩派信徒建立了循道宗五旬节教会,它的发展已超过了母会(参第三十七章)。因此,到了第一次世界大战于 1914 年爆发时,在拉丁美洲的每一个国家,由宣教士直接建立的教会以及在拉丁美洲土生土长的其他教会,都有了大量的新教徒。

普世教会运动

当我们回顾 19 世纪的基督教时,我们有充分的理由说,在 19 世纪的基督教中,一个真正的普世教会的诞生,是最重要的发展。在此之前,基督教几乎完全是西方的宗教。到了 1914 年,全世界几乎每一个国家都有了教会,这些教会开始培养自己的领袖,它们对在自身独特处境中的基督教有着自己的理解。从两种意义上讲,这是普世教会运动的开端。首先,普世一词的意思是整个有人居住的世界(pertaining to the entire inhabited earth)。因此,基督教在 19 世纪比它在以往任何一个时代都更加普世。其次,如果我们将普世理解为基督教的合一,现代基督教合一运动的一个驱动力显然是宣教运动。

在有各个宗派基督徒共同生活的美国,各项事业——如废除奴隶制、禁酒、基要主义和自由主义等等——都要求美国的基督徒必须进行跨宗派合作,因此,普世教会思想在美国有着良好的基础。在美国,对宗派的忠诚甚至不会给正在从事的工作造成任何障碍,因此,分歧很少会受到质疑。或许,最严重的这类质疑体现在基督门徒会的创立上(参第二十七章)——它最终发展成又一个宗派。

　　然而,基督徒必须在海外宣教中彼此合作。某个宗派的宣教士所翻译的圣经会被其他宗派的宣教士使用,这样的合作很快就显明,它在资源有限的情况下十分有效。此外,还有广大地区正等着聆听福音,因此,就哪个宗派或宣教机构负责向哪个地区宣教而言,宣教士必须达成一致。但最为重要的是,宣教士如何向那些从未听过福音的人传同一个福音,而不是传多个福音并各自声称他们所传的福音才是真福音。在欧洲和美国看似完全正常的分歧,在印度南部和日本则没多大意义。因此,对传福音满怀热情的基督徒很快就相信,不同宗派的基督徒必须合作。

　　普世教会运动的伟大先驱非威廉·克里莫属,他建议1810年在南非的开普敦(Cape Town)召开一次国际宣教会议。他希望这样一次会议可以将世界各地的宣教士和宣教机构聚集在一起,目的是分享信息和协调工作。当时,许多基督徒只关心他们自身的传统,因此无人理睬克里的建议。在整整一百年之后,他的建议才被采纳。与此同时,许多规模较小的宣教会议在差派宣教士的国家和宣教地召开。

　　1910年,第一次世界宣教大会(First World Missionary Conference)最终在苏格兰的爱丁堡召开了。它与以前的会议不同,宣教机构的正式代表参加了此次大会,代表的人数是根据每一个宣教机构为整个宣教事业所奉献的经费而定。此次大会的宗旨在于专门讨论向非基督徒宣教,因此完全没有论及新教徒向拉丁美洲的天主教徒或近东的东正教徒宣教的问题。它还决定不讨论"信仰与教制"的问题,因为与会的代表担心,讨论这个问题只能导致各个宗派更加疏远。在筹备会议过程中,全世界有数百人进行了初步研究,他们通过信件以及地区或地方会议来跟踪事态的整体进展。当会议最终召开时,大多数代表是英国人或北美人,还有来自欧洲其他国家的许多代表。只有十七位与会者来自较年轻的教会,其中三位是执委会的特别嘉宾。

　　此次大会完全实现了它预定的基本目标:分享信息和协调工作,但是,它还有着更深远的意义。首先,基督教第一次召开了这么重要的国际会议,与会者是来自各个宗派宣教机构的正式代表。这本身就为召开类似的会议开辟了道路,它们还将讨论宣教之外的其他问题。其次,此次大会任命了一个续办委员会,这表明,已经开始的普世教会运动完全有望继续下去。这个续办委员会的工作推动了进一步的研究和会议,并最终促成国际宣教协会(International Missionary Council)的成立。第三,此次大会认可了 20 世纪最初几十年许多普世教会运动领袖的国际地位,其中最著名的是循道宗平信徒约翰·莫特(John R. Mott)。最后,此次大会的重要性甚至在于它所没有讨论的问题,尤其是"信仰与教制"问题和在拉丁美洲宣教的问题,因为正是这些没有被讨论的问题促成了信仰与教制运动和拉丁美洲教会合作委员会(Committee on Cooperation in Latin America)。信仰与教制运动是促成世界基督教联合会(World Council of Churches)于 1948年成立的最强大的运动之一。简而言之,1910 年的爱丁堡世界宣教大会(World Missionary Conference of Edinburgh)成为现代普世教会运动最重要的先驱。

与此同时,国际局势越来越紧张;基督徒认为,他们不仅有义务开会讨论教会事务,也要寻找维护世界和平的方法。1914 年 8 月 2 日,一个通过教会来促进和平的国际组织在德国康斯坦茨成立了。就在同一天,第一次世界大战爆发了。

第三十四章

罗马天主教

让我们不要再有这样的丑行：令一些其绝大多数公民自称为基督徒的国家享有巨大的财富，而其他国家却在忍受贫困、饥饿、疾病和各种苦难。

——第二次梵蒂冈大公会议

上次讲到罗马天主教时（第三十二章），我们看到，它对现代世界的回应主要是恐惧和谴责。导致天主教做出这种回应的原因在于：教宗国落入新国家意大利之手；他们害怕，世俗国家将妨碍天主教的工作；他们也担心现代思想将把天主教徒引入歧途。总的来说，在约翰二十三世之前，即在20世纪后半叶之前，天主教历史是特伦托大公会议的立场与政策的延续：主要是对抗新教。与此同时，天主教内的一些人认为，就神学和教会牧养而言，谴责与完全否定现代潮流是错误的。在20世纪上半叶，这些忠实的批判者不断表达他们的观点和方法，这些都被压制下来或是无人理睬。因此，20世纪前六十年的罗马天主教史在很大程度上成为见解不同的两群天主教徒的冲突史：一方希望延续特伦托大公会议和第一次梵蒂冈大公会议所制定的路线，而另一方希望看到天主教能够更加开放，更具创造性地应对现代世界的挑战。

约翰二十三世与第二次梵蒂冈大公会议

442

下一任教宗的选举相比以前任何一位教宗的选举都更加困难。当枢机主教隆卡利(Roncalli)在第十一轮投票之后宣布当选为新教宗时,许多人评论称,这位七十七岁高龄的枢机主教只是一个过渡性的教宗,他会为枢机主教赢得决定未来政策的时间。这位年迈的教宗取名为约翰二十三世,尽管他任期短暂(1958—1963),但是,天主教在其间发生了重大的改变。约翰二十三世这个名字已经有了污点,它会让人们痛苦地想起阿维尼翁教廷和比萨的敌对教宗约翰二十三世,但是,新教宗取这个名字正是要表明,他希望开辟一片新天地。约翰二十三世很快就令罗马教廷的许多人和他的卫队感到忧虑,因为他史无前例地访问了罗马附近的贫困地区。一些人甚至担心,头脑简单的约翰二十三世可能难以担起他肩上的重任。但是,他经验丰富,智慧超群,他在保加利亚、伊斯坦布尔和法国担任棘手的教职时就已经向世人表明,他懂得谈判和外交的错综复杂。同样,他在土耳其伊斯坦布尔和在世俗的巴黎的生活让他了解到,罗马天主教已经大大脱离了现代世界。他的重要工作将是恢复这一失去的联系。这需要他的所有外交才能,因为罗马教廷的许多人和其他许多高级教士并不像他那样来理解教会当时的状况。

约翰二十三世是一位肩负巨大使命的老人,他觉得必须迅速开展他的工作。因此,在他当选教宗三个月之后,便宣布了他即将召开一次大公会议的计划。罗马教廷的许多人并不赞同这种想法。以前,大多数大公会议的召开是为了解决紧迫的问题——通常是教会所认为的特别危险的异端问题。此外,在第一次梵蒂冈大公会议宣布教宗无误论之后,一些人认为,大公会议的时代已经结束,从此以后,教宗应当像专制君主那样统治教会。其实,自从庇护九世的时代以来,始终有着教宗进一步集权化的倾向。但是,教宗约翰二十三世并非如此。他坚持将其他主教称为"我的主教弟兄",并坚持征求他们的建议,而不是命令他们。他也相信,教会完全"现代化"(aggiornamento)的时机已经成熟,这只能通过教会全体主教的智慧和参与来实现。据说,当罗马教廷的一些人质疑召开大公会议的必要性时,约翰二十三世只是推开窗子说:"让新鲜的空气进来吧。"

第二次梵蒂冈大公会议的筹备工作进行了两年多。与此同时，约翰二十三世发布了通谕《慈母与导师》(*Mater et Magistra*)，它被许多积极参与社会公义事业的天主教徒视为教宗对他们工作的认可。最终，约翰二十三世于 1962 年 10 月 11 日正式召开了第二次梵蒂冈大公会议(以下简称"梵二会议")。几乎没有人认为此次大公会议能完全抛弃天主教在过去四百年间所走过的路线。它讨论并通过了罗马教廷所准备的文件，总的来说，它只是重申了天主教的传统教义，并警告了当时的危险。但是，约翰二十三世也采取措施，设法带领此次大公会议走向另一个方向。他在前一年成立了促进基督教合一秘书处(Secretariat for the Promotion of Christian Unity)，以此表明他认真追求与其他基督徒合一，他的目的是令此次大公会议严肃地寻求基督教的合一。他的开幕辞也定下了与大部分预备文件不同的基调，因为它表明教会现在应当以理解与鼓励的话来回应现代世界的关注，而不是用恶毒的谴责。非天主教观察员出席了此次大公会议——在会议召开时只有三十一位，到它结束前最后一次会议时已经达到九十三位，他们的参与，尤其是此次大公会议的人员构成，有助于进一步实现此次大公会议的上述目标。实际上，在出席会议的主教中，来自西欧、加拿大和美国的主教只占百分之四十六，另有超过百分之四十二的主教代表拉丁美洲、亚洲和撒哈拉沙漠以南的非洲。一半以上的主教所属的教会财力有限，他们在会议期间的生活费必须由较为富裕的教会来承担。因此，梵二会议本身的人员构成，说明全世界基督教中心于20 世纪发生了转移——就如我们将在第三十七章中看到的那样。这些主教深切关注穷人的悲惨遭遇和与非基督教世界的对话，总的来说，他们强调说同情与理解的话，而不是进行自以为义的谴责。因此，约翰二十三世在他的开幕辞中所呼吁的"仁慈的良药"并非无人理睬。

很快就显而易见，参加梵二会议的绝大多数主教希望看到教会生活，尤其是教会应对现代世界的方法发生巨大的变化。它所讨论的第一份文件处理的是教会的崇拜仪式问题。在所有事先准备的文件中，这份

444

文件提出了最重要的改革,因为改革崇拜仪式一直是前任教宗所关心的事情之一,罗马教廷的许多人认为,改革崇拜仪式是必要的。即便如此,少数的保守派还是希望阻止此次大公会议所提出的改革;但是,支持改革崇拜仪式的人占据了上风。当预备文件被退给文件起草委员会时,与之一同发出的指导意见清楚表明,保守派失败了。此后,筹备委员会所起草的文件基本上都被退回,并被要求大幅修改,甚至筹备委员会的成员也有所调整。

　　教宗约翰二十三世并没有活着看到他的会议颁发第一份文件,因为他于 1963 年 6 月去世了。下一任教宗取名为通常与特伦托大公会议相联系的保罗,一些保守派希望新教宗解散梵二会议,至少是采取强硬的措施阻止它的审议。但是,保罗六世(1963—1978)几乎立即宣布了他要继续召开梵二会议的计划。毫无疑问,保罗六世比约翰二十三世更保守,但是,他在梵二会议召开第一次会议时发现,全世界的天主教领袖都认为,天主教必须有重要的新起点。当梵二会议的第二次会议于 1963 年 9 月 29 日召开时,保罗六世呼吁出席会议的主教"在教会与现代世界之间架起一座桥梁"。

　　无需更多鼓励,梵二会议听从了保罗六世的建议——有时甚至比教宗所希望的更为迅速。关于崇拜仪式的文件从一开始便是所有文件中最进步的,会议批准了这份文件;但其他文件被退回重新起草,并被要求更加遵照教会对现代世界新的开放性来起草。《礼仪宪章》(Constitution on the Sacred Liturgy)是第二次会议最切实的成果,全世界的信徒很快就感受到它的影响,因为它批准可以在崇拜中以前所未有的程度来使用本国语言。它还宣布:

　　　　只要保全了罗马礼仪的基本统一性,在修订礼仪书时,也要为不同团体、地区或民族,尤其是宣教区,留下合法的差异与适应的余地。

当时负责重新起草各种文件的委员会进行了重组,更多由梵二会议选出的委员进入文件起草委员会。有迹象表明,保罗六世对这一变化并不满意,有些人甚至担心他可能因此结束此次大公会议。但是,他并没有采取这么极端的措施,此次大公会议的第三次会议(1964 年 9 月 14 日至 11 月 21日)再次证明,任何被提交上来的文件,都必须符合会议的改革精神,否则它们将被否定,并被退给起草委员会。此次大公会议颁发了论教会、论东正教和论普世教会运动的文件。许多与会者痛苦地看到,保罗六世为论教会的文件加上了一个注释,它阐明主教分权制的前提是教宗居首位;他也对关于普世教会运动的教令——已被会议批准——进行了一些修改,非天主教徒会认为,修改后的文件比最初的文件更令人难以接受。此外,许多与会者强调了基督的中心性,这避免了信徒可能崇拜马利亚的极端性,但是,保罗六世却主动宣布,马利亚是"教会之母"。

虽然保罗六世的这些举动有所暗示,但是,当此次大公会议召开第四次、也是最后一次会议时(1965 年 9 月 14 日至 12 月 8 日),与会者决心将它的工作进行到底。他们就论宗教自由的文件进行了激烈的辩论,来自天主教徒占绝大多数国家的保守派坚决反对宗教自由。但是,这一最后的努力再次失败,因为其他较为进步的与会者在余下的时间里完全主导了会议的审议。因此,此次大公会议相对容易地颁布了一些非常进步的文件,包括论主教、论神父及其选立过程、论平信徒、论教会与非基督徒和论宣教活动等文件。《教会宪章》(Constitution on the Church)与最初预先准备的那份文件完全不同,它并没有强调教会的统治集团和神职人员,而是强调了这一观念:教会由上帝的子民组成,平信徒和神职人员都是其中一员。论宗教自由、论基督教与犹太教和论现代世界中的教会的文件同样重要,它们所表明的精神不同于几百年来盛行在天主教内部的精神。论宗教自由的文件宣布,个人与团体的宗教自由必须受到尊重,所有宗教团体都有权根据自己的原则来成立组织,"只要这不违反公共秩序的合法要求"。就基督教与犹太教而言,此次大公会议明确否定了基督徒对犹太人的许多传统偏见,并承认基督教与犹太教有着独特的联系。《现代世界教会牧职宪章》(*Pastoral Constitution on the Church in the Modern World*)是大公会议有史以来所颁布的最长的文件,它定下了与19世纪的天主教完全不同的基调。在坚持天主教的信仰与道德原则的同时,它也表明天主教必须真正接受现代性的积极方面;它还富有创造性地处理了家庭生活、经济与社会议题、政治、科技、人类文化的意义与多样性等问题。总的来说,《现代世界教会牧职宪章》在开篇就定下了它的基调:

447

> 我们这个时代的人们,尤其是贫困者和遭受折磨者,所有喜乐与盼望、愁苦与焦虑,也是基督徒的喜乐与盼望、愁苦与焦虑。凡属于人类的种种,在基督徒的心灵里莫不有所反映。教会是由团结在基督里的人们所组成。他们在走向天父之国的旅途上,由圣灵所引导,并接受向人类宣报福音的使命。因此,教会深深感到自身与人类及其历史具有密切的联系。

到了梵二会议闭幕时,天主教显然已经进入一个崭新的历史阶段。天主教仍需要采取许多措施,以贯彻梵二会议的决议。在许多地区,梵二会议遭到抵制;但是,在其他地区,教会迅速地发生了改变,梵蒂冈对此进行了调控。在梵二会议闭幕之后,保罗六世举措缓慢,他可能担心,过于迅速的变化会导致分裂,或至少令天主教失去一些更保守的信徒。1968年,他发布了通谕《人类的生命》(*Humanae vitae*),禁止所有人工控制生育的做法,并否决了一个教宗委员会所提出的允许人工控制生育的提案,这表明了他的保守倾向。然而,他所担心的分裂还是发生了,是一位保守派主教带领的。不过,这并没有夺走很多信徒,在梵二会议召开第一次会议二十年之后,它所启动的改革显然已经不可阻挡。它有着持久的影响,一个例子是美国主教就核战争和军备竞赛所发表的声明,一些主教强烈反对这份声明,他们认为,教会过度干涉了政治和军事。主教们只是在他们的宣言中清楚阐明了梵二会议以前所发表的声明:军备竞赛和保持杀伤性武器的平衡,并不能带来永久的真和平。后来,美国主教于 1986 年发布了《论天主教社会教导与美国经济的牧函》(A Pastoral Letter on Catholic Social Teaching and the U.S. Economy),这是一份关于社会与经济秩序的更保守的声明。

从保罗六世到本笃十六世

保罗六世于 1979 年去世,他的继任者是约翰·保罗一世(John Paul I),在约翰·保罗一世的短暂任期之后,约翰·保罗二世成为教宗。约翰·保罗二世是 16 世纪以来第一位非意大利籍教宗。身为波兰人,新教宗深知在德国人和苏联人控制之下的教会所进行的斗争,他对法西斯主义或共产主义都不抱有任何幻想。在他任期之内,波兰的共产主义政府与天主教的关系越来越紧张,他将自己的一个亲信选为主教,这促进了波兰天主教对波兰共产主义政府的抵抗——平信徒莱赫·瓦文萨(Lech Walesa)领导波兰工人对抗政府。这最终导致共产主义在波兰的覆亡,并令波兰摆脱了苏联的统治。在与苏联的斗争中,波兰天主教——尤其是教宗约翰·保罗二世——起到了决定性的作用,教宗和天主教得到了波兰人的普遍认可。

在波兰的这些事件之后,具有同样重大意义的事件很快就在其他地区发生了,它们导致了政治与社会巨变,以至于苏联解体。这些巨变对东欧的影响最大,因此,它们通过东正教又影响到罗马天主教。在一定程度上,由于东正教的新局势,约翰·保罗二世于 1995 年发布了通谕《愿他们合而为一》(Ut unum sint),他呼吁要更加努力地拉近天主教徒、东正教徒和新教徒之间的距离。

在约翰·保罗二世担任教宗期间,发酵已久的一些问题成为工作的重心。其中之一是人们针对猥亵的性侵害所作的控诉——尤其是神职人员对儿童的性侵害。这些案件——尤其是在北美和欧洲——迫使天主教会为受害者支付了巨额的赔偿金;约翰·保罗二世任命了一个特别委员会来调查美国的性侵害事件,还制定了处理性侵害者的政策。他也必须解决授予女性圣职的问题,在 20 世纪下半叶,授予女性圣职是新教徒的一个重要问题,它现在成为许多天主教徒争论的焦点。1995 年,奥地利有五十五万天主教徒在授予女性圣职和废除神父独身的请愿书上签字。这些都是约翰·保罗二世坚决反对的。当一些传统的天主教国家将堕胎合法化时,全世界的罗马天主教也是在他的领导之下再次谴责了堕胎。

就神职人员的生活、修道誓愿和个人道德而言,约翰·保罗二世是保守的,但是,他谴责了对穷人的压迫和造成他们悲惨境遇的不公。他禁止神父担任公职——在他对尼加拉瓜的一次访问中,有人拍到他伸出手指,谴责了尼加拉瓜文化部部长埃内斯托·卡德纳尔(Ernesto Cardenal)神父,此举表明他对神父担任公职的态度。但是,他也坚持认为,教会应当参与社会公义事业。因此,他既是一位保守的教宗,也是一位进步的教宗,这取决于评论者的角度和他对具体问题的看法。我们也应当注意到,在约翰·保罗二世担任教宗期间,全世界罗马天主教徒的数量可能超过了十亿。

约翰·保罗二世于 2005 年去世,他的继任者是德国籍枢机主教约瑟夫·拉辛格(Joseph Ratzinger),他取名为本笃十六世。(值得注意的是,天主教自阿德里安六世从 1522 年到 1523 年担任教宗以来,从未有过非意大利籍教宗,现在却接连选出了两位非意大利籍教宗。在拉辛格被选为教宗之前,几位北大西洋之外的高级教士也被提名为教宗候选人)。1981 年,约翰·保罗二世任命拉辛格来领导信理部(Congregation of the Doctrine of the Faith),该部的成立是为了维护天主教的正统教义,它取代了以前的宗教裁判所。在担任信理部部长期间,他因自己的保守立场而闻名,尤其是他针对解放神学(liberation theology)所下达的两道命令(参第三十七章)。当他被选为教宗时,有些人担心保守主义将主导罗马教廷。但是,他在任职初期向世人表明,他意识到世界的新局势——甚至是许多天主教徒的反抗——要求他采取更温和的措施。因此,尽管他于2009年宣布神父必须独身,但他同时声明,他能够接受已经改信天主教的圣公会已婚神职人员成为天主教神父。一些人将此举视为具有普世意义的开放态度,与此同时,其他人则认为,他是在圣公会中"浑水摸鱼",圣公会因授予同性恋者圣职而产生了严重分裂。在三年之前,本笃十六世已经以同样的心态放弃了"西方牧首"(patriarch of the West)这一传统头衔,此举可以被视为对东正教的开放姿态,但是,君士坦丁堡牧首却认为这是在扩张罗马教廷的权力,他指出,本笃十六世仍保有至高主教(supreme pontiff)和基督在世的代表(vicar of Christ)这两个头衔。此外,就如在他的前任约翰·保罗二世担任教宗时一样,神父对儿童的性侵害和教会统治集团试图掩盖这种丑行的行为,遭到了猛烈的批评,它们引起本笃十六世的高度关注。

神学进展

梵二会议的开放性震惊了世界,这是因为世人并不熟知长久以来在天主教内部所涌动的暗潮。然而,导致梵二会议召开的神学工作已经进行了半个世纪。罗马教廷并不愿意看到振奋人心的神学进展,但是,像工人神父这样的实验正是这些神学工作的结果。可是,最重要的是,虽然许多神学家的天主教信仰不容置疑,但是他们的神学或是被梵蒂冈否定,或是被梵蒂冈忽视。

在这些神学家中,德日进(1881—1955)可能是最具独创性的。他生于法国一个贵族家庭,很早就决定加入耶稣会。他于1911年被按立为神父。第一次世界大战爆发时,他拒绝了上尉这一任命——他本该借此成为随军神父;他宁愿作搬运担架上伤员的下士。第一次世界大战结束时,他成为耶稣会的正式成员;1922年,他获得古生物学博士学位。他始终对进化论感兴趣,认为进化论并没有否定创世,而是理解上帝创世大能的科学方法。但是,他的论信仰与进化关系的最早著作很快就招来罗马教廷的谴责。他被禁止继续发表神学著作,并被派往中国,罗马教廷希望他在中国不会造成大的危害。作为一位顺服的神父,他服从了命令。阻止他发表手稿的禁令,并不能阻止他继续写作。因此,当他在中国进行古生物学研究时,他也继续神学工作,并将手稿交给少数他所信任的朋友。1929 年,他帮助鉴定了中国猿人的头盖骨,这进一步证实了进化论,并为他赢得全世界科学家的赞誉。罗马教廷仍禁止他发表他的哲学与神学著作,这些著作在他的法国朋友中流传。最终,在他去世之后,他的朋友于1955 年发表了他的著作,立即引起了广泛关注。

虽然德日进接受了进化论的基本原理,但是,他并不认为"适者生存"是引导进化的力量,而是提出了"结构复杂性与意识的宇宙定律"(cosmic law of complexity and consciousness)——在进化过程中有一个向更复杂以及有更高意识的存在进化的动力。因此,在每一个特定的进化阶段,我们所看到的是许多有机体,它们代表了进化过程中的不同阶段或范围。这种进化始于"宇宙微粒"(stuff of the universe),它们后来被组织成岩石圈(geosphere)——物质组成了分子,分子形成了物体。下一个阶段是生物圈(biosphere),生命在这一阶段出现。人类圈(noosphere)从中进化而来,生命在这个阶段有了自我意识。这时,进化并没有停止,而是有了意识的维度。我们现在所认识的人类还不是进化的终点。相反,我们仍是正在进行的进化的一部分,它将促成人类的人化(hominization)。这个新阶段的特点是,作为有意识的存在,我们参与了我们自己的进化。

然而,就人类应当进化成什么而言,我们并不是没有向导。进化运动有一个欧米伽点(omega point)——整个宇宙进化成熟的收敛点(converging point)。实际上,为了理解进化,我们一定不要从始至终来看进化,而是从终至始来看待。终点令进化的其他过程有了意义。这个终点——即欧米伽点——是耶稣基督。在耶稣基督里,进化的新阶段——最后阶段——已经开始:基督圈(Christosphere)。就如人性与神性在基督里不相混淆地联合,最终,我们所有人也将与上帝完美地联合,与此同时,我们仍完全是我们自己。教会——基督的身体——是以欧米伽点为中心的新的历史实在。因此,德日进将神学与科学结合在一起,甚至带有强烈的神秘主义倾向。但是,与大多数神秘主义传统不同的是,他是一位"肯定现世"的神秘主义者。

即使那些并不接受德日进宏大宇宙论的人,也受到他的影响。首先,他试图"从终至始"来看待进化,这鼓励天主教与新教的现代神学家再次思考末世论(eschatology)——即"末后之事"的教义。对于当代神学中非常重要的部分来说,末世论实际上是一个很有价值的起点,而不是神学其他部分的附属品。其次,德日进强调,进化是一个持续不断的过程,我们有意识地参与其中,这鼓励其他神学家去探究人类在上帝的计划中所参与的领域,并将人类视为塑造历史的一个积极参与者。最后,他的"现世神秘主义"(this-worldly mysticism)激励许多人将他们的灵修生活与他们的政治实践主义联系在一起。

亨利·德·吕巴克(Henri de Lubac,1896—1991)也是法国的耶稣会会士,他是德日进的朋友,也是 20 世纪上半叶罗马天主教内正在形成的神学的另一位代表,尽管梵蒂冈并不愿意看到这种神学。他与让·达尼埃卢(Jean Daniélou,1905—1974)共同编辑了数卷古代基督教著作。这套全面的学术著作也是为现代读者而编,因此,它们反映出吕巴克的关注:现代世界和基督教传统在一种动态的与创造性的张力中结合在一起。吕巴克认为,教会近年来对传统的理解非常狭隘,因此,教会失去了整个基督教传统的许多活力。同以前传统的广度和普世性相比,他那个时代的天主教神学显得狭隘与陈腐。他的这种观点在罗马教廷并不受欢迎,到了 20 世纪中期,他也被禁声了。在禁令被撤销之后,他的耶稣会同工请他撰写一部有关德日进工作与思想的批判性研究著作,并根据天主教传统对其做出评价。他于 1962 年用法文发表了这套计划中的著作的第一卷,立即遭到罗马教廷的反对。罗马教廷停止了这个计划,并禁止再版与翻译已经出版的第一卷。

吕巴克并不像德日进那样倾向于宏大的宇宙论;他所掌握的早期基督教传统的渊博知识令他对天主教神学产生了更大的影响。但是,他也相信,全人类只有一个目标,我们可以从这一目标来最好地理解整个历史,而它正是耶稣基督。教会——它并不是裁判机构,而是基督的神秘身体——是世界中的圣礼。虽然吕巴克被罗马教廷禁声,但是他深受许多神学家和进步主教的爱戴,他是梵二会议的神学顾问(periti)之一,他的参与对此次大公会议的结果产生了巨大的影响。他的教会论——教会是世界中的圣礼——正是梵二会议的基础,反映出一个向世界开放的教会。

伊夫·孔加尔(Yves Congar,1904—1995)是梵二会议的另一位神学顾问,他代表了一种类似的倾向。他亲身经历了现代生活的残酷,因为他于1939年应征到法国军队中服役,从1940年到1945年是德国的战俘。他是多米尼克修会的修士,后来成为斯特拉斯堡多米尼克修道院的院长。他同德·吕巴克一样,相信教会在回应神学争论的同时已经令自身传统变得狭隘,并因此而抛弃了教会传统中许多宝贵的财富。他尤其关心教会的自我理解,因此他认为,教会必须摆脱当时所盛行的教会论:教会是等级森严的裁判机构。就教会论而言,他吸取了前辈们的灵感:"上帝的子民"是最重要的,平信徒是关注的焦点。由于这一教会论,他对其他基督徒所表现出的开放性在20世纪初的天主教徒中并不常见。同德日进和德·吕巴克一样,他一度被罗马教廷压制。但是,他仍有着广泛的影响,当梵二会议召开时,他被任命为神学顾问之一。他对此次大公会议的影响尤其可以在论教会的本质、论普世教会运动和论现代世界中的教会这些文件中看出。

耶稣会会士卡尔·拉纳(Karl Rahner,1904—1984)可能是20世纪最具影响力的天主教神学家,他也是梵二会议的神学顾问。他的父亲是德国的高中教师,他共有兄弟姐妹七人——他的哥哥雨果·拉纳(Hugo Rahner)也是耶稣会的著名神学家。卡尔·拉纳的著述超过三千篇(部),他的著述论及最专业的神学问题和日常的信仰问题,如"我们为何在夜里祷告"。但是,他在处理所有这些问题时的方法是一致的:他既肯定了传统,也肯定了现代世界,因此,他向传统提出的问题,不同于人们通常提出的问题。他的目的并不是解决宇宙的奥秘,而是阐明存在的神秘本质,并令神秘再次成为日常生活的核心。就哲学而言,拉纳受益于托马斯·阿奎那和他的教授马丁·海德格尔(Martin Heidegger)——存在主义最重要的倡导者之一。但是,他对哲学并不是特别感兴趣,除非它有助于阐明基督教的教导。同样,他也很少撰写通俗著作,而是主要为神学家写作,呼吁他们要更开放,并重新解释传统。他对传统的不断解释通常不同于被普遍接受的观点,但是,他从未像其他法国神学家那样被罗马教廷压制。他直接或间接地影响了梵二会议,这可以在会议的几乎所有文件中看出,但是,在此次大公会议中他对主教制的理解产生的影响可能最大。实际上,几百年来罗马天主教内始终倾向于这样一种教制:罗马教廷按照君主制模式将权力集于一身。拉纳研究了主教制,他并没有否定罗马主教至高无上的权力,而是强调主教制的本质是分权。这反而意味着教会 *454* 可以成为真正的普世教会——调整适应每一种文化,并非一定将罗马教廷和西欧的观点奉为真理的标准。这一普世观和主教分权观构成梵二会议的决议基础,这不仅关系到主教制,也关乎使用本国语言和调整崇拜仪式以适应不同的文化与环境。拉纳将神学、对传统的重新解释和向这一传统提出新问题的开放性明智地结合在一起,这也为更激进的神学提供了一种模式,我们将在另一章中回过头来讲述它们——尤其是拉丁美洲的解放神学。

数百年来,罗马天主教始终拒绝用其他任何方法来解决现代世界的挑战,只是与之对抗、对其作出谴责;但是,在 20 世纪下半叶,罗马天主教开始与现代世界对话。这一对话令天主教徒、新教徒甚至是非基督徒惊讶地看到了天主教会中的活力——这种活力一直为人们所质疑。早在梵二会议召开之前很久,那些并不被罗马教廷所信任的神学家就已经在为这一意想不到的进展开辟道路。

神学复兴促成了梵二会议的召开,后来,由于此次大公会议,罗马天主教内部再次出现了敬虔精神的复兴。这一复兴出现在不同人群中,有着不同的形式,有两个非凡的人可以说明当时正在复兴的敬虔:加尔各答的特雷莎修女(Mother Teresa of Calcutta)和亨利·卢云神父(Henri Nouwen)。特雷莎修女(1910—1997)生于阿尔巴尼亚,她致力于服侍加尔各答的病人和穷人,并在那里成立了仁爱宣教会(Missionaries of Charity)。她的工作为她赢得了全世界的赞誉和敬佩,并激励许多人走上了同样的道路。亨利·卢云(1932—1996)是一位荷兰神父,他自由表达自己内心的痛苦与喜乐——有时完全相信上帝,有时不愿相信上帝。他在哈佛大学、圣母大学和耶鲁大学任教多年,余生先后在法国和加拿大服侍残疾人。天主教徒和新教徒都广泛阅读他的著作,它们成为许多基督徒强调灵命的重要因素,在 20 世纪末和 21 世纪初,注重灵命是许多基督徒信仰生活的特点。

到了 20 世纪最后几十年,显而易见的是,罗马天主教在欧洲传统天主教国家衰落的同时,也正在其他国家发展壮大。天主教的活力不再局限于北大西洋或欧洲,它的神学领袖不再只是北大西洋或欧洲的男性,在女性、北大西洋的少数民族、拉丁美洲、亚洲和非洲的信徒中,天主教也表现出巨大的活力,在他们当中也出现了神学领袖。在拉丁美洲、亚洲和非洲,天主教徒的数量开始增长,结果,尽管天主教徒的人数在欧洲逐渐下降,但是,天主教徒的总人数到 2010 年时却突破了十亿。对于天主教来说——对整个基督教也是如此——基督教边缘地区史无前例的发展、创造力和活力,化解了在基督教传统中心所爆发的危机。同整个基督教一样,罗马天主教也在超越基督教王国。

第三十五章

中心地带的危机：
欧洲的新教

我们已经长大，这迫使我们认识到我们在上帝面前的位置。
上帝正在教导我们在没有他时该如何生活。

——迪特里希·朋霍费尔

第一次世界大战与战后影响

20 世纪上半叶的巨变在欧洲影响最大。欧洲大陆曾是 19 世纪许多乐观的哲学与神学的摇篮（参第三十一章），它曾梦想人类将在它的引领之下迈进一个新时代。它相信它的殖民活动是一项无私的伟大事业，是在为全世界造福。这一切令欧洲洋溢着自信，比起欧洲的天主教，欧洲的新教在这个幻想中陷得更深，因为 19 世纪的天主教对现代世界的回应是彻底的谴责（参第三十二章），而新教自由主义实际上已经屈服于新时代。因此，当两场世界大战和围绕着它们所爆发的事件令 19 世纪的虚假梦想化为泡影时，新教自由主义的根基开始动摇。19 世纪，在一定程度上由于天主教并没能创造性地回应现代世界的挑战，怀疑主义和世俗主义在法国普遍存在。20 世纪，在一定程度上由于自由主义的失败及其乐观的希望破灭，在一些传统上新教强大的地区（德国、斯堪的纳维亚和英国），怀疑主义与世俗主义也明显强大起来。到了 20 世纪中期，北欧显然不再是新教的堡垒，世界其他地区已经夺走了北欧在新教中曾拥有的领导权。

458

因此,欧洲——曾经的基督教王国的中心——正在"超越基督教王国"。

当第一次世界大战于 1914 年爆发时,许多基督教领袖意识到欧洲的局势越来越紧张;他们采取了一些措施,试图利用教会的国际联系来阻止战争。当这一尝试失败时,一些教会领袖并没有被民族主义冲昏头脑,他们试图令教会成为和解的工具。其中一位领袖是纳特汉·瑟德布卢姆(Nathan Söderblom,1866—1931),自 1914 年以来他一直担任乌普萨拉(Uppsala)的路德宗大主教,他利用自己与战争双方的关系来呼吁他们要表现出基督教信仰的普世性和超民族性。在第一次世界大战之后,他的努力、他的关系和他作为和平缔造者的完美履历,令他成为早期普世教会运动的领袖之一。

然而,新教非常缺乏可以帮助其自身理解与回应时局的神学。自由主义对人的本性与能力持有乐观的态度,它对时局根本就没有发言权。瑟德布卢姆和斯堪的纳维亚的一些人重新研究了路德和他的神学,他们开始以此来解决自由主义的匮乏。在 19 世纪,德国的自由派学者将路德描述成自由主义的先驱和德国精神的体现。现在,斯堪的纳维亚和德国的其他学者重新研究了路德的神学,他们发现,当时代对路德的解释在许多方面不同于 19 世纪的解释。这场运动的重要里程碑是两部重要的著作:古斯塔夫·奥伦(Gustav Aulén)的《胜利的基督》(*Christus Victor*)和安德斯·尼格伦(Anders Nygren)的《圣爱与欲爱》(*Agape and Eros*)。这两部著作的共同特点是,它们意识到罪的权势和人不配得到上帝的恩典,这不同于前一代神学家的许多教导。

然而,对时代挑战做出最重要神学回应的是卡尔·巴特(Karl Barth,1886—1968)。他的父亲是瑞士的改革宗牧师,他于 1901 年和 1902 年参加的坚振课(confirmation classes)令他十分感兴趣,以至于他决定学习神学。当他准备开始神学学习时,他的父亲是伯尔尼的教会史教授和新约教授,年轻的巴特在父亲指导之下制定了自己的学习计划。他在伯尔尼学习了一段时间,又在图宾根大学度过了一个平静的学期,后来,他来到

卡尔·巴特无疑是 20 世纪最重要的新教
神学家。

柏林。在柏林,阿道夫·冯·哈纳克及其对教义史的理解深深吸引了巴
特。后来,作为马尔堡大学的学生,巴特着迷于康德和施莱尔马赫的著
作。他也是在马尔堡大学结识了他的同学爱德华·图尔奈森(Eduard
Thurneysen),他将成为巴特整个事业中最亲密的朋友。巴特似乎装备了
当时最好的自由派神学,最终,他先后在日内瓦和瑞士乡村萨芬威尔
(Safenwil)担任牧师——他在日内瓦牧养教会时抓住机会认真研究了加
尔文的《基督教要义》。

　　1911 年的萨芬威尔是农民和工人的教区,农民和工人们为能有更好
的生活条件而斗争,巴特开始关注他们的斗争。他很快就深深卷入了他
教区的社会问题,以至于他只在准备讲章或讲座时研究神学。他于 1915
年加入了社会民主党(Social Democrat),他认为,社会民主党是上帝在建
立他的国度时所使用的工具,尽管这并不为人所知。总而言之,他认为耶

稣并不是来建立一种宗教,而是来开创一个新世界。社会民主党比沉睡的教会更有助于实现耶稣的目标,因后者只满足于讲道和崇拜。后来,第一次世界大战摧毁了他的神学和政治希望。社会民主党并没有建立他们曾许诺建立的新世界——至少在不久的将来不会建立,巴特的自由派导师们的乐观主义在一个被战争所蹂躏的欧洲似乎不切实际。在 1916 年与图尔奈森的一次谈话中,这一对朋友认为,以新的基础研究神学的时机已经成熟,回归圣经是最好的方法。第二天清晨,巴特开始研究《罗马书》,他的这一研究将震惊整个神学界。

巴特的《罗马书注释》(*Commentary on Romans*)最初是为他自己和一小群朋友而写的,于 1919 年出版。在《罗马书注释》中,巴特坚持认为,我们必须忠于原文来解释圣经,而不是系统地构建神学。他宣称,圣经中的上帝是超验的,上帝绝不是人所能操纵的,在我们里面做工的圣灵绝不是我们所能拥有的,而是上帝一贯与经常赐予的恩典。巴特也反对宗教主观主义,这是他从自己的许多老师那里学到的。关于这个问题,他宣称,为了得救,我们必须除掉对自己得救的关注,成为新人,加入基督的身体——教会。

德国和瑞士的读者对巴特的《罗马书注释》大加赞扬,但这并不总是他喜爱的,他继续阅读研究,这令他相信,他在《罗马书注释》中所做的还远远不够。尤其是他觉得,他还没有充分强调上帝的他性(otherness)。他已经论述了上帝的超验性;但是,他现在担心自己仍没有摆脱自由主义和浪漫主义的倾向:在人类最好的本性中去寻找上帝。同样,他也没有充分强调上帝的国度与人类所有事业的差异。他现在相信,上帝的国度是一个末世的实在,它源自完全的他者(Wholly Other),不是人所建造的。这令他抛弃了曾令他加入社会民主党的神学。虽然他仍是社会主义者,他仍相信基督徒应当争取公义和平等,但是,他现在坚持认为,人类的所有事业都不应当与上帝的末世国度混为一谈。

巴特刚刚完成《罗马书注释》第二版的写作——彻底的修订——就

离开了萨芬威尔,目的是去哥廷根(Göttingen)教学——他后来相继在明斯特、波恩和巴塞尔教学。克尔凯郭尔的影响在巴特的第二版《罗马书注释》中清晰可见——尤其是巴特坚持认为,在时间与永恒、人类的成就与上帝的作为之间,有一道不可逾越的鸿沟。还有人说,巴特的第二版《罗马书注释》是克尔凯郭尔"批评基督教王国"的翻版。当巴特开始他

的教学生涯时,人们认为,他开创了一个新的神学流派,一些人将他的神学称为辩证神学(dialectical theology),一些人将其称为危机神学(crisis theology),还有人将它称为新正统神学(neo-orthodoxy theology)。这是有关这样一位上帝的神学:他绝不是我们的上帝,而是一位永远凌驾于我们之上的上帝;他的话语同时是是(yes)和否(no);他的临在并没有给我们的成就带来安逸和鼓舞,而是危机。巴特身边聚集了许多神学巨人:与他同属改革宗的埃米尔·布龙纳(Emil Brunner)、路德宗牧师弗里德里希·戈加滕(Friedrich Gogarten)和新约学者鲁道夫·布尔特曼(Rudolf Bultmann)。1922年,巴特、戈加滕、图尔奈森和其他人一起创办了神学期刊《时代之间》(*Zwischen den Zeiten*),布龙纳和布尔特曼也为其撰稿。但是,布尔特曼和戈加滕很快就离开了巴特他们,因为布尔特曼和戈加滕认为他们的神学方法太传统了,没有充分关注现代世界所怀疑的问题。后来,布龙纳与巴特也因自然与恩典的关系而分道扬镳——布龙纳觉得,在人的里面,一定有一个恩典发挥作用的"接触点"(point of contact),而巴特坚持认为,这会令人再次提出自然神学,而且不管怎样,恩典创造了它自己的"接触点"。

与此同时,巴特还在继续他的神学之旅。1927年,他出版了计划中的《基督教教义学》(*Christian Dogmatics*)第一卷,他在其中宣称,同施莱尔马赫和其他人所声称的不同,神学的对象并不是基督教信仰,而是上帝的道。巴特的工作重心也发生了变化,因为他在《罗马书注释》中始终是一位揭示旧方法的错误的先知,而在《基督教教义学》中则是一位试图给出一种可选的系统神学的学者。因此,危机神学变成了上帝之道的神学。

然而,整个计划后来完全成为一个错误的起点。通过先后对坎特伯雷的安瑟伦和 19 世纪新教神学的研究,巴特认为,《基督教教义学》将过多的篇幅给予了哲学。他在其中曾提出,神学回答了我们最深奥的存在问题;他以存在主义哲学为框架来构建神学。他现在宣称,上帝的道不仅给出了答案,也提出了问题。例如,罪并不是我们生来就自动认识以及福音要回应的问题。上帝的恩典之道定了我们的罪。如果我们不认识上帝的恩典之道,就既不认识恩典,也不认识罪。这一新视角令巴特重新开始撰写他的伟大的系统神学著作,这一次,他将《基督教教义学》改成了《教会教义学》(*Church Dogmatics*),以此来强调神学的教会基础。他并未最终完成这部巨著,他所完成的十三卷从 1932 年到 1967 年陆续出版。

毫无疑问,《教会教义学》是 20 世纪伟大的神学里程碑。许多人认为,系统神学已经成为过去,神学最多只能用专题论文来阐述,这时,巴特撰写了一部可以被称为当时最优秀的神学学术著作。当我们阅读《教会教义学》时,立即就会注意到,巴特十分熟悉以前的神学传统,他总能将其加以运用。但是,我们也看到,整部《教会教义学》从始至终——它的写作时间几乎超过了四十年——都保持着内在的连贯性,始终忠于写作的初衷。整部著作有着不同的侧重点,但是并没有新起点。最值得注意的是,巴特对所有神学工作都持自由的态度和批判的立场,他从未将神学与上帝的道混为一谈。实际上,他坚持认为,无论神学有多么接近真理或多么正确,它永远都是人的努力,因此,我们总是要以自由、喜乐甚至幽默的心态来看待神学。

冲突又起

正当巴特在撰写他的《教会教义学》第一卷时,一些不祥之事在德国发生:希特勒和纳粹党正在夺取权力。1933 年,梵蒂冈与第三帝国(Third Reich)签署了一份合约。新教的自由派完全没能用以决定性地应对这一新挑战的神学武器。实际上,新教的许多自由派已经宣布,他们相信人是完美的,而这正是希特勒所宣扬的。他们也倾向于将福音与德国文化混为一谈,纳粹分子宣称,上帝呼召德国来教化世界,这在新教的许多讲坛上和学术讲座中都产生了共鸣。希特勒自己的计划包括:统一德国的所有新教教会,然后利用教会来宣扬他的信息:日耳曼民族的优越性和上帝赋予日耳曼民族的使命。因此,德意志基督徒(German Christians)诞生了,他们将通常被自由派神学所重新解释的基督教传统信仰与种族优越性、德国的民族主义结合在一起。他们的一个计划是站在反犹太民族的立场来重新解释基督教,因此,这促成了第三帝国的反犹太政策。1933年,德国福音教会(German Evangelical Church)遵照政府的命令成立了。当它的首席主教并不愿意凡事都听命于第三帝国时,他被罢免了,第三帝国任命了他的接替者。1934年,一些神学教授——包括巴特和布尔特曼——签署了一份抗议书,反对德国福音教会正在采取的政策。几天之后,全德国的路德宗和改革宗的基督教领袖聚集在巴门,召开了他们所说的“见证会议”(witnessing synod),并发表了《巴门宣言》(Barmen Declaration),它成为“认信教会”(Confessing Church)的基本文件,认信教会是以福音的名义反对希特勒政策的组织。《巴门宣言》否认“这样的错误教义:在上帝的道之上和之外,还有其他事件、权势、人物和真理,教会应当像接受上帝的启示那样,将它们视为教会所宣讲的信息的基础”。《巴门宣言》呼吁德国所有基督徒用上帝的道来检验它,只有当他们相信这一宣言符合上帝的道时才接受它。

　　第三帝国迅速做出了回应。直言批评政府的柏林牧师马丁·尼默勒博士(Dr. Martin Niemöller)被捕,并被监禁了八年。几乎所有批评政府的牧师都被招到军队,派上前线。德国政府下令,德国大学的所有教授必须签署一份无条件支持第三帝国的声明。巴特拒绝签字,并回到了瑞士,在巴塞尔一直任教到他退休。

　　在希特勒的第三帝国中,受到迫害的最著名的神学家是年轻的迪特里希·朋霍费尔(Dietrich Bonhoeffer, 1906—1945),当认信教会邀请他回到德国领导一所秘密神学院时,他正在伦敦做牧师。英国的朋友试图说服他不要回到德国,但是他认为,回到德国是他必须接受的呼召,他知道,回到德国意味着他在拿自己的生命冒险。1937 年,他出版了《作门徒的代价》(*The Cost of Discipleship*),他在其中试图阐明登山宝训对当代生活的意义。也是在 1937 年,第三帝国直接下令关闭了他的神学院。尽管有这样的命令,朋霍费尔还是招聚了两群学生,继续教授神学。在这些年中,他们在顺服与危难中共同经历了团契,这些经验体现在朋霍费尔于 1939 年出版的《团契生活》(*Life Together*)中。当时,战争一触即发。朋霍费尔短暂访问了伦敦,他在英国与美国的朋友坚持认为,他千万不能回到德国。但是,他还是回去了。他在回到德国之后决定接受留居美国一年的邀请。但是抵达德国没多久他就发现,他犯了一个错误,因为他的德国同胞很快就必须在爱国主义与真理之间做出选择:"我知道我必须做出哪种选择;但是,我不能安全地做出那个选择。"

朋霍费尔回到德国后的生活越来越艰难。1938 年,他被禁止在柏林居住。两年之后,盖世太保下令关闭了他的神学院,他被禁止发表任何著作、文章或公开演讲。在随后的三年中,他越来越多地参与反希特勒的秘密活动。在此之前,他一直是一位和平主义者。但是,他渐渐相信,令其他人难以做出政治决定和采取实际行动的和平主义,成为他逃避责任的一个借口。朋霍费尔在与瑞典一个朋友会面时说,他参与了暗杀希特勒的阴谋。他说他不想这样做,但是,他别无选择。

朋霍费尔于 1943 年 4 月被盖世太保逮捕。他在监狱和后来的集中营中赢得了看守和狱友的尊重,成为他们的牧师。他也与外界保持着通信,其中一些被当局查封,还有一些在同情他的看守的帮助之下被偷寄出去。在这些信件和他留下来的其他文章中,他向世人表明,他正在与新思想抗争,其中一些是后人可望而不可及的。例如,他说,世界已经"成年"(coming-of-age),临于这个世界的上帝,就像一位聪明的父亲,他在孩子成长时退到幕后。他在这一背景下批评了他所非常钦佩的巴特,因为巴特陷入了朋霍费尔所说的"启示的实证主义"（positivism of revelation），仿佛启示让我们知道的，比启示实际启示给我们的还多。但是，他在其他方面受益于巴特，并大胆地应用了巴特的理论。例如，巴特曾宣称，宗教是人试图用来躲避上帝的产物，朋霍费尔以此为基础，提出了"非宗教的基督教"（religionless Christianity），但是，他也在探索这种基督教的未来。当后人读到这些话时，他们觉得不得不以许多不同方式来听取朋霍费尔的建议。

　　随着盟军节节胜利，第三帝国的失败已成定局，它开始清除自己最憎恨的敌人，朋霍费尔便是其中之一。他在接受了军事法庭匆忙审判之后被判处死刑。狱医后来说，他看到朋霍费尔跪在他的牢房里，为将要来临的死亡祈祷。1945 年 4 月 9 日，迪特里希·朋霍费尔在被捕两年零四天

迪特里希·朋霍费尔在德军投降前夕被纳粹绞死，留给后世颇具吸引力的观点"非宗教的基督教"。

之后被第三帝国绞死。几天之后,盟军占领了朋霍费尔被绞死的监狱。

第二次世界大战之后

第二次世界大战的一个后果是,苏联控制了东欧和中欧的广阔土地。其中大部分地区主要信奉天主教,但在所有这些地方,作为少数派的新教徒也是举足轻重的。受制于苏联的德国成为了新教的摇篮,这里的大部分人都是新教徒。这既为新教徒与共产主义政权的关系制造了难题,也促成了马克思主义者与新教徒越来越多的对话。政教关系因国家和时局而异。正统的马克思主义当然将基督教视为敌人,但是,一些共产主义领袖采取了公开反对教会的政策,而另一些领袖并不理睬基督教,他们相信,宗教信仰已经成为过去,即将消失。在捷克斯洛伐克和匈牙利,国家继续施行由公共资金来支持教会的传统政策。另一方面,在东德,基督徒的权利受到严格限制,这令他们难以接受教育或担任重要的职务。

在捷克斯洛伐克,马克思主义者与基督徒的对话与约瑟夫·赫罗马德卡(Joseph Hromádka)有关,他是布拉格夸美纽斯神学院(Comenius Faculty of Theology)院长。为了理解他和捷克斯洛伐克其他新教徒的态度,我们一定要记得,捷克斯洛伐克是胡斯的祖国,这里是三十年战争造成最严重破坏的国家。从那以后,捷克的新教徒一直将天主教徒视为他们的压迫者。因此,当共产主义政权宣布所有教会在政府面前一律平等时,捷克的新教徒认为,共产主义政府将他们从天主教压迫者的手中解放出来。梵蒂冈反对捷克斯洛伐克的新政权,捷克斯洛伐克的新教徒认为,梵蒂冈试图重夺天主教徒已经丧失的特权,因此,他们将此举视为梵蒂冈再次压迫他们的一个举动。同样,自从胡斯派抵抗外国侵略者以来,捷克人始终相信,基督教信仰不能只是个人的信仰,它也必须影响社会,并为社会带来更大的公义。因为这些原因,赫罗马德卡和他的追随者积极与马克思主义政权对话,但是,他们并没有放弃他们的信仰。早在第二次世界大战之前,赫罗马德卡就已经提出,俄国的共产主义可能带领世界进入一个崭新的历史时代，在这个新时代中，社会公义是最重要的。早在1933年，他就警告过纳粹主义的危险。在德国入侵他的祖国之后，他逃到了美国，并在美国的普林斯顿神学院（Princeton Theological Seminary）任教八年。他当时认为，他以前的信念被证实了：美国所谓的基督教在很大程度上只是在为自由主义民主和资本主义辩护。此外，他也相信，基督徒不应当被马克思主义的无神论引入歧途，因为马克思主义者认为上帝并不存在，他只不过是编造出来的。圣经和基督教信仰中的真上帝不是虚构的，而是马克思主义的无神论无法理解的。马克思主义与基督教的确有根本性差异。但是，教会必须谨慎，一定不要将这种差异与冷战所导致的世界两极化混为一谈。基督徒必须对马克思主义国家持批评态度；但是，他们一定要避免让这种批评成为对资本主义制度——或大战之前的捷克斯洛伐克的制度——不公的继续认可。

在欧洲其他国家，基督徒与马克思主义者正在积极地对话。参与这场对话的马克思主义者通常并不是正统的马克思列宁主义者，而是他们的修正者，虽然他们赞同马克思分析历史和社会的基本理论，但是，他们希望用自己的方法来应用马克思的这些见解。这场运动的一位领袖是恩斯特·布洛赫（Ernst Bloch），他是马克思主义哲学家，他同马克思一样认为，宗教——尤其是大部分历史上的基督教——是用来压迫人民的工具。但是，当布洛赫从年轻的马克思那里获得灵感后，他从早期基督教看到了一场反抗压迫的运动，并借此重新解释了基督教教义和圣经故事，令它们有了积极的意义。对于他来说，这一意义在于盼望的信息。"盼望的原则"（principle of hope）是早期基督教对人类历史最重要的贡献。它是至关重要的，因为——从盼望的角度来看——人类的过去，而不是人类的未来，决定了人类的命运。这些观点——和其他马克思主义修正者的观点——为一场持续到20世纪最后几十年的对话开辟了道路。这场对话，尤其是布洛赫的工作，促成了20世纪末和21世纪初一个重要的新教神学流派，它以强调盼望和末世论作为基督教神学的一个基本主题。这场神学运动的领袖之一是于尔根·莫尔特曼（Jürgen Moltmann），他也受到了第三世界许多神学家的影响，他的《盼望神学》（Theology of hope）和《被钉十字架的上帝》（The Crucified God）被认为是为欧洲神学开创了一个新纪元。莫尔特曼认为，盼望是圣经的核心信仰。上帝并没有与世界断绝联系。莫尔特曼主张，我们的上帝从未来遇见并呼召我们。对"末世"的盼望不应当是基督教神学最后关注的内容，而是最先关注的内容。这并不是个人的与利己的盼望，而是对新秩序的盼望。因此，盼望神学绝不会误导基督徒被动地等待未来，而是引导他们共同与贫穷和压迫作斗争——这样的斗争预示了上帝的未来。

与此同时，在西欧不受苏联统治的地区，世俗化进程不断加速。第二次世界大战结束二十年之后，在斯堪的纳维亚、西德和英国这些传统的新教国家和地区，去教会和参与教会生活的基督徒减少了，只有一小部分基督徒——在一些国家和地区还不到百分之十——与各个体制教会还保持着有效的联系。在这些国家和地区，基督教领袖和神学家最关心的问题是，基督教与高度世俗化的现代世界的关系——这是朋霍费尔曾在狱中竭力想解决的一个问题。

鲁道夫·布尔特曼在第二次世界大战期间发表了一篇题为《新约与神话》（The New Testament and Mythology）的文章，他在文中为这个问题给出了当时最具影响力的答案之一，虽然不久就被超越。在《新约与神话》中，布尔特曼认为，新约的信息是通过神话来表达的，为了让今天的读者能听到它的信息，我们必须对新约进行"去神话化"（demythologized）。这之所以重要，并不是因为没有它就没有信仰——人们可以强迫自己去相信他们所愿意相信的一切，无论那有多么荒谬——而是因为信仰不被"去神话"就会被彻底误解。信仰并不是意志去努力相信那难以相信之事的结果。如果把新约所要表达的信仰与它的神话混为一谈，我们便难以认识新约的信仰。神话尽其所能地使用超自然的比喻传递信息。但是，在新约中，除了这种基本的神话之外，还有一个神话的世界观，认为上帝和其他超自然的力量会干预世界,宇宙也被分为三个层面:世界、世界之上的天堂和世界之下的地狱。现代世界不可能再接受世界受超自然力量干预这种观念,也不会认为世界悬在地狱与天堂之间。这一切以及用人的方法来论述上帝的尝试,都必须"去神话化"。

就理解新约方法而言,布尔特曼的灵感源自存在主义哲学家马丁·海德格尔。但是,同他理解新约的方法相比,他的"去神话化"被更广泛地接受。支持"去神话化"的人认为,无论怎样重新理解新约,现代人显然已不再认为超自然的力量会干预世界,因此,这样讲述新约的故事成为信仰的障碍。在布尔特曼发表《新约与神话》二十多年之后,圣公会主教约翰·罗宾逊(John A. T. Robinson)的《向上帝诚实》(Honest to God)引起了广泛的争议与评论,它试图普及布尔特曼以及朋霍费尔、保罗·蒂利希(Paul Tillich)的观点。

然而,到了 20 世纪末,神学讨论增添了新的内容,许多人相信,现代性即将成为过去。二百多年来,基督教神学始终被现代性问题所主导:罗马天主教最初抵制它,最后接受了它;而绝大多数新教神学家声称可以接受它,至少可以将它的主要原则视为特定的真理。现代性在很大程度上为殖民事业提供了基础,因为殖民列强正是通过现代化的军队与武器才将它们的意志强加给其他国家。既然殖民主义似乎已经成为过去,同样,现代性好像也行将远去。在欧洲和其他地区,人们越来越相信,一些观念——如客观性、普遍性、世界是由机械论所支配的封闭实体——不再像它们以前所看上去那么强大,它们在很大程度上表明了现代性对人的精神的看法。与此同时,我们将会看到,这些观念也是全世界正在形成的处境化神学的背景。

世纪之交

20 世纪最后十年,欧洲的政治版图发生了重大的变化。在这十年中,苏联及其在东欧的帝国瓦解了。随后不久,欧盟于 1993 年 11 月诞生;西欧大多数国家相继加入了欧盟。苏联及其帝国的解体比欧盟的成立对教会生活影响更大,但是,它们都令欧洲的新教发生了翻天覆地的变化。在东欧,虽然共产主义的消亡对东正教影响最大,但是,新秩序也为新教徒带来重大的改变,并迫使教会承担起新的角色。例如,在过去的德国,教会被压制到但求自保的程度。1978 年,东德的共产主义政府与教会达成一项协议,政府许诺不再歧视基督徒儿童和青年,允许基督徒举行大规模的地区性与全国性聚会,并批准建立了许多教会,对于教会来说,这是一次重大的胜利。1983 年,政府与包括罗马天主教在内的教会结成一个不稳定的联盟,共同庆祝路德诞辰五百周年。但是,随着柏林墙被推倒和德国统一,形势发生了彻底的改变。在东德,改革宗与路德宗的牧师和平信徒领袖领导了许多试图推翻共产主义政权和统一德国的活动,德国统一后,他们当中的一些人在重建祖国的事业中发挥了重要作用。

类似的事件也发生在其他国家。在匈牙利,改革宗牧师拉斯洛·特凯什(Laszlo Tokes)在抵抗现行制度中所起到的作用类似于莱赫·瓦文萨在波兰发挥的作用。在匈牙利、波兰和罗马尼亚,改革宗牧师和其他领袖为新宪法的制定做出了重要贡献。人们认为,同过去几十年相比,教会在各个方面都更关心他们的生活。另一方面,在捷克和斯洛伐克,西里西亚路德宗教会(Silesian Lutheran Church)在一次会议中罢免了它的主教,理由是他曾与以前的政府合作。当南斯拉夫分裂时,南斯拉夫的改革宗也分裂了。

另一方面,在西欧,很久以前就已经开始的世俗化进程势头不减,甚至还在加速——人们对自身的能力所持有的乐观态度可能促进了西欧的世俗化,就像在 19 世纪那样。但是,我们一定不要认为,这意味着教会完全丧失了活力,或神学只讨论世俗化的意义。相反,数量骤减的西欧新教徒仍在社会上发挥着积极作用,他们在一些运动中——如阻止军备竞赛、倡导国际正义、服务因工业发展及其后果而被剥夺或被迫离开家园的人——成为领袖。在法国,法国改革宗教会(Reformed Church of France)

于 1936 年成立,它是由两个改革宗教会与循道宗、公理会合并而成。在整个 20 世纪直到 21 世纪,法国改革宗教会十分重视在重工业地区的福音工作,并在这方面取得了巨大的成功。同样,在西德,新教教会雇佣了十三万人致力于德国本土和海外的社会救助与救济。这场运动的背后是数百万敬虔的基督徒,对于他们来说,关键问题并不是世俗化,而是如何顺服。德国分裂了近五十年,在此期间,共产主义政府并不鼓励德国人信仰基督教,尤其是儿童和青年,但是,政局发生了变化,德国重新统一,现在仍有近三分之二的德国人信仰基督教。

20 世纪的一些重大事件、甚至是灾难性的事件,动摇了欧洲的新教,在一些地区,只有很少一部分人信仰新教,但是,欧洲的新教并没有丧失活力。欧洲的教会还在服务穷人,呼吁社会公义,扶持贫穷国家的教会。然而,教会不再是这些事业的主要力量,因为越来越多的人认为,世俗机构也能满足人们的需要,至少可以做得和教会一样好。与此同时,来自欧洲以前在非洲和亚洲殖民地的移民,造成伊斯兰教徒、佛教徒和印度教徒的数量史无前例的增长,以至于在一些地区,每周到清真寺聚集的伊斯兰教徒比到教堂聚会的基督徒还多。因此,到了 21 世纪第二个十年,欧洲无疑正在超越基督教王国,进入一个更复杂的世界。

第三十六章

中心地带的危机：
美国的新教

> 我们承认作为基督徒的公民责任。因此，我们必须反对国家
> 错误地信任经济与军事力量……我们必须抵制让国家和国家机
> 构成为几近于宗教忠诚目标的诱惑。
>
> ——《芝加哥宣言》

从第一次世界大战到经济大萧条

尽管美国也被卷入第一次世界大战，但是，同一战对欧洲的影响相比，它并没有对美国造成同样深远的后果。主要原因是，美国直到一战最后阶段才参战，即便如此，战火也从未燃到美国本土。总的来说，大多数美国人并没有亲身经历破坏与杀戮，美国平民的伤亡远不如欧洲平民惨重。虽然美国的公众舆论长久以来并不支持美国参加一场似乎是欧洲人的战争，但是，一旦美国参战，整场战争就被视为光荣的事情。教会在1916年之前始终支持和平运动，现在，教会也一同来美化战争。自由派和基要派表达说必须"拯救文明"，一些更激进的基要派开始将当时的事件解释为《但以理书》和《启示录》预言的实现。除了一些传统的和平主义宗派，如门诺派和贵格会，战争狂热和国家沙文主义在各个教会中盛行，以至于牧师在讲道中呼吁以上帝的名义彻底灭绝日耳曼人。当然，这给有着日耳曼血统的美国人带来了困境，包括沃尔特·饶申布什，他强调基督教信仰的社会意义，他的神学被称为社会福音，遭到保守派的强烈

反对。

对第一次世界大战及其成因的批判性反思不足,这在随后一些年中带来严重的后果。首先,总统伍德罗·威尔逊(Woodrow Wilson)希望一纸条约即能令战败国受到公平的待遇,并避免带来苦毒和新的冲突,但是,他的希望破灭了,因为胜利的同盟国野心勃勃,此外,他在国内也得不到支持,这为第二次世界大战埋下了祸根。其次,威尔逊提出成立国联(League of Nations),为解决国际争端提供一个平台。但是,当时的美国盲目美化战争,这个建议并不受欢迎,因此,美国未能加入国联。当时,许多教会领袖正在努力消除他们在一战期间助长的偏见,但是他们发现,同以前对仇恨与偏见的夸张相比,他们对爱与理解的呼吁并没有受到同样的欢迎。

在一定程度上,第一次世界大战令美国再次进入一段孤立主义时期,在这段时期,美国人惧怕外国的所有东西,并镇压异议者。在20世纪20年代这十年中,三K党复兴了,它的成员数量在南北方都有了史无前例的增长。除了黑人以外,它还将天主教徒和犹太教徒列为美国基督教与民主的大敌。在西南方,墨西哥革命迫使许多人逃离墨西哥,移民到美国,就像许多欧洲人以前移民到美国那样。大多数移民是新民族,他们带来了新宗教,他们和他们的信仰并不总能受到欢迎,美国人越来越歧视有墨西哥血统的人。对此,许多宗教领袖和教会难辞其咎。当时正值"红色恐慌"(red scare)时期,对激进分子、共产主义者和颠覆分子的第一轮政治迫害在20世纪席卷了美国。许多教会推波助澜并从中获益,它们将自己和基督教信仰描述成抵抗"红色恐慌"的主要阵地。著名的福音派人士比利·森戴(Billy Sunday)宣称,驱逐"激进分子"的惩罚太轻了,这将给国家造成巨大的损失,他建议将他们全部列队射杀。

为了反对这种极端行径,一些主要来自传统宗派的基督徒成立了委员会,并组织了抗议活动。这些委员会通常得到宗派总部的认可。因此,几十年来,在许多传统宗派中出现了一种独特的现象:在神学和政治中,

475

有自由的政治与社会思想的全国领袖与普通信徒分裂了，许多普通信徒认为，他们的宗派领袖并没有作为代表说出他们的观点。

自由派与基要派的冲突在战后时期加剧了。当时，著名的"斯科普斯审判"（Scopes Trial）正在进行，它表明基要派禁止在公立学校讲授进化论运动达到高潮，这场运动在某些地区一直持续到 21 世纪。几乎所有宗派都因基要主义的问题而产生分歧——尤其是圣经无误的问题，这个问题当时成为正统基要主义的标志。在后来的一些年中，这些分歧导致了公开的决裂。例如，普林斯顿神学院的新约教授约翰·格雷西姆·梅钦（John Gresham Machen）是基要主义的一大支持者，他是北美长老会信徒，他的工作促成一所敌对派神学院的建立，并最终令正统长老会（Orthodox Presbyterian Church）于 1936 年成立。

然而，在 20 世纪 20 年代，大多数新教徒在禁酒运动这项重大事业中团结起来。禁酒运动很快就得到自由派和保守派的共同支持，自由派认为，禁酒运动是对社会福音的实际应用，而对保守派来说，禁酒运动能让国家回到以前看似更纯洁的时代。许多新教徒将醉酒与他们所声称的由犹太移民和天主教移民带来的种种恶习相联系，因此，他们迎合了人们对外国人、犹太人和天主教徒所持有的偏见，这让三 K 党迅速壮大起来。禁酒运动起初在许多州的立法中获得了胜利，后来，禁酒被写进联邦宪法。1919 年，凭借宪法第十八修正案，禁酒成为美国今后十多年当中的一项法律。

然而，实施法律比制定法律更难。行业利益集团、暴徒和好酒人士通过各种方式勾结在一起，共同破坏禁酒的法律。后来，在酗酒恶行之外，又出现了通过非法贸易获得暴利所助长的腐败。到了禁酒法被废除时，美国民众普遍认为，"人不能为道德立法"。这种思想最初受到已经放弃了禁酒思想的自由派的欢迎，继而又被反对为种族隔离立法的保守派所接受。

在一战之后的十年，几乎所有的美国人都满怀希望。战争和战争所造成的恐怖似乎已经成为一个来自遥远地区的模糊记忆。在美国,发展仍是头等大事。在教会中和讲坛上,很少听到正在欧洲形成的新神学——抛弃了前几代人的乐观主义的神学。对于美国人来说,正在欧洲形成的新神学听起来十分陌生,因为它适用于一个没有乐观盼望的世界,而美国是"自由者的国家和勇敢者的家园"。但是,经济大萧条不久就爆发了。

经济大萧条与第二次世界大战

1929 年 10 月 24 日,纽约股票交易所一片恐慌。股票在短暂的小幅上涨之后持续跌落,一直延续到 20 世纪 30 年代中期。当时,西方大多数国家都爆发了经济大萧条。美国四分之一的劳动者失业。在英国等国家,有社会保障制度和失业保险;但在美国,对社会主义的恐惧令美国政府并没有采取这些措施,因此,失业者必须完全自食其力,或被迫寻求亲友或教会的救济。在所有大城市和许多小城镇,赈济处和等待领取救济食品的队伍随处可见。银行挤兑、破产和止赎达到了历史新高。

最初,美国还在用前几十年所特有的乐观主义来应对经济大萧条。总统赫伯特·胡佛(Herbert Hoover)和他的内阁继续否认市场崩溃之后已出现数月之久的经济大萧条。当他们最终承认萧条来临时,他们坚持认为,美国经济有着足够坚实的基础,会自动反弹,市场的自由运作是确保经济复苏的最好方法。胡佛本人是一位富有同情心的人,失业者的疾苦令他深感悲痛,但是,他周围的一些人却幸灾乐祸,因为经济大萧条有望消灭工会。美国不再需要成千上万墨西哥人和墨西哥裔美国人(其中许多人是美国公民)的劳动,因此,他们被赶回了墨西哥。当政府最终为避免工商业继续崩溃而干预经济时,喜剧演员威尔·罗杰斯(Will Rogers)讽刺地说,钱正在被给予那些高高在上的人,以望它能"一点点流到下面需要的人"。

这一切结束了美国之前十年的乐观主义。历史学家已经证明,虽然

19 世纪末袭击美国的经济大萧条更为严重,但是,美国民众对 20 世纪 30 年代的经济大萧条更缺乏心理准备。整整一代美国人从未经历过匮乏,一切势必越来越好是他们所得到的承诺;但是,他们突然发现,自己的梦想破灭了。当生存都成为问题时,会有一个美好未来的轻易许诺,越来越显得不切实际。

这时,一种更悲观的神学开始弥漫美国。卡尔·巴特的《上帝的话语与人的话语》(*The Word of God and the Word of Man*)在经济大萧条之前刚刚出英文版,它对美国人来说不无意义,因为经济大萧条对美国人的影响与一战对巴特和他那一代人的影响(参第三十五章)很相像。尼布尔兄弟——莱因霍尔德·尼布尔(Reinhold Niebuhr, 1892—1971)和理查德·尼布尔(H. Richard Niebuhr, 1894—1962)——的神学开始引起人们的关注。1929 年,理查德·尼布尔出版了《宗派主义的社会起源》(*The Social Sources of Denominationalism*),他在书中指出,美国的宗派主义是福音与社会中不同种族和经济阶层相调合的产物,因此,"不同阶级和自我保护的教会的伦理主宰了福音的伦理。"[1]他得出结论说,"基督教将它的领导权交给了国家与经济生活的社会力量,这样的基督教无法为这个支离破碎的世界带来任何希望。"[2]考虑到世界正走向一场有史以来最严重的战争,他的结论更加显得鞭辟入里。1937 年,他出版了《美国的上帝之国》(*The Kingdom of God in America*),进一步谴责了这种基督教,他说:"一位没有愤怒的上帝,通过一个没有钉十字架的基督的服侍,将没有罪的人们,带入一个没有审判的国度。"[3]

与此同时,理查德·尼布尔的哥哥莱因霍尔德·尼布尔认为,毫无约束的资本主义是有害的。1928 年之前,他一直是底特律的一位教区牧

---

[1] H. Richard Niebuhr, *The Social Sources of Denominationalism*, 1959 reprint (New York: Meridian), p.21.

[2] Niebuhr, *The Social Sources*, p.275.

[3] H. Richard Niebuhr, *The Kingdom of God in America* (New York: Harper & Brothers, 1937), p.193.

师。1930 年,他与其他人一起加入了社会主义基督徒团契(Fellowship of Socialist Christians)。他相信,若任社会自行其事,同生活在社会中的所有个体相比,社会整体在道德上更糟糕,更追逐私利——他在《道德的人与不道德的社会》(*Moral Man and Immoral Society*)中有力地阐释了这个观点。在反对神学自由主义时,他同新正统派一样怀疑人的能力,并很快就指出,"道德的人与不道德的社会"一书应改名为"不道德的人与更不道德的社会"。他主张,基督徒现在应当重新找到一个均衡的人性观,包括他们应当对罪及其后果有更深刻的认识,也应当有一种全新的恩典观。这是莱因霍尔德·尼布尔在两卷本的《人的本性与命运》(*The Nature and Destiny of Man*)中所尝试表达的,该书的第一卷和第二卷分别于 1941 年和 1943 年出版。

480

由于莱因霍尔德·尼布尔的关心和支持,德国神学家保罗·蒂利希于 1934 年进入了莱因霍尔德·尼布尔所在的纽约协和神学院(New York Union Theological Seminary)。其时,希特勒正在德国崛起,蒂利希是温和的社会主义者,他是第一批被迫离开德国的神学家。他并不是新正统派,而是文化神学家,他用存在主义哲学来解释福音以及福音与现代世界的关系。巴特强调,上帝的道是神学的出发点,与巴特的神学方法不同,蒂利希提出了"交互作用法"(method of correlation)。交互作用法的目的是研究现代人最深层的存在问题,尤其是他所说的"终极关怀"(ultimate concern),然后以福音来说明如何解决这一问题。他的著作《系统神学》(*Systematic Theology*)即是基于交互作用法来处理基督教神学的重要主题。他也是一位温和的社会主义者,他的确曾使用一种修正的马克思主义分析法来理解西方文明的缺陷。但是,在他移居美国之后,同他思想中这一独特的因素相比,他显然对存在主义哲学和心理学更感兴趣。

经济大萧条不仅仅在神学领域导致了对自由主义经济的批判。1932年,美国循道宗和联邦基督教协会(Federal Council of Churches)——该协会由三十三个宗派于 1908 年联合成立,后来发展成全美基督教联合会

（National Council of Churches）——公开支持政府参与经济决策,并采取措施保障穷人的福利。这一项1932年的举措被视为彻底的社会主义,很快就遭到了反对。

　　人们将传统的基要主义与反社会主义——有时是与法西斯主义——的政治观结合在一起。各个主流宗派领袖越来越相信,社会保障制度、失业保险和反垄断法必不可少,但是,许多普通基督徒开始反对他们的领袖,指责他们被共产主义腐蚀了。随着第二次世界大战日益临近,这场运动中的很大一部分人与法西斯主义结成了同盟,其中一些领袖甚至宣称,基督徒应当感激阿道夫·希特勒,因为他正在阻止社会主义在欧洲前进的步伐。许多人不加区别地对待苏联的共产主义与其他形式的社会主义,认为二者同样邪恶。

　　总统富兰克林·罗斯福（Franklin D. Roosevelt）和他的新政（New Deal）贯彻了教会的"社会主义"领袖一直在倡导的许多政策。一些历史学家认为,为减轻穷人疾苦和保护劳动者而采取的一些温和的政策,挽救了美国的资本主义制度。不管怎样,新政的确改善了穷人的处境,美国经济开始缓慢复苏,但是,经济大萧条的迹象直到1939年才最终消失,当时,美国正在为可能爆发的战争做着准备。从某种意义上讲,正是第二次世界大战,而不是罗斯福新政,结束了美国的经济大萧条。

　　美国因是否参加正在蹂躏欧洲与远东的战争而产生了严重的分裂。反对美国参战的人有很多理由:一些人是基督徒,他们仍痛恨在第一次世界大战中肆无忌惮的军国主义和民族主义;一些人是法西斯主义者,或至少是最担心共产主义的人;一些德裔美国人和意大利裔美国人同情他们祖先的那片土地;孤立主义者只是相信,美国应该让世界其他国家自寻出路;有着种族主义和反犹太思想的人觉得,美国不应该阻碍希特勒的计划。

　　然而,日本人最终替美国人做出了参战决定,因为日军于1941年12月7日偷袭了珍珠港。在珍珠港事件之后,所有反对美国参战的人对国家的忠诚遭到了质疑。日裔美国人,包括已经在美国生活了几代的日裔美国人,作为潜在的间谍被拘捕。悲哀的是,教会几乎保持沉默,而狡猾的操作者占据了被捕日本人的财产和企业。总的来说,在冲突期间,教会言辞中庸,这也许是因为教会因全然支持一战而遭到了强烈谴责。在二战期间,的确有教会支持美国参战,并为之做出努力,教会向军队派出随军牧师,还谴责纳粹分子的罪行。但是,大多数教会领袖谨小慎微,他们并不想将基督教与民族自豪感混为一谈。重要的是,在当时的德国,也有一些教会领袖同样坚持区别对待基督教与民族自豪感,甚至还为此付出更大的代价。当世界因战争而支离破碎时,冲突双方的基督徒正在努力为世界架起桥梁。在二战之后,他们的这一努力在普世教会运动中结出累累硕果(参第三十三章和第三十七章)。

战后几十年

　　随着广岛的惨剧与核时代的到来,第二次世界大战结束了。虽然起初有许多人谈论核能的巨大前景,但是它的破坏力也显而易见。有史以来第一次有整整一代人在核灾难可能灭绝全人类的恐惧中长大。这一代人也是美国历史上人数最多的一代人——“婴儿潮”(baby boom)的一代人。尽管有核战争的威胁,但是,二战之后的一些年是美国的经济以及教会有史以来最繁荣的一段时期。在漫长的数十年里,经济大萧条和二战造成美国人物质商品的匮乏,此后出现了一段充裕的时期。在二战期间,为了提供必需的战略物资,美国的工业生产加速发展。战后,这种生产仍在继续,并带来前所未有的最富裕的消费社会。通过《军人安置法案》(Servicemen's Readjustment Act),美国政府为希望继续学习或购置房屋的退伍军人提供了经济援助。任何愿意在金融界和社会上有所作为的人似乎都可以得到机会,尽管种族的确为许多人制造了不可逾越的障碍。数百万人为寻找这些机会而来到了新地区,他们在成功之后定居在新发展起来的郊区。富人逐渐迁离到郊区,城市中心几乎完全成为社会底层人——尤其是新移民、贫穷的黑人和其他少数族群——的居所。在郊区的人口流动中,教会起到稳定社会和帮助人们获得社会认可的重要作用。

当时也正值冷战时期。轴心国刚被击败,一个更危险的新敌人就出现了:苏联。这个敌人似乎更阴险,因为它得到西方国家的支持。美国爆发了针对所有共产主义者和社会主义者的政治迫害。在以参议员约瑟夫·麦卡锡(Joseph McCarthy)为先锋的"麦卡锡时代"(McCarthy Era)的鼎盛时期,如果有人没有教会身份,他很可能被视为有反美思想。

由于上述所有原因,郊区教会迅速发展起来。20 世纪 50 年代和 60 年代初是教会建筑的伟大时代,富裕的基督徒出资兴建雄伟华丽的教堂、文教建筑和其他设施。1950 年葛培理布道协会(Billy Graham Evangelistic Association)成立了,它不再是简单延续美国以前的复兴传统。有了雄厚的资金基础,它利用了最先进的通信技术和设备。虽然葛培理布道协会的信仰基本上是保守的,但是它通常采取的政策是避免与其他宗派基督徒产生冲突。美国的复兴传统很快就传遍了世界,因此,它对每一个大陆都产生了影响。

然而,并不是一切都一帆风顺。总的来说,传统教会已经放弃了穷人和少数民族现在居住的内城区。虽然一些传统教会还在英勇地努力,但是,主流基督教被富裕的新郊区的社会风气同化了,它与城市群众和乡村居民失去了联系。在乡村地区,仍留在传统宗派中的人越来越怀疑新领袖。在城市中,圣洁教会试图弥补这个缺陷,但是,仍有很多人失去了与所有体制教会的一切联系。在 20 世纪 50 年代的宗教大复兴过去二十年之后,不断有人呼吁再次向城市宣教;但是,很多人并不清楚该如何完成这一使命。直到 20 世纪 80 年代,内城区才出现宗教复兴的新迹象——尽管如此,这些迹象只出现在来到美国的新移民及其教会中,或者出现在返回到内城区的中等富裕阶层经常去做礼拜的人中。

二战之后,美国基督教复兴的另一个特点是,基督教被理解成一种获得内心平安与喜乐的方法。诺曼·文森特·皮尔(Norman Vincent Peale)

是当时最受欢迎的宗教作家之一,他提倡信仰和"积极的思考"是一种获得精神健康与喜乐的方法。历史学家西德尼·阿尔斯特罗姆(Sydney E. Ahlstrom)正确地指出,当时的宗教情感是"对信仰的信仰"(faith in faith),它承诺带来"心灵的平安与自信的生活"④。这种形式的宗教情感非常适合那个时代,因为它给这个混乱的世界中带来了安定,它很少说到社会责任,也没有与因冷战心理而成为美国政见大审判官的人产生冲突的危险。阿尔斯特罗姆的结论提出一个尖锐的控诉:

> 总的来说,教会似乎只是在为那些被迅速割离了以往安逸生活环境的流动人口,提供一个获得社会身份的方法。⑤

然而,在美国社会中,还有其他因素在起作用。虽然这些新因素在战后一些年中并不足以消除在美国盛行的乐观主义,但是,它们在随后几十年中开始产生影响,并彻底改变了美国人的世界观。

其中一个因素是酝酿了数十年的民权运动(Civil Rights Movement)。1909 年,全美有色人种协进会(National Association for the Advancement of Colored People,NAACP)成立,它早在民权运动爆发之前就赢得了许多诉讼大战的胜利。一些非裔美国人在不懈追求这样一种宗教:它保证给予来世的奖赏,或在不对抗现行制度的情况下给予他们一种小信仰团体的归属感,因为他们希望在这种宗教中得到保护。在一些地区,这导致了一些新宗教,它们的领袖宣称自己是上帝的化身。其中最成功的是父神(Father Divine)和主教曼纽尔·格雷斯(Manuel Grace):父神也被称为"牧师上帝"(Reverend M. J. Divine, 1895—1965),曼纽尔·格雷斯也被称为可爱的父亲格雷斯(Sweet Daddy Grace, 1881?—1960)。在二战期

---

④ *A Religious History of American People*, vol. 2 (New York:Doubleday, 1975), p.451.

⑤ *A Religious History of American People*, vol. 2 (New York:Doubleday, 1975), p.460.

间,黑人和白人士兵被分派到黑人和白人各自的部队,他们在海外共同作战,但是,从战场上回来的黑人发现,他们在祖国得不到他们在海外为之战斗的自由。美国政府于 1949 年废除了军队中的种族隔离,最高法院于 1952 年颁布了历史性决议,废除了公立学校的种族隔离。许多白人支持废除种族隔离运动,他们的帮助和鼓励在民权运动初期非常重要。全美基督教联合会——以前的联邦基督教协会——和多数大的主流宗派也反对种族隔离。但是,非裔美国人自己的参与和领导令民权运动势不可挡。直到 20 世纪 60 年代,民权运动的大多数领袖都是黑人牧师,其中最著名的是二战期间和其后的亚当·克莱顿·鲍威尔(Adam Clayton Powell Jr.)和 20 世纪 50 年代末 60 年代初的马丁·路德·金(Martin Luther King Jr.)。成千上万的黑人表现出史无前例的信心和勇气,他们决心反抗与揭露压迫他们的法律和习俗。他们静坐,被逮捕,被殴打,甚至失去宝贵的生命;在一些地区,如阿拉巴马州的蒙哥马利和塞尔马,他们向世人表明,他们至少像那些不断指责他们是劣等人种的白人同样有道德感。"我们将获胜"成为他们的反抗口号和信仰告白。

马丁·路德·金所创立的南方基督教领袖会(Southern Christian Leadership Conference,SCLC)和其他许多提倡非暴力的基督教组织,并不足以表达在黑人社会中积聚起来的所有失望和愤怒。几十年来,更好战的黑人在伊斯兰教中看到一种并非由白人所主导的宗教。因此,黑人穆斯林(Black Muslims)和几个与它类似的运动诞生了,另有一些黑人,尤其是像纽约和洛杉矶这些城市拥挤的黑人聚居区的黑人,通过暴力宣泄了他们的愤怒,其中最著名的是 1965 年的洛杉矶沃茨区暴乱。到了 20 世纪 60 年代中期,黑人们相信要想彻底获得人权,他们必须拥有合法的权力。因此,"黑人权力"的口号出现了,这个口号通常被误解为黑人想要成为白人的主人。

与此同时,在一定程度上,因为基督教的启发,金博士的运动有了并不完全与种族相关的新视角。他和南方基督教领袖会的其他成员相信,他们正在与一切不公进行斗争。当时，东南亚爆发了战争，金博士开始批评美国政府在东南亚的政策，这不仅因为美国的义务兵役制度明显歧视黑人、穷人和其他少数族群，也因为他相信，美国正在东南亚犯下不义的罪行，就像美国对国内黑人所犯下的罪行。金博士现在认为，美国本土所有种族的所有穷人都必须进行斗争。当他于1968年被暗杀时，他正在领导一场穷人的游行示威。

整场民权运动在黑人社会的基督教信仰中获得了许多灵感。以往的"黑人灵歌"（spirituals）有了新的意义，或者说它们再次被赋予了反抗的意义，就像黑人在种植园中第一次唱响的灵歌。教会成为反抗者的聚会所和培训处。牧师在宣讲福音与民权运动的联系。最终，"黑人神学"（black theology）诞生了。黑人神学基本上是正统神学，它肯定了黑人所处的现实、希望和斗争。它的主要代表是纽约协和神学院系统神学教授詹姆斯·科恩（James Cone），他说：

> 不存在不完全支持受羞辱与虐待之人的基督教神学。事实上，如果神学不是源于受压迫的人，神学就不再是福音的神学。因为，如果不承认上帝是劳苦担重担之人的上帝，上帝支持他们，那么，我们就不可能说这位上帝是以色列历史中的上帝，是在耶稣基督里启示了他自己的上帝。⑥

487

与此同时，另一场最初更不为公众所知的运动正在积聚力量，它便是女权运动。一百多年来，美国的女性始终在要求得到她们应有的权利，她们的领袖通常是福音派女基督徒。在废奴运动、全美基督教妇女禁酒联盟和争取选举权——她们最终于1920年赢得了选举权——的斗争中，她们已经表现出并巩固了她们的政治力量。在19世纪，少数教会的确授予

---

⑥ James Cone, *A Black Theology of Liberation* (Philadelphia: J. B. Lippincott, 1970), pp. 17 – 18.

了女性圣职。但是,直到 20 世纪中期,大多数宗派仍禁止授予女性圣职,一切都在男性的控制之下。在 20 世纪 50 年代,由于社会结构发生巨变,教会和社会的女性运动进一步获得了力量和经验,并得到了巩固。在教会内部,主要进行着两场战斗:女基督徒要求得到被授予圣职的权利,以证明她们的侍奉是有效的呼召;女基督徒开始批判传统上由男性所研究与主导的神学。到了 20 世纪 80 年代中期,多数大的新教宗派开始授予女性圣职;在仍然拒绝授予女性圣职的罗马天主教中,出现了呼声很高的强大组织,它们积极开展运动,要求取消禁止授予女性圣职的禁令。在神学领域,许多女基督徒对传统的男性神学做出修正,但是,她们的神学基本上没有偏离正统神学——其中比较著名的是长老会的莱蒂·罗素(Letty M. Russell)和罗马天主教的罗斯玛丽·鲁瑟(Rosemary R. Reuther)。玛丽·戴利(Mary Daly)更为激进,她自称"毕业于"男性所主导的教会,并呼吁她的姐妹们等待"一位化身为女性的上帝"(female incarnation of God)。

当许多黑人和女性正在进行这些运动时,其他国际国内事件也在影响美国的国家意识。其中最重要的是在东南亚爆发的战争。这场战争起初只是一场规模较小的武装冲突,但从 1965 年开始升级为美国有史以来所参与的最漫长的战争。美国希望这场战争可以阻止共产主义的势头,但是,美国现在发现,它正在战争中支持腐败的政府,它并没能成功地利用它的强大军事力量来对抗一个比它小很多的国家。媒体将战争的暴行传送到千家万户。后来有人发现,关于促使战争升级的"东京湾事件"(Tonkin Gulf Incident),公众——还有国会,被故意告知了错误的信息。488 美国的大学校园里充满了抗议与抱怨之声,爱国的大学生们备感失望。最终,军队被用来镇压抗议的学生,这导致了肯特州立大学(Kent State University)和杰克逊州立大学(Jackson State College)的惨剧。最终,美国有史以来第一次输掉了战争。更重要的是,美国也输掉了自己的清白。"自由者的国家和勇敢者的家园"这一信念曾表明了美国国内的自由和公义,也曾在国外为美国的自由和公义辩护,但是,它现在受到了质疑。源于战争的繁荣以及随后的经济大衰退,令一些人怀疑美国建基其上的经济制度是否真不需要战争人为地刺激。此外,最终导致总统理查德·尼克松(Richard Nixon)辞职的"水门丑闻"(Watergate Scandal)又加剧了各种问题和质疑。

当美国社会发生所有这些事件时,教会也在承受着巨大的压力。新教的神学事业支离破碎,神学家走上了各自完全不同的道路。试图通过世俗方法来表达基督教信仰的尝试,导致了20世纪60年代广为人知的"神死神学"(theology of the death of God)。哈维·考克斯(Harvey Cox)采取了不同的进路,他的《世俗之城》(The Secular City)试图通过城市社会来重新解释基督教的信息,并认清城市社会所带来的机遇和挑战。约翰·科布(John Cobb)等人对基督教信仰的理解基于过程哲学(process philosophy)。莫尔特曼的盼望神学在美国这片土地上产生了共鸣。为了获得理解圣经的新灵感,许多白人男性神学家开始研究黑人、女性和第三世界的神学。在众多不同的、甚至存在分歧的神学中,有三个共同的主题:着眼于未来、关注社会政治现实以及尝试将两者结合起来。换句话说,总的来看,这些神学的最大特点是复兴了盼望未来的末世论,然而,这种末世论在参与现世社会生活中起到了积极的作用。此外,还出现了对早期基督教崇拜仪式的历史研究,它们使崇拜仪式复兴,并最终开始强调崇拜的末世维度和社会意义。

教会的国际间联系进一步唤醒了教会对社会问题的关注。在其他国家,人们正在忍受饥饿、政治歧视和国际不公,在那些总能接触到这些人的教会看来,这些问题变得更为重要。因此,全美基督教联合会、世界基督教联合会和几乎每一个大宗派的宣教机构,都受到政治保守派的批评,他们指责共产主义者混入了这些机构,或它们至少盲从于共产主义。

与此同时,始于20世纪初阿苏萨街(Azusa Street)的灵恩运动(参第

489

二十七章)已经有了新形式。在 20 世纪上半叶,它主要影响到社会底层阶级和圣洁教会。自 20 世纪 50 年代末起,它开始在郊区以及包括天主教在内的主流宗派中发展。在新一波灵恩运动中,大多数人仍忠于他们的教会。但是,与此同时,不同宗派的灵恩主义彼此之间也培养出一种亲密感,这就促成了另一种形式的普世教会运动:它与体制教会通过召开会议来开展的普世教会运动,几乎没有任何联系。虽然一些评论家有时将灵恩运动视为"逃到郊区"运动的宗教之对等物,但是,灵恩运动实际上是多种多样的,一些灵恩派认为,经历圣灵令他们远离世界,另一些灵恩派相信,经历圣灵带领他们在社会上勇往直前。

福音派也出现了类似的分裂。在 20 世纪 70 年代末 80 年代初,福音派的电台与电视工作迅猛发展。为了进一步开展他们的工作,一些电视布道家创建与领导了庞大的公司,他们将自己的工作组织成所谓的"部门"(ministry),这一普遍的现象被许多评论家称为"电子教会"(electronic church)。许多福音派布道家所宣讲的共同主题是传统价值观的丧失,以及他们所说的由此导致的社会崩溃。自从美国颁布禁酒令到禁酒令被撤销以来,人们总是能听到这样的信息。一些福音派领袖从以前的禁酒运动中得到启发,他们成立了维护道德价值观和支持保守的经济与社会政策的"道德多数派"(Moral Majority)。

另一方面,越来越多的福音派觉得,他们的信仰令他们有义务批评国内外现行的社会与经济制度。他们相信,基督徒必须与一切不公、苦难、饥饿和压迫进行斗争。1973 年,一群有着类似信仰的领袖共同发表了《芝加哥宣言》(Chicago Declaration),它明确表达了美国许多敬虔的基督徒越来越坚定的信念:

490

　　　福音派基督徒委身于主耶稣基督和上帝之道的至高权威,因此,我们肯定,上帝有权对他子民的生活提出要求。因此,我们不能令我们在基督里的生活脱离我们在美国和世界中的生存环境,因为上帝将我们放在这些环境中……

我们承认，上帝要求爱。但是，我们并没有向被漠视与被剥削的人显出上帝的爱。

我们承认，上帝要求公义。但是，我们并没有向一个不公平的美国社会宣讲或显明他的公义……此外，我们并没有谴责因我们的经济制度而在国内外出现的种族主义剥削……

我们必须抨击我们文化中的物质主义和国家财富与服务的不公分配。我们承认，作为一个国家，在国际贸易与发展的失衡和不公中，我们起到了关键性作用。在上帝和十亿饥饿的邻舍面前，我们必须重新思考我们的价值观……

我们必须抵制这样的诱惑：令国家和它的机构成为近乎宗教忠诚的目标……

我们并不是通过这一宣言支持哪一个政治思想或政党，而是呼吁我们国家的领袖和人民实践可以荣耀国家的公义。

我们按照圣经的盼望制定这一宣言：基督会来建立他的国度，我们接受他对我们所有门徒提出的要求，直到他来。⑦

重要的是，《芝加哥宣言》与全世界处在不同境遇中的基督徒所发表的其他宣言非常相像，他们通常来自完全不同的神学背景，但是，他们发表了类似的宣言。从全世界的角度来看，美国教会似乎最终开始认真应对后君士坦丁时代和普世教会时代的挑战。美国教会似乎也在回应"太空时代"的新远象：在太空时代，我们第一次在太空中看到了地球，并且将它视为一艘全人类必须在其上学会共同存亡的脆弱的"太空飞船"。

491

---

⑦ Ronald J. Sider, ed. *The Chicago Declaration* (Carol Stream, Illinois: Creation House, 1974), cover and pp. 1 – 2.

一个新世纪

虽然出现了可怕的末世预言,包括很快就被人们遗忘的所有电脑在新千年伊始都可能失灵的恐慌,21 世纪还是以乐观的基调开始了。冷战已经结束,美苏两国在中美洲和其他地区所煽动的傀儡战争也已经结束。苏联解体,这令美国成为全世界唯一一个超级大国。20 世纪的最后十年是美国有史以来最富足的十年。

2001 年 9 月 11 日,恐怖与悲剧突然袭来。还沉浸在苏联解体所带来的喜悦中的美国突然发现,它正面临着更阴险、更好战的可怕敌人,美国的这些敌人得到了一群穆斯林的支持,虽然他们武器不足,但是十分狂热。尽管袭击纽约世贸中心双子大厦实际上是极端的穆斯林对全人类文明所犯下的罪行,但是,美国的舆论和政府立即就将其转化为"对美国的袭击",并发誓报仇。美国的报复方法主要是入侵,它先后入侵了阿富汗和伊拉克。阿富汗是穆斯林极端恐怖分子的避难所,而伊拉克却与恐怖主义毫不相干。虽然美国公众反对恐怖主义,但是,就美国政府应如何执行反恐政策而言,他们产生了分歧。伊拉克战争明显与恐怖主义无关,这令质疑和辩论有了理由。同样,伊拉克战争令美国失去了全世界许多人在应对"9·11"恐怖袭击时所给予美国的支持与同情。

2008 年,自从七十年前历史性的经济大萧条以来,美国陷入了最严重的经济衰退。银行倒闭;政府必须注入大量资金,才能挽救大公司;房地产业实际上已经瘫痪;失业率和个人破产率急剧上升。

对恐怖主义的恐惧和经济衰退这两个因素共同导致了新一轮的排外主义。当时,美国的民族与文化结构已经完全不同。在美国,生活着数百万穆斯林移民和他们的后裔,许多非穆斯林担心,美国的穆斯林社会将成为恐怖分子的温床。墨西哥的经济危机和美国于 20 世纪 80 年代在中美洲进行的傀儡战争,已经导致了一波拉丁美洲人的移民浪潮。东南亚和非洲的移民正在涌入美国。在每一座大城市和许多小城镇,清真寺、印度

492

教的寺庙和其他非基督教建筑随处可见。美国的文化与民族结构明显在发生变化,许多人认为,这会威胁到美国和美国的价值观。在美墨边境,许多武装起来的美国公民在追捕为寻找工作而试图进入美国的偷渡客。在媒体上,一些人因为用语言攻击移民而成为名人。随着苏联解体,以前的"红色恐慌"成为了过去,但是,现在又出现了对一切深色皮肤移民的"棕色恐慌"(brown scare)。

基督教试图在言论和行动上回应这一切。几乎每一个大宗派都制定了服务新移民的计划。一些宗派促进基督徒与穆斯林之间越来越多的对话,另一些宗派为无家可归的移民提供收容所,为缺少食物的移民提供食物,为遭受不公的移民提供法律援助,也为冒着生命危险穿越美墨边界的移民提供帮助。这一切再次表明,教会仍充满着巨大活力。但是,值得注意的是,教会对更大的公义和更多的宽容与理解的呼吁却很少引起人们的关注。媒体和公众对于聆听教会对这些问题发表的必要言论普遍缺乏兴趣。在 20 世纪最后几十年,保守派基督徒组成了松散的联盟,他们倡导保守的社会与政治计划,保守的政治家希望得到他们的支持。但是,到了21 世纪第一个十年,世俗社会听命于教会的年代显然已经成为过去,即使这样,一些宗教领袖仍然坚持要求得到他们不再拥有的政治与社会权力。

将 1900 年与 2005 年的数据做一番比较,我们可以大体上了解美国的宗教正在发生的巨变。1900 年,百分之九十六的美国人自称是基督徒。到了 2005 年,这一数字已经下降到百十之八十三。虽然罗马天主教和新教都有所壮大——前者主要来自移民,后者则来自移民和宣教——但是,新教的大多数"主流"宗派已经衰退,而且还在继续衰退。尽管美国的五旬节派有所增长,但是,它在美国的增长远远落后于它在世界其他国家的增长,因此,即便在五旬节传统内部,美国也不再像它在五十年前那样能起到决定性作用。犹太教徒在美国人口中的比例仍然相当稳定,大约占美国人口的百分之二。但是,其他宗教并不是这样。1900 年,美国大约有一万穆斯林;到了 2005 年,穆斯林人数增长到大约五百万。

1900 年时尚未受到重视的其他宗教也取得了巨大的进展,佛教徒大约有三百万,印度教徒也超过了一百万。美国也正在迅速"超越基督教王国",尽管并不如欧洲那么迅速。

第三十七章

边缘地区的活力

> 在过去一百年中……基督教世界的重心已经不可动摇地南
> 移到非洲、亚洲和拉丁美洲……基督教将在新世纪迎来全球性的
> 快速增长，但是，绝大多数信徒既不会是欧洲人，也不会是欧裔美
> 国人。
>
> ——菲利普·詹金斯

　　基督教于 19 世纪最终被传到世界几乎每一个角落，但是，到了 20 世纪下半叶和 21 世纪前两个十年，基督教不再主要是西方的宗教。在此期间，全球范围内爆发了对 19 世纪殖民主义的反抗，一些地区还爆发了对取代了殖民主义的新殖民主义的反抗，尤其是在拉丁美洲。对殖民主义和新殖民主义的反抗不仅可以在殖民地中看到，也可以在以前的殖民宗主国中看到，一些概念的缺陷在这些宗主国中暴露无疑，如白人的负担和天定命运论。但是，西方殖民主义全盛时期的终结并不意味着在殖民扩张中所建立的教会已经不复存在。相反，我们看到，当基督教似乎在它的传统中心北大西洋——欧洲、加拿大和美国——陷入危机时，在世界其他地区基督教正表现出巨大的活力与创造力，并取得了极大的进展。因此，基督教之所以正在"超越基督教王国"，不仅是因为北大西洋不再是最具影响力的基督教地区，也是因为基督教的新中心正在基督教国家传统中心以外的地区形成。就这一点而言，20 世纪最后几十年和 21 世纪前几十年将见证基督教在地域上的变化，就像基督教在历史上的变化：从公元

2 世纪到公元 4 世纪,早期的犹太教派发展成全罗马帝国的国教;在公元 7 世纪和 8 世纪,当基督教在中东和北非的古代中心被穆斯林征服时,西方基督教便沿着从北向南的一条轴线建立起它的中心——从大不列颠群岛穿过加洛林王朝,直到罗马。

到了 21 世纪的第二个十年,一些北大西洋人声称,基督教正在衰退,基督徒数量正在下降,许多教会只是原地踏步,维系它们的古老传统。但是,这并不完全正确。首先,即便陷入了它自己的危机,北大西洋的基督教还是表现出巨大的活力;其次,在以前的亚洲、非洲和拉丁美洲的宣教地中,基督教表现得比以往任何一个时候都更具有活力和动力。这在那里的每一个宣教地中都可以看出,不仅是因为基督徒数量在这些地区不断增长——其中许多地区的增长是爆炸性的,也是因为这些地区所表现出的宣教热情、普世教会运动的开创精神和文化与神学的创造力。

亚洲

威廉·克里曾在印度宣教,他的工作激励了全世界的宣教士来到印度,因此,印度可以很好地说明基督教在 20 世纪和 21 世纪正在发生的变化。在两次世界大战之间,印度为争取独立而战,其中最具影响力的领袖是穆罕达斯·甘地(Mohandas K. Gandhi, 1869—1948),他更为人所知的名字是圣雄甘地(Mahatma Gandhi)。1946 年,印度在经历了多年的斗争后终于完全独立,英国政府最终承认了印度的独立。随后是一段动荡不安的岁月,在这一时期,主要因为宗教问题,印度次大陆分裂成印度和巴基斯坦(巴基斯坦后来又分裂成巴基斯坦和孟加拉国),甘地也于 1948 年被暗杀。最终,印度共和国于 1950 年宣布成立。

印度以拥有世界上一些最古老的教会而自豪,印度基督徒宣称,这些教会正是使徒多马建立的。圣公会与其他新教的宣教士于 19 世纪试图复兴古老的印度教会——这在很多时候意味着让它们更像西方的新教。与此同时,罗马天主教徒试图带领这些古老的教会顺服教宗。最终的结果是,古老的印度教会分裂了,有些教会仍坚守它们以前的传统,有些成为圣公会或其他新教宗派,也有些成为东仪天主教,还有些成为被称为马·多马教会(Church of Mar Thoma)的新教宗派,它在 21 世纪初大约有一百万名信徒。

我们可能认为教会的分裂和动荡不安的政治环境会逐渐耗尽教会的力量,或至少将教会变成印度社会中一个个孤立的团体。但是,事实远非如此。相反,印度基督教表现出罕见的创造力和宣教热情。从 19 世纪开始,大批印度人归信了基督教,尤其是社会底层的印度人;现在,这种情况仍在继续,这通常是出于 20 世纪中期传到印度的灵恩运动。新的灵恩派教会出现在印度各地,一些只是简单地复制了它们从西方学到的东西,而另一些自成一体,它们将印度的传统文化重申为基督教信仰实践的中心。在印度社会中,另一个极端是"无教会的基督徒"(churchless Christians),主要来自社会上层,他们试图在不加入教会的情况下将印度教的传统默想与基督教信仰结合起来,他们经常被指责为宗教调合主义者。

至于以前殖民背景下在印度所建立起来的新教教会,在寻求用新方法在独立的印度和印度文化中表达与实践信仰的过程中,它们表现出巨大的创造力。它们擅于培养能够应对这些挑战的本土领袖,他们在全印度的教育系统中起到了重要的作用,普遍赢得了绝大多数印度人的尊重——尽管极端的印度教于 20 世纪末和 21 世纪初的复兴导致了短暂的严重冲突,甚至是暴力。他们也服侍许多生活在海外的印度基督徒,尤其是生活在英国、美国和一些以前的英属非洲殖民地的印度基督徒。

然而,印度教会在普世教会运动中表现出它们最大的创造力。得益于在印度的宣教经验,威廉·克里呼吁 1810 年在南非开普敦召开一次世界性宣教会议——直到一百年之后的 1910 年,一次世界性宣教会议终于在爱丁堡召开。现在,印度带头促进基督教的合一。早在爱丁堡会议之前的 1901 年,一些改革宗传统的教会就已经在印度实现了建制上的合一。到了 1908 年,改革宗与公理会联合成立了南印度联合教会(United

Church of South India）。1947 年，循道宗和圣公会加入了南印度联合教会，结果，南印度教会（Church of South India）诞生了。当时，这几乎是独一无二的，因为当其他地区的教会致力于宣教之际，印度教会取得了一定的合一，这也是宣教的众多成果之一。其他许多教会很快就纷纷效法印度的榜样，其中不仅有北印度的教会，还有遥远的拉丁美洲、非洲和美国的教会。南印度教会在六十年之前所实现的合一，在美国到了 2010 年似乎还是一个无法实现的梦想。此外，在一定程度上，由于印度教会早期的普世教会立场，它们在创建与领导国际宣教协会（后来的世界基督教会联合会）的过程中发挥了重要的作用。

与此同时，基督教正在中国经历一段极为不同的历史。虽然 20 世纪上半叶爆发了义和团运动，但是，新教的许多宣教计划和努力仍将重点放在了中国，因此，有六千多名宣教士来到中国，他们取得了惊人的成绩，以至于一些人开始说，这场大归信令君士坦丁和罗马帝国归信基督教都相形见绌。作为宣教计划的一部分，数千位中国牧师和教会领袖接受了培训。与此同时，罗马天主教也正在中国建立更深厚的根基——其标志是六名中国天主教徒于 1926 年被按立为中国最早的主教。天主教徒和新教徒都开始谈论他们在中国宣教所取得的巨大成就，而且，他们期待有更大的收获。后来，二战爆发了，随后是抗战时期，中华人民共和国成立，中国建立了共产主义政权，再后来是冷战，最后是毛泽东领导的"文化大革命"。在这些动荡岁月伊始，几乎所有外国宣教士都离开了中国，一些是自愿离开的，一些是被中国政府赶走的。从此以后，中国局势每况愈下。1950 年，中国政府说服教会接受一份《基督徒宣言》（Christian Manifesto），中国的许多基督徒相信，接受这份宣言有悖于他们的良心。抵抗导致了迫害，迫害主要是通过"控诉运动"（denunciation campaign）进行的，在控诉运动中，政府鼓励群众告发与政府意见不一致的人。政府开始"合并"，关闭了许多教会，没收了教会的财产。后来，20 世纪 60 年代的"文革"导致教会被全部关闭了。当时，许多中国人和外国人开始担心，基督教在中国以前的历史会再次上演:教会不断被建立,随后消失,然后再被建立。

　　尽管当时中国的许多基督徒在压力和迫害面前屈服了,但是,还是有许多基督徒坚守信仰。在一些大城市,政府关闭了教会,并禁止基督徒聚会,信徒特意从以前作礼拜的教会前经过,相互点头致意,然后继续赶路。在私人家庭中,一群群小规模的基督徒进行非常秘密的聚会。

　　后来,在 20 世纪 70 年代,"文革"结束了,中国与苏联的关系越来越紧张,中国爆发了经济危机,政府开始给予基督徒更大的自由;这时,全世界惊讶地看到,基督教继续在中国发展壮大。1900 年,中国大约有五百万名基督徒,现在,中国基督徒的数量大约是五千万名。即便是在"文革"的阴影之下,教会也并没有消失,而且还在发展壮大。现在,许多被关闭多年的教会重新开放,并很快就坐满了来参加崇拜的信徒。曾经秘密聚会的基督徒或是加入了最近重新开放的教会,或是建立了他们自己的教会——"家庭教会"。神学院复课,并很快就招收了数百名神学生。基

"文革"结束后,大量基督徒涌进教会,以至于信徒不得不在教堂外听牧师讲道。

督教与神学著作出版了，外文著作被译成了中文，最初很少，但后来越来越多。到了 20 世纪末，中国只剩下很少一部分外国的教会工作者，中国的基督教领袖开始出席国际普世教会会议，他们向世界讲述他们的历史，并为在更古老的基督教中心的教会复兴做出了贡献。

同印度的普世教会运动相比，中国的普世教会运动走上了一条极其不同的道路。在中国，政府帮助教会合一，这样做的主要目的是加强对教会的监管。一旦政府放宽了政策，许多教会便重申它们与其他教会的差异，并重建独立的教会。不过，许多教会并没有这样做。

中国的许多新教徒声称，中国政府让教会进入了"后宗派时代"（Post-Denominational Age），但这恰恰指明了世界其他国家教会的未来。

然而，在中国基督教内部，分歧与紧张的关系仍然存在。在罗马天主教中，最棘手的问题在于是否承认通常由政府选任的、遵行政府政策的主教。"官方"天主教和"地下"天主教就这样出现了，双方都声称是天主教，并迫使罗马教廷采取了温和的外交政策。2006 年，梵蒂冈将中国天主教爱国会——一个亲政府的天主教组织——在教宗没有批准的情况下授予圣职的两位主教革除了教籍。同样，中国的一些新教徒指责中国的官方教会——中国基督教协会过于听命于政府。"家庭教会"并不受中国基督教协会的管理，它们仍在聚会与见证自己的信仰，通常比大教会更具灵恩色彩。但是，我们不应当夸大这些分歧和紧张的关系，官方教会经常代表"家庭教会"与政府交涉，许多人既属于官方教会，也属于家庭教会。

在某些方面，日本基督教在 20 世纪和 21 世纪初的历史与中国基督教在这一时期的历史非常相似，但是，它们的历史在另一些方面又极其不同。在美国海军准将佩里和他的后来者强迫日本对外国商品开放市场、向外国宣教士敞开大门之后，一些日本人希望，日本会成为基督教国家。在日本，二战及其后果令这样的梦想破灭了。尽管日本的意识形态与中国极为不同，但同样是政府强迫教会合一，1941 年成立了日本联合基

501

中国教会以服侍信徒著称,这种堂外教牧关怀中心便是服侍的一种。

教会(United Church of Christ in Japan)。同中国教会一样,一旦政治局势允许,日本很多新教徒也退出了被强迫合一的日本联合基督教会,但是,大多数新教徒还是留在了日本联合基督教会,在这一点上,他们也同中国新教徒一样。但是,日本联合基督教会的发展并不像中国基督教协会的发展那样惊人。在日本,基督徒数量的增长主要归功于五旬节派与灵恩派宣教士,有文献记载,他们早在1913年就去到了日本。

最后,既然我们不可能在此概述亚洲每一个国家的基督教史,我们必须将目光转向新教在数字上取得最显著增长的朝鲜半岛。19世纪末,朝鲜半岛的宣教士开始使用"倪维斯宣教法"(Nevius Missionary Methods),这种宣教法是以它的倡导者约翰·倪维斯(John L. Nevius)命名的;他认为,宣教工作应该集中于劳动阶级和底层阶级以及妇女和女孩,也应该集中在培养本土教会领袖以及寻求财务上和人员上能够自我支撑的教会的增长。此外,在20世纪最初几十年,一次教会大复兴席卷了朝鲜半岛的许多教会——尤其是循道宗和长老会。因此,虽然日本于1910年入侵朝

502

鲜半岛令拒绝参加日本人神道教崇拜的基督徒(主要是新教徒)陷入了极大的困境,但是,在二战期间,朝鲜半岛的教会仍然存在,而且还在发展壮大。到了日本人最终被迫撤离朝鲜半岛时,这里的基督徒已经证明他们既能见证自己的信仰,也能坚守自己的文化传统。后来,朝鲜半岛分裂成朝鲜和韩国,这令基督徒陷入了新的困境。当时,大多数基督徒生活在朝鲜,他们现在不得不在世界上最高压的共产主义国家生活。即便如此,教会在朝鲜和韩国的增长势头仍然丝毫不减。此外,五旬节派宣教士很快就来到了朝鲜半岛,他们主要来自美国,他们在韩国定居并建立了新教会,这进一步巩固了朝鲜半岛的教会几十年前所取得的复兴。这一切的结果是,乡村地区和城市都出现了充满活力的教会,基督徒的数量经常达到数万名。此外,韩国教会很快便开始向海外差派宣教士,包括不断占领与压迫韩国的日本和中国,还有非洲、拉丁美洲和美国。在有大量韩国移民的美国,韩裔美国人的教会迅速增长,这不仅是因为许多韩国移民是基督徒,也是因为他们将福音传给了那些还不是基督徒的邻舍和朋友。

此外,在20世纪60年代这十年,韩国教会开始发展自己的解放神学:民众神学(Minjung Theology),它试图为争取经济与社会解放的基督徒以及非基督徒所进行的斗争进行辩护。

在20世纪末和21世纪前两个十年,全亚洲的自治、自传和很大程度上自养的教会取得了巨大的进展。它们不仅可以自传,甚至还向其他国家宣教。就如韩国新教强大到足以向全世界差派宣教士,菲律宾天主教也在向一些缺少神父和修女的传统天主教国家差派神父和修女。当亚洲教会实现这一切的同时,它们也实现了以前的宣教士的梦想:建立自养的教会。但是,亚洲教会不单单实现了这个梦想,因为它们不仅成为了自治、自养、自传的教会,也成为了自我诠释的教会,它们提出了对自己的使命的理解和自己的神学观,并在其特有的文化、社会、宗教和政治处境中理解圣经。其中一些教会也向世界其他教会指明了未来的方向,因为它们取得合一与进行合作的方法在更古老的基督教中心并不常见。

503

非洲

　　非洲也可以为拥有世界上最古老的教会而自豪,即于公元 4 世纪建立的埃塞俄比亚正教会(Ethiopian Orthodox Church,参上卷第二十五章),它是拒绝接受卡尔西顿大公会议决议的最大的教会,因此,它被称为基督一性论派。埃塞俄比亚正教会与埃塞俄比亚的传统和国家身份紧密相连,二战期间,它在抵抗意大利帝国主义的过程中起到重要的作用。20世纪下半叶,埃塞俄比亚正教会遇到巨大的困难,一方面,它受到邻国穆斯林的侵害,另一方面,一个敌对派政权于 20 世纪 70 年代在埃塞俄比亚建立。但是,它挺过来了。到了 21 世纪初,它有大约三千五百万名信徒。虽然并非本意,但是,埃塞俄比亚正教会——和其他许多教会——在 20 世纪下半叶传到了不同地区,因为埃塞俄比亚人移民到欧洲和美国等国家和地区。

　　长久以来,罗马天主教始终在非洲存在,先是葡萄牙在安哥拉和莫桑比克的殖民地,后是法国在中非和北非的广阔殖民地。梵二会议的决议——尤其是关于用本国语进行崇拜和适应各种文化的决议——在非洲罗马天主教中引起一些摩擦,因为它们在进行这些改革的力度问题上没有达成普遍共识。例如,当扎伊尔(Zaire)天主教徒提出他们自己的崇拜仪式时,梵蒂冈没有同意,罗马教廷显然认为,扎伊尔的崇拜仪式并不符合它的标准,它最终批准了一份做出了重大修改的崇拜仪式。类似的斗争也发生在其他地区,尤其是当殖民国家纷纷撤离,独立后的非洲国家开始重申它们的身份、文化和传统之际。即使是这样,到了 20 世纪末,罗马天主教已在撒哈拉沙漠以南非洲的几乎每一个国家发展壮大,非洲罗马天主教徒为全世界的基督教做出了重要的贡献。就顺服做神父的呼召而言,非洲罗马天主教成效尤其显著,当传统的罗马天主教国家因缺少神父而深陷危机时,非洲罗马天主教培养出许多神父。因此,到了 21 世纪初,来自非洲的神父在爱尔兰、葡萄牙和法国的许多教区服侍。这个例子再次证明:教会以前的边缘地区现在正在成为教会的活力与宣教的新中心。

然而,爆炸性的增长出现在新教徒中。前英国殖民地国家独立时,大多数新的国家领袖——不仅有政治领袖,还有教育、贸易和教会领袖——曾在主要由英国圣公会创办的新教学校接受教育。与此同时,新教宣教士长久以来一直在乡下人和城市穷人中工作。英属殖民地国家的独立,为与这些非洲古老传统联系在一起的各种基督教会的发展带来了机遇,此外,在殖民地争取独立的过程中,独立斗争的领袖通常也是基督徒。在一些独立的非洲国家,如乌干达(Uganda)、肯尼亚(Kenya)和坦噶尼喀(Tanganyika),出现了名副其实的大归信,例如,在肯尼亚,基督徒的数量在二战之前还不到肯尼亚人口的百分之十,但是,到了 21 世纪初,这个数字已经上升到百分之六十。在撒哈拉沙漠以南的非洲国家,如尼日利亚和南苏丹这样的北方国家,基督徒的数量也有显著增长,但是,他们也经常与穆斯林发生冲突,因为穆斯林通常坚信,他们的法律应当成为国家的法律,而基督徒和其他人却并不认同。

非洲南部的穆斯林并不是同样强大,这里的非洲人先后与殖民统治和白人优越制度进行了大规模的斗争。其中最著名的是南非与种族隔离制度的斗争,在艰苦、漫长的斗争中,非洲的黑人基督徒——如圣公会的德斯蒙德·图图(Desmond Tutu)、改革宗的艾伦·布萨克(Allan Boesak)和循道宗的纳尔逊·曼德拉(Nelson Mandela)——表达出绝大多数非洲人的情感,他们将黑人的情感与他们的基督教信仰相结合,并试图找到公正与和平的解决方法。纳米比亚和津巴布韦也出现了这样的领袖,尽管他们并不著名。可是,津巴布韦在获得解放之后便又受制于腐败与高压的政权。

505 五旬节运动在阿苏萨街复兴之后不久便传到了非洲,但是,它在 20 世纪下半叶才取得最惊人的增长。由于利比里亚与美国的紧密联系,它成为第一个受到五旬节运动影响的非洲国家。但是,五旬节运动很快就传遍了非洲大陆,并影响到已经在非洲建立起来的教会。五旬节派教会

到了 20 世纪末,撒哈拉沙漠以南非洲的农村随处可见当地基督徒建立、供养的教会,这是坦桑尼亚的一间教会。

的差会在非洲成立了新的支会,并帮助非洲基督徒建立起许多独立的本土教会。其中一个著名的教会是通过先知金班固在地上建立的耶稣基督的教会(The Church of Jesus Christ on Earth through the Prophet Kimbangu)。塞缪尔·金班固(Samuel Kimbangu,1887—1951)生于当时比利时统治之下的刚果(现在的扎伊尔)。他最初是浸信会基督徒,于 1921 年开始传讲与实践一种强调医治病人、甚至令死人复活的灵恩基督教。他的公开宣教仅仅持续了几个月,因为比利时政府将他逮捕,罪名是煽动暴乱,他被判处死刑——后来被改判为终身监禁。但是,即便是在狱中,他的声望仍越来越大,信徒也越来越多。他的追随者相信,他们的先知是耶稣的特使。1959 年,在他去世八年之后,比利时政府正式批准金班固的追随者可以进行公开崇拜。在这位先知的儿子约瑟夫·迪安吉安达(Joseph Diangienda)的领导之下,金班固会很快便发展到撒哈拉沙漠以南非洲的

506

灵恩运动在非洲基督教中有着深厚的根源。

其他一些国家。到了 21 世纪,由于宣教和金班固会一些信徒移民,金班固会得以在非洲以外的许多国家建立,包括英国、美国和加勒比海的一些国家。起初,它独立于其他所有教会,到了 21 世纪初,金班固会已经开始加入非洲各国的基督教协会。

尽管金班固运动可能是参与人数最多的运动,但是,非洲还有其他许多本土教会——仅非洲南部的本土教会就超过一万间。据估计,到了 2010 年它们的总人数在八千万到九千万之间。其中许多教会走上了类似于金班固运动的道路,最终,它们不仅向非洲其他国家派出了宣教士,也向非洲以外的国家派出了宣教士,尤其是向英国、海地和说英语的加勒比国家。

507　　这些教会的出现和基督教与非洲文化的关系问题导致了许多神学争论,因此到了 21 世纪,直到最近还作为宣教对象并不断向海外教会学习神学的非洲教会,成为了向世界各国差派宣教士并开始形成自己的神学的中心。随着 1978 年非洲体制教会组织（Organization of African Instituted Churches）的成立,非洲教会也成为一种独特的普世教会运动的中心,该组织促进神学函授课程的合作和女性的权利,并对在非洲文化和传统中表达基督教作出了进一步探索。

拉丁美洲

20 世纪初,保守派与自由派的冲突继续在拉丁美洲上演,他们的冲突仍在继续影响拉丁美洲的天主教。其中最著名的是 1910 年的墨西哥革命——我们已经在第三十三章中讨论过,但是,类似的斗争仍在拉丁美洲各地上演。最终,即使是拉丁美洲最保守的国家,也在 20 世纪制定了给予思想与宗教自由的宪法,天主教及其神职人员的大多数传统特权被废除了。这一过程是复杂的,我们无需在此赘述。发生在阿根廷与巴西的两个例子,足以说明当时所面临的一些问题。

在阿根廷,胡安·多明戈·庇隆（Juan Domingo Perón）于 1943 年通过军事政变开始掌权。当时,他得到了天主教统治集团的支持,他们认为,他的政变和支持他的军人能够最好地抵制共产主义和世俗主义。他的政策之一是下令在学校开设宗教必修课。天主教与不断壮大的工会运动结成同盟,而工会运动正是庇隆获得公众支持的基础,因此,天主教并不反对"真天主教就是庇隆主义"的口号。但是,后来出现了难题。庇隆想要控制教会生活,他主要赋予教会崇拜职能,并指望教会给他的政府宗教约束力。他甚至坚持将他的妻子伊娃（Eva）——埃维塔（Evita）——封为圣徒。到了 1954 年,想要推翻他的起义已经得到许多天主教领袖的支持,起义者的口号是"以圣母马利亚、自由和天主教信仰的名义",1955 年起义成功了。最终,在战火平息之后,阿根廷成为一个世俗国家,阿根廷的教会只剩下鼓舞人心与举行圣礼的职能。

在巴西,热图利奥·瓦加尔斯（Getúlio Vargas）于 20 世纪 30 年代独裁统治期间,几项支持天主教的法律获得通过:离婚违法、天主教获得查禁"下流"电影的权力、教堂婚礼得到政府的正式认可。这一切主要是通过巴西统一民族进行会(Brazilian Integralist Action)的努力实现的,这场运动并没有得到天主教统治集团的正式认可,但是,它得到了枢机主教塞巴斯蒂昂·勒姆(Sebastião Leme)——里约州的大主教——的秘密支持。可是,这场运动最终发展到天主教统治集团难以容忍的程度——它提出了自己的洗礼、婚礼和葬礼仪式,甚至声称这是永远得救的方法,这时,它开始失去天主教统治集团的支持。1937 年,瓦加尔斯以所谓的共产主义阴谋为借口废除了宪法,开始了铁腕统治,并试图将天主教严格限制在宗教职能上。瓦加尔斯被 1945 年的政变赶下台,又于 1950 年通过选举重新掌权。他拒绝恢复天主教及其神职人员的特权。就这一点而言,他表达出越来越多的巴西人的心声,他们觉得,天主教的传统特权毫无依据,它们导致了经济剥削,并令人民丧失了自由。累西腓(Recife)主教赫尔德·卡马拉(Hélder Câmara, 1909—1999)越来越高的声望即可以表明这些新趋势。卡马拉以前是巴西统一民族进行会运动中的一员,他现在成为穷人和受压迫者的战士,他提倡非暴力革命,并四次获得诺贝尔和平奖提名。1967 年,他领导一群国际主教制定了《第三世界主教宣言》(Declaration of Bishops of the Third World),该宣言倡导建立一个更公平的社会与经济制度。

拉丁美洲天主教史在 20 世纪的分水岭是拉丁美洲主教会议。1968 年,该会议在哥伦比亚的麦德林(Medellín)召开。当时,拉丁美洲的解放神学——本章稍后会讨论——已经开始影响天主教领袖,因此,拉丁美洲主教会议标志着天主教关注点的转变:从它的内部问题转变到人民的需要,尤其是受压迫者与穷人的需要。教宗保罗六世的开幕辞相当温和,他鼓励主教们认真考虑穷人的困境,重申天主教的不足。拉丁美洲主教会议记住了教宗的鼓励,也没有忘记梵二会议的《现代世界教会牧职宪章》:"我们这个时代的人们,尤其是贫困者和遭受折磨者的所有喜乐与盼望、愁苦与焦虑,也是基督徒的喜乐与盼望、愁苦与焦虑。"拉丁美洲主教会议的第一份文件便着手处理世界经济制度问题,该文件声明,共产主义和资本主义都"无益于人的尊严,拉丁美洲被这两种制度辖制了,它仍依赖于其中这个或那个控制它经济的权力中心"。

麦德林会议为教会生活带来了巨大的变化。从传统上讲,天主教一贯最关注自己的特权和权力,它通常被掌权者利用来维护他们的特权,现在,天主教自称捍卫穷人和受压迫者的利益,但仍有许多教会领袖的目标和观点没有多大转变。拉丁美洲主教会议很快就缓和了它在麦德林会议上的立场。有些人认为,麦德林会议宣言是在呼吁探究新神学与建设教会的新方法。在这些冲突中,拉丁美洲天主教内部最初就存在的张力——是主要关注教会生活还是主要关注人民生活——再次出现。本章稍后会回来讲述这些。

由于移民和宣教,新教到了 19 世纪末得以在拉丁美洲牢固地建立。在 20 世纪,大多数较为传统的新教教会继续发展壮大,其中一些发展得十分迅速。但是,五旬节运动带来了爆炸性的增长。智利是第一个因五旬节派教会的增长而受到关注的国家。威利斯·胡佛(Willis Hoover)是智利五旬节运动的领袖,他是循道宗宣教士,但是,他明显受到 1906 年阿苏萨街复兴的影响,1909 年,他在智利领导了一场五旬节运动。当时,那里的基督徒中出现狂喜、说方言、信心医治和其他类似的现象,五旬节运动迅速地从瓦尔帕莱索(Valparaíso)——胡佛在这里担任牧师——发展到圣地亚哥和智利的其他地区。最终,胡佛连同十分之一的循道宗基督徒离开了循道宗教会,他们在瓦尔帕莱索成立了五旬节派循道宗教会(Pentecost Methodist Church)。胡佛成为教会的牧师,这个被称为五旬节派循道宗教会的新宗派是第三世界的第一个五旬节派教会。从此以后,五旬节运动发展迅速,并很快与民族主义和摆脱外国宣教士控制的渴望联系在一起,因此,一些早期的五旬节派教会的名字都有"民族的"(national)一词。五旬节运动也为普通人和女性提供了更多担任领袖的机会。正如通常发生的那样,五旬节派循道宗教会不断分裂。随着五旬节运动被其他传统宗派——如长老会和浸信会——所知,这些宗派的一些信徒离开原来的教会,并建立了自己的五旬节派教会。到了2005年,智利五旬节派基督徒的数量已经超过五百万,而智利循道宗教会——五旬节运动就源于这个宗派——只有不到一万八千名信徒。

发生在拉丁美洲其他地区的类似事件,导致了其他五旬节派教会的建立及其史无前例的增长。在巴西,五旬节运动在长老会基督徒中展开,但很快就发展到其他宗派。虽然其中一个较大的宗派并不是由神召会宣教士所创建,但是,它最终加入了神召会。在墨西哥,经历过阿苏萨街复兴的人将五旬节运动带到了奇瓦瓦(Chihuahua)。为了躲避墨西哥革命的战乱与危险,一个名叫罗曼娜·卡瓦哈尔·德·瓦伦苏埃拉(Romana Carbajal de Valenzuela)的妇女和她的丈夫去到了加利福尼亚,加入了一个源于阿苏萨街复兴的教会,该教会坚持认为,我们只应当"奉耶稣的名"洗礼,而不是奉三位一体的名。1914年,瓦伦苏埃拉回到了墨西哥,她的见证使耶稣基督使徒教会(Apostolic Church of Faith in Jesus Christ)在墨西哥得以建立,到了21世纪初,该教会在美洲的信徒和宣教士数量已超过一百万。

这一切导致拉丁美洲教会迅速增长,一些人开始怀疑拉丁美洲的大多数教会是否将最终成为五旬节派教会。如果我们计算一下21世纪第二个十年开始时拉丁美洲基督徒和"基督教的拥护者"——与教会保持联系但没有正式加入教会的人——的人数,我们就会看到,五旬节派占巴西人口的百分之四十七,占智利人口的百分之三十六,占墨西哥人口的百分之十三。拉丁美洲的情况不同于亚洲和非洲,它以一种不同的方式向基督教王国的传统观点发起了挑战。拉丁美洲现在的情况是,长久以来始终被视为基督教王国一部分的拉丁美洲在很大程度上正从基督教的一个分支转变成另一个分支,以至于传统的罗马天主教拉丁美洲正在迅速成为全世界新教徒最多的地区之一。

虽然教会在增长迅速,但是它经常分裂,一些严重偏离基督教传统信仰的运动经常出现。其中大多数运动宣讲一种"成功福音"（gospel of prosperity），它们向自己的追随者许诺经济和其他方面的成功，而另一些运动将自己的创建者和领袖变成了崇拜的对象。在宣讲成功福音的运动中，"上帝统治的普世教会"（Universal Church of the Reign of God）是最著名的，据说，它是巴西最大的国际商业机构。在墨西哥，世界之光教会（Light of the World Church）走上了类似的道路，但是，它并不如巴西"上帝统治的普世教会"那样成功。此外，还出现了"使徒网络"（apostolic network），它的成员彼此确认"使徒身份"，他们经常宣称，加入他们网络的牧师将获得空前的成功。例如，一位"使徒"在国际互联网上声称，他在成为使徒之前要为得到一串香蕉讲道两个星期；但是，现在不同了，因为他成为了使徒，并开上了豪华轿车！这位"使徒"就是这样邀请其他人加入他的网络。另一位牧师以"主教"的身份开始服侍，他后来成为"使徒"，并最终自称是"天使长"。在神化自己的领袖的运动中，墨西哥的一场运动很能说明问题：当它的领袖乘坐一辆大的白色敞篷汽车进入城镇时，他的追随者开始高喊："奉主名来的是应当称颂的！"一位前海洛因吸食者在波多黎各，继而又在迈阿密，发起了一场运动，他宣称，他是道成肉身的主。

　　尽管这些极端的异端运动吸引了众多追随者，但是我们应当注意，绝大多数五旬节派仍坚守基督教信仰的传统原则，他们并没有宣讲成功福音，虽然许多五旬节派及其教会的信仰刻板保守，但是，他们积极参与社会服务，并坚决支持穷人和受压迫者。

　　由于许多原因，普世教会运动没有在拉丁美洲取得迅速进展。首先，新教的大部分讲道和教导，长久以来是反天主教和反共产主义的。结果，许多人担心，普世教会运动将成为教宗重新确立他的权威、强迫其他人成为天主教徒的一种手段，其他人觉得，世界基督教联合会的社会与政治立场是倾向共产主义的。其次，基要主义和权力斗争导致许多教会经常分裂，结果产生了相对较小、不愿意与其他人有任何联系的团体。此外，坚

拉丁美洲的新教很快就发展到美国的移民教会,这是罗德岛普罗维登斯的一间教会。

持教义的细枝末节也令这种情况雪上加霜,仿佛救恩依赖于教义的每一个细节。尽管如此,我们还是可以看到,拉丁美洲基督徒在努力探索教会的合一。1961 年,智利的两大五旬节派教会加入了世界基督教联合会——它们是最早加入世界基督教联合会的五旬节派教会。1982 年,拉丁美洲基督教联合会(Latin American Council of Churches,CLAI)成立了,五旬节派和福音派广泛参与其中,它也与世界基督教联合会保持着紧密的联系。也是在 1982 年,较为保守的拉丁美洲福音协会(Latin American Evangelical Confraternity,CONELA)成立了,它显然与拉丁美洲基督教联合会展开了竞争。

普世教会运动

19 世纪还实现了真正世界范围的教会的存在。到了 19 世纪下半叶,出现了各种寻求在各个地区不同教会间进一步合作的诸多运动。1910年,爱丁堡世界宣教大会进一步推动了其中的一场运动,尽管这场运动被两次世界大战所打断,但最终还是带来了世界基督教联合会的创建,以及其他一些探索基督教合一的实际行动。但是,基督徒很快便发现,基督教的合一并不意味着世界其他地区的基督徒必须合一在西方教会中;而是所有基督徒都应当共同探索在现代世界顺服基督的意义,无论他们来自哪个民族或国家。因此,普世教会运动有两个方面。首要的和最显而易见的在于探索基督教更大的与更可见的合一。其次是建立一个所有基督徒都应为其使命与自我认识做出贡献的普世教会——这可能有着更深远的意义。

1910年的世界宣教大会任命了一个续行委员会,在该委员会的帮助下,国际宣教协会于1921年创立。当时,在一定程度上受益于世界宣教大会的努力,其他促进宣教合作的地区与国家组织在欧洲、美国、加拿大和澳大利亚相继成立。这些组织构成了新生的国际宣教协会的主体;但是,它也决定直接代表由宣教工作产生的"年轻教会"。国际宣教协会仍不打算为宣教工作设定方针或规则,而是提供一个分享宣教策略、经验和各种资源的平台。1928年,国际宣教协会的第一次大会在耶路撒冷适时召开,大约四分之一的代表来自较年轻的教会——这是一大进步,因为之前只有十七位较年轻的教会代表出席了爱丁堡世界宣教大会。在耶路撒冷召开的第一次大会和1938年在印度马德拉斯(Madras)召开的第二次大会上,教会本质问题和基督教信仰的内容成为会议讨论的焦点,这表明,如果想要真正开诚布公地讨论教会在世界上的宣教,基督徒不可能避开神学讨论。后来,二战打断了国际宣教协会的工作。它的第三次大会于1947年在加拿大惠特比(Whitby)召开,第三次大会主要关注修复二战所破坏的关系,并计划恢复因战争而中断的宣教工作。但是,当时的基督徒已经越来越意识到,教会与宣教不可分割,因此,在讨论宣教问题时,不就教会的本质和其他神学问题进行对话似乎是不明智的。这样的呼声在国际宣教协会随后的两次大会——1952 年在德国威灵根（Willingen）召开的第五次大会和从 1957 年到 1958 年在加纳召开的第六次大会——上越来越高。当时，国际宣教协会决定加入世界基督教联合会，这在国际宣教协会于 1961 年在新德里召开的最后一次大会上实现了。当国际宣教协会与世界基督教联合会合并后，它们采取了一些必要的措施，以确保接管国际宣教协会的工作部门能完全代表不愿意或不能加入世界基督教联合会的团体。

"信仰与教制"（Faith and Order）运动是另一场导致世界基督教联合会成立的重要运动。为了消除怀疑，1910 年的世界宣教大会将信仰与教制的问题明确排除在外——也就是说，此次大会不对教会的信仰、教会对授予圣职的理解与实践以及圣礼等问题进行任何讨论。为了令此次大会尽可能讨论所有可能讨论的问题，与会者必须将信仰与教制的问题排除在外，但是，许多人相信，讨论这些问题的时机已经成熟。其中最重要的是美国圣公会的主教查尔斯·布伦特（Charles H. Brent）。在他的推动之下，圣公会团契最先着手呼吁召开信仰与教制会议。基督教的其他支派很快就加入进来，尽管一战打断了他们的工作，但是，他们在战后继续进行漫长的磋商，1927 年，第一次世界信仰与教制大会（First World Conference on Faith and Order）在瑞士洛桑召开。四百位代表出席了此次大会，他们代表着一百零八个教会，包括新教、东正教和旧派天主教——即在罗马教廷颁布教宗无误论时脱离了罗马天主教的天主教会。出席此次大会的许多代表都曾借着参与基督教学生运动（Student Christian Movement）——数十年来它已为普世教会运动的分支运动培养出众多领袖——参加过国际会议和普世教会会议，因此，他们具有丰富的经验。第一次世界信仰与教制大会决定，不通过发表非常笼统、毫无意义的宣言或颁布必然否定某些教义的信纲来寻求全体一致。相反，它所采取的方法是开诚布公地讨论，并起草了一些文件，以强调已经取得的一致以及清楚阐述仍然存在的分歧。因此，这些文件的特点是其中经常出现"我们一致认为"或"我们相信"这类的字眼,然后再逐条解释说明,它们都是以"我们中间还存在分歧"或"此次大会所代表的许多教会一致认为"开始的。到了此次大会闭幕时,与会的所有代表清楚地看到,他们的共识比他们的分歧更重要,进一步的对话和解释可能会消除他们的许多分歧。此次大会在闭幕之前任命了一个续行委员会,该委员会的主任是约克大主教威廉·汤普(William Temple)——后来的坎特伯雷大主教。在汤普去世之后,布伦特成为他的继任者,第二次世界信仰与教制大会最终于 1937 年在爱丁堡召开。它同样采取了洛桑会议的方针,并再次取得意义重大的成果。但是,它最重要的决议是批准了于一个月之前在牛津召开的第二次生命与事工会议(Second Conference on Life and Work)的提议:成立"世界基督教联合会"。

生命与事工运动源于前几代宣教士的宣教经验,也是源于这一信念:不同的教会必须在一切可能合作的领域合作。在生命与事工运动中,最重要的领袖是纳特汉·瑟德布卢姆(Nathan Söderblom)——瑞典乌普萨拉的路德宗大主教。虽然第一次世界大战令生命与事工运动召开国际会议的计划化为泡影,但是,战争的确给了瑟德布卢姆和其他人合作的机会,他们共同寻找方法,以解决战争造成的严重问题。最终,"实践基督教"(Practical Christianity)第一次会议于 1925 年在斯德哥尔摩召开——"实践基督教"是生命与事工运动早期的名字。它的计划是以福音为基础,共同应对当代的问题。它有五个主题:经济与工业事务、道德与社会议题、国际事务、基督教教育以及教会进一步合作的途径。与会代表分成五组,每一组讨论一个主题及其衍生的问题。生命与事工运动最初就坚决反对一切形式的剥削和帝国主义。因此,当机械化正在削弱工会、造成失业和收入降低时,此次会议的回应是,"工人阶级所渴望的公平与互助制度是唯一符合上帝救赎计划的制度"。同样,它表明了对可能导致公开战争的"白人帝国主义的憎恶",这一先知般的预言在几十年之后被证实了。此次会议还任命了一个续行委员会,该委员会筹备了第二次生命与事工会议。1937 年,第二次生命与事工会议在牛津召开,它的最终文件强烈谴责了所有形式的极权主义和利用战争来解决国际冲突的做法。此外,我们已经讲过,它要求把"生命与事工"和"信仰与教制"结合进世界基督教联合会。

有了这一决议和"信仰与教制"的并行,成立世界基督教联合会的舞台已经搭好。两个运动任命了一个联合的委员会,并开始筹备召开第一次大会。但是,二战打断了这些计划,其间新生的普世教会运动协助战争双方的基督徒建立起联系,他们组建关系网,帮助德国的认信教会,并拯救在纳粹统治之下各国的犹太人。最终,1948 年 8 月 22 日,世界基督教联合会的第一次大会在荷兰阿姆斯特丹召开。四十四个国家的一百零七位教会代表出席了此次大会。丹尼尔·奈尔斯(Daniel T. Niles)在开幕式上讲道,他是锡兰循道宗的教会代表和经验丰富的基督教学生运动领袖。卡尔·巴特、约瑟夫·赫罗马德卡、马丁·尼默勒、莱因霍尔德·尼布尔和约翰·福斯特·杜勒斯(John Foster Dulles)也在大会上发言。世界基督教联合会成立了研究部(Division of Studies),以继续"生命与事工"和"信仰与教制"以前的工作,也成立了信仰与教制委员会,继续开会并筹备与召开国际会议,而生命与事工会议更实际的工作主要由普世教会合一行动部(Division of Ecumenical Action)负责。

世界基督教联合会的成立让代表们欣喜于教会的合一,与此同时,他们也放眼世界,试图解决世界所面临的问题。值得注意的是,当冷战正在进行时,世界基督教联合会呼吁所有教会共同否定共产主义和自由资本主义,以及否定这样一种错误观念:这两种制度优于其他一切可能的制度。不出所料,这样的声明和后来类似的声明并不总受到欢迎。

在 1948 年之后,世界基督教联合会的会员教会数量继续增长。最重要的是东正教越来越多的参与,它曾经一致决定不参加世界基督教联合会在阿姆斯特丹的第一次会议。当世界基督教联合会澄清它并不会、也无意成为像尼西亚大公会议那样的"普世大公会议",以及它无意成为一个教会时,东正教加入了世界基督教联合会。一些东正教会处于共产主义政权的统治之下,它们的代表只能在政府批准的情况下参加世界基督教联合会的会议,因此,这令许多人越来越怀疑世界基督教联合会正在帮助共产主义者搞国际阴谋。不管怎样,到了世界基督教联合会的第二次会议于 1954 年在伊利诺伊的埃文斯通(Evanston)召开时,有一百六十三个教会的代表出席了会议。世界基督教联合会开始关注各地教会的实际情况,并时刻提醒自己,与会者代表了数百万在世界各个角落生活与崇拜的基督徒。当该联合会的第三次会议于 1961 年在新德里召开时,其会员教会有 197 个。国际宣教协会与世界基督教联合会在新德里的合并,令世界基督教联合会可以更直接地接触到第三世界和那些年轻的教会。智利的两个五旬节派教会加入了世界基督教联合会,它们也是最早加入该联合会的五旬节派教会,这进一步加强了联合会与第三世界和年轻教会的接触。此次会议也一如既往地强调教区一级的教会,强调"每一个地区的所有教会"的合一。此后在乌普萨拉(1968 年)、内罗毕(1975 年)和渥太华(1983 年)的历次会议都延续了这些趋势。内罗毕会议详细讨论了关于《洗礼、圣餐和圣职》(Baptism,Eucharist and Ministry)的文件,许多人将其视为在这些问题上的一个突破。在渥太华会议上,代表们坚持讨论和平与公义的问题,他们提出,最危险的军备竞赛和最具毁灭性的"不公制度"的"阴影"笼罩着全世界。当时,为了回应教宗约翰二十三世和梵二会议为天主教带来的新的开放性,世界基督教联合会与天主教进行了卓有成效的对话,这往往能促成双方在不同项目和研究中保持合作。

1991 年,世界基督教联合会第七次会议在澳大利亚堪培拉(Canberra)召开,此次会议开始关注生态问题和对受造物的保护,以及由影响深远的灵恩运动所引发的圣灵问题。对生态问题的关注最终形成纲领性的文件《公义、和平与受造物的整全性》(Justice,Peace and the Integrity of Creation)。对圣灵问题的讨论产生了严重的分歧,因为一些以东正教为首的教会坚持认为,教会和教会传统是圣灵的管道,而另一些教

518

会则声称,圣灵正在带领教会史无前例地利用与接纳古代各种文化传统宗教观和习俗。

到了 1998 年的哈拉雷(Harare)第八次会议和 2006 年的阿雷格里港(Porto Alegre)第九次会议时,世界基督教联合会显然陷入了危机,美国等国家的许多类似组织也陷入了危机。虽然逐渐减少的经济支持是原因之一,但这只是冰山一角,因为许多人开始质疑所谓"日内瓦模式"的普世教会运动,他们试图找到其他认同与实现教会合一的方法。

全球性基督教合一运动开展的同时,地方性与国家性合一运动也在进行。这体现在教会所在地区、国家、地方会议以及许多教会试图建立的有组织的联盟中。大多数教会联盟,尤其是欧洲和美国的教会联盟,都由背景和神学非常相似的教会组成;但是,其他地区成立了更大胆的教会联盟,它们在这方面起到了带头作用。1925 年,加拿大联合教会(United Church of Canada)成立。经过漫长的十九次联合之后,它包括了加拿大最初四十个不同的宗派。1922 年,中华全国基督教协进会(National Christian Council in China)呼吁外国宣教士和外国差会"除去一切障碍",以便中国教会能成立有组织的联盟。1927 年,中华基督教会(Christ Church in China)召开了第一次会议。参加此次会议的包括循道宗、浸信会、公理会、改革宗等宗派的基督徒。在二战期间,日本联合基督教会在政府压力之下成立了,它包括了四十二个宗派。二战之后,一些教会退出了;但是大多数留了下来,它们相信,顺服福音要求它们共同为福音做出见证。1947 年,南印度教会成立了。它的成立特别重要,因为基督教有史以来第一次成立了这样的教会联盟:其中既包括坚持主教必须有使徒统绪资格的教会(圣公会),也包括其他甚至都没有主教的教会。从此以后,全世界的教会联盟进行了数百场对话,已经成立的教会联盟不胜枚举。在美国,教会合一协商会(Consultation on Church Union, COCU)向它的成员宗派提出创立联合基督教会(Church of Christ Uniting)的计划。值得注意的是,同以往的基督教王国中心地区相比,教会联盟在曾经的"宣教地"的创立更为迅速,因此,这再次证明了宣教与教会合一的紧密关联。

与此同时,世界各地的基督徒也在积极探索其他各种形式的基督教合一。在一些地区,更保守的教会并不赞同世界基督教联合会以及地区与国家基督教协会的观点和做法,它们创建了自己的基督教协会,且多数采取了"理事会制"(conciliar)——或"日内瓦模式",尽管这只局限在更保守的协会中。到了20世纪末,其中许多协会所面临的危机,类似于世界基督教联合会及其下设普世教会组织所陷入的危机。

在20世纪,还有其他许多表达基督教合一的努力。在许多情况下,不同宗派所共同关注的问题带来了一定程度的教会合一,如生态责任、人的性行为和少数族群的权利等等。其中最成功者表现在一些传统的宣教领域——为饥饿的人提供食物、为穷人提供医疗服务和传福音等等。在这种形式的普世教会运动中,一个很好的例子是《洛桑信约》(Lausanne Covenant)。它是1974年在洛桑召开的世界福音国际会议(International Conference on World Evangelization)上所发表的宣言。此次会议得到了福音派领袖的支持,如美国的葛培理和英国的约翰·斯托得(John Stott),会议成立了洛桑世界福音委员会(Lausanne Committee for World Evangelization),该委员会在世界各地建立了地区性分支机构。值得注意的是,洛桑世界福音委员会计划于2010年在南非开普敦召开世界福音大会的第三次会议(Third Congress on World Evangelization)——开普敦正是威廉·克里在整整二百年之前希望召开一次世界宣教大会的城市,因此,这再次证明了宣教与教会合一的紧密联系。

第三世界与其他"处境化"神学

与此同时,神学也在取得重大的进展。直到20世纪,基督教神学始终是由欧洲男性白人所主导,他们至少是中产阶级,或生活相对安逸的修士,他们一般生活在欧洲和北美洲。但是,在20世纪下半叶,新的神学思想出现了,它们影响到全世界的神学和释经学。这些新神学通常被称为

"处境化神学"(contextual theology)。虽然这个名字不错,但是容易引起误解。这些新神学的确是处境化神学,因为它们认真对待与回应自己独特的处境,并利用自己的处境来发展它们对圣经与神学的理解。但是,"处境化神学"这个名字本身就容易引起误解,因为它似乎在暗示,更传统的神学就不是处境化神学,即传统神学与各个神学家的背景、文化、阶级、性别和民族没有什么关系。因此,虽然大多数"处境化神学家"或许同意他们的工作的确是处境化的,但是,他们也会坚持认为,每一种神学事业以及对圣经的每一种解释都是处境化的。

尽管这些新神学都肯定它们独特的处境,但是,它们也普遍存在差异,它们在各自的处境中形成,并在各自的处境中向人传递信息。同样,大多数处境化神学承认,福音是解放的信息,它们尤其认为,福音是在向它们自己独特处境中的人传递解放的信息,因此,它们通常被称为解放神学。因此,除了我们以前提到过的黑人神学,其他许多解放神学在 20 世纪末和 21 世纪初也很活跃,包括拉丁美洲的神学、韩国的神学、南非的神学和女权主义神学(feminist theology)。此外,还出现了这些解放神学的各种结合体——例如,美国的黑人妇女将她们的神学称为"黑人妇女神学"(womanist theology),而一些生活在美国的拉丁美洲妇女将她们的神学称为"拉丁美洲妇女神学"(mujerista theology)。

我们不可能详细讨论这些不同的处境化神学以及它们之间的复杂关系,我们只能快速地概述其中几个重要的例子,这足以说明问题。基于秘鲁天主教神学家古斯塔沃·古铁雷斯(Gustavo Gutiérrez, 1928—)于 1971 年发表的著作《解放神学》(*A Theology of Liberation*),"解放神学"一词更多地被用来称呼拉丁美洲的神学。后来又出现了一批神学家,他们试图在社会与经济压迫的处境中解释福音和圣经,如巴西奥古斯丁修会的伊沃内·杰巴拉(Ivonne Gebara)、巴西法兰西斯修会的莱昂纳多·波夫(Leonardo Boff)、乌拉圭耶稣会的胡安·路易斯·塞贡多(Juan Luis Segundo)和阿根廷循道宗的何塞·米格斯·博尼诺(José Míguez Bonino)。

其中许多神学家使用马克思主义者的——一些人为了避免与共产主义有染而更喜欢说"马克思的"——分析法来揭示,传统的神学与圣经解释反映出那些撰写神学的人和他们的社会阶级通常不被认可的权利。他们的神学与基督教基础共同体(*Comunidades eclesiales de base*)的爆炸性增长同时出现——基督教基础共同体是基督徒的小规模聚会,他们聚在一起讨论他们的社会处境,以及如何用福音与圣经来回应他们的社会处境。解放神学家的方法通常划分为三个步骤:看(seeing)、判(judging)、行(acting),即先描述一种处境,然后分析它的成因和背景等因素,最后基于福音和基督教信仰采取行动。在整个拉丁美洲,有数万个基督教基础共同体,因此,它们成为拉丁美洲天主教新活力的源泉之一。它们的许多领袖是平信徒,因此,他们也致力于搭建一个平台,为因极其缺少神父而与教会几乎没有任何联系的信徒提供某种团契和牧养,而神父严重不足的问题已经困扰了拉丁美洲天主教数十年。至于解放神学,当时的枢机主教拉辛格——后来的教宗本笃十六世——两次签发了谴责它的文件,但是,解放神学家的主要代表也两次声明,拉辛格的谴责是基于对他们的误解,因此,他的谴责并不适于他们。后来,随着苏联解体和随后人们对马克思共产主义的怀疑,许多人预言解放神学将走向衰落。但是,在苏联解体二十多年之后,拉丁美洲的解放神学仍然强大,甚至还在不断传播。

类似的神学也在世界其他地区发展起来。在韩国,安炳茂(Ahn Byungmu)等人带领的民众神学作为民众运动(意为人民的运动)的一部分发展起来。在南非,艾伦·布萨克——他从 1982 年到 1991 年担任世界改革宗联盟(World Alliance of Reformed Churches)主席——专门阐发了一种针对种族隔离的神学。在非洲其他国家,夸梅·贝迪亚科(Kwame Bediako)等神学家试图将基督教信仰与以前牧师经常避而不讲的非洲传统文化联系在一起。在美国,基于美国黑人受压迫的经验和他们对彻底解放的渴望,詹姆斯·科恩等人提出了黑人神学。在这一背景之下,杰奎琳·葛兰特(Jacqueline Grant)和德洛丽丝·威廉姆斯(Delores Williams)

522

从非洲裔美国女性的视角出发提出了黑人妇女神学,阿达·玛利亚·伊萨西·迪亚斯(Ada María Isasi-Díaz)从生活在美国的拉丁美洲女性的视角出发提出了拉丁美洲妇女神学,且因此而闻名于世。同样,维吉利奥·埃利桑多(Virgilio Elizondo)使用"生活在公元 1 世纪巴勒斯坦的加利利人"的意象和经历来解释拉丁美洲人在美国的经历。在欧洲和美国,许多有着欧洲人血统的神学家大肆批判处境化神学,但是,也有神学家——最著名的是德国神学家于尔根·莫尔特曼——支持处境化神学,并将处境化神学的一些洞见融入到他们自己的思想和著作中。

世界尽头发起的宣教

宣教事业始终在宣称,它的目标是在世界各地创建成熟的本土化教会。在罗马天主教中,这在传统上意味着建立有自己领袖的教会,并最终建立本土化教会。在新教中,目标通常是建立"三自"教会——自治、自养、自传的教会。但是,在早期宣教士创建教会的过程中,天主教徒和新教徒都理所当然地认为,基督教神学基本上不会从新创建的教会那里学到什么。他们的最大愿望是,各个新的教会能结合自己的文化背景来表达西方神学。但是,普世教会运动、殖民主义的终结和新教会不断增长的自信,导致了意想不到的结果,因为一些新教会正在不断提出问题并解决问题,它们不仅在适应,也在质疑许多传统神学。当我们讨论最近出现的各种处境化神学时,我们已经看到,处境化神学之所以与众不同,不仅是因为它们的文化背景,也是因为它们考虑到受压迫者的社会与经济斗争。

在天主教徒中,最惊人的、影响最深远的事件正在拉丁美洲上演。在萨尔瓦多,大主教奥斯卡·罗梅罗(Oscar A. Romero)被那些认为他威胁到现行制度的人杀害。在巴西,一群主教呼吁建立新制度,他们的领袖是赫尔德·卡马拉(Hélder Câmara)和保罗·埃瓦里斯托·阿恩斯(Paulo Evaristo Arns)。在尼加拉瓜,桑地诺政府与主教制的冲突愈演愈烈。在危地马拉和其他国家,数百名天主教平信徒传道人被那些认为他们是颠覆分子的人杀害。在美国和欧洲,一些人宣称,处境化神学应当受到诅咒,而许多神学家和基督教领袖认为,处境化神学呼吁人们重新彻底思考福音的意义并没有错。

与此同时,当教会在南半球取得信徒数量最大增长时,北半球显然越来越非基督教化。同样,长久以来人们一直认为南半球的教会死气沉沉,包括拉丁美洲的天主教,但是,它们现在表现出意想不到的活力。因此,无论我们怎样回应正在第三世界出现的各种神学,21 世纪似乎都将是一个南半球向北半球发起大规模宣教的时代。因此,一百年前还被视为"地极"的国家和地区,将有机会为以前向它们作过见证的人的子孙后代作见证。

第三十八章

结语：一种全球性的历史

> 然而，重读历史意味着重塑历史。它意味着彻底修正历史。因此，它将是颠覆性的历史……颠覆历史并不是犯罪……继续维护，即鼓励与支持现行的统治——才是。正是在这一颠覆性的历史中，我们才能有一种新的信仰经验，一种新的灵性——一种对福音新的宣讲。
>
> ——古斯塔沃·古铁雷斯

超越基督教王国的新版图

基督教在非洲、亚洲、拉丁美洲和太平洋各岛表现出巨大的活力，与此同时，它在北大西洋陷入了危机。这种情况意味着，到了 21 世纪的第二个十年，表明基督教在 20 世纪中叶以前历史的基督教王国版图不再有效。以前的那张版图是根据基督教王国划定的，欧洲和西半球是传统的基督教国家，基督教在这些国家占据优势，它们后来成为基督教向世界其他地区宣教的中心。但是，到了 20 世纪末，情势发生了翻转，以前的版图已不再适用。现在，每一个大陆都有了新中心，这构成了一张基督教的新版图，在这张新版图上，基督教的大本营不再位于西方，它不再从西方向外扩张，而是成为一个多中心的基督教，以前还处于基督教边缘的许多地区，已经成为了它的新中心。

基督教版图中的这些变化很久以前就出现了。在公元 1 世纪末和随后二百五十年中,以前以耶路撒冷为中心的基督教传遍了罗马帝国,并在安提阿、亚历山大、以弗所、迦太基和罗马建立了新中心。与此同时,它在向东方传播,并在埃德萨、亚美尼亚和印度形成了中心——尽管大多数从西方视角著述的教会历史学家通常很少关注这些地区。后来,穆斯林的入侵摧毁了基督教的许多古老中心——安提阿、亚历山大和迦太基,因此,西欧成为宣教和神学活动的中心。在 16 世纪,宣教活动中心是西班牙和葡萄牙,而神学论争与创新中心则位于北欧。在 19 世纪,随着英国与欧洲其他帝国的崛起和北美洲新殖民主义的高涨,基督教的中心转移到北大西洋,因此,在世界其他地区工作的新教宣教士大多来自伦敦和纽约,天主教宣教士的基地则是巴黎和布鲁塞尔。

20 世纪末和 21 世纪初发生的一个史无前例的变化是,基督教的新版图不再有一个中心,而是多个中心。财源仍集中在北大西洋,教育和其他机构也是如此。但是,神学创造力不再局限于北大西洋。世界其他地区的人在阅读韩国、秘鲁或菲律宾神学家的著作,这些作品与在纽约、伦敦或旧金山出版的神学著作相比同样具有影响力。普世教会运动不再局限于世界基督教联合会和它在日内瓦的办公室,世界各地都成立了许多类似的组织——其中一些与世界基督教联合会有关,另一些则毫不相关。以前,国际宣教事业以纽约和伦敦为中心向外扩散,现在它是一张复杂的网络:韩国宣教士在阿根廷、多米尼加共和国和美国工作,秘鲁宣教士在日本工作,波多黎各宣教士在纽约工作,非洲宣教士在爱尔兰和英国工作,印度宣教士在斯里兰卡和美国工作,如此等等。因此,基督教的新版图的确是一张世界性版图,它远远超越了基督教王国的观念,而过去的旧版图就是根据这一观念绘制的。

然而,我们以前那张版图不仅面临着地域与社会政治的挑战,也面临着宗教与知性的挑战。如果这样的说法正确——因为基督教已扩展到整个世界,所以不再有基督教王国,那么下面的说法也是正确的——因为甚至在传统的基督教地区也有各种宗教,所以不再有基督教王国。一些宗教长久以来,诺斯替主义似乎已经灭绝,现在被再次视为真知识,它经常以各种方式与神秘宗教相融合,想必连古代的诺斯替派也无法分辨。

源于大量移民——这是最近几十年的特点。其他宗教则源于人们对神秘事物的普遍关注,甚至是一些似乎早已销声匿迹的宗教观,如诺斯替主义。

知性的挑战同样严峻。包括殖民主义的终结以及多元的文化观与世界观的复兴等诸多因素令许多人宣称,现代性已经成为过去,我们现在正生活在后现代。这可能不是一个成熟的结论,因为仍有许多迹象表明现代性还在发挥威力。但是,毫无疑问,现代性的许多确定性正在消逝,对于越来越多的人来说,世界不再是一个封闭的、机械的现代性体系,我们越来越意识到,我们必须定义与重新定义术语,曾被现代性所压制的各种文化和观点正在重新浮出水面。这既为基督教带来一次以新方式介入后现代世界的机遇,也同时带来一个挑战:基督教如何在以新方式介入后现代世界时仍忠于自己的本质。在即将到来的后现代世界中,成为基督徒和宣讲福音既是一个挑战,也是一场冒险。

基督教史的未来

我们就这样讲完了基督教史——讲到了今天。它是一个复杂的故事,有它的兴衰沉浮,有经受试炼的时候,有饱享荣耀的时候。但是,同每

波多黎各一面墙上的涂鸦,说明了后现代性对以前的"定义"的挑战。请注意:图中的"不"(no)被涂掉了,先前写下"基督不是宗教"的人和后来想要涂掉"不"的人很可能都是敬虔的基督徒,想为自己的信仰作见证。

一种历史一样,基督教的故事并没有讲完,因为我们也正在成为历史的一部分,有我们自己的困惑,我们的兴衰沉浮,我们经受试炼的时候和饱享荣耀的时候。可是,我们不只是最近这段历史的一部分,我们更是一段未被书写的历史的一部分。我们是历史的一部分,也是因为我们是它的讲述者。甚至当我们讲述历史时,我们也在从我们21世纪的视角塑造与解释整个历史。因此,当即将(其实是暂时地)结束讲述时,我们必须要问:同我们以往讲述基督教史的方法相比,我们在21世纪的方法将有哪些不同? 如果我们在21世纪末讲述基督教史,它可能有哪些显著的特点?

我可以立即给出这个问题的答案:21世纪的基督教史一定是全球性的。我们一定需要各种专著来论述特定的宗派与运动的历史、特定地区的基督教史和基督教对各种挑战与机遇的回应。但是,这些历史都必须以全球的视角来讲述。当我们撰写基督教史时,我们不能再认为,我们自己对信仰的独特表达是基督教史的顶峰。相反,我们必须充分地认识到,我们对基督教的理解和表达只不过是千万种中的一种,无论它们可能是什么。在这个万花筒般的世界里,还有许多国家和文化、许多传统、许多崇拜仪式和许多神学表达。

然而,"全球性的"不只是一个地域问题。如果我们以新的全球性视角来讲述基督教史,一定不要忘记传统上被排除在外的人,不管他们生活在哪里。这种全新的讲述必须既包括横向的地域维度——讲到所有地区和所有人,也包括纵向的社会维度——肯定那些经常被历史遗忘之人的信仰、生活和斗争。这包括世界大部分地区的女性——当然包括基督教多数宗派中的女信徒——穷人、没受过教育的人、少数族群、弱小文化中的人以及其他所有不论出于什么原因而被视为不太值得关注的人。

最后,如果我们以新的全球性视角来讲述基督教史,我们必须以宣教为中心。几十年来,我始终主张,宣教史不应该是教会通史之外的一个领域,相反,它必须成为教会通史的一部分。16世纪的新教改革被视为"教会历史"的一部分,而耶稣会会士于同一时期在印度开展的工作却被认为是"宣教史"的一部分,这样的划分毫无道理。我仍然相信,我们需要将这两个传统上独立的领域结合在一起;但是,我现在得出了一个更普遍的结论:基督教历史学家现在应当探索这样一种讲述基督教史的可能性,即从基督教的边缘地区向中心讲述,而不是从中心向边缘地区讲述。毕竟新约的每一卷书都不太可能是在耶路撒冷写成的!基督教同大多数有生命的机体一样,它在成长,并与周围环境联系在一起,而周围环境滋养了中心,让它充满活力。

在21世纪,基督教不再有明确的中心,这个"超越基督教王国"的世纪提供了一种以全新方式来思考基督教史的机遇。不论在何时,如果我们都以第一次听到基督教信息的人为中心,基督教史会是什么样子?对于那些第一次听到信息的人,什么会吸引他们?或什么会让他们反感?这如何影响了他们自己对信仰的接受和解释?当福音被第一次传讲给一

个罗马帝国的普通妇女时，她听到了什么？这怎样影响了福音被宣讲与

解释的方法？当聂斯脱利派将他们的见证告诉中国人时，他们听到了什

么？这如何影响了他们的信息？穆斯林对基督教的批评怎样反映在圣像

之争或托马斯·阿奎那的《驳异教徒》中？加尔文在日内瓦流亡的经历

如何影响了他的《基督教要义》？当第一位法兰西斯修会的宣教士向阿

兹特克人宣教时，他们明白了什么？女性如何理解主要由男性所传讲的

福音？这些都是至关重要的问题，它们将为教会历史的整个领域开启新

的思维远景。

530

基督教史尚未结束，仍有许多工作要做，有许多东西要学，有许多历

史要写！在这部《基督教史》的读者中，会有人承担起这份工作吗？我希

望，并向上帝祈祷，会有的！

建议阅读：

Sydney E. Ahlstrom. *A Religious History of the American People.* Second edition, David D. Hall, ed. Hew Haven: Yale University Press, 2004.

John Bagnell Bury. *History of the Papacy in the 19ᵗʰ Century: Liberty and Authority in the Roman Catholic Church.* New York: Schocken Books, 1964.

Carlos F. Cardoza-Orlandi and Justo L. González. *A History of the Christian Missionary Movement.* Nashville: Abingdon Press, 2011.

Justo L. González. *The Changing Shape of Church History.* St. Louis: Chalice Press, 2002.

Ondina W. González and Justo L. González. *Christianity in Latin America: A History.* Cambridge: Cambridge University Press, 2008.

August B. Hasler. *How the Pope Became Infallible: Pius IX and the Politics of Persuasion.* Garden City, NY: Doubleday, 1981.

Gerrie ten Har. *How God Became African: African Spirituality and Western Secular Thought.* Philadelphia: University of Pennsylvania Press, 2006.

Alasdair I. C. Heron. *A Century of Protestant Theology.* Philadelphia: Westminster, 1980.

Philip Jenkins. *The Next Christendom: The Coming of Global Christianity.* New York: Oxford University Press, 2002.

Kenneth Scott Latourette. *Christianity in a Revolutionary Age*, vols. 4 – 5. New York: Harper & Row, 1961 – 1962.

Stephen Neill, ed. *Twentieth Century Christianity.* London: Collins, 1961.

Mark Noll. *The New Shape of World Christianity: How American Experience Reflects Global Faith.* Downers Grove, IL: InterVarsity Press, 2009.

John O'Malley. *What Happened at Vatican Two.* Cambridge, MA: Harvard University Press, 2008.

Carla Gaudina Pestana. *Protestant Empire: Religion and the Making of the British Atlantic World.* Philadelphia: University of Pennsylvania Press, 2009.

Ruth Rouse and Stephen Neill, eds. *A History of the Ecumenical Movement*, 1517 – 1948. Philadelphia: Westminster, 1968.

Lamin Sanneh. *Translating the Message.* Maryknoll, NY: Orbis Books, 2008.

L. S. Stavrianos. *Global Rift: The Third World Comes of Age.* New York: William Morrow and Company, 1981.

索　引

Abolitionism，废奴运动，326，330，333，344，347，361，432，434，438，487

Abortion，堕胎，448

Africa，非洲，162，304，306，309，432，*433*，*435*，435，471，503－7，*505*，521－22，525；Catholicism，～的天主教，311，431－33，497，503；ecumenism，～的普世教会运动，507；liberation theology，～的解放神学，521－22；missionaries，～的宣教士，263，335，420，431，433－36，*434*；Pentecostals，～的五旬节派，505－7，*506*

African Americans，非裔美国人，252，313，334，484－87，*485*，486，520；black theology，～的黑人神学，486－87，520，522；churches，～的教会，334－36，*335*，483；new religions，～的新宗教，484；Pentecostals，～的五旬节派，340

Ahn Byungmu，安炳茂，521

Allen，Richard，艾伦，335

America，Colonial，美洲殖民地，256－57，275－91，319－26，*321*；Anglicans，～的圣公会基督徒，273，278－79，286，289，320，322，419；Baptists，～的浸信会基督徒，282－86，322；Catholics，～的天主教徒，278，286－87；Eastern Orthodoxy，～的东正教，325；Great

Awakening，～的大觉醒运动，288－89；immigration，～的移民，323－26；Lutherans，～的路德宗基督徒，325；Methodists，～的循道宗基督徒，272，273，278－79，289－90，322；Mid-Atlantic colonies，中大西洋的殖民地，287－88；Moravians，～的摩拉维亚弟兄会，263；New England，新英格兰，276，279－86，289，320－22，326；Pilgrims，～的朝圣者，280－81，*281*，325；Puritans，～的清教徒，279－84；Quakers，～的贵格会基督徒，256－57；religious freedom，～的宗教自由，276，280，287－88，*281*；Revolution，～的革命，319－23；Unitarianism and Universalism，神体一位论与普救论，320－22；witchcraft trials，～的女巫审判，282－83；women in，～的妇女，283

Ames，Nathaniel，艾姆斯，301

Anabaptists，重洗派，42，64，67－76，*68*，110，116，117，183，196，325

Angelique，Mother，安基里克，215

Anglicanism，圣公会，89－90，97－98，194，195，196，200，204，268－69，271－72，277，360－61，419，437，449，496－97，498，504，514，519；in America，美国的～，273，278－79，286，289，320，322；*Thirty-nine Articles*，《三十九条信

Priesthood of all believers，信徒皆祭司，52 – 53,260

Printing press，印刷术，14,21,137,158,377

Probabilism，盖然论，215

Prokopovic, Feofan，普罗科波维奇，160,377

Protestantism，新教，44 – 45,71,372; in Africa，非洲的 ~ ,263,335,420,431,433 – 34,*434*,435 – 36,504 – 7; in Asia，亚洲的 ~ ,496 – 503; in Bohemia，波希米亚的 ~ ,9,30,159,178 – 82,199; Catholic polemics against，与天主教论战,138 – 40; church governance，教会体制,83,157 – 58,194,195 – 96,197,201,204,208,272,453 – 54,523; in Europe, post-war，欧洲战后的 ~ ,465 – 71; expansion in 19th century， ~于 19 世纪的扩张,302 – 4; in France，法国的 ~ ,125 – 34,182,185 – 91; in Germany，德国的 ~ ,105 – 10,158,174,177 – 84, *179*,*181*,*183*,199,362,457 – 71 (*see also* Luther, Martin，参路德); in Great Britain，大不列颠的 ~ ,87 – 104,193 – 209,457; in Hungary，匈牙利的 ~ ,157 – 58; in Italy，意大利的 ~ ,154 – 56; in Latin America，拉丁美洲的 ~ , 372,436 – 38; in Low Countries，低地国家的 ~ ,115 – 24; in Poland，波兰的 ~ ,159 – 60; in Scandinavia，斯堪的纳维亚的 ~ ,110 – 13,457; in Scotland，苏格兰的 ~ ,99 – 104,*100*; in Spain，西班牙的 ~ ,152 – 54,*152*,*153*; state religions and，国家宗教与 ~ ,151 – 60; in Switzerland，瑞士的 ~ ,62; theology in the 19th century，19 世纪的新教神学,385 – 97; in the U.S.，美国的 ~ ,319 – 44,473 – 93; WWI and aftermath，第一次世界大战与战后，457 – 62; WWII and，第二次世界大战与 ~ ,462 – 65

Protestant Reformation，新教改革，8,9,12,14,17,27,28,154,163,211,263,374,529; Calvin and，加尔文与 ~ ,77 – 85; Luther and，路德与 ~ ,19 – 55,105 – 14, map，地图，*58*; radical，激进的 ~ ,67 – 76; Zwingli and，茨温利与 ~ ,57 – 66

Protestant scholasticism，新教经院神学，224 – 26

Puerto Rico，波多黎各，302,324,438,511 – 12,528

Puritans，清教徒，94,98,*175*,193 – 209,233 – 35,256,276 – 84,287; radical factions，极端派,206,207

Quakers，贵格会信徒，251,253 – 57,*255*,278,285,287,332 – 33,361,473

Quietism，寂静主义，217 – 19,271

Quimby, P. P.，昆毕，346

Rahner, Karl，拉纳，453 – 54

Ramabai, Pandita，拉玛贝伊，424

Raphael, St.，圣拉斐尔，*382*,383

Rationalism，理性主义，174,*175*,217,237 – 48,320 – 22,388 – 90,393,396

Rauschenbusch, Walter，饶申布什，343,397,474

Reformed Church，改革宗，55,56,65,85 – 86,94,110,*133*,151,155,157,

编后记

在本书即将付梓之际,应橡树总编辑游冠辉提议,写一篇关于本书的编后记,介绍一下这本书的出版过程。做了十多年编辑,从未写过编后记或者编者感言之类的文字。编辑这个行业,是一个需要含辛茹苦、呕心沥血的工作,但最终又说不清楚自己实际上都做了些什么,就像养育一个生命,要付出很多,也很琐碎,我想这种滋味只有身在其中的人才能体会。

这本书的出版历时三年多。2012 年 4 月,本书译者赵城艺联系上海三联书店,说他翻译好了冈萨雷斯撰写的《基督教史》(上下卷,英文版超过一千页,是三卷本《基督教思想史》的姊妹篇),希望能够在上海三联书店出版。在征得上海三联书店总编辑黄韬老师同意选题后,我先生徐志跃很快与作者冈萨雷斯教授取得联系,获得了本书中文简体版授权。冈萨雷斯教授很慷慨,他表示愿意把他这部著作的所有版税收入,赠送给南京金陵协和神学院和本书译者各一半。志跃在京东买到了唯一的一套《基督教史》原版书,一切都很顺利。但当我们审阅译稿时,发现翻译问题很多。译者毕竟很年轻,他是在金陵协和神学院读书时开始翻译这部书的,有胆识翻译这部著作已经是勇气可嘉。我们请了专人审校,历时半年多,结果仍然达不到出版要求,于是开始了漫长的编辑工作:我阅读中文发现问题,志跃根据英文原文解决问题。几个来回下来,译稿依然问题多多,对于这样一部 21 世纪重量级的基督教史著作,我们无法轻易放手出版,即使因此让一些翘首以待的读者一次次失望。最终,志跃决定在他校译完查尔斯·泰勒(Charles Taylor)的《世俗时代》(*A Secular Age*)这部学术巨著之后,由他自己重新逐字逐句校对一遍原文,并且将这个计划告知冈萨雷斯教授,当天即得到教授真诚的回应和感谢。

　　然而,就在2014年11月2号的主日凌晨,志跃突然因病离世。他告别这个世界时,"张开双臂,跃入主怀"(感谢周威,用文字为我存留下这一美好异象),让我感到天堂不再遥远,是那个期待永恒相聚的地方。志跃留下了很多出版工作,所以在志跃的追思礼拜结束后,我小心翼翼收拾起伤痛,与从北京赶来送别志跃的冠辉和周威在漫猫咖啡馆会面,商议如何去完成志跃留下的未竟工作,办法之一就是将有些出版项目与橡树合作,其中就包括这部《基督教史》。后来,冠辉与冈萨雷斯教授取得了联系,他转达了教授对我的慰问。作为志跃的妻子以及本书的责任编辑,我很感谢橡树能够在患难中同负一轭,有橡树审校把关,如今终于可以放心地把这部译著献给读者了。

　　这是一部视角遍及全球的最新的基督教通史。在本书结尾"基督教史的未来"中,冈萨雷斯教授说,"我们就这样讲完了基督教史——讲到了今天。它是一个复杂的故事,有它的兴衰沉浮,有经受试炼的时候,有饱享荣耀的时候。但是,同每一种历史一样,基督教的故事并没有讲完,因为我们也在成为历史的一部分……我们不只是最近这段历史的一部分,我们更是一段未被书写的历史的一部分。"其实,每一个基督徒,甚至包括每一个人("不敌挡我们的,就是帮助我们的",《马可福音》9:40),都在参与书写这部基督教史,即使我们的名字可能没有列入这部史册,但仍盼望我们的名字可以列入天上的生命册,所以,我们要好好书写属于自己的这段历史。

邱　红

于上海浦江花苑

2016年1月1日

图书在版编目（CIP）数据

基督教史（上下卷）/胡斯托·L.冈萨雷斯著;赵城艺译.
上海:上海三联书店,2016.3（2024.12 重印）
ISBN 978 - 7 - 5426 - 4412 - 1

Ⅰ.①基…　Ⅱ.①胡…　②赵…　Ⅲ.①基督教史
Ⅳ.①B979

中国版本图书馆 CIP 数据核字（2013）第 245699 号

基督教史（上下卷）

著　　者／胡斯托·L.冈萨雷斯（Justo L. González）

译　　者／赵城艺

责任编辑／邱　红

特约编辑／李鹿渴

合作出版／橡树文字工作室

装帧设计／周周设计局

监　　制／姚　军

责任校对／张大伟

出版发行／上海三联书店

　　　　　（200041）中国上海市静安区威海路 755 号 30 楼

邮　　箱／sdxsanlian@sina.com

联系电话／编辑部：021 - 22895517

　　　　　发行部：021 - 22895559

印　　刷／上海惠敦印务科技有限公司

版　　次／2016 年 3 月第 1 版

印　　次／2024 年 12 月第 13 次印刷

开　　本／640 mm ×960 mm　1/16

字　　数／750 千字

印　　张／67.25

书　　号／ISBN 978 - 7 - 5426 - 4412 - 1/B · 309

定　　价／120.00 元

敬启读者,如发现本书有印装质量问题,请与印刷厂联系 13917066329